Zu diesem Buch

An Nachschlagewerken zu Daten und Fakten der Geschichte herrscht gewiß kein Mangel. Wo findet man aber eine klare Auskunft über die Geschichtswissenschaft selbst, über ihre Begriffe und Methoden? Den Wissensdurst derjenigen, die nicht mit «333 – bei Issos Keilerei» zufrieden sind, stillt dieses Lexikon. Von «Abgaben» über «Deutscher Sonderweg», «Historismus», «Mentalitätengeschichte» und «Währungsreform» bis «Zunftkämpfe» erläutert es in prägnanten Artikeln die Grundbegriffe der Geschichtswissenschaft und die Theorien zur Geschichte. Darüber hinaus stellt es die Rolle der historischen Hilfswissenschaften dar und charakterisiert die wichtigsten Probleme der historischen Forschung.

Manfred Asendorf, geboren 1944 in Euterterp/Niederlande. Zunächst Dramaturg am Bremer Theater, dann Ausbildung zum Volksschullehrer an der Pädagogischen Hochschule Oldenburg. Studierte anschließend an der Universität Hamburg Geschichte und Politikwissenschaft. Dissertation über «Geschichte und Parteilichkeit». Lehrbeauftragter an den Universitäten Hamburg und Bremen; Mitarbeiter der Hamburger Stiftung zur Förderung von Wissenschaft und Kultur.

Jens Flemming, geboren 1944 in Glogau/Schlesien. Studium der Geschichte und Germanistik an der Universität Hamburg. Danach Wissenschaftlicher Assistent an der Universität Hamburg, Privatdozent an der Universität Oldenburg, Gastprofessuren an den Universitäten Bielefeld und Kassel. Seit 1992 Professor für Neuere und Neueste Geschichte an der Universität/Gesamthochschule Kassel.

Achatz von Müller, geboren 1943 in Dresden. Studium der Geschichte, Soziologie und Literaturwissenschaft; Promotion über Ruhm im Mittelalter. Wissenschaftlicher Assistent an der Universität Hamburg, seit 1992 Professor für Geschichte des Mittelalters an der Universität Basel.

Volker Ullrich, geboren 1943 in Celle. Studium der Geschichte, Literaturwissenschaft und Philosophie. Dissertation über die Hamburger Arbeiterbewegung vom Vorabend des Ersten Weltkriegs bis zur Revolution 1918/19. Assistent am Historischen Seminar der Universität Hamburg, danach Gymnasiallehrer. Seit 1990 Leiter des Ressorts «Politisches Buch» der Wochenzeitung «DIE ZEIT».

Manfred Asendorf, Jens Flemming,
Achatz von Müller, Volker Ullrich

Geschichte

Lexikon der wissenschaftlichen
Grundbegriffe

rororo
Rowohlt

Redaktion: Wolfgang Müller
Umschlaggestaltung: Büro Hamburg Peter Wippermann
Umschlagillustration: Jan Rieckhoff

Originalausgabe
Veröffentlicht im Rowohlt Taschenbuch Verlag GmbH,
Reinbek bei Hamburg, August 1994

Satz Times und Neue Helvetica PC Ventura Publisher
(Dolev 800)
Gesamtherstellung Clausen & Bosse, Leck
Printed in Germany
2990-ISBN 3 499 16331 4

Ein anderes Lexikon

Noch ein Geschichtslexikon? Gewiß, noch eines und doch ein anderes. Denn hier geht es nicht um alphabetisierte Geschichtsschreibung in Form der bekannten Begriffs-, Sach- oder Wortgeschichten, sondern das hier vorgelegte Buch will nichts weniger bieten als ein Lexikon für den Umgang mit Geschichte. Dabei verstehen die Autoren unter «Umgang mit Geschichte» ihre reflektierte Wahrnehmung und Handhabung in Wissenschaft und Gesellschaft. Der fortgeschrittene Schüler, die Studentin, der Journalist, die Geschichtslehrerin, der Dozent an Universität und Hochschule, die Lektorin, der politische Redner – kurz alle, die darauf angewiesen sind, Geschichte nicht nur oberflächlich, sondern methodisch kompetent, problembewußt und gemäß den heutigen wissenschaftlichen Standards zu erfassen oder zu verwenden, sollen zu diesem kleinen dicken Buch greifen können. Denn es bietet in alphabetischer Anordnung, unterstützt von Verweisen, Bibliographie und Register, Zugänge zu Theorien, Methoden, Darstellungsproblemen und Schlüsselkategorien der Geschichte. Geschichte wird dabei als ein eigener Bereich des wissenschaftlichen *und* kulturellen Horizontes vornehmlich europäischer Gesellschaften verstanden, zu denen in diesem Zusammenhang auch die amerikanischen zu rechnen sind.

Wissenschaft, Kultur, Theorie, soziale und politische Praxis bilden in modernen Gesellschaften nahezu untrennbare «Diskursebenen». Die «Verwissenschaftlichung der Welt» – genauer: ihre theoretische und praktische Aneignung durch den Menschen – trägt dazu ebenso bei wie die im Prinzip legitime, aber auch höchst gefährliche gesellschaftliche und politische Funktionalisierung der Wissenschaften. Solchen Zusammenhängen versucht dieses Lexikon Rechnung zu tragen, indem es Geschichte als Wissenschaft und auf sie Bezug nehmende Tätigkeiten in der Gesellschaft zum Gegenstand macht. Nicht immer lassen sich in den Artikeln unseres Lexikons diese beiden Ebenen sinnvoll trennen, aber stets ist dort, wo diese Trennung bedeutsam erschien, nicht nur Wissenschaft, sondern auch «soziale Praxis» der Historie thematisiert. So stellt zum Beispiel der

Artikel über die «Deutsche Revolution 1918-20» neben einer knappen Schilderung der äußeren Ereignisse vor allem die verschiedenen Haltungen der Historiographie über sie dar, analysiert aber auch die Bedeutung der Revolution für spätere politische Debatten und zeigt am Ende, wie stark politische und wissenschaftliche Wahrnehmung von Geschichte miteinander verwoben sein können – in diesem Fall waren und immer noch sind.

Mit anderen Worten: Das Lexikon bietet historische Schlüsselkompetenz durch die Darstellung geschichtlicher, geschichtswissenschaftlicher, geschichtspraktischer und historiographiegeschichtlicher Zusammenhänge. Dazu gesellt sich eine ganze Reihe von Artikeln, die ausschließlich dem Bereich des gesellschaftlichen Umgangs mit Geschichte bzw. des Gebrauchs von Geschichte zuzuordnen sind und dabei äußerst unterschiedliche Nutzungsmöglichkeiten und -probleme anvisieren – so zum Beispiel die Artikel «Ausstellungen», «Denkmal», «Umweltgeschichte» oder «Geschichte in Comics».

Es ist also weder eine klassische Begriffsgeschichte noch eine schlichte Wort- oder Sachgeschichte, die hier in lexikalischer Form vorgelegt wird. Dennoch verbinden sich die unbestreitbaren Vorteile dieser drei traditionellen Ansätze in unserem Werk. Es analysiert die Bedeutungsvarianten der von ihr zu Themen erhobenen «Wörter», informiert über «Gegenstände» – nämlich die Schlüsselkategorien der Geschichte – und liefert selbst ein Stück Geschichtsschreibung, wie es Reinhart Koselleck für die Begriffsgeschichte als notwendiger «Konvergenz von Geschichte und Begriff» gefordert hat.

Als Analyse, Information und Geschichtsschreibung über jene Begriffe, Theorien und Methoden, die den Umgang mit Geschichte prägen, will dieses ein wenig andere Lexikon seine Leserinnen und Leser dort abholen, wo sie stehen: nämlich in den Informationsgesellschaften kurz vor Ende des 20. Jahrhunderts. Daher war für die Auswahl der Artikel, die das Lexikon bietet, von jenen Begriffen auszugehen, die den Umgang mit Geschichte *heute* bestimmen. So wird zum Beispiel der Begriff «Tyrannis» von seinen griechischen Anfängen bis zu seinen modernen Bedeutungen verfolgt, aber eben nur, weil hier eine durch die Epochen hindurchreichende Bedeutungsdimension vorliegt.

Nicht aufgenommen wurde daher zum Beispiel der Begriff «Caritas», dessen Rolle für spätantike oder mittelalterliche Verhaltensmuster nicht hoch genug einzuschätzen ist, dabei aber eben nicht «transepochale» Züge gewinnt, sondern in seiner epochalen Gebundenheit verharrt.

Die Begriffsauswahl umfaßt somit folgende Themenfelder des Umgangs mit Geschichte:

- Geschichte der Geschichtswissenschaft;
- historische Disziplinen/Theorien/Methoden;
- Grundbegriffe der Geschichtswissenschaft;
- historische Zweigdisziplinen;
- historische Epochen;
- Typologie der Quellen;
- Forschungs-, Darstellungs-, Vermittlungsformen;
- struktur- und sozialgeschichtliche Grundbegriffe;
- sozioökonomische Grundbegriffe;
- historisch-politische Grundbegriffe;
- Strukturen des Alltags;
- soziale Gruppen/Randgruppen;
- soziale Bewegungen;
- Revolten/Revolutionen/Emanzipationsbewegungen;
- Herrschaftsformen;
- Ideen/Ideologien;
- soziale und politische Organisationsformen;
- Schlagwörter

Auch durch seinen Stil erscheint das Lexikon anders. Die Autoren wollten so schreiben, daß sie verstanden werden. Auf den wissenschaftlichen «Kollegen» zu schielen, verbot sich daher. Ebenso sollte nicht der Schein der Objektivität erweckt werden, schon gar nicht dort, wo Positionen klärender wirken als vornehme Zurückhaltung. So verläßt die weitaus überwiegende Zahl der Artikel den herkömmlichen lexikographischen Duktus und bietet statt dessen essayistische Schreibweisen, ohne dabei die notwendigen Informationspflichten eines Lexikons zu vernachlässigen. Dieser Grundsatz gilt für alle längeren Artikel, prägt aber auch den Stil der kürzeren. Nur äußerst komprimiert abgehandelte Themen sowie die quellenkundlichen Beiträge erscheinen in lexikographischer «Gebrauchsprosa».

Dem jüngst häufiger zu hörenden Verlangen nach «Diskurs» statt Begriffsanalyse oder auch «diskursiven Formen» der Darstellung mochten die Autoren so recht nicht entsprechen. Vielleicht aber doch, wenn sie versuchen, mit dem Hergebrachten auszukommen: Sie lassen Widersprüche und Abweichungen zwischen ihren Texten dort bestehen, wo sie auch nach längerer Debatte nicht aufzuheben waren. Insofern bleiben die einzelnen Artikel dieses Lexikons in individueller Verantwortung, was durch die sie zeichnenden Autorenkürzel zum Ausdruck kommt. Dennoch bietet das Buch mehr als eine Sammlung individuell verantworteter Artikel. Sie alle beziehen sich auf das hier vorgestellte Gesamtkonzept eines Lexikons *des* Umgangs mit Geschichte *für* den Umgang mit ihr. Das bedeutet, daß sie nicht nur mit Bezug auf dieses Konzept geschrieben, sondern auch von allen Autoren unter diesem Aspekt kritisch gelesen und diskutiert worden sind. So erscheinen Einzel- und Gesamtverantwortung für die Artikel (fast) untrennbar miteinander verbunden.

Die Autoren – allesamt Historiker – können und wollen ihre wissenschaftliche Ausbildung nicht leugnen. Warum auch. Soll das Lexikon doch wissenschaftlichen Zwecken in jeder Form dienen. Aber sie alle verfügen auch über ein durchaus unübliches Maß an Erfahrung mit außerwissenschaftlicher Präsentation von Geschichte – als Journalisten, Lehrer, Filmemacher, Planer historischer Ausstellungen, Dramaturgen oder freie Autoren. Auch diese Erfahrung speiste das Konzept und «färbte» die Artikel. Gerade ihr ist aber auch die Einsicht zu verdanken, daß ein solches Buch die Aufgabe hat, die Gegenstände der Wissenschaft dem nimmermüden Strom ihrer fortdauernden «Ausdifferenzierung» zu entreißen und einem größeren Publikum so wenig trocken wie möglich zu seinem Nutzen zu überlassen. Damit verbindet sich dann die Hoffnung, daß an anderer Stelle weniger häufig im Trüben gefischt werden kann.

Manfred Asendorf, Jens Flemming,
Achatz von Müller, Volker Ullrich

A

◆ Abgaben

Der allgemeinste Begriff für Steuer, Zoll, Dienstleistungen oder Rentenzahlungen an einen adligen Herrn, Fürsten oder an den unpersönlichen →Staat ist die Abgabe. Sie erscheint als konstantes Zeichen von Hierarchie und →Herrschaft in allen →Gesellschaften. Allerdings kann sich ihr Wert durchaus auf nur noch symbolische Anerkennung des hierarchischen Verhältnisses oder auf den entsprechenden Austausch von Symbolen reduzieren. Im hierarchischen Gabentausch zwischen einem adligen Herrn und einem ebenso adligen Vasallen mag daher die Abgabe in Form von Dienst und Gastung – die der Herr einfordert – von dem Vasallen auch als Gegengabe verstanden werden. Es ist daher immer auch Zeichen institutionalisierter und verselbständigter Hierarchie, wenn diese Interpretationsfreiheit zu Gunsten der Abgabe reduziert wird.

Eine spezifische Möglichkeit, die Aufgabe als hierarchisches Symbol zu begreifen, stellt die Fixierung eines festen Anteils von Einkommen, →Eigentum, Ware oder Beute dar. Ältestes und verbreitetstes Beispiel dafür ist der Zehnt. Ob als Zoll im babylonischen Güterverkehr, Beuteanteil für den frühgriechischen Tempel oder Bodenertragsabgabe im römischen Kleinasien – überall wird der Zehnt als rituelle Form von Erwerbsbeteiligung und symbolischer Akzeptanz der Herrschenden fest institutionalisiert. Oft spielt es bei den vielfältigen Verwandlungen dieses Abgabetyps in der antiken Welt kaum noch eine Rolle, daß tatsächlich der «zehnte Teil» erhoben wird. Entscheidend ist allein die fixe Quote, die den Begriff bereits rechtfertigt. Wenn allerdings der Kirchenvater Hieronymus an der Wende zum 5. Jh. n. Chr. auf die «decima» als festen Anteil der →Kirche verweist, dann meint er im Sinne der von ihm zitierten Autorität des Alten Testaments (3. Mos. 27, 30ff.) den entsprechenden Anteil von Erträgen und Produkten ohne Abstriche. Die fränkische Kirche setzt diese Abgabe schon in der Frühzeit (585 n. Chr.) durch. Wie alles Kircheneinkommen wird sie innerhalb der Kirche nach festen Quoten (Klerus, Arme, →Bauern) verteilt. Die mächtigen weltlichen Kirchenherren verstehen es bald, sich auch an dieser Abgabe ihren Anteil zu sichern. Durch Belehnung und Vogteirechte «verweltlicht» der Zehnt im Laufe des Früh- und Hochmittelalters. Den Verlust gleicht das Papsttum durch eine entsprechende innerkirchliche Abgabe aus, die vor allem Rom zugute kommt. Ebenso der in der Kreuzzugsbewegung von allen Haushaltungen der Christenheit immer wieder unregelmäßig verlangte Peterspfennig.

Regelmäßige Abgaben fallen in den →Grundherrschaften durch Natural- oder Geldleistungen an. Auch die römische Antike (→Altertum) kennt derartige Regelmäßigkeiten, ohne daß allerdings damit einheitliche und kontinuierliche Abgabensätze verbunden sind. Der unregelmäßige, bedarfsbezogene Charakter der Abgaben an die Obrigkeit bleibt das ganze →Mittelalter hindurch bestimmend. Der Herrscher oder Fürst «bittet» um Beistand – «stiura», Stütze, Steuer. Noch im Spätmittelalter gilt der Satz des Thomas von Aquin, daß Steuer im Prinzip Raub sei, da den Herrschenden für ihre Aufgaben Land und Hilfe zugewiesen sei. Anders muß das sich allmählich entwickelnde Gebührenwesen gesehen werden. Hier gilt grundsätzlich der Gedanke unmittelbarer Gegenleistung. Gebühren sind somit von Beginn an keine Abgaben.

Der Ursprung des modernen Steuersystems mit seiner grundsätzlichen Trennung direkter von indirekten Abgaben liegt in der Stadt des Spätmittelalters. Aber auch sie stößt keineswegs zur Steuer im modernen Sinne, das heißt zu einem System regelmäßiger, berechenbarer Abgaben vor. Steuer bleibt unberechenbar und willkürlich, eine Waffe in der Hand der Mächtigen, die sich über verzinste «Anleihen» zudem aus der Steuer als Fundament eigener Rentensicherung bedienen. Längst aber sind in vielen Städten des Spätmittelalters «geborene Steuerfreiheiten» (Adel, Klerus) beseitigt, wenn auch nicht das Prinzip der Steuerfreiheit an sich. Immerhin ist damit ein wesentlicher Schritt in die Moderne getan, insofern →Gleichheit aller vor dem Steuerrecht den Weg zu einem einheitlichen, privilegienlosen Untertanenverband denkbar macht.

Regelmäßige, berechenbare Abgabe, direkte Steuer, weniger indirekte – Verbrauchs- und Umsatzsteuer –, Progression der Einkommenssteuer unter Freilassung des Existenzminimums, Leistungsanreiz bei weitreichendem Schutz der mittleren Einkommen – alles dies sind Merkmale der Abgabensysteme des modernen Sozialstaates. Daß Steuern aber kein Naturereignis, sondern Interesseninhalt der Mächtigen bleiben, bedarf kaum der Erwähnung. Im Ritual der jährlichen Steuererklärung erfährt zudem der weniger Mächtige noch immer ein Stück der hierarchischen Abgabesymbolik, die die Geschichte überliefert. A. v. M.

◆ **Absolutismus** (aufgeklärter Absolutismus)

Unter Absolutismus versteht man eine unumschränkte Herrschgewalt, bei der, staatsrechtlich gesehen, die Staatseinheit und die für die Aufrechterhaltung dieser Einheit erforderlichen Machtmittel in der Person eines Monarchen verkörpert sind. Verbunden mit dieser Konstruktion ist die Vorstellung vom Gottesgnadentum des Fürsten: Der Monarch ist niemandem verantwortlich außer Gott. Historisch gesehen bezeichnet der Absolutismus eine Phase, die nach Auffassung vieler Forscher mit der Reformationszeit in der ersten Hälfte des 16. Jhs. beginnt und mit den napoleonischen →Kriegen um die Wende vom 18. zum 19. Jh. endet. Doch gibt es auch →Periodisierungen, die weit früher ansetzen, und andererseits findet sich der Begriff auch noch zur Charakterisierung politischer Erscheinungen des 19. Jhs. So wird die Staatsführung des 1871 gegründeten Deutschen Reiches manchmal als «halb-absolutistisch» bezeichnet.

Die zeitliche Eingrenzung des Absolutismus ist deshalb so schwierig, weil es sich bei ihm um eine bestimmte Etappe bei der Herausbildung des modernen →Staates handelt. Der moderne Staat aber wuchs aus den Machtkämpfen einer Vielzahl von lokalen und territorialen →Gewalten der mittelalterlichen Feudalordnung heraus, ein Prozeß (→Entwicklung), der durch die im Investiturstreit zwischen Papst und Kaiser im 11. und 12. Jh. angebahnte prinzipielle Trennung von →Kirche und Politik zusätzlich starke Impulse erhielt. In diesem Ringen reduzierte sich in einem Zeitraum von mehreren hundert Jahren die Zahl der Bewerber um Vorherrschaft: Die einen unterlagen und verschwanden ganz von der Bühne, andere konnten sich nur halten, indem sie sich Stärkeren beugten. Die Stärkeren trachteten aber danach, ihr Territorium zu erweitern und gegenüber einer möglichst großen Zahl von Menschen →Herrschaft auszuüben. Dies geschah in Gestalt von zwei miteinander verknüpften Monopolen, dem Gewaltmonopol und dem Steuermonopol. Das Gewaltmonopol bestand in der Fähigkeit, Soldaten zu rekrutieren und eine Armee aufzustellen, eine Polizei zu bilden und die Strafjustiz bzw. hohe Gerichtsbarkeit an sich zu ziehen. Da dies kostspielig war, bedurfte es des Steuermonopols, das seinerseits nur durchsetzbar war, wenn das Gewaltmonopol funktionierte. Außerdem war der Aufbau einer leistungsfähigen →Bürokratie erforderlich, zunächst als Finanzapparat, später auch um weitere Herrschaftsfunktionen zu übernehmen. Auf diese Weise entstand der absolutistische Staat, den man als einen «großen Enteignungsprozeß» auf Kosten der alten Feudalmächte beschrieben hat (Eckart Kehr, Norbert Elias, Max Weber), vergleichbar dem späteren ökonomischen Konzentrationsprozeß der Industriewirtschaft. Dieser Enteignungsprozeß war in Frankreich schon zu Beginn des 16. Jahrhunderts ausgeprägt, in Brandenburg-Preußen dagegen erst am Ende der Regierungszeit des Großen Kurfürsten 1688 und im übrigen deutsch-römischen Imperium noch lange nicht.

Wie sich dieser Enteignungsprozeß im Selbstbewußtsein der absoluten Fürsten widerspiegelte, illustrieren das Ludwig XIV. (1638–1715) zugeschriebene Wort «l'état c'est moi» und die von Friedrich Wilhelm I. (1688–1740), dem Vater Friedrichs des Großen (1712–1786), überlieferte Sentenz: «Ich stabiliere die Souveränität wie einen Rocher von Bronze.» Heute wissen wir, daß langfristig nicht die →Monarchie «stabiliert» wurde, sondern die Bürokratie, deren Arbeitsweise auf Dauer unvereinbar ist mit einer monarchischen Regierungspraxis, die in Machtsprüchen besteht. In den vom →Kapitalismus freigesetzten gesellschaftlichen Auseinandersetzungen des 19. und 20. Jhs. verbrauchte sich die Institution der Monarchie dann vollends. Doch muß man schon für den sozusagen klassischen Absolutismus zwischen Schein und Wirklichkeit, Theorie und Praxis unterscheiden. Der «Sonnenkönig» Ludwig XIV., dessen Verschwendungssucht zahlreiche Duodezfürsten in Deutschland nachzuahmen versuchten, hinterließ ein wirtschaftlich ruiniertes Land (→Stadt–Land) und leitete damit eine Dauerkrise des Ancien Régime ein, die knapp hundert Jahre später in die →Französische Revolution mündete. Die preußischen Könige des 18. Jhs. mußten in starkem Maße auf die →Interessen der adligen Gutsbesitzer, der →Junker, Rücksicht nehmen, und ihre Reformen auf wirtschaftlichem (→Politische Ökonomie, →Merkantilismus) und militärischem Gebiet zur Erweiterung der Staatsmacht gingen überwiegend zu Lasten der Bevölkerung, insbesondere der gutsuntertänigen →Bauern, der Handwerker, Manufakturarbeiter und Gesellen. Wie sich die Welt des Absolutismus im 18. Jh. aus der Sicht von unten ausnahm, kann man in der Lebensgeschichte des «armen Mannes im Tockenburg» Ulrich Bräker, eines Schweizer Bauern, der in die Armee Friedrichs II. von Preußen zwangsrekrutiert wurde, nachlesen: «Der König allein ist König; seine Generals, Obersten, Majoren sind selber seine Bedienten – und wir, ach! wir – so hingeworfene verkaufte Hunde – zum Abschmieren im Frieden, zum Todstechen und Todschießen im Krieg bestimmt.»

Man pflegt den Absolutismus des 18. Jhs. als «aufgeklärten Absolutismus» zu bezeichnen. Der Begriff wurde 1847 von dem Nationalökonomen Wilhelm Roscher geprägt und meint eine von aufklärerischen Ideen durchdrungene Reformpolitik von oben, die in der Regel eng an die Person des Monarchen gebunden war. Die pointierte Zuordnung von Absolutismus und →Aufklärung entspricht der damit bezeichneten Wirklichkeit jedoch nur zum Teil und hat zu verzeichnenden Idealisierungen geführt. So nimmt sich der «Josephinismus», die vielgerühmte Toleranzpolitik des Habsburger Kaisers Joseph II. (1741–1790), gegenüber nicht-katholischen christlichen Minderheiten sowie gegenüber den Juden bei näherer Betrachtung als ein von wirtschafts- und machtpolitischen sowie taktischen Erwägungen bestimmtes System widersprüchlicher Maßregeln aus, in denen religiöse Toleranz und Diskriminierungen, gesellschaftliche Integration und Ausgrenzung unauflöslich miteinander verknüpft waren. Außerdem litten die zugestandenen Verbesserungen daran, daß sie, wie alles, was bloß von oben gewährt und nicht von unten erkämpft wird, leicht wieder zurückgenommen werden konnten, was später zum Teil auch geschah.

Noch größer war die Kluft zwischen Anspruch und Wirklichkeit bei einem anderen Hauptvertreter des aufgeklärten Absolutismus, Friedrich II. von Preußen. Seine schöngeistigen Neigungen, seine Lust am Philosophieren und am Flötenspiel sowie sein Antimachiavellismus schienen vortrefflich geeignet, das Bild vom rücksichtslosen Eroberungspolitiker und Menschenschinder, das Friedrich der Große vielen seiner Zeitgenossen darbot, in mildes Licht zu tauchen (→Preußentum). Wie es um die Aufklärung in der Regierungspraxis Friedrichs bestellt war, hat Alexis de Tocqueville (1805–1859) am Beispiel des auf Friedrichs Befehl ausgearbeiteten und von seinem Nachfolger 1794 eingeführten Gesetzbuchs gezeigt. In diesem «Allgemeinen Landrecht für die preußischen Staaten» sei «viel vom allgemeinen Recht des Menschen die Rede», doch unter diesem «ganz modernen Kopf» erscheine ein «ganz mittelalterlicher Rumpf»: «In diesem seltsamen Werk zeigt Friedrich ebenso große Verachtung für die Logik wie Sorge für seine Macht und das Streben, sich nicht durch Bekämpfung dessen, was sich noch zu verteidigen vermag, unnütze Schwierigkeiten zu bereiten.» Die Landbewohner waren weiterhin einer erblichen Dienstbarkeit unterworfen, die sich nicht auf Fronen und Leistungen beschränkte, sondern sich auch auf die Person des Besitzers erstreckte. Der Adlige war vom →Bürger, der Bürger strikt vom Bauern unterschieden. Die in das Gesetzbuch eingearbeiteten Strafbestimmungen richteten sich nicht nur mit der größten Strenge gegen Aufstände und Verschwörungen, sondern auch gegen unehrerbietige Kritik an Handlungen der Regierung. Und was das wichtigste war: «Die meisten Privilegien der Grundeigentümer werden durch das Gesetzbuch aufs neue bestätigt, ja, man kann sagen, sie werden es im Widerspruch zu dem Gesetzbuch, da es heißt, daß in Fällen, wo das lokale Herkommen und die neue Gesetzgebung voneinander abweichen, das erstere befolgt werden solle... Und so geschieht es denn, daß dieses von einem Schüler unserer Philosophen [Voltaire; M. A.] entworfene und nach dem Ausbruch der Französischen Revolution eingeführte Gesetzbuch das authentischste und neueste juristische Dokument ist, das denselben feudalen Ungleichheiten, die in ganz Europa durch die Revolution abgeschafft werden sollten, eine gesetzliche Grundlage gibt.» (Alexis de Tocqueville) M. A.

◆ **Affekte** (Gefühle)

Das Schweigen darüber, daß auch Gefühle ihre Geschichte haben, sei endlich zu brechen. So verkündete Lucien Febvre es in der Zeitschrift «Annales» 1941. Aber tatsächlich scheinen diesem Aufruf zu einer Geschichte der Gefühle zunächst nur der produktive Febvre selbst und die eng um die Zeitschrift gruppierten Forscher gefolgt zu sein. Erst in der Phase allgemeiner Unzufriedenheit mit den Antworten der klassischen →Sozial- und →Wirtschaftsgeschichte, deren Struktur- und Theoriemodelle oft den Wunsch nach konkreter Anschaulichkeit ignorierten, kam mit der →Mentalitätengeschichte auch die der Affekte und Gefühle breiter ins Spiel. Dabei stellte sich allerdings rasch heraus, daß vor allem jene Forscher, die Gefühlsgeschichte als Segment der Sozialgeschichte betrieben, am besten gegen plumpe Rückfälle in eine modisch angestrichene →«Geistes- und →Kulturgeschichte» gefeit waren.

Wenn B. Geremek eine Geschichte der Armut als Geschichte der «Institutionen, der Sozialpolitik, des Diskurses über die Armen und... der Verhaltensweisen gegenüber der Armut» in Konfrontation mit der Armut als sozialem Phänomen schreibt, dann verwandelt sich diese zugleich in eine Geschichte des Mitleidgefühls. Dessen anthropologische Invariabilität – seine «Allgemeinmenschlichkeit» – findet nämlich im sozialgeschichtlichen Zusammenhang zu historischer Variabilität. Mit einem Wort: das Gefühl erhält seine Geschichte – nicht dadurch, daß es sich als Gefühl verändert, sondern indem es sich mit unterschiedlichen institutionellen, ideologischen (moralischen) oder sozialpolitischen Antworten auf die Wahrnehmung z.B. von Armut verbindet.

Doch schon Febvre hatte auf die konjunkturellen Aspekte von Affekten (Angst, Wut, Freude, Lachen etc.) und Gefühlen (Liebe, Mitleid, Frömmigkeit, Sicherheitsbestreben etc.) hingewiesen. «Emotionen sind ansteckend», lautet sein Kernsatz. Um die Darstellung und Erklärung solcher «Epidemien» – und ihr Ausbleiben oder Verschwinden – geht es tatsächlich auch bei der Historisierung von Gefühlen. Aber auch hier kann der Pfad sozialgeschichtlicher Validität nicht verlassen werden. Das heißt, die jeweiligen «Ansteckungen» (um in Febvres Bild zu bleiben) müssen als soziale →Tatsachen wahrgenommen und gedeutet werden, ihre Verbindlichkeit sich materiell absichern lassen. Febvre sieht allerdings auch Möglichkeiten, durch «genaue Lektüre» von nur einer →Quelle Gefühlskonjunkturen zu rekonstruieren. Dennoch muß dann zumindest diese Quelle «relevant» sein. In diesem Sinne etwa ist M. Bachtins Werk über die «Lachkultur» des Spätmittelalters und der →Renaissance zu verstehen, das sich an Rabelais' großen Roman «Gargantua und Pantagruel» als Quellenbasis hält. Ganz anders geht J. Le Goff mit der Geschichte des Lachens um. Worüber Menschen lachen, kann sich ungeheuer voneinander unterscheiden. Das weiß jeder. Aber dieses Phänomen ist nicht nur eine Frage unterschiedlichen Humors, sondern auch unterschiedlicher sozialer Erfahrungen und Prägungen. Das weiß an sich auch jeder, wenn er/sie an Filme wie «Ladykillers» und «Scheidung auf italienisch» denkt. Damit ist Lachen aber auch ein historisches Phänomen. Le Goff sammelt nicht nur verschiedenartige Anlässe und Gründe für Lachen, sondern auch entsprechend verschiedenartige «Ansteckungen» – Sozialkontakte. Er zeigt, daß verschiedene →Stände und →Schichten unterschiedlichen Ansteckungsprozessen unterliegen, indem er die Kommunikation zwischen ihnen und «in ihnen» untersucht.

Einen Schritt in diese Richtung hatte bereits J. Delumeau mit seiner Studie über die Geschichte der «Angst im Abendland» gemacht. Inzwischen haben aber auch Träume ihre Geschichte erhalten. Le Goff und Koselleck verstehen Träume als Zugang zu Affekten, aber auch tiefenpsychologisch als Verdrängung, Wunschphantasie und Vision. An dieser Stelle gewinnen Träume ihren Wert für die Psychohistorie (→Medizingeschichte), die selbst wiederum keineswegs ohne Interesse an einer Geschichte der Affekte ist.

Ebenfalls in den Randzonen der Gefühlsgeschichte verstehen sich Projekte zur Sozialgeschichte kollektiver Wahrnehmungen. Ob eine Geschichte des Geruchs (Corbin), des Auges (Warburg) oder des Geschmacks (Foucault, Bourdieu) – sie alle haben oder hätten – oft liegen nur Entwürfe vor – ein Stück Gefühlsgeschichte geleistet oder zu leisten. Aber stets bleibt diese Form der Historisierung sinnlicher Funktionen Gesellschaftsgeschichte, die auf die sozialanthropologische Tatsache hinweist, daß der Mensch als soziales Wesen zur Selbstkonditionierung fähig ist. In diesen Zusammenhang stellt sich jener Teil der Forschung, der sozialen Prozessen (→Entwicklung) zugewandt ist, die verstärkte Kontrolle von Affekten zur Bedingung oder Folge haben. Der immer wieder in den französischen Geistes- und Sozialwissenschaften hervorbrechende Rousseauismus hat dabei in den Forschungen H. Wallons, L. Febvres und M. Foucaults das Modell eines durch Rationalisierung und fortschreitende Affektkontrolle gekennzeichneten «Zivilisationsprozesses» verankert, der sich in unterschiedlicher Weise als festes Merkmal allen «Hochkulturen» und modernen →Gesellschaften zuordnet. Vor dem Hintergrund der somit allmählich gebändigten Leidenschaften können sich aber gleichwohl Konjunkturen für Gefühl oder seine soziale Disziplinierung zeigen. Foucault betont die Rolle kollektiver Verhaltenskontrollen durch Normen und Institutionen, die Affektkontrolle nach «innen» mit Sozialdisziplin verbinden und somit beides zugleich erreichen. Die großen Bewegungen des Widerstands gegen solche «Maßnahmen von oben» (Schule, Gefängnis, Arbeitszeit, Manieren etc.) bleiben jedoch ebenso wesentlicher Gegenstand der Forschung wie diese selbst. Und nicht weniger wichtig erscheint es dabei, das Augenmerk auch auf gegenläufige Prozesse von «langer Dauer» zu richten: Regressionen und multikulturelle Prägungen.

A. v. M.

◆ Agitationsvereine

In der vielfach gegliederten Verbandslandschaft des Kaiserreichs entstehen seit ungefähr 1890 →Verbände neuen Typs, die sogenannten Agitationsvereine. Ihrer Struktur (→Ereignis) nach teils Honoratioren-, teils Massenorganisationen werfen sie sich zu Wortführern von →Ideologien und →Bedürfnissen auf, die im konservativen ebenso wie im liberalen Milieu weit verbreitet sind. Sie weisen die äußeren Merkmale schlagkräftiger Interessenverbände auf, aber sie verstehen sich nicht als Repräsentanten bestimmter Berufsgruppen und Gewerbezweige, sondern als Speerspitze allgemeiner, wie sie behaupten «nationaler» Anliegen und Notwendigkeiten. Insofern unterscheiden sie sich von der klassischen Form des modernen Lobbyismus, der primär wirtschafts- und sozialpolitische Ziele verfolgt. Sie sind Begleiterscheinungen des imperialistischen Zeitalters (→Imperialismus), lenken populäre Stimmungen auf ihre Mühlen, mobilisieren das rechtsradikale Potential der wilhelminischen Gesellschaft und verleihen den dort vorhandenen Ressentiments lautstarken Ausdruck. Ihre Hauptaufgabe sehen sie darin, auf die →öffentliche Meinung einzuwirken, durch Presse-, Vortrags- und Versammlungsaktivitäten einen geeigneten Resonanzboden zu schaffen, von dem aus sie die Regierung entweder unterstützen oder unter Druck setzen können. Sie treten für den Ausbau überseeischer und kontinentaleuropäischer Einflußzonen ein, als propagandistische Wegbereiter des «Griffs nach der Weltmacht» agitieren sie für Kolonial-, Flotten- und Wehrpolitik, und in der Debatte um die deutschen Kriegsziele beziehen sie in den Jahren 1914–1918 jeweils die extremsten Positionen.

Schon im Namen der meisten Agitationsvereine offenbart sich ihr Programm. Dazu gehören der Flotten- und der Wehrverein, die Kolonialgesellschaft, der Reichsverband gegen die Sozialdemokratie, der Ostmarkenverein, der die preußischen Ostprovinzen germanisieren, das heißt die dort mehrheitlich polnische Bevölkerung zurückdrängen will, und dazu gehört schließlich der Alldeutsche Verband, dessen Einfluß in keinem Verhältnis zu seinen relativ bescheidenen Mitgliederzahlen steht. Er ist ein Sammelbecken nationalistischer und antisemitischer Strömungen, eine Art selbsternannter Gralshüter des nationalen Gedankens, der unter Ausgrenzung von Minderheiten, hier vor allem der Juden, für eine völkische, rassistisch begründete Erneuerung von →Staat und →Gesellschaft kämpft und als einziger auch nach der Revolution von 1918 (→Deutsche Revolution 1918–20) im Rahmen der antirepublikanischen Opposition eine bedeutende Rolle spielt.

Gemeinsam ist den erwähnten Organisationen, daß ihre Funktionäre und Anhänger vorwiegend aus den →Schichten des städtischen Bildungs- und Besitzbürgertums kommen. Durch personelle und finanzielle Querverbindungen eng mit den →Industrie- und →Agrarverbänden verflochten, verteidigen sie die autoritären Strukturen und Traditionen des Obrigkeitsstaates. Sie sind antiparlamentarisch und ziehen gegen jeden zu Felde, der vom Pfad monarchischer Tugenden, so wie sie von ihnen definiert werden, abweicht, insbesondere gegen Sozialdemokraten, Linksliberale und Pazifisten, aber zuweilen auch gegen die Regierung, jedenfalls immer dann, wenn sie sich gegen die Linke als zu «lasch» und kompromißbereit zeigt.

In der Geschichtsschreibung haben die Agitationsvereine vor allem deshalb Beachtung gefunden, weil sich an ihrem Beispiel die Veränderungen und der Funktionswandel bürgerlicher Ideologien und bürgerlicher Politik studieren lassen. Denn sie sind es, die die Entliberalisierung der deutschen Gesellschaft vorantreiben, dabei den Begriff →«Nation» für ihre Zwecke besetzen und mit neuen, aggressiven Inhalten füllen, ihn aus den freiheitlichen Idealen der älteren liberalen Emanzipationsbewegung (→Liberalismus) herauslösen und zu einem Kampfbegriff der politischen Rechten machen. Während der Weimarer Republik führen sie zwar bis auf den Alldeutschen Verband nur noch ein Schattendasein, aber auf dem Boden, den sie seit 1890 beackert haben, halten dann am Ende der zwanziger Jahre die Nationalsozialisten reiche Ernte. J. F.

◆ Agrargeschichte

Als Georg Friedrich Knapp 1887 sein berühmtes Buch über die Bauernbefreiung in den preußischen Kernprovinzen publizierte, wollte er damit den inneren Zusammenhang aufzeigen zwischen der sozialen Frage des 18. und der des 19. Jhs., der Bauern- und der Arbeiter-, speziell der Landarbeiterfrage, um die im Kaiserreich intensive und kontroverse Debatten ausgefochten wurden. Zugleich steckte er das Feld ab, auf dem sich seine Studien bewegten, ein knapper, auch heute noch bedenkenswerter Hinweis auf die Dimensionen einer Agrargeschichtsschreibung, die sich mit →Ökonomie, Technik und Gesetzgebung allein nicht zufriedengeben mag: Denn nicht um die Landwirtschaft sei es ihm zu tun, so Knapp, «sondern um die in derselben beschäftigten Menschen, um die ländliche Verfassung, um die Beziehungen der gesellschaftlichen Klassen zueinander, um die Stellung des Staates zu diesen Klassen. Indem wir die Befreiung der Bauern und den Ursprung der Landarbeiter erforschen, beschäftigen wir uns mit der sozialpolitischen Geschichte der ländlichen Bevölkerung.»

Diese Absichtserklärung ist im Sinne einer Definition sicher ergänzungsbedürftig. Gleichwohl vermittelt sie eine Ahnung von der Komplexität der Probleme und von den Herausforderungen, mit denen die Agrargeschichte konfrontiert ist. Sie deckt ein spezielles Gebiet der Historie ab, hat eigene Schwerpunkte, Publikationsorgane und Gesprächskreise, aber sie betreibt ihr Geschäft nicht isoliert von den Fragestellungen und Methoden anderer Teildisziplinen und berührt sich mit benachbarten Fächern wie der Nationalökonomie, der Volkskunde und der Soziologie. Agrargeschichte ist daher →Wirtschaftsgeschichte, insoweit sie Konjunkturen und Konjunkturzyklen ins Auge faßt, die →Entwicklung und die Bedingungen der agrarischen →Produktion, die Verflechtungen der ländlichen und städtischen, der nationalen und internationalen Märkte analysiert, mit Hilfe statistischer Verfahren Preise, Löhne und Erträge, →Abgaben und Dienste sowie die Marktpositionen der verschiedenen Besitz- und Größenklassen, der Gutsherren, →Bauern, Pächter und →Arbeiter rekonstruiert. Sie ist →Technikgeschichte, sofern sie von Geräten, technologischen Innovationen, dem Einsatz von Maschinen und den daraus resultierenden Konsequenzen für die Organisation der →Arbeit und

Arbeitsabläufe handelt. Sie ist Wissenschafts- und Ideengeschichte (→Geistesgeschichte), indem sie das Augenmerk auf die Entstehung und die Veränderungen agrarischer Wirtschaftslehren richtet, auf Programme und Institutionen der ländlichen Fort- und Weiterbildung. Sie ist →Medizingeschichte, indem sie die Gesundheitsverhältnisse in den Dörfern und Gutsbezirken zum Thema erhebt, sie ist →Rechts- und →Begriffsgeschichte, indem sie sich um den Rechtsgehalt der ländlichen Ordnungen kümmert, sie ist →Kulturgeschichte, indem sie sich auf kulturelle Praktiken konzentriert, auf Sitten, Gebräuche und Mentalitäten. Sie ist →Sozialgeschichte, sobald sie sich den Schichtungen und Gruppierungen in der Landbevölkerung zuwendet, Phänomene sozialer Ungleichheit, des →Protests und des Protestverhaltens, Prozesse der Klassenbildung, Formen der Kooperation und des Konflikts, Tendenzen von Beharrung und Wandel, von sozialer Differenzierung, Nivellierung und Polarisierung aufdeckt, und nicht zuletzt ist sie →politische Geschichte, wenn es darum geht, die Herrschafts- und Abhängigkeitsstrukturen auf dem flachen Land, →Parteien, →Verbände und →Vereine, Wahlen und Wähler sowie agrarpolitische Maßnahmen des →Staates zu beleuchten.

Die Zahl der Aspekte ließe sich unschwer vermehren. Im besten Fall ist Agrargeschichte in der Lage, sie für einzelne Epochen (→Periodisierung), Landstriche, Regionen und Gemeinden zu einem geschlossenen, facettenreichen Bild zusammenzufügen. Ihr Ziel wäre dann kein geringeres als eine zeitlich und räumlich begrenzte Geschichte der ländlichen Gesellschaft in der ganzen Breite ihrer Lebensäußerungen. J.F.

◆ Agrarverbände

Agrarverbände sind Interessenverbände und als solche Teil eines zunehmend dichter geknüpften Netzes von Berufsorganisationen, die das Leben und die Strukturen (→Ereignis) moderner →Gesellschaften in außerordentlich starkem Maße bestimmen. Mit ihrer Hilfe suchen Landwirte ihre ökonomischen und sozialen →Bedürfnisse zur Geltung zu bringen und im politischen Entscheidungsprozeß durchzusetzen. Zu diesem Zweck entwickeln sie Programme und geeignete Methoden der Agitation, bearbeiten die →öffentliche Meinung, mobilisieren Mitglieder, Anhänger und Sympathisanten, üben Druck aus auf Regierungen, Parlamente und →Parteien. Gewöhnlich neigen sie dazu, ihre speziellen Anliegen für den Nabel der Welt zu halten, sie ideologisch zu verbrämen und im Falle mangelnder Berücksichtigung den nahenden Untergang des Gemeinwesens zu beschwören. Tatsächlich jedoch handelt es sich darum, die im →Staat verfügbaren Finanzmittel auf Kosten anderer Gruppen und Erwerbsklassen umzuverteilen und möglichst viel davon in die eigenen Taschen zu lenken.

In Deutschland reichen die Traditionen der Agrarverbände bis ins späte 18. und frühe 19. Jh. zurück. Damals bildeten sich ökonomische Gesellschaften und landwirtschaftliche →Vereine, in denen sich die oberen →Schichten der ländlichen Bevölkerung, Angehörige des Adels, bürgerliche Domänenpächter und Besitzer größerer Bauernhöfe, aber auch Akademiker, Pfarrer und Lehrer versammelten, um den agrarischen Fortschritt (→Entwicklung) zu befördern. Dabei kümmerte man sich weniger um Fragen der hohen Politik als um solche, die mit praktischen Problemen von Ackerbau und Viehzucht zusammenhingen, diskutierte über Maßnahmen der Rationalisierung und →Modernisierung, über Flurbereinigung und verbesserte Gerätschaften, Marktstrategien und berufliche →Bildung, organisierte Ausstellungen und Wettbewerbe. Zum →Staat standen die meisten dieser →Vereine in einem recht unmittelbaren Verhältnis. Häufig ging die Initiative zur Gründung überhaupt von der →Bürokratie aus, die sich damit einen Resonanzboden für ihre agrarpolitischen Vorstellungen schaffen wollte. Wie eng die wechselseitige Verflechtung war, zeigt sich beispielhaft am Preußischen Landes-Ökonomie-Kollegium von 1842, das als Beirat und Verwaltungsorgan des Innen- bzw. Landwirtschaftsministeriums, gleichzeitig als Zentralstelle, als eine Art Dachverband der landwirtschaftlichen Vereine fungierte: eine Zwitterposition, die auch die gegen Ende des 19. Jhs. ins Leben gerufenen Landwirtschaftskammern kennzeichnet. Als Zwangsorganisationen, die sämtliche →Bauern des jeweiligen Kammerbezirks erfassen, sind sie Körperschaften des öffentlichen Rechts, regeln ihre Angelegenheiten selber, sind aber behördlicher Aufsicht unterworfen und betätigen sich in einer Doppelrolle: zum einen als Interessenvertretung, zum andern als verlängerter Arm des Staatsapparates.

Neben diesen halbstaatlichen Institutionen entstehen in der zweiten Hälfte des 19. Jhs. freie, staatsunabhängige Berufsvereinigungen. Zunächst sind das in den katholischen Regionen die christlichen Bauernvereine, die sich im Bündnis mit der →Kirche gegen den Kulturkampf der 1870er Jahre wehren, gegen den städtischen, industriewirtschaftlich geprägten →Liberalismus und dann gegen die Sozialdemokratie (→Arbeiterbewegung) zu Felde ziehen, die materielle wie die sittlich-religiöse «Hebung» des «Bauernstandes» auf ihre Fahnen schreiben und für Formen genossenschaftlicher Selbsthilfe werben. Nach 1893 tritt ihnen teils als Gegenspieler, teils als Mitstreiter der Bund der Landwirte an die Seite, der seine Schwerpunkte in den protestantischen Gebieten hat, sich in unglaublich kurzer Zeit zu einer dynamischen, schlagkräftigen Massenbewegung auswächst, die Politisierung der ländlichen Gesellschaft vorantreibt und zum dominierenden Faktor in der agrarischen Verbandslandschaft wird. Historikern gilt er nicht von ungefähr als Prototyp einer qualitativ neuen, ebenso robusten wie hemdsärmeligen Interessenpolitik. Auf überaus wirksame Weise verbindet er moderne Führungs- und Propagandatechniken mit reaktionären →Ideologien und antisemitischen Ressentiments (→Antisemitismus), die in der Landbevölkerung tief verwurzelt sind. Zwar stellen Bauern die Mehrheit der Mitglieder, aber an den Schalthebeln der innerverbandlichen Macht sitzen die Repräsentanten einer schmalen Schicht von Großgrundbesitzern, die ostelbischen →Junker. Deren zentrales Ziel ist es, die deutsche Landwirtschaft durch Zölle und Subventionen gegen die billiger produzierende Konkurrenz des Auslandes abzuschirmen und künstlich den Bedeutungsverlust zu kompensieren, den der Agrarsektor im Prozeß der →Industrialisierung erleidet. Willfährige Helfershelfer finden sie in den verschiedenen Zweigen der Bürokratie, hier und da bei den Nationalliberalen, bei den →Verbänden des →Mittelstandes und den →Agitationsvereinen, vor allem aber bei den Konservativen (→Konservatismus), die der Bund fast völlig in seine Abhängigkeit bringt, deren Wahlkampagnen er finanziert und denen er auch sonst hilfreich unter die Arme greift. Konservative Politik wird so endgültig zum Synonym für agrarische Interessenpolitik.

Obwohl sich der Manövrierraum für die organisierte Landwirtschaft nach dem Ersten Weltkrieg spürbar verengt und sie an Einfluß verliert, ändert sich an den im Kaiserreich ausgeprägten Grundmustern nur wenig. Zwar wechseln die Formen, nicht aber – oder nur geringfügig – die Inhalte der Politik. Aus dem Bund der Landwirte wird 1921 der Reichslandbund, der zunächst auf die Karte der Deutschnationalen, der Nachfolgepartei der Konservativen, seit 1930 auf die der Nationalsozialisten setzt. 1933 wird er zusammen mit den übrigen Agrarverbänden und -körperschaften gleichgeschaltet und geht im Reichsnährstand auf. Gleichzeitig berufliche Standesorganisation und staatsunmittelbare Einrichtung, macht dieser die Landwirte zu Erfüllungsgehilfen der Kriegsvorbereitung und der Kriegswirtschaft. Sein Erbe treten nach 1945 in der Bundesrepublik der Deutsche Bauernverband und die Kammern an, die an ältere organisations- und wirtschaftspolitische Traditionen anknüpfen, wie gehabt Subventionen einklagen und gewährt bekommen, im Rahmen der EWG bzw. EG aber nicht allein auf der nationalen Bühne, sondern zunehmend auch auf der internationalen in Brüssel agieren und agieren müssen. Denn dort fallen die strategisch wichtigen Beschlüsse, handelt man Preise, Produktionsquoten und Marktordnungen aus, die dann in den einzelnen Mitgliedsstaaten umgesetzt werden. J. F.

◆ Akten

Wir kennen den Singular «die Akte», und wir kennen den Plural «die Akten». Ersterer bezeichnet den Ordner oder die Mappe, in denen letztere abgeheftet oder abgelegt werden. Akten sind demnach Schriftstücke, die nie für sich allein, sondern immer im Zusammenhang mit anderen stehen. Sie dokumentieren, worüber gehandelt und gesprochen worden ist. Seit dem ausgehenden →Mittelalter werden sie allmählich zum typischen Merkmal einer geordneten Geschäftsführung, und aus den hochgradig bürokratisierten →Gesellschaften der Moderne sind sie schlechterdings nicht mehr wegzudenken. Je näher sie an die Gegenwart heranreichen, desto massenhafter sind sie überliefert: Für Historiker erwächst daraus die Aufgabe, präzise Methoden und Fragestellungen zu entwickeln, um nicht in der Flut des verfügbaren Materials zu ertrinken.

Produziert und hinterlassen werden Akten von den verschiedensten Einrichtungen und Organisationen: von Ministerien, Behörden und Ämtern, von →Parteien, →Verbänden und →Vereinen, von →Kirchen, Industrieunternehmen, Landwirtschafts-, Handwerks- und Handelskammern, von Banken, Medienkonzernen, Rundfunk- und Fernsehanstalten. Nach Abschluß der laufenden Vorgänge landen sie gewöhnlich in den Registraturen, später dann in den →Archiven, wo sie von speziell geschultem Personal für die wissenschaftliche Forschung aufbereitet werden. Wer private Archive aufsuchen will, braucht eine Genehmigung und muß sich manchmal einschränkenden Auflagen unterwerfen. Bei staatlichen Akten ist normalerweise eine Sperrfrist von 30 Jahren zu beachten, die nur mit einer Sondererlaubnis von Fall zu Fall aufgehoben werden kann. Ob sie gewährt wird, hängt vom Ermessen der zuständigen Stellen ab. Dabei spielen Nützlichkeitserwägungen ebenso eine Rolle wie Sicherheitsbedürfnisse, Geheimniskrämerei und Vorschriften des Datenschutzes.

Die meisten Akten bleiben unveröffentlicht. Nur wenige, jeweils unter bestimmten Gesichtspunkten ausgewählte Stücke werden in Form kritisch kommentierter Editionen gedruckt und damit einem größeren Publikum zugänglich gemacht. Geschlossene Bestände sind eher selten und für Historiker echte Glückstreffer. Die Gründe dafür, daß Akten die Archive nur lückenhaft erreichen, sind mannigfaltig: Ein Teil wird ausgesondert, zurückgehalten oder «kassiert», das heißt vernichtet; ein anderer fällt Kriegseinwirkungen, Brand- und Flutkatastrophen, bisweilen auch unsachgemäßer Aufbewahrung zum Opfer. Minister und Beamte in den oberen Rängen der Hierarchie haben überdies die Angewohnheit, ihre «Handakten» nach dem Ende der Amtszeit mitzunehmen, um sie eventuell irgendwann einmal als Basis für →Memoiren und vergleichbare Rechtfertigungsversuche zu nutzen.

In der Systematik der Quellenkunde (→Quellen) gelten Akten als «Überreste». Denn sie dienen primär Verwaltungszwecken, nicht jedoch der Belehrung oder Beeinflussung der Nachwelt. Relativ unverhüllt und mit einem hohen Maß an Authentizität spiegeln sie →Interessen, Motive und Ziele derjenigen, die in den Institutionen auf den verschiedenen Ebenen Entscheidungen treffen. Ohne ihre Kenntnis und Auswertung sind politische Prozesse (→Entwicklung) und Konstellationen nicht oder nur schwer zu erfassen. Man muß allerdings stets berücksichtigen, daß Akten prinzipiell fragmentarisch sind. Gerade im Zeitalter des Telefons wird vieles mündlich verabredet, ohne daß es in eigens angefertigten «Aktennotizen» noch einmal schriftlich fixiert wird. Die Arbeit mit den Akten muß deshalb durch Heranziehung anderer Zeugnisse ergänzt werden: durch →Zeitungen zum Beispiel, →Tagebücher, Briefe, Autobiographien (→Memoiren), Parlamentsprotokolle.

Akten sind in aller Regel der Perspektive derer verpflichtet, die sie führen. Das begrenzt ihre Aussagekraft. Aber dadurch, daß sie Eingaben und Denkschriften von Menschen und Organisationen enthalten, die von staatlichem Handeln oder Planungen betroffen sind, geben sie auch Auskunft über alternative Überlegungen und Initiativen, gleichgültig ob diese in der Willensbildung zum Zuge kommen oder nicht. Insoweit reflektieren Akten eine gewisse Bandbreite an Meinungen und Interessen. Darüber hinaus stoßen wir in den Archiven immer wieder auf Berichte, die Stimmungen und Bewegungen in der Bevölkerung registrieren und bewerten: Gerade sie erlauben Einblicke in die wirtschaftliche und soziale Lage von →Klassen, →Schichten und Berufsgruppen. Akten sind deshalb wahre Fundgruben, die eine Fülle von Informationen und Aspekten bieten: nicht nur für Politik-, sondern auch für die Sozialhistoriker. Der Weg in die Archive mag mühsam sein, Geduld und Spürsinn erfordern. Aber für die Forschung, die Wert auf empirisch abgesicherte Ergebnisse legt, ist er unverzichtbar. J. F.

◆ Alltagsgeschichte

Alltagsgeschichte ist zu einem Sammelbegriff für vielfältige historiographische Aktivitäten geworden, die alle auf irgendeine Weise mit dem Alltag zu tun haben. Eine verbindliche Definition dessen, was Alltag heißt, gibt es jedoch nicht. Nach dem weiten Verständnis der Lukács-Schülerin Agnes Heller bezeichnet das Alltagsleben «die Gesamtheit der Tätigkeiten der Individuen zu ihrer Reproduktion, welche jeweils die Möglichkeit zur gesellschaftlichen Reproduktion schaffen». Nach einer engeren Definition meint Alltag die sich wiederholenden alltäglichen Verrichtungen – «das Repetitive, das allem menschlichen Denken und Handeln ein unabdingbares Fundament bietet und sein Tun entlastet» (Peter Borscheid). Angesichts der Fülle unterschiedlichster Begriffe und Konzepte empfiehlt es sich, Alltag pragmatisch zu bestimmen als →Lebenswelt und Erfahrungsraum, in denen «sich Menschen tagtäglich oder regelmäßig in Aktionen, Interaktionen und Reaktionen mit der von ihnen vorgefundenen Wirklichkeit auseinandersetzen, um in ihr zu überleben, zu leben und sie ihren Bedürfnissen anzuverwandeln» (Klaus Bergmann/Susanne Thurn).

Während die historische Alltagsforschung in England bereits auf eine längere Tradition der People's History zurückblicken kann und in Frankreich im Rahmen einer weitgefächerten Sozialgeschichtsschreibung (→«Annales»-Schule) schon früh Beachtung fand, ist sie in der Bundesrepublik erst seit Ende der siebziger Jahre entdeckt und seitdem zu einem wichtigen Zweig historischer Forschung und Lehre ausgebaut worden. Die Gründe für die Hinwendung zur Alltagsgeschichte waren vielschichtig. Zum einen spiegelten sich darin Versäumnisse der professionellen Geschichtswissenschaft. Sie richtete sich nicht nur gegen die lange wirksame historiographische Tradition, Geschichte vorwiegend aus der Perspektive der «Großen», der «Sieger» zu schreiben; ebenso – und vielleicht in noch stärkerem Maße – entsprang sie einem kritischen Impuls gegen die moderne Sozialgeschichtsschreibung der «Bielefelder Schule». Diese hat zwar die →Geschichtswissenschaft der Bundesrepublik geöffnet für eine theoriegeleitete Analyse gesellschaftlicher Strukturen (→Ereignis) und Prozesse (→Entwicklung), die Frage, wie diese Strukturen und Prozesse von den Menschen erlebt, interpretiert und verarbeitet wurden, jedoch fast vollständig ausgeblendet. Durch die Übernahme modernisierungstheoretischer Ansätze (→Modernisierung) blieb sie darüber hinaus weitgehend unempfindlich für die Kehrseiten des gesellschaftlichen Fortschritts. In der Kritik an dieser Beschränkung lag ein wichtiger Ansatzpunkt für die Ausweitung der Perspektive auf die Erfahrungen und

Leiden derer, die häufig als «kleine Leute» ebenso vielsagend wie unangemessen etikettiert werden.

Zum anderen wurde das →Interesse an der Alltagsgeschichte stimuliert durch neue gesellschaftliche Erfahrungen. In den Hohlraum, den das Scheitern hochfliegender Reformpläne während der sozialliberalen Ära hinterlassen hatte, stießen seit Mitte der siebziger Jahre neue soziale Bewegungen, die sich durch ein gegenüber der Studentenrevolte der sechziger Jahre (→Studentenbewegung) verändertes Politikverständnis auszeichneten. Statt großer gesellschaftsverändernder Entwürfe suchte man jetzt eher nach den kleinen Alternativen, nach konkreter lebensverändernder Praxis. «Small is beautiful» – dieser menschenfreundliche Slogan alternativer amerikanischer Kulturkritik hat auch die historische Alltagsforschung in der Bundesrepublik beflügelt.

Die Hinwendung zum historischen Alltag bedeutete für die Geschichtswissenschaft einen beachtlichen Zustrom an neuen Themen und Fragestellungen, die lange Zeit als zu banal beiseite geschoben wurden: Wie wohnten die Menschen früher? Wie kleideten, ernährten und liebten sie sich? Wie feierten sie ihre Feste, und wie gingen sie mit Geburt, Krankheit und Tod um? Orte, die vordem gemieden wurden, rückten auf einmal ins Zentrum historischer Neugier: Betrieb und Werkstatt, Schnapskneipe und Mietskaserne, Stadtteil und Straße, Provinz und Dorf. Gesellschaftliche Gruppen, die bislang im Schatten standen oder nur eine sprachlose, anonyme Kulisse bildeten, fanden nun die verdiente Aufmerksamkeit: Rebellen und Aussteiger, Verfemte und Verfolgte, Soldaten und →Dienstmädchen. Die Geschichte der Frauen ist über das neue Interesse am historischen Alltag überhaupt erst zu einem wichtigen Forschungsgegenstand aufgerückt (→Frauengeschichte). Aber auch auf anderen, von der Geschichtswissenschaft bereits intensiv bearbeiteten Forschungsfeldern haben sich durch den Einfluß der Alltagsgeschichte interessante Verschiebungen ergeben. In der Geschichtsschreibung der →Arbeiterbewegung zum Beispiel verlagerte sich der Blick von den Organisationen, Programmen und Führungsgruppen hin zu dem, was die gesellschaftliche Realität (→Tatsachen) der →Arbeiter selbst ausmachte, ihre alltäglichen Lebensgewohnheiten und Verhaltensmuster (→Arbeiterkultur). Am Nationalsozialismus interessierten nicht mehr nur der Terror, sondern auch die Hoffnungen, die er mobilisiert hatte, nicht mehr nur die Funktionsbedingungen seiner →Herrschaft, sondern auch seine widersprüchliche alltägliche Wirklichkeit (→Faschismus). Damit wurde unter anderem auch eine Neufassung des Widerstandsbegriffs notwendig. Dieser kann eben nicht, wie das lange Zeit üblich war, auf die konservative Opposition und die organisierten Gruppen der Arbeiterbewegung eingegrenzt werden, sondern verlangt eine Einbeziehung vielfältiger Formen von Verweigerung und →Protest, die sich manchmal kaum entwirrbar mit Tendenzen der Anpassung und Zustimmung zu Teilbereichen faschistischer Politik überschnitten (→Resistenz).

Alltagsgeschichte hat überdies unsere Sinne geschärft für bislang vernachlässigte →Quellen: Fotoalben, →Tagebücher, Haushaltsrechnungen, Kochbücher, Briefe, Witze, Spottverse – die vielen versteckten Zeugnisse einer unbotmäßigen Volksliteratur wurden der Vergessenheit entrissen. Wo immer Alltagshistoriker ihren Spaten ansetzten, stießen sie auf Überreste einer verschütteten →Kulturgeschichte der «kleinen Leute», auf die alltäglichen Gegenstände des Lebens und Arbeitens: Werkzeuge, Maschinen, Möbel, Haushaltsgeräte, um nur einige wenige zu nennen. Vor allem aber verdanken wir der Alltagsforschung die Entdeckung, wieviel verborgene Schätze noch in den Erinnerungen alter Menschen aufbewahrt werden. Die «mündliche Geschichte» – →«Oral history» – wurde geradezu zu einem Synonym für alltagsgeschichtliche Forschung in der Bundesrepublik.

Trotz oder gerade wegen ihrer anregenden Wirkungen hat die Alltagsgeschichte seit ihren ersten Anfängen scharfe Kritik seitens der etablierten Geschichtswissenschaft herausgefordert. Die Bedenken, die vor allem von den Bielefelder Sozialhistorikern Hans-Ulrich Wehler und Jürgen Kocka vorgetragen wurden, addieren sich zu einem Grundvorwurf: Der Alltags-Begriff sei zu unscharf, um als sozialgeschichtliche Kategorie überhaupt sinnvolle Verwendung zu finden; Alltagsgeschichte löse, da sie zur Synthese unfähig sei, die Geschichte auf in eine Vielzahl von Einzelbildern. Die gesellschaftlichen Strukturen gerieten aus dem Blick und mit ihnen auch die Theorien, die sie erklären könnten. Die Folge sei ein «romantisierender Neohistorismus», der sich mit einem Kult der bloßen Anschauung zufriedengebe. Läßt man einmal die heftige Tonart der Kritik beiseite, so verweist sie auf einige Probleme und Gefahren der Alltagsgeschichte, die ernst genommen werden müssen. Sie liegen freilich weniger in der Unschärfe des Begriffs, die für viele andere geschichtswissenschaftliche Kategorien ebenso gilt, als vielmehr in der Neigung zu einer Verklärung vergangener Lebenswelten. Der Alltag, zumal der Unterschichten, war bis vor nicht allzu langer Zeit beschwerlich, bestimmt durch Mühsal, Entbehrung und Eintönigkeit, und bietet daher wenig Stoff für Sozialromantik.(→Sozialgeschichte)

Zweifellos berechtigt ist auch die Forderung, daß Alltagsgeschichte sich nicht auf eine Geschichte der «kleinen Leute» beschränken dürfe, sondern alle Gesellschaftsschichten und →Klassen umfassen müsse. Gerade in der vergleichenden Betrachtung unterschiedlich geprägter «Alltage» liegt eine wichtige historische Erkenntnisdimension von Alltagsgeschichte. Der ausschließliche, sympathiegeleitete Blick auf das Alltagsleben des «kleinen Mannes» oder der «kleinen Frau» kann leicht einer neuen Heroisierung, diesmal nur mit anderen Akteuren, Vorschub leisten. Da tritt dann an die Stelle der «großen Männer» das neue Klischeebild der eigensinnigen und listigen Rebellen, die ungeachtet aller äußeren Widrigkeiten ihren Alltag souverän meistern und den Herrschenden bei jeder passenden Gelegenheit ein Schnippchen schlagen.

Darüber hinaus gibt es ein Syntheseproblem in der historischen Alltagsforschung. Sie hat Mühe, ihre Erkenntnisse einzubetten in allgemeine strukturgeschichtliche, klassen- oder geschlechtsspezifische, verfassungs- und politikgeschichtliche Rahmenbedingungen. Gerade dies aber muß gefordert werden, wenn Alltagsgeschichte nicht zu einer relativ beliebigen Zahl von Genrebildern verkommen soll. Denn die «kleine Welt» des Alltags ist nicht autonom; sie ist auf vielfältige Weise verflochten mit der «großen Welt» des Politischen und übergreifender sozioökonomischer Strukturen. In den jeweils neu und anders herzustellenden Verknüpfungen von →Mikro- und Makrogeschichte liegt die große Chance, aber auch die methodisch am schwierigsten zu bewältigende Aufgabe von Alltagsgeschichte. Dazu bedarf sie der begrifflichen Anstrengung und theoretischer Einsichten in gesellschaftliche Strukturen und Herrschaftsmechanismen, die allerdings nicht als feste Rahmengrößen die historische Perspektive bestimmen dürfen, sondern bereit bleiben müssen, sich durch das sperrige Alltagsmaterial gegebenenfalls relativieren zu lassen.

Nachdem sich die erste Aufregung um den neuen historischen Forschungsansatz gelegt hatte, wuchs auch unter bundesdeutschen Sozialhistorikern die Einsicht, daß das unfruchtbare Entweder-Oder – hier «Alltagsgeschichte», dort «Strukturgeschichte» – überwunden werden müsse zugunsten eines integrierten Konzepts kritischer Sozialgeschichtsschreibung, das die Vorzüge der einen wie der anderen Sichtweise verbindet. «Alltagsgeschichte könnte» – so Klaus Tenfelde – «wenn nicht den Königsweg, so doch eine Möglichkeit bezeichnen, den Bedürfnissen zu entsprechen und doch über den Menschen die Strukturen nicht zu übersehen.» V. U.

◆ Alternative Bewegungen

Alternative Bewegungen oder Gruppen wollen aus eigenem Antrieb, ohne Organisation durch staatliche Institutionen und häufig im Gegensatz zu ihnen, die Formen des Zusammenlebens, etwa in der Familie oder in der Berufsarbeit, grundlegend verändern. Diese Veränderungen werden unmittelbar, das heißt schon in der eigenen Lebenspraxis, angestrebt. Das unterscheidet alternative Bewegungen von den auf langfristige Perspektiven ausgerichteten emanzipatorischen Bewegungen, wie z.B. die →Arbeiterbewegung des 19. Jhs.

Die Bezeichnung «alternative Bewegungen» wird zumeist auf die neuen sozialen Bewegungen angewandt, die sich in den siebziger Jahren in den hochentwickelten Industrienationen herausgebildet haben. Dabei wird zumeist übersehen, daß sie fast überall auf eine längere Tradition zurückblicken können. Versuche, zu alternativen Lebensformen zu finden, setzten z. B. in Deutschland bereits um die Jahrhundertwende ein, als die Auswirkungen der mit der Reichsgründung von 1871 einsetzenden Hochindustrialisierung (→Industrialisierung) sich immer deutlicher zeigten und zugleich der Glaube an eine Lösung der damit verbundenen sozialen und politischen Probleme über die traditionellen Institutionen immer brüchiger wurde. In der Künstler- und Studentenbohème vor allem in München und Berlin entwickelten sich seit 1890 Ansätze einer Gegenkultur, die in ihren hervorstechenden Merkmalen – Ablehnung einer geregelten Berufsarbeit, freie Liebesbeziehungen, Zusammenleben in Wohngemeinschaften – antibürgerlich und antiautoritär zugleich war. Aus diesem Grunde sympathisierten nicht wenige Bohemiens, z. B. der Schriftsteller Erich Mühsam in München, politisch mit dem →Anarchismus.

Deutlich individualistisch-antibürgerliche Züge trug auch die seit Ende des 19. Jhs. sich entfaltende Lebensreformbewegung, in der Industriekritik und Landkult, Großstadtfeindschaft und Agrarromantik eine oft widerspruchsvolle Verbindung eingingen. Die Lebensreformer wollten die immer stärker empfundene Entfremdung der Menschen von der Natur aufheben. Sie erstrebten eine Rückkehr zu einer «natürlichen», ökologisch bewußten Lebensweise und gemeinschaftlichen Formen des Lebens und Arbeitens. Zu diesem Zweck wurden seit der Jahrhundertwende ländliche →Genossenschaften und Kommunen gegründet, zum Beispiel 1893 die Vegetarische Obstbaukolonie Eden in der Nähe von Oranienburg bei Berlin. Zum wichtigsten Treffpunkt von Angehörigen der Alternativszene und Aussteigern im Kaiserreich entwickelte sich seit 1900 die lebensreformerische Siedlung auf dem Monte Verità bei Ascona im Tessin.

Nach dem Ersten Weltkrieg fand der Siedlungsgedanke verstärkt Anklang, vornehmlich bei den durch das Fronterlebnis desillusionierten, durch die Novemberrevolution radikalisierten jugendlichen Kriegsteilnehmern. Es entstanden zahlreiche neue Landkommunen, darunter auch der bekannte Barkenhoff in Worpswede bei Bremen, den der Maler Heinrich Vogeler ins Leben rief.

Den meisten Experimenten dieser Art war jedoch nur eine kurze Dauer beschieden. Sie scheiterten zumeist an den harten ökonomischen Realitäten. Enthusiasmus war auf die Dauer kein Ersatz für fehlende Erfahrungen in der Landwirtschaft, für Kapital und Maschinen. Zudem stießen die zugewanderten stadtmüden Siedler nicht selten bei der eingesessenen ländlichen Bevölkerung auf Mißtrauen und Ablehnung, vor allem dann, wenn sie erkennbar linken politischen Auffassungen anhingen.

Ein eher pittoreskes Randphänomen der Alternativszene in der Weimarer Republik bildeten die Wanderprediger, die in den frühen zwanziger Jahren durch →Stadt und Land zogen und ihre Erweckungs- und Heilsbotschaften verkündeten. Nach dem Ende der Inflation 1923 und der vorübergehenden Stabilisierung der Weimarer Republik verloren diese «barfüßigen Propheten» (Ulrich Linse) allerdings schnell an Zulauf.

Manches von dem, was Lebensreformbewegung und Landkommunen in den ersten drei Jahrzehnten dieses Jahrhunderts an Zivilisationskritik formulierten und an neuen Lebensformen praktizierten, ist in den alternativen Bewegungen seit den sechziger Jahren wieder aufgenommen worden. In der Revolte der amerikanischen Beatniks und Hippies, die der Leistungs- und Konsumgesellschaft den Rücken kehrten, kündigte sich ein neues Lebensgefühl an, das in den westeuropäischen Ländern zum Stimulans des jugendlichen →Protests wurde und auch in die antiautoritäre Bewegung der Studenten hineinwirkte (→Studentenbewegung). Man denke etwa an die für eine vermuffte Spießermoral ausgesprochen schokkierenden Wohngemeinschaftsexperimente der Kommune I in Berlin. Während die Studentenbewegung jedoch noch von einem optimistischen Fortschrittsglauben beflügelt wurde, ist die Alternativbewegung, wie sie sich in den siebziger Jahren formierte, zu verstehen als Reaktion auf die ökologische Grundlagenkrise der Industriegesellschaften, die in ihrer lebensbedrohenden Dimension erst jetzt voll ins Bewußtsein rückte. In zahlreichen Bürgerinitiativen organisierte sich Protest gegen Atomkraftwerke, Wiederaufbereitungsanlagen für atomaren Müll und andere industriell-technische Großprojekte mit ihren katastrophalen Folgen für

Mensch und Natur. Die Alternativbewegung hat die Sensibilität der Öffentlichkeit für die zerstörerische Logik ungebremsten industriellen Wachstums, aber auch für die Gefahren des Friedens (→Krieg–Friede) durch immer neue Aufrüstung oder die Benachteiligung von Frauen geschärft. Mit der →Partei der Grünen besitzt sie seit Ende der siebziger Jahre überdies einen parlamentarisch verlängerten Arm.

Im Unterschied zu ihren historischen Vorläufern ist für die neue Alternativbewegung die Landkommune nicht mehr der bevorzugte Fluchtpunkt aller Wünsche. Ihr Kennzeichen ist vielmehr das Entstehen einer außerordentlich bunten, eher städtisch geprägten Gegenkultur mit einem weitgefächerten Netzwerk von Projekten, in denen versucht wird, Leben und Arbeiten sinnvoll zu vereinbaren in selbstverwalteten Kollektiven: alternative Werkstätten, Kneipen, Buchläden, Wohngemeinschaften, freie Schulen, Mieterkollektive, Theater-, Therapie- und Selbsterfahrungsgruppen, Kleinverlage, →Zeitungen.

Manches alternativ begonnene Projekt – etwa die Berliner «Tageszeitung» (TAZ) – ist aus dem Kulturbetrieb inzwischen nicht mehr wegzudenken.

V. U.

◆ **Altertum** (Antike)

Die Antike sieht die Geschichtswissenschaft eingebettet in den sowohl geographisch wie chronologisch umfassenderen Zusammenhang des Altertums. Von diesem ist also auszugehen. Im weitesten Sinne erscheint der Begriff als Synonym für den Anfang aller geschichtlichen →Zeit. In dieser «universalgeschichtlichen» Bedeutung gilt er der Romantik und dem →Historismus als Bezeichnung für eine einmalige Epoche (→Periodisierung) der Hochkulturen, von der ausgehend sich die verschiedenen Sonderkulturen entwickelt haben. Dieser Auffassung stand schon seit J. G. Herder die Idee eines morphologischen Kulturkonzeptes gegenüber, das in der Geschichtswissenschaft des 19. Jhs. (H. Leo) im Konstrukt verschiedener Altertumsformationen mündete. Dieser Ansatz relativierte die Epoche, indem er sie auf unterschiedliche Kulturkreise bezog. Noch heute unterscheiden daher die Nachfolger der Kulturmorphologie in den Wissenschaftsbereichen der →historischen Anthropologie oder der außereuropäischen →Kulturgeschichte z. B. japanisches Altertum vom griechischen Altertum oder dem Ägyptens. Allerdings hat sich diese Form der Betrachtung von Ursprungsepochen fast überlebt. Das Unbehagen an fixen Perioden spielt dabei ebenso eine Rolle wie das Interesse an übertragbaren Modellen bzw. übergreifenden →Theorien, die historische →Entwicklungen als vergleichbare Prozesse konstruieren. Vor dem Hintergrund der Geschichte des Begriffs nimmt sich das auf das Antikeninteresse des Humanismus zurückweisende Verständnis von Altertum als Epoche der Hochkulturen begrenzter aus. In ihrem geographischen Zentrum liegt das Mittelmeerbecken mit seinen nördlichen Randzonen, der natürlichen Westbegrenzung an der Meerenge von Gibraltar, dem ägyptischen und phönizischen Nordafrika als südlicher Grenze und seiner außerordentlichen Reichweite tief in den asiatischen →Raum hinein bis an die Ufer des Indus, ein bei aller interkontinentalen Ausdehnung zusammenhängender Raum. Seine wesentlichen Bindeglieder waren Kulturkontakt und «Erbe» – die mit und in der Zeit immer wieder erneuerte Abfolge großer «Reiche». Damit ist auch das bedeutendste Merkmal der von der Geschichtswissenschaft seit dem Humanismus proklamierten Einheit des Altertums angesprochen: die Idee des Universalreiches. Sie reicht von den Großreichen Altägyptens und Vorderasiens bis zu den berühmten Träumen Alexanders des Großen, Caesars und Justinians. Mit seiner interkulturellen expansionistischen Universalität hat das hellenistische Reich Alexanders und der Diadochen vielleicht die größte Annäherung an die Möglichkeit einer realen Einheit des Altertums vollzogen. Rom ist diesem Modell auf seine Weise, aber eben als antiker Sonderfall des Altertums gefolgt.

Als «klassisches Altertum» hatte bereits Friedrich Schlegel die Antike bezeichnet und damit entsprechend den Interessen der romantischen Geschichtstheorie humanistische Orientierung am Ideal des Klassischen in mythische, großartige und vor allem ferne Vergangenheit versetzt. Damit war allerdings für die geschichtliche Deutung der Antike überaus Bedeutsames geschehen: sie hatte endgültig ihre bereits von den Humanisten im «Kampf der Alten mit den Neuen» («querelle des anciens et des modernes») problematisierte unmittelbare Nähe zur Anthropologie der →Neuzeit verloren. Ihrer historischen Analyse als eines geschlossenen Modells oder wenigstens einer abgeschlossenen Epoche stand nichts mehr im Wege. Entsprechend vollzog sich in der Forschung ein Paradigmenwechsel von der ästhetischen und pädagogischen Betrachtung zur politologischen – die allerdings bereits in der →Renaissance vorbereitet worden war – sowie zur Wirtschafts- und Gesellschaftsanalyse. Mit einem Wort: die Antike büßte endgültig ihre Sonderstellung auf den Grabungsfeldern der historischen Disziplinen ein, denen sie so lange als Maßstab aller Dinge gegolten hatte, und verwandelte sich in ein «normales» geschichtliches Objekt.

Ihre Epocheneinheit erschien nun nicht mehr im Bild der unauflösbaren Einheit von vorbildlicher Menschenbildung, ästhetischer Vollkommenheit und rechtsstaatlicher Idealtypik, sondern in der historischen Differenzierung einer vor allem vom Typus der städtischen Selbstverwaltung und →Freiheit geprägten →Gesellschaft. Dabei gerieten zunehmend die inneren Widersprüche der antiken Welt zwischen 1000 v. Chr. und 500 n. Chr. in den Blick. Freiheit und Unfreiheit, →Recht und →Gewalt, →Bürger und Tyrann, Heide und Christ – solche und noch mehr Gegensatzpaare erwiesen sich als «heimisch» in den antiken Ordnungen. All diese Erscheinungen konnten aber eine Gemeinsamkeit reklamieren – ihre Prägung durch die →Stadt. Selbst die letzte Variante der Großstaaten des Altertums, das Imperium Romanum, verdankte nicht nur seinen Namen, sondern auch die ihm eigentümlichen Vorstellungen von Recht, Bürgerwesen und pluralistischer Religiosität einer Stadt, wenn auch nicht irgendeiner.

Die der antiken Entwicklung bedeutsame räumliche Einheit als «eine Welt des Mittelmeeres» war daher ein Produkt der Kolonisation griechischer Städte. Nicht das römische Imperium, die griechische Polis war die Wiege jener universal-kulturellen Beziehungen, die das Mittelmeer zum «mare nostrum» werden ließen. Die Tatsache selbst ist banal, aber nicht ohne Konsequenz. Der Mittelmeerraum hielt nämlich selbst einige wesentliche Bedingungen für die Einheit der Antike bereit. So spielten sowohl die klimatischen Verhältnisse wie die Bodenbeschaffenheit eine Hauptrolle bei der frühen, allgemein verbreiteten Seßhaftigkeit antiker Gesellschaften. Regen im Winter und lange Trockenheit im Sommer, leichte Böden, angenehme Siedlungsmöglichkeiten, ideale Lagen für Wein und Öl – lauter Angebote für Seßhaftigkeit und «Kultur». Eine Lebensweise, zu deren Symbol nicht von ungefähr der langer Pflege und Gedächtnisses bedürftige Olivenbaum wurde. Solche Bedingungen fanden sich in Griechenland, Kleinasien, Nordafrika, Italien und Spanien – wenigstens dort, wo an den Küsten die urbanisierten Landschaften der Antike entstanden.

Griechenland und Rom bildeten die beiden Säulen, auf denen das einheitliche Dach für diese Gesellschaften ruhte. Ihr zunächst erzwungenes – durch Rom –, schließlich kulturell vermitteltes Verschmelzen vollzog als formale Einheit, was sich als typologische schon längt zuvor herausgebildet hatte. Interne Periodisierung dieser Einheit scheint notwendig, stößt aber bei der Pluralität der griechischen Staatenwelt und entsprechender «Ungleichzeitigkeiten» noch im spätantiken Imperium Romanum der Diokletianischen Reformen auf außerordentliche Schwierigkeiten. Immerhin ließen sich grosso modo folgende strukturelle Abgrenzungen denken: Am Beginn der Antike die großen Wanderungsbewegungen des

2. vorchristlichen Jahrtausends, die im kretisch-mykenischen Raum eine Übergangskultur zwischen altorientalischer Welt und hellenischer Antike einbetten und zugleich die Traditionen der Hochkulturen des Altertums beenden. Darauf folgt seit dem 8. Jh. v. Chr. die Entstehung der Polis, ihre Ausbreitung in Griechenland und durch Kolonisation an die Küsten Kleinasiens, Italiens, Südfrankreichs, Nordafrikas und des Schwarzen Meeres sowie Süd- und Ostspaniens. Dieser Prozeß begründet den sprichwörtlichen griechischen Polyzentrismus, der eine der Wurzeln des antiken Bürgerrechts darstellt. Einen neuen Schub bringt die Polarisierung des griechischen Systems durch den Antagonismus zwischen Sparta und Athen nach den in den ersten Jahrzehnten des 5. Jhs. noch gemeinsam errungenen Siegen über die Perser. Bürgerdemokratie, Kulturblüte und endgültige Ausgrenzung eines großen Teils der Handarbeiter, Fremden, Sklaven und →Bauern sind die Hauptmerkmale dieser Epoche.

Die →Krise der siegreichen attischen Herrschaftsordnung führt aber geradewegs in die absolute →Monarchie des hellenistischen Großreichs Alexanders von Mazedonien. Der modernen Historiographie erscheint der Hellenismus der Reiche Alexanders des Großen und seiner Nachfolger keineswegs mehr als dekadente Variante einstiger hellenischer «stiller Größe und edler Einfalt». Nicht nur die Rolle der hellenistischen Gesellschaften für die latente «Universalisierung» der griechischen Kultur, sondern ihre Eigenart als Transformatoren zwischen Polis und Imperium, ohne die Stadt als gesellschaftliches Modell aufzugeben, steht nun im Vordergrund. Rom lernt gerade am Antagonismus von beiden: hellenischer Polis und hellenistischer Monarchie. Römische →Republik und römisches Imperium wiederholen mit Verspätung und unter den spezifisch italischen Zutaten überindividueller Staats- und Rechtsmythen in gewisser Weise die griechisch-hellenistische Sequenz. Und doch vollzieht das Imperium Romanum die Universalisierung seines eigenen Polis-Modells so gewaltig, daß →Mythos und religiöse Institutionen dieses Vollenders der Antike das Ende der Epoche überdauern (→Geschichtsschreibung, antike).

A. v. M.

◆ Amerikanische Revolution

Revolutionen sind Prozesse (→Entwicklung) von längerer Dauer, die sich im Spannungsfeld von Beharrungswillen und Veränderungsbedürfnissen bewegen. Zum Erscheinungsbild gehören →Proteste, gewaltsame Entladungen, Umbrüche im Bereich der Mentalitäten und Verhaltensweisen, der wirtschaftlichen, sozialen und politischen Strukturen (→Ereignis). Dies gilt, jeweils mit unterschiedlichen Voraussetzungen und Ergebnissen, für die →Französische und →Russische ebenso wie für die Amerikanische Revolution. Auch sie markiert einen Einschnitt von epochaler Bedeutung. In ihrem Verlauf lösen sich die 13 Kolonien an der Ostküste des Kontinents vom englischen Mutterland, konstituieren sich als souveräne →Nation und stellen die Beziehungen zwischen →Bürger und →Staat auf stabile Fundamente. Der Zeitraum, in dem sich dies vollzieht, erstreckt sich über gut zwei Jahrzehnte: Er reicht von den Konflikten, die sich nach 1763 an der Politik der Briten entzünden und Schritt für Schritt eskalieren, über die Unabhängigkeitserklärung von 1776 und den sich anschließenden →Krieg bis hin zur Verabschiedung und Ratifizierung der Verfassung von 1787, die mit den seither beschlossenen Zusätzen noch heute in Kraft ist. Trotz mancher Zweifel, ob der Begriff →Revolution die Entwicklung angemessen erfaßt, hat die Forschung an ihm festgehalten. Insofern folgt sie dem Sprachgebrauch der Zeitgenossen diesseits und jenseits des Atlantik, für die außer Frage stand, daß der Eintritt Amerikas in die Weltgeschichte revolutionären Charakter hatte.

Bereits früh hat sich der Vergleich zwischen den Ereignissen in Frankreich und denen in Amerika aufgedrängt. So schrieb im September 1790 die «Deutsche Monatsschrift», die sich den Traditionen des aufgeklärten →Absolutismus verpflichtet fühlte, daß die Französische Revolution die «Tochter» der Amerikanischen sei. Ausgelöst durch die Schreckensherrschaft der →Jakobiner, verfestigte sich bei vielen Kommentatoren jedoch bald die Überzeugung, daß jene die schlechtere, weil zügellose und destruktive, diese hingegen die bessere, weil moderate und von abrupten gesellschaftlichen Umwälzungen freie Variante sei. Das Erstaunen über den Weg Amerikas mischte sich dabei mit Bewunderung. Der Historiker Johann Gustav Droysen zum Beispiel meinte 1846: «Will man, was hier vor sich ging, eine Revolution nennen, so war sie von der Art, daß keines der wesentlichen inneren Verhältnisse verrückt, die Kontinuität des inneren Rechtslebens an keinem Punkte unterbrochen, der Zustand der Personen und des Eigentums nicht weiter, als der Krieg es mit sich brachte, verändert wurde.» Ganz ähnlich hatte bereits ein Dutzend Jahre zuvor der Franzose Alexis de Tocqueville argumentiert, als er darauf hinwies, daß Amerika «sich der Früchte der bei uns geschehenen demokratischen Revolution erfreut, ohne daß es diese Revolution durchgemacht hat». Demnach hätten wir es mit einem Phänomen zu tun, das von den europäischen Erfahrungen seit 1789 und den daraus abgeleiteten Definitionen abweicht: kein Modell-, sondern eher ein Sonderfall.

Typisch für Amerika war, daß einschneidende Verschiebungen im gesellschaftlichen Gefüge unterblieben. Weder wurde das Prinzip des Privateigentums angetastet, noch wurden die Positionen der traditionellen Oberschichten beeinträchtigt. Die politische →Klasse, die den Kampf gegen die Kolonialmacht steuerte, rekrutierte sich aus dem Besitz- und Bildungsbürgertum, nach Herkunft, Status und Wertvorstellungen geprägt durch ein hohes Maß an Homogenität: die revolutionäre Elite war weitgehend identisch mit der vor- und der nachrevolutionären, wurde von der Revolution nicht verschlungen, sondern genährt. Ein Blick auf das Führungspersonal läßt das unschwer erkennen. Die ersten vier Präsidenten gehörten sämtlich zu den prominenten Gründerfiguren der Vereinigten Staaten: George Washington (1789–97), der die Truppen kommandiert hatte, John Adams (1797–1801), der die →Interessen seines Landes auf der Bühne der europäischen →Diplomatie vertreten hatte, Thomas Jefferson (1801–09), der die Unabhängigkeitserklärung entworfen hatte, und James Madison (1809–17), der ‹Vater› der Bundesverfassung. Die Ordnung, die man anstrebte, zielte auf nationale Souveränität, Gewährleistung und Sicherung individueller Freiheitsrechte (→Grundrechte). Zwar gab es ökonomisch motivierte Unzufriedenheit und radikaldemokratische Strömungen, eine entscheidende Rolle aber spielten sie nicht. Die amerikanische Revolution war daher, wie die Geschichtsschreibung betont, im wesentlichen eine des konstitutionellen Systems: Der Wandel, den sie auslöste, hatte zunächst primär politische, nicht jedoch soziale und egalitäre Dimensionen.

Die üblichen Indikatoren revolutionärer Situationen – Mißstände, Unzuträglichkeiten, verschleppte Probleme und schwelende →Krisen – lassen sich auch in Amerika beobachten. Not und Bedrückung hatte man hier allerdings weniger erlitten als antizipiert. Der Protest speiste sich vorwiegend aus der Sorge um künftige Entfaltungschancen. Befürchtet wurde der Verlust an wirtschaftlicher Autonomie und politischer Mitbestimmung. Den Anlaß dazu boten Maßnahmen des Parlaments und der Regierung in London, die nach dem Ende des Siebenjährigen Krieges die Zügel zu straffen, die administrativen Strukturen zu reorganisieren und die verfügbaren Ressourcen effizienter auszuschöpfen suchten. Die Amerikaner sahen darin Angriffe auf →Eigentum und →Freiheit. Sich dagegen zu wehren, hieß für sie die Verteidigung überlieferter →Rechte, um nicht zu Engländern zweiter Klasse abzusinken, hieß insbesondere, mitreden zu wollen bei der Bewilligung und Aufbringung des staatlichen Geldbedarfs. «No taxation without representation», keine Steuern ohne das Votum der legitimen, gewählten Körperschaften: dies wurde rasch zur zündenden, die

Erwartungen und Kräfte bündelnden Kampfparole. An Unabhängigkeit dachte man anfänglich nicht. Erst als sich zeigte, daß die Briten trotz einzelner Konzessionen zu grundsätzlichen Kompromissen nicht bereit waren und die Fronten sich verhärteten, wurden Trennung und Krieg unausweichlich. Dabei kamen den Amerikanern zum einen die geringe Autorität der Kolonialbeamten und die operativen Schwächen der englischen Generalität zugute, zum anderen militärische, finanzielle und moralische Hilfen durch Frankreich und die Niederlande. Wie später die Französische und die Russische war auch die Amerikanische Revolution auf das engste mit den internationalen Mächtekonstellationen verflochten, schwamm aber im Unterschied zu jenen auf einer breiten Welle der Sympathie und Unterstützung: dem dialektischen Wechselspiel von äußerem Druck und innerer Radikalisierung war so von vornherein der Boden entzogen.

Daß Terror und Vernichtungskampagnen gegen den ideologischen wie den sozialen ‹Feind›, extreme Pendelschwünge zwischen →Diktatur und Restauration ausblieben, spricht für ein hohes Maß an Konsens, Pragmatismus und Gradlinigkeit. Die amerikanische →Gesellschaft war relativ offen, kannte weder eine durch Geburt privilegierte, mit Pfründen ausgestattete und in aufreizendem Lebensstil schwelgende →Aristokratie noch eine den Verhältnissen in Europa vergleichbare Massenarmut. Das politische Klima in den Kolonien mit ihren eingespielten Traditionen der Selbstverwaltung war liberal, die Möglichkeiten, an der Gestaltung des Gemeinwesens durch aktives und passives →Wahlrecht teilzunehmen, konnten 50 bis 80 Prozent der weißen Männer nutzen. Die prägenden und orientierenden Leitbilder waren die der bürgerlichen Mittelschichten, sie wurzelten nicht nur in der abstrakten Überzeugung, sondern auch in der realen Erfahrung, daß Fleiß, Tugend, Tüchtigkeit und Eigentum die nötigen Garanten für auskömmliche Existenz und individuellen Aufstieg seien. Im Einklang mit den Ideen der europäischen →Aufklärung dachte man in den Kategorien des Naturrechts (→Grundrechte) und des Gesellschaftsvertrages, die in den siebziger Jahren bei der Begründung einer neuen Ordnung als fundamentale Prinzipien formuliert wurden, um →Herrschaft zu begrenzen und zu legitimieren, so in der Präambel der Unabhängigkeitserklärung, die als unverbrüchliche «Wahrheiten» verkündete, «daß alle Menschen gleich geschaffen sind; daß sie von ihrem Schöpfer mit gewissen unveräußerlichen Rechten ausgestattet sind; daß dazu Leben, Freiheit und Streben nach Glück gehören; daß zur Sicherung dieser Rechte Regierungen unter den Menschen eingesetzt werden, die ihre rechtmäßige Macht aus der Zustimmung der

Regierten herleiten; daß, wann immer eine Regierungsform sich als diesen Zielen abträglich erweist, es Recht des Volkes ist, sie zu ändern oder abzuschaffen...»

Auf die schwarze Bevölkerung waren diese «Wahrheiten» allerdings nicht gemünzt. Die →Emanzipation, für die sich die Weißen in die Bresche geworfen hatten, wurde ihr ausdrücklich verweigert. →Gleichheit und Freiheit machten halt vor Rasse und Hautfarbe. Durch die Bundesverfassung von 1787 wurde die Sklaverei sanktioniert und zumindest bis 1808 als «besondere Institution» offiziell anerkannt. 1820 registrierte man 1,5 Millionen Sklaven, ungefähr dreimal so viel wie 1770: eine Zahl, die bis zum Vorabend des Bürgerkrieges (1861–65), der die rechtliche Gleichstellung, nicht jedoch das Ende der alltäglichen Diskriminierung brachte, auf knapp vier Millionen anschwoll. Dies waren zweifellos dunkle Flecken in der Bilanz der Amerikanischen Revolution, deren Ergebnisse ansonsten zu den «Glanzlichtern der Menschheitsgeschichte» (Hannah Arendt) gerechnet werden. Die eigentliche und, wie sich zeigen sollte, säkulare Leistung bestand darin, daß auf der Basis der Volkssouveränität, der Menschenrechte und eines austarierten Systems von Kontrolle und Gegenkontrolle der Rahmen des modernen Verfassungsstaates abgesteckt wurde. Alexis de Tocqueville, der in den 1830er Jahren sein berühmtes Buch «Über die Demokratie in Amerika» schrieb, hat darin die Ursachen für die bemerkenswerte Stabilität und die ebenso bemerkenswerten Erfolge der amerikanischen Nation gesehen. Zwar sollten sich die Europäer vor blinder Nachahmung hüten, meinte er, aber die Grundsätze, in denen die Verfassung der USA ruhte, empfahl er genau zu studieren, denn sie, «die Grundsätze der Ordnung, der Mäßigung der Gewalten, der wahren Freiheit, der aufrichtigen und tiefen Achtung vor dem Recht» seien «allen Republiken unentbehrlich», und da, wo sie fehlten, würde die «Republik bald verschwunden» sein.

J.F.

◆ Anarchismus

Mit Anarchismus (griechisch: anarchia = Herrschaftslosigkeit) werden gesellschaftliche Entwürfe bezeichnet, in denen die Menschen von jeglicher Autorität befreit sind, von →Staat und →Kirche, von geistiger Bevormundung und politischer Machtausübung. Pierre-Joseph Proudhon (1809–1865), einer der Väter des Anarchismus, schrieb: «Regiert sein, das heißt unter polizeilicher Überwachung stehen, inspiziert, spioniert, dirigiert, mit Gesetzen überschüttet, reglementiert, eingepfercht, belehrt, bepredigt, kontrolliert, eingeschätzt, zensiert, kommandiert zu werden…, bei jeder Handlung, bei jedem Geschäft, bei jeder Bewegung notiert, registriert, erfaßt, taxiert, gestempelt, vermessen, bewertet, versteuert, patentiert, lizenziert, autorisiert, befürwortet, ermahnt, verhindert, reformiert, ausgerichtet, bestraft zu werden.» Dieser radikalen Kritik an den sozialdisziplinierenden Auswirkungen des modernen Staates, ob in fürstlich-absolutistischer, bürgerlicher oder damals noch nicht verwirklichter, aber in der Programmatik der marxistischen →Arbeiterbewegung bereits sichtbarer autoritär sozialistischer Ausprägung, entsprach die Überzeugung, daß das Zusammenleben der Menschen auf freier Übereinkunft («freier Assoziation») und in sich selbst verwaltenden überschaubaren Gruppen erfolgen müsse, daß es darauf ankäme, «praktische Arten der Synthese von Freiheit und Solidarität» (Max Nettlau) zu finden.

Charles Fourier (1772–1837) kritisierte wie andere Anarchisten den Glauben an die menschheitsbefreiende Wirkung sozialer →Revolutionen, die häufig nur einen Sprung darstellten von einem Elend in ein neues, von einer Gewaltherrschaft in eine andere. Fourier trat ein für die Idee der sozialen Gemeinde (commune sociétaire), der Föderation von unten nach oben, von der Peripherie zum Zentrum. «Der moderne Fortschritt», so legte er dar, «liegt nicht in der barbarischen Tradition mißbrauchter Macht und brutaler Insurrektionen, in der endlosen Reihe unfruchtbarer Revolutionen und unterdrückter Reaktionen, er liegt ganz und gar in der freien Ausdehnung der Ideen, der freien Bewegung der Meinung, der freien Entdeckungen der Wissenschaft, freiem Versuch von Reformen und Neuerungen, er stützt sich auf den Augenschein des erkannten Rechts, auf die aufklärende Diskussion, die bestätigende Erfahrung, auf die kräftigende menschliche Solidarität, auf die individuelle und kollektive Freiheit, die allein etwas begründen kann.»

Marxistische Arbeiterbewegung und Anarchismus standen sich trotz mancher Berührungspunkte feindselig gegenüber. Während der Marxismus geltend machte, daß das «Reich der Freiheit» nur über die Eroberung der Staatsmacht und die →Diktatur des Proletariats führe, sagten die Anarchisten voraus, daß es unter der Diktatur des Proletariats mehr Staat und damit mehr Machtmißbrauch gebe. Michail Bakunin (1814–1876) bewunderte Karl Marx, dessen überragende wissenschaftliche Leistung und dessen Dienste für die Sache des Proletariats. Er hatte aber nichts übrig für Marx' «doktrinäre» Weltanschauung: «Zuerst hat er den Fehler aller Berufsgelehrten, er ist doktrinär. Er glaubt absolut an seine Theorien, und von der Höhe dieser Theorien herab verachtet er alle Welt.» Vor allem stieß ihn die autoritäre Mentalität von Marx und seinem engeren Kreis ab:

Da gebe es nur wenig «brüderliche Offenheit». «Da ist jeder auf seiner Hut und fürchtet seinerseits, geopfert, vernichtet zu werden. Der ganze Kreis von Marx ist eine Art gegenseitiger Kontrakt zwischen den Eitelkeiten, aus denen er besteht. Marx ist darin der Hauptverteiler der Ehren, aber auch der stets perfide und tückische, nie freie und offene Antreiber zu Verfolgungen gegen Personen, die er beargwöhnt oder die das Malheur hatten, ihm nicht in dem ganzen von ihm erwarteten Maße ihre Ehrerbietungen zu erweisen.» Marx seinerseits verachtete Bakunin und intrigierte gegen ihn, warf aber umgekehrt Bakunin vor, er sei als «Intrigant in seinem Element», und erklärte, er sei «theoretisch null».

Die marxistisch-leninistische Zuversicht in das Absterben des Staates als Ergebnis einer sozialistischen Erziehungsdiktatur ist theoretisch verfehlt und spätestens seit den Umbrüchen in den Ländern des bis dahin «real existierenden Sozialismus» 1989/90 geschichtlich widerlegt. Lenin glaubte, daß die Diktatur des Proletariats eines Tages dazu führen würde, daß die ganze Bevölkerung an der Verwaltung teilnehme und somit die →Bürokratie als Repressionsapparat verschwinde. In Wirklichkeit wurde die Kluft zwischen der «Diktatur des Proletariats», die sich zunehmend als administrative Kommandowirtschaft plus Staatsterror und Personenkult entpuppte, und den «werktätigen Massen» immer größer, scheinbar überbrückt durch propagandistische Leerformeln wie dem in der Verfassung der ehemaligen DDR enthaltenen Grundsatz: «Arbeite mit, plane mit, regiere mit!»

Angesichts dessen wäre eine Kritik des Anarchisten und Historikers der Anarchiebewegung Nettlau am «autoritären Sozialismus» aus dem Jahre 1925 neu zu bedenken: Nettlau spricht von →Gewerkschaften, →Genossenschaften und Arbeiterbanken, die ungeheure Summen kontrollierten: «Hier zeigt sich die jede Initiative lähmende Wirkung des autoritären Sozialismus, der als Staatssozialismus den Untertanen, auch wenn sie Bürger genannt werden, das Denken und das Verantwortungsgefühl erspart, und dadurch die freiheitliche Entwicklung hemmt.» Ein schauriges und immer noch aktuelles Beispiel für die Richtigkeit dieses Satzes stellt ein vom Ceauşescu-Regime erlassenes und von Iliescu beibehaltenes Dekret dar, das es ermöglicht, Gruppen, die «durch ihr Betragen zum Ausdruck bringen, daß sie eine parasitäre oder anarchistische Lebensauffassung haben», in Sammelverfahren zu Gefängnisstrafen zu verurteilen. Inwieweit die von Nettlau vertretene Alternative eines «experimentalen Sozialismus», der sich nicht nach von zum Dogma erhobenen Hypothesen, sondern in freiheitlicher Praxis (→Theorie–Praxis) verwirklichen soll, tatsächlich lebensfähig wäre, sei dahingestellt. Als kritisches Korrektiv an allen Formen staatlicher Machtausübung bleibt die anarchistische Grundidee, sofern sie ihrerseits ohne Wenn und Aber mit dem Prinzip der Gewaltfreiheit verbunden ist, eine konstruktive politische Kraft. M. A.

◆ **Annalen** (Chroniken)

In Annalen und Chroniken erzählten die vormodernen →Gesellschaften ihre Geschichte. Ihr Ursprung ist kultisch. In Annalen nämlich sammelte der römische Pontifex Maximus jene Tafeln, auf denen die Anlässe zum Kult Jahr für Jahr öffentlich bekannt gemacht wurden. Neben rituellen – wiederholten – Feiern fand sich nämlich eine ganze Reihe außergewöhnlicher →Ereignisse, die entweder die Hilfe der Götter oder die Gegengabe an sie erforderten. Daraus entwickelten sich jahresweise geordnete geschichtliche Aufzeichnungen, die zum methodischen Prinzip der nicht-religiösen römischen Geschichtsschreibung wurden. Sowohl bei Livius wie bei Tacitus als den bedeutendsten Vertretern dieser Art, Geschichte zu schreiben, verwandelte sich jedoch die «Annalistik» in eine Kunstform (→Geschichtsschreibung, antike). Sie wurde zum methodischen Kunstgriff, die Chronologie als Realitätsmuster zu entwickeln und doch zugleich dem Historiker die Möglichkeit zu geben, die Übersicht über den Verlauf der Geschichte nicht zu verlieren. Insofern ähnelte die historiographische Annalistik Roms der späteren mittelalterlichen Chronistik, in der ein historiographisches Gesamtkonzept die Darstellung bestimmte. Die mittelalterliche Annalistik fiel dagegen in den Klöstern und den Aufzeichnungen der königlichen und kaiserlichen Hofkapelle hinter die antike Historiographie zurück. Ohne daß zwar auf «Tendenzen» verzichtet wurde, schrieb man doch zumeist unter dem unmittelbaren Eindruck der Ereignisse. Daher lassen sich zwar zuweilen gewisse «Hände» als Autoren ganzer Jahresabschnitte ausmachen, aber doch so gut wie nie ein einheitlicher Verfasser mit einem eigenen historiographischen Konzept. Ähnliches gilt für eine Reihe spätmittelalterlicher Städtechroniken, die zwar oft Verfasserpersönlichkeiten aufwiesen, aber ebenfalls unmittelbar ereignisbezogene Aufzeichnungen enthielten.

Davon unterschieden sich die retrospektiven *Chroniken* fundamental. Nicht nur, daß hier dem Autor der «Stoff der Geschichte» im Überblick zur Verfügung stand und er aus ihm seine Sicht der Dinge bzw. die seines Hauses oder Auftraggebers konzipierte, sondern die Gattung verlangte nach den großen heilsgeschichtlichen Vorbildern des Hieronymus und Eusebios aus der christlichen Spätantike nach welt- und heilsgeschichtlicher Einbettung. Zumeist war somit mehr oder weniger gelungen, mehr oder weniger formalisiert die «eigentlich» erzählte Geschichte immer auch ein Segment jener umfassenden Weltgeschichte, die sich nach dem Willen Gottes auf das Ziel aller Geschichte, nämlich die Erlösung des Menschen von ihr, zubewegt (→Geschichtsschreibung, mittelalterliche).

Am Ende des →Mittelalters kam dieses Konzept, das sich in der Weltchronik des Otto von Freising (Mitte 12. Jh.) am vollkommensten verwirklicht hatte, allmählich außer Kurs. Immer mehr dominierte der Typus der National- und Lokalchronik, wie er bereits in den «Grandes Chroniques de France» seit dem Hochmittelalter vorbereitet worden war. Die Verdrängung des Lateinischen durch die lokalen «Volkssprachen» zeigte dabei schon äußerlich an, daß von einem universalistischen Konzept nicht mehr die Rede war. In Italien konnte die volkssprachliche Lokalchronik mit dem weltgeschichtlichen Typus am leichtesten verschmelzen, denn hier entfaltete sich der Rom-Begriff zu einem italisch-patriotischen Schlagwort. Mit Hartmann Schedels «Liber chronicarum» wurde der letzte Versuch unternommen, die bekannten lokalgeschichtlichen Varianten mit der weltgeschichtlichen Tradition zu verbinden (1493). Bezeichnenderweise erschien das Werk in zwei Sprachen (lateinisch und deutsch) und vor allem mit insgesamt 1809 Holzschnitten, welche die Geschichte in ein «Theatrum mundi» verwandelten – ein Meisterwerk Nürnberger Verlagstechnik, die Humanisten, Illustratoren und Buchdruck zusammenbrachte. Damit aber hatte die Weltchronistik den «point of no return» erreicht. Sie war nur noch Folie für ganz anders geartete Interessen, bei denen es um Anschauung, Vergleich, Perspektive ging – um «historia» also.

Die humanistischen und nachhumanistischen Historiker bedienten sich jedoch der lokal- und nationalchronikalischen Traditionen noch weiter nach ihren Bedürfnissen. Zwar forderte die humanistische Theorie von der Arbeit des Historikers die analytische Beherrschung des Stoffes – er solle «Ursachen» darstellen –, aber die chronologische Darstellungsmethode blieb als wesentliches Erbe der Chronistik auch für die nachmittelalterliche Geschichtsschreibung verbindlich (→Geschichtsschreibung der Renaissance und des Humanismus). A. v. M.

◆ «Annales»-Schule

Die allgemeine →Krise der Humanwissenschaften angesichts der außerordentlichen und immer rascheren Erfolge der Naturwissenschaften griff Ende des 19. Jhs. auch in Frankreich um sich. Allerdings verbarg sich hinter der Wissenschaftskrise auch eine Erschütterung der Gesellschaft. Das französische Großbürgertum widerstand nur mit Mühe den wirtschaftlichen Einbrüchen, die aus den Veränderungen des Weltmarktes und überhöhten spekulativen Erwartungen resultierten. Die intellektuellen Söhne und jüngeren Brüder dieser →Schicht stellten nach traditionellen Erziehungs- und Karrieremustern die Elite der Humanwissenschaftler; das heißt jene Privilegierten, die auf den «Grandes Écoles» allein der Forschung und der schriftstellernden Gelehrtenexistenz hingegeben waren, befreit von allen Lasten der Ausbildung anderer, ihrer Prüfung, aber auch ihrer pädagogischen Betreuung. Nun wurden sie roh zu den Realitäten zurückgerufen. Vor allem die Geschichtswissenschaft, die dem «deutschen Paradigma» der Politik- und →Geistesgeschichte eingebettet in den →Historismus weitgehend folgte, schien kaum noch über sinnvolle Gegenstände zu verfügen. Sie hielt weder der auf Generalisierung und Übertragbarkeit pochenden Kritik des naturwissenschaftlichen Positivismus stand, noch vermochte sie gesamtgesellschaftliche Krisen zu erklären, wie man sie gerade erlebte. Den größten Einfluß auf den sich nun anbahnenden Paradigmenwechsel der historischen Forschung Frankreichs hatte bezeichnenderweise ein Soziologe: Émile Durkheim. Sein Klassiker «Die Regeln der soziologischen Methode» (1895) hatte ausgehend vom Begriff der «soziologischen Tatsache» eine Typologie gesellschaftswissenschaftlicher Verfahrensweisen entworfen, die ein für allemal den «Ruch» der Unwissenschaftlichkeit von den mit Gesellschaften oder Gesellschaftssegmenten befaßten Disziplinen nehmen sollte. Wie der Naturwissenschaftler vermochte der nach Durkheims «Regeln» verfahrende Forscher scheinbar von nun an sein jeweiliges Objekt von allen Wertungszusammenhängen zu isolieren. Dafür war die aktive, systematisierende, das Objekt «konstruierende» Tätigkeit des Wissenschaftlers erforderlich, im Unterschied zur «deutschen» →Hermeneutik, wo der Forscher in seinen Gegenstand «hineinhorchte» und von dessen überlieferter oder vorgefundener →Identität ausging. Das Ziel Durkheims gipfelte darin, den Sozialwissenschaftler Tatbestände gewinnen zu lassen, die sich vergleichbar und seriell gaben. Die methodische Möglichkeit des Vergleichs und der Bildung von Tatbestandsreihen erschien ihm als die entscheidende Bedingung für den Durchbruch der Soziologie zur Wissenschaft.

Dem seriellen Charakter der Geschichte – ihren «geheimen» Gesetzen der Wiederholbarkeit – widmete sich unter dem Einfluß Durkheims schon bald nach Erscheinen seines epochemachenden Werkes eine eigene Zeitschrift. Es handelte sich um die «Revue de synthèse historique» des Henri Berr. In gewisser Weise war dies die Geburtsstunde der «Annales». Denn

Berr unterstellte seine Zeitschrift dem Ziel, den seriellen Charakter historischer «Tatsachen» zu betonen, →Theorie und Methode als wesentliche Voraussetzungen der Geschichtswissenschaft fest zu verankern, eine Logik der Forschung zu begründen. Dabei hatte er durchaus subtil vor einem überzogenen Verständnis historischer →Gesetzmäßigkeiten gewarnt, denn Gesetze besäßen auch in den Naturwissenschaften keineswegs den Charakter absoluter Notwendigkeit. Zu Berr stießen bald als wichtigste Mitarbeiter Marc Bloch und Lucien Febvre. Sie sollten die Gründungsväter der «Annales» werden und wesentliche Teile des Berrschen Programms dorthin übertragen. Die Forschungspraxis der neuen Geschichtswissenschaft Berrs unterschied sich schon äußerlich erheblich vom Gewohnten: Statt einzelner Forscher sah man Teams am Werk, die allgemein dominierende chronologische Strukturierung wich der thematischen, statt Ereignis- und Politikgeschichte standen Gesellschaften und →Kulturen im Blickpunkt. Die zweite Krise, die Frankreichs Gesellschaft wie andere auch mit Ausbruch und Verlauf des Ersten Weltkriegs traf und die zugleich zur großen Sinnkrise des Positivismus wurde, veränderte noch einmal die Einstellung dieser «Modernisierer» der Geschichtswissenschaft. Es war vor allem Marc Bloch, der nun eine noch radikalere Abwendung von den traditionellen Haltungen forderte. Die Unfähigkeit der Kriegsgeneration, den Krieg zu vermeiden, resultierte für ihn aus der Unfähigkeit, herkömmliche Wahrnehmungsmuster zu verändern, sich «flexibel» zu zeigen. Der Geschichtswissenschaft sollte nun alles zum Gegenstand werden. Kein Tabu der «Grenzüberschreitung» hatte mehr Gültigkeit. Der Fetisch der Schriftlichkeit, die Vorstellung, Geschichte könne nur dort erkundbar sein, wo sie sich auf Dokumente stütze, mußte fallen; die →Ideologie der Vernunft, die das Irrationale aus der Geschichte verbannte, hatte ausgespielt – gerade dieses Irrationale war interessant; die Dominanz des Individuums, das nach dem Motto «Männer machen Geschichte» die Köpfe der Historiker vernebelte, sollte weichen – Geschichte ging fortan von kollektiven Strukturen (→Ereignis) aus, für die das Individuum zwar noch immer als Spiegel, aber kaum noch als «Macher» interessant war. Die Werke Marc Blochs – sämtliche der Erforschung kollektiver Haltungen, Strukturen und Wandlungsprozesse der mittelalterlichen (feudalen) Gesellschaft gewidmet – lösten exemplarisch einen wesentlichen Teil dieser methodischen und gegenständlichen Forderungen ein («Les Rois thaumaturges», 1924; «Les Caractères originaux de l'histoire rurale française», 1931; «La Société féodale», 1939–40). Bloch gründete 1929 gemeinsam mit seinem alten Verbündeten aus den Tagen bei Berrs «L'Année», Lucien Febvre, jene Zeitschrift, die der damals nun schon gar nicht mehr so blutjungen historiographischen Bewegung den Namen, vor allem aber ein bis heute wirkungsmächtiges Publikationsorgan verschaffte: «Annales d'histoire économique et sociale». Febvres Name stand für einen weiteren Schwerpunkt der «Annales-Schule», der sich neben Blochs materieller «Strukturgeschichte» durchaus eigenständig ausnahm. Hierbei ging es um den Zusammenhang von Geographie und Geschichte, um die Deutung des geschichtlichen Raumes. Früher Markstein dieses Interesses war Febvres Buch «Philippe II. et la Franche-Comté» (1912), in dem er in einer konkreten politischen Landschaft zu einem konkreten historischen Zeitpunkt die Bewußtseinskrise ihrer Bevölkerung unter dem Eindruck widerstreitender provinzieller und überregionaler Faktoren analysiert. Ob Wirtschaft, Glaube, Politik, Raumfaktoren, Religion, Lebensstil – Febvre versucht das «ganze Leben» seiner Experimentalgruppe zu erfassen, um die «geschichtlichen Tatsachen» zu konstruieren. Dies gilt in gewisser Weise auch von seinen späteren Arbeiten, obgleich hier immer deutlicher die Bewußtseinslage nur bestimmter Gruppen zum Thema gemacht wurde. Meisterhaft versteht Febvre es, die herkömmliche Geschichte der «großen» Individuen mit der «histoire totale» zu verknüpfen. Ob Rabelais («Le problème de l'incroyance au XVIe siècle», 1942) oder Margarete von Navarra («Autour de l'Heptaméron, amour sacré, amour profane», 1944) – die literarischen Werke dieser bedeutenden Autoren geraten durch soziale, mentale und sprachliche Rückkoppelung zu der sie jeweils umgebenden gesellschaftlichen Wirklichkeit ihres Entstehungsraumes und ihrer Entstehungszeit zu validen Experimentierfeldern des Historikers. Möglichst «viele Fäden» zwischen dem jeweiligen Feld und seiner geschichtlichen Umgebung zu spinnen, ist die wesentliche methodische Forderung Febvres.

Der Zweite Weltkrieg und die unmittelbare Nachkriegszeit brachten erneut Veränderungen. Marc Bloch, Mitglied der Résistance und Jude, wurde 1944 von der Gestapo verhaftet, gefoltert und hingerichtet. Es war nicht zuletzt der durch ihn am deutlichsten symbolisierte Zusammenhang von «neuer» Geschichtswissenschaft und Widerstand, der nach dem Krieg zu mehr Mitteln und breiterer institutioneller Unterstützung für die «Annales» führte. 1946 erhielt die Zeitschrift den bis heute gültigen Namen «Annales. Économies, Sociétés, Civilisations». Ein Jahr später wurde die «Sixième Section» der «École Pratique des Hautes Études» gegründet, eine neue Abteilung also an dieser seit 1868 bestehenden zentralen Institution der Forschung in Frankreich. Die «sechste Sektion» sollte die interdisziplinären Ansätze der Wissenschaftler um die «Annales» aufnehmen und ihnen einen festen institutionellen Rahmen geben. Die neue Geschichte galt damit als Bestandteil eines Kreises von Sozialwissenschaften wie Geographie, →Ökonomie, Anthropologie, Ethnologie (→Historische Anthropologie), Soziologie und Linguistik – wenigstens soweit einige «aufgeschlossene» Vertreter dieser Disziplinen die interdisziplinäre Arbeit im Sinne Berrs, Blochs und Febvres für wichtig hielten. Dafür standen Namen der Angesehensten dieser Disziplinen: Claude Lévi-Strauss, Roland Barthes, Pierre Bourdieu, Georges Dumézil u.a. Erster Präsident der Sektion wurde Lucien Febvre; ihm folgte Fernand Braudel, den 1972 Jacques Le Goff ablöste. Drei Jahre später kam es zur vorläufig letzten Umbildung der Institution. Sie wurde unter dem Namen «École des Hautes Études en Sciences Sociales» eine autonome Forschungseinrichtung. Zu ihrem ersten Präsidenten bestellte man Jacques Le Goff, der auf diese Weise Kontinuität symbolisierte.

Kurze Zeit nach der Etablierung der «sechsten Sektion» erschien jenes Werk, das wie kein anderes mit den Methoden und Themen der «Annales» identifiziert werden sollte. Die Rede ist von Fernand Braudels umfangreicher Analyse des Mittelmeerraumes im 16. Jh. («La Méditerannée et le monde méditerannéen à l'époque de Philippe II», 1949). Hier schien das Modell der «histoire totale» verwirklicht, die Geschichte von der Vordergründigkeit der «Ereignisse» (→Ereignis) befreit, ihre differenzierte Tiefenstruktur, die sich im Ineinandergreifen von Faktoren «langer, mittlerer und kurzer Dauer» beweist, endlich in einem Akt praktischer Historiographie aufgedeckt und der geschichtliche Raum zum Helden der Historie erhoben. Lucien Febvre wenigstens sah in Braudels Werk seine Vorstellungen einer «neuen Geschichte» verwirklicht.

Die folgenden Jahre der «Annales» gehörten jedoch einer seriellen quantifizierenden Richtung, die zum Teil auf die ältesten Forderungen der Schule zurückgriff und in langen Reihen von Preisen, Löhnen, Warenmengen, Marktumsätzen etc. die «Konjunkturen» der frühmodernen Welt zu ergründen suchte. Dazu zählten allerdings auch so ungewöhnliche Dinge wie die Geschichte des Klimas (→Klimageschichte), der Technik (→Technikgeschichte), der Fortpflanzungspraktiken etc. Wo immer politische und Ereignisgeschichte durchbrochen und quantifizierende Reihen von Einzelbeobachtungen zur Konstruktion «geschichtlicher Tatsachen» verwendet werden konnten, traten Historiker der «Annales» auf den Plan. Namen wie Pierre Vilar, Ernest Labrousse oder Pierre Chaunu verbinden sich mit dieser Phase der «Annales». Strukturen und Konjunkturen wurden die wesentlichen Ordnungskategorien dieser Geschichtsschreibung. Allmählich schob sich jedoch ein immer prononcierteres Interesse an Mentalitäten in den Vordergrund. Diese hatten schon Febvre immer wieder beschäftigt, doch erst die «Krise» der Sozialwissenschaften nach dem Zusammenbruch der Studentenrevolten Ende der sechziger Jahre verhalf der →Mentalitätengeschichte zum Durchbruch. Das Spektrum der Einlassungen auf diesem Feld reicht überaus weit. Hier finden sich ältere Ansätze, die der traditionellen «deutschen Ideegeschichte» nahekommen (z. B. J. Le Goff: «Les Intellectuels au moyen-âge», 1957), neben Arbeiten, die «Einstellungen» von Gesellschaften und Gruppen zu bestimmten Mentalitätssegmenten an Hand von Dokumenten, →Bildern, archäologischen Materialien etc. rekonstruieren (z. B. Ph. Ariès: «Histoire de la mort», 1978), und wiederum andere, die kollektive Verhaltensmuster analysieren und dabei mit Methoden anthropologischer Forschung aufwarten (z.B. E. Le Roy Ladurie: «Le Carneval de Romans», 1979) oder den Habitus bestimmter Gruppen (Kaufleute, Handwerker u.a.) mit Hilfe der «Totalität» des gesamten für sie spezifischen Materials destillieren (z. B. R. Mandrou: «Les Fuggers. Propriétaires fonciers en Souabe, 1500–1618», 1968). Daneben gibt es ein bereits auf L. Febvre zurückgehendes Interesse an einer Geschichte der Gefühle (→Affekte), der Leiden, der Repressionen, die zumeist stark von Michel Foucault (vgl. dessen «Histoire de la sexualité», 4 Bde, 1977–85) beeindruckt sind. Erst in jüngster Zeit wird allerdings die auch hier überall noch dominante quantitative Erhebung durch «qualitative», von bestimmten Individuen ausgehende Analysen ergänzt. Hier steht ohne Zweifel die amerikanische Psychohistorie (→Medizingeschichte) Pate, die sich auf die seelischen Erschütterungen oder mentale Besonderheiten einzelner «führender» Persönlichkeiten konzentriert hat (vgl. z. B. E. H. Erikson: «Young man Luther», 1958).

Natürlich gab und gibt es auch Kritik an den «Annales». Berühmt ist Gerhard Ritters Kampfansage an die «Annales» auf dem internationalen →Historikertag in Rom 1955, die er im Namen des «deutschen Paradigmas» vortrug. Geschichte – so hieß es da – sei vor allem Erzählung, «schaffende, erlebende, erleidende» Nachzeichnung des Menschen, «sofern er Geist ist», könne auf die metaphysische Dominanz des Staates – und damit des Politischen – nicht verzichten, auch nicht auf ein Gestaltungsprinzip, das «Wesentliches von Unwesentlichem» trennt. Alles dies aber sei bei dem Kreis der «Annales» trotz bewundernswerter Einzelleistungen nicht zu erkennen; schon gar nicht dort, wo die genuine Arbeit des Historikers in «Einsamkeit und Freiheit» durch der Geschichtswissenschaft unzuträgliche Teamarbeit abgelöst werde. Andere Historiker – vor allem Marxisten – warfen der «neuen Geschichte» vor, sie soziologisiere Faktoren, die genuin wirtschaftlich und politisch zu definieren seien. Wieder andere sprachen – und wiederholen es bis heute – von falscher Naturwissenschaftsorientierung der «Annales», die auf eine «Eliminierung der Geschichte» (D. Groh) hinausliefe. Man hat das mangelnde Interesse des Kreises für →Zeitgeschichte beklagt und auf die Tendenz hingewiesen, geschichtlichen Wandel aus den Themenhorizonten auszublenden, vielmehr ein «statisches Bild» der Geschichte zu liefern. An allen Einwänden sind durchaus ernst zu nehmende Kritikpunkte auszumachen. Sie ändern jedoch nichts daran, daß die Faszination der interdisziplinären Offenheit der «Annales» bis heute die internationale Forschung in ihren Bann schlägt. A. v. M.

◆ Antikommunismus

Als Antikommunismus läßt sich eine →Ideologie bestimmen, mit deren Hilfe radikale, auf Veränderung der bürgerlichen Besitzordnung zielende Bewegungen und Initiativen diskriminiert und der Verfolgung ausgesetzt werden.

Der Antikommunismus ist so alt wie das Phänomen, auf das er sich bezieht (→Kommunismus). Bereits in den ersten Berichten bürgerlicher →Zeitungen im Vormärz über die französischen Kommunisten finden sich typische antikommunistische Klischeevorstellungen. So hieß es z. B. in der «Augsburger Allgemeinen Zeitung» vom 11. März 1840: «Die Kommunisten beabsichtigen nichts anderes als eine Nivellierung der Gesellschaft. – An die Stelle der jetzt bestehenden Ordnung der Dinge die absurde, unmoralische und unmögliche →Utopie der Gütergemeinschaft.» Eine große Bedeutung für die Verfestigung des negativen Kommunismus-Bildes vor 1848 kam dem von Johann Caspar Bluntschli 1843 in Zürich unter dem Titel «Die Kommunisten in der Schweiz nach den bei Weitling vorgefundenen Papieren» veröffentlichten amtlichen Bericht über die Verhaftung und Ausweisung Weitlings aus der Schweiz zu. Darin wurde den Kommunisten «ruchlose Vernichtung des Bestehenden» sowie «politischer und sozialer Fanatismus» vorgeworfen, der «an Greuelhaftigkeit den scheußlichsten Ausgeburten religiöser Schwärmerei» nicht nachstehe. Bluntschlis Bericht schürte die Kommunismusfurcht im restaurativen Polizeistaat vor 1848 (→Restaurationszeit). Wie nach 1819 das Wort «Demagoge», so diente jetzt die Bezeichnung «Kommunist» als Mittel der politischen Denunziation oppositioneller Geister. Die antikommunistische Gespensterseherei, hinter der sich in Wahrheit die Angst vor der sich formierenden Arbeiterklasse (→Arbeiter) verbarg, nahmen Marx und Engels ironisch aufs Korn, wenn sie im ersten Satz des «Kommunistischen Manifests» (1848) schrieben: «Ein Gespenst geht um in Europa – das Gespenst des Kommunismus. Alle Mächte des alten Europa haben sich zu einer heiligen Hetzjagd gegen dies Gespenst verbündet, der Papst und der Zar, Metternich und Guizot, französische Radikale und deutsche Polizisten.»

Wie mit dem Popanz einer kommunistischen Bedrohung handfeste reaktionäre Politik betrieben werden konnte, demonstrierten die Mächte der siegreichen Gegenrevolution nach 1849. So sollte der Kölner Kommunistenprozeß vom Oktober 1852 gegen Mitglieder des Bundes der Kommunisten den Nachweis einer großangelegten kommunistischen Verschwörung erbringen. Das Material für den Prozeß hatten die preußischen Polizeibeamten Wermuth und Stieber gesammelt und in Buchform unter dem Titel «Die Communisten-Verschwörung des neunzehnten Jahrhunderts» veröffentlicht. Marx' Gegenschrift «Enthüllungen über den Kommunisten-Prozeß zu Köln» (1853) erzielte bei weitem nicht die Wirkung des Machwerks von Wermuth/Stieber, das in seiner dämonisierenden Tendenz den Bluntschli-Report noch bei weitem übertraf.

Die Pariser Kommune und ihr blutiges Finale 1871 (→Pariser Kommune) verstärkten die antikommunistischen Ängste. Im Leipziger Hochverratsprozeß gegen August Bebel und Wilhelm Liebknecht 1872 suchte die Staatsanwaltschaft die beiden sozialdemokratischen Reichstagsabgeordneten kommunistischer Bestrebungen zu verdächtigen mit dem Hinweis, daß Mitglieder des Bundes der Kommunisten, an ihrer Spitze Karl Marx, Gründer der Sozialdemokratie gewesen seien. Auch Bismarck bediente sich solcher Verdächtigungen, um 1878 das Gesetz gegen die gemeingefährlichen Bestrebungen der Sozialdemokratie durch den Reichstag zu bringen.

Da die sozialdemokratische →Arbeiterbewegung den Kommunismus-Begriff tunlichst vermied, auch um ihren Gegnern keine Angriffsfläche zu bieten, nahm der Antikommunismus im Kaiserreich die Form des Antisozialismus an. Mit der Diffamierung der Sozialdemokraten als «vaterlandslose Gesellen» wurde die Methode der Ausgrenzung unliebsamer Oppositioneller fortgesetzt. Nicht wenige →Agitationsvereine, darunter vor allem der Reichsverband gegen die Sozialdemokratie, trugen dazu bei, antisozialistische Ängste in weiten Kreisen des Bürgertums (→Bürger) zu mobilisieren und wachzuhalten (→Sozialismus).

Nach dem Sieg der Bolschewiki in Rußland im Oktober 1917 machte der Antikommunismus einen Funktionswandel durch. Jetzt bezog er sich auf ein existierendes Herrschaftssystem, das sich selbst als kommunistisch bezeichnete. Antikommunistische Stereotypen erhielten in dem Maße Evidenz, wie die bolschewistische →Partei ein Machtmonopol reklamierte, um sich schließlich zur Gewaltherrschaft des →Stalinismus zu transformieren.

Zum Gegenstand antikommunistischer Kampagnen wurde nicht nur das revolutionäre Rußland, sondern auch die politischen Parteien in anderen Ländern, die sich an seinem Vorbild orientierten.

In der deutschen Novemberrevolution 1918/19 (→Deutsche Revolution 1918–20) diente die Beschwörung einer «bolschewistischen Gefahr» dazu, die Arbeiter- und Soldatenräte in Mißkredit zu bringen und radikale gesellschaftliche Veränderungen abzublocken. Als propagandistische Speerspitze fungierte hier die Antibolschewistische Liga, die hohe finanzielle Zuwendungen aus Unternehmerkreisen und von Dienststellen der Reichsregierung erhielt. Sie war unter anderem auch beteiligt am Mordkomplott, dem die beiden führenden Köpfe der gerade gegründeten KPD, Rosa Luxemburg und Karl Liebknecht, am 15. Januar 1919 zum Opfer fielen.

In der Programmatik völkisch-rechtsradikaler Gruppierungen nach 1918 gingen Antibolschewismus und →Antisemitismus eine enge Verbindung ein. Damit wurde an die – propagandistisch verzerrte – Tatsache angeknüpft, daß am Aufbau des kommunistischen Systems in der Sowjetunion auch jüdische Politiker und Intellektuelle beteiligt waren. Die Führung der NSDAP machte sich das Feindbild vom «jüdischen Bolschewismus» zunutze, als sie nach 1933 daranging, ihr Programm in die Tat umzusetzen. Die deutschen Kommunisten waren die ersten, die dem Nazi-Terror zum Opfer fielen.

In dem von NS-Führung und Wehrmacht gemeinsam geplanten Vernichtungskrieg gegen die Sowjetunion fand der Antikommunismus eine extreme Zuspitzung.

Mit Beginn des →«Kalten Krieges» 1947 erfuhr die instrumentelle Funktion des Antikommunismus eine Renaissance. In den USA entfesselte der republikanische Senator Joseph McCarthy nach Ausbruch des Koreakriegs 1950 eine Hexenjagd vornehmlich gegen linke Intellektuelle. In der Bundesrepublik wurde der Antikommunismus zur zentralen Legitimationsideologie der fünfziger Jahre, wobei an eine lange Tradition angeknüpft wurde. Das KPD-Verbot 1956 war ein Ausdruck dieser Konstellation. Erst im Zuge der Entspannung und der neuen Ostpolitik der sozialliberalen Koalition unter Bundeskanzler Willy Brandt seit Ende der sechziger Jahre büßte das antikommunistische Syndrom an Wirksamkeit ein. Mit dem Kollaps des Kommunismus 1989 hat der Antikommunismus seine reale Bezugsgröße verloren. Manches spricht dafür, daß neue Feindbilder, zum Beispiel der islamische Fundamentalismus, die entstandene Lücke füllen müssen.

V. U.

◆ **Antisemitismus** (Antijudaismus)

Die 1873 ausgebrochene Weltwirtschaftskrise, die in Europa zur «Großen Depression» überleitete, einer langen Phase verringerten Wirtschaftswachstums, der dadurch bedingte Niedergang liberaler → Parteien und Bewegungen, deren Unfähigkeit, den →«Mittelstand» aus Handwerkern und kleinen Gewerbetreibenden an sich zu binden, aber auch internationale Spannungen lösten in Deutschland und in anderen europäischen Ländern antisemitische Kampagnen aus, die gegenüber der traditionellen, von christlichen Vorurteilen geprägten Judenfeindschaft (Antijudaismus) in einer sowohl in der Intensität wie auch teilweise in der Qualität bis dahin unbekannten völkisch-rassistischen Manier vorgetragen wurden. Die Wortführer dieser rassistischen Judenfeindschaft (→Rassismus) nannten sich und ihre Anhänger seit etwa 1879 «Antisemiten», ein Ausdruck, der schnell in andere Sprachen eindrang. Weiteren Auftrieb erhielten die Antisemiten, als es seit 1881 infolge organisierter Pogrome im zaristischen Rußland, die von inneren Problemen ablenken sollten, zur Massenauswanderung von Juden kam (bis 1914 2,5 Millionen Menschen).

Neu war an diesem Antisemitismus auch, daß er sich erstmals parteipolitisch artikulierte. Zwar blieben die antisemitischen Parteien selbst auf den Höhepunkten ihres Erfolges bei Wahlgängen, den Reichstagswahlen 1893 und 1907, mit zusammen weniger als 2,5 % bzw. knapp 2 % nur Splittergruppen, und bis zum Ersten Weltkrieg verschwanden sie von der Bildfläche. Aber erstmals konnten antisemitische Forderungen auf Wahlveranstaltungen und in Parlamenten propagiert werden, zumal auch die anderen politischen Parteien und, was mindestens ebenso wichtig ist, die im Umfeld dieser Parteien agierenden gesellschaftlichen Organisationen und halbpolitischen Gruppen mit antisemitischen Parolen operierten. Nur die Sozialdemokratische Partei und die kleine linksbürgerliche Freisinnige Partei, die allerdings 1893 auseinanderbrach, bekämpften aktiv die Antisemiten.

Im gebildeten Bürgertum (→Bürger) wurde der neu entstandene Rassenantisemitismus enttabuisiert durch einen nicht rassistisch gemeinten, sondern sozial-kulturell motivierten Salon-Antisemitismus, der die Juden aufforderte, sich voll mit dem «Deutschtum» zu identifizieren, sich zu «assimilieren», das heißt, auf ihre religiösen Gebräuche zu verzichten und ihre angebliche oder wirkliche Sonderexistenz in →Staat und →Gesellschaft aufzugeben. Das lief auf den Vorwurf hinaus, die Juden seien an der ihnen zugefügten gesellschaftlichen Diskriminierung, die auch nach der 1869/71 erfolgten politischen Gleichstellung («Emanzipation») bestehen blieb, selbst schuld. Gleichzeitig wurde ihnen die Sündenbockrolle zugewiesen für die Modernisierungskrise der kapitalistischen Geld- und Marktwirtschaft im Übergang zur Hochindustrialisierung. Diese Funktion hatte der von dem nationalliberalen Historiker Heinrich von Treitschke 1879 vom Zaun gebrochene Berliner Antisemitismusstreit, der in dem Ruf gipfelte «Die Juden sind unser Unglück» (→Nation/Nationalismus). Die Übergänge von diesem in der akademischen Zunft verbreiteten Antisemitismus zum Rassenantisemitismus waren fließend, zumal in der zweiten Hälfte des 19. Jhs. biologistische Gesellschaftstheorien, die mit pseudowissenschaftlichen Argumenten gesellschaftliche Ungleichheit mit «rassischen» Unterschieden zu erklären und zu rechtfertigen suchten, Konjunktur hatten. Der Orientalist Joseph Arthur Graf de Gobineau veröffentlichte von 1853 bis 1855, also während des Krimkrieges, der auch bei dem deutschen Antisemiten Paul de Lagarde als politischer Katalysator wirkte, seinen «Essai über die Ungleichheit der menschlichen Rassen», in dem er die absolute Überlegenheit der weißen Rasse postulierte, deren Kern er in der «arischen Rasse» sah, die sich allein rein erhalten habe. Daran knüpfte später der gebürtige Engländer und Wahldeutsche Houston Stewart Chamberlain mit seinem Hauptwerk «Die Grundlagen des 19. Jahrhunderts» (1. Auflage 1899) an. Vorausgegangen war 1881 das Buch des Berliner Nationalökonomen Eugen Dühring «Die Judenfrage als Racen-, Sitten- und Culturfrage». In Frankreich wußte sich Edouard Drumont mit «La France Juive» (1886) große Popularität und in maßgeblichen Kreisen Gehör zu verschaffen.

Rassentheorien wurden in wissenschaftlichen Zeitschriften und auf akademischen Kongressen vorgetragen und diskutiert. In der von Paul Barth herausgegebenen «Vierteljahrsschrift für wissenschaftliche Philosophie und Sociologie» z. B. wurde 1902 im Stile eines wissenschaftlichen →Diskurses über «Der erbliche Rassen- und Volkscharakter» gehandelt. Der Verfasser S. R. Steinmetz kam freilich zu dem Schluß, daß, solange die Urteile über den «Kern des jüdischen und germanischen Charakters» auseinandergingen, man sich bescheiden gestehen müsse, «daß irgendwo ein ganz grober Fehler versteckt liegen muß». Trotzdem hielt er es für eine wichtige wissenschaftliche Aufgabe, «das wirklich theoretisch wie praktisch hochwichtige Problem der Erblichkeit des Rasse- und Volkscharakters der Lösung näher zu bringen». Einige Jahre zuvor hatte in derselben Zeitschrift der Soziologe Alfred Ploetz über «Ableitung einer Rassenhygiene und ihre Beziehungen zur Ethik» schreiben dürfen. Auf dem Ersten Deutschen Soziologentag 1910 trug Ploetz über «Die Begriffe Rasse und Gesellschaft» vor, wurde aber von Max Weber und anderen Berufskollegen scharf kritisiert. Auf dem Zweiten Soziologentag 1912 brandmarkte Franz Oppenheimer die «rassentheoretische Gesellschafts-/ Geschichtsphilosophie» als typisch «legitimistische Gruppenideologie der herrschenden Oberklasse», woraufhin der Kapitalismusforscher Werner Sombart dieser →Ideologie glaubte bescheinigen zu müssen, «daß sie uns von der Alleinherrschaft der materialistischen Geschichtsauffassung befreit.»

Sombarts und Oppenheimers Disput wirft ein Schlaglicht auf die zentrale politische Funktion, die Rassentheorien und insbesondere einem wissenschaftlich verbrämten Antisemitismus nach dem Willen ihrer Erfinder zukam. Einer wissenschaftsgläubigen Gesellschaft – und das war die deutsche ebenso wie andere europäische Gesellschaften des 19. Jhs. – mußten rassistische Ideen in «wissenschaftlichem» Gewande verabreicht werden, um die Gesellschaftslehre des →historischen Materialismus zu widerlegen und damit zugleich die Botschaft von der weltgeschichtlichen Mission der →Arbeiterklasse. In diesem Sinne konnte der Antisemitismus in zwei Richtungen instrumentalisiert werden: zum einen als Ventil für antikapitalistische Ressentiments im Kleinbürgertum, aber auch in anderen →Klassen der Gesellschaft, zum andern als Kampfmittel zur Diffamierung der →Arbeiterbewegung. In «dem Juden» wurde einmal «der Kapitalist» angegriffen, der internationale Geschäfte tätigte und sich dabei angeblich an nationalen →Interessen versündigte, das andere Mal der Sozialist oder Kommunist, der die internationale Solidarität der Arbeiterklasse höher schätzte als «nationale» Verbundenheit. Da sich in den Begriffen →Kapitalismus und →Sozialismus (bzw. →Kommunismus) der Grundkonflikt hochindustrialisierter und nationalstaatlich verfaßter Klassengesellschaften verdichtete, ließen sich Juden je nach Bedarf mit dem Feindbild der «goldenen Internationale» bzw. der «roten Internationale» identifizieren. Dies erklärt, warum Antisemitismus auch in der Arbeiterschaft und bei manchen ihrer Wortführer zu finden war, zumal, wie sich spätestens im Ersten Weltkrieg zeigte, der Nationalismus der Arbeiterbewegung, wiederum in allen europäischen Ländern, stärker war als die immer wieder propagierte internationale Solidarität.

Die Biologisierung der «Judenfrage» und die damit verknüpfte Nationalisierung der Gefühle (→Affekte), Einstellungen und Verhaltensweisen machte die gesellschaftliche Existenz der davon betroffenen Juden doppelt ausweglos. Galten die Juden von vornherein als «minderwertig», so gab es einen Vorwand, ihnen die gesellschaftliche Gleichstellung und damit zugleich der gesamten Gesellschaft →Demokratie zu verweigern, sowie die bereits erreichte, widerwillig von oben gewährte politische →Emanzipation zurückzunehmen. Auf diese Weise wurde in Theorie und

Praxis die gesellschaftliche Sonderexistenz der Juden verewigt, die dann ihrerseits zur Erklärung der Konflikte in der kapitalistischen Gesellschaft herhalten mußte und zum Beweis der «Minderwertigkeit» diente. Dergestalt schufen sich die Antisemiten den «ewigen Juden» immerfort von neuem, das heißt, sie bestätigten sich in ihrem Wahn jedesmal selbst. In den Topos vom «ewigen Juden» projizierte sich der «ewige» Antisemit, der sich das wahnhafte Grundschema seiner «Weltanschauung» durch nichts und niemanden in Frage stellen ließ. «Das besonders Perfide» am Antisemitismus, so erklärte der linksliberale Abgeordnete Eugen Richter Mitte der achtziger Jahre des 19. Jhs. einmal im Preußischen Abgeordnetenhaus, also vor aller Öffentlichkeit, ist, «daß während die Sozialisten sich bloß kehren gegen die wirtschaftlich Besitzenden, hier der Rassenhaß genährt wird, also etwas, was der einzelne nicht ändern kann und was nur damit beendigt werden kann, daß er entweder totgeschlagen oder über die Grenze geschafft wird.»

In der Tat: Während der christlich geprägte Antijudaismus den Juden, wenigstens im Prinzip, die Möglichkeit gab, sich, wie Heinrich Heine es ausgedrückt hat, durch die Taufe «das Entreebillet zur europäischen Kultur» zu verschaffen, versperrte der Rassenantisemitismus diesen Ausweg gänzlich. Bei genauerer Betrachtung werden jedoch Gemeinsamkeiten zwischen der traditionellen Judenfeindschaft und dem rassischen Antisemitismus, dem, wie manche Forscher sagen, «modernen Antisemitismus», sichtbar. Erstens war auch die christliche Judenfeindschaft vor rassistischen Anwandlungen und Praktiken nicht gefeit, wie sich zum Beispiel an der spanischen Judenaustreibung Ende des 15. Jhs. zeigen läßt. In Deutschland ist an die Christlich-deutsche Tischgesellschaft von 1811 zu erinnern, in der Geistesgrößen wie Fichte, Kleist, Savigny, Schleiermacher, Clemens Brentano, Clausewitz, Achim von Arnim und Adam Müller Platz nahmen. Nicht nur Juden, sondern auch getaufte frühere Juden und deren Nachkommen waren nach einem in den Statuten enthaltenen «Arierparagraphen» von der Mitgliedschaft ausgeschlossen. Der Dichter und Liedersammler Arnim («Des Knaben Wunderhorn», zusammen mit Brentano), der zum «gesetzgebenden Ausschuß» dieses Gesprächskreises gehörte, machte in einem Vortrag «Über die Kennzeichen des Judentums» unter dem Beifall seiner Zuhörer den Vorschlag, einen Juden in seine Bestandteile zu «pulverisieren», um seine «chemischen Kennzeichen» zu ermitteln, auch solle man Juden zu experimentellen Zwecken die Haut abziehen. Als zentrales Motiv zog sich durch Arnims Vortrag der Vorwurf, Juden seien «an kein Vaterland gebunden» und bereicherten sich am «Vermögen der Nationen».

Das Scharnier zwischen christlichem Antijudaismus und →Rassismus – das belegt das Beispiel der Christlich-deutschen Tischgesellschaft und in anderer Weise auch das der Judenaustreibung aus Spanien – war ein spezifischer Nationalismus in der (im einzelnen zeitverschoben ablaufenden) Formationsphase des modernen Staates. Daß die Verbindung zwischen christlicher Judenfeindschaft und rassischem Antisemitismus aber überhaupt funktionierte, ist auf die grundlegende Denkfigur des Antijudaismus, die in die gleiche Richtung wirkte wie die des «modernen» Antisemitismus, zurückzuführen. Während des ganzen →Mittelalters galt die Judenheit als «Volk der Gottesmörder», das zu «ewiger, gottgewollter Knechtschaft» verdammt sei. Berufliche Verbote und soziale Marginalisierung waren die Folge: Verbot des Grundbesitzes, Nichtzulassung zu den Zünften, Beschränkung auf →Handel und Geldgeschäfte (Christen war es verboten, für Geldverleih Zinsen zu nehmen), Abdrängung in Gettos. Diese gesellschaftliche Ausgrenzung bei gleichzeitiger Privilegierung in Teilbereichen setzte voll erst mit der kommerziellen →Revolution des 11.–13. Jhs. ein, als der Warentausch zunehmend mit Finanztransaktionen verbunden wurde, die Städte (→Stadt–Land) sich zu selbstbewußten und in vieler Hinsicht selbständigen politischen Einheiten mit Kaufleuten und Geldhändlern (häufig in einer Person) als Kern eines neuentstehenden Bürgertums wandelten. Gleichzeitig mit der Herausbildung der Geldwirtschaft kam ein Prozeß (→Entwicklung) in Gang, in dessen Verlauf sich aus der Konkurrenz feudalständischer →Gewalten zentralisierte Flächenstaaten entwickelten.

Die Denkfigur, den Juden als Gruppe eine Erbschuld aufzubürden, die sich auf alle künftigen Generationen übertrug, gehörte bereits im 2. Jh. unserer Zeitrechnung zum Kernbestand der offiziellen Lehre des Christentums und war dementsprechend zu einer von den realen gesellschaftlichen Verhältnissen und konkreten Erfahrungen mit Juden gänzlich abgehobenen Doktrin erstarrt. Praktische Folgen hatte diese «systematisch Haß und Verachtung predigende Theologie» (Nicholas R. M. de Lange) in umfassender Weise erstmals im 4. Jh., als das Christentum zur Staatsreligion wurde und seine politische Macht nutzte, die Juden mit diskriminierenden reichs- und kirchengesetzlichen Maßnahmen zu isolieren. Zur rechtlichen Isolierung kam die ideologische Gettoisierung, die später auch faktisch nachvollzogen wurde, da es Juden verboten war, Proselyten zu werben, das heißt Nichtjuden zu missionieren, so daß die Vorstellung einer «jüdischen Rasse» aufkommen konnte, die sich «verstockt» und von «Natur» aus unbelehrbar gegenüber der christlichen Umwelt abschloß. Die faktische Kraft des Normativen und die normative

Kraft des Faktischen ergänzten sich und luden sich gegenseitig auf. Hier lag der Keim für einen christlichen Rassismus, der seine destruktiven Energien genau zu der →Zeit entband, da der erste große Modernisierungsschub der Geschichte des christlichen Europa seit dem 11. Jh. einen gesteigerten Bedarf an Ideologie zur Folge hatte, um die mit diesem Prozeß verbundenen Ängste der Bevölkerung vor sozialer und wirtschaftlicher Veränderung zu banalisieren. Diese Ideologie lieferte der Nationalismus – die Sache war da, bevor das Wort dafür zur Hand war –, ein mit der Zentralisierung staatlicher →Herrschaft parallelisiertes Wir-Gefühl, das auf Ausgrenzung des Fremden zielte und daher gerade jener Gruppe einen besonderen Vernichtungswillen entgegensetzte, die als fremd empfunden wurde, weil sie von der →Kirche dazu gemacht worden war. Die zunehmende Dämonisierung «des Juden» zeugt von dieser Wende, wie sie etwa in dem auf Holzschnitten oder Skulpturen verbreiteten Typus der «Judensau» oder der Darstellung der Synagoge als eine dem Laster ergebene, mit Bocksattributen ausgestattete Hure seit dem 13. Jh. zum Ausdruck kommt. Das biblische Gebot «Du sollst nicht töten» wurde durch den Ersten →Kreuzzug Ende des 11. Jhs. in bis dahin beispielloser Weise enttabuisiert, so daß periodisch wiederkehrende Judenvertreibungen und Judenmassaker in den folgenden vier Jahrhunderten zum Motor einer gewohnheitsmäßig betriebenen Mordpraxis wurden, deren Dynamik auch andere Minderheiten wie Ketzer und relativ spät, dann aber mit ungeheuerlicher Gewalt, Frauen, die als →Hexen galten, zum Opfer fielen. Die Politik der gegen Juden gerichteten Entvölkerung wurde am konsequentesten zunächst von solchen Ländern betrieben, die auf dem Weg zur Herausbildung einer zentralisierten Staats- und Nationbildung am weitesten fortgeschritten waren: Aus England wurden die Juden 1290, aus Frankreich 1306, von der Iberischen Halbinsel und im Zusammenhang damit aus Süditalien 1492 bzw. 1496 vertrieben. Das 16. Jh. leitete eine neue Epoche (→Periodisierung) in der Geschichte des Antisemitismus ein: Nur in solchen europäischen Ländern, in denen eine bürgerliche Revolution zum Siege kam, konnte der mit der Formierung des modernen Nationalstaats zwangsläufig freigesetzte Nationalismus und damit auch der Antisemitismus gesellschaftlich, wenn schon nicht völlig vermieden, so doch unter Kontrolle gehalten werden, in den Niederlanden im 16. Jh., in England im 17. Jh., so daß Juden zurückkehren durften, in Frankreich im 18. Jh. Noch vor der →Französischen Revolution hatte die Verfassung der Vereinigten Staaten, die keinen Feudalismus und keine ständische Ordnung zu überwinden hatten, den Juden alle Bürgerrechte und volle Gleichberechtigung gewährt.

Die vorne getroffene Feststellung, daß christlicher Antijudaismus und der moderne Antisemitismus des 19. Jhs. durch einen spezifischen Nationalismus verklammert wurden, muß ergänzt und präzisiert werden. Nur wo es nicht gelang, stadtbürgerliche →Freiheit (Freiheit vom feudalen Herrenrecht) mit staatsbürgerlicher Einheit so zu verschmelzen, daß das Bürgertum zugleich mit seinem Aufstieg zur ökonomisch herrschenden Klasse demokratische Ideen im politischen System durchsetzte, konnten sich Nationalismus und der mit ihm geschichtlich verschränkte Antisemitismus als extrem destruktive Integrationsideologie entfalten, zumal unter den Bedingungen einer durch Hochindustrialisierung und Bürokratisierung geförderten Denkform wissenschaftlicher Effizienz. Die Spezifik des modernen Antisemitismus ist als Rassenhaß nicht zureichend begriffen. Vielmehr handelt es sich um einen Rassenwahn, der die ihm eigene «Logik» bis zu der Konsequenz trieb, den Genozid an den Juden und dann auch die Vernichtung anderer als minderwertig betrachteter Gruppen zur Erreichung gesellschaftspolitischer Ziele mit «wissenschaftlichen» Methoden zu begründen und zu bewerkstelligen. Daher die Forderung führender Antisemiten, unter anderen Hitler, nach einem «wissenschaftlichen Antisemitismus» und die Absicht – dies seit der Niederlage im Ersten Weltkrieg –, die Schwierigkeiten der Nachkriegszeit durch eine antibolschewistische Raumkampfstrategie gegen Osteuropa und Rußland zu beseitigen und damit eine «radikale Lösung der Judenfrage» zu verbinden, «bei Vermeidung aller sentimentalen Beweggründe». Die hierfür erforderlichen Energien wurden von der nationalsozialistischen Massenbewegung gebündelt – mit aktiver Hilfe eines Teils der ostelbischen Großagrarier sowie der rheinisch-westfälischen Schwerindustrie, mit Hilfe auch eines Teils der bürgerlichen Intelligenz, der sich nun daranmachte, den vorgängigen Vernichtungswillen mit Sozialwissenschaft und Bevölkerungswissenschaft, mit Ostforschung und Raumplanung, mit Agronomie und →Statistik, mit Rationalisierungsstrategien und Arbeitseinsatzplanung zu legitimieren und mit zu ermöglichen. Es gab nicht nur die haßerfüllten Reden von der Art eines Julius Streicher, sondern auch die Judenvernichtungsforschung des Historikers und Ökonomen Peter-Heinz Seraphim, die sich des «völkischen Zieles und Sinnes» der «deutschen Wissenschaft» verpflichtet wußte, gleichzeitig aber der «Objektivität» als der «verantwortungsvollen Verpflichtung zu strengster Sachlichkeit der Anschauung». Von dieser Warte aus versuchte Seraphim mit einem Riesenaufgebot an wissenschaftlicher Information nachzuweisen, daß die «Verminderung der Juden» Osteuropas durch «Abwanderung» nicht genüge – woraus nur der Schluß gezogen werden kann, daß er sie vernichtet wissen wollte. «Nationalistisch-minderheitenfeindliche Zielsetzungen und Sentiments» wollte er dabei vermieden wissen, da sie «den Eigenheitscharakter der jüdischen Frage» verwischten und nicht die «Stoßkraft» einer «Weltanschauung» besäßen. M. A.

◆ Arbeit

Industriegesellschaften sind – wie immer man sie sonst noch bezeichnen mag – ihrem Wesen und ihrem Selbstverständnis nach Arbeitsgesellschaften. Trotz aller Debatten, die darüber geführt werden, genießt Arbeit in ihnen nach wie vor einen außerordentlich hohen Rang. Am Wert, den sie hat oder der ihr zugesprochen wird, bemißt sich sozialer Status, Prestige und Lebensgefühl von Männern und Frauen. Berufliche und persönliche →Identität gehen dabei eine untrennbare Verbindung ein. Erwerbstätigkeit, also Arbeit in den verschiedensten Formen, dient der Sicherung der Existenz und der Befriedigung von →Bedürfnissen, aber sie erschöpft sich darin nicht: Vielfach wird sie idealisiert, mit Weltanschauungen (→Ideologie) befrachtet und in die Sphäre moralischer Daseinszwecke erhoben. Ein Blick in die vergangenen Jahrhunderte zeigt, daß das Nachdenken über Arbeit beinahe so alt ist wie die Arbeit selbst. Zu ihrer Geschichte gehört daher beides: zum einen die konkrete Erscheinung im historischen Wandel, zum andern →Theorien und Bilder, mit denen Philosophen und Theologen, Ökonomen und Soziologen diesen Prozeß (→Entwicklung) begleiten, erklären, kommentieren und beeinflussen.

In der Antike (→Altertum) wurde Arbeit, verstanden als körperliche Arbeit, durchweg geringgeschätzt. Das lateinische Wort «labor» steht für Anstrengung, Mühsal und Strapaze, aber auch für Beschwerde, Not und Ungemach. Von ihrer Hände Arbeit zu leben, ist das Schicksal der Sklaven und der niederen Gesellschaftsschichten. Soweit agrarische Traditionen eine Rolle spielen, erscheint noch am ehesten der Ackerbau als Beschäftigung, die eines freien Mannes würdig ist. Das Glück jedoch und die bürgerliche Tugend, die eigentlichen Bestimmungen des menschlichen Daseins, brauchen zu ihrer Entfaltung die Muße. Nur sie gewährt den nötigen Raum für den Genuß des Schönen, für →Bildung, Wissenschaft und Politik. Muße in diesem Sinne ist nicht zu verwechseln mit Müßiggang oder den heute üblichen Vorstellungen von Freizeit. Denn sie hat nicht den Zweck, die Kräfte zur Arbeit zu regenerieren, sondern ist ‹Arbeit› auf einer höheren Stufe: schöpferische Aktivität, Hingabe an die Aufgaben des Gemeinwesens, ästhetische und philosophische Kontemplation.

Die Verachtung der Arbeit, die hier zum Ausdruck kommt, ist der christlichen Überlieferung hingegen fremd. Daß die Menschen arbeiten, ist von Gott gewollt: zunächst im Paradies, um die göttliche Schöpfungsarbeit fortzusetzen, dann nach dem Sündenfall als von Gott aufgebürdete Last, die aus schuldhaftem Verhalten resultiert. «Im Schweiße deines Angesichts sollst du dein Brot essen, bis du zum Erdboden zurückkehrst», heißt es im Alten Testament. Arbeit ist in dieser Sicht einerseits Plage und Mühe, andererseits Zeichen der göttlichen Barmherzigkeit, die es ermöglicht, sich in der Welt behaupten zu können. Nicht in der Muße liegt die Erfüllung des Lebens, sondern in der Arbeit, die im Geiste Gottes verrichtet wird: Jedermann soll beten und arbeiten. In der hierarchischen Ordnung des →Mittelalters hat jeder →Stand die ihm zugewiesene und ihm gemäße Arbeit zu leisten: Der Adel ist zu →Herrschaft und Kriegsdienst berufen, der Priester kümmert sich um das Seelenheil der ihm anvertrauten Gemeinde; der →Bauer pflügt das Feld; der Bürger in den →Städten betätigt sich in →Handel und Gewerbe. Aus der Bewährung in der Arbeit erwachsen – ständisch jeweils unterschiedlich ausgeprägt – Ehre und Würde. Gleichwohl gilt die vita contemplativa, die geistige bzw. geistliche Arbeit, gegenüber der vita activa, der körperlichen Arbeit, als die höhere Daseinsform. Insofern blieb das antike Ideal der Muße lebendig, wurde allerdings in der Epoche (→Periodisierung) der Reformation durch die Lehre Martin Luthers nachhaltig erschüttert. Für Luther ist Arbeit die eigentliche von Gott gestiftete Notwendigkeit. Wer nicht arbeitet, entfremdet sich von Gott, es sei denn, er ist durch Krankheit gehindert oder im Kindes- und Greisenalter. Parallel zur Aufwertung der Arbeit verschärfte sich fortan der Kampf gegen Arbeitsscheu und Bettelwesen, und mit der Überzeugung, daß Arbeit bessert, verband sich der Gedanke, daß die Obrigkeit sie durch Einrichtung von Arbeitshäusern und Strafanstalten auch erzwingen kann.

Dahinter steckte das Kalkül, die öffentlichen Aufwendungen für den Unterhalt der Bedürftigen zu verringern, zugleich aber die Auffassung, daß Erziehung zur Arbeit wie Arbeit überhaupt die individuelle und die allgemeine Wohlfahrt fördern: die Arbeitsgesellschaft, deren Umrisse hier auftauchen, braucht Disziplin, Arbeitsethik und Arbeitspädagogik. Damit war ein wichtiger Schritt hin zum neuzeitlichen Arbeitsbegriff getan, der sich im 17. und 18. Jh. zu entfalten beginnt, sich aus dem Dunstkreis theologischer Begründungen löst und in säkularisierter Gestalt zum Gegenstand intensiver wissenschaftlicher Erörterungen wird. Von entscheidender Bedeutung waren dabei die Schriften der Physiokraten um François Quesnay sowie die der englischen Nationalökonomen Adam Smith und David Ricardo (→Ökonomie), die in der Arbeit die Grundlage für Wertschöpfung und Preisbildung sehen. In den Theorien, die seither die Debatte bestimmen, figuriert Arbeit nicht mehr länger als Stigma des aus dem Paradies verbannten Sünders, sondern wird – wie 1798 der Philosoph Christian Garve schreibt – zum «Hauptzweck des Menschen» und zur «Quelle seiner Glückseligkeit» erklärt. Die Kriterien, an denen sie sich orientiert, sind Nutzen und Erfolg. Über die Befriedigung der unmittelbaren Lebensnotwendigkeiten hinaus dient sie zur Ansammlung von Kapital, der Vermehrung der Güter und des Güterumlaufs: Sie wird zur produktiven Kraft und damit zur Voraussetzung für wirtschaftliches Wachstum und gesellschaftlichen Reichtum. Zur vollen Wirkung kann sie jedoch nur dann gelangen, wenn sie entfesselt wird, das heißt die von Ständen und Zünften gezogenen Grenzen überwindet, wenn neben die Pflicht zur Arbeit das →Recht auf Arbeit tritt, das als natürliches, den Menschen eingeborenes Recht die freie Wahl des →Berufes und des Arbeitsplatzes ebenso einschließt wie die freie Verfügung über das erarbeitete Produkt.

Daß derartige Anschauungen die erstarrten Strukturen (→Ereignis) des Ancien Régime über kurz oder lang aufsprengen mußten, liegt auf der Hand. Bauernbefreiung und Gewerbefreiheit, zwei der Kernbereiche der preußischen Reformpolitik zu Beginn des 19. Jhs., zeigen beispielhaft die Konsequenzen, die daraus resultierten. In Opposition zum Obrigkeitsstaat, der sich nach den napoleonischen Kriegen und dem Wiener Kongreß erneut stabilisierte, beharrten jedoch die Repräsentanten des Bürgertums darauf, daß freie und freiwillige Arbeit einer von aristokratischen Privilegien restlos befreiten Leistungsgesellschaft bedarf. Typisch für das Weltbild der Liberalen war die 1834 von Friedrich List geäußerte Überzeugung, daß das «Prinzip der Arbeit einst die ganze Erde besiegen und beherrschen werde.» Geschichte erscheint als fortschreitender, durch Arbeit und Arbeitsteilung vorangetriebener Prozeß der Zivilisation (→Kultur), der sich in aufsteigender Linie von der Unfreiheit zur →Freiheit bewegt. Die bis dahin übliche Scheidung von produktiver und unproduktiver Arbeit lehnt List mit dem Hinweis ab, daß «alle Arbeiten produktiv» seien, da sie «entweder Tauschwerte» hervorbrächten oder die «produktiven Kräfte» vermehrten: «Wer Pferde groß zieht, produziert Tauschwerte; wer Kinder lehrt, produziert produktive Kräfte.» Zu beachten sei allein die richtige Balance zwischen den verschiedenen sozialen →Klassen. Die höchste Stufe der Entwicklung glaubt List erreicht, wenn «alle übermäßig anstrengenden Geschäfte durch Naturkräfte» verrichtet werden, «wenn somit dem Menschen nur noch so viele körperliche Anstrengung übrig bleibt, als ihm zu seinem körperlichen Wohlbefinden erforderlich ist, und wenn jeder Mensch in die Lage gesetzt ist, sein Leben in einem Wechsel von geistigen und körperlichen Anstrengungen, von geistigen und körperlichen Genüssen hinzubringen.» Der Weg dorthin sei bereits durch «Maschinen und Erfindungen» geebnet. Überdies sei, so List weiter, «in den zivilisierten Staaten der absolute Müßiggang am seltensten», führe «geistige Arbeit zu Ehren und Würden, die körperliche zu Achtung und Ansehen», und jeder sei «im ungestörten freien Genuß ihrer Früchte» und werde es «um so mehr sein, je mehr die politischen Institutionen» sich vervollkommneten.

Ähnlich emphatisch feierte zu Beginn der 1860er Jahre der liberale Politiker Hermann Schultze-Delitzsch, ein Anhänger von Arbeiterbildungsvereinen und genossenschaftlicher Selbsthilfe, die Arbeit als schlechthin entscheidende «Hauptmacht im Haushalt der Menschheit». Nur sie könne zum «Eintritt bewußter Massen in die Kulturbewegung» führen. Durch Arbeit und Erziehung zu individueller wie politischer Freiheit und Selbstbestimmung: so lautet das Glaubensbekenntnis, das hier anklingt. Die unübersehbaren Schäden der →Industrialisierung sollten dadurch geheilt und die miserablen Existenzbedingungen der arbeitenden Klassen ohne revolutionäre Erschütterungen allmählich verbessert werden. Gemeint war dieses Programm als Alternative zu den Theorien von Karl Marx und der sich konstituierenden →Arbeiterbewegung, die zwar ganz im Sinne der Liberalen das Wesen der Menschen aus der Arbeit herleiteten, Arbeit im →Kapitalismus und auf dem Boden der bürgerlichen Gesellschaft indes als entfremdet begriffen und ihre Hoffnungen auf die sozialistische Umwälzung richteten.

Gegen den liberalen Fortschrittsoptimismus machte Marx geltend, daß keine der «mechanischen Erfindungen die Tagesmühen irgendeines menschlichen Wesens erleichtert» hätte. Vielmehr dienten Rationalisierungsmaßnahmen und technologische Neuerungen ebenso wie die Verlängerung der Arbeitszeit und die Intensivierung der Arbeit allein dem Ziel, den Mehrwert, den der Kapitalist aus den Arbeitern herauspreßt, zu steigern, das heißt die Differenz zwischen den aufgewendeten Lohnkosten und den Werten, die die Ware Arbeitskraft erzeugt, noch weiter zu seinen Gunsten zu erhöhen. Da die Spannung zwischen Kapital und Arbeit, der Interessengegensatz zwischen Arbeiter und Fabrikant, im Rahmen der kapitalistischen Ordnung prinzipiell unaufhebbar ist, wird sich erst im sozialistischen Zukunftsstaat das «Reich der Notwendigkeit» mit dem «Reich der Freiheit» in harmonischem Wechselspiel vereinen. «Das Reich der Freiheit», schreibt Marx im dritten Band des «Kapital», «beginnt… erst da, wo das Arbeiten, das durch Not und äußere Zweckmäßigkeit bestimmt ist, aufhört; es liegt also der Natur der Sache nach jenseits der Sphäre der eigentlichen materiellen Produktion. ... Die Freiheit in diesem Gebiet kann nur darin bestehen, daß der vergesellschaftete Mensch, die assoziierten Produzenten, diesen ihren Stoffwechsel mit der Natur rationell regeln, unter ihre gemeinschaftliche Kontrolle bringen, statt von ihm als von einer blinden Macht beherrscht zu werden; ihn mit dem geringsten Kraftaufwand und unter den ihrer menschlichen Natur nach würdigsten und adäquatesten Bedingungen vollziehn. Aber es bleibt dies immer ein Reich der Notwendigkeit. Jenseits dessen beginnt die menschliche Kraftentwicklung, die sich als Selbstzweck gilt, das wahre Reich der Freiheit, das aber nur auf jenem Reich der Notwendigkeit als seiner Basis aufblühn kann.»

Von der Sozialdemokratie wurde dieser Arbeitsbegriff in der Folgezeit aufgenommen, allerdings vereinfacht, den Erfahrungshorizonten und Wünschen der Arbeiter angepaßt. Das Reich der Freiheit verwandelte sich dabei tendenziell in ein Reich der Freizeit. So formuliert etwa Karl Kautsky, vor 1914 der Gralshüter der sozialdemokratischen Parteitheorie, in seinen Erläuterungen zum Erfurter Programm von 1891 Sätze, die das Bewußtsein und die Erwartungen der Arbeiterschaft auf einen populären Nenner bringen: «Erst der Sieg des Sozialismus ermöglicht es, die Zeit der Arbeit zur Gewinnung des Lebensunterhalts so weit zu verkürzen, daß dem Arbeiter die nötige Muße gegeben wird. Nicht die Freiheit der Arbeit, sondern die Befreiung von der Arbeit, wie sie das Maschinenwesen in einer sozialistischen Gesellschaft in weitgehendem Maße ermöglicht, wird der Menschheit die Freiheit des Lebens bringen, die Freiheit künstlerischer und wissenschaftlicher Betätigung, die Freiheit des edelsten Genusses.»

Das war ein Blick in eine nebelferne Zukunft. Soweit sich empirisch belegen läßt, empfanden die Betroffenen ihre Gegenwart, ihre Arbeit und ihre Lebensumstände als niederdrückend und beschwerlich. Aus einer Befragung sozialdemokratischer Metallarbeiter in den Jahren zwischen 1907 und 1911 geht hervor, daß die Mehrheit, vor allem bei monotonen Fertigungsprozessen, ihrer Tätigkeit kein oder nur geringes →Interesse entgegenbrachte. Die Antworten waren teils lapidar, teils unbefangen naiv, teils gefärbt von den Lehrmeinungen, die in Parteiversammlungen und der Parteiliteratur verkündet wurden. Wie sehr dabei die Wahrnehmung der Arbeit mit Urteilen über die gesellschaftlichen Verhältnisse ineinanderfloß, zeigt der Erlebnisbericht des jungen Theologen Paul Göhre, der sich Anfang der neunziger Jahre für drei Monate in einer Chemnitzer Maschinenfabrik verdingte, um die Welt der Arbeiter durch eigenen Augenschein zu studieren. «Arbeit und Nichtstun», heißt es da über die Kollegen, «waren einer zahlreichen Gruppe ganz parallele Begriffe zu Last und Lust, Langeweile und Abwechslung. Die ‹Reichen›, die ‹großen Herren›, die nichts zu arbeiten brauchen, hatten in ihren Augen nie Langeweile. Die ‹fressen, saufen, reisen, lesen, sehen sich schöne Bilder und Gegenden an und haben schöne Weiber›. Mit dieser Auffassung verband sich dann immer wieder ein eisiges Gefühl der Kälte, des Mißtrauens gegen diese ‹vornehmen› Klassen, ein ausgeprägtes Bewußtsein von der unendlichen Kluft zwischen ihnen und jenen, das zwar selten eine persönliche Spitze hatte, aber gerade deswegen für die allgemeine Betrachtung einen um so trübern Eindruck gewinnt. Einer meiner Freunde nannte das einmal einen objektiven Haß.»

Diesen «Haß» zu überwinden und, wie 1874 der Kathedersozialist Gustav Schmoller forderte, «den vierten Stand wieder harmonisch in den Staats- und Gesellschaftsorganismus» einzufügen, war das Ziel sozialpolitischer Reformen (→Sozialreform). Sie sollten Schritt für Schritt Schutz vor übermäßiger →Ausbeutung bieten, die Arbeitswelt humanisieren und durch Versicherungsgesetze die ärgsten Risiken der arbeitenden Menschen – Krankheit, Invalidität, Alter und Erwerbslosigkeit – abmildern. Trotz der Widerstände, die solchen Konzepten von seiten der →Industrieverbände entgegengebracht wurden, nahm die staatliche Daseinsvorsorge immer breiteren Raum ein. Die Arbeitsverhältnisse sind insofern ein Spiegel der innergesellschaftlichen Machtverhältnisse, und vor dem Hintergrund fortdauernder Veränderungsprozesse läßt sich kaum noch ernsthaft bestreiten, daß der Sozial- und Wohlfahrtsstaat die notwendige Konsequenz der Arbeitsgesellschaft ist. Denjenigen, die vor diesem Sachverhalt die Augen verschließen möchten, ist stets von neuem eine Diagnose ins Gedächtnis zu rufen, die Anfang der 1930er Jahre inmitten der Weltwirtschaftskrise der Nationalökonom Rudolf Goldscheid geliefert hat. Sie ist heute so aktuell wie damals: «Es hat keinen Sinn, Klagelieder über die Höhe der sozialen Lasten anzustimmen, ist es doch die Wirtschaft selber, die diese produziert. Will man also soziale Lasten vermeiden, so gilt es, gesellschaftliche Maßnahmen zu treffen, welche den Menschen Lebens- und Arbeitsbedingungen schaffen, die sie nicht unentrinnbar nötigen, dem Gemeinwesen immer wieder zur Last fallen zu müssen. Denn unbehobenes privates Leid kehrt vermehrt wieder als öffentliche Last.»

J. F.

◆ **Arbeiter** (Arbeiterklasse)

«Arbeiter» als Kollektivbegriff meint seit dem 19. Jh. den aufgrund eines freien Arbeitsvertrages abhängigen, vorwiegend körperlich tätigen Lohnarbeiter. Diese beiden Aspekte grenzen den Arbeiter von ebenfalls handarbeitenden, aber selbständigen Gruppen wie →Bauern und Handwerkern ab. Der Lohnarbeiterstatus zeichnet sich durch eine doppelte →«Freiheit» aus: der Freiheit der Person, das heißt auch der Freiheit zum Vertragsabschluß, und der Freiheit vom Besitz an Produktionsmitteln, die zur abhängigen Beschäftigung zwingt.

Die Entstehung des modernen Lohnarbeiters ist ein Resultat der →Industrialisierung, die die älteren handwerklichen und hausindustriellen Formen gewerblicher →Produktion verdrängt. Mit der Zentralisierung der Arbeitskräfte in der Fabrik löst sich die für die vorindustrielle →Ökonomie typische Einheit von Arbeits- und Wohnstätte auf. Die Abhängigkeit von konjunkturellen Schwankungen, die lebenslange Dauer und Vererbung der Lohnarbeit und ein hohes Maß an Fremdbestimmung bei der Arbeit sind Erfahrungen, die den Lohnarbeitern gemeinsam sind und ihre gemeinsame Interessenlage begründen.

In der →Begriffsgeschichte spiegelt sich der mit dem Aufkommen der freien Lohnarbeit gekennzeichnete Strukturwandel wider. Noch bis ins 18. Jh. wurden unter «Arbeitern» alle «im Schweiße ihres Angesichts» Arbeitenden, und das hieß vor allem die das Land (→Stadt – Land) bearbeitenden Bauern, verstanden. Erst an der Wende vom 18. zum 19. Jh. taucht, zuerst in England, das Wort «arbeitende →Klasse(n)» auf. Es wird in erster Linie verwendet zur Kennzeichnung der neuen, in der Industrie tätigen Gruppen der «Fabrikarbeiter» und «Fabrikgesellen» und dient zugleich als Abgrenzung zu den auf dem Lande abhängig Beschäftigten, dem →Gesinde und den Tagelöhnern. In den dreißiger und vierziger Jahren des 19. Jhs. bürgert sich ein neues Wort für die «handarbeitenden Klassen» ein: «Proletariat». Ursprünglich bezeichnet es die Masse der pauperisierten Unterschichten, die durch Bevölkerungsvermehrung und Agrarreformen in der ersten Hälfte des 19. Jhs. freigesetzt wurden und sich zu einer Bedrohung für →Staat und →Gesellschaft auszuwachsen schienen. Als solcher wurde der Begriff Proletariat nicht selten mit den Attributen des Elends und der Verwahrlosung ausgestattet und dem Bild des fleißigen, anständigen Arbeiters entgegengestellt. So schrieb etwa Friedrich Harkort, der Pionier der westfälischen Maschinenbauindustrie, in seinem «Brief an die Arbeiter» (1849): «Einen Proletarier nenne ich den, welchen seine Eltern in der Jugend verwahrlost, nicht gewaschen, nicht gestriegelt, weder zum Guten erzogen noch zur Kirche und Schule angehalten haben... Nicht aber rechne ich zu den Proletariern den braven Arbeiter, dem Gott durch die Kraft seiner Hände und den gesunden Menschenverstand ein Kapital verlieh, welches ihm niemand rauben kann, es sei denn Krankheit oder Alter.»

Eine positive Umwertung erfuhr der Begriff Proletariat als kollektive Bezeichnung für Arbeiter in den frühsozialistischen →Vereinen und Programmen, vor allem aber in der Sozialtheorie von Karl Marx und Friedrich Engels (→Sozialismus). Darin wurde dem Proletariat die historische Mission zugewiesen, mit der Beseitigung der bürgerlichen Gesellschaftsordnung dem allgemeinen Ziel der Menschheitsbefreiung zu dienen. In der Präambel der Statuten des Bundes der Kommunisten (1847) wurde als Zweck der Vereinigung formuliert: «...der Sturz der Bourgeoisie, die Herrschaft des Proletariats, die Aufhebung der alten, auf Klassengegensätzen beruhenden bürgerlichen Gesellschaft und die Gründung einer neuen Gesellschaft ohne Klassen und ohne Privateigentum.» Der später von Marx geprägte Begriff der «Diktatur des Proletariats» bezeichnete die Durchgangsstufe auf dem Weg zur klassenlosen Gesellschaft und damit zur Aufhebung des Proletariats selbst.

Dieser positiven Stilisierung des Proletariats zum revolutionären Subjekt und berufenen Träger der menschlichen →Emanzipation wurde der Begriff «Lumpenproletariat» als negative Entsprechung entgegengesetzt. Er wurde von Marx und Engels wie schon der ältere Begriff «Pöbel» in moralisch abqualifizierendem Sinne gebraucht. «Das Lumpenproletariat, dieser Abhub der verkommenen Subjekte aller Klassen, der sein Hauptquartier in den großen Städten aufschlägt, ist von allen möglichen Bundesgenossen der schlimmste. Das Gesindel ist absolut und absolut zudringlich» – so Engels in der Vorrede zur 2. Ausgabe des «Deutschen Bauernkrieges» (1870).

Diese Verachtung für das Lumpenproletariat hat sich in der späteren sozialdemokratischen →Arbeiterbewegung, die vor allem eine Bewegung der gelernten Arbeiter war, fortgesetzt in einer Geringschätzung der unständigen, ungelernten Arbeitergruppen.

Auch in seiner positiven Sinngebung fand der Begriff Proletariat in der frühen deutschen Arbeiterbewegung allerdings nur wenig Anklang. Ferdinand Lassalle, der Gründer des Allgemeinen deutschen Arbeitervereins 1863, mied diesen Begriff und sprach statt dessen von «Arbeiterstand» – eine Bezeichnung, die dem Selbstverständnis der überwiegend aus dem →Handwerk stammenden Arbeiter eher entsprach. Von liberaler und christlich-konservativer Seite wurde dieser Begriff aufgenommen im

Zusammenhang mit Bemühungen, die Arbeiter durch Reformen zufriedenzustellen und in die bürgerliche Gesellschaft (→Bürger) zu integrieren.

Im Eisenacher Programm der Sozialdemokratischen Arbeiterpartei von 1869 war von der «Befreiung der Arbeiterklasse» die Rede, noch nicht von «Proletariat». Dieser Begriff bürgerte sich in der deutschen Arbeiterbewegung erst mit der Durchsetzung des Marxismus in den siebziger und achtziger Jahren des 19. Jhs. ein. Er wurde danach zum Synonym für die klassenbewußten Teile der Arbeiterschaft. Die Faszination, die von der proletarischen Bewegung auf bürgerliche Intellektuelle ausstrahlte, hat immer wieder, etwa im Anschluß an die revolutionäre Umwälzung in Rußland (→Russische Revolution) in den zwanziger Jahren, zu Erscheinungsformen eines «Proletkults» (ursprünglich Abkürzung für «proletarische Kultur») geführt, also einer bewußten Übernahme, manchmal auch Übersteigerung proletarischer kultureller Zeichen und Werte.

Von «Arbeiterklasse» kann man in Anlehnung an die marxistische Terminologie sprechen, wenn «(a) Lohnarbeiter ohne Produktionsmittel in großer Zahl vorhanden sind, (b) sie sich ihrer gemeinsamen Klassenlage – eben ihre Lohnabhängigkeit – und der daraus folgenden Interessen im Gegensatz zu den Interessen von Nicht-Lohnarbeitern, insbesondere von Produktionsmittelbesitzern, bewußt sind (was in der Regel gemeinsame Erfahrungen in Abgrenzung zu anderen und Kontakte untereinander voraussetzt) und (c) sie auf dieser Grundlage zu kollektiven, mehr oder weniger organisierten Aktionen (vor allem Konflikten) in der Lage sind» (Jürgen Kocka).

Das schließt nicht aus, daß proletarisches Klassenbewußtsein durch andere Loyalitäten – konfessionelle, berufliche, geschlechtsspezifische, regionale, nationale – überlagert oder auch durchkreuzt werden kann. Proletarische Klassenbildung und Klassenbindung sind keine Konstanten; vielmehr können sie im Bewußtsein der Beteiligten zurücktreten und an Bedeutung in gesellschaftspolitischen Auseinandersetzungen verlieren. Dies ist in Deutschland spätestens seit den zwanziger und dreißiger Jahren dieses Jhs. der Fall. Neue Formen der Freizeit und der Massenkultur führten bereits in der Weimarer Republik zu einer Abschwächung der alten klassenspezifischen Orientierungsmuster. Der Nationalsozialismus trug mit der Zerstörung der →Arbeiterkultur seinen Teil dazu bei, die traditionelle Bindung der Arbeiter an die Organisationen der Arbeiterbewegung aufzulösen. Mit wachsendem Wohlstand, der Angleichung der Konsumstandards, erhöhter sozialer →Mobilität seit den fünfziger und sechziger Jahren ist die an den Marxschen Begriff der Arbeiterklasse gebundene revolutionäre Perspektive vollends fragwürdig geworden. Der Wandel spiegelt sich auch in der Begrifflichkeit. Statt «Arbeiter» oder «Arbeiterklasse» wird heute der klassenindifferente Begriff «Arbeitnehmer» bevorzugt. Der Versuch der →Studentenbewegung Ende der sechziger Jahre, über eine Renaissance des Marxismus auch die Arbeiterklasse wieder an ihre revolutionäre Mission zu erinnern, mußte fehlschlagen, weil die Veränderungen in der objektiven Lage und dem subjektiven Bewußtsein der Arbeiter nicht hinreichend bedacht wurden. V. U.

◆ Arbeiteraufstand in der DDR

Für die Geschichtsschreibung der DDR war die Protestbewegung vom Juni 1953 ein Tabu-Thema. Deren Motive und Antriebsmomente einer plausiblen Analyse zu unterziehen, hat sie sich bis zur Wende vom Herbst 1989 jedenfalls beharrlich geweigert. Offenbar saß das Trauma tief: die Erfahrung nämlich, daß die Legitimation des Systems nur auf brüchigen Fundamenten ruhte. In der parteiamtlichen Interpretation galten die →Ereignisse als Werk «faschistischer Elemente» und von außen gesteuerter Agenten: als ein von langer Hand vorbereiteter «konterrevolutionärer» Putschversuch, um die «Arbeiter-und-Bauern-Macht» zu stürzen und das «Territorium der DDR unter dem militärischen Druck der NATO politisch und wirtschaftlich der BRD einzuverleiben». Das war eine Verschwörertheorie reinsten Wassers, die aber auch deshalb der Grundlage entbehrte, weil der Westen sich weitgehend auf Abwarten beschränkt hatte. Ähnlich wie nach dem Bau der Mauer im August 1961 war er vielmehr peinlich darauf bedacht, alles zu vermeiden, was nach Einmischung in die inneren Angelegenheiten des sowjetischen Herrschaftsbereichs hätte aussehen können.

Zu den Faktoren, die man bei der Erklärung der Unruhen berücksichtigen muß, gehört die Periode des außenpolitischen Tauwetters, die nach Stalins Tod am 5. März 1953 eingesetzt hatte. Die Sowjetunion und ihre Satellitenstaaten steckten damals in einer →Krise. Die Parteiapparate waren durch Grabenkämpfe rivalisierender Fraktionen teils gelähmt, teils orientierungslos. Die forcierte Aufrüstung, die einseitige Konzentration auf die Schwerindustrie und die Vernachlässigung der Konsumgüterproduktion hatten die wirtschaftlichen Möglichkeiten überdehnt und die Menschen bis zur Erschöpfung strapaziert. Es scheint, als sei die neue Kremlführung entschlossen gewesen, die Zügel zu lockern: durch Erleichterung der Lasten im Innern und Entspannung nach außen. Die antiwestliche Polemik in der sowjetischen Presse verstummte. Ministerpräsident Malenkow beschwor die Chance einer «dauernden Koexistenz» zwischen Ost und West, Polizeichef Berija kündigte eine Politik der «Befestigung des Friedens und der internationalen Zusammenarbeit» an. Da die in Europa unerledigt schwelende deutsche Frage eines der Haupthindernisse bildete, waren das Signale, die eine gewisse Revisionsbereitschaft andeuteten, womöglich in Anlehnung an das noch von Stalin 1952 unterbreitete Angebot, das auf ein wiedervereinigtes, aber neutrales Deutschland zielte.

Über diese Initiativen ist viel gerätselt worden. Ob sie wirklich ernst gemeint waren, läßt sich mit hundertprozentiger Sicherheit nicht sagen. Es mag sein, daß sie vorwiegend taktische Funktionen hatten, nämlich in letzter Minute die Westintegration der Bundesrepublik zu verhindern oder dort wenigstens Verwirrung zu stiften. Immerhin: Chruschtschow hat später seinen Konkurrenten Berija und Malenkow vorgeworfen, sie hätten die DDR «verkaufen» und als «sozialistischen Staat» liquidieren wollen. Und vielleicht war es ja tatsächlich ein Schritt in diese Richtung, als der russische Statthalter in Ostberlin, Semjonow, die Verantwortlichen in der SED anwies, das seit einigen Monaten praktizierte Konzept des verschärften Klassenkampfes (→Klasse) gegen die →Bauern und die →Schichten des →Bürgertums zu korrigieren.

Das Ergebnis war ein überhasteter Rechtsschwenk. Anfang Juni hob man den «Neuen Kurs» aus der Taufe, übte Selbstkritik und gelobte Besserung. Den Erfordernissen des Augenblicks glaubte man mit innenpolitischer ‹Liberalisierung› und deutschlandpolitischer Öffnung begegnen zu können. Propagandistisch kaum vorbereitet, war das ein Eingeständnis von Führungsschwäche, das beträchtliche Verwirrung stiftete. Wie wenig durchdacht dies alles war, zeigte sich nicht zuletzt darin, daß zwar Konzessionen an den →Mittelstand gemacht, die zuvor verkündeten Erhöhungen der Arbeitsnormen, was einer Absenkung der Löhne gleichkam, aber beibehalten wurden. Genau dies war der berühmte Tropfen, der das Faß zum Überlaufen brachte: der Anlaß, der am 16. Juni als erste die Bauarbeiter des Renommierprojektes Stalin-Allee in Ostberlin auf die Straße trieb und zum Ausgangspunkt für eine sich in den Industriezentren der DDR rasch ausbreitende Welle von →Protesten, Streiks und Demonstrationen wurde, die freilich schon einen Tag später durch das Eingreifen der Besatzungstruppen wieder in sich zusammenfiel.

In der Bundesrepublik hat man die Geschehnisse des 16. und 17. Juni von Anbeginn an als «Volksaufstand» gegen die →Herrschaft der SED und der Sowjetunion gewertet, als Bekenntnis zum westlichen Deutschland und seinem Demokratiemodell. Zwar sind an dieser Interpretation bereits früh Zweifel geäußert worden, aber es hat doch lange gedauert, um ein insgesamt differenzierteres Bild von den Zielen und Trägern der Revolte zu gewinnen. Folgt man neueren Studien, so steht fest, daß der Ruf nach staatlicher Einheit und freien Wahlen keineswegs identisch war mit dem Wunsch nach einer Rückkehr zu privatkapitalistischen Eigentumsverhältnissen. Jedenfalls ist nirgends verlangt worden, die verstaatlichten Betriebe wieder an ihre früheren Besitzer auszuliefern. Das läßt den Schluß zu, daß der sozialistische Charakter der Staats- und Gesellschaftsordnung nicht prinzipiell angetastet werden sollte. Dafür spricht, daß es im Kern die Industriearbeiter aus den traditionellen Hochburgen der →Arbeiterbewegung waren, die der Erhebung Impulse und Konturen verliehen. Die Mittelschichten, die technische und akademische Intelligenz verharrten überwiegend in Passivität. Insofern ist die Bezeichnung «Volksaufstand» eher irreführend und weckt falsche Erwartungen.

Vergleicht man die deutschlandpolitischen mit den übrigen Initiativen der →Arbeiter, so fällt auf, wie wenig konkret sie waren. Über die Details einer Wiedervereinigung nachzudenken war offenbar kein vorrangiges Problem. Im Vordergrund standen sozialpolitische Nahziele. Das erklärt auch die Zurückhaltung gegenüber den sowjetischen Truppen. Ihr Abzug war, anders als 1956 in Polen und Ungarn, kein Thema. Für die Arbeiter war es wichtiger, die Aufrüstung im eigenen Lande zu stoppen, denn sie waren es schließlich, die dafür bezahlen mußten. «Brot statt Kanonen!» lautete eine ihrer Parolen. Überhaupt zeichnete sich die Aufstandsbewegung durch ein unbefangenes Nebeneinander von sozialistischen und nationalen Komponenten aus. Die Demonstranten sangen sowohl das Deutschlandlied als auch sozialistische Kampflieder. Und wenn Losungen die nationale Einheit propagierten, richteten sie sich hier und da ebenso gegen die Regierung im Osten wie gegen die im Westen.

Den 17. Juni in erster Linie aus der Perspektive der Wiedervereinigung zu deuten ist daher verfehlt. Seine Dynamik erfaßt man erst dann, wenn man ihn als Ausdruck einer breiten antistalinistischen Opposition wertet. Und diese Opposition war die einer klassenbewußten Arbeiterschaft, die ihre Kampferfahrungen ein letztes Mal in die Waagschale warf. Daraus bezog sie ihre Kraft und Legitimation. Nicht wenige der haupt- und nebenamtlichen Funktionäre solidarisierten sich mit ihr, zum einen aus Unsicherheit, zum andern, weil sie ihren eigenen Vorstellungen und Hoffnungen entsprach. Ein Indiz für die Erschütterungen auch des innerparteilichen Machtgefüges der SED waren die umfangreichen Säuberungen und Maßregelungen, die nach den Ereignissen des Juni eingeleitet wurden.

Die Arbeiter waren am 16. und 17. Juni für eine Verbesserung ihrer Lebenshaltung auf die Barrikaden gestiegen. Den Kessel angestauter Erbitterung brachte die abrupte Verkündung des «Neuen Kurs» zum Platzen: als erkennbar wurde, daß die Partei- und Staatsführung zwar den bürgerlichen Mittelschichten Konzessionen anbot, den Arbeitern, der →Theorie nach die herrschende Klasse, aber drastische Verschlechterungen zudiktierte. Da die →Gewerkschaften zu reinen Erfüllungsgehilfen staatlicher Herrschaftsansprüche und bürokratischer Planvorgaben degradiert worden waren, verfügten die Arbeiter über keine autonomen Vertretungsorgane. Sie nahmen daher ihr Schicksal spontan in die eigenen Hände; das erklärt den Mangel an Koordination und einheitlicher Willensrichtung. Gleichwohl schien mit Blick auf die Wendung der sowjetischen Politik ein Erfolg nicht von vornherein ausgeschlossen. Daß er ausblieb, hängt auch damit zusammen, daß der Protest am Ende den Rahmen sozialpolitischer Teilziele sprengte und in Forderungen nach tiefgreifenden Änderungen des Systems einmündete. Damit überschritt er die Toleranzschwelle der Besatzungsmacht. Insoweit war damals der 17. Juni das erste Lehrstück über die Grenzen von Massenbewegungen im Ostblock: In ihm dokumentierte sich, daß Reformen gegen die Partei und gegen die Sicherheitsinteressen der Sowjetunion aussichtslos waren.

Für Deutschland resultierte daraus zunächst die Bestätigung, mittelfristig dann die Zementierung der Spaltung. Denn der Westen hatte deutlich gemacht, daß er die russische Einflußsphäre respektierte, und die Sowjetunion ihrerseits hatte unterstrichen, daß sie den Bestand der DDR notfalls auch unter Einsatz von Waffengewalt garantieren würde. J. F.

◆ Arbeiterbewegung

Unter dem Begriff «Arbeiterbewegung» werden seit den vierziger Jahren des 19. Jhs. alle Bestrebungen zusammengefaßt, die auf die politische und soziale →Emanzipation der →Arbeiter gerichtet sind. Ihre Entstehung hängt aufs engste zusammen mit der Durchsetzung des Industriekapitalismus und der Herausbildung einer →Klasse abhängiger Lohnarbeiter. Arbeiterbewegung als Emanzipationsbewegung des «Vierten Standes» tritt zumeist in zwei Formen auf: in gewerkschaftlich-genossenschaftlichen Vereinigungen (→Gewerkschaften, →Genossenschaften) und in der politischen Parteibildung (→Partei), wobei das Verhältnis zwischen gewerkschaftlichen und politischen Organisationen gemäß den verschiedenen Entwicklungsbedingungen und Traditionen in den einzelnen Ländern sehr unterschiedlich ausfällt.

Die Unzufriedenheit über die durch die Frühindustrialisierung hervorgerufenen sozialen Mißstände (→Industrialisierung) äußerte sich zunächst in kollektiven Protestaktionen – etwa in der Bewegung der Maschinenstürmer in England (Ludditen) 1811–12, in der Seidenwebererhebung in Lyon 1831–34 oder im schlesischen Weberaufstand 1844 –, führte dann aber schon früh zu ersten Zusammenschlüssen in Selbsthilfeorganisationen und Arbeiterbildungsvereinen. Initiatoren und Träger dieser frühen Arbeiterbewegung waren vor allem Handwerksgesellen, die infolge der Auflösung der alten Zunftverfassung und des Vordringens des Fabriksystems nicht mehr zu selbständigen Handwerksmeistern aufsteigen konnten. Nach dem Scheitern der →Revolution von 1848 wurden die ersten Organisationsansätze der Arbeiterbewegung fast überall unterdrückt, um dann seit Ende der fünfziger Jahre, im Zusammenhang mit der sich beschleunigenden industriellen Entwicklung, einen neuen Aufschwung zu erleben.

Mit der Konsolidierung der gewerkschaftlichen und politischen Interessenorganisationen verliert der Begriff Arbeiterbewegung auch die negative Bedeutung von Unruhe und Revolte, die ihm zunächst von außen zugeschrieben worden war. So wurde noch im ersten Band von Grimms Wörterbuch (1854) «Arbeiterbewegung» übersetzt mit «Aufruhr der Arbeiter, Arbeiterkrawall». Arbeiterbewegung im modernen Sinne zielt nicht mehr nur auf die Abhilfe konkreter Mißstände, sondern beinhaltet in Analogie zum liberalen Bewegungsbegriff die Vorstellung einer neuen gesellschaftlichen Ordnung, die die zünftlerisch geprägte Gedankenwelt der früheren Gesellenverbindungen hinter sich läßt. Die vielfältigen Ausprägungen, welche die Arbeiterbewegungen entsprechend den unterschiedlichen ökonomischen und politischen Entwicklungsniveaus und den besonderen Überlieferungen in den einzelnen Ländern gefunden haben, lassen sich mit dem Bochumer Sozialhistoriker Hans Mommsen auf zwei Grundtypen reduzieren:

1. der «angelsächsische Typus», der sich vor allem in Großbritannien und den USA ausbildete. Sein charakteristisches Merkmal ist eine ausgesprochen pragmatisch-reformistische Orientierung. Schon Friedrich Engels beklagte 1874 die bei englischen Arbeitern anzutreffende «Gleichgültigkeit gegen alle Theorie». Die Ablehnung des Marxismus als verbindliche theoretische Grundlage ging einher mit der prinzipiellen Anerkennung des demokratisch-parlamentarischen Systems als Basis zur

Durchsetzung der →Interessen der Arbeiterschaft. Die Entwicklung der englischen Arbeiterbewegung wurde wesentlich bestimmt durch die englischen Gewerkschaften, die Trade Unions, die ihre Ziele zunächst in enger Zusammenarbeit mit den Liberalen zu verwirklichen suchten. Die Labour Party als selbständige parlamentarische Vertretung der Gewerkschaften wurde erst 1906 ins Leben gerufen. Eine Erklärung für das irritierende Phänomen, daß gerade im industriell fortgeschrittensten Land die Arbeiterschaft kaum proletarisches Klassenbewußtsein entwickelte, suchte Lenin in der These von der «Arbeiteraristokratie», die durch koloniale Extraprofite korrumpiert worden sei. Entscheidender war aber wohl die Anpassungsfähigkeit des politischen Systems, das der britischen Arbeiterbewegung schrittweise Mitwirkungsmöglichkeiten eröffnete.

2. Demgegenüber zeichnet sich der kontinentaleuropäische Typus der Arbeiterbewegung durch eine schärfer profilierte Frontstellung zur Staats- und Gesellschaftsordnung aus, die wiederholt, so z.B. im Deutschen Reich zur Zeit des Sozialistengesetzes (1878–1890), mit offener Repression gegen die Arbeiterorganisationen vorging. Dabei lassen sich wiederum zwei mehr oder wenig deutlich getrennte Richtungen der kontinentalen Arbeiterbewegung unterscheiden: eine vom Marxismus stark beeinflußte sozialistische und eine anarchistisch-syndikalistische, die vor allem in den romanischen Ländern Frankreich, Spanien und Italien Verbreitung fand (→Sozialismus, →Anarchismus). Diese gegensätzlichen Strömungen wirkten bereits in die I. Internationale (→Internationale) hinein und führten hier zu scharfen Auseinandersetzungen zwischen Marx und den Anhängern Bakunins. Zum Vorbild für die sozialistischen →Parteien der II. Internationale wurde die deutsche Sozialdemokratie. Sie war als Partei 1875 aus dem Zusammenschluß des von Lassalle 1863 geschaffenen Allgemeinen Deutschen Arbeitervereins (ADAV) und der von August Bebel und Wilhelm Liebknecht 1869 in Eisenach gegründeten Konkurrenzorganisation Sozialdemokratische Arbeiterpartei (SDAP) entstanden und erlebte nach dem Fall des Sozialistengesetzes 1890 einen raschen Aufstieg. Ihre Strategie war darauf gerichtet, durch kontinuierliche Stärkung der Organisationskraft und durch Wahlerfolge die politische Macht im →Staat zu erobern, um danach die sozialistische Umwälzung der →Gesellschaft in die Wege zu leiten. Obwohl die Partei mit der Übernahme des Marxismus über ein klares programmatisches Profil verfügte, prägte sich doch von Anfang an das Spannungsverhältnis zwischen revolutionärer →Theorie und einer eher reformorientierten politischen Praxis aus. Darin drückte sich das fortwirkende Erbe nicht nur der radikalen bürgerlichen →Demokratie von 1848, sondern auch der dem offiziellen

marxistischen Theorieverständnis zuwiderlaufenden lassalleanischen Traditionen aus. In der seit den 1890er Jahren von Eduard Bernstein angestoßenen Revisionismusdebatte ging es nicht zuletzt darum, die Parteiprogrammatik der Praxis der Sozialdemokratie als einer radikaldemokratisch-sozialistischen Reformpartei anzupassen. Dieser Vorstoß scheiterte jedoch, weil der Marxismus in der vom Cheftheoretiker Karl Kautsky interpretierten Form für die sozialistischen Parteien der II. Internationale die Funktion einer «Integrationsideologie» (Erich Matthias) besaß, die den Mitgliedern eine scheinbar sichere sozialistische Zukunftsperspektive bot. Bei Ausbruch des Ersten Weltkrieges zeigte sich, daß die nationale Loyalität für die Arbeiterbewegung in den meisten Ländern mehr zählte als der zuvor proklamierte proletarische Internationalismus. Dem Zerfall der II. Internationale folgte seit 1917 die Spaltung der Arbeiterbewegung in einen probolschewistischen Flügel, der sich 1919 der Kommunistischen Internationale anschloß, und eine Mehrheit der demokratisch-sozialistischen Parteien, die seit 1923 in der Sozialistischen Arbeiterinternationale zusammenarbeiteten. Unter Lenins Führung prägten die Bolschewiki den neuen Typus einer straff organisierten Kaderpartei aus, der auf die spezifischen Verhältnisse Rußlands zugeschnitten war, aber dennoch später auf die kommunistischen Parteien Westeuropas übertragen wurde (→Kommunismus). Die zwanziger und frühen dreißiger Jahre waren gekennzeichnet durch scharfe Rivalität und wachsende Feindschaft zwischen den sozialdemokratischen und kommunistischen Parteien. Die Kluft wurde in dem Maße unüberbrückbar, wie die Sowjetunion die in der Komintern zusammengeschlossenen kommunistischen Parteien ihren außenpolitischen Interessen unterwarf und die sozialdemokratischen Parteien dort, wo sie Regierungsverantwortung trugen, die kommunistische Konkurrenz mit polizeistaatlichen Mitteln verfolgten (→Sozialfaschismus).

Der Reichtum der →Arbeiterkultur gerade im Deutschland der Weimarer Republik kann nicht darüber hinwegtäuschen, daß die Arbeiterbewegung ihren «Bewegungscharakter» (Hans-Josef Steinberg) weitgehend verloren hatte und den neuen faschistischen Massenbewegungen hilflos gegenüberstand.

Besonders in Deutschland hatte der Sieg des →Faschismus verheerende Konsequenzen für die Arbeiterbewegung. Ihre Organisationen wurden innerhalb weniger Monate zerschlagen, ihre Funktionäre verhaftet, gefoltert und ermordet. Von diesem Schlag hat sich die Arbeiterbewegung in Deutschland nie wieder erholt, trotz aller Versuche nach 1945, dort anzuknüpfen, wo man 1933 aufgehört hatte.

Nach Ende des Zweiten Weltkriegs wurde der Gegensatz zwischen sozialdemokratisch-sozialistischer und kommunistischer Arbeiterbewegung überlagert durch den Ost-West-Konflikt und die weltpolitische Rivalität zwischen den USA und der Sowjetunion. Der anhaltende Nachkriegsboom in den kapitalistischen Industrieländern auf der einen, das wenig attraktive Beispiel des «real existierenden» →Sozialismus auf der anderen Seite führten dazu, daß sich die Arbeiterbewegung in den westlichen Staaten zunehmend in das bestehende Staats- und Gesellschaftssystem einfügte. Der Wandel der Produktionsverhältnisse, der einen deutlichen Rückgang des Anteils der Industriearbeiter an der erwerbstätigen Bevölkerung zur Folge hatte, verstärkte diesen Trend. 1959 verabschiedete sich die SPD im Godesberger Programm von ihren marxistischen Restposten und vollzog damit auch programmatisch den Schritt von der Klassen- zur Volkspartei. Neben den traditionellen Organisationen der Arbeiterbewegung sind in den siebziger Jahren «neue soziale Bewegungen» entstanden, die sich drängender gesellschaftlicher und politischer Probleme annehmen (→Alternative Bewegungen). V. U.

◆ Arbeiterkultur

Unter Arbeiterkultur versteht man in der neueren Sozialgeschichtsschreibung den Gesamtzusammenhang einer proletarisch geprägten Lebensweise, die ihren Ausdruck nicht nur in den Bildungsbestrebungen und künstlerischen Hervorbringungen der Arbeiterschaft findet, sondern darüber hinaus auch gruppenspezifische Verhaltensmuster, Wertvorstellungen und Institutionen umfaßt (→Lebenswelt). In der Geschichtsschreibung der Bundesrepublik hat das Interesse an der Erforschung der Arbeiterkultur erst relativ spät eingesetzt. Geschichte der →Arbeiter – das hieß hier bis vor nicht allzu langer Zeit noch Geschichte der →Arbeiterbewegung, ihrer Organisationen und führenden Repräsentanten, ihrer Flügelbildungen und Spaltungen und der sie begleitenden oder vorauseilenden ideologischen Kontroversen. Die historischen Subjekte, auf die man sich gern berief, die Arbeiter, tauchten meist nur am Rande auf, als merkwürdig gesichtslose Kollektivwesen oder als willfährige Manövriermasse auf dem Schlachtfeld der Debatten um Reformismus und →Radikalismus, Reform und →Revolution.

Seit den siebziger Jahren hat hier ein bemerkenswerter Wandel stattgefunden. Statt noch einmal den alten Streit um richtige oder falsche Parteilinien auszutragen, haben sich vornehmlich jüngere Sozialhistoriker dem zugewandt, was die Lebenswirklichkeit der Arbeiter selbst ausmachte.

Der Arbeiteralltag rückte ins Zentrum der Betrachtung (→Alltagsgeschichte) und mit ihm auch das ganze weite Feld der Arbeiterkultur, die unseren Blicken schon fast entschwunden schien. Wichtige Anstöße gingen von der englischen Sozialgeschichtsschreibung aus, vor allem von der 1963 erschienenen Pionierarbeit von Edward P. Thompson «Die Entstehung der englischen Arbeiterklasse» (1987 in deutscher Übersetzung erschienen).

Kennzeichnend für die neueren Forschungen zur Arbeiterkultur ist die Orientierung an einem weit gefaßten Kulturbegriff (→Kultus). Dieser wird nicht mehr, wie noch in der sozialdemokratischen Arbeiterbewegung selbst, mit →Bildung, Kunst und Wissen identifiziert, sondern in einem weiteren Sinne verstanden: als eine Summe von Verhaltensmustern und Ritualen, Werten und Normen, mit denen Arbeiter ihr Zusammenleben, aber auch ihr Verhältnis zu anderen gesellschaftlichen Gruppen und zur vorherrschenden →bürgerlichen Kultur gestalteten.

Zur Arbeiterkultur zählen in diesem Sinne zum Beispiel das Freizeit- und Geselligkeitsverhalten der Arbeiter, ihre Feste und Vergnügungen, ihre Wohn-, Eß- und Trinkkultur, ihre Sexualität, die Familienstruktur, vor allem die Beziehungen zwischen Mann und Frau, das Verhältnis zu den Kindern, schließlich auch das Kommunikationsverhalten in Betrieb, Nachbarschaft und Gemeinde. Von der Arbeiterkultur im weiteren Sinne wird der engere Begriff «Arbeiterbewegungskultur» unterschieden, der die Gesamtheit der Bildungs- und Kultureinrichtungen umfaßt, die im Umfeld der Arbeiterorganisationen (→Partei und →Gewerkschaften) entstanden und von diesen getragen wurden. Dazu gehören →Vereine, die sich im besonderen um die Organisierung der Freizeitbedürfnisse von Arbeitern kümmerten – Arbeitersportvereine, Arbeitersängerbünde, Theater- und Laienspielgruppen, Arbeiterbildungsvereine, aber auch die von der Arbeiterbewegung geschaffenen Gewerkschaftshäuser, Arbeitersekretariate, Bibliotheken, →Zeitungen und Verlage. Schließlich zählen auch die Wohnungsbau- und Konsumgenossenschaften zu den institutionellen Erscheinungsformen von Arbeiterkultur (→Genossenschaften).

Arbeiterkultur und Arbeiterbewegungskultur lassen sich freilich nicht säuberlich trennen, sondern beeinflussen sich wechselseitig. Besonders in der deutschen Arbeiterbewegung bestand hier traditionell ein enger Zusammenhang, da die Sozialdemokratie sich aus den Arbeiterbildungsvereinen heraus entwickelte und sich immer in starkem Maße auch als Kultur- und Bildungsbewegung verstanden hat.

Einen Höhepunkt erlebte die Arbeiterkultur in Deutschland in den Jahrzehnten vor 1914. Im wilhelminischen Klassenstaat, der die Unterschichten von der Teilhabe an den «Bildungsgütern der Nation» ausschloß und die Sozialdemokraten als «vaterlandslose Gesellen» verteufelte, waren die Arbeiter und ihre Organisationen gezwungen, eine relativ eigenständige proletarische Gegenkultur mit einem weitverzweigten Netz von Vereinen und Vorfeldorganisationen aufzubauen. Neuere Forschungen haben freilich gezeigt, daß diese sozialdemokratische Subkultur nicht nur eine Schule des Klassenbewußtseins war, sondern zugleich als Vermittlungsinstanz (klein)bürgerlicher Wertvorstellungen und kultureller Normen wirkte, insofern auch zur Integration der Sozialdemokratie in die herrschende →Gesellschaft beitrug.

Der Bedeutungsverlust der traditionellen Arbeiterkultur setzte in Deutschland in den zwanziger Jahren ein mit der Spaltung der Arbeiterbewegung in zwei feindliche Lager, SPD und KPD, die sich auch durch die kulturellen Organisationen zog und das Widerstandspotential der Arbeiterbewegung gegenüber dem aufkommenden →Faschismus nachhaltig schwächte. Mit der «Machtergreifung» der Nationalsozialisten wurden nicht nur die Arbeiterparteien und Gewerkschaften zerschlagen, sondern auch die proletarisch geprägten Milieus weitgehend aufgelöst. Von diesem Schlag hat sich die Arbeiterkultur nicht wieder erholt, trotz mancher Versuche nach 1945, an die Traditionen vor 1933 anzuknüpfen. Mit der Verbesserung des Lebensstandards in den fünfziger und sechziger Jahren schliffen sich zudem schichtenspezifische Verhaltensmuster und Lebensstile zunehmend ab. Die letzten Reste einer selbständigen Arbeiterkultur gerieten in den nivellierenden Sog einer konsumorientierten Massenkultur. V. U.

◆ Archiv

Archive sind endgültige Aufbewahrungsorte für Geschäftsschriftgut. Sie sind geschichtlich hervorgegangen aus den Registraturen einzelner Behörden, wo die der Aufbewahrung für wert erachteten Schriftstücke, die →Akten (→Quellen), gesichtet, geordnet und verzeichnet wurden. Noch im 17. Jh. wurde das Wort «Archiv» häufig im Sinne von «Registratur» verwendet. Daneben finden wir in jener Zeit oder noch früher auch Ausdrücke wie «Tresor» (Trese), «Briefgewölbe» und «Briefkammer». Auch die ursprüngliche Bedeutung des Wortes «Archiv» weist auf diesen Zusammenhang: Es stammt aus der Antike (→Altertum) und bezeichnete das Gebäude einer Behörde. Um die Registraturen, die im Laufe der Zeit die anschwellenden Aktenmassen nicht mehr bewältigen konnten, zu entlasten, bedurfte es der Einrichtung selbständiger Archivbehörden. An diese Archive, die Staatsarchive, gaben und geben die einzelnen Verwaltungsinstanzen ältere Aktenbestände ab, die ihre «lebendige Bedeutung» verloren haben, also für administrative Zwecke nicht mehr gebraucht werden. Die Archivbeamten prüfen, was von diesem Material endgültig aufbewahrt werden soll und was als nicht überlieferungswürdig «kassiert», das heißt ausgesondert und vernichtet werden soll. Die Kassation ist notwendig, denn man muß sich vorstellen: Fünf laufende Meter Akten, das jährliche Arbeitsergebnis von ca. 20 Verwaltungsangestellten, erfordern im Archiv einen Quadratmeter Stellfläche. Was aber soll man aufbewahren, was vernichten? Große Archive wie das Französische Nationalarchiv in Paris und das US-Nationalarchiv kommen heute auf 300000 oder 400000 und mehr Regalmeter.

Um die im Archiv liegenden Akten der Forschung zugänglich zu machen, werden sie durch «Findbücher» (Repertorien, lat. reperire = durch Suchen wiederfinden) erschlossen, die Signaturen, Inhalt und zeitlichen Umfang der einzelnen Bestände angeben. Über die gesamten Bestände eines Archivs geben in der Regel gedruckte, aber wenig detaillierte Inventare Auskunft. Während früher in den Archiven das Pertinenzprinzip vorherrschte, das heißt die Ordnung der Akten nach Sachgesichtspunkten, nach «Betreffen» (lat. pertinere = sich erstrecken), wird heute allgemein nach dem Provenienzprinzip verfahren, durch das die Archivalien in ihrem ursprünglichen Entstehungszusammenhang belassen werden (lat. provenire = hervorgehen aus). Dies ist für die historische Forschung von Vorteil, da sie politische und administrative Vorgänge und Entscheidungen aus ihren institutionellen Rahmenbedingungen rekonstruieren kann.

Während die Archive der frühen Neuzeit Einheitsarchive waren, das heißt die Registratur einer zentralen Behörde enthielten, umfassen sie heute die Bestände mehrerer oder vieler Behörden, so z.B. das für die deutsche Geschichte des 19. und 20. Jhs. zuständige Bundesarchiv Koblenz. Eine Ausnahme vom System der Staatsarchive bilden staatliche Archive, die, aus besonderen Gründen der Geheimhaltung, bei den schriftgutproduzierenden Behörden selbst verblieben sind. Behördeneigene Archive dieser Art sind zum Beispiel das Politische Archiv des Auswärtigen Amtes, das allerdings für die wissenschaftliche Benutzung zugänglich ist, und das Archiv des französischen Außenministeriums, das Quai d'Orsay, das wie andere staatliche französische Archive zur →Zeitgeschichte trotz eines wegweisenden Gesetzes von 1979 der Forschung noch weitgehend verschlossen ist.

Erst seit der →Französischen Revolution ist grundsätzlich anerkannt, daß Archive allgemein (von «jedem Bürger») benutzbar sein müssen (Archivgesetz vom 25. Juni 1794, dem 7. Messidor des Jahres II). In der Praxis (→Theorie – Praxis) ist dieses Prinzip auch heute noch zahlreichen Einschränkungen unterworfen: politische →Interessen, Rücksicht auf den Datenschutz und privatrechtliche Hindernisse spielen hier eine Rolle. In Deutschland (Bundesarchivgesetz von 1988) besteht daher wie in vielen anderen Staaten eine generelle Sperrfrist von 30 Jahren. In Ausnahmefällen kann diese Frist verkürzt werden, für manches Archivgut, etwa Personalakten, gelten jedoch zum Teil erheblich längere Zeitspannen bis zur Freigabe.

Während das «klassische» Staatsarchiv auf die Aufbewahrung von Gerichts- und Verwaltungsakten beschränkt war, erfaßt es heute neben Amts- und Geschäftsbüchern, Akten und →Urkunden (Schriftstücke zur Sicherung von Besitz- und Rechtsverhältnissen), auch Druckschriften, Karten und Pläne, Bild- und Tondokumente (z. B. im Bundesarchiv Koblenz), private Nachlässe (mit Briefsammlungen), bestandsergänzende Dokumentationen, etwa zur Zeitgeschichte, sowie neuerdings auch elektronische Datenträger, deren Lagerung und Aufbereitung noch große Probleme bereiten. Dazu kommen Münzen, Siegel und Wappen (→Hilfswissenschaften).

Spezielle Benutzungsordnungen haben nichtstaatliche Archive; kommunale Archive, Familien- und Herrschaftsarchive des Adels (von denen allerdings manche von staatlichen Archiven verwaltet werden), kirchliche Archive, Parlaments-, Partei- und Verbandsarchive, Privatarchive mit den Nachlässen bedeutender Politiker, Schriftsteller oder Künstler, Presse-, Rundfunk- und Filmarchive sowie zahlreiche Bildarchive.

M. A.

◆ Aristokratie

«Aristoi», das sind auf griechisch die Besten. Aristokratie heißt somit zunächst wörtlich «Herrschaft der Besten». Die griechischen Philosophen, Staatsdenker und Historiker wie Platon, Aristoteles und Herodot sahen in dieser Form der Regierung die beste aller Möglichkeiten (→Demokratie, →Tyrannis etc.). Aber wer waren die «Besten»? Die deutlichste Antwort gibt Platon: diejenigen, die im Besitz der vier Kardinaltugenden Tapferkeit, Gerechtigkeit, Maß und Klugheit sind. Zur Tugend erzogen wurde aber nur der Adel, was die Schlußfolgerung erlaubt: Aristokratie ist die →Herrschaft des Adels. Daneben schillern aber stets noch andere

Möglichkeiten: Aristokratie ist zuweilen – auch bei Platon – nur ein anderer Begriff für «den besten →Staat» oder – so bei Isokrates und einigen Historikern wie Thukydides – ein Synonym für die Demokratie in Athen, in der mit Einverständnis des Volkes die Besten in die Regierungsämter gelangten. Aristoteles akzeptiert schließlich alle Varianten und gibt sie durch seine besondere Autorität im politischen Denken des →Mittelalters und der →Frühen Neuzeit an die späteren Jahrhunderte weiter. Für ihn ist Aristokratie der auf Tugend beruhende beste Staat. Als Realist und Empiriker weiß er jedoch, daß auch Oligarchien als Aristokratien gehandelt werden. Die Herrschaft Weniger (→Oligarchie) oder der Reichen (Plutokratie) sollte sich jedoch mit Tugend oder Adel verbinden, ehe sie mit Fug auch als Aristokratie anzusprechen sei. Entsprechend seinem Realitätssinn hält Aristoteles solche «Mischverfassungen», zu denen sich auch ein Schuß Demokratie beimengen kann, für die nicht mehr idealtypisch, sondern realtypisch besten.

Im Spätmittelalter wurde der Verfassungsbegriff Aristokratie ganz auf seine adlige Trägerschaft reduziert. Der Kampf zwischen Kaiser und Reichsständen um die Macht im Deutschen Reich ließ, je nach Interessenlage, das Imperium als Aristokratie oder →Monarchie definieren. Zuweilen sprachen einige Theoretiker hier noch von einem «Imperium mixtum», wobei sie glaubten, den Stein der Weisen mit einer der aristotelischen Mischverfassungen gefunden zu haben. Der bedeutendste Staatstheoretiker der Frühen Neuzeit, Jean Bodin (1529/30–96), machte dem ein Ende. Er bezeichnete das Deutsche Reich als eine «aristocratie pure» – als reine Aristokratie, beherrscht von den etwa vierhundert Adligen der Reichsstände. Aber damit war der Gegensatz von Aristokratie und Monarchie nicht aus der Welt. Aristokratie wurde allmählich zu einem Begriff für →Freiheit gegenüber der «tyrannischen» Monarchie. Mit diesen Begriffen kam es zur Konfrontation zwischen Adel und Königtum in England und Frankreich, während Deutschland allmählich durch seinen territorial vervielfältigten →Absolutismus die Dynamik dieses Konflikts verschlief. In England gelang nach der Großen →Revolution (1688/89) ein Kompromiß, der Aristokratie und Monarchie verband, vor allem aber unter dem Begriff der Aristokratie ständische Freiheitsrechte gegenüber dem Absolutheitsanspruch des modernen Staates abschirmte. In Frankreich blieb der Konflikt lebendig und bildete ein wichtiges Ideenpotential für die →Französische Revolution und die zuletzt in ihr siegreichen antimonarchistischen Strömungen. Mit der jedoch gleichzeitig einsetzenden Adelskritik vor allem des Bürgertums (→Bürger) wurde aus Aristokratie allmählich ein negativer Begriff – am Ende die «Kakistokratie» (Schlözer 1783). (→Klasse, →Stand) A.v.M.

◆ Aufklärerische Geschichtsschreibung

Die Epoche (→Periodisierung) der →Aufklärung markiert auch den Beginn der wissenschaftlichen Geschichtsschreibung. Die Industrielle Revolution (→Industrialisierung), in England seit 1750 einsetzend, später auf dem Kontinent, war begleitet von einer historiographischen →Revolution. Gelehrte in Schottland, England, Frankreich, Italien, in Deutschland und anderswo interessierten sich für die Geschichte der →«Gesellschaft» in all ihren Bereichen und Dimensionen, für →Handel und Gewerbe, für Kunst und Literatur, für Sitten und Gebräuche. Im →Begriff der →«Kultur- und →Universalgeschichte» fanden diese Bestrebungen ihren programmatischen Ausdruck. Der demokratische Historiker Johannes Scherr, ein Zeitgenosse des 19. Jhs., hat noch nach 1871, zu einem Zeitpunkt, als in Deutschland Hurrapatriotismus und Trommelwirbel den Ton angaben und es längst üblich geworden war, die Historiker der Aufklärung als «unwissenschaftlich» zu verleugnen, die Bedeutung der Kulturgeschichtsschreibung im Geiste der Aufklärung gewürdigt: «Wenn die Geschichte ihren hohen Beruf erfüllen soll, so muß sie wesentlich Kulturgeschichte sein. Denn nur diese vermag das eigentliche und innere Wesen und Leben der Nationen zu begreifen und zu veranschaulichen, nur sie hat den Willen und das Vermögen, den wirklichen Führern und Wohltätern der menschlichen Gesellschaft gerecht zu werden, während die frühere Historiographie mit den Drängern und Quälern sich beschäftigte. Von den Völkern war sozusagen nur ganz beiläufig die Rede. Man erfuhr bloß, daß sie zu büßen hatten, was die Könige sündigten».

Ein Zentrum der aufklärerischen Geschichtsforschung und -schreibung wurde die 1737 gegründete Universität Göttingen. Hier forschten, lehrten und schrieben Christoph Gatterer (1727–1799), Ludwig Timotheus Spittler (1752–1810), August Ludwig Schlözer (1735–1809) und der größte von ihnen, Arnold Hermann Ludwig Heeren (1760–1842). Gatterer kümmerte sich um die Erschließung hilfswissenschaftlicher Überlieferungen, insbesondere der Paläographie, Diplomatik und Genealogie, und sorgte durch fortlaufende Berichterstattung über im Ausland erschienene wissenschaftliche Literatur dafür, daß die entstehende deutsche Geschichtswissenschaft Anschluß an die westeuropäische Entwicklung gewann. Spittler löste die Kirchengeschichte aus ihrer Bindung an die Theologie und betätigte sich dann auch landesgeschichtlich. Schlözers Themenkanon in Werken und Vorlesungen erstreckte sich von einer Geschichte des Brotbackens und des Pulvers über Handel und Kolonialwesen zu den nordeuropäischen Ländern und der altrussischen Chronik (→Annalen) des Nestor. Dieser intellektuellen Odyssee versuchte Schlözer durch programmatische Leitlinien Orientierungsperspektiven zu verschaffen. Als erster deutscher Historiker hat er das universalhistorische Forschungsinteresse über ein bloß kompilatorisches Verständnis hinausgeführt, indem er den Zusammenhang der Menschheitsgeschichte als einen Prozeß begriff, der trotz immer wieder möglicher Rückschläge im ganzen unaufhaltsam vom Niederen zum Höheren fortschreitet. In dem «Versuch einer allgemeinen Geschichte der Handlung und Seefahrt in den älteren Zeiten» analysierte Schlözer einen wesentlichen Bereich der materiellen →Kultur und dessen Verhältnis zu anderen geschichtlichen Faktoren. Damit lieferte er als erster deutscher Historiker der →Wirtschafts- und →Sozialgeschichte eine systematische Begründung, auch wenn sein Ausgangspunkt, die Wertschätzung eines «blühenden Handels» als der Bedingung für die «Glückseligkeit und die Macht der Staaten und Reiche», keineswegs originell war. Unter Handelsgeschichte verstand Schlözer die «Geschichte ... der Erfindungskraft der Menschen»: Sie erstreckte sich auf Manufaktur und →Handwerk, Ackerbau, Viehzucht und Bergbau, «weil diese Stücke der Grund der ganzen Handlung sind». Dementsprechend faßte er den «Begriff der systematischen Weltgeschichte»: «Der Mensch ist von Natur nichts und kann durch Konjunkturen alles werden», bemerkte er und fragte: «Welche Vorfälle, welcher Zusammenfluß oder welcher Mangel von Vorfällen, beförderte den Fortgang der Menschheit bei dem einen Volke, hinderte ihn bei dem zweiten, modifizierte ihn bei dem dritten und vierten auf diese und jene Weise?» Die Universalhistorie verbreite sich über «alle Gegenden, wo gesellschaftliche Menschen wohnen»: «Alexander, Cäsar und Gustav Adolf sind hier nicht wichtigere Menschen als Attila, die Inkas und Timur.» Es sei nicht einzusehen, warum eine Geschichte bloß der europäischen →Staaten «unetymologisch» Universalhistorie heißen solle. Auch als politischer Erzieher im engeren Sinne des Wortes hat Schlözer gewirkt. Vor allem in den «Staatsanzeigen» hat er jahrzehntelang kabinettspolitische Geheimniskrämerei kritisiert, Dummheit und Gewaltsamkeit an den Pranger gestellt, gerechte Justiz, Pressefreiheit und Volksbildung eingefordert. Im Unterschied zu Schlözer war Heerens Neigung zu politischer Publizistik nur schwach entwickelt. Dennoch hat er seinen um eine Generation älteren Kollegen als Geschichtsschreiber weit übertroffen und die Göttinger Historikerschule ihrem Höhepunkt und zugleich ihrem Abschluß entgegengeführt. Ab 1793 erschienen seine «Ideen über die Politik, den Verkehr und den Handel der vornehmsten Völker der alten Welt». Zum ersten Mal waren hier systematisch in das Blickfeld der historischen Forschung auch solche Völker und Staaten gezogen, von denen die meisten Leser wenig mehr als die Namen wissen mochten, zum Beispiel Äthiopien oder Theben. Aufstieg und Fall Karthagos waren zum ersten Mal in ihrem wirtschafts- und kolonialgeschichtlichen Bedingungsrahmen umfassend dargestellt. Von der Forschung in Teilen auch heute noch nicht «überholt», bleibt Heerens Werk insgesamt eine überragende Leistung im Bereich der Handelsgeschichte. Selbst der Führer der konservativen Fachhistorie im 19. Jh., Leopold von →Ranke, der doch wesentlich dazu beitrug, die Leistungen der Aufklärungshistoriographie zu vernebeln, mochte Heeren seinen Respekt nicht versagen: «Heeren hat das Verdienst, auf die Bedeutung der merkantilen Beziehungen besonders aufmerksam gemacht zu haben.» Während jedoch nach Rankes Auffassung Universalgeschichte identisch war mit der Geschichte der schriftlichen Überlieferung und daher hauptsächlich Geschichte Europas war, erkannten Heeren und andere Aufklärungshistoriker, daß Weltgeschichte, der immer enger werdende Zusammenhang der Menschheit, die gesamte materielle und geistige Tätigkeit aller Völker und aller →Zeiten umfaßt, daß nicht die schriftliche Aufzeichnung der Ausgangspunkt der Weltgeschichte ist, sondern «die Produktion des materiellen Lebens selbst» (Friedrich Engels).

Im Laufe des 19. und vollends im 20. Jh. sind Heerens eigentliche Verdienste in Vergessenheit geraten. Vor allem gingen der humanistische Impuls und die Erinnerung daran verloren. Nur so ist es zu erklären, daß der in das NS-Regime verstrickte Kolonialhistoriker Gustav Adolf Rein sich vor 1933, zwischen 1933 und 1945 und nach 1945 unwidersprochen auf Heeren berufen konnte. Neuerdings versuchen – aus anderen, nämlich vermeintlich emanzipatorischen Gründen – einige Vertreter einer «Historischen Sozialwissenschaft» an jene Elemente der Aufklärungshistoriographie anzuknüpfen, in denen weniger die Verantwortung des Individuums als die Regelhaftigkeit des Ganzen zum Ausdruck kommt. So z. B. wirkt bis heute die Bevölkerungslehre des Johann Peter Süßmilch aus dem Jahre 1761 nach, die mit soziometrischen Methoden und sozialdisziplinierender Terminologie arbeitete. Die individuelle Lebensspanne des Menschen war darin – militärisch knapp – mit den Ausdrücken «Auftritt», «Vorüberzug» und «Abtritt» beschrieben, während Totgeborene schon von vornherein als «gleichsam ausgemustert» galten. Der einseitige Rückgriff auf in der Aufklärung auch enthaltene Momente eines «Social Engineering» hat bereits «postmoderne» Kritiker auf den Plan gerufen, denen zufolge die Aufklärung an allen Problemen unserer Zivilisation schuld sein soll. Gegenüber schrecklichen Vereinfachern ist an dem Programm einer Aufklärung festzuhalten, das trotz und gerade wegen der →Ausbeutung von Mensch und Natur durch den Menschen an der Idee des selbstbestimmten und selbstbeherrschten, zur Solidarität fähigen Individuums festhält. M. A.

◆ Aufklärung

Aufklärung, ein Begriff des 18. Jhs., bedeutet «Licht in das Dunkel bringen». Gemeint ist jedoch nicht die Straßenbeleuchtung, obwohl für sie bis zur Mitte des 19. Jhs. die Bezeichnung «Erleuchtung» üblich war, die im vorhergehenden Jahrhundert häufig mit Aufklärung gleichgesetzt wurde. Im heutigen Sprachgebrauch hat sich das Wort Aufklärung in pervertierter Form erhalten in dem Ausdruck «militärische Aufklärung» für Spionage. Auch der in unserer Zeit inflationierte Begriff der «sexuellen Aufklärung» gibt allenfalls einen schwachen Abglanz dessen, was unsere Vorfahren vor 200 Jahren unter Aufklärung verstanden. Aufhellen wollten sie die Finsternis von Aberglauben und Vorurteil, von ungefragt tradierten Legenden, von Autoritätshörigkeit und toten Formeln – im Namen des, wie man damals sagte, «gesunden Menschenverstandes» und einer ungekünstelten Lebensweise, die der «Natur» und dem «Gefühl» huldigte. Der denkende und fühlende Mensch, das war die Entdeckung und das Ideal des «Zeitalters der Aufklärung», das nach einem Ausdruck des Theologen und Geschichtsphilosophen Ernst Troeltsch «eine Gesamtumwälzung der Kultur auf allen Lebensgebieten» darstellte. Diese Bewegung begann in England in der zweiten Hälfte des 17. Jhs., setzte sich dann in Frankreich fort und griff schließlich im 18. Jh. auf andere europäische Länder über, unter anderm auf Deutschland, aber auch auf osteuropäische Staaten und Rußland. Ihre gesellschaftliche, politische und ökonomische Stoßrichtung zielte gegen die Fesseln der feudalabsolutistischen Ordnung und damit auf die Entfaltung eines zahlenmäßig noch schwachen Bürgertums (→Bürger), auch wenn sich unter den Aufklärern vor allem in England und Frankreich zahlreiche Adlige befanden.

Während in England und Frankreich die Aufklärung auch immer praktisch-politischen Zielen diente, der freien Religion und dem freien Staat, wurde in Deutschland viel häufiger die Befreiung der Persönlichkeit als Voraussetzung für die Befreiung der →Gesellschaft betont. Das hing zusammen mit der staatlichen Zersplitterung – Deutschland war in fast 1800 Herrschaftseinheiten zerfallen, und es fehlte eine mit Paris oder London vergleichbare Metropole. So tendierte die deutsche Aufklärung zum Literarisch-Schöngeistigen, doch hatte auch dies eine politische Wirkung, insoweit es in Gegensatz geriet zu staatlichen →Gewalten und kirchlichen und theologischen Autoritäten. Überdies waren auch in Deutschland große Schriftsteller der Aufklärung darum bemüht, die Kluft zwischen →Bildung und praktischem Leben, Kunst und Politik zu überbrücken und einer nationalen und zugleich liberalen Erziehung den Weg zu bahnen, wie Christoph Martin Wieland und Gotthold Ephraim Lessing. Lessing, der Kritiker und Dichter, der Kämpfer gegen kirchliche Orthodoxie und für religiöse und geistige Toleranz, war bei den Herrschenden seiner Zeit so gefürchtet, daß ihm einer seiner Gegner, der Hamburger Hauptpastor Goeze, vorwarf, er streue den Samen der Rebellion aus. Und Wielands Einfluß auf die Herausbildung einer bürgerlichen →öffentlichen Meinung kann kaum überschätzt werden: Wieland ist Anhänger der Gewaltenteilungslehre Montesquieus, er wünscht sich für Frankreich eine konstitutionelle →Monarchie nach englischem Muster und in der Perspektive die Verwirklichung von Gleichheit, in der die Freiheit enthalten ist, verbunden mit Sicherheit und Ordnung. Wichtiger ist die Methode, mit der er die →Französische Revolution zu begreifen versucht. In der von ihm herausgegebenen Zeitschrift «Teutscher Merkur» läßt er in dialogischer Form unterschiedliche, auch antagonistische Positionen zu Wort kommen, wo möglich um Konsens bemüht und ohne den Gegner zu denunzieren oder zu diskreditieren (mit Ausnahme allerdings des Klerus). Wieland versteht sich als politischer Schriftsteller, der die «blinden Seiten» der Geschichte und einer Nation beleuchtet, auch wenn dadurch eigene Überzeugungen in Frage gestellt werden. Die Avantgardekonzeption der →Jakobiner hält er für verantwortungslos, und die Intellektuellen sollen sich nicht über das Volk erheben. Wieland ist Moralist, skeptischer Aufklärer, und er tadelt jene Aufklärer, «denen es weniger darum zu tun sei, uns zu leuchten, als uns die Häuser über dem Kopf anzuzünden». Die Revolution, so lautet sein Fazit, müsse man «moralisch unmöglich machen». Die Wirkung der Zeitschrift war beispiellos: Der Führer des sächsischen Bauernaufstandes von 1790, Christian Benjamin Geissler, wurde durch die Lektüre des «Teutschen Merkurs» zu seinen eigenen Aktionen und Schriften angeregt und ermuntert. Dafür ließen ihn die Herrschenden 15 Jahre im Zuchthaus schmachten. In Wielands politischen Schriften insbesondere zur Französischen Revolution, deren erste Phase bis zur Jakobinerherrschaft von ihm wie von vielen anderen deutschen Intellektuellen begrüßt wurde, kommt das Fluidum der deutschen Aufklärung exemplarisch zum Ausdruck.

Geistiger Austausch mit Gleichgesinnten, aber auch die Lust am Streit, eine grenzenlose Wißbegierde gehören zur Signatur der Aufklärung, sie fanden in Lesegesellschaften und →Vereinen ein Betätigungsfeld und führten zur Gründung zahlreicher Zeitschriften, zum Beispiel der «Allgemeinen Deutschen Bibliothek», dem erwähnten «Teutschen Merkur», den «Göttinger» und den «Frankfurter gelehrten Anzeigen» sowie der «Jenaeschen Literaturzeitung». In Berlin leistete der Buchhändler Friedrich Nicolai Verdienstliches für die Aufklärung, auch wenn er die Größe Goethes arg verkannte; und Nicolais Freund Moses Mendelssohn stritt für die →Emanzipation des Judentums ungeachtet aller Erniedrigungen, die ihm von einer christlichen Umwelt zugefügt wurden.

Die im Prozeß (→Entwicklung) der Zivilisation (→Kultur) angelegte Verengung des humanistischen Gehalts und Anspruchs der aufklärerischen Vernunft auf eine bloß instrumentelle, auf die Verwirklichung beliebiger Zwecke zielende Vernunft, die Unterdrückung von Natur und Mensch bewirkende, in fühl- und gedankenlose Ratio, in Formalismus, bloßen Pragmatismus und Empirismus sowie in naturvergessene Fortschrittsgläubigkeit mündende Denkform, ist in unserer Zeit scharf kritisiert worden, am eindringlichsten von Max Horkheimer und Theodor W. Adorno in der von ihnen gemeinsam verfaßten «Dialektik der Aufklärung», die während des Zweiten Weltkriegs in den Vereinigten Staaten entstand. Da Horkheimer und Adorno aber Aufklärung als universalgeschichtliche Kategorie begreifen – ihr Dialektik-Buch beginnt mit einer ausführlichen Analyse der Odyssee des Homer –, wird nicht zureichend sichtbar, daß einige der der Aufklärung als neuzeitlicher Epoche (→Periodisierung) zuzurechnenden Denker sich erfolgreich bemühten, die Aufklärung über sich selbst und ihre Ursprünge aufzuklären. So plädierte zum Beispiel Anne Robert Jaques Turgot (1727–1781), Theologe, Ökonom und Finanzminister Ludwigs XVI., in seinen geschichtsphilosophischen Schriften für eine permanente Selbstkritik der Aufklärung und der Bindung von Fortschrittsoptimismus an Selbstbescheidung. 1784 bezeichnete der Königsberger Philosoph Immanuel Kant den Kern dessen, was Aufklärung ausmacht, mit den Sätzen: «Aufklärung ist der Ausgang des Menschen aus seiner selbstverschuldeten Unmündigkeit. Unmündigkeit ist das Unvermögen, sich seines Verstandes ohne Leitung eines anderen zu bedienen. Selbstverschuldet ist diese Unmündigkeit, wenn die Ursache derselben nicht am Mangel des Verstandes, sondern der Entschließung und des Mutes liegt, sich seiner ohne Leitung eines anderen zu bedienen.

Sapere aude! Habe Mut, dich deines eigenen Verstandes zu bedienen! ist also der Wahlspruch der Aufklärung». Diese «klassische» und unverändert gültige Formulierung der Aufklärungsidee wäre jedoch unvollständig, wollte man sie nicht durch die skeptischen Bemerkungen des Berliner Philosophen Moses Mendelssohn ergänzen, die ebenfalls 1784 gesprochen wurden und ebenfalls bis heute an Aktualität nichts eingebüßt haben: «Wir träumten von nichts als Aufklärung und glaubten durch das Licht der Vernunft die Gegend so aufgehellt zu haben, daß Schwärmerei sich gewiß nicht mehr zeigen werde. Allein wie wir sehen, steiget schon, von der anderen Seite des Horizonts, die Nacht mit all ihren Gespenstern wieder empor. Das Fürchterlichste dabei ist, daß das Übel so tätig, so wirksam ist. Die Schwärmerei tut, und die Vernunft begnügt sich zu sprechen.»

M. A.

◆ Ausbeutung

Der Begriff Ausbeutung wird im allgemeinen dazu benutzt, um Beziehungen gesellschaftlicher Ungleichheit zu kennzeichnen. In diesem weiten Sinne heißt Ausbeutung, einem anderen Menschen oder einer gesellschaftlichen Gruppe etwas vorzuenthalten, was ihm oder ihr eigentlich gehört. In der marxistischen Gesellschafts- und Geschichtstheorie (→Historischer Materialismus) wird Ausbeutung im engeren Sinne definiert als gesellschaftliches Verhältnis zwischen Gruppen von Menschen, die sich in entgegengesetzter Stellung zu den Produktionsmitteln befinden. Der eigentliche Tatbestand der Ausbeutung wird darin gesehen, daß sich die Eigentümer der Produktionsmittel unentgeltlich fremde →Arbeit (das Mehrprodukt) aneignen. Ausbeutung setzt also die Existenz des Privateigentums an Produktionsmitteln voraus.

Eine erste wissenschaftliche Fassung erhielt der Begriff Ausbeutung in der Arbeitswerttheorie des britischen Nationalökonomen David Ricardo (1772–1823), die besagt, daß der Wert eines Produkts von den dafür aufgewandten Arbeitsstunden abhänge. Marx übernahm diesen Erklärungsansatz und baute ihn zur Theorie vom Mehrwert aus, die den Kern seiner ökonomischen Lehren darstellt. Demnach ist die Arbeitskraft, die der freie Lohnarbeiter dem kapitalistischen Unternehmer auf dem Arbeitsmarkt anbieten muß, eine Ware, deren Wert – wie der Wert jeder anderen Ware – durch die zu ihrer (Re-)Produktion notwendige Arbeitszeit bestimmt wird. Marx setzt sie gleich mit den Arbeitsstunden, die nötig sind, um die Subsistenzmittel zur Erhaltung der Arbeitskraft zu schaffen (→Arbeit). Wenn ein →Arbeiter an einem Arbeitstag länger arbeitet, als notwendig wäre, um die zu seiner (und seiner Familie) Lebensunterhalt erforderlichen Waren zu produzieren, dann leistet er Mehrarbeit. Diese Mehrarbeit eignet sich der Kapitalist an. Der Grad der Ausbeutung wird bestimmt durch die Mehrwertrate, das heißt das Verhältnis der Mehrarbeit zur notwendigen Arbeit.

Der Ausbeutungsbegriff ist nach marxistischem Verständnis gebunden an die Existenz antagonistischer (also sich unvereinbar gegenüberstehender) →Klassen. Entsprechend der Stellung, die sie im System der →Produktion einnehmen, teilen sie sich in die Klasse der Ausbeuter und der Ausgebeuteten. Ausbeutung tritt, gemäß den unterschiedlichen Gesellschaftsformationen (→Periodisierung), in verschiedenen Formen auf: der Sklavenarbeit in der Sklavenhaltergesellschaft, den Frondiensten und -leistungen im Feudalismus, in der freien Lohnarbeit im →Kapitalismus. Für die sozialistische →Gesellschaft wird das Ende der Ausbeutung angenommen, weil mit dem Fortfall des Privateigentums an Produktionsmitteln ihre eigentliche Ursache beseitigt sei. Die Praxis des «real existierenden» →Sozialismus hat diese Annahme freilich widerlegt. In der marxistischen Imperialismus-Theorie wurde der Begriff Ausbeutung auch auf die Außenwirtschaft übertragen. Dabei wird von der Annahme ausgegangen, daß die nichtindustrialisierten Entwicklungsländer über die in den «Terms of trade» festgelegten ungleichen Tauschbeziehungen von den reichen Industriestaaten ausgebeutet würden.

In jüngster Zeit hat der Begriff auch Eingang gefunden in die feministische Argumentation. Sie besagt, daß die Frauen im Patriarchat (→Matriarchat – Patriarchat) nicht nur ökonomisch, sondern auch sexuell ausgebeutet würden.

V. U.

◆ Ausstellungen

Die in Universitäten institutionalisierte Fachhistorie, traditionell vornehmlich an →politischer Geschichte, neuerdings auch stärker an →Sozialgeschichte orientiert, arbeitet vor allem mit Schriftquellen (→Quellen). Das →Bild, ein Foto zum Beispiel, eine Illustration, das Faksimile einer →Zeitung, spielt kaum eine Rolle: Es wird den Kunsthistorikern, den Volkskundlern und den Kulturhistorikern sowie Spezialisten, darunter häufig Amateuren, zur Begutachtung überlassen. Wo daher Historie in Bildern präsentiert oder durch Bilder angereichert wird, sind Fachhistoriker in der Regel allenfalls als wissenschaftliche Zuarbeiter oder Berater anerkannt, während sie auf das Layout eines Buches oder die Gestaltung eines Films z.B. keinen Einfluß haben. Selbst die auf die Bilder zugeschnittenen und auf sie abgestimmten Texte stammen vielfach nicht von Historikern, sondern von Journalisten und historisierenden Autoren, die publikumswirksam zu schreiben verstehen. Vor diesem Hintergrund ist es verständlich, wenn der Historiker Karl Otmar von Aretin von der «schweren Kunst» spricht, «Geschichte lebendig zu machen». Doch kommt darin zugleich ein gewandeltes Bewußtsein der Fachhistorie zum Ausdruck. Seitdem in den späten siebziger Jahren das öffentliche →Interesse in der Bundesrepublik an Geschichte nach längeren Jahren der Flaute wieder deutlich zunahm und der Ruf nach eingängig und interessant geschriebenen Geschichtsbüchern immer lauter wurde, haben viele Fachhistoriker gelernt, daß es nicht damit getan ist, voluminöse wissenschaftliche Werke zu produzieren, sondern daß es ihre öffentliche Funktion erheischt, sich um demokratische Formen der Geschichtsvermittlung zu kümmern. Dies zeigt sich deutlich an dem verstärkten Engagement namhafter Fachhistoriker bei der Konzeption und teilweise auch Gestaltung historischer Ausstellungen. Dabei stellte sich heraus, daß durch historische Ausstellungen nicht bloß wissenschaftliche Ergebnisse «didaktisch» aufbereitet, sondern auch spezifische Themen und Fragestellungen entwickelt und Akzente gesetzt werden, die ihrerseits auf die Wissenschaft zurückwirken – ein Vorgang, der sowohl der Fachhistorie als auch der öffentlichen historisch-politischen Diskussion zugute kommt.

Die Staufer-Ausstellung 1977 in Stuttgart eröffnete die Reihe aufwendiger und repräsentativer Ausstellungen zur deutschen Geschichte. Es folgte «Preußen – Versuch einer Bilanz» (Martin-Gropius Bau, Westberlin 1981), eine Ausstellung, die die geschichtlichen Prägekräfte Preußens und deren aktuelle Bedeutung für das Geschichtsbild der Deutschen zur Anschauung brachte. Ebenfalls in Westberlin wurde die Ausstellung «1933 – Wege zur Diktatur» (Staatliche Kunsthalle, 1983) gezeigt, die Weimarer Republik und NS-Staat unter dem Blickwinkel gesellschaftlicher →Kontinuitäten behandelte. Eine stadtgeschichtlich bedeutsame Ausstellung (→Stadtgeschichte) fand 1982 in der Kampnagelfabrik in Hamburg statt: Unter dem Titel «Vorwärts und nicht vergessen» wurde die →Arbeiterkultur um 1930 vergegenwärtigt. Die 750-Jahr-Feier Berlins 1987 gab den Hintergrund für die zentrale historische Ausstellung «Berlin, Berlin» im Martin-Gropius-Bau, veranlaßte aber auch zahlreiche weitere Ausstellungen lokalen Zuschnitts mit alltags- und kulturgeschichtlicher Thematik.

In historischen Ausstellungen kommt es darauf an, Schautafeln, Bilder und Texte, Exponate (authentisch oder imaginiert) in inszenierten Raumeindrücken so miteinander zu verbinden, daß der Besucher Geschichte zugleich erlebt und reflektiert: Geschichte zum Anfassen, Erfassen, Begreifen, Geschichte zum Sprechen gebracht.

Ausstellungen sind weder Theaterveranstaltungen noch Lesekabinette, jedenfalls sollten sie es nicht sein. Weder darf das inszenatorische Moment zum Selbstzweck werden noch die Textgestaltung zur Zeigefingerpädagogik. Auch hängt die Wirkung historischer Ausstellungen nicht unbedingt davon ab, ob Originalrelikte oder Nachbildungen gezeigt werden. Entscheidend ist vielmehr, ob es gelingt, die historischen Kernaussagen unaufdringlich und zugleich pointiert zu veranschaulichen und auf den Begriff zu bringen. Daran mitzuwirken sollte zum selbstverständlichen Aufgabenbereich des Historikers gehören. Doch müßte auch die akademische Lehre auf die sichtlich gewachsene öffentliche Nachfrage nach historischen Ausstellungen mit curricularen Angeboten reagieren.

M. A.

◆ **Auswanderung** (Emigration)

Wer auswandert, verläßt seine Heimat aus freien Stücken, um sich jenseits der Grenzen dauerhaft anzusiedeln und eine neue Existenz aufzubauen. Maßgebend sind dafür meistens Überlegungen und →Bedürfnisse wirtschaftlicher Natur, Hoffnungen auf günstigere Lebens- und Arbeitsbedingungen, höhere Löhne und sozialen Aufstieg. Wer dagegen emigriert, wandert faktisch zwar auch aus, aber er tut das, weil er dazu aus religiösen, politischen, ethnischen oder rassenideologischen Gründen gezwungen wird (→Exil).

Mit Wanderungen diesen oder jenen Typs beschäftigen sich traditionell die Bevölkerungshistoriker, aber natürlich auch die Politik-, Sozial- und Kulturhistoriker, seit kurzem außerdem eine spezielle Teildisziplin, die Historische Migrationsforschung. Ein- und Auswanderung werden dabei als soziale Prozesse (→Entwicklung) begriffen, bei denen unterschiedlichste Antriebskräfte und Faktoren eine Rolle spielen: demographische (→Demographie) und wirtschaftliche ebenso wie kulturelle und politische Entwicklungen. Das Augenmerk richtet sich zum einen auf das Wanderungsgeschehen, auf Umfang, Erscheinungs- und Verlaufsformen der Wanderungsbewegungen, zum anderen auf das Wanderungsverhalten von Individuen und Gruppen, auf Motive und Erwartungen, Ängste und Träume, auf Mentalitäten und Traditionen, die jeweils von regionalen und landsmannschaftlichen Besonderheiten, von beruflichen, milieu- und klassenspezifischen Erfahrungen geprägt sind, und schließlich drittens auf die Konsequenzen, die daraus für die Herkunfts- und die Aufnahmeländer erwachsen, hier vor allem auf Probleme der Eingliederung, Anpassung und Assimilation, was sich gewöhnlich stufenweise über mehrere Generationen hinweg vollzieht. Wanderungs- und Emigrationsgeschichte ist insofern ein integraler Bestandteil der Gesellschaftsgeschichte und trägt dazu bei, unseren Blick zu schärfen für ökonomische und soziale Strukturen (→Ereignis), für individuelle und kollektive Notlagen, für die Strategien, um sie abzumildern oder aufzuheben, und nicht zuletzt für die politischen Machtverhältnisse und →Ideologien, in die sie eingebettet sind. J. F.

◆ Autarkie

Autarkie steht als Kürzel für ein sozialökonomisches Modell, hinter dem sich die →Utopie einer krisenfesten Wirtschafts- und Gesellschaftsordnung verbirgt. Es propagiert Selbstgenügsamkeit und Selbstversorgung. Ein Land soll die für den Bedarf der Bevölkerung notwendigen Güter aus eigener Kraft und gespeist aus eigenen Quellen erzeugen, soll →Produktion und Verbrauch an den im nationalen Rahmen vorhandenen Möglichkeiten orientieren und sich lösen von den Einflüssen und Schwankungen des Weltmarktes. Im Zeitalter der Industrie und des industriellen →Kapitalismus, das von Warenaustausch und geregelten Handelsbeziehungen, von globaler Verflechtung und Arbeitsteilung geprägt ist, beschwören die Anhänger der Autarkie die Vision einer isolierten, in sich ruhenden, autonomen Nationalwirtschaft. Da dies in aller Regel kein naturgegebener Zustand ist, muß er künstlich herbeigeführt werden: durch Zölle und Kontingentierung, das heißt Beschränkung der Ein- und Ausfuhren, durch Lenkung des Konsums und der Konsumgewohnheiten, durch Devisenkontrollen und die Entwicklung von Verfahren zur Herstellung von Ersatzrohstoffen. In Deutschland mit seinen geringen Erdölvorkommen gehörte dazu beispielsweise die Gewinnung von Benzin aus Kohle: eine aufwendige und wenig rentable Technologie, die von den Nationalsozialisten im Zeichen der Aufrüstung und wehrwirtschaftlicher Autarkie nachhaltig gefördert wurde.

Wenn überhaupt, dann läßt sich Autarkie nur im Verbund mit planwirtschaftlichen Methoden erreichen. In der Praxis läuft dies häufig auf eine Spielart des Protektionismus hinaus, mit dessen Hilfe manche Staaten versuchen, die heimische Wirtschaft vom Druck der besser oder billiger produzierenden Konkurrenz des Auslandes zu entlasten. Seit der Abkehr vom Freihandel, die Bismarck 1879 vollzogen hatte, bürgerte sich dafür in Deutschland das Schlagwort vom «Schutz der nationalen Arbeit» ein. Damit wurde eine Strategie umschrieben, die den Ausgleich industrieller und landwirtschaftlicher →Interessen anstrebte und für die innere Machtbalance im Kaiserreich von fundamentaler Bedeutung war. Die Traditionen, Erwartungen und →Ideologien, die in diesen Konzepten zum Ausdruck kamen, wirkten unter veränderten Bedingungen auch nach dem Ersten Weltkrieg fort und wurden in der Endphase der Weimarer Republik mit dem Begriff Autarkie auf einen neuen, einprägsamen Nenner gebracht.

Schon zeitgenössische Beobachter haben in diesem Zusammenhang vom «Wirtschaftsideal des Nationalismus» gesprochen. Konservative und Nationalsozialisten glaubten damit eine Zauberformel zur Überwindung der Weltwirtschaftskrise gefunden zu haben. In der Debatte, die sich daran entzündete, spiegelten sich die antiliberalen und antikapitalistischen Ressentiments im Lager der deutschen Rechten, aber auch die sozialen Ängste der Mittelschichten (→Mittelstand) in Stadt und Land, die sich von der Dynamik, den Monopolisierungs- und Konzentrationstendenzen der Industriewirtschaft bedroht fühlten. Nach 1933 verdichtete sich dies alles zum Leitbild einer völkischen Wirtschaftsordnung. Autarkiepolitische Maßnahmen sollten eine von Importen weitgehend unabhängige Ernährungs- und Rohstoffbasis sichern und so die Voraussetzungen schaffen für eine aggressive Außenpolitik, die auf die Eroberung eines von Deutschland beherrschten europäischen «Großraumes» gerichtet war, 1939 den Krieg entfesselte und die Völker des Kontinents in ein System der Unterdrückung, →Ausbeutung und Vernichtung hineintrieb.

J. F.

B

◆ Bauer

Das Wort Bauer ist bis zur Wende vom 18. zum 19. Jh. vorwiegend Standesbegriff. Gemeint sind damit Personen, die auf einem Gehöft ansässig sind, Ackerbau und Viehzucht betreiben und daraus ihren Lebensunterhalt bestreiten. Verglichen mit dem Adel und dem städtischen Bürgertum (→Bürger) sind sie Menschen niederen →Rechts. Der Boden, selbst wenn sie ihn seit Generationen bearbeiten, gehört nicht ihnen, sondern den Grundherren, lokalen weltlichen und geistlichen Obrigkeiten. Dafür, daß er ihnen gewissermaßen leihweise überlassen wird, müssen sie mannigfache Gegenleistungen erbringen, Hand- und Spanndienste, Natural- und Geldabgaben (→Abgaben), die einen beträchtlichen Prozentsatz ihrer gesamten Erträge und Einkünfte ausmachen. Eingebunden in ein Netz von regional jeweils verschiedenartig definierten Abhängigkeiten, Vorschriften, Erb- und Nutzungsrechten, sind sie in ihrer persönlichen →Freiheit und →Mobilität beschränkt. In zweifacher Hinsicht Untertanen – zum einen der fürstlichen Territorialgewalt, zum andern der örtlichen Guts- bzw. →Grundherrschaft –, fristen sie ein Dasein ohne oder nur mit kümmerlicher Schulbildung, erwirtschaften in der Regel nicht mehr als das nackte Existenzminimum, plagen sich ab für sich und ihre Familien, für die Ansprüche ihrer Herren und diejenigen des →Staates. Von den Lasten, die ihnen aufgebürdet sind, und der Rolle, die sie spielen, aber auch dem geringen Maß an gesellschaftlicher Achtung, das ihnen entgegengebracht wird, zeugt am Vorabend des →Bauernkrieges von 1525 ein gereimter Sinnspruch: «Der Bauer ist an Ochsen statt, nur daß er keine Hörner hat.»

Die gedrückte und untertänige Stellung der Bauern ändert sich bis weit ins 18. Jh. nicht, wird aber zunehmend durch die Vertreter der →Aufklärung in Zweifel gezogen. Hinzu kommt, daß die Kameralistik, die damalige Verwaltungs- und Staatsrechtslehre, die Bauern als Wirtschaftsfaktoren entdeckt. «Die Industrie des Bauernstandes», heißt es in einer Schrift von 1791, «ist Hauptbedingung des Nationalreichtums.» Dies und vor allem die →Französische Revolution bereiten dann zu Beginn des 19. Jhs. den Prozeß der Agrarreformen vor, der sich in den deutschen Staaten mit unterschiedlicher Intensität und mit unterschiedlichem Tempo vollzieht und um 1850 fast überall zum Abschluß gebracht wird. Die Aufhebung der Erbuntertänigkeit mitsamt den daran geknüpften Feudallasten, also das, was in der älteren Literatur die «Bauernbefreiung» genannt wird, ist die Voraussetzung für die Herausbildung eines selbständigen Bauerntums, das nach und nach den Übergang zu modernen kapitalintensiven, gewinn- und marktorientierten Produktionsformen bewältigt. Aus Bauern, die sich jahrhundertelang in dumpfer Ergebenheit mit einem ewig gleichbleibenden Schicksal abgefunden hatten, werden im Zeitalter des industriellen →Kapitalismus Landwirte, die sich dem Prinzip der Rentabilität, den Erkenntnissen der Natur- und Agrarwissenschaften, den wechselnden →Bedürfnissen der Verbraucher und den Anforderungen rationeller Betriebsführung unterwerfen.

Im Zuge dieser Entwicklung, die mit einer kontinuierlichen Schrumpfung des Agrarsektors einhergeht und von der Sozialgeschichtsschreibung bisher nur unzureichend beleuchtet worden ist, wird aus dem →Stand eine Berufsgruppe, der Standesbegriff Bauer wird zum reinen Berufsbegriff. Zugleich aber macht sich unter Politikern und Publizisten eine Tendenz bemerkbar, die Bauern romantisch zu verklären. Der «Bauernstand», so ist in einem Leitfaden der Konservativen Partei aus dem Jahr 1894 zu lesen, «galt stets für die kräftigste und dauerhafteste Stütze der Staaten und Völker. Im Gegensatz zu dem hastigen Wechsel zwischen oft ungesunder Arbeit und Genußleben, in welchem die städtische, namentlich die großstädtische Bevölkerung sich schnell verbraucht, gewinnt der Bauernstand in gesunder, regelmäßiger Beschäftigung, bei natürlicher und einfacher Lebensweise die unverwüstliche Fülle von Kraft, die ihn von jeher befähigt hat, nicht nur weitaus die meisten und besten Soldaten für die Landesverteidigung zu stellen, sondern auch der städtischen Bevölkerung immer von Neuem das frische Blut zuzuführen, ohne welches sie voraussichtlich unaufhaltsam der körperlichen und sittlichen Verkümmerung verfallen würde.»

Die Bauern als Jungbrunnen der →Nation, die vermeintliche «Reinheit der Sitten, die Treue und Redlichkeit der Gesinnung», die schon 1814 der Schriftsteller Ernst Moritz Arndt gefeiert hatte, das schlichte Landleben und die patriarchalischen Strukturen des Dorfes als positives Gegenbild zur Sittenverderbnis und Hektik der →Städte, die Landbevölkerung als Bollwerk gegen die ‹zersetzenden› Bestrebungen des →Liberalismus, der Sozialdemokratie und des Bolschewismus (→Arbeiterbewegung): all dies sind Vorstellungen, die besonders im konservativen Milieu verankert sind und der dort herrschenden Skepsis gegenüber der →Industrialisierung Ausdruck verleihen. Aus ihnen zieht man die Rechtfertigung für die immer lauter vorgetragenen Forderungen nach staatlichen Eingriffen zugunsten der Landwirtschaft, nach Schutzzöllen, Subventionen, wirtschafts- und steuerpolitischen Privilegien (→Agrarverbände). An sie knüpfen dann in den zwanziger und dreißiger Jahren die Nationalsozialisten an, wenn sie vom «Bauerntum als Lebensquell der Nordischen Rasse» sprechen und auf dieser Grundlage 1933 das Reichserbhofgesetz verabschieden, wonach Bauer nur sein kann, «wer deutscher Staatsbürger, deutschen oder stammesgleichen Blutes» ist.

Mit dem Zusammenbruch der braunen →Diktatur verschwindet zwar die Blut-und-Boden-Ideologie, nicht jedoch eine mit weltanschaulichen Formeln verbrämte agrarische Interessenpolitik. So heißt es etwa auf dem ersten Bauerntag, den im September 1949 der Deutsche Bauernverband veranstaltet: «Abendländische Kultur reicht in Zukunft nur so weit, wie Bauern europäischer Prägung und Herkunft sicher auf ihren Höfen sitzen und bäuerliches Denken und Empfinden in den anderen Gesellschaftsschichten Verbreitung findet.» Überzeugungen wie diese verlieren allerdings unter dem Druck eines beschleunigten sozialen und wirtschaftlichen Strukturwandels zunehmend an Durchschlagskraft. Aus der ideologisierten bäuerlichen Standespolitik früherer Epochen (→Periodisierung) wird eine eher nüchtern argumentierende bäuerliche Berufspolitik, die nicht mehr unzeitgemäßen Wunschbildern nachhängt, sondern den Realitäten des Europäischen Marktes und der tatsächlichen Rolle der Landwirte in der Industriegesellschaft Rechnung trägt. J. F.

◆ **Bauernkrieg** (bäuerliche Revolten)

Konflikte zwischen Herren und Bauern sind im Verhältnis der beiden →Stände zueinander begründet. Überall dort, wo eine grundbesitzende oder pacht- und rentenbeziehende →Schicht auf Unterhalt durch eine selbständig wirtschaftende Gruppe agrarischer Produzenten angewiesen ist, bringen Störungen des traditionell eingespielten Verhältnisses der beiden Gruppen derartige Konflikte an die Oberfläche. Das Problem dieses verborgenen Konfliktpotentials findet sich daher naturgemäß wie das ihm zugrundeliegende Verhältnis nicht nur im vormodernen Europa, sondern auch in Asien, Amerika und jenen Regionen Afrikas, die bäuerlich und seigneural geprägt sind.

Bäuerliche Protestbewegungen und Revolten durchziehen das →Mittelalter und die →Frühe Neuzeit in ganz Europa. Immer wieder geht es um Widerstand gegen «Störungen» des «Vertrags» mit den Herren – um Abwehr von Abgabenerhöhung, wachsender Steuerlast, Besitzveränderung oder (ganz allgemein) um Auflehnung gegenüber «unrechter Gewalt». Denn →Gewalt ist das Fundament der Herrenmacht gegenüber den Bauern, auch wenn sie – in Krisenzeiten mehr schlecht als recht – in der Maske des →«Rechts» auftritt. Die meisten dieser Revolten sind erfolglos. Fast immer zeigt sich – und nicht nur in Europa: Ohne Verbündete bleiben die Bauern unterlegen. Finden sich aber solche Verbündete – und diese können dabei durchaus ihre eigenen Ziele haben –, dann wird die Bauernrevolte zu einer realen Gefahr für die «Herrschenden». Es waren →Bürger, Pariser Lumpenproletariat *und* Bauern, die in Frankreich 1789 das Ancien Régime stürzten; es waren →Arbeiter *und* weltkriegsmüde →Bauern, die 1917 die bolschewistische Revolution in Rußland (→Russische Revolution) zum Sturm gegen höfische Reformgruppen und kompromißbereite Bürger werden ließen. Die Frage, wann Bauernrevolten sich zu →Revolutionen «mausern», hat daher die Forschung vielfältig beschäftigt. Denn dabei ging und geht es um die Rolle bäuerlichen Widerstands für die →Entwicklung der gesamten →Gesellschaft. So hat in Deutschland der große überregionale Bauernaufstand von 1525 – von den Zeitgenossen als →«Krieg» bezeichnet – für die einen das große Ereignis der «deutschen» Reformation eher verdunkelt, für die anderen, die auf Suche nach demokratischer und revolutionärer Tradition in der deutschen Geschichte sind, das Etikett «frühbürgerliche Revolution» verdient. Der historistische Kompromiß der neueren Forschung, in ihr nun die «Revolution des gemeinen Mannes» zu sehen und damit gesellschaftspolitische Funktionstüchtigkeit mit quellennaher Exaktheit zu verbinden, wirft neue Probleme auf. Die Frage nach der Rolle dieser Revolution für die Entwicklung der deutschen Gesellschaft bleibt genauso ungeklärt wie die nach der sozialgeschichtlichen →Identität des «gemeinen Mannes». Immerhin bietet die deutsche Debatte die wohl komplexeste Einlassung der Geschichtswissenschaft auf die autonome Rolle des aufständischen Bauern. Das besondere Interesse der deutschen Forschung an zumindest subjektiv erfolgreichen bäuerlichen Revolten hat allerdings den Blick auf die völlig erfolglosen verstellt. Das Interesse an unheroischen Niederlagen sollte aber sich nicht nur aus alltags- und anthropologiegeschichtlicher Sicht erwärmen – oder als Teilnahme am Schicksal der «Besiegten» –, sondern in Reflexion über die strukturelle, die universalhistorische Bedeutung von Bauernwiderstand verwandeln. Die Art und Weise, wie Konflikte der

Bauern mit ihren Herren oder «den Herrschenden» ausgetragen werden, beleuchtet nämlich nicht nur das Verhältnis zwischen Herrschern und Beherrschten, sondern auch die Zustände der Gesellschaft selbst. Sie gibt Auskunft darüber, ob und wo Freiheitspotentiale bestehen, in welcher Form «Bündnisse» möglich sind und welchen Charakter somit «Widerstand» für den Zustand der Gesellschaft gewinnen kann. Daß Bauernrevolten keineswegs potentielle Freiheitsräume der Gesellschaften per se vergrößern oder verwirklichen, weiß die internationale Forschung seit langem. Der Kampf der Vendée-Bauern gegen die →Französische Revolution oder die Rolle von Pächtern und Großbauern in faschistischen Bewegungen Europas und Amerikas bezeugen diesen Tatbestand mit wenig wünschenswerter Deutlichkeit. Allerdings lassen sich diese Schattierungen bäuerlichen Widerstands recht gut erklären: Überall, wo interne Konkurrenz zwischen den Bauern den älteren genossenschaftlich-«gemeindlichen» Zusammenhalt unter ihnen dominiert, verlieren ihre Bewegungen emanzipatorische Qualität, wird bäuerliche Widerborstigkeit zu Bauerntümelei, wird Kampf gegen «unrechte Gewalt» zu eben dieser.

A. v. M.

◆ Bedürfnisse

Jeder Mensch, gleich ob jung oder alt, Mann oder Frau, arm oder reich, hat Bedürfnisse: elementare und weniger elementare, entbehrliche und unentbehrliche, materielle und immaterielle, die jeweils den Lebenshorizont, das Bewußtsein und das alltägliche Handeln prägen. Sie sind Ausdruck eines Mangels, dem es durch zielgerichtetes Verhalten, durch wirtschaftliche, politische, kulturelle und sonstige Aktivitäten abzuhelfen gilt. Für die wissenschaftliche Forschung von Interesse sind dabei die Formen, in denen sie zutage treten, die Faktoren, von denen sie beeinflußt, und die Mittel, mit denen sie befriedigt werden. Bezogen auf die Gegenwart, beschäftigen sich damit Soziologen, Ökonomen, Psychologen und Pädagogen; bezogen auf die Vergangenheit, Anthropologen, Volkskundler, Sozial-, Kultur- und Mentalitätshistoriker (→Sozialgeschichte, →Kulturgeschichte, →Mentalitätengeschichte). Das Material, das für geschichtliche Untersuchungen zur Verfügung steht, ist außerordentlich vielschichtig. Es ausfindig zu machen erfordert beträchtlichen Spürsinn, es auszuwerten Phantasie und unkonventionelle Methoden. Informationen bieten literarische Zeugnisse ebenso wie statistische Erhebungen (→Statistik), Sachquellen ebenso wie Berichte von Behörden und Ämtern (→Akten, →Quellen), →Tagebücher, Autobiographien (→Memoiren), Pressemeldungen und mündliche Befragungen.

Gewöhnlich unterscheidet man zwischen Existenz- und Luxusbedürfnissen. Zu den ersteren rechnen religiöse und quasireligiöse Bedürfnisse, Nahrungs-, Wohn-, Schlaf-, Erholungs- und Kleidungsbedürfnisse, auch der von mancherlei Tabus umzäunte Bereich der Sexualität; zu den letzteren strenggenommen alles das, was über die bloßen Lebensnotwendigkeiten hinausgeht. Die Grenzen jedoch sind fließend und entziehen sich einer verbindlichen Definition. Denn Luxus und Existenzminimum sind ausgesprochen relative Begriffe. Wo der Grad der Motorisierung gering ist, hat z. B. das Auto einen anderen Stellenwert als dort, wo es zu den selbstverständlichen Gebrauchsgütern gehört. Bedürfnisse sind insoweit keine festen, unveränderlichen Größen, sondern unterliegen dauerndem Wandel. Sie sind abhängig von sozialen Milieus (→Lebenswelt) und den darin verankerten Normen, Gewohnheiten und Erwartungen, vom Zuschnitt der →Bildung und der Höhe des Einkommens, von der Menge an vorhandenen Waren und Dienstleistungen, von den Bedingungen der Umwelt und den Strategien der Werbung, von den in einer bestimmten Epoche (→Periodisierung) herrschenden Moden, Trends und Standards. Zwar werden Bedürfnisse stets individuell empfunden und ausgelebt, aber sie können auch von überindividuellen Instanzen wie der Wirtschaft, dem →Staat, den →Kirchen, den →Parteien und →Verbänden geweckt, gesteuert, für die verschiedensten Zwecke benutzt, ausgebeutet und mißbraucht werden: Die Geschichte des Nationalsozialismus liefert gerade für diesen Tatbestand eine Fülle von bedrückendem Anschauungsmaterial. J. F.

◆ Begriffsgeschichte

Jede Geschichte hat ihre Begriffe, und jeder Begriff hat seine Geschichte. Nicht umsonst sprechen wir davon, daß wir etwas ‹begreifen›. Wir machen uns die Welt und ihre Mannigfaltigkeit bewußt durch Begriffe, und so wie sich die Welt verändert, verändern sich auch die Begriffe. Ohne sie kommen wir bei unseren Versuchen, vergangene und gegenwärtige Wirklichkeiten zu entschlüsseln, schlechterdings nicht aus. Sie sind die Bausteine, mit denen wir Ordnung in das Chaos unserer Wahrnehmungen bringen, Medien, durch die wir Geschichte erfassen: Denn in ihnen spiegeln sich →Entwicklungen und Strukturen (→Ereignis), Verfassungsverhältnisse, politische Strömungen, →Ideologien, programmatische Entwürfe und moralische Normen.

Begriffe tauchen auf, verfestigen und verflüchtigen sich wieder. Der Weg in die Moderne, die sich um die Mitte des 18. Jhs. abzuzeichnen beginnt, wird begleitet durch einen dynamischen Wandel der Lebensweisen und Existenzbedingungen. Entsprechend rasch wandeln sich auch die Begriffe und deren Inhalte, in denen diese Phänomene und die darin wurzelnden Erfahrungen ihren Niederschlag finden. →«Demokratie» und →«Republik» z. B. sind als Wörter zwar von früher geläufig, aber die Assoziationen, die sie auslösen, und die Perspektiven, die in ihnen schlummern, entfernen sich zunehmend von den Definitionen, auf die man sich bis dahin, beeinflußt durch die maßgebenden antiken Schriftsteller, berufen hat. Ehedem beschreibende Vokabeln und Standesbezeichnungen wie →«Junker» werden zu Kampfbegriffen in politischen Auseinandersetzungen, werden ideologisiert und emotionalisiert. Ältere Bedeutungen werden aufgesprengt, verblassen oder passen sich an, werden überlagert und verdrängt durch neue. Häufig sind sie eingebunden in bestimmte Milieus, drücken Gefühle (→Affekte), →Bedürfnisse, Hoffnungen und Erwartungen aus. So vielschichtig und diffus diese sind, so vielschichtig und diffus sind auch jene.

Begriffe sind daher selten völlig eindeutig, meistens schwebend, reich an Facetten und im einzelnen nur schwer zu fixieren. Auf jeden Fall bedürfen sie eingehender Interpretation, wenn sie konkret werden und nicht abstrakt bleiben sollen. Angesiedelt in verschiedenen Zusammenhängen und abhängig von wechselnden Konstellationen, dominiert hier diese und dort jene Färbung. Ein →«Bürger» etwa ist im →Mittelalter ein Mann, der in der →Stadt das Bürgerrecht genießt und sich darin abhebt von den Untertanen, die in den dörflichen Gemeinschaften jenseits der Stadtmauern ihr Dasein fristen. Seit der →Französischen Revolution wird der Begriff dann verallgemeinert. Der «Bürger» wird zum «citoyen», zum Staatsbürger, gleichgültig, ob er in der Stadt oder auf dem Land lebt, arm oder reich ist. Zugleich aber wird der «Bürger» auch zum «bourgeois»; das Wort dient als Statusbegriff, um sich auf der sozialen Stufenleiter nach unten hin abzugrenzen: Als «Bürger» empfinden sich alle diejenigen, die nicht Proletarier sind oder sein wollen.

Die Beispiele zeigen, wie sehr Begriffsgeschichte ein unverzichtbarer Bestandteil der historischen Wissenschaften ist. Sie verschafft uns die nötigen Einblicke in den Sprachstil, die Erfahrungshorizonte und das Selbstverständnis der verschiedenen Epochen (→Periodisierung) wie der in ihnen handelnden Menschen. Indem sie Ideen und Begriffe vor dem Hintergrund sozialer, wirtschaftlicher und politischer Daten analysiert, leistet sie wichtige Beiträge zur Erklärung gesellschaftlicher Prozesse, ist selber ein Stück →Sozialgeschichte, wertet Begriffe, wie unlängst formuliert worden ist, als «Faktoren und Indikatoren geschichtlicher Bewegung». J. F.

◆ Beruf

Einen Beruf auszuüben, berufstätig zu sein, ist für die meisten Menschen eine unentrinnbare Notwendigkeit. Der Beruf dient zur Sicherung der Existenz, er prägt unser Schicksal, beeinflußt das Denken und Handeln und macht ein gutes Stück unserer →Identität aus. Er entscheidet jeweils über Lebens- und Erwerbschancen, bestimmt die Position auf dem Arbeitsmarkt und die Stellung in der →Gesellschaft. Je nach Qualifikation und Wertschätzung, die ihm von der Umwelt entgegengebracht wird, verleiht er ein geringes oder hohes Maß an Sozialprestige, er weckt positive oder negative Gefühle (→Affekte), Unlust oder Zufriedenheit, je nachdem, ob er unseren Neigungen und Erwartungen, unseren Fähigkeiten und →Bedürfnissen entspricht oder nicht. Es gibt ehrbare und weniger ehrbare Berufe, tolerierte und nicht tolerierte, legale und illegale. Die offizielle Berufsstatistik zum Beispiel verzeichnet →Arbeiter, Beamte und Angestellte, Kaufleute, →Bauern, Fabrikanten, Anwälte und Ärzte, nicht jedoch Diebe und →Bettler, Prostituierte (→Prostitution), Heiratsschwindler und Zuhälter, obwohl auch sie strenggenommen einem Beruf nachgehen, insoweit nämlich, als sie damit ihren Unterhalt bestreiten.

In der Geschichte der Berufe spiegeln sich die Strukturen (→Ereignis), Bewegungen und sozialen Schichtungen der Gesellschaft. Historische Studien zeigen, daß Berufe, Berufsbilder und Berufsfelder ständigem Wandel unterliegen, abhängig sind von der Dynamik technologischer →Entwicklungen, von wechselnden ökonomischen Erfordernissen und betrieblichen Organisationsformen. Im Verlauf der →Industrialisierung haben handwerkliche Traditionen an Bedeutung verloren, die Berufswelt ist differenzierter, vielfältiger und unübersichtlicher geworden. Ältere Berufe und Berufsbezeichnungen sind entweder völlig verschwunden oder überlagert und abgelöst worden durch neue. Rationalisierung und Arbeitsteilung verändern Fertigungsmethoden und Produktionsbedingungen, erzwingen von den Beschäftigten Anpassungsbereitschaft, Lernfähigkeit, Flexibilität und →Mobilität. Kaum jemand kann sich heute noch darauf verlassen, daß er ein Leben lang im ursprünglich erlernten Beruf arbeiten wird. Die Bindungen an den Beruf haben sich dadurch ohne Zweifel gelockert, aus Berufen mit klar umrissenen Qualifikationsmerkmalen sind häufig austauschbare Jobs ohne festes Profil geworden, die sich in der Verrichtung weniger mechanischer Handgriffe erschöpfen. Trotzdem gibt es nach wie vor so etwas wie Berufsstolz, Berufsbewußtsein und berufliche →Ideologien. In ihnen gründen nicht zuletzt die Aktivitäten zahlreicher →Vereine und →Verbände, zu denen sich die Angehörigen bestimmter Berufszweige zusammenschließen, um ihre Verhältnisse so weit wie möglich in eigener Regie zu regeln, den Zugang zum Beruf durch zweckgerichtete Anforderungen zu kontrollieren, sich gegenüber den Ansprüchen konkurrierender Gruppen zu behaupten und den jeweils formulierten →Interessen im politischen Tagesgeschehen Geltung zu verschaffen. J. F.

◆ Bettler

Jede →Gesellschaft, in der es Armut, Hunger und andere extreme soziale Mißstände gibt, kennt ihre Bettler. Sie leben am Rande der Gesellschaft und fristen ihren Lebensunterhalt durch Betteln, das heißt durch Erbitten einer mildtätigen Spende. Das →Mittelalter wird oft als die goldene Zeit der Bettelei beschrieben. Die Gassen mittelalterlicher →Städte waren bevölkert von Bettlern. In größeren Städten lebte manchmal ein Drittel der Bevölkerung von der Bettelei bzw. war von Fall zu Fall zum Betteln gezwungen.

Betteln war eine legitime Möglichkeit der Subsistenzerhaltung. Zuweilen bildeten Bettler einen ‹organisierten Stand›. Als →Stand entwickelten sie eine →Ideologie, in der sie nicht als minderwertig, sondern gleichsam als Erwählte Gottes erschienen, die dem Ideal christlicher Armut entsprechend ihr Leben einrichteten. Wichtigste äußere Attribute des Bettlers waren Bettelstab und Lumpenkleidung.

Für die Wohlhabenden im Mittelalter gehörte es zum guten Ton, Bettlern zu helfen, sie zu verköstigen und ihnen Almosen zu geben. Die Almosentasche war deshalb ein von Reichen stets mitgeführtes Requisit. Die mittelalterliche Wohltätigkeit entsprang freilich nicht allein dem Gebot christlicher Nächstenliebe, sondern mehr noch der Sorge um das eigene Seelenheil. Milde Gaben an die Armen waren eine Art Versicherung für den Eintritt ins Himmelreich. Sie galten nicht der Abschaffung der Armut als solcher. Am Ausgang des Mittelalters, seit dem 14./15. Jh., verschlechterte sich die Lage der Bettler, was mit dem sprunghaften Anwachsen des Bettlerwesens zusammenhing. Die Städte wurden mit dem Zustrom der Bettler nicht mehr fertig, die Freigiebigkeit der →Bürger ließ nach. Dem

Beispiel Nürnbergs (1476) folgend, erließen viele Städte Bettelordnungen, die das Betteln nur noch an bestimmten Tagen zu festgesetzten Zeiten erlaubten.

Solchen Reglementierungen lag eine grundsätzlich neue Einstellung gegenüber →Arbeit und Armut zugrunde. Betteln und Armut waren für die städtischen Bürger keine Tugenden mehr, sondern ein gesellschaftliches Übel, wobei man zunehmend unterschied zwischen unverschuldet in Not geratenen Armen und «Müßiggängern» aus Arbeitsscheu. Die letzteren wurden von der kommunalen Armenfürsorge ausgeschlossen, die sich im beginnenden 16. Jh. herausbildete. Mit der Einführung von «Bettelzeichen», die die ortsansässigen, arbeitsunfähigen Armen zum Almosenempfang berechtigte, setzte die Stigmatisierung der Bettler als gesellschaftliche Randgruppe ein.

Der disziplinierende Zugriff der öffentlichen Fürsorge auf Bettler und «landfahrendes Volk» (→Vaganten) verschärfte sich im →Absolutismus. Eine Inflation von Bettelverboten im 17. und 18. Jh. sollte gewährleisten, daß nur noch die wirklich «Bedürftigen» in einer Heimatgemeinde in den Genuß von Unterstützungen kamen. Fremde Bettler und Arme wurden abgeschoben (der sog. Bettlerschub), Zucht- und Arbeitshäuser eingerichtet, um die «Müßiggänger» an eine geregelte Arbeit zu gewöhnen. Die Kehrseite dieser Entwicklung war die Zunahme der «nichtseßhaften» Armut. Viele wandernde Bettler und Landstreicher schlossen sich zu Räuber- und Diebesbanden zusammen, die vornehmlich im 18.Jh. viele Gegenden unsicher machten.

Die gesellschaftlichen Umbrüche vor und im Gefolge der →Industrialisierung im 19. Jh. brachten neue Armutszustände hervor, kulminierend in dem Massenphänomen des «Pauperismus» im Vormärz. Die große Wanderungsbewegung im 19. Jh. von den verarmten Landstrichen in die aufblühenden Industriezentren (→Auswanderung) war begleitet von verschärfter strafrechtlicher Verfolgung der Bettler. 1843 stellte Preußen Bettelei und Vagabundieren unter Strafe; mit einigen Abänderungen galt dieses Gesetz ab 1871 für das ganze Deutsche Reich. Mit einem Netz von Herbergen, Obdachlosenasylen, Arbeitshäusern suchten Sozial- und Fürsorgeverwaltungen die nichtseßhaften Teile der Bevölkerung unter Kontrolle zu bringen. Nach 1933 wurden die Strafbestimmungen gegen Bettler und Landstreicher abermals verschärft. Viele wurden zwangsweise in Arbeitshäuser überwiesen, sterilisiert und schließlich in Konzentrationslagern umgebracht.

V. U.

◆ Bibliographien

Bibliographien erleichtern die systematische Suche nach Literatur. In dieser Funktion sind sie unentbehrliche Hilfsmittel der wissenschaftlichen Forschung. Gegliedert nach chronologischen und sachlichen Aspekten und ausgestattet mit umfangreichen Registern, verzeichnen sie unter Angabe von Verfasser, Titel, Erscheinungsort und Erscheinungsjahr Bücher, Aufsätze und Quellenpublikationen (→Quellen). In der Regel verzichten sie auf weiterführende Kommentare, manchmal aber bieten sie auch kurze Inhaltsangaben und Hinweise auf Rezensionen. Es gibt Allgemeine oder Nationalbibliographien, die das gesamte Schrifttum eines Landes erfassen, und Fachbibliographien, die sich auf einzelne Disziplinen, bestimmte Epochen (→Periodisierung), Regionen, Städte und Themen beschränken. Sogenannte retrospektive, also abgeschlossene Bibliographien wie der «Dahlmann-Waitz», die «Quellenkunde zur deutschen Geschichte», sammeln die Literatur bis zu einem Stichdatum, das meistens zwei bis drei Jahre zurückliegt: Das heißt, sie sind zum Zeitpunkt der Veröffentlichung schon wieder veraltet. Zur Ergänzung muß man daher laufende, in periodischen Abständen publizierte Bibliographien heranziehen, z. B. die «Jahresberichte für deutsche Geschichte». Die Arbeit mit ihnen ist relativ aufwendig, da jeweils mehrere Jahrgänge durchzusehen sind, aber gegenüber den abgeschlossenen Bibliographien haben sie den Vorteil größerer Aktualität. J. F.

◆ Bild

Bilder begegnen uns auf Schritt und Tritt: in Galerien, an Plakatsäulen und auf →Flugblättern, in →Zeitungen und Zeitschriften, Broschüren und Büchern. Verlage und Autoren benutzen sie als Aufmacher und optischen Anreiz, als Elemente der graphischen Gestaltung und zur Veranschaulichung dessen, was die ihnen zugeordneten Texte aussagen wollen. Im Idealfall sind Wort und Bild direkt aufeinander bezogen, befruchten und ergänzen sich wechselseitig. Bilder sind deshalb so beliebt, weil sie einen offenbar problemlosen, unmittelbaren Zugang zur Vergangenheit bieten. Aber der Schein trügt, denn tatsächlich bedarf es erheblicher Anstrengungen, um ihre Bedeutung zu erfassen und ihre Botschaft zu entschlüsseln. Wie jede andere →Quelle müssen auch Bilder sorgfältig interpretiert werden. Dabei hilft uns die historische Bildkunde, eine Spezialdisziplin, die über Methoden der Analyse nachdenkt, um eine sachlich angemessene Beschäftigung mit bildlichen Quellen zu erleichtern. Für diejenigen Bereiche, in denen es an schriftlicher Überlieferung mangelt, wie für die Geschichte der Antike (→Altertum) und des →Mittelalters, hat sie bereits wichtige Ergebnisse zutage gefördert. Ansonsten freilich steckt sie noch in den Kinderschuhen. Gewohnt, in erster Linie mit Geschriebenem zu arbeiten, bringen ihr Historiker im allgemeinen nur geringes Interesse entgegen.

Interpretieren heißt auch hier, den Zusammenhang rekonstruieren, aus dem heraus Bilder entstanden sind, gleichgültig ob es sich um hohe Kunst oder Gebrauchsartikel, um Gemälde, Zeichnungen oder Fotos handelt. Zum Verständnis benötigen wir Informationen über das gesellschaftliche Umfeld, die Produktionsbedingungen, die Vorstellungswelten, Motive und Absichten der Produzenten. Der Photograph, der seine Schnappschüsse an die moderne Boulevardpresse verkauft, sieht anders und hält anderes fest als der Maler, der im Sold eines absolutistischen Fürstenhofes steht. Bilder haben daher eine eigene, jeweils unverwechselbare ‹Handschrift›. Wer sie ‹lesen› will, muß Stilrichtungen, Techniken und formale Muster, zeittypische Ideen und →Ideologien kennen.

Bilder dokumentieren und gestalten. Sofern sie sich an den →Bedürfnissen des Publikums orientieren, verraten sie einiges über den in den verschiedenen Epochen (→Periodisierung) herrschenden Geschmack, über Konventionen, Moden, Gegenstände und Gewohnheiten des →Alltags. Sie bereiten Vergnügen, wollen Einfluß nehmen, wollen Menschen belehren, anstoßen und aufrütteln. →Parteien bedienen sich ihrer ebenso wie Regierungen, →Verbände und Industrie. Die deutsche Sozialdemokratie z.B. entwickelt im späten 19.Jh. eine außerordentlich reiche Bild- und Symbolkultur, um ihr Programm und ihre Visionen unter die Leute zu bringen. Davon zeugen Postkarten, Bilderbögen, satirische Zeitschriften, Agitations- und Festschriften. Werfen wir zur Illustration einen Blick in die Zeitungen, die regelmäßig zur publizistischen Unterstützung der Maifeiern und Maidemonstrationen gedruckt werden. Da zeigt die Titelseite der Ausgabe von 1898 im Hintergrund eine Frau, auf einer Sänfte thronend, antik gekleidet, in der rechten Hand einen Stab mit dem Zeichen der Republik, der Jakobinermütze. Gemeinsam mit festlich geschmückten Knaben und Mädchen bildet sie die Spitze einer Marschsäule von Männern, Frauen und Kindern, die eine in den Umrissen verschwimmende Industrielandschaft hinter sich läßt. Im Vordergrund kehrt ein jugendlicher →Arbeiter Pickelhaube, Säbel und Fürstenkrone zusammen, außerdem Schilder und lose Zettel mit Aufschriften wie «Fabrik-Ordnung» und «Polizeiverbot»: Er räumt den Müll und die Hemmnisse der Gegenwart beiseite, macht die Bahn frei für →Demokratie und soziale Gerechtigkeit. Im Mittelteil derselben Nummer findet sich ein weiteres Bild: Zwei nackte Menschen, ein Mann und eine Frau, halb Schlange, halb Fabelwesen, die Nacht und der Morgen, ringen miteinander. Am Boden liegen Geldstücke, eine zerborstene Kanone, ein Bischofsstab, die Symbole für →Kapitalismus, Militär und →Kirche. Dahinter erhebt sich eine strahlende junge Frau mit einer leuchtenden Fackel: die Sonne; sie steigt auf, der Maientag erwacht. Die Nacht, die «alte Zeit», sinkt hinab zu den Mächten der Finsternis, überwunden durch die zupackende Kraft des Proletariats. Morgenröte und Licht: in solchen und ähnlichen Metaphern verkörpert sich der Aufbruch in eine bessere Zukunft. So wie die Natur sich ändert, wird sich auch die →Gesellschaft ändern in einem langen, aber unaufhaltsamen Prozeß (→Entwicklung). Die Bilder, die davon künden, spiegeln nicht Wirklichkeit, sondern Wünsche, Erwartungen und Mentalitäten, die im Milieu der →Arbeiterbewegung verwurzelt sind. Für Historiker, die darüber forschen, sind sie unverzichtbare Quellen.

Sehen wir ab von Praktiken, die im nachhinein politisch unbequeme Tatbestände oder Personen in plumper Manier wegretuschieren, so gilt die Kamera gemeinhin als unbestechlich. Fotos (→Fotografie) reproduzieren die Realität (→Tatsachen), können sie freilich auch inszenieren. Der Arbeiterphotograph Walter Ballhause etwa schildert Anfang der dreißiger Jahre, auf dem Höhepunkt der Weltwirtschaftskrise, einen Tag im Leben eines arbeitslosen Schlossers. Die Bilder wirken wie zufällig, aber sie sind gestellt, und man merkt, daß der Mann sich beobachtet weiß: in der engen Gasse mit dem Kind an der Hand, am Tisch die karge Suppe löffelnd, in der Küche und vor den Auslagen eines Konfektionsgeschäftes grübelnd, am Ende dann jedoch aufgehoben in der Solidarität derer, die dasselbe Los erleiden. Schicksalsschläge wie der Verlust des Arbeitsplatzes, so die Botschaft dieser Sequenz, lassen sich leichter bewältigen in der Gemeinschaft von Gesinnungsgenossen. Ganz anders dagegen Ballhauses Momentaufnahmen: Männer und Frauen, die in Marktabfällen nach Verwertbarem wühlen, Frauen beim Schwatz auf der Straße, Schlangen vor Geschäften und Arbeitsämtern, Aufmärsche der Nazis und ihrer Gegner, Kinder in den Hinterhöfen der Arbeiterviertel und im Ferienlager der Roten Falken, der Jugendorganisation der SPD. Bilder wie diese sind nüchterne Dokumente und zugleich suggestive Kunstwerke. Sie wählen aus und zeigen Facetten des gewöhnlichen Treibens in der Großstadt, geben Nachrichten von Menschen, die im Schatten leben, weder →Memoiren noch →Tagebücher schreiben und vom Photographen für einen Augenblick in das Licht der Geschichte getaucht werden. Indem sie auf authentische Weise mitteilen, was in schriftlichen Zeugnissen häufig nur abstrakt oder gar nicht vermerkt wird, werden Bilder zu einem wichtigen Medium der Anschauung und der Erkenntnis. Denjenigen, die sie zum Sprechen bringen können, haben sie viel zu erzählen. J.F.

◆ Bildung

Bildung ist heute in vielen Staaten der Erde als Verfassungsgrundsatz anerkannt. In einer Welt, die durch ein hohes Niveau der →Industrialisierung und der technologischen →Entwicklung gekennzeichnet ist, bei gleichzeitig bestehenden ökonomischen Ungleichgewichten zwischen «Industriegesellschaften» und «Entwicklungsländern», kann es sich heute keine →Gesellschaft mehr leisten, auf den Aufbau und Ausbau eines Bildungssystems zu verzichten, das dem einzelnen über die elementaren «Kulturtechniken» (Lesen, Schreiben, Rechnen) hinaus weitere Kenntnisse und Fertigkeiten insbesondere zur beruflichen Qualifikation vermittelt. Bildung, verstanden als Ausbildung, ist ein Wirtschaftsfaktor, sie kostet →Geld (z.B. Schulen, Hochschulen) und ermöglicht Know-how und damit größere Effizienz des Produktionsprozesses.

Die Zusammenhänge zwischen Bildung und Wirtschaft machen im staatlichen Bereich Bildungsplanung, Bildungspolitik und Bildungsverwaltung notwendig. Die Bildungsökonomik, eine Spezialisierung der Wirtschaftswissenschaften, die erst seit Ende der fünfziger Jahre unseres Jahrhunderts voll zur Geltung gekommen ist, untersucht solche Wechselbeziehungen unter der Zielbestimmung «Ressourcen sind knapp, ihre Verwendung ist zu optimieren» (Friedrich Edding). Die Bildungsökonomik fragt z.B. nach den privaten und sozialen Erträgen von Bildung, nach den verschiedenen Verfahren der Finanzierung von Bildungseinrichtungen, nach der Effizienz von Ausbildungsgängen und gibt Prognosen ab über Nachfrage und Angebot an Bildungseinrichtungen. Bildung wird als «Humankapital» betrachtet. Dabei wird unterschieden zwischen Bildung als Investition und Bildung als Konsum.

Die bildungsökonomische Betrachtungsweise geht zurück auf den Anfang der Industriellen Revolution in der zweiten Hälfte des 18. Jhs., als englische Ökonomen, vor allem Smith und Ricardo (→Politische Ökonomie) in Bildung eine Voraussetzung sahen für die Vermehrung von Wohlstand, sowohl des einzelnen als auch der gesamten →Nation. Dem entsprach eine noch in den Anfängen befindliche Pädagogik, die, durchdrungen auch von humanistischen Idealen, Bildung als Erziehung zur

Selbsthilfe begriff und in diesem Sinne mit →Aufklärung gleichsetzte. In diesem Geiste hat sich zum Beispiel der große Schweizer Pädagoge Johann Heinrich Pestalozzi (1746–1827) der Ärmsten der Armen angenommen, Waisenkindern, um ihnen eine nach heutigen Begriffen anspruchslose, damals jedoch bahnbrechende elementare Bildung zu vermitteln und sie dadurch zu befähigen, sich einen bescheidenen Lebensunterhalt zu erwerben. Dieser pragmatisch und utilitaristisch bestimmte, gleichwohl der Liebe zum Individuum verpflichtete Bildungsbegriff der Aufklärung wurde vor allem in Deutschland überlagert von einem neuhumanistischen, das heißt an der griechischen Antike (→Altertum) orientierten Weltbild, das eine zweckfreie, innere Bildung des Menschen, den allseitig individuellen Werdensprozeß, die harmonische Ausrundung der Persönlichkeit in den Mittelpunkt rückte (Herder, Goethe). Der neuhumanistische Bildungsbegriff war trotz seiner menschheitlichen Ideale elitär, denn er setzte zu seiner Verwirklichung →Eigentum voraus. Da die neuhumanistische Bildung zur Grundlage des gelehrten Unterrichts an Hochschulen zunächst in Preußen (Wilhelm von Humboldt), später in Preußen-Deutschland gemacht wurde, gleichzeitig aber der bürgerliche und später der proletarische Emanzipationskampf (→Emanzipation) auf eine demokratische Bildungskonzeption hin drängte, war in Deutschland wie in keinem andern Land sonst ein bis in die Gegenwart reichender Gegensatz konstituiert. Gegenüber der höheren humanistischen Bildung mit dem Kernstück der alten Sprachen Griechisch und Latein galt die Ausbildung zur Herstellung beruflicher Fähigkeiten als minderwertig. Durch eine strenge Gliederung des Schulsystems wurde sozusagen die Spreu vom Weizen getrennt. Gleichzeitig polemisierten deutsche Publizisten und Gelehrte gegen die westliche «Zivilisation», der sie deutsche →«Kultur» entgegenhielten. Das lief auf eine Verachtung der Ideale von 1789 – «→Freiheit, →Gleichheit, Brüderlichkeit» – hinaus und auf eine Diskriminierung der der →Französischen Revolution vorangegangenen Aufklärungsepoche, so daß deren Traditionen und Leistungen allenfalls verzerrt fortgeführt und anerkannt wurden. Hingegen verwandelte sich der neuhumanistische Bildungskanon in toten Bildungsstoff und wurde mißbraucht als Maßstab für sozialen Status und Laufbahnanrecht. Diese Entwicklung ist eng verknüpft mit der →Sozialgeschichte des deutschen Bürgertums (→Bürger), das, nachdem seine ökonomischen Forderungen nach einem einheitlichen Nationalstaat erfüllt waren, seine emanzipatorischen Bestrebungen aufgab und sich mit dem halbfeudalen Obrigkeitsstaat arrangierte. Humanistische und akademische Bildung hat, jedenfalls im Durchschnitt gesehen, nationalsozialistischem Ungeist nicht entgegengewirkt.

Im Gegenteil: unter den Parteigängern des NS-Regimes fanden sich viele Akademiker, darunter Massenmörder wie der Arzt Josef Mengele, der außer Medizin Philosophie studiert hatte, und der SS-Funktionär Otto Ohlendorf, Absolvent eines humanistischen Gymnasiums, danach Rechtsanwalt und Wirtschaftswissenschaftler. M. A.

◆ Biographie

Die Biographie oder auf lateinisch die Vita, die Lebensbeschreibung, ist eine ehrwürdige literarische Gattung. Auf Schriftsteller und Gelehrte übt sie seit Jahrhunderten beträchtlichen Reiz aus. Im Mittelalter (→Geschichtsschreibung, mittelalterliche) sind es in erster Linie Bischöfe, Heilige und Märtyrer, seltener Kaiser und Könige, die auf diese Weise gewürdigt werden. Die Porträts, die in der Regel von Mönchen und Klerikern zu Papier gebracht werden, dienen der Erbauung und Unterweisung, nicht jedoch der faktengetreuen Wiedergabe von Sachverhalten und Zusammenhängen. Ihr Stil folgt rhetorischen Mustern aus der römischen Antike (→Altertum), ist gespickt mit Bibelzitaten, über weite Strecken formelhaft und naiv. Sie idealisieren und verherrlichen, sind reich an legendären und wundersamen Begebenheiten, interessieren sich nicht für das Individuelle und damit Vergängliche, sondern für das zeitlos Gültige. Ihr Thema ist weniger das Sein als das Sollen. Die Geschichten, die sie erzählen, sind Beispielsammlungen, Monumente (→Denkmal) der Tugend und der Standfestigkeit im Glauben, Orientierungshilfen, Mahnung und Trost für Gegenwart und Zukunft. Sofern überhaupt, läßt sich ihr Realitätsgehalt nur in der Konfrontation mit anderen Zeugnissen ermitteln und erhärten. Gleichwohl sind sie wichtige →Quellen. Denn sie geben Auskunft über Normen und Werte, Mentalitäten, Rechtsbewußtsein und Religiosität, über Symbole und Rituale, in denen sich →Herrschaft beglaubigt und Leben mit Sinn erfüllt.

Zwischen den Traditionen der mittelalterlichen Vita und den uns geläufigen Formen der biographischen Darstellung liegen Welten. Verantwortlich dafür ist der →Historismus des 19. Jhs., der die Geschichte individualisiert, als Abfolge einmaliger, nicht wiederholbarer →Ereignisse und Konstellationen begreift. Getragen von der Überzeugung, daß dabei Menschen die treibende Rolle spielen, wird die Biographie zum Medium historischer Erfahrung und Reflexion. Sie dokumentiert die Vergangenheit und die darin eingeschlossenen Tendenzen im Wirken einzelner Männer und Frauen. Im individuellen Schicksal verdichten sich die besonderen Bedingungen der Epoche (→Periodisierung), an die es gebunden ist. Das vorrangige →Interesse gilt der großen Persönlichkeit, und zwar gleichgültig ob Held oder Schurke: Sie, so glaubt man, bewegt die Geschichte im Guten wie im Bösen, sie prägt und wird geprägt. Dies jeweils im rechten Mischungsverhältnis auszuloten macht die Kunst des Biographen aus.

Mittlerweile ist manches von den methodischen Prinzipien des →Historismus fragwürdig geworden. Zwar ist in der Öffentlichkeit das →Bedürfnis nach Biographien unvermindert stark, aber befriedigt wird es durch Historiker nur noch gelegentlich. Vor allem in Deutschland haben sich seit den sechziger Jahren die Schwergewichte der akademischen Geschichtsschreibung verlagert. In einer Welt, die von Massenphänomenen und anonymen Verwaltungsapparaten (→Bürokratie) bestimmt wird, urteilt man über die Gestaltungsmöglichkeiten des Menschen skeptischer als früher. Das Augenmerk richtet sich daher auf überindividuelle Strukturen, Kräfte und Kräftegruppierungen, auf wirtschaftliche Konjunkturen und →Krisen, auf Prozesse sozialer →Mobilität und politischen Wandels. Die Biographie hat dadurch erkennbar an Bedeutung verloren. Völlig verschwunden ist sie jedoch nicht. Alltagshistoriker und Volkskundler z. B. durchleuchten die Milieus der kleinen Leute (→Lebenswelt), rekonstruieren die Lebensläufe von Handwerkern, →Bauern und →Arbeitern. Überhaupt zeigt sich, daß die Frage nach dem Verhältnis von →Gesellschaft und Individuum wieder breiteren →Raum einnimmt. Die Diskussion darüber ist in Fluß, aber die Anzeichen mehren sich, daß die Biographie erneut an Attraktivität gewinnt und sich im Rahmen der →Sozialgeschichte einen festen Platz zu erobern beginnt. Die alte Faszination jedenfalls, komplexe Wirklichkeit im Spiegel der individuellen Existenz zu erfassen, ist keineswegs erloschen. J. F.

◆ Bonapartismus

Der Begriff bezeichnet eine autoritäre Herrschaftsform im 19. Jh., die sich vom monarchisch-absolutistischen (→Absolutismus) wie vom parlamentarischen System (→Parlamentarismus) charakteristisch unterscheidet. Abgeleitet wurde dieser Begriff aus der Analyse der →Herrschaft Napoleons I., vor allem aber seines Neffen Louis Napoleon, dem späteren Napoleon III., der am 2. Dezember 1851 durch einen Staatsstreich an die Macht kam.

Kennzeichnend für bonapartistische Regime ist die faktische Alleinherrschaft eines Einzelnen, der allerdings – im Unterschied zum Absolutismus – auf plebiszitäre Zustimmung angewiesen bleibt. Hauptstütze der Herrschaft sind die Armee und ein ausgebauter Polizeiapparat, mit dessen Hilfe politische Gegner verfolgt und unterdrückt werden. Allerdings ist Repression nur die eine Seite des Bonapartismus; die andere ist der Versuch einer →Modernisierung von →Staat, Wirtschaft und →Gesellschaft, wobei auch demokratischen Tendenzen (z.B. der Forderung nach allgemeinem →Wahlrecht) Konzessionen gemacht werden. Das verweist darauf, daß bonapartistische Herrschaft von ihrer sozialen Funktion her nicht eindeutig einem bestimmten Klasseninteresse zuzuordnen ist, sondern sich eher als Versuch begreifen läßt, zwischen den maßgeblichen gesellschaftlichen Kräften zu vermitteln. Dabei ist allerdings eine deutliche Frontstellung gegen das «rote Gespenst», die sich formierende sozialistische →Arbeiterbewegung, unverkennbar. In der →Revolution von 1848/49 hatte sie bereits ihre Forderungen angemeldet – in Frankreich vernehmlicher als in Deutschland. Der Arbeiteraufstand in Paris im Juni 1848 und seine blutige Niederschlagung durch Cavaignac waren ein Fanal; die Angst vor einer sozialen →Revolution ging seither im Bürgertum (→Bürger) um. Ihr verdankte sich nicht zuletzt der Erfolg Louis Napoleons.

Die Entstehung des Begriffs Bonapartismus ist eng verbunden mit dem des Cäsarismus oder Napoleonismus. Häufig wurden diese Begriffe auch deckungsgleich gebraucht, so etwa von Auguste Romieu, der in seinem Werk «L'ère des Césars» vom Sommer 1850 (ins Deutsche übersetzt unter dem Titel «Der Cäsarismus oder die Notwendigkeit der Säbelherrschaft» 1852) eine frühe Rechtfertigung der Alleinherrschaft Louis Napoleons gab, die er als letztes Zufluchtsmittel vor der drohenden Gefahr eines Bürgerkriegs bezeichnete. In Deutschland unternahm der liberale Publizist Constantin Frantz in einer unmittelbar nach dem Staatsstreich verfaßten Schrift «Louis Napoleon» einen ersten Versuch, die Bedeutung des «Napoleonismus» zu klären. Als charakteristisches Merkmal des neuen Staatswesens in Frankreich bezeichnete er die →Diktatur, deren plebiszitäre Grundlage er allerdings klar erkannte: Louis Napoleon habe den «Appell au peuple gewagt und bestanden».

Die klassische marxistische Analyse des Bonapartismus hat Karl Marx in seiner Studie «Der 18. Brumaire des Louis Bonaparte» (1852) geliefert. Er charakterisierte die Herrschaft Louis Napoleons als «die verselbständigte Macht der Exekutivgewalt», deren Aufgabe es sei, die bürgerliche Besitzordnung zu schützen, indem sie auf der anderen Seite die Bourgeoisie ihrer politischen Macht beraube. In dieser widersprüchlichen Aufgabenstellung sah Marx zugleich die Ursache für die Widersprüche der bonapartistischen Diktatur. «Bonaparte möchte als der patriotische Wohltäter aller Klassen erscheinen. Aber er kann keiner geben, ohne der anderen zu nehmen.» Dadurch erzeuge er «die Anarchie selbst im Namen der Ordnung».

Von Friedrich Engels wurde die von Marx entwickelte Theorie des Bonapartismus nicht mehr nur auf Frankreich, sondern auch auf das Preußen-Deutschland Bismarcks bezogen. So kommentierte er 1866 das Aufgreifen der Forderung nach allgemeinem Wahlrecht durch Bismarck: «Der Bonapartismus ist doch die wahre Religion der modernen Bourgeoisie. Es wird mir immer klarer, daß die Bourgeoisie nicht das Zeug hat, selbst direkt zu herrschen, und daß daher... eine bonapartistische Halbdiktatur die normale Form ist; die großen materiellen Interessen der Bourgeoisie führt sie durch, selbst gegen die Bourgeoisie, läßt ihr aber keinen Teil an der Herrschaft selber.»

Bundesdeutsche Sozialhistoriker haben diesen Ansatz aufgegriffen und die Bonapartismus-Theorie zur Erklärung von Bismarcks Politik herangezogen. So bezeichnet Hans-Ulrich Wehler in seiner Studie über «Das Deutsche Kaiserreich 1871–1918» (zuerst 1973) Bismarcks Herrschaft als «bonapartistisches Diktatorialsystem», das sowohl die ökonomischen →Interessen des Bürgertums zufriedenstellen als auch die Stellung der traditionellen Eliten befestigen, also eine – trotz mancher Modernisierungsleistung (z. B. im Bereich der Sozialpolitik) – im ganzen sozialkonservative Funktion erfüllen sollte.

Einzelne Elemente des Bonapartismus – Führerkult, plebiszitäre Abstützung der Herrschaft, aggressive Wendung gegen die «rote Gefahr» – finden sich wieder in den faschistischen Bewegungen des 20.Jhs. In den Faschismus-Theorien der Linken in den zwanziger und dreißiger Jahren wurde zum Teil an Marx' und Engels' Analysen des Bonapartismus angeknüpft. Zu nennen ist hier vor allem August Thalheimer, ein prominentes Mitglied der 1928 von der KPD abgespaltenen KPD-Opposition (KPO). Als wesentliches gemeinsames Merkmal von Bonapartismus und →Faschismus sah er die schon von Marx diagnostizierte «Verselbständigung der Exekutive» und die widersprüchliche Verbindung von politischer Unterwerfung der Bourgeoisie bei gleichzeitiger Förderung ihrer materiellen Interessen. Als wesentlichen Unterschied hob Thalheimer die Tatsache hervor, daß der Faschismus sich auf eine breite Massenbewegung stützen müsse, um den mächtig gewordenen Gegenspieler, die revolutionäre Arbeiterbewegung, niederzuhalten. Diese Deutung erwies sich hellsichtiger als die offizielle KPD-Linie, die im Faschismus lange Zeit nur eine Agentur des Großkapitals erkennen konnte. V. U.

◆ **Bürger** (Bürgertum, bürgerliche Gesellschaft, Mittelstand)

In der Kategorie des «Bürgers» verschränken sich verfassungsrechtlich-politische, ökonomische, soziale und kulturelle Bedeutungen. Spätestens seit der →Französischen Revolution ist ihr jene Spannung im Wortgebrauch zu eigen, die im Französischen durch die Trennung von «citoyen» für den «Staatsbürger» (als Chiffre für politische →Gleichheit) und «bourgeois» für den «Wirtschaftsbürger» zum Ausdruck kommt. Die Marxsche Analyse der kapitalistischen Industriegesellschaft hat den Begriff «Bourgeois» mit dem ihm anhaftenden pejorativen Akzent übernommen, um schon in der Sprachgebung deutlich zu machen, daß die «bürgerliche Gesellschaft» eine von der Bourgeoisie, den Eigentümern der entscheidenden Produktionsmittel, beherrschte Klassengesellschaft (→Klasse) sei, in der die formale Gleichheit vor dem Gesetz (Vertragsfreiheit) die Bedingung für die →Ausbeutung des Proletariats darstelle. So hellsichtig in dieser Theorie die ökonomischen Strukturen (→Ereignis) und Rahmenbedingungen der bürgerlichen Gesellschaft des 19. Jhs. und ihnen entsprechende Formen des Klassenkampfes dargestellt waren, so blind erwies sie sich für die «liberal-demokratischen Entwicklungspotentiale bürgerlicher Verfassungspolitik» (Lutz Niethammer) – mit verhängnisvollen Folgen für die marxistische und insbesondere marxistisch-leninistische Tradition und politische Praxis. Die Trennung von Citoyen und Bourgeois, die die →Emanzipation der vorindustriellen, ständisch-feudalen →Gesellschaft zum modernen →Staat, dem Nationalstaat, widerspiegelt, ist insofern eher geeignet, den Blick zu trüben als zu schärfen, wenn es darum geht, das Wechselverhältnis von →Ökonomie und Politik in einer langfristig angelegten, die Gesellschaftsformationen (→Periodisierung) Feudalismus und Bürgertum durchstoßenden Geschichte des Bürgers in den Blick zu nehmen. Denn mit «bourgeois» wurde Ende des 18. Jhs. der Stadtbürger bezeichnet, vornehmlich einer, der ein freies Gewerbe betrieb, während «citoyen» den Angehörigen des Staats (als Territorialstaat) meinte. Da der moderne Staat aber den Untergang der Feudalgesellschaft besiegelte und damit zugleich den des mittelalterlichen Stadtstaates, ist in der historischen Betrachtung der Eindruck entstanden, als ob das vorindustrielle Stadtbürgertum eher eine durch Status und Privilegien gekennzeichnete feudalständische Gruppierung war als eine – ob gewollt oder nicht – tendenziell systemsprengende Kraft.

So erfolgte eine begriffliche Abschottung der bürgerlichen Gesellschaft des 19. Jhs. gegenüber dem mittelalterlichen Stadtbürgertum, das seit dem 12. Jh. zunächst vor allem mit dem Beruf des in der Regel nichtadligen

Kaufmanns bzw. Kaufmannbankiers identifiziert wurde. Während diese Abschottung in der marxistischen Geschichtsauffassung eine spezifisch formations- und revolutionstheoretische Begründung fand, hat eine in der ersten Hälfte unseres Jhs. entwickelte und bis heute nachwirkende antiliberale und völkisch-agrarromantisch motivierte Soziologie und Sozialgeschichtsschreibung das mittelalterliche Stadtbürgertum aus den herrschenden Rechtsbegriffen der Adelsgesellschaft «Alteuropas» (Brunner), wie «Treue» zum fürstlichen Stadtherrn, abgeleitet, statt aus den wirklichen Verhältnissen.

Damit hat sich die Bürgertumsforschung in Deutschland in eine Sackgasse manövriert, aus der erst die Forschungen einer stark von Max Weber inspirierten Gesellschaftsgeschichte (Jürgen Kocka, Hans-Ulrich Wehler, M. Rainer Lepsius und mit undogmatisch-marxistischem Standpunkt Hartmut Zwahr), die allerdings vornehmlich auf die kapitalistische Industriegesellschaft und ihre Vorgeschichte in der →Frühen Neuzeit fokussiert sind, herauszuführen scheinen. Wichtige Anregungen für eine langfristige →Kontinuitäten betonende Bürgertumsforschung stammen aus der französischen Geschichtswissenschaft, unter demokratietheoretischer Fragestellung von dem in vieler Hinsicht immer noch aktuellen Werk Alexis de Tocquevilles, sowie in der Verknüpfung von sozialstrukturellen mit mentalitätshistorischen Ansätzen bei Marc Bloch, Fernand Braudel oder Jacques Le Goff (→Annales-Schule).

Da die Geschichte des christlichen Europa als «allmähliche Entwicklung zur Gleichheit der Bedingungen» (Tocqueville) gelesen werden kann, greift die Bürgertumsforschung in viele Teilbereiche der gesellschaftlichen Wirklichkeit ein, die auch ohne durchgehenden Bezug zum Bürgertum einer wissenschaftlichen Erschließung zugänglich sind: Dazu zählen Fragen der Öffentlichkeit, der Bürokratisierung, der Institutionenbildung, der Interessenverbände, der Wissenschafts- und der →Kulturgeschichte.

Mit dem →Begriff des Bürgertums ist seit dem frühen 19. Jh. in der politischen Sprache und bis heute in der wissenschaftlichen Begriffsbildung der des →«Mittelstands» («Mittelklasse», «middle class», «classe moyenne», auch im Plural gebraucht) verbunden. Dies rührt daher, daß schon in vorindustrieller Zeit, kodifiziert etwa im «Allgemeinen Landrecht» für die preußischen Staaten von 1794, unter «Bürger» der verstanden wurde, der nicht zum Adel oder zum Bauernstand gehörte. Doch gab es unterschiedliche Kategorien von Bürgern mit unterschiedlichen →Rechten. In einer Analyse des «Preußischen Landrechts» schrieb Tocqueville daher: «Zwischen dem Bürgerstand und dem Adel erkennt man hier eine Art

Mittelklasse: sie besteht aus nichtadligen hohen Beamten, Geistlichen sowie Professoren der Universitäten und Gymnasien». Die schillernde Bedeutung des Wortes «Bürger» blieb auch im 19. Jh. entsprechend der politisch-gesellschaftlichen Rückständigkeit der deutschen Staaten erhalten. So definierte 1830 der Leipziger Staatsrechtler Karl Heinrich Ludwig Pölitz den «Bürgerstand» gegenüber dem Adel als «das Übergewicht der Intelligenz und des Geldes», wollte aber in dem «System der politischen Interessen» eine besondere Vertretung der Intelligenz neben Grundbesitz und städtischem Gewerbe geschaffen wissen. Seit 1848 wurde «Mittelstand» vornehmlich auf Handwerker und Kleinhändler bezogen (also auf eine besondere Fraktion innerhalb des Bürgertums, auch «Kleinbürger» genannt). Zu diesem «alten» Mittelstand trat in der zweiten Hälfte des 19. Jhs. der «neue» Mittelstand der kleinen Beamten und Angestellten. Parallel dazu wurde der Begriff des Bürgertums zunehmend konnotiert mit Besitz und →Bildung, während andererseits der Begriff Mittelstand zunächst, so bei Friedrich Christoph Dahlmann 1835, gerade das Besitz- und Bildungsbürgertum umfassen konnte, das das «Wissen der alten Geistlichkeit, das Vermögen des alten Adels zugleich mit seinen Waffen in sich aufgenommen» habe.

In diesen Schwankungen und Veränderungen des Wortgebrauchs drückte sich eine erhebliche Fraktionierung des deutschen Bürgertums und der ihm zugerechneten Berufsgruppen aus und eine Unsicherheit des Selbstbildes, die durch eine für das deutsche Bürgertum charakteristische, vor allem von bürgerlichen Gelehrten kultivierte →Ideologie der «Mitte» und der «Unparteilichkeit» («Objektivität») (→Parteilichkeit) kompensiert wurde. Daß «ein weitverbreiteter, stets an Gleichartigkeit wachsender Mittelstand», wie Dahlmann betonte, «den Kern der Bevölkerung» bildete, obwohl das deutsche Bürgertum in diesem umfassend verstandenen Sinne bis ins 20.Jh. von der Teilnahme an politischer →Herrschaft fast gänzlich ausgeschlossen blieb, weist auf den utopischen bzw. idealtypischen Gehalt jener Gesellschaftsentwürfe, die seit der zweiten Hälfte des 18.Jhs. um den Begriff der «bürgerlichen Gesellschaft» kreisen (→Utopie). Für Kant ist 1784 die «bürgerliche Gesellschaft» eine «mit der höchsten Aufgabe der Natur für die Menschengattung» übereinstimmende Gesellschaft, «die die größte Freiheit, mithin einen durchgängigen Antagonismus ihrer Glieder und doch die genaueste Bestimmung und Sicherung der Grenzen dieser Freiheit hat, damit sie mit der Freiheit anderer bestehen könne». Diese universalistische Bestimmung des Bürgers wird aber von Kant dadurch konkret zurückgenommen, daß er sie auf freie und besitzende Männer beschränkt: «Frauen, Unmündige, Dienstboten, Arbeiter und überhaupt Eigentumslose» sind ausgeschlossen. Widersprüchlich war in diesem Konzept vor allem das Verhältnis der «bürgerlichen Persönlichkeit» als «freies» Mitglied einer «Gesellschaft» zur Sphäre der Staatsgewalt gedacht, weil der Versuch, die Qualität des «Staatsbürgers» aus der Rolle des →Eigentums abzuleiten, auf Definitionsschwierigkeiten stieß, die ihrerseits in der Schwäche und Zersplitterung der in der Kategorie «Bürgertum» zusammengefaßten Professionen begründet waren. Der Staat soll die bürgerliche Persönlichkeit schützen und zugleich im Zaume halten, damit der ihr innewohnende Antagonismus, ihre «ungesellige Geselligkeit», nicht zu einem Mißbrauch der →Freiheit führe: «...der Mensch ist ein Tier, das, wenn es unter andern seiner Gattung lebt, einen Herrn nötig hat... Er bedarf also eines Herrn, der ihm den eigenen Willen breche und ihn nötige, einem allgemeingültigen, dabei jeder frei sein kann, zu gehorchen». Doch was ist das für eine Bürgerfreiheit, die durch einen gebrochenen Willen vermittelt wird? Derselbe Philosoph, der das «Sapere aude», das «Wage zu denken», als Losung der →Aufklärung verkündet, ruft den Staat zu Hilfe, auf daß dieser die mit der Freiheit des Individuums angelegte Destruktivität unterdrücke. Damit ist, was Kant auch einräumt, die Destruktivität bloß in die Sphäre des Staates verlagert. Die naheliegende Frage, wie denn das «Oberhaupt der öffentlichen Gerechtigkeit» daran gehindert werden könne, selbst ungerecht zu sein, wischt Kant mit der Bemerkung weg, daß die Aufgabe des «höchsten Oberhaupts» eben die schwerste von allen sei: «...ja ihre vollkommene Auflösung ist unmöglich; aus so krummem Holze, als woraus der Mensch gemacht ist, kann nichts ganz Gerades gezimmert werden.»

Der von pessimistischen, ja resignativen Untertönen durchwirkte Glaube an die fortschrittliche Funktion der staatlichen Zwangsgewalt (gleich ob sich diese «in einer einzelnen Person oder in einer Gesellschaft vieler dazu auserlesener Personen» verkörpere) ist bei Hegel zu einem Kult der «sittlichen Idee» des Staates gesteigert. Der Staat erscheint als Sammelpunkt einer diktatorischen, gleichwohl als «Freiheit» verstandenen Weltvernunft, dem eine davon getrennte und jetzt dezidiert «kapitalistisch» definierte «bürgerliche Gesellschaft» als Material dient. Dieser Philosophie entsprach ein Bürgertum, das als «Bourgeoisie» wachsende ökonomische Bedeutung gewann, aber auf die politische Führung verzichtete und im Klassenkampf gegen das Proletariat auf den «starken Staat» setzte. Oder wie es Karl Marx 1847 ausdrückte: «Die deutsche Bourgeoisie befindet sich also schon im Gegensatz zum Proletariat, ehe sie noch als Klasse sich politisch konstituiert hat. Der Kampf zwischen den

‹Untertanen› ist ausgebrochen, ehe noch Fürsten und Adel zum Land hinausgejagt sind, allen Hambacher Liedern zum Trotz...» Gerade deshalb aber war nicht, wie Marx im selben Atemzug suggeriert, die «absolute Regierung mit ihrem halbfeudalen Zeug» bloß eine indirekte Form von «Bourgeoisherrschaft», die bei der nächsten Gelegenheit, der →Revolution nämlich, sich in eine direkte verwandeln werde, woraufhin die revolutionäre Bewegung der Arbeiter (→Arbeiterbewegung) erst beginnen könne. Die «bürgerliche Revolution» in diesem Sinne blieb aus und mit ihr auch die «Arbeiterrevolution». M. A.

◆ Bürgerliche Kultur

Der Begriff →Kultur umschließt einen weiten, in sich vielfach abgestuften und keineswegs eindeutigen Bereich von Lebensauffassungen und Lebensstilen. Dazu gehören Kunst und Kitsch, Dichtung und Trivialliteratur, Boulevards und Mietskasernen, Formen des Amüsements und der Geselligkeit, Tisch- und Trinksitten, Rituale und Konventionen. Kultur ist ein System von Zeichen und Regeln: Es zeigt, wie Realität (→Tatsachen) wahrgenommen, erfahren, verarbeitet und strukturiert wird, es vermittelt soziale →Identität, ist milieu- und klassengebunden. Unter bürgerlicher Kultur lassen sich demnach Verkehrsformen und Verhaltensweisen, Überzeugungen und Leitbilder verstehen, die das Selbstverständnis, die Normen und Wertvorstellungen, den gesellschaftlichen Rang und die gesellschaftliche Rolle des Bürgertums (→Bürger) in den verschiedenen Epochen (→Periodisierung) der Geschichte zum Ausdruck bringen.

In der bürgerlichen Kultur spiegelt sich die bürgerliche Existenz. Ein Bürger ist seit dem 18. Jh. nicht allein durch rechtliche, soziale und wirtschaftliche Merkmale definiert, sondern mindestens ebensosehr durch kulturelle. Durch sie hebt er sich einerseits von der Welt der →Aristokratie ab, andererseits von der des «Pöbels», der Unterschichten und Fabrikarbeiter. Seine Lebensführung gründet im Glauben an die allgegenwärtige und regulierende Macht der Vernunft. →Bildung, Wissenschaft und Pädagogik, individuelle Leistung, persönliche Entfaltung und Bewährung, Kunst, Musik und Literatur, auch die Familie als rechtlich geschützter, von Emotionalität getragener Raum der Gemeinschaft und Innerlichkeit stehen dabei hoch im Kurs. In diesem Sinne stiftet Kultur ein Bewußtsein von Gemeinsamkeit, die Teilhabe an ihr wird zum Erkennungszeichen und Statussymbol, setzt freie →Zeit und Muße, vor allem für die Frauen Entlastung durch dienstbare Geister und gesichertes Einkommen voraus.

Bürgerliche Kultur integriert, tendiert zur Exklusivität und grenzt ab, zugleich aber strebt sie nach Verallgemeinerung: das heißt, die →Gesellschaft soll verbürgerlichen, die kulturellen, politischen, moralischen und sozialen Ideale, Deutungs- und Orientierungsmuster des Bürgertums übernehmen. In dem Maße, wie sich dies im Laufe des 20. Jhs. tatsächlich vollzieht, verliert der Begriff bürgerliche Kultur allerdings an Trennschärfe, der Bürger als Typ und die Bürgerlichkeit als Lebensstil verblassen, büßen ihre ehedem prägende Kraft und Tradition ein. (→Arbeiterkultur, →Höfische Kultur) J. F.

◆ Bürokratie

Bürokratie heißt wörtlich übersetzt «Herrschaft der Amtsstube». Historisch und soziologisch ist mit der Bürokratie eine spezifische Form moderner Verwaltung gemeint, die, obwohl ansatzweise bereits im →Mittelalter vorhanden, die Keimzelle und das Produkt des modernen abendländischen, absoluten →Staates (→Absolutismus) ist. Grundlegende Erkenntnisse zum Verständnis der Bürokratie verdankt die Geschichtswissenschaft den in den Jahren vor dem Ersten Weltkrieg entstandenen soziologischen Analysen Max Webers (1864–1920) und dem davon angeregten Beitrag des 1933 früh verstorbenen Historikers Eckart Kehr «Zur Genesis der preußischen Bürokratie und des Rechtsstaats». Danach entstand die Bürokratie als Finanzapparat zur Eintreibung von Steuern im Dienste des absoluten Fürsten als Kampfinstrument gegen ständische Gewalten, insbesondere den Adel, und die Machtstellung privater Bankiers. Diese im 17. Jh. einsetzende Entwicklung führte aber langfristig nicht zur Stärkung der monarchischen Gewalt, sondern zu ihrer Aushöhlung. Die Bürokratie eignete sich im Laufe der Zeit immer mehr exekutive Funktionen an, wurde dabei immer größer und mächtiger und schließlich zum beherrschenden Kraftzentrum des Staates, zu einer, wie Kehr sich ausdrückt, →«Diktatur». Die Entwicklung des neuzeitlichen Staates zunächst in Europa, dann auch anderswo, ist über alle revolutionären Erschütterungen und politischen Umwälzungen hinweg ein Siegeszug der Bürokratie. Max Weber sprach in diesem Sinne von der «Unentrinnbarkeit» der bürokratischen Verwaltung. Alle kontinuierliche →Arbeit erfolge durch Beamte in Büros: «Unser gesamtes Alltagsleben ist in diesen Rahmen eingespannt… Man hat nur die Wahl zwischen ‹Bürokratisierung› und ‹Dilettantisierung› der Verwaltung, und das große Mittel der Überlegenheit der bürokratischen Verwaltung ist: Fachwissen, dessen völlige Unentbehrlichkeit durch die moderne Technik und Ökonomik der Güterbeschaffung bedingt wird, höchst einerlei ob diese kapitalistisch oder – was, wenn die gleiche technische Leistung erzielt werden sollte, nur eine ungeheure Steigerung der Bedeutung der Fachbürokratie bedeuten würde – sozialistisch organisiert ist.» Die Bürokratie war, wie Weber meinte, «der unentrinnbare Schatten der vorschreitenden ‹Massendemokratie›».

War die Bürokratie ursprünglich ein Werkzeug zur Durchsetzung des zentralisierten Staates und zur Überwindung der altadligen Privilegienordnung (→Aristokratie) im Interesse des aufstrebenden Bürgertums (→Bürger), also eine Voraussetzung für den bürgerlich-demokratischen Rechtsstaat, so wurde sie zunehmend zu einer Gefahr für die Entwicklung demokratischer Strukturen (→Ereignis). Webers Feststellung, daß nicht nur die kapitalistische Produktionsweise der Bürokratie bedürfe, sondern auch und in weit stärkerem Maße die sozialistische mit schwerwiegenden Auswirkungen auf die Demokratisierung der →Gesellschaft, ist von marxistisch-leninistischen Wissenschaftlern vehement bestritten worden. Lenin hielt die Bürokratie für ein Wesensmerkmal allein des →Kapitalismus und der ihm entsprechenden bürgerlichen Klassenherrschaft. Durch die sozialistische →Revolution werde Bürokratie beseitigt. Denn die sozialistische Revolution ziele auf eine «radikale Umgestaltung des ganzen alten Staatsapparats, dieses Bürokratenapparats, der alles Demokratische hemmt». Vollständig überwunden sei der Bürokratismus jedoch erst dann, «wenn die ganze Bevölkerung an der Verwaltung teilnehmen wird». Doch war Lenin zuversichtlich, daß dies Problem gelöst werden könne durch «langwierige Erziehungsarbeit». Die Geschichte der Sowjetunion und die anderer sozialistischer Staaten hat nicht Lenin, sondern Weber recht gegeben. Je mehr Zentralismus, desto mehr Planung, das heißt Bürokratie, und desto weniger →Demokratie. Aber auch in kapitalistischen Ländern nimmt der Regelungs- und Reglementierungsanspruch des Staates zu. Außerdem sind bürokratische Strukturen nicht auf den staatlichen Bereich beschränkt, sondern finden sich in Großbetrieben, in →Verbänden und →Parteien, in →Kirchen und in Armeen.

Die technische Leistungsfähigkeit bürokratischer Verwaltung, ihre «Effizienz», beruht auf den Prinzipien ihrer Arbeitsweise und ihrer inneren Organisation. Es gilt das Prinzip der Über- und Unterordnung nach sachlich genau umrissenen Zuständigkeiten (Amtskompetenzen). Die Amtsführung erfolgt nach abstrakten Regeln. Entscheidungen, Verfügungen und Anordnungen sind schriftlich in →Akten festgehalten. Weitere Merkmale sind: laufbahnbezogene Einstellung aufgrund fachlicher Qualifikation und Bindung des Amtsinhabers an die Organisation durch ein System von Gehaltserhöhungen und Beförderungen zusammen mit weiteren Privilegien, im staatlichen Bereich z.B. Unkündbarkeit und Pension. Einerseits handeln Bürokraten nur im Rahmen gegebener Vorschriften, andererseits üben sie Macht aus, weil sie als Fachbeamte über spezielles Herrschaftswissen verfügen und dieses stellvertretend für den gesamten Apparat anwenden. Dies kann Amtsanmaßung oder Amtsmißbrauch zur Folge haben oder auch nur «Bürokratisierung», ein «Schema F-Denken», das gegenüber der Verabsolutierung formaler Vorschriften den individuellen Fall vernachlässigt. Politisch von größter Bedeutung ist, daß Bürokratien in einem schwer zu kontrollierenden Spannungsfeld zwischen blinder Befehlsausübung und eigenmächtiger Ausdehnung ihrer Machtbefugnisse agieren. Die Geschichte der Weimarer Republik und der NS-Zeit liefert dafür manche Belege. Der aus der Kaiserzeit übernommene Beamtenapparat der Weimarer Republik sabotierte Anordnungen demokratischer Politiker oder legte sie einseitig streng gegen die politische Linke aus, während er auf dem rechten Auge blind blieb. In der NS-Zeit führte die Bürokratie verbrecherische Befehle aus und ging dabei häufig, wie sich an der staatlichen Sozialpolitik zeigen läßt, mit eigenen Initiativen voran: Gerade die spezifische Rationalität, der die Bürokratie ihre Effizienz verdankt, wurde zur tödlichen Bedrohung und zum Verhängnis für leistungsschwache und gesellschaftliche Minderheiten, z.B. für Juden und →Zigeuner sowie für Alte, Kranke und Arbeitslose (→Bettler). Die zentrale Funktion der deutschen Bürokratie für die Vorbereitung und Verwirklichung des Holocaust ist durch jüngere Forschungen (Raul Hilberg, Zygmunt Baumann) erwiesen, auch wenn das Verhältnis zwischen NS-Machthabern und Beamtenapparat noch eingehenderer Klärung bedarf.

Die schon von Weber gestellte Frage «Wer beherrscht den bestehenden bürokratischen Apparat?» ist nach wie vor aktuell und zu ergänzen durch die weitere Frage: «Ist er überhaupt beherrschbar?» Dies gilt auch für die parlamentarische Demokratie der Bundesrepublik, die den Beamten zum Eintreten für die freiheitlich-demokratische Grundordnung verpflichtet. Denn erstens ist eine solche vom Bundesbeamtengesetz vorgeschriebene Verpflichtung an der politischen Praxis zu messen, die es zuließ, daß ein Mitglied der DKP nicht als Briefträger beamtet werden durfte, während Polizeibeamte als Kandidaten für rechtsextreme Parteien auftreten konnten. Zweitens – und darin liegt das Kernproblem – wird in der modernen Demokratie nicht weniger, sondern mehr Bürokratie ausgeübt, so daß man sogar die Bundesrepublik, ungeachtet ihrer verfassungsrechtlichen Grundlagen, als «Überwachungsstaat» hat bezeichnen können. Vorschläge, die darauf zielen, die Schäden der Bürokratie in erträglichen Grenzen zu halten, klingen in der Regel eher hilflos, etwa die Forderung nach Verkleinerung des Beamtenapparats, nach Zusammensetzung der Beamtenschaft aus allen Volksteilen und der höheren Beamten aus «geistig hervorragenden Persönlichkeiten verschiedener Vorbildung» sowie die «Pflege freundlicher Hilfsbereitschaft, menschlicher Umfangsformen, unmißverständliche Haltung als Gleiche unter Gleichen» (Arnold Brecht). M.A.

◆ Burschenschaften

Die Burschenschaften waren eine Organisation von Studenten der deutschen Universitäten, die in den Jahrzehnten nach dem Wiener Kongreß 1815 (→Restaurationszeit) für die Schaffung eines deutschen Nationalstaats und die Verwirklichung bürgerlicher →Freiheiten eintraten. Ihre stärksten Antriebe erhielten sie durch das Erlebnis der Befreiungskriege gegen Napoleon 1813/15, an denen viele Studenten als Freiwillige teilgenommen hatten, und durch die Enttäuschung über die restaurative politische Entwicklung nach 1815.

Die Bewegung der Burschenschaften ging aus von Jena, der Landesuniversität des Herzogs Karl August von Weimar. Hier gründeten Studenten im Juni 1815 die erste Burschenschaft. In ihrem Programm, das zum Vorbild für Gründungen an anderen Universitäten wurde, war als Hauptziel das Streben nach einem «gemeinsamen Vaterland» genannt. Mit den bestehenden landsmannschaftlichen Studentenverbindungen, die die Zersplitterung der deutschen Territorien widerspiegelten, sollte gebrochen werden. Von Jena griff die Burschenschaftsbewegung auf andere Universitäten, vor allem Süd- und Mitteldeutschlands, über. Am 18. Oktober 1817, aus Anlaß der 300. Wiederkehr des Reformationstages und des 4. Jahrestages der Völkerschlacht von Leipzig, trafen sich 500 Burschenschaftler zu einem Fest auf der Wartburg. Hier wurden hinter den vorwärtsweisenden Losungen von Einheit und Freiheit Tendenzen einer bornierten Deutschtümelei und einer rückwärtsgewandten politischen Romantik sichtbar. Sie zeigten sich vor allem bei der Bücherverbrennung, die eine Minderheit der Teilnehmer, darunter Gesinnungsfreunde des «Turnvaters» Friedrich Jahn, am Abend des 19. Oktober veranstaltete. Zu den verbrannten Büchern gehörte neben einer Reihe als reaktionär eingestufter «undeutscher Schriften» auch das fortschrittliche Gesetzeswerk Napoleons, der Code Civil – ein Symptom dafür, daß der in den Befreiungskriegen gesäte Franzosenhaß unterschwellig weiterwirkte.

Ein Jahr nach dem Wartburg-Fest, am 19. Oktober 1818, konstituierte sich in Jena die «Allgemeine Deutsche Burschenschaft». In ihren Leitsätzen forderte sie die Umwandlung der deutschen →Staaten in konstitutionelle →Monarchien. Von diesem gemäßigten Programm grenzte sich eine Gruppe der «Unbedingten» um den Dozenten der Rechte Karl Follen in Gießen ab. Sie vertrat, an die Vorstellungen der deutschen →Jakobiner anknüpfend, die Forderung nach Schaffung eines deutschen Einheitsstaates auf republikanischer Grundlage (→Republik).

Die Aktivitäten der Burschenschaften waren den Regierungen der deutschen Einzelstaaten, allen voran dem österreichischen Staatskanzler Klemens Fürst von Metternich, ein Dorn im Auge. Den gesuchten Anlaß zum Gegenschlag bot die Ermordung des in russischen Agentendiensten stehenden Dichters August Kotzebue durch den aus dem Kreis um Follen stammenden Studenten der Theologie Karl Ludwig Sand am 23. März 1819. Metternich beeilte sich, aus dem Attentat «die möglichste Partie zu ziehen», wie er einem Vertrauten schrieb. In den Karlsbader Beschlüssen vom August 1819 wurden die Universitäten unter Kuratel landesherrlicher Bevollmächtigter gestellt, die Burschenschaften verboten, ihren Mitgliedern das Studium an deutschen Universitäten untersagt, mit ihren Zielen sympathisierenden Professoren Berufsverbot angedroht. In den nun einsetzenden «Demagogenverfolgungen» tat sich Preußen besonders unrühmlich hervor.

Den Burschenschaften gelang es trotz zahlreicher Verhaftungen, ein Netz von Organisationen aufrechtzuerhalten. Burschenschaftler waren am Hambacher Volksfest am 27. Mai 1832 ebenso beteiligt wie an dem gescheiterten Frankfurter Wachensturm am 3. April 1833, der das Signal zum Aufstand in ganz Deutschland sein sollte. Aus den Burschenschaften ging Anfang der vierziger Jahre die Bewegung des «studentischen Progreß» hervor, die sich eng mit der bürgerlichen Protestbewegung verband. Allerdings prägte sich die schon früh erkennbare Spaltung in einen gemäßigt-liberalen und einen demokratischen Flügel – entsprechend der allgemeinen Entwicklung der bürgerlichen Opposition im Vormärz – jetzt deutlicher aus. Diese Spaltung bestimmte die politischen Optionen der Studenten in der →Revolution von 1848/49. Sie zeigte sich auch auf dem 2. Wartburgfest der Burschenschaften Pfingsten 1848, auf dem unter anderem die Umwandlung der Universitäten in Nationaleigentum, Lehr- und Lernfreiheit, die Beteiligung der Studenten an der Wahl der akademischen Behörde und der Besetzung der Lehrstühle sowie die Aufhebung der akademischen Gerichtsbarkeit gefordert wurde. Doch die Hochschulreform scheiterte 1848/49 ebenso wie die bürgerliche Emanzipationsbewegung im ganzen.

Dieses Scheitern bedeutete eine Zäsur in der Entwicklung der Burschenschaften. Nach 1850 begannen sie immer mehr von ihren demokratischen Traditionen abzurücken; gleichzeitig erstarkten die schlagenden Verbindungen und die studentischen Landsmannschaften. Der Wandel des bürgerlich-liberalen Denkens in Chauvinismus und aggressiven Antisozialismus im Kaiserreich läßt sich an der Entwicklung der studentischen Korporationen beispielhaft verfolgen. Die Burschenschaften, deren Neukonstituierung zur «Deutschen Burschenschaft» 1881 erfolgte, trugen ihren Teil dazu bei, die deutschen Studenten mit dem Geist eines «Hurrapatriotismus» zu erfüllen, der im Massentod auf den Schlachtfeldern im Ersten Weltkrieg endete.

Nach 1918 fanden sich die korporierten Studenten vielfach in den Freikorps wieder, die als Bürgerkriegstruppe gegen die radikalisierten Teile der →Arbeiterbewegung eingesetzt wurden (→Wehrverbände). Mit ihrer unverhüllten Ablehnung der Weimarer Republik, ihrem Kampf gegen demokratische Dozenten, ihrem Antisozialismus und →Antisemitismus entwickelten sich die Burschenschaften zu einem Wegbereiter des Nationalsozialismus im Hochschulbereich. Ihre Auflösung und Eingliederung in den Nationalsozialistischen Deutschen Studentenbund im Herbst 1935 vollzog sich denn auch mehr oder weniger freiwillig. Nach 1945 neu gegründet, gerieten die studentischen Korporationen Ende der sechziger Jahre durch die Politisierung großer Teile der Studenten nach links (→Studentenbewegung) in eine →Krise. Seit dem Ende der sozialliberalen Koalition 1982, noch mehr aber seit der «Wende» von 1989, die nationalistischen Tendenzen Auftrieb gibt, erhalten Studentenverbindungen wieder verstärkt Zulauf. V. U.

C

◆ **Charisma** (charismatische Herrschaft)

Das Wort «Charisma» stammt aus dem Griechischen und meint ursprünglich «Geschenk» oder «Gnadengabe». Von «Charisma» sprechen wir, wenn ein Mensch über besondere Ausstrahlungskraft verfügt und ihm Macht über andere Menschen gegeben ist. Der Soziologe Max Weber hat das Phänomen des Charismas als zentralen Geltungsgrund von →Herrschaft entdeckt und einer eingehenden Analyse unterzogen. Nach Weber ist Grundlage jeder Herrschaft ein Glaube der Beherrschten an die →Legitimität des oder der Herrschenden. Weber unterscheidet danach drei reine Typen der legitimen Herrschaft (die allerdings in Wirklichkeit in der Regel miteinander kombiniert auftreten), je nachdem, ob sie rationalen, traditionalen oder charismatischen Charakter haben: Die legale Herrschaft, die auf dem Glauben an formal korrekt gesetztes →Recht beruht, verkörpert sich am deutlichsten in der bürokratischen Herrschaft von «Vorgesetzten» mit «sachlicher Kompetenz» und «Fachbeamten» mit «sachlicher Amtspflicht» (→Bürokratie). Die traditionale Herrschaft gründet sich auf den Glauben an die Heiligkeit von jeher geltender Tradition und Autorität. Die charismatische Herrschaft aber beruht auf einer als außeralltäglich geltenden Qualität einer Person, um derentwillen dieser als «Führer» die Hingabe der «Jünger» oder «Anhänger» zuteil wird. Die mit Charisma begabte Person kann ein Kriegsheld, ein Demagoge, ein Prophet, ein Schamane, ein herausragender Politiker oder sonst jemand sein, der es versteht, Anhänger auf seine Person zu verpflichten. Das dem Herrn von seinen Anhängern zugesprochene Charisma kann in magischen Fähigkeiten, in Heldentaten, in Offenbarungen und angeblichen Wunderdingen oder in der Macht des Geistes und der Rede bestehen. Entscheidend für den Bestand der charismatischen Herrschaft ist nicht, ob solche außergewöhnlichen, vielleicht einzigartigen Qualitäten tatsächlich vorhanden sind, sondern daß an sie geglaubt wird. Allerdings ist dieser Glaube gefährdet und damit auch der Bestand der charismatischen

Herrschaft, wenn sich das Charisma nicht bewährt. So z. B. mußten im alten China die Monarchen im Falle von Dürre oder Kriegsunglück öffentlich Buße tun. Charismatische Herrschaft ist charakterisiert durch die Gemeinde oder die Gefolgschaft als Herrschaftsverband, in der der «Führer» als Befehlshaber gegenüber den Jüngern als Gehorchenden und den Anhängern als Beherrschten fungiert. Charismatische Herrschaft besteht in einer «emotionalen Vergemeinschaftung», die kein «Beamtentum» kennt. Es gibt daher keine «Kompetenzen», ebensowenig wie ständische Privilegien, keine Orientierung nach Regeln, keine «Laufbahn» und keine «Anstellung». Die Grenzen der Macht sind durch das Charisma selbst gesetzt. Im Bereich der Wirtschaft gibt es keine planmäßige Vorsorge für die Gewinnung des materiellen Güterbedarfs. Die Rechtsprechung bedient sich der Rechtsschöpfung von Fall zu Fall, nicht aber der Deduktion aus abstrakten Rechtssätzen. Es gilt der Satz: «Es steht geschrieben – ich aber sage Euch.» So gesehen muß zwischen der Herrschaftsausübung des Begründers einer Religion und der eines Piratenhauptmanns oder der eines Söldnerführers kein wesentlicher Unterschied bestehen. Diese auf den ersten Blick vielleicht befremdliche Anschauung gründet darin, daß Weber konsequent unterscheidet zwischen dem ideellen Geltensollen von Normen und Prinzipien und der empirischen Geltung von Vorstellungen, Postulaten und Maximen. Von der Mentalität der der →Gewalt Unterworfenen aus versucht Weber, Herrschaft verständlich zu machen.

In traditional gebundenen Epochen (→Periodisierung), so stellt Weber fest, kann Charisma zu einer revolutionären Macht werden, insofern es, aus Not und Begeisterung geboren, auf eine radikale Umformung bestehender Umstände abzielt. Andererseits kann charismatische Herrschaft wegen ihres außeralltäglichen, auf der Geltung persönlicher Qualitäten basierenden Charakters nur vorübergehend sein. Sie muß sich daher veralltäglichen, wenn sie dauern will. Der Wunsch, das Charisma in einen «Dauerbesitz des Alltags» zu verwandeln, führt zur Umbildung des Charismas selbst und der auf sie orientierten Herrschaftsbeziehung. Aus charismatischen Volksleuten werden Lehensträger, Priester, Staatsbeamte oder Offiziere, aus charismatisch Beherrschten werden Untertanen, Partei-, Vereins- oder Sektenmitglieder, Soldaten oder gesetzestreue «Staatsbürger». Das Charisma verwandelt sich in Dogma, Lehre, Theorie. Charismatische Elemente in modifizierter Form sieht Weber in der Wahl des Papstes, in Bischofswahlen, in der Nachfolgeregelung des Dalai Lama, aber auch im modernen Parteienwesen mit ihrem Hang zur Bildung von Eliten sowie in plebiszitären Formen der parlamentarischen →Demokratie.

M. A.

◆ Christliche Parteien

Christliche Parteien sind bis ins 20. Jh. hinein ausschließlich konfessionelle →Parteien: also entweder katholisch oder protestantisch. Das größere Gewicht kommt dabei allerdings dem Katholizismus zu, der aus einem Gefühl der Bedrohung heraus als erster das Bedürfnis verspürte, die kirchentreue Bevölkerung zu sammeln und in die Arena der Politik zu führen. In Deutschland lassen sich Ansätze dazu schon in den 1820er und 1830er Jahren beobachten, sie verfestigen sich nach 1848/49 und erreichen 1870/71 mit der Gründung der Zentrumspartei ihren Höhepunkt. Die Ursachen für diese Bewegung sind in den geistigen, politischen und wirtschaftlichen Veränderungen zu suchen, die sich seit 1789 im Gefolge der →Französischen Revolution vollziehen, die traditionelle Position der →Kirche untergraben und deren Möglichkeiten, in die Öffentlichkeit hineinzuwirken, beeinträchtigen. Als Gegner gelten der säkularisierte Nationalstaat und eine →Bürokratie, die auf die Ansprüche des Klerus mit Gleichgültigkeit, Mißtrauen oder offener Ablehnung reagiert. In einer →Gesellschaft, die sich im Zeichen von →Aufklärung und Wissenschaft, von liberalen und sozialistischen Emanzipationsideologien aus religiösen Bindungen löst, ist es das erklärte Ziel, die Unabhängigkeit der Kirche im Verkehr mit dem Papst, in Fragen der Lehre, bei der Ernennung der Bischöfe und der Ausbildung der Priester zu verteidigen, den kirchlichen Einfluß auf Familie und Schule wiederherzustellen, abzusichern und auszudehnen.

Das Zentrum ist nicht nur eine konfessionelle, sondern auch eine schichten- und klassenübergreifende Partei. Sie bekennt sich zum Prinzip des →Föderalismus und begegnet den protestantischen Eliten, die in Preußen den Ton angeben, mit Distanz. Unter dem Druck des Kulturkampfes, den Kanzler Bismarck in den 1870er Jahren gegen sie entfesselt, wächst sie zusammen und erringt bei den Wahlen zum Reichstag bemerkenswerte Erfolge. Bis zur Jahrhundertwende liegen die Stimmenanteile knapp unter 20 Prozent, danach sinken sie ab und pendeln sich in der Weimarer Republik auf ein Niveau von 13 bis 11 Prozent ein. In einer Welt, die von Industrie und industrieller Dynamik (→Industrialisierung) geprägt ist, verringert sich zwar die Anziehungs- und Integrationskraft der Religion, aber die soziale Basis, auf die man sich stützt, bleibt vergleichsweise breit. Sie umfaßt →Arbeiter ebenso wie →Bauern, Handwerker, Fabrikanten und Aristokraten. Insofern hat das Zentrum von Anfang an den Charakter einer – auf die katholischen Regionen beschränkten – «Volkspartei». Das Milieu, in dem sie wurzelt, wird getragen von der Kirche, dem Klerus und einem verzweigten Netz von kirchlichen →Vereinen, in gewisser Hinsicht auch von den christlichen →Gewerkschaften. Ihrem Selbstverständnis nach in der politischen Mitte angesiedelt, ist sie die Partei des Ausgleichs widerstreitender →Interessen. Sie betreibt, wenngleich mit unterschiedlicher Intensität, Mittelstands-, Agrar- und Arbeiterpolitik. Als konfessionelle Partei ist sie unveräußerlichen Grundsätzen verpflichtet, hält diese jedoch, wie 1928 einer ihrer Funktionäre formuliert, «in der Anwendung frei». Ihre Devise ist nicht «Entweder – Oder», sondern «Sowohl als auch». Das verleiht ihr ein hohes Maß an Flexibilität, erleichtert die Anpassung an wechselnde Konstellationen und Systeme, macht sie koalitionsfähig nach allen Seiten: nach rechts bis hin zu den Konservativen und nach links bis hin zu den Sozialdemokraten. Es ist daher kein Zufall, daß sie zwischen 1919 und 1932 an sämtlichen Regierungen beteiligt ist, mehrfach auch den Kanzler stellt. In der Krise gerät allerdings auch sie in die Defensive; aus der demokratischen Verfassungspartei wird seit 1930 eine Partei der präsidialen →Diktatur, die zwar am Rechtsstaat und an rechtsstaatlichen Verfahrensweisen festhalten will, die politische Radikalisierung aber nicht eindämmen kann, im Prozeß der «Machtergreifung» von den Nationalsozialisten ins Abseits gedrängt wird und im Sommer 1933 dem Verbot durch Selbstauflösung zuvorkommt.

Die Funktion, die das Zentrum für den Katholizismus hat, üben im Lager des Protestantismus die Konservativen (→Konservatismus) aus. Aufs Ganze gesehen, ist jedoch die parteipolitische Geschlossenheit der Protestanten sehr viel geringer als die der Katholiken. Wohl existieren eigenständige protestantische Parteien, aber über den Status von Splittergruppen gelangen sie nie hinaus. 1878 ruft der Berliner Hofprediger Adolf Stoecker die Christlichsoziale Arbeiterpartei ins Leben, die sich als Bollwerk gegen →Liberalismus und →Sozialismus versteht. 1881 in Christlichsoziale Partei umbenannt, unternimmt sie den Versuch, die «alte Welt» der Religiosität zu retten, die Stoecker «unter dem Hammer der Industrie und den Rädern der Lokomotiven» versinken sieht. Ihr Ziel allerdings, die proletarischen Massen zu gewinnen, mit der Kirche und der herrschenden Ordnung zu versöhnen, verfehlt sie. Anhänger findet sie nicht in der Arbeiterschaft, sondern im Kleinbürgertum. Sie ist königstreu und antisemitisch (→Antisemitismus), und ihr sozialpolitisches Programm erschöpft sich in Appellen an das soziale Gewissen der Besitzenden. Im Kaiserreich fristet sie ein Schattendasein, 1918 verschmilzt sie mit anderen Gruppierungen zur Deutschnationalen Volkspartei, der Nachfolgeorganisation der Konservativen. Dort christlich-sozialen Forderungen und Perspektiven Geltung zu verschaffen gelingt je länger, desto weniger: 1929 spalten sich deren Repräsentanten wieder ab und formieren sich zum Christlich-Sozialen Volksdienst, der mit der 1928 aus der Taufe gehobenen Christlich-Nationalen Bauern- und Landvolkpartei das Schicksal einer Kleinpartei teilt, für einen berufsständisch gegliederten, autoritären Staat eintritt und 1933 sang- und klanglos in der Versenkung verschwindet.

An der Beharrungskraft der konfessionellen Milieus, auch an beiderseitigen Abneigungen und Vorurteilen, sind Versuche, die daraus resultierende Enge und die konfessionellen Gettos zu überwinden, allesamt gescheitert. Diskussionen darüber gibt es seit der Jahrhundertwende, aber erst nach dem Zusammenbruch der nationalsozialistischen Diktatur führen sie zum Erfolg. Die Erfahrungen der dreißiger Jahre haben ebenso wie Flucht und Vertreibung in den vierziger Jahren die konfessionellen Gegensätze abgeschliffen und den Boden für eine Partei neuen Typs bereitet. Die CDU ist interkonfessionell, allgemein christlichen Werten und Überzeugungen verpflichtet, im Sinne des Wortes eine «Union», unter deren Dach sich in regional unterschiedlicher Gewichtung Protestanten und Katholiken versammeln, Traditionen des Zentrums mit solchen der Konservativen und der Liberalen zusammenfließen. Nicht mehr um den christlichen Staat und die christliche Gesellschaft älterer Prägung geht es, sondern um politisches Handeln aus christlicher Verantwortung im Rahmen einer demokratischen, pluralistischen Verfassungsordnung. Wie weit dabei Anspruch und Wirklichkeit auseinanderklaffen, welche Rolle das Christliche im politischen Geschehen spielt, ob es gelebte Praxis oder nur dekorative Fassade ist: dies jeweils am konkreten Fall zu überprüfen, ist Aufgabe der Politikwissenschaftler und Historiker. J. F.

◆ Comics, Geschichte in

«Die spinnen, die Römer!» Mit diesem weltberühmten Satz ist zwar das Thema von Geschichte in Comics nicht erschöpft, aber durch einen seiner bekanntesten Protagonisten eingeleitet: Asterix. Die Comic-Serie «Asterix» verkörpert wie kaum eine andere jenen Typus des historischen Zeichenstrips, in dem Geschichte und →Zeitgeschichte durchaus subtil aufeinander bezogen werden. Zunächst in der Absicht geschaffen, im Widerstand des «kleinen gallischen Dorfes» gegen das Imperium Romanum den Prototyp des «Widerstandes von unten» – der kleinen Leute – zu charakterisieren, der für das belgische und französische Urpublikum «résistance» assoziieren ließ, verwandelte sie sich unter der Feder des Texters René Goscinny zu einer Persiflage auf moderne Nationalcharaktere und Zivilisationsprobleme im historischen Kostüm. Die geschichtliche Verkleidung hat es aber dennoch in sich. Sie stellt eine sehr genau recherchierte Wiedergabe der materiellen →Kultur der antiken Welt um Christi Geburt dar – mit einigen anachronistischen Einschüben, die in der Regel jedoch treffend placiert sind. Geschichte dient hier als Vorwand, um einige «Grundwahrheiten» über die menschliche Natur im allgemeinen und den Menschen als politisches Wesen im besonderen mitzuteilen. Auf sympathische Weise werden dabei die Mächtigen immer mächtig verdroschen und die Schwachen durch das Mittel des Zaubertranks zu Überraschungssiegern, die Recht, Friede (→Krieg–Friede), Selbstachtung etc. wiederherstellen. Geschichtliche Entwicklungen und Strukturen (→Ereignis) kommen nicht ins Blickfeld. Historische Gestalten – Cäsar, Kleopatra, Brutus etc. – werden stark verzeichnet; wie überhaupt Geschichte zu vermitteln gar nicht Absicht der Comic-Serie ist. Dennoch weckt sie nachweislich das Interesse von Kindern und Jugendlichen an «den Römern», an «der Antike» (→Altertum) – ohne penetrante Bildungsbeflissenheit und in politisch aufklärender Absicht. Daß Goscinny (gest. 1977) und der Zeichner Uderzo – seit 1979 alleiniger Produzent – ihre historischen Kostümtrips nicht für jede politische Botschaft herzugeben wünschten, bewiesen sie 1967, als sie dem ersten deutschen Vermarkter die Lizenz entzogen. Es war der Kauka-Verlag, der aus Römern Ost-, aus Galliern Westgoten gemacht und aus den Antiimperialisten und Antifaschisten Asterix und Obelix fröhliche «kalte Krieger» gezimmert hatte.

Um Geschichte geht es dagegen in der Serie «Alix» von J. Martin. Sie stellt in vieler Hinsicht den Gegentypus zu «Asterix» dar. Der Held agiert als «Römer», legitimiert den römischen →Imperialismus. Sein Aufstieg vom Sklaven zu einem der wichtigsten Agenten Cäsars eröffnet zwar recht geschickt eine Reihe von Möglichkeiten, die römische Gesellschaft in allen Bereichen abzubilden, verstellt aber zugleich eben jenen Blick «von unten», um den es «Asterix» geht. Der Unterschied ist auch stilistisch greifbar. Dem Karikaturisten Uderzo steht Martin als neorealistischer Perfektionist der «ligne claire» aus der Tradition Hergés gegenüber, der allerdings die skurrilen Überzeichnungen des «Vaters» von «Tim und Struppi» («Tintin») vermissen läßt. Dadurch entsteht die antike Welt bei ihm als eine Art Filmkulisse. Martin schiebt seine recht umfangreiche Belesenheit in antiker Literatur und moderner Fachhistorie mit den klassizistischen Nachinszenierungen des Imperium Romanum bis hin zu amerikanischen Monumentalfassungen zusammen. Durch diese Technik rührt er eine Mischung aus vertrautem Klischee und historistischer Dokumentation an, die allerdings den Einstieg aus filmischen Sehgewohnheiten erleichtert. Die jüngeren Teile der Serie – sie existiert in ihrem Herkunftsland Belgien seit 1948 – vollziehen allmählich eine Wendung ins Phantastische, die auch inhaltlich gilt. Deutlich folgt Martin dabei der postmodernen Lust am →Mythos, kehrt sich aber von der politischen Legitimationsstory ab und wendet sich den magischen und vorrationalen Strömungen der römischen Welt zu. Da auch diese Tendenz auf in der Regel gut recherchierten mentalen und religiösen Elementen antiker Gesellschaften aufbaut, wirkt die Serie komplexer als zuvor und damit auch gelungener. Sie folgt nicht mehr vorgefertigten ideologischen Mustern, sondern versucht eine eigene Art der Geschichtsschreibung: Darstellung von Mentalität, Widersprüchen, Brüchen in einer historisch realen Gesellschaft.

Martin ist ohne Zweifel ein Meister des Geschichts-Comics. Seine Produktion reicht weit über «Alix» hinaus, wenn er auch hier seine besten Möglichkeiten entfaltet. Mit der Serie «Arno» versetzt er seine Leser in die Zeit der Napoleonischen Kriege, mit «Jhen» ins →Mittelalter. Der zuletzt genannte Titel stellt einen der vielen Versuche dar, an den Erfolg des wohl bekanntesten Geschichts-Comics anzuknüpfen: Hal Fosters «Prinz Eisenherz» («Prince Valiant», seit 1937). Diese seit 1971 von J.C. Murphy fortgeführte Serie zeichnet sich durch den «altmeisterlichen» akribischen Stift seines Zeichners und Erzählers aus, der mit den Mitteln eines romantisierenden Realismus den «Leser» in das ritterliche Mittelalter des höfischen Romans entführt. Geschichte findet hier jedoch allenfalls in Form literarhistorischer Traditionen statt. Denn ganz nach dem Muster der hochmittelalterlichen Romanvorbilder verlegt Foster seine Ritterwelt des 12. Jhs. in die graue Vorzeit eines mythischen Niemandslandes zwischen Spätantike und Frühmittelalter am Hofe König Arthurs. Wenn es überhaupt ein historisches Thema gibt, dann spielt es zur Zeit der Entstehung der Story im Kopf ihres Autors. Es ist der «New deal»-Aufstieg Amerikas aus der Misere der depressiven dreißiger Jahre, den Prinz Eisenherz stellvertretend für sein Publikum vollzieht. Wie er ist die «Nation» unschuldig in Not geraten; wie er befreit sie sich aus der unverdienten Klemme durch Geschick, Tüchtigkeit, Mut, List und Witz. Das «singende Schwert», das er so trefflich zu führen weiß, ist nichts anderes als die «schicksalhafte Gabe» eines jeden Amerikaners, bei rechtem Gebrauch seiner Fähigkeiten auch erfolgreich zu sein. Die außerordentliche Resonanz des «Prinz Eisenherz» beim bundesdeutschen Nachkriegspublikum hat auf vielfältige Weise mit diesem Charakter der Erzählung zu tun. Der Comic appellierte an die Unschuldssehnsüchte und Leistungsbereitschaft der «deutschen Jugend» und wurde daher – bei sonst demonstrativer Aversion gegen die amerikanische «Unkultur» der Comics – für «pädagogisch wertvoll» erklärt. Aber natürlich ist der Strip auch einfach vorzüglich gemacht, mit viel Sinn für Spannung und Unterhaltung erzählt, glänzend illustriert. Als Bilderbuch für historische Realienkunde hat der «Prinz» zudem durchaus Verdienste, denn Waffen, Ausrüstung, Mode, Burgenbau, Technologie etc. werden den Standards des 12. und 13. Jhs. entsprechend oft detailgetreu ins Bild gesetzt. Wieweit «Prinz Eisenherz» zudem auch «Lust aufs Mittelalter» weckt, kann nur erraten werden – wahrscheinlich wird sie durch ihn eher größer als kleiner. Zu den Nachahmern seines Erfolges zählen Strips wie «Sigurd» oder «Ritter Roland» («Chevalier Ardent») des dynamischen Zeichners F. Craenhals, der seine Geschichte ebenfalls an den Hof König Arthurs verlegt. Diese Serien zählen zum weiten Feld der Abenteuer-Comics, die sich je nach Bedarf historisch kostümieren. Weder an zeitgeschichtlicher Motivation noch an «realienkundlicher» Zuverlässigkeit kommen sie ihrem Vorbild gleich.

Mit den Mitteln des Strip Geschichte zu erzählen bleibt einem anderen Typus vorbehalten: Es handelt sich dabei um zumeist deutlich ereignishaft orientierte historische Darstellungen, die angelehnt an Wissenschaftsprojekte und -ergebnisse den Comic als Form und Medium benutzen. Das erfolgreichste Vorhaben dieser Art liegt in der «Histoire de France en bande dessinée» vor, an der sich Zeichner und Texter wie D. Battaglia, V. de la Fuente, V. Mora und S. Toppi beteiligten. Diesem Modell einer Nationalgeschichte als Comic – nicht immer frei von chauvinistischer Tendenz – schlossen sich andere Strips an, wie die witzige und informative «Storia de Venezia per bambini», J. Brocal-Remohis «Histoire du Peuple Juif en bande dessinée», P. Gillons «Histoire du Socialisme en France» oder V. Moras Geschichte des spanischen Bürgerkriegs. Allen diesen Projekten ist gemeinsam, daß sie sich auf Personen und Ereignisse konzentrieren, auch dann, wenn sie wie die «Histoire du Socialisme» bloße Ideenbewegungen nachzuzeichnen suchen. Der mexikanische Zeichner Rius ging hierfür neue Wege. Er versuchte sich an Ideengeschichte (→Geistesgeschichte), die allerdings auch er an Personen band, aber von ihnen in wie Sprechblasen aus ihren Köpfen aufsteigende «Strukturen» überführte. Auf diese Weise entstand ein weites Spektrum «linker» Ideengeschichte (Marx, Mao etc.), das alle Vorteile der Anschaulichkeit des Comics auf genuin abstrakte Themen lenkt – ein historiographischer Gewinn.

Nicht ohne groteske oder sarkastische Adaption der Geschichte geht es in der historisch-heroischen Variante der Goofy-Produktion aus den Disney-Werkstätten ab. Mit Titeln wie «Goofy als Casanova» oder «Goofy-Gibbons Aufstieg und Fall des Römisches Reiches» sind die Möglichkeiten der Persiflage des Motivs «Männer machen Geschichte» durchaus konsequent durchgespielt. Wenn Goofy als mörderischer Dschingis-Khan stets nur auf der Suche nach seinem in früher Kindheit verlorenen Lieblingsteddy ist oder Goofy-Gibbons als Hauptantrieb des römischen Imperialismus die mangelhafte Speisekarte des alten Latiums ausmacht, wird Geschichtsschreibung veralbert, aber zugleich nicht unintelligent entlarvt – nämlich ihre Kausalitätshuberei, ihr spekulatives Psychologisieren oder ihr platter Materialismus. Lehrreich sind diese Comics auch, denn ohne Kenntnis des Persiflierten schießt die Persiflage ins Leere. Allerdings überspannen nicht wenige Folgen dieser Serie den Bogen und machen nur noch platte Witze.

Unter den zahlreichen Comics, die Geschichte eher beiläufig als Zitat oder Kulisse ins Bild setzen, sind zwei hervorzuheben, die auch typologisch interessant werden: Historie im Entenhausener Kosmos des Carl Barks spielt sowohl als Bildungsmotiv wie als Akkumulationsregion für den nimmermüden →Kapitalismus des Dagobert Duck eine Rolle. Wie oft vertieft sich Donald Duck in die Genealogie seiner Familie, in der durch geheimnisvolle Fügung amerikanischer Adelskult und Mythos des Selfmademan zusammentreffen! Die unzähligen Quizsendungen, an denen er teilnimmt, um endlich sein Glück zu machen, dienen ihm als Anlaß ergiebiger historischer Lektüre. Darunter finden sich dann Titel wie «Die Geschichte des Windes», mit denen die glänzende deutsche Übersetzerin E. Fuchs bereits Mitte der sechziger Jahre Tendenzen der «Nouvelle histoire» antizipierte. Verhält sich Donald Duck somit eher rezeptiv und bildungsbeflissen gegenüber Geschichte – die typische Haltung des Bourgeois –, vertritt sein großkapitalistischer Verwandter Dagobert auch hier die aktive Rolle des zupackenden Unternehmers. Dank seiner unbegrenzten Mittel («die reichste Ente der Welt») verwandelt er Geschichte in eine Produktivkraft, die Schätze anhäuft, um sie von ihm heben zu lassen. Ob in Ägypten, den Anden, in Griechenland oder Frankreich – stets ist Dagobert mit seinen hilfreichen Großneffen Tick, Trick und Track sowie dem kleinbürgerlich-unbeholfenen Donald zur Stelle, um die Hinterlassenschaften der Hochkulturen, der Antike und des Mittelalters seinem stets überfüllten Geldspeicher zuzuführen. Die von Marx erkannte, alles ergreifende und auflösende Gewalt des Kapitals erfaßt im Kosmos Entenhausens auch die Geschichte, die damit nicht nur dem Vater des →Historischen Materialismus das Subjekt, sondern sich selbst jede Möglichkeit entzieht, weiterzubestehen. Ganz anders Hergé. Sein Held, der Reporter Tim, jagt gemeinsam mit dem überaus menschlichen, zuweilen ein wenig angetrunkenen Hund Struppi sowie einer Reihe skurriler Nebenhelden den Schurken dieser Welt nach. Von Anfang an hatte diese überall erfolgreiche Comic-Serie Zeitgeschichte im Auge. Steht der erste Fall Tims «Im Lande der Sowjets» (1930) noch stark unter dem Einfluß eines dogmatisch-katholischen →Antikommunismus, so wird Hergé in den Folgen nach dem Zweiten Weltkrieg zunehmend kritischer. Moderner Menschenhandel, Rauschgiftringe und ihre politischen Sympathisanten, südamerikanische →Diktaturen oder die Geschäftsmethoden westlicher Waffenhändler und Ölmagnaten geben den «Hintergrund» seiner Storys ab. Mit Hilfe realistischer Bildzitate versteht er es, die nicht-fiktionale Dimension dieser Elemente in die fiktionale Welt Tims einzublenden und den «Tim» im Leser zu wecken. Der Comic-Strip vermag also durchaus als Geschichtsvermittler aufzutreten. Sein Vorteil: fiktionale und reale Historie ineinanderzuziehen und mit «Anschauung» zu verbinden. Sein Nachteil: Allzu viele «Männer» machen Geschichte, kaum Frauen. Überhaupt – die latente Heroisierung von Geschichte läßt ihren transpersonalen Subjekten allzuwenig Platz. Oder einfacher: Erst eine Mischung aus Rius, Barks und Hergé würde uns alle zu Comic-Lesern machen. (→Bild, →Historischer Roman, →Historische Schauspiele) A. v. M.

D

◆ Demographie

Demographie ist das, was über den «demos», das Volk, geschrieben wird. Konkret: es geht darum, die Strukturen →Ereignis) und die Bewegungen der Bevölkerung und einzelner Bevölkerungsgruppen in →Raum und →Zeit statistisch zu erfassen, zu erklären und in ihrer Qualität zu bewerten. Wenn man dabei die Vergangenheit im Blick hat, betreibt man entweder Bevölkerungsgeschichte oder historische Demographie. Das klingt wie eine Tautologie, wird von den Eingeweihten jedoch sorgfältig auseinandergehalten – eine Unterscheidung, die teils nützlich, teils unnütz ist. Nützlich, weil man in beiden Bereichen tatsächlich mit differierenden Quellenmaterialien, Methoden und Perspektiven arbeitet; unnütz, solange darin nur das Profilierungsbedürfnis zweier Spezialdisziplinen zum Ausdruck kommt und die an sich gebotene Kooperation eher gehemmt als gefördert wird.

Bevölkerungsgeschichte ist der ältere, historische Demographie der jüngere Forschungszweig. Beider Erkenntnisinteressen überschneiden sich in mancher Hinsicht mit denen der →Sozial- und →Wirtschaftsgeschichte, der Anthropologie (→Historische Anthropologie), der Siedlungs-, →Medizin-, Familien- und →Mentalitätengeschichte. Jene zielt auf Makro-, diese auf Mikroanalysen, das heißt mit Hilfe von Computern und EDV-Programmen auf groß- bzw. kleinräumige Untersuchungseinheiten, die ganze Länder oder zumindest Provinzen, Kantone und Departements, hier Dörfer, Kirchsprengel und Wohnquartiere abdecken.

Die historische Demographie bedient sich dabei einer Methode, die man in Anlehnung an den angelsächsischen Sprachgebrauch «Familienrekonstitution» nennt. Sie greift dazu im wesentlichen auf Pfarregister zurück, in Deutschland auch auf «erb- und bevölkerungsbiologische» Forschungen aus den zwanziger und dreißiger Jahren, auf Dorf- und Ortssippenbücher, die im Dienste der nationalsozialistischen Rassenpolitik standen, nach 1945 als →Quellen daher diskreditiert waren und lange brachlagen. Die ziffernmäßige Aufschlüsselung und darauf fußend die Interpretation dieser Quellen erlauben relativ präzise Aussagen über Familienstrukturen und Verwandtschaftsbeziehungen in einem begrenzten Milieu. Sie gewähren Einsichten in das generative, also das Fortpflanzungsverhalten der Ehepartner, in dem bereits früh Techniken der Empfängnisverhütung auszumachen sind, bieten Informationen über Heiratsalter und Ehedauer, Geburtenhäufigkeit und Geburtenfolge, Kindersterblichkeit und Kinderaufzucht. Historische Demographie ist demnach eng verschwistert mit der Familiengeschichte und der Familiensoziologie. Eines der Hauptprobleme, mit denen sie sich herumschlägt, ist das der Repräsentativität. Denn der Befund, der sich für die Gemeinde X herausschält, ist nicht notwendig identisch mit dem der Gemeinde Y: ein Dilemma, das durch Vergleiche zwar nicht völlig aufgehoben, aber doch so weit gemildert werden kann, daß sich Trends und Entwicklungstypen erkennen lassen, die über den engeren lokalen Zusammenhang hinausweisen.

Bevölkerungshistoriker richten ihr Augenmerk dagegen auf die Gesamtheit der Bevölkerung, nicht auf Individuen und Kleingruppen, sondern auf Großkollektive. Zu diesem Zweck stützen sie sich vorwiegend auf die Erhebungen der Statistischen Ämter (→Statistik), die uns jeweils zu bestimmten Zeitpunkten über den Umfang der Geburten, Heiraten und Sterbefälle, über die soziale, berufliche, altersmäßige und geschlechtsspezifische Gliederung der →Gesellschaft unterrichten. Da Behörden dieser Art erst seit Mitte des 18. Jhs. und bei weitem nicht überall, am frühesten in Skandinavien existieren, ist man für die Epochen (→Periodisierung) davor auf Materialien angewiesen, die sehr viel verstreuter und lückenhafter sind: auf Tauf- und Sterberegister etwa, Steuerlisten, Zählungen von Feuerstellen und Ackernahrungen. Die Datenreihen, die sich daraus gewinnen lassen, müssen dann allerdings in einem zweiten Schritt in Beziehung gesetzt werden zu politischen Ereignissen, sozialen und wirtschaftlichen Verhältnissen. Welche Motive sind es z. B., die Menschen von einer Region in die andere treiben, welche Rolle spielen →Kriege und Seuchen, konjunkturelle Schwankungen und unterschiedliche Lebenschancen in Stadt und Land, Ost und West, Nord und Süd? Obwohl sich in den zu beobachtenden Verschiebungen langfristige, säkulare Prozesse (→Entwicklung) spiegeln, die durch kurzfristige Maßnahmen wie Familienbeihilfen, Kinderprämien und ähnliches nur selten zu korrigieren sind, wäre es naiv anzunehmen, daß die Politik auf das Wanderungsgeschehen und die Bevölkerungsstrukturen keinen Einfluß nimmt. Die Emigration der Hugenotten aus Frankreich nach der Aufhebung des Edikts von Nantes (1685), die der Protestanten aus dem katholischen Bistum Salzburg zu Beginn des 18. Jhs., die der Juden und Regimegegner aus dem nationalsozialistischen Deutschland illustrieren dies ebenso wie nach 1945 Flucht und Deportation der Deutschen aus den Gebieten jenseits von Oder und Neiße (→Auswanderung, →Exil). Insofern erschöpft sich Bevölkerungsgeschichte genausowenig wie die historische Demographie in Tabellen, Schaubildern und Rechenoperationen, fragt nicht nur nach dem Wie, sondern immer auch nach dem Warum, auf das die Statistik allein keine oder nur unzureichende Antworten weiß. Ohne den Bezug zur Gesellschaftsgeschichte, ohne Berücksichtigung umweltgebundener, kultureller, sozialökonomischer und politischer Faktoren wäre Bevölkerungsgeschichte nichts anderes als abstrakte Fliegenbeinzählerei. J. F.

◆ Demokratie

In seinem berühmten Buch «Die Demokratie in Amerika» hat der französische Historiker Alexis de Tocqueville 1835 die Demokratie als «die allmähliche Entwicklung zur Gleichheit der Bedingungen» definiert, als eine «soziale Bewegung», die «seit vielen Jahrhunderten über alle Hindernisse hinweg voranschreitet». Tocquevilles Zeitgenosse Friedrich Engels dagegen meinte 1843: «Die französische Revolution war der Ursprung der Demokratie in Deutschland.» Nicht Tocquevilles Ansicht wurde langfristig bestimmend in der →öffentlichen Meinung und in der demokratiegeschichtlichen Forschung Deutschlands und darüber hinaus in anderen europäischen Ländern, sondern die Friedrich Engels', allerdings weniger wegen Engels, sondern weil bürgerliche Gelehrte, wenn auch aus anderen Gründen, die gleiche Auffassung vertraten. Sie zogen einen scharfen Strich zwischen «alteuropäischer, altständischer» →Gesellschaft vor der →Französischen Revolution und einer «modernen industriell-bürokratischen» seit diesem Einschnitt. Demokratiegeschichtliche Forschung konzentrierte sich daher auf die Auswirkungen der Französischen Revolution (→Jakobiner), die europäische →Revolution von 1848/49 und die Novemberrevolution 1918 in Deutschland (→Deutsche Revolution 1918–20). Diese Auffassung wurde in der Bundesrepublik durch eine begriffsgeschichtliche Konstruktion gestützt, derzufolge bis zur Französischen Revolution unter Demokratie im Anschluß an Aristoteles eine Herrschaftsform verstanden wurde, vor allem im Unterschied zur →Monarchie und →Aristokratie. Erst später habe sich das Wort «Demokratie» in einen mit sozialen Inhalten gefüllten politischen und historischen Richtungsbegriff verwandelt. Demokratie als Herrschafts- oder Regierungsform habe es schon in der Antike (→Altertum) gegeben. Demokratie als parteipolitische Bewegung sei aber erst Ende des 18. Jhs. zum Durchbruch gelangt.

Gegenüber Tocquevilles Sicht stellt diese Definition eine Verengung dar. Denn während Tocqueville Demokratie als einen mit dem objektiven Kriterium der →Gleichheit der Bedingungen (formal und materiell) zu begreifenden universellen Emanzipationsprozeß (→Emanzipation) kennzeichnete, reduziert sich hier die Geschichte von Demokratie auf die Geschichte ihrer Begriffe. Bei genauerem Hinsehen stellt sich überdies heraus, daß diese begriffsgeschichtliche Betrachtungsweise nicht einmal in sich stimmig ist. Denn schon bei Aristoteles ist das soziale Moment mitgedacht. Aristoteles leitete die Herrschaftsformen aus einer Kombination des Zahlenverhältnisses von Regierenden und Regierten mit der Art der Herrschaftsausübung her und bestimmte daher Demokratie als die Ordnung, in der die Armen gegenüber den Reichen das Sagen haben. Da jedoch die Armen die Mehrheit ausmachen, ist Demokratie («Volksherrschaft») Regierung der Mehrheit. Es mag überraschen, wenn Friedrich Engels im Jahre 1844 mit Blick auf England die aristotelische Definition – ob bewußt oder nicht sei dahingestellt – wiederaufnimmt und vom Kampf der Armen gegen die Reichen, «der Demokratie gegen die Aristokratie» spricht und die «soziale Demokratie» voraussagt. Der Begriff der «sozialen Demokratie» war neu, aber daß demokratische Forderungen zugleich soziale Forderungen enthielten, war in der Sache selbst schon lange vor der Französischen Revolution bekannt. Schon in den mittelalterlichen und frühneuzeitlichen Bauernaufständen wurden neben politischen und rechtlichen Forderungen auch soziale erhoben, z. B. der Anspruch auf ausreichende Nahrung für jedermann (→Grundrechte, →Freiheit). Für den Historiker kann dabei nicht entscheidend sein, ob in solchen Bewegungen jeweils das Wort «Demokratie» zur Hand war, sondern ob sie im Sinne Tocquevilles den tatsächlichen Emanzipationsprozeß förderten. Daher geht es aber auch umgekehrt nicht an, die Selbsteinschätzung einer Gesellschaft oder auch einer →Partei als «demokratisch» schon für Wirklichkeit zu erachten: In unserer Gegenwart gibt es →Diktaturen, die sich demokratisch nennen, und Neonazis, die als «Nationaldemokraten» firmieren.

Überhaupt besteht die Aufgabe des Demokratiehistorikers darin, das jeweilige Maß an Demokratie in einer bestimmten Epoche (→Periodisierung), Gesellschaft und politisch-sozialökonomischen Situation zu erforschen. Er wird jeweils untersuchen müssen, welche →Klassen, →Schichten und Gruppen an der Demokratisierung teilhatten und welche davon ausgeschlossen waren (z. B. Frauen und gesellschaftliche bzw. nationale Minderheiten).

Nach der Form demokratischer Herrschaftsausübung unterscheiden wir direkte Demokratie und repräsentative Demokratie. Der →Theorie nach wird in der direkten Demokratie die Staatsgewalt unmittelbar vom Volk, das heißt der Gesamtheit der →Bürger, ausgeübt, was aber in der Regel praktisch unmöglich ist. Entscheidend ist jedoch, daß die von der Volksversammlung gewählten Abgeordneten, Regierungsmitglieder und Richter als Bevollmächtigte gelten, die an Aufträge gebunden sind (imperatives Mandat). So wie ein Mandant seinem Anwalt, wenn er nicht mit ihm zufrieden ist, den Auftrag entziehen kann, so kann es auch die Volksversammlung mit den von ihr Gewählten. Auf diese Weise soll gewährleistet werden, daß Volkssouveränität und Volkswille übereinstimmen.

Demgegenüber ist in der repräsentativen Demokratie das Volk zwar ebenfalls Inhaber der Souveränität, der höchsten →Gewalt, deren Abgeordnete gelten jedoch nicht als Mandatare, sondern als Stellvertreter des Volkes, die an Aufträge nicht gebunden sind. So heißt es z. B. im Grundgesetz für die Bundesrepublik Deutschland: Die Abgeordneten «sind Vertreter des ganzen Volkes, an Aufträge und Weisungen nicht gebunden und nur ihrem Gewissen unterworfen». Repräsentative Demokratien sind heute fast ausnahmslos Parteiendemokratien, in bürgerlichen Gesellschaften entweder in Form der parlamentarischen Demokratie oder der «präsidialen Demokratie». In der parlamentarischen Demokratie wählt das Volk seine Abgeordneten für das Parlament, während das Parlament die Regierung wählt und unter bestimmten Voraussetzungen auch abwählt. In der präsidialen Demokratie, z. B. in den USA, wählt das Volk nicht nur Abgeordnete, sondern auch den Präsidenten als höchsten Vertreter von →Staat und Regierung (Staatschef).

Auch die «Volksdemokratien» in den ehemaligen oder (noch) bestehenden sozialistischen Staaten waren bzw. sind, wenn auch bloß formal, als repräsentative Demokratien konzipiert, bei Alleinherrschaft oder zumindest Dominanz der kommunistischen Partei, ein Monopolanspruch, der, wie die Umbrüche in der Sowjetunion und in Osteuropa 1989/90 gezeigt haben, mit einem Fiasko endete und allenthalben den Ruf nach Demokratisierung im Sinne von «Pluralismus» und Parteienkonkurrenz hat laut werden lassen.

Nahezu alle Demokratien sind heute Repräsentativdemokratien, während sich die direkte Demokratie geschichtlich nicht durchgesetzt hat. Dies hängt mit der Herausbildung des institutionellen Flächenstaates zusammen, wo dem die Souveränität verkörpernden Monarchen eine steuerbewilligende Ständeversammlung aus Adligen und Bürgern gegenübertrat. Direkte Formen der Demokratie konnten sich in Europa nur in kleinräumigen Gebilden entwickeln, in manchen Städten und in einigen Schweizer Kantonen. Zwar war auch die Praxis direkter Demokratie eingebunden in heute überwundene Sozialgebilde wie →Stände und Zünfte, doch wurden dabei zugleich radikale Agitationsformen und Partizipationsmöglichkeiten entwickelt, die die ständisch-patrizische Gesellschaft einer Zerreißprobe unterwarfen und gelegentlich durchbrachen.

Der Versuch, direktdemokratische Ordnungsvorstellungen in großem Maßstab durchzusetzen, findet sich zuerst bei den radikalen Soldatenräten der Englischen →Revolution des 17. Jhs. Zu einem erneuten Anlauf kam es in der radikalisierten Phase der Französischen Revolution. Robespierre formulierte 1793: «Die Demokratie ist ein Staat, in dem das souveräne Volk, von Gesetzen geleitet, die sein Werk sind, tut, was es tun kann, und durch Delegierte tun läßt, was es selbst nicht verrichten kann.» Der Delegierte führt nach dieser Vorstellung nur aus, was das Volk in seiner Gesamtheit will.

Da dieser allgemeine Wille des Volkes nach vorgängiger Interpretation Jean-Jacques Rousseaus immer recht hat und mit dem allgemeinen →Interesse übereinstimmt, kann das individuelle Interesse nur als Sonderinteresse, als dem Kollektiv schädliches «Privatinteresse» wahrgenommen werden. Faktisch entsteht so die paradoxe Situation, daß egalitär-demokratische Bewegungen einerseits den einzelnen zu verstärkter politischer Teilhabe und Aktivität mobilisieren, andererseits aber Gefahr laufen, dessen Besonderheit zu nivellieren, mit Verboten zu tabuisieren und bei entsprechenden politischen Rahmenbedingungen zu eliminieren. Der egalitäre Impuls kann dann umschlagen in →Populismus und/oder Führer-«Demokratie», in →Nationalismus sowie im Extremfall in →Totalitarismus – gesellschaftliche Konzepte, in denen das Volk zur politischen Manövriermasse für heteronome Entscheidungen wird.

Dennoch ist der aus der Erfahrung der Schreckensherrschaft in der Französischen Revolution abgeleitete Vorwurf, die Praktizierung egalitärer Demokratie führe zwangsläufig in eine totalitäre Ordnung, nur dann plausibel, wenn egalitäre Demokratie und parlamentarische Demokratie als Antithesen verstanden werden und nicht als einander ergänzende Formen politischer Machtausübung. Denn umgekehrt bietet ja auch das Prinzip der Gewaltenteilung nicht immer zureichenden Schutz gegen das Umschlagen der parlamentarischen Demokratie in die Diktatur. In der Weimarer Republik konnten so die Nationalsozialisten auf legalistischem Wege, das heißt bei äußerlicher Wahrung des Rechts, an die Macht kommen, sie hatten es nicht nötig, die Weimarer Reichsverfassung formell aufzuheben. So wie es niemals eine reine egalitäre Demokratie gegeben hat und künftig geben kann – es kann sich sinnvoll nur um ein regulatives politisches Prinzip handeln –, so findet man in der Geschichte auch nirgendwo das Prinzip der Gewaltenteilung zwischen gesetzgebender (Legislative), ausführender (Exekutive) und rechtsprechender (Judikative) Gewalt voll verwirklicht. In der Regel sind die gesetzgebende und die ausführende Gewalt vielfältig ineinander verschränkt, z. B. werden Gesetze von der →Bürokratie vorbereitet, und auch die richterliche Gewalt ist eingebunden in das jeweilig geltende politische System. Die repräsentative Demokratie hat sich geschichtlich als die bislang praktikabelste Form der Demokratie erwiesen, aber damit ist sie nicht als die einzig gültige oder gar endgültige Ausgestaltung des demokratischen Prinzips anerkannt. Sie als «moderne Demokratie» zu verklären – wie heute üblich – würde nur von der Einsicht ablenken, daß Demokratie sich nicht in vorgegebenen Spielregeln und Institutionen erschöpft. M. A.

◆ **Denkmal** (Monument)

Im weiteren Sinne kann als Denkmal jeder Gegenstand aus dem Bereich der Kunst, der →Kultur, der allgemeinen Geschichte oder auch der Natur bezeichnet werden. Im engeren Sinne ist das Denkmal ein figürliches Werk der Bau- oder Bildhauerkunst und zur Erinnerung an bestimmte Personen oder →Ereignisse geschaffen. Denkmäler in diesem Sinn, meistens mit deutlichen politischen Absichten verbunden, gibt es seit der Antike (→Altertum). Das erste rein politische Denkmal ohne religiösen Bezug war das von den Athenern im Jahre 510 vor unserer Zeitrechnung den Tyrannenmördern Hermodius und Aristogeiton auf dem Marktplatz errichtete. Die politische Verherrlichung von Personen machte Denkmäler, aus Stein oder Erz und daher scheinbar für die Ewigkeit gebaut, besonders empfindlich für politische Konjunkturen. Beinahe ebensooft wie aufgestellt, wurden sie später niedergerissen und vernichtet, angefangen mit den 360 Statuen, die die Athener am Ende des 4. Jhs. vor unserer Zeitrechnung dem Demetrius von Phaleron zu Ehren aufstellten, über die während der →Französischen Revolution zerstörten Statuen der Könige des Ancien Régime bis hin zu den in unserer Zeit umgestürzten und beseitigten Stalin-Monumenten, neuerdings auch Lenin-Denkmälern, in Osteuropa. Die politische Funktion des Denkmals hat schon früh eine Denkmalskritik provoziert. Bedeutende Geister der griechisch-römischen

Antike, darunter Perikles und Cato, haben Denkmäler als Manifestationen eitler Selbstbespiegelung verspottet und demgegenüber die Tugenden und Taten wirklicher Menschen gerühmt. Das hat dem Denkmalskult keinen Abbruch getan, da Denkmäler Einzelnen oder Gruppen dazu dienen, ihre Macht zu demonstrieren und dergestalt wirkliche und mögliche Gegner einzuschüchtern. Zu Zeiten hat dies zu einer Inflationierung des Denkmals geführt, wie in Rhodos, das am Ende des 1. Jhs. nach unserer Zeitrechnung 8000 Denkmäler besessen haben soll.

Das christliche →Mittelalter kannte in der Regel keine Denkmäler zum Ruhme des Einzelnen, da es den Einzelnen im Zusammenhang einer universalen Ordnung begriff. Erst mit der →Renaissance wurde die Tradition des figürlichen Denkmals wiederaufgenommen, wobei sich seit der →Aufklärung des 18. Jhs. und vor allem mit der Französischen Revolution die Vorstellung durchsetzte, daß Repräsentationsbelange nicht denkmalswürdig waren, sondern nur «Verdienste», besonders geistige. Dadurch wurde eine Denkmalskultur begründet, die ihre Wirkungen bis in die Mitte des 19. Jhs. zeitigte: Auch in Deutschland entstanden jetzt viele Denkmäler zur Erinnerung an Schriftsteller, Komponisten, Philosophen und andere Geistesgrößen. Doch breitete sich gegen Ende des 19. Jhs. in Deutschland (aber auch anderswo) ein martialischer, heute zum Teil komisch wirkender chauvinistischer Geltungsdrang in der Denkmalsgestaltung aus: Kyffhäuser-, Völkerschlacht- und Niederwalddenkmal, im Teutoburger Wald Hermann der Cherusker, dazu innerhalb von drei Jahren, zwischen Bismarcks 80. Geburtstag 1895 und seinem Todesjahr 1898, fast 700 Denkmäler, überwiegend Bismarck-Säulen und -Türme, besonders bezeichnend das mit Spenden Hamburger →Bürger errichtete Bismarck-Denkmal in Hamburg, das der Historiker Max Lenz am Vorabend des Ersten Weltkriegs mit folgenden Worten besang: «Wie eine Göttergestalt aus Germaniens Urzeit, die Fäuste beide um den Griff des Schwertes gelegt, finster, drohend, unnahbar steht er da». Dazu kamen Mahnmale, die an den deutsch-französischen Krieg 1870/71 erinnerten. Das erwähnte, 1883 über dem Rhein errichtete Niederwalddenkmal gehört dazu, von dem der Altmeister der deutschen Fachhistorie Leopold von →Ranke schrieb: «Graf Oldenburg sprach dabei in volltönenden Worten des Jubels die allgemeinen Gefühle aus. Man kann sich dabei aber doch nicht verhehlen, daß es etwas Gewagtes ist, so nahe der fremden Grenze ein Denkmal des Sieges aufzurichten, welches unfehlbar provocieren muß.» Nach dem Ersten Weltkrieg hatte das Kriegerdenkmal Konjunktur, kaum eine Gemeinde, die sich nicht eine solche Erinnerungsstätte schuf. Häufig dienten solche Kriegerdenkmäler zugleich als Rechtfertigung des →Krieges. Kriegerdenkmal und Kriegsdenkmal zugleich stellt das zur Erinnerung an das Infanterieregiment Nummer 76 in Hamburg 1936 errichtete, aber schon vor 1933 geplante Monument dar, das eine Marschkolonne von ihr Gewehr schulternden Infanteristen zeigt und mit der Parole versehen ist «Deutschland muß leben und wenn wir sterben müssen». Eine politische Auseinandersetzung um dieses Denkmal hat dazu geführt, daß dem Wiener Bildhauer Alfred Hrdlicka vom Senat der Auftrag erteilt wurde, ein Gegendenkmal zu erstellen. Es ist teilweise bereits fertiggestellt und thematisiert die Schrecken der Bombardierung Hamburgs 1943. Das Werk trug dem Künstler in der Auseinandersetzung mehr Kritik als Zustimmung aus der Bevölkerung ein. Hamburger Bürger sprachen sich öffentlich gegen das humanitären Traditionen verpflichtete Gegendenkmal aus und für das Kriegerdenkmal. Hrdlicka ist nicht der erste bedeutende Bildhauer, der sich solcher Angriffe zu erwehren hat. Als Aristide Maillol für seine Heimatgemeinde ein Kriegerdenkmal schuf, das auf jede Heroisierung des Krieges verzichtete, wurde er von französischen Nationalisten des Defätismus bezichtigt. Unkonventionelle und bedeutende künstlerische Denkmalsentwürfe haben sich, wenn überhaupt, nur gegen starken gesellschaftlichen Widerstand durchsetzen lassen. Doch gibt es andererseits Anzeichen dafür, daß sich das Problembewußtsein in der Denkmalsdebatte verbreitert. Dafür spricht z. B. die Tatsache, daß in der Bundesrepublik öffentlich über ein Denkmal des desertierten Soldaten diskutiert werden kann. Im Ergebnis gilt, daß die Denkmalskultur, und insofern ist sie ein wichtiger Gegenstand historischen →Interesses, eine Probe aufs Exempel der demokratischen und kulturellen Reife einer →Nation ist. M. A.

◆ Determinismus

Das christliche Weltbild des →Mittelalters konzipierte den Menschen als willensfreies Subjekt der Geschichte. Mit der Entfaltung der Naturwissenschaften im 16. und 17. Jh. begann sich jedoch bei Philosophen und Historikern die Überzeugung zu bilden, daß alles Geschehen, auch das menschliche Handeln, also Geschichte, durch natürliche Ursachen bestimmt sei (lateinisch: determinare = bestimmen) und insofern erklärlich. Damit stellte sich zugleich die Frage von Notwendigkeit und →Freiheit, von Ursache und Wirkung, von →Gesetzmäßigkeit und →Zufall. Die naturgesetzliche Sicht der Geschichte brachte der florentinische Historiker und politische Denker Niccolò Machiavelli (1469–1527) auf die Formel: «Wir ahmen die Natur nach, die mannigfaltig ist; wer sie nachahmt, kann nicht getadelt werden.» Die Freiheit bestand für Machiavelli in der Einsicht in die Naturgesetze menschlichen Handelns und in der Fähigkeit, aus dieser Einsicht Handlungsanweisungen zu gewinnen. Die Naturgesetze menschlichen Handelns ergaben sich aus einer als unveränderlich angenommenen Natur des Menschen. In dem Bestreben, sich (zwangsläufig auf Kosten anderer) geltend zu machen und durchzusetzen, sah Machiavelli die zentrale anthropologische Gegebenheit.

Unter dem Eindruck immer neuer Erfindungen in der Mechanik und umstürzender Erkenntnisse in der Physik (Kepler, Galilei, Newton) verengte sich bei einigen Denkern des 18. Jhs. die Determinismus-Problematik: Sie dachten sich den Menschen als eine Art Maschine, die mechanischen Prinzipien gehorcht. Jegliche Form von Indeterminismus (Willensfreiheit) wurde abgelehnt. Der mechanische Determinismus nahm eine ununterbrochene Kette notwendig miteinander verknüpfter Ursachen und Wirkungen an. Das Neue in der naturgesetzlichen bzw. mechanischen Determinismus-Auffassung lag darin, daß sie allen Versuchen eine Absage erteilte, den menschlichen Willen als von Gott abhängig zu bestimmen und das Wirken Gottes in der Geschichte unmittelbar nachweisen zu wollen.

Der mechanische Determinismus wurde kritisiert und überwunden unter anderen von Georg Friedrich Wilhelm Hegel (1770–1831) (→Geschichtsphilosophie) und im Anschluß daran von Karl Marx und Friedrich Engels (→Politische Ökonomie): Der dialektische Determinismus kritisierte am mechanischen Determinismus die Leugnung der Zufälligkeit und betonte die Wechselwirkung von Freiheit und Notwendigkeit, von Ursache und Wirkung. Dieser Zusammenhang besteht nach Marx und Engels im wesentlichen darin, daß sich in ihr die ökonomische Bewegung nach bestimmten Gesetzen durchsetzt. Die Freiheit liege «nicht in der geträumten Unabhängigkeit von den Naturgesetzen, sondern in der Erkenntnis dieser Gesetze und in der damit gegebenen Möglichkeit, sie planmäßig zu bestimmten Zwecken zu gebrauchen». Diese Erkenntnis, die in ihrer Zielsetzung an die Machiavellis erinnert, unterscheidet sich von jener grundsätzlich darin, daß sie nicht in der Psychologie oder unwandelbaren Natur des Menschen die den gesellschaftlichen Prozeß (→Entwicklung) bestimmenden Kräfte sieht, sondern in der «jedesmaligen ökonomischen Struktur der Gesellschaft», ein Erklärungsrahmen, der zentrale historische und gesellschaftswissenschaftliche Einsichten ermöglicht hat, aber auch durch die damit häufig verbundene Versuchung, ihn im Sinne einer alles erklärenden Weltformel zu benutzen, zu empirischen Verzerrungen und erkenntnistheoretischen Blindstellen geführt hat, etwa durch die Tabuisierung sozialpsychologischer Betrachtungsweisen bei der Erklärung des ideologischen Regelwerks, das wir «Nationalismus» (→Nation) nennen. M. A.

◆ Deutsche Revolution 1918–20

Die deutsche Revolution von 1918–20 zählt zu den wenigen freiheitlichen Massenbewegungen in der deutschen Geschichte und hat daher zu Recht das besondere Augenmerk der Historiker gefunden. Allerdings ist die Bezeichnung schwankend: Der früher übliche Begriff «Novemberrevolution» ist inzwischen preisgegeben worden, weil er die Perspektive allzu sehr auf den bloßen Vorgang des Staatsumsturzes im November 1918 konzentriert. Dieser bildete jedoch nicht den Abschluß, sondern den Beginn des revolutionären Geschehens, das sich über mehrere Monate erstreckte und mehrere Phasen durchlief. Der Begriff «Deutsche Revolution 1918/19», der sich inzwischen eingebürgert hat, trägt diesem Prozeßcharakter Rechnung. Neuerdings ist der zeitliche Rahmen noch einmal erweitert worden bis zur «Märzrevolution» im Ruhrgebiet 1920, die aus dem Abwehrkampf gegen den Kapp-Putsch hervorging. Mit deren Niederschlagung wird auch das endgültige Ende des revolutionären Prozesses angesetzt.

Die →Revolution ging hervor aus den sozialen und politischen Konflikten (→Sozialer Konflikt) des späten Kaiserreichs, die durch die Nöte und Entbehrungen des Ersten Weltkriegs in außerordentlicher Weise verschärft worden waren und nach dem Eingeständnis der militärischen Niederlage durch die deutsche Oberste Heeresleitung Ende September 1918 zur revolutionären Entladung drängten. Ausgelöst wurde sie durch eine Meuterei der Matrosen der Hochseeflotte am 28. Oktober, die sich dem militärisch unsinnigen Befehl zu einer letzten Schlacht gegen England widersetzten. In Kiel solidarisierten sich Anfang November 1918 revolutionäre Werftarbeiter mit den aufständischen Matrosen und bildeten einen Arbeiter- und Soldatenrat. Vom Ostseehafen breitete sich die revolutionäre Bewegung mit atemberaubender Schnelligkeit aus – ein Zeichen dafür, daß sich der wilhelminische Obrigkeitsstaat unter den Belastungen des Weltkriegs restlos verbraucht hatte. Überall entstanden – nach dem Vorbild der russischen Februarrevolution 1917 (→Russische Revolution)– Arbeiter- und Soldatenräte, in denen zumeist Vertreter der Arbeiterparteien und der →Gewerkschaften zusammenwirkten, um das öffentliche Leben aufrechtzuerhalten. Am 9. November 1918 erreichte die revolutionäre Bewegung die Reichshauptstadt Berlin. Reichskanzler Prinz Max von Baden verkündete (ohne dazu ausdrücklich autorisiert worden zu sein) die Abdankung des Kaisers und legte das Amt des Reichskanzlers in die Hände des Führers der Mehrheitssozialdemokraten, Friedrich Ebert. Am selben Tage rief dessen Parteifreund Philipp Scheidemann vor dem Reichstagsgebäude die «deutsche Republik» aus. Am 10. November wurde eine Revolutionsregierung gebildet, der «Rat der Volksbeauftragten», der sich paritätisch aus jeweils drei Vertretern der Mehrheitssozialdemokratie (MSPD) und der 1917 gegründeten Unabhängigen Sozialdemokratischen Partei Deutschlands (USPD) zusammensetzte. Die Zusammenarbeit der beiden Arbeiterparteien erwies sich als schwierig, weil sie verschiedene Vorstellungen über den weiteren Gang der Revolution besaßen: Die Führer der MSPD sahen in den Arbeiter- und Soldatenräten nur eine Übergangserscheinung. Sie sollten möglichst bald durch eine demokratisch gewählte Nationalversammlung abgelöst werden, die dann alle wichtigen Entscheidungen über die politische und gesellschaftliche Neuordnung zu treffen hatte. Auch die Vertreter der USPD waren nicht grundsätzlich gegen die Wahl einer Nationalversammlung, wollten den Wahltermin aber möglichst weit hinausschieben, um in der Zwischenzeit die für notwendig erachteten grundlegenden Strukturreformen durchführen zu können. Noch entschlossener als die Repräsentanten der USPD suchte die Spartakus-Gruppe unter Führung Rosa Luxemburgs und Karl Liebknechts unter der Parole «Alle Macht den Räten» die Revolution weiterzutreiben und ihr eine sozialistische Zielperspektive zu geben. Ende Dezember 1918/Anfang Januar 1919 schloß sich die Spartakus-Gruppe mit linksradikalen Gruppen vor allem aus Norddeutschland zur Kommunistischen Partei Deutschlands (KPD) zusammen. Diese neue Arbeiterpartei war aber organisatorisch zu wenig gefestigt und zahlenmäßig zu schwach, um die Entwicklung entscheidend beeinflussen zu können. Ihre Aktivitäten dienten den MSPD-Volksbeauftragten allerdings gern als Vorwand, um unter Berufung auf eine angeblich drohende «bolschewistische Gefahr» sich mit den alten Machtträgern in Armee und Bürokratie zu verbünden zwecks Aufrechterhaltung von «Ruhe und Ordnung».

Auf einem vom 16. bis 20. Dezember in Berlin tagenden Rätekongreß konnte die MSPD ihre Konzeption durchsetzen. Mit großer Mehrheit wurde der 19. Januar 1919 als Termin für die Wahl zur Nationalversammlung festgesetzt. Danach spitzten sich die Gegensätze in der Revolutionsregierung rasch zu. Ende Dezember 1918 traten die Vertreter der USPD aus dem Rat der Volksbeauftragten aus, weil sie die Zusammenarbeit der MSPD mit dem kaiserlichen Offizierskorps nicht mehr mitzutragen bereit waren. Anfang Januar entwickelten sich aus →Protesten gegen die Absetzung des Berliner Polizeipräsidenten Eichhorn, der der USPD angehörte, heftige Auseinandersetzungen, die sehr schnell bürgerkriegsähnlichen Charakter annahmen. Während dieser Januarunruhen – in den Geschichtsbüchern häufig fälschlich «Spartakusaufstand» genannt – setzte die nunmehr rein sozialdemokratisch geführte Regierung unter dem Kommando des neuen Volksbeauftragten und späteren ersten Reichswehrministers der Weimarer Republik, Gustav Noske, Freikorpsverbände gegen die radikalisierten Teile der Berliner Arbeiterschaft ein. Das Ergebnis: 156 Tote, darunter Rosa Luxemburg und Karl Liebknecht, die am 15. Januar 1919 brutal ermordet wurden.

Die Januarkämpfe bedeuteten «die entscheidende Wendung der deutschen Revolution» (Arthur Rosenberg). Sie vertieften die Spaltung in der Arbeiterschaft und trieben den Prozeß der Radikalisierung voran. Bei der Wahl zur Nationalversammlung konnte die MSPD mit 38 Prozent der Stimmen die USPD, die nur 7,5 Prozent erhielt, zwar noch klar distanzieren (die KPD hatte zum Boykott der Wahl aufgerufen), doch fand die USPD in den folgenden Monaten wachsenden Zulauf von früheren SPD-Anhängern, die über das Steckenbleiben der Revolution enttäuscht waren. Die Radikalisierung weiter Teile der Arbeiterschaft im Frühjahr 1919 äußerte sich in einer Vielzahl von Unruhen, Streikbewegungen, Betriebsbesetzungen sowie einigen räterepublikanischen Experimenten (vor allem in Bremen und München), die wiederum durch den Einsatz von Freikorpsverbänden niedergeworfen wurden. Damit fand die zweite Revolutionsphase ihr Ende, doch blieb die innenpolitische Situation weiterhin labil. Im Zusammenhang mit der Verabschiedung des Betriebsrätegesetzes im Januar 1920 kam es in Berlin und im Ruhrgebiet erneut zu bürgerkriegsähnlichen Auseinandersetzungen. Im Anschluß an den von den Arbeiterparteien und den Gewerkschaften gemeinsam ausgerufenen Generalstreik gegen den Kapp-Putsch im März 1920 bildeten sich im Ruhrgebiet bewaffnete Organisationen der Arbeiterschaft, die sogenannte Rote Ruhrarmee, um die revolutionären Errungenschaften zu verteidigen. Der Einmarsch von Reichswehrverbänden ins Ruhrgebiet Anfang April 1920, darunter auch solche, die kurz zuvor noch gegen die amtierende Regierung geputscht hatten, beendete diese letzte militante Phase der Revolution.

Die Revolution von 1918–20 ist bis heute ein Politikum; dementsprechend ist auch die Geschichtsschreibung über diese Revolution immer in starkem Maße von aktuellen politischen →Interessen bestimmt worden. Im Wandel der Deutungen lassen sich jeweils Verschiebungen im gesellschaftlich-politischen Klima der Bundesrepublik ausmachen (→Geschichtswissenschaft in der Bundesrepublik). So stand die Rehabilitierung der MSPD vom NS-Stigma der «Novemberverbrecher» in den fünfziger Jahren ganz im Zeichen einer antikommunistisch ausgerichteten Geschichtssicht (→Antikommunismus). Der Handlungsspielraum der Berliner Regierung der Volksbeauftragten wurde reduziert auf die schlichte Alternative: entweder proletarische Rätediktatur nach bolschewistischem Muster oder parlamentarische →Demokratie im Bunde mit den alten Machteliten. Daß die Führer der MSPD sich für den zweiten Weg entschieden, wurde geradezu als zwangsläufig bezeichnet, da andernfalls Deutschland dem «Bolschewismus» anheimgefallen wäre. Diese Interpretation wurde in den sechziger Jahren mit dem Ende der Adenauer-Ära und einer politischen Öffnung nach links revidiert zugunsten der These von einer «Offenheit» der Situation, die den verantwortlichen Politikern einen relativ breiten Handlungs- und Entscheidungsspielraum geboten habe. In diesem Zusammenhang rückten die Rätebewegung und mit ihr die Frage nach den versäumten Chancen einer durchgreifenden Demokratisierung des Obrigkeitsstaates in den Mittelpunkt des wissenschaftlichen Interesses. Die Räte, vordem als Werkzeuge des «Bolschewismus» verdächtigt, erschienen jetzt als Träger eines «radikaldemokratischen Potentials», das, wäre es genutzt worden, der Republik von Weimar zu einem stabileren demokratischen Fundament hätte verhelfen können. Scharfe Kritik richtete sich in diesem Zusammenhang an die Adresse der MSPD-Volksbeauftragten, weil sie, statt sich auf die Räte zu stützen, diese massiv bekämpft hätten.

Dieses neue Revolutionsbild beherrschte die Forschungsdiskussion auch des nachfolgenden Jahrzehnts, doch wurden daran seit den späten siebziger Jahren einige Korrekturen vorgenommen. Von einer romantisierenden Betrachtung der Räte, wie sie besonders im Gefolge der Protestbewegung von 1968 (→Studentenbewegung) im Schwange war, ist man heute weitgehend abgerückt. Sie werden nicht mehr daran gemessen, was sie hätten sein können, sondern was sie waren, an ihrer Praxis (→Theorie–Praxis) also, und da zeigt sich, daß die meisten Räte weder radikaldemokratisch noch gar revolutionär waren, sondern sich eher als verlängerter Arm der MSPD und Gewerkschaften verstanden und ihre Aufgabe vornehmlich in der Sicherung von «Ruhe und Ordnung» sahen. Mit der Entmythologisierung der Räte verbunden ist eine deutliche Abschwächung der Kritik an der MSPD-Führung. Ihr wird nicht mehr der Vorwurf gemacht, daß sie die Zusammenarbeit mit den Trägern des alten Regimes gesucht habe – angesichts der Probleme des Übergangs von der Kriegszur Friedenswirtschaft, der Demobilisierung des Heeres und der Versorgung der Bevölkerung sei dies unumgänglich gewesen –, wohl aber wird sie getadelt, daß sie die Zusammenarbeit über das notwendige Maß hinaus betrieben habe, verbunden mit einer scharfen, von übertriebener Bolschewismusfurcht gespeisten Abgrenzung nach links. Der Historiker Heinrich August Winkler hat diese gleichsam gezähmte Kritik an den MSPD-Volksbeauftragten auf die Formel gebracht: «Die Sozialdemokraten hätten bei stärkerem politischen Gestaltungswillen mehr verändern können und weniger bewahren müssen.» V. U.

◆ Deutscher Sonderweg

Geschichte ist nachträglich und stets nur ausschnitthaft rekonstruierte Realität (→Tatsachen). Um das Allgemeine vom Besonderen zu scheiden, die Fülle der Fakten zu ordnen und die Bausteine zu einem geschlossenen Mosaik zusammenzufügen, benutzen Historiker Begriffe und Theorien. Eine von den Denkfiguren, die uns bei der Analyse des 19. und 20. Jhs. immer wieder begegnen, ist die vom «deutschen Sonderweg». Obwohl weit verbreitet, ist sie schillernd, weder eindeutig definiert noch allseits akzeptiert. Sie ist gleichermaßen These und Metapher. In den einzelnen Epochen (→Periodisierung) hat man sich ihrer mit jeweils unterschiedlichen Akzenten und mit unterschiedlicher Stoßrichtung bedient. Teils war sie positiv, teils negativ besetzt. Da sie sich auf das engste mit dem Selbstverständnis und der →Identität der Deutschen berührt, ja dies auf einen einprägsamen und anschaulichen Nenner zu bringen scheint, hat sie nie ausschließlich wissenschaftliche, sondern auch politisch-pädagogische Funktionen gehabt, war sie nie allein rationales Argument, sondern mindestens ebensosehr emotionaler Appell.

Die Idee von einem besonderen deutschen Weg in die Moderne, in das Industriezeitalter und die industrielle Massengesellschaft, verrät ein ausgeprägtes Bedürfnis nach Abgrenzung. Sie wendet sich gegen die westeuropäischen Traditionen des Rationalismus, der →Aufklärung und der →Demokratie, die in den bürgerlichen Umwälzungen des späten 18. Jhs., der →Amerikanischen und der →Französischen Revolution, ihren sinnfälligsten Ausdruck gefunden hatten. Erste Ansätze dieser Interpretation zeigen sich bereits zwischen 1807 und 1815, in der Ära der preußischen Reformpolitik und in den «Befreiungskriegen» gegen die napoleonische «Fremdherrschaft». Die Begründung dazu lieferten Vertreter der Romantik und des allmählich aufkommenden →Historismus, die in der Geschichte der →Nationen und →Staaten primär individuelle, auf andere Verhältnisse nicht übertragbare Züge zu entdecken glaubten. Insofern war es nur konsequent, daß sie Frankreich als Vorbild, überhaupt jedes modellhafte Denken ablehnten und statt dessen forderten, deutsche Eigenheiten und Überlieferungen zu bewahren, behutsam fortzuschreiben und ohne prinzipiellen Bruch mit der Vergangenheit an die sich wandelnden wirtschaftlichen und sozialen Bedingungen anzupassen. Nicht →Revolution, sondern Evolution mit einem Höchstmaß an →Kontinuität, lautete die Devise.

Zwar hatten die liberalen Historiker des Vormärz (→Geschichtsschreibung des Vormärz) die deutsche →Entwicklung noch als Teil eines universellen Prozesses begriffen. Als Ziele galten Einheit und →Freiheit. Aber nach dem Scheitern der →Revolution von 1848/49 verloren diese Konzepte zunehmend an Resonanz. Sie wurden überlagert und dann verdrängt von der Erfahrung, daß der Nationalstaat nicht vom Volk, sondern von der preußischen →Monarchie erkämpft, also gewissermaßen ‹von oben› gewährt wurde. Überwältigt vom Glanz der militärischen Siege seit 1864, arrangierte man sich mit der von Bismarck erzwungenen Lösung der «deutschen Frage». Anstelle der liberalen, aber erfolglosen «Prinzipienpolitik» von früher huldigte man nun einer pragmatischen «Realpolitik», das heißt, man schloß Frieden mit dem Obrigkeitsstaat, was um so leichter fiel, als dieser die ökonomischen →Interessen der bürgerlichen →Schichten tatkräftig zu fördern wußte. Da sich der Traum von der Einheit erfüllt hatte, verblaßte fortan das Ideal der Freiheit, und die Mehrheit des Bürgertums (→Bürger) gewöhnte sich an den Gedanken, daß die mit einigen demokratischen →Rechten verbrämte Monarchie dem deutschen Wesen und den deutschen Bedürfnissen am ehesten gemäß wäre. Wissenschaftlich untermauert von der Schule der nationalliberalen →Geschichtsschreibung, wurde diese Überzeugung bald zur Integrations- und Legitimationsideologie. Ihre Aufgabe war es, den gesellschaftlichen Status quo abzusichern, Spannungen und innere Konflikte des Kaiserreiches wenn schon nicht aufzuheben, so doch wenigstens in den Köpfen zu neutralisieren.

Daß dieses Bild die Niederlage im Ersten Weltkrieg und die Revolution vom November 1918 (→Deutsche Revolution 1918–20) überdauerte, spricht für seine Beharrungskraft. Seine Funktion allerdings veränderte sich. Aus einer Legitimationsideologie wurde eine Oppositionsideologie. Zu ihren Propagandisten gehörten Historiker und Publizisten (→Geschichtsschreibung in der Weimarer Republik). Das Spektrum der Meinungen, das sie repräsentierten, reichte von der gemäßigten Mitte bis ins Lager des völkischen Rechtsradikalismus. Nur wenige Akademiker waren bereit, die Demokratie von Weimar als späten Schritt der Versöhnung mit der westeuropäischen Verfassungsentwicklung zu begrüßen. Sich gegen die Mehrheit der Kollegen Gehör zu verschaffen war schwer. Denn die sahen in der →Republik bestenfalls ein Zwischenspiel, an dessen Ende die Rückkehr zu den Werten und Ordnungsprinzipien der Vergangenheit stehen sollte. Preußen und das Kaiserreich verteidigten sie daher zäh gegen jeden Anflug von Kritik. Aus der Beschäftigung mit der Geschichte erwuchsen die Schlagworte für den Kampf gegen →Parlamentarismus und Parteienstaat. Das Bewußtsein der Deutschen gegen Einflüsse aus dem Westen abzuschirmen, hielten Historiker für eine patriotische Pflicht. Zwar mochten die Positionen in den Details variieren, aber typisch für die prinzipiellen Aspekte der Argumentation waren Sätze, die Gerhard Ritter 1925 in einem Essay über Martin Luther publizierte: «So oft eine Welle westeuropäischen Denkens», lesen wir da, «unsere geistige Entwicklung gleichsam überflutet hat: in dem Rationalismus und den humanitären Ideen der Aufklärungsepoche, in den Wirtschaftslehren, dem naturwissenschaftlich orientierten Positivismus und Empirismus und den sozialistischen Weltbeglückungstheorien des 19. Jahrhunderts – immer wieder sieht man den deutschen Geist sich dagegen zur Wehr setzen, unablässig den Versuch erneuern, das fremde Gedankengut im Sinne Luthers zu ethisieren, die Unbedingtheit unserer Kulturideale zu behaupten gegen allen Ansturm mechanistischer Theorien der Welterklärung und eudämonistischer Morallehren, die das materielle Wohl, das Glück und die Nützlichkeit an Stelle rein geistiger Werte zum Maßstab sittlichen Handelns erheben möchten.»

Obwohl die Nationalsozialisten sich im Einklang mit solchen Interpretationen als Vollstrecker des preußischen Erbes gefeiert, es dabei rassistisch überformt und umgebogen hatten, blieben die Ideen vom Sonderweg nach 1945 zunächst lebendig, büßten jedoch ihre zuvor offen antidemokratische Stoßrichtung ein. Der Nationalsozialismus wurde zum «Betriebsunfall» stilisiert und ganz allgemein als Erscheinung des Massenzeitalters gewürdigt, nicht aber als zugespitztes Ergebnis spezifisch deutscher Traditionen. Erst seit Anfang der sechziger Jahre, vor allem im Verlauf der Fischer-Kontroverse (→Geschichtswissenschaft in der Bundesrepublik), zeigte sich, wie fragwürdig und selbstgerecht diese Auffassungen waren. Nationale Identität konnte und durfte sich daran nicht länger festmachen. Aus einem positiven wurde ein negatives Modell. In der «Abweichung vom Westen» sahen Historiker und Sozialwissenschaftler nun die tieferen Ursachen für die verhängnisvollen Wirkungen des →Militarismus, für die mangelnde Stabilität und das aggressive

Sendungsbewußtsein der deutschen Gesellschaft, für die Popularität autoritärer →Ideologien, die 1933 in die braune Diktatur einmündeten und 1945 in der Katastrophe endeten. Kritische Analysen entdeckten vorindustrielle, bürokratische und staatsfromme Mentalitäten (→Mentalitätengeschichte), die einen kontinuierlichen Prozeß der Demokratisierung belastet und blockiert hatten. Hervorgehoben wurden die Schwächen des Bürgertums und der →bürgerlichen Kultur, Defizite an Zivilcourage und freiheitlicher Gesinnung. Aus der Perspektive von 1933 wurde das Problem der →Kontinuität in der deutschen Geschichte neu aufgeworfen und das Kaiserreich neu durchleuchtet, das in der Darstellung vielfach zur Vorgeschichte nicht nur der Weimarer Republik, sondern auch des Nationalsozialismus geriet.

An diesem Deutungsmuster sind in den vergangenen Jahren Zweifel geäußert worden. Die Debatte darüber ist in Fluß, endgültige Resultate sind noch nicht in Sicht, und an vergleichenden Studien, die die These vom Sonderweg erhärten oder ihr eine Abfuhr erteilen könnten, mangelt es noch. Einwände richten sich unter anderem dagegen, die Geschichte einseitig auf die Ereignisse von 1933 bis 1945 hinzuordnen. So hat Thomas Nipperdey darauf hingewiesen, daß es nicht nur die eine, die autoritäre Kontinuitätslinie gebe, sondern mehrere konkurrierende, daß nicht nur Fehlentwicklungen zu verzeichnen seien, sondern auch Prozesse der →Modernisierung, die sich etwa in den Leistungen der kommunalen Selbstverwaltung und den Einrichtungen des Wohlfahrtsstaates spiegelten. Sie angemessen zu erfassen setze allerdings voraus, die traumatische Fixierung auf die «deutsche Katastrophe» zu durchbrechen, die verschiedenen Epochen aus ihren jeweils eigenen Zusammenhängen heraus zu ‹verstehen› und damit den methodischen Forderungen des Historismus wieder zu ihrem Recht zu verhelfen. Aber auch wer die Wurzeln des Nationalsozialismus primär in den Strukturschwächen und den Konflikten der Weimarer Republik lokalisieren will, muß erklären, warum sich die Deutschen in der Weltwirtschaftskrise, abweichend von den mindestens ebensosehr in Mitleidenschaft gezogenen westlichen Industrienationen, gegen die Demokratie und für das nationalsozialistische Experiment entschieden. Allein die kurzfristigen Belastungen zu betonen und die langfristigen, in den Traditionen des 19. Jhs. verankerten Faktoren zu vernachlässigen, greift vermutlich zu kurz. Und dazu gehörte nicht zuletzt das Bewußtsein von deutschem Sonderweg und deutscher Sonderstellung: ein Bewußtsein, das sich als außerordentlich geschichtsmächtig erwiesen hatte, auch dann, wenn es weniger in den Realitäten gründete als in Wunschträumen und →Ideologien.

J. F.

◆ Dienstmädchen

Seit dem ersten Drittel des 19. Jhs. ging das aufstrebende, wohlhabende städtische Bürgertum (→Bürger) in zunehmendem Maße dazu über, Dienstmädchen zu engagieren, welche die bürgerliche Frau von den einfachen Tätigkeiten des Haushalts entlasteten. Bis Ende des Jahrhunderts waren Dienstmädchen «zum Prototyp des häuslichen Gesindes» (Jürgen Kocka) geworden. Der Status des Dienstmädchens war lebensgeschichtlich ein Übergangsphänomen, eine Durchgangsstufe für ledige junge Frauen aus den ländlichen Unterschichten. Ihr Ziel war es in der Regel, während ihrer →Arbeit in den bürgerlichen Haushalten sich eine Mitgift anzusparen, um dadurch ihre Heiratschancen zu verbessern.

Um die Jahrhundertwende bildeten Dienstmädchen die größte weibliche Berufsgruppe. Fast ein Drittel aller Frauen, die außerhalb der eigenen Familie arbeiteten, waren in häuslichen Diensten beschäftigt – allein in Berlin über 100000. Wer etwas auf sich hielt, hielt sich ein Dienstmädchen. Es war alles in einem, «Mädchen für alles», zuständig für Kochen, Waschen, Nähen, Bügeln, Putzen, Einkaufen, Kindererziehung. Ein 16-Stunden-Tag war die Regel, ebenso niedriger Lohn, schlechte Kost, ungesunde Unterbringung. Im intimen Innenbezirk der bürgerlichen Familie war das Dienstmädchen unentbehrlich und störend zugleich. Es mußte als Arbeitskraft ständig verfügbar sein und doch zugleich als Person möglichst unauffällig bleiben. Die Dienstbotenklingel hielt es in Trab, eine enge Kammer oder der Hängeboden in der Küche verbannte es in die hintersten Ecken der herrschaftlichen Wohnung. Nicht selten waren Dienstmädchen den sexuellen Zudringlichkeiten seitens des Dienstherrn oder dessen heranwachsender Söhne ausgesetzt.

Für die Dienstmädchen gab es verschiedene Möglichkeiten, mit ihrer Situation fertig zu werden. Entweder flüchteten sie sich in die Ersatzwelt der «Dreigroschenromane», um die alltägliche Tristesse wenigstens für einige Stunden zu vergessen, oder sie versuchten sich der totalen Abhängigkeit zu entziehen, etwa durch häufigen Stellenwechsel, durch Unterlaufen der öffentlichen Arbeitsmarktkontrolle, durch Abzweigen eines Teils vom Wirtschaftsgeld, durch «Klatsch» mit anderen Dienstmädchen, der von den Herrschaften besonders gefürchtet war, weil dadurch unerwünschte Nachrichten aus dem Privatbereich nach außen dringen konnten.

Dienstmädchen gehörten um 1900 ebenso selbstverständlich zum Inventar der bürgerlichen Familie wie zum Personal des bürgerlichen Romans. Clara Viebigs Roman «Das tägliche Brot» (1902) etwa erzählt von zwei Dienstmädchen: der aufopferungsvollen Mine, der personifizierten Selbstlosigkeit, und der egoistisch-triebhaften Bertha, die im Prostituiertenmilieu versackt. Was die Phantasien der Romanautoren erhitzte, hat die Historiker lange Zeit kaltgelassen. Erst mit der Hinwendung zur →Alltagsgeschichte, zur Geschichte der Frauen (→Frauengeschichte) und der «kleinen Leute» in den achtziger Jahren sind auch die Dienstmädchen zum seriösen wissenschaftlichen Untersuchungsgegenstand aufgerückt. Dabei wurde manches korrigiert, was an Klischees sich über die zeitgenössische Literatur bis in unsere Tage erhalten hat: Weder waren die Dienstmädchen besonders häufig Prostituierte noch – umgekehrt – sich aufopfernde «Perlen». Hinter solchen Vorstellungen verbergen sich vielmehr bestimmte Wunschbilder; sie auf ihren psychischen Realitätsgehalt dechiffriert zu haben, ist ein Verdienst der feministisch inspirierten Sozialgeschichtsschreibung (→Frauengeschichte). V. U.

◆ Diktatur

Diktatur ist die Abwesenheit von →Demokratie und rechtsstaatlichen Verfahrensweisen. Der Begriff steht für bestimmte Formen der →Herrschaft, die von einem Einzelnen, einer →Klasse, einer Gruppe oder Clique ausgeübt wird und keiner oder nur unzureichender gesellschaftlicher Kontrolle unterliegt. Zu ihrem Wesen gehören Willkür, Unterdrückung und →Gewalt, nicht immer, aber doch häufig spezielle →Ideologien und Techniken der Massenbeeinflussung. Diktaturen entmündigen die Menschen und berauben sie ihrer persönlichen Freiheitsrechte (→Grundrechte), erzwingen Anpassung und Wohlverhalten, machen →Bürger zu Untertanen und Objekten einer mehr oder minder straff gelenkten, zentralisierten Politik. Vor allem das 20. Jh. kennt eine Fülle von Varianten, die nach Erscheinungsbild, Inhalt und Funktion beträchtlich voneinander abweichen. Um sie näher zu charakterisieren, sprechen wir von «autoritärer», «reaktionärer», «totalitärer», «faschistischer», «klerikaler» und «proletarischer» Diktatur, auch von «Entwicklungs-», «Erziehungs-» und «Militärdiktatur». Schon diese Auswahl von Wortverbindungen zeigt, daß Diktaturen von besonderen Bedingungen, Strukturen (→Ereignis) und Traditionen geprägt sind, sich in unterschiedlichen Epochen (→Periodisierung) und unterschiedlichen Regionen weder identischer Mittel bedienen noch identische Ziele verfolgen.

Begriffe, die verschiedenartige und vielschichtige Tatbestände auf einen Nenner zu bringen suchen, besitzen für sich allein genommen nur geringe Trennschärfe und sind stets in Gefahr, zu Allerweltsvokabeln zu verkommen. Sie bedürfen daher der genauen, am konkreten Fall orientierten Analyse. Zwar bezeichnen wir die Herrschaft des →Stalinismus ebenso als Diktatur wie die des Nationalsozialismus, und ohne Zweifel weisen beide eine Reihe gemeinsamer Merkmale auf. Aber wer sie leichthin über einen Kamm schert, begnügt sich mit der Oberfläche und verfehlt den dahinter jeweils verborgenen Kern. So kontrovers die Urteile hier jedoch im einzelnen ausfallen mögen: klar ist, daß unser Sprachgebrauch und die Vorstellungen, die wir damit verknüpfen, in den Erfahrungen der Gegenwart und denen der jüngeren Vergangenheit wurzeln. Dies allerdings erfaßt das Umfeld des Begriffs nur zum Teil. Denn neben den aktuellen hat er historische, gewissermaßen antiquarische, weil von den Realitäten (→Tatsachen) losgelöste Bezüge, die sich im 19. Jh. ansatzweise, dann beschleunigt nach dem Ersten Weltkrieg zu verwischen beginnen: ein Prozeß (→Entwicklung), in dessen Verlauf der ältere Sinn des Wortes überlagert, umgedeutet, verallgemeinert und politisiert wird.

Die eigentliche und engere Bedeutung hat ihren Ursprung in der Antike (→Altertum). Sie leitet sich aus einer Institution der römischen Republik ab, wo der Senat einem der beiden Konsuln zur Abwehr drohender Gefahr eine befristete, mit außerordentlichen Vollmachten ausgestattete diktatorische Gewalt übertragen konnte. Die Diktatur war demnach eine durch freiwillige Übereinkunft herbeigeführte Notstandsregierung, die einzelne Verfassungsprinzipien zeitweilig außer Kraft setzen durfte, um die Verfassung als ganzes zu bewahren. Versuche, das Amt als Hebel zur Neuordnung der staatlichen Strukturen oder gar als Sprungbrett für die Alleinherrschaft zu benutzen, das also, was wir heute unter Diktatur verstehen, nannte man damals «Tyrannei» (→Tyrannis) oder «Despotie». Jene galt als legitim, diese als illegitim, eine Definition, die über Jahrhunderte hinweg Geltung behielt, unter den Bedingungen der →Monarchie und des monarchischen →Absolutismus, der sich auf den Willen Gottes berief, aber abstrakt blieb, jedenfalls keine auf die tatsächlichen Verhältnisse zugeschnittene Rolle spielte.

Aktuelle Stoßrichtung gewann der Begriff erst im Zeitalter der europäischen →Revolutionen, und zwar zunächst in zweifacher Hinsicht: zum einen als Kampfbegriff gegen die Anmaßungen und das Gewaltregiment eines Einzelnen, etwa gegen den →Jakobiner Robespierre; zum andern suchte man daraus ein Instrument zu schmieden, um eine in →Parteien und Fraktionen zerrissene →Nation wieder zu einen. In diesem Sinne empfahl 1798 der Schriftsteller Christoph Martin Wieland den Franzosen, einen Diktator zu berufen. Gemünzt war dies auf Napoleon Bonaparte. Dessen Eigenschaften pries er mit Formulierungen, in denen sich das romantische Politikverständnis eines deutschen Intellektuellen spiegelte: «...ein liebenswürdiger junger Mann, von großem hohen Geist, von den größten Talenten im Krieg und Frieden, von unermüdlicher Tätigkeit, von eben so viel Klugheit als Mut, von dem festesten Charakter, von reinen Sitten, einfach und prunklos in seiner Lebensart, immer Meister von sich Selbst, ohne irgend eine Schwachheit, zugleich offen und verschlossen, sanft und heftig, geschmeidig und hart, mild und unerbittlich, jedes zu seiner Zeit, kurz, ein Mann, wie es in jedem Jahrhundert kaum Einen gibt.»

Bemerkungen wie diese waren jedoch Episode. Der Begriff Diktatur setzte sich in der politischen und staatsrechtlichen Diskussion nicht durch. Mit Blick auf die Herrschaftstechniken Napoleons III. sprach man in der zweiten Hälfte des 19. Jhs. von →«Bonapartismus» oder «Caesarismus» und meinte damit eine plebiszitäre, durch den direkten Appell an das Volk abgesicherte, über den Klassen schwebende Machtposition der Regierung bzw. des Regierungschefs. Aufgenommen und neu interpretiert wurde der Diktaturbegriff dann durch Karl Marx und seine Anhänger in den sozialistischen, später kommunistischen Parteien (→Arbeiterbewegung). Für sie war das Ideal der Liberalen, die bürgerliche Demokratie, nichts anderes als die Diktatur der Bourgeoisie, die es nach der →Revolution für eine Periode des Übergangs durch die Diktatur des Proletariats, die Vorstufe der klassenlosen →Gesellschaft, abzulösen galt. Zum Experimentierfeld wurde Rußland (→Russische Revolution), wo man sich seit 1917 anschickte, diese Vision in die Tat umzusetzen. Entgegen der Theorie entpuppte sich dort die Diktatur des Proletariats allerdings als Einrichtung von Dauer. Tatsächlich lief sie auf die Herrschaft einer schmalen Schicht von Funktionären hinaus, die sich von den →Bedürfnissen der Menschen je länger desto weiter entfernte.

Daß Praktiken dieser oder anderer Art gegen den Geist der Epoche gerichtet sind, gehört zu den Erfahrungen, für die seit den späten achtziger Jahren die Veränderungen in Ost- und Mitteleuropa das nötige Anschauungsmaterial liefern. Sie bestätigen eine Prognose, die das deutsche Publikum bereits 1834 im liberalen Rotteck/Welckerschen «Staatslexikon» nachlesen konnte. Es ist, so heißt es da, «der wesentliche Charakter unserer Zeit, daß die Bedeutung des einzelnen neben derjenigen der Massen immer mehr verschwindet; daß nicht mehr einzelne, sondern die Völker selbst die Schöpfer des Völkerschicksals werden. Wenn also immer in einem künftigen Kampfe für Begründung oder Erhaltung der Freiheit die Umstände also sich schürzen (d.h. sich ergeben), daß sie einen einzelnen zu vorzüglicher Macht und Gewalt erheben, so läßt sich doch nach der ganzen Bedeutung unserer Zeit voraussehen, daß solche Diktaturen weder dauernd noch von dauerndem Einflusse werden.» J. F.

◆ Diplomatie

Unter Diplomatie im weiteren Sinne versteht man die außenpolitischen Aktivitäten der souveränen →Staaten, die in ihrer Gesamtheit die internationalen Beziehungen bestimmen. Dazu zählen alle Tätigkeiten, die der Vertretung der →Interessen eines Staates nach außen dienen, den außenpolitischen Entscheidungen der Regierung, u.a. dem Abschluß von Verträgen, vorarbeiten und deren Durchführung mit friedlichen Mitteln gewährleisten sollen. Im engeren Sinne wird der Begriff Diplomatie häufig gebraucht zur Kennzeichnung der Methode, mit der außenpolitische Verhandlungen geführt werden, und des Verhandlungsgeschicks, das dabei an den Tag gelegt wird. Erste Ansätze von Diplomatie finden sich in den Hochkulturen des Vorderen Orients seit dem 2. Jahrtausend v. Chr. Auch die griechische und römische Antike (→Altertum) kennt bereits ein ausgebildetes Gesandtenwesen. Im Byzantinischen Reich entwickelte sich ein diplomatischer Dienst mit strengen protokollarischen Regeln. Die modernen Formen der Diplomatie entstanden seit dem 15. Jh. in West- und Südeuropa, ausgehend von Burgund, der römischen Kurie und den italienischen Stadtstaaten (Venedig). Bevorzugte Sprache der diplomatischen Korrespondenz war zunächst Latein, das seit dem 17. Jh. immer mehr durch das Französische verdrängt wurde. Als klassische Periode der Diplomatie wird im allgemeinen die Zeit vom Ende des Dreißigjährigen Krieges 1648 bis zum Ende des Ersten Weltkrieges 1918 bezeichnet. Die Diplomatie wurde in dieser Zeit zum wichtigsten Instrument einer Außenpolitik, die zunächst ausschließlich von den dynastischen Interessen der →Monarchien bestimmt, zunehmend aber auch von den ökonomischen Interessen der aufstrebenden bürgerlichen →Klasse (→Bürger) beeinflußt wurde. Der Zugang zum diplomatischen Korps war fast ausschließlich Vertretern des Adels vorbehalten. Gesellschaftliche Exklusivität war ein Kennzeichen des diplomatischen Dienstes; in den diplomatischen Gepflogenheiten mit ihrem Regelwerk der Etikette und des Protokolls spiegelten sich noch die Traditionen einer aristokratischen Hofgesellschaft, als das bürgerliche Zeitalter längst angebrochen war.

In der nachnapoleonischen Ära ab 1815 (→Restaurationszeit) wurden mit dem «monarchischen Prinzip» auch die alten diplomatischen Konventionen wiederhergestellt und im Wiener Reglement vom 19.3.1815 und dem Aachener Protokoll vom 21.11.1818 international verbindlich festgelegt. Die Diplomatie, wie sie von den Kabinetten der großen Mächte noch im 19. Jh., ja bis zum Ausbruch des Ersten Weltkrieges 1914 betrieben wurde, war Geheimdiplomatie, das heißt, sie war der Kontrolle durch die Öffentlichkeit weitgehend entzogen. Dieser Zustand stieß in den sich formierenden →Parteien der →Arbeiterbewegung schon früh auf Kritik, doch wurden erst 1917 mit der Veröffentlichung der Geheimverträge der zaristischen Regierung durch das revolutionäre Rußland und durch die Schaffung des Völkerbundes gemäß einer Forderung des amerikanischen Präsidenten Woodrow Wilson erste Breschen in das System der Geheimdiplomatie geschlagen. Begünstigt wurde der Übergang zu weniger exklusiven Formen des diplomatischen Verkehrs zum einen durch die Öffnung des diplomatischen Dienstes für neue Sozialschichten, zum anderen durch die →Entwicklung der modernen Kommunikations- und Verkehrsmittel, die u.a. das direkte Gespräch zwischen den Staatsmännern erleichtert («Gipfeldiplomatie»). V. U.

◆ Diskurs

Die unvermeidlich modische Abnutzung des Begriffs in allen nur denkbaren, passenden und unpassenden Zusammenhängen verschleiert inzwischen seine ursprüngliche Brauchbarkeit für sozial- und geisteswissenschaftliche Analysen. Diskurs bezeichnet in seiner Ableitung aus dem lateinischen «discurrere» (hin- und herlaufen) nichts weniger als das freie Gespräch, die intuitive Rede. Neben diese «informelle» Bedeutung des Begriffs schiebt sich aber die in der Rhetorik bereits der Antike ausgebildete Bedeutung einer bestimmten Gesetzen der Syntax und der Ordnung seiner Funktionen entsprechenden Mitteilung des (rationalen) Denkens: der «demonstrative Diskurs», der «deliberative Diskurs» und der «judikatorische Diskurs». Diese doppelte Rolle, als Teil der gesellschaftlichen Praxis zugleich eine eben diese reflektierende Ordnung darzustellen, blieb dem Diskursbegriff über alle Wandlungen hinweg eigentümlich.

Die Benutzung des Diskursbegriffs für moderne sozial- und geisteswissenschaftliche Erkenntnistheorien wird von diesen beiden Notierungen entscheidend geprägt. Dabei zeigt sich jedoch stets der Versuch, beide miteinander zu verbinden. Aber die Akzentuierungen, unter denen diese Verbindungen sich plazieren, verweisen nach wie vor auf die ursprüngliche Distanz zwischen Praxis und Reflexion des Begriffs. Für einen Teil der Sozialwissenschaften hat sich der von Jürgen Habermas eingeführte Diskursbegriff als «eine durch Argumentation gekennzeichnete Form der Kommunikation, in der problematisch gewordene Geltungsansprüche zum Thema gemacht und auf ihre Berechtigung hin untersucht werden», zum bestimmenden Faktor moderner Gesellschaftstheorie entwickelt. Hier nämlich ist ein Begriff von →Gesellschaft entstanden, der vornehmlich auf der Interaktion des gesellschaftlichen Diskurses beruht und für den zugleich ein «argumentativ erzielter Konsens als Wahrheitskriterium» gilt. Dieser rationale und soziale Diskursbegriff ist von der Überzeugung getragen, daß diskursive Verfahrensformen weder durch Machtstrategien widerlegt noch aufgehoben werden können, vor allem aber die von der «Gesellschaft» getragene diskursive Kommunikation nicht durch «Politik» willkürlich abgebrochen werden kann. Der Vernunft und Moral integrierende Begriff des Sozial-Diskurses ist für sozial- und geisteswissenschaftliche Erkenntnisbedürfnisse insofern bedeutsam, als er sie 1. zu Rationalität verpflichtet, 2. zur Selbsterkenntnis ihrer unaufhebbaren Funktion als Teil des Sozial-Diskurses anhält und 3. zu einem analytischen Blick für «Brüche» in (schein)rationalen Prozessen und sozialen Strukturen leitet. Es war dieser Begriff des rational und sozial verantworteten Diskurses, der Habermas im Sommer 1986 dazu veranlaßte, der (alt)bundesrepublikanischen Zeitgeschichte den Spiegel vorzuhalten und damit den «Historikerstreit» auszulösen (→Geschichtswissenschaft in der Bundesrepublik).

Derartige Formen sozialer Praxis hätte zwar der von Bachelard, Canguilhem und Foucault beeinflußte Begriff des «epistemologischen (Epistemologie = Lehre vom Wissen) Diskurses» zugelassen, aber keineswegs erfordert. Hier nämlich bezeichnet «Diskurs» eine «Wissenspraxis», die gerade nicht auf Rationalität setzt, sondern «Brüche, Verschiebungen, Verwerfungen und Überlagerungen» in «Aussagesystemen» und anderen gesellschaftlichen Konstellationen des Wissens aufweist.

Diskursanalyse dieser Prägung ist darauf ausgerichtet, die Ereignishaftigkeit «diskursiver Tatsachen» zu betonen und somit nicht «Wissenschaftsgeschichte» zu betreiben, sondern Geschichte des Wissens. Diskurse sind daher aus dem «Chaos» einer Unzahl von Äußerungen förmlich herauszuschneiden, indem sie seriell nicht nach Disziplinen und Ideen, sondern über alle disziplinären oder ideengeschichtlichen Grenzen hinweg nach Kategorien der Ähnlichkeit rekonstruiert werden (→Rekonstruktion). Ähnliche Gegenstände, Stile, bevorzugte Begriffe, Bedingungen etc. schaffen den «Diskurs» und grenzen ihn von beliebiger

«Rede» ebenso ab wie von Wissenssystemen und Wissenschaften. Solche «Diskurselemente» bilden die beschreibbaren Teile des Diskurses, da sie als Wirkungen von Beziehungen verstanden werden, die innerhalb eines Diskurses oder zwischen verschiedenen Diskursen oder sogar zwischen einem Diskurs und der außerdiskursiven Ordnung bestehen.

Brauchbar erscheint dieser Ansatz, insofern er die scheinbar vorgegebenen Grenzen traditionell (vornehmlich) ideengeschichtlichen Materials aufzuheben vermag und in «reale Geschichte» verwandelt sowie die Aufmerksamkeit auf Brüche und Verschiebungen lenkt und somit eine der Hauptgefahren historischer Analyse vermeiden hilft – der Verlockung nachzugeben, «nur» nachzuzeichnen, wie es «eigentlich» gewesen ist bzw. wie man eigentlich gedacht habe, was man eigentlich gewollt habe etc. Die Grenzen aber liegen ebenso deutlich auf der Hand: Die Kriterien für die Konstruktion des Diskurses bleiben unscharf oder intuitiv; Fragen nach den «Ursachen» des Diskurses werden kaum diskursiv zu beantworten sein; allein Formation und Transformation sind sein Gegenstand. So löst die Diskursanalyse die genuin historische Analyse zwar nicht ab, aber sie vermag sie doch nicht unerheblich methodisch zu bereichern. (→Hermeneutik, →Mentalitätengeschichte) A. v. M.

◆ Dolchstoßlegende

Diese Geschichtslüge besagt, daß das deutsche Heer im Ersten Weltkrieg nicht militärisch besiegt, sondern hinterrücks erdolcht worden sei, die Verantwortung für die Niederlage also der «Heimat» zufalle, namentlich Sozialisten und Pazifisten, die durch ihren «zersetzenden» Defätismus der kämpfenden Front in den Rücken gefallen seien und die deutsche Kampfkraft entscheidend geschwächt hätten.

Die Entstehungsgeschichte der Dolchstoßlegende läßt sich bis in die letzten Kriegsmonate zurückverfolgen, als sich die militärische Lage nach dem Scheitern der deutschen Märzoffensive 1918 an der Westfront immer mehr zu Deutschlands Ungunsten wendete und mit dem Durchbruch alliierter Verbände am 8. August 1918 («Schwarzer Freitag») vollends unhaltbar wurde. Mit der Forderung nach sofortiger Einleitung von Waffenstillstandsverhandlungen Ende September 1918 gestand die Oberste Heeresleitung unter Paul von Hindenburg und Erich Ludendorff faktisch die militärische Niederlage ein, suchte aber zugleich die politische Verantwortung dafür von sich auf die →Parteien der Reichstagsmehrheit (SPD, Zentrum, Fortschrittliche Volkspartei) abzuwälzen, die seit 1917 für innenpolitische Reformen und Verständigungsfrieden eingetreten waren. («Sie sollen die Suppe essen, die sie uns eingebrockt haben», so Ludendorff am 1. Oktober 1918). Erstmals öffentlich formuliert wurde die Dolchstoßlegende von Hindenburg in einer Erklärung vor dem Untersuchungsausschuß der Weimarer Nationalversammlung am 19. November 1919, wobei er sich auf eine angebliche Äußerung des englischen Generals Sir Neill Malcolm berief: «Die deutsche Arme ist von hinten erdolcht worden.»

Nach der jahrelang betriebenen Kriegszielpropaganda und der Desinformation der deutschen Bevölkerung über die wahre Kriegslage konnte die Dolchstoßlegende am Ende des verlorenen Krieges auf fruchtbaren Boden fallen, zumal sie an den im öffentlichen Bewußtsein höchst wirksamen Nibelungen-Mythos anknüpfte (→Nibelungentreue). In der Weimarer Republik diente sie – zusammen mit der Agitation gegen den Kriegsschuldparagraphen des Versailler Vertrages (→Kriegsschuldlüge) – der politischen Rechten als propagandistisches Schlagwort, um die neue Ordnung und die sie tragenden politischen Kräfte in Mißkredit zu bringen. Alle Versuche – etwa im Münchener Dolchstoß-Prozeß 1925 –, mit juristischen Mitteln gegen die Geschichtslüge zu Felde zu ziehen, schlugen fehl, weil die meisten Richter der Weimarer Justiz selbst mit der darin zum Ausdruck kommenden Geisteshaltung sympathisierten.

In der Agitation der extremen Rechten, von den Deutschnationalen bis zu den Nationalsozialisten, verband sich der Vorwurf des Dolchstoßes mit einer deutlich antisemitisch akzentuierten Polemik gegen die «Novemberverbrecher», zu denen neben Sozialdemokraten und Kommunisten auch Juden (→Antisemitismus) gezählt wurden. Noch im Zweiten Weltkrieg diente die Dolchstoßlegende den Nationalsozialisten als Rechtfertigung für drakonische Strafmaßnahmen gegen angebliche «Wehrkraftzersetzer». In seiner Rundfunkrede nach dem gescheiterten Attentat vom 20. Juli 1944 berief sich Hitler ausdrücklich auf den «Dolchstoß» im Jahre 1918, um zu begründen, warum die Verschwörer «unbarmherzig ausgerottet» werden müßten. Die bedingungslose Kapitulation und die Besetzung Nazi-Deutschlands durch die Anti-Hitler-Koalition verhinderten, daß nach 1945 eine neue Dolchstoßlegende entstehen konnte. V. U.

E

◆ Eigentum

Eigentum ist ein zentrales Rechtsinstitut. Es verweist auf den engen Zusammenhang zwischen der →Ökonomie einer →Gesellschaft und ihrem jeweiligen Rechtssystem. Wenn alle →Produktion, wie Marx sagt, Aneignung der Natur durch Individuen ist, dann ist die Art, wie produziert wird, entscheidend dafür, wie die Menschen miteinander in Verbindung treten und sich vergesellschaften: Jede Gesellschaftsordnung, die Gesamtheit der «Produktionsverhältnisse», ist daher im Grunde Eigentumsordnung. Eigentum ist deshalb auch keine abstrakte Kategorie, sondern in seiner jeweiligen Spezifik nur der historischen Analyse zugänglich, zumal Eigentum die ganze soziale und politische Struktur (→Ereignis) einer Gesellschaft vorprägt. Das mag in «modernen» kapitalistischen Gesellschaften nicht auf den ersten Blick deutlich sein, da in ihnen das allgemeine, gleiche und direkte →Wahlrecht absieht von den Vermögensverhältnissen des einzelnen →Bürgers, anders als z. B. in den deutschen →Staaten des 19. Jhs., wo das Klassenwahlrecht die politische Berechtigung an Besitz und →Bildung band. Da Eigentum aber nach wie vor Macht verbürgt und auf politische →Herrschaft einwirkt, bleibt die Frage, wie die Konzentration ökonomischer Macht demokratisch kontrolliert werden kann. Man hat in diesem Zusammenhang argumentiert, daß das Eigentum in der heutigen Form des →Kapitalismus entfunktionalisiert sei, da z. B. in großen Kapitalgesellschaften – das sind ihrer juristischen Form nach →Vereine von Kapitalgebern, die eine Unternehmung betreiben – weniger die Anteilseigner als die Manager, die in der Regel nicht am Eigentum beteiligte Angestellte sind, den Ton angeben. In Wirklichkeit zeigt dies Beispiel aber nur, daß das moderne kapitalistische Eigentum in der Regel anonym funktioniert – anders als die Geldtruhe, in die der «Geizige» von Molière sein Hab und Gut unterbrachte.

Während früher viele Juristen unter Eigentum nur Eigentum an Sachen verstanden (das heißt an körperlichen Gegenständen), sind nach heute üblicher nationalökonomischer Begriffsbildung Eigentumsrechte «rechtlich geschützte Ansprüche, mit denen die Zuständigkeit von Menschen bei der Verfügung über knappe Güter festgelegt werden» (Theorie der «property rights»), wie Hans Willgerodt formuliert hat. «Property rights» umfassen auch Vermögensrechte und teilweise sogar öffentlich-rechtliche Rechtstitel, z. B. Altersrenten und Arbeitslosenunterstützung.

Bei der Betrachtung geschichtlich ausgeprägter Eigentumsordnungen (=Gesellschaftsordnungen) muß man unterscheiden zwischen persönlichem Eigentum an Konsumtionsmitteln und Eigentum an Produktionsmitteln. Eigentum an Produktionsmitteln begründet Herrschaft – auf unterschiedliche Weise. Im Feudalismus bestand Eigentum in →Rechten am Boden, in der Form, daß mit der Verfügung über den Bodenertrag Herrschaft über die diesen Boden bearbeitenden Bewohner verbunden war und damit Eigentum an Menschen. Die Rechtsstellung des →Bauern bzw. Landarbeiters war, wenn er einer →Grundherrschaft unterstand, die der «Hörigkeit» oder «Leibeigenschaft», die vielfach einer Art Sklaverei gleichkam, wenn auch der Grundherr seinem «Grundsassen» juristisch «Schutz und Schirm» zu gewähren hatte.

Vor diesem Hintergrund wird erst verständlich, daß führende Staatshistoriker der →Neuzeit, so John Locke im 17. und Adam Smith im 18. Jh., zunächst als Recht auffaßten, die eigene Arbeitskraft frei zu nutzen. Die Befreiung der →Arbeit aus feudaler Abhängigkeit führte zur Gewerbefreiheit, zur →Freiheit der Berufs- und Arbeitsplatzwahl und zur Wanderungsfreiheit. Dieser realhistorische Prozeß (→Entwicklung) drückte sich in der vernunftrechtlichen Philosophie des 18. Jhs. darin aus, daß privates Eigentum als Voraussetzung für menschliche Freiheit galt und daher selbst in den Rang eines Menschenrechts (→Grundrechte) erhoben wurde. So auch in der →Französischen Revolution, wo die Erklärung der Menschen- und Bürgerrechte von 1789 das Eigentum als «unverletzliches und heiliges Recht» bezeichnete und mit dem der Freiheit eng verknüpfte. 1793 kritisierte Maximilien Robespierre in einer Rede vor dem Nationalkonvent diesen Eigentumsbegriff, indem er ausführte: «Ihr habt eine Vielzahl von Artikeln verfaßt, um eine möglichst große Freiheit in der Ausübung des Eigentumsrechtes zu gewährleisten, und ihr habt nicht ein einziges Wort gesagt, um den legitimen Charakter des Eigentums zu bestimmen, so daß eure Erklärung nicht für die Menschen im allgemeinen, sondern für die Reichen, die Spekulanten, die Wucherer und die Tyrannen gegeben zu sein scheint.» Robespierre machte dann Vorschläge, die der, wie wir heute sagen würden, «Sozialbindung» des Eigentums galten, z.B.: «Das Eigentum darf weder die Sicherheit, die Freiheit, die Existenz noch das Eigentum unserer Mitmenschen beeinträchtigen.» Weiter ging Grachus Babeuf, der das kapitalistische Eigentum ablehnte und eine neue Gesellschaftsordnung mit einer neuen Produktionsweise forderte, «die jedem Bürger den gleichen, jedesmal aus anderen Dingen bestehenden Anteil an der Gesamtmenge der Erzeugnisse der Gesellschaft zuweist als Ausgleich für das, was er zu ihrer Vermehrung oder Verbesserung beizutragen vermochte». In einer künftigen, neugestalteten Gesellschaftsordnung, so schrieb Babeuf 1795 in einem Brief, «darf kein Grund bestehen, sich vorzudrängen oder über andere herrschen zu wollen»: «Es ist höchste Zeit, daß die große Masse nicht mehr die Herde ist, die man bis auf die Haut scheren kann, die man abschlachtet oder sich gegenseitig abschlachten läßt. Keine Herren mehr, keine Menschenfresser, keine Tyrannen, keine Ehrgeizigen, keine Ausbeuter und keine Ausgebeuteten mehr... Möge jeder seine Aufgabe haben, die er gewissenhaft ausfüllt und die ihm einen anständigen Lebensunterhalt verschafft – nicht mehr, denn der Wohlstand muß für alle ausreichen und gleichmäßig unter alle verteilt sein.» Bereits 1780 hatte Jean-Pierre Brissot, der in der Französischen Revolution als Anhänger der Gironde hervortrat, die ebenso griffige wie provokante Formel benutzt: «Eigentum ist Diebstahl!» Der französische Anarcho-Sozialist (→Anarchismus) Pierre-Joseph Proudhon griff sie 1840 in einem berühmt gewordenen Buch mit dem Titel «Was ist das Eigentum? Oder Untersuchungen über das Prinzip des Rechts und der Regierung» auf und popularisierte sie. Eigentum, so meinte Proudhon, sei «ein sich selbst widersprechender Begriff». Aus dem kapitalistischen Eigentum werde daher letztlich die →Gleichheit des Eigentums aller hervorgehen. Damit verbunden sei ein Zustand, in dem jede Art von Autorität verschwinde und die wahre Form der Regierung die «An-Archie» sei.

Die in der Französischen Revolution und in ihrer Tradition zur Sprache gebrachten Probleme einer gerechten Eigentumsordnung sind unter anderen Rahmenbedingungen auch heute noch aktuell. M. A.

◆ Emanzipation

Emanzipation meint im modernen Wortgebrauch die Befreiung von gesellschaftlichen Zwängen, die Menschen in Unmündigkeit und Abhängigkeit halten. Insofern diese Befreiung niemals abgeschlossen, sondern immer auch als eine noch zu verwirklichende zu begreifen ist, enthält der Begriff Emanzipation nicht nur eine auf die Gegenwart bezogene, sondern immer auch in die Zukunft gerichtete, utopische Komponente

(→Utopie). Das fortwährende Interesse an Emanzipation speist sich aus dem Abstand zwischen einer ideal gedachten Ordnung und der gesellschaftlichen Wirklichkeit, die – aus welchen Gründen auch immer – hinter dem historisch Möglichen zurückbleibt. Ursprünglich bezeichnet Emanzipation (lat. emanzipare, von «e manu capere» = «aus der Hand nehmen», «freilassen») einen Bestandteil des römischen →Rechts, nämlich jenen Akt, kraft dessen ein pater familias seinen Sohn aus der väterlichen →Gewalt in zivilrechtliche Selbständigkeit entlassen konnte. Die Ausweitung des Begriffs in den politisch-gesellschaftlichen Raum erfolgt in der →Frühen Neuzeit, eingeleitet durch den reflexiven Gebrauch des Verbs («sich emanzipieren» im Sinne von «sich selbst befreien»). In der (noch) ständisch geprägten Ordnung erhält dieser neugefaßte Begriff zunächst einen negativen Beigeschmack. Das «Grand Dictionnaire Royal» übersetzt 1715 ins Deutsche: «s'emaniciper, sich selber allzu große Freiheit geben.»

Dieser abwertende Gebrauch verkehrt sich im Zeitalter der →Aufklärung und der →Französischen Revolution zunehmend ins Positive. Ende des 18. Jhs. hat der Begriff Emanzipation die Bedeutung erlangt, die er im wesentlichen auch heute noch besitzt. Er wird zu einem zentralen Bewegungs- und Zielbegriff, der die Forderungen, die auf Beseitigung rechtlicher, sozialer, politischer oder ökonomischer Ungleichheit gerichtet sind, auf einen Nenner bringt. Im Vormärz hat sich der Begriff auch in Deutschland durchgesetzt. Der «Brockhaus» von 1838 definiert Emanzipation als «Akt, wodurch der Knecht zum Freien wird».

Als antiständischer, auf Beseitigung von Vorrechten und Ungerechtigkeiten zielender Begriff war Emanzipation besonders geeignet, auf solche Gruppen, →Schichten, →Klassen Anwendung zu finden bzw. von diesen selbst aufgegriffen zu werden, die sich in einer unterprivilegierten Position befanden und nach Gleichberechtigung strebten. Dies galt z. B. für die Juden, deren Forderung nach politischer und rechtlicher Gleichstellung sich seit dem frühen 19. Jh. mit dem Terminus Emanzipation verband. Im preußischen Emanzipationsedikt vom 11.3.1812, später auch im § 146 der Frankfurter Reichsverfassung von 1848 (die allerdings nicht in Kraft trat) und schließlich im «Gesetz betreffend die Gleichstellung der Konfessionen» vom 3.7.1869 wurde den Juden – unbeschadet der Ausübung ihrer Religion – die volle staatsbürgerliche Gleichberechtigung gewährt. Durch die neue Welle eines rassistisch eingefärbten →Antisemitismus im letzten Drittel des 19. Jhs. wurde die Gleichberechtigung der Juden wieder in Frage gestellt. Die →Herrschaft des Nationalsozialismus in Deutschland bedeutete eine radikale Umkehrung des Emanzipationsprozesses bis hin zur physischen Vernichtung eines Großteils der europäischen Juden im Zweiten Weltkrieg.

Seit Ende des 18. Jhs. bürgerte sich Emanzipation auch für die Bestrebungen ein, die gesellschaftliche Diskriminierung der Frauen aufzuheben. Im «Brockhaus» von 1844 hieß es: «Emanzipation der Frauen nennt man die Befreiung des weiblichen Geschlechts von den Schranken, mit welchen es Naturverhältnisse und gesellschaftliche Einrichtungen umgeben.» Im Kampf gegen die Frauenemanzipation wurden schon in den dreißiger und vierziger Jahren des 19. Jhs. jene Stereotypen ausgebildet, die bis heute immer wieder von männlicher Seite vorgetragen werden, um die Ansprüche von Frauen abzuwehren. Eine «emanzipierte Frau» – so ließ 1847 eine Zeitschrift verlauten – sei «ein Wesen, das sich die Haare kurz schneidet, das Zigarren raucht, Männerkleidung anlegt und sonst nachlässig, geschmacklos und verstört in ihrem Äußeren anzusehen ist». Praktische Schritte in Richtung Frauenemanzipation ließen in Deutschland lange auf sich warten. Erst 1893 wurden Frauen zum Abitur, um 1900 zum Studium an den Universitäten zugelassen; das Frauenwahlrecht wurde 1919 eingeführt (→Wahlrecht). Für die bis heute in vielen Bereichen fortbestehende Benachteiligung von Frauen hat die →Frauenbewegung, die in den siebziger Jahren als Teil der neuen sozialen Bewegungen entstand (→Alternative Bewegungen), die Öffentlichkeit sensibilisiert (→Frauenpolitik).

Eine dritte Gruppe, auf die der Begriff Emanzipation im 19. Jh. Anwendung fand, war die neuentstandene Klasse der Industriearbeiter (→Arbeiter; →Arbeiterbewegung). Schon bei den emigrierten Handwerksgesellen taucht der Ausdruck in den dreißiger Jahren auf. Karl Marx und Friedrich Engels griffen ihn auf und banden ihn zusammen mit der historischen Mission des Proletariats als Vorreiter einer allgemeinen Menschheitsbefreiung. In der von Marx ausgearbeiteten Präambel zu den Statuten der 1. Internationale (→Internationale) hieß es z.B. «daß die Emanzipation der Arbeiterklasse weder eine lokale, noch eine nationale, sondern eine soziale Aufgabe ist, welche alle Länder umfaßt, in denen die moderne Gesellschaft besteht». Auch wenn die an die revolutionäre Rolle der Arbeiterklasse geknüpfte Perspektive einer grundlegenden Transformation des sozioökonomischen Systems sich nicht realisiert hat, bleibt festzuhalten, daß viele der von der Arbeiterbewegung formulierten emanzipatorischen Forderungen im Laufe des 19. und 20. Jhs. eingelöst wurden.

Die →Geschichtswissenschaft in Deutschland hat den emanzipatorischen Bestrebungen lange Zeit keine Aufmerksamkeit geschenkt, statt dessen ihre Aufgabe eher in der Legitimation bestehender Herrschaftsverhältnisse gesehen. Ein Wandel setzte hier erst in den sechziger Jahren ein im Gefolge der →Studentenbewegung, für die Emanzipation ein Schlüsselbegriff ihres Selbstverständnisses war. Ihre Impulse wurden u.a. aufgenommen in dem Appell Gustav Heinemanns an die Historiker, sich verstärkt den emanzipatorischen Bewegungen in der deutschen Geschichte zuzuwenden, und in den Konzepten der modernen Geschichtsdidaktik (→Geschichtsunterricht), in welchen der Begriff Emanzipation einen hohen Rang zugewiesen bekam. Von Gegnern der Bildungs- und Schulreformen ist gerade der Begriff Emanzipation als zentrales Lernziel immer wieder vehement bekämpft worden. V. U.

◆ Entspannungspolitik

Wenn man den Begriff ganz allgemein definieren will, dann meint «Entspannungspolitik» den Versuch, zwischenstaatliche Konflikte mit friedlichen Methoden abzubauen oder zumindest so weit unter Kontrolle zu bringen, daß sie nicht zu militärischen Verwicklungen führen. Die Kompromißbereitschaft, mit der Frankreich und Großbritannien bis 1938 dem nationalsozialistischen Regime begegnet sind, läßt sich in diesem Sinne interpretieren. Da der Aggressor dadurch nicht befriedigt, sondern in seinen Eroberungsgelüsten ermutigt worden ist, verbinden wir damit gewöhnlich negative Assoziationen: «appeasement» ist deshalb im politischen Sprachgebrauch des Westens zum Synonym für Schwäche und Nachgiebigkeit geworden. «Entspannung» und «Entspannungspolitik» sind dagegen Vokabeln, die bei den meisten Menschen positive Reaktionen hervorrufen, mit deren Hoffnungen und Erwartungen jedenfalls in hohem Maße übereinstimmen. Historiker und Politikwissenschaftler benutzen sie in der Regel als Kürzel, um die Entwicklung seit Mitte der sechziger Jahre zu charakterisieren: ein keineswegs geradlinig verlaufender, von manchen Rückschlägen begleiteter Prozeß, in dem die nach 1946/47 dominierende Konfrontation zwischen den Blöcken in Ost und West zugunsten neuer Formen einer tastenden, insgesamt begrenzten Kooperation abgelöst wurde. Insofern ist Entspannungspolitik der Komplementärbegriff zu →«Kaltem Krieg»: ein Begriff, in dem sich der innere Gehalt einer bis in die Gegenwart reichenden Epoche (→Periodisierung) der Nachkriegsgeschichte anschaulich verdichtet.

Wie immer bei Begriffen, ist auch dieser weder eindeutig noch unstrittig. Je nach Standort und konkreter Situation wird er unterschiedlich bewertet. Entspannungspolitik zwischen der Bundesrepublik und der DDR z. B. war zwar eingebettet in globale Zusammenhänge, mußte aber im einzelnen mit völlig anderen Bedingungen, Traditionen, Erfahrungen und Empfindlichkeiten rechnen als vergleichbare Bemühungen in Asien oder Afrika. Ungeachtet zahlreicher Varianten, die hier diese und dort jene Gestalt annahmen, verbarg sich hinter Entspannungspolitik jedoch ein universaler Geltungs- und Ordnungsanspruch der Supermächte USA und UdSSR. In einer multipolaren, von mehreren Machtzentren geprägten Welt war er allerdings nur schwer durchzusetzen, blieb stets gefährdet und unvollkommen.

Den Kern, aber auch die Probleme der damit verfolgten Praxis hat 1974 der damalige amerikanische Außenminister Henry Kissinger als Politik beschrieben, in der die «Realität der Konkurrenz mit dem Imperativ der Koexistenz» vereinbart werden soll. Das heißt, es ging unter Respektierung der beiderseitigen Einflußsphären sowie unter Fortdauer von machtpolitisch und ideologisch motivierten Interessengegensätzen um die Erprobung von Lösungen, die das Risiko eines atomaren Vernichtungskrieges verringern wollten. Dem dienten vertrauensbildende Maßnahmen, der Verzicht, regionale Krisenherde zum eigenen Vorteil auszubeuten, vor allem aber Verhandlungen auf den verschiedensten Ebenen, um die strategischen Waffenarsenale einzufrieren oder abzubauen, den Rüstungswettlauf wenn nicht zu stoppen, so doch wenigstens in kalkulierbare Bahnen zu lenken. Im Lager der sozialistischen Staaten nannte man das «friedliche Koexistenz», im Westen redete man von «détente», von Entspannung, Kritiker benutzten hin und wieder das Reizwort «appeasement». Beide Konzepte waren trotz der unverkennbaren Gemeinsamkeiten nicht deckungsgleich, aber sie führten dazu, daß eine relativ stabile Balance der Kräfte aufrechterhalten und die nukleare Katastrophe verhindert wurde. J. F.

◆ **Entwicklung** (Prozeß, Fortschritt)

Der Begriff Entwicklung gehört seit Mitte des 19. Jhs. zu den meistgebrauchten Ordnungsbegriffen der →Geschichtswissenschaft. Aber auch in anderen Disziplinen, namentlich der Biologie, der Psychologie, der Soziologie und der Politologie spielt er eine wichtige Rolle. In der politischen Alltagssprache ist er unentbehrlich geworden, wo er in der Regel die Funktion hat, das gegenüber einem bestehenden Zustand noch zu verwirklichende Bessere anzukündigen. In dieser Weise wird er von Anhängern unterschiedlicher Programme und Weltanschauungen in Anspruch genommen. Dies bedingt eine Unschärfe seines Gebrauchs, die bereits im

Jahre 1860 das «Enzyklopädische Lexikon» mit der Feststellung kommentierte: «Man trägt diesen Begriff fast auf alles über, was der Mensch nur irgend kennt und hat.» Dies gilt nicht nur für Umgangssprache und politische Praxis (→Theorie–Praxis), sondern auch für die wissenschaftliche Verwendung des Wortes: Der Begriff Entwicklung wird häufig synonym gebraucht mit Ausdrücken wie «Fortschritt», «sozialer Wandel», →«Modernisierung», «Prozeß», «Trends», «Triebkräfte», «Strömungen» und «Tendenzen». Trotz oder gerade wegen dieser Vieldeutigkeiten scheint die Attraktivität des Entwicklungsbegriffs ungebrochen. Seine Funktionsfähigkeit wird, soweit ersichtlich, von niemandem ernstlich in Frage gestellt. Diese besteht darin, dem Ausdruck bloßer Veränderung eine Richtung zu geben, die, ausgesprochen oder nicht, die Annahme eines Zieles einschließt. Entwicklung bezeichnet daher ein langfristiges, zukunftsorientiertes Geschehen, eine zielgerichtete Bewegung, gleich, ob die mit der Entwicklung verheißene Zukunft bereits Vergangenheit ist und sich insofern der Quellenforschung als zugänglich erweist oder ob sie sich dem Zugriff des Historikers noch entzieht. Ferner läßt der Entwicklungsbegriff offen, ob darunter eine geplante und grundsätzlich machbare Veränderung verstanden wird, wie sie z. B. in dem Wort «Entwicklungspolitik» zum Ausdruck kommt, oder ob diese Veränderung nach überindividuellen →Gesetzmäßigkeiten und Bedingungen sowie im Rahmen vorgegebener Strukturen (→Ereignis) erfolgt. Wird dieser letzte Aspekt betont, so spricht man auch gerne von «Prozeß».

Mit dem Begriff Entwicklung ist die seit der →Französischen Revolution vielfach unterschwellige, aber keineswegs zwingende Auffassung verbunden, daß es sich hierbei um einen zwar unumkehrbaren, aber langsamen und allmählichen Vorgang über große Zeiträume hinweg handelt, so daß Entwicklung oder, wie man hier auch sagt, «Evolution» als «wohltätiges» Gegenprinzip zur →«Revolution» erscheint. Entwicklung wächst hier die Bedeutung von «Reformprozeß» zu, und daraus mag sich das semantisch kaum überzeugende, gleichwohl beliebte Schlagwort vom «Entwicklungsprozeß» herleiten. Schließlich erweist sich der Entwicklungsprozeß als flexibel genug, um sich auf geschichtliche Zusammenhänge ganz unterschiedlicher Reichweite und Dichte anwenden zu lassen. Man kann z. B. unter alltagsgeschichtlicher Perspektive die Entwicklung eines Dorfes oder eines Stadtteils untersuchen und andererseits die gesamte Menschheit in ihrer geschichtlichen Entwicklung betrachten (→Universalgeschichte).

Das Wort «Entwicklung» («entwickeln») ist erstmals im 17. Jh. nachweisbar und bedeutet ursprünglich das Auswickeln eines Eingewickelten analog zum lateinischen «evolutio» (Entwickeln von Schriftrollen). Seine erste wissenschaftliche und bis heute nachwirkende Prägung erfuhr das Wort seit der Mitte des 18. Jhs. durch die unter Biologen geführte Diskussion über den Generationszusammenhang und die Prinzipien des Embryonalwachstums. Entwicklung war gleichbedeutend mit dem keimhaft angelegten, zur Reife bestimmten Wachstum. Entwicklung war also zunächst ein biologischer und anthropologischer Begriff, der erst allmählich auf die Geschichte und die politisch-soziale Welt übertragen wurde. Dabei diente der Entwicklungsbegriff schon früh dazu, den ebenfalls in der →Aufklärung des 18. Jhs. begründeten Begriff des Fortschritts zu konterkarieren. Fortschritt meinte einerseits die Fähigkeit des Menschen, unaufhörlich hinzuzulernen (Perfektibilität), andererseits die Zuversicht, daß, wie die Erfindungen in Technik und Wissenschaften nahezulegen schienen, sich die Geschichte als Prozeß vom Niederen zum Höheren bewegte, daß sie besser würde. Die Kritik, die dieser Fortschrittsbegriff heute unter ökologischen Vorzeichen erfährt, sollte nicht vergessen lassen, daß er ursprünglich einer humanistischen Weltsicht verpflichtet war, die sich, wenigstens im Kern, an der →Gleichheit und →Freiheit aller Menschen orientierte. Der Entwicklungsbegriff hatte daher zunächst die polemische Funktion, den in diesem Sinne intendierten Fortschritt zu problematisieren und dem Emanzipationsprozeß der Menschheit, wenn er schon nicht aufgehalten werden konnte, Paroli zu bieten. Dem bewußt handelnden Menschen wurde, zumal seit der politischen Romantik zu Beginn des 19. Jhs., ein unbewußt wirkendes organisches Wesen als geschichtliche Triebkraft entgegengesetzt. Alle geschichtlichen Gestaltungen der Vergangenheit sollten in ihrem organischen Werden, das heißt als lebendige Individualitäten, verstanden werden, so z. B. auch der →Staat, eine Auffassung, die zu einem Grundbestandteil des deutschen →Historismus wurde. Der im deutschen Historismus gemachte Versuch (z. B. von Leopold von →Ranke), den Entwicklungsbegriff auf ein antirevolutionäres Prinzip zu reduzieren, wurde von fortschrittlichen Denkern in Frage gestellt. Karl Marx glaubte sogar nachweisen zu können, daß der wissenschaftliche Entwicklungsbegriff eine Apologie bestehender Verhältnisse nicht zulasse. Entwicklung und Revolution schlossen sich danach nicht aus, sondern bedingten sich gegenseitig nach bestimmten Bewegungsgesetzen, die sich aus der Tatsache ergaben, daß alle geschichtliche Entwicklung auf Klassengegensätzen beruhte, so daß nunmehr auch von «revolutionärer Entwicklung» die Rede sein konnte (→Historischer Materialismus). M. A.

◆ Ereignis/Struktur

Als «Ereignis» bezeichnen wir eine Summe von Begebenheiten, ein Geschehen, das wir in seinem chronologischen Ablauf als eine Sinn- und Bedeutungseinheit erfahren bzw. auffassen. →Tatsachen werden zu Ereignissen, wenn sie von uns als solche gesehen werden. Dies kommt schon in der Grundbedeutung des Wortes zum Ausdruck: «Eräugnis» ist das vor Augen Gestellte, das, was «in die Augen fällt» (historische Realität/Faktizität). Ereignisse erschließen sich dem menschlichen Bewußtsein aus der Rückschau und stellen insofern Ausschnitte aus der Chronologie dar. Damit etwas zum Ereignis werden kann, muß ein Minimum an Vorher und Nachher vorhanden sein. In diesem Sinne kann alles Geschehen Ereignis werden, eine Schlacht z. B., ein Banküberfall, eine Feuersbrunst, eine Hochzeit. Auch wenn der in die Ereignisse eingeschlossene Tatbestand durch den Historiker als ein Objektives mit Hilfe der Quellenkritik (→Quellen) zu rekonstruieren ist, können sich Ereignisse im Bewußtsein der Menschen mit fortschreitender Erfahrung verändern. Z. B. wird heute der 1. September 1939 allgemein als Beginn des Zweiten Weltkrieges angesehen. Die meisten Zeitgenossen jedoch verknüpften mit diesem Datum je nach Sichtweise «bloß» den Beginn eines «Feldzuges» gegen Polen bzw. – und das zutreffend – den eines Überfalls.

Im Unterschied zu den Ereignissen handelt es sich bei «Strukturen» um Zusammenhänge, die nicht in der strikten Abfolge von Begebenheiten erfahren werden. Da Strukturen vergleichsweise sehr langfristig wirksam sind, zum Teil generationenübergreifend, werden sie entweder als «Zustände» oder überhaupt nicht wahrgenommen. In Wirklichkeit verändern sich auch Strukturen, wenngleich vergleichsweise sehr langsam bzw. schubartig, wie z. B. in revolutionären Umbrüchen. Sie unterliegen dem geschichtlichen Prozeß (→Entwicklung). Strukturen dieser Art, mit denen es der Historiker zu tun hat, sind z. B. Produktivkräfte und Produktionsverhältnisse, Verfassungsbauformen, scheinbar natürliche Verhaltensdispositionen, geographische Vorgegebenheiten, Rechtssysteme, Herrschaftsweisen, institutionelle Vorkehrungen. Strukturen bedingen, ermöglichen, bewirken, beengen oder erweitern menschliches Handeln und gehen damit in die Ereignisse ein. Der Historiker darf nicht nur die Besonderheit von Ereignissen im Auge haben, sondern muß das in ihnen repräsentierte Allgemeine miterfassen. Er muß die den Ereignissen zugrundeliegenden Strukturen mit Hilfe des Vergleichs und der Typologie sowie einer entsprechenden Begriffsbildung untersuchen. Eine Hochzeit ist in einer individuellen Lebensgeschichte ein Ereignis. Den Kultur- und

Alltagshistoriker wird eine Hochzeit im Jahre 1886 in erster Linie insoweit interessieren, als sich in diesem Ereignis Repräsentatives über eine Generation und eine Gruppe von Menschen in einer bestimmten Region zu einer bestimmten Zeit darstellt. Banküberfälle liefen vor hundert Jahren anders ab als heute, ebenso Feuersbrünste und Schlachten.

Der Historiker tendiert dazu, Ereignisse zu erzählen und Strukturen zu beschreiben. Das Ausspielen von Strukturen gegen Ereignisse unter dem Titel «Theorie» ist ein Streit um des Kaisers Bart. Das A und O des Historikers ist und bleibt die Chronologie. Auch in den Strukturen muß der Historiker die Bewegungsrichtung von Geschehen auffinden und sichtbar machen. «Strukturgeschichte» als eigenständige Disziplin ist sinnlos. Sozialgeschichtsschreibung ist, wenn sie nur auf Strukturen abhebt, problematisch, denn der Historiker hat es letztlich mit dem konkreten, lebendigen Menschen und dessen Verantwortlichkeit zu tun. M. A.

◆ Erfüllungspolitik

Erfüllungspolitik ist ein Schlagwort, das in den Debatten um den außenpolitischen Kurs der Weimarer Republik anfänglich die Befürworter ebenso wie die Gegner benutzen. Den einen dient es zur Beschreibung, den anderen zu abwertender Polemik. Gemeint ist damit eine Strategie, die sich an den Bestimmungen des Versailler Friedensvertrages orientiert, um sie ad absurdum zu führen. Man sucht die Reparationsverpflichtungen zu erfüllen, um den alliierten Siegermächten, insbesondere Frankreich, Großbritannien und den USA, zu beweisen, daß Deutschland zwar willig, aber letzten Endes nicht in der Lage sei, die geforderten Leistungen in vollem Umfang zu erbringen.

Erfüllungspolitik ist insofern eine relativ gemäßigte Variante der Revisionspolitik, deren Ziele durchaus mit den Absichten derer in Einklang stehen, die sie lautstark als Ausverkauf nationaler →Interessen verteufeln. Da dieser Weg bis 1923 weder rasche noch sichtbare Erfolge zeitigt, ist er in der Bevölkerung unpopulär, was wiederum der konservativen und der völkischen Opposition Gelegenheit bietet, die wachsende Unzufriedenheit für ihre Zwecke auszubeuten und die jeweiligen Regierungen, aber auch das demokratische System insgesamt an den Pranger zu stellen. Nach der Regelung der Reparationsfragen durch den Dawes-Plan von 1924 und den Young-Plan von 1929 wird Erfüllungspolitik dann allerdings zur ressentimentgeladenen Metapher, zum haßerfüllten Kampfbegriff eines rechten →Radikalismus, der wie kein zweiter das innenpolitische Klima vergiftet, Emotionen schürt und Gräben aufreißt, die Repräsentanten der Republik verunglimpft und Möglichkeiten für eine Verständigung mit den Nachbarn in Ost und West blockiert. J. F.

◆ Exil

Exil ist die Eindeutschung von lateinisch «exsilium», das «Verbannung» und «Zufluchtstätte» bedeutet. Ins Exil gehen Menschen demnach nicht aus freien Stücken, sondern gezwungenermaßen: weil sie aus politischen, religiösen oder ideologischen Gründen diskriminiert, zu Staatsfeinden erklärt, verfolgt, in ihren Lebens- und Entfaltungsmöglichkeiten behindert, isoliert und mit physischer Vernichtung bedroht werden. In früheren Zeiten traf dieses Schicksal eher einzelne oder bestimmte soziale Gruppen, während der →Französischen Revolution etwa die Angehörigen der →Aristokratie, im 20. Jh. jedoch ist es zum Massenschicksal geworden. Unter dem Einfluß eines zunehmend unduldsamen, emotional und rassistisch aufgeheizten →Nationalismus, in einer von revolutionären Umwälzungen und →Krisen geschüttelten Welt werden die Vertreibung von ethnischen, kulturellen oder konfessionellen Minderheiten und die brutale Kriminalisierung jedweder Opposition zu gebräuchlichen Instrumenten diktatorischer Systeme (→Diktatur), die mit Hilfe von Polizei- und Überwachungsapparaten die →Gesellschaft durchdringen, in Schach halten, mit Repression und Terror ihre →Herrschaft festigen und ausbauen.

Den Modellfall für derartige Praktiken, die von der Beseitigung moralischer Hemmschwellen und einem radikalen Bruch mit traditionellen Rechtsanschauungen begleitet werden, liefert in Deutschland die Politik der Nationalsozialisten, die bis zum Zweiten Weltkrieg allein aus dem Reich, aus Österreich und den deutschsprachigen Gebieten der Tschechoslowakei rund eine halbe Million Menschen vertreiben: Juden und Nichtjuden, Kommunisten und Sozialdemokraten, in geringerem Umfang auch Liberale und Konservative, →Bürger und →Arbeiter, Prominente und Namenlose, Künstler, Publizisten und Wissenschaftler, Männer und Frauen, Kinder und Greise. Die Mehrheit dieser Emigranten wider Willen, hauptsächlich die Juden unter ihnen, brechen die Brücken zur angestammten Heimat notgedrungen für immer ab und versuchen unter meist schwierigen Bedingungen in den verschiedenen Aufnahmeländern Fuß zu fassen. Nur eine Minderheit, zu der 1939 ungefähr 30000 Personen zählen, beteiligt sich in dieser oder jener Form am antifaschistischen Kampf, sitzt «mit dem Gesicht nach Deutschland» auf gepackten Koffern, um nach dem

Sturz der braunen Machthaber unverzüglich zurückzukehren. Will man die von den Nazis ausgelösten Fluchtbewegungen mit analytischen Kategorien differenzieren, dann ist «Emigration» (→Auswanderung) der umfassendere Begriff, der das Exil, zu dem gewöhnlich die aktiven Gegenspieler des Regimes gerechnet werden, gewissermaßen als Teilmenge mit einschließt. Die Grenzen sind dabei allerdings fließend. Ob sich jemand für Niederlassung und Integration entscheidet oder nicht, ist abhängig von Veränderungen der politischen Verhältnisse, der Dauer des Aufenthaltes, von individuellen →Bedürfnissen und Bindungen, Lebenslagen, Zielen und Einstellungen. Nicht wenige der «rassisch» Verfolgten z. B. haben zunächst ebenso auf baldige Rückkehr gehofft wie die politisch Verfolgten, von denen wiederum manche früher oder später in die Gesellschaften der Asylländer hineinwachsen und dort auch nach 1945 bleiben.

In der Bundesrepublik ist die Erforschung von Emigration und Exil mit erheblicher Verspätung in Gang gekommen. Verantwortlich für Desinteresse und Untätigkeit waren Ressentiments, die denen entgegengebracht wurden, die – wie 1945 der Romancier Frank Thieß in einem offenen Brief an Thomas Mann vorwurfsvoll formulierte – «aus den Logen und Parterreplätzen des Auslandes der deutschen Tragödie» zugeschaut, sich der Pflicht zum Ausharren in der «inneren Emigration» entzogen, damit das Recht auf Mitsprache und Gehör verwirkt hätten. Denn, so Thieß weiter: «Es ist nun einmal zweierlei, ob ich den Brand meines Hauses selbst erlebe oder ihn in der Wochenschau sehe, ob ich selber hungere oder vom Hunger in den Zeitungen lese, ob ich den Bombenhagel deutscher Städte lebend überstehe oder mir davon berichten lasse.» Befangen in solchen Mentalitäten begegnete man den Repräsentanten des Exils mit Mißtrauen, strafte Schriftsteller wie Arnold Zweig, Lion Feuchtwanger oder Heinrich Mann mit Schweigen, fällte abschätzige Urteile über sie und denunzierte sie in der Ära des →Kalten Krieges als willfährige Parteigänger der Kommunisten.

Diese Auffassungen spiegeln die restaurativen Tendenzen in der bundesdeutschen Nachkriegsgesellschaft, die ihre Energien auf den wirtschaftlichen Wiederaufbau richtet, die jüngste Vergangenheit aber nur mit Glacéhandschuhen anfassen mag. Im Lauf der sechziger Jahre beginnt sich das Klima jedoch zu wandeln, Verhärtungen brechen allmählich auf, die Gleichgültigkeit wird abgelöst durch eine immer breiter werdende Rezeption des literarischen und politischen Exils. Exilforschung wird zu einem in internationaler Kooperation beackerten Feld und gewinnt kontinuierlich an Gewicht. Getragen wird sie von den verschiedensten Disziplinen, der Literatur-, Sozial- und Geschichtswissenschaft, die sich darum bemühen, das über die Welt verstreute Quellenmaterial zu sichern, zu sichten und aufzubereiten, verdrängte Traditionen ins Bewußtsein zu heben und ein realistisches Bild vom «anderen Deutschland» jenseits der Grenzen zu zeichnen: die Geschichte des Exils und der Emigration nicht nur – wie lange in der DDR üblich – aus einer parteiamtlich gefärbten Perspektive heroischer Kämpfe zu schreiben, sondern auch als Geschichte von Niederlagen und innerer Zerrissenheit, von mühsamen Anpassungs- und Eingewöhnungsprozessen in den Gastländern mit all den bedrückenden Aspekten eines von Demütigungen, Not und Entbehrungen geprägten Alltags.

J. F.

F

◆ Faschismus

Die Sache mutet vertraut an wie kaum eine zweite, und jeder, der sie zu Markte trägt, glaubt zu wissen, warum und zu welchem Ende er das tut: das Wort «Faschismus» ist auf vielen Ebenen zu Hause, auf den lichten Höhen theoretischer Abstraktion ebenso wie in den Niederungen der alltäglichen Rhetorik. Daß dies zu terminologischer Stringenz geführt hätte, läßt sich allerdings nicht behaupten. Stets war und ist die Gefahr groß, daß durch inflationären und bedenkenlosen Gebrauch jede Trennschärfe verlorengeht, «Faschismus» zu einer Metapher des bloßen Ressentiments, zur beliebig instrumentalisierbaren Vokabel des Verdachts verkümmert. Aber auch die Wissenschaften, deren Diskurse sich in Bergen von Büchern niederschlagen, waren bislang außerstande, zu konsensfähigen Aussagen vorzustoßen. Die Gründe dafür liegen zum einen in der Komplexität und der Variationsbreite der Phänomene, die auf einen Nenner gebracht werden sollen, zum andern in den Funktionen und Erkenntnisinteressen, die man dabei vor Augen hat. Sofern Ableitungen wie «faschistoid», «proto-», «prä-», «krypto-» und «neofaschistisch» mehr sein sollen als inhaltsleere Floskeln, setzen sie Maßstäbe und idealtypische Definitionen voraus, an denen sich sachgerechte Urteile orientieren können. Gleichwohl sind immer wieder Zweifel geäußert worden, ob aus derartigen Bemühungen überhaupt plausible Resultate erwachsen. Sicher ist mit Blick auf die zahllosen Kontroversen nur eines, daß nämlich der Begriff äußerst heterogenen Zwecken dient: Er ist Kampfparole und analytische Kategorie, steht für Bewegungen, Programme und →Ideologien, ist Partei-, Herrschafts- und Epochenbegriff.

Versuche zu theoretisch fundierten Ortsbestimmungen reichen zurück bis in die zwanziger Jahre. Den Anlaß dafür bot Italien, nachdem dort im Oktober 1922 die paramilitärischen Fasci di combattimento, die Kampfbünde, und deren politischer Arm, der Partito Nazionale Fascista unter Benito Mussolini, die Macht erobert hatten. Vor allem marxistisch argumentierenden Beobachtern galt dies als Ausdruck und Vorwegnahme gesamteuropäischer Tendenzen und Entwicklungsmöglichkeiten. Der Faschismus wurde dadurch internationalisiert, lange bevor er eine solche Rolle wirklich zu spielen begann. In diesem, freilich nur in diesem Punkt berührten sich die Auffassungen der Antifaschisten mit denen der Faschisten. Denn mit fortschreitender Konsolidierung seines Regimes verwies Mussolini immer häufiger auf den universellen Charakter der darin verkörperten Ziele und Ideen. 1932 sprach er davon, daß der Faschismus die «Doktrin» des 20. Jhs. sei, die überall auf der Welt den →Liberalismus, den →Sozialismus und den Bolschewismus zerstören und ablösen würde. Welchen Grad an Verbindlichkeit einzelne Elemente der Lehre haben sollten, blieb allerdings unklar. Das zeigte sich beispielhaft 1934 auf dem von Italien initiierten Kongreß von Montreux, wo sich die anwesenden Delegationen über den Stellenwert der «Rassenfrage» stritten, sich auf wenige, relativ grob umrissene Prinzipien wie autoritäre Staatsführung oder berufsständische Wirtschaftsordnung einigten, sich zu einer Präzisierung indes nicht durchringen konnten: Italien war Vorläufer, hier und da Vorbild, nicht jedoch sklavisch nachzuahmendes Modell. Und der Faschismus war mittlerweile zwar eine internationale Erscheinung geworden, aber sowohl tatsächlich als auch im Selbstverständnis seiner Repräsentanten zerfiel er in verschiedene nationale Gebilde, die jeweils eingebettet waren in spezifische Traditionen und Zusammenhänge.

Der Aufstieg des Faschismus vollzog sich in einer Periode, die vom Zerfall überlieferter Werte und Gewißheiten geprägt war. Zu den Bedingungen, von denen er profitierte, gehörten soziale Verwerfungen, Ungleichzeitigkeiten und Deklassierungsängste, die in den Prozessen der →Industrialisierung wurzelten und sich durch die Erfahrungen des technisierten Massenkrieges, seit 1917 durch →Revolutionen und revolutionäre Erschütterungen, enttäuschte Erwartungen und vergeblich geleistete Opfer kumulativ verschärften. Diagnosen, die in diesem Sinne den Faschismus als Symptom und Ergebnis prekärer gesellschaftlicher Konstellationen einstuften, waren bereits den Zeitgenossen geläufig. In den Interpretationsmustern, mit denen sie operierten, spiegelten sich allerdings beträchtlich divergierende Positionen, konkurrierende Überzeugungen und →Interessen. So nahm im Frühjahr 1931 ein Sympathisant wie der Publizist Edgar J. Jung den italienischen Faschismus zum Vorwand für eine aus kulturpessimistischen Versatzstücken gespeiste Generalabrechnung mit der modernen Zivilisation (→Kulturpessimismus). Mussolinis Politik wird darin als «Auftakt» gewürdigt. Sie sei ein erster tastender Schritt zur Überwindung der «abendländischen Krise»: eine Antwort auf irregeleiteten Fortschrittsglauben, «Glückseligkeitslehren» und «ethische Knochenerweichung», auf die Bedrohung des Privateigentums, auf «Atomisierung und Kollektivierung», «Massendemokratie und falsche Führerauslese». Faschismus figuriert hier, wie unschwer zu erkennen ist, als Programm, das die Rückkehr zu den Quellen «völkischer» Kraft beschwört. Italien dient als Folie für die antiliberalen Visionen eines deutschen Konservativen, der vom «organischen» →Staat und einer hierarchisch gegliederten, von →Gewerkschaften, Partizipationswünschen und politischem Wettbewerb befreiten bürgerlichen Gesellschaft (→Bürger) träumt.

Von Träumen, wenngleich andersgearteten, ließen sich auch die Kommunisten leiten. Ihr Ansatz fragte nach der Funktion des Faschismus innerhalb des kapitalistischen Systems. 1924 verabschiedete die Kommunistische →Internationale eine Resolution, in der sich Dichtung, Wahrheit und Wunschdenken auf wundersame Weise miteinander vermengten. Faschismus war danach «eine der klassischen Formen der Konterrevolution»: ein «Kampfinstrument der Großbourgeoisie gegen das Proletariat». Entscheidend sei nicht die kleinbürgerlich-mittelständische Basis der Bewegung, sondern deren manipulative Steuerung. Da die bürgerliche Gesellschaft sich im Stadium fortschreitender Zersetzung befinde, würden «alle bürgerlichen Parteien, insbesondere die Sozialdemokratie, einen mehr oder weniger faschistischen Charakter» annehmen. «Der Faschismus und die Sozialdemokratie», heißt es weiter, seien «die beiden Seiten ein und desselben Werkzeuges der großkapitalistischen Diktatur». Da man wegen innerer Widersprüche mit deren baldigem «Bankrott» rechnete, könne weder der Niedergang des →Kapitalismus verhindert werden noch der Sieg der proletarischen Revolution. Die Theorie des →«Sozialfaschismus», die seit den späten zwanziger Jahren ihre absurden Blüten trieb, ist schon hier mit Händen zu greifen. Unter Faschismusverdacht geriet dabei jeder, der nicht fest im Lager des →Kommunismus stand. Die Rede vom Faschismus degenerierte endgültig zum demagogischen Stereotyp – ein untrügliches Indiz für Selbstisolierung und Realitätsverweigerung. Die bombastische Phrase trat an die Stelle nüchterner Analyse: so wenn im Dezember 1933, knapp ein Jahr nach der «Machtergreifung» des Nationalsozialismus, das Exekutivkomitee der Komintern dekretierte: «Der Faschismus ist die offene terroristische Diktatur der am meisten reaktionären, chauvinistischen und imperialistischen Elemente des Finanzkapitals.» Damit war der Rahmen abgesteckt, an dem sich nicht nur die praktische Politik, sondern nach 1945 auch die sowjetmarxistische Wissenschaft in Osteuropa zu orientieren hatte. Zwar wurde 1935 mit der Wendung zur Volksfrontstrategie die Sozialfaschismusthese als taktischer, nicht jedoch als prinzipieller Fehler verworfen, an der Linie von 1933 aber hielt man unbeirrt fest.

Die Diskussion, die sozialdemokratische und linkssozialistische Autoren führten, war demgegenüber komplexer und differenzierter, jedenfalls bei weitem nicht so steril und eindimensional wie die der Kommunisten. Aus diesem Grund läßt sie sich auch nicht einfach formelhaft verkürzen. Dazu war sie zu kontrovers und in den Blickpunkten zu unterschiedlich. Franz Borkenau z. B. sah im italienischen Faschismus eine Art Entwicklungsdiktatur, um die Voraussetzungen für einen Prozeß industriewirtschaftlicher →Modernisierung zu schaffen. Eine Übertragung auf das kapitalistisch durchgebildete Deutschland glaubte er daher ausschließen zu können. Anfang 1933 publiziert, war das freilich eine Prognose, die von den Ereignissen rasch überholt wurde. Gegen rein instrumentalistische Deutungen betonten Otto Bauer oder August Thalheimer die relative Autonomie der faschistischen Bewegung, die es verstanden hätte, ein breites, klassenübergreifendes Potential an Anhängern zu mobilisieren. Den Faschismus an der Macht erklärten sie in Anlehnung an die →Bonapartismustheorie von Karl Marx. Das heißt, sie gingen von einer wechselseitigen Blockierung der →Klassen aus: Die →Schichten des Bürgertums waren danach nicht mehr und die des Proletariats noch nicht stark genug, um sich als dominierende Kraft zu behaupten bzw. zu etablieren. In dieser Situation sei die Bourgeoisie bereit, auf die politische →Herrschaft zugunsten des Faschismus zu verzichten, um so ihre sozialen Privilegien und die Kontrolle über die Produktionsmittel zu sichern. Strittig war allerdings, ob die daraus resultierende Verselbständigung der faschistischen Exekutive nur als partielles und zeitlich befristetes oder als dauerhaftes und totales Phänomen zu bewerten sei: ein Problem, das durch theoretische Reflexion allein nicht gelöst werden konnte, sondern der empirischen Forschung am jeweils konkreten Objekt bedurfte.

Ein Kennzeichen auch der sozialdemokratischen Debatte war, daß sie den Faschismusbegriff verallgemeinerte, auf vergleichende Analysen jedoch meistens verzichtete. Stimmen, die für terminologische Eingrenzung warben, waren selten. Zwar räumte 1930 der Publizist Georg Decker ein, daß es «vielleicht korrekt» wäre, «von Faschismus nur dann zu sprechen, wenn sich die in Frage kommende Bewegung in allen wesentlichen Zügen mit dem italienischen Faschismus deckt». Aber – so fügte er hinzu: «Es hat sich bei uns schon ein viel freierer Gebrauch des Wortes eingebürgert. Die Frage, ob die Demokratie bedroht ist, deckt sich bei uns mit der Frage nach dem Vorhandensein der faschistischen Gefahr. Jede Diktatur, durch welche die Demokratie verdrängt wird oder verdrängt zu werden droht, wird als Faschismus bezeichnet.» In dieser Perspektive war es geradezu zwingend, den Nationalsozialismus als deutschen Faschismus zu klassifizieren oder, wie Alexander Schifrin im November 1930 zuspitzte, als die «wohl konsequenteste Form» des europäischen Faschismus, die im Kern sämtliche Merkmale aufwies, die auch für parallele Erscheinungen in Italien oder Österreich typisch waren: «Autokratisch geleitete Organisation, die zugleich eine politische Partei und Kampftrupp ist, extremer Neo-Nationalismus als Ideologie, soziale Demagogie als Methode, Sprengung der Demokratie als Weg, unbeschränkte Diktatur als Ziel.» Verschwörungstheorien kommunistischer Provenienz erteilte Schifrin eine unmißverständliche Absage. Der Faschismus als «politische Gewalt, die aus der Zersetzung des Kleinbürgertums hervorgegangen» sei, verfüge nämlich trotz mancher Verbindungen zum «Großkapital» über ein beträchtliches Maß an «Eigenleben». Entscheidend sei ferner nicht der antikapitalistische Habitus der NSDAP, sondern das Faktum (→Tatsachen), daß es ihr gelungen sei, «die nichtkapitalistischen Massen (gemeint sind →Bauern, Handwerker, Angestellte und Beamte; J. F.) gegen das Proletariat mobil zu machen». Dies allein auf die «Tiefe der Wirtschaftskrise» zurückzuführen laufe freilich auf kurzschlüssigen ökonomischen →«Determinismus» hinaus. Denn, so abschließend die Prognose: Der Erfolg der Nationalsozialisten «liegt in der Ebene der Politik und der Massenpsychologie».

Von solchen hier nur in knapper Auswahl skizzierten Fragestellungen, Thesen und Erkenntnissen hat die Forschung nach 1945, selbst dann, wenn sie das nicht im einzelnen dokumentieren mochte, in erheblichem Umfang profitiert, hat sie modifiziert und verfeinert, verworfen und bestätigt. Auch dabei schwangen stets politische Prägungen, Unter- und Obertöne mit. Die Geschichte der Faschismusdeutungen blieb daher auf das engste verflochten mit den Konjunkturen der Politik, mit ideologischen Trends und intellektuellen Moden. Im Zeichen des →Kalten Kriegs dominierte westlich des Eisernen Vorhangs zunächst die Totalitarismustheorie (→Totalitarismus) die Bolschewismus, Nationalsozialismus und Faschismus jeweils als wesensverwandte Spielarten totalitärer Herrschaft zu erfassen suchte. Richtungsweisend waren die Studien Hannah Arendts und die des Politologen Carl J. Friedrich, die sich auf eine ganze Reihe zeitgenössischer Gewährsleute stützen konnten: auf Konservative wie den Schriftsteller Ernst Jünger oder den «Kronjuristen» des «Dritten Reichs», Carl Schmitt, vor allem aber auf Beobachtungen und Einschätzungen von Liberalen und Sozialdemokraten aus dem Umkreis der äußeren wie der inneren Emigration (→Exil). Erst als die Spannungen zwischen den Blöcken in Ost und West allmählich abflachten, verloren diese Konzeptionen an Attraktivität, gerieten in die Defensive, ohne völlig von der Bildfläche zu verschwinden. Die Diskussion hat sich seither aufgefächert, hat an Dimension gewonnen, ist lebendiger, freilich auch unübersichtlicher geworden.

Während sich die Wissenschaft der DDR und der Sowjetunion in den Zitadellen der Kominternposition verschanzte, knüpften weniger dogmatische Marxisten an die flexibleren linkssozialistischen Interpretationen der zwanziger und dreißiger Jahre an. Eines der Kardinalprobleme, mit dem sie sich abmühten, galt dem Verhältnis von faschistischer Massenbasis, Staatsapparat und «kapitalistischem Gesamtinteresse». Gab es so etwas wie einen Vorrang der Wirtschaft und der sie repräsentierenden Eliten, und wenn ja, wie weit reichte dieser, wann und unter welchen Bedingungen wurde er abgelöst? Wenn faschistische Systeme, wie manche glaubten, in die Schublade «bürgerliche Herrschaft» gehörten, waren dann die offenkundigen Abweichungen von parlamentarisch regierten →Demokratien gradueller oder qualitativer Natur? Exemplifiziert wurde dies in der Regel am Fall Deutschland. Da vergleichend angelegte Arbeiten kaum in Angriff genommen wurden, fielen die Erträge für eine umfassende Theorie des Faschismus am Ende bescheiden aus. Und noch wichtiger war, daß sich die Gretchenfrage – die nach dem Stellenwert von →Antisemitismus und Völkermord – mit einer von der →Ökonomie dominierten Betrachtungsweise nicht oder nicht plausibel genug beantworten ließ. Wegen der blinden Flecken und der ihnen innewohnenden Konsequenzen hat der israelische Historiker Saul Friedländer derartige Ansätze in einem 1982 veröffentlichten Essay einer scharfen Kritik unterzogen: «Der Nazismus ist für die marxistische Geschichtsschreibung ein Hindernis, über das sie immer wieder stolpert. Man kann die Entstehung der Bewegung in gesellschaftlichen Kategorien, die Machtergreifung aus wirtschaftlichen Interessen erklären. Aber danach scheint nichts mehr diesem Schema zu entsprechen. Will man daran festhalten, muß man folgendes ausklammern: die zentrale Rolle Adolf Hitlers, die Grundlagen und Entwicklung seiner Rassenpolitik ... und schließlich seine Politik der Judenvernichtung. Kurz gesagt, was übrigbleibt, ist ein Nazismus ohne Nazismus, ein Bild der Ereignisse, in dem es schwerfällt, einen Hitler von einem Roosevelt zu unterscheiden oder die nazistische Rassenpolitik und die gewöhnlichsten Äußerungen des Klassenkampfes auseinanderzuhalten. Es bedeutet nichts anderes als eine bis zum Exzeß getriebene Normalisierung aufgrund eines vorgefaßten Begriffsrahmens.»

Wäre es daher nicht besser, auf einen Gattungs- oder, wie es im Fachjargon heißt, auf einen «generischen» Begriff überhaupt zu verzichten? Brauchen wir wirklich eine universelle Kategorie, gegen die sich die empirischen Befunde immer wieder sperren? Vermutlich nicht, denn die Untersuchungen, die ohne ein alles überwölbendes Theoriegebäude auskommen, sind mittlerweile Legion. Die Schwierigkeit, sämtliche Einzelphänomene unter einen Hut zu bringen, bleibt selbst dann bestehen, wenn man zwischen italienischem Normal- und deutschem Radikalfaschismus differenziert. Auch das ist eine Hilfskonstruktion, die letztlich im dunkeln läßt, warum der Rassenantisemitismus in Italien keine so zentrale Rolle spielte wie in Deutschland. Trotzdem gibt es, so Ernst Nolte 1963, offenbar das Bedürfnis nach einem Etikett für Systeme, die sich «vom demokratisch-parlamentarischen wie vom kommunistischen Typus» abheben, dabei mehr und anderes sind als «bloße Militärdiktaturen oder konservative Regime». Dafür spricht, daß der europäische Faschismus der Zwischenkriegszeit in der Tat eine Fülle von Gemeinsamkeiten aufweist: hierarchische Organisationsstrukturen ebenso wie den Kult um eine charismatische, sozial integrative Führerfigur (→Charisma), die totalitäre Durchdringung aller Lebensbezirke, Massenmobilisierung und suggestive Symbolik ebenso wie den Habitus männlicher Jugendlichkeit, →Gewalt, Terror und fortwährenden Daseinskampf als Mittel und Prinzipien der Politik ebenso wie säkularisierte Heilslehren, die ältere religiöse Normen und Milieus zersetzen. Die faschistische Ideologie ist in erster Linie Anti-Ideologie: antiliberal und antidemokratisch, antisozialistisch und antikapitalistisch, sie ist extrem nationalistisch, darüber hinaus in einer schwer zu entwirrenden Weise antimodern und modernistisch, besessen vom →Mythos des Irrationalen, zugleich fasziniert von Technik und technologischer Effizienz. Merkmale wie diese konstituieren freilich keine globale Theorie, eher eine Art «faschistisches Minimum», angesichts dessen die Mahnung des italienischen Sozialisten Angelo Tasca nicht in Vergessenheit geraten sollte, daß nämlich «Faschismus definieren» zuallererst heißt, «die Geschichte des Faschismus» zu «schreiben». J. F.

◆ Film- und Tondokument

Die Medientechniken ermöglichen durch ihre außerordentlich gesteigerte →Mobilität die filmische bzw. elektronische Fixierung weiter Bereiche des politischen und alltäglichen Lebens. Allerdings erweisen sich die Speicherkapazitäten dieser potentiell umfassenden Dokumentierung (noch immer) als begrenzt. Sowohl die Haltbarkeit des elektronischen (Video-) Materials wie die Archivierungspolitik der Medienzentralen bilden Hindernisse für den (Alp-)Traum der Historiker, einen Kosmos von →Ereignissen und Strukturen visuell oder wenigstens hörbar dokumentiert zu finden. Die «Lesbarkeit» dieser Dokumente kommt allerdings an den klassischen Fragen der Quellenkritik (→Quellen) nicht vorbei. Im Gegenteil: gerade hier erweist sich die scheinbare Originalität des →Bildes oder gesprochenen Wortes als besonders verführerisch, sie bereits als «Wirklichkeit» mißzuverstehen. Tatsächlich sind Bildaufnahmen jeder Art und nahezu alle Tonaufnahmen inszeniert. Allein ungeschnitten aufgenommene Reden – Vorträge, Parlamentsdebatten etc. – mögen als Tonquelle unmittelbar zu nutzen sein. So zeigt sich der besondere Vorteil der Tondokumentation gegenüber der Mitschrift, wenn es um «Atmosphäre» geht, die unter der Schwelle artikulierter Zwischenrufe oder Bei- und Mißfallenskundgebungen liegt. Jede bearbeitete Tonaufnahme erfordert jedoch strengste Kritik sowohl äußerer wie innerer Art. Diese bezieht sich auf Schnitte, Eingriffe, Tonregulierungen, aber auch komprimierte Sinn- und Inhaltsblöcke. Das Inszenierungspotential der visuellen Medien (Film, Video etc.) beginnt bereits bei der Aufnahme mit unbewegter Kamera. Schon hier werden Ausschnitt, Bildwinkel und Beleuchtung zu Inszenierungsmitteln, deren Reichweite zumindest erkannt werden muß. Mit der mobilen Bildführung ergibt sich eine ganze Palette weiterer Möglichkeiten, Tendenzen herzustellen, die das scheinbar objektive Dokument in eine bestimmte Richtung zwingen. Daneben sind bei allen Mediendokumenten – wie überall sonst auch – die plumpen Fälschungsmöglichkeiten zu beachten, die durch Auslassung, Schnitt oder gestellte Szenen sich gerade hier wiederum besonders gut kaschieren lassen. Untersuchungen, die sich mit Massenkommunikation, Manipulierbarkeit, Geschmacksoziologie, Problemen der Wahrnehmung etc. befassen, werden auf diesen Quellentypus (→Quellen) aber nicht mehr verzichten können. A. v. M.

◆ **Flugblatt** (Flugschrift)

Die Gleichzeitigkeit von Religionskampf und Entfaltung der Drucktechnik beflügelte Flugblätter wie Flugschriften. Den Interessen der religiösen Kombattanten an weiter Verbreitung ihrer Grundsätze und Attacken konnte der gerade entstandene Druck mit beweglichen Lettern vorzüglich entsprechen und bezog aus der Fülle der Aufträge und erhitzten Atmosphäre zugleich selbst einen kräftigen Innovationsschub. Die Steigerung der «volkssprachlich» gedruckten Titel belegt diesen Vorgang mit aller Deutlichkeit. In Deutschland erschienen zu Beginn des 16. Jhs. etwa 40 gedruckte Schriften und Bücher in deutscher Sprache pro Jahr. Für 1519 –

also nur zwei Jahre nach den 95 Thesen Martin Luthers – sind schon 111 nachweisbar, 1524 erschienen 498 Titel, 1525 schließlich ist eine tausendfache Steigerung der Titelzahl gegenüber dem Stand von 1517 erreicht (R. Engelsing). Die Masse dieser Drucke waren Flugblätter und Flugschriften, wobei entsprechend dieser Tendenz die verständlichste aller Sprachen, nämlich die des →Bildes, dominierte. Das illustrierte Flugblatt wurde zum wesentlichen Medium der Reformationskämpfe. Das «Schlagbild» (Aby Warburg) ergänzte, illustrierte und verschärfte das «Schlagwort» der Flugschriften. Einseitigkeit, karikative Überzeichnung bestimmten das Erscheinungsbild dieser neuen literarischen Gattung, die damit auch für spätere Verwendungen geprägt wurde (→Ikonographie). Dazu zählte auch die Konstruktion von «Öffentlichkeit», denn Flugblatt und Flugschrift wurden in der Öffentlichkeit verlesen und vorgezeigt. Sie verselbständigten sich als Lied- und Spruchelemente oder auch ikonologische Signale. Umgekehrt bezogen sie Sprach- und Zeichenbilder ebenso wie Stoffe und Argumente häufig aus der bereits bestehenden mündlichen Kommunikation der «Parteien». Ganz ähnliche Strukturen lassen sich auch in späteren Stimulierungsepochen dieser Gattung erkennen. Revolten, →Revolutionen, Bürgerkrieg bilden mehr noch als →Krieg die geeignete Lage für das Bedürfnis nach populärer Publizistik. Die →Französische Revolution, Vormärz und →Revolution von 1848 in ganz Europa können daher ebenso als «Blütezeiten» gelten wie die frühen Jahre der Weimarer Republik. Denn die Verständigung durch interne Codes, wie sie nur innerhalb einer →Gesellschaft möglich sind – in sehr viel geringerem Maß auch über ihre Grenzen hinweg – bildet eine wesentliche Voraussetzung für diesen Typus antagonistischer Publizistik. A. v. M.

◆ Föderalismus

Föderalismus ist ein Phänomen, das in den Bereich des Verfassungsrechts und der →Verfassungsgeschichte gehört. Zieht man Definitionen in juristischen Lexika und Handbüchern zu Rate, dann verbirgt sich dahinter keine konkrete Staatsform, die sich an allseits akzeptierten Normen und Verfahrensregeln orientiert, vielmehr ein Stil des Denkens, ein Prinzip, das auf Herstellung und Fortschreibung einer föderativen Verfassungsordnung zielt. Insofern hat der Begriff neben der rechtlichen eine eminent politische Bedeutung. Da um seine Ausgestaltung zum Teil heftige Debatten und Kämpfe ausgefochten wurden und immer noch ausgefochten werden, ist er nicht statisch, sondern dynamisch, offen und entwicklungsfähig.

In Föderalismus steckt das lateinische «foedus», was soviel heißt wie «Bündnis», «Bund», «Vertrag». Eine föderative Ordnung ist demnach entweder ein Bundesstaat oder ein Staatenbund. Um diese Begriffe kreisen in Deutschland die verfassungspolitischen Auseinandersetzungen des 19. und 20. Jhs. Beide haben in unterschiedlicher Färbung und Gestalt den Lauf der Geschichte geprägt. Der Rheinbund in der napoleonischen Ära und der Deutsche Bund von 1815 gelten als Staatenbünde, der Norddeutsche Bund von 1867, das Kaiserreich von 1871, die Weimarer Republik und die Bundesrepublik als Bundesstaaten, und die zeitweilig diskutierten Pläne einer Konföderation zwischen Bonn und Ostberlin entsprachen eher dem Modell eines Staatenbundes als dem eines Bundesstaates.

Sowohl Staatenbund als auch Bundesstaat sind Verbindungen von →Staaten, wobei zentralisierende und dezentralisierende Tendenzen, Einheit und Vielheit, Gemeinschaft und Eigenart stets von neuem, je nach den Bedürfnissen und Erfordernissen der Zeit, zur Deckung gebracht werden müssen. Der Bundesstaat unterwirft mehrere Staaten einer einheitlichen Staatsgewalt, beläßt aber den Einzelstaaten oder, wie wir heute sagen, den Ländern mit Blick auf Gesetzgebung, Finanzhoheit und Kulturpolitik ein gewisses Maß an Autonomie. Der Staatenbund weist demgegenüber nur ein sehr lockeres Gefüge auf; er ist im Sinne des Wortes ein Bündnis souveräner Staaten, die sich zur Erfüllung gemeinsamer Zwecke zusammenschließen und bestimmte Aufgaben, etwa die Außen- und Militärpolitik (insoweit also Teile ihrer Souveränität), auf übergeordnete Einrichtungen übertragen. Die Wiener Schlußakte von 1820 z. B. beschreibt den Deutschen Bund als einen «völkerrechtlichen Verein», der sich in Artikel 2 als «Gemeinschaft selbständiger, unter sich unabhängiger Staaten», in «seinen äußeren Verhältnissen aber als eine in politischer Einheit verbundene Gesamt-Macht» definiert.

Der Gegenpol von Föderalismus ist der Unitarismus, der für einen mehr oder minder zentralisierten Einheitsstaat plädiert. In Deutschland ist er die Ausnahme, nicht die Regel. Das zeigt sich deutlich am Beispiel der DDR, wo er sich nur gut drei Jahrzehnte hat halten können. Im Kaiserreich war er das Programm der Sozialdemokraten, die damit die dominierende Stellung Preußens brechen wollten, sich davon aber seit den zwanziger Jahren schrittweise entfernten. Unter anderer Perspektive und mit anderer Stoßrichtung verwirklicht worden ist er von den Nationalsozialisten. Durch die Gleichschaltung der Länder haben sie die bundesstaatliche Tradition der Weimarer Demokratie zerschlagen, dabei allerdings keine straff von oben nach unten durchgegliederte Struktur geschaffen, sondern ein unübersichtliches System mit zunehmend chaotisierten Entscheidungs-, Kompetenz- und Befehlssträngen – ein System, in dem verschiedene Macht- und Kommandozentren mit- und gegeneinander konkurrierten, zusammengehalten allein durch die charismatische Person (→Charisma) des «Führers» und Reichskanzlers Adolf Hitler. J. F.

◆ Fotografie

Fotografien – es gibt sie seit Mitte des 19. Jhs. – sind eine wichtige sozial- und kulturgeschichtliche →Quelle. Alte Familienfotos z. B. können Informationen über soziale Strukturen und Mentalitäten, über Kleidung und Mode, Ernährung und Wohnverhältnisse vermitteln. →Bilder von Straßen, Plätzen, Bauwerken können Aufschluß geben über architektur- und ortsgeschichtliche Zusammenhänge. Fotos aus der Arbeitswelt zeigen uns die industriellen Arbeitsverhältnisse, Werkzeuge und Maschinen und die verschiedenen beruflichen Tätigkeiten.

Fotos bieten immer nur einen Ausschnitt aus vergangenen →Lebenswelten. Um sie historisch richtig ‹lesen› und deuten zu können, reicht bloßes Betrachten des Abgebildeten in der Regel nicht aus. Vielmehr sind dazu zusätzliche, aus anderen schriftlichen Quellen oder mündlichen Erzählungen (→Oral history) gewonnene Informationen notwendig. Darüber hinaus bedürfen Fotos als visuelles Medium – nicht anders als schriftliche Quellen – der Quellenkritik. Das heißt unter anderem, daß ihre Entstehungsbedingungen und die Perspektive des Fotografen, sein «fotografischer Blick», reflektiert werden müssen: Welche →Interessen leiten den Fotografen? Worauf konzentriert er seinen Blick, was spart er aus? Welche – zum Teil unbewußten – kulturellen Implikationen müssen bedacht werden? Fotografien können nachträglich manipuliert werden, um bestimmten politischen Zwecken zu dienen. Solche «gefälschten Bilder» sind – wie der französische Historiker Alain Jaubert gezeigt hat – so selten nicht. Auch bei der Wiederherstellung ihrer «Wahrheit» ist der kundige Blick des Historikers unverzichtbar. V. U.

◆ Französische Revolution

Die Französische Revolution von 1789 gilt als eines der bedeutsamsten →Ereignisse der neueren Geschichte. Ihre Entstehungsgeschichte ist ebenso vielschichtig wie ihr Verlauf. Man unterscheidet heute in der Regel zwischen langfristigen und kurzfristigen Ursachenkomplexen. Dazu zählt ein ganzes Bündel von ökonomischen, sozialen und politischen Faktoren, die sich in den Jahren vor 1789 zu einer tiefgreifenden →Krise des Ancien régime verschränkten. Im Unterschied zum «aufgeklärten →Absolutismus» in einigen deutschen Territorien erwies sich die →Monarchie in Frankreich als unfähig, durch rechtzeitige Reformen das Konfliktpotential zu entschärfen, das sich unter der Hülle der ständischen Privilegienordnung angesammelt hatte. Diese strukturelle, durch die Führungsschwäche Ludwigs XVI. verstärkte Reformunfähigkeit zeigte sich am deutlichsten auf dem Gebiet der Finanzpolitik. Der Versuch der Krone, die enorme Staatsverschuldung durch Abbau der Steuerprivilegien zu reduzieren und damit den drohenden Staatsbankrott abzuwenden, stieß auf den entschiedenen Widerstand der privilegierten →Stände: Adel und hohe Geistlichkeit. 1787/88 steigerte sich diese Opposition zu einer regelrechten «Adelsrevolte». In dieser Situation blieb Ludwig XVI. nichts anderes übrig, als sich der Forderung nach Einberufung der – seit 1614 suspendierten – Generalstände für Anfang Mai 1789 zu beugen. Mit den Wahlen zu den Generalständen verbunden war die Abfassung von Beschwerdeheften («cahiers de doléances»), in denen die Ideen der →Aufklärung sich vermischten mit den Alltagssorgen der unteren Bevölkerungsschichten. In der bekanntesten →Flugschrift vom Januar 1789 formulierte Abbé Sièyes den Anspruch des Dritten Standes auf Teilhabe an der politischen Macht: «Was ist der Dritte Stand? Alles. Was stellt er in der politischen Ordnung bisher dar? Nichts. Was fordert er? Etwas zu sein.»

Der Forderung nach Verdoppelung der Vertreter des Dritten Standes (600 statt wie bisher 300) gab der König nach, doch weigerte er sich, der Abstimmung nach Köpfen (statt wie bisher nach Ständen) seine Zustimmung zu geben. Daher erklärte sich der Dritte Stand (dem sich Teile des niederen Klerus anschlossen) nach längerem Hin und Her am 17. Juni 1789 zur Nationalversammlung. Diese verpflichtete sich in dem berühmten Ballhausschwur am 20. Juni, nicht auseinanderzugehen, bis eine Verfassung für das Königreich Frankreich ausgearbeitet worden sei. Der König mußte widerstrebend die vollzogenen Tatsachen anerkennen und am 27. Juni die Vereinigung der Abgeordneten des Adels und des Klerus mit den Vertretern des Dritten Standes anordnen – das Ende der absoluten Monarchie in Frankreich.

Die Hoffnungen, die durch die Einberufung der Generalstände geweckt worden waren, die Erbitterung über die anhaltende Brotteuerung, die im Juli 1789 einen Höchststand erreichte, wilde Gerüchte über ein «aristokratisches Komplott», die durch die Entlassung des als liberal geltenden Finanzministers Necker am 11. Juli weitere Nahrung erhielten – all das vermengte sich zu einem explosiven Gemisch, das sich im Sturm auf die Bastille am 14. Juli 1789 entlud. Erst das Eingreifen des «peuple» von Paris, das zum Muster der Umwälzung in vielen anderen Städten wurde (Munizipalrevolution) und in der kollektiven Panik der «Großen Furcht» («la grande peur») ein verzerrtes Echo fand, sicherte das Werk der Nationalversammlung und verhalf der bürgerlichen →Revolution zum Sieg.

Die Französische Revolution durchlief mehrere, deutlich voneinander zu unterscheidende Phasen. Die erste, bis 1792 reichende, wurde entscheidend bestimmt durch die Abgeordneten der Nationalversammlung in Versailles. Mit ihren Beschlüssen in der Nacht vom 4./5. August 1789 hoben sie die feudalen Vorrechte auf dem Lande auf und zerstörten damit die Grundlagen der ständischen Privilegienordnung. Von bleibender Bedeutung war vor allem die «Erklärung der Menschen- und Bürgerrechte» vom 26.8.1789, in der die liberalen →Grundrechte verankert wurden. Sie bildete auch die Grundlage der Verfassung vom 3.9.1791, durch die Frankreich zur konstitutionellen Monarchie wurde. Der König verlor zwar seine absolute Machtposition, behielt aber mit dem aufschiebenden Vetorecht gegenüber Beschlüssen der Legislative ein wichtiges Instrument in der Hand. Dennoch konnten und wollten sich Ludwig XVI. und sein Hof mit der vollzogenen Veränderung nicht abfinden. Der Fluchtversuch der königlichen Familie, der am 21.6.1791 in Varennes scheiterte, ließ die Stimmung gegen die Monarchie umschlagen.

Die zweite Phase der Revolution reicht vom Sturz der Monarchie und der Ausrufung der →Republik im August/September 1792 bis zum Ende der Jakobinerherrschaft am 27.7.1794. Unter dem doppelten Druck äußerer Bedrohung – seit dem 20.4.1792 befand sich Frankreich im →Krieg mit den konservativen europäischen Mächten – und gegenrevolutionärer Tendenzen im Innern radikalisierte sich die Revolution. Diese Phase war vor allem geprägt durch die aufbrechenden und sich verschärfenden Gegensätze im Lager der revolutionären Bewegung – zwischen Girondisten, den Vertretern des liberalen Bürgertums (→Bürger), und den →Jakobinern, die sich auf die kleinbürgerlich-plebejischen →Schichten vor allem in der Hauptstadt Paris, die Sansculotten, stützten. Gegen den Widerstand der Girondisten setzten die Jakobiner die Hinrichtung Ludwigs XVI. am 21.1.1793 durch. Mit der Entmachtung der Gironde und der Verhaftung ihrer führenden Vertreter Ende Mai/Anfang Juni 1793 begann die Phase der sogenannten Jakobinerherrschaft, die sich zur →Diktatur des Wohlfahrtsausschusses unter Maximilien Robespierre entwickelte. Am 27.6.1793 wurde eine neue republikanische Verfassung verabschiedet, die auf dem Grundsatz der unteilbaren Volkssouveränität aufbaute und soziale Grundrechte wie die Bürgschaft für die →Arbeit aller verankerte. Als Instrument des Terrors wurde die Guillotine eingesetzt. Ihr fielen nicht nur Tausende von wirklichen oder vermeintlichen Revolutionsgegnern zum Opfer, sondern auch die Weggefährten Robespierres wie Georges Danton (5. April 1794) und am Ende Robespierre selbst.

Mit dem Sturz und der Hinrichtung Robespierres und seiner Anhänger am 27. 7. 1794 (9. Thermidor) setzte die dritte Phase der Revolution ein. In ihr verschoben sich die Gewichte wieder zugunsten des Großbürgertums, das seine →Herrschaft mit der Direktorialverfassung vom September 1795 dauerhaft zu stabilisieren suchte, was allerdings nicht gelang. Die Regierung des Direktoriums wurde am 29. 11. 1799 (18. Brumaire) durch den erfolgreichen Heerführer Napoleon Bonaparte gestürzt. Dieser beendete die Revolution, ohne allerdings ihre wesentlichen Ergebnisse rückgängig zu machen.

Die Geschichtsschreibung über die Französische Revolution ist geradezu ein Musterbeispiel für die Verquickung von Wissenschaft und Politik. In ihr spiegeln sich nicht nur die Frontstellungen der Jahre 1789 bis 1799, sondern auch wechselnde politische Konjunkturen und Legitimationsbedürfnisse. Während der bourbonischen Restauration nach 1815 (→Restaurationszeit) war die Revolution zunächst ein Tabu. Durchbrochen wurde es erstmals von Adolphe Thiers, der in seinem zehnbändigen Werk «Histoire de la Révolution française» (1823–27) die Revolution aus der Sicht des liberalen Großbürgertums betrachtete und daher seine Sympathien ganz der konstitutionellen Monarchie von 1791 zuwandte. War Thiers' Werk eine Kampfansage gegen die bourbonische Restauration, so richtete sich die große Revolutionsgeschichte von Jules Michelet, die 1847, am Vorabend der 1848er Revolution (→Revolution von 1848), zu erscheinen begann, gegen das seit 1830 herrschende Julikönigtum und später gegen die Herrschaft Napoleons III. Bei Michelet war der eigentliche Held nicht die Gironde, sondern «das Volk», dessen revolutionärer Patriotismus geradezu mythisch verklärt wurde. Nach 1848 trat die Revolutionshistoriographie in eine neue Phase ein, die eher im Zeichen einer skeptischen Relativierung stand. Kennzeichnend hierfür ist das Werk von Alexis de Tocqueville «L'Ancien régime et la Révolution française» von 1856. Dessen Kernthese besagte, daß vieles, was der Revolution als Ergebnis zugeschrieben wurde, bereits im Ancien régime angelegt gewesen sei, man von einer Fundamentalzäsur also nicht sprechen könne. Die kritische Betrachtung der Revolution erreichte nach der Niederlage Napoleons III. 1870 und der Pariser Commune 1871 einen ersten Höhepunkt. In seinem

Werk «Les origines de la France contemporaine» (1874–93) vertrat Hippolyte Taine die Auffassung, daß Frankreich seit 1789 auf eine abschüssige Bahn geraten sei. Die Jakobiner wurden charakterisiert als Verderber des Vaterlands, das Volk als zerstörungswütiger Mob – Topoi, die in der konservativen und neoroyalistischen Kritik an der Revolution immer wieder aufgenommen wurden. Gegen Taine trat Alphonse Aulard, der erste Inhaber des 1885 an der Sorbonne eingerichteten Lehrstuhls für Revolutionsgeschichte, an. Vom Standpunkt des Radikalrepublikaners würdigte er die Revolution als Ursprung der französischen Republik und →Demokratie. Nicht die Leistung der Constituante stand bei Aulard im Mittelpunkt, sondern Danton, der Gegenspieler Robespierres, der von Aulard zu einem Nationalheros der III. Republik stilisiert wurde. Noch größere Wirkung hinterließ das dreibändige Werk des sozialistischen Politikers Jean Jaurès «Histoire socialiste de la Révolution française», das 1901 zu erscheinen begann. Es begründete die sozialistische Schule der Revolutionsinterpretation, die unter den Nachfolgern von Jaurès – von Albert Mathiez, Georges Lefèbvre bis zu Albert Soboul – sich zur dominierenden Richtung der Historiographie in Frankreich entwickelte. Mathiez unternahm es in den zwanziger Jahren, den vielgescholtenen Robespierre zu rehabilitieren. Lefèbvre spürte erstmals den Bewegungen der →Bauern, unter anderem dem Kollektivphänomen der «Großen Furcht» (1932) nach. Albert Soboul leistete nach dem Zweiten Weltkrieg einen bedeutsamen Beitrag zur Erforschung der Pariser Sansculotterie. Gegen die vorherrschende jakobinische Geschichtsschreibung richtete sich in den sechziger Jahren die strukturgeschichtlich orientierte Gesamtdarstellung von François Furet und Denis Richet (1965/66). In ihr wurde die These vertreten, daß die Jakobinerdiktatur nicht etwa den Höhepunkt der Revolution darstellte, sondern eine «Entgleisung» («dérapage»). Die Revolution sei gewissermaßen über ihr Ziel, die liberale Verfassung einer konstitutionellen Monarchie, hinausgeschossen. Diese Lesart hat in den letzten Jahren an Boden gewonnen. Die Vertreter der jakobinischen Position – mit Soboul-Nachfolger Michel Vovelle an der Spitze, der sich vor allem um die Erforschung der Mentalitäten (→Mentalitätengeschichte) verdient gemacht hat – sind in die Defensive geraten. François Furet war während der großen Feierlichkeiten aus Anlaß des «bicentenaire» 1989 der Medienstar unter den Historikern. Zugleich hat sich in Frankreich eine neokonservative Richtung formiert, die lautstark gegen die Revolution zu Felde zieht. So spricht Pierre Chaunu im Zusammenhang mit dem Bürgerkrieg in der Vendée von einem jakobinischen «Genozid», der die Ouvertüre gebildet habe zu dem stalinistischen Gulag und dem deutschen

Völkermord an den Juden. An dieser These hat sich in Frankreich ein «Historikerstreit» entzündet, der manche Parallelen aufweist zu dem in der Bundesrepublik ausgetragenen (→Geschichtswissenschaft in der Bundesrepublik). An der Geschichte der Französischen Revolution werden sich auch künftig die Geister scheiden. Sie bleibt ein Politikum allerersten Ranges. V. U.

◆ Frauenbewegung, deutsche

«Der Mensch wird frei geboren, und überall liegt er in Ketten», schrieb der französische Philosoph Jean-Jacques Rousseau 27 Jahre vor der Revolution von 1789 (→Französische Revolution). Dies galt damals und gilt in vielen Ländern der Erde noch heute für Frauen. Selbst in den modernen Industriestaaten der westlichen wie auch der östlichen Welt sind Diskriminierungen von Frauen, wenn nicht in rechtlicher, so doch tatsächlich in gesellschaftlicher Hinsicht an der Tagesordnung.

Die deutsche (bürgerliche) Frauenbewegung begann als Teil des liberalen und demokratischen Emanzipationskampfes der Vormärzzeit (→Emanzipation) , häufig mit der tatkräftigen Unterstützung von Männern, z. B. – um nur diese zu nennen – des Pädagogen Anton Rée, des politischen Publizisten Wilhelm Schulz, des Offiziers und Schriftstellers Otto von Corvin und des Offiziers und Jounalisten Fritz Anneke. Sogar die erste deutsche radikalfeministische Schrift «Über die bürgerliche Verbesserung der Weiber», die bereits 1792 erschien, stammt von einem Mann, dem Königsberger Bürgermeister und Juristen Theodor Gottlieb von Hippel. Das Werk wurde aber von der Frauenbewegung und deren Geschichtsschreibung (→Frauengeschichte) erst um 1980, knapp 200 Jahre später, zur Kenntnis genommen und gewürdigt.

Doch obwohl Frauen in die Reihen der Revolutionäre von 1848 (→Revolution von 1848) eintraten, waren sie bei den Wahlen zur Nationalversammlung nicht wahlberechtigt. Es entstanden zahlreiche demokratische Frauenvereine, die die Teilnahme von Frauen an der Politik propagierten. Die Niederlage der →Revolution war eine Niederlage besonders der Frauen: 1850 legte eine preußische Verordnung fest, daß Frauen ebenso wie Schüler und Lehrlinge nicht Mitglieder politischer →Vereine werden durften. Erst 1908 wurde diese Bestimmung für Frauen aufgehoben.

Ohne →Bildung keine →Emanzipation. Eine Hauptforderung der bürgerlichen Frauenbewegung war deshalb von Anfang an und bis in unsere Zeit, die Bildungsmöglichkeiten von Frauen zu verbessern, insbesondere auch die berufliche Bildung. Das bedingte zugleich den Kampf der Frauen für das →Recht auf →Arbeit. Schon auf der ersten deutschen Frauenkonferenz 1865 in Leipzig, die zur Gründung des Allgemeinen deutschen Frauenvereins (ADF) unter Leitung von Louise Otto (1819–1895) führte, erscholl der Ruf nach Befreiung der Frauenarbeit von allen Hindernissen. Gegen Ende des Jhs. begann sich die bürgerliche Frauenbewegung in einen radikalen und einen gemäßigten Flügel zu trennen. Die radikalen Frauenrechtlerinnen – Hauptvertreterinnen: Anita Augspurg (1857–1943), Minna Cauer (1841–1922), Helene Stöcker (1869–1943), Lida Gustava Heymann (1868–1943) – sahen im Frauenwahlrecht die Voraussetzung für die Gleichberechtigung der Frau. Die Gemäßigten, z. B. Helene Lange (1848–1930), legten das Schwergewicht auf die Bildungsarbeit und traten für dem «Wesen der Frau» entsprechende Schulen und Bildungswege ein. Dazu kam bei manchen Frauen des radikalen Flügels das Engagement für eine «Neue Ethik»: Helene Stöcker gründete 1905 den Bund für Mutterschutz und Sexualreform, um die rechtliche Gleichstellung von ehelichen und unehelichen Müttern und deren Kindern zu erreichen und um Ehe- und Sexualberatungsstellen einzurichten. Die bürgerlichen Frauenrechtlerinnen, gleich welcher Richtung, hatten mit massiven Vorurteilen der Männer zu kämpfen: Erstmals im Jahre 1900 konnten sich Frauen an Universitäten immatrikulieren lassen. Bis 1918 hat mit Ausnahme der kleinen linksliberalen Demokratischen Vereinigung keine bürgerliche →Partei die volle staatsbürgerliche Gleichstellung der Frauen in ihr Programm aufgenommen. Das 1900 eingeführte Bürgerliche Gesetzbuch (BGB) schrieb die Diskriminierung der Frauen auf lange Zeit zusätzlich fest. Dem Mann stand die Entscheidung in allen die eheliche Lebensgemeinschaft und die Erziehung der Kinder betreffenden Fragen zu. Das von der Frau in die Ehe eingebrachte Vermögen unterlag der Verwaltung und Nutznießung des Mannes. Der Mann konnte Wohn- und Aufenthaltsort und Art der Haushaltsführung bestimmen. Unter diesen Umständen war es nicht verwunderlich, daß die Frauenrechtlerinnen, die einen mehr, die andern weniger, der Solidarität von Männern in ihren Bestrebungen glaubten sich entziehen zu müssen. Sie neigten zu der Auffassung, die Durchsetzung von Fraueninteressen durch Frauen allein und unabhängig von Männern zu erkämpfen (Feminismus).

Anders verlief die Entwicklung in der proletarischen Frauenbewegung. Hier setzte sich im letzten Drittel des 19. Jhs. die von Clara Zetkin (1857–1933) und August Bebel (1840–1913; 1879: «Die Frau und der Sozialismus») und anderen propagierte Auffassung durch, daß die Frauenfrage Teil der sozialen Frage ist und die Frauen ihre soziale Gleichstellung nur zusammen mit den Männern im Klassenkampf erreichen können. Hatte es in der sich organisierenden →Arbeiterbewegung seit Gründung des Allgemeinen Deutschen Arbeitervereins (ADAV) 1863 bislang starke Vorbehalte gegen Frauenfabrikarbeit gegeben, wobei Furcht vor Konkurrenz und Lohndruck, gesundheitliche Bedenken, Angst vor Zerfall der Familie und antifeministische Vorurteile eine Rolle spielten, so wurde die Befürwortung der Frauenerwerbsarbeit jetzt zum Programmpunkt der proletarischen Frauenbewegung. Während die bürgerlichen Feministinnen eine klassenunabhängige frauenspezifische →Identität postulierten und doch oder gerade deswegen in den Schranken der eigenen →Klasse befangen blieben, reduzierte die proletarische Frauenbewegung die Frauenfrage in erster Linie auf eine Klassenfrage.

Zu Beginn des Ersten Weltkrieges im August 1914 kam es erstmals zur Annäherung der bis dahin scharf voneinander abgegrenzten sozialdemokratischen und bürgerlichen Frauenbewegung. Gertrud Bäumer (1873–1954) und andere Führerinnen des 1894 als Dachorganisation der bürgerlichen Frauenbewegung gegründeten Bundes deutscher Frauenvereine (BDF) initiierten den Nationalen Frauendienst, um die Frauen an kriegswichtigen Aufgaben vor allem im karitativen Bereich zu beteiligen, aber auch, um sie als Arbeitskräfte für die Rüstungsproduktion zu vermitteln. Im Zeichen des «Burgfriedens» (Bewilligung der Kriegskredite durch die sozialdemokratische Fraktion im Reichstag) rief Luise Zietz (1865–1922), 1908 als erste Frau in den Parteivorstand der SPD gewählt, die sozialdemokratischen Frauen zur Zusammenarbeit mit dem Nationalen Frauendienst auf.

Eine wichtige Etappe in der Geschichte der deutschen Frauenbewegung stellte die Novemberrevolution (→Deutsche Revolution 1918–20) dar: Sie brachte Frauen und Männern das gleiche, geheime, direkte und allgemeine Wahlrecht. 1919 gab es erstmals deutsche Parlamentarierinnen, freilich in verschwindender Minderheit: In der Nationalversammlung saßen 423 Abgeordnete und 37 Frauen (davon allein für die SPD 19). In der Weimarer Reichsverfassung von 1919 waren «alle Deutschen vor dem Gesetz gleich», Frauen und Männer hatten «grundsätzlich dieselben staatsbürgerlichen Rechte und Pflichten». Das Wort «grundsätzlich» machte rechtliche Ausnahmen möglich, so z.B. blieben die ehe- und familienrechtlichen Bestimmungen des BGB bis 1958 bestehen.

Obwohl die Frauen jetzt stärker in Parteien und →Gewerkschaften mitarbeiteten, waren sie bei der Vergabe von Ämtern erheblich unterrepräsentiert: Auf dem Kongreß des Allgemeinen Deutschen Gewerkschaftsbundes (ADGB) von 1922, um nur ein Beispiel zu nennen, fanden sich unter 690 Delegierten lediglich 7 Frauen, obwohl Frauen knapp 30 % aller Mitglieder stellten.

Die proletarische Frauenbewegung war seit Gründung der USPD 1917 und der KPD 1918 gespalten. Die im Dezember 1919 als sozialdemokratische Wohlfahrtsorganisation gegründete Arbeiterwohlfahrt (AWO) wurde zum Betätigungsfeld der SPD-Frauen. Soziale Arbeit galt bei Männern, aber auch bei Frauen als scheinbar natürliche weibliche Domäne. Die KPD-Frauen waren seit 1925 im Roten Frauen- und Mädchenbund organisiert. In liberalen Parteien bestanden spezielle Frauenausschüsse.

Ein wichtiges frauenpolitisches Thema war die Auseinandersetzung über den § 218 des Strafgesetzbuches von 1870, der Schwangerschaftsunterbrechung mit einer Zuchthausstrafe bis zu fünf Jahren bedrohte. Obwohl bürgerliche und proletarische Frauen für Möglichkeiten einer legalen Schwangerschaftsunterbrechung kämpften, war der Reichstag 1926 lediglich bereit, die Zuchthausstrafe in eine Gefängnisstrafe abzumildern.

Die Diskriminierung der Frauen im Berufsleben blieb bestehen. Nach Masseneinstellungen von Frauen während des Ersten Weltkrieges folgten nach dem Krieg Massenentlassungen im Zuge der Demobilisierung. Auch bei der Entlohnung waren Frauen benachteiligt, selbst der ADGB lehnte den Grundsatz «gleicher Lohn für gleiche Arbeit» ab. 1923 führte eine Personalabbauverordnung zur Entlassung von verheirateten Beamtinnen und weiblichen Angestellten in der Reichsverwaltung («Doppelverdiener»). Am Ende der Weimarer Republik während der Weltwirtschaftskrise wurden die gesetzlichen Bestimmungen verschärft, die sich gegen berufstätige, verheiratete Frauen richteten.

Die Machtübernahme der Nationalsozialisten 1933 bedeutete das vorläufige Ende aller Bestrebungen um Gleichberechtigung. Die Frauenverbände wurden aufgelöst bzw. gleichgeschaltet. Die Nationalsozialisten propagierten das Ideal der arischen Hausfrau und Mutter. Nach einem Wort Adolf Hitlers enthielt das Programm der «nationalsozialistischen Frauenbewegung» nur einen Punkt, «und dieser Punkt heißt ‹das Kind›». Trotzdem stieg die Zahl der Frauen, die einer Erwerbstätigkeit nachgingen, ständig an, vor allem mit der Intensivierung der Kriegsvorbereitung nach 1936.

Nach dem Zweiten Weltkrieg hatten Frauen entscheidenden Anteil am Wiederaufbau. Dennoch wurden sie mit dem Rückstrom der Kriegsgefangenen wieder aus den Beschäftigungsbereichen verdrängt. In →Beruf und Politik sind Frauen bis heute benachteiligt: Lohndiskriminierung trotz steigenden Bildungs- und Ausbildungsniveaus. Einengung auf bestimmte als «weiblich» deklarierte Berufe (trotz verstärkter Bemühungen zur Ausbildung von Mädchen in «Männerberufen»), Verdrängung aus dem Produktionsprozeß bei angespannter Lage auf dem Arbeitsmarkt, mangelnde Repräsentanz in Parteien und Parlamenten.

Frauenverbände wurden wieder- bzw. neugegründet: 1945 die Internationale Frauenliga für Frieden und Freiheit (IFFF), 1947 der Demokratische Frauenbund unter kommunistischer Führung, 1949 der Deutsche Frauenring als Dachverband konfessioneller, berufsständischer und kultureller →Verbände in den westlichen Besatzungszonen und Westberlin. Seit 1951 besteht, zunächst unter anderem Namen, der Deutsche Frauenrat – Bundesvereinigung deutscher Frauenverbände und Frauengruppen gemischter Verbände, dem mehr als hundert Organisationen angehören.

Im Grundgesetz für die Bundesrepublik Deutschland ist die Gleichberechtigung rechtlich verankert: «Männer und Frauen sind gleichberechtigt» (Artikel 3, Absatz 3). Dennoch trat erst 1958 ein Gleichberechtigungsgesetz in Kraft, das die familienrechtliche Vormachtstellung des Mannes in der Ehe zwar einschränkte, aber nicht beseitigte: Frauen durften nur dann einer Erwerbstätigkeit nachgehen, wenn «dies mit ihren Pflichten in Ehe und Familie vereinbar ist».

Auf Druck der neuen Frauenbewegung seit 1968, die den Kampf gegen tradierte geschlechtsspezifische Rollenverteilung führt, kam es zu neuen Anstößen im gesetzgeberischen und politisch-institutionellen Bereich: Der 1976 reformierte § 218 sieht Straffreiheit des Schwangerschaftsabbruchs bei bestimmten Indikationen in den ersten 12 Wochen vor. 1977 wurde das Ehe- und Familienrecht reformiert: Anstelle der Hausfrauenehe ist die partnerschaftliche Ehe mit gleichen Rechten und Pflichten getreten. 1979 wurde die Zuständigkeit für Frauenfragen auf Länder- und Bundesebene institutionalisiert: Die erste Leitstelle Gleichstellung der Frau wurde in Hamburg errichtet; beim Bundesministerium für Jugend, Familie und Gesundheit entstand ein Arbeitsstab Frauenpolitik.

Die Wiederbelebung und Neuformierung der Frauenbewegung seit den siebziger Jahren hat in den institutionalisierten und autonomen Frauenorganisationen in der Bundesrepublik zu einer Emanzipationsoffensive geführt: Die Diskussion um eine Verstärkung der Teilhabe von Frauen in Parteien, Parlamenten, Gewerkschaften, →Kirchen und Verbänden sowie im beruflichen Leben dauert an. M. A.

◆ Frauengeschichte

«Große Männer machen die Geschichte» – dieses Diktum des nationalliberalen Historikers Heinrich von Treitschke aus dem 19. Jh. hat in der Geschichtsschreibung lange Zeit kanonische Bedeutung besessen. Für Frauen war in der männerdominierten Geschichte kein Raum; allenfalls brachten sie es zu einem Stehplatz auf den hintersten Rängen. Der Benachteiligung und Unterdrückung von Frauen in patriarchalischen →Gesellschaften entsprach ihre Marginalisierung in der Geschichtsschreibung. Erst die in den siebziger Jahren entstandene Neue Frauenbewegung hat an die Selbstverständlichkeit erinnert, daß Geschichte immer die Geschichte von Männern und Frauen gleichermaßen ist und daß eine Geschichtsschreibung, die den Anteil der Frauen vergißt, die Geschichte der Hälfte der Menschheit mißachtet. Bis heute hat es Frauengeschichte jedoch schwer, sich im Kanon zünftig-professioneller Forschung und Lehre zu behaupten. Zwar haben sich frauenfeindliche Vorurteile von Hochschullehrern in den letzten Jahren abgeschwächt, doch wirken sie offen oder unterschwellig auf vielfältige Weise fort, etwa in der Benachteiligung von Frauen bei Berufungen, in der mangelnden Förderung von Frauen-Forschungsprojekten oder in der Abwehr feministischer Fragestellungen. Deutlich erkennbar ist die Neigung, Frauengeschichte als eine Domäne von Frauen für Frauen in ein Reservat «Sondergeschichte» abzudrängen. Überzogene Ansprüche feministischer Geschichtsforschung, die gelegentlich den Eindruck erweckt, als ließe sich Frauengeschichte unabhängig von jener der Männer schreiben, kommen solchen Ausgrenzungsbemühungen entgegen.

Einig ist sich die historische Frauenforschung darin, daß alle Geschichte auch eine Geschichte von Geschlechterbeziehungen ist, das Geschlecht also nicht als eine bloß biologische, sondern als eine grundlegende sozialhistorische Kategorie zu begreifen ist, die dem Wandel unterliegt. Es geht ihr also nicht nur darum, die →Sozialgeschichte um bestimmte Frauenthemen anzureichern, sondern eine grundsätzlich neue Perspektive in die Geschichtsschreibung einzuführen, die männerzentrierte Geschichte umzuschreiben unter dem Aspekt der Geschlechterfrage. «Frauengeschichte, sofern sie methodisch reflektiert und wissenschaftlich fundiert erarbeitet wird und mehr sein will, als nur eine Neuauflage der beliebten Kulturgeschichte der Frau im 19. und 20. Jh., kommt nicht umhin, sich als Geschlechtergeschichte zu verstehen» (Karin Hausen/Heide Wunder). Daß die Suche feministischer Historikerinnen nach den Spuren der eigenen Geschichte sich gelegentlich im Gestrüpp verführerischer Legenden und

→Mythen verirren kann, zeigt ein Blick auf die Entwicklung der historischen Frauenforschung in der Bundesrepublik. Zunächst wurde Frauengeschichte fast ausschließlich als Opfergeschichte thematisiert, wobei die Hexenverfolgungen (→Hexen) im →Mittelalter und in der →Frühen Neuzeit gern als Beleg herangezogen wurden. Danach erfolgte, in einem Pendelschlag zur anderen Seite, die Hinwendung zur Widerstandsgeschichte von Frauen. An die Stelle des Klischeebildes vom schweigenden und wehrlosen Opfer trat ein anderes: das der eigensinnigen und listigen Rebellin, die sich allen männlichen Verhaltenszumutungen verweigert und ungeachtet aller Widrigkeiten ihren →Alltag meistert. Im Unterschied zu diesen ersten frauengeschichtlichen Studien, die noch deutlich vom eigenen Wunschdenken geprägt waren, zeichnen sich die neueren Arbeiten zur Frauengeschichte durch differenziertere Fragestellungen und Ergebnisse aus. Beispielhaft läßt sich das an der Frauenforschung zum Nationalsozialismus zeigen: Frauen werden hier nicht mehr nur als Mitläuferinnen oder Objekte einer «Männerdiktatur» beschrieben, sondern als das, was sie auch waren: Nutznießerinnen und Täterinnen.

Neuerdings hat sich die Frauengeschichte, unter Zuhilfenahme ethnologischer Erkenntnisweisen, verstärkt der Erforschung fremder, nicht-patriarchalischer Gesellschaften zugewandt. Diese Forschungen dienen vor allem dem Nachweis, daß das Patriarchat (→Matriarchat–Patriarchat) keineswegs eine universelle Erscheinung darstellt, sondern als eine bestimmte kulturelle Ausprägung der Geschlechterbeziehungen anzusehen ist. Damit wird auch der Mythos vom ewig Weiblichen als ein spezifisches Denkmuster patriarchalischer Gesellschaften kenntlich gemacht.

Die feministische Geschichtsforschung hat nicht nur innerhalb, sondern auch außerhalb der Universitäten einiges in Gang gebracht. In den →Geschichtswerkstätten spielen Frauen vielerorts eine wichtige Rolle. Regelmäßig veranstalten die Historikerinnen Treffen, gewissermaßen als Gegenveranstaltung zum offiziellen →Historikertag. Darüber hinaus haben Frauen in verschiedenen Städten der Bundesrepublik begonnen, die verschütteten Dokumente der Frauengeschichte zu sammeln und in Frauenarchiven der wissenschaftlichen Arbeit zugänglich zu machen. V. U.

◆ **Freiheit** (Unfreiheit)

Von jenem Augenblick an, in dem sich Freiheit deutlich artikuliert, geschieht dieses in bewußter Abgrenzung von Unfreiheit. Das antike Griechenland vollzieht diese Abgrenzung in doppelter Weise: als Unterschied des Freien («eleutheros») vom Sklaven und als Kampfbegriff im Perserkrieg. In der Polis flossen sozialer (ethisch-ökonomischer) und politischer Freiheitsbegriff zusammen. Sie sorgte für Freiheit von äußeren, «fremden» Mächten und beschrieb die Gemeinschaft der →Bürger als rechtlich und wirtschaftlich frei, zu politischer Teilnahme fähig.

Vor übertriebener Freiheit warnen sowohl Platon wie Aristoteles, wobei letzterem die «mesotes», das Maß, als Korrektiv genügte, sein Lehrer hingegen den «Wächterstaat» als das dauerhaft sicherste Mittel gegen die Gefahr der Verwandlung von →Demokratie in Anarchie (→Anarchismus) – und damit erneute Unfreiheit – betrachtete. Die dialektische Verschränkung von Freiheit und Unfreiheit stand ihm offenbar deutlicher vor Augen – auch wenn er damit zu einem der Urfeinde der «offenen Gesellschaft» (Karl Popper) wurde.

Die römische «libertas» verengte den Blick auf rechtliche Merkmale, präzisierte aber auch den Gegensatz von frei und unfrei. Verfügungsgewalt über die eigene Person zeichnete den Freien aus und unterschied ihn vom Unfreien, der zur Unperson, zur Sache wurde («servus est res»). Herrschaft des Rechts garantiert diese Freiheit und macht sie relativ unempfindlich gegenüber philosophischer Spekulation und politischer Veränderung. Dieser Umstand rettete den römischen «libertas»-Begriff aus der →Republik in die Kaiserzeit hinüber, insofern nämlich die Kaiser sich als Rechtsgaranten darzustellen vermochten. So bildete sich der christliche Freiheitsbegriff in notwendiger Verinnerlichung gegenüber den äußeren Rechtskonstitutionen des Imperiums und seiner Bürger. Christliche Freiheit von Paulus bis Augustin war wie die des heidnischen Rom Unterwerfung unter das Gesetz – aber das Gesetz Christi. Als Bürger im unsichtbaren Staat Gottes war der Christ frei. Was er im irdischen →Staat war, relativierte sich. Damit stieß der paulinische und augustinische Christ zwar zu Gewissens- und Willensfreiheit vor, aber nicht zur Rechtsfreiheit. Eine christliche Sklavenbefreiung gab es nicht. Innere Freiheit und äußere Unfreiheit existierten nebeneinander – als Parallelen, die sich im Unendlichen trafen. Dieser Freiheitsbegriff erhält in der Reformation Luthers und Calvins – mit unterschiedlichen Akzenten – eine erneuerte Dynamik. Freiheit des «Christenmenschen» ist Freiheit von kirchlicher Institutionsentscheidung, freiwillige Hinwendung zu Gott, Lösung vom äußeren Zwang «guter Werke», aber zugleich Akzeptanz der Eigengesetzlichkeit des Staates. Die paulinische Distanz gegenüber dem Staat setzt sich in diesem Freiheitsbegriff fort, erkennt aber ausdrücklich die von Gott stammende Autorität des Staates im «äußeren Leben» an. Auf vertrackte Weise begannen sich in der reformatorischen Rezeption vor allem Luthers diese Gedanken ineinander zu schieben: Am Ende war Gehorsam gegenüber «der Obrigkeit» ein Akt der Freiheit.

Die reformatorische Konzeption läßt sich vor dem Hintergrund des mittelalterlichen Freiheitsbegriffs besser verstehen. «Libertas ecclesiae» – Freiheit der →Kirche ist hier vor allem Privileg, Verfügen über eigene Rechte und Besitzungen. Dies entspricht den Freiheitsvorstellungen der weltlichen Herren. Adlige Freiheit orientiert sich an Herrschaft und Land (→Stadt – Land), ist bewaffnet und dennoch keineswegs autonom. So wie Herrschaft und Dienst zusammengehören, verstehen sich auch Freiheit und Bindung als zusammenhängend. Folgerichtig ist Unfreiheit ohne Privileg, das heißt ohne personale Rechte, unbewaffnet, rechtlich und persönlich schutzlos. Wenn «Stadtluft frei macht», dann aber keineswegs bindungslos. Vielmehr lag die Freiheit der Stadt darin, daß der Bürger niemandem leibherrlich untertan war, aber durch Eingliederung in die keineswegs hierarchiefreie Genossenschaft seines →Standes zugleich geschützt erschien. Die Aufständischen der →Bauernkriege fordern daher – übrigens in Berufung auf Luther, aber in Verkennung der lutherischen Freiheit – zwar Freiheit von der Leibherrschaft, jedoch niemals Freiheit von Obrigkeit, von Schutz.

Der mittalterliche Freiheitsbegriff reicht mit den «Freiheiten» der Stände weit in die →Neuzeit hinein. Diese begründen zugleich Widerstandsrechte gegenüber «tyrannischer» Usurpation, das heißt Versuchen des modernen Staates, ständische Freiheiten zu beseitigen oder zu ignorieren. Der «Leviathan» des Thomas Hobbes, der starke Staat, garantiert zwar inneren Frieden (→Krieg – Friede), aber beseitigt auch Sonderrechte. Übrig bleibt das naturrechtliche Konzept von Freiheit, das im Rückgriff auf antike und frühchristliche Vorstellungen neu ersteht. Willensfreiheit muß sich in äußerer Freiheit verwirklichen können (Jean Bodin). Zugleich wird dabei im starken Staat des Thomas Hobbes der wesentliche Garant der persönlichen, natürlichen Freiheit gesehen. Der absolutistische Staat wird auf diese Weise über den Freiheitsbegriff naturrechtlich verankert, Unfreiheit als Wesen der Freiheit legitimiert: «Vermöge der natürlichen Freiheit muß man einem jeden zulassen, daß er sich nach seinem Gefallen in Knechtschaft begebe» (Christian Wolff, 1754). Vertragsfreiheit wird aber ein wesentliches Moment der Konstitution des Staates überhaupt. Sie entwickelt sich zum Quell der Vorstellungen über Volkssouveränität und Widerstandsrecht. Frühliberale Ansätze, wie der Gedanke der Gewaltenteilung bei Montesquieu, suchen den Ausgleich zwischen Staatsgewalt und natürlicher Freiheit. Es bleibt der →Französischen Revolution vorbehalten, das Ideologem Jean-Jacques Rousseaus, die «volonté générale» sei konstitutiv für den «absoluten» Staat, mit dem Widerstandsmotiv der Freiheit zu verbinden. Der Verfassungsentwurf von 1793 beschreibt den Idealtypus des bürgerlich-liberalen Freiheitsgedankens in der ihm notwendigen Verbindung mit der Schutzfunktion des Staates: «Die Freiheit ist die Befugnis des Menschen, alles zu tun, was keinem anderen schadet; sie hat als Grundsatz die Natur, als Regel die Gerechtigkeit, als Schutz das Gesetz.» Zugleich entläßt die Revolution die von ihr geschaffene bürgerliche Gesellschaft in die Praxis der Wirtschaftsfreiheit, deren Grenzen in einem Minimum sozialer Rechte der «Schwachen» definiert werden. Dies wird der eigentliche, große Konflikt der nachrevolutionären →Gesellschaften. Karl Marx sieht ihn erst in der klassenlosen Gesellschaft gelöst, die zur wahren Freiheit der Selbstverwirklichung aller vorstoßen soll. Der moderne Sozialstaat als Kompromiß zwischen Wirtschaftsliberalismus und sozialen Gegensätzen sucht die Spannung zwischen persönlicher Freiheit und Sicherung der «Schwachen» in Balance zu halten. Dahinter dämmert die Erkenntnis Max Webers auf, daß sich das von der Ideengeschichte (→Geistesgeschichte) der Menschheit erträumte Reich der Freiheit im Dickicht der →Bürokratie verlieren könnte. Die Verwandlung der Welt durch Technik und industrialisierten Konsum ist dabei, den platonischen Wächterstaat zur Realität werden zu lassen. A. v. M.

◆ Frömmigkeits-, Ketzer- und Armutsbewegungen

Frömmigkeit steht für den mittelalterlichen Menschen nicht zur Disposition. Insofern könnten sich spezifische Bewegungen dieser Art als ebenso selbstverständlich wie überflüssig erwiesen haben. Dies aber ist nicht der Fall. Grund dafür ist die hochmittelalterliche Hierarchisierung der →Kirche, die fortschreitende Trennung von Klerus und Laien sowie die durch Kirchenschenkung und Investiturstreit verursachte Verwandlung der Kirche zu einer autonomen Herrenmacht. Sowohl in der Amtskirche selbst wie auch unter den Laien entstehen gleichzeitig mit diesen Prozessen kollektive Reaktionen, die zumeist unter dem Leitwort «Reform» zur Erneuerung der als vorbildhaft gedeuteten frühchristlichen Frömmigkeit innerhalb der «ganzen Kirche» als Gemeinschaft der in Kult und Predigt verbundenen Gläubigen vorzustoßen suchen.

Wesentliche Zeichen der kollektiven Realität dieser Bewegungen sind Gründungen von Reformklöstern, die der religiösen «Verwilderung» entgegentreten oder gänzlich neue Wege gemeinschaftlicher Frömmigkeit anbieten. Solche Gründungen wie – bereits im 10. Jh. – Cluny, später Cîteaux, Clairvaux, die städtischen Reformklöster der Dominikaner und Franziskaner bezeugen die →Kontinuität der Reformbewegungen und ihre nicht ungeteilte Akzeptanz durch die Amtskirche. Frömmigkeit schien auch als Kritik an Pracht- und Machtentfaltung der Kirche in gewissen Grenzen integrierbar. Aber um eben diese Grenzen ging es. Soweit innerkirchliche und laikale Frömmigkeitsbewegungen den «Gnadenschatz» und die sakramentale Gewalt der Kirche nicht in Frage stellten, bemühte sich die Amtskirche um Bindung und Integration. Das Auftreten von Laienpredigt, volkssprachlicher Übersetzung aus der Bibel, Selbstversorgung – außer der Eheschließung – mit Sakramenten oder Zurückweisung von dogmatischen – also zu Glaubenssätzen erhobenen – Lehrmeinungen bildeten die Grenzen der Integrierbarkeit. Mit einem Wort: solche «Frömmigkeit» wurde zur Häresie. Seitdem er unter Konstantin dem Großen Staatskirche geworden war, hatte der Katholizismus Häresien öffentlich gebrandmarkt oder verfolgt. Die Gleichzeitigkeit von kircheninterner Hierarchisierung und dogmatischer Verfestigung auf der einen sowie gesteigerter Laienfrömmigkeit auf der anderen Seite verschärfte derartige Reaktionen. Demgegenüber begann sich «Frömmigkeit» in den Bewegungen der Mystik zu verinnerlichen, das heißt in ein Verhältnis zwischen «Seele» und Natur als geoffenbarter Schöpfung zurückzuziehen – nicht nur, aber auch als Flucht vor der Verschärfung des «kontrollierenden Blicks» der Kirche. Die Zunahme an Merkmalen und Attributen von →«Herrschaft» auf seiten der Amtskirche führte jedoch auch zu anderen Antworten bei den Laien: Sie begannen, die Macht der Kirche als Defizit an Frömmigkeit zu empfinden. Im Gegensatz von «potens et pauper» – Mächtigem und Ohnmächtigem –, den die hochmittelalterliche Laienfrömmigkeit der Sprache der Bibel entlieh und nun kritisch der Kirche vorhielt, wurde die Abweichung von der frühchristlichen Norm der Ohnmacht und Armut zum Maßstab selbständiger Religiosität gemacht. Der fette Prälat und der asketische Fromme traten sich in diesem Bild unversöhnlich gegenüber. In den schnell wachsenden Städten verstand man zudem den Begriff der «paupertas» – der Armut – zunehmend auch als Gegensatz zum Zusammenhang von Macht und Reichtum. Besitzlosigkeit mußte hier in besonderer Weise herausfordernd wirken, denn die Stadt als Akkumulationszentrum von Besitz und Waren führte ungleiche Verteilung der Güter drastischer als andere Orte vor Augen. So entstand in den Armutsbewegungen vor allem städtischer Gruppierungen ein der Kirche gefährliches Potential an Kritik und selbständiger Frömmigkeit. Daß es gerade auch Kaufleute waren, die plötzlich auf diese Linie einschwenkten – z. B. Petrus Waldes und Franz von Assisi –, deutet auf die tiefe Unsicherheit hin, die den «Wirtschaftsbürger» in dieser Gesellschaft gegenüber den eigenen Tätigkeiten immer wieder aufs neue befiel.

Nur einen geringen Teil der Bewegungen, die seit dem 12. und 13. Jh. sich nun individueller oder sogar kollektiver Besitzlosigkeit verschrieben, konnte die Kirche integrieren. Die Laiengemeinschaft des Petrus Waldes entzog sich dem Druck, indem sie selbst eine heimliche – waldensische – Kirche aufbaute. Die Religionsgemeinschaft des Franz von Assisi formte die Amtskirche zwar zu einem wichtigen kirchlichen Lehrorden, aber diese Integration kostete die Franziskaner am Ende die Einheit. Den Tendenzen zur Aufweichung der strengen Lehren des Gründers stemmten sich die «Spiritualen» entgegen – selbst oft genug am Rande der Häresie oder einzelnen Verdächtigungen ausgesetzt, mit Häretikern Umgang zu haben. Tatsächlich gab es in Ober- und Mittelitalien, in Frankreich Laienbewegungen, die besonderen Kontakt zu den Spiritualen unterhielten. Diese «Fraticellen» – «fratres de paupere vita», «Brüder des armen Lebens» – kamen einer sozialrevolutionären Bewegung schon sehr nahe. Ihnen ging es auch um eine Besserung der Lebensverhältnisse «hier und jetzt», nicht nur um Kirchenkritik und gottgefällige Lebensführung. Derartige Tendenzen zeigten sich zwar regional unterschiedlich, aber der Einfluß von Fraticellen-Ideologie auf →Protest und Revolte in spätmittelalterlichen Städten (z. B. die Ciompirevolte in Florenz 1378) war unverkennbar, wenn dabei die «Reichen bestraft» und «Besitztümer vernichtet» werden sollten. Daß die Kirche unter Johannes XXII. (Papst von 1316 bis 1334) die franziskanischen Spiritualen gezielt zu verfolgen und zu «disziplinieren» begann, war nicht ohne Zusammenhang mit der sozialen Komponente ihres Wirkens. «Eine große Sache ist die Armut, aber größer ist die untadelige Führung, und das größte Gut ist der unbedingte Gehorsam», verkündete die päpstliche Bulle «Quorumdam exigit» von 1317 und wies damit im theologischen Armutsstreit der «paupertas Christi» endgültig ihren sekundären Rang innerhalb der Kirche zu. Die Hierarchie hatte sich durchgesetzt. Damit war nun auch deutlich, daß alle weiteren Armuts- und Gleichheitsbewegungen nur noch außerhalb der Kirche Platz finden konnten.

Zwischen 1215 und 1252 hatte die Kirche auf Konzilien und durch päpstliche Bullen mit der Einrichtung der Inquisition als dauernder Institution sowie der ausdrücklichen Zulassung der Folter als Beweiserhebung ein überaus scharfes Instrument zur Verfolgung all jener Lehrmeinungen und religiösen Bewegungen geschmiedet, die sich der Hierarchie nicht beugen oder zuordnen mochten. Häretiker wurden fortan nicht mehr nur gebannt, exkommuniziert, zuweilen allerdings auch – gerade bei städtischen Häresien mit Beteiligung vieler Menschen und bei hartnäckigem Beharren – verbrannt, sondern gezielt vernichtet. Das heißt, von nun an «suchte» die Kirche Abtrünnige in allen Ecken und Winkeln. Konkreter Anlaß – keineswegs alleiniger Grund – für diesen Eifer war das Auftreten einer religiösen Bewegung, die der Kirche in der Tat gefährlich zu werden drohte: der Katharer. Diese wegen ihrer ausgezeichneten Theologen, ihrer Unbeirrbarkeit und vor allem ihrer in Südfrankreich weiten Verbreitung größte Herausforderung der hochmittelalterlichen Kirche zog «Volk» und adlige Oberschichten aus mehreren Gründen an: Die Katharer lehrten eine «urchristliche» Theologie, die zwar leibfeindlich, aber weltbejahend war. So sahen sie in leiblichen Lüsten und Genüssen durchaus den «Teufel» – von ihnen manichäistisch als ein «zweiter Gott» gedacht – im Spiel, verlangten jedoch die «Unterdrückung des Fleisches» oder entsprechende Bußleistungen nicht von den Laien-Gläubigen, sondern nur von einer kleinen Zahl «perfekter Christen» – daher auch «perfecti» genannt. Für die normalen Gläubigen genügte vollständige Reue und Umkehr am Ende des Lebens. Aber auch ohne diese Leistung, die nicht immer möglich war, schuf das Leben der «perfecti» eine Art Gnadenbank für die gesamte Gemeinde und sicherte Hoffnung auf Erlösung. Die katholische Kirche wurde von der katharischen Theologie scharf angegriffen. Armut und Liebe als wesentlicher Teil der Heilslehre schienen den Katharern von ihr tief verletzt. Mit dieser Machtkritik gewannen sie daher auch die Zuwendung eines wesentlichen Teiles des südfranzösischen Adels, der den Zugriff des mit der Kirche verbundenen Königtums abzuwehren suchte. Die südfranzösischen Katharer – wegen ihrer Massierung um und in der Stadt Albi auch «Albigenser» genannt – hatten damit zwei neue Mächte herausgefordert: das französische Königtum auf seinem Weg zur zentralen →Monarchie und die Kirche auf ihrem Weg zur Hierarchie. Einsetzung und Verschärfung der Inquisition, Ausrufung eines →Kreuzzuges gegen die Albigenser und ihre vollständige, blutige Niederlage war die fürchterliche und schändliche Folge. Menschentod, Menschenfolter, moralische, kulturelle und wirtschaftliche Vernichtung der Überlebenden – dieses Gesicht zeigte die Kirche den «Ketzern», wie Häretiker verballhornend nach den Katharern nun auch genannt wurden, seit diesen Vernichtungszügen gegen die Albigenser in den Jahren 1208 bis 1244. Religiöse Armuts- und Gleichheitsbewegungen außerhalb der Kirche und gegen sie waren damit jedoch nicht am Ende. In immer wieder neuen Varianten flammten Grundmuster der «freigeistigen Häresie» auf – als Apostelbrüder des Fra Dolcino in Oberitalien zu Beginn des 14. Jhs. (Tod Dolcinos in Vercelli 1307), als Lollarden in England mit dem Höhepunkt des englischen Bauernaufstandes von 1381, als fromm-tätige Männer- und Frauengemeinschaften der Begharden und Beginen, als nationalreligiöse Bewegung der →Hussiten und vor allem Taboriten, als Wiedertäufer in Münster 1534/35 bis zu den Ranters des 17. Jhs. Kirche und Ketzer wurden untrennbar, solange die Kirche auf Unterwerfung und dogmatischer Gewißheit bestand und soziale Bewegungen in religiösen Bildern ihre Interessen am deutlichsten zu formulieren vermochten. A. v. M.

◆ Frühe Neuzeit

Wann beginnt die Moderne? Dieser Frage hat sich die Frühe Neuzeit als eigene epochenähnliche Ordnung im System der historischen Chronologie zu verdanken. Bereits Jacob Burckhardt hatte in seinen Vorlesungen zur «Geschichte des Revolutionszeitalters» angedeutet, daß der Anbruch einer neuen Epoche (→Periodisierung) (seiner, des Historikers eigener Gegenwart) sehr viel mehr mit der für ihn noch nahen →Französischen Revolution zu tun habe als mit der fernen Zäsur des Zeitalters der «Entdeckungen» und «Reformationen»: «Die Revolution hat einen ganzen Zusammenhang geschaffen, durch welchen sie sich von der früheren Zeit unterscheidet. Damals sind Dinge gekommen, die wir jetzt voraussetzen, die einen integrierenden Bestandteil unseres Seins… ausmachen.» Daß aber eine eigene epochale Struktur zwischen dem «Ende des Mittelalters» und dem Beginn jener Zeit liegt, der «wir selbst angehören», hat vielleicht als erster unter den Vätern der modernen Geschichtswissenschaft der Brite Th. B. Macaulay erkannt, der ihr eine eigene monumentale Darstellung zukommen ließ, deren Verbreitung im englischen Bürgertum des 19. Jhs. die der Bibel beinahe erreichte: «History of England from the Accension of James II». Sie faßte das Jahr 1685 als Beginn der Kernzeit jener Transformationsepoche ins Auge, in der «England zu dem wurde, was es heute ist», lieferte jedoch tatsächlich eine «Vorgeschichte» und epochale Struktur-Erzählung des 16. bis 18. Jhs. als eigener historischer Einheit. Macaulays Werk wurde nicht beendet, so daß ihm der eigentliche Anbruch der Moderne nicht zu entlocken war, allerdings sehr wohl die Vorstellung einer allmählichen Annäherung an sie und zugleich auch beharrlichen Fremdheit ihr gegenüber fast auf jeder Seite «mit Händen» zu greifen ist.

Es blieb der jüngeren Geschichtsforschung vorbehalten, die Frühe Neuzeit als eigene historische Epoche zu fixieren. Dabei standen sowohl das Konzept Jacob Burckhardts von der geschichtlichen Unverwechselbarkeit «Alteuropas» als auch aus der französischen →Sozialgeschichte stammende Überlegungen Pate, die in den europäischen Gesellschaften des 15. bis 18. Jhs. eine Fülle von Bewegungen ausmachten, die gleichzeitig auf Beharrung und Wandlung zu deuten schienen. Die Gleichzeitigkeit von Tradition und Moderne ist es denn auch, die als das verbindlichste Merkmal dieser «Schwellenepoche», wie sie auch genannt worden ist, gilt. In Frankreich hat sich dieses Modell der Epoche, die wie ein Januskopf nach rückwärts und vorwärts zugleich gewendet ist, durch die Forscherpersönlichkeit Fernand Braudels tief in das historiographische Konzept epochaler Strukturierung eingeprägt. Für Braudel bildet sie das klassisch gewordene Beispiel einer chronologischen Struktur «mittlerer Dauer», die von durch Gleichförmigkeit oder Assimilation zur «zweiten Natur» der Menschen gewordenen sozialen →Affekten, Mentalitäten, Alltagsgewohnheiten und Wirtschaftsweisen geprägt ist und sich damit gegenüber kurzfristigen politischen «Strukturkonjunkturen» (→Ereignis/Struktur) und längerfristigen Ordnungen von «quasi geologischer Dauer» substantiell abgrenzen läßt. In Deutschland haben Historiker wie Otto Brunner und Werner Conze dieses mental- und sozialgeschichtlich strukturierte Konzept übernommen, es aber mit der alten Frage nach dem Beginn der Neuzeit erneut konfrontiert. Beide sprachen sich dafür aus, endgültig die Vorstellung eines Epochenwandels um 1500 zu verabschieden, um statt dessen von einer «alteuropäischen» Tradition bis zur «Zeitschwelle» um 1800 auszugehen. Diese Schwelle sei durch die Doppelzäsur der Französischen Revolution und der industriellen Revolution geprägt – einer Zäsur, die anderen Konzepten als so tiefgreifend erschienen ist, daß sie als eigene epochenbildende Potenz zu gelten habe. Dies wenigstens deutet der Begriff einer spezifischen «Sattelzeit» (Reinhard Koselleck) an, deren Verlauf zwischen 1750 und 1850 die Geschichte der europäischen und am Ende ozeanischen Gesellschaften so grundlegend veränderte, daß ihr gegenüber alle anderen historischen Epochengrenzen an Kontur und Bedeutung entscheidend verloren.

Dennoch bleibt im Konsens der Forschung die ältere Epochengrenze um 1500 insofern erhalten, als hier nunmehr doch das «→Mittelalter» als eigene epochale Ordnung von der «Frühen Neuzeit» abgelöst werde, die aber eine →Neuzeit sei, die ihre «Neuzeitlichkeit noch nicht wahrhaben wollte» (Johannes Burckhardt). Kennzeichen dieser Schwelle sind nach wie vor die Entfaltung des geographischen Horizonts, die Auflösung der kirchlichen Einheit in Europa und die revolutionäre Entfaltung neuer Kommunikationstechniken und -strukturen, die sich dem Buchdruck verdankten. →Renaissance und Humanismus erscheinen vor diesem Hintergrund wiederum als spezifische Übergangsstrukturen, die als Instrumentarien des Modernisierungsprozesses wirkten, ohne selbst ihre eigentümliche Doppelrolle als ursprünglich «mittelalterliche» Transformationspotentiale zu verlieren. Zumindest über den Umstand ihrer entweder instrumentalen oder schlicht geographischen «Ausdifferenzierung» ist sich die Geschichtswissenschaft weitgehend einig; über die Modalitäten wird jedoch immer wieder heftig gestritten.

So bleibt das vornehmste Merkmal der Frühen Neuzeit als Epoche eben vor allem die Erfahrung der «Reformation» – keineswegs nur des kirchlichen und religiösen Lebens, sondern ebenso des politischen und sozialen. «Reformation» war der Schlachtruf aller Veränderungen, die diese Epoche einleiteten, selbst unter den aufständischen Bauern der Großen Revolte von 1525 (→Bauernkrieg). Damit ist das entscheidende Kennzeichen der frühneuzeitlichen Transformationsprozesse zugleich in toto angesprochen: Veränderungen geschahen vor allem im Namen der Tradition, und in ihrem Namen wurden sie auch gefordert. Es ist daher ein sichtbares Zeichen des allmählichen Verlöschens des eigenen «epochalen» Zusammenhalts, wenn in der zweiten Hälfte des 18. Jhs. die politische Aufklärungsphilosophie den traditionellen Rekurs preisgibt. Nunmehr zählt gerade die Distanz gegenüber der Vergangenheit – das «Neue» –, um eine Veränderung zu legitimieren.

Allein im Bereich der →Kirche ist die Reformation tatsächlich perpetuiert und schließlich in eine eigene Institution verwandelt worden. Dies geschah umfassend und eben nicht nur in jenen Regionen, in denen die «Reformation» im engeren Sinn Erfolg hatte. Institutionell wurden nämlich nun in ganz Europa die Kirchen zu Trägern der Konfessionen, die die einst überregionale europäische «Christenheit» nunmehr in regionale Glaubensgemeinschaften, zentriert um Kirche und →Staat, auflösten. Daß «Reformation» das für diesen Prozeß entscheidende Schlagwort zur Kennzeichnung einer bewußt herbeigeführten Transformation war, zeigt am Ende die Übernahme des Begriffs im Konfessionalisierungskonzept der alten – nunmehr «katholischen» – Kirche, die im Namen der «Gegenreformation» betrieben wurde. Diese wollte selbst nichts anderes sein als die eben «richtige» Reformation.

Politisch und soziokulturell war dieser Prozeß insofern folgenreich, als mit der Konfessionalisierung die innere und äußere Konditionierung der europäischen Gesellschaften erheblich an Dynamik gewann. Die Konfession band die Menschen in bis dahin unbekannter Weise innerlich und führte zu jener berühmten von Max Weber apostrophierten «innerweltlichen Askese», die ihre Wurzeln in dieser die Konfessionsgrenzen überschreitenden Instrumentierung der Selbstkontrolle hatte, wenn auch Weber selbst sie zunächst allein der «protestantischen Ethik» zuschreiben wollte. Die Freisetzung der Menschen und Gesellschaften für Kontrolle, Disziplin und selbsterlösende →Arbeit sollte eine wesentliche mentale Voraussetzung für die Codierung neuzeitlicher Mentalität in toto werden (→Mentalitätengeschichte).

Nicht weniger tiefgreifend wirkte die Verbindung zwischen Konfessionalisierung und dem «Siegeszug des Staates», der nun endgültig seinen geschichtlichen Erfolg mit Hilfe der konfessionellen Konditionierung, der politischen Durchsetzung des Untertanenkonzeptes (wenn auch noch im Rahmen traditionalen Ständedenkens) und vor allem seines Anspruchs auf das «Gewaltmonopol» errang. Auch hier ist die spezifisch «frühneuzeitliche» Komponente der Gleichzeitigkeit von traditionalen und modernen Merkmalen das entscheidende Signum dieses äußeren und inneren Bindungsprozesses, durch den sich die traditionalen Gesellschaften Europas in parallelen Schüben allmählich «modernisierten». Mit der Bindung der →Aristokratie an den Hof des Monarchen entfaltete dieser nach wie vor innerhalb des «höfischen Diskurses» ein Bild ständischer Eliten, die sich im «Gottesgnadentum» unablässig selbst zu transzendieren vermochten. Zugleich aber erschien der Standesmonarch, dieser «primus inter pares», als absoluter Herr eines absoluten Staates, der sich durch expandierende →Bürokratie in eine alle ständischen Privilegien erledigende, durch Staatswirtschaft und stehendes Heer nach außen expandierende, von außen unangreifbare Maschine entwickelt. Sie allein sollte fortan über ihr eigenes Funktionieren dem einzelnen Positionen, Stellen, Pflichten und Rechte zuweisen.

Das wichtigste Ergebnis dieses mit ihrer «Modernität» verbundenen Selbstentfaltungsprozesses der Staaten ist die Nationenbildung gewesen, durch die eben diese Staaten ihren eigenen Antagonismus «produzierten». Denn die Nationen wurden zu Trägern jener sozialen Revolten und Veränderungen, die das Ende der «Frühen Neuzeit» einleiteten. Zu den wesentlichen Merkmalen der deutschen Geschichte gehört es allerdings, an diesem frühneuzeitlichen Prozeß der Nationenbildung im Schoß des frühmodernen Staates nicht beteiligt gewesen zu sein. Die Konfessionalisierungsgrenzen durchschnitten als unaufhebbares Erbe der Tradition das «Alte Reich» und unterbanden den Zusammenhang von kultureller Abgrenzung, Staatsdurchsetzung und Konfessionalisierung, der für die meisten Gesellschaften Westeuropas bestimmend war. – Dies hat auch Vorteile – zumindest für die Geschichtswissenschaft. Wenn nämlich den westlichen Historikern Europas die Frühneuzeit vor allem als Epoche ihrer eigenen Identitätsbildung gilt, bleibt doch für den deutschen Blick deren Ambivalenz sehr viel deutlicher. So mag gerade sie die Epoche werden, aus der sich strukturelle Gemeinsamkeiten Europas bei gleichzeitiger signifikanter Unterschiedlichkeit besonders anschaulich herausarbeiten lassen. Nicht zufällig wird sie in jüngster Zeit immer mehr zur Modellepoche für die Entfaltung «europäischer Verhaltenscodes» und damit einer genauen →historischen Anthropologie, die sich als Teil des kulturellen →Diskurses versteht. A. v. M.

G

◆ **Geistesgeschichte** (Ideengeschichte)

Geistesgeschichte verweist allen anderslautenden Legenden zum Trotz keineswegs auf eine genuin deutsche Tradition der Geschichtsschreibung. Die französische →Aufklärung war förmlich hypnotisiert vom «Geist» («esprit»). Voltaire wollte den «Geist der Nationen» zum Gegenstand der Geschichte erheben; Montesquieu sah im Wandel des «Geistes der Gesetze» den entscheidenden Faktor für die Entwicklung der Völker und Gesellschaften. Wenn er über ferne Epochen schreibt, betont er, es gelte, ihren «Geist» zu treffen. Allerdings konnten die Aufklärer «Geist» durchaus materiell konstatieren. Er manifestierte sich keineswegs als «corpus mysticum», sondern handgreiflich in Verhaltens- und Sprechweisen, Mobiliar oder wirtschaftlichen Transaktionen. Er war somit eher eine Metapher für Stil (Alois Riegl) oder Habitus (Pierre Bourdieu) als ein autonom die Geschichte lenkendes Subjekt. Voltaires Interesse an Geistesgeschichte entsprach somit dem Interesse der →Aufklärung an Gesellschaft, →Kultur und Wirtschaft, sollte vor allem die herkömmliche Geschichte der «Haupt- und Staatsaktionen», der Herrscher und Heiligen konterkarieren. Gottfried Herder übernahm von den Aufklärern die Präferenz für den «Geist», verstand ihn jedoch wiederum nur als Metapher – allerdings für etwas ganz anderes als die Franzosen: für «Seele». Volksgeist war ihm Volksseele; und die fand sich nicht in sozioökonomischen und zivilisatorischen Merkmalen, sondern vor allem in Poesie und – aber nicht immer – Kunst. Der rationale Erkenntnisduktus, den die französische Aufklärung dem «Geist der Zeiten» entgegenbrachte, schlug nun – in Deutschland – um in eine Heuristik des Gefühls. Es war Friedrich Schlegel vorbehalten, für diese erfühlte Geschichte den Begriff «Geistesgeschichte» zu prägen. Aber erst Georg Wilhelm Friedrich Hegel erhob die Geistesgeschichte in den Rang eines Synonyms für Geschichte an sich. «Der Geist ist… auf dem Theater, auf dem wir ihn betrachten, in der Weltgeschichte, in seiner concretesten Wirklichkeit.» (Vorlesungen über die

Philosophie der Geschichte, 1837). Damit formuliert der Deutsche zu Ende, was einhundert Jahre vor ihm der Neapolitaner Gimbattista Vico begonnen hatte: die Geschichte als Prozeß der Selbstverwirklichung des Geistes zu betrachten. Damit war eine spezifisch deutsche Tradition der →Geschichtsphilosophie und Geschichtsschreibung begründet, die allerdings auch über die deutschen Grenzen hinauswirkte (Benedetto Croce, Robin George Collingwood). Wilhelm Dilthey begreift «Geistesgeschichte» sodann in Schriften seit der Jahrhundertwende als Tautologie. Geschichte ist eben immer Geschichte des Geistes und behauptet sich auch nur so gegenüber den Herausforderungen der Naturwissenschaft einerseits und der Sozialwissenschaften andererseits. Die ihr gemäße Methode – und diese ist im Gegensatz zu anderen nicht übertragbar – findet sich in der verstehenden →Hermeneutik. Von daher folgt fast von selbst, daß die so formulierte, auf ihren methodischen Sonderweg verweisende Geistesgeschichte – bzw. ihre Vertreter in der Nachfolge Diltheys – dem Eindringen sozialwissenschaftlicher Ansätze, Fragestellungen und Methoden in die Geschichtswissenschaft heftigen Widerstand entgegensetzten.

In Frankreich brachte es die der Aufklärung entstammende Geistesgeschichte etwa zur gleichen Zeit, da Dilthey die deutsche Variante methodologisch abzusichern suchte, zu einer Art Comeback. Die Erfolge des deutschen →Historismus unter Führung Leopold von →Rankes hatten auch dort die älteren Ansätze scheinbar endgültig diskreditiert. Nun entwickelten sich in den Krisen vor und nach dem Ersten Weltkrieg neue methodische Ansätze, die die Geistesgeschichte der Aufklärung als →Mentalitätengeschichte erneuerten. Im Unterschied zur deutschen Geschichte kamen hierbei gerade jene Innovationsmomente zum Zug, die dort bewußt ausgegrenzt wurden: Konkurrenz mit den Naturwissenschaften, Interdisziplinarität, Öffnung gegenüber den Sozialwissenschaften.

Eine Sonderentwicklung der Geisteswissenschaften stellte die Ideengeschichte dar. Sie war dem Konzept einer Traditionsanalyse «großer» leitender ideologischer Konstrukte gewidmet. Die «deutsche» Variante dieses Interesses stand ganz in der Nachfolge Rankes. In seiner vorsichtigen Art hatte Ranke zwar immer wieder auch die äußeren «Verhältnisse» in der Geschichte wirksam gesehen, aber als bedeutsamer Beweger geschichtlicher Prozesse galten ihm allein die Ideen. In seiner Tradition führte dies zu einer häufig schon beinahe absurden Spiritualisierung von Motiven und Interessen und nicht weniger zu unangemessener Abstrahierung. Dabei stellten Magie und Faszination leitender Ideen oder →Ideologien durchaus ein fesselndes Thema dar, das etwa von Friedrich Meinekke zu Recht als eigenständiges Objekt der Geschichtsschreibung behandelt worden ist. Doch wie er dies tat, sollte wenigstens den Historikern nach dem Zweiten Weltkrieg Probleme bereiten. Die persönlichkeitsbezogene, individualisierende Formulierung der Ideengeschichte durch ihn und teilweise auch den bedeutenden italienischen Hegelianer Benedetto Croce hatte nämlich zu weitgehender Ausblendung sozialer und ökonomischer Strukturen (→Ereignis) und Bedingungen aus den diesen beiden Historikern verpflichteten ideengeschichtlichen Untersuchungen geführt. Diesen Fehler zu vermeiden, hatte sich die ebenfalls in die zwanziger Jahre zurückreichende anglo-amerikanische «intellectual history» vorgenommen. Hier ging und geht es um die ideologischen Haltungen von Gruppen – religiösen, sozialen, politischen – oder um wissenssoziologische Ansätze, die für geschichtliche Fragestellungen nutzbar gemacht werden (z. B. F. K. Ringers Studie über «Die Gelehrten» der deutschen Wissenschaften und ihren Abstieg zwischen 1890 und 1933). Allerdings finden sich auch hier individualisierende Untersuchungen, die auf soziogenetische oder psychoanalytische Verfahren bei der Erkundung des Ideengebäudes einer bedeutenden Persönlichkeit setzen (z. B. E. H. Erikson: Der junge Luther; oder – beides verbindend –: E. H. Gombrich: Aby Warburg – eine intellektuelle Biographie). In den letzten Jahren ist jedoch die →Sozialgeschichte der Ideen unter Beschuß geraten. Auch sie – so lautet der Vorwurf – betreibe Reduktion von Geschichte, nur in die andere Richtung. Was die «deutsche» Ideengeschichte an Sozialfaktoren vernachlässige, blende die «intellectual history» oft genug an Einsicht in die historische Struktur des «Subjektiven» aus; bezeichnenderweise auch dann, wenn es sich bei ihrem Gegenstand um Einzelpersönlichkeiten handle. Der wahre Gegenstand einer «histoire intellectuelle» müsse der qualitative Prozeß der Produktion und der (produktiven) Aneignung von Ideen sein, über deren historische Bedeutung durch bloße quantitative Reduktion auf ihre «soziale Verbreitung» nichts Wesentliches ausgesagt werde. Die Attraktivität und Eigenart ideologischer Strukturen liege eben oft auch im «Wie» und nicht immer nur im «Was» – also in der Art und Weise zu denken oder Ideen zu rezipieren, nicht im vermeintlich unwandelbaren Inhalt der Ideen –, so lautet eine wesentliche Schlußfolgerung Carlo Ginzburgs und auch Natalie Zemon Davis'. Dazu gehört auch, daß eine qualitativ angelegte Ideengeschichte die ihr überlieferten «dokumentarischen» Texte selbst problematisiert. Sie hat nach dem Wirklichkeitsbild und dem Konstruktionsverfahren zu fragen, das den historischen Texten zugrunde liegt. Ihre Aufgabe ist es, den Wahrnehmungsbruch zwischen der Geschichte der Texte und der von ihnen erzählten Geschichte aufzudecken (→Mentalitätengeschichte). A. v. M.

◆ Geld

Geld ist ein Tausch- und Zahlungsmittel, das aber selbst zur Ware werden kann. Zur Befriedigung von →Bedürfnissen erwerben wir damit Waren und Dienstleistungen. Als Objekt der wissenschaftlichen Analyse ist Geld für mehrere Disziplinen von Interesse. Seine Funktion im System der Wirtschaft zu bestimmen, ist Sache der Volks- und Betriebswirtschaftslehre, in historischer Perspektive die der Wirtschaftshistoriker. Soziologen studieren dagegen die Wirkungen, die Geld auf den einzelnen Menschen, die sozialen Beziehungen und die →Gesellschaft als Ganzes, auf individuelle wie kollektive Lebensgestaltung und Lebensweisen ausübt. Georg Simmel z. B. betitelte im Jahr 1900 eine seiner Studien: «Philosophie des Geldes», ein Buch, das voller anthropologischer, entwicklungsgeschichtlicher und psychologischer Beobachtungen steckt.

Für Historiker ist Geld zunächst eine Sachquelle (→Quellen), und zwar gleichgültig, in welcher Form es sich vorfindet, ob als Münz- oder Papiergeld oder als naturales Tauschmittel wie Getreide, Vieh oder Kleidung. Immer dann, wenn es, wie das in älteren Zeiten häufig der Fall ist, an schriftlichen Zeugnissen mangelt, sind Münzen von unschätzbarer Bedeutung. Aus den Darstellungen und Aufschriften auf den Vorder- und Rückseiten der Geldstücke lassen sich politische, rechtliche, wirtschaftliche, auch religiöse, mythologische und ästhetische Schlüsse ziehen. Münzfunde zu datieren und quellenkritisch auszuwerten, ist Aufgabe der Numismatik (→Hilfswissenschaften), der Münzkunde. Deren Methoden sind im Laufe des 19. Jhs. ausgebildet und verfeinert worden. Gegenwärtig beschränken sich Numismatiker allerdings nicht nur auf münzkundliche Probleme im engeren Sinne, sondern widmen sich zunehmend auch breiter angelegten Fragestellungen. Ihr Ehrgeiz richtet sich auf Geldgeschichte, das heißt: Es geht um eine Geschichte oder doch wenigstens um Bausteine einer Geschichte, die sich mit den Erscheinungsformen und dem Funktionswandel des Geldes im Rahmen der verschiedenen Epochen (→Periodisierung) beschäftigt und sie in die jeweils vorherrschenden wirtschafts-, gesellschafts- und kulturpolitischen Zusammenhänge einbettet. J. F.

◆ Genossenschaften

Zu Genossenschaften schließen sich Menschen aus bestimmten Berufsgruppen und Erwerbszweigen zusammen, um ihre wirtschaftlichen und sozialen →Interessen durch gemeinschaftlichen Geschäftsbetrieb zu fördern. Gewöhnlich unterscheidet man zwischen Produktiv- und Konsumgenossenschaften, in deren Geschichte sich jeweils recht verschiedenartige politische Strömungen, Milieus und →Ideologien spiegeln. Ihre Prinzipien sind: Gegenseitigkeit, Selbsthilfe und Solidarität. Vom →Staat werden sie durch entsprechende Gesetze teils kontrolliert, behindert oder privilegiert, teils durch besondere Einrichtungen wie etwa in Preußen die Central-Genossenschafts-Kasse von 1895 finanziell unterstützt.

Die moderne Genossenschaftsbewegung ist ein Kind des Industriezeitalters. Ihr Ziel ist es, die Mitglieder, die Genossen, einerseits vor den ärgsten Auswüchsen des industriellen →Kapitalismus zu schützen, andererseits sie zu befähigen, sich im Prozeß (→Entwicklung) des gesellschaftlichen Wandels auf möglichst wirkungsvolle Weise zu behaupten. Während sie in England und Frankreich anfangs vorwiegend von →Arbeitern getragen wird, sind es in Deutschland zunächst Angehörige des alten →Mittelstandes, die →Handwerk und Kleingewerbe gegen die drückende Konkurrenz der Fabriken und Großbetriebe zu sichern suchen. Zu diesem Zweck werden seit Mitte des 19. Jhs. in wachsender Zahl Kredit-, Einkaufs- und Absatzgenossenschaften ins Leben gerufen, zunehmend auch landwirtschaftliche Genossenschaften, die das Bauerntum mit rationellen Methoden der Betriebsführung vertraut machen, sowie Siedlungs- und Baugenossenschaften, die den minderbemittelten →Schichten billigen Wohnraum zur Verfügung stellen wollen, zugleich neue Formen des Bauens und Wohnens propagieren.

In der deutschen Arbeiterschaft setzen sich genossenschaftliche Ideen hingegen relativ spät durch. Erst als die Sozialdemokratie ihre ursprünglich reservierte Haltung im Laufe der 1890er Jahre aufgibt, geht man hier an den Auf- und Ausbau von Konsumvereinen, die neben der Partei und den →Gewerkschaften rasch zur dritten Säule der →Arbeiterbewegung werden: eine, wie es 1910 auf dem Magdeburger Parteitag heißt, «wirksame Ergänzung des politischen und gewerkschaftlichen Kampfes für die Hebung der Lage der Arbeiterklasse.» Sie organisieren den gemeinschaftlichen Wareneinkauf, zentralisieren den →Handel und schaffen sich eigene Produktionsstätten, um ihren Mitgliedern qualitativ hochwertige Güter des täglichen Bedarfs zu günstigen Preisen bieten zu können. 1933 von den Nationalsozialisten zerschlagen, werden sie nach dem Zweiten Weltkrieg zwar wiedergegründet, aber ihren zuvor erhobenen Anspruch, inmitten der kapitalistischen Gesellschaftsordnung ein Stück →Sozialismus vorwegzunehmen oder doch zumindest ein gemeinwirtschaftliches Modell zu verkörpern, büßen sie nach und nach ein bzw. haben sie, wie die Geschichte der Neuen Heimat und der Coop zeigt, gründlich verspielt. J. F.

◆ Geschichte in Rundfunk, Film, Fernsehen

Unter den «Non-Print»-Medien kommt der Rundfunk den traditionellen Vermittlungsformen am nächsten. Hier ist Platz für den «klassischen» Vortrag und den Essay, zuweilen auch für mehrere Kapitel oder Zyklen. In dieser Form erscheint «Geschichte» durchaus in der bekannten Gestalt von Wissenschaftsvermittlung durch Vorlesung etc. Wie diese aus den Institutionen der Wissenschaft stammenden Darstellungsmöglichkeiten liefert sie zwar keine Belege – «Anmerkungen» –, aber leider häufig genug die reinste Wissenschaftsprosa. Davon unterscheidet sich das inszenierte Feature, das zwar auch noch vom Duktus des Vortrags geprägt ist, doch Quellen- und Literaturzitate, Interviews und andere Tondokumente (→Film- und Tondokument) pointiert einarbeitet. Dabei ist die Verteilung verschiedener «Rollen» auf mehrere Sprecher ein ebenso belebendes Mittel wie die Einblendung von Musik oder atmosphärischen Hintergrundgeräuschen. Auf diese Weise erhalten Quellenzitate (→Quellen) oder unterschiedliche Standpunkte der zitierten Fachliteratur besonderes Gewicht. Der Hörer vermag bis zu einem bestimmten Grad sogar dem Belegapparat und der analytischen Struktur der Darstellung wie in einem visuellen Buch zu folgen.

Aus der trotz aller Belebungstechnik im Prinzip noch immer nüchternen, wissenschaftsorientierten Form des Treatments entwickelt die methodische Verstärkung der Rollentexte das Rollenspiel. Hier wird eine Kombination des nüchternen Grundtextes mit der betont subjektiv «angewärmten» Sprechrolle angestrebt. Die Rollentexte folgen den Quellenvorgaben nun in der Regel in einer bearbeiteten dramaturgischen Form. Der Rollensprecher tritt als Person auf – *ist* Caesar, Robespierre oder der verhörte Arbeiter. Damit büßt zwar das Rollenspiel einen Teil seines dokumentarischen Belegapparats ein, wirkt aber – wenn gut gemacht – unterhaltsamer, fesselnder. Es wendet sich daher naturgemäß an ein breiteres Publikum, ohne aber seinen analytisch-referierenden Charakter aufzugeben. Der Übergang zum Dokumentarspiel ist daher im Einzelfall zwar durchaus fließend, aber der Struktur nach überaus deutlich. Erst hier treten nämlich fiktionale Anteile stärker hervor. Die Absicht des Dokumentarspiels zielt jedoch auch auf Quellennähe und wissenschaftlich reflektierte Geschichtsvermittlung. Der fiktionale Anteil erhöht sich in fast beliebiger Weise bei allen weiteren Formen des Hörspiels, ohne daß es sinnvoll wäre, hier noch spezifischere Klassifikationen zu versuchen. Denn in diesem Feld geben die ästhetischen Ansprüche und Talente der Autoren ebenso den Ausschlag wie die ökonomischen Entscheidungen der Sendeanstalten. Immerhin läßt sich darauf hinweisen, daß auch bei den fiktionalen Produktionen des Rundfunks die reale historische Dimension häufig genug fachlicher Beratung bedürfte; daß selten genug die neuen Angebote der Wissenschaft an die künstlerische Phantasie von den Sendeanstalten genutzt werden.

Im Unterschied zum Rundfunk ist das Fernsehen bei jeder Darstellungsform auf Inszenierung angewiesen. Seine Sprache ist das →Bild. In der Regel nicht gerade Sache der Historiker – und wenn, dann sind auch sie auf die Hilfe der «Spezialisten» angewiesen. Denn Bildaufnahme, Schnitt, Ton und Dramaturgie sind im Prinzip arbeitsteilige Schritte zur Verfertigung dieser «Sprache». Aber nicht die Arbeitsteiligkeit ist das Problem. Die Bilder selbst sind es. Sie rücken immer nur den Einzelfall ins Auge, eine Konkretisierung, die aber zugleich auch immer auf Abstraktes, Allgemeines hindeuten soll. Selbst abfilmbare Personen der jüngeren Geschichte sind doch nur Bilder ihrer selbst, verraten nichts von ihren Gedanken, Absichten, Plänen. Die Einzelbilder bedürfen einer bestimmten Reihung, um zu Aussagen zu gelangen. Aber auch das genügt über weite Strecken oft nicht. Die Bilder benötigen den ergänzenden, erläuternden, analysierenden Kommentar. Trotz aller Erfahrungen und gelungener Beispiele fehlt noch immer eine ikonologische (→Ikonographie) und filmästhetische Theorie der historischen Dokumentation. Hinzu kommen die nicht weniger klärungsbedürftigen Rahmenbedingungen. Ganz anders als beim Rundfunk entscheiden hier ökonomische Faktoren über die Verwirklichung eines Projektes. Die politischen Bedingungen sind zwar für beide Medien gleich, aber die höheren Kosten der Fernsehproduktionen stimulieren zusätzliche politische Ströme innerhalb der Sendeanstalten. Einschaltquoten und mehr oder weniger differenzierte Vorstellungen über Zuschauerinteressen sowie Wahrnehmungsfähigkeit bilden das Arsenal der Auseinandersetzungen über die Programme zur «kulturellen und politischen Bildung». Es ist oft allein der individuellen Risikobereitschaft der zuständigen Redakteure zu danken, daß auch «schwierige» Produktionen immer wieder eine Chance erhalten. Die Kategorien der medialen Systeme zielen unbarmherzig auf «Unterhaltung» und Konsumportionen im Zeittakt von 30 bis 45 Minuten.

Im Dokumentarfilm (→Fim) erscheint Geschichte daher regelhaft nach entsprechenden Mustern aufbereitet. Wie beim Rundfunk lassen sich dabei Formen unterscheiden, die nach abnehmender Quellennähe und zunehmenden Anteilen fiktionaler Elemente gruppiert werden können. Die historische Quellenrepräsentation zeigt archivalisches Material, zumeist mit anhängendem Kommentar oder Zeitzeugen-Interview. Aber natürlich geht schon der Begriff «archivalisches Material» in die Irre, wenn darunter aktenähnliche Überreste verstanden werden. Tatsächlich sind eben auch das archivalische Filmdokument aus dem «Dritten Reich» oder der britische Wochenschaustreifen über die Elite in Ascot bereits inszenierte Stücke – gedreht, geschnitten, kommentiert mit einer bestimmten Tendenz. Der unmittelbare Quellenwert solcher Produkte stellt sich nur für die entsprechende Frage her, für den Filmhistoriker, den Geistesgeschichtler etc. Die dargestellten Themen selbst benötigen Analyse des Historikers, der das Filmdokument aus seiner Tendenzschale schält. Die historische Quellenkompilation hebt daher die Selbstinszenierung der Filmdokumente weitgehend auf bzw. versucht sie in ihre Darstellung einzubeziehen. Da aber das Bild seine eigene Sprache hat, deren Magie nur selten allein durch den Kommentar aufzuheben ist, kommt es bei dieser Form oft zu Verständnisschwierigkeiten. Sowohl Quellenrepräsentation wie Quellenkompilation eignen sich ausschließlich für Themen der Zeitgeschichte oder der neuen Geschichte, sofern Filmdokumente vorliegen. Das ganze Feld der Geschichte öffnet sich erst dem historischen Feature – dem «filmischen Essay». Hier geht die Darstellung über die archivalischen Film- und Fotomaterialien und die eingefügten Interviews mit Zeitzeugen oder «Fachleuten» hinaus. Das Feature präsentiert eigene Bilder der Geschichte, erzählt und analysiert Geschichte in der Sprache des Filmes. Montagen, Tricks, Klammerteile, Interviews, Spielszenen, Spurenbilder, Analogien, Menschenstudien, Dokumentationsphasen sind die Mittel solcher Darstellung. Selbst die Konzentration auf eine Bildebene – zum Beispiel einen Gemäldezyklus – kann nicht darüber hinwegtäuschen, daß die Bildersprache symbolischen Charakter hat. Sie mag anschaulich sein, sinnlich und reizvoll – sie ist immer Bild und Sprache zugleich. Als Bild fesselt sie, als Sprache fordert sie Reflexion. Die Gefahren dieser Darstellung liegen daher auf der Hand. Allzuleicht ist das Feature versucht, nicht zu bebildernde Zusammenhänge auszulassen oder umgekehrt keinen Film, sondern Lichtbilder zu produzieren. Das Feature als bedeutende Vermittlungsform von Geschichte an ein größeres Publikum lebt von der Fähigkeit seiner Autoren, die Bildersprache des Films weiterzuentwickeln. «Vom Bild her denken» ist die entscheidende Devise. Dabei bieten sich über die Ausformulierung dieser Sprache gewiß auch neue Einsichten in die Geschichte, die der traditionellen Formulierungsmöglichkeit der Historiker bisher entgangen waren. Daß umgekehrt bestimmte Dimensionen der Geschichte – der Reiz schriftlicher →Quellen, aber auch die Rekonstruktion komplexer Zusammenhänge, der Entwurf «epochaler» Szenarios, Makrohistorie überhaupt – sich der Fernsehbildersprache

che weitgehend entziehen, kann dabei gern in Kauf genommen werden. Fernsehen sollte Lust auf Bücher machen und vice versa.

Geschichte im Spielfilm macht sich wenigstens als Hintergrund für Action und Abenteuer ausgesprochen gut. Wie wenig dabei in der Regel wirklich Geschichte erzählt wird, bedarf kaum der Erwähnung. Dennoch sind fiktionale Formen für die Vermittlung von Geschichte alles andere als wertlos. Das historische Dokumentarspiel etwa benutzt Techniken des Spielfilms und überträgt sie auf eine dokumentarisch recherchierte Story, die den Anspruch erhebt, reale Situationen abzubilden. Nach dem Motto «So könnte es gewesen sein» entsteht die Illusion von Geschichte – subjektiv mitreißend und daher oft plausibler als komplexe Bücher mit Referaten über unterschiedliche Forschungsmeinungen. Hier liegen Reiz und Gefahr der «Faction»-Darstellungen. Sie liefern – wenn sie technisch gut gemacht sind – komplette Geschichtsbilder. Hinweise auf Widersprüche oder auch nur Subjektivität unterbleiben. Die häufig zugelieferten Podiumsdiskussionen können sie nur selten ersetzen. Dennoch zeigen sich auch hier neue Horizonte. Der klassische Dokumentarfilm kann immer noch viel vom Spielfilm und seinem Umgang mit Bildsprache und historischem Sujet lernen. Regisseure wie Francesco Rosi, Roberto Rosselini, R. Allio, Jean-Marie Straub, Alexander Kluge u.a. haben paradigmatische Beiträge zur Entwicklung des Geschichtsfilms geliefert. Sie haben sich der Mitarbeit von Historikern bedient und dabei konsequent nur das für sie Brauchbare verwertet. Indem sie Verfremdungsmittel wie Perspektivwechsel, Rollentausch oder «Ungleichzeitigkeiten» nutzten, gelang ihnen mit der faszinierenden Erzählung auch stets der Anstoß zu eigener Fragehaltung beim Publikum. In dieser Richtung wäre weiterzuarbeiten.

Nicht Sinnstiftung und fertige Geschichtsbilder sind verlangt, sondern spannende, die sinnliche Wahrnehmung fesselnde Variationen zur Komplexität und Vielschichtigkeit der Historizität von Menschen und Gesellschaften. Der Film als die genuine epische Gattung des technischen Zeitalters könnte die im Wissenschaftsbetrieb stets bedrohte ästhetische und sinnliche Dimension der Geschichte als Anstoß zu breiterer historischer Reflexion besser nutzen als jedes andere Medium. A. v. M.

◆ Geschichtsphilosophie

Geschichtsphilosophie bedeutet nach einer Formulierung Hegels «denkende Betrachtung» der Geschichte. Als solche kann sie begründete und im Zusammenhang explizierte Theorie und Kategorienbildung sein oder «heimliche Geschichtsphilosophie» (Rothacker), die wie selbstverständlich in Form weltanschaulicher Auffassungen und regulativer Ideen in historische Darstellungen einfließt. Wie der Begriff der Geschichte, so ist auch der der Geschichtsphilosophie doppeldeutig: Unter Geschichte verstehen wir sowohl das Geschehen als auch die Kunde davon, das Wissen darüber (Historie, Geschichtswissenschaft). Geschichtsphilosophie bezieht sich dementsprechend einerseits auf die Begebenheiten der Geschichte und ihren Zusammenhang und macht generelle Aussagen über Herkunft, Verlauf und Bewegungsrichtung der Menschheit. Geschichtsphilosophie ist insofern – wie deren eigene Geschichte zeigt – Sinndeutung der Vergangenheit unter der Perspektive von Erwartung und Hoffnung, und sie ist Sinndeutung auch noch da, wo ihr jegliche Hoffnung abhanden gekommen ist und sie nur Sinnlosigkeit oder Unsinn zu erkennen vermag.

Von der Geschichtsphilosophie als Globalinterpretation von Geschichte (materiale Geschichtsphilosophie) ist andererseits zu unterscheiden die ebenfalls unter den Begriff der Geschichtsphilosophie fallende Frage nach den Möglichkeiten und Aufgaben der Geschichtswissenschaft, nach den Bedingungen und Strukturen historischer Erkenntnis (formale Geschichtsphilosophie). Beide Disziplinen und Denkformen der Geschichtsphilosophie sind aber wechselseitig verschränkt, schon deshalb, weil Sinnaussagen zur Geschichte nur möglich sind, wenn die Erkennbarkeit einer in der Geschichte wirkenden «Vernunft» vorausgesetzt wird. Da diese Vernunft die ganze Geschichte umgreift, ist zugleich die «Einheit» des «Menschengeschlechts» (Menschheit) postuliert und die der Geschichtsphilosophie als «Weltgeschichte» oder «→Universalgeschichte» (Geschichte der Menschheit). Ist die Bewegungsrichtung der Menschheit aber erkennbar, so stellt sich sogleich die Frage, inwieweit durch menschliches Handeln Geschichte machbar ist (→Freiheit und Notwendigkeit), inwieweit der Mensch durch Einsicht in die Bedingungen seines Seins fähig ist, Zukunft zu gestalten.

Die enge Verknüpfung von «Sinn», «Vernunft» und «Zukunft» verweist auf die sozialgeschichtlichen Ursprünge der modernen Geschichtsphilosophie. Sie ist entstanden mit der Herausbildung des neuzeitlichen (kapitalistischen) Weltmarktes und der insbesondere durch die Entfesselung des Industrialisierungsprozesses (→Industrialisierung) vor Augen geführten und individuell erfahrenen Veränderung dessen, was Menschen tun und sich in →Raum und →Zeit ereignet. Vor allem erfährt der einzelne eine Beschleunigung seiner eigenen Lebenszusammenhänge: Der Zusammenbruch der ständischen →Gesellschaft, in die der einzelne «hineingeboren» ist, läßt altüberliefertes «Herkommen» fragwürdig erscheinen und provoziert das →Bedürfnis, das qualitativ Neue geschichtlich zu begründen. Gerade weil geschichtliche Überlieferung und versteinerte Autorität nicht mehr ungefragt hingenommen werden, sondern vor den Richterstuhl der Vernunft, der Skepsis, gezogen werden, entsteht ein spezifisches Interesse an Geschichte, das gleichzeitig in der Entstehung von Geschichtswissenschaft als empirischer Forschung und Geschichtsphilosophie als historischer Weltanschauung zum Ausdruck kommt. Geschichtsphilosophie spielt den Part einer vorauseilenden Geschichtswissenschaft unter dem Leitbegriff des «Fortschritts» (→Entwicklung). Das Interesse an Geschichte ist einerseits dem Bedürfnis des einzelnen geschuldet, sich in der Welt zurechtzufinden, andererseits aber, damit verschränkt, dem politischen Interesse einer bürgerlichen Avantgarde, die sich als Avantgarde der Menschheit und damit zugleich als berufener Interpret von deren Geschichte betrachtet.

Der Name «Geschichtsphilosophie» stammt von Voltaire (1694–1778). Voltaire fordert eine philosophische Anschauung der Geschichte («Philosophie de l'Histoire», 1765), weil der Philosoph keinem Vaterland und keiner Partei angehöre und es geboten sei, eine «allgemeine Idee der Nationen» zu geben, «die den Erdkreis bewohnen und zerstören». In «Geist», «Sitten» und «Gebräuchen» der Völker will er die allen gemeinsame vernünftige Natur des Menschen finden. Fortschritt ist für Voltaire eine Kulturaufgabe, ist moralische Vervollkommnung. Schon darin zeigt sich, daß die «→Aufklärung» trotz eines bei den einzelnen Denkern freilich unterschiedlich getonten Geschichtsoptimismus nicht von einem ungebrochenen Zivilisationsglauben beherrscht ist, sondern mit dem Bewußtsein einer →Krise einhergeht. Angeprangert wird die bisherige Destruktivität des Geschichtsprozesses, und sie wird den Herrschenden angelastet, die die Völker als passive Manövriermasse mißbrauchen und in Aberglauben und Unwissenheit gefangen halten. Vor allem Jean-Jacques Rousseau (1712–1778) lenkt den Blick auf die Verlustseite des Fortschritts und hält der Gegenwart das Bild der verlorenen Unschuld früherer Zeiten entgegen. Ein anderer Denker des 18. Jhs., Giambattista Vico (1668–1744), lehnt sogar die allen Aufklärern, auch Rousseau, eigene Vorstellung von der Perfektibilität, der Möglichkeit des Fortschritts durch →Kultur und kritisches Denken ab und entwickelt eine Theorie, derzufolge die Völker jeweils mehrere Stadien der geschichtlichen Entwicklung durchliefen, Zyklen, die jedesmal in einer «Barbarei der Zivilisation» endeten, um dann von neuem zu beginnen.

Gleich ob, wie bei Vico, mehr die Eigenwertigkeit der einzelnen Kulturen und Epochen (→Periodisierung) betont wird (ohne freilich den Gedanken an die Entwicklung der Menschheit zur Vernunft preiszugeben) oder ob, wie bei den «klassischen» französischen Aufklärern, stärker die Zielperspektive in den Blick rückt – die Geschichtsphilosophie des 18. Jhs. sucht nicht nur die Krise der Realgeschichte bisheriger Geschichte zu deuten, sondern auch die damit verknüpfte, über tausend Jahre unangefochtene Geschichtstheologie des →Mittelalters zu destruieren, die alle Entwicklung auf göttliches Eingreifen zurückführte und die Menschen in ein heilsgeschichtliches Schema einspannte, das mit der Verdammung der einen und der Auferstehung der anderen abschließt. Zukunftssinn und Einheit des Menschengeschlechts waren in dieser von Augustinus (354–430) autoritativ formulierten Welt- und Gottesanschauung enthalten und werden als Denkfiguren von der modernen Geschichtsphilosophie übernommen. Dennoch ist Geschichtsphilosophie nicht, wie Karl Löwith (1897–1973) gemeint hat, bloß verweltlichte Endzeiterwartung, indem das Heilsgeschehen in die →Ereignisse der Welt hineinprojiziert würde. Zwar sind solche eschatologischen (griechisch: eschatos = auf die letzten Dinge bezogen) Vorstellungen in nicht zu unterschätzender Weise auch in die moderne Geschichtsphilosophie eingeflossen – auch bei Marx, für den alle bisherige Geschichte nur Vorgeschichte einer einst zu verwirklichenden klassenlosen Gesellschaft darstellt.

Das, was die der Aufklärung verpflichtete Geschichtsphilosophie von der Geschichtstheologie unterscheidet, ist, daß sie dem durch kritisches Denken angeleiteten Handeln des Menschen (als Individuum und als in Solidarität verbundener «Menschheit») Spielräume zur Veränderung seiner Situation eröffnet und damit zu seiner →Emanzipation: Emanzipation von einer fremdbestimmten, schlechten zu einer selbstbestimmten, besseren Geschichte.

Die klassische französische Geschichtsphilosophie verstand sich als Emanzipation vom →Staat und half so mit, eine revolutionäre Dynamik zu entfesseln, die, wie Alexis de Tocqueville (1805–1859) gezeigt hat, wider Willen und Erwarten ihrer Urheber die Zentralisation des Staates nur vorantrieb. Demgegenüber fächerte sich die deutsche Geschichtsphilosophie in zwei geschichtswirksame Richtungen aus, deren eine gegenüber der universellen →Gleichheit und Einheit der Menschen die Mannigfaltigkeit je besonderer →Nationen geltend macht, die andere aber die Emanzipation des Menschen zum Staat thematisiert. Die eine Konzeption wird am deutlichsten von Herder vertreten, die andere von Hegel.

Johann Gottfried Herders (1744–1803) Geschichtsauslegung ist ein Sturmlauf gegen den Kosmopolitismus seiner Gegenwart: Ihm wirft er in polemischer Vereinfachung mechanistischen Rationalismus, Gleichmacherei und staatlichen Despotismus, Arroganz gegenüber vergangenen Lebensweisen und einen falschen, da an →Bildung und «Vervollkommnung in schöner Progression» orientierten Humanitätsbegriff vor. Bedeutsam ist weniger der nicht durchweg unzutreffende Inhalt dieser Kritik, sondern der Standpunkt, von dem aus sie vorgetragen wird. Für Herder ist die Menschheit «sowohl im ganzen als in ihren einzelnen Individuen, Gesellschaften und Nationen ein dauerndes Natursystem der vielfachsten lebendigsten Kräfte» («Ideen zu einer Geschichte der Philosophie der Menschheit», 1784). Der Begriff der Humanität löst sich von dem der universellen Vernunft, von Herder als Bücherstudium diskreditiert, und verschmilzt mit dem einer genetisch-physiologisch interpretierten Werdenseinheit von auseinander zu immer höheren Gestaltungen wachsenden Organismen, Nationen, die gleichwohl als je für sich bestehende in sich «ihren Mittelpunkt der Glückseligkeit» gefunden hätten. Den Angehörigen der einzelnen Nationen verschreibt Herder eine pflanzenhaft-schicksalsgebundene →Identität: «Wo und wer du geboren bist, o Mensch, da bist du, der du sein solltest: verlasse die Kette nicht, noch setze dich über sie hinaus; sondern schlinge dich an sie.» Herder war, wie Franz Mehring von ihm anerkennend gesagt hat, das «böse Gewissen» der Aufklärung, dennoch blieb er ihren grundlegenden Ideen in seinem vielschichtigen und widersprüchlichen Werk verbunden. Mit seinen «Briefen zur Beförderung der Humanität» (1793–97) hat er einige der schönsten Texte zur Aufklärung beigesteuert und darin den Typus des modernen fortschrittsbesessenen Fanatikers festgehalten, der Mitmenschen zu lieben unfähig ist, dafür aber die Menschheit liebt.

Von Georg Wilhelm Friedrich Hegel (1770–1831) stammt der großartigste und zugleich (sieht man von seinem Schüler Karl Marx ab) autoritärste Entwurf einer Geschichtsphilosophie. Philosophie der Geschichte ist ihm identisch mit Philosophie der Weltgeschichte, die faktisch auf eine Geschichte des Abendlandes mit dem als Gipfelpunkt gedeuteten Preußen der Reformzeit hinausläuft. Während in der aufklärerischen Geschichtsphilosophie in dem Begriff einer allen Menschen gemeinsamen Vernunftnatur die Solidarität der je besonderen Individuen mitgedacht war, damit aber auch menschliche Freiheit im Sinne von Selbstbestimmung, ist der Mensch bei Hegel nolens volens Agent eines sich in und durch Geschichte verwirklichenden Prinzips. Jede Zufälligkeit, jede Besonderheit geht darin auf, ist für sich wertlos und muß sich messen lassen an dem «geistigen Prinzip» der Weltgeschichte: «die Totalität aller Gesichtspunkte». Diese Totalität faßt sich in dem Glauben und dem Gedanken zusammen, «daß die Vernunft die Welt beherrscht, daß es also auch in der Weltgeschichte vernünftig zugegangen ist». Weltgeschichte ist das «Bild und die Tat der Vernunft», einer Vernunft, die in dialektischer Selbstbewegung auf den absoluten Endzweck der Welt hinsteuert. In der Dialektik (dem Dreischritt von These-Antithese-Synthese) dieser Bewegung wird Veränderung erzeugt, nicht so, daß sich Überlebtes wie nach morgenländischer Vorstellung gleich dem Phönix aus der Asche bloß verjüngt, sondern so, daß sich «der Geist erhöht verklärt», sich selbst verarbeitet, dadurch sich neue Aufgaben schafft und neue Bildungen hervorbringt. Philosophie ist insofern Theodicee, Rechtfertigung Gottes, als sie die «schöpferische Vernunft begreift, welche die Weltgeschichte ist». In der Weltgeschichte wird die «ganze Masse des Übels vor Augen gelegt», aber die «Erkenntnis des Affirmativen» zielt eben darauf, dieses Negative begreiflich zu machen als etwas, das gegen den göttlichen Endzweck überwunden wird und verschwindet.

Die Identifikation von Vernunft und Wirklichkeit läuft bei Hegel darauf hinaus, den Staat als das Material zu präsentieren, in dem sich die Idee des Allgemeinen, der Weltzweck verwirklicht. Freiheit denkt sich Hegel als Fortschritt des Bewußtseins, als Freiheit zum Staat, als be- und gewußte Vereinigung jeglichen Partikularinteresses mit dem totalen Staatsinteresse, das auf jeder Entwicklungsstufe des Gesamtprozesses eine bestimmte und notwendige Gestalt annimmt. Was bei Hegel als Freiheit erscheint, ist faktisch Disziplin, Disziplin und nochmals Disziplin gegenüber einer als absolut gesetzten diktatorischen Totalvernunft des Staates. Damit verbunden ist die Herabsetzung solcher Völker, die entweder keinen Staat haben oder einen solchen, der hinter dem jeweiligen Entwicklungsstand der Vernunft zurückbleibt: «In der Weltgeschichte kann nur von Völkern die Rede sein, welche einen Staat bilden.»

«Niemals ist später die Geschichte als Ganzes in ähnlich umfassender Weise wieder gedeutet worden, wenngleich kaum eine spätere Totaldeutung der Weltgeschichte von der Hegels unbeeinflußt geblieben ist. Niemals aber hat sich auch ein philosophischer Traum verhängnisvoller erwiesen als der Hegels…» Dieser Feststellung von Kurt Rossmann ist zuzustimmen, und sie ist zu ergänzen. Nirgendwo ist der Kult des Staates so auf die Spitze getrieben worden wie in Deutschland. Das bürgerliche Politik- und Wissenschaftsverständnis im Deutschland des 19. und frühen 20. Jhs. ist wesentlich von Hegel determiniert. Aber auch die sich in der Tradition von Marx und Engels wissende Linke hat sich an der von Hegel vorgeprägten, allerdings ökonomistisch uminterpretierten Staatsvorstellung berauscht, wonach der administrative Kommandostaat in die Freiheit, hier in die Freiheit der klassenlosen Gesellschaft führen werde.

Durch Lenin wurde diese Philosophie nach Rußland importiert und zur Staatsräson gemacht mit Folge- und Rückwirkungen in anderen Ländern, darunter mit wiederum charakteristischer Zuspitzung in Deutschland. Mit der Hegelschen Staatsoboedienz verband sich in Deutschland ferner eine vor allem vom Bürgertum (→Bürger) zu verantwortende Nation- und Deutschtumsphilosophie, die sich, wenngleich in verfälschter Form, von Herder inspirieren ließ, dann aber auch von Johann Gottlieb Fichte (1762–1814), der die Propaganda für den totalen Staat mit dem später durch Emanuel Geibel sprichwörtlich gewordenen Wahn verband, an deutschem Wesen die Welt genesen zu lassen. Aber auch bei Hegel ist schon einiges dieser Art zu finden, so das später von Alldeutschen und Deutschnationalen gern zitierte Diktum: «Volk ist derjenige Teil des Staates, der nicht weiß, was er will.»

Erst jetzt, am Ende des 20. Jhs., wird der ganze Trümmerhaufen sichtbar, zu dem die «Deutsche Ideologie» (von der sich der Marxismus, wohl zu Unrecht, frei wähnt) Handreichungen bot. Das Grillparzer-Wort von 1849 ist zur Gewißheit geworden: «Der Weg der neuern Bildung geht von Humanität durch Nationalität zur Bestialität.» Ist aber damit auch bewiesen, wie es auf einer Tagung der Deutschen Gesellschaft für die Erforschung des 18. Jahrhunderts in Tübingen Ende 1990 hieß: «Humanität schützt vor gar nichts»? M. A.

◆ Geschichtsschreibung, antike

Die Geschichtsschreibung der Alten Welt (→Altertum) ist noch eng verbunden mit →Mythos und Sage. Damit ist sie auch älter als der Begriff der Geschichte selbst. Niemand hindert uns, Homer, den Dichter der «Ilias», zugleich als Historiker anzusehen, wenn nicht Homer selbst, der uns nicht verrät, wer er war, schlimmer noch: ob es ihn überhaupt gab. Die «Ilias» schildert den Krieg der Griechen gegen Troja als epochale Tat, an der sich das Griechentum späterer Zeiten zu formen und zu bilden hatte. Geschichte als identitätsstiftende Kraft war somit bereits in der homerischen Dichtung präsent, die für das historische Bewußtsein der Griechen bestimmend blieb. Was war das Geheimnis der Dichtung – gemeint ist dabei stets die «Ilias», eben nicht die «Odyssee» –, daß sie diese Wirkung hervorbrachte? Es ist die in so früher Zeit (um 700 v. Chr.) einmalige Mischung heroischer Einzeltaten mit dem Gesamtschicksal eines ganzen, in sich zersplitterten Volkes und der Anbindungen des für sich «belanglosen» Geschehens an transzendentale Bedeutungen. Vor Troja entscheidet sich für das Bewußtsein der Leser – oder Hörer – nicht allein das Geschick einer Stadt oder einer Frau, sondern zweier Kult- und Lebensformen. Dadurch, daß die Götter den Kampf in himmlischer Höhe wiederholten, wurde er für die Zukunft bedeutsam. Damit waren schon bei Homer entscheidende Bedingungen antiker Geschichtsschreibung vorgegeben: ihre Vorliebe für das Heroisch-Militärische, ihr Interesse für das Identische und das «Fremde», ihr Sinn für Transzendenz, ihr pragmatischer Charakter, das heißt ihr Gegenwarts- und Zukunftsbezug.

Homer bot somit etwas ganz anderes als die Tatenberichte altorientalischer Könige oder die Siegerlisten der verschiedenen kultischen Spiele. Diese waren so wenig Geschichtsschreibung wie die zuweilen fortgeführten Beamtenlisten einzelner Städte. Der Begriff «Historiä» begegnet uns zum erstenmal bei jenem Griechen, den man aber nicht nur deswegen den «Vater der Geschichtsschreibung» nennt: Herodot (485–425 v. Chr.). Er bedeutet ursprünglich nichts anderes als «Forschung», «Erkundung». Entscheidend für seine allmähliche Verwandlung in «Erkundung des Vergangenen» war die Tatsache, daß Herodot sein Buch über seine ausgedehnten Forschungsreisen in alle Welt bis nach Ägypten und Babylon mit dem Titel «Historien» schmückte und die darin ausgebreiteten Berichte außerordentlich intensiv «Vergangenes» behandeln.

Herodot benutzte als Form seiner Darstellung nicht mehr die epischen Hexameter, also die gebundene Sprache Homers, sondern Prosa. Er folgte damit dem Beispiel der ionischen Naturphilosophen, die im 6. Jh. mit der «wissenschaftlichen» Prosa die einfache Stilmöglichkeit gefunden hatten, schlichte Erfahrungssätze zu formulieren. In diesen ging es zunächst nicht mehr um fesselnde Erzählung einer höheren, heroisch-göttlichen Welt, sondern um innere Zusammenhänge, um Logik. «Logos» nennt auch Herodot zuweilen seine wissenschaftliche Prosa. Gemeint ist damit aber zugleich der «rote Faden», den seine Geschichtsschreibung spinnt und der Vergangenheit und Gegenwart verknüpft. Dies geschieht allerdings hier noch außerordentlich unsystematisch. Ethnographie, Geschichte, Geographie wirbeln recht bunt durcheinander. Wir erfahren, daß die männlichen Ägypter zu Herodots Überraschung im Sitzen urinierten, die weiblichen hingegen stehend, aber eben auch genuin Historisches: eine durchaus komplexe «multifaktorielle» Analyse der Ursachen des Perserkrieges. Die bunte Palette an Informationen, die Herodots «Historien» entfalten, entspricht allerdings recht genau seinem Darstellungsinteresse. Er will mit seiner Geschichte bewahren, «was von Menschen gemacht ist und was an großen und wunderbaren Werken von Griechen und Barbaren geschaffen wurde». Zugleich will er ermitteln, «aus welchem Grund und durch wessen Schuld sie miteinander Krieg führen». Das ist schon wirkliches historisches Interesse, das uns hier entgegenschlägt, getragen von dem Willen, gewisse Menschen, Taten und →Ereignisse unvergessen zu machen und zugleich die Ursachen für erschütternde Umwälzungen – in diesem Fall das für Griechenland bedeutsame Geschehen des Perserkrieges – zu ergründen.

Krieg ist auch der Gegenstand des Werkes, das den nächsten wichtigen Schritt in der Entwicklung der antiken Geschichtsschreibung macht: die «Geschichte des peloponnesischen Krieges» des Atheners Thukydides (460–400 v. Chr.). Thukydides setzt sich bewußt und methodisch mit Herodot auseinander. Auch er will überliefern und analysieren, aber dieses für einen genau umrissenen Zweck. Geschichte nämlich erscheint Thukydides als nützliche Wissenschaft, da sie dem praktischen politischen Handeln dienstbar gemacht werden kann. Wie – das entwickelt er an seinem historischen Paradefall, dem Krieg zwischen Sparta und Athen um die Vorherrschaft in Griechenland. Im Unterschied zu Herodot geht es dabei nicht mehr um Überlieferung des Eindrucksvollen, sondern um Feststellung der geschichtlichen Wahrheit. Dazu bedarf der Historiker einer Methode, mit der er die Überlieferung kritisiert. Thukydides stellt dabei fest, daß das geschichtliche Geschehen strengen Gesetzen unterworfen ist, die kausal wirken und daher – richtig verstanden – dem Politiker Voraussagen ermöglichen. Die →Gesetzmäßigkeit der Geschichte wurzelt nach dieser Vorstellung in der unwandelbaren «Natur» des Menschen, die ihn immer wieder dieselben Fehler machen läßt. Quellenkritik (→Quellen), Kausalanalyse, historische Gesetzmäßigkeit und praktischer Nutzen sind die Merkmale der Geschichtsschreibung des Thukydides und durch ihn «für immer» seinen Zunftkollegen als Herausforderung und Problem auf den Weg gegeben.

In seiner Poetik definiert der Philosoph Aristoteles (384–322 v. Chr.) dann endgültig den Begriff «Geschichte» als Darstellungsform: In ihr gehe es nicht um die «Einheit von Handlungen» wie in anderen poetischen Gattungen, sondern um die «Einheit einer Zeit». Ereignisse, Orte, Personen, die sich chronologisch in Beziehung setzen lassen, machen den Gegenstand der Geschichtsschreibung aus, die damit zum erstenmal als eigene wissenschaftliche Darstellungsform theoretisch legitimiert wird. Hier taucht auch zum erstenmal die Gestalt des «Historikers» auf, dem die Darstellung der Geschichte professionell obliegt.

Mit einem bedeutenden Bewunderer des Thukydides tritt im zweiten vorchristlichen Jh. zum erstenmal Rom in das Wahrnehmungsfeld der entwickelten griechischen Historiographie. Der arkadische Schriftsteller und hohe Offizier Polybios (200–120 v. Chr.) kam als Geisel nach Rom und erlebte im Gefolge des Scipio Africanus Minor einige der großen Eroberungszüge Roms, unter deren Eindruck er in seiner nach hellenistischem Muster konzipierten Weltgeschichte den Aufstieg Roms zur Weltmacht als das Großereignis seiner Epoche herausstellte. Polybios verband die pragmatische, auf politisches Handeln zielende Methode des Thukydides mit universal-historischen und ästhetischen Konzepten, wie sie unter dem Eindruck der Kategorienlehre des Aristoteles eine Reihe von im einzelnen unbedeutenderen Geschichtsschreibern im Hellenismus entwickelt hatte. Geschichte sollte nach der Vorstellung des Polybios ein zusammenhängendes Ganzes darstellen. Die Handlungen und Ereignisse aller Weltteile sollten miteinander verknüpft, ihre bisherige Isolation aufgehoben und unter aristotelischen Kategorien – der Poetik – als eine Art Universalschauspiel durch den Stift des Historikers «aufgeführt» werden. Pragmatik, Ästhetik und universale Wahrnehmung, die die «bekannten» Zonen und Völker in eine «Geschichte» zusammenzog – das waren die Merkmale, die am Anfang römischer Geschichtsschreibung – oder deutlicher: der Geschichtsschreibung im Dienste Roms – standen. Roms Weltreichgründung vollzog für diese Geschichtsschreibung militärisch und politisch, was sie selbst als geschichtsträchtig erkannte. Ein nahezu perfekter ideologischer Zirkelschluß.

Die genuin römische Geschichtsschreibung trat erst im 3. Jh. auf den Plan. Autoren wie Fabius Pictor, Cincius Alimentus, P. Cornelius Scipio und andere schrieben allerdings nach wie vor griechisch und orientierten sich geschichtstheoretisch an den hellenischen und hellenistischen Vorbildern. Erst Ennius (239–169) schuf mit seinem historischen Epos «Annales» (Jahrbücher) ein Geschichtswerk in lateinischer Sprache, das auch literarisch bedeutsam wurde. Es kreierte nämlich wie aus dem Nichts eine eigene lateinische Literatursprache. Gegenstand des Werkes ist die Geschichte Roms seit Äneas. Kann Ennius somit als der «lateinische Homer» gelten, so überträgt M. Porcius Cato (234–149) als erster in Griechenland entwickelte Techniken historischer Prosadarstellung auf das Lateinische. In seinen «Origines» (Ursprünge) stellt er die Entstehung und Entwicklung des römischen Staates aus der «mos maiorum», der Tugend und Tüchtigkeit der Vorfahren, dar und erfindet damit die erfolgreichste polit-rhetorische Figur der römischen Republik. Kein Politiker, Redner, Schriftsteller Roms sollte bis weit in die Kaiserzeit hinein mehr ohne sie auskommen. Die Cato noch unmittelbar verpflichtete «ältere Annalistik» (Hemina, Calpurnius Piso Frugi, Cn. Gellius etc.) ist nicht ohne Genauigkeit und hat den Vorzug, im Gegensatz zu Cato im allgemeinen besser überliefert zu sein. Theoretisch bleibt sie aber weit hinter den Griechen zurück und gilt wegen ihrer bedingungslosen Subjektivität zugunsten Roms zu Recht als «politische Tendenzhistorie». Dabei ist der Wahrheitsgehalt der «älteren Annalistik» – und damit deren Quellenwert – in der Regel höher einzuschätzen als alles, was die «jüngere Annalistik» in der späten Republik zu bieten hat. Hier wurde die Fälschung zum Ruhm des Staates oder eines Adelsgeschlechtes förmlich zum Prinzip gemacht. An den Werken dieser Historiker schulte sich auch Cäsar (100–44 v. Chr.) in seinen beiden Rechtfertigungsschriften «De bello Gallico» und «De bello civili». Ihre stilistische Meisterschaft überdeckt durch klug eingesetzte Mittel «historischer Nüchternheit» die propagandistische Funktion, die sie für ihren Verfasser besaßen. Erst sein Zeitgenosse Sallust (86–34 v. Chr.) erhob mit seinen Werken über die Verschwörung des Catilina und den Krieg gegen Jugurtha die römische Geschichtsschreibung auf eine Höhe, die der griechischen vergleichbar war. Allerdings geschah dies ganz auf Kosten der historiographischen Dauerakklamation, die römische Historiker seit Cato der römischen Geschichte zu spenden pflegten. Sallusts Werke sind resignativ, voller Bedauern über den Sturz der →Republik und den Niedergang der sattsam bekannten «Tugenden». Am Übergang zwischen Republik und Kaiserzeit fand Polybios schließlich einen gleich gestimmten und begabten Nachfolger: Livius (59 v. Chr.–17. n. Chr.) ließ in seinen 142 Büchern römischer Geschichte «von der Gründung der Stadt an» Weltgeschichte und römische Geschichte endgültig eins werden. Das augusteische Rom stellte in dieser Sicht die römische Überlegenheit auch sittlich wieder her, insofern war auch Livius' Werk Legitimationsgeschichte. Doch unvergleichbar mit der republikanischen Annalistik wird es von kritischer Distanz in Einzelfragen und vom Mißtrauen eines durchaus selbständig denkenden Mannes in eine ganz neue Sphäre des Bemühens um geschichtliche Wahrheit getragen, ohne allerdings seinen Verfasser zum selbständigen Forscher zu erheben. Dies gelang letztlich nur einem in der außerordentlichen Fülle der Nachfolger des Livius: Tacitus (55–116/120). Er formulierte den bekannten Grundsatz für die Arbeit des Geschichtsdarstellers: «sine ira et studio» – «ohne Zorn und (persönlichen) Eifer». Und wie so oft verband sich die methodische Kritikfähigkeit mit der in der Sache. In Tacitus fand das kaiserliche Rom seinen bedeutendsten Kritiker. Enthielt die «Germania» in der Maske einer ethnographischen Studie diese Kritik als «Sittenbild», so schlüpfte er mit den «Annalen» und «Historien» in die Maske des traditionellen römischen Historikers, der nun aber das, was die Tradition bis dahin immer unverdrossen thematisiert hatte, zu seiner – gut gespielten – Überraschung nicht mehr vorfand, nämlich die «römischen Tugenden». Mit dieser Travestie der Tradition war die römische Geschichtsschreibung an einen Wendepunkt gekommen. Gesamtdarstellungen schienen nun kaum noch möglich. Konsequent flüchtete der zweite bedeutende Historiker dieser Zeit, der eine Generation jüngere Sueton (75–150), in die →Biographie. Seine Lebensbeschreibungen der «Caesaren» sind daher ein Dokument des Eskapismus – voller Bemühen, sich jeder Wertung und Gewichtung zu enthalten, aber eben doch alles, auch das Abseitigste, mitzuteilen. Kein Wunder, daß dieses Werk begeisterte Nachahmer bis in die Neuzeit fand.

Das 2. und 3. Jh. glänzt mit Werken, die keiner Erwähnung wert sind. Kompilationen älterer Historiker, bloße Tabellengeschichten von Amtsjahren der Kaiser und ihrer wichtigsten Schranzen zeigen den «Geist der Zeit». Erst in der zweiten Hälfte des 4. Jhs. erscheint mit Ammianus Marcellinus' «Römischer Geschichte zwischen 96 und 378 n. Chr.» ein Werk, das an Tacitus anzuschließen sucht und in seiner kritischen Distanz und seinem nüchternen Realismus mit allerdings überladener Sprache noch einmal einen bedeutenden Eindruck des antik-römischen Geschichtssinnes vermittelt.

Eindrucksvoll hatte die antike Geschichtsschreibung Methode, Kritik- und Darstellungsfähigkeit gegenüber geschichtlicher Überlieferung, historischen Ereignissen und Gestalten ausgebildet. Ihr entscheidendes Defizit blieb es – auch bei ihren besten Vertretern –, weder einen Sinn für geschichtlichen Wandel noch für die historische Dynamik hinter den bloßen Ereignissen entwickelt zu haben. Sie verknüpfte recht gekonnt die Darstellung militärischen Geschehens mit politischer Strukturanalyse und einer recht stereotypen Tugend-und-Laster-Psychologie ihrer Helden, stieß aber nie zum Verständnis der Interessen handelnder Gruppen, ihrer Prägungen durch kulturelle und soziale Prozesse, der Verflochtenheit materieller und ideologischer Faktoren vor. Mit einem Wort: sie beschrieb Geschichte, verstand sie aber außerordentlich selten. (→Geschichtsschreibung, mittelalterliche, →Geschichtsschreibung der Renaissance und des Humanismus) A. v. M.

◆ Geschichtsschreibung, kleindeutsch-borussische

Wer eine Karte Deutschlands für das 18. Jh. zur Hand nimmt, schaut auf einen buntscheckigen Flickenteppich: Das «Heilige Römische Reich Deutscher Nation» war in mehr als 300 reichsständische Territorien geteilt und durch etwa 1800 Zollschranken zersplittert. Die politischen

Rückwirkungen der →Französischen Revolution auf Deutschland führten schließlich auf dem Wiener Kongreß 1815 zu einer politischen Flurbereinigung in Form eines Staatenbundes («Deutscher Bund»), der immerhin noch 35 (zuletzt 31) Monarchien und vier Freie →Städte umfaßte. Auf dem Hambacher Fest 1832 demonstrierte die bürgerliche deutsche Emanzipationsbewegung (→Emanzipation) gleichermaßen gegen bürokratischen Monarchismus und gegen Kleinstaaterei. Die Aufgabe, vor die sich das Bürgertum (→Bürger) gestellt sah, war, den Kampf um gesellschaftlichen Fortschritt (→Entwicklung) mit dem Kampf um nationalstaatliche Einheit zu verbinden. Die sich herausbildende bürgerliche Wettbewerbsgesellschaft bedurfte eines einheitlichen ökonomischen Großraums mit einer starken Zentralgewalt. In der →Revolution von 1848/49 fiel eine Vorentscheidung zugunsten einer preußisch-deutschen Lösung unter Ausschluß Österreichs, gleichzeitig eine Entscheidung gegen eine Lösung von unten durch die Ausgrenzung bürgerlicher Demokraten und die Annäherung des liberalen preußischen, teilweise außerpreußischen Großbürgertums an den halbfeudalen preußischen Militärstaat. Als sich in den sechziger Jahren der preußische Ministerpräsident Otto von Bismarck (seit 1862) an die Spitze der Reichseinigungsbewegung stellte, indem er sie «von oben» kanalisierte – durch →Kriege gegen Dänemark 1864, Österreich 1866 und Frankreich 1870/71 –, war der «Selbstverbrennungsprozeß des preußischen Liberalismus» (Heinrich von Treitschke) besiegelt. Auch die Furcht der Liberalen vor der sich verschärfenden «sozialen Frage» und der sich parteipolitisch organisierenden →Arbeiterbewegung trug dazu bei, daß sie sich in glühende Bismarckianer verwandelten und um des Klassenkompromisses mit dem Adel willen liberale Grundüberzeugungen verwarfen (→Liberalismus). Sie kennzeichneten diese Wandlung mit dem in den fünfziger Jahren aufgekommenen Ausdruck «Realpolitik». In der kleindeutsch-borussischen (preußisch-deutschen) Schule der deutschen Geschichtswissenschaft spiegelte sich dieser Prozeß wider.

Die Vertreter dieser Richtung – die bedeutendsten waren Johann Gustav Droysen (1808–1884), Heinrich von Sybel (1817–1895), ein Lieblingsschüler →Rankes, und Heinrich von Treitschke (1834–1896) – machten die Geschichtsschreibung bewußt zu einem Kampfinstrument für die nationale Einigung unter Führung Preußens. Sie bejahten die Wechselwirkung von Historie und Politik und wurden darum auch «politische Historiker» genannt. Die ganze Geschichte – selbst die Antike (→Altertum) mußte dazu dienen, Preußens «deutschen Beruf» zu illustrieren. Die meisten von ihnen betätigten sich nicht nur als Historiker, sondern auch als Politiker und politische Publizisten. Damit erreichten sie in großen Teilen des Publikums eine solche Wirkung, daß insbesondere Treitschke schon bei seinen Zeitgenossen als «Prophet» oder «Herold» des neuen Reiches galt. Daß die preußisch-deutschen Historiker nicht müde wurden, die ganze Weltgeschichte nach der von den Liberalkonservativen herbeigeredeten und von preußischen bzw. preußisch-deutschen Truppen herbeigeschossenen Reichseinigung von oben 1871 «auf siegesdeutsch anzustreichen» (Jacob Burckhardt), störte nur eine Minderheit. Die Geschichte schien den Siegern recht zu geben. Was der seinen liberalen Überzeugungen treu gebliebene Althistoriker Theodor Mommsen (1817–1903) über Treitschke sagte, traf für die borussischen Historiker insgesamt zu: Sie durften sich anrechnen, «für das allerdings recht verschwommene Ideal der Jungfrau Germania… die ideale Pickelhaube in Kurs gebracht» zu haben.

Der eigentliche Gründer der preußisch-deutschen Schule war der aus Pommern stammende Johann Gustav Droysen. Er begann als Althistoriker und legte 1833 eine «Geschichte Alexanders des Großen» vor, eine wissenschaftliche Leistung ersten Ranges. Aber schon hier war Preußen, wenn auch natürlich indirekt, in den Mittelpunkt des Interesses gerückt. In der mit Waffengewalt erzwungenen Einigung der griechischen Kleinstaaten durch Makedonien sah Droysen nicht, wie die neuhumanistische Geschichtsdeutung vor ihm, in erster Linie Vernichtung, sondern im Gegenteil, zukunftsträchtige Notwendigkeit, die dem zerrissenen Deutschland der Gegenwart zum Vorbild gereichen sollte. Mitte der fünfziger Jahre machte sich Droysen, inzwischen zur, wie wir heute sagen, «→Zeitgeschichte» gewechselt, an sein Hauptwerk, eine «Geschichte der preußischen Politik», die in fast dreißigjähriger Arbeit auf 15 Bände auswucherte und dennoch nur bis zum Jahre 1756 reichte. Der Autor hatte sich im Kampf mit den Akten so lange bei der Vorgeschichte aufgehalten, daß Leopold Ranke sich bemüßigt fühlte, einen Tadel auszusprechen: Der Autor habe Preußens «deutschen Beruf» schon in einer Zeit nachzuweisen versucht, als es den preußischen Staat noch gar nicht gab.

Heinrich von Sybel, gebürtiger Rheinländer, wollte nach seinen Erfahrungen mit der Revolution 1848/49 eine Broschüre herausgeben und dem Volke «erzählen, in welches Elend die große französische Revolution gerade die niederen Klassen durch ihre kommunistischen Tendenzen gestürzt hatte». Daß ihm, dem Gegner des allgemeinen Wahlrechts, Leute aus dem Volk 1848 die Fensterscheiben eingeworfen hatten, mag seinen Blick für die Gefahr geschärft haben. Aus der Broschüre wurde in über 25jähriger Arbeit eine fünfbändige «Geschichte der Revolutionszeit von 1789 bis 1795». Ein zweites Hauptwerk veröffentlichte Sybel, inzwischen

72 Jahre alt, unter dem Titel «Die Begründung des Deutschen Reiches durch Wilhelm I.». Der Titel war irreführend, da in dem Werk die Einheitsbewegung ganz auf die Gestalt Bismarcks zugeschnitten war. Der Reichskanzler hatte bei Sybel, der seit 1875 die Preußischen Staatsarchive leitete, das Werk sogar offiziell bestellt, Korrekturen mitgelesen und vermutlich eigenhändig größere Passagen entworfen.

Wie Sybel wollte auch Heinrich von Treitschke, der jüngste im Triumvirat der kleindeutschen Historiker, zunächst nur ein Büchlein schreiben, um für die nationalstaatliche Einheit zu wirken. 1860 vereinbarte er mit seinem Verleger eine «Geschichte des Deutschen Bundes», die das liberale Bürgertum als Motor der Einheitsbewegung ins Licht rücken sollte. Nach dem Krieg gegen Dänemark 1864 änderte Treitschke die Konzeption in «Deutsche Geschichte seit 1815» und wollte vom →Liberalismus nur noch wenig wissen. Erst 1879 erschien der 1. Band, in dem Treitschke zu zeigen versuchte, «wie sich durch Preußen und die Literatur das neue Deutschland gebildet hat». Der 5. Band erschien 1894 und führte bis auf das Jahr 1848. Treitschkes Deutsche Geschichte machte beim gebildeten Bürgertum Furore. Die Mischung von Hurrapatriotismus, Geringschätzung alles Fremden und sprachlicher Meisterschaft kam an.

Treitschkes Kolleg über «Politik» an der Berliner Universität wurde als eine Keimzelle des späteren «Alldeutschen Verbandes» zukünftigen Beamten, Offizieren, Politikern, Publizisten und Wissenschaftlern zum nachwirkenden Ereignis. Eine Ahnung davon kann sich verschaffen, wer sich in Antiquariate begibt und die Regale nach deutschsprachiger historischer Literatur durchsieht: ein Haufen nationalistischer Geschichtsbücher und darunter unvermeidlich auch das eine oder andere von Treitschke. M. A.

◆ Geschichtsschreibung, mittelalterliche

Es war das Christentum, das bereits in der Antike (→Altertum) Geschichte zur wesentlichsten Kategorie der menschlichen Existenz machte. Die Erlösungserwartung der Christen ließ für sie die Geschichte zu einem Prozeß werden, der auf dieses «irgendwann» eintretende Ereignis zielstrebig hinarbeitete. Daß Christus als Träger und Garant dieser Erwartung zu einem bestimmten Zeitpunkt – einem Tag während der Herrschaft des Kaisers Augustus – geboren worden war und der ominöse «Schätzungsbefehl» des Kaisers den Geburtsort bestimmt hatte, warf einen Schein der Gottgefälligkeit auch auf das römische Imperium. Römische Weltgeschichte und christliche «Heilsgeschichte» begannen sich spätestens seit jenem Augenblick zu verbinden, in dem das Christentum unter Kaiser Konstantin Staatsreligion geworden war (313 n. Chr.). Den entscheidenden Schritt tat Eusebios (260–339), Bischof von Cäsarea, der in seiner Kirchengeschichte die Christen als «Gottesvolk» apostrophierte und dem Christentum durch das Zusammenfinden von Christen und Römern eine Zukunft als «Weltreligion» prophezeite. Die Geschichte wurde für ihn zum Hauptmittel des Beweises der besonderen Gottgefälligkeit. Denn da die Geschichte der frühen →Kirche aus nichts als Leiden und Verfolgung bestand, die diese Kirche nicht nur unversehrt, sondern mit wachsender Größe beantwortet habe, offenbare sich hier ihre besondere Rolle im Heilsplan Gottes. Diesen Gedanken nahm Augustinus (354–430), Bischof im nordafrikanischen Hippo, auf und schuf aus ihm das für Jahrhunderte bedeutendste historiographische Werk: «De civitate Dei» – «Vom Gottesstaat». Zum erstenmal verband sich Geschichtsschreibung mit einem weitgespannten geschichtsphilosophischen Konzept. Wie für Eusebios vollzieht sich auch für Augustinus Geschichte als Offenbarung Gottes in der Welt. Rigoros wird somit dem heidnischen Rom jede Geschichtlichkeit abgesprochen. Nur die Christen haben eine Geschichte, wenn auch eine verborgene. Der aus der Barbarenfurcht der Völkerwanderungszeit erwachsenen Vorstellung, die Christen führten Rom in den «Untergang», trat Augustinus somit in doppelter Weise entgegen. Er zeigte die christliche Geschichte als die eigentliche und einzige. Rom sei überhaupt erst in dem Augenblick in richtiger Weise «historisch», also überlebensfähig, geworden, als sich «Gott» entschlossen habe, die Menschwerdung Christi im römischen Weltreich zu vollziehen, Heilsgeschichte und römische Geschichte zu verbinden. Geschichte wird hier zum erstenmal als ein qualitativer Prozeß beschrieben. Ihm zuzugehören wird überlebenswichtig. Sehr geschickt umgeht Augustin dabei den Vorwurf der Ignoranz. Natürlich weiß er, daß auch vor Christus Schlachten geschlagen, Reiche gegründet und als «Historie» erinnert oder überliefert wurden. Nicht weniger deutlich hat er vor Augen, daß auch nach Christus gemordet, gefoltert, unrechte →Gewalt ausgeübt wird – nicht nur von «Heiden». Daher gibt es zwei Geschichten: eine sichtbare Geschichte der Gewalt und des Unrechts der «civitas terrena», des irdischen Reiches. Aber sie ist nur eine Scheingeschichte, von vielen, den meisten, wahrgenommen, aber nicht wirklich. Wirklich ist allein die Geschichte der «civitas Dei», des Gottesreichs. Ihr gehört nur jener Teil der vorchristlichen Geschichte an, der die «Heilsgeschichte» vorbereitet. Erst mit Christus gewinnt sie →Kontinuität und ihre eigene Dynamik auf das durch ihn den Menschen verheißene Ziel der Erlösung hin. In diese Geschichte wird man jedoch nicht hineingeboren, sondern gehört ihr allein durch Willensentschluß an – indem man als Christ lebt und handelt. Insofern ist die Geschichte der «civitas Dei» eben nicht Kirchengeschichte, sondern →Universalgeschichte all jener, die wahrhaft christlich handeln. Die römische Universalmonarchie bietet das von Gott erwählte institutionelle Gefäß für die Ausdehnung der «civitas Dei». Diesen Gedanken verschärfte der ganz unter dem Eindruck Augustins schreibende Orosius (5. Jh.) in seiner «Historia adversus paganos» – «Geschichte gegen die Heiden». Für ihn ist das Imperium Romanum das gottgewollte Weltreich, mit dem die Weltgeschichte in Heilsgeschichte übergeht. In Anlehnung an Bibelstellen (Daniel 2 u. 7; Offenbarung 4), die auf älteren persischen Geschichtsanschauungen fußen, erklärt er Rom zum letzten und dauerhaften Weltreich in einer Folge von vier Imperien. Damit sei die Weltgeschichte bei jenem Reich angelangt, das «bis zum Ende aller Tage» andauern werde. Mit Eusebios, dessen griechisch verfaßte Kirchengeschichte das →Mittelalter durch die lateinische Übersetzung und Weiterführung des Hieronymus (348–420) kennenlernte, sowie Augustinus und Orosius war für die folgenden – mittelalterlichen – Jahrhunderte ein geschichtstheoretischer Horizont gesteckt, der weit genug war. Nur mit Mühe konnten sich die meisten mittelalterlichen Autoren in ihm bewegen. Geschichte hätte nun wirklich zur bestimmenden Potenz des mittelalterlichen «Lebensgefühls» werden können. Daß es nicht so kam, oder deutlicher: daß es so kam und auch wieder nicht, hing mit dem tiefgreifenden mentalen Kompensationstrauma der mittelalterlichen Intellektuellen zusammen. Sie hatten den Eindruck, nichts so gut zu können wie ihre antiken Vorgänger. Diese schrieben besseres Latein, wußten offenbar mehr und schienen vor allem auch der Heilswahrheit, dem Leben Christi, viel näher als sie. So erschöpften sich die Autoren des Mittelalters darin, alles Überlieferte dogmatisch zu verstehen, für unantastbar zu halten. Wenn Eusebios die Geschichte als Offenbarungsmedium Gottes darstellt, so hält sich das Mittelalter strikt an seine Terminologie. Man redet, gelenkt von seinem Beispiel der frühchristlichen Leidensgeschichte, nur noch von Märtyrern und Heiligen, aber nicht von Geschichte. Bei der Lektüre Augustins streitet man sich darüber, ob die «civitas Dei» genuin unsichtbar sei oder in «Reich» oder «Kirche» doch plötzlich sichtbar werden könne. Geschichte als dialektischen Prozeß mit Augustin weiterzudenken scheint unmöglich. Daß man sich mit Orosius nach wie vor «im Römischen Reich» befand, wird auch von Geschichtsschreibern nicht bestritten, die auf das englische oder französische Königtum – also nicht auf das deutsche «römische Imperium» – eingeschworen sind. Geschichte ist also überall präsent, aber übermächtig. Keiner wagt sich aus ihrem Schatten, folgt, wie der Mitbegründer der «Annales», Marc Bloch, formuliert, einer «zwanghaften Solidarität zwischen dem Einst und dem Heute» (→Annales-Schule). Damit aber bleibt die Fähigkeit, Geschichte zu erkennen, auf der Strecke. Da der Grundsatz gilt, je älter, desto besser, wird alles in Geschichte verlagert. Das Mittelalter wird die Blütezeit der historischen Fälschung.

Wichtigste Gattung der mittelalterlichen Geschichtsschreibung war die Chronik (→Annalen). In ihr schilderte stets ein Autor – im Früh- und Hochmittelalter ausnahmslos Kleriker – den von ihm selbst beobachteten Zeitraum, eingebettet in den Rahmen der Welt- und Heilsgeschichte. Er schrieb also zunächst Eusebius, Orosius und vielleicht noch andere Autoren ab, ehe er zur Sache kam. Die spätmittelalterlichen Landes- und Stadtchroniken verließen aber immer häufiger diesen universalhistorischen Kreis. Nicht viel weniger bedeutsam wurden im heilsgeschichtlichen Konzept des Mittelalters Lebensbeschreibungen von Heiligen und Herrschern. Paradebeispiel dieser Gattung ist die «Vita Caroli», die Lebensbeschreibung Karls des Großen, von Einhard (ca. 830). Sie beschreibt den fränkischen König und «römischen Kaiser» nach dem Muster von Suetons «Leben der Caesaren» (→Geschichtsschreibung, antike). Eine Sonderform dieses Typs Geschichtsschreibung stellten die «Gesta» dar. Vorbildlich für diese Darstellungsform ist die Sammlung von Lebensbeschreibungen der Päpste, der «Liber Pontificalis» (seit um 600), in dem fortlaufend die amtlichen Handlungen der Päpste notiert wurden, allerdings immer mehr in die Breite wachsend. Im Frühmittelalter waren es vor allem Bischöfe und die Äbte der großen Reichsklöster, die nach diesem Muster heroisierende «Ämterlisten» führen ließen. Unter ihnen ragen die «Gesta pontificum Hammaburgensis sive Bremensis ecclesiae» des Adam von Bremen (1074) hervor. Tatsächlich sind hier schon Ansätze zu einer umfassenden →Regionalgeschichte Norddeutschlands zu spüren; bezeichnenderweise unter weitgehendem Verzicht auf heilsgeschichtliche Orientierung. Dies gilt auch für die großen Sammlungen der «gesta» («Taten») normannischer Herzöge, englischer Könige und sogar der Kreuzritter. Bei diesen natürlich mit Einschränkungen, denn ihre Tatenberichte sind mit «Gesta Dei» – «Taten Gottes» – überschrieben. Doch auch diese Berichte haben die Ereignisse und weniger die Welt- und Heilsgeschichte im Auge. Für alle diese mittelalterlichen Produkte gilt aber: Sie sind bis auf ganz wenige Ausnahmen (vor allem Städtechroniken) von Klerikern geschrieben. Wer eine Woche lang seine gesamten Informationen nur aus einem Pfarr- oder Kirchenblättchen bezieht, mag eine Ahnung von dem bekommen, was dieses bedeutet. Aber es gibt auch unter diesen Klerikern ganz großartige Historiker, die frei und umfassend denken und schreiben. Otto von Freising (1111/15–1158) beschreibt die «gesta» seines Helden Friedrich Barbarossa packend, voller Sinn für die konkreten geschichtlichen Dimensionen des staufischen Kaisertums und seine «deutschen» und außerdeutschen Koordinaten. Ottos Hauptwerk, die «Weltchronik», zählt zu den wenigen historiographischen Werken, die mit Augustinus selbständig umgehen und in denen je eigene Geschichtsanschauung und -theorie vermittelt wird. Bezeichnenderweise erschien fast gleichzeitig mit diesem Höhepunkt mittelalterlicher Weltchronistik der allernüchternste Gegenentwurf in einer der von Friedrich Barbarossa unterworfenen italienischen Städte. Der Genuese Cafaro schrieb um 1166 die «Annalen» seiner Stadt – realistisch, politisch, antikaiserlich. Damit deutete sich ein neuer Typ von Geschichtsschreibung an, der durch den Gattungsbegriff Annalen scheinbar nur an zeitliche Ordnungskriterien gebunden war. Dies galt in der Tat für seine frühmittelalterlichen Vorgänger (Reichsannalen, Annalen von Klöstern etc.). Aber die Jahrbücher von Genua und ihre Nachfolger sowie ihre Pendants in anderen italienischen Städten hielten sich keineswegs an bloße Tagebuchnotizen «sine ira et studio». Sie stammten aus den Federn welterfahrener Bürger mit klaren →Interessen und stilistisch-literarischem Bewußtsein. Hinter der unscheinbaren Maske der «Annalen» – traditionell die anspruchsloseste Gattung der Geschichtsschreibung – erwachte so etwas wie der «kritische Geist» der Geschichtsschreibung. Er beschränkte sich zunächst darauf, die feudalen Machtträger, Kaiser, Könige, Fürsten, den hohen Klerus, mit Distanz zu betrachten. Allmählich entwickelte sich aus dieser sozialen Distanz aber ein erster Begriff von Kritik an ihren politischen Interessen. Stadtchroniken des 13. und frühen 14. Jhs. – wie die des Salimbene von Parma oder des Dino Compagni und der Familie Villani für Florenz – sind bereits voller Bewußtsein über die Ursachen politischer Konflikte, die sie im Interessengegensatz der verschiedenen Gruppen ausmachen. Aber auch sie halten an anderer Stelle wieder überraschend zäh an traditionellen Wundergeschichten fest, ohne ihre Überlieferung zu kritisieren. Ihren sachlichen Realismus mit methodischer Kritik zu vereinen blieb Späteren vorbehalten. A. v. M.

◆ Geschichtsschreibung der Renaissance und des Humanismus

Den entscheidenden Schritt zur historischen Kritik vollzog die Geschichtsschreibung der Frührenaissance auf zwei Ebenen: der geschichtstheoretischen und der methodischen. Abschied von den heils- und weltgeschichtlichen Phantasien der mittelalterlichen Chronistik, von ihrer Obsession für das «Gute Alte» und Überwindung der mittelalterlichen Bedenkenlosigkeiten bei der Fabrikation «echter» →Quellen waren die Stationen, die dabei passiert werden mußten. Der Sinn für die Bedeutung des →«Ereignisses», der politischen Interessen und der Fähigkeiten einzelner Menschen wuchs bei jenen Autoren, die sich der Geschichte der Städte, Menschen, Dokumente, →Bilder, Familien oder auch ihrer eigenen Person annahmen. Aber auch dieses Abstreifen mittelalterlicher Konventionen hatte seine Tücken. Vorbilder für die neue Sehweise waren die antiken Autoren. Wie fast alle Intellektuellen der →Renaissance beeindruckte die Antike (→Geschichtsschreibung, antike) auch die Geschichtsschreiber. Im Eifer, es den Vorbildern gleichzutun, fielen sie in die Falle aller genialen Imitatoren: Sie begannen auf verblüffende Weise den Originalen zu ähneln, immer weniger sich selbst.

So hat die Renaissance nur bei wenigen der großen, umfassenden Darstellungen originelle Beiträge hervorgebracht. Hier schlug allzuoft ein bewunderter antiker Autor oder wenigstens eine exemplarische Situation aus der antiken Geschichte durch. Dies konnte in manchen Fällen durchaus zum Verlust eigener Darstellungsfähigkeit führen, in vielen reichte es für ein Übermaß an Rhetorik. Und dennoch lag auch in diesen oft verkrampften Versuchen, sich «antik» zu gebärden, eine Aufbruchsstimmung, die bis heute die Anziehungskraft der Renaissance ausmacht. Nicht unerheblich dafür war das vielzitierte «Lebensgefühl» dieser Epoche. Die Antike galt als Vorbild, aber man wußte doch, daß sie anders war als die eigene Zeit. Ein neuer, für die Geschichtsschreibung bedeutsamer Faktor bildete sich heraus: die Unterscheidung von Epochen. Dabei zeigte sich – durchaus oft noch undefiniert – die bis heute mitgeschleppte Vorstellung einer Dreiteilung von Antike, Mittelalter und «neuer – moderner – Zeit» (→Periodisierung). Der Hinwendung zur Antike entsprach dabei die Abwendung vom Mittelalter, die schließlich im Begriff des «finsteren Mittelalters» kulminierte. Die vermeintliche Nähe zur Antike verlieh der Geschichte zugleich eine neue Dimension: die Möglichkeit, sich in sie zu flüchten. Der Frühhumanist Petrarca (1304–1374) wartete als erster mit derartig eskapistischen Neigungen auf. Wir begegnen dieser Haltung aber selbst noch bei einem politischen Rationalisten wie Niccolò Machiavelli

(1469–1527), der sich in seinem Verbannungsort San Andrea in Percussina (nahe bei Florenz) von dem ihn bedrückenden Anblick der «einfachen Leute» durch abendliche Lektüre antiker Autoren erholt. Die eskapistische Dimension der Geschichte sollte seit der Renaissance ein wesentliches Motiv ihrer Attraktion, ihrer Anfeindung, ihrer Problematik werden.

Methodisch stellte der Humanismus die Geschichtsschreibung auf eine ganz neue Grundlage. Die genuin humanistische Wissenschaft war die Philologie. Die neue Sicherheit im Umgang mit Texten, die Erarbeitung kritischer Merkmale wie Stil, Historizität der Schrift, Vergleich mit anderen Dokumenten, Prüfung der Überlieferung etc. kam auch dem Umgang mit historischen Quellen zugute. Echtes konnte von Unechtem mit bis dahin unbekannter Gewißheit geschieden, die Erfassung geschichtlicher →Tatsachen außerordentlich präzisiert werden. Die berühmteste – vielleicht auch folgenreichste – Leistung der neuen quellenkritischen Kompetenz stellte die Entlarvung der «Konstantinischen Schenkung» durch Lorenzo Valla (1407–1457) dar. Er zeigte, daß diese über Jahrhunderte vom Papsttum als Beleg seines rechtmäßigen Anspruchs auf das «Erbe der römischen Kaiser» angeführte Schenkungsurkunde des Imperators eine mittelalterliche Fälschung ist. Diese Entdeckung machte ihn zwar bei der Kurie nicht beliebter, belegte aber, daß die Geschichtsforschung auf dem Weg zu einer modernen, einer exakten Wissenschaft war. Die Lage der Geschichtsschreibung steckte somit voller Widersprüche. Auf der einen Seite durchaus komplexere Vorstellungen über die Struktur der Geschichte, erste Ahnungen ihrer Prozeßhaftigkeit, der Möglichkeit von Geschichtsschreibung, anthropologische Unterschiede auszumachen. Dazu die alles Vorherige übertreffende handwerkliche Sicherheit im Umgang mit den Materialien der Geschichte – ihren geschriebenen und ungeschriebenen Quellen. Denn mit der philologischen Kompetenz wuchs fast gleichzeitig die archäologische und «hilfswissenschaftliche». Inschriften, Siegel, Wappen, Münzen – alles wurde interessant, fand seine Spezialisten. Auf der anderen Seite bot die Geschichtsschreibung kaum eigene Ansätze zur Durchdringung und zum Verstehen des kritisch gesichteten Materials. Nach dem Motto Petrarcas, «was ist die Geschichte anderes als das Lob Roms», wurden jüngste und fernste Vergangenheit unbarmherzig über den antiken Leisten geschlagen. Geschichte verkümmerte häufig zur Mustersammlung für rhetorische Figuren oder literarische Fingerübungen.

Natürlich hatten die großen urbanen Zentren der Renaissance ihre humanistisch geschulten Lokalhistoriker, die allesamt in der Lage waren, in höchst elegantem Latein fast nach Belieben Florenz, Venedig, Siena, Mailand etc. als «neues Rom» zu stilisieren. Die besten unter ihnen – Leonardo Bruni in Florenz, Bernardo Giustiniani in Venedig, Giovanni Pontano in Neapel, Corio in Mailand (alle Historiker des 15. Jhs.) brachten dabei durchaus auch Originelles zustande. Sie waren zu klug, um sich nur rhetorischen Verfälschungen hinzugeben, suchten auch bemüht nach charakteristischen Merkmalen ihrer Stadt. Aber insgesamt geriet doch alles auf vertrackte Weise wieder zur Schablone. Auf ihre Art originell blieben allein die «Antiquare», die sich mit einzelnen Quellen oder Quellengruppen kritisch auseinandersetzten. Der bereits erwähnte Lorenzo Valla, Flavio Biondo, Pomponius Laetus u.a. sorgten durch ihre gewissenhafte Sichtung des Materials und der Überlieferung für genügend historischen Stoff, ohne sich dabei kleinlich nur auf die Antike zu beschränken. Keinem von ihnen kam es jedoch dabei auf wirkliche Geschichtsschreibung an, sie blieben in der Aufbereitung des Materials stecken. Erst zu Beginn des 16. Jhs. brachte der Florentiner Niccolò Machiavelli einen bis dahin unerhörten Zug in die Geschichtsschreibung. Dabei war er alles andere als Historiker. Er ging ganz und gar vom politischen Zweck aus, schrieb als politischer Pragmatiker. Aber eben dies kam seinen historischen Werken zugute. Geschichte trat mit ihm aus dem Schatten literarischer Fingerübungen mehr oder weniger gescheiter Lateinlehrer in das recht grelle Licht eines unsentimentalen Agenten und Beobachters von Machtpolitik. Machiavellis «Florentinische Geschichte» wurde so zum ersten modernen Geschichtswerk. Meisterlich versteht er Zusammenhänge aufzudecken, scheinbar weit entfernt liegende Faktoren analytisch zusammenzuziehen und historischen Wandel als überpersönlichen Prozeß (→Entwicklung) darzustellen, der stärker ist als die über Jahrhunderte hinweg unverdrossen beschworenen Tugenden und Fähigkeiten der «großen Männer». Was Machiavelli allein noch fehlte, war die Fertigkeit des kritischen Umgangs mit seinen Quellen. Hier verfuhr er ganz nach humanistischer Tradition, indem er Quellen allein nach seinen Interessen aussuchte oder verkürzte. Humanistische Rhetorik ließ ihn auch in der Tradition des Thukydides die wichtigsten Interessensstandpunkte geschichtlicher Personen und Gruppen in fiktiven Reden zusammenfassen – methodisch außerordentlich angreifbar, aber von ihm sicher und präzise als lebendiges Darstellungsmittel genutzt. Der zweite bedeutende Florentiner Historiker dieser Zeit, Francesco Guicciardini (1483–1540), ging einen wohl doch entscheidenden Schritt über Machiavelli hinaus. Wie dieser beleuchtet er historische Hintergründe, geht wie selbstverständlich von den Interessen handelnder Gruppen und Personen aus, versteht politisches Handeln – und dies ist wie bei Machiavelli sein Hauptgegenstand – als Tanz um das goldene Kalb der Macht. Sein theoretisches Interesse an Politik ist aber viel geringer als bei seinem Landsmann. Er will in der Geschichte nicht wie dieser ergründen, welche Gesetze Konflikte, Machtgewinn und -erhalt steuern, sondern er glaubt das politische Grundschema zu kennen: Jeder schaut nur auf seinen Vorteil, die «Uneigennützigen» sind nur besonders geschickte Intriganten. Dieser Mangel an theoretischer Komplexität kommt ihm aber als Geschichtsschreiber auch zugute. Anders als Machiavelli kritisiert er seine Quellen. Für seine «Florentinische Geschichte» benutzt er wohl als erster Historiker überhaupt auch Aktenmaterial (→Akten), um die historiographische Überlieferung zu prüfen. Seine Darstellung ist knapp, präzise, nuancenreich – viel weniger rhetorisch als die Machiavellis. Als erster verfaßte er eine «Geschichte Italiens», die sowohl auf das weltchronistische Prokrustesbett mittelalterlicher Darstellungen wie auf die humanistischen Rom-Obsessionen der vielen Zunftkollegen verzichtet – mit einem Wort: die erste moderne Nationalgeschichte. Nicht zufällig war bisher nur von Italien die Rede. Hier entstand die humanistische Methode, hier befand sich das Zentrum der Renaissance als historischer Epoche der europäischen Geschichte. Aber im Zusammenhang mit Machiavelli und Guicciardini muß auch von einem französischen Chronisten der Zeit die Rede sein. Gemeint ist Philippe de Commynes (1447–1511), Dienstmann und Diplomat des Herzogs von Burgund und zweier französischer Könige. Commynes schrieb eine Chronik seiner Zeit, tatsächlich nichts anderes als seine →Memoiren. Seine Nüchternheit und glänzende analytische Beherrschung des Stoffes, vor allem sein Realismus rückten ihn schon für die Leser des 16. Jhs. in die Nähe Machiavellis. Aber Commynes hatte so gut wie keine Verbindung zur Gelehrtenwelt des Humanismus. Er war einfach ein kluger, umtriebiger Mann, der die neuen politischen Verhältnisse seiner Zeit schneller begriff als andere. Wohl mit der – noch ganz mittelalterlichen – Absicht geschrieben, als «Fürstenspiegel» eine praktische Anleitung für politisches Handeln zu geben, gehört das Werk Commynes' für uns zu jener Gruppe von Geschichtsdarstellungen, die als Memoiren aus kompetentester Hand einerseits Geschichtsquelle, andererseits Geschichtsschreibung sind. Mit Commynes nahm dieser Mischtypus seinen Anfang.

Persönliche Geschichte – Lebensgeschichte – wurde aber auch für die genuinen Vertreter der Renaissancementalität (die ältere Forschung nannte sie naiv, aber deutlich «Renaissance-Menschen») immer interessanter. →Biographien prägten das Bild der Geschichte seit Petrarca. Man schrieb über die «berühmten Männer und Frauen» der Vergangenheit und der eigenen Gegenwart, dokumentierte damit das vielgerühmte Interesse an «Individualität», aber kam doch häufig genug nicht über stereotype Formeln für →historische Größe hinaus. Nur selten entstand dabei wirklich individuelle Geschichtsschreibung. Immerhin brachte auch die Renaissance in Italien ein großes Memoirenwerk hervor, für das alle diese Einschränkungen keineswegs gelten. Die Rede ist von der Autobiographie des Michelangelo-Schülers Benvenuto Cellini (1500–1571). Hier findet sich alles, was das Herz begehrt: Liebe, Kampf, Gefangenschaft, Flucht, Abenteuer, ein Übermaß an Leidenschaften und immer wieder Kunst – als Werkbeschreibung und als Begeisterung für ihre sinnliche Kraft. Das Ganze ist eingebettet in die großartige geschichtliche Landschaft der Renaissance mit ihren Fürstenhöfen, Bürgermetropolen, Künstler- und Gelehrtenkreisen, Macht- und Liebesspielen. Fast ein Roman, stellt die Autobiographie Cellinis einen neuen Typ von Geschichtsschreibung dar. Ihr einziges Ziel ist die emphatische Selbstdarstellung ihres Autors. Geschichte – die historische «Wahrheit» – hat nur die Funktion der Staffage, dient allein dazu, den autobiographischen «Helden» effektvoller auftreten zu lassen. Damit wird zum erstenmal das Recht der Subjektivität in der Geschichtsschreibung verankert. Die Individualität der Künstlerpersönlichkeit war es auch, die schließlich die Selbstdarstellung der Renaissance als eigener Epoche veranlaßte. Giorgio Vasari (1511–1574) bot in seiner «Lebensbeschreibung der besten Maler» die folgenreiche Charakterisierung seiner Zeit als Epoche der Erneuerung antiker Fertigkeiten, des «guten Geschmacks», der Kunst und der Wissenschaften. Zugleich schuf er eine vielversprechende neue Gattung der Geschichtsschreibung – die →Kunstgeschichte. Sie war die erste in einer sich allmählich komplettierenden Reihe von Disziplingeschichten, die sich nach ihrem Vorbild formten und – wie sie – am Ende selbständige Wissenschaften wurden.

Das Ende dieser historiographischen Epoche markierten Werke, die kirchenkritische Impulse der humanistischen und reformatorischen Bewegungen aufnahmen. In Deutschland schrieb Johannes Turmair, genannt Aventin (1477–1534), seine «Bayerische Chronik» ganz vom protestantischen Standpunkt aus. Er war ein ungeheuer fleißiger Sammler, benutzte alle nur denkbaren Quellengattungen, allerdings fast ohne jede Kritik. Sein kritisches Potential erschöpfte sich offenbar gänzlich in leidenschaftlicher Polemik gegen den Katholizismus. Daß er dabei auch keinerlei Rücksichten auf seine fürstlich-katholischen Auftraggeber nahm, machte ihn allerdings zu einer bemerkenswerten Gestalt. Der Erfolg seiner Chronik beruhte auf ihrer deutlich prononcierten Subjektivität und gewiß auch auf den ungewöhnlichen Kenntnissen des bayerischen

Volkslebens, über die Turmair verfügte. Der unbestrittene Meister der polemischen Geschichtsschreibung verfaßte sein Werk jedoch im Schutz der Republik Venedig. Die Rede ist von Paolo Sarpi (1552–1623), der seine «Geschichte des Tridentinischen Konzils» in sich scheinbar zu Nüchternheit zwingendem, ausgewogenem Ton komponierte, aber um so unbarmherziger die «Tatsachen» sprechen läßt. Seine Darstellung und Urkundenauswahl ist ein meisterhaft geführter Schlag gegen die jesuitisch geführte Gegenreformation. Er beherrscht souverän das gesamte Material, spielt mit den Standpunkten und Interessen Katz und Maus, stilisiert die Geschichte zu einem Tribunal, das mit unanfechtbaren Gründen zu urteilen vermag. Aber er steht damit auch an der Schwelle zu einer neuen Zeit. Die humanistische Überzeugung, philologische Versiertheit und methodische Beherrschung seien sichere Instrumente zur Rekonstruktion geschichtlicher Wirklichkeit, wird von Sarpi glänzend travestiert. Er nutzt die von den Humanisten entwickelten Techniken der Wahrheitsfindung zur Verschleierung seines subjektiven, polemischen Interesses. Die Geschichtsschreibung mußte neue Wege suchen. A. v. M.

◆ Geschichtsschreibung des Vormärz

«Vormärz» heißt die Epoche (→Periodisierung), die der deutschen Märzrevolution von 1848 (→Revolution von 1848) vorausging und deren Beginn mit dem Wiener Kongreß 1815 angesetzt wird. Sie war gekennzeichnet ökonomisch durch den Beginn der Industriellen Revolution (→Industrialisierung) seit Mitte der dreißiger Jahre und politisch durch den Kampf des Bürgertums (→Bürger) um →Emanzipation von nach wie vor bestehenden feudalen →Gewalten, ein Kampf, der sich zugleich gegen die Bevormundung und Unterdrückung durch monarchisch-bürokratische Obrigkeiten richtete und die nationalstaatliche Einheit zum Ziel hatte. Nach der französischen Julirevolution 1830, die den aristokratischen Einfluß in der französischen Politik verdrängte und die Finanzbourgeoisie an die Macht brachte, begann sich in Deutschland die bürgerliche Bewegung in einen revolutionär-demokratischen und einen liberal-konstitutionellen Flügel zu spalten. Das zeigte sich bereits deutlich auf dem Hambacher Fest, der mit 25000 bis 30000 Teilnehmern größten Massenversammlung in Deutschland vor 1848. Während die Demokraten meinten, daß bloße Petitionen und Protestaktionen in den Augen der Regierungen lächerlich blieben, wenn nicht dahinter Kanonen und Bajonette stünden, und die republikanische Staatsform auf dem Wege über die allgemeine Volksbewaffnung anstrebten, glaubten die Liberalen, in einem Bündnis von →Monarchie und Bürgertum durch institutionelle und verfassungsrechtliche Reformen die politischen Privilegien des Adels aushöhlen zu können.

Als vormärzlich wird im folgenden eine Geschichtsschreibung bezeichnet, die im vorgenannten Sinne liberal («frühliberal») bzw. demokratisch orientiert war und an solchen Überzeugungen auch nach 1848 festhielt. Frühliberale Historiker waren gegenüber demokratischen insofern begünstigt, als sie, wenigstens in süddeutschen Staaten, die 1818/19 im Unterschied zu Preußen Verfassungen «gewährt» bekommen hatten, in akademische Lehrämter gelangen konnten, auch wenn sie von Verfolgung nicht verschont blieben. Da das Verfassen historischer Bücher, zumal wenn es mit Quellenforschung verbunden ist, relativ zeitaufwendig ist, waren Demokraten, die ihren Lebensunterhalt gleichsam im freien Spiel der Kräfte verdienen mußten, für eingehendere Studien häufig die Hände gebunden – eine Tatsache, die bei der Erörterung wissenschaftlicher Leistungen in Historiographie-Geschichten gewöhnlich unterschlagen wird.

Die wichtigsten Wortführer der liberalen Geschichtsschreibung des Vormärz wirkten in Baden und in Göttingen: Friedrich Christoph Schlosser (1776–1861) in Heidelberg, Karl von Rotteck (1775–1840) in Freiburg, Georg Gottfried Gervinus (1805–1871) erst in Göttingen, später in Heidelberg und Friedrich Christoph Dahlmann (1785–1860) wie Gervinus bis 1837 in Göttingen, danach in Bonn.

Von diesen Historikern war Schlosser am stärksten noch den Traditionen der →Aufklärung verpflichtet: ein Moralist im Geiste Lessings und Kants. Den Konflikt zwischen einem Bürgertum, das sich der gesellschaftlich-ökonomischen Sphäre zu bemächtigen sucht, und den restaurativen Staatsgewalten deutet Schlosser als Konflikt zwischen bürgerlicher Moral und bürokratischer, verantwortungsloser Apparatur. In der Geschichte muß sich, davon ist Schlosser überzeugt, das sittliche Grundprinzip Kants verwirklichen: «Handle so, daß du Menschheit sowohl in deiner Person, als in der Person eines jeden andern jederzeit zugleich als Zweck, niemals bloß als Mittel brauchst.» Die Geschichte ist in diesem Sinne ein Weltgericht; die Menschen sind fähig, den Verlauf der Weltgeschichte zu erkennen und die Verbesserung der →Gesellschaft in Richtung des moralischen Fortschritts (→Entwicklung) selbstverantwortlich zu gestalten. Trotz dieser normativ-politischen Maßstäbe, die den einzelnen als handelndes Subjekt begreifen, hat Schlosser nie einem Heroenkult nach dem Motto «Männer machen Geschichte» gehuldigt wie später Treitschke. In seinem Hauptwerk, der «Geschichte des 18. Jahrhunderts» (1. Auflage 1823, 5. Auflage 1879), schreibt Schlosser, «daß es ein Irrtum ist, wenn ein Sterblicher, wäre er auch der Größte, sich einbildet, er könne das Leben des Volkes, die Richtung seiner Industrie, die Art und Weise seiner Gewerbe leiten und lenken, wie er die Einrichtungen und Bewegungen seines Heeres zu ordnen gewohnt ist». Über die →Französische Revolution, die die Konservativen mit einseitig-moralischen Kategorien abzuurteilen pflegten, sagt Schlosser: Nur die «schändlichen Mordtaten und Beraubungen der Schreckenszeit» haben «die Wiederherstellung alles Unfugs des achtzehnten Jahrhunderts unmöglich gemacht..., welche sonst gewiß erfolgt wäre oder erfolgen würde». Weil Schlosser einen entschieden antifeudalen und liberal-freiheitlichen Standpunkt vertrat, galt er seinen Kritikern, die sich ihrer (später so genannten) «Realpolitik» rühmten, als Doktrinär. Was es mit dieser Realpolitik in Wirklichkeit auf sich hatte, machte der liberale Historiker Gustav Freytag im Jahre 1865 klar, als er vom «deutschen Bedürfnis zu lieben und zu verehren» sprach: «Läuft er, der Deutsche, einmal mit, dann ist kein Pudel treuer, und es macht ihm mehr Vergnügen, für seinen Führer zu stehlen und zu sterben, als für sich selber.»

Schlossers bleibende Verdienste als Historiker und politischer Erzieher konnten zusätzlich untergraben werden durch den Hinweis auf handwerkliche Mängel seines Schaffens, insbesondere bei der Erschließung und Auswertung historischer →Quellen. Dies machte es den Anhängern →Rankes leicht, politischen →Konservatismus und historisches Bewußtsein in eins zu setzen. Auch in den historischen Werken Rottecks und Dahlmanns zählt die Quellenbehandlung zu den Schwachpunkten. Dazu kommen konzeptionelle Mängel, so wenn Rotteck die Weltgeschichte nach dem Vorbild August Ludwig von Schlözers mit der «vorsündflutigen Welt», mit Adam und Eva beginnen läßt, Zeitalter, die namentlich Ranke zu Recht Wissenschaften wie der Geologie, Ethnographie, Mythologie und der Urgeschichte überließ. Von großem Interesse geblieben ist jedoch das vielbändige «Staatslexikon», das Rotteck zusammen mit dem Rechtsgelehrten Karl Theodor Welcker ab 1834 herausgab, ein Brennspiegel des vormärzlichen Zeitgeistes, ein Katechismus des politischen Frühliberalismus. Daß der frühe →Liberalismus Geschichtsschreibung immer auch als politische Aufgabe verstand, wird auch bei Dahlmann deutlich. Sein im Vergleich zu Schlosser eher gemäßigter politischer Standpunkt kommt im Titel seines vielgelesenen, 1835 erstmals erschienenen politikwissenschaftlichen Hauptwerks zum Ausdruck: «Die Politik, auf den Grund und das Maß der gegebenen Zustände zurückgeführt». Darin fordert Dahlmann, daß sich der «Mittelstand», das besitzende und das gebildete Bürgertum, nicht nur nach oben, sondern auch nach unten scharf abgrenzen müsse. Ein in der deutschen Geschichte seltenes Beispiel professoraler Zivilcourage gab Dahlmann, als er zusammen mit sechs Kollegen («Göttinger Sieben»), darunter die Brüder Grimm und Gervinus, 1837 gegen den Verfassungsbruch des Königs von Hannover öffentlich protestierte und dafür zusammen mit Jacob Grimm und Gervinus des Landes verwiesen wurde.

Wissenschaftlich herausragende Werke hat Georg Gottfried Gervinus geschaffen, im Gebiet der →Literaturgeschichte ebenso wie in dem der →politischen Geschichte. Ein erzkonservativer Historiker des 20. Jhs., der Österreicher Heinrich Ritter von Srbik, wird Gervinus gerecht, wenn er dessen «Geschichte der poetischen Nationalliteratur der Deutschen» (ab 1835, seit 1853 wesentlich erweitert unter dem Titel «Geschichte der deutschen Dichtung») eine «monumentale Leistung» nennt. Gervinus war der Meinung, daß das «poetische Zeitalter» Deutschlands mit der Weimarer Klassik zu Ende gegangen sei und die →Nation sich in der Gegenwart zu der geistigen →Freiheit die politische erkämpfen müsse. Er untersuchte daher die Nationalliteratur nicht vornehmlich in ihren ästhetischen, sondern ihren gesellschaftspolitischen Bezügen und wies damit der Literaturgeschichtsschreibung neue Wege.

Gervinus' zweites Hauptwerk, «Geschichte des 19. Jahrhunderts» (8 Bände, 1855–1866), lebt von dem Gedanken, daß die Geschichte trotz mannigfacher Rückschläge unaufhaltsam in Richtung →Demokratie fortschreite. In einer bereits 1852 separat veröffentlichten «Einleitung in die Geschichte des 19. Jahrhunderts», einer Schrift, die ihm in Baden einen Hochverratsprozeß einbrachte, nahm Gervinus vom Standpunkt eines konsequenten freiheitlichen Liberalismus Partei für die «Emanzipation aller Gedrückten und Leidenden» und gab dazu die Erläuterung: «Die politische Gleichheit aber... verlangt die Herrschaft des Volkswillens nach der Entscheidung der Mehrheit; bedingt eine Regierung, die nicht auf die Vorspiegelung eines göttlichen Rechts gegründet ist, sondern auf die Notwendigkeit; erfordert eine Gesetzgebung, die auf dem Bedürfnisse der Gesellschaft ruht, über das die Gesamtheit selber urteilt.»

Die Werke demokratischer Historiker, die vor 1848 erschienen, erhoben keinen Anspruch, als akademisch-wissenschaftliche Glanzleistungen in die Geschichte der Geschichtswissenschaft einzugehen. Sie waren nicht für die Gelehrten, sondern «für das Volk» geschrieben, wie Otto von Corvin (1812–1886) in der Vorrede zu seinem 1845 erschienenen Buch «Pfaffenspiegel. Historische Denkmale des Fanatismus in der römisch-katholischen Kirche» bemerkte. Damit das Volk diese Bücher lese, waren sie so eingängig und verständlich geschrieben, in der Regel mit Illustrationen und, wenn überhaupt, nur mit einem Minimum an wissenschaftlichem

«Apparat» versehen. Diese Historiker sahen im Studium der Geschichte die Voraussetzung für die politische Erziehung der niederen →Klassen und die revolutionäre Umgestaltung der Gesellschaft (→Revolution). So hat es Corvin in seinen Erinnerungen geschildert, er, der als Aristokrat von Geburt und Erziehung, in den Vorurteilen seiner Klasse aufgewachsen, zum preußischen Offizier ausgebildet, «durch eigenes Nachdenken und einiges Talent zur Beobachtung» sowie durch die Beschäftigung mit dem niederländischen Freiheitskampf des 16. und 17. Jhs. belehrt wurde, «daß dergleichen Umgestaltungen niemals auf dem bloßen sogenannten ‹gesetzlichen Wege› durchgeführt worden waren, eben weil die bestehenden Gesetze unter dem Einfluß der Gewalthaber entstanden und mit besonderer Rücksicht auf Erhaltung ihrer Macht abgefaßt waren». Zusammen mit Friedrich Wilhelm Alexander Held, einem Schauspieler und Schriftsteller, verfaßte Corvin eine «Illustrierte Weltgeschichte. Ein Buch für's Volk» (ab 1844), die später von Held und anderen fortgeführt wurde. Beide nahmen aktiv Anteil an der Revolution 1848/49. Corvin wurde dafür, daß er als Generalstabschef der Freiheitskämpfer die Verteidigung der Festung Rastatt gegen preußische Truppen organisiert hatte, zum Tode verurteilt, eine Strafe, die dann umgewandelt wurde in eine langjährige Kerkerhaft.

Mit dem Gefängnis und polizeilicher Verfolgung ausgiebig Bekanntschaft machte auch Johann Georg August Wirth (1798–1848), der auf dem Hambacher Fest einer der Hauptredner gewesen war. Er schrieb eine vierbändige «Geschichte der Deutschen» (1842–1845), in der er den Dynasten-Kampf gegen das städtische Bürgertum im 14. Jh. als «entscheidenden traurigen Wendepunkt der deutschen Geschichte» schilderte. Mit der Vernichtung der Städtefreiheit wurde der «Bedienstetengeist» zum vorherrschenden Grundzug des deutschen Nationalcharakters, und diese Gesinnung zeige sich auch bei manchen Historikern, «die rücksichtslos der Gewalt und den Umständen sich fügten». Der wahre Historiker habe die Aufgabe, die «Erfahrung der Vergangenheit» zu überliefern, um «das Selbstbewußtsein des Volkes» zu stärken.

Wirths Freund, Karl Hagen (1810–1868), begann als Liberaler und lehrte als Geschichtsprofessor in Heidelberg. In der Revolution 1848/49 stieß er zu den Radikaldemokraten und agitierte als Abgeordneter der Nationalversammlung für die Absetzung der deutschen Fürsten. Das kostete ihn nach dem Scheitern der →Revolution die Professur. Als freier Historiker und Publizist legte Hagen, der sich vor der Revolution schwerpunktmäßig mit dem →Bauernkrieg befaßt hatte, zwei auch wissenschaftlich bedeutsame Werke vor, eine «Geschichte der neuesten Zeit» (2 Bände,

1850/51) und eine «Deutsche Geschichte» (3 Bände, 1855–58). 1855 verließ Hagen Deutschland und fand an der Universität Bern als Professor der Geschichte eine neue Wirkungsstätte.

«Denn zu erzählen, was die Völker leiden, ist keine angenehme Mühe und bringt zudem wenig Dank», schrieb Wilhelm Zimmermann (1807–1878) im Vorwort der von ihm besorgten Fortsetzung von Wirths «Geschichte der Deutschen» im Jahre 1853. Zimmermann wußte, wovon er sprach. Nach der Revolution, er war wie Hagen und Wirth Abgeordneter der Paulskirche gewesen, verlor er sein geschichtliches Lehramt, das er seit 1847 an der Oberreal- und Polytechnischen Schule in Stuttgart innehatte, und wirkte fortan als Pfarrer in einem Dorf in Württemberg. Zimmermanns Hauptwerk, «Der Große Deutsche Bauernkrieg», war bereits in den Jahren 1840–1844 in drei Bänden erschienen. Nahezu sämtliche bis dahin erschienene Darstellungen des Bauernkriegs waren vom Standpunkt der Fürsten und Priester verfaßt. Zimmermann bot als erster eine auf Quellenforschung beruhende Gesamtdarstellung, die zugleich der Sache der →Bauern gerecht zu werden suchte. «Gleich bei seinem ersten Erscheinen fiel dieses Buch», so hat der sozialdemokratische Historiker Wilhelm Blos später treffend gesagt, «zündend nach allen Seiten in Deutschland ein», obwohl es in Baden, Bayern und Österreich verboten wurde. Die hohe Anschauung, die dieser Historiker von seinem Beruf hatte, geht aus folgenden Sätzen hervor, die sich im «Bauernkrieg» finden: «Viele Federn haben die Sieger gefunden, wenige, und sehr ängstliche, die Besiegten, zumal da sie dem Volk angehörten.» Und weiter: «Was der Sieg zu einer Heldentat verklärt hätte, macht in den Augen der Menschen die Niederlage zum Verbrechen. Dem gewonnenen Spiel wird weise Berechnung nachgerühmt, das verlorene wird als Torheit verurteilt. Der Geschichte Pflicht ist es, dafür zu sorgen, daß die Gerechtigkeit über den Gräbern der Gefallenen wache.»

Dieser Pflicht unterzog sich einer, der auf seine Art ein großer deutscher Historiker war, ein «Achtundvierziger», der vor polizeilicher Verfolgung in die Schweiz flüchtete und nach Jahren der Not von Zürich aus als Geschichtsprofessor des eidgenössischen Polytechnikums den Blick nach Deutschland richtete, Johannes Scherr (1817–1886). Zwar: die von Ranke entwickelte historische Quellenkritik war seine Sache nicht, auch wenn er die methodologische Leistung, die darin lag, anerkannte. Seine Bewunderung für die großen Geister der Aufklärung, insbesondere für Schiller, und gleichzeitig die Liebe zu den kleinen Leuten führten ihn zu anderen Quellen als den Hinterlassenschaften der Mächtigen, zur Literaturgeschichte und zur →Kulturgeschichte. Seine «Deutsche Kultur- und Sittengeschichte» (1850) und seine «Allgemeine Geschichte der Literatur» (1868), beides Werke, die vielfach neu aufgelegt wurden, lassen sich noch heute spannend und mit großem Gewinn lesen. Ein Mann von universeller Belesenheit, rastlosem Fleiß, außerordentlicher Sprachkraft und von einer Unerschrockenheit, die ihn weit über das Gros seiner Fachkollegen heraushebt. Die Weltgeschichte war für ihn ein dauernder «Kampf zwischen Licht und Finsternis, Wahrheit und Lüge, Recht und Unrecht, Freiheit und Sklaverei»: «Jeder, selbst der unbedeutendste Mensch, muß so oder so an diesem Kampfe sich beteiligen, und jeder ist verantwortlich für die Art und Weise, wie er kämpft.» Die verbeamtete deutsche Historikerzunft strafte Scherr mit Verachtung, weil er an empfindliche Tabus rührte und überdies anschaulich zu schreiben verstand. Heinrich von Treitschke, selbst nicht zimperlich in der politischen Polemik, sprach von einer «eklen Lust am Schmutz und Skandal» und von einer «pöbelhaften» Sprache. Im Gegenzug mokierte sich Scherr über den «armseligen Quisquilienkram» und die «dünkelhafte Wichtigtuerei mit Nichtigkeiten» bei Zunfthistorikern, «die ihren entschiedenen Mangel an Talent hinter breitspurig anmaßlicher Pedanterie» zu verbergen suchten: «Wer bei uns unter Gelehrten für gelehrt gelten wollte, mußte, so er schrieb, die Langeweile zu seiner Muse machen. Je unlesbarer, desto wissenschaftlicher! hieß die akademische Losung. Hunderte von Bänden wurden nur geschrieben – falls man das ‹schreiben› nennen konnte – um gedruckt, gebunden, in Bibliotheken aufgestellt zu werden und sanft zu vermodern. Ungelesene Dryasduste schraubten einander gegenseitig zu ‹Zierden der Wissenschaft› hinauf und schwer senkte sich die Wucht ihrer Gelahrtheit auf ihre unglücklichen Verleger herab.» In der Schweiz erinnert man sich des Historikers Scherr noch heute. M. A.

◆ Geschichtsschreibung in der Weimarer Republik

Eine in sich einheitliche Geschichtsschreibung gab es in der Weimarer Republik ebensowenig wie in anderen Epochen (→Periodisierung). Trotzdem lassen sich einige grundlegende Tendenzen erkennen: Überzeugungen, die die überwiegende Mehrheit der deutschen Historiker teilte. Dazu gehört, daß sie der →Demokratie mit Skepsis und innerer Distanz, meistens aber ablehnend gegenüberstanden. Die konkreten Bedingungen, unter denen sie arbeiteten, waren jedoch alles in allem nicht schlechter als die des Kaiserreichs. Weder die revolutionäre Bewegung von 1918/19 noch die darauf folgenden republikanischen Regierungen griffen ein in die überlieferten →Rechte und Strukturen der Universitäten. Die Verfassung sicherte in Artikel 142 die →Freiheit der Kunst, der Wissenschaft und der Lehre. Professoren waren und blieben Beamte mit festem Gehalt und lebenslang garantierter Position. Sie stammten aus den gehobenen →Schichten des Bürgertums (→Bürger), wußten sich eins mit dessen Abneigungen und Vorlieben, dessen →Ideologien und dessen sozialen Vorurteilen.

Auch die Merkmale, nach denen sie ausgesucht und befördert wurden, änderten sich kaum. Ähnlich wie vor 1914 spielten Gesichtspunkte politischer Zuverlässigkeit eine wichtige Rolle. Das allerdings hieß gewöhnlich nicht zuverlässig im Sinne der →Republik und ihrer Verfassungsprinzipien, sondern zuverlässig im Sinne des in den Fakultäten jeweils herrschenden, eher konservativen Milieus. Zur Berufung auf eine Professur bedurfte es daher nicht nur der fachlichen Befähigung, sondern auch des «richtigen Stallgeruchs». Außenseiter wie Gustav Mayer, Eckart Kehr, George Hallgarten, Veit Valentin und Arthur Rosenberg hatten dabei in der geschlossenen Gesellschaft der Historikerzunft keine oder nur geringe Chancen.

Die Historischen Seminare erscheinen in dieser Perspektive als Bollwerke der →Kontinuität. Deren Fundamente wurzelten tief in den bürgerlichen Ordnungen des 19. Jhs. Man orientierte sich an traditionellen Bildungsidealen, kämpfte für die Bewahrung überkommener Privilegien und begegnete der Entwicklung des modernen →Kapitalismus wie der industriellen Massengesellschaft mit Verständnislosigkeit, ja mit Verachtung. Zu welchen Visionen sich solche Stimmungen verdichten konnten, illustriert beispielhaft eine Äußerung des Münchener Historikers Karl-Alexander von Müller: «Von allen Seiten umdrängt uns das Zerstörende und Zerschwätzende, das Willkürliche und Formlose, das Nivellierende und Mechanisierende dieser maschinellen Zeit, die methodische Zersetzung alles Gesunden und Edlen, die Verhöhnung alles Starken und Ernsten, die Entwürdigung alles Göttlichen.» Zwar formulierte nicht jeder so radikal wie von Müller, der im Spektrum der Meinungen am extrem rechten Rand siedelte. Aber auch wer nüchterner argumentierte, dachte in vergleichbaren Bahnen. Otto Hintze, ein bedeutender Verfassungs- und Verwaltungshistoriker, sprach von «verhängnisvoller Überindustrialisierung», und Friedrich Meinecke, der Herausgeber der «Historischen Zeitschrift», glaubte 1924 zu wissen, daß der «mäßig industrialisierte Agrarstaat» für die Entfaltung der geistigen →Kultur günstiger gewesen sei als der «großkapitalistische und demokratische Industriestaat». Daß die deutschen Historiker wenig Lust verspürten, die Entstehung und die Strukturen (→Ereignis) der industriellen Welt zu erforschen, liegt bei derart negativen Anschauungen auf der Hand.

Schon diese Ressentiments liefern Hinweise dafür, warum die Republik von Weimar der akademischen Geschichtsschreibung ein Greuel war. Denn nach dem Weltkrieg verschoben sich die wirtschaftlichen Gewichte immer eindeutiger zugunsten der Industrie. Hinzu kam, daß man das Ende des Kaiserreichs, die militärische Niederlage und die Revolution im November 1918 (→Deutsche Revolution 1918–1920) als Schock erlebte. Es war die traumatische Erfahrung eines abrupten Bruchs mit den Traditionen und Werten einer Vergangenheit, in der die Historiker sich häuslich eingerichtet und in deren Glanz sie sich gesonnt hatten. Kaum einer nahm dies zum Anlaß für kritische Selbstprüfung, um die anfängliche Verstörung in konstruktive Energien zu verwandeln. Die parlamentarische Demokratie begrüßte man zwar zunächst als Überwindung des revolutionären Chaos; ohne Wenn und Aber identifizierten sich mit ihr jedoch nur wenige. Im Bewußtsein, daß 1918/19 Alternativen nicht verfügbar waren, stellten sich die Historiker auf den Boden der Tatsachen und warteten ab, wie die Würfel fallen würden. Ein abstrakter und in sich zwiespältiger Vernunftrepublikanismus war das Äußerste, was man sich zumuten mochte – eine Haltung, die 1919 Friedrich Meinecke so umriß: «Ich bleibe der Vergangenheit zugewandt, Herzensmonarchist, und werde, der Zukunft zugewandt, Vernunftrepublikaner.»

Eine tragfähige Brücke, um das Alte mit dem Neuen zu versöhnen, war das nicht. Wer dafür plädierte, wurde von den orthodoxen deutschnationalen Vertretern des Faches unverzüglich isoliert und mit dem Etikett «parteiamtlich», also unwissenschaftlich, an den Pranger gestellt. Zwar gab es ein gewisses Maß an Pluralismus und Liberalität in der Zunft, aber in der Gesamtheit bot sie ein eher rechtslastiges Bild. Die politische Erziehungsaufgabe, zu der die Historiker sich berufen fühlten, erschöpfte sich in der Idealisierung des 19. Jhs. Die Demokratie galt ihnen als wesensfremd, als Abweichung vom Pfad preußischer Tugenden. Aus der Beschäftigung mit den Leistungen der Hohenzollernmonarchie zog man Trost und Belehrung in einer Gegenwart, die weithin als Verfallsprozeß begriffen wurde. Zur Verteidigung der Republik rührte sich denn auch kein Finger, und selbst diejenigen Historiker, die den Nationalsozialismus ablehnten, weinten ihr 1933 keine Träne nach.

Von wenigen Ausnahmen abgesehen, orientierte man sich methodisch am Begriffsgebäude des →Historismus und am Primat der Außenpolitik, so wie ihn Leopold von →Ranke bereits 1836 formuliert hatte. Im Vordergrund der Bemühungen stand nicht die Geschichte der →Klassen und sozialen Schichten, sondern der →Staat, dessen innere Verhältnisse sich am Prinzip der Machtbehauptung und Machterweiterung auszurichten hatten. Das Bewußtsein dafür zu schärfen, hielten die Historiker nach den Erfahrungen von 1918 für dringlicher denn je. Insofern war es nur folgerichtig, daß sie sich einreihten in den Kampf gegen die →«Kriegsschuldlüge» des Versailler Vertrags und die deutsche Politik von jeder Verantwortung bei der Entfesselung des Weltkrieges reinzuwaschen suchten. Das Modell, das ihnen im Innern vorschwebte, war das einer formierten →Gesellschaft: die «Volksgemeinschaft», in der die «Berufsstände» nach harmonischem Ausgleich strebten und ihre Einzelinteressen den machtpolitischen Bedürfnissen des Staates unterordneten. Gegen das Ideal der Demokratie setzte man das der Autorität. Das Treiben in den Parlamenten, die →Parteien, →Verbände und →Gewerkschaften beobachtete man daher ebenso mit Mißtrauen wie Forderungen nach einem Ausbau von Mitbestimmung und individuellen Freiheitsrechten.

Der Nationalstaat, den Bismarck zwischen 1864 und 1871 geschaffen hatte, galt unverändert als epochale Leistung. Daran zu kritteln war verpönt. Ihn gar, wie der Linksliberale Johannes Ziekursch gewagt hatte, als Gründung «gegen den Geist der Zeit» zu bewerten, weil er Deutschland und die Deutschen künstlich vor der Welt der europäischen Demokratien abgeschottet hatte, verfiel der Ablehnung. Die preußische Geschichte seit dem Großen Kurfürsten wurde als stufenweise Vorwegnahme der Bismarckschen Politik interpretiert, sozusagen «reichsdeutsch» angestrichen. Da die «Lebenstriebe der Staaten» von höherem Rang erschienen als die «Massen», konnte sich sozial- und kulturhistorische Forschung nicht oder nur gegen beträchtliche Widerstände entfalten. Eine «Synthese von Ranke und Marx», von Personen- und Strukturgeschichte, →Geistes- und →Sozialgeschichte, die der unter seinen Kollegen isolierte Historiker der →Arbeiterbewegung Gustav Mayer vor Augen hatte, wurde gar nicht erst in Erwägung gezogen, geschweige denn ernsthaft in Angriff genommen. Nach wie vor beherrschten traditionelle Themen das Feld: der Staat mit seinen Institutionen und Machtinstrumenten, die großen Ideen und die großen Männer. Die sozialen, wirtschaftlichen und politischen Umschichtungen in der Epoche der →Industrialisierung blieben demgegenüber blaß. Sie zu entschlüsseln und damit die Existenzbedingungen der Menschen im 19. und 20. Jh. zu erklären: dazu konnten und wollten die Historiker in der Weimarer Republik keinen Beitrag leisten. J. F.

◆ **Geschichtsunterricht** (Geschichtsdidaktik)

Der Geschichtsunterricht, wie er an den öffentlichen Schulen erteilt wird, ist eine staatliche Angelegenheit. Von den Kultusministerien der Bundesländer eingesetzte Kommissionen erarbeiten Richtlinien und Lehrpläne, in denen die Inhalte, Methoden und Ziele des Geschichtsunterrichts festgelegt werden. Sie stellen nicht nur den verbindlichen Rahmen für die im Unterricht verwendeten Schulgeschichtsbücher dar, sondern zugleich eine Art übergeordnete Dienstanweisung, an die sich alle im Fach Geschichte unterrichtenden Lehrer halten sollen. Als gesellschaftliche Einrichtung hat der Geschichtsunterricht im Rahmen der Institution Schule (neben anderen Fächern) eine «Legitimationsfunktion, die der Erhaltung und Stärkung der bestehenden Gesellschaft dient» (Gerhard Schneider). Allerdings variieren die in den Lehrplänen fixierten Unterrichtsinhalte und -ziele beträchtlich, je nach den in den einzelnen Bundesländern herrschenden politischen Mehrheitsverhältnissen.

Seit seiner Einführung in das staatliche Schulwesen – zu Beginn des 19. Jhs. zunächst am Gymnasium, in der zweiten Hälfte des 19. Jhs. auch an Volksschulen – waren mit dem Geschichtsunterricht staatspädagogische Zielsetzungen verknüpft. Er schien besonders geeignet, den staatsfrommen Untertanen zu erziehen, der gegen alle Verführungen der →Demokratie und des →Sozialismus gefeit war. Kein anderer als Kaiser Wilhelm II. hat in einer Kabinettsordre aus dem Jahr 1889 dem Geschichtsunterricht die Aufgabe patriotischer Sinnstiftung als Mittel gegen die sozialdemokratischen «Irrlehren» zugewiesen: «Die vaterländische Geschichte und zwar auch die neuere Geschichte, welche jetzt hinter die Geschichte fremder Länder, des Altertums und des Mittelalters zurückgestellt werde, sei vorzugsweise zu lehren; das Verhältnis des Herrscherhauses zum Volke, nach welchem ersteres stets das Wohl des letzteren sich zum Ziele gesetzt habe, mit seinen segensreichen Folgen für die soziale Entwicklung und die Verbesserung der Lage aller Klassen, klar zu legen.»

Die politische Funktionalisierung des Geschichtsunterrichts zum Zwecke der Propagierung chauvinistischer und rassistischer →Ideologien erreichte in der Nazi-Zeit einen Höhepunkt. Nach 1945 erlebte das Unterrichtsfach Geschichte kurzzeitig eine Renaissance, als es darum ging, das demokratische Umerziehungsprogramm («Reeducation») in die Schulen zu vermitteln. In den fünfziger Jahren bestimmten gesellschaftliche Harmonievorstellungen auf der einen, ausgeprägter →Antikommunismus auf der anderen Seite die inhaltliche Ausrichtung des Geschichtsunterrichts in der Bundesrepublik. Allerdings schien damit sein Potential als Gesinnungsfach par excellence auch erschöpft. In den sechziger Jahren geriet das Unterrichtsfach Geschichte unübersehbar in eine Krise. Nach den Empfehlungen der Kultusministerkonferenz (KMK) von 1960 sollte Geschichte als eigenständiges Fach in den Klassen 12 und 13 nicht mehr vertreten sein, sondern zusammen mit den Fächern Geographie und Sozialkunde integrierender Bestandteil des neuen Faches «Gemeinschaftskunde» werden. In der KMK-Vereinbarung zur Neugestaltung der gymnasialen Oberstufe von 1972 wurde Geschichte als Pflichtfach der Sekundarstufe II gestrichen; historische Sachverhalte sollten, soweit möglich, in das obligatorische Fach Gemeinschaftskunde integriert werden. Der Streit um die hessischen Rahmenrichtlinien für «Gesellschaftslehre» 1972/73 machte deutlich, wie ideologiebelastet die Auseinandersetzung um die Zukunft des Faches Geschichte immer noch war. Seit den achtziger Jahren ist die Tendenz zu beobachten, dem Unterrichtsfach Geschichte wieder einen größeren Stellenwert zuzuweisen.

Ob und was der Geschichtsunterricht überhaupt bewirkt, darüber herrscht eine bemerkenswerte Unsicherheit. Alle bisher angestellten Untersuchungen scheinen aber darauf hinzuweisen, daß das Hauptziel des Geschichtsunterrichts, die Schüler mit einem soliden Fundus an historischem Grundwissen und einem daraus abgeleiteten qualifizierten Geschichtsbewußtsein auszustatten, weitgehend verfehlt wird. Bereits 1964 kamen Ludwig von Friedeburg und Peter Hübner in ihrer Untersuchung «Das Geschichtsbild der Jugend» zu dem Ergebnis, daß der Geschichtsunterricht personalisierende Sichtweisen fördere, die durch das Wirken übermächtiger Subjekte, die «großen Männer», die angeblich die Geschichte machen, bestimmt würden. Ein solches Geschichtsbild wirke in starkem Maße entpolitisierend und sei geeignet, undemokratischen und autoritätsfixierten Denk- und Verhaltensmustern Vorschub zu leisten. 1977 offenbarte eine Umfrage des Diplom-Pädagogen Dieter Boßmann, «Was ich über Adolf Hitler gehört habe…», bestürzende Unkenntnisse über die Zeit des Nationalsozialismus, und zwar bei Schülern aller Schulformen. Gerade diese Untersuchung verweist darauf, daß der Geschichtsunterricht an den Schulen nur ein Faktor – und vielleicht nicht einmal der wichtigste – der historisch-politischen Sozialisation von Jugendlichen ist, daß Geschichtsbewußtsein zu einem bedeutenden Teil und in vielfältiger Weise in außerschulischen Sozialisationsbereichen vermittelt wird: in der Familie, durch die Massenmedien oder durch trivialhistorische Literatur (→Geschichte in Rundfunk, Film, Fernsehen, →Populärgeschichte, →Kinder- und Jugendbuch). Wenn man bedenkt, daß Schüler/innen häufig geradezu eine Barriere gegen das aufrichten, was ihnen unter den als widerwärtig empfundenen institutionellen Bedingungen von Schule an Wissensstoff angetragen wird, können die Einflüsse, die von den oft trivialisierenden, aber stärker auf die emotionalen →Bedürfnisse von Jugendlichen ausgerichteten außerschulischen historischen Alltagsangeboten ausgehen, kaum überschätzt werden. Für den Geschichtsunterricht ergibt sich daraus die Notwendigkeit, stärker, als dies bisher geschieht, an die Lebenswirklichkeit der Schüler/innen anzuknüpfen. Der alltagsgeschichtliche Ansatz, der Formen des entdeckenden Lernens vorsieht, bietet hier eine in der täglichen Unterrichtspraxis noch viel zu selten genutzte Möglichkeit (→Alltagsgeschichte).

Die Geschichtsdidaktik, also die Disziplin, die untersucht, was an und durch Geschichte gelernt wird und gelernt werden sollte, hat diese Notwendigkeit längst begriffen. Sie versteht sich heute nicht mehr als bloße Methodenlehre für den Geschichtsunterricht, sondern fragt darüber hinaus nach Entstehung, Beschaffenheit und Wirkung des historischen Bewußtseins in der →Gesellschaft. Dieser Wandel im Selbstverständnis bedeutet, daß die ausschließliche Fixierung auf den Lernort Schule aufgegeben und außerschulischen Einflüssen auf die Bildung von Geschichtsbewußtsein nachgegangen wird. In dem von Klaus Bergmann, Annette Kuhn, Jörn Rüsen, Gerhard Schneider herausgegebenen «Handbuch der Geschichtsdidaktik» (1979) und der Zeitschrift «Geschichtsdidaktik» (12 Jahrgänge, 1976–1987) hat diese Neuorientierung der Geschichtsdidaktik ihren deutlichsten Ausdruck gefunden (→Schulbuch).

V. U.

◆ Geschichtswerkstätten

Seit den frühen achtziger Jahren sind in vielen Städten und Regionen der Bundesrepublik Geschichtswerkstätten entstanden, die neue, phantasievolle Formen historischer Forschung, Darstellung und Vermittlung praktizieren. Sie widmen sich vor allem Themen, die von der «großen» Geschichtsschreibung vernachlässigt wurden: die Geschichte der Frauen (→Frauengeschichte) z. B. oder gesellschaftlicher Minderheiten und Randgruppen. Sie unternehmen historische Exkursionen in der Region, bieten alternative Stadtrundfahrten an, gründen Stadtteilarchive und Heimatmuseen, organisieren Ausstellungen und Arbeitskreise. So vielfältig die Themen und Aktivitäten auch sind, eines ist allen Geschichtswerkstätten gemeinsam: Sie wollen Geschichte «von unten» erkunden, aus der Sicht und wenn möglich unter Beteiligung derjenigen, die sie erlebt haben.

Statt auf gesellschaftliche und politische Großstrukturen richten sie ihr forschendes Auge lieber auf die kleinen Einheiten, die überschaubaren →Räume: Dorf, Stadtteil oder Wohnviertel. Mit diesem Perspektivenwechsel verbunden ist eine mehr oder minder stark ausgeprägte Distanz zum universitären Wissenschaftsbetrieb. Mitglieder von Geschichtswerkstätten verstehen sich als praxisorientierte «Erinnerungsarbeiter», die Spurensuche vor Ort betreiben, um sich mit der eigenen Geschichte zugleich auch der eigenen →Identität zu versichern. Im Mai 1983 haben sich die verschiedenen lokalen Geschichtswerkstätten zu einem bundesweiten Verein «Geschichtswerkstatt» zusammengeschlossen, der sich als Koordinierungsstelle der einzelnen Initiativen und Projekte versteht. Er gibt ein eigenes Mitteilungsblatt («Geschichtswerkstatt») heraus, dessen Redaktion jeweils im Wechsel der lokalen Gruppen besorgt wird, und veranstaltet alternative →Historikertage, sogenannte «Geschichtsfeste». Allerdings hat sich die Funktion des Vereins in dem Maße erschöpft, wie die lokalen Gruppen ein Eigenleben entwickelten.

Die Bewegung der Geschichtswerkstätten ist aufs engste verknüpft mit den neuen sozialen Bewegungen, wie sie sich seit Ende der siebziger Jahre als Antwort auf drängende gesellschaftliche Herausforderungen, vor allem die ökologische Grundlagenkrise, formiert haben (→Alternative Bewegungen). Zugleich ist sie Ausdruck einer Unzufriedenheit mit der Exklusivität akademischer Geschichtsschreibung. Geschichte soll nach dem Willen der Geschichtswerkstätten nicht mehr ein Werk von Spezialisten für Spezialisten sein, sondern so erforscht und geschrieben werden, daß möglichst viele Menschen, auch nicht-professionelle Historiker, daran teilhaben und sie verstehen können. Entscheidende Anregungen kamen hier von außen: zum einen durch die «History Workshop»-Bewegung in England mit ihrem Zentrum am Ruskin College der →Gewerkschaften in Oxford, wo linke Dozenten und Laienhistoriker seit den siebziger Jahren eine neue Form basisdemokratischer Geschichtsforschung und -vermittlung betreiben. Zum anderen durch die «Grabe-wo-du-stehst»-Bewegung in Schweden, so benannt nach dem gleichnamigen Buch des schwedischen Publizisten Sven Lindquist. Die Idee dazu stammte ursprünglich aus China, wo Anfang der sechziger Jahre unter dem Motto «Grab die bitteren Wurzeln aus» eine breite Geschichtskampagne von «Barfußhistorikern» stattgefunden hatte. Lindquist übertrug dieses Konzept auf die Erforschung industrieller Arbeitsverhältnisse in Schweden. Sein ebenso einfacher wie bestechender Grundgedanke: Jeder ist kompetent in Sachen eigene Geschichte – und zwar in dem Bereich, in dem er lebt und arbeitet. Das gilt für die →Arbeiter eines Betriebs ebenso wie für die Bewohner eines Dorfs oder die lange Zeit auf Hausarbeit fixierten Frauen. Sie allein können die alltäglichen Verrichtungen und die Muster, nach denen sie ablaufen, beschreiben, sie allein können alte Fotos (→Fotografie) zum Sprechen bringen und tote Gegenstände – wie Werkzeuge oder Haushaltsgeräte – wieder lebendig machen. Im Unterschied zum schwedischen Vorbild oder auch zur History-Workshop-Bewegung in England wird die Arbeit der Geschichtswerkstätten hierzulande allerdings stark bestimmt, wenn nicht gar dominiert durch akademisch ausgebildete Historiker: Universitätsdozenten, arbeitslose Lehrer, Sozialarbeiter, Studenten.

Vielerorts haben lokale Geschichtswerkstätten die blinden Flecken der Heimatgeschichtsschreibung aufgedeckt. Als besonders brisant erwies sich die lokalhistorische Spurensuche dort, wo sie an Tabus und Verdrängungen aus der NS-Zeit rührte.

Neue Impulse erhielt die Bewegung der Geschichtswerkstätten durch den Zusammenbruch der DDR im Herbst 1989. In den neuen Bundesländern sind, nach westdeutschem Vorbild, zahlreiche Gruppen entstanden, die sich vor allem die kritische Erforschung der DDR-Geschichte zum Ziel gesetzt haben. V. U.

◆ Geschichtswissenschaft in der Bundesrepublik

Anders als nach 1918, als die deutschen Historiker dem untergegangenen Kaiserreich nachtrauerten und der neuen Republik von Weimar gegenüber in feindseliger Distanz verharrten, schien 1945 im Angesicht des Scherbenhaufens nationaler Geschichte eine Neuorientierung der Fachhistorie unvermeidlich. Tatsächlich erfolgte jedoch kein radikaler Bruch mit dem Überkommenen; der Übergang vom «Dritten Reich» in die Nachkriegszeit vollzog sich im Gegenteil für die deutschen Historiker überraschend glatt und schmerzlos. Eine Entnazifizierung des Lehrkörpers fand in den Westzonen nicht statt. Mit Ausnahme einiger besonders schwer belasteter Hochschullehrer wie Gustav Adolf Rein oder Günter Franz wurden alle zunächst aus politischen Gründen entlassenen Professoren spätestens in den frühen fünfziger Jahren wieder auf ihre Lehrstühle berufen. Diskretion und Korpsgeist, dazu offenbar eine weitverbreitete «Persilschein»-Praxis, sorgten für eine schnelle Reintegration der suspendierten Fachkollegen in die Historikerzunft.

Demgegenüber wurde die Rückkehr der emigrierten Wissenschaftler in der Regel nur schleppend und ohne großes Engagement betrieben. Von 134 Historikern, die aus politischen oder rassischen Gründen das Land hatten verlassen müssen, kehrten nur 21 während der ersten beiden Nachkriegsjahrzehnte zurück, unter ihnen Hans Rothfels, der 1951 einen Ruf auf den Tübinger Lehrstuhl annahm. Manche Emigranten wurden gar nicht zurückberufen, andere – wie Hajo Holborn – blieben trotz verlokkender Angebote lieber in Amerika oder kamen – wie Hans Rosenberg – nur als Gastprofessoren nach Deutschland. Der Aderlaß, der durch den Exodus gerade der liberalen und sozialdemokratischen Historiker nach 1933 bewirkt worden war, wurde also nicht wettgemacht; vielmehr blieb die politische Homogenität der Zunft voll gewahrt.

Auch die etablierten Institutionen der Geschichtsforschung setzten nach 1945 «oft in geradezu gespenstisch anmutendem Drang zur Normalität» (Winfried Schulze) ihre Arbeit fort, als wenn nichts geschehen wäre. «Monumenta Germaniae Historica», Historische Kommission, Akademien, Historische →Vereine, →Archive – sie alle stellten sich rasch auf die neue demokratische Nachkriegsordnung um. Mit der Neugründung des Historikerverbandes 1949 und dem Wiedererscheinen der «Historischen Zeitschrift» im selben Jahr war die Reorganisation der Zunft abgeschlossen. In den frühen fünfziger Jahren entstanden eine ganze Reihe von neuen Instituten, u.a. das Institut für Zeitgeschichte in München, das Max-Planck-Institut für Geschichte in Göttingen, das Institut für europäische Geschichte in Mainz, die Kommission für die Geschichte des Parlamentarismus und der politischen Parteien in Bonn. Die historische Forschungsarbeit war damit auf eine breitere Grundlage gestellt als jemals zuvor.

Dennoch verhallte der Ruf nach einer gründlichen «Revision des deutschen Geschichtsbildes» weithin ungehört. Der behutsame Versuch Ludwig Dehios, des ersten Herausgebers der «Historischen Zeitschrift» nach dem Krieg, aus dem Zusammenbruch der deutschen Weltmachtpolitik kritische Einsichten zur Kontinuitätsproblematik in der deutschen Geschichte zu formulieren, blieb das Werk eines Außenseiters. Der Freiburger Historiker Gerhard Ritter, 1949 zum ersten Vorsitzenden des Historiker-Verbandes gewählt und einer der einflußreichsten Männer der Zunft, vermochte darin nur die fatale Neigung zur «Selbstverdunkelung des deutschen Geschichtsbewußtseins» erkennen. Auch die süddeutsch-antiborussische Geschichtsschreibung eines Franz Schnabel war im Lager der nationalstaatlich orientierten Historiker nach 1945 nicht mehrheitsfähig.

So beschränkte sich die Forderung nach Revision des Geschichtsbildes zumeist darauf, den allzu stark kompromittierten ideologischen Ballast der Nazi-Zeit abzuschütteln, um desto unbekümmerter den alten staats-

und politikzentrierten →Paradigmen nachgehen zu können. Ein «politisch-moralisch gezähmter Historismus» (Ernst Schulin) wurde zur ideologischen Richtschnur der Nachkriegshistorie, der Rückgriff auf die klassische Objektivitätsforderung zum willkommenen Fluchtpunkt, um verlorenes Terrain zurückzugewinnen. Erst langsam fanden neue Fragestellungen Eingang in die westdeutsche Geschichtsschreibung. →Sozial- und Strukturgeschichte wurde in den fünfziger Jahren zu einem Schlüsselwort für die Modernisierung der Fachhistorie. Freilich fußte diese «Neue deutsche Sozialgeschichte» zum Teil auf Forschungsansätzen, die schon vor und vor allem während des «Dritten Reiches» entwickelt worden waren. Otto Brunner etwa knüpfte in der Neuauflage seines Buches «Land und Herrschaft» umstandslos an das Konzept einer «politischen Volksgeschichte» aus der NS-Zeit an, das jetzt einfach in «Sozialgeschichte» umgetauft wurde. Werner Conze wiederum, der Begründer des Heidelberger Arbeitskreises für moderne Sozialgeschichte, war in starkem Maße beeinflußt von Hans Freyer, der wie kein anderer die enge Verbindung von Geschichtswissenschaft und Soziologie während des «Dritten Reiches» verkörpert hatte und auf dem Marburger →Historikertag 1951 ein Grundsatzreferat zum Thema «Soziologie und Historie» halten durfte.

Für eine entscheidende Zäsur in der bundesdeutschen Geschichtswissenschaft sorgte erst die sogenannte Fischer-Kontroverse der sechziger Jahre. Ausgelöst wurde sie im Herbst 1961 durch das Buch des Hamburger Historikers Fritz Fischer, «Griff nach der Weltmacht» (Untertitel: «Die Kriegszielpolitik des kaiserlichen Deutschland 1914/18»). Darin führte Fischer den Nachweis, daß die europäischen Mächte im August 1914 keineswegs, wie man zuvor gerne angenommen hatte, wider Willen in den Krieg «hineingeschlittert» waren, sondern daß die deutsche Regierung diesen Krieg vorbereitet und entfesselt hatte, um mittels weitgesteckter Kriegsziele sich zur Hegemonialmacht in Europa, und das hieß gleichzeitig zur Weltmacht, aufzuschwingen. Die heftigen, teilweise haßerfüllten Reaktionen, die diese provozierende These hervorrief, zeigten, daß Fischer einen Zentralnerv der konservativen Historiker getroffen hatte. Angeführt von Gerhard Ritter, sammelten sie sich zum Gegenstoß. Die «Fischer-Kontroverse», die ihren Höhepunkt auf dem Historikertag in Berlin 1964 und auf dem internationalen Historikerkongreß in Wien 1965 fand, wirkte wie ein reinigendes Gewitter: Sie durchbrach das bis dahin unbestrittene national-konservative Deutungsmonopol über die jüngste deutsche Geschichte und öffnete das Tor für neue, unbequeme Fragestellungen, z. B. die nach der →Kontinuität der gesellschaftlichen und politischen Strukturen (→Ereignis) zwischen Kaiserreich und «Drittem Reich». Das bedeutete einen mächtigen Schub für die kritische sozialgeschichtliche Forschung in der Bundesrepublik. Dabei konnte angeknüpft werden an die Arbeiten jener wenigen linksliberalen und radikaldemokratischen Historiker vor 1933, die bereits auf die Bedeutung sozioökonomischer Faktoren für politische Entscheidungsprozesse aufmerksam gemacht hatten. Ekkart Kehr etwa wurde erst jetzt mit seinen grundlegenden Studien zur Rüstungs- und Flottenpolitik des kaiserlichen Deutschland wiederentdeckt.

Die →Sozialgeschichte, wie sie sich unter der Ägide der Bielefelder Historiker Hans-Ulrich Wehler und Jürgen Kocka an den Universitäten etablierte, verstand und versteht sich als «historische Sozialwissenschaft», das heißt, sie suchte durch Annäherung an die systematischen Sozialwissenschaften das enorme theoretische Defizit der traditionellen Fachhistorie wettzumachen und die bundesdeutsche Geschichtswissenschaft an den fortgeschrittenen Diskussionsstand der angelsächsischen und französischen Sozialgeschichtsschreibung heranzuführen. Zeitweilig hat auch die durch die →Studentenbewegung Ende der sechziger Jahre beförderte Renaissance des Marxismus in die Diskussion um die Sozialgeschichte hineingewirkt, ohne hier allerdings – im Unterschied etwa zur Situation in Großbritannien – nachhaltige Spuren zu hinterlassen. Immerhin hat sie aber den Anstoß dafür gegeben, daß die Geschichte der →Arbeiter und der →Arbeiterbewegung als Thema der Geschichtsschreibung wiederaufgenommen und zu einem Schwerpunkt der modernen bundesdeutschen Sozialgeschichte ausgebaut wurde.

Neu geschrieben wurde jetzt auch die Geschichte des Nationalsozialismus. Das Interesse verlagerte sich von der Person Hitlers auf die Sozial- und Wirtschaftsverfassung des «Dritten Reiches» sowie die Analyse der inneren Struktur und Bewegungsdynamik des Regimes. Das Bild eines perfekt durchorganisierten, vom dämonischen Willen Hitlers beherrschten monolithischen «Führerstaats», wie es die Nachkriegsforschung gezeichnet hatte, löste sich auf. Hinter der totalitären Fassade, so zeigte etwa der Bochumer Historiker Hans Mommsen, verbarg sich eine widersprüchliche gesellschaftliche Realität (→Tatsachen), die weit entfernt war vom Propagandabild einer gleichgeschalteten «Volksgemeinschaft». Die Verantwortung der alten Machteliten für das Scheitern der Weimarer Republik und die Etablierung des faschistischen Systems wurde jetzt scharf beleuchtet, wobei auch hier von der stark theoretisch akzentuierten Faschismus-Debatte innerhalb der studentischen Linken Impulse ausgingen.

Durch die Reform und den Ausbau der Hochschulen wurden die traditionellen, durch die konservativen Ordinarien bestimmten Selektionsmechanismen für den wissenschaftlichen Nachwuchs aufgelockert. Dadurch konnten jüngere Historiker nachrücken, die sich der modernen Sozialgeschichte verschrieben und in ihren politischen Einstellungen eher der sozialliberalen Koalition zuneigten. In den siebziger Jahren konnte man in der bundesdeutschen Historikerzunft zum erstenmal von einer wirklichen Vielfalt der methodologischen und inhaltlichen Positionen sprechen.

Seit Anfang der achtziger Jahre sah sich die Geschichtswissenschaft in der Bundesrepublik mit zwei neuen Tendenzen konfrontiert: zum einen mit einer alternativen «Geschichtsbewegung», die sich um die →Geschichtswerkstätten gruppiert und die →Alltagsgeschichte auf ihr Panier geschrieben hat, zum anderen mit der Renaissance einer neokonservativ durchwirkten Nationalgeschichtsschreibung. Die von Vertretern dieser Richtung forcierten Bemühungen, das Bild der jüngsten deutschen Vergangenheit aufzuhellen, um wieder einem wertekonservativ geläuterten Geschichtsbewußtsein auf die Sprünge zu helfen, lösten 1986 die zweite große Kontroverse in der bundesdeutschen Geschichtswissenschaft, den sogenannten «Historikerstreit», aus. Den Anstoß gab diesmal allerdings kein Fachhistoriker, sondern der Frankfurter Sozialphilosoph Jürgen Habermas. In einem Artikel in der Wochenzeitung «Die Zeit» (11.7.1986) warnte er vor «apologetischen Tendenzen in der deutschen Zeitgeschichtsschreibung».

Den vermeintlichen Exponenten solcher Tendenzen, den Historikern Ernst Nolte, Andreas Hillgruber, Michael Stürmer und Klaus Hildebrand, warf Habermas die Absicht vor, bezogen auf die Geschichte des «Dritten Reiches» eine «Art Schadensabwicklung» zu betreiben, um ein im Sinne der «Wende»-Regierung Helmut Kohls begradigtes Geschichtsbild herzustellen und zu propagieren.

Die attackierten Historiker blieben die Antwort nicht schuldig. Immer mehr Wissenschaftler und Publizisten mischten sich ein, für die eine oder andere Seite Partei ergreifend. Über Monate wogte der Streit hin und her. Vordergründig ging es dabei zunächst um die Frage, ob der Holocaust an den europäischen Juden ein singuläres Ereignis sei oder mit anderen Massenverbrechen der Geschichte verglichen werden könne. Der provozierende Versuch Ernst Noltes, zwischen dem Archipel Gulag und Auschwitz einen Kausalzusammenhang herzustellen, den Judenmord der Nazis also als eine Art Nachahmungstat Hitlers hinzustellen, wurde vom Gros seiner Fachkollegen zurückgewiesen. Tatsächlich handelte es sich von Anfang an aber nicht nur um einen wissenschaftlichen Disput, sondern um eine Grundfrage unseres politischen Selbstverständnisses, nämlich um den historischen Ort des Nationalsozialismus in Gegenwart und Zukunft der

Bundesrepublik. Sollen wir – wie es Unionspolitiker und ihnen nahestehende Historiker fordern – endlich «aus dem Schatten Hitlers heraustreten», die Last der braunen Vergangenheit abschütteln, um uns wieder eines «normalen Nationalbewußtseins» zu erfreuen, oder – eingedenk der besonderen Belastungen und Verpflichtungen, die die Verbrechen der Nationalsozialisten den Deutschen noch für viele Generationen auferlegen – uns auch künftig mit einem «Verfassungspatriotismus», einer postnationalen →Identität bescheiden? Dies schlug Habermas vor, und er wurde darin unterstützt von der Mehrheit der mit der Sozialdemokratie sympathisierenden Historiker.

Nach 1989/90, mit der unerwarteten Vereinigung der beiden deutschen Staaten, hat sich die Situation für die Geschichtswissenschaft verändert – und zwar nicht nur dadurch, daß fast alle wichtigen historischen Lehrstühle der ehemaligen DDR mit Wissenschaftlern aus der alten Bundesrepublik besetzt wurden. Die alte Bundesrepublik selbst ist – ebenso wie die DDR – Geschichte geworden; sie unterliegt in dem Maße der Historisierung, wie das größere Deutschland seine Rolle nach innen und außen neu definiert. Welche Auswirkungen das für die Geschichtswissenschaft haben wird, bleibt abzuwarten. V. U.

◆ Geschichtswissenschaft in der DDR

Geschichtsschreibung ist der Versuch, vergangene Wirklichkeit zu rekonstruieren. Da dies nicht im luftleeren Raum, sondern vor dem Hintergrund jeweils aktueller Probleme und Erfahrungen geschieht, ist sie einem ständigen Wandel der Perspektiven und des Urteils, der Akzente, Fragestellungen und Schwerpunkte unterworfen. Sie ist Wissenschaft und Politikum zugleich. In ihr spiegeln sich die politische →Kultur und das geistige Klima eines Landes, →Bedürfnisse nach Sinngebung und →Identität. Historie und Gegenwartsinteresse sind dabei auf das engste miteinander verflochten. Die Dynamik, die aus diesem Prozeß (→Entwicklung) wechselseitiger Durchdringung erwächst, hat die Geschichtsschreibung in der Bundesrepublik ebenso geprägt wie die der DDR: mit dem Unterschied freilich, daß der Zusammenhang von Wissenschaft und Politik dort sehr viel plastischer zutage getreten ist als hier.

Die Ursachen dafür lagen im Selbstverständnis und in den Strukturen (→Ereignis) des gesellschaftlichen Systems. Historische Forschung in der DDR vollzog sich bis zur Wende im Herbst 1989 in einem relativ festen, von außen abgesteckten Rahmen. Weder orientierte sie sich an autonomen, rein innerwissenschaftlichen Kriterien, noch war sie dem Belieben einzelner überantwortet. Meinungen und Informationen wurden gelenkt und überwacht. Geschichtsschreibung und Publizistik erfüllten klar definierte Aufgaben und waren auf Prinzipien verpflichtet, die von der Partei- und Staatsführung vorformuliert wurden. Für diejenigen, die ihren Platz im Wissenschaftsbetrieb behaupten, ihre Thesen und Ergebnisse veröffentlichen wollten, waren Klassenstandpunkt und Loyalität unverzichtbar. An den Forschungsplänen und den beträchtlichen Mitteln, die in die Ausstattung von Instituten und Lehrstühlen an Akademien, Universitäten und Hochschulen flossen, ließ sich ablesen, daß die Geschichtswissenschaft sich der besonderen Wertschätzung der Obrigkeit erfreute: vorausgesetzt, sie muckte nicht auf und lief nicht aus dem Ruder.

Als erkenntnistheoretisches Fundament diente ihr der dialektische Materialismus in Gestalt des zur Staatsdoktrin erhobenen Marxismus-Leninismus. Danach schreitet die Geschichte in aufsteigender Linie vom Niederen zum Höheren, von der Urgesellschaft über Feudalismus (→Mittelalter) und →Kapitalismus bis hin zum →Sozialismus. Vorangetrieben von dauernden Widersprüchen und dem Kampf der →Klassen im Spannungsfeld zwischen technologischen Potentialen und politischer Verfassung bzw. zwischen Produktivkräften und Produktionsverhältnissen, erscheint sie als logische und konsequente Abfolge ökonomischer Gesellschaftsformationen (→Periodisierung). Mit der Gründung der DDR hat diese Bewegung auf deutschem Boden den Gipfel erreicht. Die bürgerlich-kapitalistische Epoche – so heißt es – sei eingemündet in die Periode des sich Schritt um Schritt entfaltenden Sozialismus. Wer für derartige Auffassungen Partei ergreift, mithin die geforderte →Parteilichkeit praktiziert, denkt und handelt in dieser Sicht nicht «subjektiv», sondern «objektiv», denn er steht im Einklang mit den philosophisch abgeleiteten, allgemeingültigen, ‹objektiven› →Gesetzmäßigkeiten des gesellschaftlichen Fortschritts. Der SED, der «revolutionären Avantgarde der Arbeiterklasse», kommt dabei die Rolle der vorausschauenden, den Prozeß organisierenden und steuernden Zentrale zu: eine Funktion, die nach offizieller Lesart nicht allein in politischen, sondern gleichermaßen in wissenschaftlich begründeten, sozusagen objektiven Notwendigkeiten wurzelt.

Dieses Entwicklungsmodell sollte die Gegenwart durch die Vergangenheit erklären und legitimieren. Es der Bevölkerung zu vermitteln und mit konkreter Anschauung zu füllen fiel in die Zuständigkeit der Historiker. Sie waren es, die an der Ausgestaltung und Popularisierung eines einheitlichen sozialistischen Geschichtsbildes arbeiteten. Es sollte helfen, die

Bürger zu motivieren, sollte deren Einsatzfreude, Leistungswillen und Identifikationsbereitschaft stärken. Geschichtswissenschaft und Geschichtspropaganda hatten sich dabei in einer doppelten Funktion zu bewähren: als Integrationsideologie nach innen und als Kampfideologie nach außen. Sie sollte das System gegen die Welt des Kapitalismus abgrenzen und stabilisieren, sollte Einstellungen, Normen und Verhaltensmuster steuern und die Menschen gegen die Einflüsse des Klassenfeindes immun machen, der jenseits der Elbe lauerte, zudem Abend für Abend über die Fernsehprogramme von ARD und ZDF in die Wohnzimmer eindrang.

Verglichen mit der Bundesrepublik, wirkte die Geschichtsschreibung der DDR konzeptionell und organisatorisch kompakter, durch die Ausrichtung an den Interessen der SED freilich auch wesentlich eindimensionaler. Sie war jedoch kein starrer Block, in dem man nur ausführte, was von oben angeordnet wurde. Zu glauben, die Historiker der DDR hätten sich in der Produktion staatsfrommer Klischees und ideologischer Dogmen erschöpft, wäre ein Trugschluß. Zwar stellten sie selbst da, wo sie zu verfeinerten Methoden und abwägenden Interpretationen vorgestoßen waren, die Grundfesten des marxistisch-leninistischen Lehrgebäudes nicht in Frage. Aber das Geschichtsbild, das sie verwalteten und propagierten, war keineswegs statisch. Seit den frühen fünfziger Jahren hat es zahlreiche Korrekturen erfahren: zum einen durch Eingriffe der Partei, zum andern aber auch erzwungen durch die Anforderungen einer sich wandelnden, zudem komplexer werdenden →Gesellschaft.

Etwas vereinfacht lassen sich vier Etappen der Entwicklung erkennen. Nach einer Übergangsphase zwischen 1945 und 1948/49, die noch stark von älteren Traditionen und «bürgerlichen» Dozenten bestimmt worden war, verhalf die SED in den fünfziger Jahren einer ihren Ansprüchen genügenden, disziplinierten marxistisch-leninistischen Geschichtswissenschaft zum Durchbruch, die sich im darauffolgenden Jahrzehnt erkennbar konsolidierte. Auf dieser Basis begann dann seit ungefähr 1970 ein Prozeß der Versachlichung, der Professionalisierung und der methodisch-theoretischen Reflexion. Die Historiker schlüpften aus der Rolle von Befehlsempfängern in eine solche von Partnern der Partei. Der Spielraum, innerhalb dessen sie operieren durften, erweiterte sich, und nicht alle, aber immerhin einige thematische Tabus fielen fort.

Die Anstöße dazu lassen sich bis in das Ende der Ulbricht-Ära zurückdatieren. Damals, auf dem VII. Parteitag von 1967, verkündete die SED die Losung vom «entwickelten gesellschaftlichen System des Sozialismus». Einer hochgradig mobilen und sozial differenzierten Industriegesellschaft sollte eine ebenso differenzierte und leistungsfähige Geschichtswissenschaft an die Seite treten. Für die Praxis (→Theorie-Praxis) bedeutete das, sich verstärkt der Bewußtseinsbildung zu widmen, das wissenschaftliche Niveau anzuheben und sich von abstrakt lehrhaften, oft plump agitatorischen Floskeln zu verabschieden. Denn allein ideologische Gebetsmühlen zu drehen hatte sich als untaugliches Rezept erwiesen. Sozialistische Zukunftsvisionen waren mit den täglich erfahrbaren Realitäten nicht zur Deckung zu bringen und verloren – sofern sie das je hatten – ihre motivierende Kraft. Die Mehrheit der Bevölkerung konnte damit jedenfalls nicht aktiviert werden, zumal sich diese nicht nur aus weltanschaulich sattelfesten Proletariern und Funktionären zusammensetzte, sondern auch aus den nichtproletarischen, zum Teil religiös gebundenen →Schichten, den Handwerkern, Freiberuflern und der Intelligenz. Wollte man die Menschen aus der Reserve locken und mit dem durch die Mauer von der Außenwelt abgeschotteten «sozialistischen Vaterland» versöhnen, mußten neue Quellen der Legitimation erschlossen, und das Angebot an Identifikationsmöglichkeiten mußte entschieden verbreitert werden.

Das war um so dringlicher, als die SED Anfang 1970 in der «nationalen Frage» einen schroffen Kurswechsel vollzog. Trotz der Zweistaatlichkeit hatte sie bis dahin an der Vorstellung von einer gemeinsamen deutschen →Nation festgehalten. Als Antwort auf die Deutschlandpolitik der sozialliberalen Koalition in Bonn wurde diese Perspektive nun verworfen. Die DDR galt seitdem nicht wie noch in der Verfassung von 1968 als «sozialistischer Staat deutscher Nation», sondern als «sozialistische deutsche Nation», die von der Bundesrepublik als der «kapitalistischen deutschen Nation» durch einen tiefen Graben getrennt sein sollte. Also nicht mehr «Zwei Staaten – eine Nation» lautete die Devise, sondern «Zwei Staaten – zwei Nationen».

Die DDR sei, so formulierte 1985 der Direktor des Zentralinstituts für Geschichte an der Akademie der Wissenschaften, Walter Schmidt, ein «sozialhistorisch neuer Typ von Nation». Um eine diesem angepaßte «neue sozialistische nationale Identität» zu gewinnen, brauche sie – denn «Nationalbewußtsein» sei ohne «Geschichtsbewußtsein» undenkbar – «ein klares Verhältnis zur gesamten deutschen Geschichte». Daß für die SED das Problem der Nation im Zentrum des «ideologischen Klassenkampfes» stehen müsse, hatte vor Jahren bereits der Ostberliner Philosoph Alfred Kosing betont. Die Eroberung der deutschen Nationalgeschichte durch die Historiker der DDR war dabei – um im Bild zu bleiben – einer der wichtigsten Frontabschnitte.

Theoretisch und politisch abgesichert wurde diese Wendung mit den

Begriffen «Erbe» und «Tradition». Unter Erbe verstand man gewissermaßen die Gesamtheit der Geschichte, in der wiederum Traditionen unterschiedlicher Färbung verborgen waren. Aufgabe der Wissenschaft war es, sie aufzuspüren und zu bewerten. Ob sie verworfen oder akzeptiert wurden, hing nicht zuletzt von aktuellen Nützlichkeitserwägungen ab. Traditionen waren also nicht identisch mit dem Erbe, sondern verkörperten nur das, was daraus für das sozialistische System der DDR historisch legitimierende Bedeutung hatte. Eine «Klasse oder ein Volk», erklärte eine populäre Broschüre aus dem Jahr 1980, «kann das historische Erbe als Ganzes nicht einfach beiseite schieben, sondern muß es antreten, es übernehmen, sich ihm stellen». Traditionen hingegen seien alle die Teilstücke aus der Erbmasse, die Anlaß böten zur Identifikation: «Unser Traditionsverständnis hebt diejenigen Bestrebungen und ihre Träger, solche Leistungen und Ideen aus der Geschichte heraus, die die Linie des Kampfes um den gesellschaftlichen Fortschritt in der Geschichte repräsentieren. So sind die revolutionären, demokratischen und humanistischen Traditionen in der Geschichte eine tragende Säule im Geschichtsbild unserer Gesellschaft, eine Traditionslinie, die objektiven Charakter besitzt. Die progressiven Kräfte und ihre Leistungen betrachten wir als Vorläufer und Vorkämpfer für den Sozialismus.»

Die Konsequenzen, die daraus resultierten, schlugen sich auf vielen Ebenen der Forschung nieder, am sichtbarsten in Analysen, die sich mit der preußischen Geschichte beschäftigten. Während der Gründungs- und Konsolidierungsphase der DDR galt Preußen zunächst fast ohne Ausnahme als Hort des →Militarismus, überhaupt als Wurzel schicksalsschwerer Fehlentwicklungen. In diesem Sinne hatte schon 1946 der Journalist und Kulturfunktionär Alexander Abusch eine schonungslose Abrechnung gehalten. Sein Buch nannte er den «Irrweg einer Nation». Es handelte von der Geschichte «eines durch Gewalt rückständig gemachten Volkes» und malte Preußen in den schwärzesten Farben. Denn in dessen Politik und in den darin zum Ausdruck kommenden Machtverhältnissen sah Abusch die eigentlichen Ursachen für →Imperialismus und Nationalsozialismus.

Von diesem Interpretationsmuster hat sich die Geschichtsschreibung der DDR im Verlauf der siebziger Jahre distanziert. Zur Begründung hieß es in einem 1978 publizierten Artikel der Historikerin Ingrid Mittenzwei: «Unser Blick auf Preußen war lange Zeit durch die Polemik, die die revolutionäre Arbeiterbewegung im 19. und 20. Jahrhundert mit dem reaktionären Preußentum führen mußte, verstellt. Diese Erkenntnis hat nichts mit der Besserwisserei von Nachgeborenen zu tun. Die Auseinandersetzung mit Preußen, vor allem mit solchen Erscheinungen wie dem Militarismus preußisch-deutscher Prägung, war nach der Katastrophe des Zweiten Weltkrieges eine absolute Notwendigkeit. Der Aufbau einer antifaschistisch-demokratischen Ordnung und später des Sozialismus konnte sich nur in Auseinandersetzung mit dem Faschismus vollziehen, der preußische Traditionen für seine Durchhaltestrategie und die Manipulierung der Massen benutzt hatte. Heute läßt sich differenzierter urteilen.»

Differenzierung wurde geradewegs zu einem Schlüsselbegriff. Manches davon war jedoch nur Programm und erreichte längst nicht alle Bereiche und Epochen der Geschichte. Am ehesten Gestalt angenommen hatte es bei der Erforschung des preußischen →Absolutismus. Die Energien konzentrierten sich hier besonders auf den Zeitraum zwischen der Mitte des 18. und der des 19. Jhs., mithin auf jene Periode, in der aus der feudalen Gesellschaftsordnung allmählich die bürgerlich-kapitalistische hervorwuchs. Mit zwei parallel erschienenen Büchern leistete hier die erwähnte Ingrid Mittenzwei bedeutende Beiträge: das erste eine Studie über die Wirtschaftspolitik nach dem Siebenjährigen Krieg, das andere eine →Biographie über Friedrich II. Preußen wird darin als ein Staatswesen mit «zwei Gesichtern» beschrieben: mit einem eigentümlichen Nebeneinander von Elementen feudaler Reaktion und solchen der →Modernisierung. Das Urteil über den Monarchen orientierte sich an dem, was er gewollt oder ungewollt zur «Durchsetzung des gesellschaftlichen Fortschritts» beisteuerte. Den Interessen der →Aristokratie, so lautet das Fazit, blieb er zwar verhaftet, aber er war flexibel genug, sich den philosophischen Strömungen des bürgerlichen Rationalismus und der →Aufklärung anzupassen und sie zumindest teilweise in seiner Politik zu verwirklichen.

In dieser Argumentation blieb kein Platz mehr für die Versatzstücke der älteren Preußen-Kritik, die in gerader Linie Friedrich II., Bismarck und Hitler miteinander verbunden hatten. Indem das reaktionäre «Preußentum», das heißt die →Ideologien der preußischen Machteliten, vom fortschrittlichen «Preußen» abgespalten wurde, hatte die Gedankenführung erheblich an Tiefenschärfe gewonnen. Wohl sprach man immer noch von einer reaktionären und einer progressiven «Klassenlinie», aber diese bildeten nicht wie früher einen starren Kontrast, sondern wurden dialektisch ineinander verwoben.

Ähnlich wie mit Friedrich II. verfuhr man auch mit dem ersten Kanzler des deutschen Reichs, mit Otto von Bismarck. Auch er wurde zumindest teilweise rehabilitiert und damit in das Geschichtsbild der DDR integriert. Zwar wurde er nicht als «patriotische Heldengestalt» gefeiert, aber doch auch nicht als «jener dämonische Bösewicht» verdammt, dem man «alle Verantwortung für den verhängnisvollen Verlauf der preußisch-deutschen

Geschichte aufladen» könne. Vielmehr müsse er als «Staatsmann von Rang» gelten. Bismarck war, so porträtiert ihn Ernst Engelberg in einer großen Biographie, einerseits die Speerspitze der Konservativen und des preußischen Junkertums (→Junker), andererseits aber auch ein Mann des wirtschaftlichen und nationalpolitischen Fortschritts. Mit der Einigung Deutschlands überwand er die territoriale Zersplitterung und verhalf der bürgerlich-kapitalistischen Gesellschaft zum Durchbruch: eine Ordnung, die ihrerseits der sich formierenden Arbeiterklasse (→Arbeiter, →Arbeiterbewegung) Raum zur Entfaltung bot und insofern die Keime ihres Untergangs hervortrieb. Wie Karl Marx vor ihm, nannte auch Engelberg den Politiker Bismarck einen «königlich preußischen Revolutionär», der im Gewande der Gegenrevolution als «Testamentsvollstrecker» der gescheiterten bürgerlichen →Revolution von 1848/49 fungierte.

Über Preußen und dem Griff nach der deutschen Nationalgeschichte geriet allerdings die Arbeiterbewegung nicht in Vergessenheit. Denn auf deren revolutionäre Traditionen gründete sich in erster Linie das Selbstverständnis der DDR. Seit den frühen fünfziger Jahren gehörte sie daher zu den Schwerpunktbereichen der Forschung. Charakteristisch war, daß man sich vorwiegend auf Marx und Engels, auf die →Gewerkschaften, die SPD und die KPD konzentrierte, also auf Ideologie- und Organisationsgeschichte. Die Arbeiterschaft als in sich vielfach differenzierte Klasse, ihr Alltag und ihre Lebensverhältnisse wurden hingegen lange vernachlässigt. Relativ spät erst und sehr zögernd bahnte sich hier im Verlauf der achtziger Jahre ein gewisser Wandel an. Dabei nahmen die Historiker der DDR Anregungen und Fragestellungen der westlichen Sozial- und Strukturgeschichtsschreibung auf, versuchten hier und da die starren Fesseln der parteiamtlichen Dogmatik zu lockern und den Aufbau einer marxistischen →Sozial-, →Kultur- und →Alltagsgeschichte voranzutreiben. Trotz einiger Ergebnisse, die auch international auf Resonanz stießen, blieben die Aktivitäten und die auf eigenen Recherchen beruhenden Ergebnisse begrenzt: als eigenständige Teildisziplin fand die Sozialgeschichte weder Anerkennung, noch konnte sie die ihr anhaftenden Züge von Provinzialität und Selbstgenügsamkeit wirklich überwinden. J. F.

◆ Gesellschaft

Die globale Bedeutung des Begriffs «Gesellschaft» im Sinne einer sehr allgemeinen Bezeichnung «jeder Art und jeden Grades von Beziehungen zwischen Menschen, seien sie organisiert oder nicht, direkt oder indirekt», ist modern. Sie entstand erst allmählich aus dem sehr engen antiken und mittelalterlichen Verständnis von Gesellschaft als interessengeleitetem Zusammenschluß einer ständischen oder beruflich verbundenen Gruppe: Handelsgesellschaft, Festgesellschaft, Turniergesellschaft, Rittergesellschaft etc. Diese Bedeutung von «societas» – so der lateinische Quellenbegriff – klingt noch im englischen «high society» nach. Der Begriff zielt auf Abgrenzung, Distanzierung. Die →Aufklärung entwickelt sodann die «Gesellschaft» zu jener übergeordneten Struktur, in der die Individuen als Privatpersonen versammelt sind – nicht als →«Bürger». Gesellschaft und →Staat treten sich gegenüber wie «bourgeois» und «citoyen». Der Sphäre der Gesellschaft wird dabei die →Ökonomie zugeordnet, dem Staat die Politik. Basis dieser beiden globalen «Sozietäten» ist der Vertrag – freiwillig und vernünftig, wie Theoretiker vom Format eines Locke oder Montesquieu behaupten. In der Gesellschaft verbinden sich die Individuen zu Arterhaltung (Familie), Ernährung, →Kultur und Luxus. Im Staat verbinden sie sich in Form des Herrschaftsvertrags zu Ordnung (Gesetze), Gerechtigkeit, Verteidigung. Es bleibt Rousseau vorbehalten, dieser optimistischen Einschätzung des Herrschaftsvertrages seine pessimistische Variante entgegenzuhalten, nach der es keinen gesonderten Herrschaftsvertrag geben könne, ohne daß nicht auf den ursprünglichen Gesellschaftsvertrag zurückzugehen sei. Die Staatstheoretiker erscheinen ihm nur als Historiker «der alten Mißbräuche», denn tatsächlich sei allein der Gesellschaftsvertrag für alle Staatsformen konstitutiv. Der Staat gilt ihm als subjektive Form der Gesellschaft, als ihre personale Willensäußerung. Die Gesellschaft wird mit Rousseau zur einzig realen überindividuellen Ordnung. Hegel korrigiert dieses Bild, indem er zwar wie Rousseau Staat und Gesellschaft zusammenlegt, aber die «sittliche Vernunft» des Staates die widersprüchlichen →Interessen der «bürgerlichen Gesellschaft» – nur diese ist wirklich Gesellschaft – aufheben läßt. Marx kehrt zur Gesellschaftsdominanz Rousseaus zurück, überträgt aber die ökonomische Prägung der «bürgerlichen Gesellschaft» der Aufklärungsphilosophie auf seinen von der Totalität des Hegelschen Staatskonzepts beeinflußten Begriff der Gesellschaftsformation (→Periodisierung). Die Geschichte erscheint ihm als dialektischer Wechsel ökonomischer Gesellschaftsformationen, an deren Ende die völlige Ablösung des Staates durch die «klassenlose Gesellschaft» steht.

Die Geschichtswissenschaft ist vom Wandel des historischen Gesellschaftsbegriffs nicht weniger geprägt als von Theoremen der Nachbardisziplinen. Die ältere Geschichtswissenschaft betrieb unter dem Eindruck des →Historismus – in Deutschland – →politische Geschichte als Geschichte von Staaten. In Frankreich dominierte hingegen schon früh die Gesellschaftsgeschichte – Produkt Rousseaus, der →Französischen Revolution, der Werke des Historikers Jules Michelet, des Dichters Victor Hugo. Gesellschaft unter dem Eindruck dieser beiden Traditionen gewinnt daher unterschiedliche Schattierungen. Die «Staatengeschichte» begreift Gesellschaft mehr oder weniger bewußt als «Unordnung» und integriert sie in das eigene historiographische Konzept in der Regel durch institutionelle Klammern. Dort, wo Gesellschaftsgeschichte dominierte, betrieb man sie unter dem Aspekt von Widerstand gegen →Herrschaft. Herrschaft jeder Art wohlgemerkt. In den Blick traten daher Randgruppen, Verfemte, Unterschichten, aber auch «Randprobleme» wie Magie, Kinder, das Lachen – um einige der für Michelet bezeichnenden Themen zu zitieren.

Daneben entwickelte sich zugleich in den Sozialwissenschaften ein Gerüst gesellschaftstheoretischer Ansätze, die sich auch für Historiker als nützlich erweisen sollten. Die strukturell-funktionale Theorie versteht Gesellschaft als ein System der Selbstregulierung, das über funktionale und dysfunktionale Elemente verfügt. Diese Elemente sind als Struktur, Rolle und Funktion beschreibbar. Ihre Abweichung bzw. Übereinstimmung gegenüber dem System sind der wesentliche Maßstab ihrer Beurteilung durch den wissenschaftlichen Beobachter. Genesis und Entwicklung eines Systems sind hier aber kaum zu analysieren. Das System besteht bzw. wird konstruiert – erst dann funktioniert die Theorie. Wandel tritt zunächst stets als Dysfunktion auf – eben nicht als das, was den Historiker erst wachrüttelt: Transformation. Die funktional-strukturelle Theorie begegnet diesen Problemen. Sie träumt den Menschen als Mängelwesen, das sich aus seiner hochkomplexen Umwelt durch Sinnkonstruktionen ihm überschaubar scheinende Lebenszusammenhänge herausschneidet. Gesellschaft entsteht damit dauernd neu – entwickelt sich durch neue Sinngebung. Deren Medien bestehen aus allen Kommunikationselementen, die als autonome Strukturen beschreibbar sind: →Geld, →Herrschaft, →Arbeit etc. Auf dieser Basis kommt die Theorie kommunikativen Handelns zur Vorstellung, Gesellschaft sei vor allem als Kommunikationsstruktur zu begreifen. Durch Bewußtmachung ihrer kommunikativen Bedingtheit und fortgesetzte Ausdehnung der Normenbeherrschung wird Gesellschaft zu einem evolutionären Lernprozeß. Kommunikative Kompetenz beschleunigt die soziale Entwicklung, verändert die Strukturen, transformiert «Gesellschaft». Daneben wirken genuin historische Theoreme über Annäherungsmöglichkeiten an das «blinde und undeutliche Wort Gesellschaft» durchaus bieder. Das Konzept der «Industriegesellschaft» grenzt vorindustrielle Gesellschaften grundsätzlich von industriellen ab. Hier liegt danach die tiefgreifende Zäsur der Geschichte. Der grundsätzlich traditionalen Orientierung älterer Gesellschaften steht in der Industriegesellschaft – so will es dieser Ansatz – ein essentieller Modernisierungsprozeß (→Modernisierung) gegenüber. An ihm zeigt sich der Charakter, das Gelingen oder Mißlingen etc. einer solchen Gesellschaft. Gerade die Debatte um das Konzept der Industriegesellschaft und die Modernisierungstheorie hat aber gezeigt, daß Historiker um das genaue Betrachten ihrer «Einzelfälle» nicht herumkommen. Dies mit einem Freibrief auf Verzicht von Gesellschaftstheorie zu verwechseln wäre allerdings ein Fehlschluß. A. v. M.

◆ Gesetzmäßigkeit

Gesetzmäßigkeit ist eine zentrale Kategorie der materialistischen Geschichtsauffassung (→Historischer Materialismus). Sie schließt die Vorstellung ein, daß der geschichtliche Prozeß (→Entwicklung), in Analogie zu Vorgängen in der Natur, Gesetzen folgt. Im Nachwort zur 2. Auflage des ersten Bandes des «Kapital» (1873) zitiert Marx zustimmend einen russischen Rezensenten: «Marx betrachtet die gesellschaftliche Bewegung als einen naturgeschichtlichen Prozeß, den Gesetze lenken, die nicht nur von dem Willen, dem Bewußtsein und der Absicht der Menschen unabhängig sind, sondern vielmehr umgekehrt deren Wollen, Bewußtsein und Absichten bestimmen.» In seiner Grabrede auf Marx hat Engels 1883 dem Freunde das Verdienst zugerechnet, außer dem «speziellen Bewegungsgesetz der heutigen kapitalistischen Produktionsweise» – der Theorie vom Mehrwert – das allgemeine «Entwicklungsgesetz der menschlichen Geschichte» entdeckt zu haben, und zwar die «einfache Tatsache, daß die Menschen vor allen Dingen zuerst essen, trinken, wohnen und sich kleiden müssen, ehe sie Politik, Wissenschaft, Kunst, Religion usw. treiben können; daß also die Produktion der unmittelbaren materiellen Lebensmittel und damit die jedesmalige ökonomische Entwicklungsstufe eines Volkes oder eines Zeitabschnitts die Grundlage bildet, aus der sich die Staatseinrichtungen, die Rechtsanschauungen, die Kunst und selbst die religiösen Vorstellungen der Menschen entwickelt haben, und aus der sie daher erklärt werden müssen – nicht, wie bisher geschehen, umgekehrt». Das heißt allerdings nicht, daß die Gesetze die Geschichte machen, gleichsam über die Köpfe der Menschen hinweg. In seiner Schrift «Der achtzehnte Brumaire des Louis Bonaparte» (1852) hat Marx ausdrücklich betont: «Die Menschen machen ihre eigene Geschichte, aber sie machen sie nicht aus freien Stücken, nicht unter selbstgewählten, sondern unter unmittelbar vorgefundenen, gegebenen und überlieferten Umständen.»

Diese Klarstellung hat allerdings die Marx-Epigonen nicht daran gehindert, seinen Begriff von Geschichte als eines gesetzmäßigen Prozesses immer wieder in eine deterministische Entwicklungslehre umzuinterpretieren. So leitete Karl Kautsky, der theoretische Kopf der II. Internationalen (→Internationale), daraus die Vorstellung eines mit naturgesetzlicher Notwendigkeit sich vollziehenden Zusammenbruchs der kapitalistischen →Gesellschaft ab, der dem organisierten Proletariat gleichsam von selbst die Macht zuspielen würde. Mit der Systematisierung und Ideologisierung des Historischen Marxismus in der marxistisch-leninistischen Orthodoxie wurde das Bekenntnis zur Gesetzmäßigkeit der geschichtlichen Entwicklung, wie andere Marxsche Lehren, zu einer Art Glaubensfrage. In der geschichtswissenschaftlichen und geschichtstheoretischen Diskussion ist die Frage, inwieweit sich geschichtliche Prozesse überhaupt auf Gesetzesformeln bringen lassen, bis heute heftig umstritten. Neben dem am häufigsten erhobenen Einwand, daß die Singularität des Geschichtlichen der Gültigkeit des Gesetzesbegriffs Grenzen setze, wird vor allem der Vorstellung eines auf ein objektives Ziel, nämlich die Befreiung der Menschen von →Ausbeutung und Unterdrückung, gerichteten und daher auch vorhersagbaren gesetzmäßigen Verlaufs der Geschichte widersprochen.

V. U.

◆ Gesinde

Zur Kategorie des Gesindes zählten – nach einer Definition des Agrarwissenschaftlers Theodor von der Goltz gegen Ende des 19. Jhs. – «diejenigen Leute, welche im Hause oder Hofe des Arbeitgebers wohnen und von diesem außer voller Naturalverpflegung einen meist auf längere Termine (Jahr, Vierteljahr, Monat) vereinbarten baren Lohn empfangen». Das Gesinde gehörte zur patriarchalisch geprägten Familie im weiteren Sinne, im Unterschied zu den Tagelöhnern, die in räumlicher Trennung von ihren Dienstherren lebten. In der Stadt waren dies vor allem →Dienstmädchen, denen sich die neue frauengeschichtliche Forschung in besonderer Weise zugewandt hat (→Frauengeschichte). Die älteren historischen Arbeiten haben sich vor allem auf die ländlichen Verhältnisse konzentriert. Die hier als Gesinde tätigen Knechte und Mägde wurden zu allen Arbeiten auf dem Guts- bzw. Bauernhof und auf dem Felde herangezogen: Fütterung und Pflege des Viehs, Gespannführung, Besorgung des Haushalts, Bestellung des Feldes, Erntearbeiten etc. Die Arbeitszeit war faktisch unbegrenzt, in sommerlichen Stoßzeiten von 2 oder 3 Uhr morgens bis 10 Uhr abends. Die Löhne waren gering; bei den Mägden lagen sie noch deutlich niedriger als bei den Knechten. Häufig blieb der Gesindedienst ein Durchgangsstadium für jüngere Leute, die hofften, in eine kleine Bauernwirtschaft einheiraten zu können. Die beliebten Gesindewechseltermine waren Lichtmeß (2. Februar) und Michaelis (1. Oktober), also der Anfang bzw. das Ende eines bäuerlichen Wirtschaftsjahres.

Mit der Aufhebung der Erbuntertänigkeit im Oktoberedikt von 1807 fiel in Preußen auch der Zwangsgesindedienst. Seitdem beruhte das Verhältnis zwischen →Herrschaft und Dienstpersonal auf einem Arbeitsvertrag, dessen Einzelheiten durch die Gesindeordnungen geregelt wurden. Hierbei handelte es sich in der Regel um einen detaillierten Katalog von Rechtsbeschränkungen, Zwangsvorschriften und Strafmaßnahmen, mittels dessen das Gesinde diszipliniert und «in eine Art von reglementiertem Kindschaftszustand» versetzt werden sollte (Ingeborg Weber-Kellermann). So hieß es z. B. in der schwäbischen Gesindeordnung von 1846: «Das Gesinde ist schuldig, seinen Dienst redlich, fleißig und aufmerksam und mit Geschick bei Tag und Nacht unverdrossen nach dem Willen der Dienstherrschaft, und, so viel möglich, zu deren Nutzen zu besorgen. Ausgenommen sind nur solche Befehle, welche auf etwas gesetzlich Unerlaubtes gerichtet sind. Im übrigen muß sich das Gesinde allen häuslichen Anordnungen und Einrichtungen der Herrschaft unterwerfen, Befehle, Ermahnungen, auch ernstliche Zurückweisungen mit Bescheidenheit annehmen.» Die meisten Gesindeordnungen wurden erst nach der Novemberrevolution 1918 (→Deutsche Revolution 1918–20) aufgehoben.

Um das Gesinde einer noch stärkeren Kontrolle zu unterwerfen, wurde in Preußen 1846 die Einführung von «Gesindedienstbüchern» angeordnet, in denen jeder Arbeitsplatzwechsel mitsam Zeugnis des Dienstherrn verzeichnet wurde. Gesindedienstbücher sorgten dafür, daß jeder Widerstand von Knechten und Mägden im Keim erstickt wurde.

Charakteristisch für das ländliche Gesinde waren nicht nur die enge persönliche Abhängigkeit von der Dienstherrschaft, sondern auch ausgeprägte Rangunterschiede untereinander, in denen sich die hierarchische Gliederung der Dorfgesellschaft widerspiegelte. Am deutlichsten zeigten sie sich in den Tisch- und Eßsitten. So durfte sich z. B. kein Akkerknecht an den Tisch setzen, bevor nicht der Großknecht saß. Aßen Knechte und Mägde an einem Tisch mit der Bauernfamilie, so hatten sie sich still zu verhalten. Nur der →Bauer, das patriarchalische Oberhaupt, sprach und gab die Arbeitsanweisungen. Dem Bauern zur Seite saß der Großknecht als Zeichen seines Vorrangs vor dem anderen Gesinde. Auf der Frauenbank wiederholte sich diese Abstufung. Die streng hierarchische Rollenzuweisung war eine weitere Ursache dafür, daß sich innerhalb des Gesindes kaum →Protest gegen seine unwürdige Behandlung entwickelte. V. U.

◆ Gewalt

In den pluralistischen Demokratien westeuropäischen und nordamerikanischen Zuschnitts erscheint Gewalt, die nicht vom →Staat oder zur unmittelbaren Selbstverteidigung des →«Bürgers» (die Bürgerin ist hier einbezogen) ausgeübt wird, als Kriminalität oder «Terrorismus». Dies hindert die hier angesprochenen Gesellschaften allerdings nicht daran, Gewalt in Form der Gewaltkriminalität zu erleben, zuweilen auch politische und →soziale Konflikte in der Sprache der Gewalt auszutragen und in bestimmten Gruppen «Gewaltpotentiale» dauerhafter Art auszumachen. Dieser Umstand verweist nicht nur sie, sondern in jedem Fall die Historiker darauf, daß Gewalt in der Geschichte endemisch auftritt und weder durch Wünsche noch durch Ignorierung oder vermeintliche «Zivilisationsprozesse» auszublenden ist. Vielmehr entwickeln unterschiedliche Gesellschaften unterschiedliche Verhaltensmuster gegenüber der Gewalt, die zu den Merkmalen ihrer jeweiligen →Kultur gehören.

Erst mit der allmählichen Anthropologisierung der Geschichtswissenschaft seit Ende der sechziger Jahre hat diese damit begonnen, die in ihr vorherrschende rechtsgeschichtliche Formalisierung des Gewaltproblems zugunsten einer sozialgeschichtlichen Konkretisierung sowie ethno- und anthropohistorischer Komplexität zu verlassen. Gewalt trat allenfalls in den Rechtskategorien der Fehde, des staatlichen Gewaltmonopols, der verfassungsgeschichtlichen Gewaltenteilung oder des «Kriegshandwerks» auf. Hin und wieder wies ein «linker» Kirchenhistoriker auf die Praktiken der Inquisition hin, die aber bei allem geistesgeschichtlichen Wohlwollen gegenüber den «Problemen der Häresie» allgemein der Volkskunde zugeordnet wurden. Mord, Totschlag, Vergewaltigung, geprügelte Frauen und Kinder kamen in der Geschichte ebensowenig vor wie die von den Gewaltmaschinen des Staates und der →Kirche gebrochenen Knochen und zerrissenen Leiber. «Wilde Gewalt» tobte sich jedoch gern in Revolten und →Revolutionen aus, denen man ohnehin seit 1792 einen verhängnisvollen Hang zu blutigen Lösungen attestierte. Diese Tradition besaß ihre eigene Gewalt. Denn beglückt nahmen noch lange nach dem Aufdämmern neuer →Paradigmen «kritische Sozialhistoriker» die Möglichkeit wahr, etwa Michel Foucaults Konstrukt des «kontrollierenden Blickes» als Kriminalisierungsinteresse mißzuverstehen. Demnach sei die Gewalthäufigkeit im Staatsdurchsetzungsprozeß der →Frühen Neuzeit ebenso eine Folge der zunehmenden Aufmerksamkeit für «Gegengewalt» wie die entsprechenden Signifikanzen im Prozeß (→Entwicklung) der Konditionierung durch →Arbeit, Schule, Disziplin im «Zivilisationsprozeß» des Spätmittelalters und der Neuzeit. Dies war aber nur die halbe Wahrheit. Die Historiker ließen sich von der Gewalt im Habitus der staatstragenden und disziplinierenden Gruppierungen ebenso ablenken wie von der schlichten Tatsache, daß die von diesen inkriminierte Gewalt keine Fiktion war. Der Zusammenhang von inkriminierter Gewalt und struktureller Gewalt – «privat» gegen Frauen, Kinder, Dienstboten, in der staatstragenden Version von Polizei und Militär, aber auch als bewaffnete männliche «Ehre» – geriet auf diese Weise endgültig aus dem Horizont der Historiker (→Militarismus).

Eben diese Zusammenhänge gilt es hinter den Fassaden der vermeintlich rechtlichen Fehde, der vermeintlichen Reduktion von Gewalt durch das Gewaltmonopol des Staates oder der Gewaltenteilung aufzuspüren. Gewaltpotentiale in Gesellschaften werden eher verlagert als reduziert – so lautet das ernüchternde Fazit der sozialgeschichtlich orientierten Psychohistorie (→Medizingeschichte). Die «Entwaffnung der Gesellschaft» durch das Gewaltmonopol des Staates seit Beginn der Neuzeit versammelt zugleich immer furchterregendere Gewaltmittel in dessen «Händen». Die Gewaltpotentiale der auf diese Weise «zivilisierten» Gesellschaften des 20. Jhs. lassen die der kriegerischen Gesellschaften ein halbes Jahrtausend zuvor wie Kinderwelten erscheinen. Immer deutlicher wird: Nicht die Ächtung von Gewalt allein, sondern auch die ihrer Mittel, nicht die Marginalisierung von Gewaltzonen und Gewaltgruppen, sondern die Gewaltlosigkeit des Alltags – der Sprache, der →Ökonomie, der Unterhaltung, der Arbeit, der Freizeit etc. – können mentale und materielle Gewalt in Gesellschaften reduzieren. «Innere Sicherheit» ohne Sozialpolitik führt zu Marginalisierung und kollektiver Verdrängung gesellschaftlicher Gewaltpotentiale und damit zu latenter sozialer Destabilisierung.

Dem von Charles de Montesquieu (1689–1755) entwickelten Prinzip der Gewaltenteilung im Staat stellten die Sozialbewegungen des 19. Jhs. den von ihnen formulierten Grundsatz der «Waffengleichheit» zwischen Kapital und Arbeit an die Seite. Beide Grundsätze sollten die Expansion und Dominanz *einer* Gewalt – und damit von Gewalt überhaupt – in Staat und

Gesellschaft verhindern. Auch wenn Montesquieu die geschichtliche Wirklichkeit seines Vorbildes für die Trennung von Exekutive, Judikative und Legislative verfehlte – er glaubte die Verfassung Englands zu beschreiben –, hatte er ein Problem auf den Begriff gebracht, das seit dem Spätmittelalter im Zentrum der Debatten und Konflikte zwischen steuerbewilligenden «Parlamenten» und «absoluten» Herrschern stand. Die Tatsache, daß in den europäischen Gesellschaften nie der Herrscher allein, sondern immer auch «Rat und Hilfe» des Landes (das heißt seiner ständischen Vertreter) die «Gewalt» – Obrigkeit und Militär – bildeten und sich nur hier die Vorstellung vom «alten», über den Gewalten stehenden →Recht mit der Kasuistik und staatsrechtlichen Präzision des römischen Rechts verband, bildete die wesentliche Voraussetzung für die Formel Montesquieus und ihre Durchsetzung. Aber erst die Entdeckung der informellen Gewalt wirtschaftlicher und sozialer Mächte durch den Frühsozialismus, Fourier, Marx und Engels entfaltete die Erkenntnis der Totalität gesellschaftlicher und staatlicher Gewaltpotentiale (→Sozialer Konflikt). Die Geschichtsschreibung begann erst ein Jahrhundert danach diese Einsichten auf die ganze Geschichte anzuwenden. A. v. M.

◆ Gewerkschaften

Gewerkschaften sind Interessenorganisationen von →Arbeitern und anderen Lohnabhängigen. Ihr vorrangiges Ziel ist die Sicherung und Verbesserung der wirtschaftlichen und sozialen Lage ihrer Mitglieder. Die Entstehung der Gewerkschaften ist eng verknüpft mit dem Durchbruch des Industriekapitalismus, der Verallgemeinerung der Lohnarbeit und der Formierung der →Arbeiterbewegung. Eine unabdingbare Voraussetzung gewerkschaftlicher Organisation ist die Koalitionsfreiheit, das heißt das Recht auf freie Bildung und Betätigung gewerkschaftlicher Koalitionen (→Vereine). In England, dem Mutterland der →Industrialisierung, begannen sich die Gewerkschaften bereits Ende des 18. Jhs. herauszubilden. Mit der Aufhebung des Vereinigungsgesetzes («Combination Act») 1824 wurde ihre Existenz legalisiert. Seitdem erlebten die Trade Unions einen raschen Aufschwung. In Deutschland kam es in der →Revolution von 1848/49 zu den ersten gesamtnationalen Gewerkschaftsvereinigungen. Zu nennen ist hier vor allem die vom Schriftsetzer Stephan Born gegründete Allgemeine Deutsche Arbeiterverbrüderung. In der Zeit der Reaktion nach Niederschlagung der Revolution wurden auch die gewerkschaftlichen Organisationsansätze unterdrückt. Einen Aufschwung erlebte die

Gewerkschaftsbewegung erst wieder in den sechziger Jahren. Anders als in England, wo es zuerst schlagkräftige Gewerkschaften gab und eine proletarische →Partei, die Labour Party, erst viel später, nämlich 1906, entstand, vollzog sich die gewerkschaftliche Organisationsbildung in Deutschland zunächst ganz im Windschatten der politischen Arbeiterbewegung. Gewerkschaften galten hier – nach einer Formulierung von Karl Marx – als «Schulen des Sozialismus»; sie sollten der Sozialdemokratie die Rekruten zuführen, derer sie in ihrem Kampf für die Abschaffung des kapitalistischen Systems bedurfte.

Erst mit ihrem Durchbruch zur Massenbewegung nach 1890 begannen die deutschen Gewerkschaften unter Führung Carl Legiens aus dem Schatten der großen Mutter SPD herauszutreten und eine der Partei ebenbürtige Rolle zu beanspruchen. 1890 wurde die Generalkommission der Gewerkschaften Deutschlands als gewerkschaftliches Führungsgremium gegründet. (In England existierte bereits seit 1868 ein gesamtnationaler gewerkschaftlicher Zusammenschluß in Form des Trade Union Congress; in Frankreich entstand 1895 die Confédération Générale du Travail.) Das Rückgrat der gewerkschaftlichen Organisationen in Deutschland bildeten anfangs die handwerklich qualifizierten Facharbeiter in kleinen und mittelständischen Unternehmen. Der Zugang zu den Betrieben der Großindustrie blieb den Gewerkschaften vor 1914 weitgehend verschlossen. Dem entsprach der berufliche Fachverband als das bestimmende Organisationsprinzip; allerdings lief der Trend langfristig in Richtung auf den berufsübergreifenden Industrieverband. Ähnlich wie in Frankreich fächerte sich die Gewerkschaftsbewegung in Deutschland bis 1933 in Richtungsgewerkschaften auf: Neben den sogenannten Freien Gewerkschaften, die in der Tradition der sozialdemokratischen Arbeiterbewegung standen, gab es seit 1868 den →Verband der liberalen Hirsch-Dunckerschen Gewerkvereine und seit 1899 die Christlichen Gewerkschaften, die der katholischen Zentrumspartei nahestanden. Sie begriffen sich ebensowenig wie die liberalen Gewerkvereine als Klassenbewegung, sondern propagierten die Idee einer Versöhnung des Interessengegensatzes von Kapital und →Arbeit. Auch die Freien Gewerkschaften begannen sich vor 1914 zunehmend im institutionellen Gefüge des Kaiserreichs einzurichten. Sie konzentrierten sich auf die Verbesserung der Lebensbedingungen der Arbeiterschaft und ihrer Mitwirkungsmöglichkeiten im bestehenden →Staat. Die fortschreitenden Bürokratisierungstendenzen waren schon vor 1914 Anlaß zu immer wieder aufflammenden Konflikten zwischen den Gewerkschaftsleitungen und Teilen der Mitgliedschaft.

Bei Kriegsausbruch 1914 verzichteten die Gewerkschaften freiwillig auf alle weiteren Streiks und damit auf ihr wirksamstes Kampfmittel. Mit der Entscheidung für den innenpolitischen «Burgfrieden» gerieten die Gewerkschaftsvorstände in einen Loyalitätskonflikt zwischen den →Interessen ihrer Mitglieder und denen des kriegführenden Staates, der ihre Integrationsfähigkeit – wie die Massenstreiks in der zweiten Kriegshälfte zeigten – auf Dauer überforderte. Ende 1916 stimmten die Gewerkschaften dem Gesetz über die Hilfsdienstpflicht zu, das als Gegenleistung die Einrichtung von Arbeiter- und Angestelltenausschüssen in allen größeren Betrieben vorsah und damit den Gewerkschaften die Tore zur Großindustrie öffnete. Mitte November 1918 schlossen die Gewerkschaften mit den Arbeitgeberorganisationen ein Abkommen über die «Zentralarbeitsgemeinschaft», das ihnen die Anerkennung als gleichberechtigter Tarifpartner bot. Doch die daran geknüpften Hoffnungen auf eine dauerhafte Sozialpartnerschaft mit dem Unternehmerlager erfüllten sich nicht.

Auf dem ersten Nachkriegskongreß der Freien Gewerkschaften in Nürnberg 1919 wurde als Dachverband der Allgemeine Deutsche Gewerkschaftsbund (ADGB) gegründet. An die Stelle der seit 1890 existierenden Generalkommission trat jetzt ein fünfzehnköpfiger Bundesvorstand. Der enorme Mitgliederanstieg 1918/19 veränderte das soziale Profil der Gewerkschaften: Der Anteil der handwerklich ausgebildeten Facharbeiter nahm ab, der der an- und ungelernten Industriearbeiter in Großbetrieben nahm zu, ebenso der Anteil der Frauen. Mit dem erfolgreichen Generalstreik gegen den Kapp-Putsch im März 1920 befanden sich die Gewerkschaften auf dem Höhepunkt ihrer Machtentfaltung. Danach gerieten sie schnell wieder in die Defensive. Einen ersten Tiefpunkt erreichte ihr Einfluß in der Inflationskrise 1923. Nach einer kurzen Phase der Erholung gerieten die Gewerkschaften im Strudel der großen Depression seit 1929 in ihre zweite schwere →Krise. Drastische Mitgliederverluste, sinkende Einnahmen, aber auch die zeitweilige Verselbständigung der kommunistischen Mitglieder in der Revolutionären Gewerkschafts-Opposition (RGO) engten den gewerkschaftlichen Handlungsspielraum ein und machten eine Wiederholung des Generalstreiks als Abwehrmittel gegen die drohende faschistische Gefahr in Deutschland zunehmend illusorisch. Die Versuche der ADGB-Führung nach dem 30. Januar 1933, durch Anpassung an die neuen Machthaber die eigenen Organisationen zu retten, wurden nicht honoriert. Am 2. Mai 1933 wurden die Gewerkschaften aufgelöst; ihr Vermögen in die nationalsozialistische Deutsche Arbeitsfront überführt.

Die Neugründung der Gewerkschaften nach 1945 erfolgte in Form der Einheitsgewerkschaft, der alle Arbeitnehmer/innen ungeachtet ihrer politischen und weltanschaulichen Auffassungen angehören können. Unter dem Dach des Deutschen Gewerkschaftsbundes (DGB) sind seit 1949 die Einzelgewerkschaften auf der Grundlage des Industrieverbandsprinzips zusammengeschlossen. Daneben gibt es noch die Deutsche Angestelltengewerkschaft (DAG) als Sonderorganisation der Angestellten und den Deutschen Beamtenbund (DBB). Politisch knüpften die Gewerkschaften dort an, wo sie vor 1933 aufgehört hatten. Ihre zentrale Aufgabe sehen sie bis heute in der Verbesserung der Lohn- und Arbeitsbedingungen der abhängig Beschäftigten. Ihre Doppelrolle, zugleich als wirtschaftlich-soziale Interessenorganisation wie als ordnungsstiftende Kraft zu fungieren, die die Arbeiter mit dem herrschenden politisch-gesellschaftlichen System versöhnt, haben die Gewerkschaften im Laufe der Geschichte der Bundesrepublik außerordentlich erfolgreich praktiziert. Mit dem Rückgang ihrer traditionellen Klientel, der Industriearbeiterschaft, der Einführung mikroelektronischer Produktionstechniken und der anhaltenden Massenarbeitslosigkeit sehen sich die Gewerkschaften in allen westlichen Industriestaaten seit den achtziger Jahren vor neue Herausforderungen gestellt.

Mit den Gewerkschaften in den westlichen Demokratien hatten die Organisationen in den staatssozialistischen Ländern des Ostblocks nur den Namen gemein. Sie dienten der jeweiligen kommunistischen Staatspartei als «Transmissionsriemen» zur Beeinflussung und Lenkung der Arbeiterschaft. Ihnen fehlte vor allem das Streikrecht, um eigenständige gewerkschaftliche Positionen zu vertreten und durchzusetzen. Der Versuch der Solidarnosč in Polen, eben diesen ursprünglichen Auftrag gewerkschaftlicher Interessenvertretung wieder wahrzunehmen, wurde 1981 niedergeschlagen, blieb aber als gesellschaftliche Veränderungsperspektive in den Staaten des «realen Sozialismus» bis zu deren Zusammenbruch lebendig.

Die Geschichtsschreibung der Gewerkschaften blieb lange Zeit eine Sache der Gewerkschaften selbst. Zwischen der Jahrhundertwende und dem Ausbruch des Ersten Weltkriegs erschien eine ganze Reihe von Verbandsgeschichten. Zumeist waren sie aus Anlaß eines Gründungsjubiläums von Redakteuren der Verbandszeitschriften oder vom Verbandsvorsitzenden selbst verfaßt. Stolz auf die mittlerweile erreichte Organisationsstärke mischte sich mit dem Wunsch nach Rechtfertigung der Politik der Verbandsführungen. Trotz aller Begrenzungen ist diese frühe Verbandsgeschichtsschreibung bis heute eine Fundgrube für den Sozialhistoriker. Die akademische Geschichtswissenschaft hat sich der Geschichte der Gewerkschaften nur zögernd angenommen. Als ein wichtiger Zweig der neuen →Sozialgeschichte hat sich die Gewerkschaftsgeschichtsschreibung erst im Laufe der siebziger Jahre an den Universitäten etabliert. V. U.

◆ Gleichgewicht

«Gleichgewicht oder Hegemonie»: Unter diesem Titel veröffentlichte der deutsche Historiker Ludwig Dehio nach dem Zweiten Weltkrieg einen kritischen Rückblick auf die deutsche und europäische Geschichte vornehmlich des 19. Jhs. Die hegemonialen Kämpfe der führenden europäischen Mächte, das Streben nach europäischer Vorherrschaft und Weltmachtstellung hatte Europa und die Welt binnen eines halben Jhs. in zwei Weltkriege gestürzt – trotz der seit dem 15. Jh. ausgeprägten und außenpolitisch praktizierten, seit Anfang des 18. Jhs. auch völkerrechtlich festgeschriebenen Lehre vom «politischen Gleichgewicht». Sie besagte, daß kein →Staat so mächtig werden dürfe, daß ihm nicht durch ein Bündnis anderer Staaten die Waage (Balance) gehalten werden konnte. Die Regel, «daß ein theil dem andern wegen der gemeinen sicherheit die Wage hält», wie es in einer politischen Schrift des Jahres 1615 heißt, wurde als außenpolitische Maxime bereits in der Antike (→Altertum), z. B. in den griechischen Stadtstaaten, angewandt. Im Universalreich dagegen, wie dem Alexanders des Großen, dem Römischen Reich und dem Heiligen Römischen Reich Deutscher Nation, spielte der Gedanke an ein politisches Gleichgewicht keine Rolle. Erst die in der →Frühen Neuzeit sich anbahnende Entwicklung zu machtpolitisch souveränen, von religiösen Bindungen sich befreienden, einander auf Leben und Tod bekämpfenden Einzelstaaten machte aus «Staatsklugheit» den Weg frei für eine →Diplomatie des politischen Gleichgewichts. Der Historiker Friedrich Meinecke konnte daher zu Recht feststellen, daß die Lehre vom Gleichgewicht nur ein Ausschnitt aus der Lehre von der Staatsräson war.

Wurde die Terminologie des Gleichgewichts zunächst noch häufig für die Festlegung und Beschreibung bilateraler Beziehungen genutzt, so setzte sich doch schon bald, zunächst parallel, dann immer mehr dominierend, eine gesamteuropäische Sicht durch. Vor allem die Schrecken des Dreißigjährigen Krieges hatten gezeigt, daß ein Gleichgewicht, das von Dauer sein sollte, alle Faktoren des europäischen Kräftespiels berücksichtigen mußte. Gleichzeitig war deutlich geworden, daß es mit dem Ausbalancieren außenpolitisch wichtiger Potenzen, z. B. der Größe eines Landes, der Zahl seiner Bewohner und der Stärke seiner Armee, nicht getan war. Vielmehr galt es, wie das in viele Territorien zersplitterte und konfessionell gespaltene Deutsche Reich zeigte, divergierende innenpolitische Gegensätze und →Interessen auszugleichen. Die Hoffnung, unter der Perspektive und mit dem Mittel des politischen Gleichgewichts europäische Sicherheit zu verbürgen, die zwar nicht einen ewigen Frieden (→Krieg–Friede) herstellte, wohl aber eine Ordnung von einiger Dauer, durchzieht die politisch-publizistische Literatur der zweiten Hälfte des 17. Jhs. und nahezu des ganzen 18. Jhs. bis zur →Französischen Revolution. Dabei übernahm England als insulare Macht, durchaus im Einverständnis mit vielen kontinentaleuropäischen Kommentatoren, aus seiner «splendid isolation» heraus die Aufgabe, über das europäische Gleichgewicht («balance of power») zu wachen und gegen die jeweils stärkste Macht des Festlandes Partei zu ergreifen. Fraglos diente diese Politik zunächst den Interessen Englands selbst, insbesondere hielt es ihm den Rücken frei für den Ausbau seiner überseeischen Handelsvormacht. Doch kommt es einem Scherbengericht gleich, wenn der deutsche Historiker Hellmuth Rössler in dem von ihm zusammen mit Günter Franz herausgegebenen «Sachwörterbuch zur Geschichte» in England den Hauptschuldigen für die deutsche und europäische Katastrophe ausmacht: England habe sich nicht nur «jeder Herstellung einer dauernden europäischen Ordnung» versagt, sondern auch zusammen mit Italien, Frankreich und den Generalstaaten die Politik des Gleichgewichts dazu benutzt, das von «Kirche und Reich bestimmte mittelalterliche ‹Abendland›» zu zerstören. «Trotzdem», so Rössler, «erreichte diese Idee niemals die Tiefen der europäischen Völker und erwies sich deshalb als unfähig zu deren Bändigung.» Erst in Deutschland sei die Maxime zu einer «positiven Ordnungsidee» entwickelt worden, «durch Verschmelzung mit der Idee des Europäischen Konzerts».

In der Tat wurde in den nationalen, liberalen und demokratischen Bewegungen der ersten Hälfte des 19. Jhs. die Lehre vom Gleichgewicht abgelehnt oder zumindest mit großem Mißtrauen betrachtet – und das nicht ohne Grund. Denn die nach der Bezwingung des napoleonischen Frankreich auf dem Wiener Kongreß 1815 vereinbarte europäische Mächtekonstellation zielte unter dem Vorwand der Wiederherstellung des Gleichgewichts darauf ab, liberale und demokratische Kräfte, wo immer sie sich regten, niederzuhalten. Im Prinzip der Volkssouveränität sah der →Konservatismus eine Störung nicht nur des Gleichgewichts zwischen Staaten, sondern im Grunde vor allem des sozialen Gleichgewichts zwischen Fortschritt und Beharrung. In diesem Sinne konnte Friedrich Gentz, ein Berater Metternichs, verlauten lassen: «Die besten Zeiten der Welt sind immer die, wo diese beiden entgegengesetzten Prinzipien im glücklichsten Gleichgewicht stehen. In solchen Zeiten muß dann auch jeder gebildete Mensch beide gemeinschaftlich in sein Inneres und in seine Tätigkeit aufnehmen... in wilden und stürmischen Zeiten aber, wo jenes Gleichgewicht wider das Erhaltungsprinzip gestört ist, muß... auch der einzelne Mensch Partei ergreifen... um nur der Unordnung, die außer ihm ist, eine Art von Gegengewicht zu halten.» Gemeint war im Klartext, daß es Sache des Obrigkeitsstaates war zu definieren, was unter sozialem Gleichgewicht zu verstehen war. Aus dieser Sicht schien es den konservativen Mächten der Heiligen Allianz auch erlaubt, von einem angeblichen Interventionsrecht Gebrauch zu machen und sich in die inneren Verhältnisse anderer Staaten einzumischen. In der Geschichtsschreibung Leopold von →Rankes fand diese Auffassung ihren Niederschlag. Rankes vielgerühmte universalhistorische Betrachtungsweise hatte ihren Schwerpunkt in der Pentarchie der europäischen Mächte (die konservativen Ostmächte Preußen, Österreich, Rußland und die Westmächte England und Frankreich), deren Gleichgewicht nicht in erster Linie als Resultat diplomatischer Vereinbarungen erschien, sondern als gleichsam naturwüchsiger Vorgang antagonistischer Machtentäußerungen. Verbunden damit war die Anerkennung eines konservativen Interventionsrechts zur Bekämpfung des revolutionären Prinzips, das Ranke in erster Linie in Frankreich lokalisierte. Zugleich verknüpfte sich bei Ranke die Idee des europäischen Gleichgewichts mit der der Solidarität Europas und des Christentums gegenüber außereuropäischen Kulturkreisen, namentlich dem Islam.

Während die Konservativen das Gleichgewichtsprinzip in ihrem Sinne interpretierten, war die Kritik daran durch Liberale und Demokraten mit der Forderung nach nationaler Einigung verbunden. Wie sich ein national geeintes Deutschland, womöglich unter Einfluß Österreichs, als eine Mitteleuropa beherrschende Macht in ein europäisches Sicherheitssystem einbinden ließ, wurde in der Regel nicht erörtert. Vereinzelt und ohne Folgen blieb die Warnung Wilhelm von Humboldts, «daß Deutschland als Deutschland ein erobernder Staat» sein werde. Nach der deutschen Reichsgründung 1871, teilweise schon vorher, schlug die berechtigte Kritik am Gleichgewichtsprinzip um in einen nationalistischen und chauvinistischen Kultus der Macht. Unter dem Einfluß sozialdarwinistischer Vorstellungen wurde das Gleichgewichtsprinzip nach dem Motto «Feinde ringsum» immer mehr ausgehöhlt und faktisch zur Begründung des deutschen «Weltberufs» umgebogen. Gegenüber Romanen und Slawen wurde ein «Rassen»-Gleichgewicht der «germanischen Staaten der Mitte» geltend gemacht. Daß derartige Gedanken für die Bismarcksche Außenpolitik keine Bedeutung hatten, ist eine Sache, eine andere, daß damit in der reichsdeutschen Gesellschaft ideologische Positionen popularisiert wurden, die sich langfristig als verhängnisvoll erwiesen. Der doppelte Griff Deutschlands nach Weltmacht bzw. Weltvorherrschaft führte in der Mitte des 20. Jhs. zur Teilung Europas und besiegelte damit zugleich das Scheitern der Lehre vom europäischen Gleichgewicht. Ob nach dem Ende des durch Mauer und Stacheldraht symbolisierten →Kalten Krieges die europäischen Staaten die mit der (west-)Europäischen Gemeinschaft begonnene Integration fortsetzen oder aber zum traditionellen «Konzert der Mächte» zurückkehren werden, ist noch nicht absehbar. M. A.

◆ Gleichheit

Das Streben nach Gleichheit ist ein Grundantrieb menschlichen Handelns. Gleichheit bezeichnet ein Prinzip, eine regulative Idee, nach der sich gesellschaftliches Zusammenleben richten soll. Inwieweit Gleichheit tatsächlich verwirklicht ist, hängt davon ab, in welcher Hinsicht man Gleichheit verlangt und für gerechtfertigt erachtet. Eigentümlich ist dem Begriff, daß ihm seine Bedeutung als Antithese zur Ungleichheit zuwächst. Es wäre daher absurd, wollte man Gleichheit in jeder Beziehung fordern und anstreben. Selbst in einer als →Utopie denkbaren herrschaftsfreien →Gesellschaft würden individuelle Unterschiede bestehen bleiben, wie beim Alter und Geschlecht, bei Fähigkeiten und Neigungen. Versteht man dagegen das Gleichheitspostulat als Handlungsanweisung und Gradmesser für die Beseitigung je konkret zu bestimmender Ungleichheit, so wird sein Geltungssinn erst für den Historiker verständlich. Gleichheit erschließt sich dann als Leitbegriff und Hauptlosung emanzipativer Bewegungen. Je nach der Reichweite solcher Bewegungen fächert sich die Gleichheitsforderung in drei Hauptbedeutungen aus, die Rechtsgleichheit, die politische Gleichheit und die soziale bzw. ökonomische Gleichheit. Alle drei Bedeutungen wurden bereits in der Antike (→Altertum) diskutiert; ideologiegeschichtlich bis zur →Neuzeit bestimmend wurde jedoch die von Platon und Aristoteles geprägte Auffassung, die trotz Verwendung des Gleichheitsbegriffs auf eine Rechtfertigung gesellschaftlicher Ungleichheit einschließlich der Sklaverei hinauslief. Dennoch war der Ruf nach Gleichheit nicht zu ersticken. Wo soziale Unzufriedenheit entstand, kamen Gleichheitsparolen auf, häufig anknüpfend an die biblisch-frühchristliche Anschauung von der Gleichheit der Christen vor Gott oder an die Vorstellung, daß alle Menschen von Natur aus gleichen

Wert und gleiches Recht haben (Naturrecht). Dabei wurde der Begriff der Gleichheit zunehmend mit dem Begriff der →Freiheit verknüpft. Die Beseitigung der Feudalordnung durch das aufstrebende Bürgertum (→Bürger), auf revolutionärem Wege 1789 in Frankreich, auf dem Wege der Gesetzgebung in anderen europäischen Ländern wie z. B. in Preußen, brachte das Prinzip der Gleichheit vor dem Gesetz, der Rechtsgleichheit, zum Durchbruch. Diese Rechtsgleichheit war notwendig zur Entfaltung der kapitalistischen liberalen Marktgesellschaft. An die Stelle des Leibeigenen trat der freie →Arbeiter, der seine Arbeitskraft dem Geldbesitzer unter der Voraussetzung juristischer Gleichheit verkaufte. Doch war diese Rechtsgleichheit an die Voraussetzung des Privateigentums an Produktionsmitteln gebunden und daher zumal unter den Bedingungen des Frühkapitalismus mit Elend und Not vereinbar. Außerdem wurde den Arbeitern die politische Gleichberechtigung verweigert, z. B. indem das →Wahlrecht von →Bildung und Besitz abhängig gemacht wurde. Während die bürgerliche Emanzipationsbewegung (→Emanzipation) auch in ihren demokratischen Strömungen vor der sozialen und ökonomischen Dimension der Gleichheitsforderung zurückschreckte, oblag es der im Kampf um menschenwürdige Lebensbedingungen sich formierenden →Arbeiterbewegung, den Gleichheitsprozeß (→Demokratie) in Richtung auf Wirtschaft und Gesellschaft voranzutreiben. Unter Rückgriff auf die bereits in der →Französischen Revolution propagierte frühkommunistische Idee von der «tatsächlichen Gleichheit» wurde eine Gleichheit in der Verteilung der materiellen Güter als Zielbestimmung einer klassenlosen Gesellschaft anvisiert. Neben dieser sozialistisch-kommunistischen Variante des politischen und theoretischen Kampfes bildete sich eine für die heutige Sozialdemokratie bestimmend gewordene Auffassung aus, derzufolge Gleichheit in der gleichen Freiheit aller bestehe, in Chancengleichheit, die allerdings zu ihrer Verwirklichung bestimmter Formen der sozialen Gleichheit bedürfe («Gleichstellung»). M. A.

◆ «Großdeutsch» – «kleindeutsch»

Zu den zentralen Themen deutscher Geschichtsforschung und -schreibung des 19. und 20. Jhs. gehört die mittelalterliche deutsche Kaiserpolitik und ihre Bedeutung für die nationalstaatliche Entwicklung. Diese Frage bot Anlaß zu heftig ausgetragenen Kontroversen vor allem in der Zeit vor 1871, als es noch Alternativen zur kleindeutschen Lösung der deutschen Frage, zur Einigung unter Führung Preußens, gab oder wenigstens zu geben schien. Eine wenn auch zahlenmäßig kleine Gruppe von Historikern widersetzte sich der dominierenden preußisch-deutschen und protestantischen Richtung in der deutschen Historikerzunft mit einer großdeutschen, katholisch-habsburgischen, an Europa und Abendland orientierten Konzeption. Für die großdeutschen Historiker war mit dem kaiserlichen österreichischen Vielvölkerstaat die Richtung vorgegeben, um ein neues Mitteleuropa unter deutscher Führung zu gründen und damit, wie sie meinten, den nationalen Interessen gerecht zu werden.

Schon in den zwanziger und dreißiger Jahren des 19. Jhs. wurden die unterschiedlichen Positionen abgesteckt. Der Jenaer Historiker Heinrich Luden (1780–1847) lehnte einen «Universalberuf» der Deutschen ab und kämpfte für einen deutschen Volksstaat unter Führung Preußens. Dementsprechend zeichnete er die «Einigung von Volk und Staat» im →Mittelalter nach, die den Grund gelegt habe «zu der höchsten Staatsform, zu der republikanischen (oder konstitutionellen) Monarchie, und eben damit zu einer wahrhaftigen Volksfreiheit und zur vollkommenen Ausbildung der Völker in ihrer eigentümlichen Art». Anderer Meinung war der Frankfurter Johann Friedrich Böhmer (1795–1863), ein Lutheraner zwar, doch mit starken Sympathien für den Katholizismus. Er beschwor die universale Kaiseridee als die «Einheit von alter Freiheit und altem Recht», schwärmte von der mittelalterlichen →Kirche, wollte von →Rechten des Volkes nicht viel wissen und sah in Österreich den Erben der Reichsidee.

Eine offene Auseinandersetzung zwischen kleindeutscher und großdeutscher Geschichtsauffassung entspann sich 1859, zu einem Zeitpunkt, als Österreich durch die Niederlage im Krieg gegen Frankreich und Piemont in eine Krise geriet, während durch die Abtretung der Lombardei an Piemont die nationale Einigung Italiens ein gutes Stück vorankam. In dieser Situation wandte sich Heinrich von Sybel (1817–1895) in einer Rede, die später zu einer «historisch-politischen Abhandlung» über «Die deutsche Nation und das Kaiserreich» erweitert wurde, gegen die Romantisierung der deutschen Kaiserzeit durch den Ranke-Schüler Wilhelm Giesebrecht (1814–1889). Giesebrecht hatte in seiner «Geschichte der deutschen Kaiserzeit» (ab 1855), die im übrigen als erste umfassende Darstellung des Hochmittelalters eine Pionierleistung von Rang war, die Expansionspolitik des mittelalterlichen Kaisertums verklärt und geschrieben: «Überdies ist die Kaiserzeit die Periode, in der unser Volk, durch Einheit stark, zu seiner höchsten Machtentfaltung gedieh, wo es nicht allein frei über sein eigenes Schicksal verfügte, sondern auch anderen Völkern gebot, wo der deutsche Mann am meisten in der Welt galt und der deutsche Name den vollsten Klang hatte.»

In «Die deutsche Nation und das Kaiserreich» bekräftigte Sybel seine Auffassung, daß die mittelalterlichen Kaiser durch ihr Machtstreben in Italien die deutsche Ostpolitik vernachlässigt und damit dem nationalen deutschen Interesse zuwidergehandelt hätten. Einer «theokratisch gefärbten Weltmonarchie» zuliebe habe man die Kräfte der →Nation im Süden der Alpen vergeudet. Um den Vorwurf unhistorischer Betrachtungsweise abwehren zu können, mußte Sybel im Mittelalter eine nationale Alternative zur Kaiserpolitik auffinden: Hatte er zunächst nur behauptet, daß die Bestrebungen z. B. Heinrichs des Löwen (1129–1195, Herzog von Sachsen und Bayern) oder der bayerischen Herzöge im 15. Jh. zwar nicht aus «nationalen Motiven», wohl aber «tatsächlich mit den deutschen Interessen parallel gingen, die der Kaiser sich damit kreuzten», so sah er jetzt im Mittelalter den «nationalen Gedanken im besten Sinne gegeben».

In mehreren Schriften, auf die Sybel seinerseits mit weiteren Publikationen antwortete, formulierte der aus Westfalen stammende und an der Universität Innsbruck lehrende Mittelalterhistoriker Julius Ficker (1826 bis 1902), ein Schüler Böhmers, die Gegenposition. Die Kaiserherrschaft in Italien sei gerechtfertigt gewesen, da es der italienischen Nation, «so hohe Begabung ihr in anderen Richtungen nicht abzusprechen ist», an «staatenbildender Befähigung» mangele. «Das Heilige Römische Reich Deutscher Nation war weder ein Weltreich noch ein Nationalreich; aber es war eine Staatsbildung, geeigneter, wie mir scheint, als irgend eine andere, um gleichzeitig der Lösung nationaler wie universaler Aufgaben gerecht werden zu können, eine Staatsbildung, welche sich naturwüchsig aus den besonderen Bedürfnissen jener Zeit entwickelt hat, deren Zerfall eine Lücke in den Verhältnissen unseres Weltteils ließ, welche nie vielleicht sich fühlbarer machte, als gerade in unseren Tagen.» Sybel projiziere, so stellte Ficker fest, seine protestantisch-borussischen Vorurteile in das Mittelalter. Sybel konterte auf diesen Vorwurf mit der Bemerkung: «Es ist, wie man sieht, genau dieselbe Theorie, womit in unseren Tagen die ultramontane und reaktionäre Presse die Fortdauer der österreichischen und klerikalen Mißregierung in Italien verteidigt.»

Sybels Thesen wurden nicht nur von großdeutscher Seite attackiert, sondern auch von preußischen Historikerkollegen, allerdings mehr hinter vorgehaltener Hand. Johann Gustav Droysen (1808–1884) z. B. rügte, daß Sybel «den letzten Moment zum Maß aller früher durchlebten Phasen macht».

Nach 1871 schwächten sich die Gegensätze zwischen kleindeutscher und großdeutscher Geschichtsanschauung etwas ab. Die Mediävistik machte sich in den folgenden Jahrzehnten und später die Auffassung Fikkers im Prinzip immer mehr zu eigen, allerdings unter Einbeziehung Sybelscher Thesen, insbesondere zur Ostpolitik. Damit war eine Konstruktion gefunden, um den Übergang des Deutschen Reiches zur Weltpolitik gegen Ende des 19. Jhs. und damit verbundene expansionistische Tendenzen in Mitteleuropa einschließlich des später von Hitler kurzzeitig verwirklichten «Anschlusses» Österreichs historisch legitimieren zu können. Mit dem Programm einer «Gesamtdeutschen Geschichtsauffassung» hat der Österreicher Heinrich Ritter von Srbik diesem Konzept schon vor 1933 in der deutschen Fachhistorie Geltung verschafft. M. A.

◆ Grundherrschaft

Eigentum an Grund und Boden sowie →Herrschaft über die den Boden bearbeitenden Menschen sind die dauerhaften Merkmale dieser Wirtschafts- und Rechtsinstitution, deren Lebensdauer in Europa vom 7. Jh. bis zur Bauernbefreiung reichte. Für mittelalterliche Adelsherrschaft hat sie idealtypischen Charakter, insofern in ihr die wirtschaftliche und personale →Gewalt der Nobilität (→Aristokratie) auf den Begriff gebracht wird. Aber nur in den Großgrundherrschaften des Früh- und Hochmittelalters wird dieses Ideal annäherungsweise realisiert. Nur hier nämlich findet sich jene die adlige →Autarkie sichernde Arbeitsteiligkeit zwischen herrschaftlichem Eigenbetrieb (Fronhof) und von ihm abhängigen Hufenbauern, die unterschiedliche Schwerpunkte ermöglicht und Raum für grundherrschaftliches Handwerk läßt. Besitzungen der Klöster, königliche Grundherrschaften, die der Reichsfürsten sowie des hohen Adels erreichen dieses Ausmaß. Dem Adel bestimmter Regionen – z. B. Südwestdeutschlands – bleibt die bloße Rentengrundherrschaft, die den Adligen versorgt, aber nicht sichert.

Rechtlich reicht die Grundherrschaft in der Regel über ihren Personalbestand hinaus. Das vom Grundherrn, seinem Verwalter (Meier) oder Vertreter (Vogt) geleitete Hofgericht vollzieht nämlich nicht nur die Mundgewalt des Herrn über seine Grundholden, sondern sanktioniert auch das Wirtschaftsrecht des landwirtschaftlichen Betriebes der Grundherrschaft. Unter diesem Gesichtspunkt erfaßt es auch solche →Bauern, die nur diesem Wirtschaftsverband angehören, also nicht der Leibherrschaft des Herrn unterstehen.

Die Leistungen der Grundholden (unfreien Bauern) sind in der Regel bemessen, das heißt, sie entsprechen bestimmten Rechtsgewohnheiten. Für jede Grundherrschaft muß daher mit individuellen Zumessungen gerechnet werden. Das Frühmittelalter kennt jedoch in einigen Regionen Europas auch ungemessene Leistungen, die sich besonders drückend in Krisenzeiten auswirkten. Für die Frühzeit lassen sich generell drei Leistungskategorien unterscheiden: Handdienste – das heißt Arbeitsleistungen auf dem Fronhof; Spanndienste – das heißt Arbeitsleistungen mit Zugtieren etc. bei Feld- und Bauarbeiten für den Fronhof; schließlich Naturalabgaben (Rente), die zum Unterhalt und für den Verkauf bzw. Tausch zugunsten des Grundherrn bestimmt waren. Im Zuge des wachsenden Interesses der adligen Herren an →Geld wurden diese Leistungen allmählich ungeschieden durch entsprechende monetäre →Abgaben ersetzt.

Damit war aber ganz notwendig auch →Freiheit verbunden. Denn der Zugriff auf Geld ist für den Bauern ohne Freiheitsräume nicht möglich. Zugleich wird der Besitz von Geld für Bauern und Herren ein Freiheitsmotiv, das Verhandlungen über großzügigere Ablösungen, Pauschalrenten oder gar Freikauf in Gang setzt. Das Hochmittelalter entwickelt sich daher zur Transformationsepoche der Grundherrschaft. Unterschiedliche Freiheits- und Bindungstypen kennzeichnen die Folgezeit. In Gegenreaktion kommt es in einigen Regionen Europas (Süditalien, deutscher Osten) zu neuen Fesselungsbewegungen, bei denen wie etwa in der ostdeutschen Gutsherrschaft durch das öffentliche Gerichtsrecht des Herrn eine zweite Leibherrschaft durchgesetzt wird. Im Unterschied zur auf Streubesitz basierenden Grundherrschaft mit ihren gestaffelten Rechten und Freiheiten basiert die Gutsherrschaft auf geschlossenem Besitz mit einheitlicher Unfreiheit. A. v. M.

◆ **Grundrechte** (Menschenrechte, Naturrecht)

Grundrechte bezeichnen einen Bestand wesentlicher Verfassungsrechte, in denen das Verhältnis zwischen →Bürger und →Staat, dem einzelnen und der →Gesellschaft in Form prinzipieller Aussagen geregelt ist. Insoweit Grundrechte individuelle Freiheitsrechte betonen, eine Sphäre, die den einzelnen vor staatlicher Beeinträchtigung schützt (→Liberalismus), handelt es sich bei ihnen um ein Oppositions- oder ein Abwehrrecht, wie es sich z. B. im Briefgeheimnis, in der Unverletzlichkeit der Wohnung und im Rechtsschutz konkretisiert. In rechtsstaatlich verfaßten kapitalistischen Gesellschaften (→Recht) ist der Kanon persönlicher →Freiheiten prinzipiell verknüpft mit dem Recht auf Privatbesitz an Produktionsmitteln, dem das Recht der formellen «Vertragsfreiheit» zwischen «Arbeitgeber» und «Arbeitnehmer» korrespondiert. Insoweit Grundrechte staatsbürgerliche

Freiheiten garantieren, z. B. Meinungs- und Versammlungsfreiheit und das aktive und passive →Wahlrecht, sind Grundrechte Mitwirkungsrechte bei der politischen Willensbildung und damit eine Voraussetzung für die Gestaltung von →Demokratie. Schließlich können in Verfassungen auch soziale Grundrechte formuliert sein, z. B. das Recht auf freie Berufswahl, das Recht auf →Bildung, die Koalitionsfreiheit als Recht der Lohnabhängigen, sich zu vereinigen und zu streiken, um gemeinsam bessere Lohn- und Arbeitsbedingungen zu erreichen, darüber hinaus das Recht auf →Arbeit und das Recht auf ausreichendes Einkommen.

Grundrechte sind nach überwiegender Auffassung nicht nur als von Staat zu Staat variierende Bürgerrechte zu verstehen, sondern, wie immer ihre Grenzen im einzelnen gezogen sind, zugleich als Menschenrechte, das heißt als Rechte, auf die alle Menschen unterschiedslos und gleich unter welchen Umständen Anspruch haben. Die abstrakte Verallgemeinerung von Grund- bzw. Menschenrechten darf nicht darüber hinwegtäuschen, daß deren Geltung sowie die Art und der Grad ihrer Verwirklichung Teil des neuzeitlichen Geschichtsprozesses ist, der seit der →Französischen Revolution von 1789 – deren Wurzeln freilich tief in die Geschichte zurückreichen – die okzidentalen Gesellschaften und darüber hinaus zunehmend und gleichzeitig auch die anderer Erdteile und Kulturkreise verändert. Dieser Prozeß (→Entwicklung) ist bestimmt durch den Kampf des europäischen Bürgertums, mit Phasenverschiebungen und unterschiedlichen Erfolgen in den einzelnen Ländern, gegen die feudalen und absolutistischen →Gewalten und durch die Durchsetzung der kapitalistischen Produktionsweise (→Kapitalismus), dann auch durch die Auseinandersetzung zwischen Besitzbürgertum und Proletariat etwa seit der Mitte des 19. Jhs. Als in der Französischen Revolution von 1789 der «Dritte Stand», das besitzende und gebildete Bürgertum, zum bestimmenden Faktor wurde, setzte es in der französischen Nationalversammlung am 26. August 1789 die Erklärung der Menschen- und Bürgerrechte («Déclaration des droits de l'homme et du citoyen») durch, deren erste Sätze lauten: «Die Menschen werden frei und gleich an Rechten geboren und bleiben es. Die gesellschaftlichen Unterschiede können nur auf den gemeinsamen Nutzen gegründet sein. Der Endzweck aller politischen Vereinigung ist die Erhaltung der natürlichen und unabdingbaren Menschenrechte. Diese Rechte sind die Freiheit, das Eigentum, die Sicherheit, der Widerstand gegen Unterdrückung.» Die Deklaration wurde in die französische Verfassung von 1791 aufgenommen und dort im einzelnen konkretisiert. Die Radikalisierung der Französischen Revolution, die sich 1793 zu der Losung «Freiheit, Gleichheit, Brüderlichkeit» verdichtet, führte im selben

Jahr zu den 35 Grundrechtsartikeln der jakobinischen Verfassung: In ihnen war nicht mehr nur das Recht auf Eigentum verbürgt und die diesem Recht entsprechenden persönlichen Freiheiten, sondern darüber hinaus das Recht auf Arbeit oder Unterhalt.

Die Erklärung der Menschen- und Bürgerrechte von 1789 knüpfte an die entsprechende Formulierung der «Virginia Bill of Rights» von 1776 und der aus demselben Jahr stammenden amerikanischen Unabhängigkeitserklärung an, die ihrerseits dem Naturrechtsdenken der bürgerlichen →Aufklärung verpflichtet waren. Dem Naturrecht zufolge waren die Menschen im Naturzustand absolut frei, aber auch der Willkür gegenseitig ausgeliefert. Um Leben, Freiheit und Eigentum erhalten zu können, mußte jeder etwas von seiner Freiheit und →Gleichheit an den andern abgeben. Dies geschah in einem Gesellschaftsvertrag oder Staatsgründungsvertrag. Dadurch wurde der Staat verpflichtet, die ursprünglichen natürlichen und im wesentlichen als unveräußerlich angesehenen Rechte des einzelnen zu erhalten. Ihre Einschränkung hatte lediglich den Zweck, sie desto besser zur Geltung zu bringen. Damit war allen Lehren, die das Königtum als Obrigkeit von Gottes Gnaden zu verklären trachteten, ein Riegel vorgeschoben und der Untertanengesinnung der Kampf angesagt. Die Formulierung von Menschenrechten bzw. Grundrechten lag in der Logik dieses Kampfes, doch war damit der Kampf nicht beendet. Vielmehr ging und geht es darum, die bereits in den Verfassungen der Französischen Revolution deutlich gewordene Spannung zwischen Freiheit und Demokratie, zwischen formaler und materieller Gleichheit in konkrete Politik umzusetzen. In der Regel zeigt sich, daß zwischen Verfassung und Verfassungswirklichkeit eine Kluft besteht. Die amerikanische Unabhängigkeitserklärung hat die Reichen nicht veranlaßt, ihre Negersklaven in die Freiheit zu entlassen. In vielen Verfassungen des 19. und noch des 20. Jhs. ist die Ausübung des Wahlrechts vom Eigentum abhängig. Die Gleichberechtigung von Mann und Frau ist, soweit sie inzwischen verfassungsrechtlich besteht, materiell immer noch nicht voll verwirklicht. Grundrechte wurden und werden ausgehöhlt, durch die Verfassung selbst eingeschränkt oder sogar aufgehoben. Die Weimarer Reichsverfassung von 1919 z. B. gab dem Reichspräsidenten die Macht, mit Hilfe einer «Notverordnung» (Artikel 48) die Grundrechte zeitweilig außer Kraft zu setzen. Das NS-Regime schuf sich mit dem sogenannten Ermächtigungsgesetz vom 24.3.1933 ein Instrument zur Legalisierung des permanenten Ausnahmezustands.

Nach dem Zweiten Weltkrieg wurden die Menschenrechte zu einem Element im Systemkonflikt zwischen Ost und West (→Kalter Krieg).

Einerseits schirmten kommunistische Regimes eigene Verbrechen gegen die Menschlichkeit ab, indem sie Menschenrechte als bürgerliche →Ideologie von historisch begrenzter Reichweite denunzierten. Marxistisch-leninistische Theoretiker sowie intellektuelle «Fellow travellers» halfen mit, Menschenrechte wegzurelativieren. Andererseits sind auch in vielen demokratischen Staaten, die sich zu Menschenrechten bekennen, Verstöße gegen sie an der Tagesordnung. Das ist jedoch kein Grund, Menschenrechte abzuschaffen, vielmehr gilt es, sie durchzusetzen.

Ungeachtet ihrer ideologischen Voreingenommenheit gegen Menschenrechte, waren und sind kommunistische Regimes gezwungen, Grundrechte zuzusichern. Dem Wortlaut nach ähnlich wie die Grundrechtsbestimmungen westlicher Demokratien waren bzw. sind sie jedoch gebunden an Vorbehalte wie «sozialistische Moral» und «sozialistische Gemeinschaft» und damit weitgehend unwirksam. Dazu trägt auch das Fehlen eines unabhängigen Gerichts bei, das über die Einhaltung der Grundrechte wachen könnte. Die Unterzeichnung der KSZE-Schlußakte von Helsinki 1975 ließ in den kommunistischen Staaten, vor allem auf Drängen von Bürgerrechtlern, die Forderung nach Anerkennung und Durchsetzung subjektiver Grundrechte besonders in der Sowjetunion und ihren Satelliten immer lauter werden. Der Untergang der kommunistischen Regimes in der Sowjetunion und in Osteuropa ist nicht nur auf ökonomischen Bankrott zurückzuführen, sondern war auch eine Folge des maßlosen Widerspruchs zwischen den auf Papier gewährten Grundrechten und der tatsächlichen Ohnmacht der einfachen sog. Bürger.

Zeit zum Triumphieren bleibt den westlichen Demokratien jedoch nicht. Die sich epidemisch ausbreitende Parteien- und Politikverdrossenheit in der Bevölkerung, ausgelöst durch zahlreiche Skandale des politischen Personals und gegründet in erheblichen Mängeln bei der Ausgestaltung und Fortentwicklung politischer und sozialer Grundrechte, ist ein Alarmsignal, das unverzügliches Handeln anmahnt. M. A.

◆ Guerilla

Abgeleitet von spanisch «guerra» («→Krieg»), bezeichnet Guerilla den «Kleinkrieg» irregulärer Verbände, z. B. gegen eine Besatzungsmacht. Der Begriff kam während des spanischen Unabhängigkeitskrieges gegen Napoleon I. (1808–1813) auf. Gestützt auf die Zustimmung großer Teile der spanischen Bevölkerung und mit Unterstützung eines englischen Expeditionskorps unter General Wellington, gelang es den spanischen Guerillos, die französischen Truppen allmählich auf die großen spanischen Städte zurückzuwerfen und schließlich (1813) ganz Spanien bis zu den Pyrenäen von der französischen Fremdherrschaft zu befreien.

Die Grundgedanken des Guerillakrieges finden sich hier bereits ausgebildet: die Strategie der Zermürbung des Gegners, Ausweichen vor einer Entscheidungsschlacht, Ausnutzen des Raumes, der Orts- und Geländekenntnisse, Fähigkeit, sich mit der ländlichen Bevölkerung zu verbinden, Mobilisierung nationaler Gefühle gegen eine ungerechte →Herrschaft oder eine fremde Besatzungsmacht.

Für die Militärtheoretiker des 19. Jhs. blieb der Guerillakrieg freilich eine Ausnahmeerscheinung, ein Randphänomen. Carl von Clausewitz, der berühmte preußische Kriegstheoretiker, hat ihm zwar in seinen «Vorlesungen über den kleinen Krieg», gehalten an der preußischen Kriegsakademie 1810/11, Aufmerksamkeit gewidmet, doch sein Hauptinteresse galt dem «großen Krieg», dem von der Politik kontrollierten Kabinettskrieg. Noch Bismarck hat in den preußisch-deutschen Einigungskriegen dieses Kriegskonzept befolgt, obwohl er in der zweiten Phase des deutsch-französischen Krieges von 1870/71 mit dem Auftauchen von «francti-reurs», bewaffneten französischen Zivilisten, sich erstmals mit Formen des Guerillakrieges konfrontiert sah.

Im 20. Jh. gewann das Konzept des Guerillakrieges an Bedeutung, und zwar vor allem in zwei Zusammenhängen: zum einen in den Partisanenkämpfen europäischer Völker gegen die faschistische Besatzung im Zweiten Weltkrieg; zum anderen in den antiimperialistischen Befreiungskämpfen der «unterentwickelten» Völker.

Theoretiker des nationalen und sozialen Befreiungskrieges für die Staaten der «Dritten Welt» wurde Mao Tse-tung, der aus seinen Erfahrungen während des chinesischen Bürgerkriegs und des Kampfes gegen die japanische Besatzung ein Rezept des Guerillakriegs als Volkskrieg entwickelte. (Drei seiner wichtigsten militärischen Schriften erschienen 1966 in der Bundesrepublik unter dem Titel: «Theorie des Guerillakriegs oder die Strategie der Dritten Welt».) Kern seiner Auffassungen ist die Entdeckung, daß der Kleinkrieg der Guerilla bei voller Entfaltung jeder konventionellen Großkriegführung überlegen und von dieser nicht zu besiegen sei. Die entscheidende Voraussetzung faßte Mao ins Bild: «Die Guerilla muß in der Volksmasse schwimmen wie die Fische im Wasser.»

Während der vietnamesische General Giap Maos Konzept im Krieg gegen Franzosen und später Amerikaner erfolgreich praktizierte, scheiterte Che Guevara, der politische Mitkämpfer Fidel Castros, 1967 bei dem Versuch, das kubanische Modell des Befreiungskampfes auf Bolivien zu übertragen, gerade weil ihm hier die Unterstützung der bolivianischen Bauern versagt blieb. Von Che Guevara stammt eine der bündigsten Definitionen dessen, was ein Guerilla ist: «Der Guerilla ist im höchsten Sinne des Wortes der Freiheitskämpfer, der Auserwählte des Volkes, dessen kämpfende Avantgarde im Kampf für die Befreiung. Denn der Guerilla-Krieg ist nicht, wie man oft meint, ein Kleinkrieg, der Krieg einer Minderheit gegen eine mächtige Armee, nein: der Guerillakrieg ist der Krieg des ganzen Volkes gegen die Unterdrückung.»

Von dieser Auffassung des Guerillakriegs als Volkskrieg, der sich auf die besitzlose ländliche Bevölkerung stützt, zu unterscheiden ist das Konzept der «Stadt-Guerilla», wie es innerhalb der lateinamerikanischen Linken formuliert und z. B. von den Tupamaros in Montevideo zeitweilig nicht ohne Erfolg praktiziert worden ist. Erste Ansätze dieses Konzepts lassen sich zurückverfolgen auf den französischen Sozialrevolutionär Auguste Blanqui (1805–1881), dem bedeutendsten Theoretiker und Praktiker des bewaffneten Aufstands im 19. Jh. Der Versuch der Roten Armee Fraktion (RAF) in der Bundesrepublik Anfang der siebziger Jahre, das Konzept der Stadt-Guerilla auf die Metropolen der Industriestaaten zu übertragen, scheiterte. V. U.

H

◆ Handel

Der Handel verbindet Erzeuger und Verbraucher. Seine Bedeutung für wirtschaftliche und gesellschaftliche Strukturen und Prozesse liegt in dieser schlichten Tatsache ebenso begründet wie in dem sehr viel weniger schlichten Umstand, auf welche Weise er dieses tut. Die vormoderne Welt kennt nicht nur das enge Verhältnis zwischen Handel und Raub, sondern auch die Verzahnung von Lokal- und Fernhandel, die sich in den neuzeitlichen Volkswirtschaften im Gegenüber von Binnen- und Außenhandel auflöst. Seine zivilisatorische Funktion gewinnt der Handel der Hochkulturen des →Altertums weniger bei der Organisation lokaler Tauschbeziehungen als in der Verbindung ferner Märkte. Damit ist ein wesentliches Stichwort gegeben. Denn nicht über Auftraggeber, sondern über Märkte gewinnt der Handel seine über ihn selbst hinausweisende Dynamik. Von Beginn an entscheiden sich über die Frage des Marktzugangs →Freiheit, Expansion, gesellschaftliche Abschöpfbarkeit des Handels. Erweist sich jedoch die moderne Welt vom Gedanken der Handelsfreiheit geprägt, so dominiert in den älteren Tauschbeziehungen das Monopol. Der antike und mittelalterliche «Welthandel» gleicht einer Stafette von Zwischenhandels- und Marktmonopolen, die nur an bestimmten Knotenpunkten die notwendigsten Öffnungen vollzieht. Das Monopolinteresse läßt sich jedoch auf nur sehr unterschiedliche Weise verwirklichen. Sein Spektrum reicht von der Monopolisierung bestimmter Warensegmente über die Beherrschung von Handelswegen bis zur vollständigen Kontrolle eines «Weltmarktes» (Venedig). Konkurrenz bleibt aber nie vollständig auszuschalten. Das Interesse fast aller, selbst über Märkte zu verfügen, schafft immer wieder neue kurzfristige Freiheiten, deren Addition in den frühmodernen Strukturen allenfalls latente Marktfreiheit garantiert. Die Forderung nach Handelsfreiheit geht daher der von Marktfreiheit voran, ohne z. B. im →Merkantilismus mit ihr identisch zu werden. Erst die →Krisen des 18. Jhs. überzeugen die Anhänger autarker Staatswirtschaft und

Exportfreiheit davon, daß Handels- und Marktfreiheit nicht voneinander zu trennen sind.

Umstritten bleibt die Rolle des Handelskapitals für die Durchsetzung der industriekapitalistischen Moderne (→Industrialisierung). Karl Marx erkennt zwar methodische Vorbereitungen zur Moderne in der Expansion des «Handels- und Wucherkapitals» der →Frühen Neuzeit, aber keinen unmittelbaren Umschlag von Handelskapital zu Industriekapital. Für ihn vollziehen sich die Übergänge durch Kapitalisierung der Landwirtschaft. Auf unterschiedliche Weise setzen sich die makrohistorischen Studien Fernand Braudels und I. Wallersteins von dieser Sicht der Dinge ab. Braudel entdeckt in der Dynamik des Handelskapitals, die sich seit dem 14. Jh. auf eine Jahrhunderte dauernde Akkumulationsfahrt begibt, den entscheidenden Durchbruch des →«Kapitalismus». Allerdings ist diese Entwicklung nicht nur ein Prozeß der Märkte und der Kaufleute, sondern auch der Gesellschaften, die langlebige Investitionen allmählich zu bewahren lernen, und der internationalen Politik, die den Antagonismus der Staaten in weltwirtschaftliche Konkurrenz (teil)verwandelt. Wallersteins Analyse formuliert ähnliche Einsichten, erkennt jedoch den Transformationsprozeß nicht als Entwicklung «von langer Dauer», sondern als Durchbruch des «modernen Weltsystems» im 16. Jh. Politisches Weltreich und kapitalistische Weltökonomie treten hier zum entscheidenden Antagonismus an. Den Sieg des ökonomischen Systems besorgt eine Fülle von Faktoren: Krise, →Krieg und Kredit, vor allem aber der Welthandel, der endgültig eine internationale Arbeitsteiligkeit durchsetzt, die Zentrum und Peripherie, Reich und Arm, «freien Markt» und politisch dominierte →Produktion voneinander scheidet. Der Zugang zum Zentrum dieser kapitalistischen →Ökonomie, die Welthandel in einen kapitalistischen Transformator verwandelt, wird nach Wallerstein zum wesentlichen Motiv für Konflikt und Krieg der modernen Welt. A. v. M.

◆ Handwerk

Manuelle Fertigkeit, Kenntnis der Werkstoffe, nahezu magische Kräfte und Einsicht in «Geheimnisse der Natur» – das ist das Bild des Handwerkers in archaischen →Gesellschaften. Elemente dieses Bildes finden sich noch in →Mythen und Literatur der vormodernen Gesellschaften. Gewisse Handwerke werden in ihnen von Göttern besonders geschützt oder sogar ausgeübt. «Göttliche Schmiedekunst» z. B. verehren Griechen, Römer und Germanen. Denn das Handwerk schafft Instrumente und

Produkte, mit deren Hilfe und Nutzung die alten Gesellschaften oder wenigstens ihre Eliten sich aus dem Kreislauf der Natur zu lösen vermögen.

Antikes und mittelalterliches Handwerk erscheint jedoch in festen korporativen Strukturen. Zwar zeigt es sich hier wie dort auch in «adligen Diensten», das heißt, Handwerker arbeiten für griechische und römische Aristokraten sowie mittelalterliche Grundherren (→Grundherrschaft). Wirtschaftliche und soziale Autonomie erlangen sie jedoch erst in der Stadt und dank der mit ihr verbundenen Möglichkeit, sich zusammenzuschließen. Allerdings sind die antiken «collegia» nicht mit den mittelalterlichen Zünften zu vergleichen. Jene waren lose Zusammenschlüsse für Ritus, Begräbnis, Fest, diese dienten Lebensordnung und Produktivität. Antike Handwerker spielten eine bedeutende Rolle für die Konsumtion, aber sie wurden keine Industriellen oder auch nur deren Vorläufer. Das antike Ideal blieb die wirtschaftliche →Autarkie – des Hauses, des Landgutes, der Stadt. Daran änderten auch die bei den Archäologen zu Recht beliebten Exportwaren hellenischer Großtöpfereien oder Bronzegießereien nichts. Immerhin boten sie überaus eindrucksvolle Beispiele hoher Produktivität und Arbeitsteiligkeit, aber keiner dieser Betriebe machte aus der antiken «Konsumentenstadt» eine «Produzentenstadt».

Ganz anders das mittelalterliche Handwerk. Hier vollzog sich der entscheidende Durchbruch zur vorindustriellen Produktivität. In den Städten des →Mittelalters wuchs das Handwerk durch die seit dem 11. Jh. allmählich gebildeten Zünfte in kollektive Formen wirtschaftlicher und gesellschaftlicher Autonomie hinein. Als Produktions-, Religions-, Prozessions- und Verteidigungsgenossenschaften regelten sie das Leben des Handwerkers im umfassendsten Sinn. Zunftfahne, Zunftheiliger, Zunftstatuten signalisieren Schutz, Zusammenhalt und Produktivität. Dabei boten die Zünfte eine zunächst ungemein erfolgreiche Mischung von Freiheit und Bindung, indem sie Schutz vor funktionsfremden Übergriffen und Abschöpfungsinteressen mit Offenheit für neue Techniken und neue Menschen verbanden. Interesse an Technologie, Produktivitätssteigerung und Preiskontrolle schufen Voraussetzungen für eine bereits weitreichende Trennung von Kapital und Arbeit, die in «klassischen» Bereichen Massennachfrage – Textilherstellung, Metallverarbeitung – fabrikähnliche Produktionsweisen wie Verlagswesen und Halbautomatisierung hervorbrachten. Handwerk in Kommunikation mit →Handel und Banken – im Bild mittelalterlicher Marktplätze bis heute greifbar – revolutioniert die städtischen Gesellschaften West- und Mitteleuropas.

In den Krisen des Spätmittelalters erkämpfen sich Handwerkszünfte zwar in vielen Städten politische Mitsprache (Ratsfähigkeit, →Zunftkämpfe), aber zugleich verlieren sie ihre Innovationsfunktionen. Denn nahezu überall schließen sich nun Zünfte nicht nur gegen Fremde, sondern auch gegen neue Techniken ab. Der städtische Zunftzwang verhindert Konkurrenz und fördert Ausgrenzung. Den sich allmählich vergrößernden Spannungen zwischen Markt- und Handelsentwicklung einerseits sowie Stagnation des zünftlerischen Handwerks andererseits begegnen die frühneuzeitlichen Gesellschaften unterschiedlich. So sind die Londoner «craft guilds» noch im 17. Jh. eifersüchtig auf ihre Privilegien bedacht, aber der Expansion des Handelskapitals und den Herausforderungen des Massenmarkts, die sich in der Metropole besonders deutlich präsentierten, erweisen sie sich ebensowenig gewachsen wie dem Anschwellen der Hauptstadt, das die alten Rechte der City einfach durch «rechtsfreie Räume» konterkariert. Die Londoner Liberalisierung gegen Ende des 17. Jhs. reißt die britische Entwicklung aus dem Dornröschenschlaf zünftlerischer Ehr- und Versorgungsmentalität.

Frankreich hingegen restauriert das Zunftsystem und beschert in der Colbertschen Staatswirtschaft des →Merkantilismus dem Handwerk in staatlich geschützten Zünften eine um ein ganzes Jahrhundert verlängerte Existenz neben den vom →Staat ebenso privilegierten Staatsindustrien und Marktsegmenten des Fernhandels. Qualitätskontrolle und steuerliche Abschöpfung bestimmen das Interesse des Staates, gesicherter Unterhalt das der «Meister». Trotz bezeichnender Ausdehnung asylartiger Freiräume für Freimeister – das heißt unzünftlerische innovative Neuankömmlinge aus Gesellenverbänden und aus dem Ausland – und heftiger sozialer Spannungen überlebt dieses System bis zur →Französischen Revolution. Die mit ihr erklärte Wirtschaftsfreiheit erreicht über das «Empire» Bonapartes das kontinentale Europa und läutet dem alteuropäischen Handwerk die Sterbeglocke. Der Weg in die Industrielle Revolution (→Industrialisierung) läuft nun wie in England außerhalb der Strukturen des Handwerks. Und auch dort, wo Handwerker beteiligt sind, verliert das Handwerk seine produktive Dominanz. Als Dienstleistung und ästhetische Nische überlebt es den Umbruch in die industrielle Produktionsweise der Moderne. A. v. M.

◆ Hermeneutik

Das Wort leitet sich von dem altgriechischen «hermeneuein» ab, das «deuten», «erklären», «auslegen», «dolmetschen» bedeutet. Hermes ist in der griechischen Mythologie der Götterbote, also einer, der zwischen Göttern und Menschen vermittelt. Hermeneutik ist dem ursprünglichen Wortsinn nach Kunst der Auslegung. Die historische Hermeneutik beschäftigt sich mit Grundsätzen und Methoden der Interpretation, durch die der Sinn geschichtlicher Lebensäußerungen und →Ereignisse erschlossen werden soll. Die für die deutsche Fachhistorie maßgebliche Form der Hermeneutik war die, sich auf der Grundlage von Quellentexten (→Quellen) unter Vernachlässigung gesellschaftlicher Bedingungen in die Motive und Eigenaussagen geschichtlich handelnder Personen verstehend einzufühlen, was in der Regel auf ein Einverständnis mit den jeweils herrschenden Kräften hinauslief, auf eine Geschichte der Sieger aus der Perspektive der Sieger. Dabei wurde zugleich der Unterschied, wie Karl Marx an der deutschen Geschichtswissenschaft kritisiert hat, verwischt zwischen dem, «was jemand zu sein vorgibt, und dem, was er wirklich ist». Unsere Geschichtsschreibung «glaubt jeder Epoche aufs Wort, was sie von sich selbst sagt und sich einbildet».

Die gleiche Einsicht hatte bereits der deutsche Philosoph Friedrich Schleiermacher (1768–1834), als er forderte, einen «Schriftsteller besser zu verstehen, als er sich selbst verstanden hat». Im Anschluß daran haben neuere Theoretiker das Instrumentarium der Hermeneutik wesentlich verbessert und sprachphilosophische, kommunikationswissenschaftliche, sozialwissenschaftliche und andere Methoden ins Spiel gebracht. Doch ist die Praxis der Geschichtsschreibung davon nur zum Teil berührt worden. Geblieben ist auch in der Theorie eine im Kern geisteswissenschaftlich geprägte Binnenperspektive des Verstehens mit subjektivistischen Zügen. Der nicht wegzudisputierende Hauptmangel hermeneutischer Lehren besteht in dem Fehlen einer gesellschaftlichen Analyse, die dem Moment der Praxis gerecht wird. Mit dieser Einschränkung ist das Verstehen als historische Methode dennoch nützlich und von heuristischem Wert (Heuristik = Kunst, wissenschaftliche Erkenntnisse zu finden). In diesem Sinne hat Johann Gustav Droysen in seiner «Historik» das Wort vom «forschenden Verstehen» geprägt. M. A.

◆ Herrschaft

Herrschaft stellt nach Max Weber eine spezifische Form der Willensdurchsetzung gegenüber oder innerhalb einer →Gesellschaft dar, die von bloßer Macht zu unterscheiden sei. Während nämlich Macht die Willensdurchsetzung eines einzelnen oder einer Gruppe mit allen Mitteln und gegen alles Widerstreben bedeuten kann (nicht muß), ist Herrschaft «der

Tatbestand..., daß ein bekundeter Wille das Handeln anderer beeinflussen will und tatsächlich in der Art beeinflußt, daß dies Handeln, in einem sozial relevanten Grade, so abläuft, als ob die Beherrschten den Inhalt des Befehls, um seiner selbst willen, zur Maxime ihres Handelns gemacht hätten (Gehorsam)».

Das bedeutet keineswegs, daß alle Herrschaft sich äußerer Machtmittel enthielte, sondern nur, daß sie darauf verzichten können muß, sie stets und immer einzusetzen. Herrschaft korrespondiert also mit Anerkennung, Gehorsam – und sei es nur in Form bloßer Unterwerfung. Sie bedarf somit einer – und sei sie noch so eingeschränkt – →Legitimität, um sich von bloßer →Gewalt oder aktueller Macht zu unterscheiden. Dabei stellt allerdings politische Herrschaft nur eine, wenn auch wesentliche, Möglichkeit einer ganzen Reihe von Herrschaftsvariablen dar. Die gesellschaftlich beherrschende Stellung einer Gruppe kann sehr wohl unterschieden sein von ihrer wirtschaftlichen oder politischen, wie sich z. B. an der Rolle des Adels in Übergangsgesellschaften der →Industrialisierung zeigen läßt.

Das gleiche gilt für ökonomische und kulturelle Herrschaft, blickt man in die Kontore spätmittelalterlicher Handelsstädte oder in die Salons am Vorabend der →Französischen Revolution. In der Regel werden sich aber eher Verbindungen als Trennungen der Herrschaftsvariablen finden, wenn es auch aus methodischen und heuristischen Gründen in jedem Fall glücklich sein wird, sich über diese Faktoren von Herrschaft im einzelnen im klaren zu sein, um ihre jeweilige Komplexität und gesellschaftliche Reichweite bestimmen zu können.

Der umfassendste Begriff von Herrschaft bleibt trotz einiger berechtigter Einwände frühsozialistischer und marxistischer Theoretiker der, in dem sie als politische erfaßt wird. Sowohl die sozialistische Auffassung wie die des →Historischen Materialismus kulminiert in der Kategorie der «Klassenherrschaft». Politischen Institutionen, Strukturen und Verfaßtheiten kommt danach nur strategischer oder ideologischer Charakter zu. Die in diesem Ansatz enthaltene Kritik an historischen Arbeiten, die sich der →Ideologie ihres Gegenstands ausliefern – Institutionen und Strukturen der Quellenüberlieferung (→Quellen) tatsächlich für die jeweiligen historischen Subjekte halten –, hat insofern Berechtigung, als sie den Historiker an seine Arbeit erinnert, sich die Geschichte selbst zu erschaffen, als ihr Konstrukteur tätig zu werden. Zugleich verkennt sie aber den ideologischen Charakter ihrer eigenen Theoriebildung: nämlich sich selbst einem geschichtlichen Augenblick zu verdanken, in dem Klassenbildung und Klassenherrschaft (Klasse) zum Hebel für die politische, wirtschaftliche und soziale Machtverteilung in den sich grundlegend verändernden industrialisierten Gesellschaften wurde. Die ungemessene Vielfalt politischer Herrschaftsprozesse mußte sich – oft auch ungewollt – in diesem Theoriesystem redundant verhalten. Erklärungen liefern nach diesem Modell nur die Einlassungen auf die Klassenfrage, die am Ende ihre eigene Mechanik gewinnt. Damit wird nicht Komplexität reduziert, sondern Vielfalt und die Notwendigkeit des genauen Blicks ausgelöscht. Ein politischer Herrschaftsbegriff jedoch, der sich die Augen für anthropologische, soziale, ideologische, kulturelle und wirtschaftliche Zusammenhänge – Extrapolationen – freihält, kann durch Modell- und Typenbildung, wie sie von Max Weber, Barrington Moore, Karl Polanyi etc. vorgelegt wurden, sowohl Reduktionen in erkenntnistheoretischer Absicht wie Konkretisierungen zur unmittelbaren Einsicht leisten. Nur in solchen Verfahrensweisen können Herausforderungen durch neue Interessen wie z. B. der Frage von Herrschaft und Geschlechterdifferenzierung wahrgenommen und für die Fortentwicklung der Modelle genutzt werden. Dabei könnte sich z. B. zeigen, daß den von Max Weber entwickelten Typen patriarchalischer und patrimonialer Herrschaft eine Langzeitwirkung innewohnt, die auf die familiale und Klein-Gruppen-Ebene absinkt, und formal «außerpolitische» Segmente der Gesellschaft dominieren, während patriarchale Herrschaft scheinbar formal-politisch schon längst keine Rolle mehr spielt. Ein solcher Befund ließe dann auch das Problem der Komplexität derartiger Typenbildung weiterdenken.

Diese käme ohnehin erst bei diachronen, epochenübergreifenden Fragestellungen ganz zum Tragen. Typen wie «segmentäre Herrschaft» (Teilherrschaft über verschiedene Stämme), «kommunale Herrschaft» (kontrollierte gemeinschaftliche Organisation mit Ämterverteilung), «kephale Herrschaft» (unkontrollierte, zentral organisierte Herrschaft), «patriarchale und patrimoniale Herrschaft» (Herrschaft nach dem Modell der Hausgewalt), «imperiale Herrschaft» (zentrale Dominanz mit institutioneller Gewalt über plurale Regionen und Räume), «charismatische Herrschaft» (→Charisma) (auf persönlicher Wirkung beruhende, daher labile Herrschaft), «hierokratische Herrschaft» (Priestermacht) oder «bürokratische Herrschaft» (in nächster Nähe zum →«Staat» als Ausdruck der modernen politischen Herrschaft mit Amtshierarchie, Amtsethos und überpersönlicher Institutionalisierung einer auf «Sachzwängen» gegründeten Verwaltung; →Bürokratie) können allein als Idealtypen gelten. Sie lassen sich nur selten in der Geschichte «lupenrein» rekonstruieren, sondern bieten zumeist Mischformen oder erscheinen als Subsegmente in komplexeren Zusammenhängen. Dennoch kann sich die Fortschreibung der Typologisierung als nützlich erweisen, denn Herrschaftstypen sind Bausteine einer Geschichtsbetrachtung, die der bedeutsamen Frage nachgeht, wie sich Macht von Menschen über Menschen entfaltet, aber auch wie sie sich zähmen läßt. A. v. M.

◆ **Hexen** (Hexenverfolgung)

Die Anfänge der europäischen Hexenverfolgungen fallen in das 14. Jh., als sich die Vorstellung vom ketzerischen Wesen der Zauberei auszubilden begann. Ihren Höhepunkt fanden sie in den Krisenjahren der spätmittelalterlichen und frühneuzeitlichen →Gesellschaften – im Gefolge von Hungersnöten, Seuchen, politischen Umbrüchen und →Kriegen. Man schätzt, daß zwischen 1450 und 1750 in Mitteleuropa mehrere hunderttausend Menschen als Zauberer oder Hexen umgebracht wurden, die meisten im Heiligen Römischen Reich Deutscher Nation. Erst mit dem aufkommenden Rationalismus seit dem Ende des 17. Jhs. (→Aufklärung) gingen die Hexenverfolgungen allmählich zurück.

Die theoretischen Grundlagen des bis zur Massenhysterie gesteigerten Hexenwahns schufen die beiden Dominikaner Heinrich Institoris und Jacob Sprenger mit ihrem berühmt-berüchtigten «Hexenhammer». Das Werk, 1487 zuerst gedruckt, erlebte in den folgenden Jahrhunderten zahlreiche Neuauflagen. Es besteht aus drei Teilen: Der erste legt dar, was unter Zauberei zu verstehen sei und welche Rolle dem Teufel und den Hexen dabei zukomme; der zweite Teil führt die Übeltaten auf, die den Hexen zugeschrieben wurden, z. B. die Fähigkeit, durch Wetterzauber Ernten zu vernichten. Von größter praktischer Bedeutung wurde der dritte Teil: der «Kriminal-Kodex über die Arten der Ausrottung» der Hexen. Er wurde zum Gebrauchskommentar für Richter und andere Hexenverfolger. Detailliert ist hier aufgelistet, wie der Hexenprozeß zu führen und mit welchen Mitteln, einschließlich dem der Folter, die Angeklagten zu einem Geständnis zu bringen seien. Als zusätzliche «Beweismittel» in den Verfahren galten sogenannte Hexenproben (Wasser-, Wiege- und Nadelprobe), die allesamt nur einem Zweck dienten: durch betrügerische Manipulationen Indizien gegen die vermeintlichen Hexen beizubringen.

Die frühneuzeitliche Hexenlehre und die damit verbundene Verfolgungsbereitschaft der Obrigkeiten setzten eine beträchtliche soziale Dynamik frei. Hexenverfolgungen erlaubten auch die Realisierung eigennütziger Motive, etwa indem mißliebige Nachbarn denunziert, berufliche

Konkurrenten ausgeschaltet oder die Vermögen der Verurteilten konfisziert wurden. In erster Linie richtete sich der Hexenwahn allerdings gegen Frauen (in den meisten europäischen Regionen lag ihr Anteil bei 75 Prozent, in einigen höher als 90 Prozent). Die Frauenfeindlichkeit des Klerus, die im «Hexenhammer» pathologische Züge annahm, trug ebenso dazu bei wie die Tatsache, daß Frauen sich generell in einer schwächeren gesellschaftlichen Position befanden und zu Beginn der →Neuzeit auch aus solchen Bereichen abgedrängt wurden, die sie – wie etwa den medizinischen – traditionell besetzt hatten (→Frauengeschichte). In der Gestalt der Hexe war ein Feindbild geschaffen, auf das sich, ganz im Sinne der klassischen Sündenbockrolle, alle durch →Krisen und Katastrophen geschürten Sozialängste projizieren ließen. Als Heilkundige, Kräuterfrauen, Hebammen besaßen Frauen eine größere Nähe zum (von magischen Ritualen begleiteten) Naturbereich. Hier war das Medium bezeichnet, in dem Zaubereibeschuldigungen entstehen und Frauen als leicht verführbare Opfer satanischer Umtriebe denunziert werden konnten. Der Teufel und seine irdischen Helfershelfer, die Hexen, mußten für das herhalten, was nicht mehr in das überlieferte christliche Weltbild integrierbar und noch nicht mit Hilfe exakter Naturwissenschaften erklärbar schien.

Die Erforschung der Hexenverfolgungen des späten →Mittelalters und der →Frühen Neuzeit hat sich nicht kontinuierlich, sondern in Sprüngen entwickelt. Den bereits um 1900 entstandenen Studien von Joseph Hansen zu den Anfängen von Hexenwahn und Hexenverfolgung ist lange Zeit nichts Gleichwertiges mehr gefolgt. Im «Dritten Reich» diente die Hexenforschung als eine ideologische Waffe im Kampf gegen die →Kirchen. In dem 1935 beim SD eingerichteten «Hexen-Sonderkommando» fand diese Tendenz einen bizarren Ausdruck. Nach 1945 stieß das Thema zunächst in der Geschichtswissenschaft auf kein Interesse mehr, bis es dann in den siebziger Jahren – im Zusammenhang mit der Entstehung einer neuen →Frauenbewegung – wieder entdeckt und neu interpretiert wurde. Wegweisend für die moderne sozialgeschichtliche Forschung wurden englische und französische Regionalstudien (Allan Macfarlane, Keith Thomas, Robert Muchembled), die nachwiesen, wie sehr magische Vorstellungen im Alltagsleben der ländlichen Bevölkerung verankert waren. Anknüpfend an diese Untersuchungen läßt die neuere Forschung die Tendenz erkennen, Hexenverfolgungen nicht mehr ausschließlich als Ergebnis kirchlicher und weltlicher →Sozialdisziplinierung «von oben» zu betrachten, sondern auch als Ausfluß sozialer Konfliktkonstellationen in der dörflichen Gesellschaft selbst (→Sozialer Konflikt). Dieser Wechsel der Untersuchungsebene hat zu einer erheblichen Differenzierung der feministisch verkürzten Sichtweise der siebziger Jahre geführt. So zeigt sich, daß Frauen nicht nur Opfer waren, sondern – als Zeuginnen oder Denunziantinnen in Hexenprozessen – auch zum Täterkreis zählten, und umgekehrt: daß Männer nicht nur in der Rolle des Verfolgers und Vollstreckers auftraten, sondern selbst zum Opfer des Hexenwahns werden konnten – wenngleich in weit geringerer Zahl als Frauen. V. U.

◆ Hilfswissenschaften

Die historischen Hilfswissenschaften, auch Grundwissenschaften genannt, haben vor allem die kritische Aufbereitung der →Quellen als des wesentlichen Stoffs der Allgemeinhistorie zum Gegenstand. Als historische Hilfswissenschaften galten sie den Juristen des Reichsdeputationshauptschlusses (1803), die sich für die Sicherung gewachsener rechtlicher Ansprüche der historischen Kritik bemächtigten. Für Historiker liegt der Sachverhalt anders. Sie bedienen sich seit den historisch-kritischen Editions- und Darstellungsleistungen der «Mauriner» (Jean Mabillon: De re diplomatica, 1681, und Bernard de Montfaucon: Palaeographia graeca, 1708) der Quellenkritik als Grundlagenforschung. Hierzu entwickelte die Historiographie seit den Maurinern einen bereits im 18. Jh. abgeschlossenen Kanon historisch-kritischer Disziplinen. Sie sind – wenn auch zuweilen durch spezifische Fragestellungen relativiert – nach der Informationsbeschaffenheit der Quellen unterschieden: Paläographie, Epigraphik, Codicologie, Papyrologie und Diplomatik entsprechen dem Interesse der Historiker an Texten. Numismatik, Sphragistik und Heraldik bereiten die dinglichen Überlieferungen auf. Erst die historische Forschung des späten 19. Jhs. und der ersten Jahrzehnte des 20. hat für diesen Bereich auch die Bedeutung von Archäologie (→Historische Archäologie), Historischer Landeskunde sowie Insignien- und Symbolforschung (→Insignienkunde) erkannt und zu nutzen begonnen. Auf sie wird – da nicht zum klassischen Kanon der «Grundwissenschaften» gehörig – gesondert eingegangen. Als übergreifende Disziplinen gehören dem Kanon jedoch seit den Maurinern Genealogie, Chronologie und Meteorologie an. Sie ordnen die historische Überlieferung – sei sie schriftlicher oder dinglicher Natur – in Maßstrukturen ein, die von den Fragen der Forscher unabhängig sind und somit eine eigene materielle Qualität gewinnen. Dabei wird natürlich weder die Chronologie die Frage nach dem Zeitgefühl einer →Gesellschaft noch die Genealogie Vorstellungen über die ideelle Fiktion normativer «Vorfahren» debattieren. Dies bleibt genuine historische Forschung. Zugleich läßt sich hier aber auch zeigen, wie schwer es werden kann, den Unterschied zwischen allgemeiner Geschichte und Grundlagen im Einzelfall zu bestimmen. Längst ist daher auch der «klassische Kanon» der Grundwissenschaften aufs vielfältigste erweitert und an sich gesprengt worden. Denn theoretisch können alle wissenschaftlichen Disziplinen historische Hilfsdienste leisten und im Sinne der genuinen historischen Grundwissenschaften materielle und methodische Verfügbarkeit über Quellen herstellen. Wann also etwa bei der Nutzung anthropologischer Forschung durch die Historie die «hilfswissenschaftliche» oder die interdisziplinäre Komponente dominiert, mag letztlich der Einzelfall entscheiden – wenn es überhaupt noch nützlich sein kann, solche Unterscheidungen zu treffen.

Die Disziplinen im einzelnen:

Die *Paläographie* liefert die nötigen Techniken zur Entzifferung alter Schriften. Naturgemäß arbeiten Paläographen eng mit Disziplinen zusammen, die sich der Erforschung der materiellen Schriftträger verschrieben haben. Für die Papyrusrollen der alten Kulturen bis in die Spätantike hinein leistet dieses die *Papyrologie*. Mit den danach aufkommenden Pergamenten begann zugleich die Epoche des Buches, die nun allmählich von den elektronischen Medien abgelöst wird. Alle Formen der Buchkunde lehrt die *Codicologie* – vom handbeschriebenen Pergament des Früh- und Hochmittelalters über das ebenso beschriebene Papier des Spätmittelalters bis zum Druck der →Frühen Neuzeit. Einen Sonderfall schriftlicher Überlieferung sichert die *Epigraphik*, indem sie Inschriften in festen Materialien wie Holz, Stein, Metall zugänglich macht. Königin unter den textorientierten Grundwissenschaften ist aber die *Diplomatik*. Sie entstand unter dem gewaltigen Druck der Frage nach der Echtheit von Rechtsurkunden und liefert somit nicht nur die Kriterien zur Sicherung eines authentischen Textes, sondern – mit Hilfe der Chronologie – auch zu seiner zeitlichen Einordnung. Ihr Gegenstand war und bleibt die →Urkunde, aber methodisch verdankt ihr die Editionstechnik anderer Quellengruppen eine Menge.

Die *Numismatik* verhilft dazu, die Münzen und Medaillen der historischen Überlieferung als Quelle zu verstehen. Sowohl für wirtschaftsgeschichtliche Untersuchungen, indem sie Wertanalysen liefert, wie für kultur-, politik- und sozialgeschichtliche Untersuchungen vermag sie den geprägten Stücken wertvolle Informationen zu entlocken. Für das Selbstverständnis Karls des Großen als Kaiser und die Möglichkeit, sein «Kaiserbild» zumindest an den fränkischen Adel zu vermitteln, sind z. B. seine Münzprägungen nach 800 von wesentlicher Bedeutung. In dieser

Hinsicht erscheint die Numismatik als eine Schwester der *Sphragistik,* denn diese erarbeitet in ganz ähnlicher Weise den potentiellen Quellenwert von Siegeln, die in →Mittelalter und →Neuzeit als herrschaftliches – bald auch «privates» – Erkennungszeichen oder Beglaubigungsmittel für schriftliche Mitteilungen und Rechtsurkunden dienten. Solche Siegel können seit dem Spätmittelalter durchaus auch das Wappen des jeweiligen Ausstellers oder Zeugen präsentieren. In solchen Fällen hilft die *Heraldik* weiter, die aber den vielfältigen Gebrauch von Wappen auf Bauten, Stiftungen, Gräbern, Hausgerät etc. zum Gegenstand hat und damit zur Personengeschichte, Genealogie und – über das Symbolverständnis – auch zur Ideen- (→Geistesgeschichte) sowie →Mentalitätengeschichte beitragen kann. Viel verdankt ihr in der Regel die *Genealogie.* Denn sie erforscht die auf Abstammung beruhenden Zusammenhänge zwischen Menschen und vermag sich für ältere Verhältnisse oft nur mit heraldischen Informationen zu behelfen. Die *Chronologie* rekonstruiert die historischen Zeitmeßsysteme und erstellt deren Kompatibilität mit dem unseren (→Zeit). Ohne solche «Umrechnungen» würden uns die vielfältigen älteren Datierungssysteme verwirren bzw. auf falsche temporale Ebenen locken. Dies wäre verhängnisvoll, denn bei aller berechtigten Relativierung der zeitlichen Strukturen als historischen Ordnungskategorien durch die Forschung – im Unterschied zum vorwissenschaftlichen Verständnis von Geschichte – bleibt doch die zeitliche Verortung ein wesentliches Moment der Aneignung von Geschichte. A. v. M.

◆ Historikertag

Was für Landwirte die Grüne Woche ist, ist für Historiker der Historikertag: eine in regelmäßiger Abfolge stattfindende Leistungsschau, auf der sich die Vertreter des Faches dem Urteil der Außenwelt stellen, Ergebnisse aus abgeschlossenen Projekten präsentieren oder Einblick in laufende Arbeitsvorhaben gewähren, berufspolitische Anliegen und Besorgnisse ebenso wie jeweils aktuelle Probleme der Forschung und Lehre zur Sprache bringen. Es ist ein Forum, das Gelegenheit bietet, um Kontakte zu knüpfen, Erfahrungen auszutauschen, den Standort der Wissenschaft im Verhältnis zu Politik und →Gesellschaft zu bestimmen, die Reichweite von Methoden, Konzepten und →Theorien zu diskutieren.

Über Sinn und Zweck solcher Zusammenkünfte hat vielleicht am prägnantesten einer der Gründungsväter Auskunft gegeben, der Liberale und später als Pazifist verfemte Ludwig Quidde, der die «eigentliche Berechtigung» darin sah, Fragen von allgemeiner Bedeutung aufzuwerfen und «Gärungsprozesse zu klären». Historikertage sind, so definierte er, ein «Kampfmittel, eine vortreffliche Angriffswaffe für neue Richtungen, die sich durchsetzen wollen, gleich dienlich aber auch der Abwehr, wenn es gilt, bedrohte Interessen zu behaupten. Sie sind das wirksamste Mittel, die Kräfte zu sammeln, die Verständigung unter denen, die in ihrer Grundrichtung übereinstimmen, zu fördern und Propaganda in der öffentlichen Meinung zu machen.»

Gedacht waren diese Sätze als programmatische Leitlinie für die 1893 einberufene Versammlung deutscher Historiker, die zwei Jahre später zur festen Einrichtung wurde. Der Anstoß war dabei von Bestrebungen zur Reform des gymnasialen Unterrichts ausgegangen, wonach mit besonderem Nachdruck die →Zeitgeschichte bis hin zum Regierungsantritt Wilhelms II. berücksichtigt, die Ausbreitung sozialistischer Ideen bekämpft und die Identifikation mit der Dynastie der Hohenzollern gefördert werden sollten. Derartigen Tendenzen, die Historie vor den Karren der offiziellen Politik zu spannen, «Liebe zum Vaterland» und «strenges Pflichtbewußtsein gegenüber dem Staat» zu wecken, erteilte der Kongreß von 1893 eine überraschend deutliche Absage. Die Kritik an den Zumutungen der Kultusbürokratie, die sich hier äußerte, verflüchtigte sich allerdings rasch. Denn kurz darauf begann sich der Wind zu drehen. Das zeigte sich bereits 1894 in Huldigungsreden an die Adresse der gekrönten Häupter, nicht zuletzt in einem Telegramm an Bismarck, das den ehemaligen Kanzler ungeniert in den Kreis der «größten Fachgenossen» einreihte. Fortan wurden die Historikertage im Kaiserreich immer mehr zu staatsfrommen Veranstaltungen. Sie erschöpften sich in relativ enger, akademischer Gelehrsamkeit, leisteten jedenfalls keinen nennenswerten Beitrag zu den um die Jahrhundertwende heftig umstrittenen Problemen, beispielsweise ob und, wenn ja, wie individualisierende durch generalisierende Methoden ergänzt oder wo die Grenzen zwischen →Kultur- und Politikgeschichte (→politische Geschichte) abgesteckt werden sollten.

Schon seit 1907 wurden sozial- und wirtschaftshistorische Themen zunehmend seltener behandelt, um dann nach dem Weltkrieg fast völlig zu verschwinden. Statt dessen beherrschten nun nationale Fragen das Feld. Man beschäftigte sich mit dem Osten und den verlorenen Grenzprovinzen, entrüstete sich über die →«Kriegsschuldlüge» des Versailler Vertrages und räsonnierte über «großdeutsch» oder «kleindeutsch», das heißt, man suchte zu ergründen, welche Perspektiven ein Anschluß Österreichs eröffnen würde oder nicht. 1932, auf dem letzten Kongreß vor der «Machtergreifung» der Nazis, sah Karl Brandi, der Vorsitzende des Historikerverbandes, die Aufgabe des →Geschichtsunterrichts darin, die Schüler mit «deutschem Geiste» zu durchdringen: durch «Schaffung einer Gesamtstimmung und eines Gesamtwillens» oder, wie wir heute sagen würden, durch Mitwirkung an der ideologischen Formierung der Gesellschaft sollte die Universität das nötige Rüstzeug dafür liefern. Damit wurde eine Position bezogen, die das Gegenteil dessen vertrat, wozu sich knapp vier Jahrzehnte vorher der erste Historikertag noch ausdrücklich bekannt hatte: nämlich Wissenschaft und Unterricht zwar nicht in den Elfenbeinturm zu verbannen und fern von den Bewegungen der Gesellschaft zu betreiben, wohl aber frei zu halten von politischen Vorgaben und regierungsamtlichen Auflagen (→Geschichtsschreibung in der Weimarer Republik).

Es hat lange gedauert, ehe man an diese Überzeugungen wieder anknüpfte. Da 1937 ein Versuch, dem Historikertag ein regimekonformes Gewand zu schneidern, die Erwartungen enttäuscht hatte, brachen im «Dritten Reich» die bis dahin gepflegten Traditionen ab. Aufgegriffen, belebt und zugleich verändert wurden sie dann 1949 in München auf der ersten Nachkriegsversammlung. Damit beginnt eine neue Epoche, die zunächst jedoch mit den vorausgegangenen durch vielfältige geistige und personelle Bande verknüpft bleibt. Mit der Gründung der beiden deutschen Staaten trennen sich in den frühen fünfziger Jahren auch die Wege der Wissenschaften in Ost und West, obwohl man sich hierzulande – geprägt von den Klischees des →Kalten Krieges – noch geraume Zeit an gesamtdeutsche Positionen klammerte.

Trotz einer anfänglich eher restaurativen Grundströmung stehen die Historikertage der Bundesrepublik seit den späten sechziger Jahren im Zeichen einer allmählichen Öffnung hin zu den geisteswissenschaftlichen, später dann zu den sozialwissenschaftlichen Nachbardisziplinen. Die Geschichtsschreibung hat dadurch ältere Begrenzungen überwinden können, hat Vorurteile, Berührungsängste und den Hang zu provinzieller Selbstgenügsamkeit abgebaut, ist experimentierfreudiger, in den Methoden, Interpretationen und Forschungsstrategien pluralistischer geworden. Von welchen Sprüngen, Debatten und Kontroversen dieser Prozeß begleitet wurde, läßt sich ablesen an den Protokollen und Verhandlungsberichten der Historikertage. Denn wie gesagt: Sie sind Messen in Sachen Geschichtswissenschaft und Geschichtsunterricht, dokumentieren Entwicklungen und Interessen, Standards und Leistungsfähigkeit, aber auch das in der Zunft jeweils vorherrschende intellektuelle Klima (→Geschichtswissenschaft in der Bundesrepublik). J. F.

◆ Historiker und Nationalsozialismus

Ihre Rolle im «Dritten Reich» selbstkritisch zu überprüfen, haben sich die Deutschen in der Gründungsepoche der Bundesrepublik lange und beharrlich geweigert. Nach dem Zusammenbruch der →Diktatur konzentrierte man sich auf die Beseitigung der Trümmer, wollte vergessen und sich durch den Aufbau eines demokratischen Gemeinwesens vor sich und der Welt rehabilitieren. Auch diejenigen, die von Berufs wegen mit der vorbehaltlosen Entschlüsselung der Vergangenheit zu tun hatten, die Historiker, machten da keine Ausnahme. Die meisten von ihnen waren noch in der ungeliebten Weimarer Republik zu Amt und Würden gelangt und hatten nach 1933 wie nach 1945 ihre Positionen relativ unangefochten behaupten können. Die Interpretationen, die sie anboten, waren geprägt von Ausflüchten und Halbwahrheiten, nicht jedoch von strengen Fragen und gewissenhaften Antworten. Wie die Masse ihrer Landsleute fühlten sie sich als unschuldige, verführte und betrogene Opfer. 1933 seien sie von Hitler und der NSDAP überwältigt worden: befangen in naiven Illusionen, fasziniert von der Dynamik der braunen Bewegung, geblendet von den Visionen und Erfolgen des Regimes. Gleichsam unter dem Zwang der Verhältnisse hätten sie die Hand zur Zusammenarbeit reichen müssen, um Schlimmeres zu verhüten, Forschung und Lehre gegen unberufene Parteifunktionäre abzuschirmen und die Prinzipien der Wissenschaft trotz mancher Zumutungen über die Zeit zu retten. Die nach der «Machtergreifung» allenthalben zu beobachtenden Ergebenheitsadressen, Opportunismus und Komplizenschaft wurden verharmlost; das Schweigen, mit dem man der Vertreibung der jüdischen und politisch mißliebigen Kollegen zugeschaut hatte, wurde verdrängt. War schon dies beschämend für die Zunft, so noch mehr die hilflosen bis verstockten Bemühungen, die Vorgänge im nachhinein zu beschönigen. Verschwommene Begriffe wie «Tragik» und «Dämonie des Schicksals» hatten Konjunktur, Motive und Anlässe eigener Verstrickung und Mittäterschaft blieben im Dunkel.

Erst in den sechziger Jahren verlor diese Argumentation allmählich an Überzeugungskraft. Mit der Distanz wuchs die Bereitschaft, die Vergangenheit des Faches nicht mehr zu beweihräuchern, sondern kritisch zu durchleuchten. Wesentliche Anstöße dazu kamen aus der damals sich formierenden studentischen Opposition, die den Rechtfertigungsversuchen der älteren Generation mit Skepsis begegnete und auf Klärung drängte (→Studentenbewegung). Unterstützt von jüngeren Hochschullehrern, begann ein Prozeß des Umdenkens, der sich zunächst in leidenschaftlichen Debatten und mit einer gewissen Verzögerung dann in konkreten Forschungsergebnissen niederschlug. Zwar mangelt es nach wie vor an einer umfassenden Darstellung, aber eine Reihe von Essays und Spezialstudien hat dazu beigetragen, den Blick zu schärfen und das Bild zu differenzieren. Das Material, das man zutage förderte, warf Licht auf →Kontinuitäten und Brüche, auf individuelle Karrieren und das Umfeld, das sie ermöglicht hatte.

Der Befund, der sich herausschälte, läßt sich nur schwer auf einen einzigen Nenner bringen. Sichtbar wird eine eigentümliche Mischung aus Zustimmung und Verweigerung, aus Integration und partiellem Konflikt: ein Zwiespalt, der auch sonst in der Gesellschaft der dreißiger Jahre zu beobachten ist. Die Professorenschaft an den Historischen Seminaren der Universitäten unterschied sich darin kaum von den Angehörigen anderer Berufsgruppen. Was zunächst ins Auge sticht, ist ein erstaunlich reibungsloser Prozeß der freiwilligen Gleichschaltung. Die Bereitwilligkeit, sich zu arrangieren, gründete in →Ideologien und Ressentiments, die sich in zahlreichen Punkten mit der Programmatik des Nationalsozialismus berührten. Dazu gehörten die Verachtung der →Demokratie, der Kampf gegen den Vertrag von Versailles und der Traum von deutscher Vorherrschaft auf dem europäischen Kontinent; dazu gehörten weiter die Verherrlichung staatlicher Autorität und die Sehnsucht nach einer organisch gegliederten «Volksgemeinschaft», in der eine starke Führung die Gegensätze der →Klassen und →Schichten überwinden würde.

Hatten die meisten Historiker den Umsturz von 1918/19 als abrupte, durch die militärische Niederlage erzwungene Abkehr von den Werten der Vergangenheit empfunden, so erlebten sie die tatsächlich viel tiefer greifenden Ereignisse von 1933 als Wiedergewinnung einer Kontinuität, in der sich preußische Traditionen durch die Zufuhr nationalrevolutionärer Energien zu erneuern schienen. Der ältere →Konservatismus, dessen Basis immer mehr geschrumpft war, verschmolz in dieser Perspektive mit einer elementaren «Volksbewegung», deren ungebärdigen Tatendrang er zähmen und in kontrollierte Bahnen lenken sollte. Die Nazis schlugen aus solchen Hoffnungen geschickt Kapital. Indem sie sich als Vollstrecker des historischen Erbes feierten, Adolf Hitler in eine Linie mit Friedrich dem Großen und Otto von Bismarck stellten, halfen sie, die im Bürgertum (→Bürger) vorhandenen Bedenken zu zerstreuen und die gewaltsame Aneignung der Macht zu legitimieren. Da Historiker in der Regel nicht betroffen waren, nahmen auch sie den Terror, der sich auf den Straßen, in Gefängnissen und Lagern austobte, als offenbar unvermeidliche Begleiterscheinung einer im Innersten bejahten «nationalen Erhebung» hin. Wo Zweifel an der Rechtmäßigkeit einzelner Aktionen aufkeimten, wurden sie beschwichtigt und zugedeckt; Zivilcourage und Gesten der Solidarität mit den verfemten und aus den Ämtern gejagten Kollegen waren selten, und diejenigen, die Kontakte zum Widerstand hatten, lassen sich an einer Hand abzählen.

Trotz Anpassung und Entgegenkommen blieb das Verhältnis zum Regime nicht völlig ungetrübt. Die Ursachen dafür lagen in unterschiedlichen Auffassungen über das, was die Universitäten leisten konnten oder leisten sollten. Zwar hatten Historiker sich stets zur Aufgabe nationalpolitischer Erziehung bekannt und dies auch praktiziert, aber die Frage war doch, wo die Politik aufzuhören und die Wissenschaft anzufangen hatte. Gegen eine umstandslose Ideologisierung von Forschung und Lehre gab es jedenfalls Einwände. Darüber hinaus ließen sich die Prinzipien des →Historismus, die nach wie vor als methodische Leitschnur galten, mit den zur Staatsreligion erhobenen Rassetheorien schlechterdings nicht vereinbaren. Da die Nazis Bewährung im völkischen Kampf erwarteten, mußte jeder, der dagegen Position bezog, mit Abmahnungen und Sanktionen rechnen. So wurde Hermann Oncken im «Völkischen Beobachter» an den Pranger gestellt und vorzeitig in Pension geschickt, und Friedrich Meinecke, wie Oncken ein gemäßigter Nationalliberaler, mußte 1935 die Leitung der «Historischen Zeitschrift» an Karl-Alexander von Müller abtreten, der seit 1933 Mitglied der NSDAP war und in dem auch jenseits der Grenzen angesehenen Fachorgan unverzüglich eine Abteilung über die «Judenfrage» einrichtete. Von den über 300 Aufsätzen, die in der Ära Müller gedruckt wurden, war ein knappes Drittel nationalsozialistisch inspiriert. Derartige Zahlen kann man je nach Bedarf interpretieren: entweder als Indiz dafür, wie tief sich der braune Ungeist in der Zunft eingefressen hatte, oder als Beweis dafür, daß sich ernsthafte Studien auch unter den Bedingungen der Diktatur hatten behaupten können. Aber gleichgültig, wie man diese Daten im einzelnen deuten möchte: Sie zeigen die Tendenz an, in der die Entwicklung sich bewegte und die sich vermutlich bei einem siegreichen Ausgang des Krieges erheblich verstärkt hätte.

Das Mißtrauen, das der akademischen Geschichtsschreibung entgegengebracht wurde, läßt sich vielfach belegen. Welche Töne man dabei anschlug, illustrierte 1936 ein Artikel im «Schwarzen Korps», der Zeitschrift der SS. «Der tote Wissenskrempel des liberalistischen Jahrhunderts», hieß es da, «nützt weder dem Volk noch dem Staat, und wir haben keine Lust, noch länger die Anmaßung einiger bezahlter Staatsdiener zu dulden, die unter Berufung auf eine angebliche Eigengesetzlichkeit der Wissenschaft das Recht fordern, auch weiterhin Dinge treiben zu dürfen, die das Volk nicht interessieren.» Um die Umwidmung der Geschichte im Sinne parteiamtlicher Heilslehren voranzutreiben, verlagerte man Forschungskapazitäten von den Universitäten auf außeruniversitäre Institute und suchte den Nachwuchs durch Stipendien, sozialpolitische Anreize und spezielle Ausbildungsprogramme auszusieben, zu fördern und gefügig zu machen. Zu nennen ist in diesem Zusammenhang vor allem die Gründung des Reichsinstituts für Geschichte des neuen Deutschlands mit dem Nazi-Karrieristen Walter Frank an der Spitze. Die Erwartungen, die damit geweckt wurden, befriedigte es jedoch nur teilweise, und mit der Kaltstellung Franks im Jahr 1941 verlor es zunehmend an Bedeutung. Auch hier waren Faktoren am Werk, die sich bei der totalen Erfassung der Historikerschaft als hinderlich erwiesen. Weder entwickelte der Nationalsozialismus ein in sich geschlossenes, in der Partei wie in der Öffentlichkeit allgemein anerkanntes Geschichtsbild, noch gelang es ihm, die Reste wissenschaftlicher Autonomie zu beseitigen, die Historischen Seminare bis in den hintersten Winkel zu politisieren, den Lehrkörper ideologisch auszurichten und zum willenlosen Erfüllungsgehilfen zu degradieren.

Sieht man ab von den Demokraten und den Juden, die emigriert waren (→Exil) oder sich mit der Herausgabe von Quellenwerken eine nur inoffiziell geduldete wissenschaftliche Weiterexistenz zu sichern suchten, lassen sich die auf ihren Lehrstühlen verbliebenen oder neu berufenen Historiker in drei Gruppen einteilen. Da war zunächst die Minderheit derjenigen, die Konzessionen ablehnten, sich dem System und dem herrschenden Zeitgeist verweigerten. Zu ihnen gehörte ein Mann wie Franz Schnabel, dessen Grundsätze von Freiheit und Rechtsstaatlichkeit im süddeutschen →Liberalismus wurzelten. Weil er daran unbeirrt festhielt, wurde er 1936 zwangspensioniert und durfte den Schlußband seiner auch sozial- und kulturhistorisch argumentierenden «Deutschen Geschichte im 19. Jahrhundert» nicht mehr publizieren. Daneben gab es den ebenfalls kleinen Kreis von radikalen, bis in die Wolle gefärbten Nationalsozialisten wie den in Hamburg, später in Königsberg wirkenden Otto Westphal, der bereits vor 1933 Parteimitglied geworden war, in der Zunft indes eher als Außenseiter galt. 1941 veröffentlichte er ein Buch über «Aufgang und Vollendung» des Reichs, das ohne Wenn und Aber dem Rassegedanken huldigte, gegen die «biologische Gleichberechtigung der Völker» polemisierte und für die Ausschließung «artfremder Elemente» plädierte. Dem «unterrassisch-demokratischen Abendland», gemeint waren Frankreich und Großbritannien, stellte er als positives Modell den «nordisch-germanischen Menschentyp» entgegen, dessen Mission es sei, Europa vor den «Strudeln des Untermenschentums» zu bewahren. Im Jahr des Überfalls auf die Sowjetunion erschienen, war das eine unverhüllte Rechtfertigung der nationalsozialistischen Lebensraum- und Vernichtungspolitik.

Zwischen diesen beiden Polen ist eine dritte, freilich keineswegs einheitliche Gruppe anzusiedeln. In ihr versammelte sich die überwältigende Mehrheit der deutschen Historiker. Sie repräsentierten höchst unterschiedliche Strömungen, Temperamente und Mentalitäten; sie lavierten von einem Kompromiß zum nächsten, identifizierten sich mit den außenpolitischen Erfolgen der Staatsführung, schworen dabei allerdings ihren wissenschaftlichen Idealen nicht völlig ab. Darunter fanden sich indifferente, angepaßte und hasenfüßige, aber auch couragierte Naturen wie Gerhard Ritter aus Freiburg, der weder aus seiner zutiefst nationalen Gesinnung noch aus seiner Skepsis ein Hehl machte, sich in der Bekennenden Kirche und während des Krieges im Widerstand engagierte. Wegen der Diffamierung seines Lehrers Hermann Oncken kündigte er die Mitarbeit an der «Historischen Zeitschrift» auf, und 1938 auf dem Weltkongreß der Historiker in Zürich erhob er Einspruch gegen die nationalsozialistische Umdeutung des Lutherbildes durch einen Theologen aus Kiel. Das trug ihm bis 1942 ein Verbot von Auslandsreisen, aber keine Beschränkung seiner Lehrtätigkeit ein. In Briefen nannte er Walter Frank einen «literarischen Straßenräuber», und gegenüber der Masse des «Kollegengesindels», die das «Weihrauchfaß» schwenkte, äußerte er Verachtung. Die Bücher jedoch, die er schrieb, konnten ebenso mit regimefreundlichen wie mit regimekritischen Augen gelesen werden. Oppositionsschriften waren sie nicht, eher behutsame Versuche, das Bewußtsein für konservative Werte zu schärfen; und sie konnten, mußten aber nicht als Appell an die nationalsozialistische Obrigkeit aufgefaßt werden, die Abgründe oder, wie Ritter sagte, die «Dämonie» der Macht durch rechtsstaatliche Ordnungen zu bändigen.

Vergleichbare Ambivalenzen kann man auch dort entdecken, wo Historiker konzeptionelles Neuland betraten. Für Otto Brunner, der sich mit Problemen des mittelalterlichen Verfassungslebens beschäftigte, hieß das «Gebot der Stunde» nicht Staaten-, Personen- oder Ideengeschichte (→Geistesgeschichte), sondern «Volksgeschichte». Nach 1945 brauchte er diesen Begriff nur in «Strukturgeschichte» umzutaufen und einige antiliberale Wendungen aus seinen Arbeiten zu tilgen, um sich als geachteter Altmeister der Sozialgeschichtsschreibung zu etablieren. Relativ ‹modern› anmutender Methoden bedienten sich damals auch Hermann Aubin, Werner Conze und andere, die intensiver und unbefangener als sonst in der Zunft üblich von benachbarten Fächern wie Geographie, Sozialstatistik und →Demographie profitierten. Stark beeinflußt von raum- und volkstumspolitischem Denken, richteten sie ihre Interessen auf landes-, dorf- und siedlungskundliche Themen, auf Vergangenheit und Gegenwart des Deutschtums in den Grenzprovinzen des Ostens. Reaktionäre, den Ideologien des Nationalsozialismus verwandte Prämissen konnten sich dabei mit Theorien und Ansätzen verbinden, die in die Zukunft wiesen und dazu beitrugen, das eng gewordene Gebäude des Historismus zu erweitern. Wenn man will, lagen hier in einem rechten akademischen Milieu die Ursprünge einer spezifisch deutschen →Sozialgeschichte, die nach dem Krieg, von manchen völkischen Beimengungen gereinigt und betrieben von denselben Leuten, ihre eigentliche Blütezeit erst noch vor sich hatte. (→Geschichtswissenschaft in der Bundesrepublik) J. F.

◆ **Historische Anthropologie** (Ethnologie)

Die Kontakte zwischen Geschichte und Anthropologie sind durchaus zweiseitig. Vor allem die Sozialanthropologie bietet von sich aus Ansätze zur Verbindung mit Geschichte, die biologische Anthropologie naturgemäß weniger. Entscheidend für die Wahrnehmung anthropologischer Fragestellungen durch die Geschichtswissenschaft ist allerdings deren Einschwenken auf alltägliche, biologische, mentale und soziale Wahrnehmungsmuster. Das klassische Feld der Politik – Staats- und →Wissenschaftsgeschichte – muß also entweder in Frage gestellt oder verlassen werden. Grundsätzlich sind zwei Annäherungswege zu unterscheiden: die Historisierung der Anthropologie und die Anthropologisierung der Geschichte.

Historisierung der Anthropologie fordert den Historiker auf, anthropologisierende Grundannahmen über die «Natur des Menschen» als geschichtlich bedingt zu erforschen. Es entsteht auf diese Weise eine Geschichte der Gefühle (→Affekte), hygienischer Verhaltensweisen, des Körpers überhaupt, der Geburt, des Todes, der Krankheit etc (→Medizingeschichte). Die Nähe zur →Mentalitätengeschichte ist damit ebenso angedeutet wie zu psychologischen und sozialpsychologischen Fragestellungen. Paradigmatischen Charakter für diese Verfahren hat Norbert Elias' «Prozeß der Zivilisation» gewonnen, ein Werk, das den Anstoß zu einer ganzen Flut von Einzelforschungen gab, die dem Themenkreis funktionaler und nicht-funktionaler Konditionierung von Gefühlen, Affekten, Trieben im historischen Geleit der Rationalisierungsprozesse der Moderne und ihrer Vorläufer ihre Aufmerksamkeit zuwandten.

In die Richtung einer Anthropologisierung der Geschichte weisen Forschungsansätze, die sich an biologischen, medizinischen, religiösen und rechtlichen «Universaltypen» orientieren. Solche «Universalien» werden von dieser Forschung in der Regel im interkulturellen Vergleich gewonnen oder hypothetisch angenommen. So sind Figurationen dieser Art etwa die keineswegs selbstverständliche Rolle und Funktion des Vaters, das Bedürfnis nach Heilung von Krankheiten oder die Vorstellung, daß →Recht durch Tradition sanktioniert wird.

Derartige Vorhaben können sinnvoll nur vergleichend und möglichst unter Beteiligung mehrerer Disziplinen durchgeführt werden. Sie entbinden jedoch gerade den Historiker nicht davon, kulturelle Konstrukte innerhalb von Gesellschaften zu bilden, mit deren Hilfe das anthropologisch zu deutende Material gewonnen werden muß. Beispiele für diese Variante liefern vor allem Arbeiten des Freiburger Instituts für Historische Anthropologie e.V.

Selbstbewußt auf Historisierungsstrategien zu bestehen ist im →Diskurs beider Disziplinen durchaus nicht selbstverständlich. Häufig genug fließen anthropologische Modelle unausgesprochen dann in historische Forschung ein, wenn es um alltagskulturelle Strukturen (→Alltagsgeschichte) geht, die mit unzureichenden Mitteln klassischer →Sozialgeschichte bearbeitet werden. In solchen Problemfeldern auf Geschichte als autonomer disziplinärer Kategorie bestanden zu haben, ohne den Erkenntniswert anthropologischer Fragen und Antworten für sie zu relativieren, ist das Verdienst vor allem von zwei Forschern: Natalie Z. Davis und E. P. Thompson. In ihren Arbeiten zur →Kultur- und Sozialgeschichte reformatorischer Bewegungen und Gruppen oder auch Frauen, Verwandtschaft und Familienbindungen der →Frühen Neuzeit bezeichnete Davis den «Gebrauchswert» anthropologischer Hilfen für den Historiker. Deutlich sieht sie Vorzüge historischer Methodik in der Fähigkeit des Historikers, Wandel und Veränderungen zu thematisieren. An dieser Stelle versagt in der Regel der anthropologische Zugriff auf soziale und humane →Tatsachen (→Mentalitätengeschichte). Dennoch sei die Anthropologie dem Historiker insofern hilfreich, als sie seinen Sinn für die Vielfalt menschlicher Erfahrungen schärfe. Zudem halte der anthropologische Ansatz eine Reihe von Methoden bereit, Beziehungen zwischen kleineren Gruppierungen innerhalb größerer sozialer Bewegungen oder informelle Gruppenverflechtungen aufzuzeigen. Jede Studie, die mit symbolischen Aktionen, Massenbewegungen, traditionellen Interaktionen zu tun hat, werde dankbar die Hilfe anthropologischer Forschung und Begriffsbildung akzeptieren. Die Arbeit des Historikers bleibe dennoch gefordert, nicht nur, wenn es um die Bereitstellung der geschichtlichen →Quellen und die Fähigkeit, sie zu «lesen», geht, sondern auch bei Deutung des Materials unter Gesichtspunkten wie Wandel, Konflikt, →Kontinuität – Diskontinuität und last but not least seine Unübertragbarkeit. Für Thompson bietet die Anthropologie wie kaum eine andere Disziplin Hilfen für Überlegungen zu einem «weicheren» Begriff von Klassenbildung. Kulturell-symbolische Codes werden für ihn nicht weniger bedeutsame Klassenmerkmale als die sozio-ökonomischen Kategorien der historisch-materialistischen Konvention.

Er faßt das Verhältnis des Historikers zur Anthropologie so zusammen: «Für uns haben anthropologische Impulse ihre hauptsächliche Bedeutung nicht darin, daß sie uns Modelle lieferten, sondern darin, daß sie neue Probleme orten, daß sie alte Probleme in neuer Weise betrachten, daß sie unseren Blick auf Normen und Wertsysteme lenken oder auf Rituale mit besonderem Augenmerk für die expressiven Funktionen der verschiedenen Formen von Aufständen und Unruhen sowie für die symbolischen Ausdrucksweisen von Autorität, Kontrolle und Hegemonie.» Beide – Thompson und Davis – verdanken der anthropologischen Symbolforschung somit wohl die meiste Anregung. Namen wie Clifford Geertz, Mary Douglas, Arnold Van Gennep, Max Gluckman, Victor Turner und Keith Thomas begegnet man in der einen oder anderen Weise bei ihnen immer wieder. Berührungen gerade der «Symbolisten» mit ethnologischen Fragestellungen sind ein nicht unbedeutender Indikator für eine weitgefächerte Interdisziplinarität, die besonders bei der Untersuchung kultureller Systeme und Interaktionen zum Tragen kommt. Nicht zufällig zählen Davis und Thompson auch zu eben jener Gruppe von Historikern, die sich für Anregungen durch ethnologische Forschung aufgeschlossen zeigen.

Den simpelsten Weg zu einer Anthropologisierung der Geschichte beschreitet heute so gut wie kein Forscher mehr. Er lautete: Suche hinter allen historischen Varianten die «allgemeine Menschennatur». Da es gegen die Vorstellung einer prinzipiellen Offenheit der Geschichte kein akzeptables Argument gibt, sich damit die Annahme eines empirischen Totalbefundes aller möglichen Erscheinungsformen menschlicher Natur verbietet, müssen die vorliegenden Entfaltungsvarianten dieser «Natur» als anthropologischer Gegenstand ernst genommen werden. Dies zieht keineswegs einen historisierenden Relativismus – «in dieser Gesellschaft ist aber Kannibalismus eine normale Verkehrsform» – nach sich, sondern zwingt im Gegenteil dazu, Freiheit und Fesselung der menschlichen Natur als geschichtlich produzierte Möglichkeiten zu begreifen und den Weg zwischen ihnen als Progression bzw. Regression zu beschreiben. Zugleich öffnet aber eine solche Betrachtung, die Zwänge der Chronologie hinter sich lassend, den Blick für die «Gleichzeitigkeit des Ungleichzeitigen» (R. Romano). Es sind eben verschiedene Menschennaturen aus – idealtypisch gesprochen – unterschiedlichen geschichtlichen Ordnungen, die in einer Gesellschaft aufeinandertreffen können, wie Gurjevitch am Beispiel früh- und hochmittelalterlicher →Volkskultur gezeigt hat. – Aber mehr noch. Am Ende rücken dieser Vorgehensweise die Techniken und Verhaltensweisen, mit denen Gesellschaften und Gruppen sich selbst als «geschichtlich» begreifen, ins Blickfeld. Anthropologische Modelle des «geschichtlich Werdens» ermöglichen es dem Historiker, weit auseinanderliegende Gesellschaften – primitive mit hochentwickelten – jenseits der Zeitachse miteinander kommunizieren zu lassen. Damit vervielfältigen sich zugleich seine Möglichkeiten, Geschichte als eine Disziplin zu betreiben, die sich der Frage stellt, was der Mensch ist.

Auch ethnologische Ansätze laufen nur vordergründig einer «histoire immobile», einer Geschichte ohne Wandel, hinterher. Schon längst haben sie den Zustand verlassen, der – nach einer Beobachtung von Claude Lévi-Strauss – darauf hinauslief, daß «der Geschichtswissenschaft die herrschenden Klassen zufielen, die Kriegshandlungen, die Regierungen, die Abkommen, die Konflikte und die Bündnisse; der Ethnologie das Leben des Volkes, die Sitten, die Glaubensvorstellungen, die elementaren Beziehungen der Menschen zur Umwelt». Die Ethnologie ist «turbulenter» geworden, die Geschichtswissenschaft «stiller», ohne die heuristische Spannung zwischen Makro- und →Mikrogeschichte, Kontinuität und Wandel, Natur und Gesellschaft etc. aus dem Auge zu verlieren. Geschichte macht sich also ethnologische Fragen und Verfahrensweisen in vielfältiger Art zunutze. Dies gilt zum einen für neue Beobachtungen an altbekannten Tatsachen – etwa der mittelalterlichen Frömmigkeit, deren rituellen Charakter man mit Hilfe ethnographischer Analogien nun auch «von innen» besser verstehen lernt. Oder der Charakter von Tauschprozessen in den scheinbar entwickelten →Ökonomien des Westens, die sich durchaus noch von außerökonomischen Prinzipien wie Gegenseitigkeit oder Prestige beeindruckt finden, auf deren Gesetze uns erst die Ethnologie aufmerksam machte. Ethnologische Ergebnisse können die Fragestellung des Historikers gegenüber traditionell sozialgeschichtlichen Phänomenen wie demographische Entwicklung (→Demographie), Kriminalität, Sexualität, Schichtung, soziale Diskriminierung, Familie etc. tiefgreifend verändern und haben sie bereits vielfach verändert.

Aber nicht nur Einzelaspekte oder besonders für anthropologische und ethnologische Bereicherung «anfällige» Themen finden sich in dieser Weise neu gedeutet. Die Geschichtswissenschaft entdeckt zunehmend auch in ihren klassischen Bereichen Zugänge für ethnologische Betrachtung. Vertraute Felder der Wissenschaft mit neuer Distanz sehen zu können, sie als «fremd» zu begreifen und damit den für jede wissenschaftliche Behandlung unverzichtbaren Verfremdungscharakter zu konstruieren, legt die Ethnologie als eine Disziplin, die sich genuin mit fremden, fernen und primitiven →Kulturen beschäftigt, methodisch besonders nahe. Umgekehrt rücken durch die plötzliche Ferne ursprünglich scheinbar «naher» historischer Phänomene die scheinbar fernen plötzlich näher. Zwischen der rituellen Sozialisation eines mittelalterlichen Dorfes und den Verkehrsformen im Management moderner Großfirmen gibt es nach wie vor zwar gewaltige Unterschiede, doch die Distanz des ethnologisch operierenden Historikers zu beiden verringert zugleich ihre Distanz zueinander. Nathalie Z. Davis, der die Geschichtswissenschaft auch hier vieles verdankt, beschreibt den Erkenntnisgewinn für den ethnologisch operierenden Historiker so: «Tatsächlich bestand die Wirkung der Ethnologie auf mein eigenes historisches Nachdenken darin, mein Verständnis nicht einer unwandelbaren Vergangenheit, sondern der Mannigfaltigkeit menschlicher Erfahrung zu bestärken. Die Ethnologie kann unsere Möglichkeiten erweitern, kann uns einen neuen Standpunkt gewinnen lassen, von dem aus wir die Vergangenheit überblicken und das Fremde und Überraschende in der vertrauten Landschaft historischer Texte entdecken.»

A. v. M.

◆ Historische Archäologie

Historische Archäologie ist durchaus als Sonderfall der allgemeinen Archäologie zu betrachten. Erst allmählich hat sie sich aus der klassischen Archäologie herausentwickelt und noch langsamer von ihr emanzipiert. Dabei ist der Wert der klassischen Archäologie für die geschichtliche Erforschung der Hochkulturen sowie der griechischen und römischen Antike (→Altertum) keineswegs gering zu veranschlagen. Die Ausgrabungen von Tempeln und anderen Heiligtümern, von Palästen, Thermen, Gymnasien und Theatern förderten die Vorstellung von →Kultur, Religion, dem Leben der Oberschicht etc. außerordentlich. Aber zugleich zerstörten sie auch. Denn bei der hastigen Spatensuche nach «ältesten Ursprüngen» oder «kulturellen Schätzen» – die monetären verblüffend ähnelten – wurden oft genug die Reste anderer Perioden oder nicht-kultureller Anlagen vernichtet. Das Beispiel Heinrich Schliemanns machte hier auch unrühmlich Schule.

Damit aber ist es vorbei. Die historische Archäologie hat die Überreste der «materiellen Kultur» als bewahrenswert erkannt und sichert Hafenanlagen, Brunnen, Straßen, Kloaken, Gutshöfe, mittelalterliches Gebrauchswerkzeug oder die blassen Spuren von Siedlungsresten in ehemaligen Abfallgruben. Hier gilt nicht so sehr die Strahlkraft des hochwertigen Einzelstücks, sondern die Mühsal serieller Reihen – die Vielzahl der Pfostenlöcher als den einzigen Hinweisen auf älteren Hausbestand; Zahn- oder Knochenreste aus Gräberfeldern, um das durchschnittliche Sterbealter der Menschen zu bestimmen; kaum erkennbare Überbleibsel von Nahrungsmitteln und Saatspuren, um die Versorgungsmöglichkeiten der Bevölkerung zu erfassen. Der Wert solcher Forschung für Gesellschaften mit geringer schriftlicher Überlieferung leuchtet schnell ein. Doch auch für das Spätmittelalter sowie die vor- und frühindustriellen Epochen der Moderne hat die historische Archäologie ihre Bedeutung (→Hilfswissenschaften). A. v. M.

◆ Historische Größe

Ältere Gesellschaften verliehen den Beinamen «der Große», ohne damit unmittelbar auf historische Größe zu zielen. «Der Große» war ursprünglich eine Verehrungsformel, die Göttern zukam. Daß Gott groß sei, erfahren wir aus dem Alten Testament ebenso wie aus der griechischen Mythologie. Von den Göttern gelangte die Bezeichnung an jene orientalischen Herrscher, die als Gott verehrt werden wollten. Die in jedem Geschichtsbuch anzutreffende Formel «Dareios der Große» für den persischen Herrscher Dareios I. (522–486 v. Chr.) reagierte nur auf seine Gottähnlichkeit als «Großkönig», hatte also kultische Funktion, nicht historische. Das änderte sich mit Alexander dem Großen (356–323 v. Chr.), der die orientalische Tradition übernahm, aber mit seinem Beinamen auf die griechischen Stadtgesellschaften einen unauslöschlichen Eindruck machte: Sie akzeptierten die Bezeichnung als Ausdruck einer individuellen Großartigkeit im Sinne der politischen Ethik des Aristoteles. Alexander entsprach dem Ideal der «Großgesinntheit» (griech. megalopsychia, lat. magnanimitas).

Damit war eine Art Modell für spätere Zeiten geschaffen. Der Beiname wird meistens schon von Zeitgenossen den Herrschern zugeordnet, die man wie einen «neuen Alexander» empfindet oder denen man entsprechend schmeicheln möchte. Spätantike Päpste (Leo I., 440–461; Gregor I., 590–604) nehmen an dieser Art Auszeichnung teil, weil sie eben nicht nur geistliche, sondern auch politische Aufgaben – Herrscherpflichten der Kaiser – ausführen. Geschichtliche Größe wird dabei nur mittelbar ausgedrückt: insofern man auf historische Vorbilder (Alexander etc.) zurückgreift und insofern der Beiname die zeitgenössischen Lobredner überdauert. In letzterem Fall gewinnt er für die Nachlebenden durch Übernahme in der Geschichtsschreibung und politischen →Ideologie den Charakter geschichtlicher Bedeutung.

Der antike und mittelalterliche Exemplarismus – Unterstreichung und rhetorische Überzeugung durch Beispielfiguren – prägt allerdings auch die Historiographie. Das antike literarische Modell der Lebensbeschreibungen berühmter Männer und Frauen werden im Humanismus zu einer eigenen historiographischen Gattung (→Biographie). Sie bieten allerdings weniger Charaktere von «historischer Größe» als Modelle für richtiges Handeln. Erst Niccolò Machiavelli verband mit ihrem Auftreten in der Geschichte auch die Frage nach deren Verlauf. Dabei ging es ihm allerdings nicht um «Größe», sondern politische Klugheit.

Es blieb schließlich der Geschichtsschreibung der →Aufklärung und des →Historismus überlassen, «historische Größe» als Problem zu erfassen. Worin beruht die «Größe» einer Gesellschaft wie der römischen, hatte bereits Machiavelli mehrfach gefragt. Von ihm war diese Frage aber noch in politisch-exemplarischer Absicht gestellt worden. Historiker der Aufklärung – Vico und vor allem Montesquieu – formulierten sie mit der Absicht, etwas über das Wesen der Geschichte zu erfahren. Montesquieu begreift die historische Größe Roms als Ergebnis eines aufs Große angelegten «Geistes», einer →Kontinuität von großen Handlungsmaximen und entsprechenden Handlungen. Er schaltet den «Zufall» – eine Schlacht, ein «großer Mann» – aus. Wenn sie etwas bewirkten, dann nur weil sie im Sinne der «allure principale», dem Hauptgang der Geschichte, folgten.

Damit hatte Montesquieu eine Formel gefunden, die für die →Geschichtsphilosophie des 19. Jhs. – sei es Hegelianismus, →Historismus oder Positivismus – verbindlich werden sollte. Hegel definiert die Großen der Geschichte als «Geschäftsführer des Weltgeistes», Droysen und →Ranke sehen in ihnen wenigstens Träger bedeutender, überindividueller →Interessen. Allein Gervinus definiert als historische Größe «die Kraft des Einzelnen, der sich durch sich selbst über seine Umgebung hob». Damit bereitete dieser letzte Nachkömmling der Aufklärungshistorie in gewisser Weise den unsäglichen Satz Treitschkes «Männer machen Geschichte» vor. Skepsis gegenüber derartigen Allgemeinplätzen war durchaus möglich. Der rigoroseste Vertreter einer auf «historische Größe» orientierten Geschichtsschreibung, der Brite Thomas Carlyle, hatte in seinem Buch über «Helden und Heldenverehrung» zwar einen historischen Geniekult begründet, aber doch zugleich auf die Notwendigkeit der Betrachtung der Geschichte «als Ganzes» hingewiesen. Für Jacob Burckhardt stellt in seinen berühmten Betrachtungen über «die historische Größe» das große Individuum nur eine Konzentration der Kraft und der Fähigkeit «unendlich vieler» dar. Die Geschichte bedürfe zwar großer Menschen, auf daß «die weltgeschichtlichen Bewegungen sich periodisch und ruckweise frei machen von bloßen abgestorbenen Lebensformen», aber damit ist Geschichte keineswegs erschöpft. Denn «nicht jede Zeit findet ihren großen Mann und nicht jede große Fähigkeit findet ihre Zeit». Trotz Burckhardts Hinweis, wahre geschichtliche Größe bleibe ein Mysterium, entziehe sie sich also der räsonierenden Geschichtsschreibung, zudem habe die Moderne ohnehin keine Tendenz zur Größe, sondern zum «Abenteurer und Phantasten» – trotz der Inflationierung geschichtlicher Größe durch die Ideologie des NS-Staates reizt die fruchtlose Jagd nach diesem Schemen noch immer. Denkmalsstiftungen, Denkmalserneuerungen (→Denkmal), Fernsehreihen, Geschichtsmuseen, Reihenwerke wie «Die großen Deutschen» versuchen vergeblich, es «zur Strecke» zu bringen. A. v. M.

◆ Historischer Materialismus

Unter «historischem Materialismus» versteht man die Geschichtsauffassung des Marxismus. Karl Marx selbst hat freilich diese Formel in seinen Arbeiten noch nicht gebraucht. Auch Friedrich Engels distanzierte sich in einem Brief aus dem Jahr 1890 von der «Phrase des historischen Materialismus», die «vielen jüngeren Deutschen nur dazu» diene, «ihre eigenen relativ dürftigen historischen Kenntnisse... schleunigst systematisch zurechtzukonstruieren und sich dann sehr gewaltig vorzukommen».

Zwei Jahre später, in der Einleitung zur englischen Ausgabe seiner Schrift «Die Entwicklung des Sozialismus von der Utopie zur Wissenschaft», nahm er jedoch selbst den Ausdruck «historischer Materialismus» auf, und zwar «zur Bezeichnung derjenigen Auffassung des Weltgeschichtsverlaufs, die die schließliche Ursache und die entscheidende Bewegungskraft aller wichtigen geschichtlichen Ereignisse sieht in der ökonomischen Entwicklung der Gesellschaft... in der daraus entspringenden Spaltung der Gesellschaft in verschiedene Klassen und in den Kämpfen dieser Klassen unter sich».

Engels' Kurzdefinition enthält bereits alle zentralen Bestandteile des historischen Materialismus. Nach Marx und Engels sind es nicht die Ideen, sondern die materiellen und sozialen Existenzbedingungen, die

die geschichtliche Wirklichkeit konstituieren. In seiner Einleitung zur «Kritik der Politischen Ökonomie» (1859) hat Marx diesen Sachverhalt auf die berühmte Formel gebracht: «Es ist nicht das Bewußtsein der Menschen, das ihr Sein, sondern umgekehrt, ihr gesellschaftliches Sein, das ihr Bewußtsein bestimmt.»

Dieses «gesellschaftliche Sein» wird faßbar in der ökonomischen Struktur einer →Gesellschaft, der sogenannten Basis, die wiederum von zwei Grundbedingungen bestimmt wird: den Produktionsverhältnissen, also den Arbeits- und Eigentumsbeziehungen, die die Menschen als produzierende Wesen eingehen, und den Produktivkräften, die sich aus Produktionsmitteln (Werkzeuge, Maschinen, Rohstoffe etc.) und der menschlichen Arbeitskraft, ihren Fähigkeiten und Fertigkeiten, zusammensetzen. Produktionsverhältnisse und Produktivkräfte bilden die für jede Stufe der menschlichen Gesellschaft typische «Produktionsweise des materiellen Lebens». Auf der ökonomischen «Basis» erhebt sich ein «Überbau», der sowohl die politisch-juristischen Verhältnisse als auch das geistig-kulturelle Leben («ideologischer Überbau») umfaßt (→Produktion).

Produktionsverhältnisse und Produktivkräfte stehen in einer dialektischen Beziehung zueinander. Auf einer bestimmten Stufe geschichtlicher →Entwicklung halten die Produktionsverhältnisse mit der Entwicklung der Produktivkräfte nicht mehr Schritt, werden zu deren Fessel. Die sich daraus herleitenden Spannungen können schließlich nur durch eine revolutionäre Veränderung aufgelöst werden. Es tritt ein qualitativer Sprung in eine neue «Gesellschaftsformation» ein, in deren Schoß sich dann abermals die Widersprüche ausbilden, die zu einer neuen revolutionären Umwälzung drängen. Nach Auffassung des historischen Materialismus hat die Menschheit bisher vier Gesellschaftsformationen durchlaufen: die Urgesellschaft, die Sklavengesellschaft, die Feudalgesellschaft und die kapitalistische Gesellschaft (→Periodisierung). Gegenwärtig befindet sie sich in der Übergangsphase vom →Kapitalismus zum →Sozialismus, die ihrerseits die Voraussetzungen schaffen soll für das Endziel der geschichtlichen Entwicklung, die klassenlose kommunistische Gesellschaft.

Grundlegend für den historischen Materialismus ist also die Annahme, daß die gesellschaftliche Entwicklung sich nicht kontinuierlich, sondern in Sprüngen vollzieht und daß sie zugleich eine fortschreitende Bewegung von niederen zu höheren Stufen der Entwicklung darstellt, an deren Endpunkt eine wirklich «menschliche Gesellschaft» stehen soll. Diese Idee des gesellschaftlichen Fortschritts wird gekoppelt mit dem weiteren Gedanken, daß der geschichtliche Prozeß sich nach «objektiven Gesetzen» vollzieht, begründet jeweils in den vorgefundenen materiellen Bedingungen (→Gesetzmäßigkeiten). Der konkrete Verlauf hängt allerdings von der Spaltung der Gesellschaft in →Klassen und dem daraus resultierenden Klassenkampf ab.

Die materialistische Geschichtsauffassung ist – wie andere Bestandteile der Marxschen Lehre auch – vor Mißverständnissen und verkürzenden Interpretationen nie sicher gewesen. Vor allem das Verhältnis von Basis und Überbau wurde nicht selten im Sinne einer einseitigen Determinierung der Gesellschaft, →Kultur, Politik durch die →Ökonomie verstanden, obwohl Marx und Engels selbst wiederholt vor einer solchen simplen Ableitung gewarnt haben. Von der marxistisch-leninistischen Dogmatik wurde der Historische Materialismus zu einer umfassenden →Theorie des geschichtlich-gesellschaftlichen Lebens ausgebaut und in den Rang absoluter Glaubenssätze gehoben. Solcherart kanonisiert wurde er zur Herrschaftsideologie, deren Überwindung ja gerade ein Ziel der materialistischen Geschichtsauffassung ist. V. U.

◆ Historischer Roman

Der historische Roman ist eine literarische Gattung, die sich an der Wende vom 18. zum 19. Jh. in Europa und Amerika durchzusetzen beginnt und rasch an Popularität gewinnt. Er steht in engem Zusammenhang mit dem →Historismus und der allgemeinen Historisierung des Denkens. Als Begründer des Genres gilt der Engländer Walter Scott. Seinem Vorbild und seinen Erfolgen eifern in Frankreich Alfred de Vigny, Prosper Mérimée, Victor Hugo und Alexandre Dumas nach, in Rußland Alexander Puschkin, Nikolai Gogol und Leo Tolstoi, in Deutschland – um nur einige zu nennen – Achim von Arnim, Wilhelm Hauff und Willibald Alexis, nach der Jahrhundertmitte Victor von Scheffel, Gustav Freytag, Felix Dahn, Conrad Ferdinand Meyer, Adalbert Stifter und Theodor Fontane, im 20. Jh. Stefan Zweig, dessen Namensvetter Arnold Zweig, Alfred Döblin und Lion Feuchtwanger.

Häufig kritisiert als eine Art Zwitter zwischen Geschichtsschreibung und Dichtung, lebt der historische Roman aus dem Spannungsverhältnis von Fiktion und Dokumentation. Seine Grenzen zum Zeit-, Gesellschafts-, Heimat- und Familienroman sind fließend, wie überhaupt seine gattungstypischen Merkmale nur schwer zu bestimmen sind. Diese im einzelnen aufzuschlüsseln und den jeweiligen Entwicklungsphasen zuzuordnen, fällt in den Aufgabenbereich der Literaturwissenschaft (→Literaturgeschichte). Für Historiker ist der historische Roman vor allem als

→Quelle für Mentalitäten, moralische Normen und geschichtsphilosophische Überzeugungen von Interesse. Die Richtungen und Strömungen, die dabei zum Ausdruck kommen, sind außerordentlich vielschichtig, können konservativen und reaktionären ebenso wie demokratischen und fortschrittlichen Idealen verpflichtet sein.

Indem er reale Begebenheiten und authentische Schicksale aufgreift und verarbeitet, veranschaulicht und deutet der historische Roman bestimmte Epochen (→Periodisierung), Prozesse (→Entwicklung) und Konstellationen. Insbesondere dem Bürgertum (→Bürger) dient er dazu, sich Klarheit zu verschaffen über seine Stellung in einer Welt, die dauerndem Wandel unterworfen ist. Er ist ein Medium der Kommunikation, der Selbstvergewisserung und der Selbstverständigung. Geschichte erzählt und gestaltet er mit literarischen Mitteln. Er verleiht ihr Farbe und erweckt sie zum Leben, spricht gleichermaßen Geist und Sinne an und trifft insofern den Geschmack des Publikums eher als wissenschaftliche Abhandlungen. Zum einen befriedigt er →Bedürfnisse nach historischer Unterrichtung, zum andern aber auch solche nach Sinngebung, Orientierung und Handlungsanweisung. Die Geschichte liefert ihm den Stoff, die Gegenwart den Ausgangs- und Ansatzpunkt der Interpretation. Er hebt Vergessenes ans Licht, legt verschüttete Traditionen frei, er kann →Mythen und Idole produzieren oder zerstören, Verdrängungstendenzen Vorschub leisten, aber genausogut kann er helfen, traumatische Erfahrungen und Erlebnisse wie →Krieg und →Revolution zu bewältigen.

Dies alles mag die bis heute andauernde Faszination erklären. Die Bedeutung des historischen Romans zu unterschätzen, ist jedenfalls kein Anlaß. Denn Geschichtsbewußtsein spiegelt und prägt er, und der Einfluß, den er auf die Bilder ausübt, die sich Menschen und Völker von der Vergangenheit machen, ist möglicherweise größer und nachhaltiger als der der akademischen Geschichtsschreibung. J. F.

◆ Historische Schauspiele

Im Mittelpunkt aller Geschichte befindet sich der handelnde und leidende Mensch. Was Menschen tun und einander antun, welche Konflikte sie haben und wie sie sie lösen, wenn sie sie überhaupt lösen, dies zu veranschaulichen, ist das Theater von allen Kunstformen vielleicht am besten geeignet. Denn auf der Bühne, die zum Gegenüber eines Publikums bedarf, ist es möglich, Geschichte, genauer gesagt: Geschichten so vor Augen zu führen, daß sie an den denkenden und fühlenden Menschen gleichzeitig und unmittelbar eingängig appellieren. In diesem Sinne war Theater, die Schaubühne, schon immer das, was Friedrich Schiller programmatisch auf den Begriff gebracht hat: «eine moralische Anstalt». Freilich war und ist es auf der Bühne nicht damit getan, anzurühren und zu belehren, vielmehr kommt es darauf an, die «Moral von der Geschicht» mit der Geschichte untrennbar zu verschmelzen, so daß nicht tote Buchstaben, sondern echte Figuren agieren. Viele Theaterautoren, darunter viele der größten, haben historisch-politische Themen auf die Bühne gebracht, von Aischylos im 5. Jh.v. Chr. bis zu Bertolt Brecht in unserem Jahrhundert. Immer ging es darum, die Erinnerung an Geschichte mit den →Bedürfnissen und Interessen eines gegenwärtigen Publikums zu verknüpfen. In Aischylos' «Die Perser» fanden die welthistorischen Ereignisse des Sieges der Griechen bei Marathon und Salamis über die Perser, an dem der Dichter teilgenommen hatte, ihren Niederschlag. Im «Aufhaltsamen Aufstieg des Arturo Ui», einer Parabel auf die Macht des →Geldes, setzte sich Brecht mit den Bedingungen der Weimarer Zeit auseinander, die es Hitler und dem Nationalsozialismus ermöglichten, an die Macht zu gelangen. Das Stück entstand während des Zweiten Weltkrieges. Besonders solche Personen und Ereignisse, in denen sich große Epochen (→Periodisierung) der Weltgeschichte zu verdichten schienen, beflügelten die Phantasie der Theaterautoren. Man denke an Shakespeares «Macbeth» und an seine Königsdramen; Georg Büchner und Peter Weiss vergegenwärtigten die →Französische Revolution («Dantons Tod» und «Die Verfolgung und Ermordung Jean Paul Marats, dargestellt durch die Schauspielgruppe des Hospizes zu Charenton unter Anleitung des Herrn de Sade»), Schiller und Brecht den Dreißigjährigen Krieg («Wallenstein» und «Mutter Courage und ihre Kinder»), Carl Zuckmayer den preußischen Untertanen («Der Hauptmann von Köpenick»), Gerhart Hauptmann und Maxim Gorki die Lebensbedingungen unterdrückter →Schichten des Volkes («Die Weber» und «Nachtasyl»).

Vergleicht man die Geschichte der Geschichtswissenschaft mit der Geschichte des Theaters, so stellt man fest, daß das Theater, wo es geschichtliche Themen aufgriff, bei weitem weniger als die Historiker der Versuchung erlag, sich den Herrschenden durch ihre Verherrlichung anzudienen. Selbst da, wo «große Männer» Hauptpersonen sind, finden sich kleinere Leute lebendig und liebevoll gezeichnet wieder. Man gehe unter diesem Gesichtspunkt einmal die sogenannte wissenschaftliche Literatur durch. Und bei welchem Fachhistoriker findet man im Jahre 1894, als Gerhart Hauptmanns «Die Weber» uraufgeführt wurde, ein Schauspiel über den schlesischen Weberaufstand 1844, ein solches Engagement für die Unterdrückten? Wichtige, vorher tabuisierte Themen der Geschichte wurden zuerst von Theaterschriftstellern behandelt und von Regisseuren und Schauspielern öffentlich präsentiert: Furore machte 1963 die Uraufführung des Stücks «Der Stellvertreter» von Rolf Hochhuth, einem damals 32 Jahre alten Autor. Es kritisierte die Haltung von Papst Pius XII. gegenüber der nationalsozialistischen Judenvernichtung und erregte weltweit Aufsehen. Hochhuth warf dem Papst vor, zum Holocaust geschwiegen und sich damit mitschuldig gemacht zu haben. Im Vorwort zur Buchausgabe schrieb Erwin Piscator, der Regisseur der Uraufführung: «Dieses Stück ist ein Geschichtsdrama im Schillerschen Sinne, es sieht, wie das Drama Schillers, den Menschen als Handelnden, der im Handeln ‹Stellvertreter› einer Idee ist: frei in der Erfüllung dieser Idee, frei in der Einsicht in die Notwendigkeit kategorischen, das heißt: sittlichen, menschenwürdigen Handelns.» M. A.

◆ Historismus

Mit dem Wort «Historismus» sind so viele Bedeutungen verknüpft worden, daß es notwendig ist, will man nicht überhaupt darauf verzichten, den Begriff einzugrenzen. Im Anschluß an Friedrich Meineckes Werk «Die Entstehung des Historismus» (1936) soll unter Historismus ein Bestand von Leitvorstellungen und Methoden verstanden werden, die, teilweise schon im 18. Jh. in Frontstellung zur →Aufklärung ausgebildet, in der bürgerlichen deutschen Geschichtswissenschaft des 19. und 20. Jhs. Prägekraft erlangten. Im einzelnen handelt es sich um folgende Kerngedanken:

1. die Gestaltungen des geschichtlichen Lebens sind als je besondere zu betrachten. Auch →Staaten, →Nationen (Völker), →Kulturen (Zivilisationen) gelten als Individualitäten, mit je unwiederholbaren, einzigartigen Merkmalen. Diese Individualitäten sind aus den jeweiligen Zeitumständen heraus zu verstehen und stellen Werte für sich dar. Insofern wird im Besonderen das Allgemeine sichtbar. Das Allgemeine ist kein nach objektiven Kriterien zu ermittelnder gesetzmäßiger Zusammenhang eines geschichtlichen Prozesses (→Entwicklung) und daher auch nicht als Fortschritt zu begreifen, sondern nur als Entwicklung einer Fülle geschichtlicher Erscheinungen. Daher muß sich der Historiker

2. einer entwickelnden Betrachtungsweise befleißigen, durch die Ursachen und Folgen von →Tatsachen ermittelt werden, ohne die in den Tatsachen zum Ausdruck kommenden Werte auf ihre geschichtliche Dimension zu überprüfen. Denn alles geschichtliche «Sein» ist relativ. «Jede

Epoche ist unmittelbar zu Gott», lautet ein berühmtes Wort Leopold von →Rankes, das Ranke allerdings im Unterschied zu denen, die sich darauf zu berufen pflegen, keineswegs relativistisch verstand, sondern als Warnung vor der Instrumentalisierung der Vergangenheit für politische Zwekke.

3. sieht der Historismus in der historischen Sinnbildung, in Ideen, ein wesentliches Moment des Geschichtsverlaufs und glaubt daher, Strukturen (→Ereignis) und sozialökonomische Bedingungen und Faktoren vernachlässigen zu dürfen (→Ideengeschichte).

Der Historismus hat bedeutende Leistungen in Geschichtswissenschaft und -schreibung ermöglicht: die Entwicklung einer spezifischen Quellenkritik (→Quellen) zur Ermittlung geschichtlicher Tatsachen, die meisterhafte Charakterisierung historischer Persönlichkeiten in der Erzählung und die damit verbundene Aufarbeitung großer bis dahin unerschlossener Quellenbestände. Dabei kam ihm zugute, daß die staatlichen →Archive erst im Zuge und nach der →Französischen Revolution geöffnet wurden. Auch hat der Historismus das Zeitbewußtsein geschärft durch die Erkenntnis, daß es unterschiedlich entwickelte Bereiche in der Menschheitsgeschichte wie in der Geschichte einzelner →Gesellschaften gibt, eine Einsicht, die freilich zuerst die vom Historismus bekämpfte Aufklärung aussprach.

Mit den Vorzügen des Historismus sind in der Regel zugleich dessen Defizite bezeichnet: die Überbetonung der Rolle, die «großen Männern» zukommt, die «Geschichte machen» (→historische Größe), die Vernachlässigung gesellschaftlicher Bewegungen und Kämpfe sowie deren ökonomischer Rahmenbedingungen, die Fokussierung des historischen →Interesses auf den Staat, insbesondere auf dessen Außenpolitik, und in der Regel die reduzierte Wahrnehmung der eigenen erkenntnistheoretischen und methodologischen Voraussetzungen und Möglichkeiten. Erkenntnistheoretisch bringt sich der Historismus schon dadurch in Beweisnot, daß er die Relativität allen geschichtlichen Seins postuliert, diese Aussage aber für sich selbst nicht gelten lassen mag.

Politisch ist der Historismus so tief in die Katastrophengeschichte des bürgerlichen deutschen Nationalstaats eingetaucht, daß Versuche, den Historismus in unserer Zeit zu modernisieren bzw. als maßgebende historische Sichtweise wiederzubeleben, nur teilweise Erfolg hatten. M.A.

◆ Höfische Kultur

Zentraler Ort der «höfischen Kultur» (→Kultur)ist naturgemäß der Hof, ursprünglich der fürstliche Hof des Hochmittelalters. Das Attribut «höfisch» ist in Deutschland seit dem 12. Jh. belegt und korrespondiert mit dem französischen «courtois». Gemeint ist damit das Verhalten einer «Elite», die mit einem fürstlichen Hof in mehr oder weniger feste Beziehung (Hofdienst, Hofamt, Hofgast) tritt. Zugleich soll dieses Verhalten normativ werden, das heißt über den Kreis des Hofes hinaus stilbildend auf die der Elite nahestehende ständische Gruppe des Adels wirken, dem die Elite entstammt oder in den sie in nicht seltenen Fällen (Ministeriale) hineinwächst. Seine Hauptmerkmale bestehen aus Beachtung des ritterlichen Tugendkanons (Gerechtigkeit, Tapferkeit, Klugheit, Maß), körperlicher Distanzierung (Vermeidung von Berührung, von Handgreiflichkeiten – auch beim Essen –, Verheimlichung körperlicher Funktionen) sowie der Etablierung eines Arsenals zeremonieller, gesteuerter Bewegungen und «schöner» Gesten. Soziale Inszenierungen wie Feste, Turniere, Spektakel mit Spielelementen, vor allem zwischen den Geschlechtern (Tänze etc.), dazu Sport bieten das notwendige Trainingsfeld, aber auch den Schauplatz dieser kulturellen Fertigkeiten. Eine wichtige Rolle spielt die «höfische Literatur», die Idealtypen kulturellen Verhaltens formuliert und überregional propagiert. Perfektioniert wird dieses kulturelle System der Selbstdarstellung einer Elite an den Fürstenhöfen der →Renaissance und des →Absolutismus. Hier entspricht es vollständig dem Interesse der Monarchen und Territorialherren, ihre Höfe zu Zentralen der Macht zu erheben und zugleich den Verlust an dezentraler Adelsmacht für die feudalen Familien zu kompensieren. Die damit verbundene Entwaffnung des Adels und die dafür notwendige Zähmung der →Affekte wird durch →Bildung, Spiel, Sport einerseits und ein festes Normenkorsett ritueller und zeremonieller Akte andererseits besorgt. Auch das Triebleben wird «kultiviert». Die Rolle der Frau am Hof erscheint vor allem wichtig, um über sie eine Verfeinerung und Disziplinierung der «Lüste» zu erreichen. Gelassenheit, Feierlichkeit, Etikette, «klassizistische» Erhabenheit sind die Merkmale dieser zweiten Phase in der Entwicklungsgeschichte höfischer Kultur. Das europäische Modell ist dabei durchaus übertragbar. Orientalische und asiatische Höfe zeigen ähnliche Merkmale. →Aufklärung und Aufstieg des europäischen Bürgertums (→Bürger) beenden die Dominanz der Höfe und ihrer Kultur und leiten einen Pluralismus unterschiedlicher gesellschaftlicher Kulturen ein.

Die Operationalisierbarkeit der Kategorie «höfische Kultur» erwies sich in der Wissenschaftsgeschichte als gering. Allenfalls für Teilbegriffe liegen Vorschläge zur systematischen Differenzierung vor (höfische Kunst, höfische Literatur). Hierbei geht es vor allem um Stilphänomene, Übertragbarkeitsmerkmale oder Gattungsfragen. Immerhin ist Norbert Elias («Die höfische Gesellschaft. Untersuchungen zur Soziologie des Königtums und der höfischen Aristokratie», 1969) eine Modellbildung zur übergeordneten Problematik der höfischen Gesellschaft zu verdanken, in der das Segment «Kultur» als auf andere Gesellschaftsformationen (→Periodisierung) übertragbares Element gilt. Allerdings erscheint es hier – etwa in der →bürgerlichen Kultur – nur noch als blasse materielle oder rituelle Reminiszenz in Form von Möbeln oder Anstandsregeln der «Höflichkeit».

A. v. M.

◆ **Homosexualität** (Homosexuelle)

Homosexualität (von griech. «homos», «gleich» und lat. «sexus», «Geschlecht») bezeichnet die gleichgeschlechtliche Liebe. Der Ausdruck wurde 1869 vom ungarischen Arzt Karoly Maria Benkert geprägt. Im populären Verständnis wird er zumeist auf die Liebe zwischen Männern reduziert, obwohl er ursprünglich auch lesbische Frauen einschloß.

Homosexualität hat es zu allen Zeiten gegeben, ihre gesellschaftliche Akzeptanz ist freilich in den verschiedenen →Kulturen sehr unterschiedlich ausgebildet. Im klassischen →Altertum war Homosexualität überall verbreitet und selbstverständlich toleriert. Im griechischen Patriarchat (→Matriarchat – Patriarchat), in dem die Frauen wenig geachtet und in ihrer Sexualität auf die Fortpflanzungsfunktion reduziert waren, besaß die Homosexualität einen hohen gesellschaftlichen Stellenwert und wurde in Literatur, Philosophie, darstellender Kunst immer wieder zum Thema gemacht. Zumeist handelte es sich dabei um die Beziehung zwischen einem älteren Mann (erastes) und einem jüngeren (eromenos), der aus der Verbindung gesellschaftlichen Nutzen zog. Im Unterschied zu den Griechen verzichteten die Römer darauf, Homosexualität idealisierend zu überhöhen, sondern behandelten sie eher als eine unter anderen erotischen Verkehrsformen. Homosexualität spielte sich hier auch weniger in Form der Päderastie («Knabenliebe») ab, sondern mehr zwischen reifen Männern.

Mit der Ausbreitung des Christentums und seiner lustfeindlichen Moral verschwand in den christianisierten Kulturen der ausgehenden Antike die sexuelle Toleranz. Unter Konstantin dem Großen wurde 326 n.Chr. Homosexualität erstmals als «widernatürlich» bezeichnet und unter Strafe gestellt. Damit begann die Kriminalisierung der Homosexuellen und ihre Abdrängung in die Rolle einer verfolgten Minderheit. Während des gesamten →Mittelalters drohte ihnen schwere Strafe seitens kirchlicher und weltlicher Obrigkeit. Zugleich ist aber hinzuweisen auf die starke Verbreitung homoerotischer Praktiken unter Klerikern und die ethische Stilisierung männerbündischer Gemeinschaften von adligen Kämpfern (Rittertum).

Mit der bürgerlichen Aufklärungsbewegung schien auch für die Homosexuellen eine neue Zeit anzubrechen. Französische Aufklärungsphilosophen wie Voltaire setzten sich für eine Entkriminalisierung der Homosexualität ein (→Aufklärung). Im Code Napoléon (1810) wurde Homosexualität erstmals in der Geschichte der →Neuzeit für straffrei erklärt. Dem Beispiel folgten einige deutsche Mittelstaaten. Im Laufe des 19. Jhs. gewöhnte man sich daran, Homosexualität nicht mehr als Verbrechen, wohl aber als Krankheit zu betrachten. Zahlreiche Mediziner und Sexualforscher untersuchten das von der Norm abweichende Sexualverhalten und unterbreiteten Therapievorschläge – von kalten Bädern, harter →Arbeit, Einnahme von Hormonpräparaten bis zur Heirat («Ehetherapie»).

Das Scheitern der bürgerlichen Emanzipationsbewegung 1848/49 bedeutete auch ein Ende der liberalen (Sexual-)Gesetzgebung in einigen deutschen Staaten (→Revolution von 1848). Im § 143 des preußischen Gesetzbuches von 1851 wurde verfügt, daß «die widernatürliche Unzucht, welche zwischen Personen männlichen Geschlechts oder von Menschen mit Tieren begangen wird», mit Gefängnis zu bestrafen sei. Diese Bestimmung wurde nach der preußisch-deutschen Reichsgründung von 1871 zur Grundlage des § 175 des neuen Strafgesetzbuches. Die gesellschaftliche Diskriminierung zwang die Homosexuellen zu einem Doppelleben zwischen bürgerlicher Normalität und einer – besonders in den Großstädten – aufblühenden homosexuellen Subkultur.

Für die Beseitigung des § 175 setzte sich das 1897 gegründete «Wissenschaftlich-humanitäre Komitee» ein. Seine Tätigkeit ist vor allem verbunden mit dem Namen des Arztes Magnus Hirschfeld (1868–1935). Durch eine Reihe von Skandalen um die homosexuellen Freunde Kaiser Wilhelms II. – Friedrich Krupp 1902, Philipp zu Eulenburg 1908 – wendete sich die öffentliche Stimmung gegen die Homosexuellen.

Erst in der Weimarer Republik bekamen die Homosexuellen größere Bewegungsfreiheit. Es entstanden →Vereine, darunter als größter der Bund für Menschenrecht (1922); ein Institut für Sexualwissenschaft wurde von Hirschfeld in Berlin gegründet. Die Hoffnungen auf eine rasche Beseitigung des § 175 erfüllten sich jedoch nicht. Der Entwurf für ein neues Strafrecht, das einvernehmliche Homosexualität zwischen Erwachsenen künftig straffrei lassen wollte, gelangte vor 1933 nicht mehr zur Abstimmung in den Reichstag.

Nach der nationalsozialistischen «Machtergreifung» setzte eine Periode der Verfolgung für die Homosexuellen ein. Vorbereitet durch die sog. Röhm-Affäre 1934 (die Liquidierung der SA-Spitze, die unter anderem mit der Homosexualität des SA-Chefs Röhm begründet wurde) und die dadurch gegen Homosexuelle geschürten Emotionen, wurde 1935 der § 175 verschärft und 1936 eine Reichszentrale zur Bekämpfung der Homosexualität und der Abtreibung errichtet. Damit waren die juristischen und organisatorischen Voraussetzungen geschaffen, um Homosexuelle in das nationalsozialistische Vernichtungsprogramm einzubeziehen. Innerhalb der Häftlingshierarchie der Konzentrationslager rangierten Homosexuelle (ihr Kennzeichen war der «rosa Winkel») auf der untersten Stufe; nur wenige überlebten die grausame Behandlung durch die SS.

Eine Wiedergutmachung für das erlittene Unrecht wurde den Homosexuellen nach 1945 verweigert. Die Bundesrepublik übernahm die Rechtsauffassung zum § 175. Erst 1969 wurde – unter der Ägide des sozialdemokratischen Justizministers Gustav Heinemann – der § 175 liberalisiert und 1973 schließlich die Straffreiheit für Homosexuelle ab dem 18. Lebensjahr beschlossen. In dem durch diese Reformen begünstigten Klima erhöhter Toleranz gegenüber der Homosexualität konnte sich in der Bundesrepublik eine Schwulenbewegung entwickeln, die sich als Teil der politischen Alternativszene versteht. Im Gefolge der Krankheit AIDS, von der in den westlichen Ländern bislang vor allem Homosexuelle betroffen sind, wurden wieder alte Vorurteile und Ressentiments gegen Homosexualität geweckt.

V. U.

◆ Hussiten

Böhmen wurde durch die verstärkte Präsenz von Kaisertum und →Kirche (Karl IV., gest. 1378; Wenzel IV., gest. 1419) zur Paradelandschaft tiefgreifender religiöser und →sozialer Konflikte. Die Kirche – neben dem Kaiser-König bedeutendste Feudalmacht des Landes – kam als Träger sozialer Hoffnungen nicht in Frage und zog nun umgekehrt die heftigste Kritik auf sich. In der Kirchenkritik fanden sich Adel, Bürger – vor allem die Angehörigen der Prager Universität – und städtische wie ländliche Unterschichten. Das theologische Fundament der antikirchlichen Bewegung Böhmens lieferte die Lehre des Rektors der Universität Prag, Jan Hus, der 1415 auf dem Konstanzer Konzil als Ketzer verbrannt wurde. Seine Lehre enthielt Argumente der traditionellen Klerus- und Kirchenkritik, wie sie die Armuts- und →Frömmigkeitsbewegungen seit dem Hochmittelalter formuliert hatten. Daran fügte sie Vorstellungen von religiöser Gemeinschaft, die durch verstärkten Rückgriff auf die Bedeutung der Bibel (nicht der kirchlichen Tradition) und des Zusammenhangs von normativ korrektem Lebenswandel und göttlicher Gnade geprägt waren. Die Trennung von Klerus und Laien schien nach dieser Lehre weitgehend obsolet, so daß die hussitischen Gemeinschaften unterschiedliche Teilnahme beider Gruppen an den Sakramenten ausschloß (gemeinsame Kommunion in «beiderlei Gestalt», das heißt Brot und Wein für alle!). Wegen dieser Forderung «sub utraque specie» – «in beiderlei Gestalt» – nannte sich der vor allem religiös und national-böhmisch orientierte Flügel der Hussiten «Utraquisten». Ihm gehörten Adel und Universitätsprofessoren, teilweise sogar Mitglieder des hohen Klerus an. Der eher sozialrevolutionäre, chiliastische – von armuts-, gleichheits- und erlösungstheologischen Vorstellungen geleitete – Flügel der Hussiten bestand aus Handwerkern, Bauern, Unterschicht. Einig waren sich beide Flügel in einer nationalen tschechischen Reaktion gegen die Deutschen, die ihnen nicht nur in Gestalt König Sigismunds, sondern auch des wohlhabenden Prager Handelsbürgertums vor Augen standen. Eine Zeitlang galt daher zumindest die gemäßigte hussitische Theologie als nationale Religion «aller Tschechen» – gegen die «fremde» Krone und den «fremden» Katholizismus, ohne daß allerdings in Adel und Bürgerschaft nicht zugleich Kompromisse mit beiden bedacht und ausgehandelt wurden. Die endgültige Abspaltung des chiliastischen Flügels führte zur Gründung einer nach Prinzipien des urchristlichen →Kommunismus lebenden Hussitengemeinschaft auf einem Berg in der Nähe der Stadt Usti, der von ihr als Berg der Wiederkehr Christi, «Berg Tabor», bezeichnet wurde. Bei den «Taboriten» schlugen endgültig Endzeiterwartung und Armutstheologie in radikale Adels- und Kirchenkritik um. Der im Reich gegen die Hussiten ausgerufene →Kreuzzug führte zwar kurzfristig Taboriten und Utraquisten wieder zusammen, aber die militärische Überlegenheit der «Radikalen» unter ihrem Anführer Johann Ziska lehrte auch die «Gemäßigten» das Fürchten. In vier Schlachten schlugen die Taboriten nicht nur das deutsche Kreuzfahrerheer, sondern stießen im Gegenangriff auf deutsche Städte vor. Es blieb dem böhmischen Adel selber vorbehalten, ihre einstigen Glaubensbrüder 1434 vernichtend zu besiegen. Allerdings hatte sich das taboritische Experiment längst erledigt. Ziska hatte «freigeistige» Häretiker, wie die «Adamiten», die in freier Sexualität und radikaler Anarchie das Wesen wahrhaft christlicher Lebensführung, zum Teil sogar Christus als bloßen Propheten ihrer selbst sahen, eine gewisse Zeit innerhalb der taboritischen Gemeinden in Tabor und Pilsen geduldet, am Ende aber jede Form des →Anarchismus blutig unterdrückt. Auch die Taboriten ließen Ketzerfeuer brennen. Vor allem aber wälzten diese Radikalreformer die wirtschaftlichen Probleme ihres Urkommunismus auf die ihnen anfänglich eng verbundenen Bauern ab. Diesen blieb oft genug nur noch die Wahl zwischen traditionaler Herrschaft und einem unberechenbaren Anarcho-Feudalismus, der es gut mit ihnen meinte, aber zugleich von ihnen zu leben suchte. Diesen Widersprüchen waren die taboritischen Gemeinden nicht gewachsen. Bereits unter Ziska (gest. 1424) verwandelten sie sich in Religions- und Wirtschaftsgemeinschaften mit gemäßigter Hierarchie, denen jedoch der Widerstand gegen traditionale Herrschaft und die radikale Absage an eine kirchliche Gemeinschaft mit dem Katholizismus verbindlich blieben. Die in Europa – vor allem in Deutschland – grassierende «Hussitenfurcht» war eine Reaktion der alten Mächte aus Adel und Kirche, verstärkt durch die Wirkung taboritischer Lehren und Beispiele auf soziale und religiöse Revolten der Beherrschten – auch nach dem Ende taboritischen Hussitentums durch den Kompromiß zwischen Katholizismus und Utraquismus auf dem Konzil zu Basel 1435. A. v. M.

◆ Hypothese

Das altgriechische Wort «hypothesis» bedeutet ursprünglich «das, was daruntergelegt ist», also eine «Unterstellung», etwas, auf dem sich weiteres aufbaut.

In der Geschichte der wissenschaftstheoretischen Begriffsbildung hat sich die noch heute gültige Vorstellung gebildet, wonach die Hypothese einen Denkvorgang darstellt, der auf die Vorwegnahme einer Lösung mit nachträglicher Prüfung zielt. In diesem Sinne ist die Hypothese wie andere Denkprozesse auch nach einem Diktum Sigmund Freuds «inneres Probehandeln».

Hypothesen sind mehr als bloße Annahmen, auch schon mehr als Vermutungen. Zu ihrer begrifflichen Bestimmung gehört, daß sie der empirischen Überprüfung zugänglich sind, das heißt durch Erfahrungstatsachen bestätigt oder entkräftet werden können (verifiziert oder falsifiziert): «Hypothesen sind Sätze oder Systeme von Sätzen – auch Modelle, Theorien –, die sich auf einen gewissen Ausschnitt einer Wirklichkeit beziehen und diesen erklären sollen» (Christiane Weinberger).

In der quantitativen Geschichtswissenschaft sind Hypothesen schon aus forschungspraktischen Gründen unerläßlich, um der unübersehbaren Menge des durch die elektronische Datenverarbeitung gewonnenen Materials Herr zu werden und zu brauchbaren historisch-sozialwissenschaftlichen Modellen zu gelangen. Solche Modelle dienen z. B. dazu, die soziale Herkunft von korporierten Studenten zur Zeit des deutschen Kaiserreichs aufzuschlüsseln (getrennt nach schlagenden und nichtschlagenden Verbindungen) oder alltägliche Einstellungen und Gewohnheiten von gesellschaftlichen Gruppen mit Datensätzen zur ökonomischen Lage und zum Bildungsstand in Korrelation zu bringen.

→Begriffe, mit denen Hypothesen die geschichtliche Wirklichkeit zu strukturieren suchen, können aus den →Quellen abgeleitet oder aber unabhängig davon gebildet worden sein. Beide Verfahren sind legitim, sind aber prinzipiell miteinander verschränkt und werden je nach historischer Fragestellung und Erkenntnisinteresse angewandt. So sind z. B., wie Alexis de Tocqueville gezeigt hat, demokratische Bewegungen und Prozesse (→Entwicklung) nicht erst in dem Moment anzusetzen, wo sie von den Zeitgenossen als solche definiert sind, wie umgekehrt eine solche Kennzeichnung nicht zwangsläufig der Wirklichkeit adäquat ist. Andererseits ist es erforderlich, sich in der Erforschung einer früheren Epoche (→Periodisierung) auf deren Begriffe einzulassen, um den Denkstil, den Erfahrungs- und den Erkenntnishorizont der ihr angehörigen Menschen kennenzulernen.

Die besondere Bedeutung der Bildung von Hypothesen für die Erkenntnis von Zusammenhängen ist in den meisten Lehrbüchern zur Geschichtswissenschaft nur am Rande erwähnt, häufig überhaupt nicht. Ein Grund dafür mag sein, daß die Erforschung qualitativer Quellen eine Fähigkeit erfordert, die weder theoretisch faßbar noch lehr- und lernbar ist, außerdem dem heutigen Wissenschaftsverständnis eher altmodisch vorkommt. Es handelt sich, wie Ernst Bernheim 1914 gesagt hat, um ein «Intuitions- und Assoziationsvermögen», das scheinbar voneinander entfernte Daten miteinander in Verbindung und damit zum Sprechen bringt, so daß «fruchtbare Resultate» erzielt werden. Von der freien Phantasie unterscheidet sich diese Kombinationsgabe dadurch, daß sie «durch sämtliche vorhandenen Daten vorurteilslos kritisch kontrolliert werden muß», was zusätzlich die Bereitschaft und Fähigkeit erfordert, Hypothesen nicht von vornherein in Form von «Überzeugungen» zu präsentieren, sondern, wie eingangs erwähnt, als inneres Probehandeln aufzufassen.

Norbert Elias hat die geringe Qualität vieler geschichtswissenschaftlicher Hypothesen beklagt: Während frühere Hypothesen und Theorien etwa in der Physik ihren Wert als Stufen auf dem Wege zu späteren Hypothesen und Theorien behielten – ohne Newton sei Einstein nicht zu verstehen –, würden die Bemühungen der Historiker, die vor drei oder vier Generationen arbeiteten, vielfach als tote Bücher in den Bibliotheken liegen. Elias führt dies auf die «geringe Autonomie der Geschichtsforschung gegenüber den akuten Spannungen und Auseinandersetzungen der Staatsgesellschaften» zurück. Beispiele dafür lassen sich in der Geschichte der deutschen Geschichtswissenschaft viele finden. M. A.

I

◆ Identität

Im Wort «Identität» stecken lateinisch «idem», «derselbe», und «identidem», «immer wieder», «zu wiederholten Malen». Identität hieße demnach, daß Menschen sich ihrer selbst bewußt, daß sie mit sich im reinen sind und sich treu bleiben, daß sie bei allem äußeren Wandel so etwas wie einen festen, unverwechselbaren Kern besitzen und Antworten wissen auf die Frage, wer sie sind. Das Selbstverständnis, das sich darin dokumentiert, bildet sich in langen, bereits in der frühesten Kindheit wurzelnden Prozessen (→Entwicklung) aus. In deren Verlauf finden, übernehmen und verinnerlichen wir Rollen und Normen, die unseren individuellen Möglichkeiten entsprechen, unsere Orientierungen und unser Handeln prägen. Um Identität entwickeln und erfahren zu können, brauchen wir den sozialen Zusammenhang und das Gegenüber, den Partner und die Freunde, die Familie, die Gemeinschaft, die →Gesellschaft, brauchen wir Kommunikation und Interaktion, die Auseinandersetzung und den Austausch zwischen den Erwartungen und →Bedürfnissen des Ichs und denen der Gruppe, mit der wir jeweils verbunden sind.

Wie sich das im Detail mit welchen Ergebnissen und Konsequenzen vollzieht, suchen Philosophen, Soziologen und Psychologen zu ergründen und auf den Begriff zu bringen. Historiker, die an biographischen Studien (→Biographie) arbeiten, lassen sich hin und wieder davon anregen, beteiligen sich an der Debatte im allgemeinen jedoch nicht. Dennoch reden auch sie von Identität, aber meistens in einem eher alltäglichen Sinn, der das komplexe Angebot an sozialwissenschaftlichen Theorien nicht oder nur unzureichend reflektiert. Das führt naturgemäß zu Unschärfen, die immer dann besonders deutlich zutage treten, wenn ein so vielschichtiges Phänomen wie nationale Identität definiert werden soll, wenn man sich darüber klarwerden will, woher eine →Nation kommt, was sie ist und wohin sie strebt. Dergleichen spiegelt sich in Symbolen (→Insignienkunde), Ritualen und →Mythen, in Festen und Jubiläen, vor allem aber im Umgang mit der Geschichte und den daraus abgeleiteten Traditionen, an denen eine Gesellschaft ihr Denken und Tun ausrichtet, mit denen sie sich identifiziert, weil sie sich in ihnen aufgehoben fühlt. Identität zu gewinnen setzt voraus, aus der Gesamtheit des historischen Erbes bestimmte Traditionen und mit ihnen bestimmte Werte herauszuschälen, dabei die einen zu akzeptieren und die anderen zu verwerfen. Was für unverzichtbar gehalten wird und was nicht, hängt ab von verschiedenartigen Erfahrungen und Konstellationen, von →Interessen und politischen Strukturen (→Ereignis), von Herrschaftstechniken und Legitimationsbedürfnissen. Was wir «Identität» nennen, ist daher keineswegs statisch. Galten z. B. in Deutschland früher das →Preußentum und preußische Tugenden als verpflichtende Leitbilder, so waren es in der Bundesrepublik und der DDR die in ihrer Entfaltung streckenweise blockierten und gewaltsam unterdrückten Traditionen liberaldemokratischer bzw. sozialistischer Bewegungen, an denen sich Identität und Staatsverständnis festmachten oder doch wenigstens festmachen sollten.

Aus der Tatsache, daß nationale Identität historisch gewachsen ist und der historischen Fundamente bedarf, resultieren für uns Deutsche allerdings beträchtliche Schwierigkeiten. Denn an der Frage nach dem Stellenwert des nationalsozialistischen Regimes und seiner Verbrechen scheiden sich die Geister nach wie vor. Identifizieren können wir uns mit diesem Stück der Geschichte sicher nicht, und da keine Epoche (→Periodisierung) ohne Vorläufer ist, sind die Schatten, die die braune Diktatur auf einzelne Etappen in der Entwicklung des 19. und 20. Jhs. geworfen hat, mehr oder minder groß. Mit den Problemen und Irritationen, die sich aus einer vielfach gebrochenen historischen Identität ergeben, werden auch die künftigen Generationen konfrontiert sein – ob sie es wollen oder nicht. Damit verantwortungsvoll umzugehen, werden sie stets von neuem zu lernen haben. Die Rückkehr zu konventionellem Nationalstolz und naiven Mustern des Patriotismus, die hier und da gefordert wird, dürfte ein geeignetes Mittel nicht sein. Die unbequemen, anstößigen Aspekte der Geschichte können so vielleicht zeitweilig überdeckt und verdrängt, nicht aber aus der Welt geschafft werden: mit ideologischen Beschwörungsformeln läßt sich jedenfalls eine zutiefst beschädigte Geschichte nicht einfach wieder einrenken (→Geschichtswissenschaft in der Bundesrepublik, →Geschichtswissenschaft in der DDR). J. F.

◆ Ideologie

Der Ausdruck Ideologie wurde 1796 zum erstenmal verwendet: Der französische Philosoph Antoine Louis Claude Destutt de Tracy benutzte ihn, um für die von ihm und anderen begründete «Wissenschaft der Ideen» einen Namen zu finden. Napoleon und im Anschluß daran die politische Publizistik der ersten Hälfte des 19. Jhs. haben aus dem ursprünglich unpolitisch gemeinten Begriff ein polemisches Schlagwort gemacht mit der Absicht, wirklichkeitsfremdes oder vermeintlich wirklichkeitsfremdes Spekulieren über eine bessere Gesellschaftsordnung zu brandmarken: Besonders nach 1830 wurde «Ideologie» von Konservativen als Schimpfwort benutzt, um jene abzuqualifizieren, die sich den Ideen der →Aufklärung und der →Französischen Revolution verpflichtet fühlten, der →Freiheit, →Gleichheit und Brüderlichkeit. Ideologen wurden als Schwärmer, Phrasendrescher und Doktrinäre bezeichnet, während die Konservativen ihre Definitionsmacht nutzten, um sich selbst als pragmatisch, realpolitisch und realistisch vorzustellen. Der entgegengesetzte Versuch von Demokraten, Ideologen als «Freiheitskämpfer und Patrioten» (so Johannes Scherr noch 1862) zu definieren, drang nicht durch.

In dieser Situation nahmen Karl Marx und Friedrich Engels, die Begründer des →Historischen Materialismus, den Begriff Ideologie auf, um ihn als wissenschaftliche Kategorie für die Bestimmung des Verhältnisses von gesellschaftlichem Sein und gesellschaftlichem Bewußtsein fruchtbar zu machen. Dies geschah ausführlich zunächst in ihrer Frühschrift «Die deutsche Ideologie» von 1845/46. Nach Marx und Engels entsteht Ideologie letztlich aus der «Produktion des materiellen Lebens selbst»: Alle geschichtliche Auffassung müsse von der Grundtatsache ausgehen, daß die Menschen essen, trinken, wohnen und noch einiges andere tun müssen, «um ‹Geschichte machen› zu können». Der Mensch muß also arbeiten, um sein materielles Sein zu produzieren und zu reproduzieren. Damit ist die Teilung der →Arbeit verbunden, die sich aus der Vermehrung der →Bedürfnisse und der gesteigerten Produktivität entwickelt. Die Teilung der Arbeit führte in der Geschichte der Menschheit schließlich zur Trennung von materieller und geistiger Arbeit: «Von diesem Augenblicke an kann sich das Bewußtsein wirklich einbilden, etwas Andres als das Bewußtsein der bestehenden Praxis zu sein.»

Indem Marx und Engels die Teilung der Arbeit mit der Analyse der dieser Tätigkeit entsprechenden Eigentumsverhältnisse (→Eigentum) verbinden, kommen sie zu dem Schluß, daß die Gedanken der herrschenden →Klasse in jeder Epoche (→Periodisierung) die herrschenden Gedanken sind. Die herrschenden Gedanken einer Epoche und einer →Gesellschaft werden von den Menschen, auch von der herrschenden Klasse selbst, gewöhnlich als losgelöst von den Bedingungen der →Produktion wahrgenommen. Sie erscheinen fälschlich so, als ob sie «für sich ein eignes Reich bilden». Ferner nehmen in der Klassengesellschaft herrschende Gedanken, obwohl sie nur herrschende →Interessen artikulieren, «die Form der Allgemeinheit» an. Jede neue Klasse, die sich an die Stelle einer vor ihr herrschenden setzt, hat ein Interesse daran, ihre Gedanken «als die einzig vernünftigen, allgemein gültigen» darzustellen. Die Ideologie ist also, wie es Engels später einmal zusammengefaßt hat, «ein Prozeß, der zwar mit Bewußtsein vom Denker vollzogen wird, aber mit einem falschen Bewußtsein». Falsch ist dieses Bewußtsein erstens, weil ihm seine eigenen Entstehungsbedingungen unbekannt bleiben, und zweitens, weil es sich, obwohl partikulär, als allgemein Menschliches und das allgemeine Interesse Vertretendes auffaßt. «Dieser ganze Schein», so bemerken Marx und Engels in der «Deutschen Ideologie», «hört natürlich von selbst auf, sobald die Herrschaft von Klassen überhaupt aufhört, die Form der gesellschaftlichen Ordnung zu sein, sobald es nicht mehr nötig, ein besonderes Interesse als allgemeines oder das ‹Allgemeine› als herrschend darzustellen.» Doch ist nach Marx und Engels auch in der Klassengesellschaft Bewußtsein nicht durchweg falsches Bewußtsein. Vielmehr führt die →Entwicklung der Klassenkämpfe dazu, daß jede neue Klasse «nur auf einer breiteren Basis als die der bisher herrschenden ihre Herrschaft zustande» bringt, daß also ihre Gedanken zunächst wirklich «mit dem gemeinschaftlichen Interesse aller übrigen nichtherrschenden Klassen zusammenhängen», «wogegen sich dann später auch der Gegensatz der nichtherrschenden gegen die nun herrschende Klasse um so schärfer und tiefer entwickelt».

Weil dies so ist, ist Ideologiekritik möglich. Sie setzt einen bestimmten Entwicklungsstand der Produktionsverhältnisse voraus, jenen nämlich, den Marx und Engels in ihrer Epoche vorfinden, die bürgerliche Gesellschaft (→Bürger) mit dem sich in ihr antagonistisch zur herrschenden Klasse entwickelnden Proletariat. In diesem Sinne können Marx und Engels sagen: «Es wird nicht ausgegangen von dem, was die Menschen sagen, sich einbilden, sich vorstellen, auch nicht von den gesagten, eingebildeten, vorgestellten Menschen, um davon aus bei den leibhaftigen Menschen anzukommen; es wird von den wirklich tätigen Menschen ausgegangen und aus ihrem wirklichen Lebensprozeß auch die Entwicklung der ideologischen Reflexe und Echos dieses Lebensprozesses dargestellt.» Diese Formulierung hat zumal in der marxistischen Rezeption dem Mißverständnis Vorschub geleistet, als ob ideologische Sphären, weil sie keine selbständige Geschichte haben, auch nicht geschichtlich wirksam wären. «Daß ein historisches Moment», so kritisiert Engels einmal die Vertreter einer solchen Auffassung, «sobald es einmal durch andere, schließlich ökonomische Ursachen, in die Welt gesetzt, nun auch reagiert, auf seine Umgebung und selbst seine eignen Ursachen zurückwirken kann, vergessen die Herren oft fast absichtlich.» Doch selbst in dieser Erläuterung scheint noch etwas auf von der theoretischen Schwäche, die in der Marxschen Formulierung enthalten ist, derzufolge das gesellschaftliche Sein das Bewußtsein bestimme und nicht umgekehrt. Die dualistische Vorstellung, darauf hat der Soziologe Norbert Elias hingewiesen, von einem schlechthin denkfreien gesellschaftlichen Sein als letztinstanzlicher Ursache aller Veränderungen des Denkens kollidiert mit der Erkenntnis, «daß Bewußtsein und Denken selbst konstitutive Bestandteile der menschlichen Gesellschaft sind». Überdies laufen die Marxschen Gedanken zur Ideologie, da untrennbar mit dem Klassenkampfkonzept verknüpft, auf das Argument hinaus, ideologiefreie Wissenschaft sei nur «kommunistischem Bewußtsein» möglich, da nur eine solche Parteinahme für das Proletariat einen angemessenen Blick auf die gesellschaftliche Realität (→Tatsachen) gestatte. Nur der Marxist soll demnach imstande sein, die Gesellschaft wirklichkeitsgetreu, das heißt wissenschaftlich zu begreifen. Diese schon beim frühen Marx («Deutsche Ideologie») nachweisbare, empirisch zu falsifizierende, gemäß den eigenen Marxschen Kategorien also ideologische Überzeugung wurde vom Marxismus-Leninismus vollends dogmatisiert und auf parteipolitische Ergebenheit reduziert mit der Folge, daß ganze Wissenschaftsbereiche verödeten, zumindest unter Zensur und Gesinnungsdruck zu leiden hatten.

Hier knüpfte der Wissenssoziologe Karl Mannheim in den zwanziger Jahren unseres Jhs. an, indem er alles Denken, also auch das marxistische, als «seinsverbunden», also «partikulär», verstanden wissen wollte. «Durch den Terminus ‹seinsgebundenes› Denken», so erklärte Mannheim, «versuche ich, den rein wissenssoziologischen Gehalt des Ideologiebegriffes aus der speziellen politisch-agitatorischen Einkapselung herauszulösen.» Das gelang Mannheim auch. Damit eröffneten sich jedoch neue Schwierigkeiten. Denn abgesehen von der auch von Mannheim bevorzugten dualistischen Ausgangsposition (soziales Sein – Denken) war nun die Frage zu beantworten, wie überhaupt zutreffende Aussagen über die Gesellschaft möglich sein sollten, wenn alle Denkstandorte partikulär und insofern verfälscht waren (also auch Mannheims eigene Theorie). Aus dieser Falle des Relativismus versuchte Mannheim herauszukommen, indem er eine «Einheit der Denkbasis» postulierte, eine die «Partikularansichten in sich aufnehmende, diese immer wieder sprengende Intention auf das Ganze, die sich schrittweise im natürlichen Prozeß des Erkennens erweitert und als Ziel nicht einen zeitlos geltenden Abschluß, sondern eine für uns mögliche maximale Erweiterung der Sicht ersehnt». Ungeklärt bleibt dabei, woher, was Elias, ein Schüler Mannheims, bemerkt hat, die Teil-Richtigkeiten kommen, wenn alles Denken Ideologie ist.

Zusätzlich konstruierte Mannheim zum Träger dieser von ihm ins Auge gefaßten Kultursynthese eine «freischwebende Intelligenz», die als «dynamische Mitte» die Aufgabe habe, «jeweils den Punkt zu finden, von wo aus Gesamtorientierung im Geschehen möglich ist». Eine empirische Überprüfung dieser Aussage würde jedoch ergeben, daß von einer freischwebenden, also ungebundenen Intelligenz allenfalls ansatzweise im 18. Jh. die Rede sein kann, historische Erkenntnisziele und Forschungsansätze jedoch im Durchschnitt eng mit gesellschaftlichen Interessen, in der Regel den jeweils herrschenden, verknüpft waren und sind.

Die Diskussion um Mannheims Wissenssoziologie hatte sich mit der Heraufkunft des NS-Regimes bereits erschöpft. Die totale Ideologisierung der Gesamtgesellschaft unter nationalsozialistischer Herrschaft, gleichzeitig aber auch die Erfahrung des stalinistischen Herrschaftssystems mit seinem nicht minder umfassenden Zugriff auf die Bevölkerung machten nach 1945 eine Erweiterung und Vertiefung der Ideologietheorie erforderlich. Untersucht wurde zunächst, welche Rolle Ideologien in totalitären Gesellschaften spielen und welche Merkmale für sie kennzeichnend sind. Dabei wurde deutlich, daß totalitäre Ideologien (→Totalitarismus) mit dämonisierten Freund-Feind-Stereotypen operieren, durch die ein Gruppengefühl erzeugt wird, dessen sich eine totalitäre Elite stets von neuem versichert. Darüber hinaus zeigte sich, daß ein solches ideologisches Denken auch in nichttotalitären Gesellschaften vorkommen kann, etwa dann, wenn sich innen- oder außenpolitische Konfliktsituationen zuspitzen und sich Intoleranz ausbreitet.

War die ideologiekritische Diskussion seit der Aufklärung dem Ziel verpflichtet, Ideologien abzubauen, entweder durch Kritik an Vorurteilen oder durch Kritik an den falsches Bewußtsein erzeugenden gesellschaftlichen Verhältnissen und deren herrschenden Eliten, so dominierte nach dem Zweiten Weltkrieg vorübergehend eine Auffassung, wonach sich das «Zeitalter der Ideologie» dem Ende zuneige: Parallel zur Durchsetzung der wissenschaftlichen Zivilisation (→Kultur) setzten sich die Formen von Herrschaft durch, die durch objektive Sachzwänge der industriellen Produktion und der rationalen Verwaltung bedingt seien. Diese «Entideologisierung» verdichtete sich bei dem Soziologen Helmut Schelsky zur Vorstellung «einer skeptischen Generation» in der deutschen Nachkriegsgesellschaft. Das Entideologisierungskonzept war verbraucht, als in den sechziger Jahren eine jüngere Generation gegen erstarrte Strukturen (→Ereignis) in Staat und Gesellschaft zu rebellieren begann und durch die Rezeption linker Theoretiker (Adorno, Horkheimer, Marcuse) das ideologische Potential sogenannter Sachzwänge aufschien. Die Kritik an wissenschaftlichen Denkformen und der ökonomischen Rationalität der Moderne ist seitdem, verstärkt noch durch die ökologischen Herausforderungen unserer Zeit, ein wesentlicher Bestandteil von Ideologiekritik.

M. A.

◆ Ikonographie (Ikonologie)

Ikonographie erscheint als ein Sonderfall der Symbolforschung (→Insignienkunde). Sie unternimmt es, die Bedeutungsfunktionen eines →Bildes oder Bildelementes – gleichgültig welcher Kunstgattung – durch Rekonstruktion der symbolischen Sinnbezüge zu erfassen. Dafür gilt es, die «geistige Welt» des Künstlers zur Anschauung zu bringen, sich vorzustellen, durch welche Lektüre angeregt und welche Bilder beeindruckt etwa Dürer seinen Kupferstich «Melencolia I» geschaffen hat. Dabei spielt es keine Rolle, ob die «Anregung» dem Wissenschaftler einleuchtet oder gefällt. Wichtig allein bleibt die Rekonstruktion des «totalen» Sinnfeldes. Methodisch sind dabei zwei Ebenen auseinanderzuhalten: eine primäre Sinnschicht, die sich durch bloße Betrachtung des Bildes und seine streng formale Beschreibung ergibt, und eine sekundäre Sinnschicht, die seine literarisch-historischen Bezüge hinzuliefert. Erst durch die strenge Segmentierung der beiden Stufen entsteht so etwas wie ein ikonographisches Modell für das betrachtete Bild.

Damit ist aber eine wesentliche Dimension des Bildes noch nicht erfaßt: seine nicht-intentionale Bedeutung. Das Bild verfügt über eine eigene Bedeutungssprache, die von der Absicht des Künstlers unabhängig ist. Dies ist sein eigentlicher Symbolwert, «der sich von dem unterscheiden kann, was der Künstler bewußt beabsichtigte» (Erwin Panofsky). Diesen zu erfassen, ist Aufgabe der *Ikonologie*. Hier gilt, was für Symbolkunde überhaupt gilt: nämlich erst die Rekonstruktion des gesamten kulturellen Umfeldes sowie der Wahrnehmungsbedingungen ermöglicht die Erhellung des nicht-intentionalen Bedeutungssinnes. Rekonstruiert somit Ikonographie historisch die Subjektivität des Bildproduzenten, so stellt Ikonologie die objektive historische Funktion des Bildes vor Augen. A. v. M.

◆ Imperialismus

Imperialismus ist ein Begriff, der in unterschiedlicher Färbung und Begründung bestimmte Formen der Machterweiterung nach außen wie bestimmte Strategien der Machtsicherung nach innen zu erfassen sucht. Insofern ist er System- und →Herrschafts-, darüber hinaus auch Epochenbegriff.

Ausgeprägt und ins politische Vokabular übernommen wurde er im Laufe des 19. Jhs. Im Einklang mit dem französischen Sprachgebrauch diente er der deutschen Publizistik zunächst lediglich als Synonym für →Bonapartismus, Cäsarismus oder Militärdiktatur. In diesem Sinne definierten ihn Konversationslexika, etwa der «Brockhaus» von 1884, als «Zustand eines Staates, in welchem die auf die Soldaten gestützte Willkür des Regenten herrscht». Ausgehend von England und den dort geführten Debatten um die Kolonialpolitik, bürgerte sich parallel dazu jedoch eine neue Variante ein, die nach und nach die ältere überlagerte, schließlich verdrängte und langfristig beträchtliche Sprengkraft entfaltete. Die Ursachen für diesen Bedeutungswandel sind in den beschleunigten Industrialisierungsprozessen (→Industrialisierung), der Entstehung eines von den kapitalistischen Metropolen dominierten Weltsystems (→Kapitalismus) und den daraus resultierenden Spannungen auf nationaler wie internationaler Ebene zu sehen: in Tendenzen und Konstellationen, die in den tonangebenden →Schichten Europas und Nordamerikas Überzeugungen verfestigten, denen der Soziologe Max Weber in der ihm eigenen Direktheit beispielhaft Ausdruck verlieh. «Nur völlige politische Verzogenheit und naiver Optimismus», schrieb er 1898, «können verkennen, daß das unumgängliche Ausdehnungsbestreben aller bürgerlich organisierten Kulturvölker, nach einer Zwischenperiode äußerlich friedlichen Konkurrierens, sich jetzt in völliger Sicherheit dem Zeitpunkt wieder nähert, wo nur die Macht über das Maß des Anteils der einzelnen Nationen an der ökonomischen Beherrschung der Erde und damit auch der Erwerbsspielraum ihrer Bevölkerung, speziell ihrer Arbeiterschaft, entschieden wird.» Die daraus abgeleitete Zauberformel, die hier im Gewand eiserner Notwendigkeit erschien, war Weltpolitik, mit der sich das Deutsche Reich als Spätkömmling in der um Einflußzonen rivalisierenden Staatengemeinschaft den ihm – wie man glaubte – gebührenden «Platz an der Sonne» zu erobern hoffte. Das Risiko bewaffneter Konflikte wurde gewöhnlich verharmlost und billigend in Kauf genommen.

An derartigen Mentalitäten, Prognosen und Erwartungen, die nicht nur in Deutschland, sondern auch in den übrigen Großmächten die →öffentliche Meinung bestimmten, entzündeten sich erbitterte Auseinandersetzungen. Imperialismus wurde dabei einerseits zum Kampf- und Parteibegriff, der je nach Standort positiv oder negativ gefüllt war, andererseits zum Schlüsselbegriff kritischer Analysen, die nach den Antriebsfaktoren und Mechanismen industriewirtschaftlicher Expansion fragten: das heißt, Imperialismuskritik war über weite Strecken identisch mit Kapitalismuskritik.

Eine entscheidende Rolle für die Popularisierung eines ökonomisch fundierten Imperialismusbegriffs spielten um die Jahrhundertwende sozialistische Theoretiker wie Rosa Luxemburg und Rudolf Hilferding. Zu den immer wiederkehrenden Grundmustern der Argumentation gehörte die auch von der bürgerlichen Imperialismuskritik, vor allem vom englischen Publizisten John A. Hobson, vertretene Unterkonsumtionsthese: die Auffassung nämlich, daß die auseinanderklaffende Schere zwischen wachsender Produktivität und stagnierender oder sinkender Aufnahmefähigkeit der Binnenmärkte die Industriestaaten zur Sicherung zusätzlicher auswärtiger Absatzmärkte zwinge. Die überseeische Expansion bot in dieser Sicht Gelegenheit zur Krisenregulierung, zur Eindämmung konjunktureller Schwankungen und damit zur Systemerhaltung. Dies konnte jedoch nur zeitweilig wirksam werden, da imperialistische Politik prinzipiell nur Atempausen gewährte: Nach der Verteilung der Welt und der Erschöpfung der erschlossenen Märkte würde sich das Problem der Disparität von monopolisierter →Produktion und Verbrauch erneut und in verschärfter Form stellen (→Industrialisierung, →Kolonialismus).

So gesehen, boten die auf diesen Prämissen aufbauenden Analysen plausiblen Ersatz für fehlende Revolutionstheorien. Der Ansatz, den sie verfolgten, leistete zweierlei. Einmal erklärten sie die kapitalistische Expansion aus den fundamentalen →Bedürfnissen und Widersprüchen des Wirtschaftssystems. Zum andern bestärkten sie die Hoffnungen auf dessen baldigen Zusammenbruch. Die Politik der Außenmarkterweiterung mußte – so nahm man an – mit logischer Konsequenz bald an ihre Grenzen stoßen, sei als dauerhaftes konjunktur- und systemstabilisierendes Mittel untauglich und insgesamt die Ouvertüre zur endgültigen Überwindung des →Kapitalismus. Imperialistische Expansion konnte daher langfristig keine Alternative zur Lösung interner sozialer Probleme sein. Allenfalls hatte die sie begleitende Propaganda als Gegenideologie zum →Sozialismus die Aufgabe, das Bürgertum (→Bürger) zu sammeln und die Arbeiterschaft bei Bewahrung des gesellschaftlichen Status quo in den nationalen, scheinbar klassenneutralen Machtstaat zu integrieren.

Angeregt durch die Studien des Engländers Hobson, spitzte W.I. Lenin, der Führer der russischen Bolschewiki, diese Einsichten unter dem Eindruck des Ersten Weltkriegs auf die These von der «Bestechung» der «Arbeiteraristokratie» zu. Gemünzt war das auf die besser qualifizierten und höher entlohnten Schichten des Proletariats, also die Facharbeiter. Ihnen warf Lenin vor, durch Teilhabe an den «Extraprofiten», die infolge der imperialistischen Marktexpansion erwirtschaftet wurden, ihren revolutionären Elan verloren und sich den herrschenden →Klassen angepaßt zu haben. Dahinter verbarg sich eine scharfe Absage an jedwede Form einer kompromißhaften Burgfriedens- und Koalitionspolitik. Im Gegensatz zu Sozialdemokraten wie Karl Kautsky, der nach 1914 im Rahmen der bestehenden Ordnung für ein reformorientiertes antiimperialistisches Bündnis mit der bürgerlichen Linken plädierte, betonte Lenin die revolutionäre Hebelfunktion des →Krieges bei der Zerschlagung des Imperialismus. Gekennzeichnet durch die Verschmelzung von Finanzkapital und Staatsapparat, sei damit das letzte, das «staatsmonopolistische» und von innerer Fäulnis bereits zerfressene Stadium des Kapitalismus erreicht. Da sich die Analyse hauptsächlich aus einer Beobachtung der deutschen Verhältnisse, hier vor allem der kriegswirtschaftlichen Organisationsstrukturen speiste, war ihre empirische Basis ebenso schmal wie ihre Allgemeingültigkeit zweifelhaft.

Beachtung verdienen daher weniger die theoretischen als die taktischen, zweckgerichteten Komponenten. Während in den Überlegungen der Vorkriegssozialdemokratie die ausgebeuteten Völker bestenfalls als Objekte, nicht jedoch als Subjekte der Politik ins Blickfeld geraten waren, versuchte Lenin, sie bewußt als revolutionäres Potential zu aktivieren: dies um so mehr, als 1920/21 mit dem Abflauen der revolutionären Bewegungen in Mittel- und Westeuropa die →Revolution im Weltmaßstab stagnierte. Mit dem Umweg über die Peripherie gedachte man sie erneut in Schwung zu bringen. Greifbare Erfolge blieben zwar aus. Aber die langfristigen Wirkungen dieser Perspektive dürfen nicht unterschätzt werden. Denn nach 1945 gewann die →Russische Revolution im Prozeß (→Entwicklung) der Dekolonisierung für eine ganze Reihe von Ländern modellhafte Bedeutung für nicht-kapitalistische Modernisierungs- und Industrialisierungsstrategien.

Gegen die verschiedenen Spielarten einer ökonomisch argumentierenden Imperialismustheorie machte 1919 der Sozialwissenschaftler Joseph A. Schumpeter geltend, daß Imperialismus und Kapitalismus keineswegs identisch seien. Die vom Junkertum (→Junker) dominierte preußisch-deutsche Entwicklung galt ihm als Beweis dafür, daß der Imperialismus ein «Überbleibsel früherer Epochen» sei: ein Erbstück des «Fürstenstaates, seiner Strukturelemente, seiner Organisationsformen, seiner Interessenlage und der Disposition seiner Menschen». Als Produkt «vorkapitalistischer Mächte» sei er eng verschwistert mit →Militarismus und Nationalismus: eine bloße Zwischenetappe der Weltgeschichte, die der moderne, «seinem Wesen nach antiimperialistische» Kapitalismus im Verbund mit demokratisch verfaßten Gesellschaften überwinden werde.

In den Analysen Schumpeters und Lenins, so fragwürdig sie im einzelnen sind, spiegelt sich die Bandbreite der Interpretation. Die eine legt das Schwergewicht auf Mentalitäten und politische Traditionen, die andere auf die Zwangsläufigkeit ökonomischer Prozesse. Damit sind die Pole fixiert, um die seither die Debatte kreist. Den Kern der Kontroverse, die bis heute nicht entschieden ist, hat bereits 1924 der Nationalökonom Adolf Loewe so beschrieben: «Der gewaltige Expansionsdrang der abendländischen Staaten in der Neuzeit ist eine unbestrittene Tatsache. Auch daß dieses machtpolitische Verhalten der Staaten seinen Niederschlag in der Wirtschaftspolitik findet und die Struktur der nationalen Wirtschaften wie des weltwirtschaftlichen Verkehrs seit Anfang des 19. Jahrhunderts nachdrücklichst beeinflußt hat, ist allgemeine Überzeugung. Um so heftiger tobt der Meinungsstreit um das Problem, ob die Wirtschaft und ihre Triebkräfte selbst die entscheidende Ursache für diesen politischen Expansionsdrang, der mit dem Begriff ‹Imperialismus› gemeint ist, darstellen, oder ob diese aggressiven Tendenzen sich ohne Rücksicht, womöglich gar im Gegensatz zu den wirtschaftlichen Interessen der Subjekte einer solchen Politik durchsetzen.»

In der Geschichtsschreibung nach 1945 (→Geschichtswissenschaft in der Bundesrepublik) ist Imperialismus zumindest als Epochenbegriff für die Jahrzehnte zwischen 1870 und 1914 allgemein akzeptiert. Das ist gewissermaßen der kleinste gemeinsame Nenner. Dissonanzen brechen freilich immer dann auf, wenn es darum geht, die Wurzeln der imperialistischen Politik aufzudecken. Dasselbe gilt für Versuche, Imperialismus nicht nur als historisches, sondern auch als gegenwärtiges Phänomen zu begreifen. In dieser Hinsicht das bislang differenzierteste Erklärungsmodell stammt von Hans-Ulrich Wehler. In seiner Studie über die Bismarckzeit, die ökonomische und außerökonomische, ideologische, machtpolitische und sozialpsychologische Faktoren miteinander verklammert, definiert er Imperialismus als «direkte-formelle und indirekte-informelle Herrschaft», die die Industriestaaten der westlichen Hemisphäre «unter dem Druck der Industrialisierung mit ihren spezifischen ökonomischen, sozialen und politischen Problemen und dank ihrer vielseitigen Überlegenheit über die weniger entwickelten Regionen der Erde ausgebreitet haben». Anders als die vorindustriellen «Kolonisationsbewegungen» umspannt der Imperialismus, so Wehler weiter, «die gesamte Erde, er schafft mit die Voraussetzungen für das allmähliche Entstehen der Einen Welt der industriellen Zivilisation, indem er in globalem Ausmaß Veränderungen einleitet. Aber zugleich verschärft er auch auf lange Sicht die Entwicklungsunterschiede zwischen Industrie- und Entwicklungsländern, er setzt die ungleichen Bedingungen, unter denen bis heute die Länder auf dem Weltmarkt aufeinandertreffen.» Die Bismarcksche Kolonialpolitik charakterisiert Wehler in Fortführung älterer Theorien als Sozialimperialismus: das heißt zum einen als Antwort auf die Schwankungen der Konjunktur und die dadurch hervorgerufenen Krisenstimmungen, zum andern als Integrationsstrategie in einem von Widersprüchen und Klassengegensätzen geprägten System, das sich der politischen Reform verweigerte und sich darauf versteifte, gesellschaftliche Verwerfungen und Konflikte durch expansive Außenpolitik auffangen zu können. J. F.

◆ **Industrialisierung** (industrielle Revolution)

Unter dem Begriff «Industrialisierung» wird der gesamte Prozeß (→Entwicklung) der ökonomischen und gesellschaftlichen Strukturveränderungen zusammengefaßt, der sich zuerst (seit den siebziger und achtziger Jahren des 18. Jhs.) in England durchsetzte, im 19. Jh. fast alle europäischen Staaten, den nordamerikanischen Kontinent und schließlich auch Japan erfaßte. Mit dem Begriff «industrielle Revolution» wird hingegen zumeist die entscheidende erste Wachstumsphase der Industrialisierung, der industrielle «take off» (Walt W. Rostow), bezeichnet. Der Begriff wurde bereits Anfang des 19. Jhs. in Analogie zu den politischen Umwälzungen in Frankreich seit 1789 geprägt, um die Erfahrung des fundamentalen ökonomisch-sozialen Wandels zum Ausdruck zu bringen. In den wissenschaftlichen Sprachgebrauch bürgerte er sich erst ein mit dem Werk des englischen Historikers Arnold Toynbee, «Lectures on the Industrial Revolution» (1884).

Davon abzugrenzen ist der Begriff «Protoindustrialisierung», der in den sechziger Jahren aufkam. Er bezeichnet Prozesse einer beschleunigten Entwicklung besonders des ländlichen Heimgewerbes vor dem eigentlichen Durchbruch der «industriellen Revolution». Ausgelöst wurden sie durch die Destabilisierung der feudalen Agrargesellschaft. Der wachsenden Bevölkerung auf dem Lande (→Stadt–Land) wurden durch das verlegte Heimgewerbe zusätzliche Erwerbsmöglichkeiten eröffnet. Die

«Protoindustrie» gehört zwar in die Vorgeschichte des Industriekapitalismus, ob sie auch eine notwendige Vorbedingung war, ist indes umstritten.

Die Frage nach den Ursachen der Industrialisierung wird bis heute unterschiedlich beantwortet. Einig ist man sich lediglich darin, daß nicht eine einzige Ursache ausschlaggebend war, sondern eine Vielzahl sich bedingender Faktoren zusammenkommen mußte, damit die industrielle Revolution ihren Siegeszug antreten konnte. Dabei lassen sich vor allem drei Komplexe unterscheiden:

1. die Erfindung zahlreicher neuer Produktionsverfahren und Maschinen, die die Produktionsform der Manufaktur in das Fabriksystem der «großen Industrie» (Karl Marx) verwandelten. Als Symbol der technischen Innovation galt schon den Zeitgenossen der Frühindustrialisierung die Dampfmaschine (1765 von James Watt entwickelt). Tatsächlich aber waren es – wie schon Marx hervorhob – vor allem die Werkzeugmaschinen, die zum Motor der industriellen Revolution wurden und die Entwicklung der Dampfmaschine notwendig machten.

2. Um die technischen Neuerungen im Produktionsprozeß einzuführen, brauchte es Kapital. Allerdings ist dieser Faktor – nicht zuletzt unter dem Einfluß der marxistischen Tradition – lange Zeit überschätzt worden. Die neuere Forschung hat ergeben, daß Kapital in Gestalt von Investitionen in der Phase der Frühindustrialisierung zwar unentbehrlich war, aber quantitativ eine weniger bedeutende Rolle spielte, weil auf dieser frühen Stufe der industriellen Entwicklung noch vergleichsweise geringe Beträge benötigt wurden, um die →Produktion in Gang zu setzen.

3. Mit den durch die Agrarreformen und das Bevölkerungswachstum im 18. und 19. Jh. freigesetzten ländlichen Unterschichten stand ein Arbeitskräftepotential zur Verfügung, das als industrielle Reservearmee für das aufkommende Fabriksystem dienen konnte. Der «Pauperismus», jene historisch neuartige Erscheinung der Massenarmut in der ersten Hälfte des 19. Jhs., war, wie man heute weiß, keine Konsequenz der beginnenden Industrialisierung; vielmehr hat der Ausbau des industriellen Fabriksystems die überschüssige Bevölkerung aufgesogen und damit den Pauperismus als Massenphänomen beseitigt.

Die industrielle Revolution hat sich nicht überall in gleicher Weise durchgesetzt. Ihre unterschiedlichen Verlaufsformen hängen entscheidend von den spezifischen sozio-ökonomischen, kulturellen, politischen und natürlichen Vorbedingungen in den einzelnen Ländern ab. So ist die Tatsache, daß England zum Mutterland der Industrialisierung werden konnte, unter anderem darauf zurückzuführen, daß hier das ständische Gefüge früher als in anderen Ländern aufgelockert wurde und damit bessere Voraussetzungen für die Ausbreitung des →Handels, für Kapitalbildung und technische Erneuerung bestanden (→Kapitalismus). Umgekehrt hat die verspätete Industrialisierung in Deutschland etwas zu tun mit der absolutistisch geprägten Klein- und Vielstaaterei, die den freien Warenverkehr behinderte und die Herausbildung eines ökonomisch starken Wirtschaftsbürgertums verzögerte. Der Beginn des industriellen «take off» in Deutschland wird von der neueren Forschung in das Vorfeld der →Revolution von 1848 verlegt, also um das Jahr 1845. Im Unterschied zu Großbritannien, wo die Textilindustrie Leitsektor der Industrialisierung gewesen war, erfüllte in Deutschland der Eisenbahnbau die Rolle des industriellen Schrittmachers. Ihm folgten die Eisen- und Stahlindustrie, der Kohlebergbau und der Maschinenbau. Besonderes Kennzeichen der Industrialisierung in Deutschland war, daß sich hier der Übergang von älteren Formen der Güterproduktion hin zu modernen industriellen Produktionsprozessen besonders rasch vollzog. Begünstigt wurde diese Entwicklung durch die Existenz einer effizienten →Bürokratie, besonders in Preußen, die anfänglich den industriellen Ausbau stark förderte. Bei der industriellen Aufholjagd wurde England im Maschinenbau bald eingeholt, um die Jahrhundertwende in der Stahl- und Eisenproduktion überflügelt. In der Chemie- und Elektroindustrie, die seit den achtziger Jahren zu neuen industriellen Leitsektoren aufstiegen, erwarb sich Deutschland eine führende Stellung. Das durch die Industrialisierung angestoßene wirtschaftliche Wachstum verlief freilich nicht kontinuierlich, sondern in den für die kapitalistische Produktionsweise typischen zyklischen, durch →Krisen unterbrochenen Schüben. Aus dem Bedürfnis heraus, die Auf- und Abschwünge des industriekapitalistischen Wachstums zu erklären, ist in den zwanziger Jahren dieses Jhs. die Theorie der sogenannten langen Wellen entstanden, die sich mit dem Namen des russischen Wirtschaftswissenschaftlers N. D. Kondratieff verbindet. Sie teilt den Konjunkturverlauf seit 1780 in 50 bis 60 Jahre umfassende Zyklen ein, die jeweils eine Auf- und eine Abschwungphase enthalten. Diese Theorie und andere Versuche, kürzere Konjunkturrhythmen festzulegen, haben sich als Konstrukte erwiesen, weil der Konjunkturverlauf einer Industriewirtschaft offensichtlich durch längere oder kürzere, also unregelmäßige Wachstumsphasen gekennzeichnet ist und sich daher nicht schematisch periodisieren läßt.

Die sozialen Auswirkungen der industriellen Revolution sind oft beschrieben worden. Ihre klassische Darstellung für die Zeit der Frühindustrialisierung erhielten sie in Friedrich Engels' Buch «Die Lage der arbeitenden Klasse in England» (1845). Darin beschrieb Engels nicht nur das soziale Elend in den großen englischen Industriestädten – ungesunde Wohnungen, mangelhafte Kleidung und Ernährung, Alkoholismus, →Prostitution, Kinderarbeit, Analphabetismus –, sondern auch die drückenden Arbeitsbedingungen in den verschiedenen Industriezweigen und die Versuche der →Arbeiter, sich dagegen zur Wehr zu setzen. Die schlimmsten sozialen Mißstände wurden allerdings innerhalb einiger Generationen beseitigt. Die Anstrengungen der →Gewerkschaften und die darauf antwortenden Maßnahmen staatlicher Sozialpolitik führten zu einer langsamen, aber kontinuierlichen Verbesserung der Lage der Arbeiter, die dennoch – trotz steigender Löhne und sinkender Arbeitszeiten – bis in dieses Jh. hinein durch ein Leben in ständigem Mangel gekennzeichnet war (→Arbeiterbewegung)

Von einer Lösung der «sozialen Frage» im Sinne einer weitgehenden Beseitigung von Armut und Existenzunsicherheit breiter Massen kann für die meisten Industriestaaten erst nach dem Zweiten Weltkrieg gesprochen werden. Dabei ist allerdings zu berücksichtigen, daß der Reichtum der Industriestaaten in dem wachsenden Elend der Länder der «Dritten Welt» seine Entsprechung findet, die «soziale Frage» also gleichsam exportiert wurde, und daß es seit den achtziger Jahren in den Industriestaaten selbst Erscheinungsformen einer «neuen Massenarmut» gibt. V. U.

◆ Industriearchäologie

Der Begriff «Industriearchäologie» («industrial archaeology») kam in den fünfziger Jahren in England auf, als verstärkt Bemühungen einsetzten, die industriellen →Denkmäler des 18. und 19. Jhs. vor dem Verfall zu bewahren. «Industriearchäologie entstand nicht aus einem distanzierten oder akademischen Interesse, sondern aus einer Welle von emotionalem Engagement und aus einem tiefsitzenden Gefühl, daß ein vitaler Teil unserer Vergangenheit zerstört wurde» – so Neil Cossons, unter dessen Leitung das große industrielle Freilichtmuseum in Coalbrookdale nordwestlich von Birmingham aufgebaut wurde.

Mit dem Aufkommen der ökologischen Bewegung in den siebziger Jahren und dem gestiegenen Interesse an Themen des Alltags (→Alltagsgeschichte) fand das britische Beispiel auch in der Bundesrepublik Nachahmung. In Nürnberg entstand ein «Centrum für Industriekultur», in Essen ein «Ruhrlandmuseum», in Hamburg ein «Museum der Arbeit», um nur einige Beispiele zu nennen (→Museum). Zur Popularisierung der Industriearchäologie trugen erfolgreiche Kampagnen gegen den Abriß von Fabrikgebäuden und Industrieanlagen und für die Erhaltung von Arbeitersiedlungen, wie z. B. Eisenheim im Ruhrgebiet, ebenso bei wie mehrere erfolgreiche Ausstellungsprojekte.

Industriearchäologie ist mehr als eine bloße Hilfsdisziplin der →Technikgeschichte. Sie beschränkt sich nicht darauf, die materiellen Überreste der Industriegeschichte – Maschinen, Werkzeuge, Bauwerke etc. – zu bewahren und zu präsentieren, sondern sucht auch das Umfeld der industriellen «Denkmäler» auszuleuchten – die Lebens-, Arbeits- und Umweltbedingungen derjenigen, die den industriellen Arbeitsprozessen unterworfen waren. Insofern ist Industriearchäologie eingebettet in die umfassenden Bemühungen zur Rekonstruktion von Industrie- und →Arbeiterkultur. V. U.

◆ Industrieverbände

Die Geschichte organisierter industrieller Interessenvertretung in Deutschland läßt sich bis ins frühe 19. Jh. zurückverfolgen. Damals entstanden einerseits Handelskammern als öffentlich-rechtliche Organe, andererseits freie, das heißt staatsunabhängige →Verbände. Handelskammern wurden nach 1815 zunächst in Preußen geschaffen, nach 1830 zu einem System ausgebaut und ab 1848 gesetzlich fixiert als Mischform zwischen den französischen Kammern, die bis 1815 in den Frankreich angegliederten linksrheinischen Gebieten bestanden, und den in Preußen vorhandenen kaufmännischen Korporationen der Handelsstädte. Die Handelskammern übten im Auftrag des →Staates Verwaltungs- und Überwachungsfunktionen aus, nahmen aber auch Selbstverwaltungsrechte der Gewerbetreibenden wahr. Für Fabrikanten, Gewerbetreibende und Kaufleute bestand Pflichtmitgliedschaft. Obwohl es immer wieder Konflikte zwischen staatlicher Verwaltung und Kammern gab, wurde die Einrichtung von Handelskammern von beiden Seiten als vorteilhaft betrachtet, so daß es zu einer ganzen Reihe von Gründungen kam, nach 1848 auch in den nicht-preußischen Gebieten. Bis 1870 entstanden 63 Kammern, nach 1871 nur noch neun Neugründungen. Nach dem Vorbild der Handelskammern wurden später auch Landwirtschafts- und Handwerkskammern eingeführt.

Der erste bedeutendere freie Interessenverband der Industrie war der Deutsche Handels- und Gewerbsverein, der nach der schweren Wirtschaftskrise von 1816/17 entstand, aber schon 1821 aufgelöst wurde. Er setzte sich für einen einheitlichen deutschen Binnenmarkt ein und für dessen Abschirmung durch Schutzzölle. In der →Restaurationszeit beschränkte sich die Interessenpolitik der Unternehmer auf regionale und lokale Aktionen. Das wurde seit 1848 mit der wachsenden Bedeutung des deutschen Zollvereins und der sich beschleunigenden →Industrialisierung anders: Besonders während der →Revolution von 1848/49 wurden zahlreiche freie Verbände ins Leben gerufen. Es handelte sich dabei erstens um regionale Fabrikantenvereine, die Betriebe aus der westdeutschen Montanindustrie und der süddeutschen Textilindustrie, den Wachstumsbranchen der Frühindustrialisierung, zusammenfaßten. Zweitens wurden Branchenverbände gegründet, die für die Mitglieder eines einzigen Wirtschaftszweiges sprachen. Drittens kam es im September 1848 mit dem Allgemeinen deutschen Verein zum Schutze vaterländischer Arbeit zu einem überregionalen Zusammenschluß von Unternehmerorganisationen, im wesentlichen aus dem Textil- und Metallsektor. Dem für Schutzzölle kämpfenden Allgemeinen deutschen Verein erwuchs in dem Verein für Handelsfreiheit ein Rivale, dem sich, wie der Name schon sagt, freihändlerisch eingestellte Wirtschaftskreise zugesellten. Nach dem Scheitern der Revolution, insbesondere in der Reaktionszeit nach 1850, verkümmerte das freie Verbandswesen: Der Allgemeine Deutsche Verein löste sich auf. Dagegen gelang es den Handelskammern in Preußen, mit der Gründung des Preußischen Handelstags 1860 ihre Arbeit besser zu koordinieren. Nach seinem Vorbild begann ein Jahr später der Deutsche Handelstag tätig zu werden, der als ein freier Zusammenschluß von Kammern die →Interessen von Handel und Banken, von Gewerbe und Industrie vertrat. Seine Forderungen bewegten sich im Rahmen des nationalstaatlichen →Liberalismus, berücksichtigten aber kaum die eher schutzzöllnerischen Interessen der Rohstoffproduzenten, vor allem nicht die der rheinisch-westfälischen Schwerindustrie. Daher ging seit den späten fünfziger Jahren vom Ruhrgebiet die Initiative aus, den Ausbau von kammerunabhängigen Branchenverbänden zu forcieren. Durch die Ausrufung des deutschen Kaiserreiches 1871 wurde diese Entwicklung beschleunigt. Dabei bewährte sich die traditionelle Zusammenarbeit zwischen Textil- und Metallindustrie. Unter Führung des Vereins süddeutscher Baumwollindustrieller, des Vereins deutscher Eisen- und Stahlindustrieller und des Vereins zur Wahrung der gemeinsamen wirtschaftlichen Interessen in Rheinland und Westfalen (wegen seines langen Namens kurz «Langnamverein» genannt) bildete sich 1876 der Centralverband Deutscher Industrieller zur Beförderung und Bewahrung nationaler Arbeit als Spitzenverband der deutschen Industrie. Mit dem Übergang des Deutschen Reiches zum

Schutzzoll 1878/79 hatte der Centralverband ein wichtiges Gründungsziel erreicht, doch konnte er durch Ausweitung seines Betätigungsfeldes seinen Einfluß wahren, festigen und erweitern. Obwohl sich dem Centralverband bis zur Jahrhundertwende immer mehr Fachverbände unterschiedlicher Branchen – z. B. der Metallverarbeitung, der chemischen Industrie und der Nahrungs- und Genußmittelindustrie – anschlossen, machte sich vereinsintern immer stärker das Gewicht der Schwerindustrie geltend. Damit verschärften sich im industriellen Lager Gegensätze, die 1895 zur Gründung eines zweiten Spitzenverbandes, des Bundes der Industriellen führten. Der Bund der Industriellen verstand sich als Interessenvertretung der Fertigindustrie. Es gelang ihm aber nicht, die sich dem Centralverband zunehmend entfremdenden «neuen» Industrien Chemie, Elektrotechnik und Maschinenbau im größeren Umfang für sich zu gewinnen. Während der Centralverband vornehmlich auf die preußische →Bürokratie einzuwirken suchte, wandte sich der Bund der Industriellen in erster Linie an Reichstag und Reichsämter, was langfristig seinen Einfluß verstärkte. Anders als der Centralverband war der Bund der Industriellen – in der Fertigindustrie gab es im Unterschied zur Schwerindustrie einen hohen Prozentsatz gewerkschaftlich organisierter →Arbeiter – an besseren Beziehungen zur organisierten Arbeiterschaft interessiert.

Für die Regelung sozialer und sozialpolitischer Fragen sowie für die Tarifverhandlungen mit den →Gewerkschaften waren Arbeitgeberverbände zuständig. Der erste branchenübergreifende Arbeitgeberverband in Deutschland, der Arbeitgeberverband Hamburg-Altona, entstand 1890 als Kampfverband zur Abwehr von Arbeiterforderungen, die sich auf Arbeitszeitverkürzung, Tarifierung und Maifeiertag (1890: 1. Internationaler Maifeiertag) bezogen. Die sich formierende Gewerkschaftsbewegung beantworteten die Arbeitgeber noch im selben Jahr mit einer Reihe weiterer Gegenorganisationen. 1904, in einer Phase des bis dahin größten Aufschwungs von SPD und Gewerkschaften, wurden der der verarbeitenden Industrie nahestehende Verein Deutscher Arbeitgeberverbände und die als verlängerter Arm der Schwerindustrie fungierende Hauptstelle Deutscher Arbeitgeberverbände gegründet, die 1913 zur Vereinigung der Deutschen Arbeitgeberverbände verschmolzen.

Die in dem Centralverband Deutscher Industrieller und dem Bund der Industriellen zum Ausdruck gebrachte Zentralisierung industrieller Interessen setzte sich während des Ersten Weltkrieges aus Gründen der Rohstoffbewirtschaftung fort und führte schließlich im April 1919 zur Gründung des Reichsverbands der deutschen Industrie, eines einheitlichen Spitzenverbands, in dem nun alle wichtigen Industriebranchen wirtschaftspolitisch vertreten waren.

Als Spitzenorganisation der Handelskammern im Reich wirkte der Deutsche Industrie- und Handelstag, der frühere Deutsche Handelstag. Er steuerte im Unterschied zum Reichsverband der deutschen Industrie einen liberalen Wirtschaftskurs. Im Reichsverband standen sich jetzt eine lockere Koalition aus Chemie-, Elektro-, Maschinenbau- und Fertigindustrie einerseits und die Schwerindustrie andererseits gegenüber. Differenzen gab es zwischen beiden Lagern in der Einstellung zur Sozialdemokratie und den Gewerkschaften. Während im November 1918 führende Schwerindustrielle eine Zusammenarbeit mit den Gewerkschaften eingeleitet hatten unter Anerkennung des 8-Stunden-Tages, gingen sie schon während der Inflationszeit 1922/23 zur Konfrontation über, während es die neueren Industrien noch länger mit der SPD versuchten, später aber in der Weltwirtschaftskrise ebenfalls abschwenkten und zum Sturm auf die Weimarer Republik bliesen.

Die Frage, inwieweit die Industrie oder Teile von ihr der nationalsozialistischen Bewegung an die Macht halfen, ist knapp ein halbes Jh. nach Beendigung des Zweiten Weltkrieges immer noch nicht abschließend beantwortet. Angebracht ist weder apologetisches Beschweigen noch politagitatorisch motivierter Dogmatismus, der glaubt, den Nationalsozialismus auf eine vom Großkapital gesteuerte Erscheinung reduzieren zu können. Soviel kann aber aufgrund des von der Forschung bislang erschlossenen Materials mit Sicherheit gesagt werden: Das industrielle Verbandswesen war bereits lange vor 1933 nach dem Führerprinzip durchorganisiert; in informellen Zirkeln und speziellen Gremien, vernetzt mit elitären National- und Herrenklubs, hat ein kompakter Kreis von Großunternehmern (insbesondere aus der Schwerindustrie) an Parlament und Regierung vorbei strategische Entscheidungen von großer innen- und außenpolitischer Bedeutung getroffen und damit einen gewichtigen Anteil an der Aushöhlung und schließlichen Zerstörung der Weimarer Republik zu verantworten.

Nach 1933 konnte sich die Industrie ihre Bewegungsfreiheit erhalten. Die Umwandlung des Reichsverbands der deutschen Industrie zunächst in den Reichsstand der deutschen Industrie, 1935 dann in die Reichsgruppe Industrie, bedeutete keine «Gleichschaltung» gegenüber Staat und Partei, wie das Beispiel des Mitteleuropäischen Wirtschaftstages zeigt, der vom Regime nahezu unbehelligt die Expansionsinteressen der deutschen Industrie in Südosteuropa koordinierte. Auch der Zusammenschluß der Arbeitgeber mit den Arbeitnehmern in der nach Zerschlagung der Gewerkschaften eingeführten Deutschen Arbeitsfront diente nicht der Reglementierung großer Unternehmer, sondern der von Arbeitern, indem er im Betrieb das Prinzip von Führung und Gefolgschaft durchsetzte.

Nach 1945 erfolgte der Wiederaufbau eines industriellen Verbandssystems in den Westzonen bzw. der Bundesrepublik unter den Bedingungen der alliierten Besatzungsregierungen. Nachdem bereits im Laufe des Jahres 1945 in allen drei Westzonen die Industrie- und Handelskammern wiederbelebt worden waren, kam es im Februar 1948 in der Bizone (dem Zusammenschluß aus britischer und amerikanischer Zone) zur Arbeitsgemeinschaft Eisen und Metall. Unter deren Federführung entstand Anfang 1950 der Bundesverband der Deutschen Industrie. Neben dem Bundesverband gibt es noch zwei weitere Spitzenverbände, den Deutschen Industrie- und Handelstag (DIHT) und die Bundesvereinigung der Deutschen Arbeitgeberverbände (BDA).

Der Deutsche Industrie- und Handelstag ist ein Zusammenschluß der öffentlich-rechtlichen Industrie- und Handelskammern und vertritt gemeinsame Interessen von Industrie, →Handel und Gewerbe mit einer gewissen Präferenz für die Forderungen kleiner und mittlerer Unternehmer. Die Bundesvereinigung der Deutschen Arbeitgeberverbände, der zahlreiche Verbände mit mehreren hundert Mitgliedsorganisationen angehören, vertritt die sozialpolitischen Interessen der Arbeitgeber aus Industrie, Landwirtschaft, →Handwerk, Handel, Banken, Versicherungen und Verkehr. Sie fungiert als tarifpolitischer Verhandlungspartner der gewerkschaftlich organisierten Arbeitnehmer. Der Bundesverband der Deutschen Industrie, dem unter den drei Spitzenverbänden eine Vorrangstellung zukommt, kümmert sich um die wirtschaftspolitischen Interessen der Industrie. Dem Bundesverband sind anders als dem früheren Reichsverband der Deutschen Industrie weder Firmenmitglieder noch Einzelverbände angeschlossen, sondern ausschließlich Fachspitzenverbände, die aber den Fachgruppen des Reichsverbandes ähneln. Auch gibt es beim Bundesverband im Unterschied zum Reichsverband keine Landesverbände, auf die sich kleine und mittlere Betriebe stützen könnten. Im Präsidium, einem kleinen Kreis von Unternehmern, dem ein Geschäftsführendes Präsidialmitglied angehört, fallen die wichtigsten Entscheidungen. Bis in die späten sechziger Jahre war hier der Einfluß der Ruhrindustrie ausschlaggebend. Mit den ökonomischen Umstrukturierungen in der Bundesrepublik verschob sich das Gewicht zugunsten der Automobil-, Elektro- und Chemieindustrie. Anfang der siebziger Jahre trat überdies eine jüngere Unternehmergeneration in den Vordergrund. Der Bundesverband unterhält ein «Institut der deutschen Wirtschaft», das wissenschaftliche Expertisen erstellt und eine umfangreiche Öffentlichkeitsarbeit in Presse, Rundfunk, Fernsehen und Film betreibt. Im Bundestag bringt der Unternehmerverband seine Interessen zur Geltung, indem er politische Parteien (insbesondere CDU/CSU und FDP) finanziell unterstützt (durch Spenden und Übernahme von Wahlkampfkosten). In der Regel sind 70 bis 130 Bundestagsabgeordnete direkt dem Unternehmerlager zuzurechnen. M. A.

◆ **Insignienkunde** (Symbolforschung)

Symbole sind Zeichen, die für eine bestimmte →Gesellschaft oder Teile von ihr auf abstrakte Sinnzusammenhänge verweisen. Derartige Zeichen können dinglicher Natur sein oder auch als festgelegte – oft ritualisierte – Handlungen erscheinen. Auf der Ebene der Texte können solche Symbole entweder als Verweis-Zitate vorkommen, oder aber der Text kann selbst figurativ-symbolischen Charakter annehmen.

Die historische Symbolforschung sucht den Sinngehalt der Symbole zu entschlüsseln. Das bedeutet, sie muß sich sowohl einer Strukturanalyse der Zeichen und zeichenhaften Handlungen zuwenden und dafür die bildhaften Traditionen in Ritual, Rechtshandlungen, ikonographischen Materialien, Texten etc. in serielle Reihungen bringen als auch eine sorgfältige Analyse der Wahrnehmungsebene vornehmen (→Ikonographie). Denn Handlungen und Zeichen, die eben noch symbolisch verstanden wurden, können unter anderen Bedingungen und einige Generationen später durchaus als Konvention empfunden werden. Zudem sind keineswegs alle bildlichen Figurationen zugleich auch Symbole. Die antiken Personifikationen von Naturgewalten haben zwar bildlichen Charakter, sind aber doch nur Allegorien. Bei diesen besteht ein fester «erlernbarer» Sinnbezug; das Symbol hingegen eröffnet komplexe kulturelle Sinnzusammenhänge, die selbst historischem Wandel unterworfen sind. Die Allegorie kann aber durchaus sinnfälliges Element in symbolischen Zusammenhängen werden oder selbst den Charakter eines Symbols gewinnen. Darauf verweist Aby Warburg, der zeigen kann, daß die antiken Naturallegorien in der →Renaissance als symbolische Figurationen seelischer Anspannungen und Kämpfe erfahren wurden. In ähnlicher Weise zeigen sich allegorische Spielszenen im Karneval in den religiösen Konflikten des 16. Jhs. plötzlich symbolisch aufgeladen, indem sie für die Zuschauer zu Zeichen für die religiösen Parteiungen werden. Symbolforschung bewegt sich daher stets in interdisziplinären Zusammenhängen, sucht überall dort disziplinären Kontakt, wo →Bilder und Bildtraditionen, Textfigurationen, Rituale oder Rechtszeremonien untersucht werden.

Die Insignienkunde kann als spezielle Dimension der Symbolforschung verstanden werden. Sie hat Zeichen zum Gegenstand, die die Würde eines Amtes, →Standes oder Ranges ausdrücken. Diese Zeichen ähneln insofern der Allegorie, als sie eine durchaus abrufbare, fest umrissene Bedeutung besitzen, die aber eine besondere symbolische Konnotation erfahren kann. Die magische Aura der Stephanskrone als Herrschaftsinsignie des ungarischen Königs symbolisiert zugleich das Reich der Ungarn selbst – seine Autonomie, seine «Nähe zu Gott». Es kam selbst dem antireligiösen ungarischen Staatssozialismus nicht in den Sinn, die symbolische Bedeutung der Krone in Zweifel zu ziehen, obwohl sie als Herrschaftsinsignie ausgedient hatte. Insignienkunde ist daher wie die Symbolforschung auf die Erforschung der Wahrnehmungsbedingungen verwiesen. Erst so erhebt sie ihre Gegenstände zur geschichtlichen Bedeutung, in der es nicht eine «in bestimmte Phasen zerlegbare ‹Entwicklung› gibt, sondern nur einen ungeheuer verwickelten Vorgang, in dem ganz verschiedene Tendenzen gegeneinander wirken» (Percy Ernst Schramm). A. v. M.

◆ Interesse

Der Begriff des Interesses (lat. «dabeisein», «dazwischen sein») ist mit seinen für den Historiker wichtigen Bedeutungsvarianten Ergebnis der Auseinandersetzung von Denkern unterschiedlicher Weltanschauungen und Fachdisziplinen seit der Entstehung und →Entwicklung der bürgerlichen Gesellschaft (→Bürger).

Der politische Interessenbegriff ist nach Anfängen im Italien des 16. Jhs. in der französischen Staatswissenschaft des 17. Jhs. erstmals umfassend systematisiert worden. Gegenüber den Partikularinteressen einzelner Personen und Gruppen machte die Interessenlehre des →Absolutismus eine davon angeblich unabhängige, eigenen Gesetzen unterworfene Interessensphäre des →Staates geltend. Vom Fürsten wurde verlangt, daß er nicht sein Privatinteresse verwirkliche, sondern das Interesse des Staates. Als Interesse des Staates – der Begriff konvergierte hier mit dem der «Staatsräson» – wurde grundsätzlich die Erhaltung und Erweiterung der Staatsmacht angesehen: Im wohlverstandenen Interesse eines Staates liegt es, die Interessen anderer politischer Mächte ins Kalkül zu ziehen und die eigenen Kräfte angemessen ins Spiel zu bringen. Dementsprechend haben die politischen Akteure Faktoren wie Religionen, bestehende Allianzen, die geographische Lage, ökonomische Ressourcen und vieles mehr zu berücksichtigen. So kann es das Interesse eines Staates auch erheischen, für ein →Gleichgewicht der Staaten einzutreten. Mit der Entfaltung der bürgerlichen →Gesellschaft (→Bürger) und dem Aufstieg der Nationalstaaten im 19. Jh. wurde es immer schwieriger, die Fiktion eines gleichsam nackten Staatsinteresses aufrechtzuerhalten. Die Berufung auf das Staatsinteresse, das mit dem Gesamtinteresse gleichgesetzt wurde, diente den jeweils Herrschenden häufig dazu, konkurrierende gesellschaftliche Bewegungen von der Mitwirkung an der Staatsgewalt fernzuhalten. Dies gilt z. B. für den preußisch-deutschen Obrigkeitsstaat der Bismarckzeit. Andererseits konnte der Begriff des Staatsinteresses in Anspruch genommen werden, um nationalistischen Überspannungen einen Riegel vorzuschieben. So hat Bismarck den vor dem Hintergrund seiner Blut- und Eisenpolitik der deutschen Einheit freilich etwas gekünstelt wirkenden Unterschied zwischen abzulehnender «Machtpolitik» und gebotener «Interessenpolitik» gemacht: «Jede Großmacht, die außerhalb ihrer Interessensphäre auf die Politik der anderen Länder zu drücken und einzuwirken und die Dinge zu leiten sucht, ... die treibt Machtpolitik und nicht Interessenpolitik, die wirtschaftet auf Prestige hin. Wir werden das nicht tun.»

Mit der Freisetzung des Individuums als Marktinteressent in der bürgerlichen Gesellschaft des 19. Jhs. verschob sich der Interessenbegriff zunehmend von der Sphäre des Staates auf die der Gesellschaft. Der Soziologe und Historiker Lorenz von Stein sah im Interesse das «Prinzip der Gesellschaft»: «Dieses alle menschliche, nach außen gerichtete Tätigkeit beherrschende, allgegenwärtige, in jedem einzelnen lebendige, seine ganze gesellschaftliche Stellung bedingende Bewußtsein nennen wir das Interesse. Das Interesse, indem es den Mittelpunkt der Lebenstätigkeit jedes einzelnen in Beziehung auf jeden anderen, mithin der ganzen gesellschaftlichen Bewegung abgibt, ist daher das Prinzip der Gesellschaft.»

Die Politisierung des bürgerlichen Interessenbegriffs vollzog sich in den Verfassungskämpfen des Vormärz und der →Revolution von 1848/49: →Parteien, Gruppen und →Verbände benutzen seitdem den Begriff, um die eigene Politik zu legitimieren, häufig mit der Pointe, das eigene Interesse als einen gegenüber anderen Interessen höherwertigen, zugleich dem Ganzen verpflichteten Anspruch darzustellen. Damit wurde eine besonders in Deutschland bis heute nachwirkende Tradition begründet, das dem Interessenbegriff notwendig inhärente Moment des Partikulären nach Möglichkeit zu leugnen, wenn es um die eigene Person ging, desto heftiger aber den anderen zu unterstellen. Kompromiß als Interessenausgleich galt vielfach, gleich auf welcher Seite des politischen Spektrums, als verpönt, Freund-Feind-Denken dagegen – nicht erst, nachdem Carl Schmitt diese Kategorie in die deutsche Staatsphilosophie eingeführt hatte – als Elixier des «Politischen».

Bahnbrechend für die Erarbeitung eines ökonomischen Interessenbegriffs wurde die Auffassung des englischen Ökonomen Adam Smith (1723–1790) aus der zweiten Hälfte des 18. Jhs., wonach sich das Gesamtinteresse einer Gesellschaft, also deren Ordnung, aus der freien Konkurrenz rivalisierender Einzelinteressen ergebe. Denn auf diese Weise reguliere sich Angebot und Nachfrage von →Arbeit und Waren, von Preisen und Löhnen (→Politische Ökonomie). Schon zu Lebzeiten von Adam Smith haben einzelne Denker demgegenüber darauf aufmerksam gemacht, daß das Privatinteresse selbst gesellschaftlich bestimmt sei. Da aber Smith die durch den jeweiligen Stand der Zivilisation (→Kultur) gegebenen Schranken für die Verfolgung von Eigeninteressen gar nicht leugnete, lief die Kritik theoretisch bloß auf eine Akzentverschiebung hinaus, politisch aber auf die Denunziation des mit dem interessierten Verhalten von einzelnen verbundenen subjektiven Sinns zugunsten eines gesellschaftlichen Gesamtsinns, eines wirklichen Interesses. Der junge Marx meinte zunächst, daß dieses wirkliche Interesse vom Staat repräsentiert werde, plädierte dann aber für eine Gesellschaft, die frei sei gleichermaßen vom Staat wie von der bürgerlichen Gesellschaftsform. Zu diesem Zweck konstruierte er einen Unterschied zwischen subjektiven und objektiven Interessen. Während sich das objektive Interesse der Menschen aus ihrer jeweiligen Stellung im Produktionsprozeß als Klasseninteresse ableite, sei das subjektive Interesse das, was die Menschen dafür hielten (→Ideologie). Da sich objektive Interessen nicht von selbst durchsetzten, käme es darauf an, daß objektive und subjektive Interessen eine Einheit bildeten und identisch würden. Eine in ihren Interessen widerspruchsfreie Gesellschaft wäre eine, in der es keine →Klassen und damit auch keine Klassenherrschaft mehr gäbe. Die Frage ist freilich, was die Überdehnung des Interesses zu einem objektiven Moment der Geschichte praktisch anderes bewirkt, als ein tiefes Mißtrauen in die Mündigkeit der vielen einzelnen mit der Konsequenz, daß einige wenige sich berufen glauben, den anderen ihr «wahres» Interesse vorzuschreiben. Auch theoretisch ist der Begriff des «objektiven Interesses» entbehrlich, weil das in ihm enthaltene Wahrheitsmoment der objektiven Bedingtheit von Interessen auch ohne ihn wahrgenommen und erörtert werden kann.

Für den Historiker ist die Vorstellung objektiver, von der subjektiven Bewußtwerdung unabhängiger Interessen kaum verwendbar. Demgegenüber bewahrt der von Max Weber gemachte Vorschlag, Interessen als subjektive Einschätzungen von «Zwecken» zu begreifen, eigener wie fremder, die Erkenntnis, daß die Orientierung des sozialen Handelns an so verstandenen Interessenlagen Wirkungen hervorbringt, «welche jenen gleichstehen, die durch Normierung – und zwar sehr oft vergeblich zu erzwingen gesucht werden». M. A.

◆ Internationale

Der Begriff «Internationale» geht zurück auf die 1864 in London gegründete Internationale Arbeiter-Assoziation (IAA), die sogenannte I. Internationale. In ihn fließen alte kosmopolitische Ideale der bürgerlichen →Aufklärung ein. Sie verbanden sich mit dem sozialen Emanzipationsanspruch der sich formierenden →Arbeiterbewegung im 19. Jh. zur Idee eines proletarischen Internationalismus. Diese findet sich zum erstenmal prägnant formuliert im «Kommunistischen Manifest» (1848) von Karl Marx und Friedrich Engels: «Die Arbeiter haben kein Vaterland. Man kann ihnen nicht nehmen, was sie nicht haben. Die Proletarier haben nichts zu verlieren als ihre Ketten. Sie haben eine Welt zu gewinnen. Proletarier, aller Länder, vereinigt Euch!» Diese Parole stand Pate bei der Gründungsversammlung der IAA am 28. September 1864 in der Londoner St. Martin's Hall. Als Mitglied des «Generalrats» (bis 1872 in London) übte Marx auf die Entwicklung der Ersten Internationale einen bestimmenden Einfluß aus. Von ihm stammte nicht nur die bei der Gründung vorgelegte «Inauguraladresse», sondern auch die 1866 in Genf verabschiedeten Statuten, in denen klargestellt wurde, «daß die Emanzipation der Arbeiterklasse weder eine lokale, noch eine nationale, sondern eine soziale Aufgabe ist, welche alle Länder umfaßt, in denen die moderne Gesellschaft besteht».

Marx kam es zunächst darauf an, die verschiedenen Gruppen und Richtungen der Arbeiterbewegung in den einzelnen Ländern von der Notwendigkeit einer engeren Zusammenarbeit zu überzeugen, ohne sie von vornherein auf ein ausgearbeitetes sozialistisches Programm zu verpflichten. Dennoch kam es schon bald zu ideologischen Auseinandersetzungen, vor allem mit den Anhängern Bakunins, die gegenüber Tendenzen der Zentralisierung ein föderalistisch-anarchistisches Konzept verfolgten. Sie veranlaßten Marx und Engels, den Sitz des Generalrats 1872 nach New

York zu verlegen, was faktisch das Ende der I. Internationale bedeutete. Die offizielle Auflösung erfolgte 1876.

Trotz des raschen Zerfalls der IAA blieb der Begriff «Internationale» lebendig, und zwar in einem doppelten Verwendungszusammenhang: Zum einen diente er den konservativen Mächten nach den Ereignissen der →Pariser Kommune 1871 als Kampfbegriff, um die Gefahr eines weltumspannenden Komplotts gegen die bürgerliche Ordnung plausibel erscheinen zu lassen und die sich emanzipierende Arbeiterbewegung in Mißkredit zu bringen. In dieser agitatorischen Funktion konnte der Begriff aber auch gegen andere gesellschaftliche Gruppen oder →Parteien gewendet werden. So wurden z. B. während des Kulturkampfes in den 1870er Jahren die deutschen Katholiken unter dem Schlagwort der «schwarzen Internationale» in die Nähe der Sozialdemokratie gerückt. In der antisemitischen Agitation seit Ende des 19. Jhs. tauchte die diskriminierende Bezeichnung «goldene Internationale» auf, um die Vorstellung von einer angeblich übermächtigen internationalen jüdischen Finanzoligarchie zu suggerieren.

Zum anderen wurde «Internationale» in der europäischen Arbeiterbewegung zum Symbol internationaler Klassensolidarität. Der mythischen Überhöhung des Begriffs entsprach seine bildliche Umsetzung in der →Ikonographie der Arbeiterbewegung: der kraftvolle Proletarier, der mit seinem Hammer die kapitalistische Welt zertrümmert. Die Hymne «Die Internationale» («Wacht auf, Verdammte dieser Erde!»), 1871 vom Franzosen Eugène Pottier gedichtet, 1888 vom Belgier Pierre Degeyter vertont und im selben Jahr auf der «Fête des travailleurs» in Lille erstmals öffentlich vorgetragen, wurde zum internationalen Kampflied der Arbeiterbewegung.

Eine organisatorische Wiederbelebung der sozialistischen Internationale gelang erst auf einem Kongreß in Paris anläßlich der Weltausstellung und der Hundertjahrfeier des Sturms auf die Bastille. Diesem Kongreß, der den Beschluß faßte, den 1. Mai künftig als internationalen Kampftag der Arbeiterbewegung zu feiern, schlossen sich bis 1912 in periodischen Abständen weitere Kongresse an. Für die lockere Föderation sozialistischer Parteien, die sich 1900 mit dem Internationalen Sozialistischen Büro in Brüssel eine Koordinierungsstelle schuf, bürgerte sich erst später der Name «Zweite Internationale» ein. Anders als in der I. Internationale, in der die Repräsentanten der englischen und französischen Arbeiterbewegung den Ton angegeben hatten, dominierte in der II. Internationale die deutsche Sozialdemokratie, die sich nach 1890 zur organisatorisch stärksten Kraft in der sozialistischen Arbeiterbewegung entwickelte. Die in ihr ausgetragenen Flügelkämpfe zwischen den Anhängern einer reformistischen und einer revolutionären Strategie bestimmten zunehmend auch die Diskussionen innerhalb der II. Internationale vor 1914 (→Sozialismus). Angesichts der auseinanderstrebenden Tendenzen blieben die programmatischen Beschlüsse, etwa der Kongresse in Basel (1907) und Stuttgart (1912) zur Verhinderung des →Krieges, ohne große Verbindlichkeit. Spätestens mit dem Kriegsausbruch 1914 wurde deutlich, daß der Nationalstaat eine größere Bindekraft besaß als der Gedanke des proletarischen Internationalismus(→Nation). Aus dem Zusammenbruch der II. Internationale bei Kriegsausbruch leitete Lenin schon im November 1914 die Forderung ab, eine neue, dritte Internationale aufzubauen, der die durch ihre Kooperation mit den nationalen Regierungen kompromittierten reformistischen Kräfte nicht mehr angehören sollten. Nach Sonderkonferenzen der linken Kriegsgegner in Zimmerwald 1915 und Kienthal 1916 (Zimmerwalder Bewegung) schlossen sich im März 1919 Vertreter von kommunistischen Parteien und Zirkeln aus 29 Ländern in Moskau zur Kommunistischen Internationale (KI) zusammen. Diese III. Internationale sollte im Gegensatz zur II. eine straff organisierte Weltpartei sein, mit nationalen Sektionen, die von einem geschäftsführenden Ausschuß, dem Exekutiv-Komitee (EKKI) mit Sitz in Moskau, angeleitet wurden. Die Führungsrolle der Bolschewiki war aufgrund ihres Renommees als erfolgreiche revolutionäre Partei jederzeit unbestritten. Je mehr sich die junge Sowjetmacht konsolidierte, desto stärker gab sie auch der Versuchung nach, die KI für ihre außen- und innenpolitischen Interessen zu instrumentalisieren, ohne dabei auf die unterschiedlichen Aktionsbedingungen der kommunistischen Bruderparteien sonderlich Rücksicht zu nehmen. Besonders ungünstig wirkte sich das Ende der zwanziger/Anfang der dreißiger Jahre in Deutschland aus, als die ultralinke Generallinie der KI die KPD in eine selbstmörderische Konfrontation mit der SPD verstrickte (→Sozialfaschismus).

Neben der KI existierte seit Februar 1921 die Internationale Arbeitsgemeinschaft Sozialistischer Parteien, auch «Zweieinhalbte Internationale» genannt, ein Zusammenschluß unabhängiger sozialistischer Parteien, darunter auch die deutsche USPD. Die fusionierte im Mai 1923 auf dem Hamburger Kongreß mit den Resten der II. Internationale zur Sozialistischen Arbeiter-Internationale (SAI). Diese verstand sich als demokratisches Gegenstück zur KI, von der sie ein auf wechselseitiges Mißtrauen begründetes Rivalitätsverhältnis trennte. Die SAI überlebte das erste Jahr des Zweiten Weltkriegs nicht; im Mai 1940 löste sie sich auf. Die Neukonstituierung zur Sozialistischen Internationale erfolgte am 30. Juni 1951 in Frankfurt. Die KI wurde von Stalin am 15. Mai 1943 im Interesse des Bündnisses mit den westlichen Alliierten für aufgelöst erklärt. Mit dem 1947 gegründeten Kommunistischen Informationsbüro (Kominform), das bis 1956 existierte, fand sie zeitweise eine Nachfolgeorganisation. Neben den genannten Organisationen gibt es seit 1938 auch noch eine IV. Internationale, ein von Leo Trotzki im mexikanischen Exil ins Leben gerufener Zusammenschluß aller trotzkistischen Gruppierungen. V. U.

J

◆ **Jakobiner** (deutsche Jakobiner)

Jakobiner wurden die Mitglieder eines im Mai 1789 gegründeten politischen Clubs (Société des amis de la constitution) genannt. Ihren Namen erhielten sie durch den Tagungsort des Klubs, das Dominikanerkloster Saint Jacques (St. Jakob) in Paris. Entsprechend dem allgemeinen Entwicklungsgang der →Französischen Revolution lassen sich drei Phasen des französischen Jakobinismus unterscheiden: In der ersten, gemäßigten, traten die Jakobiner ein für eine monarchisch-konstitutionelle Verfassung. Nach dem Fluchtversuch Ludwigs XVI. im Juni 1791 spaltete sich der Jakobinerklub. Die Anhänger der konstitutionellen →Monarchie, die Feuillants, schieden aus. In der zweiten Phase wurde der reorganisierte Klub zunächst beherrscht durch die großbürgerlichen Girondisten (so benannt nach der Herkunft einiger ihrer führenden Vertreter aus dem Departement Gironde in Südwestfrankreich). Ihre politische Strategie, die revolutionären Energien nach außen abzuleiten, um einer Radikalisierung im Innern entgegenzuwirken, provozierte die Gegnerschaft der radikalen Jakobiner um Maximilien de Robespierre, die, gestützt auf die besitzlosen Unterschichten, die Sansculotterie, die Ideen der Volkssouveränität und der politischen →Gleichheit in die Tat umsetzen wollten. Im Oktober 1792 wurden die Girondisten aus dem Jakobinerklub ausgeschlossen, ihre Führer Anfang Juni 1793 verhaftet und hingerichtet.

In der dritten Phase, die ihren Namen trägt («Jakobinerdiktatur»), besetzten die Jakobiner die Schlüsselpositionen der Macht im neuerrichteten Wohlfahrtsausschuß und im Revolutionstribunal. Sie organisierten die Verteidigung der Revolution gegen die Interventionsheere der konservativen europäischen Mächte und gegen Aufstände im Innern, wobei sie sich harter Zwangs- und Gewaltmaßnahmen bedienten. Nach dem Sturz Robespierres und der Hinrichtung der führenden Jakobiner am 27. Juli 1794 (9. Thermidor) wurde der Jakobinerklub am 11. November 1794 geschlossen.

Die Bezeichnung «Deutsche Jakobiner» hat sich für die Demokraten, vorwiegend Publizisten, Schriftsteller, Gelehrte, eingebürgert, die die Errungenschaften der Französischen Revolution auf Deutschland übertragen wollten. Der Sammelbegriff ist weniger eindeutig festgelegt als sein französisches Pendant. Die Spannweite reicht von den gemäßigten Verfechtern einer konstitutionellen Monarchie bis hin zu den radikalen Anhängern Robespierres. Die Entwicklung des Jakobinismus in Deutschland wurde durch eine Reihe von Hindernissen erschwert. Dazu zählte vor allem die territoriale Zersplitterung, die das Fehlen eines politischen und intellektuellen Zentrums, wie es Paris darstellte, bedingte. Im Unterschied zu Frankreich gab es in Deutschland aufgrund der zurückgebliebenen ökonomischen Entwicklung auch kein wirtschaftlich starkes, selbstbewußtes Bürgertum (→Bürger), das sich an die Spitze einer revolutionären Bewegung hätte stellen können. «Die wenigen demokratischen Publizisten konnten unmöglich das leisten, was das Bürgertum als Klasse versäumte» (Walter Grab). Sie blieben daher auf die Unterstützung der französischen Republik und ihrer Armeen angewiesen.

Die deutschen Jakobiner wirkten, da ihnen eine direkte politische Gestaltungsmöglichkeit mit Ausnahme von Mainz (→Mainzer Republik) versagt blieb, vornehmlich durch das Wort, durch Flugschriften (→Flugblatt), politische Lieder (→Lied), Theaterstücke. Im Sommer 1792, nach den ersten Erfolgen Frankreichs über die Interventionstruppen, nahm die jakobinische Agitation einen deutlichen Aufschwung. In vielen Orten wurden demokratische Klubs ins Leben gerufen. So entstand in Hamburg die Lesegesellschaft «Société de lecture» und die Demokratenloge «Einheit und Toleranz», im benachbarten Altona ein «Jakobinerklub echter Republikaner», in Kiel ein «Patriotischer Klub». Neben Norddeutschland gelang es den deutschen Jakobinern vor allem im Rheingebiet, im direkten Kontakt und unter dem Schutz französischer Truppen, Fuß zu fassen und eine wenn auch begrenzte Wirksamkeit zu entfalten. Außer in Mainz, dem Zentrum jakobinischer Bestrebungen in Deutschland, bildeten sich auch in Worms und Speyer revolutionäre Klubs. Die zeitweiligen Rückschläge der französischen Revolutionsarmeen entzogen ihnen freilich eine wesentliche Unterstützung.

Seit 1793/94, mit der Übernahme der Macht durch die Jakobiner in Frankreich, verschlechterten sich die Aktionsbedingungen für die deutschen Jakobiner. Robespierre lehnte den Export der Französischen Revolution mittels eines →Krieges ab («Niemand mag bewaffnete Missionare»), und am 13. April 1793 beschloß der französische Konvent den Verzicht auf Einmischung in die inneren Angelegenheiten anderer Völker. Unter der Herrschaft des Direktoriums nach dem 9. Thermidor liefen die Machtinteressen Frankreichs immer mehr in Richtung auf ein Arrangement mit den alten Gewalten in Deutschland; die deutschen Jakobiner galten hierbei allenfalls als ein Störfaktor. Den Abschluß dieser Entwicklung markierte der Staatsstreich Napoleons am 18. Brumaire 1799, mit dem die Hoffnungen der deutschen Jakobiner auf eine revolutionäre Mission Frankreichs endgültig enttäuscht wurden.

Die deutschen Jakobiner sind von der Geschichtsschreibung lange Zeit kaum beachtet worden. Wesentliche Verdienste bei den Bemühungen, sie einer unverdienten Vergessenheit zu entreißen, haben vor allem drei Historiker: Heinrich Scheel mit seinen Studien zu den süddeutschen Jakobinern, Walter Grab, dessen zahlreichen Werken wir besonders die Kenntnis der norddeutschen Jakobiner verdanken, und Hellmut G. Haasis, der viele verschüttete Zeugnisse der jakobinischen Literatur wieder zutage gefördert hat. V. U.

◆ Jugendbewegung

Mit dem Begriff «Jugendbewegung» wird eine um die Jahrhundertwende in Deutschland entstandene Bewegung bezeichnet, deren Initiatoren und Mitglieder fast ausschließlich aus bürgerlichen Kreisen stammten. Angewidert von der Enge des bürgerlichen Familienlebens und des reglementierten Schulalltags, suchten sie nach neuen Formen selbstbestimmter Gemeinschaft. Nach dem Vorbild mittelalterlicher →Vaganten erstrebten sie eine Rückkehr zum «einfachen Leben», fernab der Hektik und dem Amüsierbetrieb der Großstädte. Von Anfang an vereinigte die Jugendbewegung sehr widersprüchliche Strömungen und Ideen: Antibürgerliche Affekte mischten sich mit völkisch-nationalistischen, ja zum Teil auch antisemitischen Tendenzen (→Antisemitismus). Insgesamt erweist sich die deutsche Jugendbewegung als ein komplexes Phänomen, das sich eindeutigen Zuordnungen und Kategorisierungen entzieht.

Ihren organisatorischen Ausgangspunkt nahm die Jugendbewegung 1896 von Wandergruppen des Gymnasiums Steglitz, einem Berliner Villenvorort. Unter Leitung des Studenten Hermann Hoffmann zogen die Gymnasiasten Sonntag für Sonntag hinaus in die freie Natur. Nach dem Vorbild der Steglitzer «Bacchanten», wie sie sich nannten, entstanden auch an anderen Orten Wandergruppen. Sie schlossen sich 1901 im Wandervogel zusammen. Trotz wiederholter Spaltungen und mancher behördlichen Schikane breitete sich die Wandervogelbewegung rasch aus.

1913 zählten die verschiedenen Bünde bereits 35000 Mitglieder. Kennzeichen der neuen Jugendkultur waren eine ‹naturnahe› Kleidung – Wanderstutzen, Kniehose, Leinenkittel –, Rucksack, Klampfe und ein gemeinsamer Liederbestand, der im Wandervogel-Liederbuch «Zupfgeigenhansl» (1908) aufgezeichnet wurde.

Älter gewordene Wandervögel trugen die Ideen der Bewegung in die Universitäten hinein. 1906 wurde in Göttingen die Akademische Freischar gegründet, weitere Gruppen folgten. Dem lärmenden Spießertum und der Kneipenseligkeit der studentischen Korporationen suchten sie neue Formen einer akademischen Geselligkeit entgegenzusetzen. Im Oktober 1913 vereinigten sich die verschiedenen Jugendbünde und Studentengruppen zum ersten großen Treffen der bürgerlichen Jugendbewegung auf dem Hohen Meißner im Hessischen Bergland. In der gemeinsam verabschiedeten Schlußresolution hieß es ebenso pathetisch wie verschwommen: «Die Freideutsche Jugend will aus eigener Bestimmung, vor eigener Verantwortung, mit innerer Wahrhaftigkeit ihr Leben gestalten. Für diese innere Freiheit tritt sie unter allen Umständen geschlossen ein.»

Diese «innere Freiheit» bewahrte die Mitglieder der Freideutschen Jugend nicht davor, bei Ausbruch des Ersten Weltkrieges im August 1914 dem Taumel der Kriegsbegeisterung anheimzufallen und sich als Kriegsfreiwillige zu melden. Viele der Opfer der Schlacht von Langemarck im Oktober 1914 – Schüler und Studenten, die mit dem Deutschlandlied auf den Lippen immer wieder gegen die englischen Maschinengewehr-Stellungen anrannten – waren vom idealistischen «Geist» der Jugendbewegung beseelt.

Nach 1918 nahm die Jugendbewegung einen großen Aufschwung, gleichzeitig machten sich aber auch verstärkt Tendenzen einer Politisierung bemerkbar. Ein ‹linker›, pazifistisch orientierter Flügel bekannte sich zur neuen demokratischen Ordnung und gründete, inspiriert durch die schulreformerischen Ideen Gustav Wynekens und seiner Anhänger, Versuchsschulen und Landkommunen. Auf der anderen Seite zeigten sich aber auch verstärkt völkisch-rechtsradikale Tendenzen. Aufgrund der inneren Gegensätze zerfiel die Jugendbewegung in eine Vielzahl größerer und kleiner Gruppen, für die sich seit 1923 die Sammelbezeichnung «Bündische Jugend» einbürgerte. Insgesamt nahm der Einfluß der rechten Bünde vor 1933 zu. An die von ihnen propagierten Leitbilder und Lebensformen konnte der Nationalsozialismus anknüpfen. Aufgrund der bestehenden ideologischen Affinitäten konnte die Bündische Jugend nach 1933 relativ problemlos gleichgeschaltet werden, ohne daß sie allerdings restlos in der Hitler-Jugend aufging. Der Autonomieanspruch der Bünde kollidierte mit dem totalitären Zugriff der staatlichen Jugenderziehung. Innerhalb von Jungvolk und HJ existierten bündische Tendenzen fort. Einige Gruppen der bündischen Jugend gingen in den Untergrund und beteiligten sich am Widerstand gegen das Nazi-Regime. Nach 1945 wurden einige →Verbände der bürgerlichen Jugendbewegung neu gegründet, ohne jedoch größere Bedeutung zu erlangen. V. U.

◆ Junker

Ein Junker ist ursprünglich nichts anderes als ein junger Herr. Abgeleitet aus dem mittelhochdeutschen «junkherre», zielt das Wort auf die soziale und altersgemäße Stellung eines Menschen in der feudalen, ständisch gegliederten Lebensordnung vor dem Einbruch der bürgerlichen →Revolutionen. Darüber hinaus wird es aber auch zunehmend ganz allgemein benutzt, um Personen von adligem oder adelsähnlichem Rang zu kennzeichnen. Diesen zunächst beschreibenden Charakter verliert es dann jedoch im Verlauf des 19. Jhs. Es wird politisiert und zum Kampfbegriff der liberalen, später der sozialdemokratischen Emanzipationsbewegung. Fortan versteht man darunter im wesentlichen die Angehörigen des preußischen Adels, und zwar insbesondere diejenigen, die in den Provinzen jenseits der Elbe größere Agrarbetriebe, die «Rittergüter», bewirtschaften oder als Offiziere und Beamte in der Armee und der Verwaltung Dienst tun. Junker wird zur polemischen Münze, zum Synonym für eine schmale →Schicht von Landedelleuten, die ihre Privilegien und →Interessen zäh verteidigt. Die demokratische Opposition assoziiert damit in der Regel geistige Enge und unzeitgemäßen Standesdünkel, Selbstsucht und Fortschrittsfeindlichkeit, reaktionäre Mentalitäten, →Ideologien und Verhaltensweisen. Neben dieser negativ eingefärbten gibt es allerdings auch eine positive Variante, denn die von der Kritik Betroffenen wehren sich, indem sie sich das ihnen aufgeklebte Etikett zu eigen machen und umdeuten. Für sie wird «Junker» zu einer Art Ehrentitel, den sie in stolzer Identifikation vor sich hertragen, um sich offensiv zu ihrem Junkertum und der darin wurzelnden gesellschaftlichen Exklusivität zu bekennen.

Den robusten Machtwillen der Junker haben mit einer Mischung aus Bewunderung und Abscheu schon die Zeitgenossen registriert. Von der wissenschaftlichen und publizistischen Debatte, die damals die Gemüter erhitzt hatte, namentlich von den Analysen des Soziologen Max Weber, profitiert auch noch die neuere Literatur. Die Geschichte der Junker schreibt sie als Geschichte einer vorindustriellen, an feudalen Normen und Traditionen orientierten Elite, deren Führungsanspruch in Politik und →Gesellschaft weder durch die →Revolution von 1848 noch durch die →Industrialisierung und Verstädterung ernsthaft beeinträchtigt worden ist. Als Landwirte legen sie eine bemerkenswerte Anpassungsfähigkeit an den Tag, sie rationalisieren und modernisieren ihre Güter, experimentieren mit fortschrittlichen Methoden des Ackerbaus und werden im Laufe des 19. Jhs. zu kapitalistisch wirtschaftenden Agrarunternehmern.

In den konservativen Parteien (→Konservatismus) spielen sie ebenso wie im ländlichen Vereins- und Verbandswesen (→Agrarverbände) die erste Geige, bis 1918 halten sie die Kommandoposten in der →Bürokratie und der Armee in den Händen, weisen das Bürgertum (→Bürger) in die Schranken oder spannen es als Juniorpartner vor den Karren ihrer Interessen. In den Landbezirken schalten und walten sie wie Könige im kleinen. Denn an den Rittergütern hängen nicht nur Nutzungs-, sondern auch Herrschaftsrechte. Die Junker sind dadurch Arbeitgeber und Chefs der lokalen Verwaltung in einer Person. Da die gutsansässige Bevölkerung gegenüber äußeren Einflüssen abgeschirmt wird, verharren die Knechte und Mägde, Tagelöhner und Handwerker weithin im Status unmündiger Untertanen und können erst nach dem Weltkrieg die Fesseln diskriminierender Gesinde- und Arbeitsordnungen abstreifen.

Gemessen an Fabrikanten, Bankiers und Großkaufleuten, gehört die Mehrheit der Junker zwar nicht zu den Spitzenverdienern, aber die Mittel, die aus den Erträgen ihrer Betriebe fließen, und die Steuervorteile, die sie genießen, ermöglichen ihnen alles in allem ein bequemes, standesgemäßes Auskommen, zumal sie in Perioden konjunktureller und struktureller →Krisen auf den →Staat rechnen können, der ihnen mit Subventionen und «Liebesgaben» unter die Arme greift. Skrupel empfinden sie dabei nicht: Selbst von der Weimarer Demokratie, die sie von Herzen verachten, lassen sie sich als Kostgänger der Allgemeinheit ungeniert die Taschen füllen.

Gleichgültig, welches Urteil man darüber im einzelnen fällt: Den Junkern haftet, so der Historiker Gerhard Schulz, die «Faszination des historisch Folgenreichen» an. Tatsächlich haben sie Preußen entscheidend geprägt, nach 1871 auch das Kaiserreich. Die Revolution im November 1918 (→Deutsche Revolution 1918–20) und der Sturz der →Monarchie erschüttern zwar ihre Positionen in den Parlamenten und Regierungsapparaten, aber auf dem flachen Land (→Stadt–Land) bleiben sie die führende Kraft. Von da aus organisieren sie den Widerstand gegen die ungeliebte, als «undeutsch» geschmähte Weimarer Republik, an deren Zerstörung sie gemeinsam mit den anderen Gruppen der «nationalen Opposition» maßgeblichen Anteil haben. Obwohl sie anfänglich als Bündnispartner der NSDAP auftreten, erleiden sie im Zeichen der →Diktatur Einbußen an Einfluß und Prestige. Die Hinrichtungswelle nach dem 20. Juli 1944, dem gescheiterten Attentat auf Hitler, vor allem aber die Kriegsereignisse lichten ihre Reihen, und der Zusammenbruch des Regimes, das 1933 viele erwartungsvoll begrüßt hatten, beraubt sie ihrer traditionellen Existenzgrundlagen. Flucht und Vertreibung, die Abtrennung der Ostgebiete und die Enteignung der Güter in der Sowjetischen Besatzungszone sind die letzten Marksteine auf einem Weg, an dessen Ende die Junker sich als eigenständige →Klasse von der historischen Bühne verabschieden müssen.

In Redewendungen und →Bildern – das zeigt unser Beispiel – spiegeln sich politische →Entwicklungen, soziale und ökonomische Prozesse. Wie Verfassungen, Parteien und staatliche Einrichtungen, wie Schichten und Berufsgruppen unterliegen auch sie dem Wandel der →Zeiten, ändern Funktion und Stoßrichtung: Ältere Bedeutungen werden durch neue teils überlagert, teils verdrängt. →Begriffsgeschichte läßt sich daher ohne →Sozialgeschichte nicht sinnvoll betreiben, denn anders wäre nicht zu erklären, daß ein Wort wie «Junker», das in den Strukturen der heutigen Gesellschaft keine Entsprechung mehr findet, im alltäglichen Bewußtsein verblaßt und zu einem reinen Fachbegriff der Historiker geworden ist.

J. F.

K

◆ Kalter Krieg

Das Jahr 1945 liegt fast zwei Generationen zurück. In der jüngsten Geschichte markiert es einen tieferen Einschnitt, und kaum ein anderes Datum hat die weltpolitische Landkarte so radikal verändert wie dieses. Die Entscheidungen, die damals getroffen wurden, prägten über vier Jahrzehnte lang die Lebensbedingungen der Staaten und ihrer Völker. Das gilt für West- und Mitteleuropa, das seine über Jahrhunderte dominierende Position an die USA und die Sowjetunion abtreten mußte, das gilt aber auch für die zu Selbständigkeit und Selbstbewußtsein erwachende Dritte Welt.

Schon 1945, in der Stunde des Sieges, wurde deutlich, daß das Bündnis zwischen den westlichen →Demokratien und dem bolschewistischen Rußland eine singuläre Erscheinung, sozusagen ein historischer →Zufall war: ein Produkt der Umstände, herbeigezwungen durch den deutschen wie den japanischen →Imperialismus. Die Fundamente, auf denen es ruhte, entbehrten der Festigkeit und des inneren Zusammenhalts. Zwar wußte man sich einig in dem Ziel, Deutschland und Japan niederzuwerfen, aber die Vorstellungen darüber, was nach der Bewältigung dieser Aufgabe werden sollte, strebten von Anfang an auseinander. Nach dem Abschluß der militärischen Operationen zerbrach mit dem gemeinsamen Feind auch die alliierte Koalition, und die Hoffnung, daß sich die Kooperation im →Krieg auch als Kooperation im Frieden bewähren würde, entpuppte sich als Utopie, die von den Realitäten (→Tatsachen), dem machtpolitischen Ehrgeiz und den Interessengegensätzen unter den Partnern von einst rasch überwältigt wurde. Der heiße Krieg wechselte nach einer kurzen Atempause über in den Kalten Krieg, der das Weltgeschehen bis in die Mitte der fünfziger Jahre bestimmte, sich dann abschwächte und seit Anfang der siebziger Jahre von →Entspannungspolitik abgelöst wurde. Aus der traditionellen Balance der Kräfte auf dem europäischen Kontinent, zu deren Verteidigung Großbritannien und Frankreich 1939 in den Krieg gezogen waren, entwickelte und stabilisierte sich dabei ein neues, globales →Gleichgewicht der atomaren Supermächte. Kalter Krieg ist demnach ein Epochenbegriff, und als solcher soll er im folgenden beleuchtet werden. Im alltäglichen Sprachgebrauch wird er freilich auch als Kürzel verwendet, um ganz allgemein Phasen internationaler Spannungen und nicht kriegerischer oder noch nicht kriegerischer Verwicklungen zu beschreiben.

Tiefgreifende Verschiebungen wie die hier skizzierten lassen sich kaum ohne Anteilnahme kommentieren. Dazu ist die Distanz zu den →Ereignissen zu gering. Auch die wissenschaftliche Literatur im Westen, die nach den Ursachen und den Antriebsmomenten für den Kalten Krieg fragt, ist nicht frei von Parteilichkeit und weltanschaulich, ethisch-moralisch begründeten Prämissen. Die Versuchung ist groß, die Geschichte in strahlende Helden und finstere Bösewichte einzuteilen, wobei im Westen die Rolle der ersteren den Amerikanern, die der letzteren den Russen zugedacht wird. Dieses Bild hat überaus lange das Verständnis und das Bewußtsein der Öffentlichkeit geprägt. Über weite Strecken steht es im Einklang mit den Auffassungen und der Selbsteinschätzung der verantwortlichen Politiker. In ihm spiegelt sich gewissermaßen ein Stück offiziöser Deutung und wohl auch Legendenbildung.

Maßgeblich für die Entstehung und allmähliche Verfestigung der Nachkriegskonfrontation war in dieser Sicht das ideologisch untermauerte, auf Revolutionierung gerichtete Expansionsstreben der Sowjetunion, die nicht nur ihren von der Roten Armee besetzten Herrschaftsbereich unterwarf und rigoros disziplinierte, sondern darüber hinaus danach trachtete, die Positionen der – durch wirtschaftliche und soziale Schwierigkeiten geschwächten – kapitalistischen Staaten zu unterminieren und die eigene Einflußsphäre offensiv zu erweitern. Der Westen, so wird argumentiert, hat auf diese Politik erst relativ spät reagiert, nach vergeblichen Angeboten zur Zusammenarbeit seit 1947 umgeschaltet und sich zu einer Strategie der Eindämmung entschlossen, um der drohenden Sowjetisierung Europas einen Riegel vorzuschieben. Zu den Konsequenzen dieser Wende gehörte der Aufbau eines westdeutschen Teilstaates; ferner gehörten dazu: die Gründung der Organisation für wirtschaftlichen Wiederaufbau 1948, die der NATO 1949 und unter dem Eindruck des Korea-Krieges die Wiederbewaffnung der Bundesrepublik sowie deren Eingliederung in das westliche Verteidigungs- und Gesellschaftssystem.

So geschlossen sich dieses Gedankengebäude präsentiert: mit Blick auf die Gewichtung der Faktoren und Motive haften ihm Züge von Rechtfertigung und Selbstgenügsamkeit an. Es hat daher immer wieder kritische

Einwände provoziert, nicht nur von den kommunistischen Parteien und der von ihr kontrollierten Geschichtsschreibung, sondern auch im Westen von Anhängern einer Schule, die gewöhnlich als «revisionistisch» bezeichnet wird. Deren Interpretation geht davon aus, daß 1945 die Sowjetunion nach den enormen Verlusten an Menschen und Material mit dem Rücken zur Wand stand, den USA weder ökonomisch noch militärisch das Wasser reichen konnte. Ihre Führung hätte daher gar keine andere Wahl gehabt, als abwartend zu taktieren und auf Zeitgewinn zu spekulieren. Maßgebend seien für sie im wesentlichen defensive Prioritäten gewesen: zum einen die Notwendigkeit, die zerstörten Infrastrukturen wiederherzustellen und die Rückschläge auszugleichen, die der Krieg für den ohnehin verspäteten russischen Prozeß der →Industrialisierung gebracht hatte; zum anderen das Bedürfnis, die Kriegsbeute, das heißt die nach Westen verschobenen Grenzen abzuschirmen und parallel dazu einen Gürtel von sowjetfreundlichen Staaten im unmittelbaren ost- und südosteuropäischen Vorfeld zu schaffen.

Der Ost-West-Konflikt erwuchs demnach also nicht in erster Linie aus dem theoretisch zwar erhobenen, für die Praxis aber minder wichtigen Anspruch, die Welt durch Export der kommunistischen →Ideologie zu revolutionieren. Nicht die marxistische Rhetorik liefert in dieser Perspektive den Zündstoff, sondern viel entscheidender sind die von der amerikanischen Administration verfochtenen Kriegsziele. Diese waren ihrerseits von innenpolitischen Erwägungen diktiert und eng verknüpft mit der Dynamik eines wirtschaftlichen Systems, für dessen Wohlstand und Stabilität man sich auf Absatzgebiete in Übersee angewiesen glaubte. Die USA haben sich daher, getreu ihrer im 19. Jh. ausgebildeten Tradition, auf eine Politik der «Offenen Tür» versteift. Konkret meinte das: Aufhebung jedweder Handelsschranken und politischer Hemmnisse. Formal gleichberechtigt, sollten sich die →Nationen zu friedlichem Wettbewerb vereinen, wobei freilich von vornherein klar war, daß hier die Amerikaner, gestützt auf ihre Ressourcen und ihre fortgeschrittene Technologie, die Nase vorn haben würden. Rein oberflächlich betrachtet, war die Vision von der «Offenen Tür» ein Instrument liberalkapitalistischer Handelspolitik, tatsächlich jedoch war sie auch ein Instrument zur Erringung politischer Hegemonie.

In diesem Sinne jedenfalls hat man das in Moskau bewertet. Bezogen auf Osteuropa, mußte dort die amerikanische Strategie, so die Überzeugung der Revisionisten, als akute Bedrohung zentraler Sicherheitsinteressen erscheinen. Das im Kreml ohnehin ausgeprägte Mißtrauen wurde zusätzlich dadurch geschürt, daß die USA gleich nach dem Abschluß der

Kampfhandlungen in Europa Druck auszuüben begannen: durch den abrupten Stop ihrer Lieferungen nach dem Pacht-und-Leihvertrag von 1941, durch Verschleppung sowjetischer Kreditwünsche, durch den Marshall-Plan als Programm für wirtschaftliche Gesundung und politische Liberalisierung in Gesamteuropa und nicht zuletzt durch das Atomwaffenmonopol, das die Regierung Truman als eine Art Faustpfand betrachtete. Die Russen haben auf diese Pressionen in den von ihnen eroberten Ländern mit beschleunigter Sowjetisierung reagiert, mit polizeistaatlichem Terror und der rücksichtslosen Ausschaltung unabhängiger, am Westen orientierter Alternativen: so in Polen, Bulgarien und Rumänien, so in Ungarn und in ihrer Besatzungszone zwischen Elbe und Oder und so schließlich in der Tschechoslowakei. Nachdem die USA erfahren mußten, daß sie den niederrasselnden «Eisernen Vorhang» nicht ohne Risiko eines neuen Krieges würden durchdringen können, beschränkten sie sich allerdings auf die Konsolidierung ihrer eigenen Einflußsphären, dabei bewußt die Spaltung Europas in ein kommunistisches und ein nichtkommunistisches Lager in Kauf nehmend.

Diese knappen Andeutungen mögen unter Verzicht auf weitere Details genügen, um zu zeigen, wie groß die Spannbreite der Interpretationen ist und wie kontrovers die darauf fußenden Darstellungen sind. Wägt man sie gegeneinander ab, liegt der Vorzug des revisionistischen Ansatzes vor allem darin, daß er die Bedürfnisse der sowjetischen Politik als legitim anerkennt und in die Analyse einbettet, überhaupt die sehr unterschiedlichen Formen der gegenseitigen Wahrnehmung bei den beteiligten Kontrahenten sichtbar macht. Denn ohne die daraus resultierenden Fehleinschätzungen und Mißverständnisse sind die Abläufe und die kontinuierliche Verschärfung des Nachkriegskonflikts kaum zu begreifen. J. F.

◆ Kapitalismus

Als Epochenbegriff bezeichnet «Kapitalismus» das in der →Neuzeit entstandene Wirtschafts- und Sozialsystem, das nicht nur die ökonomischen und gesellschaftlichen Strukturen (→Ereignis) der europäischen →Staaten und der von diesen kolonisierten Länder, sondern auch Mentalitäten, Verhaltensweisen und Weltanschauungen tiefgreifend verändert hat. Der Kapitalismus sprengt das Gehäuse der feudalen Wirtschafts- und Gesellschaftsordnung. Die ständisch gebundenen Lebensformen lösen sich auf. Die Arbeitskraft wird aus ihrer traditionellen Einbindung in die feudalen Formen der Agrarproduktion und des zünftigen →Handwerks freigesetzt.

Es entsteht der freie Lohnarbeiter, der seine Arbeitskraft wie eine Ware zu Markte tragen muß. Mit dieser →Entwicklung aufs engste verbunden ist die Ausbildung einer modernen Marktgesellschaft, die auf Vertragsfreiheit als Regulativ der sozialen Beziehungen beruht.

Als grundlegende Merkmale des Kapitalismus lassen sich bestimmen:

1. die außerordentliche Entwicklungsdynamik kapitalistischer →Produktion, die sich deutlich abhebt von dem langsameren Entwicklungstempo der mittelalterlichen Land- und Stadtwirtschaft und des frühmodernen →Merkantilismus. Schon Zeitgenossen der Frühindustrialisierung im ausgehenden 18. und frühen 19. Jh. haben diese Dynamik registriert und daraus die Vorstellung einer fast unbegrenzten Wachstums- und Expansionsfähigkeit des neuen Wirtschaftssystems abgeleitet. Dem entsprachen auf der anderen Seite aber schon früh Warnungen vor den Folgen des ungehemmten technischen Fortschritts;

2. die Spaltung der →Gesellschaft in →Klassen, die vor allem durch den Gegensatz von Kapital und freier Lohnarbeit bestimmt wird. Dieser Gegensatz hat sich in der Phase der Frühindustrialisierung und des Manchester-Kapitalismus, der das freie Spiel der wirtschaftlichen Kräfte ohne staatliche Eingriffe forderte, besonders stark ausgeprägt. Er bleibt aber auch im Zeichen einer stärkeren sozialen Bindung der Marktwirtschaft und sozialpartnerschaftlicher Beziehungen zwischen Unternehmern und Arbeitnehmern wirksam. In dem unaufhebbaren «Grundwiderspruch» zwischen dem gesellschaftlichen Charakter kapitalistischer Produktion und der privaten Form ihrer Aneignung sehen Marxisten das entscheidende Merkmal des Kapitalismus;

3. Entgegen manchen vereinfachenden Vorstellungen ist das ungehemmte Streben nach Profit kein typisches Merkmal des modernen Kapitalismus, denn das hat es zu früheren Zeiten auch schon gegeben. Primäres Ziel des Profitstrebens im Kapitalismus ist jedoch nicht der Konsum, also der individuelle Verbrauch des Profits, sondern dessen Wiederverwendung zum Zweck der Vergrößerung des Kapitals. In diesem Zwang zur Kapitalakkumulation, der aus der Konkurrenz der Einzelkapitale resultiert, sehen wiederum marxistische Kritiker des Kapitalismus eine Ursache für dessen Stör- und Krisenanfälligkeit.

Das «Phänomen» Kapitalismus ist älter als der Begriff. Karl Marx, der mit seinem Hauptwerk «Das Kapital» (erster Band, erschienen in Hamburg 1863) die ökonomischen Gesetze des Kapitalismus zu entdecken suchte, gebraucht den Begriff selbst noch nicht, sondern spricht von «kapitalistischer Produktion» oder vom «kapitalistischen Produktionsprozeß». Erst in der sozialdemokratischen Publizistik im letzten Drittel des

19. Jhs. setzt sich «Kapitalismus» als Kampfbegriff durch. So spricht etwa Wilhelm Liebknecht, einer der Väter der deutschen Sozialdemokratie, 1872 vom «Moloch des Kapitalismus», der auf den «Schlachtfeldern der Industrie» sein Unwesen treibe. Gerade die agitatorische Verwendung des Begriffs hat seine Aufnahme in die wissenschaftliche Diskussion lange Zeit behindert. Vor allem zwei Wissenschaftler haben zu einer Verbreitung des Begriffs außerhalb der sozialistischen Bewegung beigetragen: der Nationalökonom Werner Sombart mit seinem zweibändigen Werk «Der moderne Kapitalismus» (1902; Bd. 3 1927) und der Soziologe Max Weber mit seiner berühmten Arbeit «Die protestantische Ethik und der Geist des Kapitalismus» (1904/05).

Sombart versuchte eine historisch-systematische Darstellung und Deutung des Kapitalismus, wobei er drei Phasen unterschied: 1. den Frühkapitalismus (von der Wende des 15. zum 16. Jh. bis ca. 1760); 2. den Hochkapitalismus (1760–1914); 3. den Spätkapitalismus (seit 1914). Im Unterschied zu Marx faßte Sombart den Kapital-Begriff nicht substantiell, sondern funktionell, das heißt, er sah ihn abhängig von der Leistung des kapitalistischen Unternehmers. In diesem Zusammenhang rückte der «kapitalistische Geist» zu einer zentralen Erklärungskategorie auf. Sombart verstand darunter eine Verbindung von unternehmerischem Wagemut mit den bürgerlichen Tugenden des Fleißes, der Berechenbarkeit und Rationalität. An diesen Ansatz knüpfte Max Weber an. Er suchte nachzuweisen, daß die Entstehung des Kapitalismus nicht allein aus ökonomischen Bedingungen zu erklären sei, sondern daß dazu auch nichtökonomische Faktoren herangezogen werden müßten. Eine zentrale Rolle wies er der protestantischen Ethik zu, die zur Ausbildung einer dem ökonomischen Prinzip des Kapitalismus günstigen Wirtschaftsgesinnung geführt habe. Webers Thesen sind bis heute umstritten, wie überhaupt die Frage nach der Entstehung des Kapitalismus sehr kontrovers beurteilt wird. Die neuere sozialhistorische Forschung (repräsentativ dafür Hans-Ulrich Wehlers «Deutsche Gesellschaftsgeschichte», Bd. I/II, 1987) neigt dazu, die Herkunft des Kapitalismus nicht monokausal aus einer Ursache, sondern aus einem ganzen Kranz von Bedingungen abzuleiten, die dem Okzident eigentümlich waren, z. B. das mittelalterliche Städtewesen, das den Aufstieg des Handels- und Gewerbekapitalismus ermöglichte; die Ausbreitung von Marktbeziehungen; die Ausplünderung der überseeischen Kolonialreiche; die spezifische Rationalität des europäischen →Rechts, die dem Bedürfnis nach Berechenbarkeit entgegenkam; ein neues leistungsorientiertes Wirtschaftsethos; schließlich auch – als wichtige Rahmenbedingung – der Prozeß der modernen Staatsbildung in Europa, der zur Entstehung eines auf Konkurrenz und Wettbewerb gegründeten Staatensystems führte.

Einer wissenschaftlichen Untersuchung «des» Kapitalismus steht bis heute nicht nur die Komplexität der damit verbundenen Probleme, sondern auch die Inflationierung des Begriffs selbst im Wege. Davon zeugen nicht zuletzt die vielfältigen Wortverbindungen, in denen Kapitalismus auftaucht – Spätkapitalismus, Neokapitalismus, Industriekapitalismus, Finanzkapitalismus, Staatskapitalismus etc. An den schwankenden Konjunkturen, die die Verwendung des Begriffs erfahren hat, kann man auch etwas ablesen über politisch-gesellschaftliche Konstellationen. So wurde in der Nachkriegszeit in dem Maße, wie die kapitalistischen Strukturen sich wieder organisierten, der Begriff «Kapitalismus» tabuisiert. Erst mit der →Studentenbewegung der späten sechziger Jahre und der Renaissance des Marxismus erlebte auch der Kapitalismus-Begriff eine neue Blüte, wobei er wiederum nicht selten zur Kampfparole umfunktioniert wurde («Kapitalismus führt zum Faschismus/Kapitalismus muß weg»). In den Gesellschaftswissenschaften der DDR setzte sich der Begriff des «staatsmonopolistischen Kapitalismus» zur Charakterisierung der →Wirtschafts- und Gesellschaftsgeschichte kapitalistischer Staaten seit dem ausgehenden 19. Jh. durch. Pate stand hier Lenins Programmschrift «Der Imperialismus als höchstes Stadium des Kapitalismus» (1917). Im Streit um die Rolle des Staates im spätkapitalistischen System hat dieser Begriff zeitweilig auch Eingang gefunden in die Diskussionen innerhalb der westdeutschen Linken («Stamokap»). In der →Geschichtswissenschaft der Bundesrepublik wurde in den siebziger Jahren der Begriff des «organisierten Kapitalismus» wiederentdeckt, den Rudolf Hilferding bereits im Ersten Weltkrieg als Gegenbegriff zum «Kapitalismus der freien Konkurrenz» geprägt hatte. Hilferdings Prognose, daß im «organisierten Kapitalismus» sich die Krisenanfälligkeit der kapitalistischen Produktionsverhältnisse vermindere, wurde durch die Weltwirtschaftskrise in den Jahren nach 1929 kraß widerlegt. So hat man denn auch, bezogen auf die Weimarer Republik, die Frage gestellt, ob es nicht sinnvoller sei, statt von einem «organisierten» von einem «fehlorganisierten Kapitalismus» zu sprechen (Heinrich August Winkler). Allen Untergangsprophezeiungen zum Trotz hat der Kapitalismus im Laufe seiner Geschichte eine erstaunliche Anpassungs- und Überlebensfähigkeit entwickelt, allerdings in jüngster Zeit vor allem auf Kosten einer rapiden Verarmung der Länder der «Dritten Welt» und eines verschwenderischen Umgangs mit den natürlichen Ressourcen. V. U.

◆ Karikatur

Karikaturen sind Formen der bildlichen Darstellung (→Bild). Sie begleiten und kommentieren Personen und Personengruppen des Zeitgeschehens, Ereignisse und Institutionen. Sie wollen belustigen und aufklären, zum Nachdenken anregen und das Bewußtsein schärfen. Ihre Mittel sind Übertreibung und Zuspitzung, Typisierung und Vereinfachung. Gewöhnlich bedienen sie sich einer Kombination von Wort und Bild. Sie konzentrieren sich auf charakteristische Eigenschaften, scheiden das Wesentliche vom Unwesentlichen und bringen es in knappen Strichen auf den Punkt. Sie überzeichnen Menschen und Situationen bis ins Groteske; durch Komik und Satire decken sie Gegensätze zwischen Anspruch und Wirklichkeit auf, geben Rede- und Verhaltensweisen dem Gelächter preis, entlarven Autoritäten und greifen politische Gegner an. Ihr Umgang mit der Realität ist spielerisch, sie konstruieren überraschende, oft fiktive Zusammenhänge, in denen freilich die tatsächlichen Motive der skizzierten Figuren nur um so deutlicher zutage treten, sie verkürzen je nach Bedarf, sie verkleinern und vergrößern, verfremden und vergröbern.

Der Karikaturist ist nicht objektiv, sondern parteilich, was jedoch nicht automatisch heißen muß, daß er sich am Gängelband einer bestimmten →Partei bewegt. Er übt Kritik, aber er macht auch Propaganda, er will aufrütteln und mobilisieren, und er kann ebensogut im Lager der Opposition wie in dem der Regierung stehen. →Mythen kann er entzaubern oder mit seinem Stift erst schaffen; er kann die Menschen mit der Wahrheit konfrontieren oder sie von ihr ablenken, er kann →Ideologien aufbrechen oder stützen, Ressentiments verringern oder schüren, →Gewalt brandmarken oder verherrlichen, Privilegien angreifen oder rechtfertigen: Dieses wie jenes ist gebunden an Standort und Interesse, aber jeweils auch abhängig von Traditionen und Herrschaftsstrukturen. Wo das öffentliche Leben von Zensur, Unterdrückung und Überwachung geprägt wird, sind die Möglichkeiten der Karikatur begrenzt. Entweder sie ist loyal und damit meistens langweilig oder in ihrer Aussage so stark verschlüsselt, daß sie die Mehrheit des Publikums nur schwer erreicht. In der →Diktatur hat sie naturgemäß eine andere Funktion als in der pluralistischen →Demokratie. Während sie dort ein Instrument staatlicher Politik ist, hat sie hier teil an einer offenen, kontrovers geführten Debatte, in der nicht die Nähe zur Obrigkeit zählt, sondern die Qualität der gezeichneten Argumente.

Übertreibende, sarkastisch verzerrende Darstellungen sind so alt wie die Kunst. Die Geschichte der Karikatur im engeren Sinne beginnt allerdings erst mit der Entwicklung geeigneter Drucktechniken seit dem späten 15. Jh. Als Medium nicht allein der individuellen, sondern der gesellschaftlichen Kritik spielt sie besonders in Epochen des Umbruchs und politisch-sozialer Erschütterungen eine bedeutende Rolle. Die →Französische Revolution und die Napoleonische Ära sind voll von polemisch-propagandistischen →Flugblättern, Napoleon vor allem wird zu einer Art universeller Figur, an der sich die Karikaturisten in ganz Europa reiben. Im 19. Jh. gewinnt die Bildpublizistik durch Gründung satirischer Zeitschriften erheblich an Gewicht und Popularität. Zu nennen sind die französischen Journale «La Caricature» und «Le Charivari», der englische «Punch», in Deutschland der sozialdemokratische «Wahre Jakob», der konservative «Kladderadatsch» und der liberale «Simplizissimus». Dies zeigt, wie sehr Karikaturen Ausdruck der politischen Kultur sind: Dokumente, in denen sich Meinungen, Strömungen und Richtungskämpfe spiegeln.

Dafür ein Beispiel: Im «Simplizissimus», der sich hauptsächlich an Leser aus dem gebildeten, aufgeklärt liberalen Bürgertum (→Bürger) wendet, findet sich kurz vor dem Ersten Weltkrieg ein Blatt mit dem Titel: «Der deutsche Ostelbier» (→Junker). Zu sehen ist ein Herr hoch zu Roß, elegant und zweckmäßig sein Äußeres, das Monokel klemmt im Auge, und die Zigarette klebt lässig im Mundwinkel. Rechts neben ihm geht ein vierschrötiger Mann, einfach gekleidet, devot nach oben schauend, die Mütze in der Hand. Im Hintergrund Kühe, Heustiegen, ein, zwei →Arbeiter. Aus der Bildunterschrift entnehmen wir, daß der Reiter seinem Begleiter, offenbar ein Vorarbeiter, eine Anweisung erteilt: «Sie engagieren einfach billige Polen! Für mich ist jeder Arbeiter fremde Nation!» Verstehen kann man dies nur, wenn man eine Vorstellung hat von den besonderen Verhältnissen in Ostelbien, damals ein Kürzel für die östlich der Elbe gelegenen Kernprovinzen der preußischen →Monarchie. Man muß wissen, daß sich die Gutsbesitzer dort vom Rest der →Gesellschaft durch eine tiefe Kluft getrennt fühlten und seit 1890 große Mengen polnischer Saisonarbeiter beschäftigten, die deutsche Landarbeiter, soweit sie in die →Städte abgewandert waren, ersetzten und die noch seßhaften nach und nach verdrängten. Gerade aus der Verknüpfung von Arbeiterpolitik und Standesdünkel, von politischer Strategie und sozialem Vorurteil gewinnt diese Momentaufnahme Pointe und kritische Durchschlagskraft. Das Wort ergänzt das Bild, und das Bild kommentiert das Wort. Beides zusammen signalisiert Distanz und Ablehnung, setzt sich von liberaler Warte aus ab von den Praktiken und dem Zynismus einer konservativen, agrarischen Herrenschicht.

Das Beispiel zeigt, daß man andere →Quellen hinzuziehen muß, wenn man den Sinn und die Botschaft von Karikaturen erfassen will. Die Anspielungen, Zeichen und Symbole (→Insignienkunde), die sie benutzen, sind für die Zeitgenossen jeweils klar, für die Nachwelt jedoch sind sie es nicht. Wer sie entziffern will, muß auf Methoden der historischen Quellenkritik zurückgreifen und den Kontext rekonstruieren, aus dem heraus sie erwachsen sind. J.F.

◆ Kinder- und Jugendbuch

Geschichte wird nicht nur in der Schule, sondern auch durch vielfältige außerschulische Angebote vermittelt. Dazu zählt auch die historische Kinder- und Jugendliteratur. Darunter versteht man ganz allgemein Bücher, die historische Themen mehr oder weniger sachkundig in Text und →Bild einem (noch) nicht erwachsenen Publikum nahezubringen versuchen. In der Entwicklung des historischen Kinder- und Jugendbuches spiegelt sich selbst ein Stück Geschichte. Eine spezifische historische Jugendliteratur kam im Zeitalter der →Aufklärung im späten 18. Jh. auf. Sie sollte im Sinne der aufklärerischen Ideale durch belehrend-moralische Darstellung zur Erziehung der Persönlichkeit beitragen. Unter dem Einfluß der Romantik wuchs das Interesse an den historischen Sagenstoffen des →Mittelalters. Im weiteren Verlauf des 19. Jhs. wurde die historische Kinder- und Jugendliteratur in zunehmendem Maße bevölkert von überlebensgroßen Heldengestalten, die der patriotischen Erbauung, schließlich auch der nationalistischen Indoktrination dienten. Felix Dahns «Ein Kampf um Rom» (1876) und Gustav Freytags Romanzyklus «Die Ahnen» (1872–1881) sind typische Beispiele für die politische Indienstnahme der historischen Jugendliteratur für herrschaftliche Interessen, die im Nationalsozialismus noch um die völkisch-rassistische Komponente erweitert wurde.

Die seit dem letzten Drittel des 19. Jhs. einsetzenden Versuche, im Rahmen der sozialdemokratischen →Arbeiterbewegung eine sozialistische Kinder- und Jugendliteratur zu entwickeln, welche die Arbeiterkinder gegen die über die Volksschule vermittelten →Ideologien des monarchischen Obrigkeitsstaates immunisieren sollte, blieben ohne nachhaltigen Erfolg. Das gleiche gilt für die kommunistische Kinder- und Jugendliteratur der zwanziger Jahre, die häufig ebenfalls nur eine Heldenverehrung, allerdings unter umgekehrtem ideologischem Vorzeichen, betrieb.

Die Entzauberung des Helden als der dominierenden Figur im historischen Kinder- und Jugendbuch setzte nach Ende des →Faschismus ein, der ein für allemal demonstriert hatte, wohin unkritische Führerverherrlichung führen kann. Erst seit den sechziger Jahren begann sich die Kinder- und Jugendliteratur in der Bundesrepublik mit dem Thema des Nationalsozialismus ernsthaft auseinanderzusetzen. Zu nennen sind hier u.a. Hans-Peter Richter: «Damals war es Friedrich» (1969), Judith Kerr: «Als Hitler das rosa Kaninchen stahl» (1971), Leonie Ossowski: «Stern ohne Himmel» (1978), Horst Burger: «Warum warst du in der Hitler-Jugend? Vier Fragen an meinen Vater» (1978). Seit Ende der siebziger Jahre, im Zusammenhang mit dem neuen Interesse für Themen der →Alltagsgeschichte, wandte sich auch die historische Kinder- und Jugendliteratur der bislang verschütteten, verdrängten oder unterdrückten Geschichte der «kleinen Leute», gesellschaftlicher Randgruppen und revolutionärer Minderheiten zu. Beispielhaft sollen nur genannt werden: Dietlof Reiche: «Bleisiegelfälscher» (1977), Michail Krausnick: «Beruf: Räuber» (1978) oder Klaus Kordon: «Die roten Matrosen» (1984). V. U.

◆ Kirche

Als «Kirche» verstanden und verstehen sich christliche Religionsgemeinschaften. Der Begriff verweist auf das griechische Wort «kyrikon» («Haus des Herrn») und bezeichnet damit ursprünglich den Versammlungsraum der Gemeinde. Diese Bedeutung ist bekanntlich noch heute erhalten. Religions- und sozialgeschichtlich ergiebig ist aber vor allem die Bedeutung von «Kirche» als Bezeichnung der Gemeinde. In diesem Sinne übersetzt der Begriff das lateinische Wort «ecclesia», das die Versammlung der stimmberechtigten →Bürger einer politischen Gemeinde bezeichnete. Für das spätantike Christentum wurde daraus die Gemeinschaft aller Gläubigen als Versammlung der rechtmäßigen «Bürger» des Gottesreiches.

Den unterschiedlichen mystischen und rationalen Tendenzen des frühchristlichen Kirchenbegriffs machte die unter den Kaisern Galerius, Konstantin und Theodosius vollzogene Wendung zur Toleranz (311), Privilegierung (313) und Dominanz des Christentums als Staatskirche (395) ein Ende. Von nun an war die Kirche «cultus publicus», Staatskult, und damit Teil der politischen und rechtlichen Strukturen des Imperium Romanum. Die ab hier einsetzende Machtgeschichte der Kirche ließ sie Hierarchie, Autorität und eigenes Gesetz hervorbringen. Sie entwickelte sich vom «mystischen Körper Christi» zum «Sacerdotium», zur Universalgewalt.

Einigkeit, Heiligkeit, Katholizität (alle umfassende Rechtgläubigkeit) und Apostolizität (auf die Apostel zurückweisende Gründungstradition sowie Verbreitungsauftrag) bestimmten das Wesen der römischen Staatskirche und ihrer Nachfolgekirchen im Westen und Osten des Imperiums. Die Durchsetzung des päpstlichen Anspruchs auf den Primat in der Kirche wies die in der antiken Kaisertradition stehende Ostkirche zurück. Dieser Anspruch gipfelte in den Hierarchisierungstendenzen und Zentralisierungsbestrebungen des Reformpapsttums des 11. Jhs., das die endgültige Trennung von Ost- und Westkirche im Schisma von 1054 vollzog. Zugleich wurden von nun an Amtskirche als Hierarchie und spezifische Heiligkeit ihrer Träger (Klerus) von der Gemeinschaft der Laien getrennt, die erst über die Heilsverwaltung der Kleriker ihr «Bürgerrecht» in der Kirche erlangten. Diese Trennung aufzuheben, die spezifische Kirche der Amtsträger in Frage zu stellen, entwickelte sich zu einem wesentlichen Motiv kirchlicher Häresiebewegungen, aber auch extensiver Laienfrömmigkeit (→Frömmigkeits-, Ketzer- und Armutsbewegungen). Auch die Amtskirche blieb von internen Konflikten um ihre Konstituierung nicht verschont. Papsttum und Konzilien traten sich mit dem jeweiligen Anspruch gegenüber, die Kirche zu konstituieren. Aber erst die Reformation bildete einen dauerhaft konkurrierenden Kirchenbegriff aus. Sie hielt dem Amtskirchenverständnis, das in dem Satz «Kein Heil außerhalb der Kirche» gipfelte, den Begriff der «Glaubenskirche» entgegen, die allein durch die Gnade Gottes und die Glaubensentscheidung der Gemeinde gebildet wurde. Diese Kirche als «Gemeinschaft der Gläubigen» war unsichtbar – nicht nur im Gegensatz zur apostolischen Kirche Roms, sondern auch zu den seit dem Augsburger Religionsfrieden (1555) begründeten Landeskirchen, die auch in protestantischen Territorien des «Reiches» im Glaubensbekenntnis (Confessio) des Landesherrn gipfelten. Diese Regionalisierung und Politisierung der Kirche vollzog im nachreformatorischen Reichsverband nur das, was die französische Krone bereits seit dem 14. Jh. durchzusetzen begonnen hatte und die englische Krone durch eine «Reformation von oben» gleichzeitig mit der kontinentalen Reformation für sich beanspruchte: das Bündnis von «Thron und Altar». Damit begründete sich ein neuartiges Staatskirchentum, mit dem sich die National- und Landeskirchen zu Legitimationsstützen des Frühabsolutismus entwickelten. Folgerichtig sahen die Herrscher und Höfe des «aufgeklärten →Absolutismus» in der ostentativen Trennung von der Kirche und der gleichzeitigen Reduzierung ihrer Privilegien den wesentlichen Beweis der eigenen «rationalen Legitimität». Die Trennung von →Staat und Kirche wurde in diesem Sinne auch konstitutive Forderung aller bürgerlichen Reformbewegungen und Revolten. Zögernd vollzogen die Kirchen – ob katholisch oder protestantisch – den ihnen aufgenötigten Konflikt mit «dem Staat» nach. Erst allmählich entdeckten sie in der Distanz zum Staat auch ein neues Selbstverständnis als religiöse Gemeinschaften, die gegenüber der Säkularisierung von Staat und →Gesellschaft das Prinzip institutionalisierter Transzendenz bewahrten. Diese Haltung trat bei Teilen der beiden Kirchen im Widerstand gegen den Nationalsozialismus als heilsame Distanz ebenso zutage (z. B. Bekennende Kirche des Protestantismus), wie die ältere Staatskirchentradition sich unheilvoll in der Konkordatsdiplomatie der katholischen Kirche und in der Anbiederung «Deutscher Christen» der protestantischen Kirchen restaurierte. Die bedeutsame Rolle der Kirchen als «Fluchtburgen» nicht nur der Religiosität, sondern auch der Kritik und Debatte in den vier Jahrzehnten DDR-Geschichte und vor allem ihr Einfluß auf den Stil der Gewaltlosigkeit in der Herbstrevolution gegen das SED-Regime 1989 besiegelten ihre geschichtliche Erfahrung institutionalisierter Transzendenz in Distanz zu säkularen Herrschern. Konsequent sieht daher das soziale und politische Engagement eines Teils des Klerus in den lateinamerikanischen «Revolutionskirchen» in der Befreiung des Menschen von Armut und →Ausbeutung die wesentlichen Voraussetzungen für seine transzendentale Selbstfindung. A. v. M.

◆ **Klasse** (Klassengesellschaft/Klassenkampf)

Der Begriff «Klasse» wird in Soziologie und Geschichtswissenschaft mit unterschiedlicher Tendenz und Bedeutung zur Bezeichnung von sozialen Gruppen gebraucht, deren Mitglieder durch eine gleiche ökonomische und soziale Lage, durch gemeinsame →Interessen und Erfahrungen verbunden sind. Als analytische Kategorie bezieht er sich immer auf →Gesellschaften, deren Strukturen (→Ereignis) durch ein hohes Maß an sozialer Ungleichheit gekennzeichnet sind und daher als «Klassengesellschaften» angesprochen werden können.

Der Klassenbegriff kam in der zweiten Hälfte des 18. Jhs. auf. Allerdings wurde er bis ins 19. Jh. hinein sehr häufig noch synonym mit →Stand gebraucht. Diese Begriffsvermischung spiegelt die Gemengelage, in der auch noch im späten Vormärz Klassen und Stände im realhistorischen Kontext auftreten konnten. Der «Brockhaus» von 1837 sprach zwar schon von den «besonderen Klassen der bürgerlichen Gesellschaft» und definierte sie durch ihre «jeweilige Tätigkeit», setzte aber andererseits das neue Wort noch ganz traditionell mit «Stand» gleich. Charakteristisch für die mangelnde Trennschärfe des frühen Klassenbegriffs ist auch, daß die neu aufkommende Klasse der Lohnarbeiter zunächst auch gern unter dem Begriff des «Vierten Standes» subsumiert wurde.

Das – im Vergleich zur älteren Ständenomenklatur – Neue am Klassenbegriff war, daß er gesellschaftliche Gruppen nach ihrer Stellung im Produktionsprozeß zu bestimmen versuchte. Klasse als ökonomisch-soziale Kategorie war keine Erfindung von Karl Marx. Bereits François Quesnay, ein prominenter Vertreter der französischen Physiokraten, teilte in seinem «Tableau économique» (1756) die Gesellschaft in drei Klassen ein: die «classe productive» der landwirtschaftlichen Pächter, die «classe distributive» der Grundeigentümer, die von den Überschüssen (Grundrenten) lebten, die die →Bauern auf den gepachteten Ländereien erwirtschafteten, und die «classe stérile», die alle anderen Erwerbsgruppen umfaßte. Diese noch ganz auf die dominierende agrarische Produktionsweise bezogene Klasseneinteilung wurde in dem Maße hinfällig, wie sich die alte Ständeordnung auflöste und mit dem Aufstieg des →Kapitalismus sich die neuen Klassen des Industriebürgertums und der Lohnarbeiterschaft formierten. Der französische Frühsozialist Claude Henri de Saint-Simon stellte in seinem «Catéchisme des industriels» (1823/24) den parasitären →Schichten der Gesellschaft die «classe industrielle» entgegen, zu der er alle an der materiellen →Produktion direkt oder indirekt Beteiligten, also Bauern und Handwerker, Fabrikanten und →Arbeiter, Künstler und Gelehrte, zählte. Demgegenüber erkannten andere Sozialphilosophen – etwa Lorenz von Stein in seinem Werk «Sozialismus und Communismus des heutigen Frankreichs» (1842) – in dem Gegensatz von besitzendem Bürgertum (→Bürger) und besitzlosen Proletariern bereits die entscheidende neue Triebkraft der gesellschaftlichen →Entwicklung.

Erst in der Theorie von Karl Marx wurde der Klassenbegriff jedoch zu einer zentralen analytischen Kategorie, die nicht mehr nur zur Beschreibung der sich entwickelnden bürgerlich-kapitalistischen Gesellschaft, sondern auch zur Erklärung der geschichtlichen Abfolge der Gesellschaftsformationen (→Periodisierung) diente. Nach Marx ist die Existenz von Klassen an bestimmte historische Entwicklungsphasen der Produktion gebunden. Ihr Verhältnis zueinander wird dabei bedingt durch ihre jeweilige Stellung zu den Produktionsmitteln. Eine (herrschende) Klasse von Produktionsmittelbesitzern eignet sich die (Mehr)Arbeit einer (unterdrückten) Klasse von Produzenten an. Aus diesem ökonomischen Ausbeutungsverhältnis, das immer auch ein soziales Herrschaftsverhältnis ist, resultiert der antagonistische, das heißt unaufhebbare Interessengegensatz der Klassen, der den Klassenkampf als das bewegende Moment der Geschichte hervorbringt. Im «Manifest der Kommunistischen Partei» (1848) haben Marx und Engels dieses Kernstück ihrer Klassenlehre in die berühmten Sätze gefaßt: «Die Geschichte aller bisherigen Gesellschaft ist die Geschichte von Klassenkämpfen. Freier und Sklave, Patrizier und Plebejer, Baron und Leibeigener, Zunftbürger und Gesell, kurz, Unterdrücker und Unterdrückte standen in stetem Gegensatz zueinander, führten einen ununterbrochenen, bald versteckten, bald offenen Kampf, einen Kampf, der jedesmal mit einer revolutionären Umgestaltung der ganzen Gesellschaft endete oder mit dem gemeinsamen Untergang der kämpfenden Klassen.» Marx unterschied zwischen einer Klasse «an sich», die er durch die gemeinsame sozioökonomische Lage bestimmt sah, und einer Klasse «für sich», der er ein gemeinsames Bewußtsein von dieser Lage und eine daraus resultierende politische Handlungsfähigkeit zuschrieb. Auch wenn Marx das Klassenbewußtsein nicht als selbstverständlich voraussetzte, sondern erst als Ergebnis von längeren Lernprozessen erwartete, war für ihn zweifelsfrei, daß das Proletariat als handelndes revolutionäres Subjekt seine historische Mission, mit dem Sturz der Bourgeoisieherrschaft zugleich alle Ausbeutungsstrukturen zu beseitigen und das Fernziel der «klassenlosen Gesellschaft» zu verwirklichen, erfüllen würde.

In der innersozialistischen Diskussion vor dem Ersten Weltkrieg wurde die Klassentheorie von Marx und die Rolle, die darin dem Proletariat zugewiesen wurde, zum Gegenstand heftiger Auseinandersetzungen. Im Mittelpunkt der Kritik stand die Annahme, daß die Mittelschichten, die sogenannten Zwischen- oder Nebenklassen, zunehmend in die beiden Hauptklassen, Bourgeoisie und Proletariat, aufgehen und daß sich Klassenverhältnisse in der bürgerlichen Gesellschaft immer mehr auf den Gegensatz von Lohnarbeit und Kapital reduzieren würden. Diese Vorstellung ebenso wie die von der permanenten Verelendung des Proletariats stand in einem deutlichen Kontrast zur tatsächlichen gesellschaftlichen Entwicklung vor 1914 und wurde daher zum Hauptangriffspunkt von Eduard Bernsteins Revisionsversuch des Marxismus (→Sozialismus). Kritik entzündete sich aber auch immer wieder an dem behaupteten Zusammenhang von Klassenlage und Klassenbewußtsein. Lenin hat später das Marxsche Konzept durch die Feststellung zu korrigieren versucht, daß die Arbeiter aus sich selbst heraus immer nur ein «trade-unionistisches», also gewerkschaftliches Bewußtsein (→Gewerkschaften) entwickeln könnten und ihnen das Klassenbewußtsein von außen, durch die Kader der revolutionären Avantgardepartei, vermittelt werden müsse.

Außerhalb der marxistischen Diskussion hat sich vor allem der Soziologe Max Weber kritisch mit dem Marxschen Klassenbegriff beschäftigt und ihm ein eigenes Konzept entgegengestellt. Im Unterschied zu Marx, für den die Position im Produktionsprozeß das entscheidende Kriterium der Klassenbestimmung ist, definiert Weber Klassen nach ihrer unterschiedlichen Stellung im und am Markt und den damit verbundenen ungleichen Chancen der Güter- und Leistungsverwertung. Der Klassenbegriff wird damit eindeutig an die Entwicklungs- und Funktionsbedingungen kapitalistischer Marktgesellschaften gebunden, weshalb Weber auch von «marktbedingten Klassen» spricht. Er umfaßt eine Vielfalt von Erwerbs-, Besitz- und Berufsklassen, die sich aber nach Webers Ansatz zu größeren «sozialen Klassen» zusammenfassen lassen.

In der deutschen bzw. der westdeutschen Geschichtswissenschaft (→Geschichtswissenschaft in der Bundesrepublik) nach 1949 ist der Klassenbegriff wie auch der mit ihm korrespondierende Kapitalismusbegriff in außerordentlicher Weise tabuisiert worden. Zu dieser Aversion hat auch der vulgarisierte Gebrauch der Marxschen Klassenlehre in der DDR-Geschichtswissenschaft (→Geschichtswissenschaft in der DDR) beigetragen. Erst im Gefolge der →Studentenbewegung der späten sechziger Jahre, die freilich zumal in ihrer zweiten Phase dogmatische Verengungen kannte, ist die Scheu vor einer Verwendung des Klassenbegriffs gewichen. Allerdings bevorzugt man in der kritischen Sozialgeschichtsschreibung der «Bielefelder Schule» eher die elastischere, von der Bürde historischer Missionen befreite Klassentheorie Max Webers. V. U.

◆ Klimageschichte

Sonnenschein und Regen beeinflussen unsere Gemütsverfassung, unser körperliches Wohlbefinden und unsere Tagesabläufe. Daß dies auch für die Generationen unserer Vorfahren galt, ist eine zwar im einzelnen nicht immer schlüssig zu beweisende, aber doch nicht völlig unbegründete Vermutung: schon deshalb nicht, weil früher die agrarischen →Gesellschaften sehr viel elementarer von der Witterung abhängig waren als heute die industriellen. Die langfristigen Bewegungen des Wetters zu rekonstruieren und sie mit den verschiedenen Epochen (→Periodisierung) und Äußerungsformen der menschlichen Existenz in Verbindung zu bringen, ist Aufgabe der Klimageschichte, die bislang fast ausschließlich eine Domäne angelsächsischer, französischer und skandinavischer Historiker war. In der Bundesrepublik hat man ihr dagegen – befangen in andersgearteten Traditionen – nur am Rande, jedenfalls keine systematische Beachtung geschenkt. Das ist um so erstaunlicher, als wir Jahr für Jahr mit Meldungen über ökologische Katastrophen konfrontiert werden, die das Bewußtsein für die Verletzbarkeit der Natur und deren Rückwirkungen auf unsere Lebensbedingungen spürbar geschärft haben.

Historische Klimaforschung ist gewöhnlich interdisziplinäre Forschung, die mit Hilfe der elektronischen Datenverarbeitung Erkenntnisse der Archäologie und Geologie mit denen der Bevölkerungs-, Siedlungs-, Architektur- und →Kulturgeschichte kombiniert. Das empirische Material, das dabei ausgewertet wird, setzt sich aus Schrift- und Sachquellen (→Quellen) zusammen: Strukturen der Erdoberfläche, Bodenfunde, Jahresringe von Bäumen, Berichte über die Blüte- und Reifezeit der Pflanzen, vor allem über die Weinlese, verstreute Hinweise in Briefen, Kirchenregistern, →Tage-, Haushalts- und Wirtschaftsbüchern, seit dem 18. Jh. Messungen von Temperatur, Luftdruck und Niederschlagsmengen, die in den →Archiven staatlicher Behörden, meteorologischer Stationen und wissenschaftlicher →Vereine überliefert sind. Die Einsichten, die sich daraus gewinnen lassen, können höchst aufschlußreich sein und das Verständnis von bestimmten Phasen der →Entwicklung enorm vertiefen. So wissen wir z. B., daß sich im Übergang vom 13. zum 14. Jh. eine allgemeine Abkühlung auf der nördlichen Halbkugel vollzogen hat. Die in dieser Periode zu beobachtende Unterversorgung mit Lebensmitteln resultierte demnach nicht nur aus einem überproportionalen Wachstum der Bevölkerung, sondern auch aus klimatischen Veränderungen, die die Quantität und Qualität der Ernten, die Preise und den Lebensstandard beeinträchtigt, die Ausbreitung von Seuchen gefördert, die Siedlungsgrenzen verschoben und in den Küstenregionen zu beträchtlichen Landverlusten geführt haben.

Es liegt auf der Hand, daß die Beschaffenheit des Klimas die Art und Weise des Wirtschaftens, des Bauens und Wohnens, überhaupt die Formen der häuslichen wie der öffentlichen →Kultur in starkem Maße prägt. Das Studium der Architektur, der Feiern und Feste liefert dafür zahllose Anhaltspunkte. Aber wie die Jahreszeiten und die Schwankungen des Wetters auf das Gefühlsleben (→Affekte) und die Mentalitäten der Menschen einwirken und welche Rolle dabei die Errungenschaften der modernen Zivilisation wie Heizungssysteme, Warmwasserversorgung und Klimaanlagen für individuelle und kollektive Erfahrungen spielen: darüber fließen die Informationen relativ spärlich. Auf die Fragen, die sich hier stellen, gibt es nur tastende, wenig gesicherte Antworten, mit denen wir zudem das

Feld der Klimageschichte im engeren Sinne verlassen und überwechseln in das der historischen Psychologie, vielleicht auch nur in das der Spekulation. J.F.

◆ Kolonialismus

Der Begriff «Kolonialismus» wird sowohl in beschreibender als auch in polemischer Absicht benutzt. Beschreibend ist damit die direkte →Herrschaft gemeint, die →Staaten über Kolonien, das heißt Gebiete jenseits ihrer Grenzen ausüben. Ausgestattet mit den nötigen Machtmitteln, sichern sie ihren Einfluß durch →Gewalt oder Androhung von Gewalt, durch zweckdienliche Verwaltungsapparate, wirtschaftliche, militärische und kulturelle Einrichtungen. Jeweils bestehende Strukturen (→Ereignis) werden dabei integriert, überformt und verändert, eigenständige →Entwicklungen umgepolt, abgebremst oder überhaupt verhindert. Polemisch wendet sich der Begriff vor allem nach 1945 gegen die Fortdauer kolonialer Interessenzonen in Asien, Afrika, Südamerika und der Karibik: er fordert die Dekolonisierung, die Auflösung der Kolonialreiche bzw. dessen, was davon nach dem Zweiten Weltkrieg übriggeblieben und wiederhergestellt worden war, Selbstregierung und Unabhängigkeit für die betroffenen Völker und Völkerschaften. Obwohl dieser Prozeß mittlerweile fast überall abgeschlossen ist, sind die Folgen der Kolonialherrschaft bis heute spürbar. Zwar haben die ehemaligen Kolonien ihre Souveränität erhalten oder in langwierigen Kriegen erkämpft, aber vielfach zählen sie in der Welt zu den Ärmsten der Armen, verharren im Zustand ökonomischer Abhängigkeit, sind hoch verschuldete, auf Investitionen und Hilfen der Industrienationen angewiesene Entwicklungsländer.

Kolonialmächte sind seit dem 15. Jh. insbesondere die europäischen Staaten, die für eine Europäisierung der Welt sorgen: zunächst Spanien und Portugal, Holland, Frankreich und England, später dann im 19. Jh. Rußland, Deutschland, Belgien und Italien sowie Japan und die USA. Die Formen kolonialer Herrschaft sind ebenso vielfältig wie die Motive, die ihnen zugrunde liegen. Neben lokalen Strukturen und Gegebenheiten spielen in diesem Zusammenhang die Bedürfnisse, Traditionen und Möglichkeiten des Mutterlandes eine gewichtige Rolle. Fast immer geht es darum, den unterworfenen Regionen die eigene Zivilisation (→Kultur) und die darin wurzelnden Wertsysteme aufzuprägen, sie militärstrategisch, aber auch als Siedlungsland und Rohstofflieferanten zu nutzen, die eingesessene Bevölkerung unter politischen, religiösen und ideologischen Prämissen zu missionieren, die wirtschaftlichen Kraftquellen im nationalen →Interesse zu lenken und auszubeuten. Insofern überschneidet sich der Begriff mit einem anderen, zudem geläufigeren, mit →Imperialismus. Beide mit hinreichender Genauigkeit voneinander zu scheiden fällt schwer: Sie zielen zum Teil auf identische, zumindest verwandte Phänomene. Kolonialismus ist dabei zeitlich umfassender: Imperialismus wird gewöhnlich auf die Epochen (→Periodisierung) seit der Hochindustrialisierung, also seit der zweiten Hälfte des 19. Jhs. beschränkt. Unter analytischen Gesichtspunkten ist Imperialismus allerdings die Kategorie mit der größeren Reichweite. Denn sie sucht nicht nur direkte, sondern auch indirekte Herrschaftsformen und Abhängigkeitsverhältnisse zu erfassen, darüber hinaus innenpolitische mit außenpolitischen Strömungen, Erwartungen und Aktivitäten zu verknüpfen. J. F.

◆ Kommunismus

Der Begriff bezeichnet politisch-soziale Bewegungen, die – zumeist durch revolutionäre Umgestaltung – den Zustand einer herrschaftsfreien →Gesellschaft auf der Grundlage einer Aufhebung des Privateigentums zumindest an den entscheidenden Produktionsmitteln anstreben. Als historische Vorläufer können die europäischen Täuferbewegungen des 16. und 17. Jhs. gelten, die bereits kollektive Lebensformen auf der Basis der allgemeinen Gütergemeinschaft entwickelten. Das moderne Verständnis von Kommunismus als einer auf die Errichtung einer künftigen idealen Gesellschaftsordnung orientierten Bewegung bildete sich erst am Ende des 18. Jhs. heraus. Erste Ansätze dazu finden sich bei Gracchus Babeuf (1760–1797), dem Kopf der «Verschwörung der Gleichen» (1796), der den Gedanken allgemeiner →Gleichheit mit der Idee einer kommunistischen Wirtschaftsgemeinschaft verband. Während die Bezeichnung «communistes» zunächst nur für die Anhänger Babeufs galt, wurde sie um 1840 in Frankreich zum Sammelbegriff für alle politisch-sozialen Gruppen und Theorien, die durch Abschaffung des Privateigentums eine egalitäre Gesellschaftsordnung herbeiführen wollten. Wesentlich zur Popularisierung des Begriffs trug Etienne Cabet (1788–1856) bei, der in seinem in die modische Form des Reiseberichts gekleideten utopischen Roman «Le voyage en Icarie» («Die Reise nach Ikarien», 1839) das Idealbild einer kommunistischen Gütergemeinschaft entwarf (→Utopie).

Von Frankreich aus wurden die Begriffe «Kommunismus» bzw. «Kommunist» in die deutsche Sprache übertragen. Eine wichtige Vermittlerrolle spielte hier zum einen der Sozialtheoretiker Lorenz von Stein mit seinem Werk «Socialismus und Communismus des heutigen Frankreichs» (1842), zum anderen der Schneidergeselle Wilhelm Weitling (1808–1871), dessen in der Schweiz verfaßtes Hauptwerk «Garantien der Harmonie und der Freiheit» (1842) nach dem Urteil Heinrich Heines «lange Zeit der Katechismus der deutschen Kommunisten» war. Auch Marx und Engels zollten dem Werk des Autodidakten Anerkennung, suchten aber in Abgrenzung von den utopischen Entwürfen ihrer Vorgänger den Kommunismus auf eine neue theoretische Grundlage zu stellen. In «Die Deutsche Ideologie» (1845/46) formulierten sie, worin sie ihren Kommunismus-Begriff von den bisherigen kommunistischen Theorien unterschieden wissen wollten: «Der Kommunismus ist für uns nicht ein Zustand, der hergestellt werden soll, ein Ideal, wonach die Wirklichkeit sich zu richten haben wird. Wir nennen Kommunismus die wirkliche Bewegung, welche den jetzigen Zustand aufhebt.» Im Bund der Kommunisten, der 1847 aus älteren Geheimorganisationen wandernder Handwerksgesellen und emigrierter Intellektueller, dem Bund der Geächteten und dem Bund der Gerechten hervorging, konnten Marx und Engels ihren Führungsanspruch durchsetzen. Mit ihrem am Vorabend der →Revolution von 1848 in London, dem Sitz der «Zentralbehörde» des Bundes, veröffentlichten «Manifest der Kommunistischen Partei» besaß der Bund ein deutliches programmatisches Profil. Darin wurde den Kommunisten eine Avantgarde-Rolle in der sich formierenden →Arbeiterbewegung zugewiesen: «Die Kommunisten sind also praktisch der entschiedenste, immer weitertreibende Teil der Arbeiterparteien aller Länder; sie haben theoretisch vor der übrigen Masse des Proletariats die Einsicht in die Bedingungen, den Gang und die allgemeinen Resultate der proletarischen Bewegung voraus.»

Auf Verlauf und Ergebnis der Revolution von 1848/49 konnten die zeitweilig nach Deutschland zurückgekehrten Mitglieder des Bundes schon in Anbetracht ihrer geringen Zahl keinen großen Einfluß ausüben. Das hinderte die Mächte der Gegenrevolution allerdings nicht daran, das Gespenst einer kommunistischen Bedrohung an die Wand zu malen und die Bedeutung des Bundes der Kommunisten maßlos zu übertreiben (→Antikommunismus). Einen Höhepunkt fand diese Kampagne in einem Prozeß, der im Herbst 1852 in Köln gegen verhaftete Mitglieder des Bundes veranstaltet wurde. Im November 1852, unmittelbar nach Abschluß des Kölner Kommunistenprozesses, löste sich der Bund der Kommunisten in London von selbst auf. Die negative Bedeutung, die der Kommunismus-Begriff als anitrevolutionäres Schreckbild inzwischen erlangt hatte, veranlaßte die Begründer der sozialdemokratischen Arbeiterbewegung in den sechziger Jahren – Ferdinand Lassalle auf der einen, August Bebel auf der anderen Seite –, sich mehr oder weniger offen von kommunistischen Bestrebungen zu distanzieren. Auch beim späten Marx und Engels läßt sich eine deutliche Zurückhaltung gegenüber der Verwendung des Kommunismus-Begriffs feststellen. Marx bezog ihn in seiner «Kritik am Gothaer Programm» (1875) nicht mehr auf seine Theorie, sondern auf den von ihm prognostizierten Endzustand der →Gesellschaft, und auch Engels bezeichnete den Marxismus nicht als «wissenschaftlichen Kommunismus», sondern als «wissenschaftlichen Sozialismus» («Die Entwicklung des Sozialismus von der Utopie zur Wissenschaft», 1882). →«Sozialismus» verdrängte «Kommunismus» auch als Bewegungsbegriff.

Erst die Durchsetzung des Reformismus in der sozialdemokratischen Arbeiterbewegung nach 1890, die Herausbildung eines linken Flügels und dessen Abspaltung von der Mehrheit der Sozialdemokratie im Ersten Weltkrieg schufen die Voraussetzung für die Wiederbelebung des Begriffs. In der letzten seiner berühmten «Aprilthesen» von 1917 erklärte Lenin: «Wir müssen uns Kommunistische Partei nennen, so wie Marx und Engels sich Kommunisten nannten.» Auf einem außerordentlichen Parteitag der Bolschewiki im März 1918 wurde die Umbenennung offiziell vollzogen. Das Vorbild Lenins stand dem Spartakusbund und anderen linksradikalen Gruppen in Deutschland vor Augen, als sie am 30. Dezember 1918 der neugegründeten →Partei – gegen den Widerstand Rosa Luxemburgs – den Namen «Kommunistische Partei Deutschlands» gaben.

Nach der Oktoberrevolution 1917 wurde der Kommunismus-Begriff mehr und mehr mit Theorie und Praxis des Sowjetstaates identifiziert. Er dient seither ganz allgemein zur Kennzeichnung des Herrschaftssystems in Ländern, in denen kommunistische Parteien die Macht erringen konnten. Mit der Gründung der Kommunistischen →Internationale im März 1919 besaßen die russischen Kommunisten ein Instrument, um die kommunistischen Bruderparteien zu beeinflussen, in der Phase der Stalinisierung (→Stalinismus) sogar völlig ihren Weisungen zu unterwerfen. Nach dem Sieg über Hitler-Deutschland 1945 konnte die Sowjetunion durch Schaffung von «Volksdemokratien» nach sowjetischem Muster ihren Einflußbereich nach →Mittel- und Südosteuropa ausweiten. Mit ihrer Unterstützung konnten sich die Kommunisten auch in anderen Regionen der Erde durchsetzen, z. B. in Nordkorea, in China (1949), in Kuba (1959), in Vietnam (1975). Mit der Ausbreitung der kommunistischen Weltbewegung ging ein innerer Differenzierungsprozeß einher. Jugoslawien unter Marschall Tito konnte sich schon 1948 dem Führungsanspruch der KPdSU entziehen (Titoismus); das China Mao Tse-tungs brach 1960 ideologisch mit Moskau (Maoismus). Selbständigkeitsbestrebungen im Lager des

Warschauer Paktes wurden durch Militärinterventionen der Sowjetunion mehrfach im Keim erstickt (1956: Ungarn, 1968: Tschechoslowakei). Seit Mitte der siebziger Jahre zeigten die kommunistischen Parteien Westeuropas deutliche Bereitschaft, sich von der ideologischen Vormundschaft der KPdSU zu befreien. Zum Vorreiter dieses «Eurokommunismus» wurde die Kommunistische Partei Italiens unter Enrico Berlinguer. Seit Mitte der achtziger Jahre setzte sich die Sowjetunion unter Gorbatschow selbst an die Spitze der Reformbestrebungen im kommunistischen Lager. Mit Glasnost und Perestroika tauchten zwei neue, viele Menschen auch in der nichtkommunistischen Welt faszinierende Schlagwörter auf, die versprachen, den Kommunismus aus seiner dogmatischen Erstarrung zu lösen. Doch für eine innere Regeneration der kommunistischen Staaten war es – falls sie überhaupt jemals möglich gewesen wäre – längst zu spät. Einmal in Gang gesetzt, entwickelten Gorbatschows Reformen eine Eigendynamik, die 1989 zum völligen Zusammenbruch des Kommunismus führte. Bis auf Rumänien verliefen die Umwälzungen in Mittel- und Osteuropa zunächst friedlich. Auf die Auflösung des Warschauer Paktes folgte die Auflösung der Sowjetunion; ob die lockere «Gemeinschaft unabhängiger Staaten» (GUS) Bestand haben wird, ist höchst ungewiß.

Der Kommunismus ist durch das Desaster, das er in der Sowjetunion und den von ihr domestizierten Staaten angerichtet hat, in einem Maße diskreditiert, daß eine Wiederbelebung ausgeschlossen erscheint. V. U.

◆ Konservatismus

«Konservativ» nennen wir eine Haltung, die Bestehendes konservieren, also bewahren will. In der Alltagssprache ist es eine gängige und vielbenutzte Vokabel. Proportional zur Häufigkeit des Gebrauchs jedoch zerfließen die Konturen. Es ist ein Reizwort, das sich durch Beliebigkeit auszeichnet – ein Begriff, der verschlissen wirkt und unter einem Mangel an Trennschärfe leidet. Jede →Partei z. B. hat ihren konservativen Flügel, und Beobachtern geht heute glatt über die Lippen, was noch im Kaiserreich ein Widerspruch in sich war: etwa der Sozialdemokratie, seit ihren Anfängen eine Kraft der Reform und der Veränderung, konservative Tendenzen anzulasten. Konservative selbst sehen sich gewöhnlich im Einklang mit der «geschichtlichen Erfahrung». Ihnen gelten die eigenen Einstellungen als Maß aller Dinge, als schlechthin naturgemäß. Das Konservative wird zur anthropologischen Konstante erklärt und braucht daher keine besondere Rechtfertigung, auch keine ausgefeilte Theorie.

Es wird, so eine Formulierung des Politologen Kurt Lenk, zum «Wesensmerkmal menschlichen Verhaltens und Denkens» überhaupt, zu einem gleichsam ewigen oder doch im Auf und Ab der Geschichte immer wieder an die Oberfläche drängenden «Grundmuster», das sich an unverrückbaren Werten orientiert: an Werten, die ihre →Legitimität, zumeist unbefragt, aus dem historisch Gewordenen beziehen.

Eine derart universale Blickrichtung bedarf der Konkretisierung. Konservatismus ist →Ideologie und Mentalität, ist verankert in spezifischen Milieus, Parteien und →Verbänden. Um ihn zu verstehen, muß man ihn aus den Zusammenhängen heraus rekonstruieren, in die er eingebettet ist. Das heißt, das Interesse konzentriert sich auf den Zeitraum, in dem der Konservatismus sich allmählich zu einer politischen und programmatischen Bewegung verdichtet. Als solche wird sie sich ihrer selbst bewußt, auch von außen so wahrgenommen und historisch wirksam. Läßt man Vorläufer außer acht, ist dies in Deutschland erst im 19. Jh. der Fall. Ähnlich wie seine Gegenspieler →Liberalismus und →Sozialismus ist der Konservatismus ein Kind der sich entfaltenden bürgerlichen Gesellschaft (→Bürger). Sein unverwechselbares Profil gewinnt er mit der Entstehung der Parteien im Umfeld der gescheiterten →Revolution von 1848/49. Er wird Partei, unbeschadet der Tatsache, daß er Parteien im Prinzip abstoßend, «zersetzend», dem Wohl und der Autorität des →Staates abträglich findet. Obwohl dem Überlieferten verpflichtet, ist er gezwungen, sich zu modernisieren, sich dem jeweiligen Zeitgeist anzupassen, Strömungen und Bedürfnisse opportunistisch zu nutzen oder sich ihnen zu unterwerfen.

Begriffe fassen Ideologien und Bewegungen zusammen. In der Regel suggerieren sie ein Maß an Geschlossenheit, das real nie existiert hat. Auch der Konservatismus ist in die verschiedensten Gewänder geschlüpft. Obwohl vom Streben nach harmonischer Vereinigung der Teile mit dem Ganzen geradezu besessen, hat dies die Konservativen nie gehindert, sich in heftige Richtungs- und Grabenkämpfe zu verstricken. Um nicht den Überblick zu verlieren, ist es daher sinnvoll, die Fülle der Erscheinungen auf einige Grundformen zu reduzieren. Zu bedenken ist allerdings, daß diese selten in völliger Reinheit auftreten und unter den Fachleuten meistens umstritten sind. Folgt man einem Klassifikationsschema des Historikers Klaus Epstein, kann man drei Varianten unterscheiden: den «Status-Quo-Konservativen», den «Reformkonservativen» und den «Reaktionär». Ersterer ist ein Mensch mit ausgesprochen statischem Weltbild. Für ihn, sagt Epstein, «gibt es keinen Grund, mit der historischen Entwicklung zu hadern, denn sie hat zu einer Gesellschaftsordnung geführt, mit der er einverstanden ist» und von der er auch persönlich profitiert. Im Gegensatz dazu ist der Reformkonservative von der «Unvermeidlichkeit» begrenzter Veränderungen überzeugt. An ihnen arbeitet er mit, um vom Bewährten aus früheren Perioden so viel wie möglich zu retten. Sein Ideal ist die →Kontinuität im behutsam gesteuerten Wandel. Der dritte Typ, der Reaktionär, ist gewöhnlich ein «erbitterter Feind der bestehenden Gesellschaft». Sein Leitbild ist eine ideologisierte, romantisch verklärte Vergangenheit, deren Ordnungsmodelle und Normen er zu eigenem Nutz und Frommen in die Gegenwart verpflanzen will.

Träger und zumindest bis 1918 das eigentliche Zentrum des deutschen Konservatismus ist der grundbesitzende Adel (→Junker), der sich in den Mauern des absolutistischen Staates wohl verschanzt hatte, im 19. Jh. aber mit zwei großen Herausforderungen konfrontiert wird. Zum einen ist das die →Französische Revolution und das politische Erwachen des Bürgertums, zum anderen die Revolution der Produktivkräfte und Produktionsverhältnisse, das beginnende Maschinen- und Industriezeitalter: jener Prozeß einer zunächst schrittweisen, dann seit 1850 sprunghaft beschleunigten Ablösung der feudal verfaßten Agrargesellschaft durch eine dynamische, ständische Barrieren durchbrechende Industriegesellschaft (→Industrialisierung). Beide Bewegungen, der Liberalismus und der Industrialismus, rühren an den Nerv überkommener Gewißheiten, Macht- und Wirtschaftsstrukturen. Die Rufe nach freiheitlicher Verfassung zielen auf →Emanzipation und Beseitigung von Privilegien, auf Kontrolle und rechtliche Einhegung absoluter Herrschaftspraktiken. Für den Adel bedeutet das, aus der Rolle des ersten →Standes im Staat hinabgestoßen zu werden in die Arena des offenen politischen Wettbewerbs, bedeutet, eingereiht zu werden in eine →Gesellschaft gleicher Bürger, in der nicht mehr Geburt und traditionelle Hierarchien zählen sollen, sondern individuelle Tüchtigkeit, Organisationstalent und Leistungswille.

Betrachtet man das konservative Parteiwesen, so fällt seine sehr preußische und sehr protestantische Prägung auf. In Preußen liegen seine Wurzeln, hier macht er 1848/49 die ersten parteipolitischen Gehversuche, schwingt sich nach dem kurzen Schock der Revolution im Jahrzehnt der Reaktion wieder in den Sattel und wirft sich danach in das Kampfgetümmel um die Fundamente des preußischen Staates. Preußens Stellung im deutschen Reich ist vergleichbar einer «Zitadelle» des Konservatismus. Es ist das machtpolitisch entscheidende Gegengewicht gegen Liberalismus und Sozialdemokratie, eine Art konservativer Veto-Bastion, an der sämtliche Wünsche nach einer Demokratisierung des Systems abprallen. Bündnispartner der Konservativen sitzen auf allen Stufen der →Bürokratie, in der Armee, in der →Kirche, den Schulen und Universitäten, am Hof des Königs und Kaisers (→Preußentum).

Aber neben Preußen gibt es das Reich, vor allem den Reichstag. Dieser hat zwar nur geringe Befugnisse, ganz bedeutungslos ist er jedoch nicht. Denn immerhin bewilligt er den Haushalt und wirkt gemeinsam mit den Bundesstaaten an der Gesetzgebung mit. Gewählt wird er, anders als das preußische Abgeordnetenhaus, nicht nach einem Klassen-, sondern nach dem gleichen →Wahlrecht, die einzige wirklich demokratische Errungenschaft der Reichsgründung. Das zwingt die Konservativen, nach neuen Techniken politischer Agitation und Mobilisierung zu suchen. Dabei kommt es zu der paradoxen Situation, daß sie, die gegen die Prinzipien der →Demokratie antreten, sich dennoch in gewissem Umfang ‹demokratisieren›, sich öffnen, neue →Schichten und neue Ideologien in sich aufnehmen. Sie beginnen, den Mantel feudaler Exklusivität abzustreifen, steigen in die Niederungen des Tageskampfes herab und tun das, was ihrem Selbstverständnis an sich widerstrebt: Sie werben um Popularität und die Gunst der Massen. Der Konservative wird, wie der Liberale Friedrich Naumann um 1900 bemerkt, zum «Herrenmenschen mit demokratischen Handschuhen».

Konservatismus im Kaiserreich und in der Weimarer Republik ist über weite Strecken Anti-Haltung. Er ist antiindustriell, der Industrie jedenfalls begegnet er mit Mißtrauen und ficht mit allen Waffen, die ihm zu Gebote stehen, für die Erhaltung der Landwirtschaft, in der seine soziale und politische Stellung gründet. Er ist antiliberal und antisozialistisch, seit den 1890er Jahren zunehmend auch völkisch und antisemitisch. Nach dem Ersten Weltkrieg wechselt er sein Firmenschild, nennt sich nicht mehr «konservativ», sondern «deutschnational». Für die Mehrheit seiner Vertreter ist die demokratische Verfassung ein Greuel, in ihrem Rahmen positiv mitzuwirken, weigern sie sich bis zum Schluß. Die →Monarchie, die sie bis 1918 dogmatisch verteidigt haben, gerät dabei mehr und mehr aus dem Blick. Fortan geht es ihnen um die nationale →Diktatur, den autoritären Staat, die Zerschlagung der Arbeiterparteien und der Gewerkschaften. Zu diesem Zweck verbünden sie sich am Ende der Republik mit dem Nationalsozialismus: eine – wie sie betonen – «vom nationalen Standpunkt aus hoch zu bewertende Volksbewegung», die das hat, was ihnen selber fehlt, nämlich eine breite, in sämtlichen Schichten der Bevölkerung verankerte Anhänger- und Wählerschaft. Die Vorgänge des Jahres 1933, das Kabinett Hitler, eine Koalition aus Nazis und Repräsentanten des eigenen Lagers, feiern sie als «legale Gegenrevolution», in deren Verlauf sie jedoch binnen kurzem an die Wand gedrückt werden. Bereits im Sommer 1933 müssen sie ihre Regierungssessel räumen und die Deutschnationale Volkspartei auflösen.

Nach dem Zusammenbruch von 1945 ist der ältere Konservatismus hoffnungslos diskreditiert. Bemühungen, ihn wiederzubeleben, scheitern: zu sehr steht er im Geruch der Reaktion und der Rückständigkeit. Der Nachkriegskonservatismus hat sich denn auch entscheidend gewandelt, hat seine vorindustriellen Mentalitäten, seine feudalen und militärisch-militaristischen ebenso wie seine völkisch-nationalistischen Züge abgestreift. Er bejaht die wirtschaftliche Entwicklung als nicht umkehrbar, hat sich eingerichtet im Industriestaat und in der Industriegesellschaft, befürwortet die parlamentarische Demokratie ohne inneren Vorbehalt. In Gestalt der CDU/CSU hat er eine Heimat gefunden, die verschiedene geistig-politische Traditionen aus der Geschichte des deutschen Parteiwesens aufgenommen und miteinander verschmolzen hat. Dominierend ist die des katholischen Zentrums: eine Partei, die zwar immer Berührungspunkte mit dem Konservatismus hatte, sich ihm aber nie umstandslos einfügen ließ. Das protestantisch-konservative Element ist nur eines von mehreren und bis 1989 eher in der Minderheit. Als christliche, interkonfessionelle Union ist sie anders als der historische Konservatismus eine bürgerliche Bewegung. Zwar vertritt sie nach wie vor die Interessen der Landwirtschaft, intensiver aber noch die der Industrie, der Selbständigen und des neuen →Mittelstandes, der Angestellten und Beamten, zum Teil auch der →Arbeiter (→Christliche Parteien). Konservative Politik heute sperrt sich nicht gegen die Moderne, sondern treibt sie voran, macht sich zum Anwalt von Technologie und technologischem Fortschritt, ist weder subjektiv noch objektiv allein rechte Politik. Ihr Ziel ist vielmehr die Gewinnung der Mitte; verglichen mit früher ist sie vielschichtiger, in ihrem ideologischen und programmatischen Gehalt verschwommener.

Die Aufgabe, den Begriff «konservativ» trennscharf aufzuschlüsseln, wird dadurch allerdings nicht leichter: auch dann nicht, wenn man Erweiterungen zu Hilfe nimmt, einerseits mit Blick auf die Sachzwänge in komplexen, hochgradig differenzierten Industriegesellschaften auf geschrumpfte Spielräume für Umverteilung und soziale Veränderungen verweist und gewissermaßen jeder Politik einen systemstabilisierenden, «strukturkonservativen» Grundzug unterstellt oder andererseits unter «wertkonservativen» Vorzeichen die umwelt- und menschheitsbedrohenden Kosten des zivilisatorischen Fortschritts (→Entwicklung) betont. Beides zielt indes auf Überzeugungen und Haltungen, die in sämtlichen Lagern und Gruppierungen anzutreffen sind. Das Problem, die Grenzen und Unterschiede zwischen Strategien der Bewahrung und solchen der Weiterentwicklung gewachsener Traditionen und Zusammenhänge zu markieren, heben Wortschöpfungen wie «struktur-» oder «wertkonservativ» jedenfalls nicht auf. In ihnen spiegelt sich definitorische Unsicherheit, nicht zuletzt aber wohl die Einsicht, daß die Zeiten eines in sich geschlossenen, programmatisch, milieu- und parteispezifisch eindeutig lokalisierbaren Konservatismus offenkundig vorbei sind. J. F.

◆ Kontinuität – Diskontinuität

Geschichte bewegt sich einem Strom vergleichbar voran: eine Welle fließt über in die nächste. Manchmal aber tauchen Wirbel, Katarakte und Hindernisse auf: die →Entwicklung verläuft dann in Sprüngen, es gibt Brüche und Einschnitte – oder, wie es in der Fachsprache heißt: «Zäsuren». Historiker übersetzen diese Bilder gewöhnlich in Begriffe und reden von Kontinuität und Diskontinuität. Beide sind Grundkategorien des historischen Denkens und gehören auf das engste zusammen. Die eine ist ohne die andere nicht zu denken. Kontinuität läßt sich in ihren Eigentümlichkeiten erst dann erfassen, wenn sie vor dem Hintergrund sozialer, wirtschaftlicher und politischer Veränderungen gesehen wird. Es geht deshalb nie um totale, sondern nur um partielle Identität zwischen Konstellationen, Zielen und Handlungsweisen in den verschiedenen Perioden des historischen Prozesses. Das klingt abstrakt, ja banal und birgt doch zahlreiche Schwierigkeiten. Wie immer steckt auch hier der Teufel im Detail. Denn wo fängt eine Epoche (→Periodisierung) an, und wo hört sie auf? Wann z. B. müssen wir eine Gesellschaftsordnung noch als feudalistisch und wann bereits als kapitalistisch bezeichnen: Sind die Übergänge starr oder flexibel? In welchen Formen verwächst das Alte mit dem Neuen, welche Strukturen (→Ereignis), Mentalitäten und Verhaltensweisen leben weiter, und welche sterben ab? Die Antworten, die dazu angeboten werden, sind gebunden an Standort, Prämissen und Erkenntnisinteressen. Die darüber ausgetragenen Debatten sind häufig kontrovers, und das Spektrum an konkurrierenden Deutungen, das dabei zutage tritt, führt selten zu völlig eindeutigen, von sämtlichen Beteiligten akzeptierten Positionen.

In der deutschen Geschichtsschreibung über das 19. und 20. Jh. sind diese Probleme unlösbar verknüpft mit der Frage nach dem Stellenwert des Nationalsozialismus. Im Herrschaftssystem der →Diktatur lassen sich sowohl Elemente der Kontinuität wie solche der Diskontinuität beobachten. Einerseits verhalfen konservative Eliten aus Wirtschaft, →Bürokratie und Armee der NSDAP zur Macht, andererseits büßten sie nach 1933 Schritt für Schritt ihren Einfluß ein. Was als Bündnis zwischen Konservativen (→Konservatismus) und brauner Bewegung begann, schlug bald um in eine Politik mit unverkennbar antikonservativer Stoßrichtung, die in der Liquidierung der Adels- und Offiziersopposition nach dem 20. Juli 1944 ihren blutigen, aber konsequenten Höhepunkt fand. Zwar ist die Kontinuität außenpolitischer Zielsetzungen zwischen Kaiserreich und NS-Staat nicht zu leugnen. Sie zielten jeweils auf Expansion und Beherrschung des europäischen Kontinents, um von dieser Basis aus den «Griff nach der Weltmacht» zu wagen. Aber die Radikalität der völkisch-rassistischen Lebensraumideologie, die der Motor des nationalsozialistischen →Imperialismus war, und die daraus resultierende Vernichtungspolitik gingen über den Horizont und die Konzeptionen der älteren konservativen Eliten hinaus. Aufgabe des Historikers ist es, diese Tendenzen zu gewichten, aus der Gemengelage von revolutionärem Veränderungswillen der Nazis, politisch-sozialen Umwälzungen und den unzweifelhaft fortdauernden Traditionen des →deutschen Sonderwegs die dominanten Linien herauszuschälen – kurzum: Kontinuität und Diskontinuität als ineinander verflochtene Bestandteile eines vielschichtigen, mehrdimensionalen Prozesses zu begreifen und zur Anschauung zu bringen. J. F.

◆ Kreuzzüge

Zu den bedeutenden religiösen Bewegungen des →Mittelalters zählen die Kreuzzüge. Allerdings ist damit das Spektrum der sie bewegenden Faktoren und Motive nur in einem einzigen Punkt berührt. Es läßt sich mit nicht weniger deutlicher Berechtigung von den Kreuzzügen auch als einem wirtschaftlichen Prozeß, einem demographischen Ventil, einer blutigen militärischen Aggression, einer innereuropäischen Konfliktfolge oder einem Instrument von Herrschaftsdurchsetzung aufsteigender kirchlicher und weltlicher Gewalten sprechen. Die moderne Forschung hat sich kaum noch von den äußeren Ereignissen seit dem Aufruf zum ersten Kreuzzug durch Papst Urban II. (1095 auf dem Konzil von Clermont) bis zu den osmanischen Gegenkreuzzügen des Spätmittelalters und der →Frühen Neuzeit leiten lassen. Auch die buchhalterische Zählung der Kreuzzüge – nach Urbans Aufruf der zweite durch die Predigten Bernhards von Clairvaux bewegt (1144), der dritte von den Königen geführt (1198), der vierte gegen Byzanz gelenkt (1204), der fünfte als fehlgeschlagener Ersatz für den fehlgelenkten vierten (1216), dazu Armenkreuzzug, Kinderkreuzzug, Kreuzzug Friedrichs II., Albigenserkreuzzug, Wendenkreuzzug, Kreuzzug Ludwigs des Heiligen, Nikopoliskreuzzug etc. – hat durch regionale, sozialgeschichtliche (und eben nicht militärhistorische) sowie konflikttheoretische Untersuchungen an Anziehungskraft eingebüßt. Denn es zeigte sich, daß neben den «großen», überregionalen oder besonders blutigen Unternehmen unzählige kleine, begrenzte existierten. «Kaum ein Tag ohne Kreuzzug», lautet das ernüchternde Resultat der neueren Forschung. Wenn auch nicht an jedem Ort gleichzeitig war der Alltag hoch- und spätmittelalterlicher Gesellschaften von Verfolgung und Vernichtungskämpfen gegen Ungläubige, «Glaubensfeinde», Ketzer geprägt – auch wenn viele dieser Aktionen bereits im Ansatz scheiterten (→Frömmigkeits-, Ketzer- und Armutsbewegungen). Vom Typus der «bewaffneten Pilgerfahrt nach Jerusalem», deren Hauptziel Heidenkampf, Schutz der Glaubensbrüder und der heiligen Stätten in Jerusalem lautete, hatte sich die Kreuzzugsbewegung nicht nur faktisch überaus rasch gelöst. Von Beginn an befeuerten auch soziale und wirtschaftliche Motive der um Standesintegration bangenden Söhne des französischen Kleinadels, die hoffnungslose Misere der vagabundierenden «Armen», theokratische Ziele des Papsttums und Handelsinteressen der italienischen Hafenstädte den religiösen Eifer der Kreuzfahrer. Strukturelle Konfliktpotentiale innerhalb der europäischen Gesellschaften – demographische, ideologische, mentale, wirtschaftliche – entluden sich mit aggressiver Gewalt nach außen – in außereuropäische Räume Kleinasiens und des Nahen Ostens. Als sich zeigte, daß diese Konfliktpotentiale zwar exportiert, aber nicht aufgehoben wurden und zudem über Kulturkontakte mit der islamischen Welt sowie wachsende Wirtschaftsbeziehungen mit außereuropäischen Regionen neue Konflikte entstanden, hatte die Bereitschaft zu →Gewalt bei religiösen und ethnischen Auseinandersetzungen sich längst nach innen gekehrt. Europa selbst war zum Feld für interne Kreuzzüge geworden, die ohne Heils- und Befreiungshoffnung nun endgültig zum bloßen Schlachtfest an «den Fremden» verkamen. Ob Albigenserkreuzzüge (1208–1244) oder Kreuzzug gegen Slawen und →Hussiten – die «Lehre» der Kreuzzüge reduziert sich rückblickend auf die Tatsache, daß ideologische Abgrenzungen sowie Fremdenhaß und -furcht zu Mord und Totschlag führen. A. v. M.

◆ Krieg – Friede

Der Krieg ist so alt wie die Sehnsucht nach Frieden. Schon deshalb sind Krieg und Friede komplementäre, in innerem Zusammenhang stehende

→Begriffe. Die Vorstellungen und →Bilder, die sich die Menschen davon machen, ihre Definitionen, Begründungen und Zweckbestimmungen sind jeweils abhängig von religiösen und philosophischen Überzeugungen, von konkreten Erfahrungen und gesellschaftlichen Verhältnissen, von wirtschaftlichen und technologischen →Entwicklungen, militärstrategischen Erwägungen und machtpolitischen →Interessen. Durch Einführung zunehmend perfektionierter Waffensysteme haben sich die Schrecken des Krieges kontinuierlich gesteigert. Die →Industrialisierung hat auch den Krieg industrialisiert, hat ihn entgrenzt und ihm seinen modernen, totalen und massenhaften Charakter verliehen. Seither sind die Unterschiede zwischen Soldaten und Zivilisten, zwischen Front und Heimat abgeschliffen, sind Männer und Frauen, Kinder und Greise, Wohnhäuser, Fabrik- und Militäranlagen gleichermaßen in Mitleidenschaft gezogen worden. Um so dringlicher wird die Notwendigkeit empfunden, den Krieg durch internationale Vereinbarungen zu ächten und nach Wegen gewaltfreier Konfliktlösung zu suchen.

Die Einrichtung des Völkerbundes nach dem Ersten, die der Vereinten Nationen nach dem Zweiten Weltkrieg sind Ausdruck solcher Bemühungen. Die bis ins 20. Jh. akzeptierte Auffassung, wonach der Krieg als legitimes Mittel der Politik galt, ist heute im Zeitalter nuklearer, chemischer und biologischer Vernichtungskapazitäten fragwürdig geworden. Konventionelle Kriege waren zwar nach wie vor an der Tagesordnung, aber im Zeichen des atomaren Patts zwischen Ost und West fanden sie in der Regel an der Peripherie statt, in den Hinterhöfen der Großmächte, die sorgsam darauf achteten, sich dabei nicht in die Quere zu kommen. Der Zusammenbruch der Sowjetunion hat dem Gleichgewicht gegenseitiger Abschreckung die Basis entzogen und die Gefahr eines globalen Schlagabtausches verringert, zugleich aber haben sich die bis dahin gebändigten regionalen, aus ethnischen, konfessionellen und machtpolitischen Gegensätzen gespeisten Konfliktherde dramatisch vermehrt. Sie einzudämmen und die aufbrechenden Spannungen zu lösen, bedarf es gezielter Strategien internationaler Friedenssicherung im Rahmen der UNO. Voraussetzung dafür ist, daß EG und NATO ebenso wie die Nachfolgestaaten der UdSSR sich jeweils ihrer neuen Rolle und Verantwortung bewußt werden, zweckdienliche Konzepte entwerfen und durchsetzen. Kriege allerdings, die das in den Arsenalen gelagerte Potential an Atomwaffen zum Einsatz brächten, sind nach wie vor nur denkbar um den Preis einer unwiderruflichen Zerstörung von Lebensgrundlagen. Jedenfalls ließen sie sich kaum begrenzen und würden am Ende weder Sieger noch Besiegte kennen.

In historischer Perspektive erscheint, wie 1838 der liberale Staatsrechtler Carl von Rotteck mit einem Anflug von Resignation argumentierte, «der Krieg fast als Regel und der Friede bloß als Unterbrechung des Krieges». Tatsächlich jedoch müßte es gerade umgekehrt sein. Denn das Vernunftgemäße, so Rotteck, der eigentliche «Normal-Zustand» sei der Friede, Krieg demgegenüber nichts anderes als «Auflehnung gegen die Herrschaft der Vernunft». Gerechtfertigt werden könne er nur dann, wenn er dieser wieder Geltung verschaffen wolle. Der Friede als Ziel des Krieges: in dieser Auffassung, der damals einflußreiche Militärtheoretiker wie der preußische General und Reformer Carl von Clausewitz beipflichten, spiegelt sich eine Traditionslinie, die bis ins frühe →Mittelalter zurückreicht. Gemeint ist die Lehre vom «gerechten Krieg». Dahinter verbirgt sich ein →Bedürfnis, das in immer neuen Formen bis auf den heutigen Tag zu beobachten ist: den Krieg nämlich, der von Betroffenen gewöhnlich als dunkle Schicksalsmacht, als Einbruch des Sinnlosen erlebt wird, zu verstehen und mit höheren Weihen auszustatten, ihn zu legitimieren oder zu verherrlichen, zugleich aber auch zu verrechtlichen und einzuhegen, auf genau zu bestimmende Anlässe, Konstellationen und Zwecke zu beschränken. Gerecht ist demnach nur derjenige Krieg, der unter Führung des dazu berufenen Herrschers die Absicht verfolgt, drohendes Unheil zu verhindern, erlittenes Unrecht wiedergutzumachen und damit die gestörte Rechts- und Friedensordnung wiederherzustellen. Gerecht ist der Verteidigungs-, ungerecht der Angriffskrieg.

In dem Maße, wie es dem neuzeitlichen Territorial- und Nationalstaat gelingt, den inneren Frieden zu sichern, reduziert sich das Verständnis von Krieg auf gewaltsam ausgefochtene Konflikte zwischen souveränen Mächten. Während des 18. Jhs. gerät jedoch der →Absolutismus, der diesen Prozeß vorangetrieben hat, in Mißkredit. «Der Geist der Monarchie», schreibt 1748 der französische Aufklärer Montesquieu, «ist Krieg und Vergrößerung.» Um die Wurzeln des Krieges zu beseitigen, so läßt sich daraus schließen, bedarf es der revolutionären Tat: der Ablösung der →Monarchie durch die →Republik, der →Herrschaft der →Aristokratie durch die des Volkes. In dieser Sicht wird der Bürgerkrieg zum vorbeugenden Krieg gegen den Krieg. Geleitet von solchen Überzeugungen, erklärt das revolutionäre Frankreich den Unterdrückern, den Königen und Fürsten Europas, den Kampf, um den Unterdrückten Freundschaft und Frieden zu bringen. In Wahrheit schlägt diese Befreiungsidee bald um in Eroberungszüge, die sich im Gegensatz zu früher nicht länger an dynastischen, sondern an nationalen Interessen orientieren. Der Revolutionskrieg mündet ein in den Nationalkrieg. Was das Geschehen der Zukunft immer mehr prägt, nimmt hier seinen Anfang: zum einen die Tendenz zur Ausweitung und ‹Demokratisierung› des Krieges, der nach und nach sämtliche Lebenssphären erfaßt, zum andern die Neigung, ihn mit →Ideologien und menschheitsbeglückenden Phrasen zu verbrämen. Der Krieg wird gefeiert als Motor des Fortschritts und der Zivilisation. Selbst ein Mann wie der Philosoph Immanuel Kant, der 1795 den Frieden zur sittlichen Pflicht erklärt, sieht im Krieg, sofern er in den Bahnen des Rechts bleibt, etwas «Erhabenes», eine Art Medizin gegen «niedrigen Eigennutz, Feigheit und Weichlichkeit».

Befangen in derartigen Mentalitäten, aufgestachelt durch Allmachtphantasien und Überlegenheitsgefühle, berauscht von den schier unerschöpflichen Möglichkeiten der Technik, werden dann die Kriege des 20. Jhs. ausgetragen. Es sind Kriege, die den Gegner vernichten, nicht mehr nur niederwerfen oder schwächen wollen. Parallel dazu steigen die Opfer, die den Völkern aufgebürdet werden, ins Unermeßliche. Mit den Entbehrungen und dem massenhaften Leid aber wachsen Erbitterungen und soziale Spannungen (→Sozialer Konflikt). Um sie einzudämmen, kurbeln die Regierungen regelmäßig ihre Propagandamaschinen an. Die proklamierten Kriegsziele werden immer uferloser, militärisches Denken überwuchert politische Vernunft, die Erwartungen, die man in die Stunde des Sieges projiziert, verlieren den Bezug zur Realität. Den Krieg der Waffen begleitet der Krieg der Worte und →Ideologien, die Ressentiments wecken, befestigen und vertiefen. Der Verlierer soll am Ende nicht nur einfach die Waffen strecken, um danach wieder als gleichberechtigter Partner in die internationale Gemeinschaft einzutreten: nein, er soll bedingungslos kapitulieren, sich auf Gedeih und Verderb den Siegern anheimgeben. Die Kunst, Frieden zu schließen und aufgerissene Gräben wieder zuzuschütten, die Kunst, mit Hilfe von Kompromissen eine aus den Fugen geratene Welt wieder einzurenken, kommt den →Nationen und ihren Führungseliten allmählich abhanden: ein Phänomen, für das der Erste ebenso wie der Zweite Weltkrieg das nötige Anschauungsmaterial liefern (→Militarismus, →Pazifismus). J. F.

◆ «Kriegsschuldlüge»

Während der gesamten 14 Jahre der Weimarer Republik wurde eine erbitterte Kampagne gegen den Artikel 231 des Versailler Vertrages geführt, in dem die deutsche Alleinschuld am Ausbruch des Ersten Weltkrieges festgeschrieben worden war. Das Wort von der «Kriegsschuldlüge» wurde neben der →Dolchstoßlegende zur wichtigsten Waffe im propagandistischen

Schlagwortarsenal der politischen Rechten. Damit wollte sie von der eigenen Verantwortung für Kriegsausbruch und militärische Niederlage ablenken. Bereits unmittelbar nach Abschluß der Friedensverhandlungen wurde ein eigens eingerichtetes «Kriegsschuldreferat» im Auswärtigen Amt damit betraut, die Revisionspropaganda gegen den Versailler Vertrag zu organisieren (→Geschichtsschreibung in der Weimarer Republik). Eine im April 1921 gegründete Zentralstelle für Erforschung der Kriegsursachen übernahm die Aufgabe, die «Kriegsschuldlüge» wissenschaftlich zu widerlegen. Das Institut, das von dem ehemaligen Generalstabsoffizier Alfred von Wegerer geleitet wurde, gab eine eigene Zeitschrift «Die Kriegsschuldfrage» (seit 1929 «Berliner Monatshefte») heraus. Es beschäftigte einen kleinen, aber rührigen Kreis von Autoren, die regelmäßig Artikel für Nachrichtenbüros und →Zeitungen schrieben.

Ergänzt wurde die Einflußnahme des Auswärtigen Amtes auf die →öffentliche Meinung durch die Veröffentlichung von →Akten zur Vorgeschichte und Geschichte des Kriegsausbruchs. Beim bedeutendsten Unternehmen dieser Art, der 40bändigen «Großen Politik der Europäischen Kabinette», wirkten Beamte des Auswärtigen Amtes nachweislich immer wieder auf die Herausgeber ein, unbequeme Dokumente nicht aufzunehmen, zu kürzen oder durch Kommentare zu relativieren.

Auf Intervention des «Kriegsschuldreferats» unterblieb auch die Veröffentlichung des vom Freiburger Juristen Hermann Kantorowicz für den Parlamentarischen Untersuchungsausschuß für die Schuldfragen des Weltkrieges 1923 erstellten Gutachtens, das in einem scharfen Gegensatz zu allen gängigen Thesen der Kriegsschuldforschung stand (es wurde erst 1967 publiziert).

Das Auswärtige Amt verfolgte mit der ständig wachgehaltenen Empörung über den Versailler «Schmachparagraphen» das Ziel, der nationalistischen Rechten Agitationsstoff zu entziehen und sie auf den gemäßigten außenpolitischen Revisionskurs der Regierung zu verpflichten. Tatsächlich hatte die amtlich gesteuerte Kriegsschuld- und Revisionspropaganda jedoch einen umgekehrten Effekt. Denn durch sie wurden alte Feindbilder aus der Vorkriegszeit wiederbelebt und zugleich illusionäre Revisionserwartungen geweckt, von deren Nichterfüllung nur die politische Rechte profitieren konnte.

Wie leicht sich aus der Anti-Versailles-Stimmung ein Instrument gegen das verhaßte Weimarer System schmieden ließ, zeigte das Volksbegehren gegen den Young-Plan 1929. Als «Kriegsschuld-Volksbegehren» deklariert, führte es erstmals all jene Vertreter der «nationalen Opposition» (unter Einschluß der Nationalsozialisten) zusammen, die dann in der

Harzburger Front vom Oktober 1931 zum letzten Sturm auf die Republik antreten sollten. Der Kampf gegen die «Kriegsschuldlüge» war einer der destabilisierenden Faktoren, die zum Untergang der Weimarer →Demokratie beigetragen haben. Endgültig der Boden entzogen wurde dem Schlagwort von der «Kriegsschuldlüge» erst durch die «Fischer-Kontroverse» Anfang der sechziger Jahre (→Geschichtswissenschaft in der Bundesrepublik), durch die die Hauptverantwortung des deutschen Kaiserreichs für den Ausbruch des Ersten Weltkrieges zweifelsfrei erwiesen worden ist. V. U.

◆ Kriminologie

Unter Kriminologie versteht man die wissenschaftliche Beschäftigung mit den Erscheinungsformen, den Ursachen und Wirkungen von Kriminalität. Dieser Aufgabe widmen sich Juristen, Soziologen, Pädagogen und Psychologen, die sich verschiedener, meistens kontrovers diskutierter Ansätze, →Theorien und Erklärungsmodelle bedienen. Das Augenmerk richtet sich dabei auf die Faktoren, die zu kriminellem Verhalten führen, auf das Milieu und die Persönlichkeitsstrukturen von Tätern und Opfern, auf die Organe der Strafrechtspflege, auf Polizei, Gerichte, Anstalten und Gefängnisse, ferner auf Mittel und Wege, um die von der Justiz abgeurteilten Menschen wieder in die →Gesellschaft zu integrieren.

Zwar gibt es eine Fülle amtlicher Daten, die ein kontinuierliches Ansteigen krimineller Aktivitäten dokumentieren. Aber es ist schwer zu sagen, ob sich darin die reale →Entwicklung oder nur die Tatsache spiegelt, daß die staatlichen Instanzen effektiver arbeiten und die einzelnen Delikte präziser registrieren als früher. Hinzu kommt, daß sich diese Zahlen je nach Standort und Überzeugung so oder so interpretieren lassen. Den einen gelten sie als Indiz dafür, daß die moralischen Normen brüchig geworden sind und das überlieferte Wertgefüge ins Rutschen geraten ist, daß Familie, Schule und →Kirche zunehmend weniger in der Lage sind, ihren Erziehungsauftrag und ihre Steuerungsfunktionen zu erfüllen. Kein Wunder, daß die Vertreter solcher Positionen einer Liberalisierung des Strafrechts und des Strafvollzugs mit Ablehnung oder zumindest mit Skepsis begegnen und eher einer Verschärfung das Wort reden. Derselbe Befund läßt sich allerdings auch als Ausdruck wachsender gesellschaftlicher Spannungen deuten, die durch geeignete Reformen wenn nicht aufgehoben, so doch abgemildert werden können. Sozialpolitik (→Sozialreform) wäre in dieser Perspektive dann auch ein Beitrag zur vorbeugenden Verbrechensbekämpfung. Wie immer man dazu stehen mag: das Beispiel zeigt, daß sich kriminologische Forschung in einem komplexen Feld bewegt, das in starkem Maße von weltanschaulichen Prämissen, politischen →Interessen und Zielen beeinflußt wird.

Wer sich über historische Aspekte der Kriminalität informieren wollte, war lange Zeit auf die Studien der Rechts- und Verwaltungsgeschichte (→Recht) angewiesen, die sich auf Strafrecht, Strafverfolgung, Strafpraxis und Strafrituale konzentrieren, sich um die Motive und Erfahrungshintergründe der Täter jedoch bestenfalls am Rande kümmern. Anders als die Geschichtsschreibung in den USA, in Großbritannien und Frankreich hat die deutsche diesen Fragen nur geringe Beachtung geschenkt. Erst seit kurzem zeichnet sich hier ein gewisser Umschwung ab. Kriminalitätsforschung hat sich etabliert als Teildisziplin der →Sozial- und →Alltagsgeschichte. Deren Absicht ist es, durch die Analyse von Norm- und Regelverletzungen unseren Blick für die Bauprinzipien und die inneren Mechanismen politischer Systeme, lokaler und regionaler Milieus zu schärfen. Dabei geht es zunächst noch überwiegend um die verschiedenen Formen der Kleinkriminalität und das sich darin offenbarende →Protest- und Gewaltpotential. Dazu gehört etwa der im Vormärz massenhaft verbreitete Holzdiebstahl, mit dem sich die ländlichen Unterschichten gegen materielle Not und die vom Staat erzwungene Aufhebung von Gewohnheitsrechten zur Wehr setzen. Derartige Eigentumsdelikte erscheinen als Strategien zur Sicherung der Existenz, die in traditionellen Lebensgewohnheiten und Bräuchen wurzeln, mit wirtschaftlichen und gesellschaftlichen Modernisierungsprozessen in Widerstreit geraten, durch den Zugriff von →Bürokratie und Justiz kriminalisiert, ausgegrenzt und eingedämmt werden. Indem sich die historische Kriminalitätsforschung solcher Zusammenhänge vergewissert, macht sie nicht nur die konkreten Bedingungen kriminellen Handelns sichtbar, sondern auch die Probleme und die Konflikthaftigkeit des sozialen und politischen Wandels. J. F.

◆ Krise

Das griechische Wort «krisis» bedeutet «Scheidung», «Streit», aber auch «Entscheidung» im Sinne eines endgültigen Ausschlags. In dieser Bedeutung wurde und wird es zur Bezeichnung der entscheidenden Verlaufsphase einer Krankheit oder im Prozeß der Rechtsfindung verwendet. Von diesem relativ klar abgegrenzten medizinischen und juristischen Wortgebrauch aus erfolgte seit dem 17. Jh. eine Ausweitung in den politisch-gesellschaftlichen Bereich. Unter Krise wird seither eine außenpolitische und militärische Situation verstanden, die auf einen Entscheidungspunkt zutreibt. In diesem Sinne hat z. B. Friedrich der Große bereits während des Siebenjährigen Krieges (1756–1763) diesen Begriff benutzt. In der zweiten Hälfte des 18. Jhs. wurde der politische Wortgebrauch zunehmend geschichtsphilosophisch überhöht und zugleich prognostisch in die Zukunft gewendet. So taucht in Rousseaus Erziehungsroman «Emile ou de l'éducation» (1762) die Vorahnung einer kommenden revolutionären Umwälzung auf, die die ganze →Gesellschaft erfassen wird: «Wir nähern uns einem Zustand der Krise und einem Jahrhundert der Revolutionen.»

Mit dem amerikanischen Unabhängigkeitskrieg (1775–1783) und der →Französischen Revolution von 1789 wird Krise endgültig zu einem epochalen Schwellenbegriff, zur «strukturellen Signatur der Neuzeit» (Reinhart Koselleck). Konservative Gegner der Französischen Revolution wie der Engländer Edmund Burke bedienten sich vorzugsweise dieses Begriffs, um die Schrecken eines langandauernden europäischen Bürgerkriegs an die Wand zu malen. Auch nach 1815, als die europäischen Verhältnisse wieder in ein ruhigeres Fahrwasser zu gleiten schienen, blieb die Erfahrung einer krisenhaften Umbruchperiode für die Zeitgenossen lebendig. Wesentlich bestimmt wurde sie nicht nur durch die wiederkehrenden politischen Erschütterungen, sondern auch durch den heraufziehenden Industriekapitalismus und die von ihm bewirkte Dynamik des sozialen Wandels. In diesem Sinne, als Übergangskategorie zur Industriegesellschaft, verwendet bereits der französische Frühsozialist Claude-Henri de Saint-Simon in «Du système industriel» (1824) den Krisenbegriff.

Seit den vierziger Jahren des 19. Jhs. wird «Krise» zu einem Schlüsselbegriff der anschwellenden sozialkritischen Literatur, erwies er sich doch als besonders geeignet, die durch die Industrielle Revolution (→Industrialisierung) hervorgerufenen sozialen Probleme als Symptome einer tiefgreifenden Gleichgewichtsstörung zu deuten. In der Theorie von Marx und Engels wurde der ökonomisch gefaßte Krisenbegriff eingebettet in eine umfassende Analyse des kapitalistischen Systems. In seinem ökonomischen Hauptwerk «Das Kapital» beschrieb Marx die diesem System innewohnenden Widersprüche, die immer neue, in der Intensität sich steigernde Krisen hervorbrächten und somit selbst die Bedingungen produzierten, die zu einer Aufhebung des Systems führen müßten.

Einen Versuch, Krise als geschichtstheoretischen Begriff zu vertiefen und eine Art Krisentypologie zu erstellen, unternahm der Schweizer Historiker Jacob Burckhardt in seinen «Weltgeschichtlichen Betrachtungen» (um 1870). Darin definierte er Krisen als «beschleunigte Prozesse», die sich allerdings nicht kontinuierlich entwickeln, sondern – wie bei einer Fieberkurve – in «Sprüngen, Zögerungen, Rückfällen und neuen Sprüngen miteinander abwechseln». Burckhardt betonte den ambivalenten Charakter von Krisen, ihre belebende und befreiende, aber auch potentiell zerstörerische Funktion: «Krisen treiben das Große wohl hervor, aber es kann das letzte sein.» Die krisenhaften Wandlungsprozesse im 19. Jh. verglich er mit der großen Zäsur der Völkerwanderung am Ende des römischen Weltreiches. Und dennoch sah Burckhardt, daß die «Hauptkrisis» noch bevorstehe, wenn Technik, Völkerkriege und soziale →Revolutionen sich zusammenballen – eine Prognose, die sich im Blick auf die Katastrophen des 20. Jhs. als erstaunlich hellsichtig erwies.

Mit der Ausdifferenzierung des Begriffs hat «Krise» auch zunehmend Eingang gefunden in die Alltagssprache und begegnet hier in den verschiedensten Verwendungszusammenhängen, bis hin zur Beschreibung persönlicher Schwierigkeiten («midlife crisis»). In der Geschichtswissenschaft wird der Begriff vorzugsweise verwendet, um vor- oder nachrevolutionäre Epochen- oder Strukturmerkmale (z. B. Krise des →Absolutismus), ökonomische Talfahrten (z. B. Weltwirtschaftskrise 1929 ff.), diplomatische Verwicklungen (z. B. Julikrise 1914), Regierungswechsel (z. B. Kanzlerkrise) oder abrupte Veränderungen soziokultureller Einstellungen und Verhaltensmuster (z. B. Modernisierungskrise) zu kennzeichnen. V. U.

◆ **Kritische Theorie** (Frankfurter Schule)

Unter «Kritischer Theorie» wird gemeinhin jene sozialwissenschaftliche Schule verstanden, die sich in den zwanziger Jahren unter der Schirmherrschaft des Frankfurter Instituts für Sozialforschung herausbildete, nach 1933 ins Exil gezwungen wurde und in der Nachkriegszeit wieder nach Frankfurt zurückkehrte. Daher wird diese Forschungsrichtung auch als «Frankfurter Schule» bezeichnet. Zu ihren prominentesten Vertretern zählen Max Horkheimer, Theodor W. Adorno, Erich Fromm und Herbert Marcuse.

Das Frankfurter Institut für Sozialforschung wurde 1923 vom jüdischen Millionärssohn Felix Weil gegründet. Es sollte dem theoretischen Marxismus, der an den deutschen Universitäten kaum gelehrt wurde, eine akademische Heimstätte schaffen. Erster Direktor des Instituts wurde 1924

Carl Grünberg, ein profilierter Vertreter des Austromarxismus, seit 1910 Herausgeber der Zeitschrift «Archiv für Geschichte des Sozialismus und der Arbeiterbewegung». Dessen Forschungsinteressen bestimmten zunächst auch die Arbeit des Instituts. 1930/31 übernahm der Philosoph Max Horkheimer die Institutsleitung. Damit verlagerte sich der Schwerpunkt der Forschungen von der Geschichte auf die →Theorie der →Gesellschaft, vor allem auf sozialpsychologische und kulturtheoretische Fragestellungen. In diesem Zusammenhang entstand unter anderem eine umfangreiche, von Erich Fromm durchgeführte Enquête über das Bewußtsein von →Arbeitern und Angestellten am Vorabend des «Dritten Reiches» (sie wurde erst 1980 veröffentlicht). Zum Sprachrohr des neuen Forschungsprogramms wurde seit 1932 die «Zeitschrift für Sozialforschung» (Schriftleiter: Leo Löwenthal). Nach 1933 verlegte das Institut seine Arbeit ins Ausland, in die Zweigstellen in Genf und Paris. 1934 siedelten alle festen Mitarbeiter nach New York über. Hier wurde 1935 der erste Bericht des Instituts über gemeinsame Forschungen abgeschlossen: die Studien über «Autorität und Familie» (erschienen 1936 in der Libraire Félix Alcan, Paris), die ebenso wie die später durchgeführten Untersuchungen über den →Antisemitismus und die Entstehung gesellschaftlicher Vorurteile («Studies in Prejudice») den gesellschaftlichen Wurzeln autoritär-faschistischer Massenbewegungen nachspürten.

Mit der Berufung Horkheimers an den 1949 eingerichteten Lehrstuhl für Soziologie und Philosophie kehrte einer der Repräsentanten der «Kritischen Theorie» nach Frankfurt zurück. Theodor W. Adorno folgte ihm bald nach, während Herbert Marcuse in den USA blieb und hier an verschiedenen Universitäten lehrte. 1950 nahm das Institut für Sozialforschung in Frankfurt seine Arbeit wieder auf. Erst die studentische Protestbewegung der sechziger Jahre (→Studentenbewegung) verhalf den Ideen der Kritischen Theorie zu öffentlicher Resonanz.

Im berühmten Positivismus-Streit in der deutschen Soziologie Anfang der sechziger Jahre hat Adorno noch einmal die Methode der Kritischen Theorie formuliert. Anders als die empirisch-analytische Soziologie will sie es nicht bei der Feststellung von →Tatsachen bewenden lassen, sondern hinter die gesellschaftlichen Oberflächenerscheinungen blicken, um die grundlegenden strukturellen Bedingungen und Widersprüche der Gesellschaft zu erkennen («Theorie will benennen, was insgeheim das Getriebe zusammenhält»). Die Theoretiker der Frankfurter Schule nahmen Grundgedanken der Marxschen Kapitalismuskritik auf, berücksichtigten aber stärker als diese Phänomene des Bewußtseins. Gerade das Aufkommen und die →Herrschaft des →Faschismus in Europa hatten ja gezeigt, daß eine rein ökonomische und soziologische Interpretation der Gesellschaft nicht ausreichte, sondern daß diese um sozialpsychologische Dimensionen erweitert werden mußte. Erst von hier aus konnte die Charakterstruktur derjenigen, die die soziale Basis der faschistischen Massenbewegung bildeten, verständlich gemacht werden. Der Versuch, marxistische Gesellschaftstheorie und psychoanalytische Erklärungsansätze zu verbinden, ist eine der großen Leistungen der Kritischen Theorie. In seinen späteren Arbeiten hat vor allem Herbert Marcuse diesen Ansatz genutzt, um die Steuerungsmechanismen spätkapitalistischer Gesellschaften aufzudecken. Im Unterschied zu Marx, für den das revolutionäre Subjekt, das Proletariat, verbürgt war, mußten sich die Vertreter der Kritischen Theorie mit der Tatsache einer weitgehenden Integration der Arbeiterklasse in allen hochentwickelten Industrienationen auseinandersetzen (→Arbeiter). Eine wesentliche Erklärung dafür sahen sie in der Fähigkeit spätkapitalistischer Gesellschaften, über eine hochentwickelte «Bewußtseinsindustrie» und ständige Komsumreize die Menschen in ihren →Bedürfnissen zu manipulieren und von ihren eigentlichen →Interessen abzubringen. Um diesen repressiven Zusammenhang aufzubrechen, bedurfte es nach Marcuse einer Veränderung der menschlichen Triebbedürfnisse, einer Befreiung der Phantasie als Fähigkeit, in gesellschaftlichen Alternativen denken zu können. Marcuses Bedeutung für die studentische Protestbewegung der sechziger Jahre (→Studentenbewegung) erklärt sich daraus, daß hier scheinbar eine konkrete gesellschaftliche Veränderungsperspektive geboten wurde, die den Studenten als Trägern kritischer Bewußtseinspotentiale eine besondere Rolle zuwies. V. U.

◆ **Kultur** (Zivilisation)

Die römisch-antike Ableitung des Begriffs ist bekannt. «Cultura» bezeichnet den Veredelungsprozeß und -zustand der Natur durch den arbeitenden Menschen, in Analogie dazu endlich auch die seelische und charakterliche Veredelung des Menschen selbst. Mittel dafür sind Erziehung und selbständige →Bildung, die zugleich die «wilde» Natur transformieren und sublimieren. Diese «cultura animi» (Cicero) nahmen die Sprach- und wissenschaftlichen Gesellschaften der Spätrenaissance auf und erklärten sie zum Leitbegriff ihrer Absichten. Kultivierung der Sprache, der Sitten, der Studien, der Agrarökonomie waren das Ziel dieser zumeist vom Souverän geförderten Vereinigungen. Die französische →Aufklärung empfand den Begriff «Kultur» jedoch als zu ungenau, um den allgemeinen, *gesellschaftlichen* Fortschritt (→Entwicklung) zu kennzeichnen, der im Prozeß der Kultivierung erreicht wurde. Nach den Vorstellungen vor allem Montesquieus und Voltaires sollte eine äußere und innere Veredelung die →Gesellschaft durch Aufklärung ergreifen und «zivilisieren». Voltaire sprach von einer inneren Pazifizierung der Gesellschaft, die sich auch durch angenehme äußere Verhaltensweisen («Sitten») kenntlich mache. Montesquieu gebrauchte den zum Leitbegriff avancierenden Begriff «Zivilisation» wahrscheinlich als erster, allerdings noch mit dem negativen Akzent der Gefahr bloßer Veräußerlichung (die von den Fürstenhöfen drohte). In den siebziger Jahren des 18. Jhs. erschien der Begriff ohne negativen Beigeschmack in mehreren aufklärerischen Pamphleten (Holbach, Raynal etc.) und bezeichnet nun einen qualitativ überlegenen gesellschaftlichen Zustand, der vor seinem Antipoden, der «Barbarei», zu schützen sei. Die Einschränkung Montesquieus – Gefahr der «Veräußerlichung» – lebte jedoch kryptisch im Bewußtsein der Aufklärer fort. Rousseau trat der Zivilisation im Namen der Natur gegenüber und schuf damit die Grundlagen für die vor allem in Deutschland erfolgreiche romantische Zivilisationskritik. Jetzt schlug erneut die Stunde der «Kultur». Unter dem Einfluß des humanistischen Bildungsideals Wilhelm von Humboldts wurde sie zum Leitbegriff für die gesellschaftliche Kreativität in der Sphäre von Geist und Kunst. Die Funktion des Zivilisationsbegriffs erschien nun allein auf äußerliche technische und wirtschaftliche Erfolge eingrenzbar, um damit zugleich «innerliches» Deutschland von «veräußerlichtem» Frankreich abzugrenzen. Die romantische Kulturphilosophie faßte Kultur als Organismus auf, der sich in unterschiedliche Zonen materieller, sozialer und geistiger Natur gliedern ließ. Vor allem die Kulturgeschichte Jacob Burckhardts eröffnete dem Kulturbegriff wieder weiteren Horizont. Hier standen geistige und künstlerische Faktoren neben wirtschaftlichen, sozialen und «alltäglichen» Lebensmomenten. Allerdings lag über allem bei Burckhardt der unwillkürliche Schleier des Ästhetischen. An sich waren jedoch alle Lebensäußerungen kulturell bedeutsam. Damit schien eine Möglichkeit zu einem erweiterten Kulturverständnis eröffnet. Die Ethnologie (→Historische Anthropologie) vollzog dabei den wohl entscheidenden Schritt: Sie verstand Kultur nur noch als Identitätsbegriff für strukturelle und mentale Eigentümlichkeiten unterschiedlicher Entwicklungsstufen und der mit diesen verbundenen Gesellschaften. Sie unterschied auf diese Weise primitive Kulturen von Hochkulturen sowie Teilstadien zwischen ihnen. Zunehmend wurde nun der Begriff seiner Werthaftigkeit entkleidet. Während vor allem durch Norbert Elias dem Zivilisationsbegriff eine Entwicklungstendenz zu innergesellschaftlicher

Distanzierung, Triebsublimierung und Körperkompensation unterstellt wurde, begann Kultur die Entwicklung zu einem strategischen und operationalisierbaren Begriff anzutreten. Heute wird Kultur als System allgemeiner Sinnkonstrukte verstanden, mit deren Hilfe Gesellschaften oder Gruppen die eigene bzw. die sie umgebende →Lebenswelt interpretieren. Das reicht von den unwillkürlichen Zeichen der «materiellen Kultur» bis zur «hohen Kultur» eines Kunstwerks oder den «Präferenzcodes» des «Milieus» in Hamburgs Lust- und Lasterviertel St. Pauli. (→Höfische Kultur, →Bürgerliche Kultur, →Arbeitskultur) A. v. M.

◆ Kulturgeschichte

Lange Zeit galt Kulturgeschichte als vorwissenschaftlich. Sie war die Domäne der Geschichtsschreibung des 18. Jhs. gewesen. Montesquieu, Voltaire, William Robertson – um nur einige der bedeutenden Historiker der →Aufklärung zu nennen – können als ihre frühen Meister gelten, der Neapolitaner Giambattista Vico als ihr Begründer («Scienza Nuova», 1725/44). Vicos Konzept hatte allerdings mit dem seiner aufklärerischen Zeitgenossen wenig gemein. Sein Hauptinteresse galt der Tatsache des geschichtlichen Wandels, den er als konstitutiven Faktor von Geschichte überhaupt wohl als erster begriff. Den unterschiedlichen Stil der transformierenden Epochen (→Periodisierung) erkannte er jedoch an kulturellen Erscheinungen, an Sprache, Poesie, →Mythos, Sozialisationsformen, zum Teil sogar Kunst. Montesquieu ähnelte ihm nur noch insofern, als er den «Geist der Gesetze» aus ähnlichen Momenten ablas und mit einer Milieu-Geschichte der Verfaßtheiten verband. Voltaire aber stieß mit dem Begriff der «civilisation» zum romanischen Pendant der deutschen →«Kultur» vor. Er untersuchte Sitten und Gewohnheiten, um an ihnen den Grad der Zivilisiertheit verschiedener Gesellschaften abzulesen. Sein Maßstab war allerdings der des aufgeklärten Ancien régime. Geschichtstheoretisch fiel er damit wieder weit hinter Vico zurück, der auch als einer der verborgenen Väter des →Historismus gelten darf. Das aufklärerische Interesse an Zivilisation und Kultur – noch zielten beide Begriffe auf die Summe aller gesellschaftlichen Lebensäußerungen – wurde nach der →Französischen Revolution und mit einsetzender Reaktion allmählich relativiert, am Ende politisch diffamiert. Der vermeintliche wissenschaftliche Fortschritt (→Entwicklung) des deutschen Historismus legitimierte diesen Prozeß gegen die Kultur- und Zivilisationsgeschichte methodisch. Dennoch lebten einige Ansätze fort.

Bei Johannes Janssen, Gustav Freytag, Wilhelm Heinrich Riehl, Johannes Scherr und Georg Steinhausen standen materielle Lebensverhältnisse, Alltagsprobleme, sozialer Habitus verschiedener Gesellschaftsgruppen durchaus im Vordergrund. Dies entsprach allerdings keineswegs mehr dem inzwischen an Wilhelm von Humboldt geläuterten Kulturbegriff in Deutschland. Kultur meinte nun schöpferische Leistungen in Kunst, Literatur, Musik, entsprach einem verinnerlichten Bildungsbegriff, der einen auf Humanität zielenden Veredelungsprozeß in Gang zu setzen hatte (→Bildung). Traditionelle Kulturgeschichte verwies dagegen immer noch auf den älteren «französischen» Zivilisationsansatz, der als «oberflächlich» und «äußerlich» abqualifiziert wurde. K. Lamprecht, der die Geschichtswissenschaft mit der Aufgabe konfrontierte, «Grundlagen und Fortschrittsstufen» für die «Gesamtentfaltung der materiellen wie geistigen Kultur» zu entwickeln, stieß daher auf eisige Ablehnung. Kulturmorphologie war nicht Sache der deutschen Historiker, sondern wurde exzentrischen Randgestalten wie Alfred Weber oder Gesinnungsphilosophen wie Oswald Spengler überlassen. Daß einer der bedeutendsten und angesehensten Historiker aus der Schule →Rankes – nämlich Jacob Burckhardt – selbst kulturmorphologische Ansätze verfolgte, blieb dank der verschleiernden, gegen die «Wissenschaft» gerichteten Ironie Burckhardts lange Zeit verborgen. Das von dem Basler Historiker entwickelte strukturelle Bedingungsgefüge zwischen Kultur, Staat und Religion – Burckhardt redet von drei «Potenzen» – stellt aber tatsächlich einen weitreichenden Versuch geschichtsmorphologischer Modellbildung dar. Daß der Kulturgeschichte dabei scheinbar überragende Bedeutung zukam, lag vor allem daran, daß Burckhardt selbst mit seiner «Kultur der Renaissance in Italien» und der «Griechischen Kulturgeschichte» die Bedingtheiten der Kultur allein untersuchte. Keineswegs war damit der Kulturgeschichte die Rolle einer «totalen Geschichte» übertragen. Diesem Irrtum verfiel Johan Huizinga, der in seinem «Herbst des Mittelalters» Geschichte als die einzige Möglichkeit vorstellte, in der eine Kultur sich selbst zu erkennen vermag. Kulturgeschichte wurde damit fast zur Tautologie – alle richtige Geschichte hatte Kulturgeschichte zu sein. Huizinga hatte Burckhardt fruchtbar mißverstanden. Alltagskultur, Kultur der «kleinen Leute», Kultur der Minderheiten, Kultur der «Dritten Welt» – überall begann man die kulturelle →Identität all jener (wieder) zu entdecken, die bis in die sechziger Jahre dieses Jhs. kaum über eine eigene Geschichte verfügten. Die Würde der alltäglichen Menschen, der Minderheiten etc. – so schien es – lag nicht in ihrer Teilhabe an Politik, Wirtschaft oder «herrschender Kultur», auch nicht darin, daß man sie zum Objekt einer mehr oder weniger engagierten Sozialgeschichtsschreibung (→Sozialgeschichte) machte, sondern vor allem in ihren eigenen materiell-immateriellen Handlungen, Symbolen, Deutungsmustern. Diesen galt es nachzustellen. Fast nebenbei entdeckte man wieder einmal, daß der Mensch ein Wesen ist, das sich mit Zeichen, überflüssigen Gütern, Beziehungscodes, Wünschen etc. umgibt, die allesamt seine «Kultur» ausmachen. Bereichert von Fragestellungen und Methoden naher und ferner Nachbardisziplinen sowie dem Erfahrungsschatz der →Mentalitätengeschichte wurde Kulturgeschichte zu Beginn der achtziger Jahre endgültig ihrer traditionellen Fragwürdigkeit enthoben. Im «Prozeß der Zivilisation» (Norbert Elias) verschmolzen erneut «große» Kultur- und «kleine» →Alltagsgeschichte, ohne daß allerdings ein verbindliches synthetisches Konzept in Sicht kam. A. v. M.

◆ Kulturpessimismus

Kulturpessimismus ist kein ‹harter›, klar zu definierender, sondern eher ein ‹weicher›, in den Konturen verschwimmender →Begriff. Gewöhnlich versteht man darunter ein breites, relativ heterogenes Spektrum von Einstellungen, Haltungen und Ressentiments, philosophischen und pseudophilosophischen Überzeugungen, mit denen Menschen auf die Entfaltung einer säkularisierten, von Industrie und Technik geprägten städtischen Massenkultur reagieren. Ihr gemeinsamer Nenner ist die aus unterschiedlichen Wurzeln gespeiste Kritik an der Moderne, die Suche nach Alternativen und neuen Gewißheiten. Insofern gehören sie zu jenen kultur- und sozialhistorischen Phänomenen, die den Prozeß (→Entwicklung) tiefreichender Veränderungen beim Übergang von der Agrar- zur Industriegesellschaft begleiten, sich gegen Ende des 19. Jhs. verdichten und zunehmend auf Resonanz stoßen (→Stadt–Land). Zwar sind sie keineswegs allein auf Deutschland beschränkt, äußern sich hier jedoch mit besonderem Nachdruck. Sie sind kennzeichnend für einen fundamentalen Mangel an innerem Konsens; durch die Verbindung mit sozialdarwinistischen (→Sozialdarwinismus), völkisch-antisemitischen Ideologien (→Antisemitismus) gewinnen sie an Dynamik, Radikalität und politischer Durchschlagskraft. Eingebettet ist dies in die eigentümlich ambivalente Stimmung des Fin de siècle, in der sich Fortschrittsoptimismus und Wissenschaftsgläubigkeit mit Krisenbewußtsein, dumpfen Zukunftsängsten und Erlösungsphantasien paaren. Die Auffassung, daß man sich in einer Zeit der «Verwirrung und Zersetzung» bewege, sei allgemein, so lautet 1896 die Diagnose des Historikers Max Lenz: «Alltäglich liest und hört man es, daß eine Revolution vor der Tür stehe, eine Umwälzung nicht bloß des Staates, sondern der Gesellschaft und der Nationen, aller Lebensgewohnheiten, eine Umschmelzung aller überlieferten Vorstellungen von Recht und Sitte, der moralischen und der religiösen Begriffe.»

In den Strömungen des Kulturpessimismus offenbart sich das Unbehagen an einer Welt, die man vom Geist des →Kapitalismus, von Rechenhaftigkeit, hohlen Phrasen und banalen Nützlichkeitserwägungen beherrscht sieht. Der Philosoph Friedrich Nietzsche wendet sich gegen Mittelmaß, bürgerliche Erschlaffung, Selbstzufriedenheit und Konvention, gegen die Gleichheitsforderungen des →Liberalismus und →Sozialismus ebenso wie gegen die Erstarrung der Tradition. Gegen den Intellektualismus und die positivistische Faktenhuberei der Wissenschaften setzt er auf die Wiederentdeckung elementarer Lebensmächte, des Irrationalen, der Instinkte, der Erfahrung von Geburt und Tod, des Tragischen und Heroischen. Verstiegene Propheten wie Julius Langbehn mobilisieren eine mythologisch überhöhte agrarische Vergangenheit gegen die industrielle, von Zerfall, Auflösung und Nivellierung bedrohte Gegenwart: «Der Rauch, der aus der Scholle aufsteigt», schreibt er 1890, «ist die Seele des Landes; zu dieser Seele muß die deutsche Bildung zurückkehren.» Sein Buch mit dem programmatischen Titel «Rembrandt als Erzieher» wird rasch zum Bestseller, spricht in einem Atem von «Kriegsbereitschaft» und «Kunstgesinnung», auch davon, daß Deutschland berufen sei, «den Richterstuhl der Nationen» einzunehmen. Rembrandt, keine reale, sondern eine stilisierte Kultfigur, wird gepriesen als «niederdeutsche» Heldengestalt: ein Leitbild völkischer Erneuerung, die identisch ist mit einer kompromißlosen Absage an die Adresse der →Aufklärung und das Ideal einer demokratisch verfaßten Gesellschaftsordnung.

Das Bedürfnis nach Abschottung und geistiger Autarkie, die Polemik gegen vermeintliche Entwurzelungs- und Überfremdungstendenzen, die Flucht in die Innerlichkeit, die Sehnsucht nach Überwindung des Alltäglichen durch das Außergewöhnliche, nach «artgemäßer» Führung und Autorität: all dies schreitet im Gewande des Unpolitischen daher und ist doch hochgradig politisch. Verachtung der Politik geht dabei Hand in Hand mit Verachtung der Zivilisation (→Kultur), die als Derivat der Kultur gilt. Zivilisation ist westlich, französisch, flach, literatenhaft und unernst, Kultur indes ist deutsch, strömt aus den Tiefen der Seele und des Gemüts. Der Kulturpessimismus hat dergleichen Mentalitäten nicht geweckt, aber er hat sie bestätigt, zum Teil mächtig angefacht, er hat die politische Urteilskraft in den bürgerlichen →Schichten geschwächt, die

Köpfe mit völkischem Irrationalismus vernebelt und den Propagandisten des Nationalsozialismus ideologische Zubringerdienste geleistet. J. F.

◆ Kunstgeschichte

Kunstgeschichte als spezifische, aber autonome Disziplin im Spektrum der historischen Wissenschaften verdankt sich der Vorstellung von der Eigengesetzlichkeit des Ästhetischen, die in den Auseinandersetzungen zwischen Künstlern und Auftraggebern des Spätmittelalters und der →Renaissance entstand. Es war daher ein theoretisch versierter Künstler, der die erste Kunstgeschichte lieferte: Giorgio Vasari mit seiner Lebensbeschreibung der wichtigsten Maler, Bildhauer und Architekten Italiens zwischen dem 13. und 16. Jh. Diesem Sieg der Ästhetik der Produzenten über die der Auftraggeber und Kunden verdankte die Disziplin eine langwierige Dominanz des biographischen Verfahrens. Erst mit Johann Joachim Winckelmann (1717–1768) kam in der Mitte des 18. Jhs. die Idee stilistischer Abfolgen, →Gesetzmäßigkeiten und Diskontinuitäten (→Kontinuität – Diskontinuität) auf, die, entgegen den vorsichtigen Relativierungen und Verweisen ihres Urhebers auf politische und geistesgeschichtliche Phänomene, in der positivistischen Stilgeschichte des 19. Jhs. kulminierte. Mit der Debatte um die Fragwürdigkeit eines verbindlichen Kunstbegriffs mußte sich die Kunstgeschichte aber schon bald ihren Gegenstand neu schaffen. In überaus fruchtbarer Weise hat sie auf diese Herausforderung reagiert. Soziologische Kategorien wie Geschmacksbildung, →Interessen von Auftraggebern und Publikum, gesellschaftliche Verortung der Künstler als spezifischer Gruppe von Produzenten, aber auch wahrnehmungstheoretische, ikonologische (→Ikonographie) und psychologische Ausdehnungen des Gegenstandfeldes bezeichnen den Wandel der traditionell ästhetisch normierten Geschichte der Künste und Künstler zu einer Geschichte der Zeichen und Zeichensysteme (→Bild), ihrer Produktions- und Wahrnehmungsbedingungen, ihrer Kontinuitäten und Diskontinuitäten, theoretischen Reproduktionen und – last but not least – jener Merkmale und Umstände, die sie mehr oder weniger gefällig erscheinen lassen. A. v. M.

L

◆ Lebenswelt

«Lebenswelt» ist ein Begriff, der in der neueren →Alltags- und →Sozialgeschichte häufig anzutreffen ist. Auf den ersten Blick erscheint er problemlos einfach, bei näherem Hinschauen jedoch zeigt sich, daß er etwas Schillerndes hat und sich gegen präzise Definitionen sperrt. Hin und wieder auch drängt sich der Verdacht auf, als sei er nur eine von jenen Modevokabeln, mit denen Autorinnen und Autoren dem jeweils herrschenden Trend ihren Tribut zollen. Als Leser jedenfalls weiß man selten, ob er naiv beschreibend im buchstäblichen Sinn des Wortes gemeint ist oder ob er den ganzen philosophischen Diskurs mit einschließt, der von Edmund Husserl bis hin zu Jürgen Habermas reicht.

Gewöhnlich sind Lebenswelten an räumlich begrenzte Milieus gebunden. Beide Begriffe sind nicht identisch, aber sie haben zahlreiche Berührungspunkte. Aus historisch begründeten lebensweltlichen Zusammenhängen beziehen Menschen einen Teil ihrer Erfahrungen, Orientierungen und Verhaltensnormen. Sie machen den Horizont aus, vor dem Leben begriffen, gedeutet und vollzogen wird, sie prägen Erwartungen und →Bedürfnisse, Bräuche und Traditionen, das alltägliche Rechts- und Wertbewußtsein. Jede →Gesellschaft setzt sich aus vielen solcher Lebenswelten zusammen: die von Bergleuten im Ruhrgebiet unterscheiden sich von denen eines Kleinbauern in der Rhön, die eines katholischen Fabrikarbeiters in Bayern von denen eines protestantischen Landarbeiters in Mecklenburg, die eines Großstädters von denen eines Dorfbewohners (→Mikrogeschichte).

Lebenswelten zeichnen sich durch ein gewisses Maß an Autonomie aus. Sie beeinflussen die Formen der Kommunikation und des sozialen Miteinanders, weisen Männern und Frauen Rolle und Funktion zu, bilden eigene Regeln und Mechanismen der Kontrolle aus, wirken disziplinierend und integrierend. Ihre Komplexität und ihre Leistungsfähigkeit für die mit ihnen verwurzelten →Klassen, →Schichten und Gruppen lassen sich nur durch lokal- und regionalgeschichtliche Untersuchungen erfassen. Dabei wird sichtbar, daß Lebenswelten trotz eines beträchtlichen Beharrungsvermögens keineswegs statisch sind. Impulse von außen stoßen sie ab oder verleiben sie sich ein. Begleitet von →Protesten und Konflikten, lösen Prozesse (→Entwicklung) des wirtschaftlichen und gesellschaftlichen Wandels ältere Bindungen auf und stiften neue. →Ideologien, politische Bewegungen und staatliche Strukturen (→Ereignis), aber auch die modernen Kultur- und Freizeitindustrien verändern und überformen gewachsene Sinnzusammenhänge, ebnen die Unterschiede zwischen den einzelnen Lebenswelten ein, die dadurch manche ihrer typischen Merkmale einbüßen und unter Druck geraten, langfristig sogar völlig zerstört werden können. Das Schicksal der →Arbeiterkultur, die im 20. Jh. Schritt für Schritt ihre Eigenständigkeit und ihre bestimmende Kraft verliert, liefert für derartige Entwicklungen ein prägnantes Beispiel. J. F.

◆ Legitimität

Jede →Herrschaft, die nicht unablässig →Gewalt durch Zwang ausübt, basiert auf Legitimität bzw. Segmenten von Legitimität. Nur so sind ihr Bestand und interner Wandel ohne Gefahr sofortigen Machtverlustes garantiert. Was aber bedeutet Legitimität, worauf bezieht sie sich, an wen appelliert sie?

Gehorsam der Beherrschten gegenüber den Herrschenden kann als wesentliche Voraussetzung für das Bestehen einer Herrschaft gelten, auch dann, wenn Herrschende und Beherrschte – wenigstens theoretisch und normativ – identisch sind. Diese Art von konstitutivem Gehorsam gründet sich in der Anerkennung der Rechtmäßigkeit der jeweils ausgeübten Herrschaft. Ethische Werte, Traditionen, gemeinsame →Interessen, breite Akzeptanz bestimmter Verfahrenstechniken bei der Machtausübung oder Zauber bzw. inszenierte Wirkung einer Persönlichkeit können diese Anerkennung begründen. Max Weber unterscheidet in diesem Sinne rationale, traditionale und charismatische Herrschaft (→Charisma), denn in ihnen wirken – idealtypisch – unterschiedliche Formen der Legitimität. Aber schon die ältere, auf den Theoremen der platonischen und aristotelischen Politik gegründete Staatslehre verpflichtete die Herrschenden auf das Gemeinwohl («bonum commune») und sah sie durch Gnadenwahl, Erbrecht und den «consensus omnium» («Übereinstimmung aller») getragen. Damit war bereits hier eine konkrete Vorstellung vom Wesen der Legitimität vorgegeben. Sie erfaßt nämlich nicht nur die freiwillige Zustimmung der Beherrschten, sondern auch das →Interesse und Verhalten der Herrschenden, die sich dieser Zustimmung versichern. Damit enthüllt sich aber das ganze Wesen der Legitimität: Sie stellt als ausgesprochene oder unausgesprochene konstitutive Übereinkunft zwischen Herrschenden und Beherrschten das Grundprinzip dar, nach dem sich rechtliches, politisches und hoheitliches Handeln in der von ihnen gebildeten und getragenen Ordnung zu richten hat. Dieses Prinzip tritt in der Geschichte überaus unterschiedlich in Aktion. Es reicht von der niemals aufgehobenen Latenz unartikulierter, in Ritual, Gewohnheit und kollektiver Erinnerung verfestigter Traditionsnormen bis zur «Streitkultur» westlicher Demokratien. Somit stellt Legitimität eine qualitative Bindung politischer Herrschaft dar, die sich zwar in der Geschichte unterschiedlich verwirklicht, aber diesen Typus der Herrschaft grundsätzlich – diachron – von allen Formen illegitimer Herrschaft scheidet. Illegitimität entsteht jedoch nicht nur durch die Vorherrschaft blanker Gewalt, sondern ebenso durch Formen latenter →Anarchie, durch willkürliche Segmentierung des «Gesamtkörpers» der Legitimitätskonstrukte, ihre Entleerung und Pervertierung oder auch bloße legale Funktionstüchtigkeit. Ebenso gehört es zu den entscheidenden Merkmalen gelungener →Revolutionen – auch im Unterschied zu gelungenen Revolten –, ausgehöhlte, zerbrochene oder zutiefst gestörte Legitimitätsstrukturen durch neue zu ersetzen, Illegitimität also in Legitimität zu verwandeln, oder überhaupt erst Legitimität zu begründen. Dabei können durchaus langwierige Konflikt- und Übergangsprozesse die Folge sein, in denen «Legitimität» auf ganz unterschiedliche Weise begriffen oder besetzt wird. Latente und reale Bürgerkriege sind die Folge solcher Konflikte – ohne daß hiermit etwa ein umfassendes Kausalmodell für ihre Entstehung zur Hand wäre. Daß in solchen Konflikten jedoch das Verlangen nach Legitimität zum Kampfruf werden kann, beweist die geschickte Vereinnahmung des Begriffs durch Charles Maurice de Talleyrand auf dem Wiener Kongreß zu Gunsten des «monarchischen Gottesgnadentums». Der Vertreter des nachrevolutionären Frankreich verband in der Proklamierung des «Legitimitätsprinzips» die volkssouveränen Strömungen der →Französischen Revolution mit dem monarchistischen Dynastiedenken. Die Gegner dieses Prinzips erschienen plötzlich «ohne Legitimität».

Das von den bürgerlichen Revolutionen des 19. Jhs. verkündete Legalitäts- und Verfassungsprinzip machte daher auch Front gegen die politische Kategorie der Legitimität, die von der «Reaktion» usurpiert schien. Entsprechend sahen politische Theorien der Demokratiebewegungen bis tief ins 20. Jh. hinein Legalität und Legitimität im vermeintlichen Konflikt.

→Demokratie erschien dabei als bloße Spielregel im Streit der Antagonisten um «die Macht», bewacht allein von der normativen Kraft der «verfassungsmäßigen Ordnung», die sich als positives →Recht darstellte. Demgegenüber verkündete die präfaschistische Staatslehre eines Carl Schmitt etwa ihre Kritik am legalistischen Rechtspositivismus im Namen der Legitimität. Macht könne legitim werden, ohne legal zu sein und ohne die demokratischen «Spielregeln» zu verletzen, prophezeite Schmitt mit dem selben zynischen Realitätssinn, mit dem er darauf verwies, daß Legalität vor despotischer Macht nicht zu schützen vermöge. Der von Schmitt vorgetragenen Geringschätzung der Legalität wird man nicht folgen können, jedoch seinen Hinweis auf ihre Grenzen notgedrungen ernst nehmen. Ohne das Legitimitätsprinzip kommen auch demokratisch-legale Ordnungen nicht aus. Es verweist sie auf die Notwendigkeit des →Diskurses zwischen «Herrschern» und «Beherrschten», d. h. zwischen *allen* Gruppen einer pluralistischen offenen Gesellschaft. A. v. M.

◆ Liberalismus

Begriffe wie «liberal» und «Liberalismus» haben in der Alltagssprache einen guten Klang. Sie wecken überwiegend positive Assoziationen. In ihnen schwingt etwas mit von Individualismus und kritischer Progressivität, von →Freiheit und Autonomie, von Toleranz und Eigenverantwortung. Unsere gesellschaftliche Ordnung ist in zentralen Bereichen liberalen Prinzipien und Leitbildern verpflichtet, in der Verfassung finden sich wesentliche Elemente des traditionellen Liberalismus: für liberale Politik, sollte man meinen, ein idealer Resonanzboden.

Dieser Eindruck verflüchtigt sich jedoch schnell, wenn sich der Blick auf die Parteienlandschaft richtet. Der organisierte Liberalismus in Gestalt der FDP mobilisiert sehr viel weniger Sympathien als das Vokabular, mit dem er operiert. Von voreiligen Beobachtern oft schon totgesagt und mehrfach von existenzbedrohenden →Krisen geschüttelt, muß er jeweils sämtliche Kraftquellen ausschöpfen, um sich als koalitionsfähiger Partner und das heißt oberhalb der Fünfprozentmarke zu behaupten. Im langen Prozeß (→Entwicklung) industriewirtschaftlicher →Modernisierung, den seit der Mitte des 19. Jhs. liberale Ideen entscheidend geprägt und vorangebracht haben, ist aus einer anfänglich breiten, von verschiedenen →Schichten der Bevölkerung getragenen Strömung eine überschaubare Restgröße geworden.

Liberalismus ist demnach →Ideologie und Mentalität, Verhaltensweise und politische Bewegung. Sein Gehalt läßt sich nur schwer in abstrakte Formeln und Definitionen pressen. Als historisches und gegenwärtiges Phänomen bedarf er der historischen und politikwissenschaftlichen Analyse. Dabei gilt es, →Kontinuität und Wandel, Brüche und Entwicklungssprünge sichtbar zu machen, außerdem die Bedingungen zu klären, unter denen er sich entfaltet, verändert, von Zeit zu Zeit auch erneuert hat.

Die Wurzeln des Liberalismus reichen weit zurück in die europäische →Aufklärung. Ohne den Rationalismus, ohne die Eroberung geistiger Freiräume und ohne die Entdeckung des Individualismus ist er nicht denkbar. In Deutschland wird er gefördert durch die →Französische Revolution, deren gesellschaftliche Perspektiven er aufnimmt, deren Weg zu Guillotine, Terror und napoleonischer →Diktatur er freilich ablehnt. Zu den Kernforderungen gehört der naturrechtlich legitimierte Vorrang des Menschen vor dem →Staat. Der Liberalismus will ständische Barrieren durchbrechen, die →Bürger aus kirchlicher Bevormundung und bürokratischer Reglementierung lösen, die →Herrschaft des →Rechts an die Stelle absolutistischer Willkür setzen. Den Aktionsradius der Monarchen glaubte er einschränken zu können durch Verfassungen und Gewaltenteilung. Der mündige Bürger, nicht mehr der unmündige Untertan, war aufgerufen, in gewählten Vertretungskörperschaften, den Parlamenten, an der Gesetzgebung und bei der Bewilligung der Steuern mitzuwirken. Ein sorgfältig austariertes, rechtlich wie institutionell gesichertes System von Kontrollen, Gewichten und Gegengewichten sollte den Druck des Staates vermindern, den Mißbrauch und die Zusammenballung von Macht in den Händen weniger verhindern.

Für ihre Leitlinien haben Liberale stets die praktische Vernunft reklamiert. Autonomie und Selbstbestimmung werteten sie als unveräußerliche Menschenrechte (→Grundrechte). Sie begriffen sich als Anwälte einer umfassenden, allmählich und ohne revolutionäre Erschütterungen sich vollziehenden Erneuerung. Wirtschaftliche Freiheit erschien ihnen dabei als die Kehrseite politischer Freiheit. Freiheit der Person und Freiheit des →Eigentums waren und sind Eckpfeiler im liberalen Gedankengebäude. Die staatliche Verwaltung sollte sich direkter Eingriffe in das Wirtschaftsleben so weit wie möglich enthalten. Als Devise galt: ein Minimum an Staat bei einem Maximum an individueller Eigenverantwortung und Eigeninitiative. Das ökonomische Modell, das den Liberalen vorschwebte, war eine von feudalen Bindungen entfesselte Wirtschaftsordnung, war der Markt, auf dem sich frei von Protektion und Subvention das Wohl und Wehe der Gewerbetreibenden zu entscheiden hatte (→Ökonomie). Das gesellschaftspolitische Modell war das einer ‹klassenlosen›

Gemeinschaft von Bürgern, in der zwar nicht →Gleichheit im wörtlichen Sinne, wohl aber Gleichheit vor dem Gesetz und Gleichheit der Chancen herrschen sollten. Sozialen Problemdruck und vorübergehende soziale Verwerfungen hofften die Liberalen durch den von ihnen propagierten Modernisierungsprozeß gewissermaßen im Selbstlauf auffangen, auf diese Weise auch das wachsende Heer der proletarischen Schichten befrieden und bei der Stange halten zu können.

Die utopischen Züge des Programms sind unverkennbar. Für den Bewußtseinshorizont der Liberalen um die Mitte des 19. Jhs. aber sind sie typisch. Aus ihnen spricht die Erwartung, Herrschaft von Menschen über Menschen wenn schon nicht zu beseitigen, so doch auf ein Mindestmaß zu reduzieren, die →Arbeiter durch →Bildung und Ausbildung allmählich zu politischer Teilhabe zu befähigen und in das demokratische Regelwerk zu integrieren. Orientiert an vorindustriellen Verhältnissen, ist dieser Entwurf den Anforderungen und Belastungen, den schärfer werdenden inneren Spannungen, die mit der beschleunigten →Industrialisierung aufbrechen, allerdings nicht gewachsen. Denn die →Gesellschaft polarisiert und die materiellen →Interessen differenzieren sich, auch und gerade in den mittleren Schichten (→Mittelstand), den eigentlichen Adressaten liberaler Politik. Diese verliert dadurch viel an Homogenität und Durchschlagskraft, ihre Basis schrumpft, und den liberalen →Parteien laufen die Anhänger in Scharen davon. →Bauern, Kleinhändler und Handwerker, die den Zünften nachtrauern, suchen ihr Heil bei den Konservativen (→Konservatismus), die Katholiken das ihre beim Zentrum. Hinzu kommt, daß sich die Wege von Bürgertum und Arbeiterschaft trennen. Seit 1863 formiert sich in Deutschland, vier Jahrzehnte früher als etwa in England, eine unabhängige Arbeiterpartei (→Arbeiterbewegung): die «proletarische Demokratie» tritt in Konkurrenz zur «bürgerlichen Demokratie».

Der Liberalismus im Kaiserreich und in der Weimarer Republik ist geprägt von strukturellen Schwächen, aufgespalten in eine freisinnig-linksliberale und eine mehr rechtslastige nationalliberale Richtung. In einer Welt, in der sich allenthalben neue Formen der Vergesellschaftung bemerkbar machen, politische Macht sich auf Organisation und bürokratische Apparate gründet, bleiben die Liberalen locker gefügte Vereinigungen, in denen nach wie vor der Typ des individualistischen, finanziell unabhängigen Honoratiorenpolitikers dominiert. Die Furcht vor der sozialen →Revolution, die Sorge um die Unantastbarkeit des Eigentums erweisen sich, wie kritische Zeitgenossen bemängeln, als «konservative Macht ersten Ranges», nötigen die Liberalen zu Kompromissen und Abstrichen, die manches von ihren emanzipatorischen Zielen verblassen lassen. Das ältere Gesellschaftsmodell wird überlagert und verdrängt durch einen Wirtschaftsliberalismus, der zu einer Ideologie des Status quo und der Ellenbogenfreiheit verkümmert.

Liberale aller Schattierungen, besonders aber die Nationalliberalen, geraten in den Geruch von Interessenparteien, die sich einseitig um die Belange der Unternehmer und der Besitzenden, nicht jedoch um die der kleinen Leute kümmern. Auf die sozialen Probleme, die der Industrialisierungsprozeß aufwirft, finden sie keine oder keine zureichenden Antworten. Elend und Not erscheinen ihnen überwiegend als Ausdruck persönlichen Versagens. Maßnahmen zugunsten der Arbeiter, Arbeiterschutz, Humanisierung der Arbeitswelt, kollektives Arbeitsrecht lehnen sie ab, die Bismarcksche Sozialgesetzgebung, die auf relativ niedrigem Niveau die ärgsten Lebensrisiken absichert, akzeptieren sie unter Murren, ihrem Ausbau begegnen sie mit hartnäckigem Widerstand. Männer wie der Linksliberale Friedrich Naumann, der für eine «demokratische Industriepolitik» wirbt, in den Fabriken aus «Industrieuntertanen» mitbestimmende «Industriebürger» machen will, stoßen nur auf geringe Resonanz und bleiben in der Minderheit.

Gegen Ende des 19. Jhs. sind Tendenzen der Erschlaffung und Verengung unübersehbar. Den innovatorischen Elan, die Fähigkeit, Zukunft zu gestalten, so scheint es, hat der Liberalismus eingebüßt. Sich an die Gegebenheiten einer industriellen Massengesellschaft anzupassen bereitet ihm und den meisten seiner Repräsentanten jedenfalls Schwierigkeiten. Daß er auf die Karte des →Imperialismus setzt und nationalistische Stimmungen auf seine Mühlen zu lenken sucht, zeigt die Anfälligkeit für illiberale Parolen und gibt einen Vorgeschmack auf die spätere Hilflosigkeit gegenüber dem Nationalsozialismus. Gemessen an den Anfängen, ist die Geschichte der liberalen Parteien eine Geschichte von Illusionen, enttäuschten Erwartungen und Versäumnissen. In dem Maße, wie die Ideen und Prinzipien, unter denen sie angetreten waren, Gemeingut geworden sind, haben sie ihre historische Mission erfüllt. Einer Epoche (→Periodisierung) aus eigener Kraft ihren unverlierbaren Stempel aufzudrücken ist ihnen gleichwohl nie gelungen. J. F.

◆ Lied

Lieder treten in verschiedenen sozialen, politischen und kulturellen Kontexten auf. Wir kennen z. B. solche, die eine politisch-repräsentative oder kultisch-rituelle Funktion erfüllen, also einem bestimmten herrschaftlichen Zusammenhang entstammen und herrschenden Zwecken dienen. Das Gegenstück dazu sind Lieder, die – darin der Flugschrift (→Flugblatt), dem Spottvers oder der →Karikatur verwandt, als Zeugnisse einer rebellischen Volksliteratur anzusprechen sind (→Volkskultur). Von den Bauernaufständen des 15./16. Jhs. bis zu den Protestbewegungen unserer Tage haben solche Lieder immer wieder eine mobilisierende und bewußtseinsbildende Rolle gespielt. Für den Historiker sind gerade diese demokratisch-oppositionellen Volkslieder als →Quelle wichtig, weil sie häufig die Nöte und Beschwernisse der unteren Volksklassen unverfälscht widerspiegeln und über die Ziele ihres sozialen und politischen Aufbegehrens Auskunft geben. Lieder sind die «Poesie vergangener Revolutionen» (Friedrich Engels). Was etwa die «Marseillaise» für die französischen Revolutionsarmeen war, das war das «Heckerlied» (so genannt nach dem Führer der radikalen Republikaner in Baden) für die deutschen Revolutionäre von 1848/49. Als Mittel der Selbstverständigung und als Kampfansage an das herrschende System dienten Lieder auch der im 19. Jh. sich formierenden →Arbeiterbewegung. Die «Arbeiter-Marseillaise» des Hamburger Schlossers Jacob Audorf, 1864 für den Allgemeinen Deutschen Arbeiterverein verfaßt, zählte zu den populärsten Liedern der deutschen →Arbeiter. «Die Internationale», geschrieben von Eugène Pottier nach der Niederschlagung der →Pariser Kommune 1871, vertont von Pierre Degeyter 1888, begleitete die Demonstrationen und Kämpfe der internationalen Arbeiterbewegung (→Internationale).

Viele der oppositionellen Lieder wurden im Parodieverfahren geschaffen, das heißt, sie benutzten bekannte patriotische oder religiöse Gesänge als Vorlage und texteten sie phantasievoll um für den politischen Zweck. So sind Lieder für den Historiker nicht nur zu lesen als Spiegel vergangener Lebensweisen (→Lebenswelt) und sozialer Kämpfe (→Sozialer Konflikt), sondern auch als Ausdruck der schöpferischen Fähigkeiten der unterdrückten und geknechteten Teile des Volkes, eine eigene kulturelle Zeichensprache zu entwickeln.

Die Überlieferung der oppositionellen Lieder ist lückenhaft. Nicht selten wurden sie von den Behörden verboten und konnten nur heimlich gesungen werden. Nach der Niederlage der →Bauern 1525 (→Bauernkrieg) wurden auch ihre Lieder von den Siegern mit wütendem Haß verfolgt. Reste davon haben sich manchmal nur in Gerichts- und Folterprotokollen erhalten. Später wurde die Zensur zum bevorzugten Mittel, um eine Veröffentlichung und Verbreitung subversiver Lieder zu unterbinden. Was die amtlichen Zensoren nicht schafften, das vollendeten nicht selten die Sammler von Volksliedern, die oppositionelle Texte nach dem Motto

«Politisch Lied, ein garstig Lied» aus ihren Anthologien verbannten. Den bedeutsamsten Beitrag zur Wiederentdeckung dieser historischen Quelle hat der DDR-Historiker Wolfgang Steinitz mit seiner zweibändigen Sammlung «Deutsche Volkslieder demokratischen Charakters aus sechs Jahrhunderten» (1955/62) geleistet. V. U.

◆ Literatur- und Sprachgeschichte

Sprache als der wesentlichste Akt der Konstituierung des Menschen als soziales Wesen erfordert die ganze Aufmerksamkeit des Historikers. Mithin werden historische Arbeiten immer wieder auch bei keineswegs spezifisch sprachhistorischer Thematik auf Sprache konzentriert sein. Sprachgeschichte als autonome Disziplin wendet sich hingegen weniger der Funktion und Rolle von Sprache und Sprachstruktur in sozialen, mentalen, politischen etc. Kontexten zu, sondern untersucht die historische Konstituierung von Sprache in ihrer eigenen Tradition. Beharrung und Wandel von Kommunikationsstrukturen, die Historizität von Metaphern und Zeichen, das Verhältnis von sprachlogischen Symptomen der Dauer zu solchen des Wandels machen daher den eigentlichen Gegenstand von Sprachgeschichte aus. Die ältere, der romantischen Philologie verpflichtete Richtung wird daneben dank ihrer fruchtbaren Beiträge zur Sicherung historisch-kritischer Textbestände stets ihren Wert behaupten.

Literaturgeschichte macht dagegen nicht die Sprache als rohen, von der Wissenschaft teilweise selbst zu konstruierenden Stoff zu ihrem Gegenstand, sondern den «fertigen», ästhetisch oder kommunikativ funktionierenden Text. Er steht im Mittelpunkt, auch wenn er mit Hilfe soziologischer Kategorien nach seinen Produktionsbedingungen oder mit wahrnehmungspsychologischen nach seiner Wirkung befragt wird. Für →Mentalitäten- und Ideengeschichte (→Geistesgeschichte) haben sich gerade literaturhistorische Ansätze als fruchtbar erwiesen, die ihre Aufmerksamkeit auf topische, textlogische und semiotische Strukturen legten. Aber auch ältere Konzepte wie Motivgeschichte oder die Rekonstruktion von Wirklichkeitsbezügen erweisen sich immer wieder als nützlich für Fragehaltung und Materialprobleme des Historikers. Die Rekonstruktion einer «ganzen Welt» etwa im Werk François Rabelais' (Michail Bachtin) oder Blaise Pascals (Goldmann) vermag zuweilen den Historiker arbeitslos zu machen. A. v. M.

M

◆ Mainzer Republik

Die Mainzer Republik von 1793 war das erste republikanische Staatswesen auf deutschem Boden und hat daher die besondere Aufmerksamkeit der historischen Forschung zum Jakobinismus in Deutschland auf sich gezogen (→Jakobiner).

Das Erzbistum Mainz, das unter der Herrschaft eines Kurfürsten stand, war einer der vielen Zwergstaaten entlang des Rheins. Insgesamt zählte es im ausgehenden 18. Jh. 320000 Einwohner; die größte Stadt war Mainz mit rund 22000 Einwohnern. Die Masse der Bevölkerung waren →Bauern. Das städtische Gewerbe produzierte vor allem für die Bedürfnisse der kurfürstlichen Hofhaltung. Seit 1782 gab es in Mainz eine Lesegesellschaft, die nach Ausbruch der →Französischen Revolution 1789 den Charakter eines politischen Klubs annahm. Nach der Eroberung von Mainz durch französische Truppen unter General Custine am 21. Oktober 1792 gab sich der Mainzer Jakobinerklub den Namen «Gesellschaft der Freunde der Freiheit und Gleichheit». Er zählte im November bereits fast 500 Mitglieder, darunter vor allem Vertreter der bürgerlichen Intelligenz. Zu den führenden Köpfen gehörten u.a. der Weltreisende, Naturforscher und Schriftsteller Georg Forster, der Professor der Medizin Georg Wedekind, der Staatsrechtler Andreas Joseph Hofmann und der Mathematikprofessor Mathias Metternich.

Unter dem Schutz der französischen Besatzung entfalteten die Mainzer →Jakobiner eine rege politische und publizistische Tätigkeit. Vier Ausschüsse (für →Ökonomie, Wachsamkeit, Unterricht, Korrespondenz) erledigten die laufenden Arbeiten und hatten monatlich Bericht zu erstatten. Die Mainzer Jakobiner suchten Verbindung mit demokratischen Klubs in anderen Städten und wandten sich mit einem Verbrüderungsersuchen an den Jakobinerklub in Paris. In Zusammenarbeit mit den Kommissaren des Pariser Konvents erreichten die Mainzer Jakobiner, daß zum 24. Februar 1793 Wahlen im Gebiet des Kurfürstentums ausgeschrieben wurden. Ein großer Teil der wahlberechtigten Mainzer →Bürger blieb freilich den Wahlen fern – sei es aus Anhänglichkeit zur alten Herrschaft, sei es aus Verärgerung über die Requirierungen der französischen Besatzer.

Am 17. März 1793 trat in Mainz der Rheinisch-deutsche Nationalkonvent – das erste freigewählte Parlament in Deutschland – zusammen und proklamierte einen Tag später die Gründung eines «freien, unabhängigen, unzertrennlichen Staates». In der klaren Erkenntnis, daß der neue Freistaat sich nur unter dem Schutz des revolutionären Frankreich würde behaupten können, beschloß der Konvent bereits am 21. März, die Aufnahme der Mainzer Republik in das französische Staatsgebiet zu beantragen. Georg Forster, der Abgesandte der Mainzer Jakobiner, erreichte dazu am 30. März die Zustimmung des Nationalkonvents in Paris.

Doch zu diesem Zeitpunkt hatten die wieder offensiv gewordenen Truppen der antifranzösischen Koalition bereits einen Ring um die Stadt Mainz gelegt, die nach monatelanger Belagerung am 23. Juli 1793 kapitulieren mußte. Viele Mainzer Jakobiner, die nicht mehr hatten fliehen können, wurden verhaftet und mißhandelt. V. U.

◆ Manifest

Manifeste sind Erklärungen und Aufrufe mit programmatischem Charakter. Sie wollen die Menschen belehren und aufrütteln, sie sprechen gleichermaßen Verstand und Gefühl (→ Affekte) an, wollen Hoffnungen erfüllen, →Bedürfnisse befriedigen, Überzeugungen wecken und vertiefen. Ihr Zweck ist es, die Prinzipien, Ziele und Perspektiven einer Regierung, einer →Partei oder sonst einer politischen Gruppierung «manifest», also offenbar zu machen. Sie gewähren Einblicke in die Gedankenwelt derer, die für sie verantwortlich zeichnen, sagen etwas aus über die Art und Weise, wie Realität (→Tatsachen) wahrgenommen, verarbeitet und interpretiert wird. Aufgabe der Historiker ist es, diese Zusammenhänge zu rekonstruieren, dabei vor allem nach der unmittelbaren ebenso wie nach der langfristigen Wirkung zu fragen, die derartige Texte ausstrahlen.

Das «Kommunistische Manifest» z. B., das Karl Marx und Friedrich Engels im Auftrag des Bundes der Kommunisten konzipieren und Anfang Februar 1848 publizieren, übt auf die kurze Zeit später in Europa losbrechenden → Revolutionen so gut wie keinen Einfluß aus, und die zentralen Prognosen, die darin formuliert worden sind, haben sich nicht bewahrheitet. Trotzdem hat es im weiteren Verlauf der Geschichte ungeahnte Sprengkraft entfaltet, vergleichbar wohl nur mit der Proklamation der Bürger- und Menschenrechte (→Grundrechte) durch die französische Nationalversammlung im August 1789. Beginnend mit einem Glaubenssatz («Die Geschichte aller bisherigen Gesellschaft ist die Geschichte von Klassenkämpfen») und endend mit einem Appell («Proletarier aller Länder vereinigt Euch») deutet es Vergangenheit, Gegenwart und Zukunft. Selbst die streckenweise recht theoretische Gelehrtenprosa und die Komplexität der dahinterstehenden Analyse, die an das Fassungsvermögen der Adressaten, der Arbeiterklasse (→Arbeiter), hohe Anforderungen stellt, haben seine Geltung als grundlegendes, identitätsstiftendes Dokument des →Sozialismus nicht beeinträchtigen können. J. F.

◆ Matriarchat – Patriarchat

«Matriarchat» bezeichnet die politische →Herrschaft von Frauen in der →Gesellschaft und ihre Dominanz in der Familie, «Patriarchat» umgekehrt die Männerherrschaft in Gesellschaft und Familie. Während der Begriff «Matriarchat» erst gegen Ende des 19. Jhs., geprägt wurde, stammt das Wort «Patriarchat» aus der späten griechischen Sprache, der «Septuaginta», der Übersetzung des Alten Testaments. Der Patriarch ist ursprünglich der Stammvater, später der Kirchenvater.

Die Entdeckung, daß das Patriarchat kein naturgegebener Zustand ist, sondern daß es Kulturstufen der Menschheit gegeben hat, in denen die Frauen ein Übergewicht besaßen, ist noch relativ jung; sie stammt aus dem 19. Jh. Eine bahnbrechende Rolle spielte das Werk «Das Mutterrecht» (1861) des Baseler Privatgelehrten Johann Jacob Bachofen. Danach ist die erste Stufe der Menschheit das Zeitalter des Mutterrechts oder der «Gynaikokratie», wie er sie nennt (von griech. «gyne», «die Frau» und «kratein», «herrschen»). Bachofen stützte sich bei seiner Beweisführung in erster Linie auf antike → Mythen und Berichte griechischer Historiker, so z. B. auf Herodots Bericht über das kleinasiatische Volk der Lykier. Eine Bestätigung erhielt seine These durch das Werk des englischen Ethnologen Henry Morgan, «Ancient Society» (1877). Es beruht auf der Entdekkung der matrilinearen Verwandtschaftsstruktur bei den nordamerikanischen Indianerstämmen der Irokesen (Matrilinearität = einlinige Verwandtschaft in der Mutterfolge. Die Kinder gehören nur zur Verwandtschaft der Mutter.) Aus dieser Entdeckung suchte Morgan ein allgemeines Entwicklungsschema der Menschheit abzuleiten. Da die Irokesen auf einer sehr frühen Kulturstufe standen, im Gegensatz zur griechischen und römischen Gentilgesellschaft mit ihrer Patrilinearität (=einlinige Verwandtschaft in der Vaterfolge), nahm er an, daß die Abstammung in der Mutterfolge die historisch frühere sei. Wie Bachofen ging er davon aus, daß am Anfang der Entwicklung die Gruppenehe existierte, die Geschlechtsgemeinschaft mehrerer Frauen mit mehreren Männern, und deshalb die Vaterschaft auch nicht feststellbar gewesen sei. Mit der Existenz der Matrilinearität sah Morgan ebenfalls den Beweis für die Existenz eines Matriarchats als ursprüngliche Herrschaftsform in der Gentilgesellschaft erbracht.

Morgans Werk diente Friedrich Engels als Grundlage für seine Schrift «Der Ursprung der Familie, des Privateigentums und des Staates» (1884). Darin interessierte er sich besonders für den Umschlagpunkt vom Matriarchat zum Patriarchat. Er führte ihn zurück auf die Entstehung des Privateigentums und die Notwendigkeit seiner Vererbung, die die Feststellung der Vaterschaft erforderlich machte. Engels faßte diesen Prozeß in die berühmten Worte: «Der Umsturz des Mutterrechts war die weltgeschichtliche Niederlage des weiblichen Geschlechts. Der Mann ergriff das Steuer auch im Hause, die Frau wurde entwürdigt, geknechtet, Sklavin seiner Lust und bloßes Werkzeug der Kindererzeugung.» Über Engels' Abhandlung fand die Lehre vom Matriarchat Eingang in die marxistische Literatur und wurde zu einem festen Topos in der Begründung sozialistischer Emanzipationsforderungen. Über August Bebels vielgelesenes Buch «Die Frau und der Sozialismus» (zuerst 1879) erreichte sie auch die Masse der sozialdemokratischen Anhänger vor und nach 1900. Die historische Nachprüfung hat freilich ergeben, daß von einem Matriarchat als allgemeiner Kulturstufe der Menschheit nicht gesprochen werden kann. In den von Bachofen angeführten Ländern – Lykien, Ägypten, das minoische Kreta – war zwar die Stellung der Frauen ungleich günstiger als in der späteren griechischen und römischen Gesellschaft, doch ein Matriarchat im Sinne einer reinen Frauenherrschaft findet sich nirgendwo. Die Matriarchatsmythen der Griechen spiegeln nicht, wie Bachofen annahm, eine vergangene Realität (→Tatsachen), sondern deuten vor dem Hintergrund der extremen Unterdrückung der griechischen Frauen eher auf ein Legitimationsbedürfnis für die Herrschaft der Männer.

Dennoch sind die Werke von Bachofen, Morgan und Engels bis heute bedeutsam, weil sie den Glauben an die Universalität des Patriarchats erstmals nachhaltig erschüttert und unseren Blick geschärft haben für die Existenz nicht-patriachalischer Kulturen.

In der neueren Forschung, auch in der marxistischen Geschichtswissenschaft, wird zumeist nicht mehr von «Matriarchat» gesprochen, sondern von matrilinearen oder «matristischen» Elementen, um das Übergewicht oder die bevorzugte Stellung von Frauen in frühen Gesellschaften zu kennzeichnen. Bis heute hat der Streit um Matriarchat und Patriarchat allerdings eine unmittelbar politische Funktion. Ernest Borneman, von dem die umfangreichste Untersuchung zum Patriarchat (1975) stammt, hat seinem Werk das großsprecherische Motto vorangestellt: «Es soll der Frauenbewegung dienen, wie ‹Das Kapital› der Arbeiterbewegung gedient hat: als Analyse der Vergangenheit, als Schlüssel zur Zukunft, als Waffe im täglichen Kampf der Gegenwart.» Historikerinnen aus der feministischen Geschichtsforschung (→Frauengeschichte) berufen sich gern auf Matriarchatsmythen, um weibliche Produktionsweisen und weiblich bestimmte → Kulturen als eigenständige historische Größen zu etablieren und patriarchalischen Denkmustern entgegenzustellen. V. U.

◆ **Medizingeschichte** (Psychohistorie)

Medizingeschichte führt als Begriff zunächst in die Irre. Denn sie hat keineswegs nur die →Entwicklung und Methodik von Heilverfahren im Auge, sondern auch die Geschichte von Krankheit und des Verhältnisses zwischen ihr und dem, was Gesellschaften als gesund definieren. Die traditionelle Variante legt das Gewicht dabei auf geistesgeschichtliche Verfahren. Sie untersucht medizinische Lehrbücher, Theoriebildungen und «große Mediziner». Die Stärken dieses Ansatzes liegen wie bei allen streng geistesgeschichtlichen Vorgehensweisen in der Möglichkeit, Bewußtseinsprozesse zu dokumentieren und zu analysieren. Seine Schwächen finden sich in der begrenzten Wahrnehmung und der Neigung, singuläre Theorien für Praxis zu halten. Die Geschichte der Krankheiten selbst kommt nur sehr mittelbar in den Blick. Die neuere Medizingeschichte zielt dagegen auf sozialgeschichtliche Zusammenhänge. Sie untersucht Ursachen und Folgen gesellschaftlich bedeutsamer Krankheiten (Epidemien wie Pest oder Cholera) und bezieht bei der Analyse von Therapien das Feld gesellschaftlicher Matrices mit in ihre Überlegungen ein (z. B. hygienische Maßnahmen, Architektur, Ernährungsprogramme etc.). Die Grenzen zu allgemeineren (nicht spezifisch medizingeschichtlichen) sozialgeschichtlichen Untersuchungen sind allerdings häufig ausgesprochen unscharf. Aber das besagt in der Regel nichts über den Wert einzelner Arbeiten. Dem sozialgeschichtlichen Ansatz haben sich – entsprechend den historiographischen Moden und Tendenzen – körper- und mentalitätsgeschichtliche Orientierungen (→Mentalitätengeschichte) hinzugesellt. Das Verhältnis von Gesellschaften oder einzelnen Gruppen zum kranken Körper, Fragen nach der Definitionsmacht über die Zuordnung von «gesund» und «krank», funktionale Pathologien des Körpers (z. B. Berufskrankheiten) und ähnliche Themen haben methodisch und sachlich die Medizingeschichte auf eine breite und anregende Basis gestellt.

Das Verhältnis von Gesundheit und Krankheit steht auch an der Wiege der Psychohistorie. Dabei ist sie keineswegs ein Kind der Medizingeschichte. Ihre Wurzeln liegen vielmehr im Siegeszug der Psychologie und Psychoanalyse in den ersten Dezennien dieses Jhs. Aber ähnlich wie die Medizingeschichte konzentrierte sie sich anfänglich auf die «großen Männer». Deren Adoleszenzprobleme und Libidoentwicklung schien plötzlich die Möglichkeit zu eröffnen, die Umstände ihrer Dominanz zu erklären. Mit den «großen Männern» kam aber dieses Muster allmählich außer Kurs, hinterließ jedoch einige ausgezeichnete Einzelstudien, die man zugleich zu den gelungensten der historischen →Biographie zählen kann (Erik H. Erikson über den jungen Luther oder Kurt R. Eissler über Goethe). Die weitere Entwicklung der Psychohistorie stieß durchaus im Trend mit den Tendenzen der Wissenschaft zur Analyse kollektiver seelischer Prozesse vor. Die Leidensgeschichte von Kindern als kollektives Trauma vorindustrieller Gesellschaften, gruppenspezifische Vaterbilder als Bedingungen kollektiver ödipaler Reaktionen oder Traumsammlungen und Traumdeutungen vormoderner Gesellschaften als kollektive Wunschprojektionen wurden zu Themen, die der mentalen Struktur auch größerer Gruppen auf die Spur zu kommen suchten. Die enge Beziehung zwischen Psychohistorie und →Mentalitätengeschichte ist auch hier noch einmal zu betonen. Angeführt von Lloyd deMause hat die Psychohistorie aber inzwischen alle Bescheidenheit als «Teildisziplin» abgelegt und sich zur einzigen Wissenschaft erklärt, die über Ursachen für historische Entwicklungen Auskunft geben kann. Nur durch psychische Klassen- und Typenbildung könnten wirklichkeitsorientierte Kausalfaktoren gewonnen werden. Geburtsvorgänge, kollektive Wunschphantasien und seelische Interaktionen (→Affekte) fesseln jedoch auch weniger radikale Vertreter, die umgekehrt erst in der Zusammenarbeit mit der klassischen →Sozial- und →Wirtschaftsgeschichte Kausalkompetenz zu gewinnen hoffen. (→Historische Anthropologie) A. v. M.

◆ Memoiren

Memoiren sind Autobiographien: veröffentlichte oder unveröffentlichte Aufzeichnungen, in denen Männer und Frauen unterschiedlichster Herkunft und unterschiedlichster Position in zusammenhängender Form Rechenschaft ablegen über ihren Lebensweg, manchmal auch nur über einzelne Abschnitte und Stationen, die ihnen besonders bedeutsam erscheinen. Gestützt auf das Gedächtnis, auf Tagebuchnotizen, schriftliche und mündliche Zeugnisse, erzählen sie von Kindheit, Jugend und beruflicher Karriere, schildern Erfahrungen und Bedingungen, von denen sie geprägt worden sind, gewähren Einblicke in Motive und Hintergründe von Aktivitäten und Entscheidungen, an denen sie beteiligt waren. Memoiren, die in Frankreich seit dem 17., in Deutschland jedoch erst seit dem Beginn des 19. Jhs. auf wachsende Resonanz stoßen, stammen von Politikern, prominenten und weniger prominenten, von Angehörigen der →Aristokratie wie des städtischen Besitz- und Bildungsbürgertums (→Bürger), Künstlern, Unternehmern und Wissenschaftlern, hin und wieder auch von Handwerkern und →Arbeitern. Sie vermitteln ein bestimmtes, meistens geschöntes Bild und bemühen sich, das eigene Tun und die eigenen Leistungen in ein möglichst positives Licht zu tauchen. Sie neigen dazu, Erfolge zu verklären und Mißerfolge zu verdrängen, sie geben in der Regel nur das preis, was sie glauben preisgeben zu dürfen, bieten zweckgerichtete, gefilterte Erinnerungen, keine objektiven Analysen aus der Distanz, sondern subjektive Berichte, die vielerlei Rücksichten nehmen. Dabei spielen Interessen des →Staates, der →Partei, der Gruppe und des →Standes, denen sich die Verfasserinnen und Verfasser verpflichtet fühlen, ebenso eine Rolle wie Eitelkeiten, literarische Konventionen und gesellschaftliche Tabus.

Memoiren wollen überzeugen, unterhalten und rechtfertigen, sie verknüpfen das Individuelle mit dem Allgemeinen und versuchen, das eine durch das andere zu erhellen, sie setzen Akzente und arbeiten mit Pointen, die dieses enthüllen und jenes verschleiern. Bisweilen verschwinden die persönlichen Züge der Autoren fast völlig hinter den dargebotenen Vorgängen und Tatbeständen, so im Fall des Sozialdemokraten August Bebel, der vom zweiten Band seines Selbstporträts bekannte, er sei ihm «unter den Händen zu einer Art Geschichte der Partei» geraten. Immer jedoch sind Memoiren auf Wirkung versessen. Sie beanspruchen Geltung über den Tag hinaus und wollen das Urteil der Zeitgenossen wie das der Nachwelt beeinflussen. Bismarck z. B. bringt die Erwartungen, die er mit seinen «Gedanken und Erinnerungen» verbindet, in einer Widmung zum

Ausdruck: «Den Söhnen und Enkeln zum Verständnis der Vergangenheit und zur Lehre für die Zukunft.» Gemessen an dieser Jahrhundertperspektive, sind die «Denkwürdigkeiten» von Arbeitern, die um 1900 in Mode kommen, von bescheidenerem Zuschnitt. Aber auch sie verfolgen praktische Ziele. Indem sie ihr Schicksal stellvertretend für das ihrer →Klasse präsentieren, wollen sie informieren und aufrütteln, kritisches Bewußtsein wecken und vertiefen.

Beim Publikum sind autobiographische Schriften außerordentlich beliebt. Denn sie suggerieren Nähe und Authentizität, lassen die Leser dabeisein oder doch wenigstens einen Blick durchs Schlüsselloch werfen. Historiker begegnen ihnen eher mit Skepsis, die hier gewöhnlich tiefer reicht als bei →Akten, Briefen und →Tagebüchern. Wer Memoiren benutzt, muß wissen, wann, wie, wozu und für wen sie geschrieben worden sind. Dabei gilt es, die Tendenz zur Selbstbespiegelung und Selbstinszenierung ebenso zu berücksichtigen wie die Tatsache, daß die Erinnerung nicht nur lückenhaft, sondern auch abhängig ist von jeweils wechselnden aktuellen Eindrücken. So anschaulich und faszinierend derartige Texte sein können, so groß ist die Gefahr, Irrtümern und Fehldeutungen aufzusitzen. Nichts darf man daher unbesehen übernehmen: buchstäblich jede Aussage muß sorgfältig auf ihre innere Wahrscheinlichkeit hin untersucht und wenn möglich durch Vergleich mit anderen →Quellen überprüft und gewichtet werden. J. F.

◆ Mentalitätengeschichte

Mentalität ist ein diffuser Begriff; allerdings – bestimmten Vorurteilen aus mehreren Richtungen zum Trotz – nicht weniger diffus als «Geist» oder → «Ideologie». Was ließe sich dennoch zu seiner Charakterisierung sagen? Welches Objekt konstruieren sich die Mentalitätenhistoriker?

Es geht um die geistige, psychische, affektive Haltung von Menschen bzw. Menschengruppen, die weder allein mit den Mitteln der auf «Bewußtsein» zielenden Ideengeschichte (→Geistesgeschichte) noch mit denen der «Unbewußtes» individuell auslotenden Psychohistorie (→Medizingeschichte) erfaßt werden kann, wenn auch die Mittel dieser Disziplinen durchaus «hilfswissenschaftlich» nutzbar zu machen sind, was in gleicher Weise für anthropologische und ethnologische Methoden oder Sondierungen gilt. Mentalität also äußert sich als seelische Disposition, als Haltung zu bestimmten Normen, Lebensprozessen, Gesellschaftsstrukturen, als verschlungene Ordnung der «Gefühle», als Wahrnehmungssensorium, als

Matrix menschlichen Handelns, als Ariadnefaden des Gedächtnisses von einzelnen und von Gruppen. Natürlich hat kein Historiker, der sich der Mentalitätengeschichte widmet, die Totalität dieses Spektrums zum Gegenstand. Wie überhaupt das Konstrukt der Mentalität sich erst durch eine ganze Kette von Versuchen herstellt, Mentalitätengeschichte zu schreiben. Die ersten und erfolgreichsten Versuche dieser Art lieferte die Geschichtsschreibung der «Annales» (→«Annales»-Schule). Ihre Altmeister Lucien Febvre und Marc Bloch stehen auch hier im Rampenlicht. Mit seiner Studie über François Rabelais und das Problem des Unglaubens im 16. Jh. (1942) zeigt Febvre an Hand von Institutionen, Sprachformen, Handlungsstrukturen und Begriffsmustern die «geistige Ausstattung» des Menschen in Gesellschaft und Kirche zur Zeit Rabelais'. Dabei verdeutlicht er die Unmöglichkeit einer Atheismus-These: Er zeigt, daß die Mentalität dieser Menschen auf eine solche Möglichkeit überhaupt nicht eingehen konnte, die Annahme, Rabelais sei Atheist gewesen, mithin ins Leere stoße. Febvre war es auch, der ein rudimentäres Programm für Mentalitätengeschichte konzipierte: nicht der durch besonders kreative Individuen geförderte Wandel, sondern die Kräfte der Beharrung müssen die Aufmerksamkeit des Historikers erregen. Diese seien quantitativ und vergleichend festzustellen, ohne Scheu vor scheinbar auch ungewöhnlichen →Quellen und Zeugnissen. Dabei handle es sich auch um das menschliche Gefühl (→Affekte). Seine Geschichte müßte von den Historikern noch erzählt werden. In den fünfziger Jahren kam es daher auch durchaus in Febvres Sinn zu ersten Versuchen von Geschichten der Sexualität, der Familie oder des Geschmacks. Robert Mandrou forderte nun eine Analyse «kollektiver Mentalitäten», die quantitative und qualitative Faktoren gleichzeitig berücksichtige. Es ginge darum, das «geistige Klima» einer Gesellschaft zu rekonstruieren. In seinen Büchern über die Hexenverfolgung (→Hexen) in Frankreich im 17. Jh. (1968) und über die Sozioökonomie der Fugger (1969) verband er folgerichtig serielle Daten – Prozeßtechniken, Stil der Buchführung etc. – mit inhaltlichen Merkmalen sozialer Normen und Verhaltenskodices. Immer deutlicher trat zutage, daß die Mentalitätengeschichte die Vorstellung vom Begriff der historischen Quelle entscheidend ausdehnte. Für sie war – und ist – das Beiläufige interessant, das Symbolische, das Ritual, das Abgelegte. Akribisch las man die alten Quellen neu und entdeckte gerade in den vermeintlichen «Nebensätzen» die Hauptsache. Vorbildlich dafür wurde Emanuel Le Roy Ladurie, der in seiner Studie über das Dorf Montaillou (1975) die in den längst edierten Akten eines über Jahre andauernden Inquisitionsverfahrens gegen dieses Dorf enthaltenen Nebenbemerkungen, «belanglosen» Situationsbeschreibungen,

Einwürfe etc. gänzlich neu zu lesen vermag und aus ihnen einen Spiegel kollektiver Mentalität gewinnt. Als Fremde betreten wir zu Beginn des Buches jenes fern in den Zeiten liegende Dorf, und vertraut mit allem, was in ihm lebt, wie man in ihm denkt, liebt, glaubt und stirbt, verlassen wir es am Ende. Deutlich zeigt sich Le Roy Ladurie von anthropologischen Fragestellungen und Methoden beeindruckt. Die jüngsten Vertreter der Mentalitätengeschichte nehmen auch Kurs auf Quellen und Hilfen der → Literatur- und → Kunstgeschichte. Sie beginnen auf methodisch eigenem Weg wieder → Kulturgeschichte zu schreiben. A. v. M.

◆ Merkantilismus

Der Begriff «Merkantilismus» geht auf die von Adam Smith in seinem Werk «Vom Wohlstand der Nationen» 1776 gebrauchte Formulierung «Commercial or Mercantile System» zurück. Er dient seitdem dazu, die Wirtschaftspolitik des absolutistischen Staates (→Absolutismus) in Europa vom 16. bis zum 18. Jh. und die ihr entsprechenden Wirtschaftslehren zu kennzeichnen. Die Stärkung der fürstlichen → Gewalt durch Zentralisierung, Intensivierung und Ausweitung der staatlichen Organisation waren nur möglich, wenn gleichzeitig die staatliche Finanzkraft mit allen Mitteln entwickelt wurde: vor allem durch Vermehrung der Geldmittel (Edelmetalle) und durch Erschließung neuer Steuerquellen. Tendierte der frühe Merkantilismus des 16., teilweise schon des 15. Jhs. dazu, → Geld und «Reichtum» gleichzustellen, so setzte sich später immer mehr die Erkenntnis durch, daß Geld lediglich ein neutrales Tauschmittel ist, das den Austausch von Waren und Dienstleistungen erleichtert. Daher ging man im Merkantilismus von der bloßen Schatzbildung – Karl Marx führte dafür den Begriff «Monetarismus» ein – allmählich dazu über, systematisch von Staats wegen durch bewußte Beeinflussung der Wirtschaft die produktiven Kräfte des Landes zu entwickeln. Dies geschah durch eine Vereinheitlichung der Wirtschaft und Erweiterung des Marktes, durch Erhöhung der Bevölkerungszahl und Reglementierung des Arbeitskräfteeinsatzes sowie durch eine gezielte Produktionspolitik zur Förderung von Landwirtschaft, → Handel und Gewerbe.

Die Vereinheitlichung der Wirtschaft bestand in der Ordnung des Maß-, Münz- und Gewichtswesens, in der Erleichterung des Austausches und des Verkehrs durch Beseitigung von Binnenzöllen und anderen Zwischenabgaben, durch den Bau von Straßen, Kanälen und Häfen, durch den Kampf der fürstlichen Zentralgewalt gegen die Privilegien und Steuerbefreiungen der herrschenden → Stände. Das Bestreben, einheitliche große Märkte zu schaffen, ging einher mit einer territorialen Eroberungspolitik, die darauf zielte, die Bodengrundlage der Wirtschaft zu erweitern, insbesondere durch den Erwerb von Kolonien. Leitbild war, die eigene Wirtschaft möglichst aus eigener Kraft, und das hieß zugleich auf Kosten des wirtschaftlichen Wachstums anderer Länder, zu entwickeln. Dazu wurde die Zahl der Arbeitskräfte durch bevölkerungspolitische Maßnahmen wie Steuerermäßigungen für kinderreiche Familien, Auswanderungsverbote und Förderung der Einwanderung insbesondere von qualifizierten →Arbeitern erhöht. Besonders in Deutschland, wo der Dreißigjährige Krieg furchtbar unter der Bevölkerung gewütet hatte – einzelne Teile Brandenburg-Preußens z. B. hatten bis zu zwei Drittel ihrer Einwohner verloren – wurde die Besiedlung («Peuplierung») erleichtert. Daraus erklärt sich einerseits die religiöse Toleranz gegenüber ökonomisch Nützlichen, z. B. gegenüber den aus Frankreich vertriebenen (1685: Aufhebung des Edikts von Nantes) und in Brandenburg-Preußen und anderswo angesiedelten Hugenotten. Andererseits wurden Handwerker und Arbeiter einer strengen Arbeitsdisziplin unterworfen, →Bettler, Vagabunden (→Vaganten) und Kriminelle wurden zur Zwangsarbeit herangezogen und die in der Regel ohnehin niedrigen Reallöhne immer weiter gesenkt, je mehr sich das Arbeitskräftepotential vergrößerte. Sozialrevolten auf dem Lande und in den Städten wurden blutig niedergeschlagen. Jede auch friedliche Opposition gegen die Obrigkeit galt schnell als «Unruhe». Viele Menschen lebten im Elend. Die Produktionspolitik des Merkantilismus zielte insbesondere darauf, die Handelsbilanz aktiv zu gestalten, das heißt, die Einfuhr von Fertigwaren zu erschweren und deren Ausfuhr zu fördern. Dem dienten Exportprämien, Importverbote und Schutzzölle. In den Kolonien wurde die gewerbliche →Produktion unterbunden. Sie fungierten als Rohstofflieferanten und Absatzmärkte für die heimische Industrie.

Der Merkantilismus war nach einem Ausdruck Werner Sombarts «Nationalökonomie des Frühkapitalismus». Er stellte in Theorie und Praxis (noch nicht als geschlossenes System, sondern als Sammlung von Traktaten und dementsprechenden politischen Maßnahmen) eine →Ökonomie dar, die sich nicht mehr als Teil einer zu rechtfertigenden Weltordnung verstand, sondern als voraussetzungslose Gegebenheit und als Selbstzweck. Der Franzose Antoine de Montchrétien prägte dafür bereits 1615 den Begriff «politische Ökonomie», aber im Mittelpunkt dieser Wirtschaftslehre und -politik stand noch nicht das vergesellschaftete Individuum als Wirtschaftssubjekt, sondern (anstelle der aufgelösten katholischen Ökumene) die partikuläre Einheit des Nationalstaats. Im nationalen Egoismus, so sahen es die Merkantilisten, verwirklichte sich die «Naturordnung».

Realhistorisch betrachtet hatte jedes Land seine besondere Art des Merkantilismus. Man unterscheidet im allgemeinen einen binnenländischen Typus, der mehr auf die Entwicklung der eigenen Wirtschaftskräfte ausgerichtet war (Frankreich, Preußen, Österreich bzw. Österreich-Ungarn), und einen küstenländischen, durch Seehandel und Kolonialerwerb charakterisierten (England, Holland, Italien). Die deutsche Variante des Merkantilismus wird auch als «Kameralismus» bezeichnet (lat. camera = «Kammer», das heißt die den fürstlichen Haushalt leitende Behörde).

Die theoretischen Versuche des Merkantilismus kreisten um die von ihm entdeckte und ausgestaltete Begrifflichkeit der Handelsbilanz. Abgelöst wurden die merkantilistischen Wirtschaftslehren durch die klassische →Politische Ökonomie, die merkantilistische Wirtschaftspolitik wich dem ökonomischen →Liberalismus, in England und Frankreich schon im Laufe des 18. Jhs., in Österreich und Preußen um 1800. M. A.

◆ Mikrogeschichte

Mikrogeschichte ist ein noch junger Begriff in der Geschichtswissenschaft. Er bezieht sich auf eine historische Forschungspraxis, die sich auf eng umgrenzte Untersuchungsfelder konzentriert, im Unterschied zu makrohistorischen Arbeiten, die sich auf die Erfassung übergreifender Strukturen (→Ereignis) und Prozesse (→Entwicklung) richten.

Die gestiegene Attraktivität mikrohistorischer Studien in Deutschland, wo sie bis dato eher im Bereich der Landesgeschichte versteckt waren, hängt eng zusammen mit dem Aufkommen der historischen Alltagsforschung und der →historischen Anthropologie. Ihr Interesse gilt nicht mehr vorrangig der Gesamtgesellschaft und relativ großen Teilkomplexen, sondern den kleinen Einheiten, den überschaubaren →Räumen, die wie unter einem Vergrößerungsglas analysiert werden. Dazu kann z. B. zählen die Geschichte eines Dorfes oder eines Stadtteils, einer Straße oder eines Mietshauses, eines Betriebs oder eines Gewerbes, einer Maschine oder eines Werkzeugs, eines Ortsvereins oder einer Familie.

Mikrohistorische Untersuchungen bieten die Chance, durch eine möglichst nahe Heranführung der Perspektive an den historischen Gegenstand, durch die «unaufhaltsame Annäherung an das Einzelne» (Gert Zang), den gelebten Erfahrungen von Menschen auf die Spur zu kommen und die unsichtbaren Strukturen freizulegen, die diese Erfahrungen hervorbringen. Der italienische Historiker Carlo Ginzburg, dem die Diskussion um die Mikrogeschichte wichtige Anregungen verdankt (siehe etwa sein Werk «Der Käse und die Würmer. Die Welt eines Müllers um 1600», Frankfurt a.M. 1979), hat von «einer Art Spinngewebe mit sehr engen Maschen» gesprochen, «das dem Beobachter gleichsam eine graphische Vorstellung vom Netz sozialer Beziehungen vermittelt, in dem das Individuum erfaßt wird». Der amerikanische Ethnologe Clifford Geertz, auf den sich Historiker, die einen mikrohistorischen Ansatz verfolgen, ebenfalls gern berufen, nennt diese Nahperspektive mittels teilnehmender Beobachtung «dichte Beschreibung».

Die Entscheidung für die Mikrogeschichte bedeutet nicht, wie gelegentlich geargwöhnt wird, eine Flucht vor den komplexen Strukturen der Makrogeschichte oder gar deren Außerkraftsetzung. Allerdings ist die Gefahr, über das Einzelphänomen das Ganze aus dem Blick zu verlieren, vor lauter Bäumen den Wald nicht mehr zu erkennen, keineswegs von der Hand zu weisen. Ein gelungener mikrohistorischer Zugriff wird nicht beim historischen Detail verharren, sondern immer auch nach dessen Bedeutung für das Gesamtsystem fragen, auf Einbindung in makrohistorische Zusammenhänge drängen. (→Alltagsgeschichte) V. U.

◆ Militärgeschichte

Militärgeschichte beschäftigt sich mit der Rolle des Militärs in → Krieg und Frieden: das heißt, ihr Interesse kreist um Probleme, an denen niemand, der über Geschichte nachdenkt, vorbeigehen kann. Insofern sind militärhistorische Fragen schon immer von zentraler Bedeutung gewesen, ohne daß es dazu einer speziellen Militärhistorie bedurft hätte. Als relativ eigenständige und institutionell verankerte Disziplin wächst sie denn auch nicht aus der allgemeinen Geschichtswissenschaft, sondern aus den →Bedürfnissen der Militärs, der Kriegsministerien, Kriegsakademien und Generalstäbe hervor. Ihre Wurzeln reichen in Deutschland bis ins frühe 19. Jh. zurück. Betrieben wird sie in amtlichem Auftrag als Kriegsgeschichte, und zwar als Geschichte der Kriege, der Kriegskunst, der Kriegsmittel und der Kriegswissenschaften. Ihr Ziel ist es, wie 1940 der Historiker Gerhard Oestreich in einem Aufsatz formuliert, «die Erfahrungen des wirklichen Krieges zu sammeln, um daraus praktische Schlußfolgerungen für die Bildung taktischer, operativer und strategischer Anschauungen zu ziehen». Kriegsgeschichte ist also eingebunden in Nützlichkeitserwägungen, sie will aus der Vergangenheit Lehren für Gegenwart und Zukunft herauslesen, ist zweckgerichtet und anwendungsorientiert. Sie dient der Traditionspflege, soll soldatische Tugenden fördern, das Bewußtsein und die handwerklichen Fähigkeiten der Offiziere schulen, historische Szenarios liefern, in denen die Gefechte und Feldzüge von gestern nachgestellt werden, um die von morgen vorzubereiten und siegreich zum Abschluß zu bringen.

Diese Funktionen bleiben bis ins 20. Jh. bestimmend. Gegen Ende der Weimarer Republik und in der Zeit des Nationalsozialismus klebt man der Kriegsgeschichte allerdings ein neues Etikett auf. Sie wird Wehrgeschichte und als solche eingepaßt in ein umfassendes Konzept von Wehrwissenschaft. Unter deren Dach tummeln sich die verschiedensten Disziplinen, Wehrrecht z. B., Wehrwirtschaftslehre, Wehrpsychologie, Wehrtechnik und Wehrmedizin. Dahinter verbirgt sich der Versuch, die Universitäten und Forschungseinrichtungen, so jedenfalls umschreibt der bereits zitierte Gerhard Oestreich die Aufgabe, «für die Fragen der Wehr und der Landesverteidigung zu gewinnen». Tatsächlich geht es um die Militarisierung der Wissenschaften. Das historische Modell, das dabei Pate steht, ist der Erste Weltkrieg, der Typ eines industrialisierten Massenkrieges, der die Mobilisierung sämtlicher Energien und Ressourcen verlangt. In dem Maße, wie dieser ‹total› wird und alle Bezirke des gesellschaftlichen Lebens durchdringt, soll auch die Wissenschaft in die Pflicht genommen, zum Instrument der politischen und militärischen Führung werden: den engen «militärberuflichen Standpunkt» der älteren Kriegswissenschaft glaubt man daher ausweiten und politisieren zu müssen. Im Rahmen der Wehrwissenschaft, so Oestreich, betrachtet die Wehrgeschichte «die staatliche Tätigkeit und den völkischen Existenzkampf» unter dem Aspekt der «Wehr» und leistet damit zugleich einen unabdingbaren Beitrag zur «wehrpolitischen Erziehung des Volkes».

Der Zusammenbruch der nationalsozialistischen →Diktatur hat derartige Überzeugungen diskreditiert. Die Militärgeschichte, der sich das 1957 parallel zur Wiederbewaffnung der Bundesrepublik gegründete Militärgeschichtliche Forschungsamt widmet, hat nicht mehr Wehrertüchtigung im Auge, erschöpft sich nicht in Schlachtenlärm und Heldengeschichten, sondern analysiert die Streitkräfte als Faktor der →Gesellschaft, fragt nach ihrem Einfluß auf die Innen- und Außen-, die Rüstungs- und Wirtschaftspolitik, untersucht →Ideologien, Wertvorstellungen und Leitbilder. Zwar gibt es noch immer Studien über Strategie und Kriegführung, und manch traditioneller Zug hat die Jahre überdauert. Im großen und ganzen aber hat die bundesdeutsche Militärgeschichte die Scheuklappen der

Kriegsgeschichte abgestreift. Sie ist zurückgekehrt in den Kreis der akademischen Geschichtsschreibung, ist komplexer, pluralistischer und offener geworden, begreift sich als Teil-, nicht jedoch als Sonderdisziplin und ist insoweit vergleichbar mit anderen Zweigen wie der →Verfassungs-, Verwaltungs- oder Rechtsgeschichte (→Recht). J. F.

◆ Militarismus

In Begriffen verdichten sich Erfahrungen und →Bedürfnisse. Sollen sie nicht abstrakt bleiben, müssen sie eingebettet werden in konkrete Zusammenhänge, →Entwicklungen und Epochen (→Periodisierung). Speziell in Deutschland haben die Erscheinungsformen des Militarismus und die daraus resultierenden Probleme immer wieder hitzige Debatten ausgelöst. Folgt man den von Verfassungs-, Sozial- und Militärhistorikern erbrachten Ergebnissen, dann steht der Begriff zum einen für Haltungen und Mentalitäten, die dem Soldatischen und Kämpferischen in der Skala der Werte einen höheren Rang einräumen als dem Zivilen und Friedfertigen, zum anderen für Gesellschaftssysteme, die von militärischen →Interessen und Strukturen (→Ereignis) überwuchert und beherrscht werden. Nach einer Formulierung des Historikers Hans Herzfeld dokumentiert sich darin eine «Übersteigerung des Militärischen», die das «kriegerische Element zum Selbstzweck» erhebt. Militarismus ist dabei nicht notwendig an den Umfang der Rüstungen, die Schlagkraft und Stärke der Armee gebunden. Vielmehr spiegelt sich darin, wie 1927 der Journalist Franz Carl Endres betonte, in erster Linie die «Geistesverfassung der Nichtmilitärs», die im Offizier das alle verpflichtende Leitbild sieht, politische, wirtschaftliche, soziale und pädagogische Fragen «nicht nach dem Kriterium der Volkswohlfahrt, sondern nach dem der Heereswohlfahrt und der militärischen Machtäußerung» beurteilt.

Im deutschen Sprachgebrauch taucht das Wort in der zweiten Hälfte des 19. Jhs. auf. Seine Funktion ist zunächst und für lange Zeit die einer politischen Kampfparole, die sich gegen das →Preußentum, den preußischen Militärstaat und die Dominanz Preußens im Kaiserreich richtet. Wer damit operiert, gehört zum Lager der katholischen, der liberalen oder der sozialdemokratischen Opposition. Militarismus ist danach identisch mit Militärdespotie, «Säbelregiment», Untertanengesinnung und Kasernenhofallüren. Als Alternative zur absoluten Kommandogewalt des Königs gilt ein parlamentarisch kontrolliertes Heerwesen im Rahmen einer freiheitlichen Verfassungsordnung. Militarismuskritik ist für Liberale hauptsächlich Preußenkritik, für den radikalen Flügel der Sozialdemokratie darüber hinaus auch Kapitalismus- und Imperialismuskritik, was zugleich heißt, den Begriff auszuweiten und zu verallgemeinern. Militarismus ist in dieser Sicht ein Wesensmerkmal der kapitalistischen Klassengesellschaft (→Klasse), dient nach außen der Expansionspolitik des →Imperialismus, nach innen der Niederhaltung der Arbeiterschaft, verschärft auf der nationalen wie der internationalen Bühne die Widersprüche, führt zwangsläufig zum →Krieg und bereitet den Boden für die proletarische → Revolution.

Liberale Publizisten und Wissenschaftler lokalisieren den Militarismus dagegen eher in feudal und agrarisch geprägten Verhältnissen. Für den Historiker Otto Hintze wurzelt der Typ der preußisch-deutschen Militärverfassung in der Geographie, in der kontinentalen Mittellage (→Mitteleuropa) des Reichs mit ungesicherten Grenzen nach West und Ost. Daraus erwachse die Notwendigkeit, so im November 1914 der Sozialphilosoph Ernst Troeltsch, daß Deutschland «als allseitig bedrohter Spätling der europäischen Staatengesellschaft eine schwere militärische Rüstung tragen», von der Bevölkerung das Heer und der Militarismus «nicht bloß aus Vernunftgründen» geschätzt und gepflegt, sondern «aus unwillkürlichem Zwang» des «Herzens» auch geliebt werden müsse. Derselbe Troeltsch vollzieht dann freilich unter dem Eindruck der Niederlage von 1918 eine Kehrtwendung, spricht vom «Ende des Militarismus», den er als «politische Institution», ja als «Eigentümlichkeit der deutschen Klassenherrschaft» verantwortlich macht für den →deutschen Sonderweg und die Zurückdrängung westlich demokratischer Denktraditionen. Diese Interpretation erreicht in den zwanziger Jahren nur eine Minderheit, wird aber bestimmend für die Diskussion nach dem Zusammenbruch der nationalsozialistischen Diktatur. Der preußische Militarismus erscheint nun vielfach als Vorläufer des Hitlerschen, und die Kontroversen, die sich daran entzünden, kreisen um das Problem von →Kontinuität und Diskontinuität. Für das Selbstverständnis der Deutschen und ihren Umgang mit der Geschichte ist dies zweifellos von zentraler Bedeutung. Den Militarismus allein auf den deutschen Fall bis zum Jahre 1945 zu verengen hieße jedoch, ihn zum Relikt der Vergangenheit zu stempeln und uns in trügerischen Gewißheiten zu wiegen. Denn darüber könnte leicht in Vergessenheit geraten, daß die Frage nach der Rolle des Militärs in Politik und →Gesellschaft stets von neuem zu stellen ist. Ob der Begriff und das Konzept des Militarismus für die Analyse gegenwärtiger Entwicklungen und Prozesse angemessene Beiträge leisten, ist unter Fachleuten allerdings bis heute umstritten. J.F.

◆ Mittelalter

Als autonome Epoche (→Periodisierung) ist das Mittelalter eine humanistische Fiktion. Denn für die Philologen des späten 15. Jhs. und ihre Nachfolger – vor allem Beatus Rhenanus und Joachim Vadianus – stellt die «media aetas» eine Lücke zwischen der vorbildlichen Antike (→Altertum) und der ihr nachstrebenden Moderne dar. Über die Künstlergeschichte Giorgio Vasaris nahm die Epochentrias eine Eigendynamik an, die sich in den barocken historischen Schulhandbüchern des Christoph Cellarius (1638–1707) und Georg Hornius (1620–1670) vervielfältigte. Seitdem führt sie ein kanonisches Dasein, das – wenigstens für die okzidentale Geschichte – zwar kritisiert, aber nicht ernsthaft in Frage gestellt worden ist.

In Frage stand allerdings von Beginn an die inhaltliche Definition der Epoche «media aetas». Als «Lücke» hatte sie zunächst kein positives Profil, allenfalls chronologische Grenzen. Diese differierten von der nachkonstantinischen Kaiserzeit und dem Kaisertum Karls des Großen als einer möglichen Epochenbegrenzung bis zur Auffassung einer Großepoche zwischen Konstantins Übertritt zum Christentum und dem Zerbrechen der katholischen Kircheneinheit 1517. Damit war aber in der Regel noch kein Wort zum Charakter der Epoche gefallen. Wirklich bedeutsam erschien allein ihre negative Rolle als Nicht-Antike. Unter dem Eindruck der ästhetischen Prävalenz humanistischer Urteile wurden ihr dabei jedoch allmählich bestimmte Merkmale zugeordnet, die in toto als «barbarisch» bezeichnet werden können. Ob Ungeschicktheit des lateinischen Ausdrucks, «gotischer» Mangel an Formenklarheit oder Rechtsferne feudaler Herrschaftsinstitutionen – sie alle gehörten ins «Mittelalter», weil sie Gegenbilder zu humanistischen Idealentwürfen darstellten. Diese Besetzung des Mittelalters mit Merkmalen des vollständigen Kulturmangels – als «finsteres Mittelalter» – sollte das heuristische Weiterleben der Epoche schwer belasten. Das Urteil über sie schien immer schon ausgemacht. Aber es mag eben doch gerade das Mißverhältnis zwischen Wertung und realer geschichtlicher Tradition gewesen sein, das die besondere Aufmerksamkeit der methodologischen Kritik auf sich zog. Es war das Mittelalter, an dem sich die Geschichtswissenschaft vor allem übte, um zu einer Disziplin im Spektrum moderner Wissenschaft zu werden. Dabei mag die weitgehende Unverbindlichkeit, Normenfreiheit des Stoffs im einzelnen – die präsumptive Wertung galt eben nur grosso modo – eine nicht unwesentliche Rolle gespielt haben.

Die moderne wissenschaftliche Auffassung vom Mittelalter hatte somit in ungewohnter Weise mit durchaus widersprüchlichen Traditionen zu tun: sie begegnete einer historischen Epoche, deren Charakter aus geschichtlichen Wertungszusammenhängen stammte, die wissenschaftlichen Ansprüchen an keiner Stelle standhielten. Zugleich hatte sich aber durch den Antagonismus zwischen den humanistischen Überlieferungen und den nationalstaatlichen → Ideologien des späten 18. und 19. Jhs. diese Wertungsfrage erheblich kompliziert. Im Zuge der Nationalromantik war das Mittelalter zum Idealbild geschichtlicher Autonomie aufgestiegen. Merkwürdigerweise griff dieser Wandel nicht nur in jenen Gesellschaften, die auf keine bedeutenden antiken Traditionen zurückblicken konnten, sondern auch und gerade in Italien und Frankreich, wo die einen im «Zeitalter der Kommunen» bürgerliche und «nationale» Autonomie antizipiert wähnten und die anderen in Jeanne d'Arc das Symbol des französischen Volkes entdeckten. Entsprechend schwankten die Interessen der Wissenschaftler, die sich dem Mittelalter zuwandten. Man entdeckte →Freiheit oder Anarchie, Ordnung oder →Gewalt, →Recht oder Privileg, Religiosität oder Aberglauben je nach gusto der «Interessenlage». So entstanden durchaus unterschiedliche Bilder einer europäischen Epoche, die nicht nur nach politischem Standort, sondern auch nationaler Zugehörigkeit differierten. Aber da Wissenschaft sich auch ungewollt kommunikativ verhält, formulierte sie Zonen der Übereinstimmung. Man entwickelte konsentive Grundvorstellungen über einen gemeinsamen Gegenstand, ohne sich auf Gemeinsamkeiten im einzelnen festzulegen. Zu den Grundkonsensen zählten Annahmen eines geschichtlichen Prozesses, der die Verschmelzung romanischer, germanischer und slawischer Gentilgesellschaften sowie die Entstehung vielfältig und unterschiedlich gegliederter Adelsherrschaften mit unterschiedlich starken monarchischen Spitzen als seine wesentliche soziopolitische Bedingung präsentiert. Die religiöse Einheit dieser Gesellschaften formuliert sich in der monomanischen Akzeptanz der katholischen →Kirche, die als erste unter den mehr oder weniger flüchtigen und zufälligen Institutionen der Epoche eine feste Hierarchie auszubilden vermochte und nicht nur eine autoritative Spitze mit dem römischen Papsttum, sondern auch einen regional gegliederten «Amtskörper» entwickelte. Angefochten wurde der durch die Kirche garantierte ideologische, religiöse und habituelle Grundkonsens von außen durch Angriffe des Islam und die Tatsache, daß eine zweite christliche Kirche mit universalem Anspruch in der byzantinischen Nachfolge des Imperium Romanum in Ost- und Südosteuropa überaus einflußreich blieb. Hinzu kamen innere Widerstände und Abspaltungen, die als Häresien und Ketzerbewegungen (→Frömmigkeits-, Ketzer- und Armutsbewegungen) schon früh die einheitliche Aufmerksamkeit der Forschung fanden. Wenn auch mit unterschiedlichen Akzenten, aber doch in der Sache ebenso einheitlich, wurde die Reformation als entscheidende Krise der ideologischen Identität des Mittelalters gesehen.

Als herrschende Gruppierung mittelalterlicher Gesellschaften stand unangefochten der Adel in vorderster Linie des Interesses (→Aristokratie). Auch die Kirche machte hier keine sehr beständige Ausnahme. Ob allerdings Kriegeradel, Amtsadel oder Rentenadel favorisiert wurden, entschied sich auch am Umfeld der Forschung. Das Mittelalter bot eine weite Ausdifferenzierung des Adelstypus; und nicht immer realisierten sich die verschiedenen Spektren dieser durch →Herrschaft, Bewaffnung und Aneignung fremder →Arbeit gekennzeichneten Gruppe in kontinuierlicher Entwicklung. Oft genug standen gleichzeitig unterschiedliche Typen nebeneinander. Zudem stellte der Adel in den verschiedenen Phasen seiner gesellschaftlichen Ausformung nur jeweils verschiedene Akzentuierungen seiner idealtypischen Merkmale vor. Auf diese Akzente kam es allerdings an. Insofern nämlich Adel als wesentlicher Träger politischer und wirtschaftlicher Macht empfunden wurde, diente die Verbindung von adliger Rentenakkumulation mit adliger Atomisierung idealtypisch einheitlich gedachter Herrschaft zur Bezeichnung des Mittelalters als «Epoche des Feudalismus». Wirtschaftlich, politisch, geistig sieht diese Tendenz der Forschung Adel als dominante Größe. «Feudal» leitet sich in dieser Konnotation vom lateinischen Quellenbegriff «feudum» her. Dieser bezeichnet das Leihegut, das ein adliger Oberherr einem adligen Lehnsmann zur Nutzung während der – lebenslangen – Zeit im Dienst dieses Herrn überläßt (→Grundherrschaft). Damit sind im Begriff «Feudalismus» nicht nur Vorstellungen von wirtschaftlicher Aneignung – landwirtschaftliche Basis adliger Renteneinkünfte –, sondern auch Herrendienst, Dienstethos und schließlich sogar die potentielle Unkontrollierbarkeit und Unübersichtlichkeit des Leihesystems angelegt.

Das Spektrum des Begriffs «Adelsherrschaft», das «Feudalismus» eröffnete, wies aber weit über den traditionellen chronologischen Rahmen des Mittelalters hinaus. Der Fiktion «feudum» als Basis adliger Existenz folgte zwingend die Vorstellung einer «ursprünglichen» monarchischen Einheit, die als Legitimationsgrund adliger Rang- und Machtstellung funktionierte. Ihrer Selbstauflösung in «feudale Zersplitterung» mischte sich durchaus der Werturteilsakzent illegitimer Aneignung von Herrschaft bei. Damit gehörte jedoch das spätmittelalterliche Erstarken der →Monarchie nicht an das Ende der Epoche, sondern in ihr Zentrum. Domestizierung des Adels, seine «Verhöfischung» zählte nicht mehr nur zur →Sozialgeschichte dieser Gruppe, sondern zur Formationsgeschichte der Gesellschaft. Dabei blieb es nur eine Frage spezifischer politischer Wertung, ob «Monarchie» als extremster Fall von →Aristokratie oder als ihr entschiedenster Widerpart erschien. In jedem Fall endet «Feudalismus» erst mit der bürgerlichen Revolution (→Französische Revolution).

Debatten über den Charakter der Epoche veränderten aber auch traditionelle Haltungen. Untergliederungen wurden schon im →Historismus selbstverständlich. Früh-, Hoch- und Spätmittelalter als Epochenphasen, durch Kategorien wie «Gründung», «Expansion», «Kontraktion» etc. bezeichnet, gewannen eigene Qualität. Sie stärkten zugleich den engeren Begriff des Mittelalters gegenüber dem weiteren des Feudalismus, insofern derartige Differenzierungen mit Konkretisierungen der Charakteristika der Epoche zusammenhingen. So entdeckte man die allodiale – also auf Eigengut verweisende – Wurzel des mittelalterlichen Adels oder den genossenschaftlichen Charakter sozialer Institutionen und Bündnisse. Neben Klerus und Adel gerieten →Bauern und →Bürger ins Blickfeld. Das Mittelalter erschien dabei immer deutlicher als jene Epoche, der die Moderne ihre wesentlichen Triebkräfte verdankt: →Emanzipation aus ständischen Bindungen, Autonomie der Wirtschaft, akademische Freiheit, Trennung von Theologie und Wissenschaft, städtische und ländliche Revolten.

Derartige Positionen ließen auf einer anderen Ebene die Debatte über eine «lange Epoche» wieder aufnehmen. Das Mittelalter als Wiege der Moderne, als Emanzipations-, Widerspruchs-, und Revoltenepoche konnten kaum noch mit guten Gründen 1517 oder an einer der anderen, von den vielen unterschiedlichen Standpunkten aus denkbaren Markierungen im 15. oder 16. Jh. enden. Die moderne →Mentalitätengeschichte, →Kultur- und Sozialgeschichte des Alltags (→Alltagsgeschichte), die «histoire materielle», «nouvelle histoire» etc. konnten sich mit solchen Einschnitten nicht zufriedengeben. Moderne und Mittelalter erwiesen sich in nahezu allem intensiv ineinander verschränkt. Entscheidend wurde das Interesse und der Gegenstand. Sie besitzen ihre eigenen Chronologien. Einer der Meister dieser Art, das Mittelalter zu präsentieren, Jacques Le Goff, formuliert: Das lange Mittelalter «hat die Stadt, die Nation, den Staat, die Universität, die Mühle und die Maschine, die Stunde und die Uhr, das Buch, die Gabel, die Unterwäsche, die Person, das Gewissen und schließlich auch die Revolution erfunden. Zwischen dem Neolithikum und den industriellen und politischen Revolutionen der letzten beiden Jahrhunderte ist es kein Tal und keine Brücke, sondern ein großer schöpferischer

Schub, von Krisen unterbrochen und je nach Regionen, sozialen Schichten und Handlungsstrukturen in Akzenten nuanciert und in Abläufen unterschiedlich.» A. v. M.

◆ Mitteleuropa

Als politisches Schlagwort bezeichnet «Mitteleuropa» in der deutschen Geschichte ein expansionistisches und hegemoniales Konzept, das vor allem während des Ersten Weltkriegs Konjunktur hatte, aber in den Grundzügen schon im frühen 19. Jh. auftauchte und bis in den Zweiten Weltkrieg virulent blieb. Der Nationalökonom Friedrich List formulierte in den vierziger Jahren des 19. Jhs., zu einem Zeitpunkt, als das deutsche Industriekapital ein nennenswerter politischer Faktor wurde, erstmals die Kernpunkte aller späteren deutsch bestimmten Mitteleuropa-Pläne: Zugang zum Schwarzen Meer über Österreich und die unteren Donauländer mittels eines Zollvereins, Einbeziehung Hollands und Belgiens und die Zurückdrängung gegenläufiger Expansionstendenzen unter kulturmissionarischen Vorwänden. Man müsse Rußland, das, so schrieb List, «ein bloßes Konglomerat einer Menge von Barbarenhorden» darstelle, vom Vordringen nach Westen abhalten, denn die «germanische Rasse» sei von der Vorsehung bestimmt, «die Weltangelegenheiten zu leiten, wilde und barbarische Länder zu zivilisieren und die noch unbewohnten zu bevölkern...»

Der Berliner Theologe und Orientalist Paul de Lagarde, ein Lieblingsautor des NS-Ideologen Alfred Rosenberg, konkretisierte das Programm, jetzt schon unter Benutzung des Wortes «Mittel-Europa», 1853 mit dem Vorschlag, durch Einbeziehung Ungarns und Galiziens in den Deutschen Bund, durch Grenzkorrekturen im Westen (Elsaß und Lothringen), im Norden (Schleswig) und im Süden (Istrien) sowie durch Ausgreifen nach Osten bis in den russischen und türkischen Machtbereich hinein für Deutschland «natürliche», «strategisch haltbare» Grenzen zu schaffen. Durch eine entsprechende Bevölkerungs- und Siedlungspolitik sollten die Deutschen, wie Lagarde erklärte, Magyaren, Tschechen und andere Nationalitäten verdrängen oder zu Vasallen machen. Für die polnischen und österreichischen Juden war die «Verpflanzung» nach Palästina vorgesehen, denn die Juden seien eine →Nation, nicht bloß eine Religionsgemeinschaft, und eine Nation in der Nation dürfe es nicht geben, zumal die Deutschen sonst nicht imstande wären, «diesen durch die talmudische Zucht hartgeschmiedeten Juden widerstehn zu können».

Die innere Logik der Lagardeschen Ausführungen lief auf eine im Prinzip unendliche Aggressions- und Expansionsdynamik hinaus. Denn waren einmal durch «Ostwanderung», wie man später zu sagen pflegte, durch Annexion und Vertreibung, wie auch durch ökonomische Durchdringung und kulturelle Vormundschaft den deutschen Kerngebieten strategische Grenzen gesichert, so war es nur folgerichtig, daß die in den Randgebieten angesiedelten Deutschen nun ihrerseits danach trachteten, ihre Grenzen auszudehnen. Und so fort. Daher ließen sich Mitteleuropa-Konzeptionen, wie sie sich gegen Ende des 19. Jhs. deutlicher abzuzeichnen begannen, mit noch viel weiter gehenden «pangermanischen», auf eine Beherrschung der gesamten Menschheit abzielenden Plänen mühelos verbinden. Allerdings, auch das zeigte sich erst später, argumentierten die Anhänger eines deutsch geführten Mitteleuropa vorwiegend ökonomisch, während die pangermanischen Weltaufteilungskonzepte durchweg in starkem Maße rassistisch und antisemitisch eingefärbt waren. Beide Orientierungen, die mitteleuropäische wie die pangermanische, mußten relativ folgenlos bleiben, solange der zu ihrer Durchsetzung vorgängige Wille bei den herrschenden Eliten aus Wirtschaft, Politik und →Gesellschaft nicht oder nicht ausreichend vorhanden war. Doch konnte dieser Wille erst zum Durchbruch gelangen, als eine Reihe weiterer Spezifika der nationalen deutschen Entwicklung, in zweiter Linie auch der internationalen Lage, den dafür günstigen Nährboden geschaffen hatten. Die kleindeutsch-preußische Lösung der deutschen Frage drängte deutsch bestimmte Mitteleuropa-Planungen zunächst an den Rand, insofern sie die ausschweifendes Denken begünstigende Monströsität des Deutschen Bundes beendete und Österreich von Deutschland trennte. Zu diesem retardierenden Moment trug auch die unter den damaligen Verhältnissen maßhaltende und überaus kunstvolle Außenpolitik Bismarcks bei, deren Erfolg freilich allzusehr an seine Person gekoppelt war. Andererseits bereiteten viele ungelöste Probleme im Inneren, vor allem die Spannung zwischen industrieller →Modernisierung und antidemokratischer Gesellschaftsordnung, ideologisch verklärt und überhöht durch ein militantes →«Preußentum», mittelfristig den Boden für eine Reaktivierung älterer und die Konzipierung neuer Expansionsplanungen. Für den inneren Zusammenhang der Mitteleuropa-Programmatik, wie immer sie im einzelnen formuliert war, mit noch weiter gehenden Expansionszielen ist bezeichnend, daß sie Mitte der neunziger Jahre des 19. Jhs. schlagartig wiederauflebte, genau zu dem Zeitpunkt, da das Deutsche Reich mit der forcierten, gegen England gerichteten Aufrüstung zur See von der «Kontinentalpolitik» zur «Weltpolitik» überging. Nun erst bildete sich eine kontinuierliche Mitteleuropa-Tradition aus, die, reich an Varianten, die von List und Lagarde vorgezeichnete Linie fortschrieb. Daran wirkten auch

Mitteleuropa-Planer mit, die vergleichsweise als gemäßigt galten und innenpolitisch sogar als liberal. Immerhin gehörte Mitteleuropa, wie Fritz Fischer am Kriegszielprogramm des Reichskanzlers Theobald von Bethmann Hollweg vom 9. September 1914 gezeigt hat, zum festen Arsenal deutscher Ausdehnungsbestrebungen. Es sah im Kern einen mitteleuropäischen Wirtschaftsverband unter deutscher Führung vor, bei gleichzeitiger Zurückdrängung Rußlands und dauernder Schwächung Frankreichs. Dem Reichskanzler nahestehende Publizisten und Historiker lieferten Blaupausen für diese Politik. Paul Rohrbach z. B. erfand die «Orangentheorie» (vornehm auch «Dekompositionstheorie» genannt), derzufolge Deutschland darauf aus sein müsse, Rußland in seine Nationalitäten zu zerpflücken wie eine Orange in ihre Scheiben. Der Neo-Rankeaner Friedrich Meinecke forderte Bevölkerungsverschiebungen («Verpflanzungen») zugunsten der Deutschen in Polen, Rußland, Lettland und anderswo. Der Pfarrer und Parlamentarier Friedrich Naumann, eine Kultfigur des deutschen →Liberalismus, schrieb den Bestseller «Mitteleuropa», der 1916 erschien. Mitteleuropa reichte darin von «Nord- und Ostsee bis zu den Alpen, dem adriatischen Meere und dem Südrande der Donau», von der Weichsel zu den Vogesen, von Galizien bis zum Bodensee. Diese Fläche dachte sich Naumann als eine Einheit, «als ein vielgegliedertes Bruderland, als einen Verteidigungsbund, als ein Wirtschaftsgebiet», das später um die Türkei erweitert werden sollte. Naumann gab zu bedenken, «daß mit uns auch die anderen Nationen leben wollen», und verwahrte sich dagegen, «nur deutsche Ansprüche auch auf jede Sprachinsel und gegen jede Verschmelzung bis ans letzte Ende zu vertreten». An der geplanten deutschen Führungsrolle ließ er jedoch keinen Zweifel: «Nun aber soll erst die hohe Schule beginnen: um das Deutschtum herum wächst die Kultur von Mitteleuropa.»

Führende Fachhistoriker und Gelehrte anderer Disziplinen waren mit der Naumannschen Mitteleuropa-Idee grundsätzlich einverstanden, und sie warben dafür in Wort und Schrift: der bereits erwähnte Ideenhistoriker Friedrich Meinecke, der Lassalle-Biograph Hermann Oncken, der Theologe und Kirchenhistoriker Adolf von Harnack, der Ökonom und Wirtschaftshistoriker Gustav von Schmoller, der Theologe, Philosoph und Historiker Ernst Troeltsch, der Kriegshistoriker Hans Delbrück, allesamt Anhänger eines «Verständigungsfriedens», die einem zur Unterstützung Bethmann Hollwegs gebildeten informellen Arbeitskreis angehörten, dem sogenannten Mittwochabend–Delbrück, in dem sich auch hochrangige Vertreter von Politik und Wirtschaft trafen. Nach der Weltkriegsniederlage blieb die Mitteleuropa-Orientierung eine Konstante deutscher

Politik. Der Bankier Hjalmar Schacht, Mitbegründer der linksliberalen Deutschen Demokratischen Partei (DDP), später NS-Wirtschaftsminister, regte im April 1919 eine internationale Zusammenarbeit zur «innerlichen» Überwindung des «asiatischen Bolschewismus» durch «Arbeit, Intelligenz und Kapital» an. Und ebenfalls im Frühjahr 1919 stellte Naumann in der Nationalversammlung den Antrag: «Deutsch-Österreich tritt als Ganzes als ein Gliedstaat dem Deutschen Reiche bei.» Zwar scheiterte der Anschluß Österreichs am Einspruch der Siegermächte, aber die Aufgabe war gewiesen: den vorerst verschütteten Weg nach Ost- und Südosteuropa (Blickrichtung Rußland und Türkei) über Österreich eines Tages wieder zu öffnen.

Vorerst überwogen die Stimmen derer, die dieser Aufgabe zu entsprechen suchten durch eine nach innen sozialintegrative Methode der Annäherung an die Sozialdemokratie und eine nach außen auf Kapitaldurchdringung mittels Handelsverträgen, Zollunionsplänen und Kapitalexport setzende Strategie.

Aber auch die staatsterroristische Krisenlösung von 1933 kam als Alternative dazu bereits in den Blick, als der aus der Zentrumspartei hervorgegangene, vorher, während des Krieges zeitweilig an der deutschen Botschaft in Moskau als Pressesprecher tätige, von führenden Industriellen wie Borsig und Stinnes finanzierte Mitteleuropa-Ideologe Eduard Stadtler «ein antibolschewistisch-revolutionäres Kampfprogramm» auf «nationalsozialistischer Basis» propagierte – lange vor Hitler: Abschaffung des bürgerlichen Rechtsstaates durch «Gleichschaltung» als Voraussetzung für massive Aufrüstung und dadurch ermöglichte gewaltsame Öffnung von Rohstoffgebieten und Absatzmärkten im Osten einschließlich millionenfacher Umsiedlungen, Aussiedlungen, Vertreibungen und der Vernichtung ganzer Bevölkerungen unter rassistischen Vorzeichen, insbesondere der europäischen Judenheit.

Trotz seiner geschichtlichen Belastung durch deutsche Expansions- und Katastrophenpolitik – es fand daher ohne Übersetzung Eingang in die französische Sprache – wurde das Wort «Mitteleuropa» Anfang der achtziger Jahre zum Kennzeichen einer neuen Diskussion, diesmal überwiegend unter osteuropäischen Intellektuellen mit gänzlich anderen Interessen und Sichtweisen. Dissidenten wie Milan Kundera, Václav Havel, Adam Michnik, György Konrád verstanden unter dem Begriff «Mitteleuropa» ein «Versuchsfeld» (Konrad) zur Überwindung der Blockkonfrontation, der «Jaltaordnung» durch eine demokratisch-föderalistische Neugestaltung Ostmitteleuropas, bei der «die menschliche Personalität, die autonome Entscheidung des einzelnen Bürgers, mit welcher religiösen und nationalen Gruppe innerhalb der gegebenen Staatsgrenzen er sich identifiziert, unabänderliche Grundlage kollektiver Autonomien ist» (Konrad). Die Hoffnungen der Dissidenten haben sich nur zum Teil erfüllt, und dann auch in einer Weise, die sie nicht gewollt haben. Das Ende des →Kalten Krieges und der Teilung Europas ist auch ihr Verdienst, aber die ethnozentrischen und nationalistischen Energien, die lange Zeit durch die kommunistischen Regimes mit Gewalt niedergehalten, zum Teil aber auch geschürt worden waren, sind mit einer destruktiven Wucht freigesetzt, wie es vor 1989 unvorstellbar schien. M. A.

◆ Mittelstand

Die Mitte gilt gewöhnlich als der Ort jenseits der Extreme. Wer dort seinen Platz hat oder zu haben meint, ist weder ganz reich noch ganz arm, verfügt über ein gesichertes Auskommen, hat seine politische Heimat weder auf der Rechten noch auf der Linken und glaubt sich vor den verschiedenen Spielarten des →Radikalismus gefeit. Das mittlere, von Maß, Tugend, Vernunft und Gerechtigkeit geleitete Leben beschreibt in diesem Sinne der griechische Philosoph Aristoteles als die von allen Existenzformen glücklichste und beste. Deren Voraussetzung sei der mittlere, von jedermann erreichbare Besitz. Denn nur er biete die Möglichkeit für ein freies, von den Versuchungen des Überflusses wie den Zwängen der Not unberührtes Dasein, bilde das Fundament für ein Gemeinwesen von materiell gleich bzw. ähnlich ausgestatteten →Bürgern und sei insofern der Garant für die →Herrschaft des Volkes, die →Demokratie.

Überreste dieser Denktradition, die der Mitte und den mittleren →Schichten in der gesellschaftlichen und staatlichen →Entwicklung ein besonderes Gewicht beimißt, finden in Deutschland ihren sprachlichen Ausdruck im Begriff «Mittelstand». Vereinzelt taucht er bereits in der zweiten Hälfte des 18. Jhs. auf, Stoßkraft und Dynamik jedoch gewinnt er erst im 19. und 20. Jh. Seine Verbreitung steht in engem Zusammenhang mit den Emanzipationsbestrebungen des Bürgertums, das sich seiner wachsenden wirtschaftlichen, sozialen und kulturellen Rolle bewußt wird, Front macht gegen die Privilegien des Adels und den monarchischen →Absolutismus. Insofern hat der Begriff zu Anfang eine ausgesprochen antiaristokratische Färbung. Sichtbar wird dies z. B. in einer Formulierung des Historikers Ludwig Häusser, der 1867 im «bürgerlichen Mittelstand» die «Pflegestätte aller politischen Freiheit» sieht. Die Überzeugung, daß hier die Wurzeln des →Liberalismus und der «liberalen Parteirichtung» liegen, teilt auch ein konservativer Zeitgenosse wie der Theoretiker Friedrich Julius Stahl, für den das Wort «Mittelstand» nur eine andere Bezeichnung für «angesehenes Bürgertum» ist. Dazu zählt er «Kaufleute, Fabrikanten, Gewerbemänner höherer Art, Gelehrte, in gewissem Maß auch Beamte» – kurzum: gemeint ist diejenige «Klasse der Bevölkerung, die einen höheren Grad des Vermögens und der →Bildung besitzt», ihren «Wert» nicht wie der Adel aus «Geburt» und «geschichtlicher Bedeutung» ableitet, sondern einzig und allein aus der «eigenen, persönlichen, achtbaren Existenz».

Unter Mittelstand sind demnach die Schichten des Bildungs- und Besitzbürgertums zu verstehen, die sich zwischen der →Aristokratie und dem Heer der einfachen Leute bewegen. Diese zunächst relativ weit gespannte Bedeutung wird im Verlauf der →Industrialisierung allerdings auf selbständige Handwerker und Gewerbetreibende eingeengt, um sich dann gegen Ende des 19. Jhs. mit der Ausdehnung auf Angestellte, kleine und mittlere Beamte erneut, und zwar nach unten hin zu öffnen. Jene nennt man fortan den «alten», diese den «neuen» Mittelstand. Von besonderer Trennschärfe ist weder das eine noch das andere. Wo im einzelnen die Grenzen zu ziehen sind, bleibt ebenso unklar und willkürlich wie die Entscheidung, wen man dazu rechnet und wen nicht. Typisch für den Begriff ist jedenfalls ein beträchtlicher Mangel an Präzision. Da für eine exakte Definition die nötigen Kriterien fehlen, reduziert sich seine Funktion auf die einer Metapher, einer vagen Annäherung. Dahinter verbirgt sich ein Sammelsurium von unterschiedlichen →Berufen und Lebensstilen, von teils ähnlichen, teils widerstreitenden →Interessen, die nur schwer auf einen Nenner gebracht werden können. Wie schwammig das Ganze ist, zeigt eine Erläuterung, an der sich 1909 der Publizist und Mittelstandspolitiker Johannes Wernicke versucht hat. Folgt man ihr, so setzt sich der Mittelstand aus «denjenigen Volksangehörigen» zusammen, «die durch ihre mehr oder minder verantwortungsvolle Stellung, ihre Leistungen, ihre Bildung, ihren Besitz oder ihr Einkommen» sowie durch den «bürgerlichen Zuschnitt ihrer Lebensführung über die großen Massen der arbeitenden Klassen hinausragen, ohne aber durch ein großes Einkommen zu den kapital- oder besitzreichen Klassen zu gehören».

Das politische Band, das diese Gruppen verbindet, ist die Furcht, durch die Modernisierungs- und Rationalisierungstendenzen der Industriewirtschaft auf die Straße der Verlierer gedrängt zu werden und ins Proletariat abzusinken. Überzeugt, daß dadurch Stabilität und Zukunft des deutschen Reichs untergraben werden, klagen sie staatlichen Schutz und staatliche Förderung ein, formieren sich zu einer regelrechten Mittelstandsbewegung, die ihr Heil größtenteils bei den Konservativen sucht. Die Leitbilder, an denen sie sich orientieren, sind antiliberal und antisozialistisch, auf Sicherung des Status quo bedacht, zunehmend auch antisemitisch (→Antisemitismus). Ihr Kampf gilt der Sozialdemokratie, den Warenhäusern, Konsumgenossenschaften (→Genossenschaften) und Konzernen, nach dem Ersten Weltkrieg dann der →Republik. Enttäuschte Erwartungen und Ressentiments treiben sie in den späten zwanziger Jahren in die Arme der Nationalsozialisten, die sich mit antikapitalistischen Parolen schmücken und die Krisenstimmung in den bürgerlichen Mittelschichten auf ihre Mühlen lenken.

Vor allem diese Erscheinungen haben für die historische Forschung die Anstöße geliefert, sich ausführlich mit den →Ideologien und der Politik des Mittelstandes zu beschäftigen. Seine Geschichte wird zum exemplarischen Fall, an dem sich die illiberalen Züge der deutschen Gesellschaft studieren lassen: die Beharrungskräfte rückwärtsgewandter, vorindustrieller Mentalitäten inmitten einer Welt, die sich mit ungeheurer Beschleunigung verändert. Dabei spielt keine Rolle, daß Mittelstand als wissenschaftliche Kategorie nur bedingt geeignet ist. Denn das Interesse macht sich nicht an Problemen der Terminologie fest, sondern an empirisch faßbaren Schichten und Berufsgruppen. Eine gewisse Renaissance hat der Begriff jedoch zeitweilig durch den Soziologen Helmut Schelsky erlebt, der 1953 unter dem Eindruck einer allmählichen Entproletarisierung der Arbeiterschaft Anzeichen für eine «nivellierte Mittelstandsgesellschaft» zu entdecken glaubte. Ob damit soziale Strukturen und sozialer Wandel angemessen analysiert werden können, ist allerdings eine offene und strittige Frage. J. F.

◆ Mobilität

Mit dem Begriff «Mobilität», der Mitte der zwanziger Jahre in die Sozialwissenschaften eingeführt wurde, wird die Bewegung von Individuen oder Kollektiven aus einer sozialen Position in eine andere bezeichnet: Man kann demgemäß z. B. Art und Häufigkeit des Berufswechsels (Berufsmobilität) bei bestimmten Personen oder Personengruppen untersuchen, den Wechsel des Wohnorts (regionale Mobilität) und den Wechsel der Konfessionszugehörigkeit. Gleichzeitig gilt es, Aussagen über die Gründe für derartige Vorgänge zu machen: Im Zuge der Industriellen Revolution (→Industrialisierung) wanderten z. B. viele Gesellen, die in ihren Handwerksberufen keine Existenz finden konnten, als angelernte →Arbeiter in die Industrie ab. Schwieriger, als die Ursachen solcher sozialen Umschichtungen zu ermitteln, ist es, deren Wirkungen zu beschreiben und zu analysieren, da sie sich bis in weite Bereiche der →Gesellschaft verästeln und häufig erst längerfristig sichtbar werden.

Im Unterschied zur horizontalen Mobilität, bei der Wertungen im Sinne sozialer Rangabstufung keine Rolle spielen (z. B. beim Wohnortwechsel), interessiert bei der vertikalen Mobilität die Veränderung der sozialen Stellung im Sinne von Auf- und Abstieg. Häufig werden dabei in der Gesellschaft vorherrschende, statistisch zu ermittelnde Einstellungen als Kriterium herangezogen, obwohl solche Daten auch eine manipulative Funktion haben, wie z. B. das Sozialprestige, mit dem Angestellte gegenüber Arbeitern ausgestattet wurden und zum Teil heute noch werden. Hinzu kommen künstliche, vom Forscher selbst angelegte Kriterien wie Einkommensunterschiede. Hier zeigt sich, daß die Mobilitätsforschung eng mit Schichtenkonzeptionen (→Schicht) verknüpft ist. Manchmal werden Untersuchungen zur Mobilität auch ideologisch instrumentalisiert, um die Vorzüge «offener» Gesellschaften gegen «geschlossene», «totalitäre» zu demonstrieren. Demgegenüber ist auch auf die Kehrseiten ungezügelter Mobilität hinzuweisen: Die Propagierung horizontaler Mobilität unterschätzt die Bedeutung gewohnter Lebensbezüge und neigt dazu, den Arbeitsmarkt zum Verschiebebahnhof industrieller Personalpolitik zu machen; die vertikale Mobilität dient gelegentlich dazu, elitäre gesellschaftliche Ordnungsvorstellungen zu legitimieren. M. A.

◆ Modernisierung

«Modern» ist eine jener Allerweltsvokabeln, mit denen wir das Neue gegen das Alte abgrenzen. «Modern» nennen wir Lebensstile und Verhaltensweisen, die bestimmten Strömungen und Tendenzen des Zeitgeistes entsprechen. Ein Auto ist «modern», wenn es auf dem letzten Stand der Technik, der Ausstattung und des Designs ist. Das Moderne ist zugleich das Modische, und wie die Moden kommen und gehen, wechseln auch unsere Auffassungen über das, was wir für modern erachten oder nicht. Den Maßstab für Modernität jedenfalls liefert die Gegenwart. Modernisierung ist demnach der Weg, der darauf zuführt: ein Wort, das Veränderung und Bewegung signalisiert.

Zum wissenschaftlichen Begriff wird es in den fünfziger und sechziger Jahren durch amerikanische Politologen und Soziologen erhoben. Das Modell, das dabei Pate steht, sind die USA auf dem Gipfel ihrer Machtentfaltung: eine →Gesellschaft, die noch unberührt ist von den traumatischen Erfahrungen späterer Epochen (→Periodisierung). Weder wirft der Vietnamkrieg seine Schatten noch der sich bald dramatisch zuspitzende Rassenkonflikt. Der Glaube an Fortschritt (→Entwicklung) und Wachstum als Einrichtungen von Dauer ist ebenso ungebrochen wie die Überzeugung von der globalen Mission Amerikas. Über die Kosten einer ungebremsten industriewirtschaftlichen Expansion macht sich niemand Gedanken; das Bewußtsein, daß die schrankenlose Ausbeutung der Natur das ökologische Gleichgewicht zerstören und die Menschheit an den Rand der Katastrophe bringen könnte, hat die Mehrheit der Politiker, Wähler und →Bürger noch nicht erreicht. Alles erscheint machbar, Probleme sind dazu da, gelöst zu werden: Die Welt gilt als Laboratorium, in dem sich bei richtigem Input auch der richtige Output erzielen läßt. Dieser Optimismus hat sich mittlerweile verflüchtigt. Wir begegnen den Errungenschaften der Zivilisation (→Kultur) mit Skepsis und innerem Zwiespalt, und es ist sicher kein Zufall, daß die Modernisierungs- und Entwicklungskonzepte von damals heute kaum noch auf Resonanz stoßen: ein Beispiel, das einmal mehr zeigt, wie sehr die Ursprünge, aber auch die Attraktivität von Begriffen und →Theorien an jeweils aktuelle Bedingungen, Eindrücke und →Bedürfnisse gebunden sind.

Modernisierungstheorien oder Elemente von Modernisierungstheorien, wie sie derzeit in der Geschichtsschreibung benutzt werden, versuchen den sozialen, kulturellen und wirtschaftlichen Wandel zu erfassen, der sich im Zeitalter der industriellen und demokratischen Revolution seit dem späten 18. Jh. vollzieht. Dabei geht es um den Übergang von der Agrar- zur Industrie-, von der ständischen zur Klassengesellschaft (→Klasse). Geprägt wird dieser Prozeß durch die fortschreitende «Entzauberung der Welt» (Max Weber). Ältere Regelwerke, Normen und Sinnbezüge werden fragwürdig, Religion und →Kirche müssen sich der Konkurrenz der Wissenschaften erwehren. Am Ende stehen der säkularisierte Mensch und die säkularisierte Gesellschaft. An die Stelle von Selbstgenügsamkeit und Statik treten Bewegung, Tempo und →Mobilität. Darin eingeschlossen sind Bürokratisierung, Rationalisierung und Zentralisierung, Mechanisierung und Kommerzialisierung, Verstädterung, steigende Produktivität und steigende Masseneinkommen. Konflikte werden institutionalisiert und verrechtlicht, insoweit entschärft und gezähmt. Verkehrsmittel durchdringen Landstriche und ganze Kontinente; →Raum und →Zeit, Metropole und Peripherie rücken zusammen. Moderne Gesellschaften sind im Vergleich zu traditionalen komplexer, arbeitsteiliger und durchlässiger. Sozialer Status orientiert sich nicht mehr an Geburt und Herkunft, sondern an individueller Tüchtigkeit und beruflicher Leistung. Staatliche →Herrschaft bedarf neuer Formen der Legitimation, muß Möglichkeiten der politischen Teilhabe für alle bieten, die Erwartungen und →Interessen der Bürger befriedigen. Milieus und →Lebenswelten verlieren an Geschlossenheit und Bindekraft, Rollen und Rollenbilder verändern sich ebenso wie die Beziehungen der Geschlechter, der Generationen und Klassen.

Ein derartiges Raster von Merkmalen und Kategorien entworfen zu haben ist zweifellos ein Verdienst. Der Nachteil jedoch ist, daß diese ungeordnet, ohne plausiblen inneren Zusammenhang bleiben. Überhaupt arbeiten Modernisierungstheorien mit relativ starren, schematischen Gegensatzpaaren, die in dieser Reinheit gewöhnlich nicht in der Wirklichkeit anzutreffen sind. Historische Prozesse verlaufen nicht linear, sondern in Sprüngen, sind widersprüchlich und vielschichtig. Fortschritt und Rückschritt, Tradition und Modernität sind nicht säuberlich getrennt, sondern liegen häufig dicht beieinander. Kennzeichnend ist die Gleichzeitigkeit höchst unterschiedlicher Entwicklungen und Entwicklungslinien, spannend sind die Brüche, die Ambivalenzen und Mischungsverhältnisse. Insofern liefern sozialwissenschaftliche Konzepte der Modernisierung bestenfalls Denkanstöße, Ausgangspunkte für vergleichende Betrachtungen, Idealtypen, die sich am historischen Material aber erst noch zu bewähren haben, durch empirisch gesättigte Analysen ausgefüllt und konkretisiert werden müssen. J. F.

◆ Monarchie

Die antike Politiklehre stellte die Monarchie als → Herrschaft eines einzelnen in die Reihe der Grundformen von Herrschaft überhaupt. Dabei unterschied sie die Königsherrschaft von der → Tyrannis als auf Tugend gegründete Ordnung gegenüber einer durch Willkür und Selbsterhebung angemaßten. An dieser negativen Einschätzung der Tyrannis änderten auch «wertfreie» Verwendungen des Begriffs für erfolgreiche «tyrannische» Selbsterhebungen nichts, die ohne übermäßige Gewaltausübung oder sonstige Unrechtsmerkmale in der Geschichte Athens und der griechischen Kolonialgründungen zu beobachten waren. Es blieb der römischen Geschichte vorbehalten, nach der republikanischen Epoche mit ihrer starken Identifizierung von Monarchie und Tyrannis schließlich im Bild des «Imperators» den Prototyp des nicht-tyrannischen, aber rechtsungebundenen («der Imperator ist den Gesetzen nicht unterworfen»)

Herrschers entwickelt zu haben. In IHM – so wollten es → Mythos und → Recht – verwirkliche sich der → Staat. Diese Idee der Einheit von staatlicher Souveränität und Unantastbarkeit des Kaisers ließ auch den auf römisches Kaiserrecht zurückgreifenden Herrscher und Fürsten des Frühabsolutismus als «Souverän» erscheinen, der in seiner Gestalt die Würde, Hoheit und Integrität des Staates verkörperte (→Absolutismus).

Politisch unterschied die Frühmoderne zwischen Wahl- und Erbmonarchie. Auch diese Unterscheidung fußte auf geschichtlichen Modellen – dem deutschen Königtum z. B., das als Wahlkönigtum der französischen Erbmonarchie gegenüberstand, die alle Dynastiewechsel mit dem Begriff des «Erbes» überdeckt hatte. Dabei handelte es sich um unterschiedliche Konzepte der Herrschaftslegitimierung, deren erstes sich auf Rat, Beistand und vor allem Zustimmung der genuinen Herrschaftsträger – Fürsten, Geistlichkeit, →Stände – stützte, während das zweite in der dynastischen Tradition und der magischen Funktion der Genealogie («Geblütsheiligkeit») das bestimmende Element sah. Miteinander wähnten sich die europäischen Fürsten und Könige des →Mittelalters und der →Neuzeit in einer sie über alle anderen politischen Gewalten erhebenden «Familie» verbunden, die durch tatsächliche Blutsverwandtschaft nicht fester begründet schien als durch das ihnen allen gemeinsame Merkmal einer besonderen Gnadenwahl Gottes («Gottesgnadentum»).

Nach der Krise der europäischen Monarchien durch das Auftreten der →Französischen Revolution in Gestalt ihrer Ideen, Truppen und am Ende auch der neu begründeten bonapartistischen Dynastien verkündete die Wiener Schlußakte am 15.3.1820 die Erneuerung der monarchischen Tradition. Dies geschah als Proklamation eines Fortbestehens des «monarchischen Prinzips». Damit schien nur «Reaktion», Rückfall in Vergangenes, proklamiert, aber tatsächlich band sich das hier verkündete Prinzip an politische Grundsätze der Revolution – nicht zuletzt, indem es sich zur einzig legitimen Herrschaftsform erklärte und somit eine moderne politologische Theorie (→Legitimität) für sein Fortbestehen akzeptierte. In den Revolten und Verfassungskämpfen des 19. und frühen 20. Jhs. zerbrach daher diese Monarchie oder verwandelte sich folgerichtig in eine «konstitutionelle»: Damit gab sie den ihr wesentlichen Gedanken der Alleinherrschaft zugunsten demokratischer Verfassung auf.

A. v. M.

◆ Moralische Ökonomie

Vor allem ethnologische Forschungen belehrten die Historiker darüber, daß die Prinzipien der Profitmaximierung und Kosten-Nutzen-Rechnung ebenso wie das der Kapitalakkumulation zwar ihre Gesellschaften regieren, aber damit keineswegs alle und schon gar nicht historische Forschung, die über die Ränder blickt. E.P. Thompson, Karl Polanyi, Carlo Ginzburg, Giovanni Levi u.a. entdeckten, daß der Umgang mit materiellen Gütern gerade in vorindustriellen Gesellschaften von Kategorien wie «Ehre», «Gewohnheit», «Erbe» in weit größerem Maße bestimmt wurde als von «Besitz», «Gewinn» und «Einkommen». Sie stellten fest, daß der auch für moderne Gesellschaften auszumachende Konflikt zwischen dem Besitz materieller Güter und den Vorteilen der immateriellen in «den älteren Gesellschaften» eine noch sehr viel größere Rolle spielte, als von den vermeintlichen Gesetzen der →Ökonomie her angenommen werden konnte und wurde. Revoltierende Unterschichten vor allem der →Frühen Neuzeit forderten nicht nur einen niedrigeren Brotpreis, weil sie das Brot einfach billiger haben wollten, sondern sie bezogen sich dabei auf eine Ökonomie der Auskömmlichkeit und der paternalistischen Fürsorge, deren Grundfesten sie auch dann erschüttert sahen, wenn sie den erhöhten Preis durch gleichzeitige Sozialleistungen und Arbeitsbeschaffung an sich zahlen konnten. Ebenso überraschend ließ sich konstatieren, daß der über Generationen andauernde Bestand einer bäuerlichen Familie keineswegs dem materiellen Wohlstand eines ihrer «Zweige» zu verdanken war, sondern sich durch eine immaterielle, kollektive und individuelle Gedächtnisleistung vollzog, die sich als dauerhafter als der materielle «Glückswechsel» erweisen sollte. Dem steht die ostentative Vernichtung materieller Güter gegenüber, die gerade konkurrierende Familien sozialer und politischer Eliten zu wirtschaftlich sinnlosen Ausgaben verpflichtete, um im Kampf um Macht und Prestige bestehen zu können. Ein guter Teil der kulturellen Leistungen städtischer Renaissance-Gesellschaften haben auch – nicht nur – in diesem Gestus ihren Ursprung. Die Anhäufung «symbolischen Kapitals» (Pierre Bourdieu) scheint geradezu den Verzicht auf materielles Kapital bzw. dessen ostentative Verausgabung zur Bedingung zu haben. Umgekehrt läßt sich in vielen Fällen die Konvertierbarkeit von «symbolischem Kapital» – Ehre, Prestige, Tradition, Heiligkeit – in materielles nachweisen. Kredit und Kreditwürdigkeit wurden vielfach zum wichtigsten Scharnier zwischen den unterschiedlichen «Ökonomien».

Noch immer steht die Forschung hier am Anfang einer großen Aufgabe, die Wirkungsweisen nicht-materieller Ökonomien zu ergründen, aber auch ihre Verbindungen mit Formen materieller Ökonomie und die unterschiedlichen Prozesse und Strukturen des Übergangs zu jener Ökonomie, die die Gesellschaften der Moderne regiert. (→Autarkie; →Geld)

A. v. M.

◆ Museum

Historische Museen sind Stätten, in denen Relikte der Vergangenheit dauerhaft aufbewahrt werden. In der Regel ist ein mehr oder weniger großer Teil dieser Gegenstände zur Besichtigung freigegeben, so daß die Museen zugleich als →Ausstellungen konzipiert sind. Manche Museen verdanken sich ohnehin eher dem Bedürfnis nach Präsentation von Geschichte als dem Wunsch, geschichtlich aussagekräftige Sachquellen (→Quellen) zu konservieren und der Nachwelt zu erhalten. Dies gilt, um nur ein in jüngster Zeit ebenso umstrittenes wie bedeutsames Projekt zu nennen, für das von der Bundesregierung beschlossene und geförderte Deutsche Historische Museum in Berlin: Hier kommt es nicht darauf an, für bereits vorhandene Exponate einen angemessenen Aufbewahrungsort zu finden, sondern es geht um die Präsentation «großer Tradition und dauerhafter Werte unseres Vaterlandes» (Bundeskanzler Helmut Kohl), in der Hoffnung, man werde die dafür erforderlichen Ausstellungsstücke nach und nach erwerben.

Vom →Archiv unterscheidet sich das Museum darin, daß es in erster Linie nicht Schriftgut aufbewahrt und sammelt, sondern, wie bereits angedeutet, Sachquellen. Da es eine unübersehbare Fülle unterschiedlicher Sachquellen gibt, können Museen auch ganz unterschiedlich konzipiert sein. So gibt es – von den reinen Kunstmuseen abgesehen – Museen, die sich auf die Produkte einzelner Wirtschaftszweige spezialisiert haben, wie das Schiffahrtsmuseum in Bremerhaven und das Motorradmuseum in Moers, andere, die Arbeits- und Lebensbedingungen der Werktätigen vergegenwärtigen (Museum der Arbeit in Hamburg), wieder andere, die stadt- oder regionalgeschichtlich orientiert sind, und dann auch solche, die an ein herausragendes politisches →Ereignis erinnern sollen, wie z. B. das im Juli 1988 vom französischen Staatspräsidenten François Mitterrand aus Anlaß des 40. Jahrestages der alliierten Invasion in Caen eingeweihte Friedensmuseum. Es gibt Museen, die an verfolgte Minderheiten gemahnen, wie das am 9. November 1988, dem Jahrestag der Reichspogromnacht 1938, eröffnete Jüdische Museum in Frankfurt am Main. Es gibt welche, die prononciert für einen politischen Gedanken werben, wie das Antikriegsmuseum in Berlin oder das den demokratischen Traditionen der →Revolution 1848/49 verpflichtete Freiheitsmuseum in Rastatt.

Mit wachsendem Abstand zum Ende des Zweiten Weltkriegs nehmen die Versuche zu, bereits bestehende Museen auf die Stiftung nationaler →«Identität», also des Stolzes auf die eigene →Nation, zu verpflichten und neu zu begründende Museen mit dieser Idee zu erfüllen. Das wichtigste Beispiel für diese Tendenz stellt das bereits genannte Deutsche Historische Museum in Berlin dar. Daß hier gleichsam von oben ein nationales Geschichtsbild verordnet werden sollte, hat unter den Parteien des Bundestages, aber auch in der interessierten Öffentlichkeit, vielfältig Widerspruch, aber auch Zustimmung gefunden. Die Grünen im Bundestag bemängelten, daß die von einer Gruppe vornehmlich konservativer Historiker und Museumsfachleute ausgearbeitete Konzeption die «politisch besonders produktiven Kräfte der sozialen Bewegungen… einfach ignoriert und auf die Rolle von bloßen Problemindikatoren reduziert». Mitglieder der sozialdemokratischen Fraktion forderten «öffentliche Diskussion auf der Basis eines breiten Konsenses». Der Politikwissenschaftler Richard Löwenthal, ein prominenter Sozialdemokrat und an der Ausarbeitung der Konzeption für das Nationalmuseum in Berlin beteiligt, verteidigte das Unternehmen mit dem Argument, ein «Gesamtmuseum» sei nötig, gerade «weil wir eine in neuerer Zeit zerrissene Geschichte haben». Vor allem in der jüngeren Generation sei ein begründbares Bedürfnis nach einem Gesamtbild zu beobachten. Eine völlige Fixierung auf deutsche Schuld würde nur Einseitigkeit produzieren. Demgegenüber machte der Bochumer Historiker Hans Mommsen geltend, daß es «angesichts der Gegensätze und Brüche im deutschen Geschichtsbewußtsein» gefährlich sei, «vom Vorhandensein eines nationalen Konsenses auszugehen» und daher «der Zugriff der Berliner Museumsplanung, die Geschichte der Gesamtnation in einmaliger Weise zu präsentieren, geradezu als Vermessenheit» erscheine. Besser sei es, «durch eine Vielzahl historischer Ausstellungen zu unterschiedlichen Themen auf lange Sicht einen solchen Konsens heranreifen zu lassen und erst danach die Frage einer repräsentativen Ausstellung zur deutschen Geschichte, mit einem breiten Material und Erfahrungsgrund, wieder aufzugreifen.» Als erstes Großprojekt veranstaltete das Deutsche Historische Museum eine Bismarck-Schau mit dem Untertitel «Preußen, Deutschland und Europa», zu einem Zeitpunkt, als, was die Ausstellungsmacher bei ihren Vorbereitungen nicht voraussehen konnten, die Vereinigung von Bundesrepublik und DDR vollzogen wurde. Befürchtungen, die Ausstellung könne dadurch in ein nationalistisches Fahrwasser geraten, wurden nicht bestätigt. Selbst kritische Beobachter fanden das Ergebnis zumindest passabel. Daß die Sieger mehr hinterlassen als die Verlierer, wie ein Kommentator bemerkte, ist freilich ein Problem, mit dem historische Museen sich stets auseinanderzusetzen haben.

Vor dem Hintergrund solcher Schwierigkeiten, die nicht in erster Linie technischer Art sind, sondern auf unsere gespaltene Geschichte verweisen, hat Gottfried Korff bemerkt, man tue sich in Deutschland schwer mit Geschichtsmuseen und -ausstellungen. Auch gebe es schon seit dem frühen 19. Jh. in Deutschland bei der Gründung von Museen eine Konfliktlinie zwischen historischem und ästhetischem Anspruch, der in der Regel zugunsten der Kunst entschieden worden sei. Es sei jedoch nicht einzusehen, warum nur Kunstausstellungen gute Ausstellungen seien, daß nur sie das «Menschenrecht des Auges» (Aby Warburg) bedienten. Es möge sein, daß man Geschichte nicht ausstellen könne, aber man könne Geschichtsausstellungen machen. Die Museumsdidaktik, die immer noch um eine ihrer Bedeutung entsprechende Anerkennung sowohl als wissenschaftliche Disziplin wie als berufliche Praxis vor Ort kämpft, macht Vorschläge, wie Geschichtsausstellungen so präsentiert werden können, daß sie auch und vor allem für Besucher, die nicht fachlich vorgebildet sind, Erkenntnisse und Erlebnisse ermöglichen. Es geht darum, eine Auswahl der für das Thema relevanten Objekte zu ermöglichen, die diesem Anspruch gerecht wird, ohne die Aufnahmefähigkeit des Betrachters zu überfordern. Daher müssen Ausstellungsmacher auch mit unkonventionellen Mitteln, die Interesse wecken, arbeiten, mit, wie es Walter Benjamin ausgedrückt hat, «Tricks», «Chocks» und «Überraschungen». Montagen, Inszenierungen und Arrangements spielen eine große Rolle. Das Wichtigste aber dürfte sein, durchgängig Kontraste herzustellen und das Verhältnis von Text und →Bild bzw. Objekt wirkungsvoll zu bestimmen. Dann ist es möglich, mit wenigen Mitteln gute Effekte zu erzielen. M. A.

◆ **Mythos** (Märchen)

Mythos und Geschichte erzählen Unterschiedliches. Ihre Stoffe, Ziele, Methoden kommen nicht zur Deckung. Warum nicht? Weil der Mythos (griech. «Wort») all jene Geschichten erzählt, zu denen «Geschichte» nicht mehr vorstoßen kann. Er bewegt sich hinter jene Zonen zurück, über die Geschichte zu erfahren ist. Das heißt aber keineswegs, daß ihm nicht Historizität abgewonnen werden könnte. Ursprungs- und Stammesmythen berichten zwar in poetischer Form, voller Bildhaftigkeit und in verstellter Figuration. Aber ohne Zweifel berichten sie →Ereignisse, die als →Tatsachen akzeptiert werden wollen. Der Charakter dieser Tatsachen kann durchaus symbolischer, metaphysischer oder religiöser Natur sein. Immer ist es «Historie», die diese Natur sinnstiftend hervorruft. Der griechische Mythos der «Gigantomachie» – des Kampfes der olympischen Götter gegen die erdhaften Giganten – erzählt seinem antiken Publikum eine Geschichte vor der Geschichte – «uralt» und damit bedeutsam. Welche Bedeutung der Mythos in seinen einzelnen Schichten gewinnt, entscheidet die intellektuelle Entwicklung der Rezipienten. Die «Gigantomachie« berichtet von der Kampfbereitschaft der Götter für sich und die Menschen, von der Existenz zweier einander entgegengesetzter Grundprinzipien, von der ständigen Gefährdung der olympischen Vernunft und Ordnung sowie schließlich den hellenistischen Historikern von der Auseinandersetzung zweier Religionen und Völker (→Geschichtsschreibung, antike).

Es sind somit keine «historischen Tatsachen», die der Mythos vermittelt, sondern er weist «zurück» auf Ereignisse, die am Ende der Historiker geschichtlich verstehen kann. Aber auch die ahistorischen Hinweise des Mythos – bei der «Gigantomachie» z. B. das Prinzip der Gefährdung – können zu geschichtlichen Einsichten führen. Es ist dieser Gedanke, der Solon als Gesetzgeber dazu bringt, die künftigen Geschicke des →Staates auf das →Recht zu gründen, um seinen möglichen Untergang durch Unrecht zu verhindern. Die Giganten lauern überall. Und es ist Thukydides, der aus dem Mythos des Götterkampfes das historische Gesetz des stets drohenden Machtzerfalls ableitet, dem nun der Historiker durch exemplarische Beobachtung an den Verhältnissen der Menschen auf den Grund zu gehen hat. Die Geburt der Geschichte aus dem Mythos vollzieht sich daher nicht nur durch die erzählerische Tradition, die beide verbindet, sondern auch durch gemeinsame Deutungsmuster. Geschichte ererbt in den frühesten Anfängen ihren Charakter als Sinndeuterin menschlichen Daseins in Staat, Krieg, Wirtschaft etc. vom Mythos. Der metaphorischen Sprache des Mythos sowie seiner Vieldeutigkeit steht sie jedoch als rationale und eindeutige Erzählgattung gegenüber (→Ideologie).

Die vergleichende Mythenforschung unterscheidet verschiedene Typen mythologischer Erzählung, die in allen Hochkulturen und den meisten «primitiven» Kulturen anzutreffen sind. Schöpfungsmythen, Naturmythen, Theogonien, Stammesmythen, Kultmythen etc. bilden eine Kette mythischer Erzählweise, die sich durch die Ursprünge aller menschlichen Gesellschaften zieht. Für die Historiker sind sie ebenso wie für Anthropologen oder Ethnologen Material – →Quellen – für ihre spezifische Analyse. Dieser rationale und instrumentale Zugang zum Mythos versperrt aber den unmittelbaren. Sozialanthropologen und Kulturkritiker sprechen von einer modernen «Lust am Mythos», die auch Geschichte remythisiert. Bestimmte Varianten historischer Überlieferung oder des kollektiven Gedächtnisses neigen demnach zur Mythenbildung. Historische Schlagworte und Begriffe können ebenso wie politische Ideologeme mythisch untermauert werden: der Mythos vom «Reich», der «nationalen Einheit» oder den «deutschen Tugenden». Aber die Verwandlung von rationaler Geschichte in irrationale Mythen hat auch strukturelle Konjunktur, ist selbst Teil eines historischen Prozesses. Sie reicht von der Teilhabe an kulturellen →Protesten gegen «Aufklärung und Rationalisierung» bis zur Unterstützung kollektiver Hysterien, die sich dem Führermythos oder dem «Heiligen Krieg» u.ä. verschreiben. Remythisierung verweist somit zugleich auf Defizite der Rationalisierung und auf die drohenden Kompensationsmöglichkeiten dieser Defizite. Ob es eine «gesetzmäßige Wiederkehr des Mythos» in Gesellschaften mit hohen «Veränderungsgeschwindigkeiten» ihrer eigenen grundlegenden Zusammenhänge gibt, wie ein Teil der interkulturellen Mythenforschung glauben läßt (Hans Blumenberg), sei hier nur als wichtige These erwähnt. Die methodologische Hinwendung einiger historiographischer Theoretiker zu Dichtung und fiktionaler Erzählung als Modell einer gegenüber Natur- und Sozialwissenschaften selbstbewußten Geschichtsschreibung könnte wenigstens auch auf eine in diesem Sinne «postmoderne» Remythisierung schließen lassen.

Mythische Erzählformen finden sich nicht nur im Mythos selbst, sondern auch in figurativen Erzählungen der «einfachen Form» überhaupt. Angesprochen ist damit die enge Verwandtschaft zwischen Mythos, Märchen, Sage, Rätsel, Spruch etc. (→Lied). Dem Mythos am nächsten kommt dabei das Märchen. Beide entfernen sich am weitesten aus der Geschichte: Der Mythos bezieht sich auf Geschehnisse vor oder nach aller →Zeit, das Märchen erzählt jenseits der Zeit. Seine Geschichten spielen überall und nirgendwo. Es beschreibt jene «Epoche» der menschlichen Existenz, in der «das Wünschen noch geholfen hat» – eine allegorisch nach außen gekehrte Innenwelt. Entsprechend hat sich die Psychologie als für das Verstehen des Märchens zuständige Disziplin erwiesen – wenigstens seitdem Siegmund Freud in Mythos und Märchen den «Königsweg» zur Entschlüsselung des «kollektiv Unbewußten» ausgemacht hatte. Dennoch hat auch der Historiker Zugang zum Märchen. Philologie, Motivgeschichte, →historische Anthropologie, Rechtsgeschichte, →Religionsgeschichte etc. haben längst die Historizität des Märchens als Gegenstand ihrer Forschung entdeckt. Denn hinter ihm verbergen sich nicht nur seelische Archetypen, sondern auch literarische Übernahmen und gesellschaftliche Prozesse, die geschichtlich lokalisierbar sind. Motive der spätmittelalterlichen und frühneuzeitlichen Predigt, Erbrechtswandel, die Schrecken der Hexenprozesse oder Armutsprobleme der frühneuzeitlichen Kriegs- und Krisenzeiten sind auch in den Märchenschicksalen deutlich widergespiegelt und verweisen auf geschichtliche Hintergründe.

Die Sage hingegen wartet durchaus unmittelbar mit Geschichte auf. Zuweilen fingiert sie sogar Geschichte, verlegt um des Hauptmotivs willen aus anderen Überlieferungstraditionen übernommene Erzählstoffe in die ihr genehme geschichtliche Umgebung. Vom Märchen unterscheidet sie sich dadurch, daß sie übernatürliche Ereignisse, Wunder, magische Kräfte etc. in die wirkliche, eben gerade geschichtlich sein wollende Welt verlegt und somit die Existenz von «Zauber» und «Spuk» – allgemeiner formuliert – einer magischen Welt hinter den realen Dingen belegt. In der Sage kommen sich Mythos und Geschichte am nächsten. Aber erst durch die Analyse des Historikers und die motivgeschichtliche Arbeit des Philologen kann sie sich in eine geschichtliche Quelle verwandeln. A. v. M.

N

◆ **Nation** (Nationalismus)

Nationalismus ist ein politisches Prinzip, das die Übereinstimmung von ethnischen und staatlichen Grenzen erheischt (Ernest Gellner). Nationale Bewegungen sind diesem Ziel verpflichtet und sehen im Nationalstaat, der nach innen Homogenität und nach außen Autonomie anstrebt, die höchste Organisationsform menschlicher →Gesellschaften. Die Verbindung von ethnischen Einheiten (tatsächlichen oder bloß eingebildeten) mit territorialstaatlichen Strukturen erfolgt faktisch über die Ausbreitung bzw. mehr oder weniger gewaltsame Durchsetzung einer gemeinsamen →«Kultur» im Sinne eines normativen Lebens- und Verhaltensstils und einer gemeinsamen Sprache. Nationen sind Gesellschaften, die über eine solche Kultur verfügen und deren Mitglieder sich gegenseitig als Angehörige derselben Nation anerkennen. Nationen sind also entgegen der Propaganda von Nationalisten nicht von vornherein gegeben, sondern von Menschen gemacht. Bevor Nationen Nationalismus hervorbringen, muß der Nationalismus Nationen hervorgebracht haben. Doch obwohl nationalistische → Ideologien aus → Mythen und Legenden, aus verzerrter Wahrnehmung und Selbstbetrug bestehen, wäre es verfehlt, den Nationalismus als geschichtliches Phänomen (in dem eingangs definierten Sinn) für ein bloßes Werk der Willkür zu erachten, das bei gutem Willen und aufgeklärter Erkenntnis ohne weiteres vermeidbar wäre. Schon die Tatsache, daß sich der Nationalstaat als politisches Organisationsprinzip weltweit durchgesetzt hat, ist von einer solchen Evidenz, daß die Vermutung kaum plausibel erscheint, dies auf das Treiben geschickter und leidenschaftlicher Agitatoren und Demagogen zurückzuführen. Die neuere Nationalismus-Forschung (Eugen Lemberg, Hans Kohn, K.W. Deutsch, C.J.H. Hayes, Otto Dann, Benedict Anderson, Ernest Gellner u.a.) hat demgegenüber nachgewiesen, daß Nationalismus (als Phänomen, nicht als von Nationalisten verbreitetes Ideologem) den Bedingungen der «Moderne» selbst eingeschrieben ist. Sie setzt den modernen, institutionellen

Flächenstaat voraus mit seinem Monopol legitimer Gewaltausübung und eine Gesellschaft, deren Mitglieder von den früheren durch personale Rechts- und Herrschaftsbeziehungen charakterisierten feudal-ständischen Verhältnissen emanzipiert sind, in der Weise, daß an die Stelle fester Statuszuschreibungen eine tendenziell schrankenlose Individualisierung und →Mobilität getreten ist. Nationalismus in dem hier gemeinten Sinn entspricht der Bewegungslogik der modernen wachstumsorientierten Industriegesellschaft, die die einzelnen zu permanenten Anpassungsleistungen zwingt, ohne einen diesen Anstrengungen adäquaten Lebenssinn vermitteln zu können. Die Funktion von Nationalismus besteht darin, das Auseinanderfallen der Gesellschaft in isolierte Individuen zu kompensieren, indem sie den vielen durch die Verbindung von Kultur und →Staat (der die Kultur vor konkurrierenden Kulturen schützt) Identifikation ermöglicht. Weil dieser Prozeß, der sowohl an demokratischen wie antidemokratischen Zielen orientiert sein kann, über ethnische Zuschreibungen organisiert wurde und wird, schleppt er stets ein Potential an Fremdenfeindlichkeit mit, das unter extremen Bedingungen, etwa bei sich zuspitzenden →sozialen Konflikten, entbunden wird, bis hin zu genozidalen Verbrechen wie der «Bevölkerungspolitik» des NS-Regimes und den «ethnischen Säuberungen» in Jugoslawien nach dem Zusammenbruch der kommunistischen →Diktatur. Ethnizität als solche ist nicht Nationalismus, sie enthält aber einzelne Elemente (wie gemeinsame Sprache, gemeinsame Religion, gemeinsamer Erfahrungshorizont u.a.), die im Nationalismus politisch aktiviert werden. Nationalismus entsteht also, wenn unterschiedliche Ethnien durch die Tendenz des Industrialismus, Staat und Kultur auf einen Nenner zu bringen, in einen ruinösen Wettbewerb getrieben werden – ob sie damit einverstanden sein mögen oder nicht. Dies erklärt, warum entgegen den Prognosen der marxistischen Lehre die Industriegesellschaft faktisch eher nationale als klassenspezifische Solidaritäten aus sich hervorgetrieben hat.

Die Nationalismusforschung hat Argumente und empirisches Material geliefert, um die Entstehung und die Durchsetzung von Nationalismus begreifen zu können. Schwerer fällt es ihr, eine brauchbare Typologie des Nationalismus zu entwerfen. Auch ist es ihr bislang nicht gelungen, zureichend zu erklären, warum einige Nationalismen, in vorderster Reihe der deutsche, so virulent werden konnten.

Der Sozialwissenschaftler Norbert Elias hat mit historischen und entwicklungssoziologischen Argumenten in seinen «Studien über die Deutschen» (1989) die These entfaltet, daß in Deutschland der Dualismus zwischen humanistisch-individualistischer und nationalistisch-kollektivistischer Normativität viel früher und viel entschiedener als in vergleichbaren anderen europäischen Nationalstaaten zugunsten des Nationalismus entschieden wurde. In England oder Frankreich sei es in einem konfliktreichen Prozeß zu einer Annäherung und wechselseitigen Durchdringung beider Normensysteme gekommen und damit zur Verhinderung eines absolut amoralischen, extrem destruktiven Nationalismus. Elias bestreitet nicht, daß die «Überzeugung von der Höherwertigkeit des eigenen Landes gegenüber allen oder den meisten anderen» als «ein gemeinsamer Nenner sämtlicher nationalistischer Glaubenssysteme» anzusehen sei. Aber die spezifische Begründung des Anspruchs auf einen überlegenen Wert differiere doch von Land zu Land, und daher sei es, so könnte man Elias' Anregungen zusammenfassen, aus wissenschaftlichen und politisch-moralischen Gründen zumal angesichts der deutschen Katastrophengeschichte geboten, jene Unterschiede zu studieren, um den Umschlag von einem zwar prekären, aber durch widerständige gesellschaftliche Kräfte in Schach gehaltenen und somit entschärften Nationalismus in die totale Destruktion herauszuarbeiten.

Der von Elias gewiesene Weg scheint gangbar zu sein, trifft aber, vor allem in Deutschland, auf Hindernisse, weil Begriff und geschichtliche Wirklichkeit der →Aufklärung diskreditiert wurden, nicht nur durch eine bis heute nachwirkende Tradition nationalistischer Geschichtsbetrachtung, sondern auch durch eine Ignoranz und Überheblichkeit «linker» Theorieanstrengung, die nach dem Vorbild von Max Horkheimer und Theodor W. Adorno die Destruktivität der «Moderne» aus einer «Dialektik der Aufklärung» abzuleiten suchen. Demgegenüber gilt es zunächst einmal, sich jener zu erinnern, die in einem extrem nationalistischen Meinungsklima an den moralischen und menschheitlichen Idealen der Aufklärung des 18. Jhs. festhielten. Stellvertretend seien hier der Deutsche Johannes Scherr und der Franzose Emile Durkheim genannt.

Der Kulturhistoriker Johannes Scherr, der nach 1848 in die Schweiz emigrieren mußte, appellierte 1885 an seine deutschen Landsleute, sich die «Größe und Schönheit der kosmopolitischen Idee» vor Augen zu halten. Denn aus ihr sei der «deutschen Nation Bestes» hervorgegangen, «das, was Kant, Lessing, Herder, Göthe und Schiller uns gegeben haben». Aber, so fuhr er fort: «Oft könnte es sogar scheinen, als wäre uns das alles vergeblich gegeben. Denn es arbeitet ja das gefälschte und ins Absurde übertriebene Prinzip der Nationalität eifrigst daran, die Menschen die große Freiheits- und Humanitätsfrage vergessen zu machen. Kein Denkender und Redlicher wird leugnen, daß hierin die Gefahr eines Rückfalls in die Barbarei liegt. Ist es diesem übertriebenen und gefälschten Prinzip doch nahezu schon gelungen, die europäischen Staaten in lauter ungeheure Kasernen umzuwandeln, hinter deren Schießscharten und Eisengittern hervor die armen betörten Völker wie wilde Tiere einander anglotzen und anknurren.»

Ein paar Jahre später hat der französische Soziologe Emile Durkheim in Vorlesungen «zur Soziologie der Moral» über den Widerspruch zwischen der nationalen und der allgemeinmenschlichen Moral gesprochen und Vorschläge zu seiner Überwindung gemacht: «Die Lösung der Antinomie liegt darin, daß der Patriotismus zu einem untergeordneten Bestandteil des Kosmopolitismus wird. Der Konflikt schwelt weiter, weil immer noch zu oft ein anderes Verständnis von Patriotismus vorherrscht. Danach hat es den Anschein, als zeigte sich Patriotismus allein in solchen Formen kollektiven Handelns, die nach außen gerichtet sind; als könnte man die eigene Bindung an die nationale Gruppe, der man angehört, nur dann beweisen, wenn diese Gruppe sich im Streit mit einer anderen Gruppe befindet. Doch neben diesem Patriotismus gibt es noch einen anderen, stilleren, in seinem nützlichen Tun kontinuierlicheren Patriotismus, der auf die innere Autonomie der Gesellschaft und nicht auf deren äußere Expansion zielt. Dieser Patriotismus schließt durchaus nicht jeglichen Nationalstolz aus; die kollektive Persönlichkeit kann ebensowenig wie die individuelle Persönlichkeit existieren, ohne ein gewisses Selbstgefühl und ein Gefühl für ihr Tun zu haben, und dieses Gefühl hat immer etwas Persönliches an sich. Solange es Staaten gibt, wird es auch eine gesellschaftliche Eigenliebe geben, und nichts ist legitimer als das. Aber die Gesellschaften könnten ihre Eigenliebe und ihren Ehrgeiz darauf verwenden, nicht die größten und reichsten zu sein, sondern die gerechtesten, die am besten organisierten, die Gesellschaften mit der besten moralischen Verfassung. Ohne Zweifel ist die Zeit noch nicht gekommen, da solch ein Patriotismus uneingeschränkt herrschte, wenn sie denn überhaupt jemals kommen sollte.» M. A.

◆ Neuzeit

Unter Neuzeit wird nach heute überwiegender Meinung die Geschichtsperiode von etwa 1500 bis zur Gegenwart verstanden. Doch war und ist diese →Periodisierung umstritten. Der Religions- und Sozialphilosoph Ernst Troeltsch (1865–1923) ließ die Neuzeit mit der →Aufklärung des 18. Jhs. beginnen. Die Aufklärungshistoriker August Ludwig Schlözer und Arnold Hermann Ludwig Heeren hingegen sahen noch in der Völkerwanderung die entscheidende Epochenwende vom →«Mittelalter» zur neuen Geschichte. Im Widerspruch dazu wußten sie freilich den Beginn der europäischen Expansion um die Wende vom 15. zum 16. Jh. als den Beginn einer «neuen Welt» zu würdigen, die gekennzeichnet sei durch Unterjochung, Plünderung und Verwüstung, aber auch durch Zivilisierung und Befreiung der Völker, so daß man nun hoffen dürfe, «die schöne Morgenröte eines weit schöneren Tages für die ganze Nachwelt» (Schlözer) sei angebrochen.

Der führende deutsche Historiker des 19. Jhs., Leopold von →Ranke, äußerte sich gelegentlich sehr skeptisch über Versuche, die Geschichte global zu periodisieren, zumal wenn damit die Absicht verbunden war, den «Fortschritt» der Menschheit (→Entwicklung) zu illustrieren. Gleichwohl arbeitete auch er mit Epochenbegriffen, wenn er z. B. in seinen Vorlesungen die neuere Geschichte dadurch charakterisierte, daß sie die «ganze Welt» umfasse, eine Tendenz, die er freilich schon aus dem →Altertum herleitete. Um so weniger macht es Sinn, die Neuzeit mit einem punktuellen →Ereignis anheben zu lassen, etwa mit der Entdeckung Amerikas 1492 oder Martin Luthers 95 Thesen gegen den Ablaßhandel aus dem Jahre 1517. Gleichwohl gab es im Übergang vom 15. zum 16. Jh. ein Bündel von Faktoren in allen Bereichen des Lebens, die es nach Meinung vieler Forscher rechtfertigen, von einer Epochenwende zu sprechen: das Aufkommen der modernen Naturwissenschaften und ein diesen entsprechendes rationales, auf Berechenbarkeit und Machbarkeit gerichtetes Weltbild, die Erfindungen, die Entdeckungsfahrten nach überseeischen Territorien, der Gebrauch der Artillerie und die Medizin des Paracelsus, die Rezeption antiker Literatur, Kunst und Philosophie (Humanismus und →Renaissance), der Kampf gegen den universellen Anspruch der römisch-katholischen →Kirche (Reformation), das Aufkommen von Nationalsprachen und die Differenzierung Europas in sich ausprägende →Nationen, jedoch bei gleichzeitiger Ausdehnung des politischen Schauplatzes nun auch auf außereuropäische Erdteile durch Kolonialherrschaft. Doch darf man dabei nicht aus den Augen verlieren, daß große geschichtliche Ereignisse oder ein Zusammenhang von bedeutenden Faktoren nicht von heute auf morgen entstehen, sondern in ihren Ursprüngen häufig bis weit in die Geschichte zurückverfolgt werden können und – denn das macht einen besonderen Reiz und überdies eine wichtige Erkenntnisleistung der historischen Arbeit aus – auch sollten.

Dies ist nun auch zu bedenken, wenn es darum geht, die Neuzeit in einzelne Zeitabschnitte zu untergliedern. Zur frühen Neuzeit rechnet man das 16. bis 18. Jh. («histoire moderne»), mit der →Französischen Revolution 1789 beginnt die «neueste Zeit» («contemporary history», «histoire contemporaine») oder die «neueste Geschichte», die dann ihrerseits durch die →«Zeitgeschichte» abgelöst wird. Aber auch hier handelt es sich um ebenfalls umstrittene Differenzierungen, im Grunde um Verlegenheitslösungen, da ja das, was neu ist und der eigenen Zeit zugerechnet werden kann, stets relativ ist. Der Zeitraum der Zeitgeschichte, dessen Beginn in der Bundesrepublik auf das Jahr 1917 angesetzt zu werden pflegt, als in Rußland die Oktoberrevolution stattfand und die Vereinigten Staaten in den Ersten Weltkrieg und damit in die Weltpolitik eintraten, dürfte in einigen Jahrzehnten, wenn das zweite Jahrtausend unserer Zeitrechnung längst überschritten ist, kaum noch unter dieser Bezeichnung geführt werden. Im übrigen zeigt sich auch hier, wie fragwürdig alle epochalen Grenzziehungen sind. Selbst ein scheinbar so deutlicher Einschnitt in der Geschichte wie die Französische Revolution erweist sich bei genauerem Hinsehen – dies hat als erster Alexis de Tocqueville erkannt – als ein sozusagen von langer Hand vorbereitetes Ereignis. M. A.

◆ Nibelungentreue

Den Begriff «Nibelungentreue» prägte der deutsche Reichskanzler Bernhard von Bülow in einer Reichstagsrede am 13. März 1909, um das Verhältnis des deutschen Kaiserreichs zu seinem Bündnispartner Österreich-Ungarn zu charakterisieren. Damit stellte er bewußt den Bezug her zu dem Nibelungenmythos, der in der kurzen Geschichte des deutschen Nationalstaats eine höchst bedeutsame Rolle gespielt hat.

Das «Nibelungenlied» wurde Ende des 18. Jhs. wiederaufgefunden und bald in den Rang eines Nationalepos gehoben, dessen Gestalten – allen voran Siegfried, der Drachentöter – zu mythischen Versprechungen künftiger deutscher Größe und nationaler Machtentfaltung überhöht wurden. Gerade weil der zum nationalen →Mythos gesteigerte Sagenstoff der Nibelungen nicht auf die Vergangenheit bezogen, sondern fast immer in die Zukunft projiziert wurde, haftete ihm von Anfang an eine aggressive Komponente an. Er diente zur «moralischen Auf- und Nachrüstung» (Herfried Münkler) der →Nation, und zwar zunächst, zu Beginn des 19. Jhs., in deutlicher Wendung gegen das Frankreich der →Revolution und Napoleons, später, nach der durch «Blut und Eisen» vollzogenen Gründung des kleindeutsch-preußischen Kaiserreichs von 1871, zur Begründung eines Anspruchs auf einen «Platz an der Sonne», also einer deutschen Weltmachtstellung. Der Rückbezug auf den Nibelungenmythos erlaubte es, die eigenen imperialen Ambitionen zu bemänteln, indem sie als moralisch hochstehend verklärt wurden. Eben das war der Sinn jenes Wortes von der «Nibelungentreue», das verschleiern sollte, daß die deutsche Politik vor 1914 nicht etwa von der österreichisch-ungarischen am Gängelband geführt wurde, sondern umgekehrt die Donaumonarchie in weitgehende politische Abhängigkeit vom Kaiserreich geraten war.

Der Nibelungenmythos hat die Deutschen in beiden Weltkriegen begleitet, und beide Male diente er dazu, dem sinnlosen Morden an den Fronten einen scheinbar höheren Sinn zu verleihen. «Siegfrieden» – lautete die Parole im Ersten Weltkrieg, und sie verband sich assoziativ mit dem Namen des strahlendsten Helden des Nibelungenliedes. «Siegfriedlinie» hieß die militärische Auffangstellung an der Westfront, die als uneinnehmbar galt. Und da das deutsche Heer – wie Siegfried – angeblich in offenem Kampf unbezwingbar war, konnte es nur durch Hinterlist und Verrat um den Sieg geprellt werden – durch den heimtückischen «Dolchstoß» aus der Heimat. So verband sich am Ende des Ersten Weltkrieges der Nibelungenmythos mit der → Dolchstoßlegende und entfaltete eine brisante innenpolitische Wirkung, die das politische Klima in der Weimarer Republik nachhaltig vergiftete. Im Zweiten Weltkrieg bediente sich die Nazi-Propaganda des Nibelungenmythos, um die katastrophalen Folgen der Niederlage von Stalingrad im Januar 1943 zu überspielen. In einer Rundfunkrede am 3. Februar 1943 beschwor Hermann Göring die Bilder vom letzten Kampf der Nibelungen an Etzels Hof. Die Vernichtung einer ganzen Armee wurde als heroisches Selbstopfer inszeniert, als mentale Vorbereitung aufs letzte Gefecht. Der Mythos kehrte damit gleichsam zu seinen Ursprüngen zurück. In Hitlers Untergangsvisionen aus den letzten Kriegswochen wiederholte sich, was der Schriftsteller Felix Dahn schon 1859 besungen hatte: «Brach Etzels Haus in Glut zusammen, als er die Nibelungen zwang. / So soll Europa stehn in Flammen bei der Germanen Untergang.» Es bedurfte erst der bedingungslosen Kapitulation von 1945, um dem Nibelungenstoff als geschichtswirksamem Mythos der Deutschen endgültig den Garaus zu machen. V. U.

O

◆ Öffentliche Meinung (Öffentlichkeit)

«Öffentliche Meinung» und «Öffentlichkeit» sind Begriffe, die der →Aufklärung entstammen. Ihre größte historische Wirksamkeit erreichten sie, als sie der liberalen Bewegung des Vormärz als politische Schlüsselwörter dienten. Öffentliche Meinung, so definierte der Historiker Arnold Hermann Ludwig Heeren, sei «die allgemeine Stimme einer großen und aufgeklärten Nation», die, durch Schriftsteller und Gelehrte geleitet, staatliche und gesellschaftliche Verhältnisse aufs Korn nehme: «Diejenigen Institute, gegen welche sie sich erklärte, behielten nur eine sehr ungewisse Existenz.» Durch Öffentlichkeit wurden Mißstände ans Tageslicht gezogen. Mit öffentlicher Meinung war also das →Interesse gemeint, das die aufklärerischen und liberalen Intellektuellen stellvertretend für das Bürgertum (→Bürger) insgesamt öffentlich zur Sprache brachten.

Die →Ideologie der öffentlichen Meinung zielte auf Kontrolle und allmähliche Aneignung der Staatsgewalt durch das Bürgertum. Im «Staatslexikon» führte der Rechtsgelehrte Carl Theodor Welcker 1841 aus, daß die öffentliche Meinung in jener «vollkommenen Öffentlichkeit» bestehe «und in jener Freiheit aller Organe in der Mitteilung, sich auszusprechen und so auf die verfassungsmäßige Bestimmung der gemeinschaftlichen Angelegenheiten einzuwirken». In diesem Sinne sollte die öffentliche Meinung, das heißt die Meinung der gebildeten Mittelklasse, die identisch war mit der veröffentlichten Meinung der Intelligenz, als Basis der parlamentarischen →Gewalt fungieren. Die öffentliche Meinung war in der Sicht des vormärzlichen →Liberalismus die herrschende Meinung, insofern die bürgerliche Intelligenz die Ideen des Volkes beherrschte. Dieser Totalitätsanspruch wird sichtbar in der Doppeldeutigkeit des Begriffs «Öffentlichkeit»: Öffentlichkeit meint nicht nur einen kritischen Anspruch, sondern auch eine soziale Gesamtheit als Subjekt und Adressat dieser Norm. Die Grundauffassung des Liberalismus, derzufolge die öffentliche Meinung ein sich selbst regulierendes System des freien Verkehrs von Argumenten sein sollte, wurde fadenscheinig, je mehr der Liberalismus in Deutschland auf den Klassenkompromiß mit dem Feudaladel zusteuerte: Aus der herrschenden, aber im Verhältnis zur Staatsgewalt oppositionellen Meinung wurde so immer mehr die Meinung der Herrschenden. Damit zerfiel die liberale Ideologie der →Identität von Volk und Bürgertum, von öffentlicher Meinung und liberaler Meinung. Es entstand eine Fülle festumrissener Parteimeinungen im einzelnen, und gleichzeitig bildete sich eine eigene proletarische öffentliche Meinung heraus. Die bürgerlichen Intellektuellen bekämpften die öffentliche Agitation der Sozialdemokratie und enthüllten damit den Klassencharakter der öffentlichen Meinung als liberaler Ideologie. Entsprechend veränderte sich der Gebrauch des Begriffs. Im Anschluß an ein Wort Bismarcks meinten die preußisch-deutsch und nationalistisch gewordenen Liberalen, öffentliche Meinung sei «die Oberflächlichkeit derjenigen konstitutionellen Schreier, die sich am unverschämtesten geltend zu machen wissen». Gefragt war nicht öffentliche Kritik, sondern Untertanengesinnung, später dann «gesundes Volksempfinden».

Damit war öffentliche Meinung, ursprünglich der Inbegriff einer emanzipatorischen (→Emanzipation), wenngleich elitären Ideologie, in einem mehr als hundertjährigen Prozeß quer durch alle politischen Lager der Geringschätzung preisgegeben. Hatte der frühe Liberalismus die rationalen Elemente in der öffentlichen Meinung betont und damit legitimiert, so wurde in späterer Zeit, zu Beginn des 20. Jhs., die öffentliche Meinung immer mehr mit Irrationalität gleichgesetzt. Für Max Weber z. B. war öffentliche Meinung «ein aus irrationalen ‹Gefühlen› geborenes, normalerweise von Parteiführern inszeniertes oder gelenktes Gemeinschaftsleben». Zu diesem Umdeutungsprozeß in der Auslegung des Begriffs hat nicht zuletzt die Ausbreitung der Massenpublizistik beigetragen, durch die jede technisch vervielfältigte veröffentlichte Meinung als öffentliche erschien. Um an dem Begriff der öffentlichen Meinung festhalten zu können, ist es daher notwendig, ihn stärker von dem Wort «Meinung» her aufzuschlüsseln. Im Vordergrund steht die Frage nach Umfang und Beschaffenheit von Meinungen und wie sie überhaupt entstehen. Für marxistische Kritiker der öffentlichen Meinung war diese Frage entschieden: Die →Herrschaft über das Bewußtsein sei bloß Reflex auf die Verfügung über die materielle Macht in der →Gesellschaft. Freie Wahlen, in denen sich öffentliche Meinung in besonderer Weise manifestiert, sind daher in ihren Augen zuvörderst Ergebnisse der Agitation und der Steuerung durch Massenmedien und in diesem Sinne, soweit der politische Gegner Gewinne erzielt, grundsätzlich verfälscht. Demgegenüber hat Hansjürgen

Koschwitz geltend gemacht: «Die ‹öffentliche Meinung› – verstanden als vorherrschendes gesellschaftliches Bewußtsein in allgemeinen wie speziellen Fragen – entzieht sich der Steuerung durch die Massenmedien in höherem Maße, als dies zumeist kulturkritisch und pessimistisch gesonnene Analytiker befürchtet oder simplifizierende Ideologen vorgetäuscht haben, die die Stabilität bestimmter Grundhaltungen oft unterschätzten und die Manipulierbarkeit einer Minorität von Bürgern voreilig auf die Gesamtbevölkerung übertrugen.» Selbst für →Diktaturen trifft die marxistische Auffassung nicht ohne weiteres zu, sonst hätten nicht 1989 kommunistische Diktaturen durch überwiegend friedliche →Revolutionen hinweggefegt werden können.

Andererseits ist unstrittig, daß Informationen (auch Fehlinformationen) bei der Meinungsbildung eine wichtige Rolle spielen. In diesem Sinne hat der Demokratietheoretiker Giovanni Sartori die öffentliche Meinung so definiert: «... eine oder mehrere Öffentlichkeit(en), deren diffuse Bewußtseinszustände (Meinungen) mit Informationszuflüssen der res publica in Wechselwirkung stehen.» Der freien Meinungsäußerung ist jedoch der Widerspruch eingeschrieben, der →Freiheit und →Demokratie überhaupt kennzeichnet: Sie ist durch sich selbst gefährdet. «Wollte man aber darum», so hat Theodor W. Adorno gemeint, «das Recht der freien Meinungsäußerung beschneiden, so steuerte man unmittelbar auf jene Tyrannei los, die mittelbar in der Konsequenz von Meinung selbst liegt.» Um die darin liegende Gefahr zu minimieren und zugleich um die Autonomie von Meinungen im Kommunikationszusammenhang eines «Publikums» zu stärken, hat Jürgen Habermas («Strukturwandel der Öffentlichkeit») als Vermittlungsinstanz «eine in organisationsinternen Öffentlichkeiten entfachte kritische Publizität» gefordert – ein Modell, das freilich auf die Etablierung einer Elite hinausläuft, die sich als kritische Intelligenz versteht und eine besondere Kompetenz in der Deutung gesellschaftlicher Vorgänge beansprucht. M. A.

◆ Ökonomie

Das griechische Wort «oikonomia» bezeichnet die Lehre von der Ordnung des Hauses. Gemeint war damit das «Haus» eines grundbesitzenden, über Familie, Diener, Sklaven, Arbeitstiere und -gerät Gewalt ausübenden Herrn. In der antiken Polis wurde die Lehre über die richtige Art, die sozialen und wirtschaftlichen Belange des Hauses wahrzunehmen, zu einem Teil der Ethik und der auf sie gegründeten politischen Philosophie.

Platon, Aristoteles und Xenophon formulierten die vorbildlichen Konzepte dieser Lehre, die den Hausherrn dazu anhielt, sich durch Tugend zu bilden, um für alle Menschen und Tätigkeiten im Haus die richtigen Maßstäbe und Anordnungen zu finden.

Der Ökonomie als ethischer Disziplin war die «Chrematistik» untergeordnet. Sie enthielt die im engeren Sinn wirtschaftliche Lehre dieses Systems, insofern sie die Erwerbskunst im und für das Haus behandelte. Faßte sie dabei auch übergeordnete, den →«Staat» betreffende Probleme ins Auge, so wurde sie Teil der «Politik». Die Chrematistik enthielt zwar auch technische Anleitungen für den Umgang mit →Geld, Waren und Märkten, stellte jedoch – ganz im Sinn der ethischen Normen der «Ökonomie» – vor allem Maßstäbe für die sittlich angemessenen Methoden des Erwerbs auf. Landwirtschaft als der ureigenste Bereich der «Ökonomie» stand dabei als sittlich unangefochtene Form des Erwerbs an der Spitze der ethischen Hierarchie – allerdings nur insofern die Rolle des Herrn in seiner Funktion als Ordnungsstifter gemeint war. Die →Arbeit an sich wie auch die zu ihr gehörigen technischen Fertigkeiten waren keinesfalls Gegenstand der Ökonomie. Hierfür entwickelte sich jedoch eine «agrartechnische» Spezialliteratur, die vor allem in der römischen Gesellschaft mit ihrer Kultivierung des Bauernideals einen ideologischen Stellenwert gewann. Im System der chrematistischen Rechtfertigungslehre standen →Handel, Güterfertigung – der Herr als Unternehmer – und Güterverkauf, vor allem wenn er mit der Hauswirtschaft verbunden war, zwar unter der Landwirtschaft, waren aber als «naturnotwendige» Tätigkeiten sittlich geduldet. Diese Duldung erstreckte sich nicht auf das reine Geldgeschäft (Leihe, Zins), das als unsittlich galt, da es unproduktiv, friedensstörend und «Raub an der Natur» war. (→Moralische Ökonomie)

Diese Lehre blieb für spätere Zeiten verbindlich. Sowohl antike wie mittelalterliche Gesellschaften kannten komplexe Formen des wirtschaftlichen Verkehrs, der Wirtschaftspolitik und des Wirtschaftsrechtes. Eine Theorie wirtschaftlichen Handelns und wirtschaftlicher Prozesse jenseits der ethischen Tradition des hellenischen Ökonomie-Begriffs entwickelten sie nicht. Auch die auf wirtschaftlicher Expansion und realer Teilautonomie wirtschaftlichen Handelns basierende italienische →Renaissance stieß nicht zu eigenen Begriffen und Modellen vor. Selbst der noch von durchaus bedeutenden Wirtschaftshistorikern des 20. Jhs. (Werner Sombart, Richard Henry Tawney) als «frühkapitalistisch» eingeschätzte Familientraktat des Leon Battista Alberti («Della Famiglia», 1434–41) verläßt zwar zuweilen die Sphäre des Hauses, aber keineswegs die seiner ethischen Bindungskraft. Allenfalls in seinen «chrematistischen» Abschnitten wendet sich Alberti der realen Wirtschaftspraxis des Florentiner Kaufmanns zu. Die Behandlung von Themen wie Risiko, Sparsamkeit, Investition und Gewinn verrät allerdings die analytische Fähigkeit, über wirtschaftliche Prozesse und Verhaltensweisen realistisch zu reflektieren.

Der Sinn für wirtschaftliche «Tatsachen» schlich sich also eher in die traditionale Behandlungsweise der Ökonomie ein, als daß eine «Revolution» der Konzepte und Betrachtungsweisen stattgefunden hätte. Herausforderungen der Praxis wiesen dafür am deutlichsten den Weg. Ein gutes Beispiel bietet der Geldtraktat des Nicole d'Oresme («De mutatione monetarum tractatus», 1355–58), der den königlichen Um- und Neuprägungen von Münzgeld entgegenzuwirken suchte und dabei zum erstenmal eine pragmatische Theorie über das Wesen des Geldes lieferte. Aber gerade weil es um Geld ging, hätte Oresmes Schrift nicht in das theoretische Konzept der Ökonomie gepaßt.

Allerdings war die Tatsache, daß «Wirtschaft» sich auf eine autonome Weise vollzog, neue Gruppierungen hervorbrachte, alte Eliten stürzte, kaum zu verheimlichen. Die «Hausväterliteratur» der →Frühen Neuzeit versuchte durch Verschmelzung des ökonomischen Normensystems mit der ebenfalls ehrwürdigen Tradition der agrartechnischen Lehrpraxis dieser Tatsache Rechnung zu tragen. Dies geschah als eine Art praktischer und theoretischer Modernisierung des «ganzen Hauses» als Basis der aristokratischen Ökonomie im Sinn des nach wie vor nicht aufgegebenen Zusammenhangs von Herrschaft, Wirtschaft, Ethik. Aber zugleich ließen die neuen Fürstengewalten in Territorien und Staaten im Bündnis mit den effizienten Gruppierungen des Bürgertums (→Bürger) ihre «Ökonomie» neu definieren. Die Hauswirtschaft des Fürsten wurde zur Verkehrswirtschaft des Staates, denn Staatsbildung und Volkswirtschaftsbildung vollzogen sich gleichzeitig. Die Fürstenökonomie setzte auf die «societas civilis» – die bürgerliche Gesellschaft – zur Durchsetzung ihres hauswirtschaftlichen Ideals der →Autarkie, das sie auf den Staat übertrug. Moral und Auskömmlichkeit im Inneren, Dominanz nach außen durch Menschen, Truppen, Geld waren die Maximen dieses Ökonomiebegriffes. Dieser wurde mit dem Schlagwort →«Merkantilismus» belegt, das eine höhere Theorieleistung und Geschlossenheit suggeriert, als in Wirklichkeit vorhanden war. Die Höfe entschieden ganz unterschiedlich, ob Handel, Geld oder Zölle die «Seele» ihrer Staatswirtschaft bildeten. Die Gemeinsamkeit dieser Konzepte war banal, aber als Maxime bedeutsam: Ein starker Staat benötigt eine starke Wirtschaft. Der fürstliche Dirigismus der merkantilistischen Ansätze entsprach der Rolle des Herrn in der Tradition der klassischen Ökonomie.

Immerhin war damit ein Weg zur vollen Aufmerksamkeit für wirtschaftliche Probleme gefunden, die nun zunehmend den Begriff der Ökonomie auszufüllen begannen bzw. in den Vordergrund seiner Merkmale rückten. Es war daher vielleicht kein Zufall, daß ein Arzt an dem zentralen Fürstenhof Europas die bahnbrechende Formel für die Autonomie wirtschaftlicher Prozesse im Rahmen dieser veränderten Auffassung von Ökonomie fand. François Quesnay, Leibarzt König Ludwigs XV. – und seiner für wirtschaftliche Erfolge ohnehin außerordentlich aufgeschlossenen Mätresse, der Marquise von Pompadour –, formulierte nach dem Bild des Blutkreislaufes die Idee eines möglichst unbeeinflußten «freien» Kreislaufes der Wirtschaft, der allein dem Prinzip des «Laissez faire» zu gehorchen hatte, um «gesund» zu funktionieren. Diese Wendung gegen den fürstlichen Dirigismus bei gleichzeitiger Einsicht in die Zirkulation von Geld und Gütern kann als bahnbrechend bezeichnet werden. Noch hatte aber die physiokratische Theorie, wie die Lehre Quesnays und seiner Anhänger in richtiger Einschätzung ihrer auf körpermedizinische Analogien bezogenen allegorischen Basis genannt wurde, die Vorstellung von einer dominanten Rolle der Landwirtschaft nicht aufgeben können. Nur die →Bauern waren nach Quesnay «produktiv», dem Adel kam immerhin noch die wichtige Rolle der Güterdistribution zu. Mit diesem Begriff aber hatte Quesnay zum erstenmal den – gewiß nicht überzeugenden – Versuch unternommen, die Tatsache des aristokratischen Rentenbezugs und Luxuskonsums wirtschaftlich zu interpretieren, um auf diese Weise eine Legitimation für die Sonderrolle des Adels zu gewinnen, die zwar auf «Ökonomie» abstellte, aber diese nicht als ethisches, sondern funktionales System verstand (→Aristokratie).

Auf dieser Grundlage konnte sodann der Schotte Adam Smith mit seiner Abhandlung «An Inquiry into the Nature and Causes of the Wealth of Nations» (1776) den entscheidenden Vorstoß zur Einsicht in das Wesen der Wirtschaft und der sie bestimmenden Wertbildungen, Strukturen und Prozesse wagen. Dabei verdient die Tatsache unbedingt Beachtung, daß auch er noch den Zusammenhang von Wirtschaft und Ethik betonend, den der klassische Ökonomiebegriff vermittelte. Smith hatte als Professor für Moralphilosophie an der Universität von Glasgow Jahre vor seiner wirtschaftstheoretischen Schrift ein Werk veröffentlicht, das er bis zum Ende seines Lebens als sein Hauptwerk betrachtete: eine «Theorie der ethischen Gefühle». Smith akzeptierte das «Laissez faire»-Prinzip der Physiokraten ohne Einschränkungen, erhob es aber weit über deren physiologische Allegorie, indem er den «Wohlstand aller» als sittliches Ziel wirtschaftlicher Freiheit von dirigistischen Eingriffen proklamierte und zugleich die Forderung nach richtiger Einsicht in die wirtschaftliche Partizipation aller an diesem System und die Erkenntnis seiner Gesetze und Regeln anschloß. Gelenkt durch die ursprünglich ethische Frage, wie denn die →Interessen des einzelnen mit dem Wohl der Gesamtheit zu verbinden seien, gelangte er zu dem entscheidenden Hebel seines Systems: Der freigestellte Egoismus des einzelnen führt zur Balance aller und damit – bei richtiger Erfassung und Behandlung der Rahmenbedingungen – zum Wohlstand aller als Basis sittlicher Entwicklung. Daher sei auch nicht wie bei den Physiokraten der Landwirtschaft die beherrschende Rolle einzuräumen, sondern der «menschlichen Arbeit». Diese bedürfe der richtigen Organisation und Anpassung an die Fortschritte der Produktionsbedingungen sowie des freien Zugangs zum Markt, um richtig zur Wirkung zu kommen, schaffe dann aber auch den gesamten «Fonds, der das Volk mit allen Bedürfnissen und Annehmlichkeiten versorgt, die es verbraucht». Konkurrenz, Technik, Arbeitsteilung, freier Markt, freie Preisbildung sind die Säulen der über diese Kausalfaktoren prästabilisierten Harmonie in der von Smith erträumten liberalen Wirtschaftsgesellschaft.

Mit Adam Smith hatte «Ökonomie» sich endgültig in «Volkswirtschaft» verwandelt, ohne daß der alte ethische Zusammenhang gänzlich aufgegeben worden wäre. Dies blieb seinen funktional argumentierenden Nachfolgern Thomas Robert Malthus, David Ricardo, Jean-Baptiste Say, John Stuart Mill überlassen, die zwar häufig den Begriff →«politische Ökonomie» – von Smith auch selbst gebraucht – verwandten, aber doch vor allem die funktionalen Gesetze des «Wirtschaftens» im Sinne der Profitmaximierung und Kosten-Nutzen-Rechnung meinten. Es war dann aber Karl Marx vorbehalten, aus der von Smith begründeten, die gesamte Gesellschaft umspannenden Autonomie der Ökonomie die Schlußfolgerung zu ziehen, daß Wirtschaft das dominante Motiv menschlicher Geschichte sei. Damit wurde zwar Ökonomie nicht zum alles verschlingenden «Unterbau» der Geschichte – also zur Geschichte an sich –, aber zu ihrem wesentlichen Bedingungs- und Deutungsfaktor, ohne den weder politisches Handeln noch geschichtliche Analyse bestehen könnten. Dabei wandte Marx den Blick auf die neben der Arbeit zweite Säule der Ökonomie seiner (und unserer) Epoche: das Kapital, dessen Absorptions- und Zerstörungskraft sich das von Smith idealtypisch gesehene Konstrukt der Arbeit – und damit alle gesellschaftlichen Beziehungen – keinesfalls zu entziehen vermögen. Ökonomie wird zum Hebel aller politischen und gesellschaftlichen Macht, aller sozialen Existenz, zum «Schicksal der Moderne», wie Max Weber es formulierte. Hinter diese Einsichten in die geschichtlich dominante Gewalt der Ökonomie führt kaum ein Weg zurück, auch wenn der historische Analytiker Marx überzeugender bleibt als der zeitweilig – und immer wieder – sein Bild verstellende Prognostiker oder Staatstheoretiker.

Der moderne Ökonomie-Begriff kann somit weder auf Marx noch auf Smith verzichten. Wie Smith muß er zurückkehren zu einer liberalen ethischen Theorie – etwa der «Theorie der Gerechtigkeit» des John Rawls, die den Wohlstand einer Gesellschaft am Lebensstandard der untersten Schichten mißt –, und wie Marx muß er die utilitaristische Ebene verlassen und zu einer neuen Totalität vorstoßen, die alle Kosten, alle Zerstörungen und alle Entbehrungen erfaßt, um den Nutzen des einzelnen zum Nutzen aller werden zu lassen. A. v. M.

◆ Oligarchie

Aristoteles (384–322) hat in seiner «Politik» eine Staatsformenlehre entwickelt, die bis in die →Neuzeit bestimmend blieb. Danach gibt es drei richtige Verfassungsformen, die →Monarchie als →Herrschaft eines einzelnen, die →Aristokratie als Herrschaft der wenigen und die Politie als die Herrschaft der Mehrheit des Volkes. Die →Tyrannis ist eine Fehlform der Monarchie, die Oligarchie eine der Aristokratie und die →Demokratie eine der Politie. Doch ist die Zahl, wie Aristoteles betont, kein ausreichendes Kriterium für die Bestimmung der Herrschaftsformen: «Denn sonst wäre es auch Oligarchie, wenn man die Ämter nach der Größe vergäbe, wie einige sagen, daß es in Äthiopien geschieht, oder auch nach der Schönheit. Sind doch auch die schönen und die großen Menschen an Zahl gering.» Oligarchie besteht dort, wo die Reichen und Vornehmen herrschen. Da es der Reichen und Vornehmen aber stets nur wenige gibt, handelt es sich zugleich um eine Staatsform, bei der die vielen durch wenige regiert werden. Demgegenüber sind in der Demokratie die Armen, die immer die Mehrzahl ausmachen, an der Regierung.

Die Staatslehre des Aristoteles war auf den antiken Sklavenhalterstaat projiziert. Doch finden sich zentrale Termini und wesentliche Bestimmungsgründe noch in der neueren Soziologie. So z. B. bezeichnet Max Weber die bis 1918 geltende Ergänzung des Hamburger Senats durch interne Zuwahl, also ohne Mitwirkung der Bevölkerung, als Oligarchie. Robert Michels hat 1911 den Begriff «Oligarchie» in seiner «Soziologie des Parteiwesens in der modernen Demokratie» eingeführt und festgestellt, daß nicht nur in konservativen →Parteien, wo sich dies von selbst verstehe, sondern auch in sozialrevolutionären und demokratischen Parteien – im

Widerspruch zu ihren erklärten Zielen – oligarchische Tendenzen vorkämen: «Die Demokratie führt zur Oligarchie, wird zur Oligarchie.» Da der Ausdruck «Oligarchie» aber nach wie vor einen anrüchigen Beigeschmack hat, wird die von Michels ausgelöste Diskussion heute manchmal unter dem Titel «Elitentheorie» betrieben, häufig mit dem Ziel, die Notwendigkeit solcher Elitenbildung in der Demokratie zu beweisen und das Handeln solcher Eliten zu rechtfertigen. M. A.

◆ Oral history

In der traditionellen Geschichtswissenschaft ist das Monopol der schriftlichen →Quellen unbestritten. Aber die →Akten in staatlichen und kommunalen →Archiven dokumentieren das Leben von Herrschern und →Bürgern, von Generälen und Industriebaronen. Der →Bauer und der Soldat, der →Arbeiter und der Untertan – sie kommen darin nur als Objekt politischer Überwachung und sozialer Disziplinierung vor, als statistische Zähleinheit oder bürokratischer Vorgang. Angehörige unterer Sozialschichten haben in der Regel kaum authentische schriftliche Zeugnisse hinterlassen, sei es, daß sie des Schreibens nicht kundig waren, sei es, daß ihnen die eigene Geschichte als zu banal und nicht überlieferungswürdig galt. Wie also soll man das Schweigen der «kleinen Leute» beredt machen?

Im Zusammenhang mit dem neuen →Interesse am historischen Alltag (→Alltagsgeschichte) hat in der Bundesrepublik seit Beginn der achtziger Jahre eine Forschungsmethode Eingang in die sozialhistorische Diskussion und Praxis gefunden, die zuerst in den USA und England erprobt wurde: Oral history – die Produktion und Bearbeitung mündlicher Quellen.

Anders als die Sozialwissenschaften, die für wechselnde Erhebungen anonym bleibende, nach den Kriterien der Repräsentativität ausgesuchte Personen interviewen, anders auch als die politische Zeitgeschichtsschreibung, die meist als zusätzlichen Beleg Vertreter der politischen Eliten nach bestimmten →Ereignissen und ihrer jeweiligen Rolle befragt, macht die Oral history aus der Not eine Tugend: Da die «kleinen Leute» keine andere Gelegenheit oder Fertigkeit haben, ihre Geschichte mitzuteilen, wird der Kassettenrecorder zum Medium ihrer Überlieferung. Da sie zu Haupt- und Staatsaktionen meist wenig bzw. wenig Eigenes beizutragen haben, fordert man sie auf, in offenen Interviews ihre Lebensgeschichte zu erzählen.

Oral history verlangt dem Historiker viel ab: Er muß in einen kommunikativen Prozeß treten zu Menschen mit sehr unterschiedlichen Erfahrungshorizonten und Lebensperspektiven; er muß das ihm Anvertraute sehr sorgfältig unter quellenkritischen Gesichtspunkten auswerten, denn natürlich sind die Erinnerungsberichte immer subjektiv gefärbt. Frühere Einstellungen und Erlebnisse werden überlagert durch spätere Erfahrungen und Eindrücke. Gerade die Erfahrungs- und Verarbeitungsmuster gelebter Geschichte zu entziffern ist eine der wichtigsten, aber auch schwierigsten Aufgaben der Oral history. Um Erinnerungsblockaden seiner Gesprächspartner aufzubrechen, Verdrängtes ins Gedächtnis zurückzurufen, muß der Interviewer nicht selten in die ungewohnte Rolle eines Therapeuten schlüpfen. Besonders in Gesprächen mit Vertretern der Nazi-Generation zeigt sich, wie schmerzhaft dieser Prozeß sein kann.

Lebensgeschichtliche Interviews enthalten eine Fülle an Details und erweisen sich gelegentlich als Türöffner zu neuen Fragestellungen und Erkenntnissen. Dies gilt besonders für den Bereich der →Alltagsgeschichte. Hier haben Erinnerungsinterviews entscheidend dazu beigetragen, alltägliche Verrichtungen, Arbeitsabläufe und Handlungsmuster zu rekonstruieren, über die schriftliche Quellen nicht oder nur sehr bruchstückhaft Auskunft geben. Eine besondere Bedeutung kommt der Oral history für die historische Frauenforschung zu (→Frauengeschichte). In einer durch patriarchalische Denkmuster und Wertvorstellungen geprägten Welt leben viele Frauen in der Überzeugung, keine eigene →Identität zu besitzen und nichts Bedeutsames aus ihrem Leben mitteilen zu können. Oral history – die mündliche Geschichte – kann Frauen helfen, solche verinnerlichten Minderwertigkeitsgefühle abzubauen und ihre eigene Geschichte als Teil weiblicher Lebenszusammenhänge zu entdecken. V. U.

P

◆ Paradigma

Nach Thomas S. Kuhn, der diesen Begriff 1962 in die Philosophie und Historiographie der Naturwissenschaften eingeführt hat, ist unter «Paradigma» (griechisch «Beispiel», «Vorbild») ein wissenschaftliches Lösungsmodell zu verstehen, das für eine gewisse Zeit einer Gemeinschaft von Fachleuten als allgemein anerkannt und verbindlich gilt. Wie die von Kuhn ausgelöste Diskussion gezeigt hat, umfaßt der Begriff nicht nur modellhafte Problemlösungen im engeren Sinne, sondern auch generelle Hintergrundaussagen («Weltanschauungen») sowie den Kanon an Überzeugungen, Werthaltungen und Forschungsinteressen, der in einer wissenschaftlichen Gemeinschaft die Norm bildet. Von «normaler Wissenschaft» läßt sich, so Kuhn, sprechen, wenn und solange der Geltungsanspruch eines Paradigmas unstrittig ist. Sobald jedoch, aus welchen Gründen immer, Fragen auftauchen, die mit dem tradierten Paradigma nicht zu lösen sind, beginnt die Wissenschaft eine Phase der «Anomalien» zu durchlaufen, eine →«Krise», an deren Ende es zur Ablösung des alten durch ein neues Paradigma, zu einem «Paradigmenwechsel» kommt, zu einer «wissenschaftlichen Revolution». Die wissenschaftsgeschichtliche Bedeutung dieses Vorgangs besteht im wesentlichen nicht darin, ein bislang gültiges Paradigma der «Unwissenschaftlichkeit» zu überführen, sondern darin, daß man gleichsam «den Stock am anderen Ende aufhebt», also «das gleiche Paket Daten wie vorher behandelt, die Daten aber in ein neues System gegenseitiger Beziehungen stellt, indem man ihnen einen anderen Rahmen gibt» (Herbert Butterfield).

Kuhns Beschäftigung mit Paradigmen in den Naturwissenschaften verdankte sich ursprünglich intensiven Diskussionen mit Sozialwissenschaftlern über methodologische Probleme. «Insbesondere», so beschreibt er sein erkenntnisleitendes Interesse, «war ich überrascht von der Zahl und dem Ausmaß der offenen Meinungsverschiedenheiten unter den Sozialwissenschaftlern über das Wesen der gültigen wissenschaftlichen Probleme und Methoden. Sowohl die Geschichte wie auch die Erfahrung ließen mich daran zweifeln, daß naturwissenschaftliche Praktiker solidere oder bleibendere Antworten auf solche Fragen haben als ihre Kollegen in der Sozialwissenschaft.»

Kuhns Konzept hat in Wissenschaftssoziologie und Wissenschaftsphilosophie, die ebenfalls die Naturwissenschaft zum Gegenstand haben, ihrerseits einen Paradigmenwechsel eingeleitet. Die frühere Anschauung, derzufolge sich der naturwissenschaftliche «Fortschritt» gemäß dem positivistischen Ideal als stetige Ausdehnung des Wissens angemessen darstellen lasse, kann inzwischen als überwunden gelten. Vor allem hat die Analyse wissenschaftsgeschichtlich relevanter Neuerungen gezeigt, daß die strikte Trennung der kognitiven Tätigkeit des (Natur-)Wissenschaftlers von den Normen, denen er und seine Kollegen als soziale Gruppe bewußt oder unbewußt verpflichtet sind, nicht möglich ist. Über die Geltung eines neuen Paradigmas wird nicht im Zuge einer sozusagen freischwebenden Theorieerzeugung entschieden, sondern durch sowohl inner- wie außerwissenschaftliche Normen, die damit zumindest in beträchtlichem Maße mit der Erkenntnis selbst verschmelzen.

Versuche, den Begriff des Paradigmas für die gesamte geistes- und sozialwissenschaftliche Theoriebildung zu nutzen, haben nur begrenzte Erfolge gezeitigt. Dies liegt vor allem daran, daß sich sowohl die Sozialwissenschaften wie die Geisteswissenschaften – die Geschichtswissenschaft gehört beiden Denk- und Fachrichtungen an – mit Dingen befassen, deren Teil sie selbst sind. Wer, um ein Beispiel anzuführen, als deutscher Historiker über deutsche Geschichte schreibt, der ist in anderer Weise mit seinem Forschungsgegenstand verbunden als ein Naturwissenschaftler, der ins Mikroskop oder Teleskop blickt. Zwar sind auch die naturwissenschaftlichen Paradigmen gesellschaftlich vermittelt, weil die menschlichen Naturbeziehungen nicht statisch sind, sondern ebenfalls eine freilich vergleichsweise langsam verlaufende Geschichte haben. Doch die Sozial- und Geisteswissenschaften haben es mit den Kämpfen und Hervorbringungen sozialer Akteure zu tun. Daher sind in diesen Wissenschaften nicht exemplarische Problemlösungen der Normalfall, sondern eine Anzahl konkurrierender Paradigmen. In der Geschichtswissenschaft wären unter Paradigmen weniger theoretische Modelle im Sinne Kuhns zu verstehen als regulative Ideen, deren Geltung gesellschaftlich sanktioniert werden muß, um wissenschaftlich nennenswerte Akzeptanz finden zu können. Insofern läßt die Anzahl und die Beschaffenheit von Paradigmen in der Geschichtswissenschaft Rückschlüsse auf die politische Kultur einer →Gesellschaft zu. Ob die deutsche Geschichte unter dem Gesichtspunkt der Kulturentwicklung konzipiert werden sollte, wie es der 1848er-Demokrat Johannes Scherr getan hat, oder unter dem der Nationbildung, wie bei den kleindeutschen Historikern Heinrich von Treitschke und Johann Gustav Droysen, oder unter deutsch-bestimmter europäischer Perspektive, wie bei Leopold von →Ranke, oder aber als Strukturgeschichte der Gesellschaft und als Modernisierungsprozeß, wie bei Hans-Ulrich Wehler, ist eine Frage, die sich letztlich politisch entscheidet.

In der Geschichtswissenschaft ist Kuhns Paradigmenbegriff kaum über die Karriere eines allerdings vielerorts beliebten Modeworts hinausgekommen. Die wissenschaftshistorischen Erkenntnisse Kuhns sind zum besseren Verständnis der geschichtswissenschaftlichen Entwicklung nur bedingt geeignet, und insoweit dies der Fall ist, sind sie den Historiographie-Historikern seit langem bekannt. Dennoch bleibt Kuhns Argumentation anregend, weil sie den von manchen Historikern immer noch bestrittenen Zusammenhang zwischen Entstehung, Geltung und Wirkung wissenschaftlicher Leistungen verdeutlicht hat. M. A.

◆ Pariser Kommune

Die Erhebung und anschließende Selbstregierung der Pariser Bevölkerung, vornehmlich der kleinbürgerlichen und proletarischen →Schichten, in der Pariser Kommune war eine Folge der nationalen und sozialen →Krise, in die Frankreich nach der Niederlage im Deutsch-Französischen Krieg 1870/71 geraten war. Die Kommune dauerte 72 Tage, vom 18. März bis zum 28. Mai 1871.

Nach der Gefangennahme Napoleons III. ging die Regierung in Frankreich am 4. September 1870 über in die Hände einer «Provisorischen Regierung der nationalen Verteidigung» unter General Trochu und Innenminister Léon Gambetta. Dieser verließ am 7. Oktober mit einem Fesselballon die von preußisch-deutschen Truppen eingeschlossene Hauptstadt Paris, um im Lande neue Armeen auszuheben. Der Widerstand der Provinzen gegen eine Fortsetzung des Krieges verhalf konservativ-monarchistischen Gruppen bei den Wahlen zur Nationalversammlung am 8. Februar 1871 zu einem spektakulären Sieg. In der Folge spitzte sich der Gegensatz zwischen der neuen, auf Großbürgertum und Landbevölkerung gestützten Regierung unter Adolphe Thiers und den radikalisierten Teilen der Pariser Bevölkerung rasch zu.

Der Versuch Thiers', die Pariser Nationalgarde zu entwaffnen, führte am 18. März 1871 zum Aufstand. Die Regierung Thiers flüchtete nach Versailles, wo auch die Nationalversammlung tagte; in Paris übernahm das Zentralkomitee der Nationalgarde die Macht. Es ordnete für den 26. März allgemeine Wahlen in der Hauptstadt an; aus ihnen ging am 28. März die Pariser Kommune hervor. An ihrer Spitze stand der Kommunerat, der legislative und exekutive Funktionen vereinigte. Die in ihm vertretenen Gruppen wiesen kein einheitliches politisches Profil auf. Die Mehrheit bestand aus Republikanern und Radikaldemokraten, die der politischen Vorstellungswelt der →Jakobiner anhingen. Daneben gab es eine Minderheit von Sozialisten, von denen einige der Pariser Sektion der Internationalen Arbeiter-Assoziation angehörten. Schließlich gab es auch noch Anhänger des radikalen Sozialrevolutionärs Auguste Blanqui, der allerdings in den Tagen der Kommune nicht in Paris war, sondern von der Regierung Thiers in einem Provinzgefängnis, weitab von der Hauptstadt, festgehalten wurde.

Entsprechend der unterschiedlichen Zusammensetzung waren auch die politischen Zielsetzungen der Kommune nicht einheitlich. Die größte Resonanz fand die besonders für die Mehrheit der kleinbürgerlichen Wähler attraktive Forderung nach munizipaler Autonomie. Sie stand auch im Mittelpunkt der «Proklamation an das französische Volk» vom 19. April. Hinter dieser populären Losung traten sozialistische Zielsetzungen eindeutig zurück. Die sozialpolitischen Maßnahmen der Kommune beschränkten sich auf Aufhebung der Mietschulden, Verbot der Nachtarbeit in Bäckereien, Übernahme verlassener Werkstätten durch Arbeiter-Kooperativen (wobei der geflohene Besitzer aber entschädigt werden sollte), Kürzung von Beamtengehältern. Die Eigentumsverhältnisse blieben unangetastet. Die Bank von Frankreich, die auch während der Kommune die Versailler Regierung finanzierte, arbeitete ungestört weiter und wurde von der Kommune nur für bescheidene Kredite in Anspruch genommen.

Trotz ungünstigster Rahmenbedingungen – Belagerung, Hungersnot, Exodus der städtischen Behörden – bewältigte die Kommune die kommunalen Aufgaben mit einem erstaunlichen Improvisations- und Organisationstalent. Von Chaos und →Anarchie, die die Gegner der Kommune glaubten überall bemerken zu können, konnte gar keine Rede sein. Im Gegenteil, das Alltagsleben in Paris verlief weitgehend normal; die Zahl der Verbrechen ging sogar auffallend zurück. Es bedurfte also gar keiner Intervention von außen, um die angeblich bedrohte «Ruhe und Ordnung» wiederherzustellen.

Die großbürgerliche Regierung Thiers indes wollte dieses faszinierende Experiment unter allen Umständen zerstören. Die Ratifizierung des

Frankfurter Friedensvertrages am 10. Mai 1871 durch die Nationalversammlung gab ihr die notwendige Rückendeckung durch die preußisch-deutschen Truppen, um gegen die Hauptstadt vorzugehen. In der «blutigen Woche» («semaine sanglante») vom 21. bis 28. Mai 1871 wurde die Pariser Kommune von französischen Regierungstruppen niedergeworfen. Die Sieger nahmen grausame Rache. «Nach beendigtem Kampf», so schrieb der Kommunehistoriker Prosper Lissagaray, «verwandelte sich die Armee in ein ungeheures Exekutionspeleton.» Die Schätzungen der Gesamtzahl der Opfer, darunter auch Frauen und Kinder, schwanken zwischen 20000 und 30000 – mehr als zehnmal soviel, wie während der 16 Monate der Jakobinerherrschaft umgebracht worden waren (→Französische Revolution).

Der ebenso heroische wie aussichtslose Abwehrkampf der Kommunarden förderte die Entstehung eines Kommune-Mythos, der in der europäischen →Arbeiterbewegung bis ins 20. Jh. nachwirkte. Den Anfang machte Karl Marx mit einer zwei Tage nach der Niederlage der Kommune im Auftrag des Generalrats der I. Internationale (→Internationale) veröffentlichten Adresse: «Der Bürgerkrieg in Frankreich». Marx erkannte in der Kommune das Modell einer «Selbstregierung der Produzenten»; in den von ihr entwickelten Formen einer unmittelbaren →Demokratie sah er den Weg der künftigen proletarischen →Revolution vorgezeichnet. Hieran knüpfte August Bebel in einer berühmten Reichstagsrede vom 25. Mai 1871 an, in der er im Blick auf kommende große Klassenkämpfe (→Klasse) die Pariser Kommune als ein «kleines Vorpostengefecht» bezeichnete. Die deutsche Arbeiterbewegung feierte den 18. März – den Beginn der Pariser Kommune und der Märzrevolution von 1848 – als Gegengedenktag zum Sedantag am 2. September, der jährlichen Nationalfeier des wilhelminischen Bürgertums. Das Erbe der 48er Revolution (→Revolution von 1848) verband sich mit der Erwartung des sozialdemokratischen «Zukunftsstaates», den man bereits keimförmig in der Pariser Kommune abgebildet sah.

Unter umgekehrtem Vorzeichen wirkte der Kommune-Mythos auch im Bürgertum (→Bürger) nach. Er schürte hier die Furcht vor einer sozialen Revolution. Der deutsche Reichskanzler Bismarck bediente sich ihrer, um 1878 die Ausnahmegesetzgebung gegen die deutsche Sozialdemokratie gegen innenpolitische Widerstände durchzusetzen.

Die historische Einordnung und Bewertung der Pariser Kommune erweist sich als schwierig: War sie ein letzter Ausläufer der bürgerlichen Revolutionen des 18./19. Jhs. oder bereits ein Vorbote der proletarischen Revolution? Die letztere Version vertrat, wie erwähnt, bereits Marx, und seine Epigonen haben sie vielfach vergröbert. So konnte man noch in jüngeren DDR-Handbüchern die Ansicht finden, die Pariser Kommune sei die «erste proletarische Machtergreifung der Weltgeschichte» gewesen – eine Deutung, die weder der sozialen Basis der Kommune noch ihren heterogenen politischen Zielen gerecht wurde. In der Bundesrepublik haben im Zusammenhang mit der Diskussion rätedemokratischer Alternativen zum →Parlamentarismus Ende der sechziger Jahre die Versuche zur Selbstorganisation besonderes Interesse gefunden. Die moderne sozialgeschichtliche Forschung in Frankreich und der Bundesrepublik (→Sozialgeschichte) betont die Vielschichtigkeit der in der Kommune-Bewegung zusammengeführten sozialen Interessen und politischen Motivationen, die eine eindeutige klassenmäßige Bestimmung oder eine Kategorisierung nach einem rätedemokratischen Idealmodell nicht zuläßt. V. U.

◆ Parlamentarismus

Parlamentarismus ist ein Begriff aus der →Verfassungsgeschichte. Er taucht um die Mitte des 19. Jhs. auf und deckt sich inhaltlich mit dem, was die damals sehr viel häufiger anzutreffenden Wendungen wie «parlamentarisches Prinzip», «parlamentarisches System» oder «Parlamentsregierung» ausdrücken wollen. Zwischen Vormärz und Reichsgründung markieren sie in Deutschland das Programm der liberalen Bewegung. «Parlamentsherrschaft» steht dabei als Gegenpol zur «Königsherrschaft». Dahinter verbirgt sich der Versuch, die absoluten →Monarchien in konstitutionelle Monarchien umzuwandeln, das heißt, die Verfügungsgewalt und die Befugnisse der Monarchen und ihrer →Bürokratien durch gewählte, repräsentative Körperschaften, die Parlamente, einzugrenzen und zu beschneiden.

Die parlamentarische Regierungsweise, für die das Bürgertum (→Bürger) kämpft, besteht darin, wie 1852 der Staatsrechtler Robert von Mohl definiert, daß die Exekutive, das Ministerium, «jedesmal im Sinne der Mehrheit des Volkes zusammengesetzt, und zwar mit den Leitern derselben besetzt wird. Natürlich führen diese dann die Geschäfte in der Auffassung ihrer politischen Partei, und damit ist in allen wesentlichen Dingen volle Übereinstimmung zwischen der Regierung und der Repräsentation hergestellt. Eine Opposition mag sein; allein sie ist die Minderheit und somit nicht imstande, den Gang der Regierung zu hemmen. Ändert sich die Mehrheit, sei es infolge von Wahl, sei es, weil ein Teil der bisherigen Anhänger mit den Regierungsmaßnahmen unzufrieden geworden ist, so wird das Ministerium entlassen und ein anderes im Geist und aus dem Kerne der jetzigen Mehrheit gebildet.» Denn – und das ist das Ziel der angestrebten Veränderungen: «Es soll der Staat nicht nach der persönlichen Ansicht der Fürsten, sondern nach dem Programme der in der Mehrheit befindlichen politischen Partei geführt werden.»

Damit ist ein Verfassungssystem beschrieben, in dem der Monarch seine zentrale Machtposition eingebüßt und dem Parlament überantwortet hat. Zwar werden die Minister weiterhin von ihm ernannt, aber das hat nurmehr die Qualität eines formellen Aktes, da sie nun in ihren sämtlichen Schritten ausschließlich an die Volksvertretung gebunden sind. Verlieren sie deren Vertrauen, so verlieren sie zugleich ihren politischen Rückhalt und müssen abtreten. Dieses Modell läßt sich in Deutschland im 19. Jh. nicht oder nur zum Teil verwirklichen. Das liegt zum einen an der Beharrungskraft älterer Traditionen, zum andern an der Schwäche des →Liberalismus, der gegen die konservativen Strömungen in der →Aristokratie, in der Armee und Bürokratie den kürzeren zieht. Im Kaiserreich reduziert sich der Parlamentarismus denn auch im wesentlichen auf zwei Funktionen: nämlich darauf, daß der demokratisch gewählte Reichstag an der Gesetzgebung mitwirken und das Budget bewilligen darf. Auf die personelle Zusammensetzung der Exekutive, die Berufung des Reichskanzlers und seiner Staatssekretäre, hat er ebensowenig Einfluß wie auf die Außen- und Militärpolitik, die bis 1918 Reservate der Krone, des preußischen Königs und deutschen Kaisers bleiben. Wohl nimmt das Gewicht des Parlaments und der →Parteien im Laufe der Zeit allmählich zu, insgesamt aber haben wir es im Kaiserreich nicht mit einer parlamentarischen Monarchie zu tun, sondern eher mit einem parlamentarisch notdürftig verbrämten monarchischen →Absolutismus.

Die Niederlage im Ersten Weltkrieg und die Revolution (→Deutsche Revolution 1918–20) schaffen dann allerdings die Voraussetzungen für eine Regierungsweise, wie sie in der Weimarer Verfassung vom August 1919 verankert wird. Erst seitdem kann man von Parlamentarismus in der heute üblichen Bedeutung des Wortes sprechen: ein Parlamentarismus freilich, dem noch manche Eierschalen des Obrigkeitsstaates anhaften, dessen Legitimationsbasis in der Bevölkerung früh zu bröckeln beginnt und der bereits 1930 gescheitert ist, aufs Ganze gesehen also nur eine kurze Gastrolle spielt. Immerhin gewinnt er zumindest bei den Anhängern an Profil und wird in seinem Wert klarer erkannt als zuvor. So schreibt 1926 der Verfassungsjurist Hans Kelsen, daß er die «einzig mögliche reale Form» sei, «in der die Idee der Demokratie innerhalb der sozialen Wirklichkeit» erfüllt werden könne: Die «Entscheidung über den Parlamentarismus» sei daher identisch mit der «Entscheidung über die Demokratie». Echte Chancen eröffnen sich für derartige Auffasssungen jedoch erst nach dem Zusammenbruch der nationalsozialistischen →Diktatur. Mit dem Bonner Grundgesetz ist verfassungspolitisch der →deutsche Sonderweg beendet und Anschluß gefunden worden an die Verfassungsmuster der westlichen →Demokratien, was im Ergebnis – anders als noch in den zwanziger Jahren - nicht mehr strittig, sondern eingebettet ist in einen breiten, parteiübergreifenden Konsens. J. F.

◆ Partei

Unter Parteien im modernen Sinne versteht man den organisierten Zusammenschluß von Bürgern, die gemeinsame politische Grundüberzeugungen teilen und ein entsprechendes Gruppenbewußtsein ausbilden. Ihre Aktivitäten zielen darauf, die staatlich-öffentliche Willensbildung zu beeinflussen und Repräsentanten in ein Parlament zu entsenden, um dort die eigenen politischen Zielvorstellungen gegen andere Gruppen durchzusetzen. Als allgemeine Merkmale von Parteien lassen sich demnach festhalten: 1. ein Mindestmaß an organisatorischer Verfestigung; 2. die Existenz gemeinsamer programmatischer Vorstellungen, die in Politik umgesetzt werden sollen; 3. das Streben nach öffentlichem Einfluß und staatlicher Machtausübung.

Der moderne Parteibegriff ist sehr eng verbunden mit der Entwicklung parlamentarisch-demokratischer politischer Systeme seit dem 18./19. Jh. Vorformen von Parteien hat es allerdings auch schon zu früheren Zeiten gegeben, etwa in der römischen Republik in dem Konflikt zwischen «optimates» und «populares» oder in den rivalisierenden Gruppen in den italienischen Stadtstaaten zur Zeit der →Renaissance. In beiden Fällen handelte es sich jedoch um Machtcliquen, die miteinander konkurrierten, nicht aber um ständische Schranken durchbrechende, auf politische Grundüberzeugungen beruhende Parteiorganisationen.

Die Anfänge des modernen Parteiwesens bilden sich zuerst im 17. Jh. in England aus. Mit dem «Bill of Rights» von 1689, das die verfassungsrechtlichen Ergebnisse der «Glorious Revolution» festschrieb, wurden die Rechte der Krone zugunsten des Parlaments eingeschränkt. Der Dualismus der beiden siegreichen politischen Gruppierungen, der «Whigs» und der «Tories», führt in direkter Linie zum modernen britischen Zweiparteiensystem. Es beruht auf dem Konsens, daß der Gemeinwille sich am besten im Wechsel von Regierungs- und Oppositionspartei entfalten kann, und weist damit der Opposition als «His/Her Majesty's alternative Government» einen hohen Rang zu.

Auf dem Kontinent verlief der Prozeß der Parteibildung weniger gradlinig. Anders als in England konnte hier der Adel unter den Fittichen der absolutistischen →Monarchie seine soziale Exklusivität und seine politische Führungsrolle behaupten (→Absolutismus). Die Entstehung von Parteien war zunächst verknüpft mit den gesellschaftspolitischen Zielen des aufstrebenden Bürgertums, vor allem der bildungsbürgerlichen →Schichten, die von der verantwortlichen Teilnahme an den Regierungsgeschäften lange Zeit ausgeschlossen blieben und daher keine praktischen politischen Erfahrungen sammeln konnten (→Bürger). Das mag zu einem Teil den Hang zur Betonung des Grundsätzlichen, zur «Weltanschauungspartei», erklären, der das kontinentale Parteiwesen im Unterschied zur Anpassungs- und Wandlungsfähigkeit des britischen Parteiensystems kennzeichnet. Hinzu kommen nationale Besonderheiten. So wirkte in Frankreich die Tradition der Klubs aus der Revolutionszeit nach (→Französische Revolution). In Deutschland wurde die Entwicklung des Parteiwesens in starkem Maße geprägt durch den Partikularismus der Einzelstaaten und den Gegensatz der Konfessionen, der zur Herausbildung einer spezifischen Partei des politischen Katholizismus, des Zentrums, führte.

Die Anfänge der Parteien in Deutschland gehen zurück auf den Vormärz. Sie kristallisierten sich hier vor allem um den Gegensatz zwischen liberaler Bewegungspartei und den konservativen Beharrungskräften. Aus diesen beiden Hauptströmungen entwickelten sich weitere parteipolitische Differenzierungen

«Jene beiden Hauptparteien», so hieß es 1848 im liberalen Staatslexikon von Rotteck/Welcker, «tragen ihre Abstufungen in sich und ihre Abarten. Was am Alten hängt, kann entweder still stehen (conservativ im engeren Sinne) oder geradezu rückwärts gehen (reactionär oder absolutistisch). Die Freunde des Neuen wollen den Fortschritt entweder mit Schonung der bestehenden Verhältnisse (Liberale im engeren Sinn), oder ohne Rücksicht auf die letzten, schonungslos und von Grund auf (Radicale).» Zusammen mit dem ebenfalls im Vormärz sich formierenden politischen Katholizismus und den ersten →Vereinen der sozialistischen →Arbeiterbewegung zeichneten sich damit bereits die Umrisse jenes Parteien-Spektrums ab, das für die deutsche Parteienlandschaft bis in die Weimarer Republik prägend geworden ist.

In der →Revolution von 1848/49 entwickelten sich aus diesen Ansätzen politische Vereine und Fraktionen in den Parlamenten. Mit dem Scheitern der Paulskirchen-Verfassung wurde die kontinuierliche Entwicklung der Parteien und des parlamentarischen Systems in Deutschland unterbrochen. Erst in den siebziger Jahren hatte sich das für das Deutsche Kaiserreich bestimmende Fünf-Parteien-System, bestehend aus Sozialdemokraten, Linksliberalen und Nationalliberalen, dem Zentrum als Partei der Katholiken und den Konservativen, die in Freikonservative und Deutschkonservative gespalten waren, vollständig entwickelt. Mit dem Übergang vom Agrar- zum Industriestaat (→Industrialisierung) und den dadurch ausgelösten Mobilisierungs- und Politisierungsprozessen in der Bevölkerung veränderte sich auch der Charakter der Parteien. Unter dem Druck der sozialdemokratischen Konkurrenz – und zum Teil nach deren Vorbild – wandelten sich die bürgerlichen Parteien nach 1890 von Honoratiorenparteien, das heißt von lockeren Zusammenschlüssen materiell unabhängiger Persönlichkeiten, die nur im Wahlkampf und im Parlament aktiv waren, zu politischen Massenparteien mit einem ausgebauten Apparat und besoldeten Funktionären.

Das von Bismarck geschaffene halbkonstitutionelle System setzte allerdings dem politischen Aktionsradius der Parteien enge Grenzen. Weder hatten sie die Möglichkeit, die Regierung wirksam zu kontrollieren, noch konnten sie Einfluß auf die Regierungsbildung nehmen. Sie wurden – wie Theodor Heuss einmal gesagt hat – «im Vorhof der Macht festgehalten». Damit fehlte ihnen aber auch der Anreiz, sich auf gemeinsame Ziele zu einigen, Interessengegensätze zu überbrücken und Kompromisse zu schließen. Dies hat den deutschen Parteien schon früh Züge einer ideologischen Verhärtung, einer Lagermentalität eingeprägt, die sich als eine schwere Belastung der Weimarer Parteiendemokratie erweisen sollten.

Mit der NSDAP entstand in den zwanziger Jahren eine Integrationspartei neuen Typs, die über die spezifisch mittelständisch-kleinbürgerliche Basis hinaus auch Gruppen der Arbeiterschaft, vor allem gewerkschaftlich nicht organisierte, binden konnte. Man hat deshalb die NSDAP – vielleicht überspitzt – auch als erste deutsche Volkspartei bezeichnet.

Nach 1945 nahm die neugegründete CDU das Konzept einer die traditionellen Sozialmilieus übergreifenden Volkspartei auf. Mit dem «Godesberger Programm» von 1959 vollzog die SPD diese Entwicklung auf der linken Seite des politischen Spektrums nach. Daneben hat sich die liberale FDP als dritte politische Kraft behauptet. Die Beschränkung auf ein Dreiparteiensystem und die Wandlung der Parteien von ideologisch fixierten, an enge soziale →Interessen gebundenen Weltanschauungsparteien zu Volksparteien haben der Parteiendemokratie der Bundesrepublik im Vergleich zu der Weimars eine beachtliche Stabilität beschert. Mit dem Aufkommen der Grünen seit Ende der siebziger Jahre (→Alternative Bewegungen) hat sich eine vierte Partei in den Parlamenten etabliert. Seit den frühen neunziger Jahren zeigen sich in den westlichen parlamentarischen Demokratien zunehmend Tendenzen einer «Parteienverdrossenheit», hervorgerufen unter anderem durch Machtmißbrauch und Korruption. Auch in der Bundesrepublik läßt die Integrationskraft der Großen Volksparteien nach; die Zahl der Nichtwähler steigt; rechte Protestbewegungen erhalten Zulauf. Ob das zu einer nachhaltigen Destabilisierung der Parteiendemokratie führen wird, bleibt abzuwarten. V. U.

◆ Parteilichkeit – Objektivität

Die Frage der Parteilichkeit ist eine Kernfrage der Geschichtswissenschaft. Sie löst Unruhe aus, weil sie auf die Bedingungen zielt, unter denen gesichertes Wissen oder, wie wir zu sagen pflegen, «Objektivität» möglich ist. Zu fragen ist: Unter welchen Bedingungen ist objektives historisches Wissen möglich? Auf welchem Wege teilt sich dies Wissen einer interessierten «Öffentlichkeit» (→Öffentliche Meinung) mit? Und umgekehrt: Inwieweit und in welcher Weise ist historisches Wissen von öffentlich zur Sprache gebrachten oder aber verdeckten, jedenfalls umkämpften →Interessen beeinflußt? Wozu überhaupt dient historische Forschung und Lehre?

Wo die Grundlagen von Wissenschaft selbst in Frage stehen, da treten sich besonders entschlossene Kontrahenten gegenüber. Den einen gilt Parteilichkeit als eine bestimmte Seite oder gar Bedingung von Objektivität, den anderen als ein zumindest weitgehend zu beseitigender Störfaktor. Wieder andere vermeiden den Begriff «Parteilichkeit» und suchen das Problem unter Aspekten zu thematisieren wie «Werturteil» und «Wertfreiheit», «Voraussetzungslosigkeit», «subjektives Interesse», →«Theorie und Praxis», «Politik und Wissenschaft», «Perspektive und Angemessenheit», um nur einige hier anzuführen. Viele scheinen zu glauben, mit dem Hinweis auf die «intersubjektive Überprüfbarkeit» historischer Aussagen und auf den Konsens der «scientific community» einen Ausweg gefunden zu haben. Damit jedoch ist die Frage des Verhältnisses von Objektivität und Parteilichkeit nicht aus der Welt. Denn es kommt nicht nur darauf an, geschichtliche →Tatsachen richtig wiederzugeben, sondern sie so miteinander zu verknüpfen, daß sie einen historisch bedeutsamen Zusammenhang ergeben, also wichtig sind. Was als wichtig zu gelten hat, kann und darf aber nicht allein dem Urteil von Fachhistorikern überlassen bleiben, weil es eine Frage ist, die jeden angeht. Und diese Frage geht jeden an, weil sie durchdrungen und überlagert ist von den gesellschaftlichen und globalen Gegensätzen unserer Zeit, denen sich niemand entziehen kann. Die Frage der Parteilichkeit stellt sich überhaupt erst deshalb, weil lebendige Menschen unter je konkreten Bedingungen mit- und gegeneinander handeln. «Daß es möglich sei», so schrieb der liberale Historiker Ludwig Häusser im Jahre 1842, «einer fremden Zeit historisch sich zu nähern, ohne seiner eigenen anzugehören, daß man sich der Atmosphäre der Gegenwart so ganz entziehen und im luftleeren Raum fortleben könne, halten wir für Selbsttäuschung.» Häusser folgerte: «Wer für alle Klassen des Volkes schreiben will, wird keiner gerecht sein.»

Ein anderer liberaler deutscher Historiker des 19. Jhs. – er gilt vielen zugleich als einer der bedeutendsten Theoretiker seines Fachs –, Johann Gustav Droysen, meinte sogar in einer zugespitzten, gleichwohl im Grunde für ihn charakteristischen Formulierung: «Scharf Partei machen, ist das Allernotwendigste; was meiner Partei gehört, dient, hilft, das ist gut, alles andre hat relativen Sachwert.» Leopold von →Ranke, Führer der konservativen deutschen Fachhistorie des 19. Jhs. und bis weit in unsere Zeit maßgebende Autorität, machte demgegenüber als Pflicht des Historikers geltend, «sich von Partei zu emanzipieren», von der «bloßen Parteitendenz» zu abstrahieren und sich darüber zu erheben: «Aus der gegenwärtigen Zeit wird man Anregungen empfangen, doch nicht die Motive des Urteils entnehmen. Wir dürfen die Geschichte nicht schreiben, je nachdem die Gestirne über unserm Wohnort, unserer Studierstube stehen.» Ja, Ranke ging sogar noch weiter, als er seinen berühmt gewordenen Ausspruch tat: «Ich wünschte, mein Selbst gleichsam auszulöschen, und nur die Dinge reden, die mächtigen Kräfte erscheinen zu lassen.» Ranke nannte dies «Objektivität». Seine Gegner jedoch fragten: Wozu erstreben, was allem Streben ein Ende macht? Sie erklärten: Ob nun «gleichsam» oder auch nicht: Wer sich selbst auslöscht, hat nichts mehr zu sagen.

Nach einer lange gängigen, von Lenin geprägten Formel ist Parteilosigkeit eine bürgerliche Idee, Parteilichkeit dagegen eine sozialistische. Es gebe zwar eine bürgerliche Parteilichkeit, aber kein bürgerliches Prinzip der Parteilichkeit. In diesem Sinne hat der sowjetische Theoretiker Alexejew zusammen mit seinem Kollegen Iljin behauptet, Marx und Engels hätten als erste die Kategorie «Parteilichkeit» in die Wissenschaft eingeführt. Wer den Ausdruck «Prinzip der Parteilichkeit» benutze, habe daher immer im Auge, daß dieses Prinzip ein «proletarisches», «kommunistisches», «marxistisch-leninistisches» sei.

Die These, das Prinzip der Parteilichkeit sei sozialistischen Ursprungs, fand auch bei «bürgerlichen Autoren», allerdings aus anderen Gründen, lebhaften Anklang. Charakteristisch für die Art, mit der vielfach das Problem Parteilichkeit abgetan wurde, ist eine Äußerung des Schweizer Historikers Walther Hofer: «Das sowjetische Wissenschaftsideal ist durch den Begriff der Parteilichkeit bestimmt, das abendländische durch den Begriff der Objektivität.» Dietrich Grille, ein bundesdeutscher Autor, wußte unter der Überschrift «Vom Joch der Parteilichkeit» ergänzend zu berichten, daß der Begriff der Parteilichkeit bereits vor etwa 200 Jahren der «gelehrten Ächtung» verfiel: «So konnte schließlich das Wort selbst als lexikalischer Verwahrung unwürdig erscheinen.»

Eine Bestandsaufnahme theoretischer und methodologischer Äußerungen der deutschen Fachhistoriker vom 18. Jh. bis zur Gegenwart führt zu anderen Ergebnissen. In der bürgerlichen deutschen Geschichtswissenschaft hat es eine lebhafte Debatte zur Frage der Parteilichkeit gegeben. Fast alle namhaften Historiker haben dazu Stellung genommen. Wir finden die unterschiedlichsten Positionen: Es gibt Historiker, die Objektivität und Unparteilichkeit in eins setzen, andere, die gegen Objektivität, aber für Unparteilichkeit sind, und wieder andere sprechen sich gegen Objektivität aus und für Parteilichkeit. Damit verbunden sind jeweils bestimmte Auffassungen zum Verhältnis von Wissenschaft und →Gesellschaft. Zu berücksichtigen ist dabei auch, daß die Begriffe «Objektivität», «Unparteilichkeit» und «Parteilichkeit» unterschiedlich begründet werden und in unterschiedlichen Verwendungszusammenhängen auftauchen.

Die heute vorherrschenden Ansichten über Parteilichkeit stammen im wesentlichen aus der Zeit von 1830 bis 1871, beginnend mit der durch die französische Julirevolution ausgelösten politischen Emanzipationsbewegung des deutschen Bürgertums (→Bürger) und endend mit der durch die Gründung des Deutschen Reiches vollzogenen →Revolution von oben. In der deutschen Fachhistorie und in weiten Teilen des deutschen Bürgertums hat sich trotz nie ganz unterbrochener oppositioneller Strömungen die Formel von der Einheit von Objektivität und Unparteilichkeit durchgesetzt, eine Auffassung, die, wie bereits angedeutet, von dem preußischen Historiker Leopold von Ranke geprägt, begründet und gelehrt wurde. Wer verstehen will, was es mit dem Streit um Parteilichkeit in der deutschen Geschichtswissenschaft auf sich hatte, muß sich daher mit Ranke beschäftigen. Ranke entwickelte seine Geschichtsauffassung im Kampf gegen die von ihm als parteilich geschmähte liberale →öffentliche Meinung, gegen bürgerlich-demokratische und proletarisch-sozialistische Tendenzen. Unparteilichkeit war nach Ranke zunächst eine Eigentümlichkeit der preußischen →Monarchie, nicht Neutralität oder

Gleichgültigkeit, sondern die feste Tendenz, die gesellschaftlichen Parteiungen, die «Extreme» im Zaume zu halten und in solcher Weise das Gesamtinteresse des →Staates wahrzunehmen. Der Historiker hatte die Aufgabe, die Unparteilichkeit monarchischer Obrigkeit sich anzueignen und zur Anschauung zu bringen durch Vergegenwärtigung des Geschehenen ohne Einmischung von Meinung.

Unter «Objektivität» verstand Ranke eine Kraft, die Richtung und Verlauf der Welt- oder →Universalgeschichte bestimmte. Er sprach von der objektiven Bewegung der Weltgeschichte. Weltgeschichte war das seiner Einheit bewußt werdende Menschengeschlecht, war Objektivität in unendlicher Bewegung und unerschöpflicher Vielfalt. Die Objektivität der Weltgeschichte, so legte Ranke dar, vollzog sich in Gegensätzen, jede Epoche (→Periodisierung) gekennzeichnet durch den Kampf großer →Parteien. Am Ende aber verwirklichte sich die Objektivität in der Unparteilichkeit der preußischen Monarchie. Weltgeschichte war im wesentlichen Geschichte der abendländischen →Nationen, inmitten die deutsche Geschichte, sich aufgipfelnd zur preußischen Monarchie. Weltanschauung war Anschauung der Welt vom preußischen Standpunkt, Standpunkt der preußischen Regierung, Standpunkt von oben (→Preußentum). Die deutsche Nation sei die universalhistorische Nation an sich, die Deutschen hätten eine natürliche Neigung zur Unparteilichkeit: «Objektivität ist zugleich Unparteilichkeit.»

Mit dieser Geschichtsauffassung verklärte Ranke den preußischen, später preußisch-deutschen Staat und dessen Träger Krone, Adel, →Bürokratie und Militär. Parteien waren demnach letztlich staatsgefährdende oder staatsfeindliche Vereinigungen und Parteilichkeit gleichbedeutend mit Ungehorsam und Aufruhr oder wenigstens mit Egoismus. In diesem Sinne forderte Ranke vom Historiker, keiner «politischen Partei» anzugehören: Oder «wäre es wieder Partei, zu keiner zu gehören, so wäre es wenigstens eben die Partei des Historikers». Dem widersprach von Rankes Zeitgenossen am heftigsten der demokratische Historiker Johannes Scherr. Bei schärferer Prüfung, so mokierte sich Scherr, gehe Rankes Objektivität und Unparteilichkeit in Dunst auf. In Wahrheit bestehe dessen «historische Objektivität» darin, daß er die Geschichte vom «royalistischen Parteistandpunkt» aus ansieht und darstellt: «Verübeln wird ihm übrigens diese Parteinahme nur, wer den mit der ‹historischen Objektivität› getriebenen Schwindel für Ernst hält. Es hat niemals eine völlig ‹objektive› Historik gegeben und wird niemals eine solche geben, so lange die Historiker Menschen waren und Menschen sind... ‹Mensch sein heißt ein Kämpfer sein› und jeder wahre Historiker ist von Haus aus ein solcher: ein Kämpfer für

Licht, Wahrheit, Recht und Sitte, für sein Land, für sein Volk, für die Menschheit.»

Scherr, nach der gescheiterten →Revolution von 1848/49 im Schweizer →Exil lebend, war mit seinen Ansichten in der deutschen Fachhistorie nicht gefragt. Demokratische, frühliberale und aufklärerische sowie sozialistische Geschichtsauffassungen galten als parteilich und unwissenschaftlich. Im rechtslastigen Pluralismus der Historikerzunft war kein Platz für Gelehrte, die Kritik an dem obrigkeitsstaatlichen Selbstverständnis ihrer Kollegen zu üben wagten.

Der Soziologe Max Weber warf daher im Jahre 1909 den deutschen Historikern und den deutschen Gelehrten insgesamt vor, sich als «Mandatare der politischen Polizei» zu betätigen. Gleichzeitig wandte sich Weber gegen den unter den Historikern und Sozialwissenschaftlern seiner Zeit beliebten Kult der Mitte: «Die ‹mittlere Linie› ist um kein Haar breit mehr wissenschaftliche Wahrheit, als die extremsten Parteiideale von rechts oder links. Nirgends ist das Interesse der Wissenschaft auf die Dauer schlechter aufgehoben als da, wo man unbequeme Tatsachen und die Realitäten des Lebens in ihrer Härte nicht sehen will.» Weber seinerseits setzte in der Diskussion um Objektivität und Parteilichkeit neue und allerdings auch problematische Akzente, indem er eine «wertfreie», ethisch neutrale Sozialwissenschaft forderte. Weber war überzeugt davon, daß es das wahre Wertsystem nicht gibt, sondern nur eine Vielfalt von gleichberechtigten und gleichrangigen Werten. Der Konflikt zwischen diesen einander widersprechenden Werten könne nur durch die freie Entscheidung des einzelnen gelöst werden. Die Wissenschaft habe sich darum nicht zu bekümmern, da es möglich sei, zwischen Werturteilen, also Meinungen über Tatsachen, und Wertbeziehungen zu trennen. Durch Wertbeziehungen entstünde für die Sozialwissenschaft ein Brennpunkt des Interesses, durch sie seien Fragestellungen, Gegenstände und Themen gegeben. Doch damit ist das Problem der Parteilichkeit nicht gelöst. Schon Droysen hatte nämlich erkannt, daß in die «sprechenden Tatsachen» die «stärkste Parteilichkeit» gelegt werden kann. Es ist daher nicht verwunderlich, daß die Frage des Verhältnisses von Objektivität und Parteilichkeit bis heute zu den Grundproblemen in der historischen Wissenschaft gehört, an denen sich die Geister scheiden.

Doch wird die Diskussion um das Problem von Objektivität und Parteilichkeit heute anders geführt als im 19. Jh. Zwar wird dem Begriff der Objektivität nach wie vor eine zentrale Bedeutung zuerkannt, wenngleich nicht in dem von Ranke gemeinten Sinn einer Bewegungskraft der Geschichte, sondern eher in dem neutralen, auf unterschiedliche Weise zu spezifizierenden Sinn der «Angemessenheit» historischer Aussagen. Demgegenüber ist der Begriff der Parteilichkeit fast gänzlich verschwunden. Nur in der marxistisch-leninistischen Geschichtswissenschaft konnte er in der sterilen Bedeutung einer Parteilichkeit «für die Arbeiterklasse», das heißt faktisch und erklärtermaßen für die kommunistische Partei, überdauern. Mit dem Zusammenbruch der kommunistischen →Diktaturen hat es auch damit ein Ende. Gelegentliche Versuche von nichtmarxistischer Seite, Parteilichkeit als Begriff für die Methodologie der Geschichtswissenschaft wiederzubeleben und fruchtbar zu machen, blieben schon in den Anfängen stecken. Dies gilt z. B. für die 1977 von Reinhart Koselleck, Wolfgang J. Mommsen und Jörn Rüsen unter dem Titel «Objektivität und Parteilichkeit» herausgegebenen Tagungsbeiträge des Arbeitskreises «Theorie der Geschichte». Ohne Resonanz blieb auch ein Versuch, über die Begriffe Objektivität, Parteilichkeit (sowie dem damit korrelierenden der «öffentlichen Meinung») zu einem besseren Verständnis der deutschen Historiographie-Geschichte zu gelangen (Manfred Asendorf, 1984). Das ursprünglich demokratische Prinzip der Parteilichkeit ist offensichtlich nachhaltig beschädigt: Diskreditiert wurde es einerseits insbesondere durch die Neorankeaner in der deutschen Geschichtswissenschaft, die daraus einen Kampfbegriff zur Stigmatisierung politischer und/oder wissenschaftlicher Gegner machten, andererseits durch den Marxismus-Leninismus, der es mißbrauchte, indem er daraus ein Monopol auf Wahrheit und richtige Politik ableitete – sein Monopol. An die Stelle des Parteilichkeitsbegriffs sind Begriffe getreten wie «Engagement», «Standortbindung», «Perspektivität», «Erkenntnisinteresse», «Praxisbezug», «Subjektivität» und andere, die aber weder einzeln noch insgesamt das begriffsgeschichtliche Bedeutungsfeld von «Parteilichkeit» abzudecken vermögen. M. A.

◆ Pazifismus

Pazifisten lehnen den →Krieg und den Kriegsdienst aus ethischen, religiösen und praktisch politischen Motiven ab, treten für gewaltfreie Methoden bei der Lösung zwischenstaatlicher Konflikte ein und haben die Vision einer Völkergemeinschaft vor Augen, deren Zusammenleben in Frieden und →Freiheit durch verbindliche Rechtsnormen und internationale Schiedsgerichte gewährleistet werden soll. Den Idealen der →Aufklärung, aber auch denen freikirchlicher Strömungen wie der Mennoniten und Quäker verpflichtet, sehen sie darin ein Gebot der Vernunft und des Sittengesetzes. Ihre ‹Waffe› ist der rationale Appell an Menschen und Regierungen. Um ihren Ideen die nötige Resonanz zu verschaffen, bedienen sie sich der Presse und Publizistik, veranstalten Vorträge, Kundgebungen und Kongresse, organisieren sich in Initiativen, →Vereinen und →Verbänden.

Eine Friedensbewegung in der eigentlichen Bedeutung des Wortes beginnt sich erst während des 19. Jhs. zu entfalten und verfestigt sich dann in der Epoche (→Periodisierung) des →Imperialismus: die Gründung der Deutschen Friedensgesellschaft im November 1892, die sich an bereits existierende Vorbilder im Ausland anlehnt, legt davon Zeugnis ab. Das soziale Rekrutierungsfeld beschränkt sich im wesentlichen auf die →Schichten des mittleren und gehobenen Bürgertums (→Bürger) in den größeren Städten. Das Milieu, in dem die Friedensbewegung verankert ist, speist sich aus den Traditionen eines freisinnigen, progressiven →Liberalismus. Die Beziehungen zur Arbeiterschaft sind in England, Frankreich und Italien relativ problemlos, in Deutschland dagegen bis in die zwanziger Jahre hinein zwiespältig, geprägt von gegenseitigen Vorurteilen und Berührungsängsten, was den Bemühungen um Gewinnung einer breiten Basis von vornherein enge Grenzen setzt.

Daß die Geschichte des Pazifismus keine Erfolgs-, sondern über weite Strecken eine Mißerfolgsgeschichte ist, läßt sich besonders deutlich am Fall Deutschland ablesen. Über Minderheitenpositionen gelangte die Friedensbewegung hier nie hinaus. Das hing zum einen mit Widersprüchen und Unklarheiten in den eigenen Reihen zusammen, zum andern mit einem gewissen Hang zu doktrinärem Sektierertum, überhaupt mit einem Mangel an Politik-, Bündnis- und Kompromißfähigkeit nach innen wie nach außen. «Der deutsche Pazifismus», so die bittere, aber nicht unbegründete Diagnose Carl von Ossietzkys im Oktober 1924, «war immer illusionär, verschwärmt, gesinnungsbesessen, argwöhnisch gegenüber den Mitteln der Politik, argwöhnisch gegen die Führer, die sich dieser Mittel bedienten. Er war Weltanschauung, Religion, Dogmatik, ohne daß sich etwas davon jemals in Energie umgesetzt hätte. Deshalb mochte es ihm zwar gelegentlich gelingen, ein paar Parolen populär zu machen, Versammlungserfolge zu erzielen, organisatorisch hat er niemals die Massen erfaßt. Das Volk blieb immer beiseite.»

Große Teile des Volkes distanzierten sich aber auch deshalb, weil sie befangen waren in nationalistischen und sozialdarwinistischen Denkmustern (→Sozialdarwinismus). Den Krieg feierten sie als legitimes Mittel der Politik. Er galt ihnen als Motor des Fortschritts (→Entwicklung), als unvermeidbarer Kampf ums Dasein, als Etappe im Prozeß biologischer Auslese, dem die Menschen ebenso unterworfen schienen wie die Tiere. Gegen diese Auffassungen Gehör zu finden fiel den Pazifisten, die häufig als Landesverräter und Nestbeschmutzer angeschwärzt wurden, schwer. Die Mentalitäten, mit denen sie konfrontiert waren, mag ein zweites Zitat illustrieren. Es stammt aus einer Schrift des protestantischen Theologen und Generalsuperintendenten Otto Dibelius: «In der Geschichte», schreibt er 1930, «reiht sich Gewalttat an Gewalttat, Krieg reiht sich an Krieg. Das Schicksal wird gestaltet durch einen unausgesetzten Kampf aller gegen alle. Krieg ist immer gewesen. Alles was wir Kultur nennen, ist bestimmt worden durch die großen Entscheidungen, die auf den Schlachtfeldern gefallen sind. Der Krieg ist eine natürliche Lebensordnung der Völker. Auch die Religion erhebt dagegen nicht Protest, auch das Christentum nicht.»

So unverblümt würde sich heute niemand mehr äußern. Dennoch regen sich auch in der Bundesrepublik hin und wieder Reste von Unbehagen. Obwohl oder vielleicht gerade weil eine wachsende Zahl junger Männer von ihrem grundgesetzlich verbrieften Recht auf Wehrdienstverweigerung Gebrauch macht, schlägt pazifistischen Überzeugungen nach wie vor Mißtrauen entgegen. Selbst die krausesten Argumente sind nicht kraus genug, um nicht bei passender Gelegenheit unter die Leute gestreut zu werden. So erklärte Heiner Geißler, damals Generalsekretär der CDU, der Pazifismus der dreißiger Jahre hätte die Abwehrkräfte gegen den Eroberungswillen der Nazi-Diktatur geschwächt und sei dadurch indirekt mitschuldig an der Vernichtung der europäischen Juden. Gegen diese ebenso absurde wie diffamierende Äußerung erhob sich ein Sturm der Entrüstung. Sie zeigt jedoch, wie stark noch immer die Reserven sind, mit denen die Friedensbewegung zu rechnen hat. Wer deren Entwicklung verfolgt, darf daher nicht nur nach den geistigen Wurzeln und den organisatorischen Strukturen fragen, sondern muß die →Gesellschaft als Ganzes in den Blick fassen, muß deren Konflikt- und Gewaltpotential analysieren, um ihr auf diese Weise einen Spiegel vorzuhalten, in dem nicht zuletzt die Ressentiments, die →Ideologien und strategischen Zielsetzungen der jeweils tonangebenden →Klassen, Schichten und Gruppen sichtbar werden.

J. F.

◆ **Periodisierung** (Epoche, Gesellschaftsformation)

Nachdenken über Geschichte ist als lebendige Erfahrung Nachdenken über die eigene Geschichte, im Kern über die eigene Lebensgeschichte. Die eigene Lebensgeschichte ist aber mannigfaltig verknüpft mit den Lebensgeschichten vieler, ist eingebunden in gesellschaftliche Verhältnisse und Umweltbedingungen. Nachdenken über Geschichte ist daher der Versuch, sich über den eigenen Standort in ihr zu orientieren und sich Rechenschaft abzulegen. Geschichte ist aus der Erinnerung gewonnenes Orientierungswissen. Historische Orientierung ist Orientierung in →Zeit und →Raum. Daher haben vermutlich seit jeher, spätestens jedoch mit Beginn des schriftlich überlieferten Nachdenkens über ihre Vergangenheit, die Menschen versucht, den Geschichtsverlauf in Zeitabschnitte (Epochen, Perioden) zu gliedern und sich damit zugleich aus dem Gestern für das Heute und für alle zu erwartende Zukunft kundig zu machen. Nahezu alle Periodisierungsschemata machen zugleich Aussagen über die Zukunft in prognostischer oder prophetischer Form. Ihnen ist gemeinsam, daß sie, ausgehend von der eigenen Zeit und der eigenen →Gesellschaft, ihre Sicht der Geschichte zu einem in Zeit und Raum universalgültigen Weltbild zu verallgemeinern trachten. Insofern scheitern sie alle an der Wirklichkeit, denn die Gesamtheit menschlichen Geschehens, das, was wir «Weltgeschichte» zu nennen pflegen, läßt sich nicht in ein grobes Raster zwingen. Dennoch ist Periodisierung unentbehrlich, nicht nur als Stoffgliederung und Gedächtnisstütze, sondern auch, um überprüfen zu können, inwieweit menschliche Geschichte nach allgemeinen →Gesetzmäßigkeiten sich vollziehende Menschheitsgeschichte ist. Weiter ist zu fragen, ob es Aufgabe des Historikers ist, in erster Linie den immer enger werdenden Zusammenhang der Menschheit in seiner Notwendigkeit nachzuvollziehen und zur Anschauung zu bringen oder ob er nicht auch solchen →Kulturen, Gesellschaften und Gruppen gerecht werden muß, die dem expansiven Prinzip der Vereinheitlichung weichen mußten und noch müssen. Anders ausgedrückt: Ist diese Vereinheitlichung als Fortschritt (→Entwicklung) zu werten oder nicht? An dieser Frage scheiden sich die Geister. Dementsprechend lassen sich die noch heute geltenden Periodisierungsversuche – von bloß mythischen Weltaltervorstellungen der Antike (→Altertum) (goldenes und silbernes Zeitalter z. B.) sei hier abgesehen – auf zwei Grundmuster zurückführen:

1. Die Auffassung, daß die Geschichte aus einem Nebeneinander von Kulturen besteht, die unabhängig voneinander entstehen, aufblühen und vergehen. Geschichte ist insofern die ewige Wiederkehr des Gleichen, es gibt keine Einheit des Menschengeschlechts und damit auch keinen Fortschritt (zyklische Periodisierung). Die bekanntesten Vertreter eines solchen Weltbildes sind im 20. Jh. Oswald Spengler, der acht solcher Kulturkreise ausfindig gemacht hat, und der Engländer Arnold J. Toynbee, der auf 21 Kulturkreise kommt, notdürftig zusammengehalten durch eine als

universal gedachte christliche Kultursynthese. Alle Kulturkreislehren leugnen die unwiderlegbare →Tatsache, daß keine der großen Kulturen aus sich selbst heraus verstanden werden kann, sondern vielfältigen Einwirkungen vergangener und gleichzeitiger Kulturen ausgesetzt war und ist und ihrerseits Auswirkungen hat. Man denke an die durch das christliche →Mittelalter hindurchwirkende Kraft der griechisch-römischen Antike und die bis in unsere Zeit anhaltende Hochschätzung der humanistischen →Bildung. In diesem Sinne hat Leopold von →Ranke gesagt, daß zwar jede Epoche «unmittelbar zu Gott» sei, der Historiker aber auch beachten müsse, was aus ihr hervorgehe.

2. Im Unterschied zur zyklischen Periodisierung behauptet die lineare Periodisierung eine vom niederen zum höheren aufsteigende Folge von Epochen. Die jeweils eigene Zeit betrachtet man als die am weitesten fortgeschrittene. Die hinter einem liegende erscheint als rückständig. In diesem Sinne wurde in der →Renaissance das Dreierschema Altertum–Mittelalter–→Neuzeit entwickelt im Gegensatz zur christlichen Periodisierung, die die Weltgeschichte im Jüngsten Gericht enden läßt. Durch die Rückwendung der Renaissance zur griechisch-römischen Welt war eine über tausendjährige, vom Christentum geprägte Geschichte zum bloßen «Mittelalter», zu einer minderwertigen Übergangszeit zusammengeschrumpft. Diese ganz auf europäische Geschichte zugeschnittene Dreigliederung setzte sich erst im Laufe des 19. Jhs. durch und beherrscht bis heute den Unterricht an Schulen und Hochschulen, wenn auch inzwischen verfeinert und untergliedert durch Einführung solcher Begriffe wie «Spätantike», «Früh-, Hoch-, Spätmittelalter», →«Frühe Neuzeit», «neuere» und «neueste Geschichte» sowie →«Zeitgeschichte». Hauptmangel dieser Periodisierung ist ihr formaler Charakter bei gleichzeitiger Verengung auf europäische Geschichte: Weltgeschichte ist Geschichte Europas, ergänzt um dessen Ausgreifen in die Welt, so daß außereuropäische Länder und Kontinente bloß als Objekte europäischer Eroberung und →Ausbeutung erscheinen. Versuche, diesem Mangel dadurch zu begegnen, daß man die Dreigliederung Altertum–Mittelalter–Neuzeit auf andere Kulturen übertrug, indem man z. B. vom chinesischen Mittelalter spricht, machen wenig Sinn.

Eine andere Art der Periodisierung geht auf die Väter des →Historischen Materialismus zurück, Karl Marx und Friedrich Engels. Sie machten die Art der materiellen →Produktion, die Produktionsweise, und die sich daraus ergebende Gesellschaftsordnung (Gesellschaftsformation) zum Maßstab der Epocheneinteilung: Urgesellschaft (oder Urgemeinschaft), Sklavenhaltergesellschaft, Feudalismus, →Kapitalismus, →Sozialismus bzw. →Kommunismus. Dazu kam noch die sogenannte «asiatische Produktionsweise». Dieses Fünf- bzw. Sechs-Stadien-Schema verknüpften sie mit Ausführungen über die Rolle der →Revolution in der Geschichte, um den Übergang von einer Gesellschaftsformation zur anderen zu erklären. Diese Periodisierung stellte den Versuch dar, gegenüber bisherigen Schemata erstmals objektivierbare und damit empirisch nachprüfbare Kriterien einzuführen. Bei Licht besehen handelte es sich jedoch im wesentlichen um eine Auffüllung und Ergänzung des der älteren Geschichtsauffassung zugrundeliegenden Dreischritts Altertum–Mittelalter–Neuzeit. Die Einführung der «asiatischen Produktionsweise» diente eher als Verlegenheitslösung, um die in der Marxschen Periodisierung beibehaltene eurozentrische Sicht zu erweitern. Diese Periodisierung, vom Marxismus-Leninismus dogmatisiert, von Stalin sogar als universell gültige Wahrheit kanonisiert, kollidiert im einzelnen mit vielen Fakten und kann in ihrer teleologisch-utopistischen Zielrichtung als geschichtlich widerlegt gelten. Allerdings dürfte dies auch für sämtliche formationstheoretischen Konstrukte gelten, die der historischen Einzelforschung nicht als allenfalls eingeschränkt nützliche Anregungen und Vorschläge, sondern im Stile von Weltformeln präsentiert werden. M. A.

◆ Politische Geschichte

«Politische Geschichte» bedeutet in einem älteren historiographiegeschichtlichen Sinne eine historisch-politische Betrachtungsweise, die sich in der universitären deutschen Geschichtswissenschaft zu Anfang des 19. Jhs. durchsetzte. Sie war eine Reaktion auf →Aufklärung und →Französische Revolution, eine Abwehrhaltung gegenüber dem gesamteuropäischen Prozeß von →Industrialisierung und gesellschaftlicher →Emanzipation (→Gesellschaft), gegenüber →Parlamentarismus und →Öffentlicher Meinung, im wesentlichen ein Kampfkonzept zur ideologischen Marginalisierung von Bürgertum (→Bürger) und Arbeiterschaft (→Arbeiter). Daher betonte sie in idealtypischer Zuspitzung die absolutistische Doktrin einer autonomen Staatsgewalt, die sich in «großen Männern, die Geschichte machen», personifizierte. Der Fokus war gerichtet auf die «Großen Mächte» mit ihrer Staatsräson und der Wechselwirkung von →Gleichgewicht und Hegemonie. Kerngedanke war der «Primat der Außenpolitik», der von Leopold von Ranke bereits in den dreißiger Jahren des 19. Jhs. auf den Begriff gebracht wurde: «Das Maß der Unabhängigkeit gibt einem Staate seine Stellung in der Welt. Es legt ihm zugleich eine Notwendigkeit auf, alle inneren Verhältnisse zu dem Zweck einzurichten, sich zu behaupten. Das ist sein oberstes Gesetz!»

Dieses Schema hatte mit Abwandlungen im einzelnen über 150 Jahre lang fast kanonische Geltung in der orthodoxen deutschen Geschichtswissenschaft. Demgegenüber figurierten Auffassungen, die unter dem Rubrum →«Sozialgeschichte» vorgetragen wurden, bestenfalls als randständige «Oppositionswissenschaft», häufig waren sie als →«Sozialismus» verschrien. Erst die Kontroverse um die Ursachen des Ersten Weltkrieges in den sechziger Jahren, die «Fischer-Kontroverse» (→Geschichtswissenschaft in der Bundesrepublik), die die Selbstgewißheit der historischen «Zunft» erschütterte, und die in ihrem Gefolge vor dem Hintergrund der Studentenrevolte sich etablierende «moderne deutsche Sozialgeschichte» (Hans-Ulrich Wehler) Bielefelder Richtung führten zum Paradigmawechsel (→Paradigma), zunächst unter der von Eckart Kehr bereits in der Weimarer Republik entwickelten Leitperspektive vom «Primat der Innenpolitik». Diese Gegenbewegung, die ihrerseits nicht frei war von Einseitigkeiten und Übertreibungen sowie von historisch-wissenschaftlicher und politischer Intoleranz mit faktisch reklamiertem Alleinvertretungsanspruch, provozierte nach und nach unterschiedlichen Widerspruch. Dazu gehörte das zuerst von Andreas Hillgruber seit 1970 unermüdlich propagierte (und praktizierte) Forschungsprogramm einer «politischen Geschichte in moderner Prägung» oder, wie er später sagte, in «moderner Sicht».

Hillgruber erteilte den eingangs skizzierten älteren Formen der politischen Geschichte, insbesondere ihrer hagiographischen Manier und politischen Rückständigkeit, eine klare Absage, beharrte aber auf dem «relativen Eigengewicht des Politischen gegenüber dem Sozialökonomischen wie dem Ideologischen». Die politische Geschichte verstand er als «Teildisziplin der Geschichtswissenschaft unter spezieller Perspektive», die sich modernen Fragestellungen öffnet, auch solchen der Sozial- und Strukturgeschichte. «Es geht», so seine Kernthese, «– allgemein gesprochen – in der ‹politischen Geschichte› vor allem darum, die gegeneinander stehenden, einander ablösenden oder sich im Kompromiß zusammenfügenden Intentionen und Zielvorstellungen der Führungsgruppen der Großstaaten und ihrer wichtigsten Repräsentanten vor dem jeweiligen zeitgenössischen Erfahrungshorizont herauszuarbeiten und den Grad ihrer Abhängigkeit oder Beeinflussung von verschiedenen konstanten oder variablen Faktoren zu ermitteln.» Im Mittelpunkt steht dementsprechend «die Geschichte der praktizierten Politik, und zwar eine auf die Staaten und ihre Beziehungen untereinander gerichtete Forschung», wobei nicht nur machtpolitische Kalkulationen, etwa bezüglich militärischer Kräfteverhältnisse und strategischer Möglichkeiten zu beachten sind, sondern auch gegensätzliche wirtschaftliche Interessen, wie sie zum Beispiel von Industrieverbänden den Regierungen aufgedrängt werden, sowie widerstreitende politisch-ideologische Doktrinen und Traditionen. Politisch ist nach Hillgruber diese Sicht deshalb, «weil sie das Moment der Entscheidungen gegenüber der Vorstellung vom Prozeßcharakter der Geschichte betont» (→Entwicklung). Das Ausloten von Optionen und Handlungsspielräumen ist daher Bestandteil historischer Forschung. Folglich gibt es auch persönliche Verantwortung. Diese Feststellung – an sich eine Trivialität – war bei Hillgruber nicht nur gerichtet gegen objektivistische Tendenzen der Geschichtswissenschaft (nicht nur, doch in besonderem Maße der Sozialgeschichte), in denen abstrakte Kategorien wie Strukturen und statistische Daten zu metaphysischen Handlungsträgern der Geschichte gerieten. Sie enthielt andereseits auch eine Kritik an einem sozialökonomisch motivierten «Social Engineering», dem Politik als Gesellschaftsverwaltung erschien, in der schlechthin alles «machbar» war. Hillgruber sah in der politikhistorischen Forschung, wie erwähnt, eine Teildisziplin, einen «Teilausschnitt bei der Wahrheitssuche» – eine Formulierung, die es ermöglicht hätte, die Brücke zu schlagen von den «Konservativen» in der Fachhistorie zu den Newcomern der Sozialgeschichtsschreibung, die sich als «Sozialliberale» verstanden. Gleichzeitig heizte Hillgruber jedoch die ohnehin schon entfachte Stimmung an, indem er seine Gegner pauschal mit politischen Reizwörtern wie «Tendenzhistorie» und «Geschichtswissenschaft zur bloßen Garnierung ideologischer Systeme» traktierte und mit dem neorankeschen Gestus nüchtern-vorurteilsloser Sicht jenseits von Sympathie und Antipathie zu Marxisten stempelte oder in deren Nähe rückte.

Nicht nur Hillgrubers eigene kampfbetonte Beiträge zur Fischer-Kontroverse sowie zum «Historikerstreit» der achtziger Jahre dementierten den selbstgesetzten Anspruch, frei von politischen Vorentscheidungen und immun gegen ideologische Verengung zu sein. 1971 erschien unter dem Titel «Rumänien auf dem Weg des Sozialismus» ein von dem Politikhistoriker Waldemar Besson und dem Politologen Gerd-Klaus Kaltenbrunner herausgegebener Band mit Reden, Aufsätzen und Interviews des nationalkommunistischen Diktators Nicolae Ceauşescu. In der von Besson beigesteuerten Einleitung, die einer Sympathiekundgebung gleicht, ist über Folter und Terror zu lesen, die Ceauşescu und seine Genossen während des Krieges zu erleiden hatten, nichts aber darüber, was die kommunistische Nomenklatura dem rumänischen Volk antat. Besson wußte sich mit der Staatsräson der Bundesrepublik und des westlichen Bündnisses auf einer Linie, wenn er Ceauşescu als einen Mann feierte, der der kommunistischen Programmatik «treu verbunden» blieb, um «das rumänische Volk aus seiner politischen und wirtschaftlichen Zurückgebliebenheit zu befreien».

Andererseits heben sich die historisch-politischen Analysen Hillgrubers zur deutschen Frage während der achtziger Jahre, gleich ob man damit einverstanden sein mochte, vorteilhaft ab von den mit historischem Aufwand betriebenen, aber darum noch nicht ergiebigen politischen Bekenntnissen mancher der modernen Sozialhistoriker. Hans-Ulrich Wehler z. B., wohl der bedetutendste Antipode Hillgrubers, schweifte im historischen Regreß bit zum Dreißigjährigen Krieg aus, um vor der Wiedervereinigung der beiden deutschen Staaten als einer «Lebenslüge» zu warnen. Und noch am 14. Oktober 1989, vier Tage vor Honeckers Sturz, forderte er mit politischen, aber auch mit historischen Argumenten die Anerkennung der DDR als Beitrag zu einer die Lebensverhältnisse der Ostdeutschen verbessernden «pragmatischen Politik». Die Auffassung, daß geschichtliches Wissen dazu verhilft, die Gegenwart besser zu verstehen, ist damit freilich nicht widerlegt.

In der Nachfolge Hillgrubers, der im Mai 1989 starb, hat Hans-Ulrich Thamer behauptet, daß sich in der modernen Politikgeschichte die Grenzen zur Sozial- und Wirtschaftsgeschichte wie «auch zu anderen Spezialdisziplinen» immer weiter verwischt hätten. Diese Formulierung, die ein Bestreben nach wissenschaftlicher Hegemonie durchblicken läßt und sich damit deutlich von der wie auch immer gemeinten ursprünglich moderaten Selbstdefinition Hillgrubers unterscheidet, läßt vermuten, daß die Auseinandersetzung zwischen den beiden gegenwärtig einflußreichsten Strömungen in der deutschen Geschichtswissenschaft andauern wird. Das wäre zumal für Außenstehende kaum begreiflich, wenn man nicht wüßte, daß es dabei immer auch um Lehrstühle, Forschungsmittel und Gefolgschaft ging und geht. Solange eine sich in sogenannten «Schulen» manifestierende Schulterschluß-Mentalität, die den einzelnen Wissenschaftler zugleich vereinnahmt und schützt, fortbesteht, wird sich an diesem Zustand auch wenig ändern. M. A.

◆ Politische Ökonomie

Der Begriff «politische Ökonomie» kam im 17. Jh. auf (Antoine de Montchrétien: Traité de l'œconomie politique, 1615) und diente bis ins frühe 19. Jh. dazu, ökonomische Lehrmeinungen unterschiedlicher Art zu kennzeichnen. Gegenstand der politischen Ökonomie als Wissenschaft war die Untersuchung der unabhängig vom Willen der Menschen existierenden Gesetze der →Produktion, des Austausches, der Verteilung und der Konsumtion der materiellen Güter in einer →Gesellschaft. Hauptvertreter der klassischen politischen Ökonomie (auch als «klassischer ökonomischer →Liberalismus» bezeichnet) waren die Engländer Adam Smith (1723–1790) und David Ricardo (1772–1823). Sie suchten eine Antwort auf die sich vor ihren Augen vollziehende Ablösung der feudalen Gesellschaftsformation durch die kapitalistische Produktionsweise und die ihr entsprechenden politischen, staatlich-institutionellen und rechtlichen Rahmenbedingungen. Gleichzeitig verstanden sie ihre Wissenschaft aber auch als Handlungsanweisung für eine Wirtschaftspolitik, die in der Lage sei, «dem Volke reichliches Einkommen oder Unterhalt zu verschaffen, oder, eigentlich, es in den Stand zu setzen, sich selbst solch ein Einkommen oder solchen Unterhalt zu verschaffen.»

Mit der politischen Ökonomie wurde erstmals in der Wissenschaftsgeschichte die Einteilung der Gesellschaft nach →Klassen aus ökonomischen Kategorien abgeleitet. Den Einkommensquellen Lohn, Profit und Grundrente (Bodenpacht) wurden die Klassen →Arbeiter, Kapitalist und Adel (→Aristokratie) zugeordnet. Die französischen «Physiokraten» (François Quesnay, 1694–1774; Jacques Turgot, 1727–1781) kritisierten den auf bloße Geldvermehrung ausgehenden →Merkantilismus und →Absolutismus in Frankreich, weil er die Landwirtschaft durch Bevorzugung der «sterilen» Klasse des Adels ruiniert habe, und stellten fest, daß wertschaffende →Arbeit nur von der «produktiven» Klasse – Landarbeitern, Pächtern und →Bauern geleistet werde. Die Physiokraten plädierten daher für eine Aufhebung feudaler und staatlicher Reglementierungen der Wirtschaft und begründeten so mit der griffigen Losung «Laisser faire» den ökonomischen Liberalismus.

Adam Smith hat als erster, zumal in drastischer Deutlichkeit, die These entwickelt, daß nur über den Markt Produktion und Verteilung des Sozialprodukts (die Gesamtheit der in einem Lande produzierten Güter) optimal gesteuert und damit die einander gegensätzlichen →Interessen der einzelnen in der für alle befriedigenden Form zum Ausgleich gebracht würden. Zwar sei Eigennutz, das Streben nach Gewinn, Hauptmotiv der wirtschaftlichen Tätigkeit des einzelnen, aber indem jeder so handle, handle er letzten Endes im Interesse aller Mitglieder einer Volkswirtschaft: «Indem er die ... Erwerbstätigkeit ... so leitet, daß ihr Produkt den größten Wert erhält, verfolgt er lediglich seinen eigenen Gewinn und wird in diesem wie in vielen anderen Fällen von einer unsichtbaren Hand geleitet, einen Zweck zu fördern, den er in keiner Weise beabsichtigt hat. Auch ist es nicht eben immer ein Unglück für die Gesellschaft, daß dies nicht der Fall war. Verfolgt er nur sein eigenes Interesse, so fördert er das der Gesellschaft weit wirksamer, als wenn er dieses wirklich zu fördern beabsichtigt. Ich habe niemals gesehen, daß diejenigen viel Gutes bewirkt hätten, die sich den Anschein gaben, um des Gemeinwohls willen Handel zu treiben.»

Die bestmögliche Wirtschaftsordnung ist also nach Smith und ebenso nach Ricardo die, in der der selbstinteressierte einzelne frei von aller staatlichen Bevormundung seinen eigenen Vorteil suchen und finden kann. Der Kapitalist z. B., der sein →Geld am gewinnbringendsten einzusetzen versuche, handle nur den ökonomischen →Gesetzmäßigkeiten entsprechend, deren Gesamtzusammenhang Smith als «natürliche Ordnung» bezeichnete. Entscheidend für die Verwirklichung dieser Gesetzmäßigkeiten war Smith zufolge in der Geschichte der Menschheit die Herausbildung und Vervollkommnung der Arbeitsteilung. Er beobachtete, wie die Arbeitsteilung in seiner Zeit in einer bis dahin nicht gekannten Weise vorangetrieben wurde. In zentralen Produktionsstätten, den Manufakturen, waren viele Arbeiter mit der Herstellung eines Produkts dergestalt beschäftigt, daß jeder nur ein Minimum an unterschiedlichen Handgriffen zu verrichten hatte. Smith verdeutlichte dies am Beispiel der Produktion von Stecknadeln: «So ist das wichtige Geschäft der Stecknadelfabrikation in ungefähr achtzehn verschiedene Verrichtungen geteilt, die in manchen Fabriken alle von verschiedenen Händen vollbracht werden… Ich habe eine kleine Fabrik dieser Art gesehen, wo nur zehn Menschen beschäftigt waren und manche daher zwei oder drei verschiedene Verrichtungen zu erfüllen hatten.» Auf diese Weise gelang es den Arbeitern, täglich mehrere zehntausend Nadeln herzustellen: «Hätten sie dagegen alle einzeln und unabhängig gearbeitet und wäre keiner für dieses besondere Geschäft angelernt worden, so hätte gewiß keiner zwanzig, vielleicht nicht eine Nadel täglich machen können.»

Smith untersuchte dann – alle Zitate stammen aus seinem 1776 erschienenen Hauptwerk «An Inquiry into the Nature and Causes of the Wealth of Nations» – den Wirkungsmechanismus und die Gründe für diese Grundprinzipien der Wirtschaftslenkung über den Markt. Er unterschied zwischen dem «natürlichen Preis», dem von Angebot und Nachfrage unabhängigen Wertausdruck einer Ware, und deren Marktpreis. Durch den Marktmechanismus des Wechselspiels von Angebot und Nachfrage würde der Marktpreis zwar zuzeiten über den natürlichen Preis steigen oder umgekehrt darunter fallen, mittelfristig aber sich ihm wieder annähern müssen. Ricardo hat dann in seinen «Principles of Political Economy and Taxation» (1817) diesen Mechanismus, den wir heute auch als Marktlenkungs- und Markträumungsfunktion der Preise bezeichnen, näher analysiert und fand so das Gesetz vom Ausgleich der Profitraten, nach welchem sich mittelfristig durch die Konkurrenz bedingt in allen Sektoren der Wirtschaft eine einheitliche Profitrate auf eingesetztes Kapital bildet: «Wir wollen annehmen, daß alle Güter auf ihrem natürlichen Preise stehen und folglich die Kapitalprofite in allen Unternehmungen genau die gleiche Rate aufweisen oder sich nur um soviel voneinander unterscheiden, als nach Ansicht der Parteien irgendwelchem tatsächlichen oder scheinbaren Vorteile, den sie besitzen oder entbehren, entspricht. Angenommen nun, daß ein Modewechsel die Nachfrage nach Seidenstoffen vermehrte und die nach Wollstoffen verminderte, so würde zwar ihr natürlicher Preis, d.h. die zu ihrer Produktion erforderliche Arbeitsmenge, unverändert bleiben, aber der Marktpreis der Seidenstoffe würde steigen, der der Wollstoffe sinken; und folglich stände der Profit des Seidenfabrikanten über, der des Wollfabrikanten unter der allgemeinen und ausgeglichenen Profitrate. Nicht bloß die Profite, auch die Löhne der Arbeiter würden in diesen Unternehmungen betroffen werden. Doch würde diese erhöhte Nachfrage nach Seidenstoffen durch die Verschiebung von Kapital und Arbeit aus der Woll- in die Seidenfabrikation bald gedeckt werden; worauf sich die Marktpreise der Seiden- und Wollstoffe ihren natürlichen Preisen wieder nähern und dann von den betreffenden Fabrikanten jener Waren auch bald wieder die gewöhnlichen Profite erzielt werden würden. Daher bewahrt das Streben, das jeder Kapitalist hat, sein Vermögen aus einem weniger vorteilhaften Unternehmen in ein gewinnbringenderes hinüberzuleiten, den Marktpreis der Güter davor, für eine irgendwie längere Zeit bedeutend über oder viel unter deren natürlichem Preis zu stehen.»

Gegenüber den Physiokraten bestanden Smith und Ricardo darauf, daß jede produktive Arbeit Wert schafft. Arbeit war also, wie Ricardo formulierte, die «Grundlage des Wertes der Güter». In den Gütern drückte sich dieser Wert als «natürlicher Preis» aus. Doch wie kam dieser natürliche Preis zustande, wie bemaß sich dieser Wert, und weiter: Was bedeutete es, wenn man sagt, zwei Dinge seien gleich viel wert? Dieser Frage widmeten sich zunächst Ricardo und daran kritisch anknüpfend später Karl Marx. Ricardo fand heraus, daß die zur Produktion der Güter erforderliche, «verhältnismäßige Arbeitsmenge» das Maß war, «welches die entsprechenden im Tausch füreinander hinzugebenden Güterquantitäten bestimmt». Die Wertgröße einer Ware wird also nicht vom tatsächlichen Arbeitsaufwand des einzelnen Produzenten bestimmt, sondern von dem Aufwand, der im Verhältnis zum gegebenen Zustand der Gesellschaft, zum, wie Marx später sagte, «Stand der Produktivkräfte» (Technik, wissenschaftliche Erkenntnis u.a.) durchschnittlich notwendig ist. Am Stecknadelbeispiel ausgedrückt: Der Wert der Stecknadel, ihr Tauschwert, resultierte aus der Tatsache, daß nach dem damaligen Stand der Arbeitsproduktivität zehn Arbeiter mehrere zehntausend Nadeln an einem Tag herstellen konnten, ein einzelner aber nur wenige Nadeln. Ricardo und Smith sahen, daß, obwohl die Menge der Arbeit die Wertgröße einer Ware bestimmt, der Lohn für diese Arbeit kleiner ist als dieser Wert.

An diesem scheinbaren Widerspruch hat Karl Marx angesetzt. Er zeigte («Das Kapital», 3 Bände, 1867–1894), daß der Arbeiter dem Kapitalisten nicht das Ergebnis seiner Arbeit verkauft, sondern seine Arbeitskraft, sein Arbeitsvermögen. Der Wert dieser Arbeitskraft, den der Kapitalist in Form des Lohnes bezahlt, richtet sich aber nicht nach dem Wert der Arbeit, sondern danach, was der Arbeiter braucht, um sich und seine Familie am Leben zu erhalten. Von dieser Erkenntnis ausgehend, hat Marx in seinen politisch-ökonomischen Analysen nachgewiesen, daß «Kapital» nicht bloß eine bestimmte Menge Geldes darstellt, die im →«Kapitalismus» nach rational gewinnbringenden Kriterien eingesetzt wird, sondern daß es ein gesellschaftliches Verhältnis begründet, ein System, das die besitzlose Klasse zwingt, ihre Arbeitskraft auf dem Markt wie jedes andere Tauschobjekt anzubieten, und daß es den Geldbesitzern erlaubt, den von den Arbeitern geschaffenen «Mehrwert» (die Mehrarbeit, die die Arbeit übersteigt, die notwendig ist, um die Grundbedürfnisse des Produzenten zu befriedigen) für sich zu vereinnahmen. Die herrschende Klasse ist dadurch herrschende, daß sie Anspruch auf die Mehrarbeit anderer geltend machen kann. «Ein Überschuß des Arbeitsproduktes über die Unterhaltungskosten der Arbeit hinaus», so betonte Marx' engster Freund und Gefährte Friedrich Engels, «und die Bildung und Vermehrung eines gesellschaftlichen Produktions- und Reservefonds aus diesem Überschuß war und ist die Grundlage aller gesellschaftlichen, politischen und intellektuellen Fortentwicklung. In der bisherigen Geschichte war dieser Fonds das Besitztum einer bevorzugten Klasse, der mit diesem Besitztum auch die politische Herrschaft und die geistige Führung zufielen.» Damit war die Frage gestellt, ob nicht der Mehrwert auch anders als unter den Bedingungen von Klassenherrschaft abgeschöpft werden könne, also, aus politischer Sicht von Marx und Engels so, daß →Sozialismus als Gesellschaftsform die kapitalistische Industriegesellschaft würde ablösen können. Für Marx und Engels stand die Antwort fest: Für sie war der Kapitalismus

Durchgangsstadium auf dem Weg zur sozialistischen Gesellschaft (→Periodisierung).

Karl Marx gehört, wie auch nichtmarxistische Ökonomen anerkannt haben, zu den großen Gestalten in der Geschichte der «Volkswirtschaftslehre», nicht nur seiner theoretischen Leistung wegen, sondern auch wegen der nachhaltigen Wirkung seines Gesamtkonzepts. Dessen ungeheure Attraktivität auf Teile der →Arbeiterbewegung des 19. und 20. Jhs. sowie auf freischwebende Intellektuelle der bürgerlichen Bildungsschicht verdankt sich nicht so sehr einzelnen ökonomischen Ideen und Einsichten, sondern der Tatsache, daß diese nur Kernelemente bilden für eine umfassende Theorie der bürgerlichen Gesellschaft (→Bürger) mit utopischer Tendenz (→Utopie). Darin kam ein ideologischer Anspruch zum Ausdruck, der tendenziell totalitär war und auf einer für das 19. Jh. und insbesondere für deutsche Denktraditionen charakteristischen Verschränkung von Wissenschaftsgläubigkeit und Heilsgeschichte beruhte. Viele zum Teil glänzend formulierte Beobachtungen und Erkenntnisse, die sich in Marxens Werk finden, bleiben davon unberührt, auch wenn sie häufig in autoritären Denkfiguren transportiert werden. Marx' erklärte Absicht, «das ökonomische Bewegungsgesetz der modernen Gesellschaft zu enthüllen», war, wie Helmut Fleischer bemerkt hat, «überambitioniert und zum Steckenbleiben verurteilt». Um so verhängnisvoller erwies es sich, daß Generationen von Marxisten – die beste Darstellung der marxistischen Strömungen gibt Leszek Kolakowski – in exegetisch-doktrinärer Manier den lebendigen, historisch zu verortenden Marx am Ende in eine Mumie verwandelt haben. Wahrlich verheerend aber war der Versuch, auf dem Wege der bolschewistischen Revolution Marxismus zu verwirklichen. Nur wo Gesellschaftstheorie sich von Marx emanzipiert hat (was nur möglich ist, wenn sich die Gesellschaftstheoretiker aus eigenen autoritären Fixierungen lösen), kann Marx noch eine Rolle spielen, als großer Anreger, als Denker, von dem immer noch vieles zu lernen ist. Ein Beispiel dafür sind die Arbeiten des französischen Philosophen André Gorz, der durch eine Analyse der Marxschen Arbeitswertlehre die bei Marx angelegte und von Marxisten dogmatisierte Subsumierung der Arbeit unter die Bewegung des Kapitals als industriegesellschaftlichen Fetisch enthüllt und damit zu einer Kritik der «ökonomischen Vernunft» vorstößt, die im positiven Sinne auf eine ökologisch fundierte Theorie der «befreiten Zeit» hinausläuft. Von den Individuen sei heute gefordert, nicht mehr mit ihrem Arbeitsplatz sich zu identifizieren, sondern im Gegenteil ihre Existenz als mehrdimensional zu begreifen und unter der Voraussetzung technologisch möglich gewordener verkürzter Arbeitszeit sinnvolle andere Interessenschwerpunkte und Tätigkeiten zu entwickeln. Man könnte auch von einem Programm →alternativer Bewegungen sprechen, das auf den parlamentarisch verfaßten Rechtsstaat westlichen Typs zugeschnitten ist, auch wenn Gorz davon kein Aufhebens macht und von «parlamentarischen Schattenspielen» spricht.

Während in nachmarxistischen Theorien der Begriff der Politischen Ökonomie immer mehr verblaßt oder kaum noch eine Rolle spielt, ist er in einem nichtmarxistischen Wissenschaftsprogramm, das auf den US-amerikanischen Ökonomen Gary S. Becker zurückgeht, zu neuem Leben erweckt worden. Dieser Variante der Wirtschaftswissenschaft, die inzwischen auch in Deutschland ihre Verfechter gefunden hat, geht es darum, unter verhaltensökonomischen Fragestellungen sämtliche Bereiche der Gesellschaft einer Kosten-Nutzen-Analyse zu unterziehen. In ihrer Anwendung auf die Politik versteht sie sich als «Neue Politische Ökonomie» oder «Ökonomische Theorie der Politik». M. A.

◆ Populärgeschichte

Unter dem Begriff «Populärgeschichte» werden gewöhnlich die Bemühungen zusammengefaßt, Geschichte auf eine allgemeinverständliche Weise darzustellen und einem breiten, nicht nur akademischen Publikum zu vermitteln. Formen populärer Geschichtsdarstellung und -vermittlung begegnen vor allem in den Medien Fernsehen, Rundfunk, Film (→Geschichte in Rundfunk, Film und Fernsehen), auf dem Buchmarkt als historisches Sachbuch oder →historischer Roman, im →Kinder- und Jugendbuch in →Comics, in historischen Zeitschriften anspruchsvoller oder weniger anspruchsvoller Art, aber auch in Geschichts- und Heimatvereinen oder neuerdings in den →Geschichtswerkstätten.

Das Verhältnis zwischen der akademischen Disziplin Geschichtswissenschaft und der Populärgeschichte ist in Deutschland traditionell gespannt. In der Weimarer Republik nahm der Kampf der Zunft gegen die «historischen Belletristen» (Emil Ludwig, Werner Hegemann u. a.) Züge einer politischen Kampagne an, die der Denunziation demokratischer Geschichtsschreibung diente.

Was Eckart Kehr, der radikaldemokratische Historiker, bereits vor über 50 Jahren feststellte, daß nämlich die Geschichtswissenschaft die «Geschichte, die außerhalb der Universitäten geschrieben wurde, vollständig übersehen» habe und daß «die Universitätshistoriker nicht den Mut zu einer volkstümlichen Darstellung» besäßen, gilt auch heute noch. Die meisten Vertreter der historischen Zunft bewegen sich in einem abgeschlossenen Milieu der Selbstgenügsamkeit, in einem wissenschaftlichen Elfenbeinturm. Sie haben daher auch kein →Interesse, ihre wissenschaftlichen Erkenntnisse (sofern sie solche vorweisen können) über den kleinen Kreis akademischer Insider hinaus einer breiteren Öffentlichkeit bekanntzumachen. Und selbst wenn sie es wollten, fehlt ihnen zumeist eine entscheidende Voraussetzung: Sie können nicht schreiben, jedenfalls nicht so, daß ein größeres Publikum an ihren Produkten Gefallen finden könnte. So erklärt sich, daß hierzulande (ganz im Gegensatz etwa zu England oder Frankreich) die erfolgreichen historischen Sachbücher in der Regel nicht von Universitätshistorikern, sondern von Schriftstellern und Journalisten geschrieben werden.

Von Vertretern der Zunft werden Bemühungen, Geschichte auf populäre Weise darzustellen und zu vermitteln, gern als unwissenschaftlich abgetan. Dabei zeichnet sich eine gelungene Populärgeschichte gerade dadurch aus, daß sie die Ergebnisse geschichtswissenschaftlicher Forschung nicht etwa ignoriert, sondern sie aufgreift, allerdings so übersetzt, daß ein breiterer Kreis von historisch Interessierten daran teilhaben kann. Diesem hohen Anspruch werden keineswegs alle populärwissenschaftlichen Autoren gerecht. Es gibt in Verlagen und Medien hurtige Vermarktungsstrategen, für die nur der kommerzielle Erfolg bzw. die Einschaltquoten zählen und die daher nicht selten mit publizistischen Eintagsfliegen und schnell zusammengeschusterten Sendungen die →Bedürfnisse der Geschichtskonsumenten zu befriedigen suchen. Solche unseriösen Formen von Populärgeschichte bestärken wiederum die Universitätshistoriker in ihrem abfälligen Urteil.

Das in den letzten Jahren wiedererwachte Interesse an der narrativen Dimension von Geschichte deutet darauf hin, daß sich auch die Fachhistoriker inzwischen Gedanken über eine publikumsfreundlichere Vermittlung ihrer Ergebnisse machen. V. U.

◆ Populismus

«Populismus» ist ein Schlagwort, das durch Kommentare und Debattenbeiträge geistert, je nach Standort und Interesse des Beobachters teils in beschreibender, teils in abschätzig polemischer Absicht benutzt wird. Es dient zur Kennzeichnung von Politikern und politischen Strömungen, →Ideologien, Haltungen und Agitationstechniken. Das angesprochene

Spektrum ist bemerkenswert breit, pendelt je nach Bedarf zwischen «links» und «rechts», zwischen progressiv und reaktionär, kann Gruppierungen, deren Programm sich in Aufrufen zur Steuerverweigerung erschöpft, ebenso einschließen wie →Parteien nach Art der CSU, rechtsradikale Tendenzen ebenso wie alternative, gegenkulturelle Milieus. Wir haben es daher mit einem Etikett von verwirrender Beliebigkeit zu tun: mehr mit einer schillernden Metapher als mit einer strengen, eindeutig fixierbaren Kategorie. Versuche, am Beispiel des agrarischen Populismus in den USA gegen Ende des 19. Jhs. oder der Narodniki, der «Volkstümler», im zaristischen Rußland, aus konkreten, im einzelnen aber höchst unterschiedlichen Phänomenen und Zusammenhängen idealtypische Merkmale herauszufiltern, haben den Mangel an Trennschärfe abmildern, im Prinzip jedoch nicht beseitigen können.

Ob damit ein plausibles theoretisches Konzept zu gewinnen ist, mag zweifelhaft sein. Immerhin lassen sich einige Charakteristika erkennen. Populistische Bewegungen sind in aller Regel Protest- und Basisbewegungen. Häufig in agrarischen Verhältnissen wurzelnd, richten sie sich gegen bestimmte Erscheinungen der modernen, von Industrie, Technik, Organisation und Zentralisierung geprägten Welt. Adressaten sind nicht →Klassen oder →Schichten, sondern klassenübergreifend und ganz allgemein die ‹kleinen Leute›. Deren Bedürfnisse, Ressentiments und Ängste werden aufgenommen und bestätigt, zugleich aufgeladen, politisiert und instrumentalisiert. Der Populismus gibt sich anti-elitär, meistens auch antiintellektuell, er liebt einfache Rezepte, nicht jedoch komplexe und differenzierte Analysen. Sein Ziel ist das ‹Wohl› des ‹Volkes›, das es gegen die anonymen Mächte des Kapitals, der →Bürokratie, der Banken und Konzerne zu verteidigen gilt. Orientiert an älteren Traditionen dörflich-genossenschaftlicher Gemeinschaft, propagiert er das Ideal einer unmittelbaren, von jedermann zu praktizierenden Teilhabe an der Politik: Modelle einer direkten →Demokratie, die auf Parlamente im Sinne von Zwischeninstanzen glauben verzichten zu können. Berufspolitikern, überhaupt den Vertretern des Establishments und der Metropolen, begegnen Populisten mit eingefleischtem Mißtrauen. Vom →Staat erwarten sie gewöhnlich die Quadratur des Kreises. Einerseits soll er soweit wie möglich in den Hintergrund treten, Autonomie und Selbstverwaltung fördern, andererseits aber soll er der eigenen Klientel Schutz gewähren, großkapitalistische Strukturen (→Ereignis) zurückdrängen, Kartelle, Trusts und Monopole kontrollieren. Die populistische Rhetorik, die von einer besseren Zukunft träumt, zehrt von der Erinnerung an kleinräumige, ganzheitliche und überschaubare Lebensformen: die →Utopie einer gerechten Ordnung trägt die Züge einer romantisierten vorindustriellen Vergangenheit.

Populismus existiert weder als geschlossenes System noch als einheitliche Ideologie. Darin liegt die Problematik des Begriffs. Gleichwohl gehören populistische Argumentations- und Mobilisierungsstrategien zum politischen Alltag. Im Zeitalter der Massengesellschaft ist es für Politiker und Parteien jedweder Couleur offenbar unverzichtbar, an die schweigenden Mehrheiten rund um die Stammtische und Fernsehschirme zu appellieren, auf diese Weise ihre Herrschaftsansprüche gewissermaßen plebiszitär abzustützen. Neben diesem Populismus ‹von oben› aber gibt es einen Populismus ‹von unten›, in dem sich diffuse Stimmungen, Bewußtseinshorizonte und Krisenpotentiale äußern: die Trauer über den Verlust hergebrachter Werte und Normen, das Unbehagen über bürokratische Reglementierung und kalte technokratische Rationalität ebenso wie der →Protest gegen kulturelle Erstarrung und soziale Verkrustung. J. F.

◆ **Preußentum** (Hohenzollernlegende)

«Meine Rede, Herr Hauptmann, meine Rede!» sagte Adolf Wormser, Besitzer eines Uniformladens in Potsdam, seines Zeichens «Königlich-Preußischer Hoflieferant», zu seinem Kunden: «Was sag ich immer? Der alte Fritz, der kategorische Imperativ, und unser Exerzierreglement, das macht uns keiner nach! Das und die Klassiker, damit hammer's geschafft in der Welt!» Diese Worte stammen aus dem Theaterstück «Der Hauptmann von Köpenick» von Carl Zuckmayer, das im Jahre 1931 erschien. Darin erzählt der Autor, anknüpfend an eine wirkliche Begebenheit aus dem Jahre 1906, wie der aus dem Gefängnis entlassene Schuster Wilhelm Voigt, der keine Arbeit findet, weil er keinen Ausweis hat, und ohne Arbeit keinen Ausweis erhält, auf die Idee kommt, sich als Hauptmann zu verkleiden. Er führte eine ihm auf der Straße zufällig begegnende Abteilung Soldaten zum Köpenicker Rathaus, wo er den Bürgermeister verhaften läßt und die Stadtkasse beschlagnahmt. Zuckmayer geißelte in seinem Stück, Komödie und Tragödie zugleich, den herrschenden Geist der wilhelminischen Zeit: Uniformanbetung und Staatsvergötzung, blinden Gehorsam nach oben, Dünkel nach unten. Dieses Preußentum, ein alle Lebensbereiche durchdringender →Militarismus verknüpft mit der Glorifizierung der Hohenzollerndynastie, war über 1918 hinaus nicht nur beim Adel (→Aristokratie), sondern auch in führenden Kreisen des deutschen Bürgertums (→Bürger) virulent geblieben und wurde schon vor 1933 von den Nationalsozialisten zu einem zentralen Bestandteil der Propaganda gemacht. In der Schrift «Preußen muß wieder preußisch werden» empfahl der spätere Reichspropagandaminister Joseph Goebbels 1932 die NSDAP als eine →Partei, die in «verjüngter Form die Ideale, denen Friedrich Wilhelm I., der große Friedrich und Bismarck nachstrebten», auf ihre Fahnen geschrieben habe: «Preußentum war von jeher und ist bis auf den heutigen Tag aufs engste verbunden mit strengster Pflichterfüllung, so eng verbunden, daß Preußentum und Pflichterfüllung nur verschiedene Ausdrücke für dieselbe Sache geworden sind.» Später diente diese sogenannte Pflichterfüllung zur Mobilisierung der Bevölkerung für die verbrecherischen Ziele des NS-Regimes. Dabei wurden manche Nationalsozialisten zu Gefangenen ihrer eigenen Propaganda: Hitler z.B. schmückte den sonst kahlen Führerbunker, in den er sich während des Zweiten Weltkrieges zurückzog, mit einem Porträt Friedrichs des Großen. Als der amerikanische Präsident Theodore Roosevelt am 12. April 1945 starb, sah Hitler darin ein großes Wunder, das Deutschland vor einer Niederlage bewahren würde – war doch auch Friedrich der Große im Siebenjährigen Krieg durch das «Mirakel des Hauses Brandenburg», den Tod der russischen Zarin 1762, vor einer sonst wahrscheinlichen Niederlage bewahrt worden.

Hitler war nicht Friedrich, und der Nationalsozialismus war nicht identisch mit Preußentum, andererseits läßt sich Preußentum aber auch nicht auf die Person Friedrichs reduzieren. Vielmehr stellte das Preußentum ein Element der →Kontinuität in der preußisch-deutschen Geschichte dar. Es wurde zunächst bestimmt durch das Ziel der Hohenzollern, ihre Zentralgewalt auf Kosten innerer und äußerer Konkurrenten zu stärken, wenn auch unter starker Berücksichtigung junkerlicher →Interessen. Als Graf Mirabeau 1785 in Berlin weilte, meinte er: «Andere Staaten besitzen eine Armee, Preußen aber ist Armee, die einen Staat besitzt.» Friedrichs II. Vorgänger Friedrich Wilhelm I., der «Soldatenkönig», hatte dafür die Grundlagen geschaffen. Als er 1740 starb, hinterließ er ein Preußen, das an Bodenfläche der zehnte, an Bevölkerung der dreizehnte, nach seiner militärischen Stärke aber der viertgrößte Staat in Europa war. Der Staatsetat verzeichnete Einnahmen von 6,9 Millionen Talern, davon wurden für militärische Zwecke knapp 6 Millionen veranschlagt. Der Adel, das Junkertum, war die herrschende →Klasse dieses Militärstaates. Ihm waren die Führungspositionen in Armee, →Bürokratie und →Diplomatie vorbehalten. Er war von der Steuer befreit. Der Bürger war Kaufmann und Handwerker. Der →Bauer, als Leibeigener in der →Gewalt des adeligen Gutsherrn, bearbeitete das Land, bezahlte Steuern und diente im Heer. Diese Klassenkonstellation und die Ausrichtung aller

Kräfte auf das Militär führte zu brutaler Härte im Umgang mit Menschen, zu unmenschlichem Drill und Kadavergehorsam, zu Zwang und Uniformierung in allen Bereichen der →Gesellschaft. Das Scheitern der politischen →Emanzipation des deutschen Bürgertums (→Revolution von 1848) und die Einigung Deutschlands unter preußischer Führung machte die →Ideologie des Preußentums, insbesondere die Hohenzollernlegende, zu einer Chiffre, in der die herrschenden Klassen ihre Interessen im Kampf gegen bürgerliche →Demokratie und →Arbeiterbewegung zum Ausdruck brachten. Dabei wurden einerseits ältere und aus anderer Wurzel stammende Traditionen mit dem Preußentum verschmolzen, wie z.B. die lutherische Regimentslehre, derzufolge auch einer bösen und schlechten Obrigkeit zu gehorchen sei. Schon der demokratische Publizist Jakob Venedey, ein Rheinländer und «Muß-Preuße», wies auf diesen Sachverhalt hin, als er 1835 im badischen Mannheim im Selbstverlag die Schrift «Preußen und Preußentum» veröffentlichte und sich darin ausgiebig mit dem preußischen Schulwesen befaßte: Zweck dieser Schulerziehung sei, «ohne Umschreibungen zu reden: Verdummung des Volkes». Und weiter: «Christliche Demut, Aufgeben des Zeitlichen, Gehorsam, Treue und Ergebenheit in den Willen des Herrschers sind die Lehren, die den eigentlichen Zweck des Unterrichts ausmachen; mystischer Unsinn aber ist der Helfershelfer der Gewalt...»

Andererseits wurde das Preußentum von Zeit zu Zeit «modernisiert», wodurch sich alte mit neuen Bestandteilen zusammenfügten. Dies zu bewerkstelligen, standen Politik und Wissenschaft in einer Reihe. Leopold von →Ranke propagierte im Auftrag der preußischen Regierung Reformfeindlichkeit und Militarismus mit dem geopolitischen Argument, Preußen müsse nach außen «wachsen». Nicht das liberale Bürgertum, sondern die preußische Militärmacht (also Adel und →Monarchie) sei berufen, den «Genius unserer Jahrhunderte, der vergangenen und der künftigen» zu verwirklichen. «Diese Militärmacht», so erklärte Ranke, «fordert ihre Bedürfnisse ungeschmälert, unausgesetzt: Sie fordert Einheit und strenge Unterordnung.» Aber nicht nur das, sondern darüber hinaus Anhänglichkeit, Anhänglichkeit an die «angestammten Fürsten»: «Sie verlassen uns nicht; wir verlassen sie nicht: Miteinander bestehen wir Kampf und Gefahr, wir bilden eine Familie.» Während Ranke jedoch Preußentum und «Europaidee» verknüpfte, suchten nationalliberale Historiker seit den vierziger Jahren des 19. Jhs. die Herzen zu gewinnen für die «nationale Mission» Preußens (→Geschichtsschreibung, kleindeutsch-borussische). Man müsse nur, so ließ sich Johann Gustav Droysen vernehmen, die preußischen →Akten genau lesen, um gegen den «kosmopolitischen und allgemeinen europäischen Sums» gefeit zu sein. «Was scheren mich die Interessen von England, Frankreich, Österreich und Tutti quanti.»

Mit dem Aufkommen der organisierten Arbeiterbewegung in der zweiten Hälfte des 19. Jhs. verschoben sich die Akzente erneut: Jetzt galt es, die «soziale Tätigkeit der Hohenzollern» anzupreisen. Hatten die Nationalliberalen von ihrem Standpunkt einzelne preußische Fürsten noch zu kritisieren gewagt, zum Teil sehr scharf, ging die Tendenz jetzt dahin, die Hohenzollern ausnahmslos zu über den gesellschaftlichen Kämpfen schwebenden Lichtgestalten zu verklären und zu stets um das Wohl ihrer Untertanen besorgten Landesvätern. Schon 1865, zwei Jahre nach Gründung des Allgemeinen deutschen Arbeitervereins unter des Führung Ferdinand Lassalles, äußerte sich der preußische Ministerpräsident Bismarck im Abgeordnetenhaus in diesem Sinne, als er die preußischen Könige seit Friedrich dem Großen als Beschützer der Armen und Geplagten hinstellte. Ein Vierteljahrhundert später, im Jahre 1889, erklärte Wilhelm II. in einer «Allerhöchsten Ordre»: «Die vaterländische Geschichte wird in Sonderheit auch die Geschichte unserer sozialen und wirtschaftlichen Gesetzgebung und -entwicklung seit dem Beginne dieses Jahrhunderts bis zu der gegenwärtigen sozialpolitischen Gesetzgebung zu behandeln haben, um zu zeigen, wie die Monarchen Preußens es von jeher als ihre besondere Aufgabe betrachtet haben, der auf die Arbeit ihrer Hände angewiesenen Bevölkerung den landesväterlichen Schutz angedeihen zu lassen und ihr leibliches und geistliches Wohl zu heben, und wie auch in Zukunft die Arbeiter Gerechtigkeit und Sicherheit ihres Erwerbes nur unter dem Schutze und der Fürsorge des Königs an der Spitze eines geordneten Staates zu erwarten haben.» «Die Belehrung über die Verderblichkeit der Sozialdemokratie», so hieß es in den Ausführungsbestimmungen des Staatsministeriums, «hat hierbei, ohne in eine nähere Erörterung der sozialistischen Theorien einzutreten, an der Hand des gesunden Menschenverstandes zu erfolgen.» Am wirkungsvollsten bemühte sich der Nationalökonom und Historiker Gustav Schmoller, dieser Weisung von oben zu entsprechen – mit Arbeiten zur Verwaltungs- und →Wirtschaftsgeschichte Preußens, die im einzelnen viel bis dahin Unbekanntes zutage förderten, nur nicht den Beweis für die These vom «sozialen» Königtum. In den Schulen wurde es üblich, die →Biographien der Hohenzollern wie an der Schnur aufgereiht durchzugehen. Zahlreiche →Schulbücher nahmen sich, wie zeitgenössische Kritiker bemerkten, wie «gedruckte Siegesalleen» aus – eine Anspielung auf die in Stein gehauenen großen Männer preußisch-deutscher Geschichte, die in Berlin die Siegesallee säumten. In einem dieser Schulbücher stand zu lesen, wie der sozialdemokratische Historiker Max Maurenbrecher 1905 in einem Werk über die «Hohenzollernlegende» zu berichten wußte: «Unter Joachims I. Regierung nahm im Jahre 1517 in Deutschland eine religiöse Bewegung ihren Anfang, die zur Trennung der Christen in Protestanten und Katholiken führte – die Reformation.» Maurenbrecher kommentierte: «Als ob Joachim I. über Deutschland regiert hätte! Als ob er mit Luther oder der Reformation das geringste zu tun hätte!»

Schmollers sozialpolitische Deutung des Preußentums wurde, zum Teil von ihm selbst noch angeregt, von anderen Historikern und Publizisten auf die Behauptung hin zugespitzt, Preußentum sei identisch mit →Sozialismus. Sarkastisch meinte Friedrich Engels dazu, wenn man Verstaatlichungen im preußischen Junkerstaat als Sozialismus ansehe, «wären auch die königliche Seehandlung, die königliche Porzellanmanufaktur und sogar der Kompanieschneider beim Militär sozialistische Einrichtungen». Ungeachtet dieser Kritik, die auch von bürgerlich-demokratischen Autoren unterstützt wurde, z. B. den Historikern Ludwig Quidde und später Eckart Kehr, erfreute sich die Legende vom preußischen Sozialismus in rechtskonservativen und alldeutsch-völkischen Kreisen wachsender Beliebtheit. Gewissermaßen zum Ausklang der Weimarer Republik veröffentlichte Oswald Spengler, Kulturkreishistoriker und Berater des Großindustriellen Paul Reusch, eine Schrift mit dem Titel «Preußentum und Sozialismus». Sozialismus war nach Spengler kein «Wirtschaftsprinzip», sondern «ein Inbegriff von seelischen, geistigen und deshalb zuletzt doch auch leiblichen Eigenschaften, die längst Merkmale einer Rasse geworden sind, und zwar der besten und bezeichnendsten Exemplare dieser Rasse». Spengler wünschte sich einen «autoritativen Sozialismus», eine «sozialistische Monarchie» nach dem Vorbild Friedrich Wilhelms I., eine nach Befehl und Gehorsam gegliederte Volksgemeinschaft. Die meisten Fachhistoriker der Weimarer Republik hielten sich von solchen Extrempositionen fern, doch waren auch sie bis auf wenige Ausnahmen monarchistisch gesinnt und darauf fixiert, Preußen und das Kaiserreich zu glorifizieren, zumindest schönzufärben. Viele von ihnen versuchten noch nach 1945 – am 25. Februar 1947 wurde Preußen vom Alliierten Kontrollrat formell aufgelöst – diese Position durchzuhalten, und erst die Fischer-Kontroverse (seit 1961) über die Ursachen des Ersten Weltkrieges hat Änderungen bewirkt. Anders, aber nicht weniger widersprüchlich, war die publizistische und wissenschaftliche Beschäftigung mit dem Preußentum in der SED-beherrschten DDR. Auf die zunächst pauschale Ablehnung alles Preußischen folgte der Versuch, preußische Traditionen für die Begründung eines spezifischen Staats-, später auch «National»-Bewußtseins zu nutzen mit der Folge, daß das Preußentum als einstige Herrschaftsideologie zunehmend der Kritik entzogen wurde. M. A.

◆ Produktion

In der Natur findet der Mensch nicht alle Dinge vor, die er zur Befriedigung seiner →Bedürfnisse braucht. Er muß →Arbeit aufwenden, Werkzeuge einsetzen, um die natürliche Umwelt nach seinen Bedürfnissen umzuformen. Er steht also in einem Stoffwechsel mit der Natur, die er sich nur ‹vermittelt› aneignen kann.

Als «Produktion» kann man ganz allgemein alle Vorgänge bezeichnen, die darauf ausgerichtet sind, Güter für die Bedürfnisbefriedigung herzustellen. Die Geschichte der menschlichen →Gesellschaft ist zugleich eine Geschichte der →Entwicklung von einfachen zu immer differenzierteren Formen der Produktion. Auf einer frühen Stufe der menschlichen Entwicklung vollzog sich der Stoffwechsel mit der Natur durch Sammeln von Früchten und Jagen von Tieren, durch Verwertung von Knochen, Häuten und Fellen. Mit der Entdeckung des Säens und Erntens in der mittleren Steinzeit (etwa 10000–3500 v. Chr.) wird die Ernährung unabhängig von den Zufällen der Jagd und des Sammelns. Die Menschen produzieren ihre Lebensmittel selbst, und sie entwickeln dazu immer bessere Geräte und Werkzeuge (z. B. Erfindung des Pfluges um 3000 v. Chr.). Je besser die Arbeitsgeräte, desto größer ist die Fläche, die bearbeitet werden kann, desto größer sind auch die Erträge, die erwirtschaftet werden können. Die Produktivität steigt. Die Menschen können mehr Nahrungsmittel produzieren, als sie brauchen, um satt zu werden. Dadurch wird es möglich, einzelne Mitglieder einer Sippe oder eines Stammes aus dem Prozeß der Nahrungsmittelherstellung freizustellen, die sich auf die Herstellung von Werkzeugen und Geräten konzentrieren können. So entsteht das →Handwerk. Arbeitsteilung ist ein Ergebnis der Mehrproduktion an Nahrungsmitteln. Durch Spezialisierung aber entsteht wiederum die Möglichkeit und Notwendigkeit des Tausches. Wurde auf der frühen Stufe der menschlichen Entwicklung vor allem für den Eigenbedarf der Sippe oder des Stammes produziert, so entwickeln sich jetzt Tauschbeziehungen, z. B. zwischen Hirten- und Ackerbaustämmen. Es entstehen Märkte, auf denen die Überschüsse der eigenen Produktion getauscht werden können. Um den Tauschvorgang zu erleichtern, wird ein Mittel eingeführt, das sich gegen alle Waren tauschen läßt: das →Geld.

Wie schon dieser kurze Abriß zeigt, wirken die Menschen in der Produktion nicht allein auf die Natur ein; sie müssen auch in bestimmte Beziehungen zueinander treten, um gemeinsam produzieren und die Produkte tauschen zu können. Die Verhältnisse beim Herstellen, Austauschen und Verteilen der materiellen Güter nennen wir Produktionsverhältnisse. Sie werden in entscheidendem Maße dadurch bestimmt, wem die Produktionsmittel gehören. Waren die wichtigsten Produktionsmittel – Boden, Vieh, Pflug etc. – zunächst Gemeineigentum der Sippe oder des Stammes, so ermöglichte die Bildung eines gesellschaftlichen Mehrprodukts nicht nur die Teilung des Sozialverbands in verschiedene spezialisierte Tätigkeiten, sondern auch in Arbeitende und Nicht-Arbeitende, die sich die Arbeitsergebnisse anderer Menschen aneignen, indem sie über die Produktionsmittel verfügen. Die Entstehung des Privateigentums an Produktionsmitteln ist nach marxistischem Verständnis zugleich die Geburtsstunde der →Ausbeutung des Menschen durch den Menschen.

Ist die Geschichte der Produktion von Anfang an verknüpft mit der Entwicklung der menschlichen Gesellschaft, so ist der Begriff «Produktion» selbst noch relativ jungen Datums. Er bürgert sich erst mit der Lehre der Physiokraten in der zweiten Hälfte des 18. Jhs. ein – eine Gruppe vornehmlich französischer Wirtschaftshistoriker, die, beeinflußt durch den Rationalismus der →Aufklärung, eine vollkommene und natürliche Ordnung («ordre naturel») von Wirtschaft und Gesellschaft anstrebten. Basis ihrer Theorie ist die Annahme, daß der landwirtschaftliche Boden die Quelle allen Reichtums sei. In seinem Hauptwerk «Tableau économique» von 1756 bezeichnete François Quesnay deshalb auch die landwirtschaftlichen Pächter, die den Boden bewirtschafteten, als die einzig «produktive Klasse». Gegenüber diesem verengten, noch auf die vorherrschende agrarische Wirtschaftsordnung bezogenen Produktivitätsbegriff erkannten die Vertreter der klassischen liberalen Nationalökonomie, allen voran Adam Smith in seinem Hauptwerk «Wohlstand der Nationen» (1776), daß die «produktive Kraft» der Arbeit nicht an eine spezifische Tätigkeit gebunden ist, sondern von der Fähigkeit abhängt, Werte zu schaffen und zu vermehren. An diesen Gedanken hat Karl Marx angeknüpft, ohne natürlich die wirtschaftsliberalen Prämissen Smiths zu teilen. «Produktion» wurde zu einem Schlüsselbegriff seines Werks, weil er in der Produktion materieller Güter die bestimmende Grundlage des gesellschaftlichen Lebens sah. Dabei umfaßt die Produktion im Denken von Marx zwei Seiten: die Produktivkräfte (menschliche Arbeitskraft und Produktionsmittel) und die Produktionsverhältnisse (die gesellschaftlichen Verhältnisse der Menschen untereinander, vor allem die Eigentums- und Herrschaftsverteilung, die über die Form der Aneignung der Produkte menschlicher Arbeit entscheidet). Die Produktion als Zusammenspiel von Produktivkräften und Produktionsverhältnissen bildet die Produktionsweise, die den Charakter der jeweiligen Gesellschaftsordnung bestimmt. Auf einer bestimmten Stufe der gesellschaftlichen Entwicklung geraten nach Marx die Produktionsverhältnisse in Widerspruch zur Entwicklung der Produktivkräfte. Es tritt eine Periode sozialer →Revolutionen ein, in deren Verlauf sich die Produktionsverhältnisse umwälzen und eine neue Gesellschaft an die Stelle der alten tritt. Auch wenn man die Theorie von der gesetzmäßigen Abfolge der Gesellschaftsformationen (→Periodisierung), die von den Marx-Epigonen in der deutschen Sozialdemokratie vor 1914 nicht selten zur Vorstellung verflacht wurde, der →Kapitalismus werde sich mit Naturnotwendigkeit seinen eigenen Untergang bereiten, nicht teilt, bleibt es das Verdienst von Marx, Produktion als historisch-soziale Kategorie zuerst umfassend definiert und auf die entscheidende Bedeutung ökonomischer Faktoren für die Entwicklung der menschlichen Gesellschaft hingewiesen zu haben (→Politische Ökonomie). V. U.

◆ Prostitution

Prostitution – im Volksmund auch als «ältestes Gewerbe der Welt» bezeichnet – existiert erst, seitdem es patriarchalische Gesellschaften und die darauf sich gründende sexuelle Unterdrückung der Frauen gibt (→Matriarchat – Patriarchat). Sie ist also kein naturgegebenes, sondern ein gesellschaftlich produziertes Verhältnis, und so ändern sich auch ihre Erscheinungsweisen mit den sich wandelnden Gesellschaftsformen.

In den meisten griechischen Stadtstaaten war Prostitution staatlich sanktioniert und nicht selten mit kultischen Funktionen verbunden. In Athen entstanden die ersten staatlich lizensierten Bordelle um 600 v. Chr., sie waren, wie die Tempel der Stadt, unverletzlich. Die Griechen der klassischen →Zeit unterschieden zwischen der «porné», der gewöhnlichen (Straßen-)Dirne, die für den sexuellen Gebrauch ihres Körpers →Geld nahm (im Falle einer Sklavin für ihren Besitzer), und der «hetaira», die von mehreren wohlhabenden Männern ausgehalten wurde oder Mätresse eines Mannes war. Diese Hetären – die berühmteste war die Aspasia, die Geliebte u.a. des Perikles – besaßen zum Teil aufgrund ihrer Intelligenz und ihrer →Bildung einen herausgehobenen sozialen Status, im Unterschied zur Masse der griechischen Frauen, die am öffentlichen Leben nicht teilnehmen durften. Wie in Griechenland, so wurde auch in Rom der Bedarf an Prostituierten vor allem auf den öffentlichen Sklavenmärkten gedeckt. Auch im →Mittelalter war Prostitution nicht nur geduldet, sondern in das städtische Leben ganz selbstverständlich integriert. Sie galt als unentbehrliches Mittel zum Schutz von Ehe und Familie. «Frauenhäuser» besaßen als öffentliche Einrichtungen einen festen Platz im Sozialgefüge einer mittelalterlichen Stadt. Nicht gesichert ist, daß Dirnen im Mittelalter in regelrechten Zünften organisiert waren. Allerdings durften sie an öffentlichen Umzügen teilnehmen, mußten sich jedoch auch durch ihre Kleidung von «ehrbaren Frauen» unterscheiden.

Im Hochmittelalter, zunehmend im Spätmittelalter, wurden die Dirnen in eine Randgruppenrolle gedrängt und auf bestimmte Quartiere und Straßen beschränkt. Die Ursache dafür lag offenbar in einer starken Ausweitung der städtischen Prostitution, die mit der zunehmenden Abriegelung der Zünfte und der steigenden Zahl der ledigen Handwerker zusammenhing. Im Jahre 1455 etwa bemühte sich der Kölner Rat, der sich zuvor mit Vorschriften über die Tracht der Dirnen begnügt hatte, das «Unwesen» der Prostitution auf zwei Straßen zu beschränken.

Diese Tendenz, den Zugriff obrigkeitsstaatlicher Macht zu intensivieren, Prostitution zu stigmatisieren und Sperrbezirke zu errichten, um sie überwachen und kontrollieren zu können, setzte sich in der →Neuzeit fort. Die moderne Prostitution ist eng verbunden mit dem in den expandierenden Großstädten des 19. Jhs. sich entwickelnden Amüsierbetrieb. Auch wenn Prostituierte auf der Straße nicht mehr wie im Mittelalter durch ‹standesgemäße› Tracht von der ‹anständigen› Frau unterschieden sind, auch wenn der neuzeitliche Bordellbetrieb auf privatwirtschaftlicher Grundlage organisiert und mit der Entwicklung eines ausgedehnten Zuhälterwesens verbunden ist – die soziale Funktion der Prostitution als Sicherheitsventil der ‹Ehrbarkeit› hat sich nicht geändert. Sie ist gewissermaßen der Preis, den die bürgerliche Gesellschaft (→Bürger) für ihre Doppelmoral zu zahlen bereit ist.

In einer Vielzahl von Vorschriften seit Ende des 19. Jhs. dokumentiert sich das Interesse des bürgerlichen Staates, die Prostituierten einer strengen polizeilichen und hygienischen Kontrolle zu unterwerfen, um die Gesellschaft angeblich vor sittlichen und gesundheitlichen Gefahren zu schützen. Einen Höhepunkt fanden diese Ausgrenzungsbemühungen in der Zeit des Nationalsozialismus. Viele Prostituierte wurden entmündigt, in Anstalten eingesperrt und zwangssterilisiert oder – die Kehrseite – in Wehrmachtsbordelle verschleppt. Erst in den letzten Jahren haben Prostituierte in der Bundesrepublik begonnen, sich gegen gesellschaftliche Diskriminierung zur Wehr zu setzen und ihre Interessen offensiv in der Öffentlichkeit zu vertreten. V. U.

◆ Protest

Protest bringt Unzufriedenheit über persönliche Lebensbedingungen, gesellschaftliche Strukturen (→Ereignis) und politische Verhältnisse zum Ausdruck. Die Anlässe, an denen er sich entzündet, sind ebenso vielfältig wie die Formen, in denen er sich äußert. Gleiches gilt für die Mentalitäten, →Bedürfnisse und Erwartungen, die sich darin spiegeln. Jugendliche z. B. setzen sich durch abweichenden Kleidungsstil von den Zwängen und Konventionen der Erwachsenenwelt ab, →Bauern blockieren mit ihren Trekkern die Straßen, um die Öffentlichkeit von der Notwendigkeit höherer Agrarpreise zu überzeugen, Zahnärzte verteilen →Flugblätter und Broschüren, um Honorarkürzungen abzuwenden, →Gewerkschaften organisieren Kundgebungen, um Ansprüche auf Arbeitszeitverkürzung zur Geltung zu bringen, Umweltschützer machen mit spektakulären Aktionen auf die Gefährdungen von Mensch und Natur aufmerksam. Protest ist demnach allgegenwärtig, ist individueller oder kollektiver Widerspruch: Als bürgerlicher Ungehorsam verletzt er übliche Normen, verstößt gegen herkömmliche Moral- und Ordnungsvorstellungen und bedient sich direkter, außerparlamentarischer Mittel, er provoziert Konflikte, kann in friedlichen oder gewaltsamen Bahnen verlaufen. Schon dies zeigt, daß die Palette von Verhaltensweisen, Motivationen, Zielen und →Interessen, die sich darin dokumentiert, bemerkenswert breit ist. Die Grenzen des Begriffs sind daher fließend, er überschneidet sich mit anderen wie «Demonstration» und «Streik», «Verweigerung», →«Resistenz» und «Widerstand», «Revolte» und «Rebellion», und die Merkmale, die zum Zweck der Definition und Typisierung bemüht werden, sind umstritten.

Historiker betreiben Protestforschung als Teildisziplin der →Sozial- und →Alltagsgeschichte. Ungeachtet terminologischer Schwierigkeiten, hat sie vor allem unter dem Einfluß angelsächsischer Vorbilder mittlerweile auch in Deutschland Fuß gefaßt. Das Augenmerk richtet sich dabei auf die Konflikte, Spannungen und Verwerfungen, die den Prozeß (→Entwicklung) der →Modernisierung begleiten und in starkem Maße prägen. Mit Protesten reagieren die Angehörigen der unteren Bevölkerungsklassen zum einen auf die Zumutungen, den reglementierenden Zugriff und die Zentralisierungsbestrebungen der staatlichen →Bürokratie, die ältere →Rechte und Gewohnheiten einschränkt oder aufhebt, zum andern auf den sozialen und wirtschaftlichen Strukturwandel, der Arbeitsplätze, Lebensstandard und gesellschaftlichen Status der davon betroffenen Menschen bedroht, langfristig jedenfalls verändert. Die Ursachen des Protests sind insofern ökonomischer und politischer Natur (→Sozialer Konflikt).

Sein Ziel ist es, bestehende Ordnungen entweder zu verbessern oder gänzlich zu beseitigen und durch neue zu ersetzen. Meistens bricht er spontan auf, ist regellos und wenig formalisiert, gewissermaßen ein letzter und verzweifelter Ausweg, nachdem Appelle und Bittschriften ergebnislos verpufft sind. Die Formen sind häufig illegal, werden aber getragen von dem Bewußtsein, daß Selbsthilfe legitim sei, wenn der →Staat versagt und seiner Pflicht zur Fürsorge nicht nachkommt: Sie äußern sich als Maschinensturm und Sachbeschädigung, in Kleinkriminalität und Eigentumsdelikten wie dem in der Epoche des Vormärz massenhaft verbreiteten Holzdiebstahl, als Brandstiftung, Steuerverweigerung, Boykott bestimmter Waren und Produzenten, als Revolte und Arbeitsniederlegung, schließlich auch als organisierter Streik, der in rechtsstaatlich verfaßten Industriegesellschaften allerdings zunehmend legalisiert, dadurch gezähmt und in die jeweils herrschende Sozialordnung integriert wird. J. F.

Q

◆ Quantifizierung

Klio, die Muse der Historiker, hat sich in den vergangenen Jahren daran gewöhnen müssen, daß ihre Schützlinge immer häufiger mit den Gerätschaften des postindustriellen Zeitalters hantieren: mit Computern und EDV-Anlagen. Parallel zur Veränderung und Ausweitung ihrer Gegenstandsbereiche haben in der Geschichtswissenschaft mathematisierte Verfahren, Programmiersprache und →Statistik erheblich an Bedeutung gewonnen; ja, in bestimmten Teildisziplinen, der Bevölkerungs- und →Wirtschaftsgeschichte etwa, oder in bestimmten Themenfeldern, bei der Erforschung des sozialen Wandels und des Wahlverhaltens, kommt man ohne Grundkenntnisse und Erfahrungen in der Datenverarbeitung schlechterdings nicht mehr aus. Und mit Blick auf die Datenbänke und vernetzten Informationssysteme, in denen eine moderne, durchrationalisierte →Bürokratie ihr Herrschaftswissen speichert, dürften sie in Zukunft unverzichtbar werden.

Solange individuelles Handeln und politische Entscheidungsabläufe im Vordergrund des Interesses standen, genügten die traditionellen Instrumente der Quellenkritik (→Quellen) und intuitives Verstehen. Will man jedoch Kollektivphänomene, langfristige →Entwicklungen, gesellschaftliche Strukturen (→Ereignis) und Prozesse erfassen, braucht man Modelle und →Theorien, vor allem aber auch aussagekräftige Zahlen und Zahlenreihen, die mit speziellen, der empirischen Sozialforschung entlehnten Methoden erschlossen, aufbereitet und interpretiert werden. Im Fachjargon nennt man das «Quantifizieren». Das heißt, man schlüsselt historische Tatbestände ziffernmäßig auf und drückt dies dann tabellarisch und graphisch aus – oder anders gesagt: Qualitative Aussagen werden ergänzt und differenziert, bestätigt oder widerlegt durch solche quantitativer Natur.

Gegenüber den Nachbardisziplinen wie Soziologie, Nationalökonomie und Politologie haben sich damit die Chancen zum Dialog und zur Kooperation verbessert. Es sind die Tore zu neuen Räumen aufgestoßen worden, es haben sich neue Dimensionen und Perspektiven eröffnet, und da, wo man früher im dunkeln tappte und sich mit vagen Vermutungen begnügen mußte, lassen sich heute mit computergestützten Analysen sehr viel präzisere Ergebnisse erzielen. Die Geschichtsschreibung ist dadurch in gewissem Sinne modernisiert, insgesamt aber sicher nicht revolutioniert worden. Und wer glaubt, daß sie nun endlich in den Kreis der ‹objektiven› Wissenschaften eingetreten sei, wiegt sich in Illusionen.

Denn auch Zahlen sind manipulierbar, unter verschiedenen Gesichtspunkten jeweils verschieden auszudeuten. Die Erhebung, Gewichtung und Verkettung bzw. Korrelation von Daten und Datenreihen setzt voraus, daß man sich zuvor Klarheit verschafft hat über Auswahlkriterien und Klassifikationsschemata. Von den eingegebenen Fragestellungen und →Hypothesen, die es überhaupt erst ermöglichen, das verfügbare Material zu systematisieren und zum Sprechen zu bringen, hängen ganz wesentlich Qualität und Plausibilität der Resultate ab. So können wir z. B. die Sozialstruktur von →Parteien und →Verbänden anhand von Mitgliederlisten rekonstruieren. Da sie oft nur bruchstückhaft überliefert sind, steht man unweigerlich vor dem Problem der Repräsentativität und ist gezwungen, in einem etwas gewagten Verfahren von der Teilmenge auf das Ganze zu schließen. Darüber hinaus sind die verzeichneten Berufsangaben meistens lückenhaft und ungenau. Hinter dem Begriff →«Arbeiter», der darin auftauchen mag, kann sich ein hochqualifizierter, gut verdienender Facharbeiter oder ein ungelernter, mit bescheidenen Mitteln und wenig Prestige ausgestatteter Hilfsarbeiter verbergen. Mit «Angestellter» kann entweder ein Verkäufer, ein Sekretär, ein einfacher Sachbearbeiter oder ein Prokurist mit Weisungsbefugnis gemeint sein. Sie in ein überzeugendes Schichtungsraster einzuordnen, ist dabei die eigentliche, ausgesprochen schwierige Aufgabe. Das heißt, bevor ich darangehen kann zu quantifizieren, muß ich relativ weiche, in der Regel strittige, keineswegs unangreifbare Vorentscheidungen treffen. Und das heißt zugleich, daß auch für eine quantifizierende Geschichtsschreibung die Bäume nicht in den Himmel wachsen, daß sie nur mit äußerster Vorsicht operieren, nur das messen, was wirklich meßbar ist, und nur das vergleichen kann, was vergleichbar ist, kurzum: unsere Kenntnisse gewiß enorm bereichert, aber keine Wunderdinge vollbringt, ganz abgesehen davon, daß Schaubilder und Tabellen allein noch kein lesbares Buch ausmachen. J. F.

◆ Quellen (Quellenkunde, Quellenkritik)

Als «Quellen» bezeichnet der Historiker alles, was ihm ermöglicht, vergangene Wirklichkeit zu rekonstruieren, →Tatsachen, →Ereignisse und Zusammenhänge zu ermitteln. Dazu dienen ihm Texte, z. B. behördliche →Akten, die in staatlichen →Archiven aufbewahrt werden, oder private Briefe, Gegenstände, z. B. Werkzeuge, oder Interviews mit Zeitzeugen. Darüber hinaus zählen wir zu den Quellen auch Befunde, die sich weder aus Texten, Gegenständen oder mündlichen Berichten ergeben: Aus Ortsnamen z. B. läßt sich auf sprachgeschichtliche und volkskundliche Besonderheiten schließen.

In Geschichtsbüchern finden wir gewöhnlich die Unterscheidung zwischen Literatur (oder – mit einem unglücklichen Ausdruck – «Sekundärliteratur») und Quelle. Unter Literatur verstehen wir das, was der Historiker herausgefunden und zum Druck befördert hat. Freilich kann die wissenschaftliche Darstellung und Interpretation auch zur Quelle werden, z. B. wenn es darum geht, eine Geschichte der Geschichtswissenschaft zu schreiben. In diesem Fall wird die historische Literatur selbst zum Objekt historischer Untersuchung.

Die Einteilung der Quellen nach Gruppen ist kein Selbstzweck, sondern soll die Arbeit des Historikers erleichtern und somit historische Erkenntnis befördern. Je nach Thema, Fragestellung und Methode wird man zu unterschiedlichen Unterscheidungsmerkmalen gelangen. Das «Manifest der bürgerlichen Freiheit», eine in Altona gedruckte Flugschrift (→Flugblatt) des Jahres 1699, wird für den, der sich für die Kämpfe zwischen Hamburger Bürgerschaft und Senat im ausgehenden 17. Jh. interessiert, einen anderen Erkenntniswert haben als für den, der an einer Geschichte des Buchhandels arbeitet. Trotzdem gibt es einige allgemeine Gliederungsmerkmale, die sich als nützlich erwiesen haben. Seit Johann Gustav Droysen, dem bedeutendsten Theoretiker der deutschen Fachhistorie des 19. Jhs., unterscheiden wir Quellen nach «Überresten» und «Tradition». «Überreste» sind Quellen, die unbewußt-unabsichtlich (unwillkürlich) Zeugnis von Vergangenem geben, von der Moorleiche aus germanischer Zeit bis zur Guillotine, von der Fackel und Öllampe zum Docht der Kerze und zur Glühbirne. Neben den «Sachüberresten» (auch «Sachquellen» genannt) gibt es «abstrakte Überreste», z. B. fortdauernde Rechts- und Verfassungszustände, und «schriftliche Überreste», z. B. Akten und →Urkunden, als die für den Historiker des →Mittelalters und der →Neuzeit wichtigste, weil ergiebigste Quellengruppe. «Tradition» ist demgegenüber jede Quelle, die absichtlich (willkürlich)

Auskunft über Geschichte gibt, z.B. eine mittelalterliche Chronik (→Annalen).

Wichtig ist auch die Unterscheidung der Quellen je nach ihrer Nähe zu dem zu erforschenden Geschehen: Man spricht daher von «Primärquellen» und «Sekundärquellen». Als besonders nützlich erweist sich diese Unterscheidung u.a. bei der Untersuchung mittelalterlicher Schriftquellen, wo es darauf ankommt, spätere Zusätze von Ursprünglichem zu trennen und die verschiedenen Schichten der Überlieferung freizulegen. Einschränkend muß man jedoch sagen, daß – und dies gilt insbesondere für die Beschäftigung mit neuerer Geschichte – Primärquellen durchaus nicht immer sogenannten Sekundärquellen vorzuziehen sind. Denn wenn es nur auf die Nähe ankäme, würde jeder Augenzeugenbericht die geschichtliche Wirklichkeit am treffendsten wiedergeben.

Die Systematisierung der Quellen und die Erörterung der mit ihrer Erschließung verbundenen Probleme ist Aufgabe der (Allgemeinen) Quellenkunde, der Lehre von den geschichtlichen Quellen überhaupt (→Archiv).

Aus den jeweiligen Quellen das Optimum an →Tatsachen zu erschließen, ist Aufgabe der Quellenkritik. Darüber hinaus ist es Sache der Quellenkritik, die Echtheit einer Quelle zu prüfen. Leopold von →Ranke, einer der größten Meister historischer Quellenkritik, hat als wesentliche Fähigkeiten des Historikers herausgehoben: «Kritik, Präcision und Penetration». M. A.

R

◆ Radikalismus

«Radikalismus» ist ein Begriff aus der politisch-sozialen Sprache, der in besonderem Maße vom politisch-ideologischen Standort der jeweiligen Betrachter abhängig ist, der im Laufe seiner Geschichte daher vielfachen Wandlungen unterworfen wurde und der, wenn er als Kategorie für die Historie tauglich sein soll, jeweils der Rückführung auf den spezifischen realhistorischen Kontext seiner Verwendung bedarf.

Als politischer Begriff taucht «Radikalismus» zuerst im Vormärz auf, und zwar im Zusammenhang mit der Ausdifferenzierung eines linken Flügels der liberalen Bewegung. Zuvor war die Bezeichnung «radikal» nur in der Gelehrtensprache, besonders in der Philosophie, geläufig gewesen. Die Wortbedeutung «was bis in die Wurzel geht oder dringt» (so Joachim Heinrich Campes Fremdwörterbuch von 1813) hat sich als kleinster gemeinsamer Nenner aller Definitionen bis heute erhalten. Die Politisierung des Begriffs im Vormärz verdankt wesentliche Impulse der westeuropäischen →Entwicklung. In England wurden die Verfechter einer Wahlrechtsreform, die mit der Reform Bill von 1832 einen ersten Erfolg erzielen konnten, seit Beginn des 19. Jhs. als «radicals» bezeichnet. In Frankreich bürgerten sich nach der Juli-Revolution von 1830 die Begriffe «radicalisme» oder «parti radical» für die Republikaner ein, die – im Unterschied zu den Liberalen – die politischen Institutionen radikal zu ändern trachteten.

Der vormärzliche Radikalismus ist in Deutschland aus dem →Liberalismus hervorgegangen. Er blieb trotz eigenständiger Theorieansätze mit der liberalen Bewegung immer noch verbunden in der gemeinsamen Frontstellung gegen das System der Restauration (→Restaurationszeit). Dies macht es auch schwierig, eine trennscharfe Definition dessen zu geben, worin die politischen Inhalte des vormärzlichen Radikalismus bestanden. In jedem Fall wurde er schon von Zeitgenossen mit demokratischen Tendenzen in Verbindung gebracht (→Demokratie). Volkssouveränität war ein wesentlicher Bestandteil des radikalen politischen Programms; daraus folgte die Forderung nach einer →Republik; die →Monarchie galt als überlebte Staatsform, die zu beseitigen sei. Im Unterschied zu den Liberalen strebten die Radikalen oder «entschiedenen Demokraten», wie sie auch genannt wurden, nicht nur liberale Freiheitsrechte, sondern auch ein höheres Maß an sozialer →Gleichheit an. «Sozial-Demokratie» tauchte als neuer politischer Leitbegriff im Vormärz auf. Idealtypisch lassen sich zwei Strömungen im vormärzlichen Radikalismus unterscheiden: eine mehr volkstümliche Richtung, die sich um populäre Volksführer wie Robert Blum (1807–1848) in Sachsen oder Gustav Struve (1805–1870) und Friedrich Hecker (1811–1881) in Baden kristallisierte. Das von Struve und Hecker entworfene «Offenburger Programm» der badischen Demokraten vom September 1847 forderte über die verfassungspolitischen Ziele hinaus auch →Sozialreformen: gleiche Bildungschancen für alle, progressive Einkommensteuer und, in Anklang an frühsozialistische Tendenzen, den «Ausgleich des Mißverhältnisses von Kapital und Arbeit». Daneben gab es als zweite Strömung, vorwiegend in Norddeutschland, einen «intellektuellen Radikalismus», der sich um die Linkshegelianer gruppierte. Dazu zählten z. B. die Gebrüder Bruno und Edgar Bauer, Arnold Ruge, Karl Marx, Friedrich Engels und andere Vertreter der akademischen und freien Intelligenz. Sie wandten das von Hegel in der Rechts- und Religionsphilosophie entfaltete Negationsprinzip entschlossen auf die vorgefundene politisch-gesellschaftliche Wirklichkeit an. Die Metho de ihrer Kritik hat Marx in seinen Bemerkungen «Zur Kritik der Hegelschen Rechtsphilosophie» (1844) auf die Formel gebracht: «Radikal sein ist die Sache an der Wurzel fassen.» Die junghegelianischen Intellektuellen artikulierten sich über Zeitschriften und →Zeitungen, so vor allem in den «Hallischen Jahrbüchern für Wissenschaft und Kunst» (1838–40), den «Deutschen Jahrbüchern» (1840–43), den «Deutsch-Französischen Jahrbüchern» (1844), der «Rheinischen Zeitung» (1842/43), deren Chefredakteur Karl Marx war. Die meisten dieser Organe erlagen schon nach kurzer Zeit der Zensur. Wie man gerade an den →Biographien von Marx und Engels erkennen kann, führt vom vormärzlichen demokratischen Radikalismus auch ein Entwicklungsstrang zu sozialistischen und kommunistischen Bewegungen.

In der →Revolution von 1848 konnten sich die radikalen Demokraten gegen die liberale Paulskirchen-Mehrheit nicht durchsetzen. Sie organisierten sich in Volksvereinen und suchten das Parlament von außen unter Druck zu setzen. Der Zentralmärzverein, zu dem sich die demokratischen →Vereine im November 1848 zusammenschlossen, spielte in der letzten großen Volksbewegung der 48er Revolution, der sog. Reichsverfassungskampagne vom Mai 1849, eine bedeutende Rolle.

Nach dem Scheitern der Revolution von 1848 wurde «Radikalismus» von der siegreichen Reaktion zunehmend als Kampfbegriff in Beschlag genommen und mit negativen Attributen ausgestattet. Seit den sechziger Jahren des 19. Jhs. richtete er sich, entsprechend der veränderten gesellschaftlichen Kräftekonstellation, vorzugsweise gegen die sozialdemokratische →Arbeiterbewegung, die mit der Ablösung von der bürgerlichen →Demokratie zugleich auch das Stigma des Radikalismus-Vorwurfs übernahm. Gegen Ende des 19. Jhs. bildete sich am rechten Rand des politischen Spektrums in Form nationalistischer Agitations- und Wehrvereine ein radikales Potential heraus, dessen extremste Ausformung die faschistischen Bewegungen des 20. Jhs. darstellten (→Agitationsvereine, →Faschismus, →Wehrverbände). Auf der Linken löste sich der Radikalismus-Vorwurf in dem Maße von der Sozialdemokratie, wie sich diese in →Staat und →Gesellschaft integrierte, und ging auf die kommunistische Bewegung über. Kritik am «linken Radikalismus» kam dabei nicht nur von rechts, sondern wurde auch in den internen Auseinandersetzungen zwischen verschiedenen kommunistischen «Linien» immer wieder formuliert – etwa in Lenins Schrift «Der ‹linke Radikalismus› – die Kinderkrankheit im Kommunismus» (1920). Rechts- und Linksradikalismus waren bereits in der Weimarer Republik geläufige Bezeichnungen. Die Gleichsetzung dieser politischen Extrempositionen im Sinne einer vergröberten Theorie des →Totalitarismus wird bis heute gern als Mittel der politischen Diffamierung benutzt. V. U.

◆ **Ranke** (Ranke-Renaissance)

Seine Schüler feierten ihn als «den Vater und den Meister» der modernen Geschichtswissenschaft, als «den größten Geschichtsschreiber der Neuzeit»: Leopold von Ranke (1795–1886). Sein Zeitgenosse Karl Marx nannte ihn dagegen einmal «einen gebornen ‹Kammerdiener› der ‹Geschichte›». Ein anderer bedeutender Zeitgenosse, der demokratische Historiker Johannes Scherr, lobte Rankes Meisterschaft, «historische Bildnisse» zu zeichnen, rügte aber: «Die Weltgeschichte spielt bei ihm nur, schlechterdings nur in Fürstenkabinetten, Ministerkanzleien und Diplomatenmappen. Das geheimrätliche Hinwegsehen über die eigentliche Lebensquelle der weltgeschichtlichen Entwicklung, über die Arbeit, das aristokrätelnd-gelehrte Nichtwissenwollen vom Volke, dieses Hinwegsehen,

Nichtbeachten und Nichtwissenwollen, welches Ranke seinen vielgeliebten Diplomaten abgelernt, es hat sich bitter an seiner Geschichtsschreibung gerächt.»

Was immer man an Ranke kritisieren kann und muß, zumal heute, mehr als hundert Jahre nach seinem Tode, eines steht fest: Ranke war und ist eine zentrale Figur der neueren deutschen und europäischen Geschichtswissenschaft. Sein Einfluß ist bis heute spürbar, und es gibt Anzeichen, daß dieser, nach einer Periode relativen Rückgangs, sogar wieder zunimmt. An Ranke führt kein Weg vorbei – und das, obwohl es kaum jemanden geben dürfte, der nach zwei Weltkriegen und mehreren deutschen Staatsumwälzungen Rankes Weltbild uneingeschränkt verteidigen möchte. Schon Rankes Schaffenskraft war beispiellos: Sein Gesamtwerk umfaßt einschließlich der Veröffentlichungen aus dem Nachlaß nahezu siebzig Bände. In einer über sechzigjährigen Berufslaufbahn als Gelehrter legte Ranke im Durchschnitt jedes Jahr ein Buch vor. Kaum ein Werk, das nicht auf gründlichen eigenen Forschungen beruhte, das nicht hervorging aus ausgedehnten Studienreisen zu den →Archiven europäischer Metropolen wie Wien, Venedig, Florenz und Rom. Zu einer solchen Produktivität bedarf es nicht nur ganz außergewöhnlicher Fähigkeiten, darüber hinaus einer guten Gesundheit und eines langen Lebens, optimaler Arbeitsbedingungen und einer strengen Arbeitsdisziplin, sondern, und dies ist vielleicht das wichtigste, des ungebrochenen und unerschütterlichen Glaubens, daß sich dadurch der Sinn der Geschichte enthülle. Ranke hatte diesen Glauben: Er sah in der historischen Wissenschaft ein «Amt, das sich nur mit dem priesterlichen vergleichen läßt, so weltlich auch die Gegenstände sein mögen, mit denen sie sich eben beschäftigt». Es ging Ranke, wie viele deutsche Historiker aus einer lutherisch-frommen Theologenfamilie stammend, darum, die «Mär der Weltgeschichte» aufzufinden, den «Gang der Begebenheiten und Entwicklungen unseres Geschlechtes», in dem er die «göttliche Ordnung der Dinge» bezeugt sah.

Entscheidende Anregungen und Eindrücke empfing der junge Ranke von der politischen Romantik zu Beginn des 19. Jhs., einer national-deutschen Bewegung, die die in der →Französischen Revolution umkämpften von der Aufklärungszeit des 18. Jhs. vorgeprägten Ideen von «Freiheit, Gleichheit, Brüderlichkeit» bekämpfte, das geschichtlich Gewachsene propagierte und einem Kult deutschen Sendungsbewußtseins frönte. Hinzu kam, teils in Übereinstimmung damit, teils in Spannung dazu, Rankes Orientierung auf das europäische Staatensystem der Heiligen Allianz mit der Unterdrückung demokratischer, liberaler und national-emanzipativer Bestrebungen. Seit 1825 an der Berliner Universität als Geschichtsprofessor wirkend, schätzte sich der gebürtige Thüringer glücklich, einem Staate und einer →Monarchie dienen zu dürfen, die, wie er glaubte, nicht nur zur Führung in Deutschland, sondern darüber hinaus in Europa berufen waren. Den 1840 auf den Thron gelangten preußischen König Friedrich Wilhelm IV. hielt Ranke für einen Vorkämpfer des Abendlandes. 1832 bis 1836 diente Ranke der preußischen Regierung neben seiner Lehrtätigkeit als Herausgeber der «Historisch-politischen Zeitschrift», die sich vor allem der Aufgabe widmete, die liberale nationalstaatliche Einheitsbewegung als «undeutsch» in Mißkredit zu bringen. Als dies mißlang, wandte sich Ranke verstärkt seinen universalgeschichtlichen Themen zu.

Bereits in seinem ersten Buch aus dem Jahre 1824, das wegen seiner quellenkritischen (→Quellen) Methode Epoche machte, den «Geschichten der germanischen und romanischen Völker», hatte Ranke betont, daß er in Europa «den Kern aller neueren Geschichte» sah. Damit setzte er sich in Gegensatz zur universalgeschichtlichen Betrachtungsweise von Historikern der vorangegangenen Epoche, die daran interessiert waren, die Fortschritte (→Entwicklung) von →Kultur und Zivilisation auch in außereuropäischen Ländern und Kontinenten wahrzunehmen und mitzuteilen. Gegen diese Aufklärungshistoriker richtete sich Rankes in der Vorrede zu seinem Erstlingswerk untergebrachtes und berühmt gewordenes Wort: «Man hat der Historie das Amt, die Vergangenheit zu richten, die Mitwelt zum Nutzen zukünftiger Jahre zu belehren, beigemessen: so hoher Ämter unterwindet sich gegenwärtiger Versuch nicht: er will blos zeigen, wie es eigentlich gewesen.»

Rankes wissenschaftliches Interesse richtete sich in den folgenden Jahren und Jahrzehnten darauf, sozusagen die einzelnen Elemente einer später zu schreibenden Weltgeschichte herauszupräparieren. Weltgeschichte ergab sich Ranke zufolge einerseits aus den Kämpfen der Großen Mächte in Europa selbst, die angeblich immer wieder auf einen Zustand des →Gleichgewichts hinausliefen, andererseits aus einer existentiellen Auseinandersetzung zwischen Okzident und Orient, Christentum und Islam, Europa und dem Osmanischen Reich. So entstanden eine Reihe von Hauptwerken: 1834–1836 «Die römischen Päpste, ihre Kirche und ihr Staat im 16. und 17. Jahrhundert», dann 1839–1843 fünf Bände «Deutsche Geschichte im Zeitalter der Reformation», 1847/48 «Neun Bücher preußischer Geschichte», 1853–1868 in Ergänzung dazu eine «Englische Geschichte, vornehmlich im 16. und 17. Jahrhundert». 1879 nahm Ranke, bereits 84 Jahre alt, noch eine «Weltgeschichte» in Angriff und führte sie bis zu seinem Tode auf sechs Bände.

Alle großen Tendenzen und Kräfte der Weltgeschichte seien, so legte

Ranke dar, in Deutschland miteinander in Konflikt geraten: Kaiser und Papst, Protestantismus und Katholizismus, Nationalität und Partikularismus, Monarchie und →Demokratie, Volk und Militär. Daher sei die deutsche →Nation die universalhistorische Nation par excellence: «Die übrigen Abendländer würden ohne die deutsche Nation gar nichts sein.» Die Geschichte des Abendlandes konzentrierte sich letztlich in der deutschen Geschichte. Und die deutsche Geschichte hatte ihren Höhepunkt in der preußischen Monarchie. In seiner Geschichtsschreibung rechtfertigte und forderte Ranke den Aufstieg des «waffengewaltigen Preußen» zur Kontinental- und Weltmacht. Das war manchen seiner Kritiker nicht «deutsch» genug, weil es europäisch verkleidet war. Für ein von Preußen geführtes Deutschland wünschte sich Ranke «die ihm gebührende zentraleuropäische Position». Von Preußen hänge die Rettung Europas ab im Kampf gegen die von Frankreich entfesselten, auf andere Länder übergreifenden revolutionären Kräfte einerseits und, wenn auch weniger dringlich, gegen den Despotismus Rußlands andererseits (→Preußentum). Um dieser Mission gerecht zu werden, dürfe die preußische Armee nicht vom Parlament abhängig sein. Mit der Abfassung der «Weltgeschichte» begann Ranke erst, als seiner Meinung nach die revolutionären Kräfte eine Niederlage erlitten hatten: Frankreich durch die preußisch-deutsche Einigung 1871 und im Innern die Sozialdemokratie durch das Sozialistengesetz 1878.

Im Jahrzehnt der Reichseinigung, in den sechziger Jahren, konnte sich eine Richtung innerhalb der deutschen Geschichtswissenschaft in den Vordergrund spielen, die die nationalstaatliche Einigung unter Preußens Führung beschwor, ohne sich, wie Ranke, um europäische Angelegenheiten zu kümmern (→Geschichtsschreibung, kleindeutsch-borussische). Nachdem das Deutsche Reich erst einmal gegründet war, begann Rankes Geschichtsauffassung ihren Siegeszug. Ende der siebziger Jahre setzte offen ein, was später die «Ranke-Renaissance» genannt wurde. Unter Berufung auf Ranke beschworen die Neo-Rankeaner den «Genius des Okzidents», eine «Macht, welche den Erdball beherrscht». Den Übergang der Reichsregierung nach dem Abschied Bismarcks (1890) von der Kontinental- zur Weltpolitik sicherten die Neo-Rankeaner mit einer expansionistischen Geschichtsauffassung: Teils war sie darauf gerichtet, unter dem Etikett «europäisches Gleichgewicht» die Machterweiterung Preußen-Deutschlands auf Kosten der führenden Seemacht England historisch zu begründen, teils darauf, ein kontinentales Ausgreifen in Richtung Osten (→Mitteleuropa) ideologisch vorzubereiten. Die Neo-Rankeaner beherrschten den Wissenschaftsbetrieb im Fach Geschichte (von der NS-Zeit abgesehen) bis in die Mitte des 20. Jhs. Zu ihren wichtigsten Vertretern gehörten Max Lenz (1850–1932), Hans Delbrück (1848–1929), Erich Marcks (1861–1938), Hermann Oncken (1869–1945), Walter Goetz (1867 bis 1958) und Friedrich Meinecke (1862–1954). «Es gilt nur wachsen oder weichen», unter dieser Devise betrachteten die Neo-Rankeaner deutsche und Weltgeschichte, eine Auffassung, die zwar Rankes Gedanken stark vergröberte, aber doch nicht eigentlich verfälschte, denn sie bildete nur deren Konsequenz. Als Deutschland hatte weichen müssen, wurde der Meister von den Neo-Rankeanern als großer Europäer stilisiert, nach dem Ersten Weltkrieg, und dasselbe wiederholte sich nach dem Zweiten Weltkrieg.

Im Innern plädierte ein Teil der Neo-Rankeaner vor allem nach dem Ersten Weltkrieg (Oncken, Meinecke, Goetz) dafür, auch dies unter Berufung auf Rankes «objektive Universalität», die reformistische Sozialdemokratie zum «politischen Aufbau der Nation» heranzuziehen und insofern auch für die historische Forschung salonfähig zu machen. M. A.

◆ Rapallo

Rapallo ist ein italienischer Badeort südöstlich von Genua. Hier treffen am 16. April 1922 der deutsche und der russische Außenminister, Walter Rathenau und Georgi Wasiljewitsch Tschitscherin, zusammen und unterzeichnen nach kurzen Verhandlungen einen Vertrag. Er sieht vor, daß beide Staaten wieder Botschafter und Konsularbeamte austauschen, auf Ansprüche aus dem Weltkrieg und den sowjetischen Sozialisierungsmaßnahmen verzichten und sich handelspolitisch am Prinzip der Meistbegünstigung orientieren, das heißt sich wechselseitig sämtliche Vergünstigungen einräumen, die man auch anderen Partnern gewährt. Geheime Zusatzbestimmungen enthält das Abkommen nicht, aber hinter seinem Schirm entwickelt sich eine bereits seit 1920 angebahnte Kooperation zwischen Reichswehr und Roter Armee, über die nur wenig an die Öffentlichkeit dringt, weil sie auf eine Durchbrechung der militärstrategischen und rüstungstechnischen Beschränkungen hinausläuft, die den Deutschen durch den Versailler Friedensvertrag auferlegt sind.

Inhaltlich gehen die Vereinbarungen von Rapallo nicht über das hinaus, was in normalen zwischenstaatlichen Beziehungen üblich ist. Gleichwohl schlägt der Pakt bei den Franzosen, Briten und Amerikanern hohe Wellen. Denn es hat den Anschein, als würden sich dadurch zwei im europäischen Mächtekonzert relativ isolierte Habenichtse verbünden, um gemeinsam an einer Revision der Nachkriegsordnung zu arbeiten. Selbst wenn mancher in Deutschland solche Hoffnungen hegt: Sie erfüllen sich, wie die weitere Geschichte zeigt, nicht. Trotzdem hinterläßt der Rapallo-Vertrag im Bewußtsein des Westens traumatische Spuren.

Rapallo wird zum geflügelten Wort, das auch heute noch Emotionen weckt. In ihm spiegeln sich tiefsitzende Ängste, daß Deutschland sich aus dem Bündnissystem des Westens herauslösen und zurückfallen könnte in eine Schaukelpolitik, die Ost und West gegeneinander ausspielt, um sich in Europa eine von Blöcken unabhängige Machtbasis zu schaffen. Zwar haben sich derartige Befürchtungen bisher stets als grundlos erwiesen, aber sie vermitteln eine Ahnung davon, wie sehr historische Erinnerungen in der Gegenwart fortwirken, sich verselbständigen und die Interpretation aktueller Vorgänge beeinflussen, hier und da auch eine angemessene Wahrnehmung der Realitäten (→Tatsachen) beeinträchtigen. J. F.

◆ Rassismus

Im strengen Wortsinn bezeichnet «Rassismus» Einstellungen bzw. Verhaltensweisen, die von tatsächlichen oder nur fiktiven biologischen Unterschieden (z. B. der Hautfarbe) auf die Überlegenheit bzw. Unterlegenheit einer bestimmten Gruppe von Menschen schließen. Rassismus in diesem engen Sinne ist ein Phänomen, das erst in der →Neuzeit, vor allem in westlichen ›Gesellschaften, auftritt. Zwar hat es in fast allen ›Kulturen die Tendenz gegeben, das Andersartige und Fremde abzuwehren. Die Griechen der klassischen Zeit etwa grenzten sich ab von den «Barbaren», denen sie sich kulturell überlegen fühlten, und auch die Römer empfanden für die «wilden», unzivilisierten Stämme im Norden ihres Reiches eine gewisse Verachtung. Während des ganzen →Mittelalters wurden bestimmte Gruppen der Gesellschaft geächtet – Juden, Ketzer, Aussätzige, Geisteskranke usw. –, doch waren solche Diskriminierungen und Vorurteile in der Regel nicht rassistisch, sondern religiös oder sozial motiviert. Eine Änderung trat mit dem Zeitalter der Entdeckungen ein, das die Europäer mit Völkern in Berührung brachte, deren Zivilisation in scharfem Kontrast zu der des alten Kontinents stand. In die theologische Diskussion fand nun eine neue These Eingang, die Keime des modernen Rassismus enthielt, die sog. Polygenese, das heißt die Ansicht, daß das Menschengeschlecht auf verschiedene Ursprünge zurückgehe und die unterworfenen ‹primitiven› Völker minderwertig seien und von den ‹Weißen› zivilisiert werden müßten. Mit solchen ‹Argumenten› wurde die Entstehung einer Kolonialgesellschaft in der Neuen Welt gerechtfertigt, die auf der Unterjochung und Ausrottung der unterworfenen Völker und der Versklavung der aus Afrika eingeführten Schwarzen beruhte.

Sklaverei und →Kolonialismus vertrugen sich allerdings nicht mit den im Zeitalter der →Aufklärung formulierten Idealen von →Freiheit, →Gleichheit und Brüderlichkeit. Sie bedurften einer neuen ideologischen Rechtfertigung. Das 19. Jh. wurde zum eigentlichen Zeitalter der Ausbildung rassistischer Theorien. Schrittmacherdienste leistete das vierbändige Werk des französischen Grafen J. A. de Gobineau, «Essai sur l'inégalité des races humaines» (1853–1855), das die Rassenfrage zur treibenden Kraft der gesamten menschlichen Geschichte erklärte. Gobineau unterschied drei Hauptrassen: Weiße, Gelbe, Schwarze, wobei er allein der ersten die Fähigkeit zur →Herrschaft zuerkannte. Innerhalb dieser «weißen Rasse» waren es nach Gobineau wiederum die «Arier», die aufgrund ihrer «Reinrassigkeit» zu einer historischen Führungsrolle berufen seien (→Kolonialismus).

An Gobineau knüpfte der Engländer Stewart Houston Chamberlain, ein glühender Bewunderer Deutschlands und Schwiegersohn Richard Wagners, an. In seinem 1899 erschienenen Buch «Die Grundlagen des 19. Jahrhunderts» verkündete er die Überlegenheit der «arischen Rasse», als deren Kern er die Deutschen ausmachte. Damit verbunden war die Abwertung der Juden als «fremde» Rasse, die sich gleichsam parasitär in den westlichen Gesellschaften eingenistet habe und sie bedrohe. Die alte christliche Judenfeindschaft wurde auf diese Weise rassistisch aufgeladen und radikalisiert.

Die Massenwirksamkeit solcher Hirngespinste wurde wesentlich gefördert durch die Popularisierung der Darwinschen Lehre von der «natürlichen Auslese», vom Überleben nur der Tüchtigsten im «Kampf ums Dasein», und ihre Übertragung auf die menschliche Gesellschaft (→Sozialdarwinismus). Der pseudowissenschaftliche Charakter solcher Ideen zeigte sich um die Jahrhundertwende zum einen in einer immer breiteren Literatur, zum anderen in dem Aufschwung von Disziplinen wie Rassenkunde und Rassenhygiene (Eugenik). Ihre extremste Ausformung fanden die rassistischen Lehren in der →Ideologie des Nationalsozialismus. In der rassistischen Wahnwelt Hitlers verdichteten sie sich zu der Vorstellung eines notwendigen Endkampfes zwischen der «nordischen Herrenrasse» und dem «parasitären Judentum», das aus dem «Volkskörper» ausgeschieden und «ausgerottet» werden müsse. Die NS-Rassenpolitik setzte diese Programmatik konsequent in die Tat um – bis hin zur sog. «Endlösung der Judenfrage» (→Faschismus).

Infolge der Massenverbrechen des Nationalsozialismus war rassistisches Gedankengut nach 1945 weltweit diskreditiert, doch wirkte es in vielfältiger Weise, latent oder offen, fort, z. B. in der Apartheidspolitik der südafrikanischen Regierung, in der Benachteiligung der Schwarzen in den USA oder in der Diskriminierung der ‹Gastarbeiter› in den westeuropäischen Ländern.

Seit den achtziger, verstärkt seit Beginn der neunziger Jahre, haben mit dem Erstarken rechtsextremer →Parteien und Gruppen auch rassistische Tendenzen in Europa deutlich zugenommen. Sie richten sich vorwiegend gegen Elendsflüchtlinge und Asylsuchende aus Ländern der «Dritten Welt» und Staaten des ehemaligen sozialistischen Lagers. Einen vorläufigen Höhepunkt fanden rassistisch motivierte Gewalttaten in Deutschland im Herbst 1992. V. U.

◆ Raum

Die menschliche Geschichte kennt verschiedene Räume: geographische, politische, ideologische. Wie sich eine Gesellschaft die ihr zustehenden Räume vorstellt oder sich selbst innerhalb eines geographischen und politischen Raumsystems «verortet», hat Rückwirkungen auf ihr Handeln. Aber nicht nur als ideologisches Motiv, auch als geographische Bedingung, die unmittelbar das kollektive Verhalten einer Gesellschaft prägt, wollte die geopolitische Richtung unter den Historikern und Staatswissenschaftlern die Kategorie «Raum» verstehen. Ihren Höhepunkt hatte diese bereits im 19. Jh. von Friedrich Ratzel vorgeprägte Theorie in der NS-Zeit. Die Vorstellung vom «Volk ohne Raum», vom «Recht auf Lebensraum» gehört ebenso zur geopolitischen Tradition wie das Ideologem der «Einkreisung», aus der man sich nur mit einem «gewaltigen Schlag» – mit militärischen Mitteln – befreien könne. Derartige Mechanismen lehnte als erste die marxistische Geschichtswissenschaft ab. Ihr folgten die nicht-marxistische kritische →Sozialgeschichte und Politologie. Modifiziert tauchen geopolitische Motive in den Debatten um die «deutsche Frage» sowohl in historischen wie in politischen Beiträgen immer wieder auf. Das Stichwort hier heißt «Mittellage». Sie bedinge als Langzeitmoment der deutschen Geschichte einen guten Teil ihrer spezifischen Komplexität – ihres Sicherheitsbedürfnisses, ihrer außenpolitischen Balancekünste und militärischer Obsessionen.

Mit derart problematischen Ansätzen haben diejenigen, die auf die Bedeutung des Raumes für Staatenbildung verweisen, nichts gemein. Die Anthropologie hat die Kategorie des «Staatsgebietes», wie es seit Montesquieu zur Definition des →Staates gehört, in die allgemeinere Fassung des «Hoheitsgebietes» umdefiniert. Mit Verweis auf entsprechende Beobachtungen der Zoologie hat sie die Bedeutung eines abgesteckten «Territoriums» für die →Identität einer sozialen Gruppe – von der Familie bis zur supranationalen Megalogesellschaft – nachgewiesen. Das von der →historischen Anthropologie wahrgenommene «Hoheitsgebiet» erweist sich als Fortsetzung des tierischen und menschlichen Organismus, gewinnt daher symbolische Qualität. Der Prozeß der Symbolisierung kann auch rückkoppelnd verlaufen. Dies hat Folgen für die historische Konflikttheorie, die z. B. die Verletzung eines Territoriums als besonders tiefgreifende Störung erfassen kann: als Angriff auf Identität oder «Ehre». Umgekehrt vermögen andere Symbole die Funktion des Territoriums zu übernehmen: der Totempfahl, Nationalfahnen, das Auto etc.

Eine besondere Rolle kommt dem Raumbegriff in der Urbanistik zu. In den Städten beobachten Historiker und Soziologen die Ausbildung abgegrenzter Räume, Quartiere und Klientelbezirke, die durch wirtschaftliche und soziale Beziehungen definiert werden. Differenzierte Raumanalyse vermag hier somit nicht nur stimmigere geschichtliche Bilder über Stadtstrukturen und -entwicklungen zu vermitteln, sondern auch die Städte – vor allem die Metropolen – besser zu befrieden. Wenn auch um den Preis einer schärferen Überwachung, auf deren «raumverändernden» Charakter die Geschichtswissenschaft – angeregt durch Michel Foucault – hinzuweisen beginnt (→Stadt – Land). A. v. M.

◆ **Recht** (Rechtsgeschichte)

Recht ist ein gesellschaftliches Produkt und daher für den Historiker ein geschichtlicher, sich verändernder, sich aushöhlender und sich erneuernder Tatbestand. Rechtsplanung, Rechtssetzung und Rechtsanwendung sind keine autonomen Vorgänge, sondern, wie Ulrich K. Preuss gesagt hat, «sozialer Prozeß…, an dem neben dem Gesetzgeber, den Gerichten, der Verwaltung und den juristischen Professionen eine Vielzahl gesellschaftlicher Kräfte beteiligt ist». Kritische Juristen und Rechtshistoriker unterschiedlicher Weltanschauung sind sich heute darin einig, daß, wie es 1977 auf einer Konferenz US-amerikanischer Rechtsprofessoren formuliert wurde, «Recht ein Instrument sozialer, ökonomischer und politischer Herrschaft ist, und zwar in dem Sinne der Beförderung der konkreten Interessen der Herrschenden wie der Legitimierung der bestehenden Ordnung». Unstrittig ist aber auch, daß Recht sich nicht auf eine machtstabilisierende Funktion beschränkt, sondern auch innovativ wirken kann, indem es der gesellschaftlichen →Entwicklung vorangeht und sie in eine bestimmte Richtung steuert, z. B. das →Grundrecht auf →Gleichheit, das, als Element des Naturrechts in die positive Rechtsordnung integriert und mit höchstem Geltungsanspruch ausgestattet, die Weiterentwicklung des geltenden Rechts dauernd anmahnt und, im Prinzip jedenfalls, dauernd erforderlich macht. Dazu kommen weitere, teilweise jedoch von den bereits genannten und untereinander kaum zu trennende Funktionen, wie die regulative Funktion, derzufolge das Recht nicht nur bei der nachträglichen Kontrolle sozialen Handelns, sondern schon im Handeln selbst wirksam wird und es damit zusammen mit anderen Faktoren konstituiert. Die anthropologische Funktion bezieht sich auf Grundbedürfnisse der physischen und psychischen Existenz, so wenn z. B. der Forderung entsprochen wird, Strafgefangenen nicht jeden persönlichen Besitz zu entziehen und sie nicht von allen Sozialkontakten zu isolieren. Immer hat das moderne Recht auch eine rationalisierende Funktion, das heißt, es soll in einer durch hochgradige Arbeitsteilung charakterisierten Wirtschaftsordnung zweckrationales Handeln im sozialen Kontext ermöglichen.

Rechtsgeschichte kann also nicht zureichend, wie im 19. Jh. üblich, aber zum Teil auch heute noch praktiziert, als bloße Ideengeschichte (→Geistesgeschichte) dargestellt werden, als Dogmengeschichte, das heißt als Geschichte juristischer →Begriffe und Lehrmeinungen, als «Geschichte der juristischen Technik». Vielmehr ist Rechtsgeschichte aufs engste mit der →Wirtschaftsgeschichte verknüpft, «denn», so hat der bundesdeutsche Rechtshistoriker Helmut Coing betont, «das Recht hat es zu allen Zeiten wegen der grundlegenden Bedeutung der wirtschaftlichen Verhältnisse und der Notwendigkeit, sie zu ordnen, weitgehend mit wirtschaftlichen Tatbeständen zu tun gehabt». Gleichwohl dürfe man das Recht nicht nur als Überbau der Produktionsverhältnisse ansehen und Rechtsgeschichte dementsprechend schlicht in →Sozialgeschichte aufgehen lassen, wie in kapitalismuskritischen Arbeiten vorwiegend marxistisch-leninistischer Observanz häufig zu beobachten sei.

In der Tat haben bereits Marx und Engels – ungeachtet ihrer Verdienste für die Einsicht in die gesamtgesellschaftliche Bedeutung von Recht – verkürzenden rechtsgeschichtlichen Interpretationen durch dualistisch zugespitzte Kernsätze Vorschub geleistet, auch wenn sie diese an anderer Stelle erläuternd abschwächten. Im Vorwort zur «Kritik der Politischen Ökonomie» von 1859 sprach Marx von der Gesamtheit der «Produktionsverhältnisse», der «ökonomischen Struktur der Gesellschaft», der «realen Basis, worauf sich ein juristischer und politischer Überbau erhebt». Andererseits definierte Marx Produktionsverhältnisse als Eigentumsverhältnisse, also als Rechtsverhältnisse, ja selbst die →Produktion erscheint als Erzeugung von →Eigentum: «Alle Produktion ist Aneignung der Natur von seiten des Individuums innerhalb und vermittelst einer bestimmten Gesellschaftsform», heißt es in den «Grundrissen». Recht und ökonomische Struktur sind insoweit identisch gesetzt, und unklar bleibt, was ursprünglicher ist, das produzierende Individuum oder die zur Produktion erforderliche «bestimmte» Gesellschaftsform, die doch ihrerseits aus produzierenden Individuen gebildet wird (→Historischer Materialismus). Die Basis-Überbau-Metapher macht daher hinsichtlich der Rechtsproblematik nur Sinn, wenn die Gesamtmasse des Rechts als in zwei Bereiche getrennt gedacht wird, wobei die grundlegenden Rechtsinstitute die Produktionsverhältnisse strukturieren und somit zur Basis gehören, während die übrige Masse des Rechts, insbesondere das Strafrecht und das öffentliche Recht, abgeleitet sind und nur sekundäre Bedeutung haben. Schwerer als die eine oder andere Unschärfe bei der Bestimmung von Recht fällt ins Gewicht, daß Marx die bürgerlichen Rechtsinstitute fast ausschließlich unter dem Gesichtspunkt kapitalistischer Klasseninteressen wahrnahm, so daß er Bürger- und Menschenrechte bloß als Ausdruck des Egoismus der Warenbesitzer begriff: «Keines der sogenannten Menschenrechte geht also über den egoistischen Menschen hinaus, über den Menschen, wie er Mitglied der bürgerlichen Gesellschaft, nämlich auf sich, auf sein Privatinteresse und seine Privatwillkür zurückgezogenes und vom Gemeinwesen abgesondertes Individuum ist.» («Zur Judenfrage», 1844) Demgegenüber stellte Marx fest, daß die «menschliche Emanzipation» erst vollbracht sei, «wenn der wirkliche individuelle Mensch den abstrakten Staatsbürger in sich zurücknimmt und als individueller Mensch in seinem empirischen Leben, in seiner individuellen Arbeit, in seinen individuellen Verhältnissen Gattungswesen geworden ist...» Während auch 150 Jahre später eine solche →Utopie realhistorisch noch nicht einmal in Umrissen sichtbar ist, hat die Schreckensgeschichte des real praktizierten →Sozialismus gezeigt, daß die Mißachtung von durch Grundrechte zu normierender und durch Gesetze zu konkretisierender Gewaltenbegrenzung und Gewaltenteilung zugunsten staatlich-bürokratischer Omnipotenz zur Deformation von Individuum und →Gesellschaft führt und eine gänzliche Neubesinnung auf den emanzipativen Gehalt der ursprünglich sozialistischen Idee erforderlich macht.

Rechtsgeschichte als Forschungsdisziplin untersucht, sofern sie den Funktionswandel des Rechts in der bürgerlichen Gesellschaft (→Bürger) zum Thema hat, in welcher Weise sich im Zusammenhang mit der Entwicklung der kapitalistischen Marktgesellschaft im Zuge der Industriellen Revolution (→Industrialisierung) eine Privatrechtsordnung mit der Vertragsfreiheit als zentralem Rechtsinstitut herausbildete und welche Veränderungen diese liberale Konzeption unter dem Einfluß gesellschaftlicher, wirtschaftlicher und politischer Faktoren bis zur Gegenwart durchgemacht hat. Die Ende des 19. Jhs. zunehmende Einschränkung der Vertragsfreiheit durch staatliche Gesetzgebung («Öffentliches Recht») und die Ausgliederung wichtiger Kernbereiche aus dem klassischen Privatrecht, z. B. die Neubildung eines Arbeitsrechts und die Regelung sozialrechtlicher Materien in Spezialgesetzen, zeigt zugleich die Formwandlung der bürgerlichen Gesellschaft vom individualistischen →Liberalismus des frühen 19. Jhs. mit seiner →Ideologie des uneingeschränkt freien Spiels der Kräfte bis hin zum Sozialstaat der Gegenwart mit seiner Wirtschaftsordnung der «Sozialen Marktwirtschaft», die gleichwohl den der bürgerlichen Gesellschaft von Anfang an inhärenten Widerspruch zwischen formaler Rechtsgleichheit (im Zivilrecht) und tatsächlicher Ungleichheit nur abzumildern, nicht aber zu beseitigen vermochte, so daß die sarkastische Formulierung des französischen Romanciers Anatole France aus dem Jahre 1894 im Kern noch heute zutrifft: «Das Gesetz in seiner majestätischen Gleichheit verbietet den Reichen wie den Armen, unter den Brücken zu schlafen, auf den Straßen zu betteln und Brot zu stehlen.» M. A.

◆ Regionalgeschichte

Regionalgeschichte beschäftigt sich, wie der Name sagt, mit der Geschichte einer «Region», wobei dieser aus der Geographie entlehnte Begriff sehr unterschiedlich verstanden wird. Als kleinster gemeinsamer Nenner läßt sich «Region» definieren als ein Gebiet mittlerer Größenordnung (kleiner als ein →Staat, aber größer als eine Kommune), das mit den Grenzen landespolitischer →Herrschaft und Verwaltung nicht zusammenfallen muß. Kriterien, die «Region» konstituieren, können sehr verschieden sein, z. B. Sprache und Dialekt, die gemeinsame Religion oder Konfession, ein Baustil, bestimmte geographische und vegetative Gegebenheiten oder Verkehrs-, Handels- und Wirtschaftsbeziehungen.

Regionalgeschichte kann in Deutschland auf eine längere historiographische Tradition der Landes- und Heimatgeschichte zurückblikken. Diese hat, z. B. auf dem Gebiet der mittelalterlichen →Stadtgeschichte, durchaus respektable historiographische Leistungen hervorgebracht.

Doch gefielen sich Landeshistoriker nicht selten auch in selbstgenügsamer Provinzialität und Heimattümelei. Sie widmeten sich vornehmlich der Volkskunde und Brauchtumspflege und arbeiteten, etwa im Bereich der Agrarforschung, der «Blut-und-Boden»-Mystik des Nationalsozialismus vor.

Nach 1945 geriet die Landes- und Heimatgeschichte mehr und mehr an den Rand der allgemeinen Geschichtswissenschaft. Das änderte sich erst in den siebziger Jahren, als die Ökologie- und Anti-AKW-Bewegung die «Region» neu entdeckte und dem durch Mißbrauch fast nicht mehr verwendungsfähigen «Heimat»-Begriff zu einer Renaissance verhalf. Im Zuge dieses wiedergeweckten Interesses erfuhr auch die Regionalgeschichte einen Aufschwung.

Von der herkömmlichen Landesgeschichte unterscheidet sich die neue Regionalgeschichtsschreibung allerdings vor allem dadurch, daß sie sich als Gesellschaftsgeschichte begreift und sich der Kategorien und Methoden der Struktur-, →Sozial- und →Alltagsgeschichte bedient. Sie betrachtet die regionalen →Entwicklungen nicht isoliert, sondern im Zusammenhang mit übergreifenden Strukturen (→Ereignis) und Prozessen. Besonderes Augenmerk gilt der Frage nach den regional unterschiedlichen Auswirkungen des Industrialisierungsprozesses. Regionale Konflikte und Kämpfe werden nicht ausgeblendet, ganz im Gegensatz zu den auf Harmonisierung angelegten Darstellungen der älteren Landes- und Heimatgeschichte. Gefragt wird auch nach den spezifischen Ausprägungen regionaler Mentalitäten, nach den Bedingungen eines regionalen Sonderbewußtseins (→Mentalitätengeschichte). Deutlich ist das Bemühen, die Methoden und Erkenntnisweisen anderer Disziplinen wie Soziologie, Psychologie, Anthropologie, Geographie, Sprachforschung nutzbar zu machen. Insofern zielt die moderne Regionalgeschichtsschreibung auf einen interdisziplinären Ansatz.

Als Pionierprojekt der neuen Regionalgeschichte gilt das vom Konstanzer Arbeitskreis für Regionalgeschichte erarbeitete Buch «Provinzialisierung einer Region» (1978). Die daran beteiligten Wissenschaftler verstanden sich als Regionalhistoriker neuer Art. Sie wollten die «Region» nicht mehr «von oben» herab mit Erkenntnissen konfrontieren, sondern Einfluß nehmen auf den Prozeß regionaler Identitätsbildung, sich einmischen in politische Auseinandersetzungen. Der Konstanzer Arbeitskreis wurde zum Vorbild für viele andere Projekte, die sich in den achtziger Jahren im Rahmen der «neuen Geschichtsbewegung» (→Geschichtswerkstätten) entwickelt haben. V. U.

◆ Religionsgeschichte

Die Zeit der Polemik gegen Religionsgeschichte ist zwar vorüber, aber damit hat sie keineswegs ein deutlicheres Profil gewonnen. Die ältere Religionsgeschichte als Teil der Religionswissenschaft ging von der Grundhypothese einer entwicklungsgeschichtlich bedingten Überlegenheit der Weltreligionen über die «primitiven Religionen» und den antiken Dämonismus aus. Weder das entwicklungsgeschichtliche Schema noch das Überlegenheitskonzept an sich haben sich als haltbar erwiesen. Damit aber ist die Religionsgeschichte vor gänzlich neue Forschungsbedingungen gestellt worden. Sie hat einen «Paradigmenwechsel» (→Paradigma) vollzogen. Nicht immer ist allerdings ihren Vertretern dieser Umstand so recht bewußt geworden. Die Lehren der großen Religionen, ihre Vorstellungen zu sozialen, ethischen oder politischen Fragen – also die ideengeschichtliche Dimension (→Geistesgeschichte) – stehen nach wie vor im Vordergrund vieler Untersuchungen. Traditionen, Einflüsse, wechselseitige Beziehungen bezeichnen nach wie vor den Aufgabenkatalog vergleichender Ansätze. Doch immer deutlicher werden anthropologische, formengeschichtliche und kulturelle Fragestellungen herausgestellt. Die Rolle und Bedeutung der Religion für unterschiedliche soziale Gruppierungen, ihre politische Vereinnahmung für Machtinteressen, aber auch die Widerstandsmöglichkeiten, die sie eröffnet – diese und andere Probleme in gesellschaftlichem und kulturellem Kontext bestimmen inzwischen einen Teil der religionsgeschichtlichen Fragestellungen. Die Entdeckung der «Ungleichzeitigkeit», des Nebeneinanders von magischen Praktiken und kirchlich normierter Frömmigkeit, eröffnet einen ganzen Katalog von Beobachtungsmöglichkeiten gegenüber der alltäglichen, widersprüchlichen Wirklichkeit von Religion im Leben einzelner Menschen und Gruppen.

Die Bedeutungsfunktion von Andachtsformen, Fürbitten, Liturgie, Kirchenorganisation etc. für die religiöse Mentalität eröffnet weite Perspektiven auf noch brachliegende Forschungsfelder. Aber es bedarf kaum besonderer Erwähnung, daß in solchen Bezirken Religionsgeschichte auch von historischen Anthropologen und Ethnologen betrieben wird.

Einen Sonderfall der Religionsgeschichte stellt in gewisser Weise die Kirchengeschichte dar. Sie hat jedoch eigene disziplinäre Qualität und Tradition. Als Institutionengeschichte hat sie die Organisation, Rechtsstruktur, normative Ordnung, ideologische und politische Rolle der christlichen →Kirchen zum Gegenstand. Aber auch hier sind zunehmend sozialgeschichtliche und mentalitätsgeschichtliche Fragestellungen bedeutsam geworden. Themen wie die Behandlung von Sexualität oder Alter in Kirchenrecht und Kirchenpraxis oder die Rolle des Vatikans für den Aufbau des faschistischen Italien lassen die stets mögliche und notwendige Grenzüberschreitung in die Bereiche anderer Teildisziplinen der Geschichte erkennen (→Mentalitätengeschichte, →Historische Anthropologie). A. v. M.

◆ Rekonstruktion

Das Wort kommt aus dem Lateinischen und meint «etwas nicht mehr Vorhandenes wiederherstellen», «neu aufbauen». Der Historiker rekonstruiert vergangene Wirklichkeit, insoweit sich diese Wirklichkeit in →Quellen überliefert hat. Gegen die Möglichkeit einer solchen Rekonstruktion wird häufig eingewandt, daß wir uns lediglich ein Bild von der Vergangenheit machen und daß sich dieses Bild mit den Generationen wandelt. Daran ist richtig, daß es unterschiedliche Sichtweisen auf Geschichte gibt, übrigens auch in ein und derselben Generation. Handelt es sich bei solchen Sichtweisen um Weltanschauungen, so leiten sie sich letztlich aus den gesellschaftlichen Kämpfen selbst ab und erweisen sich damit als Bestandteile der geschichtlichen Wirklichkeit. Inwieweit sie diese Wirklichkeit angemessen erfassen, hängt von ihrer geschichtlichen Reichweite ab. Von einem, der zum Jahrestag der Hinrichtung Ludwigs XVI. (21. Januar 1793) Trauerflor anlegt, wie dies französische Royalisten tun, wird man kaum erwarten, daß er sich eine angemessene Auffassung vom neuzeitlichen Geschichtsprozeß aneignet. Die wissenschaftliche Rekonstruktion der Vergangenheit bedarf freilich nicht nur einer perspektivischen Betrachtungsweise, die die Geschichte als zukunftsgerichteten Prozeß (→Entwicklung) begreift, sondern auch kontrollierter und überprüfbarer Methoden zur Ermittlung von Tatbeständen, von Begebenheiten und →Ereignissen sowie von Erklärungsmodellen, um die Rekonstruktion von →Tatsachen durch die Rekonstruktion von Strukturen zu ergänzen und zu vertiefen. M. A.

◆ Relevanz

Das Wort «Relevanz» kommt aus dem Lateinischen und meint dem Wortsinne nach das, was in die Höhe gehoben ist. Relevant ist also das, was uns als erheblich erscheint, als wichtig, bedeutsam und interessant. Wenn der Historiker nach der Relevanz seiner Arbeit fragt, hört man häufig die Formel von der «gesellschaftlichen Relevanz» der Geschichte oder der Relevanz der Geschichte für die «Gegenwart». Doch wer ist mit →Gesellschaft gemeint und wer mit Gegenwart? Der Schweizer Historiker Jacob Burckhardt (1818–1897) meinte: «Sobald die Geschichte sich unserem Jahrhundert und unserer werten Person nähert, finden wir alles viel ‹interessanter›, während eigentlich nur wir ‹interessanter› sind.» Andererseits gibt es keine Geschichtswissenschaft, die nicht bestimmte Fragen und eine bestimmte Begrifflichkeit entwickelt, mit denen sie die →Quellen der Vergangenheit befragt.

Diese Fragen und diese Begrifflichkeit hängen mit dem Standort des Historikers zusammen und den →Interessen in einem konkret zu bestimmenden gesellschaftlichen Umfeld. Die Antwort auf die Frage nach der historischen Relevanz kann deshalb nicht abstrakt-zeitlos ausfallen. Die gesellschaftliche Relevanz der Historie anzuerkennen bedeutet zuvörderst, sich über die politische Verantwortung des Historikers klarzuwerden. Daraus läßt sich jedoch nicht zwingend die gegenwärtig vor allem von konservativen Historikern beklagte, von sich als progressiv verstehenden Historikern dagegen in der Regel befürwortete Maxime ableiten, daß sich die Geschichtswissenschaft entschlossen in den Dienst politischer Pädagogik zu stellen habe und relevant vornehmlich das sei, was dem Ziel gegenwartsverändernder Praxis (→Theorie-Praxis) genüge. Denn das Interesse an der Geschichte ist wie die Geschichte selbst vielschichtiger, als daß es auf politische Handlungsanweisungen reduziert werden könnte. Das entbindet den Historiker jedoch nicht der politischen Verantwortung für sein Tun, auch wenn sich daraus keine juristischen Konsequenzen ergeben. Für die Geschichtswissenschaft wie für die Wissenschaft überhaupt kann es keine gesellschaftliche Exterritorialität geben, in der es möglich sein soll, «reine» Wissenschaft zu betreiben. Darauf zielen jedoch Vorschläge, die – wie die von Thomas Nipperdey vorgetragene These – strikt zwischen der Geltung wissenschaftlicher Aussagen und der Art, wie sie zustande kamen, ihrer Genese, zu unterscheiden suchen. Diese Argumentation hat Widerspruch hervorgerufen. Denn gewiß ist einzuräumen, daß sich das Verhältnis von Politik und Wissenschaft nicht auf einen einfachen Gleichlauf reduziert, aber es ist unbestreitbar, daß spezifische Interessen, Wahrnehmungen und Erfahrungen so mit der Gesamtdarstellung verwachsen, daß wohl die Richtigkeit einzelner Fakten intersubjektiv überprüfbar und entscheidbar ist, aber schon die bloße Verknüpfung relativ eingrenzbarer Fakten (→Tatsachen) eine Interpretation darstellt und als solche mit Wissenschaft allein weder verifizierbar noch falsifizierbar ist.

Die Prüfung wissenschaftlicher Ergebnisse, unabhängig von ihrer Entstehungs- und Wirkungsgeschichte, auf ihre «Geltung» läuft, wie die Geschichte der Geschichtswissenschaft zeigt, faktisch darauf hinaus, daß sich die Angehörigen einer immer auch nach gesellschaftlichen und politischen Kriterien rekrutierten «scientific community» gegenseitig ihre Bedeutung bestätigen. Vor allem aber führt die künstliche Trennung von Geltung und Genese bzw. Wirkung zu einer Ausgrenzung moralischer Gesichtspunkte und damit zu politischer Verantwortungslosigkeit. Wie hätte der Historiker z. B. mit der nationalsozialistischen Rassenforschung umzugehen, die mit durchaus wissenschaftlichem Anspruch betrieben wurde und zu ebenso grausigen wie wissenschaftlichen Ergebnissen geführt hat? Wer dazu bloß wissenschaftlich Stellung nehmen wollte, würde sich noch nachträglich mitschuldig an denen machen, die die Folgen dieser Wissenschaft zu erleiden hatten. Auch in einem engeren berufsständischen Sinne kann die ethische Komponente der geschichtswissenschaftlichen Arbeit nicht außer Kraft gesetzt werden. So haben führende Historiker in der Bundesrepublik während der NS-Zeit ihre Karrieren mit Büchern begründet, die in Themenwahl, methodischem Herangehen, Begrifflichkeit und historisch-politischer Perspektive den Zielen des Regimes dienten. Daß andere Historiker aus politischen oder rassistischen Gründen zum Schweigen gebracht oder in die Emigration (→Auswanderung) getrieben wurden, versteht sich nicht von selbst, ist auch dem Erkenntnisvorgang nicht äußerlich, sondern wissenschaftsgeschichtlich höchst relevant. M. A.

◆ Renaissance

Der Begriff «Renaissance» stammt aus dem Französischen und bedeutet «Wiedergeburt». Geprägt hat ihn der französische Historiker Jules Michelet (1798–1874), der den siebten Band seiner «Histoire de France» so betitelte. Er bezeichnete mit diesem Begriff eine bestimmte Zeit der französischen Geschichte als abgeschlossene Epoche (→Periodisierung), die sich nach seiner Meinung durch feste Merkmale und Eigenarten von anderen unterschied: das 16. Jh. in Frankreich, eine Zeit, in der das französische Königtum den um die Macht konkurrierenden Adel aus dem Feld schlug, Frankreich zu einer europäischen Großmacht wurde, durch seine politische Rolle in Italien und durch die Beschäftigung mit der römischen Antike (→Altertum), mit Kunst und Wissenschaft nach italienischem Muster hohe Bedeutung erlangte. Italien wurde zum Schlüssel für die Epoche der Renaissance. Denn nach Michelet war es der Schweizer

Historiker Jacob Burckhardt (1818–1897), der in seinem berühmten Buch «Die Kultur der Renaissance in Italien» (1860) die wichtigste Vorarbeit für den heutigen Begriff der Renaissance leistete. Burckhardt brachte die bis in unsere Zeit durchschlagenden Merkmale des Begriffs ins Spiel. Er nämlich stellte fest: 1. Die Renaissance entstand in Italien. 2. Sie ist eine «Übergangsepoche» zwischen →Mittelalter und →Neuzeit oder – um mit Burckhardt selbst zu reden – «Mutter und Heimat des modernen Menschen». 3. «Renaissance» bezeichnet dabei nicht nur eine einzige Epoche, bezieht sich also nicht einmalig auf die italienische oder europäische Welt des 15. und 16. Jhs., sondern ist zugleich ein kulturmorphologischer Begriff. Mit anderen Worten: «Renaissancen» gibt es in allen Kulturen oder wenigstens in denen, die auf sich halten: «Eine Eigentümlichkeit höherer Kulturen ist ihre Fähigkeit zu Renaissance. Entweder ein und dasselbe Volk oder ein später gekommenes Volk nimmt mit einer Art von Erbrecht oder mit dem Recht der Bewunderung eine vergangene Kultur teilweise zu der seinigen an.» Mit Renaissance ist also eine «Wiedergeburt der Kultur» angesprochen. Sowohl Burckhardt wie vor ihm Michelet bezogen dabei die Vorstellung eines solchen kulturellen Erneuerungsprozesses aus dem Selbstverständnis jener Gesellschaft, die beide für das Grundmodell aller Renaissancen hielten: der italienischen des 14. bis 16. Jhs. Hier setzte die Vorstellung einer kulturellen Erneuerung schon früh mit Francesco Petrarca (1304–1374) ein. Er begriff den Unterschied zwischen der eigenen Zeit und den vorherigen Jahrhunderten als Gegensatz von Licht und Schatten. Der «dunklen Zeit» vor seiner eigenen stellte er die erleuchtete Epoche der «studia humanitatis» gegenüber, in der durch das Studium der großen antiken Schriftsteller die Natur, der ganze Mensch, seine innere Würde und seine Fähigkeiten wiederentdeckt werden. Diesem Ideal versuchten die an Petrarca orientierten Humanisten der darauffolgenden Generationen zu entsprechen. Sie propagierten unermüdlich die Überlegenheit ihrer Zeit über die von schlechtem Latein und spitzfindigen, abwegigen theologischen Disputen beherrschten Jahrhunderte zuvor, da sie den Geist der Antike durch Philologie und Philosophie erneuerten. Auf den Begriff brachte aber erst ein Nichtphilologe dieses inzwischen zum allgemeinen Lebensgefühl stilisierte Selbstbewußtsein der Humanisten. Es war Giorgio Vasari (1511–1574), Architekt, Maler, Kunsttheoretiker.

Vasari schrieb eine Art →Kunstgeschichte seiner Zeit in Form einer Sammlung von Lebensbeschreibungen jener Künstler, die nach seiner Überzeugung in Italien die Kunst aus der barbarischen und «gotischen» Umklammerung – des Mittelalters, wie hinzugefügt werden müßte – befreiten. Diese «Lebensbeschreibungen der ausgezeichnetsten Maler, Bildhauer und Baumeister» (endgültige Fassung 1568) faßten die Zeit zwischen dem Ende des 13. Jhs. bis zum Tode Michelangelos (1564) als eine geschlossene Kunstepoche auf, die vor allem von einem Grundmotiv geprägt sei: dem der «rinascità», der Wiedergeburt der vorbildlichen antiken Kunst. Vasari also verdankten Burckhardt und Michelet vierhundert Jahre später den Begriff, mit dem sie eine Übergangsepoche zwischen Mittelalter und Neuzeit konstruierten. Ihre ästhetisch-kulturelle Herkunft beschert dieser Epoche bis heute ihre besondere Problematik. An der ästhetischen Dimension des Epochenbegriffs bestehen dabei noch immer die geringsten Zweifel. Allenfalls wird zwischen Früh-, Hoch- und Spätrenaissance unterschieden, oder es werden regionale Differenzierungen vorgenommen: Florentinische Renaissance versus lombardische oder venezianische. Auch die Übertragbarkeit des Begriffs erscheint kaum problematisch, wenn auch Renaissancemalerei noch immer als Domäne Italiens gilt. Da tut sich die Geschichtswissenschaft schon schwerer. Für die →Geistes- und Ideengeschichte kann allenfalls der Begriff «Humanismus» als umfassende europäische Strömung philologischer und philosophischer Rückgriffe auf antike Texte allgemein akzeptiert werden. Aber Humanismus ist kein Epochenbegriff. Er bezeichnet die zu den «studia humanitatis» gehörende Lebenshaltung einer bestimmten Gruppe europäischer Intellektueller zwischen dem 14. und 16. Jh. Überspitzt ließe sich sagen: es gibt keinen Humanismus, aber Humanisten. Antikenstudium, philologische Exaktheit, Welt- und Lebensbejahung sowie methodische Rationalität zeichneten diese Gruppe aus. Aber weder der mäzenatische Fürst, noch der rational kalkulierende Kaufherr oder der unverdrossen alle zwei Kriege die Seite wechselnde Söldnerhauptmann oder gar der Laienbruder in einer städtischen Bruderschaft mit seinem Interesse an öffentlichen Prozessionen und karitativer Fürsorge waren Humanisten, aber sie waren – so Burckhardt und viele andere nach ihm – «Renaissancemenschen». Wie keine andere Epoche wird seit Burckhardt Renaissance «anthropologisch» definiert. Den verschiedenen Menschen, die angeblich die Renaissance bevölkerten oder sie ausmachten, liefern die →Wirtschafts- und →Sozialgeschichte, die →Kultur- und Kirchengeschichte, die Politik- und Strukturgeschichte die zu ihnen «passenden Verhältnisse» nach. Das ist vielleicht der wichtigste Unterschied der Renaissance zum Humanismus. Beide wurden und werden zunächst von bestimmten Gruppen aus betrachtet, aber nur für die Renaissance bietet die Historiographie strukturelle Merkmale an, die über die jeweiligen Personengruppen hinausweisen. Den von Burckhardt betonten Kategorien wie «Individualismus», «Rationalismus», «Schönheitssinn», «Machtbewußtsein» etc. – alles Merkmale, die vom Einzelmenschen ausgehen – hat die moderne Forschung strukturelle Analysen gegenübergestellt, die aber zugleich neue Debatten und schließlich in der Regel entsprechende Relativierungen auslösten. Hier war nun plötzlich die Rede vom «Aufstieg des Bürgertums» oder der «Entfaltung des Kapitalismus», der Entstehung des modernen «Machtstaates», und im fast gleichen Atemzug wurde alles wieder zurückgenommen. Dem aufgestiegenen Bürgertum (→Bürger) der Frührenaissance folgte in der Hochrenaissance seine «Refeudalisierung», dem entfalteten →Kapitalismus hielt man seine Unfähigkeit zur →Industrialisierung entgegen, und er konnte froh sein, wenn er als «Protokapitalismus» davonkam, der Machtstaat erwies sich als machiavellistische →Utopie – Macht demonstrierten gerade jene Staaten, die von der Renaissance noch nicht berührt waren. Am Ende sieht man «Bürgerhumanisten» mit «Hofkünstlern» streiten, magische Praktiken der →«Volkskultur» mit rationalen Selbstinszenierungen der «Elitekultur» in den Clinch gehen, Bankiers als wahre Jongleure der doppelten Buchführung mit weltflüchtigen Anhängern des Dominikanerpredigers Savonarola ein «Te Deum» anstimmen. Mit einem Wort – je mehr wir über diese Epoche lernen, desto *widersprüchlicher* wird sie, desto weniger läßt sie sich auf verbindliche Merkmale festlegen. Ihre Reichweite schon in Italien erscheint uns außerordentlich begrenzt. Wo blieb die Renaissance auf Sizilien, in Unteritalien, an der italienischen Westküste? Ihre Übertragbarkeit auf die europäische Geschichte gilt als problematisch. Zugleich entdeckten Forscher bald nach Burckhardt «Renaissancen» im Mittelalter: karolingische, ottonische, staufische etc. Bei all diesen ging es jedoch stets nur um Bildungsorientierungen in Richtung Antike, vergleichbar allenfalls dem Humanismus.

Trotz aller Widersprüche kann jedoch die Renaissance als autonome Epoche kaum noch bestritten werden. Als historische Epoche ist sie mehr als nur ein willkürliches Zitat der Antike. Wann immer sie begann – mit gutem Grund datieren sie die meisten seit der Mitte des 14. Jhs. – und wann immer sie endete – vielleicht tatsächlich mit dem Tod Michelangelos –, innerhalb der drei Jahrhunderte ihrer Dauer veränderten sich von Italien ausgehend das Bild des Menschen, seine Fähigkeit zur Weltbeherrschung, sein Glaube an sich selbst und seine Möglichkeiten, Widersprüche zu rationalisieren fast überall in Europa derart, daß mit ihr der «point of no return» der zivilisatorischen →Entwicklung des Abendlandes erreicht wurde. Aus der Renaissance gab es keinen Weg zurück in vorrationale Formen der Weltbewältigung. Sie öffnete das Tor zu Gesellschaftsentwicklungen, wie sie die Geschichte zuvor noch nie gesehen hatte (→Frühe Neuzeit).

A. v. M.

◆ Repräsentation

Lange Jahre fristete der Begriff in den Sozialwissenschaften ein eher bescheidenes Dasein. «Repräsentation» bezeichnete die treuhänderische Vertretung eines ursprünglichen Eigentümers von politischer Gewalt oder wirtschaftlichen Besitzes. Allenfalls im Streit zwischen «basisdemokratischen» und auf die Verteidigung der «Repräsentativverfassung» eingeschworenen «Repräsentanten» eben jener beiden unterschiedlichen Grundorientierungen über die Ausübung politischer Gewalt kam zuweilen ein wenig Farbe in den Begriff.

1983 gründeten jedoch Historiker, Philosophen und Literaturwissenschaftler der Universität Berkeley die Zeitschrift «Representations» und schufen damit ein Organ für eine kultur- und sozialwissenschaftliche Debatte, die eine eigene, bis dahin kaum beachtete kulturelle und gesellschaftliche Dimension zum Gegenstand hatte: die Beziehung zwischen dem Anwesenden, Sichtbaren und dem Nicht-Anwesenden, Unsichtbaren. Wie fast immer wurde auch hier der Gegenstand einer Wissenschaft mit seiner Entdeckung überhaupt erst geschaffen, aber andererseits gab und gibt es keinen Zweifel daran, daß er existiert.

«Repräsentationsforschung» untersucht seitdem den Verweischarakter von Dingen, Personen, Gesten, Stilen, Sprechweisen, Inszenierungen etc. auf politische, soziale, wirtschaftliche und moralische Mächte, Strukturen, Ideen oder Ideologien. Und da die Welt des Unsichtbaren mindestens so ausgedehnt ist wie die des Sichtbaren, erscheinen die Möglichkeiten an Beziehungen zwischen ihnen bei weitem nicht ausgeschöpft.

Einen wichtigen Anstoß für diesen Forschungsansatz boten Anthropologie und Ethnologie (→Historische Anthropologie), die durch ihre Forschungsgegenstände in Gesellschaften zumeist ohne artikulierte (rationale) Selbstdeutungen vor allem auf die Deutung von Handlungen und Dingen angewiesen sind. Die in diesen Untersuchungen zu Tage tretenden Bedeutungsbeziehungen zwischen den Dingen einerseits und den sozialen Ordnungen, Werten und Normen der untersuchten Gesellschaften andererseits enthielten eine Reihe von methodischen Hinweisen, die auch für die Kulturen der Forscher selbst recht gut zu passen schienen.

Zudem verfügten gerade die Geschichtswissenschaften über Forschungstraditionen, an die der neue «ethnologische Blick auf sich selbst» anschließen konnte: die historische →Ikonographie und die historische Symbolforschung (→Insignienforschung) sowie jene von Ernst Kantororwicz und seinen «Schülern» angeregte Forschung zu historischen Erscheinungsformen «politischer Substitution». Diese Richtung war vor allem von der interkulturellen Beobachtung beeindruckt, daß Könige niemals sterben, da sie über einen «Amtskörper» und einen physischen Körper verfügen. Der «Amtskörper» tritt zwar (fast) ununterscheidbar beim lebenden König gemeinsam mit seinem physischen Körper auf, beginnt aber ein «Eigenleben» im Augenblick des physischen Todes eines Königs, um sodann wieder mit dem Körper des Nachfolgers zu verschmelzen.

Nach dem «Startschuß von Berkeley» bildete sich somit sehr rasch eine Vielfalt von Ansätzen zur Repräsentationsforschung heraus, die sich nur schwer auf eine kleinere Zahl gemeinsamer Nenner reduzieren läßt. Einige Umrisse lassen sich jedoch inzwischen deutlicher erkennen und als Forschungsakzente voneinander abheben:

1. Untersuchungen zur Darstellung einer nicht anwesenden «Macht» (politisch, sozial, wirtschaftlich) durch Dinge, Personen, Aktionen; z.B. Prozessionen mit dem Sarg oder dem Bild des gestorbenen Königs.
2. Untersuchungen zur Darstellung von moralischen oder ideellen Abstraktionen durch Dinge, Personen, Aktionen; z.B. der «Sozialstaat» im Gestus der Nahrungskorbzuweisung an Asylsuchende.
3. Untersuchungen über das Zurschaustellen eines real Gegenwärtigen – einer Macht, einer Person, einer Ware; z.B. Triumphinszenierungen von Herrschern, politischen Systemen oder des Autosalons in Frankfurt.
4. Untersuchungen zur Geschichte der Repräsentationssysteme, -kulturen und -gesellschaften; z.B. die Rolle der Durchsetzung des Dogmas der Transsubstantiationslehre (Lehre von der Verwandlung des Weins und der Hostie beim Abendmahl in Christi Blut und Leib) für die Abbild- und Substituierungsfunktionen von Dingen und Bildern im Hoch- und Spätmittelalter (→Ikonographie).

Auffällig und wohl unverzichtbar für diese Forschung bleibt ihre interdisziplinäre Orientierung. «Repräsentation» – so scheint es – findet ihre Gegenstände im Feld nahezu aller Geistes- und Sozialwissenschaften und bietet somit genügend Gelegenheit für diese, sich den Nachbardisziplinen zu repräsentieren.

A. v. M.

◆ Republik

Der Begriff leitet sich aus der lateinischen «res publica» ab, die als «Sache des Volkes» den Gegensatz zur «res privata», der «Sache des einzelnen», bezeichnete. Cicero erklärte im Kampf gegen Cäsars Alleinherrschaft die «res publica» ausdrücklich zur «res populi», also zur Sache des Volkes. Damit verschärfte und verengte er den →Legitimitätscharakter, der diesem Begriff eher im Sinne der Gemeinwohlorientiertheit des «Staates» bis dahin anhaftete, zu einer spezifischen Herrschafts- und Verfassungsform. →Freiheit und Bürgerbeteiligung kennzeichneten die politische Ordnung der Republik. Damit war sie jedoch vor allem als Gegenmodell zur →Monarchie zu verstehen, das seine Herkunft aus einem politischen Konflikt auch im weiteren Verlauf seiner Anwendung in der Geschichte kaum abzustreifen vermochte. Unbedingte positive Bewertung verband sich fast stets mit dem negativen Akzent einer mehr oder weniger stillschweigenden Ablehnung des «monarchischen Prinzips». Daher erklärten die «Republiken» des Mittelalters (Genua, Florenz, Venedig etc.) mit dieser Bezeichnung sich selbst als aus dem «Imperium Romanum» der deutschen Kaiser «ausgetreten», ohne daß es allen Beteiligten staatsrechtlich verbindlich «unter die Nase gerieben» wurde.

Bei Jean Bodin (1529/30–1596) findet sich die Rückkehr zu «vorciceronischen» Aspekten des Begriffs. Nun bezeichnet er alle auf Vertrag, Verfassung und bürgerlicher Freiheit aufgebauten Staatsformen, auch wenn sie von einer monarchischen Spitze repräsentiert und in fester Bindung an das Gesetz beherrscht werden. Diese «Erneuerung» wirkt vor allem auf der Ebene der Aufklärung als eigene Tradition neben der «ciceronischen» Variante, die eher die Praxis europäischer Stadt- und Kleinstaaten – aber auch das Experiment Cromwells – kennzeichnet. In der →Französischen Revolution werden die beiden Traditionen zusammengeführt und im Begriff der «Volkssouveränität» verschmolzen, dessen Vertragscharakter zunächst den antimonarchischen Akzent überdeckt, dann aber von diesem auf blutige Weise «korrigiert» wird. Aber gerade das Urteil gegen Ludwig XVI., vor allem aber die blutige Phase der Französischen Revolution im Namen der Republik, schadet der emanzipatorischen Assoziation des Republik-Begriffs und leitet seine «Entleerung» ein, die durch die totalitären Systeme des 20. Jahrhunderts vollendet wird (→Totalitarismus). Ob «Republik», «Demokratische Republik» oder gar «Volksdemokratische Republik»: nicht mehr die Staatsform, sondern konkrete politische Beteiligungsmöglichkeiten der →Bürger sowie die Methoden der Ausübung staatlicher →Gewalt entscheiden seitdem darüber, ob eine «Republik» tatsächlich eine Republik ist – im Sinne Ciceros, Bodins und der Ideale der Französischen Revolution.

A. v. M.

◆ Resistenz

«Resistenz» (medizinisch: «Widerstandsfähigkeit gegen Krankheiten») wird in der neueren →Sozialgeschichte als Sammelbegriff für verschiedene Formen von alltäglicher Widersetzlichkeit gebraucht, die noch nicht eindeutig politischen Charakter tragen und daher auch nicht als «Widerstand» bezeichnet werden können. Resistenz meint eine Haltung, die gegenüber herrschaftlichen Ansprüchen und Zumutungen ein gewisses Maß an Autonomie der eigenen Lebensweise zu behaupten sucht. In jedem Fall handelt es sich um ein von der offiziellen Norm abweichendes Verhalten, das sich durch einen hohen Grad von Spontaneität auszeichnet und noch nicht das Stadium organisierter, geregelter Interessenvertretung erreicht hat.

Alltägliche Resistenz kann sich in verschiedenen Formen äußern, nicht nur verbal, z. B. durch Spruchweisheiten, Spottverse oder Lieder (→Lied), sondern auch nonverbal, durch bestimmte Gesten, Mimik, Haltungen. Gerade dies macht auch die Schwierigkeit der historischen →Rekonstruktion aus. Da es sich zumeist um verdeckte Widersetzlichkeit, um «stumme» Formen des Protests handelt, muß ihr sozialer Sinn, ihr «Eigen-Sinn», wie die historischen Anthropologen sagen, erst mühsam entziffert werden. Dabei erweist sich die Vieldeutigkeit expressiver Verhaltens- und Ausdrucksformen als ein Problem. Kann der störrische Gesichtsausdruck des Bauernjungen vor dem Amtmann aus der Stadt nicht ebenso Zeichen der Befangenheit wie des Trotzes sein? Am ehesten läßt sich Resistenz dort ausmachen, wo sie gleichsam an der Nahtstelle zu kollektivem →Protest angesiedelt ist, wo die alltäglichen Gewohnheiten an Grenzen stoßen und in Widerstandsaktionen umschlagen. So ist es auch kein Zufall, daß der Begriff «Resistenz» von der modernen historischen Protestforschung aufgegriffen worden ist. Ihr verdanken wir die Einsicht, daß spektakuläre Revolten und Rebellionen in der Regel nur die Spitze eines Eisbergs waren, eingebettet in einen breiten Strom von Unangepaßtheit und Widerständigkeit. Diese Erkenntnis ist besonders für die Volkskultur-Forschung der →Frühen Neuzeit folgenreich geworden (→Volkskultur). Es hat sich nämlich gezeigt, daß die Anstrengungen zur Disziplinierung der «kleinen Leute» durch Unterwerfung unter staatlich-herrschaftliche und kirchliche Zwänge keineswegs so reibungslos verliefen, wie man lange angenommen hatte (→Sozialdisziplinierung). Vielmehr erwies sich die →«Volkskultur» in der Auseinandersetzung mit der Elitekultur und ihren Herrschaftsansprüchen als ebenso anpassungs- wie widerstandsfähig. Sie behauptete eine relative Autonomie in der Gestaltung der eigenen →Lebenswelt.

Als nützlich hat sich der →Begriff auch im Zusammenhang mit den Forschungen zur Frühindustrialisierung erwiesen, und zwar zur Charakterisierung individueller und kollektiver Strategien der Verweigerung, mit denen sich →Arbeiter gegen die Zumutungen der neuen industriellen →Produktion zur Wehr setzten: Arbeitsplatzwechsel, Krankfeiern («Blaumachen»), Verlangsamung des Arbeitstempos, Gespräche am Arbeitsplatz etc. Mit solchen Aktionen suchten sich Arbeiter der totalen betrieblichen Kontrolle zu entziehen und Spielräume zu schaffen. Noch in den Fabrikordnungen des 19. Jhs. mit ihren drakonischen Disziplinarmaßnahmen spiegelt sich etwas von der Aufsässigkeit der frühindustriellen Arbeiterschaft.

In letzter Zeit hat der Begriff «Resistenz» auch in die Widerstandsforschung zur Geschichte des Nationalsozialismus Eingang gefunden. Zu nennen ist hier vor allem das von Martin Broszat geleitete Projekt «Bayern in der NS-Zeit» des Münchner Instituts für Zeitgeschichte (ab 1977). Resistenz ist in diesem Kontext nicht zu verwechseln mit «résistance» und «resistenza». Während die französischen und italienischen Begriffe für den *aktiven* Widerstand gegen die deutsche Besatzungsmacht stehen, gilt dies für den Begriff «Resistenz» gerade nicht: Er umfaßt die nichtorganisierten, vielfach spontanen Erscheinungsformen einer «Volksopposition» im «Dritten Reich» mit einer breiten Skala nichtkonformer Verhaltensweisen: vom Erzählen von Hitler-Witzen, «Meckern» bis hin zum Abhören ausländischer Rundfunksender. Diese Ausweitung der Perspektive hat das Bild einer gleichgeschalteten «Volksgemeinschaft» als propagandistische Zwecklüge entlarvt und unseren Blick für die Nischen und Freiräume geschärft, die im NS-Regime trotz Kontrolle, Überwachung und Terror immer noch bestanden. Auf der anderen Seite ist die Anwendung des Begriffs hier nicht unproblematisch, wenn sie dazu dient, die klaren Konturen des Begriffs «Widerstand» aufzulösen und jedes nichtangepaßte Verhalten mit System-Opposition zu identifizieren.

V. U.

◆ Restaurationszeit

Unter Restauration (von lateinisch «restaurare» = «wiederherstellen») wird im allgemeinen die Wiederherstellung eines früheren Zustands verstanden. Als Epochenbegriff der europäischen Geschichte bezeichnet er die Jahrzehnte zwischen dem Wiener Kongreß 1814/15 und den Revolutionen von 1830 bzw. 1848/49 (→Revolution von 1848). Hauptkennzeichen dieser Epoche (→Periodisierung) waren einerseits der Versuch einer Rückkehr zum Ancien régime (ohne daß allerdings an eine einfache Wiederherstellung des Status quo vor 1789 gedacht werden konnte), andererseits die Verteidigung der konservativen Stabilisierungspolitik gegen die neuen Bewegungskräfte des →Liberalismus und Nationalismus (→Nation). Die Restaurationszeit verbindet sich vor allem mit dem Namen des einflußreichsten Politikers dieser Jahre, des österreichischen Staatskanzlers Klemens Wenzel Fürst von Metternich, weshalb man sie auch als «System Metternich» bezeichnet.

Am Beginn der Epoche steht der Wiener Kongreß, auf dem die europäischen Verhältnisse nach traditionellen dynastischen und machtpolitischen Prinzipien neu geregelt wurden. Abgesichert wurde das Friedenswerk durch die Heilige Allianz vom September 1815, in welcher der russische Zar, der österreichische Kaiser und der preußische König ihre Absicht bekräftigten, die Neuordnung im Geiste christlich-konservativer und monarchischer Solidarität gegen die Kräfte der Veränderung zu verteidigen. In Frankreich wurde die →Monarchie der Bourbonen restauriert, allerdings nicht mehr als absolute, sondern konstitutionelle Monarchie auf der Grundlage der «Charte constitutionelle» vom Juni 1814.

Nicht wiederhergestellt wurde das 1806 aufgelöste Heilige Römische Reich deutscher Nation. Statt dessen schlossen sich in der Bundesakte vom 18. Juni 1815 35 souveräne Fürsten und vier freie Städte zu einem lockeren Staatenbund, dem Deutschen Bund, zusammen. Das einzige Gesamtorgan des Bundes bildete der Bundestag in Frankfurt, in dem die Gesandten der einzelnen Bundesstaaten vertreten waren. Den Vorsitz führte Österreich als Präsidialmacht des Bundes. Zusammen mit Preußen, der stärksten Macht in Norddeutschland, besaß es eine faktische Hegemonie über die übrigen deutschen Mittel- und Kleinstaaten. In allen wichtigen Angelegenheiten, die vor den Bundestag gebracht werden sollten, stimmten sich die beiden deutschen Großmächte zuvor ab.

Der Deutsche Bund hat →Mitteleuropa machtpolitisch stabilisiert und für ein halbes Jh. die Aufgabe der Friedenswahrung erfüllt. Innenpolitisch entwickelte er sich jedoch nach 1815 mehr und mehr zu einem Instrument der Unterdrückung der liberalen und nationalen Bewegung. Das Versprechen des Art. 13 der Bundesakte, daß in allen Bundesstaaten eine «landständische Verfassung» eingeführt werden sollte, wurde von Österreich und Preußen nicht eingelöst; lediglich in den süddeutschen Staaten entwickelten sich Ansätze eines konstitutionellen Lebens. Mit den Karlsbader Beschlüssen von 1819, die oppositionelle Studenten und Professoren zum Schweigen bringen sollten, wurden die Weichen im Deutschen Bund endgültig auf Restauration gestellt. Den Schlußstein in Metternichs Gebäude sozialkonservativer Machtsicherung bildete die Wiener Schlußakte vom 15. Mai 1820, die in ihrem Art. 57 das «monarchische Prinzip» zum unantastbaren Verfassungsgut erhob.

Die «reaktionäre Wende» (Heinrich Lutz) von 1819/20 schränkte die politischen Bewegungsmöglichkeiten in den deutschen Staaten stark ein und behinderte die Herausbildung einer kritischen bürgerlichen Öffentlichkeit (→Öffentliche Meinung). Auf Dauer ließ sich jedoch die Opposition nicht unterdrücken. Metternichs Stillstandsmaxime erwies sich als →Utopie. Die zwanziger Jahre, die man gemeinhin als «Biedermeier» bezeichnet und mit der Vorstellung politischer Windstille verbindet, waren in Wirklichkeit bereits erfüllt von untergründigen Spannungen, die den unaufhaltsamen Aufstieg des Industriekapitalismus ankündigten. Mit seinen Initiativen auf wirtschaftspolitischem Gebiet und der Gründung des Deutschen Zollvereins 1834 machte sich Preußen selbst zum Vorreiter der industriellen Entwicklung in Deutschland (→Industrialisierung).

Die Juli-Revolution von 1830 erschütterte das System der Restauration erstmals in seinen Grundfesten. In Paris wurde die Dynastie der Bourbonen gestürzt; an ihre Stelle trat die liberale, konstitutionelle Monarchie des Herzogs Louis Philippe von Orléans, die sich vor allem auf das Großbürgertum stützte. Nach England scherte jetzt auch Frankreich aus dem Metternichschen System aus. Der Funke der Juli-Revolution sprang auch auf andere europäische Länder über. Das 1815 gebildete Königreich der Vereinigten Niederlande zerbrach an seinen inneren Gegensätzen; sein Südteil erklärte 1830 als Königreich Belgien seine Unabhängigkeit. In zahlreichen Städten Oberitaliens kam es zu nationalen Erhebungen, die von österreichischen Truppen niedergeschlagen wurden. Ebenso scheiterte die große polnische Aufstandsbewegung gegen die zaristische Herrschaft 1830/31.

Auch in einigen Staaten Nord- und Mitteldeutschlands (Braunschweig, Sachsen, Hannover, Kurhessen) löste die Juli-Revolution Unruhen und Volkserhebungen aus. Die liberaldemokratische und nationale Opposition begann sich über die Grenzen der Einzelstaaten hinweg zu formieren und zur Massenbewegung zu entwickeln. Einen Höhepunkt fanden ihre Aktivitäten im Hambacher Volksfest Ende Mai 1832, an dem 20000 bis 30000 Patrioten teilnahmen. Der Gegenschlag Metternichs ließ nicht lange auf sich warten: Mit den sechs Artikeln vom Juni 1832 und den 60 Artikeln der Wiener Konferenzen vom Juni 1834 wurde der Repressionskurs noch einmal verschärft. Doch politische Friedhofsruhe ließ sich immer weniger herbeizwingen. Metternich scheiterte, weil er aufzuhalten suchte, was nicht aufzuhalten war. Im März 1848 brach das von ihm geschaffene System der Restauration wie ein Kartenhaus zusammen (→Revolution von 1848). V. U.

◆ Revolution

Das Wort «Revolution» ist tief in unser Bewußtsein und unsere Sprachgewohnheiten eingedrungen. In dem Maße, wie sich das vollzogen hat, sind seine Inhalte unscharf geworden. Zwar ist es nach wie vor ein wissenschaftlicher Begriff, daneben aber führt es die unbefangene Existenz einer Allerweltsvokabel, ist ausgefranst und vereinnahmt, zu einer verschwommenen Metapher für das jeweilige Neue, für neuartige Entwicklungen und Produkte geworden. Die Beliebigkeit, mit der es benutzt wird, zeigen beispielhaft die Texte von Werbeagenturen und PR-Leuten, die Artikel, gleich welcher Art, auf dem Markt etablieren und das Publikum zum Kauf animieren wollen. Fortwährend gaukeln sie uns Revolutionen der Mode, des Designs, der Konventionen und der Technik vor. Die Erfindung der Strumpfhose gilt dabei als ebenso revolutionär wie die von Küchengeräten, von Chips und Computerprogrammen. Ohne den Zaubertrank Revolution, so scheint es, geht in einer übersättigten Welt der Waren und Verpackungen nichts mehr.

Immerhin: auch in alltäglichen Redewendungen spiegeln sich Reste ursprünglicher Bedeutungen. Im engeren und eigentlichen Sinn steht «Revolution» stellvertretend für bestimmte Erfahrungen des gesellschaftlichen Wandels. In dessen Verlauf werden ältere Strukturen zerschlagen, politische und soziale Verhältnisse, Verfassungen und Institutionen umgeformt, traditionelle Werte, Normen, Orientierungsmuster und Lebensweisen zersetzt und von anderen, in die Zukunft gerichteten überlagert und abgelöst. Dies äußert sich entweder in abrupten, von Unruhen und →Protest, →Gewalt, Aufstand und Bürgerkrieg begleiteten Umbrüchen oder in langdauernden, relativ friedlichen Prozessen. Schon dies vermittelt eine Ahnung davon, daß der Begriff keineswegs eindeutig ist und, vielleicht wichtiger noch, daß er mit dem Gegenbegriff «Evolution» verwandter ist, als die handelsüblichen Definitionen vermuten lassen. Indizien für die Komplexität, für die Vielschichtigkeit der Phänomene und Vorgänge, die er abdeckt, sind nicht zuletzt die zahlreichen Präzisierungsversuche, die sich in Wortverbindungen niederschlagen wie «bürgerliche» und «proletarische», «politische», «industrielle», «soziale» und «technologische Revolution».

Die →Französische Revolution ist zwar nicht die Geburtsstunde des Begriffs, aber erst sie bringt ihn wirklich zur Anschauung, verankert ihn im historisch-politischen Denken und macht ihn zu dem, was er seither verkörpert. In ihm verdichtet sich die Überzeugung, daß die Welt veränderbar und die →Gesellschaft in permanenter Bewegung ist. Er lenkt den Blick auf eine Zukunft, die nicht mehr im Dunkel heilsgeschichtlicher Erwartungen zerfließt, sondern durch aktives Handeln erreicht und gestaltet werden kann. Insofern bringt er die Säkularisierungsbedürfnisse und -tendenzen der Epoche (→Periodisierung) auf einen einprägsamen Nenner: Er beruht, wie der Historiker Karl Griewank schreibt, «auf dem dynamischen Lebensgefühl der von Europa und speziell vom Abendlande ausgegangenen modernen Kultur und auf der Einsicht in die wechselseitige Bedingtheit aller menschlichen Verhältnisse, die auf der Grundlage der modernen Naturwissenschaften und der europäischen Aufklärung erwachsen ist». Als Ziel proklamiert er Fortschritt und →Freiheit, die Überwindung von Unterdrückung und Unmündigkeit. Aus ihm spricht, so die Philosophin Hannah Arendt, das «Pathos des Neubeginns». Revolutionen erscheinen in dieser Perspektive als Vollzug des geschichtlich Notwendigen, als Wechsel von der →Herrschaft des Unrechts zu einer solchen der Vernunft und der Gerechtigkeit. Da sich dahinter jeweils unterschiedliche →Ideologien, Hoffnungen und Ordnungsmodelle verbergen, ist der Revolutionsbegriff immer auch Partei- und Kampfbegriff: Bei Anhängern wie Gegnern weckt er Leidenschaften und Energien, er polarisiert, mobilisiert und politisiert.

Revolutionen werden, unbeschadet ob man sie ablehnt oder akzeptiert, als radikale Zäsuren empfunden. Der Bruch mit den Traditionen und Einrichtungen der Vergangenheit wird intensiver wahrgenommen als diejenigen Elemente, in denen sich die Beharrungskraft älterer Überlieferungen und Mentalitäten dokumentiert. Beides jedoch, die Diskontinuität ebenso wie die →Kontinuität, prägt den revolutionären Prozeß und seine Ergebnisse. Dies zu erfassen und im einzelnen zu bewerten, ist Aufgabe historischer Analysen. Ein klassisches Beispiel dafür hat der französische Staats- und Demokratietheoretiker Alexis de Tocqueville geliefert. In seiner 1856 publizierten Studie «Der alte Staat und die Revolution» formuliert er einleitend sein Erkenntnisinteresse, das zugleich These und Befund ist: «Die Franzosen haben im Jahre 1789 die größte Anstrengung gemacht, ...um ihre Geschichte sozusagen in zwei Teile zu spalten und durch eine tiefe Kluft das, was sie bis dahin waren, von dem zu scheiden, was sie fortan sein wollten. Zu diesem Ende ergriffen sie alle möglichen Vorsichtsmaßregeln, um nichts aus der Vergangenheit in ihren neuen Zustand hinüber zu nehmen; sie taten sich allen möglichen Zwang an, um anders auszusehen als ihre Väter: kurz, sie vergaßen nichts, um sich unkenntlich zu machen. Ich war stets der Ansicht, daß ihnen dieses sonderbare Unternehmen weit weniger gelungen sei, als man im Ausland geglaubt und als sie anfangs selbst geglaubt haben. Ich war überzeugt, daß sie, ohne es zu wissen, großenteils die Gesinnungen, Gewohnheiten, ja sogar die Ideen des alten Staates beibehalten hätten, mit deren Hilfe sie die Revolution, die ihn vernichtete, bewerkstelligten, und daß sie, ohne es zu wollen, sich seiner Trümmer bedient hätten, um das Gebäude der neuen Gesellschaft aufzuführen.»

Skepsis gegenüber revolutionärem Veränderungspathos ist nicht allein eine Domäne hartgesottener Reaktionäre. Nachdenklich stimmt nicht nur die Bilanz von Gewinn und Verlust, von Kosten und Opfern, sondern auch die Erfahrung, daß Revolutionen, soweit sie den Namen verdienen, bislang ausschließlich in agrarisch vorindustriellen, nicht jedoch in hochgradig komplexen Industriegesellschaften erfolgreich waren. Vor diesem Hintergrund gewinnen Auffassungen an Gewicht, die der liberale Politiker und Publizist Friedrich Naumann vertrat, als er 1909 darauf hinwies, es sei Illusion zu meinen, man könne «eine Staatsverwaltung eines Morgens in den Schmelzofen werfen und einen völlig neuen Staatsguß herstellen». In ähnlichen Bahnen bewegte sich dann gut ein Dutzend Jahre später die Argumentation des Sozialdemokraten Eduard Bernstein, der damit den vorsichtig abwartenden Kurs seiner Partei nach dem Umsturz von 1918 (→Deutsche Revolution 1918–20) verteidigte: Je «vielseitiger» die «innere Gliederung» und je ausgeprägter die «Arbeitsteilung» eines «sozialen Organismus» sei, heißt es da, um so größer sei die «Gefahr schwerer Schädigung» seiner «Lebensmöglichkeiten», wenn versucht werde, ihn mit «Anwendung von Gewaltmitteln in kurzer Zeit in bezug auf Form und Inhalt radikal umzubilden». Für die Praxis bedeutete das, dem Bedürfnis nach Wandel ebenso Rechnung zu tragen wie dem nach Stabilität und kontinuierlicher Entwicklung, der bis dahin gepflegten revolutionären Rhetorik jedenfalls den Rücken zu kehren und einen Weg zu beschreiten, den bereits 1875 der Nationalökonom und Kathedersozialist Gustav Schmoller beschworen hatte: «Der ganze Fortschritt der Geschichte besteht darin, an Stelle der Revolution die Reform zu setzen.»

Dies war eine Umdeutung jenes berühmten Satzes von Karl Marx, wonach Revolutionen die «Lokomotiven der Geschichte» seien. Für Marx und seine Anhänger wurzeln die Bewegungsprinzipien der Welt in fortwährenden Widersprüchen, die zur Entladung und Aufhebung drängen. Revolutionen sind demnach Ausdruck gesetzmäßiger Prozesse. Sie werden von Menschen beeinflußt, zugleich aber sind sie Konsequenz objektiver Bedingungen: Sie vollziehen sich dann, wenn der Gegensatz zwischen Produktivkräften und Produktionsverhältnissen, zwischen ökonomischen Potentialen, sozialen und politischen Strukturen, zwischen Unterdrükkern und Unterdrückten bewußt und unüberbrückbar geworden ist. «Die Geschichte aller bisherigen Gesellschaft», so das «Kommunistische Manifest» von 1848, «ist die Geschichte von Klassenkämpfen», aus denen jeweils revolutionäre Umschläge von einer Stufe der Entwicklung in die nächste, höhere erwachsen. Auf die bürgerliche Revolution, die den Feudalismus (→Mittelalter) zerbricht und die Bourgeoisie in den Sattel hebt, folgt mit zwingender Notwendigkeit die proletarische Revolution, die das letzte Stadium in der Befreiung der Menschheit einleitet, die kapitalistische Klassengesellschaft (→Klasse) in eine Gesellschaft selbstbestimmter und gleicher Individuen verwandelt, ungehinderte Evolution und friedliche Entfaltung der Produktivkräfte zum Nutzen aller gewährleistet. Relativ offen bleibt in dieser Theorie die Rolle der revolutionären Subjekte, der →Arbeiter und ihrer Organisationen. Sollten sie sich damit begnügen, auf den prognostizierten, als Selbstlauf interpretierten Zusammenbruch des →Kapitalismus zu warten, sich also, wie Karl Kautsky meinte, als «revolutionäre», nicht jedoch als «Revolutionen machende» Partei verstehen, oder sollten sie aktiv eingreifen und als Avantgarde die Revolutionierung von →Staat und Gesellschaft vorantreiben? Die programmatischen Angebote, die das Problem zu lösen suchten, reichten vom Reformismus bis zum revolutionären →Radikalismus, vereinfacht gesagt: von Bernstein bis Lenin, und führten unter dem Druck des Ersten Weltkrieges zur Spaltung der →Arbeiterbewegung in ein sozialdemokratisches und ein bolschewistisches Lager, die sich unversöhnlich und bis zur Selbstblockade befehdeten.

Mit seinen normativen und visionären Zügen ist das marxistische Revolutionsmodell ebensosehr Theorie wie Handlungsanweisung und Glaubensbekenntnis. Indem es die Aufmerksamkeit auf Klassenspannungen und Klassenkonflikte lenkt, schärft es allerdings in einem zentralen Bereich den Blick für Ursachen und Antriebsfaktoren revolutionärer Prozesse. Auch eher deskriptive Studien von Historikern und Soziologen bestätigen, daß dafür jeweils unterschiedlich ausgeprägte Krisensituationen und Krisenfaktoren verantwortlich sind. Entscheidend ist, daß die alte Ordnung und deren Repräsentanten an Legitimation verlieren und zur gesellschaftlichen Integration nicht mehr fähig sind: Intellektuelle entwerfen kritische Alternativen und kündigen dem Regime die Loyalität auf; bestimmte Schichten und Gruppen sehen sich in ihrer Entfaltung behindert; die Regierungen verweigern Reformen, tragen den sich artikulierenden Befürfnissen nicht oder nicht in genügendem Maße Rechnung und suchen ihr Heil in einer Mischung aus Zugeständnissen und Repressalien, die jedoch die oppositionellen Strömungen weder kanalisieren noch eindämmen können; die Autorität des Herrschaftsapparates zerfällt, Forderungen nach →Emanzipation und Freiheitsrechten, nach Beseitigung von Privilegien und Pfründen, Überwachung und Bevormundung stoßen in der Bevölkerung zunehmend auf Resonanz und kulminieren schließlich in spektakulären, symbolträchtigen Aktionen der Gewalt, die den Auftakt zu revolutionären Umwälzungen markieren. In deren Verlauf werden erbitterte Kämpfe um Machtpositionen ausgefochten, bestimmen Polarisierung, Radikalisierung und Ideologisierung das Bild. Der Aufbau eines neuen politischen Systems und der Aufstieg neuer Eliten führen zu tiefgreifenden, unwiderruflichen Verschiebungen des sozialen und institutionellen Gefüges, die Kräfte der Zerstörung verwandeln sich nach und nach in konstruktive Energien: die Revolution wird abgelöst durch Evolution und kontrollierten Strukturwandel.

Modellhaft dafür sind die Französische Revolution von 1789 und die →Russische von 1917. Alles andere sind Varianten, die diese Elemente enthalten und jene nicht, auch der 1989 mit friedlichen Mitteln erzwungene Zusammenbruch des an wirtschaftlichen Schwächen und Legitimationsdefiziten krankenden Systems der DDR. Aber gleichgültig, wie man gerade dies im einzelnen bewerten und kategorisieren mag: Revolutionen des hier skizzierten Typs sind Revolutionen «von unten».

Wird der Übergang von der «vormodernen» zur «modernen» Welt, von der agrarisch und ständisch gebundenen zur entfesselten industriellen Gesellschaft hingegen durch die →Bürokratie und die Nutznießer des Ancien régime eingeleitet und gesteuert, haben wir es mit dem Phänomen einer Revolution ‹von oben› zu tun. Beispielhaft dafür ist der Weg Deutschlands im 19. Jh. Begründet wurde er durch den aufgeklärten →Absolutismus, vor allem aber durch die Politik der Reformen, mit denen Preußen nach 1806 auf die Niederlage gegen Napoleon reagierte und Anschluß fand an die großen, von Frankreich ausstrahlenden Tendenzen der Epoche. Das heißt, man adoptierte einige Prinzipien und Errungenschaften der Revolution mit dem Ziel, deren Dynamik zu bändigen, innere Verkrustungen zu überwinden und Widersprüche zu neutralisieren. Die Devise lautete: →Modernisierung, Rationalisierung und Effektivierung, Kräftigung des Staates über die Kräftigung der Gesellschaft. Bauernbefreiung und Gewerbefreiheit, Städteordnung und kommunale Selbstverwaltung, Steuer- und Finanzreform, allgemeine Wehrpflicht, Reform des Militärapparates, der Schulen und Universitäten: dies waren die Strategien, mit denen man seit 1813 die französische «Fremdherrschaft» abschüttelte. Die «Nation», oder weniger pathetisch: breite Schichten der Bevölkerung, sollte auf diese Weise an den Staat herangeführt, die Gräben zwischen Staat und Gesellschaft überbrückt werden. Selbst wenn man die Zwiespältigkeit und das Unvollkommene der Entwicklung betont: das Paket, das damals geschnürt worden ist, demonstrierte einen Grad an Reformbereitschaft, den Preußen später nie wieder erreicht hat. Von Bismarck sind diese Traditionen dann noch einmal in der Periode der Reichsgründung belebt und politisch verankert worden. Von ihm stammt das Wort: «Soll Revolution sein, so wollen wir sie lieber machen als erleiden.» Die Ideen von 1871 galten dabei als deutsche Antwort auf die von 1789. Daß dies gelingen konnte, hing nicht zuletzt mit der Revolutionsfurcht der bürgerlich-liberalen →Schichten zusammen, die sich unter dem Eindruck von Guillotine und Terror schon früh von der zunächst begeistert begrüßten und besungenen Französischen Revolution abgewandt hatten. Den Franzosen die Revolution, den Deutschen jedoch die Evolution, so läßt sich die Maxime kennzeichnen, die je länger desto mehr an Boden gewann. Man wollte beides: bewahren und verändern, Kontinuität und Wandel, die organische Verknüpfung des Alten mit dem Neuen, die Verschmelzung von Macht und Geist, die Kooperation zwischen Fürst und →Bürger.

Neben der Revolution «von unten» und der «von oben» verdient eine dritte Variante Erwähnung: die «Revolution von rechts». Sie ist eine Erscheinung des 20. Jhs., mit der Konservative und völkische Nationalisten nach den Erfahrungen des Ersten Weltkriegs und dem Schock sozialistischer Revolutionen und Revolutionsversuche ihre antirevolutionären Ressentiments und Berührungsängste abstreifen. Die Konzepte, an denen sie sich orientieren, usurpieren das Vokabular der Gegner und deuten es für ihre Zwecke um. Zwar wollen sie die Resultate der Revolution und die darauf gegründete Machtverteilung revidieren, aber der Blick richtet sich weniger auf die Vergangenheit als auf die Zukunft. Auch sie ziehen ihre Legitimation aus dem Pathos der Veränderung, sind ihrem Selbstverständnis nach nicht einfach gegenrevolutionär, sondern antibürgerlich und revolutionär. «Eine neue Front formiert sich auf den Schlachtfeldern der bürgerlichen Gesellschaft», so in der Weimarer Republik einer der Vordenker aus dem akademischen Milieu, der Soziologe Hans Freyer. «Revolution von rechts» sei das «Losungswort der Zukunft»: «Noch sammelt sie nur, aber bald wird sie schlagen. Sie wird die alten Parteien, ihre festgefahrenen Programme und ihre verstaubten Ideologien übergreifen. Sie wird den verstockten Klassengegensätzen einer hüben wie drüben kleinbürgerlich gewordenen Welt zwar nicht ihre Realität, aber ihren Dünkel, politisch produktiv zu sein, mit Erfolg bestreiten. Sie wird mit den Resten des neunzehnten Jahrhunderts, wo es noch festsitzt, aufräumen und die Geschichte des zwanzigsten freimachen.» 1931 publiziert, reflektierten diese Sätze das Anschwellen der NS-Bewegung, die sie nur zwei Jahre danach zur materiellen Gewalt werden ließ. Ob dies ein Prozeß von revolutionärer Qualität war, wird von Historikern kontrovers diskutiert. Unstrittig jedoch ist, daß damit in zeitgemäß brauner Verkleidung das Bewußtsein vom →«deutschen Sonderweg» erneut und mit verhängnisvollen Konsequenzen befestigt worden ist. J.F.

◆ Revolution von 1848

Die Revolution von 1848 war ein europäisches Ereignis: Ihre Schauplätze lagen in Dänemark und Schleswig, in der Schweiz, in Italien, in Frankreich und in den Teilstaaten des Deutschen Bundes. Das «System Metternich», die auf das Bündnis von «Thron und Altar» gegründete europäische Staatenordnung der Heiligen Allianz, brach binnen weniger Tage in sich zusammen: Es hatte dazu gedient, liberale, demokratische, überhaupt revolutionäre Bewegungen nach dem Vorbild der →Französischen Revolution von 1789 unter allen Umständen zu unterdrücken. Lange aufgestaute, mit der Herausbildung der bürgerlichen Gesellschaft (→Bürger) zusammenhängende politische, soziale und ökonomische Probleme wurden mit einem Schlag auf die «Tagesordnung» der Geschichte gesetzt. In Deutschland waren sie besonders verwickelt: Hier galt es, zugleich die nationale Frage zu lösen, das heißt die staatliche Zersplitterung zu überwinden, einen nationalen →Staat zu begründen und eine freiheitliche Verfassung zu erkämpfen und auszuarbeiten, insgesamt also politische und rechtliche Rahmenbedingungen zu schaffen, um die noch bestehenden, zum Teil noch sehr fühlbaren Relikte der Feudalzeit mit ihrer ständischen Rechtsordnung zu beseitigen und der bürgerlichen Eigentumsgesellschaft endgültig zum Durchbruch zu verhelfen. Noch immer war die «Bauernbefreiung», die Ablösung guts- und grundherrlicher Privilegien, nicht zu Ende gebracht, und die →Industrialisierung drängte zur Freisetzung wirtschaftlicher Interessenverbände mit schutzzöllnerischen, freihändlerischen und zum Teil rückwärtsgerichteten handwerklich-zünftigen Programmen. Von der Geschichtsschreibung lange vernachlässigte agrarsoziale Revolten in Süd- und Südwestdeutschland, in den Zentren des Bauernkrieges von 1524/25, aber auch in den Gebieten östlich der Elbe, prägten zunächst den Verlauf der Revolution. Fast gleichzeitig traten die «handarbeitenden Klassen», unterbürgerliche →Schichten, Handwerksgesellen, Manufaktur- und Fabrikarbeiter, existenzgefährdete Handwerker, als sich organisierendes «Proletariat» auf die politische Bühne. Für diese →Arbeiter und Handwerker, die im März 1848 auf den Barrikaden Wiens und Berlins in erster Linie die Blutopfer der →Revolution zu erbringen hatten, waren wirtschaftliche und soziale Programmpunkte ausschlaggebend: Sie organisierten sich in Vereinigungen – die größte war die im August/September 1848 gegründete Allgemeine deutsche Arbeiterverbrüderung mit mehr als 15000 Mitgliedern aus 170 örtlichen Arbeitervereinen –, um sozialpolitische Forderungen geltend zu machen: die Bildung von Produktions- und Konsumgenossenschaften, die Einrichtung von Wanderunterstützungs- und Krankenkassen. Mit einer Welle örtlicher Lohnstreiks versuchten die Arbeiter auf ihre Nöte aufmerksam zu machen, die sich bereits lange vor Beginn der Revolution dramatisch verschärft hatten. Die Jahre 1845 bis 1847 waren wegen sehr schlecht ausgefallener Ernten extreme Teuerungsjahre gewesen, denen eine 1847/48 von England auf den Kontinent übergreifende industriewirtschaftliche Depression folgte. Viele Arbeiter waren zu der Erkenntnis gelangt, daß man auf die Hilfe des Besitzbürgertums nicht rechnen konnte, wenn es um die Verbesserung ihrer Lage ging. Der Bund der Kommunisten, eine kleine aus vormärzlichen Gesellenorganisationen hervorgegangene revolutionäre Gruppierung, rief daher unter maßgeblicher Mitwirkung von Karl Marx und Friedrich Engels zur sozialen Revolution in einem Bündnis des Proletariats mit dem «kleinen Bürger- und Bauernstand» auf. Seine Forderungen gipfelten in der entschädigungslosen Aufhebung aller Feudallasten und der Verstaatlichung fürstlicher und feudaler Landgüter, der Banken, Transportmittel und der Post. Als Organ des Bundes der Kommunisten erschien von Juni 1848 bis Mai 1849 in Köln unter Leitung von Marx die «Neue Rheinische Zeitung». Im Auftrag des Bundes verfaßten Marx und Engels das «Manifest der Kommunistischen Partei», das im Februar 1848, am Vorabend der Revolution, in London erschien.

Trotz eines teilweise weitgefaßten →Wahlrechts war die Massenbasis der Revolution in der Frankfurter Nationalversammlung, die vom 18. Mai 1848 bis 31. Mai 1849 in der Paulskirche tagte, kaum vertreten. Die Paulskirchenversammlung war ein Männerparlament: Die Frauen, von denen viele an den revolutionären Kämpfen aktiv teilgenommen und sich in zahlreichen demokratischen Frauenvereinen organisiert hatten, waren ausgeschlossen. Allerdings blieb den Frauen von 1848/49 das Schicksal erspart, ausgerechnet von den revolutionären Männern bis aufs Blut bekämpft zu werden, wie es ihren französischen Vorgängerinnen erging, die 1793 von der Jakobinerdiktatur auseinandergejagt wurden (→Frauengeschichte). Auch als Männerparlament war die Nationalversammlung einseitig zusammengesetzt: Beamte und Akademiker bildeten die Mehrheit: Im wichtigen Verfassungsausschuß gaben Vertreter des rheinischen Wirtschaftsbürgertums, norddeutsche Professoren, allesamt Anhänger einer konstitutionellen, das heißt verfassungsmäßig eingeschränkten →Monarchie den Ton an. In diesem Parlament war für die Durchsetzung sozialer Forderungen kein Platz. Ein Vorstoß der Demokraten zur Durchsetzung des «Rechts auf Arbeit» wurde von der Mehrheit abgewehrt. Für Fragen wie Schutz der Arbeitslosen und Invaliden, Beschränkung von Frauen- und Kinderarbeit sowie Koalitionsrecht der Arbeiter hatte die Mehrheit kein Verständnis. Die Abhängigkeit der Lohnarbeit vom Kapital wurde ignoriert und statt dessen dem Arbeiter das Ideal des materiell und geistig freien, selbständigen und selbstverantwortlichen Individuums als Vorbild vor Augen geführt.

Hier wie auch sonst in den parlamentarischen Beratungen wurde immer deutlicher, daß sich die bereits aus dem Vormärz überkommene Spaltung des Bürgertums in Demokraten und Konstitutionelle (liberale Monarchisten) weiter vertiefte. Die Konstitutionellen wollten möglichst schnell die Revolution «schließen» und sich mit den alten →Gewalten, insbesondere mit den Thronen und deren Machtapparaten, auf rechtlichem Wege arrangieren. Die Demokraten, in deutlicher Minderzahl, suchten den Schwung der revolutionären Ereignisse zu nutzen, um republikanische Verhältnisse einzuführen (→Republik). Die endlosen Debatten der Parlamentarier, die den konterrevolutionären Kräften Zeit ließen, sich zu sammeln, waren ihnen ein Greuel. Der Dichter Georg Herwegh reimte im Herbst 1848: «Zu Frankfurt an dem Main // Die Wäsche wird nicht rein; // Sie bürsten und sie bürsten, // Die Fürsten bleiben Fürsten, // Die Mohren bleiben Mohren // Trotz aller Professoren // Im Parla- Parla- Parlament // Das Reden nimmt kein End!»

Der Historiker Johannes Scherr, ein Schwabe, berichtete später über einen württembergischen Politiker, mit dem er am Vorabend von dessen Märzministerschaft die «Marseillaise» gesungen habe: «Zwei Tage darauf aber fand er bereits die allerhöchsten Herrschaften im Schlosse ‹ungemein charmant›, und ein Jahr später versagte ihm die Hand nicht, als er sich hinsetzte, für seine ehemaligen Parteigenossen Steckbriefe auszufertigen.»

Die Enttäuschung der Demokraten ist verständlich, und die Ereignisse gaben ihnen ein moralisches Recht, sich so über das Parlament zu äußern:

Der Bankrott der Nationalversammlung war komplett, als der preußische König Friedrich Wilhelm IV. die ihm von der Paulskirche angebotene Kaiserkrone am 3. April 1849 ablehnte. Dieser König hatte schon 1847 öffentlich erklärt, er werde nicht zulassen, daß sich in das Verhältnis zwischen Fürst und Volk «ein beschriebenes Blatt» dränge und «die alte heilige Treue» ersetze. Zwar gewährte er im Dezember 1848 eine liberale Verfassung samt allgemeinem Wahlrecht. Aber was man «gewährt», kann man auch wieder zurücknehmen. Und das war seine Absicht: denn er fühlte sich als «legitimer König von Gottes Gnaden»; eine Krone «mit dem Ludergeruch von Revolution», so äußerte er sich in einem vertraulichen Brief ebenfalls vom Dezember 1848, den «imaginären Reif, aus Dreck und Letten (Lehm) gebacken», *die* Krone wollte er nicht. Das Hohngelächter der Gegenrevolution über das «tolle Jahr» 1848 und die Parlamentarier der Paulskirche hallte noch lange nach.

Vor diesem Hintergrund ist es verständlich, aber nicht unproblematisch, wenn in jüngsten Arbeiten bundesdeutscher Historiker die «Modernität dieses politischen Organs» (Wolfram Siemann) hervorgehoben wird. Verständlich, weil es den Abgeordneten dieses ersten gesamtdeutschen Parlaments nach eingehenden, zum Teil brillanten parlamentarischen Beratungen immerhin gelang, nach dem Vorbild der amerikanischen Unabhängigkeitserklärung von 1776 und der Menschenrechtserklärung der Französischen Revolution von 1789 «Grundrechte des deutschen Volkes» in der Reichsverfassung zu verankern: die →Freiheit der Person, die →Gleichheit vor dem Gesetz, die Freiheit der Meinungsäußerung, Glaubens- und Gewissensfreiheit, Versammlungsfreiheit und das Recht, →Vereine zu bilden (Koalitionsfreiheit), Unverletzlichkeit des →Eigentums, Freizügigkeit innerhalb des Reichsgebiets und Berufsfreiheit, Abschaffung der Todesstrafe (bis auf durch das Kriegs- bzw. Seerecht festgelegte Ausnahmen) sowie Abschaffung der Strafen des Prangers, der Brandmarkung und der körperlichen Züchtigung. Problematisch ist die Kennzeichnung der Paulskirche als «modern» aber zunächst deshalb, weil die Abgeordneten sich an schwierigen Fragen der Verfassungsorganisation des «Reiches» «festbissen», ohne langfristig konstruktive Lösungen anzubieten. Das gilt insbesondere für die äußere Gestalt des neuen Reiches. Die Frage, welchen Gebietsumfang das Reich haben sollte und welche Kriterien für die Grenzziehung gelten sollten, bot jede Menge Zündstoff. Wie war das Prinzip des Nationalstaats mit dem von vielen ideologisch überhöhten und mythisch verklärten Reichsgedanken zu vereinbaren? Was war überhaupt unter →«Nation» zu verstehen? Sollte sie sich an «Abstammung» und «Sprache» orientieren oder am Machtstaatsprinzip? Besonders die Liberalen verwickelten sich in heillose Widersprüche: Einerseits betonten sie das Selbstbestimmungsrecht der Völker, andererseits traten sie das Selbstbestimmungsrecht anderer Völker mit den Füßen, wenn es ihnen «deutschem» →Interesse gemäß erschien. In der Polen-Debatte vom Juli 1848 identifizierte sich die Mehrheit offen mit den Machtinteressen Preußens seit den Teilungen Polens. Ferner war die nationale Frage mit der nach der Führungsmacht im künftigen Gesamtstaat verbunden: Preußen oder Österreich, →Großdeutsche oder kleindeutsche) Lösung. Sie wurde zugunsten Preußens vorentschieden, blieb aber auch nach der Reichseinigung von oben durch Preußen 1871 Dauerthema deutscher Politik und Historiographie bis hin zum «Anschluß» Österreichs 1938 durch Hitler-Deutschland. Damit zugleich kamen schon 1848 Mitteleuropa-Pläne (→Mitteleuropa) in den Blick, das heißt die Instrumentalisierung der östlichen Nachbarn Deutschlands zwischen Nordsee und Adria im Interesse des «deutschen Volkes». Ein berühmter deutscher Gelehrter, der Nationalökonom Wilhelm Roscher, schlug im Revolutionsjahr vor, den «Strom deutscher Auswanderung nach unseren östlichen Nachbarvölkern» zu leiten, nach den «dünn bevölkerten Teilen Ungarns, nach den polnischen Provinzen von Österreich und Preußen, nach denjenigen Teilen der Türkei, welche in Zukunft, so Gott will, das Erbe Deutschlands bilden sollen, Moldau und Wallachei, Bulgarien und der Nordküste von Kleinasien». Hier sollte auf dem «Wege friedlicher Eroberung» ein «neues Deutschland» entstehen: Aggressive Bevölkerungspolitik statt Selbstbestimmung hieß das, womit ebenfalls eine Leitlinie deutscher Politik bis hin zur völkisch-chauvinistischen Katastrophenpolitik des Nationalsozialismus vorgeprägt war.

Parlamentarische Arbeit ist kein Selbstzweck. Fraktions- und Parteibildung, damit zusammenhängend ein vielgestaltiges Vereinsleben, Presse- und Redefreiheit sind Elemente der «modernen→Demokratie» und mögen zumal gegen autoritäre Staats- und Gesellschaftskonzepte gebührend gewürdigt und verteidigt werden. Darüber sollte jedoch nicht vergessen werden, daß es in revolutionären Zeiten nicht um die Einübung in Pluralität geht. Alle erfolgreichen früheren Revolutionen bewiesen, daß die alten Gewalten niemals freiwillig und friedlich ihre Bastionen räumten. Auf den entscheidenden Mangel des Paulskirchenparlaments und der anderen in den Einzelstaaten eingerichteten parlamentarischen Körperschaften hat Veit Valentin in seiner 1930 erschienenen «Geschichte der deutschen Revolution 1848/49», der bis heute besten Darstellung dieses Themas hingewiesen: Die Parlamente der Revolution von 1848/49 waren «Geschöpfe der Volksbewegung, entwickelten aber in merkwürdiger Weise ein geschichtliches Sonderdasein, lösten sich von dem aktiven Fortgang des Geschehens ab und mußten die Folgen solcher Isolation dann bitter tragen.»

Die Folgen hatten vor allem die Revolutionäre zu ertragen: Bereits die badische Aprilrevolution 1848 unter Friedrich Hecker, «der erste, gewaltsame, durch Volksbewaffnung organisierte, nach innen gerichtete Freischarenzug zum Sturz des monarchischen Systems» (Siemann), blieb ohne Rückhalt im Bürgertum, scheiterte daher und wurde von den Herrschenden mit mehreren tausend Hochverratsprozessen und unnachsichtig hohen Strafen gerächt. Den Niederlagen der revolutionären Kräfte im Herbst 1848, ihrem verzweifelten Versuch, die Gegenrevolution aufzuhalten, und dem endgültigen Aus der Revolution mit der Kapitulation der in Rastatt eingeschlossenen revolutionären Truppen folgte eine neue Welle von Prozessen, in denen die Sieger über die Besiegten zu Gericht saßen und zugleich für mehrere Generationen das Geschichtsbild über die Revolution, über Demokratie und →Parlamentarismus bestimmten. Nach der Reichsgründung von 1871 wurde der Revolution von 1848 überdies die angeblich erfolgreiche preußisch-deutsche Reichseinigung von oben als Beweis für den Primat der Außenpolitik und den angeblichen Illusionismus der Demokraten entgegengehalten. Doch der deutsche Nationalstaat von 1871, aus kriegerischer Gewalt und Unterdrückung aller Emanzipationsbewegung im Innern hervorgegangen, hat nur ein Dreivierteljahrhundert Bestand gehabt – mit verheerenden Auswirkungen auf die deutsche, die europäische und die Weltgeschichte. Die Lehren, die aus diesen Erfahrungen zu ziehen sind, hat der deutsche →Jakobiner Georg Friedrich Rebmann schon im Jahre 1798 vorformuliert: «Ein Volk muß seine Freiheit selbst erobern, nicht zum Geschenk erhalten.» M. A.

◆ Russische Revolution

→Revolutionen sind Ergebnis und Ausdruck gesellschaftlicher →Krisen. Um ihre Ursachen und Antriebskräfte zu verstehen, muß man das Augenmerk auf die Verhältnisse lenken, aus denen sie hervorwachsen: im Fall Rußland auf die ökonomische →Modernisierung, die Anfang der 1860er Jahre von Zar Alexander II. eingeleitet wurde, um nach der Niederlage im Krimkrieg den Status einer europäischen Großmacht behaupten zu können. In dieser Perspektive wird die Fixierung auf die vordergründigen Aspekte und die Dramatik des bolschewistischen Umsturzes im Oktober 1917 zugunsten einer sozialhistorischen Betrachtungsweise abgelöst, die sich an Prozessen (→Entwicklung) und Phänomenen des strukturellen

Wandels orientiert. Dadurch verschwinden die führenden Akteure, namentlich Lenin und Trotzki, keineswegs aus dem Blickfeld. Aber die jüngere Forschung hat sich zunehmend mit der Frage nach der Reformfähigkeit der zaristischen Autokratie und damit zugleich nach der Zwangsläufigkeit der Revolution beschäftigt, hat zudem den Massen – den →Arbeitern, →Bauern und Soldaten – verstärkt Beachtung geschenkt. Diese figurieren nicht länger als gesichtslose Objekte einer kleinen Elite machiavellistischer Berufsrevolutionäre, sondern erscheinen als relativ autonom handelnde Subjekte, was wiederum heißt, die Rolle der Bolschewiki jenseits parteiamtlicher Beschwörungsformeln («revolutionäre Avantgarde des Proletariats») neu zu durchdenken und zu gewichten.

Das vorrevolutionäre Rußland ist oft als «Koloß auf tönernen Füßen» beschrieben worden: ein von den Russen dominierter Vielvölkerstaat mit einem gewaltigen Potential an Menschen und Rohstoffen, dessen absolutistische Herrschaftsordnung in einer Welt, die überall sonst vom Streben nach →Demokratie durchdrungen war, seltsam anachronistisch anmutete. Der Druck, der auf ihr lastete, resultierte aus einer Politik, die sich die Quadratur des Kreises zur Aufgabe gemacht hatte. Diktiert vom Bemühen, Anschluß an die industrialisierten →Nationen →Mittel- und Westeuropas zu finden, setzte das Regime auf eine Strategie, die Preußen z.B. schon ein halbes Jh. zuvor praktiziert hatte: Reform von oben, initiiert und getragen von der →Bürokratie, die sich als Agentin der Modernisierung begriff, die dazu nötige Effizienz freilich nie erreichte. Man begann, Wirtschaft und →Gesellschaft zu entfesseln, befreite 1861 die Bauern aus der Leibeigenschaft, schuf bescheidene Einrichtungen einer regionalen Selbstverwaltung, tastete die Privilegien und Pfründen der →Aristokratie jedoch nicht an. Man förderte die Industrie und die →Industrialisierung, das heißt, man wollte die Marktgesellschaft, scheute indes die ihr innewohnende Tendenz zur Öffnung, →Mobilität und Politisierung. Man wollte den Wandel und wiegte sich in der Hoffnung, ihn nach Bedarf einhegen und steuern zu können. Die Leistungsfähigkeit des Systems sollte gesteigert werden, ohne die Bahnen des Althergebrachten zu verlassen. Daraus ergab sich eine eigentümliche Mischung aus Dynamik, Traditionalismus und Versteinerung. Rußland wurde zur viertgrößten Industriemacht des Kontinents, zugleich aber blieb es ein Entwicklungsland, das die verfügbaren Ressourcen nicht optimal zu nutzen und den Makel feudaler Rückständigkeit nicht abzustreifen vermochte.

Da das Zarenreich auch im Stadium der Industrialisierung Agrarstaat blieb, kam den Verhältnissen auf dem flachen Land (→Stadt – Land), wo gut 80 Prozent der Bevölkerung lebten, entscheidende Bedeutung zu.

Wollte man die lähmende Stagnation der altständischen Ordnung überwinden, so mußte zunächst hier der Hebel angesetzt werden. Die Maßnahmen Alexanders II. bescherten den Bauern zwar die persönliche →Freiheit und statteten sie gegen Zahlung von Ablösegeldern mit einem Teil des Bodens aus, den sie zuvor als Leibeigene bearbeitet hatten, beließen sie aber in einem engen Geflecht von Kontrollen und Abhängigkeiten. Eine zentrale Rolle spielte dabei die Dorfgemeinschaft, eine Zwangskörperschaft, der die ehemals von den adligen Grundherren ausgeübten Polizei-, Verwaltungs- und Gerichtsfunktionen anvertraut wurden. Bei der komplizierten Trennung von Guts- und Bauernland trat sie, nicht jedoch der einzelne Bauer als Verhandlungs- und Vertragspartner auf: Sie haftete kollektiv für die Aufbringung der Ablösesummen und der Steuern, sie überwies den Dorfgenossen jeweils Stücke aus dem gemeinsamen Landbesitz zu periodisch wechselnder Nutzung und wachte über Zuzug und Abwanderung. Das Kalkül, das sich dahinter verbarg, zielte auf Umbau der agrarischen Strukturen in homöopathischer Dosierung. Man wollte Fortschritt, aber man wollte ihn ohne Erschütterungen und Brüche. Patriarchalische Bindungen, überlieferte Einrichtungen und Gewohnheiten wurden bewußt gestärkt, um ein Höchstmaß an →Kontinuität zu sichern, soziale Risiken abzufedern und gesamtgesellschaftliche Gefährdungen auf ein Minimum zu begrenzen. Auf diese Weise wurden allerdings Eigeninitiative und Anreize zu betrieblichen Innovationen eher behindert als gefördert. Der Typ des selbstverantwortlichen und marktorientierten Landwirts, wie er im westlichen Europa anzutreffen war, konnte sich so jedenfalls nicht oder nur in Ansätzen ausbilden.

Wegen der enormen regionalen Unterschiede fällt es schwer, über die Ergebnisse der Reformpolitik eindeutige Urteile zu fällen. Erschien sie früher vorwiegend in negativem, so heute in etwas positiverem Licht. Genauere Berechnungen lassen darauf schließen, daß die Erträge auch der bäuerlichen Wirtschaften offenbar günstiger waren als lange vermutet. Gleichwohl, wie zeitgenössische Beobachtungen bestätigen: der Agrarsektor war ein Sorgenkind, dessen Probleme sich seit den neunziger Jahren kontinuierlich verschärften. Mißernten führten zu Hungersnöten, Massenelend und Aufruhr. Der Grundbesitz der Bauern, der von vornherein karg bemessen war, wurde mit wachsender Bevölkerungszahl immer knapper. Primitive Gerätschaften und Anbaumethoden blockierten Effizienz und Produktivität. Besonders die Dorfgemeinde war ein Hort des Traditionalismus, daneben aber auch die Basis eines latenten bis offenen Sozialprotests. Vor allem in diesen Erfahrungen wurzelten die Motive für den Kurswechsel von 1906, den Ministerpräsident Stolypin unter dem

Druck der revolutionären Ereignisse von 1905 einleitete. Im Kern lief er auf eine Umkehr des 1861 eingeschlagenen Weges hinaus. Die Dorfgemeinde als solidarisch haftende Umverteilungsgemeinschaft, die ehedem als Ordnungsfaktor galt, wurde aufgehoben, um die Schaffung mittelbäuerlicher Existenzen zu erleichtern. Dadurch geriet die dörfliche →Lebenswelt erneut in Bewegung, von einer durchgreifenden Lösung der Agrarfrage und einer dauerhaften Befriedigung des bäuerlichen Landhungers war man bis zum Beginn des Ersten Weltkrieges jedoch weit entfernt. Das Land, politisch zwar nicht organisiert und zarentreu, blieb ein Herd potentieller Unruhe und Unzufriedenheit.

In der agrarischen Gesellschaft des vorrevolutionären Rußland war die Arbeiterschaft ein Fremdkörper, der rein quantitativ betrachtet kaum ins Gewicht fiel. 1913 machten die Fabrikarbeiter – ungefähr drei Millionen – nur einen verschwindend geringen Prozentsatz der Gesamtbevölkerung aus. Aber sie waren konzentriert in den wenigen städtischen und industriellen Zentren, waren daher leichter zu mobilisieren als die Bauern, zudem artikulationsfähiger und empfänglicher für die Programme der oppositionellen Intelligenz. Die Verhältnisse, die ihr Dasein bestimmten, erinnerten an die Elendsbilder aus der Frühindustrialisierung in England oder Deutschland: Sie waren geprägt von schäbigen Behausungen, von mangelhafter Ernährung, niedrigen Löhnen und langen Arbeitszeiten, von bürokratischer Repression und unternehmerischer Willkür. Charakteristisch für die Mehrheit der Arbeiter war eine Existenz «zwischen Feld und Fabrik», das heißt, von ihrem rechtlichen Status her galten sie weiterhin als Bauern, die enge persönliche und institutionelle Bindungen an ihre dörflichen Herkunftsgemeinden bewahrten. Das bot ein gewisses Maß an sozialer Sicherheit und genossenschaftlichem Zusammenhalt, erklärt die Bereitschaft zu kollektivem Erdulden eines von Entbehrung gezeichneten Massenschicksals, aber auch zu spontanen, schwer zu kanalisierenden Formen des kollektiven Aufbegehrens.

Bereits die Streiks der neunziger Jahre ließen erkennen, daß die Empörung gegen kapitalistische →Ausbeutung und politische Unmündigkeit die monarchische Ordnung beträchtlich unter Druck setzte. Wie brüchig deren Fundamente waren, zeigte sich dann in der Revolution von 1905. Vor allem vier Krisenpotentiale waren es, die das Regime an den Rand des Abgrunds brachten und die Konstellationen von 1917 vorwegnahmen: der katastrophale Verlauf des Krieges gegen Japan, der soziale →Protest der Arbeiter, die Rebellion der Bauern und schließlich der Widerstand der nichtrussischen Völker im Baltikum, in Polen und im Kaukasus gegen koloniale Unterdrückung. Die Revolution konnte zwar niedergeschlagen werden, aber die Reformen, die man ankündigte, versandeten, wurden eingeschränkt oder wieder aufgehoben. Die Autokratie gewann mit dem Experiment eines halbherzigen, widerwillig eingeräumten Konstitutionalismus eine Atempause, erreichte die nötige innere Stabilität jedoch nicht. Seit 1912 spitzte sich die Lage erneut zu: Eine Welle von Arbeitsniederlegungen und Demonstrationen ergoß sich über das Land, und in der sozialistischen →Arbeiterbewegung, die sich um die Jahrhundertwende formiert hatte, machte sich wachsender Einfluß der Bolschewiki bemerkbar, deren Radikalität den Stimmungen der Arbeiter offenbar mehr entsprach als der vorsichtige, auf Abwarten bedachte Reformismus der Menschewiki.

All dies warf Schatten auf künftige Entwicklungsmöglichkeiten. Die Vermutung, daß der revolutionäre Umsturz vorprogrammiert gewesen sei, drängt sich auf, verkennt indes, daß die →Monarchie trotz tiefer Spannungen und Konflikte über bemerkenswerte Beharrungskräfte verfügte. Dafür spricht, daß die Bauern, überwiegend Analphabeten, sich im großen und ganzen loyal verhielten. Ihr Zorn richtete sich gegen einzelne Gutsbesitzer, nicht jedoch gegen die Ordnung als solche. Der Glaube, daß «Väterchen Zar» im fernen Petersburg, wenn er von ihren Sorgen wüßte, die Dinge zum Besseren wenden würde, war gerade bei ihnen ungetrübt. Hinzu kam, daß in den Städten ein durchgebildetes Netz von →Parteien und Interessenorganisationen bestenfalls in Ansätzen existierte. Die Opposition war schwach, in sich zerstritten und in den verschiedenen →Schichten der Bevölkerung höchst ungenügend verankert. Dies traf für das bürgerlich-liberale Milieu ebenso zu wie für das proletarisch-marxistische. Systemkritische Aktivitäten konnten daher kontrolliert, mit polizeilichen und administrativen Mitteln eingedämmt oder nach 1905 in pseudoparlamentarische Einrichtungen abgeleitet und dadurch partiell entschärft werden.

Der Ausbruch des Krieges, so jedenfalls schien es zunächst, wirkte wie ein Befreiungsschlag. Rußland wurde, wie die anderen beteiligten Mächte auch, von patriotischen Aufwallungen erfaßt, die für einen Moment die gesellschaftlichen Gegensätze verblassen ließen. Aber die Hoffnungen, die sich daran knüpften, erwiesen sich als trügerisch. Schon 1915 begann der Burgfriede zu zerbröckeln. Verantwortlich dafür waren die andauernden Mißerfolge an den Fronten und die Unfähigkeit der Regierung, der Transport- und Versorgungsprobleme Herr zu werden. Die Lebensbedingungen verschlechterten sich rapide, die Wirtschaft litt unter fortschreitender Desorganisation, die Realeinkommen der Arbeiter und Bauern verfielen, und der →Staat verhedderte sich im Gestrüpp einer planlosen

Preis-, Beschaffungs- und Rationierungspolitik. Spätestens seit 1916 gehörten Streiks und Proteste wieder zum gewohnten Bild. Soziale Forderungen verbanden sich dabei mit immer lauter werdenden Rufen nach Frieden und Demokratie. Die Vergeblichkeit der Leiden und Opfer konnte durch nationale Parolen nicht mehr überdeckt werden und lenkte den Blick intensiver denn je auf die strukturellen Defizite des Regimes, dessen Vertrauenskapital bis in die Ränge der militärischen Führung hinein dramatisch zusammenschrumpfte. Es wäre sicher zu kurz gegriffen, allein im Krieg die Ursache der Revolution zu sehen, aber daß er ein Katalysator war und die Krise entscheidend beschleunigt hat, steht außer Zweifel.

Wie wenig Autorität der Monarch und die ihn stützenden Eliten in die Waagschale werfen konnten, offenbarte sich Ende Februar 1917. Die Massendemonstrationen der Petersburger Arbeiterschaft, denen sich die dortige Garnison anschloß, markierten den Auftakt zu einem Prozeß revolutionärer Umwälzungen, der von der Metropole rasch auf die übrigen Städte und die Fronttruppen, mit einer gewissen Verzögerung auch auf das flache Land übersprang. Zar Nikolaus II. dankte am 3. März ab: Binnen einer Woche war das Gebäude des alten Staates zerborsten, und kaum jemand mochte ihm eine Träne nachweinen. An seine Stelle trat das, was der Historiker Dietrich Geyer die «improvisierte Notstandsdemokratie» genannt hat. Deren Merkmal war die «Doppelherrschaft»: ein für die ungeklärten Machtverhältnisse typisches Mit- und Gegeneinander von bürgerlich-parlamentarischen und proletarisch-revolutionären Institutionen, von Duma, dem zentralen Parlament, und Sowjets, den Arbeiter- und Soldatenräten, die sich auf eine provisorische Regierung verständigten. Diese war zwar ein Kind der Revolution, aber diejenigen, die ihre Geschicke lenkten, waren keine Revolutionäre, sondern Angehörige der gebildeten und besitzenden →Klassen. Die Revolution hatte sie überrascht, und sie versuchten zu retten, was zu retten war, Chaos und Anarchie zu verhindern, die Einheit des Reiches zu bewahren und – wichtiger noch: die Kriegsanstrengungen an der Seite der westlichen Alliierten mit unverminderter Härte fortzuführen.

Für die Realisierung derart weitgesteckter Ziele fehlten allerdings die Voraussetzungen. Denn die Basis der Notstandsdemokratie war denkbar schwach, und sie wurde um so schwächer, je weniger es gelang, die ökonomische Krise zu meistern, die elementaren Alltagsbedürfnisse zu befriedigen und die Menschen von der Bürde des Krieges zu befreien. Die Mehrheit der Bevölkerung wollte Frieden, Brot und Ackerland, wollte zügige Reformen, nicht jedoch eine neue militärische Offensive, die im Juni 1917 kläglich scheiterte. In dem Maße, wie die Repräsentanten des

Februarregimes ihren Kredit verspielten, erweiterte sich der Aktionsradius der Bolschewiki, die der aus dem Schweizer Exil zurückgekehrte Lenin auf einen Kurs kompromißloser Konfrontation verpflichtet hatte. Das Programm, das sie propagierten, war keineswegs originell, eher opportunistisch, das heißt, es paßte sich den Stimmungen auf den Straßen, in den Fabriken, Kasernen und Dörfern an. Die Radikalisierung, die sich allenthalben äußerte, war ein Spiegel der gesellschaftlichen Desintegration: Sie folgte ihrer eigenen Logik, aber dadurch, daß die Partei sich in die Bewegungen der Massen einschaltete, verlieh sie ihnen Stoßkraft und Beschleunigung. Im Gegensatz zum Zentralkomitee, das zum Abwarten tendierte, forderte Lenin, die mittlerweile starken Positionen in den Sowjets der Hauptstadt und Industriezentren auszunutzen und den bewaffneten Aufstand vorzubereiten, der Ende Oktober, ohne auf ernsthafte Gegenwehr zu stoßen, die zweite, die bolschewistische Etappe der Revolution eröffnete.

In deren Verlauf wurde nicht nur die schwache Tradition der parlamentarischen, sondern auch jede Form der Räte-Demokratie zerstört. Aus dem zaristischen →Absolutismus wuchs ein Absolutismus neuer Qualität hervor, der jenen an Unerbittlichkeit um ein Vielfaches übertraf. Als «Diktatur des Proletariats» kostümiert, die in der Theorie als →Herrschaft der Mehrheit figurierte, war er, wie bereits Rosa Luxemburg kritisierte, nichts anderes als die «Diktatur einer Handvoll Politiker»: Die Diktatur der Partei über das Volk und die Diktatur des Apparats über die Partei. Daß die Bolschewiki nicht gewillt sein würden, ihre Gegner mit Samthandschuhen anzufassen oder ihnen gar ein Existenzrecht einzuräumen, unterstrichen sie im Januar 1918, als sie die im Dezember gewählte verfassunggebende Versammlung, die Konstituante, in der sie mit ungefähr einem Viertel der Mandate in der Minderheit geblieben waren, kurzerhand nach Hause schickten und auflösten.

Bemerkenswert am Roten Oktober war nicht die Eroberung der Macht: die war den Bolschewiki wie eine reife Frucht in den Schoß gefallen. Die eigentliche und, wie man rückschauend sagen muß, epochale Leistung war es, sie langfristig zu sichern. Kennzeichnend für die Periode des Übergangs, die 1921 mit der erfolgreichen Behauptung im Bürgerkrieg ihren Abschluß fand, war eine populistische Politik, die sanktionierte, was ohnehin im Gang war: die wildwüchsige Agrarrevolution in den Dörfern, die Zersetzung der alten Armee und der hierarchischen Strukturen in den Fabriken. Zugleich wurde ein System aufgebaut, das die Räte zu bloßen Erfüllungsgehilfen degradierte, die Entscheidungsprozesse zentralisierte und oppositionelle Regungen rigoros erstickte. Der Aufstand der Kronstädter Matrosen im Februar 1921, der sich gegen Entmündigung und bürokratische Verkrustung richtete, machte sichtbar, wie weit man sich von den anfänglich geweckten Erwartungen entfernt hatte. Mit seiner Niederwerfung wurden über Jahrzehnte hinaus die Hoffnungen auf einen freiheitlichen, demokratischen →Sozialismus zu Grabe getragen. Ohne Zweifel waren die Deformationen des Regimes auch eine Konsequenz widriger Umstände. Die von alliierten Interventionstruppen unterstützte Gegenrevolution, die internationale Isolierung durch das Ausbleiben revolutionärer Umwälzungen in Europa und nicht zuletzt die Belastungen durch den Diktatfrieden von Brest-Litowsk zwangen zur Anspannung sämtlicher Kräfte. Aber sie allein darin zu lokalisieren wäre kurzschlüssig. Mindestens ebenso wichtig waren die theoretischen Grundpositionen des Bolschewismus und die doktrinären Visionen seiner maßgeblichen Führer. In dieser Perspektive gewinnt das Problem der Kontinuität eine doppelte Bedeutung. Dazu gehört zum einen die Frage nach dem inneren Zusammenhang von Leninismus und →Stalinismus, zum andern die nach den Eigenheiten einer politischen →Kultur, die tief in der Geschichte verankert waren, den Weg der russischen Gesellschaft in die Moderne begleitet haben und den Umbruch von 1917 als Bestandteil eines säkularen, seit 1861 jeweils von oben durch den Staat gesteuerten Transformationsprozesses erscheinen lassen. J. F.

S

◆ Schicht

Schicht, ein ursprünglich der Geologie entlehnter Begriff, wird von vielen Soziologen und anderen Gesellschaftswissenschaftlern zur Beschreibung und Kennzeichnung hierarchischer Gesellschaftsgefüge verwendet. Dabei spielen Kategorien wie Einkommenshöhe, Bildungsniveau, Erziehung, →Beruf, politische Meinung und Organisation, soziales Ansehen eine entscheidende Rolle. Damit ist in der Regel die Tendenz verbunden – jedenfalls bei nicht-marxistischen Wissenschaftlern –, den Begriff der →Klasse aus dem Verkehr zu ziehen, auszuhöhlen oder dem der Schicht anzugleichen. Während im Begriff der Klasse ausgedrückt ist, in welchem Verhältnis eine Bevölkerungsgruppe zu den Produktionsmitteln steht (z. B. Arbeiterschaft, Bürgertum) (→Bürger), sehen die Schichtungskonzepte in der Regel davon ab, die Determinanten sozialer Ungleichheit zu untersuchen. Dementsprechend wird in der sozialen Schichtung (auch «soziale Stratifikation» genannt) mit dem Grundschema Oberschicht – Mittelschicht – Unterschicht gearbeitet. Dazu kommen noch Differenzierungen wie Alter und Neuer →Mittelstand sowie zusätzliche Kategorien wie Elite oder Machtelite.

Obwohl bislang eine allgemein anerkannte Definition des Begriffs «Schicht» fehlt, ist er für den Historiker unentbehrlich. Denn es gibt in der Tat Menschengruppen, die durch gemeinsame soziale Merkmale gekennzeichnet sind, ohne eine einheitliche sozialökonomische Struktur (→Ereignis) aufzuweisen. Die Angehörigen einer solchen Gruppe rekrutieren sich aus verschiedenen Klassen, so z. B. die Intelligenz und in der (modernen kapitalistischen) Industriegesellschaft das Offizierskorps, was freilich klassenspezifische Privilegierungen nicht ausschließt. Auf jeden Fall müssen Schicht und Klasse begrifflich auseinandergehalten werden. Unter dieser Voraussetzung kann auch mit Hilfe des Schichtenbegriffs soziale Ungleichheit erfaßt werden. Darüber hinaus ist der Begriff geeignet, individuelle und subjektive Bewußtseinsprozesse und Interessenwahrnehmung in den Blick zu nehmen.

M. A.

◆ Schulbuch

Das Geschichtsbuch ist immer noch das wichtigste und am häufigsten verwendete Arbeitsmittel im →Geschichtsunterricht. Für den Geschichtslehrer bietet es eine Reihe von Vorteilen: Es ist immer zur Hand und ohne großen Aufwand an Vorbereitung einsetzbar. Es präsentiert den historischen Stoff in richtlinienkonformen Dosierungen, die mehr oder weniger appetitlich verpackt an die Schüler weitergereicht werden können. Die einzelnen Abschnitte des Buches lassen sich bequem einzelnen Unterrichtssequenzen zuordnen, wobei die neuerdings zu verzeichnende Tendenz, die Schulgeschichtsbücher zu einem Kompendium verschiedener Medien (→Quellen, Darstellung, Karten, →Bilder, Arbeitsbögen etc.) zu machen, ein gewisses Maß an Variabilität erlaubt.

Geschichtsbücher für die Schule unterliegen einem komplizierten Genehmigungs- und Zulassungsverfahren der Kultusbürokratien. Deren Ausgang hängt nicht selten von den jeweiligen politischen Konstellationen in den einzelnen Bundesländern ab. In Richtlinien und Lehrplänen finden die politischen Vorgaben in der Regel ihren Niederschlag; an ihnen kommen kein Schulbuchautor und kein Schulbuchverlag vorbei, wenn sie mit ihren Produkten die Schulen erreichen wollen.

Die in den Geschichtsbüchern vermittelte Geschichte ist also ein Politikum, und das haben die Mächtigen zu allen Zeiten gewußt. Im Kaiserreich stand die Erziehung zu Nationalismus (→Nation) und Kadavergehorsam im Vordergrund; in der Weimarer Republik wurden in den meisten Geschichtsbüchern die deutschnationalen Geschichtsmythen gepflegt, nur wenige Schulbücher bequemten sich zu einem eher «vernunftrepublikanischen» denn wirklich überzeugt demokratischen Standpunkt. Nach 1933 wurden die Schulbücher konsequent auf die nationalsozialistische →Ideologie umgeschrieben; und schließlich nach 1945 auf die demokratischen Grundwerte der «re-education» umgepolt.

Die langwierigen Zulassungsprozeduren und die politischen Optionen der Kultusbürokraten sind eine Ursache dafür, daß Ergebnisse der geschichtswissenschaftlichen Diskussion, wenn überhaupt, nur mit erheblicher Phasenverzögerung Eingang in die Geschichtsbücher finden. Die meisten Schulbücher sind, obwohl sie den Anspruch von Wissenschaftsorientierung erheben, hoffnungslos antiquiert. Dazu trägt zum einen das kommerzielle Interesse der Schulbuchverlage bei, die ein Schulbuch möglichst lange im Programm halten wollen, zum anderen aber auch die Tatsache, daß mancher Schulbuchautor selbst schon längst den Anschluß an die Wissenschaft verloren hat. Allerdings sind in der Bundesrepublik gerade in den letzten Jahren einige Unterrichtswerke erschienen, die versucht haben, die Diskussion um →Sozial- und →Alltagsgeschichte aufzugreifen und didaktisch fruchtbar zu machen (so z. B. das von Wolfgang Hug herausgegebene dreibändige Unterrichtswerk «Unsere Geschichte» im Diesterweg Verlag). Generell aber gilt, gerade in bezug auf die Geschichtsbücher, die Mahnung Erich Kästners: «Mißtraut gelegentlich euren Schulbüchern! Sie sind nicht auf dem Berge Sinai entstanden, meistens nicht einmal auf verständige Art und Weise, sondern aus alten Schulbüchern, die aus alten Schulbüchern entstanden sind.»

Die wissenschaftliche Schulbuchforschung hat erst nach dem Zweiten Weltkrieg begonnen. Besonders hervorzuheben ist hier das von Georg Eckert 1950 gegründete Internationale Schulbuchinstitut in Braunschweig (nach dem Tode Eckerts seit 1975 Georg-Eckert-Institut für internationale Schulbuchforschung). Auf dessen Initiative gehen unter anderem die deutsch-polnischen Schulbuchempfehlungen von 1977 zurück, die der Überwindung von Vorurteilen und der Förderung der Friedens- und Entspannungspolitik dienen. V. U.

◆ Schülerwettbewerb Deutsche Geschichte

Der Schülerwettbewerb Deutsche Geschichte um den Preis des Bundespräsidenten geht zurück auf Anregungen des früheren Bundespräsidenten Gustav Heinemann, der während seiner Amtszeit (1969–1974) immer wieder gemahnt hat, den freiheitlichen Bewegungen in der deutschen Geschichte größere Aufmerksamkeit zuzuwenden. Im Hamburger Industriellen Kurt A. Körber fand sich ein Mäzen, der bereit war, die notwendigen finanziellen und organisatorischen Mittel bereitzustellen. Schirmherr des Schülerwettbewerbs ist der jeweils amtierende Bundespräsident. Bei der Bewertung der Wettbewerbsbeiträge helfen rund 120 Juroren in mehreren Städten der Bundesrepublik, die zunächst eine Vorauswahl treffen. Die Endentscheidung wird von einer zentralen Jury gefällt, der Vertreter der regionalen Jurys und die Mitglieder eines wissenschaftlichen Beirats angehören.

Der Anregung Heinemanns folgend, war die erste Wettbewerbsreihe

1974–76 dem «Verständnis deutscher Freiheitsbewegungen» gewidmet (1974: Deutsche →Revolution 1848/49; 1975: Vom Kaiserreich zur Republik 1918/19; 1976: Demokratischer Neubeginn 1945/46). Die positiven Erfahrungen mit dem lokal- und regionalgeschichtlichen Ansatz führten zu einer Neuakzentuierung der Wettbewerbskonzeption, die mit dem Rahmenthema «Sozialgeschichte des Alltags» umschrieben wurde (1977: Arbeitswelt und Technik im Wandel; 1978: Wohnen im Wandel; 1979: Feierabend und Freizeit im Wandel.). Damit wurde der Schülerwettbewerb zu einem Impulsspender für die historische Alltagsforschung in der Bundesrepublik, die sich in den achtziger Jahren zu einer Herausforderung der etablierten Geschichtswissenschaft entwickelte (→Alltagsgeschichte). Vor dem Hintergrund der durch den «Holocaust»-Film 1979 ausgelösten Diskussionen über die NS-Vergangenheit wurde seit 1980 eine neue Wettbewerbssequenz zum Alltag im Nationalsozialismus und in der unmittelbaren Nachkriegszeit durchgeführt (1980/81: Alltag im Nationalsozialismus. Vom Ende der Weimarer Republik bis zum Zweiten Weltkrieg; 1982/83: Die Kriegsjahre in Deutschland; 1984/85: Alltag im Nachkriegsdeutschland). Der Wettbewerb des Jahres 1986/87 stand unter dem Motto «Umwelt hat Geschichte» - ein von Geschichtswissenschaft und →Geschichtsunterricht ebenfalls bislang vernachlässigtes Terrain. Das gleiche gilt für das Wettbewerbsthema «Unser Ort: Heimat für Fremde?» (1988/89) oder «Denkmal: Erinnerung – Mahnung – Ärgernis» (1992/93).

Der Schülerwettbewerb Deutsche Geschichte erfreut sich seit seiner Gründung eines wachsenden Zuspruchs von Jugendlichen aller Schulformen und Altersklassen. Sein Erfolg läßt sich nicht nur an den steigenden Teilnehmerzahlen, sondern auch an den Ergebnissen ablesen, die selbst professionelle Historiker manchmal in Erstaunen setzten. Dies gilt besonders für die Wettbewerbsbeiträge zum Thema Nationalsozialismus. Durch ihre hartnäckige lokalhistorische Spurensuche haben forschende Schülergruppen nicht selten dazu beigetragen, Vergessenes oder Verdrängtes ans Tageslicht zu befördern, z. B. die Tatsache, daß sich in der Nachbarschaft eines Ortes ein KZ-Außenlager befand oder in einem Rüstungsbetrieb ausländische Zwangsarbeiter sich zu Tode schuften mußten. Vielerorts sahen sich die jugendlichen Amateurhistoriker Pressionen und Behinderungen von lokalen Politikern und Archivaren ausgesetzt. Bundesweit Schlagzeilen machte der Fall der Anja Rosmus-Wenninger, die durch ihre kritischen Forschungen über Passaus braune Vergangenheit die örtlichen Honoratioren verschreckte. Vielerorts haben die Jugendlichen aber auch Anstöße geben können zur öffentlichen Besinnung: Straßen wurden nach Widerstandskämpfern umbenannt, verfallene Synagogen restauriert, Gedenktafeln für die Opfer des Nazi-Terrors errichtet. Ein massenhafter, mehr von Verständnis als von Anklage bestimmter Dialog zwischen den Enkeln und der Großelterngeneration wurde in Gang gesetzt und so doch noch eine Bresche in die Mauer des Schweigens geschlagen.

Was die moderne Geschichtsdidaktik immer als Ziel proklamiert hat – forschend-entdeckendes Lernen, das die Selbständigkeit der Schüler anregt, sie zu begründeter Parteinahme herausfordert und sie im Idealfall sogar zu eingreifendem politischen Verhalten befähigt –, in vielen Wettbewerbsbeiträgen ist es Wirklichkeit geworden. Zehntausende von Jugendlichen haben durch das Forschen «vor der eigenen Tür», in der Vergangenheit ihrer Stadt, Schule oder Straße, durch Interviews mit älteren Menschen, durch Stöbern in Bibliotheken und →Archiven eine lebendige Beziehung zur Geschichte entwickelt, wie sie der traditionelle Geschichtsunterricht nicht vermitteln konnte. V. U.

◆ Sozialdarwinismus

Mit «Sozialdarwinismus» bezeichnet man eine in der zweiten Hälfte des 19. Jhs. entstandene →Ideologie, die die biologischen Lehren Charles Darwins, vor allem das Prinzip des «Kampfes ums Dasein» («struggle for life») und der natürlichen Auslese («natural selection») mechanisch auf das gesellschaftliche Leben übertrug. Nach Herbert Spencer, der als eigentlicher Begründer des Sozialdarwinismus gilt, findet im gesellschaftlichen Entwicklungsprozeß von einfachen zu höheren Formen – analog zur →Entwicklung der Lebewesen – eine Selektion statt, bei der nur die Stärksten überleben könnten («survival of the fittest»). Dieser zum Naturgesetz erklärte Evolutionsgedanke wurde mit der Idee des zivilisatorischen Fortschritts kombiniert und damit geradezu in den Rang eines ethischen Postulats gehoben: Mit den Tüchtigsten würden sich auch die sittlich Besten durchsetzen.

Solche Vorstellungen dienten, wie man unschwer erkennen kann, dem Ellenbogendenken des Manchesterkapitalismus. Sie sollten das freie Spiel der kapitalistischen Kräfte rechtfertigen und der Forderung nach Sozialreformen zwecks Milderung von materieller Not und sozialer Ungerechtigkeit entgegenwirken (→Kapitalismus).

Im Zeitalter des →Imperialismus wurde der Sozialdarwinismus mit rassistischen Ideen aufgeladen. Auch im Daseinskampf der →Nationen finde – so wurde jetzt erklärt – ein ständiger Ausleseprozeß statt, bei dem sich nur die «rassisch höherwertigen» Völker behaupten könnten. Aus solchen Vorstellungen erwuchsen, besonders in Deutschland, um die Jahrhundertwende rassenhygienische und bevölkerungspolitische Konzepte, die die «Reinhaltung der germanisch-nordischen Rasse» proklamierten und bereits offen für eine Ausbürgerung der Juden warben. In der Agitation des Alldeutschen Verbandes vor 1914 verschmolzen Sozialdarwinismus und →Antisemitismus zu einem aggressiven Gemisch.

Nach dem Ersten Weltkrieg fand die rassistische Variante des Sozialdarwinismus verstärkt Eingang in die Programme völkisch-antisemitischer Gruppierungen. Sie wurde zu einem Kernbestand der nationalsozialistischen Ideologie. Die nach 1933 sofort eingeleiteten Maßnahmen zur «Auslese» und «Ausmerze» angeblich «Gemeinschaftsunfähiger» und «rassisch Minderwertiger» (→Rassismus) hatten hier eine ihrer Wurzeln. V. U.

◆ Sozialdisziplinierung

Im Wort «Disziplinierung» steckt das lateinische «disciplina», was soviel heißt wie «Unterweisung und Lehre». «Erziehung und Zucht», seltener auch «Staatsverfassung und Staatsordnung». Sozialdisziplinierung läßt sich demnach als Erziehungs- und Bildungsprozeß begreifen, der die Menschen in gesellschaftliche und staatliche Ordnungen einfügen soll. Dabei geht es um die Einübung von Normen, Werten und Spielregeln, um Anpassung des Bewußtseins und des Verhaltens an die Bedingungen einer Umwelt, die unter dem Einfluß von Wirtschaft und →Staat, Wissenschaft und Technik in dauernder Bewegung ist. Sozialdisziplinierung steht insofern in enger Verbindung mit der allmählichen Durchsetzung des modernen National- und Territorialstaates seit dem 16. und 17. Jh. Erzwungen und gefördert wird sie durch die Organe der Justiz, die verschiedenen Einrichtungen und Zweige der Verwaltung, durch Militär, →Kirche und Schule, Arbeits-, Armen- und Waisenhäuser, Manufaktur- und Fabrikbetriebe. Bezweckt wird damit die Steigerung individueller Qualifikationen, der Leistungsbereitschaft und Leistungsfähigkeit, um so zur Stärkung des Staatswesens, staatlicher Effizienz und Macht beizutragen. Sozialdisziplinierung ist kein punktueller Vorgang, kein einmaliges →Ereignis, sondern ein langwieriger und komplexer Prozeß (→Entwicklung), ist eingebettet in national und regional höchst unterschiedliche Traditionen und Gegebenheiten, verändert Mentalitäten und Gewohnheiten, Einstellungen und Orientierungen, was von

Historikern jeweils im Detail und an konkreten Beispielen rekonstruiert und analysiert werden muß. In der Epoche (→Periodisierung) des monarchischen →Absolutismus verbirgt sich hinter Sozialdisziplinierung ein ganzes Bündel von Kontrollmechanismen, Herrschafts- und Steuerungsinstrumenten, um →Bürger und Untertanen den Ansprüchen und →Interessen der Obrigkeit zu unterwerfen; im Zeitalter der →Demokratie stehen weniger Befehl und Gehorsam als vielmehr Elemente der Selbstregulierung im Vordergrund, aus denen Formen der freiwilligen Verständigung über den sozialen und rechtlichen Rahmen des Zusammenlebens, Verantwortung für das Gemeinwohl und Möglichkeiten einer in Verfassungen und gesetzlichen Bestimmungen verankerten Teilhabe am politischen Geschehen erwachsen. J. F.

◆ Sozialer Konflikt

Soziale Konflikte sind Ausdruck sozialer Ungleichheit und sozialer Spannungen. Sie gründen in Wirtschafts-, Macht- und Herrschaftsstrukturen, die diese hervorbringen, begünstigen und festigen. Da →Gleichheit bisher nirgendwo umfassend verwirklicht worden ist, gehört eine konfliktfreie →Gesellschaft in das Reich der →Utopie. Ausgetragen werden soziale Konflikte von einzelnen oder Gruppen, →Schichten und →Klassen. Deren Ziel ist es, Privilegien abzubauen oder zu beseitigen, eigene →Interessen zur Geltung zu bringen, Lebensverhältnisse zu verbessern, erträglicher und menschenwürdiger zu machen. Insofern spiegeln sich darin individuelle und kollektive →Bedürfnisse, Erwartungen, Programme und Zukunftsvisionen. Dabei werden Traditionen und gesellschaftliche Ruhelagen durchbrochen, was betroffene Zeitgenossen häufig mit Sorge registrieren, als Störung einer wie immer definierten Harmonie und Gefährdung der öffentlichen Ordnung empfinden. Mittel und Wege, soziale Konflikte ein für allemal aus der Welt zu schaffen, sind zwar in den verschiedenen Epochen propagiert und beschritten worden, zu durchgreifenden Ergebnissen und dauerhaften Sicherungen aber haben sie nie geführt.

Sozialwissenschaftlichen und historischen Forschungen verdanken wir die Einsicht, daß soziale Konflikte alltägliche Erscheinungen, jedenfalls eher Normal- als Ausnahmezustand, Faktoren der →Entwicklung und der Bewegung sind, die sozialen, ökonomischen und politischen Wandel anstoßen, beeinflussen und vorantreiben. Die Anlässe, Verlaufs- und Äußerungsformen, auch die Organisation und Regulierung derartiger Auseinandersetzungen sind ebenso vielfältig wie die Bedingungen, in denen sie wurzeln. In repressiven und autoritären sind sie z. B. anders als in pluralistischen, offenen und demokratischen Systemen.

Gewöhnlich sind soziale Konflikte zugleich Verteilungs- und Herrschaftskonflikte. In industrialisierten Gesellschaften entzünden sie sich an Widersprüchen und Gegensätzen zwischen den Erwerbsklassen. Eine wichtige Rolle für Erfolg oder Mißerfolg spielen die Chancen auf dem Markt, vorhandene oder nicht vorhandene Möglichkeiten, auf →Parteien, Medien, Parlamente und Regierungen einzuwirken, der Besitz oder Nichtbesitz von Produktionsmitteln. Konflikte zwischen Arbeitnehmern und Arbeitgebern kreisen um Veränderung bzw. Verteidigung des betrieblichen wie des gesellschaftlichen Status quo, um Arbeits- und Lohnverhältnisse sowie den Grad der Mitbestimmung, das heißt die Teilhabe an unternehmerischen Entscheidungsprozessen. Die bekanntesten Instrumente des Arbeitskampfes sind Streik und Aussperrung, die besonders in Deutschland durch staatliche Eingriffe nach und nach rationalisiert, institutionalisiert und verrechtlicht worden sind, dabei ihren ursprünglich ungeregelten, gewalthaften, tendenziell auch systemsprengenden Charakter verloren haben. J. F.

◆ Sozialfaschismus

Der Begriff war eine in der Kommunistischen →Internationale (KI) und der Kommunistischen Partei Deutschlands (KPD) in den späten zwanziger und frühen dreißiger Jahren gebräuchliche Bezeichnung zur Charakterisierung sozialdemokratischer Politik. «Sozialfaschismus» enthält die Unterstellung, daß die Sozialdemokratie als eine verbürgerlichte →Partei an der Faschisierung des Staatsapparats und der Unterdrückung der revolutionären →Arbeiterbewegung beteiligt sei, allerdings diese Politik nicht offen betreibe, sondern sie durch soziale Phrasen übertünche.

Die Sozialfaschismus-These wurde inhaltlich zum erstenmal Ende 1923 vom damaligen Vorsitzenden der KI, Grigori Sinowjew, vertreten, ohne allerdings schon den Begriff selbst zu verwenden. Stalin knüpfte daran in einem Aufsatz aus dem Jahr 1924 an, in dem Sozialdemokratie und →Faschismus zu «Zwillingsbrüdern» erklärt wurden. In der Phase der relativen Stabilisierung der Weimarer Republik seit 1924 verschwand diese These zunächst in der Versenkung, um dann auf dem VI. Weltkongreß der KI als Eckstein der jetzt festgeschriebenen «ultralinken Generallinie» wiederaufzutauchen. Der neue Kurs war wesentlich bestimmt durch innersowjetische Motive. Stalin benötigte eine «Theorie», um die Auseinandersetzung mit der «rechten» Fraktion um Nikolai Iwanowitsch Bucharin ideologisch abzusichern und die Voraussetzung zu schaffen für seine Politik der forcierten →Industrialisierung und Zwangskollektivierung der Landwirtschaft. Nach Ausschluß der Minderheitsgruppe beherrschte die Sozialfaschismus-These ab 1929 die politische Theorie und Praxis der KI. Ausgehend von der Annahme, daß die relative Stabilität des kapitalistischen Systems zu Ende gehe und die revolutionäre Bewegung einen neuen Aufschwung nehme, wurde die Sozialdemokratie als die vermeintliche Trägerin der Konterrevolution in der Arbeiterbewegung zum «Hauptfeind» erklärt, gegen den der Kampf in erster Linie zu führen sei.

Die Durchsetzung der ultralinken Linie stieß in der KPD zunächst auf starke Vorbehalte. Das änderte sich erst nach dem 1. Mai 1929 in Berlin, als der sozialdemokratische Polizeipräsident Zörgiebel auf demonstrierende Kommunisten schießen ließ. Das Ergebnis des Berliner «Blutmai»: 33 Tote, fast 200 Verletzte und über 1000 Verhaftete. Für viele kommunistische Parteimitglieder schien damit der Beweis erbracht, daß die Sozialdemokratie tatsächlich ein Schrittmacher der Faschisierung in Deutschland sei. Wolfgang Abendroth, der 1985 verstorbene Marburger Politologe und Historiker der Arbeiterbewegung, hat diesen radikalen Stimmungsumschlag so beschrieben: «Ich gehörte damals zu einer Gruppe in der kommunistischen Bewegung, die heftig gegen die ‹Sozialfaschismus›-These gekämpft hatte, aber nun, nach dem Berliner Blutmai, haben mich die kommunistischen Arbeiterfunktionäre, die mir vorher zugestimmt hatten, beinahe verhauen, als ich weiter gegen die ‹Sozialfaschismus›-These agitierte.»

Die Sozialfaschismus-These, die auf dem 9. Parteitag der KPD in Berlin-Wedding im Juni 1929 abgesegnet wurde, blieb, trotz mancher taktischen Schwenks, ideologische Grundlage der KPD-Politik in den letzten Jahren der Weimarer Republik. Ihre politische Wirkung war verhängnisvoll, weil sie die Kluft zwischen SPD und KPD unüberbrückbar machte und die Abwehrkräfte der Arbeiterbewegung gegen den wirklichen Hauptfeind, die anschwellende nationalsozialistische Bewegung, schwächte. Erst auf dem VII. Weltkongreß der KI 1935 und der nachfolgenden Parteikonferenz der KPD in der Nähe Moskaus (die Bezeichnung «Brüsseler Konferenz» sollte die Gestapo täuschen) wurde eine Korrektur der ultralinken Linie vorgenommen. Die Sozialfaschismus-These wurde fallengelassen zugunsten der Forderung nach einer antifaschistischen «Volksfront» (→Stalinismus). V. U.

◆ Sozialgeschichte

Es gibt kaum einen Begriff, der sich fester im Sprachgebrauch verankert hätte als dieser. Er ist Schlagwort, Programm und Praxis (→Theorie–Praxis), ist allgegenwärtig, bestimmt den intellektuellen Diskurs, provoziert Rede und Gegenrede. Seine Bedeutung ist fließend, die Schwerpunkte, die er setzt und einfordert, unterliegen dem Wandel, und bisweilen läuft er Gefahr, in Beliebigkeit abzugleiten. Er deckt ein außerordentlich breites Spektrum von Möglichkeiten, Erwartungen und Methoden ab, kennzeichnet eine Fülle von Aktivitäten, theoretischen Ansätzen und Forschungsstrategien. Er ist dynamisch und expansiv, tendiert zur Entgrenzung und hat sich je länger, desto intensiver ausgedehnt auf sämtliche Lebensäußerungen von Menschen und Gesellschaften. Sozialgeschichte, so 1969 der nach der Machtübernahme der Nazis in die USA emigrierte Historiker Hans Rosenberg, sei ein «nebulöser Sammelname für alles, was in der Geschichtsschreibung der Bundesrepublik als wünschenswert und fortschrittlich angesehen wird».

Das war eine Bemerkung aus jenen Tagen, als die deutsche Sozialgeschichte noch in den Kinderschuhen steckte, vom Aufbruchspathos der Anhänger getragen wurde und ideologische Verdächtigungen der Gegner auf sich zog. Die einen erhofften sich von ihr, aus der vielberufenen Krise der Geschichtswissenschaft herausfinden und verlorenes oder nur verloren geglaubtes Terrain wiedererobern zu können, den anderen galt sie als Trojanisches Pferd für marxistische Unterwanderung und ‹linke› Systemveränderung. Diese Debatten und die Emotionen, die dabei hochschwappten, sind Vergangenheit: sie gehören zur ‹heroischen›, zur Aufstiegsepoche der Sozialgeschichte. Aus der «Oppositionswissenschaft» von einst, die gegen die Verkrustungen und Traditionen einer an Politik, →Staat und großen Männern orientierten Zunft polemisierte, ist längst ein ‹ehrbares›, mit Stellen, Finanzmitteln und Publikationsorganen ausgestattetes akademisches Gewerbe geworden. Nach den Diskussionen um Entwürfe, Leitlinien und Absichtserklärungen ist die eher unspektakuläre Normalität eingekehrt, geprägt von pragmatischer Arbeit und einer gewissen Müdigkeit, jeden Schritt theoretisch absichern und legitimieren zu müssen.

Nach wie vor allerdings steht die Sozialgeschichte im Brennpunkt des Interesses. Zwar muß sie nicht mehr um ihre Existenz fürchten, aber mittlerweile machen ihr teils verwandte, teils alternative Konzepte, Richtungen und Strömungen den Rang streitig, die sich im Gewand von →Alltags-, Erfahrungs- und →Kulturgeschichte auf kleinräumige →Lebenswelten konzentrieren und sich um eine Re-Individualisierung bemühen, indem sie die Aufmerksamkeit weniger auf Strukturen (→Ereignis) und Kollektivphänomene als auf die darin eingebundenen, leidenden und handelnden Menschen lenken. Bis dahin dominierende Frontstellungen zwischen Politik- und Sozialgeschichte haben daher an Schärfe eingebüßt und sind durch neue überlagert worden. Die daraus resultierenden Kämpfe um Einfluß und Positionen sind freilich nicht minder heftig, befrachtet vom Konflikt der Generationen, von politischen Unter- und Obertönen, differierenden Bedürfnissen und Perspektiven. Darin bereits Anzeichen für eine Identitätskrise der Sozialgeschichte entdecken zu wollen wäre übertrieben. Ohne Zweifel jedoch ist die Forschungslandschaft unübersichtlicher geworden, die Zahl der konkurrierenden Deutungsmuster hat sich enorm vermehrt, und der seit den sechziger Jahren zu beobachtende Vorgang der Öffnung, Diversifizierung und Spezialisierung in der Geschichtswissenschaft ist keineswegs abgeschlossen. Dabei profitiert die Sozialgeschichte ebenso wie die Erfahrungsgeschichte von den Fragestellungen benachbarter Fächer, jene mehr von denen der systematischen Sozialwissenschaften, diese mehr von denen der Anthropologie (→Historische Anthropologie) und der Volkskunde, nicht zuletzt auch von älteren deutschen Traditionen, die im Kaiserreich von der Historischen Schule der Nationalökonomie begründet worden waren: ein reicher Fundus an Studien und Materialien, der erst in jüngster Zeit die ihm gebührende Anerkennung gefunden hat, ausgeschöpft und erweitert wird.

Schon diese knappen Bemerkungen lassen die Schwierigkeiten ahnen, wenn es um exakte begriffliche Klärung geht. Gewöhnlich werden zwei Varianten angeboten. Zum einen versteht man unter Sozialgeschichte eine Sektorwissenschaft, das heißt eine Teildisziplin, vergleichbar der →Wirtschafts-, →Verfassungs-, →Mentalitäten- oder →Agrargeschichte. Als solche richtet sie den Blick auf einzelne Bereiche der historischen Realität (→Tatsachen): auf gesellschaftliche Strukturen, Phänomene sozialer Ungleichheit, auf Protestbewegungen und Konflikte, auf Lage, Zusammensetzung und Wandel von →Ständen, →Klassen, →Schichten, Berufs- und Statusgruppen, ferner auf soziale Beziehungen, etwa die zwischen Arbeitgebern und Arbeitnehmern, →Stadt und Land, Alt und Jung, Frauen und Männern, auf langfristige Prozesse (→Entwicklung) wie →Industrialisierung, Bevölkerungsverschiebungen und Urbanisierung, auf Ursachen, Erscheinungsformen und Konsequenzen sozialer →Mobilität sowie schließlich auf die sozialen Bedingungen politischer Entscheidungen, Orientierungen und →Ideologien. Diese Definition aufnehmend und verallgemeinernd, meint Sozialgeschichte zweitens eine spezifische Betrachtungsweise. In diesem Sinne ist sie eine auf Synthese zielende

Aspektwissenschaft, im Grunde nichts anderes als Gesellschaftsgeschichte, die das Zusammenwirken verschiedener Faktoren und Ebenen wie Sozialstruktur, Wirtschaft, Politik und →Kultur zu erfassen sucht, um so zu einer umfassenden Analyse der Bauprinzipien und Funktionsmechanismen von →Gesellschaften vorzustoßen. Gleichgültig, welche Spielart man bevorzugt: beide bedienen sich Verfahren der →Quantifizierung, theoretischer Modelle und Leitbegriffe, legen Gewicht auf das Typische, nicht jedoch auf das Individuelle, nicht auf Ereignisse und Institutionen, ›Diplomatie und Ideen, sondern auf die das geschichtliche Handeln und die geschichtliche Entwicklung bestimmenden gesellschaftlichen Verhältnisse (→Geschichtswissenschaft in der Bundesrepublik). J. F.

◆ Sozialismus

Sozialismus (von lat. socius = Genosse) ist ein sehr dehnbarer und daher häufig mißbräuchlich verwendeter Begriff. Ganz allgemein werden damit gesellschaftliche und politische Bewegungen sowie diese begleitende oder vorauseilende →Theorien bezeichnet, die sich im Gegensatz zum modernen →Kapitalismus entwickelt haben und sich vor allem auf die Industriearbeiterschaft als soziale Trägergruppe stützen. Als zukunftsorientierter Bewegungsbegriff ist «Sozialismus» eng verbunden mit der Entwicklung der →Arbeiterbewegung im 19. und 20. Jh. Ideengeschichtlich ist Sozialismus zu begreifen als Gegenbewegung zum bürgerlichen →Liberalismus. Gegenüber dem ungehemmten individuellen Gewinn- und Machtstreben betont er die gesellschaftliche Bindung und Verantwortung des einzelnen. An die Stelle krasser Eigentums- und Statusunterschiede sucht er ein Höchstmaß an sozialer →Gleichheit zu setzen. Als wichtigstes Mittel zur Verwirklichung dieses Ziels wird die Abschaffung des Privateigentums an Produktionsmitteln betrachtet. Die →Produktion soll gesellschaftlich geregelt, ihre Ergebnisse gerecht verteilt werden, um die →Bedürfnisse nicht nur einiger weniger, sondern möglichst vieler Menschen optimal zu befriedigen.

Der moderne Sozialismusbegriff kam im frühen 19. Jh. in England, dem Ursprungsland der industriellen Revolution (→Industrialisierung), auf. Er wurde hier zuerst auf die Anhänger Robert Owens (1771–1858) angewendet, von dem die Idee der Arbeiterselbsthilfe durch Gründung von Produktivgenossenschaften stammt. Von England aus wurde der Begriff nach Frankreich übertragen zur Kennzeichnung von Theorien und Bestrebungen, wie sie vor allem mit den Namen Claude Henri de Saint-Simon

(1760–1825), Charles Fourier (1772–1837) und Pierre Joseph Proudhon (1808–1865) verbunden sind. Diese Frühsozialisten wurzelten mit ihrer Gedankenwelt zum Teil noch in der →Aufklärung. Die Ideen von →Freiheit, Gleichheit und Brüderlichkeit verbanden sie mit Vorstellungen einer auf Gütergemeinschaft gegründeten →Gesellschaft. Sie glaubten an die fast unbegrenzte Erziehungsfähigkeit des Menschen und suchten durch die Kraft des eigenen Beispiels zu überzeugen. Entsprechend dem noch niedrigen Entwicklungsstand der Industrialisierung und der gesellschaftlichen Machtlosigkeit der entstehenden Arbeiterbewegung trugen die frühsozialistischen Theorien notwendig den Charakter utopischer Entwürfe (→Utopie), weshalb man sie auch unter dem Begriff «utopischer Sozialismus» bündelt. Sozialismus und →Kommunismus sind in dieser Zeit begrifflich noch nicht reinlich geschieden; vielmehr werden beide Wörter häufig synonym verwendet.

Die Ideen von Karl Marx und Friedrich Engels fußen auf den frühsozialistischen Theorien; zugleich versuchen sie, diese ihres utopischen Charakters zu entkleiden und auf ein wissenschaftliches Fundament zu stellen. In seiner Schrift «Die Entwicklung des Sozialismus von der Utopie zur Wissenschaft» (1882) hat Engels den qualitativen Unterschied zwischen «utopischem Sozialismus» und «wissenschaftlichem Sozialismus» in drei Punkten zusammengefaßt: 1. Der Sozialismus erscheint «nicht mehr als zufällige Entdeckung dieses oder jenes genialen Kopfes, sondern als das notwendige Erzeugnis des Kampfes zweier geschichtlich entstandenen Klassen, das Proletariat und der Bourgeoisie». 2. Seine Aufgabe ist daher «nicht mehr ein möglichst vollkommenes System der Gesellschaft zu verfertigen, sondern den geschichtlichen ökonomischen Verlauf zu untersuchen, dem diese Klassen und ihr Widerstreit mit Notwendigkeit entsprungen, und in der dadurch geschaffenen ökonomischen Lage die Mittel zur Lösung des Konflikts zu entdecken». 3. Der utopische Sozialismus «kritisierte zwar die bestehende kapitalistische Produktionsweise und ihre Folgen, konnte sie aber nicht erklären, also auch nicht mit ihr fertig werden; er konnte sie nur einfach als schlecht verwerfen... Die materialistische Geschichtsauffassung und die Enthüllung des Geheimnisses der kapitalistischen Produktion vermittelst des Mehrwertes verdanken wir Marx. Mit ihnen wurde der Sozialismus eine Wissenschaft.»

Engels' Versuch, für den marxistischen Sozialismus einen Exklusivanspruch an Wissenschaftlichkeit zu formulieren, erfolgte zu einer Zeit, als überall in Europa sozialistische Massenparteien entstanden und es darum ging, konkurrierende Theorieangebote aus dem Felde zu schlagen. In der deutschen Sozialdemokratie setzte sich der marxistische Sozialismus, gefördert durch die zwölfjährige Unterdrückungsperiode des Sozialistengesetzes (1878–90), in den siebziger und achtziger Jahren des 19. Jhs. als zunächst unbestrittene theoretische Grundlage der →Partei durch. Im Erfurter Programm der SPD von 1890 wurde er in den Rang einer parteioffiziellen Doktrin gehoben. Allerdings ist bis heute umstritten, wie weit die Rezeption der sozialistischen Theorien von Marx und Engels in der deutschen Sozialdemokratie tatsächlich reichte. Aus dem Leseverhalten organisierter →Arbeiter vor 1914 scheint hervorzugehen, daß die Masse der sozialdemokratischen Mitglieder der Theorie des Sozialismus relativ fern stand und der wissenschaftlichen Parteiliteratur wie auch den theoretischen Auseinandersetzungen innerhalb der Partei wenig Interesse entgegenbrachte (→Arbeiterkultur). Das Buch, das die sozialistische Vorstellungswelt der geistig aufgeschlossenen Arbeiter im Kaiserreich am nachhaltigsten prägte, war nicht Karl Marx' Hauptwerk «Das Kapital», sondern August Bebels populäre Darstellung «Die Frau und der Sozialismus» (1910 in 50. Aufl.), die den sozialistischen Zukunftsstaat als nicht mehr allzu fernliegendes Resultat der gesellschaftlichen Entwicklung beschrieb.

Gerade gegen die Annahme eines gleichsam naturwüchsigen Zusammenbruchs des kapitalistischen Systems wandte sich seit den neunziger Jahren Eduard Bernstein (1850–1932) mit seinem Versuch einer theoretischen Revision der Parteiprogrammatik. Ausgehend von der inzwischen sichtbar gewordenen Überlebens- und Anpassungsfähigkeit des Kapitalismus warb Bernstein für eine beharrliche, langfristig angelegte Reformstrategie zur Erreichung der sozialistischen Zielperspektive: «Ich gestehe es offen, ich habe für das, was man gemeinhin unter ‹Endziel des Sozialismus› versteht, außerordentlich wenig Sinn und Interesse. Dieses Ziel, was immer es sei, ist mir gar nichts, die Bewegung alles.» (Die Voraussetzungen des Sozialismus und die Aufgaben der Sozialdemokratie, 1899) Auch wenn Bernsteins theoretischer Revisionismus sich in der SPD nicht durchsetzen konnte, weil der marxistische Sozialismus in der Interpretation des Parteitheoretikers Karl Kautsky (1854–1938) die Funktion einer Integrationsideologie besaß, beschrieb er doch zunehmend die parteipolitische Praxis der SPD vor 1914.

Der Begriff Sozialismus fand seit den siebziger und achtziger Jahren auch über die sozialdemokratische Arbeiterbewegung hinaus Verwendung. So wurden Mitglieder des →Vereins für Sozialpolitik, wie die Professoren Gustav Schmoller oder Lujo Brentano, die für das Programm einer Sozialreform eintraten, von ihren Gegnern als «Kathedersozialisten» beschimpft. In den neunziger Jahren unternahm der Liberale Friedrich Naumann (1860–1919) den Versuch, «Nationalismus» (→Nation) und «Sozialismus» zu verbinden. Davon zu unterscheiden ist wiederum das rechtspopulistische Programm eines «nationalen Sozialismus», das nach dem Ende des Ersten Weltkrieges von Hitler und der NSDAP aufgenommen und radikalisiert wurde (→Faschismus). Daneben gibt es seit dem 19. Jh. noch den Traditionsstrang eines religiösen oder christlichen Sozialismus, wie er z. B. in der katholischen Arbeitnehmerbewegung sich lange Zeit lebendig erhalten hat.

Mit der Spaltung der sozialdemokratischen Arbeiterbewegung seit dem Ersten Weltkrieg wurde das Sozialismus-Erbe zum Zankapfel zwischen Sozialdemokraten und Kommunisten. In der SPD setzte sich ansatzweise bereits in den zwanziger Jahren, endgültig seit den fünfziger Jahren die Theorie des «demokratischen Sozialismus» als neue programmatische Leitlinie durch, die in deutlicher Abkehr vom wissenschaftlichen Sozialismus marxistischer Provenienz die kapitalistische Produktionsweise nicht mehr grundsätzlich in Frage stellt und daher auch die Vergesellschaftung der Produktionsmittel nicht mehr für unabdingbar hält. In der marxistisch-leninistischen Orthodoxie wurde der Sozialismusbegriff dogmatisiert zur Klassifizierung der sozioökonomischen «Gesellschaftsformation», die nach Überwindung des Kapitalismus zum Endzustand des Kommunismus überleiten soll. Die von Marx nur als kurze Übergangsphase gedachte Periode wurde in den von der Sowjetunion dominierten sozialistischen →Staaten zeitlich immer mehr gestreckt und in eine langfristige Perspektive der Umgestaltung umdefiniert. Diese wurde freilich durch die Praxis des «real existierenden Sozialismus» vollkommen diskreditiert und mit dessen Zusammenbruch ab 1989 endgültig ad absurdum geführt. Ob das, wie manche Kritiker meinen, bereits das Ende aller sozialistischen Utopie bedeutet, bleibt abzuwarten. V. U.

◆ Sozialreform

Sozialreform ist Idee, Programm und Bewegung. In Deutschland erlebt sie ihre Blüte im letzten Drittel des 19. Jhs. Ihre Vertreter stammen überwiegend aus den →Schichten des akademisch gebildeten Bürgertums (→Bürger). Eine zentrale Rolle spielen dabei Universitätsprofessoren der Nationalökonomie und der Staatswissenschaften, weshalb Zeitgenossen in diesem Zusammenhang auch von «Kathedersozialismus» sprechen. Dessen Ziel ist es, die negativen Begleiterscheinungen des Industrialisierungsprozesses aufzufangen, Mißstände zu beseitigen und Schäden zu heilen, das heißt im Kern: man will die gedrückte Lage der Arbeiterschaft verbessern, sie dadurch aus dem Dunstkreis der Sozialdemokratie herauslösen, den inneren Frieden sichern und die monarchisch-konstitutionelle Verfassung des Kaiserreichs langfristig stabilisieren. Sozialreform bleibt also im Rahmen der kapitalistischen Wirtschafts- und Gesellschaftsordnung, will aber das soziale Gewissen der Besitzenden wachrütteln, die soziale Verpflichtung des →Eigentums stärken, gegensätzliche →Interessen auf friedlichem, organischem Wege ausgleichen, Konflikte und Spannungen entschärfen. Der eigentliche Adressat dieser Bestrebungen ist der →Staat, der im deutschen Denken traditionell als neutral, gleichsam über den →Klassen schwebend begriffen wird: Garant und Verkörperung des Gemeinwohls schlechthin, das «großartigste sittliche Institut zur Erziehung des Menschengeschlechts», wie 1872 der Nationalökonom Gustav Schmoller zu wissen glaubt.

Als Anwälte sozialreformerischer Programme betätigen sich zahllose →Vereine und Gesellschaften. Neben den älteren Arbeiter- und Volkswohlvereinen gibt es solche zur Bekämpfung der Tuberkulose und der Geschlechtskrankheiten, zur Förderung der Boden- und Wohnungsreform, für den Ausbau der Arbeitsvermittlung, des Mutter-, Säuglings- und Kinderschutzes. Vom Typ her sind dies →Verbände, die sich auf einen einzigen Bereich und ganz spezielle Belange konzentrieren. Umfassender in der Wahl der behandelten Themen und Probleme sind dagegen der 1872 ins Leben gerufene Verein für Sozialpolitik, der Evangelisch-soziale Kongreß von 1890, der ebenfalls 1890 gegründete Volksverein für das katholische Deutschland und schließlich seit 1904 die Gesellschaft für soziale Reform. So unterschiedlich jeweils die weltanschaulich ideologischen Prämissen und die parteipolitischen Verflechtungen sind, gemeinsam ist ihnen, daß sie die →öffentliche Meinung für die Notwendigkeit sozialreformerischer Initiativen gewinnen wollen, bei der Vorbereitung gesetzlicher Maßnahmen mitwirken, Ministerien, Ämter und Kommunalbehörden mit wissenschaftlichen Gutachten beraten, den Nachwuchs an den Universitäten mit sozialpolitischen Fragestellungen konfrontieren, Beziehungen zu →Parteien und Parlamentsfraktionen knüpfen, zum Teil auch den Versuch unternehmen, Brücken zu schlagen zwischen dem rechten Flügel der Sozialdemokratie (→Arbeiterbewegung) und den für soziale Anliegen aufgeschlossenen Strömungen im liberalen Bürgertum. Um den Erfolg dieser Gruppierungen zu messen, bedarf es sorgfältiger Analysen, die den Entscheidungsprozeß in den gesetzgebenden Körperschaften und den verschiedenen Zweigen der →Bürokratie beobachten. Obwohl es hieran noch vielfach mangelt, haben die bisher erbrachten Ergebnisse gezeigt, daß die sozialreformerische Bewegung zwar ein Faktor von Gewicht war und ein beträchtliches intellektuelles Potential auf die Waagschale werfen konnte, in der Klassengesellschaft des Kaiserreichs aber stets mit Schwierigkeiten zu kämpfen hatte und immer wieder, vor allem nach der Jahrhundertwende, an ihre Grenzen stieß. J. F.

◆ Staat

Der Staat erscheint als die erfolgreichste Verwirklichung von politischer →Herrschaft. Er ist also keineswegs die «natürliche» Form jeder Art politischer Herrschaft, sondern eine «historische», das heißt eine unter bestimmten gesellschaftlichen und geistig-mentalen Bedingungen entstandene. Die klassische Formel, nach der «Staat» als Einheit von Staatsgewalt, Staatsvolk und Staatsterritorium begriffen wird, genügt als strukturelle politologische Handbuch-Definition, beantwortet aber weder die Frage nach eben jenen Bedingungen, denen er sich verdankt, noch klingt die vielschichtige und breite Variabilität an, mit der sich Herrschaft im Staat verwirklicht. Mit Max Weber läßt sich daher die Tendenz zur Monopolisierung der →Gewalt und zur Institutionalisierung bzw. Entpersönlichung der Bindungen und Strukturen (→Ereignis) als wesentliches Merkmal beschreiben, um den Staat als geschichtliche Erscheinung zu begreifen. In diesem Sinne können zwar die orientalischen Despotien der Antike (→Altertum) und des →Mittelalters durchaus als Protostaaten beschrieben werden – ebenso die asiatischen Herrschaftssysteme Chinas oder Japans in ihren vormodernen Ordnungen –, aber das Wesen des Staates als von Machtmonopolisierung, Rechtsbindung und institutioneller →Bürokratie geprägte politische Ordnung entfaltet sich erst in Teilen der hellenischen Stadtstaaten (Poleis), dem Imperium Romanum und am Ende des Mittelalters endgültig in den vielfältigen Varianten der europäischen →Modernisierung (→Renaissance und →Frühe Neuzeit). Nur dieser von Max Weber selbst als «rationaler Staat» bezeichnete Typus entwickelt sich zu jener alles ergreifenden Dominanz, ohne die Herrschaft in der modernen Welt kaum noch realisiert werden kann. An dieser von Weber vorgeschlagenen Reduktion des Staatsbegriffs auf den spezifischen Fall der okzidentalen →Gesellschaften ist nicht deswegen festzuhalten, weil der Staat als a priori ethisch überlegene Ordnung erscheinen sollte – Perfektionierung des Terrors ist auch ein Teil seiner Geschichte –, sondern weil er ein wesentliches Segment der universalen Erfolgsgeschichte dieser Gesellschaften in der Moderne, ein bedeutsames Erklärungsmoment für sie darstellt. So lieferten die mittelalterlichen Gesellschaften gewiß auch Beiträge für die europäisch-okzidentale Transformation zur →Universalgeschichte, aber sie bezogen sich auf sozialanthropologische und kulturelle Merkmale. Erst als diese sich etwa in der spätmittelalterlichen →Monarchie Frankreichs mit der Herrschaftsordnung verbanden – aus dem «regnum» (Königreich) mit seinen persönlichen Treuebindungen und dem religiös-magischen Herrschercharisma wurde das auf unbedingte Gefolgschaft aller zielende «corpus mysticum» der «patria» (mystische Körper des Vaterlandes) –, entstanden Voraussetzungen für die allmähliche Durchsetzung des rationalen Staates. Von einem «Personenverbandsstaat» des Mittelalters zu sprechen führt daher in die Irre. Solche Begriffe enthalten entweder falsche Assoziationen oder haben die Beliebigkeit des gewählten Begriffs zur Folge.

Differenzierungsmöglichkeiten bietet die reale Erscheinung des rationalen Staates in der Geschichte ohnehin noch genügend. Fragen nach seiner Entstehung – Herrschaftsvertrag oder organisches Wachstum, Usurpation oder Rationalisierungszwang –, nach Regierungsformen und Machtverteilung, nach der Rolle von →Klassen, →Ständen oder spezifischeren sozialen Gruppierungen bei politischen Entscheidungsprozessen führen ebenso zu unterschiedlicher Typenbildung wie Beobachtungen über den Zusammenhang von formellen und informellen Herrschaftsträgern, Kontrollmöglichkeiten, über die Verbindung von Wirtschaft und Politik oder die langfristige Macht technischer Zwänge, die durch kurzfristige formale Legitimierungen nicht mehr gehindert werden können, ebenso zum «Staat» im Staat zu werden wie immer wieder auch politisch dysfunktionale Korporationen (Klerus, Militär). (→Tyrannis, →Republik)

Als nicht weniger bedeutsam zur Erfassung des Staates in seiner jeweiligen geschichtlichen Konkretisierung erweisen sich Untersuchungen zu seiner →Legitimität, zu Konsens- und Dissensfragen oder Staatszielformulierungen. Ideen- (→Geistesgeschichte), →Mentalitäten- und Strukturgeschichte greifen hierfür eng ineinander. Das Bild vom Staat als einer auf Macht gegründeten Megamaschine, das Thomas Hobbes im 17. Jh. entwikkelt, hängt ebenso mit dem Machtdefizit, aber Gewaltsurplus der Religionskriege zusammen wie Georg Wilhelm Friedrich Hegels Preis des Staates als Verwirklicher der sittlichen Idee mit dem scheinbaren Sieg der «Gesellschaft» über den «Staat» in der →Französischen Revolution und der «dialektischen» Umkehrung dieses Prozesses durch das «Empire» Napoleons I. In dem Maße, in dem sich in solchen Auseinandersetzungen über das Ziel des Staates die positiven Zielkataloge («pursuit of happiness» etc.) mit Selbsteinschränkungen des Staates verbanden, die seine

Durchsetzung eben dort begrenzten, wo unaufhebbare →Rechte (Menschenrechte, →Grundrechte) begannen und ihm zugleich die Durchsetzung dieses Prinzips zum konstitutiven Ziel gemacht wurde, begann der rationale Staat in eine neue Phase seiner Erfolgsgeschichte überzuwechseln: seine Internationalisierung, die neue Formen friedlicher Gestaltung des Zusammenlebens der Individuen und Gesellschaften hervorbringen könnte – ohne Staat. A. v. M.

◆ Stadt – Land

«Stadt und Land verhalten sich zu einander etwa wie Kultur und Natur. Auf dem Gleichgewichte dieser beiden Elemente beruht die höchste Entwicklung des Einzelmenschen wie ganzer Völker. Höchste Verfeinerung des Kulturlebens kann den Verfall nicht hindern, wenn darüber die Ursprünglichkeit und Frische verloren gehen, denen die Kraft zum Schaffen entspringt. Es ist hiernach zwar erklärlich, wenn auf niedriger Kulturstufe häufig gerade weitblickende Staatsmänner die Gründung von Städten und die Ausbreitung industrieller Tätigkeit mit allen Mitteln zu fördern suchen; in einem Staate mit fortgeschrittener Entwicklung dagegen kann ebenso die Stärkung des entgegengesetzten Elements zur geschichtlichen Notwendigkeit werden. Dies gilt namentlich für die Gegenwart, wo sich in zahlreichen Großstädten mit schnell wachsender Bevölkerung die Nachteile des städtischen Lebens noch potenzieren. Soviel hier auch in den letzten Jahrzehnten für gesundheitliche Verbesserungen getan wurde, so ist der Erfolg nur eine geringere Sterblichkeit, nicht aber eine größere Rüstigkeit des lebenden Geschlechts. Vielmehr führt namentlich in der modernen Großstadt der aufreibende Wechsel zwischen lässigem Genußleben und scharfer Arbeit in oft ungesunden Räumen unter heutigen Verhältnissen in der Regel zu einer Art Raubbau an dem von den Vätern ererbten Gesundheitskapital. Ohne die fortdauernde Auffrischung vom Lande her würde die großstädtisch-industrielle Bevölkerung in wenigen Geschlechtern völlig verkümmern.» Diese Sätze stammen aus einem Handbuch der Deutschkonservativen Partei (→Konservatismus). Publiziert im Jahre 1894, reflektieren sie einen Prozeß (→Entwicklung), den Historiker als Urbanisierung, als Verstädterung beschreiben. Damals hielten sich die Anteile der ländlichen und städtischen Bevölkerung noch knapp die Waage, aber es war unverkennbar, daß sich infolge der →Industrialisierung die Gewichte zugunsten der Städte und städtischen Ballungsräume weiter verschieben würden. Während 1871 nur ungefähr fünf

Prozent der Menschen in Großstädten mit über 100000 Einwohnern lebten, waren es 1895 bereits 14 Prozent, und nichts deutete darauf hin, daß der Trend sich wieder umkehren könnte. Die Konservativen, die ihre politische Basis auf dem flachen Land hatten, beobachteten diese Entwicklung mit wachsender Beunruhigung. Denn sie mußten fürchten, Pfründen, Macht und Einfluß zu verlieren (→Agrarverbände). Gewohnt, die Allgemeinheit für ihre speziellen →Interessen einzuspannen, riefen sie nach dem starken Arm des →Staates, forderten Schutz für die Landwirtschaft, Subventionen für →Bauern und Agrarunternehmer. Um ihren Ansprüchen Nachdruck zu verleihen, malten sie jeweils die Existenzbedingungen auf dem Land in den hellsten, die in den Städten in den schwärzesten Farben. Dabei operierten sie mit holzschnittartigen Formeln, in denen die Stadt als Moloch, als Hort der «Degeneration», der zügellosen Ausschweifungen und politischer Unruhe, der Hektik und Nervosität erscheint, das Land als Quelle von Gesundheit und urwüchsiger Kraft, als Bollwerk von Tradition und Stabilität, Zucht und Ordnung. In solchen Redewendungen spiegelt sich zwar nicht die Realität, wohl aber das, was sie in den Köpfen derer auslöst, die sich davon bedroht fühlen: Der unwiderrufliche Zug in Richtung Stadt wird begleitet von ressentimentgeladener Großstadtkritik, deren Zwilling die romantische Verklärung des Dorfes und dörflicher Lebensformen ist.

Das skizzierte Beispiel ist nicht mehr als eine Momentaufnahme. Aber es zeigt, daß die Beziehungen zwischen Stadt und Land nicht nur von unterschiedlichen Strukturen (→Ereignis), sondern mindestens ebensosehr von unterschiedlichen Wahrnehmungen, Erfahrungen und Mentalitäten geprägt sind. Stadt und Land begegnen einander in Fremdheit. Im ›Mittelalter ist die Stadt der Ort der bürgerlichen Autonomie und Freiheitsrechte, die – eingebunden in strikte Hierarchien und Herrschaftsordnungen – freilich von heutigen Vorstellungen weit entfernt sind. Das Land hingegen ist die Welt des Adels und der schollenpflichtigen Untertanen, die den Grundherren Gehorsam, Dienste und →Abgaben schulden. «Stadtluft», so lautet das geflügelte Wort, «macht frei». Im Verlauf der Industrialisierung gesellt sich dazu allerdings die Überzeugung, daß sie auch krank macht.

Für den Landmann um 1900 ist die Stadt ein Gebilde, das er vom Hörensagen oder aus flüchtiger Anschauung kennt: der Markt, auf dem er seine Produkte feilbietet, darüber hinaus ein verwirrendes, glitzerndes und lärmerfülltes Sündenbabel, das ihn zugleich anzieht und abstößt. Der Städter wiederum glaubt sich den Bewohnern des Landes turmhoch überlegen. In seinen Augen sind sie borniert, befangen in hinterwäldlerischen

Gebräuchen und Auffassungen: Provinzler eben, an denen der Geist der Zeit offenbar spurlos vorübergeht. Stadt ist jedoch nicht allein Großstadt und Metropole, sondern auch Mittel- und Kleinstadt (→Stadtgeschichte). Hier sind die Kontakte zum Umland dichter, Vertrautheit und gegenseitige Abhängigkeit größer. Und umgekehrt steht Land nicht nur für muffige Idylle, Reaktion und Rückständigkeit, nicht nur für engherziges Festklammern am Althergebrachten, nicht nur für Beharrung, sondern auch für Wandel, in dem sich eine bemerkenswerte Fähigkeit zur Anpassung an neue Entwicklungen und Erkenntnisse dokumentiert. Hinzu kommt, daß sich nach dem Zweiten Weltkrieg die Gegensätze zunehmend abschleifen, das Land immer mehr zum städtischen Siedlungsraum und Standort industrieller Aktivitäten wird. Sozialwissenschaftler sprechen in diesem Zusammenhang bereits von De-Urbanisierung. Gemeint ist damit, daß sich städtische Lebensweisen durch moderne Verkehrs- und Kommunikationsmittel verallgemeinert haben, die Städte selber indes in Gefahr sind, zu überlasteten, von →sozialen Konflikten heimgesuchten, unwirtlichen Problemzonen zu werden. Kurzum: die tatsächlichen Verhältnisse in Vergangenheit und Gegenwart, die in den Forschungen von Volkskundlern, Agrar-, Stadt- und Verwaltungshistorikern sichtbar werden, sind vielschichtiger und komplizierter als jene zählebigen Bilder und Vorurteile, die darüber nach wie vor im Schwange sind. J. F.

◆ Stadtgeschichte

Die professionelle Stadtgeschichtsforschung wurde in Deutschland in den letzten Jahrzehnten des 19. Jhs. zu einer bedeutsamen Spezialdisziplin entwickelt – bezeichnenderweise von Mittelalter-Historikern. Denn die in der Hochindustrialisierungsphase angestoßenen dramatischen Veränderungen des städtischen Lebensraums – quantitativ faßbar als Städtewachstum und Herausbildung neuer Städte (Verstädterung) (→Stadt–Land), qualitativ als Entwicklung eines spezifisch städtischen Lebensstils (Urbanität) – und die mit ihnen verbundenen sozialen Fragen veranlaßten eine Reihe von Historikern, sich mit der ursprünglichen Verfassung und Funktion der Städte im →Mittelalter zu befassen. Der Blick zurück in eine fernere Vergangenheit, in der ein kleiner Kreis von Vollbürgern scheinbar unangefochten seine von Grundbesitz und Vermögen abgeleiteten politischen →Rechte wahrzunehmen vermochte bei gleichzeitiger Einbindung in eine feudale Umwelt, mochte Trost bieten angesichts einer wachsenden Zahl von Menschen, die vom Land in die

Städte drängten und das privilegierte Sozialgefüge in Frage stellten. In seiner «Naturgeschichte des Volkes als Grundlage einer deutschen Social-Politik» hatte Wilhelm Heinrich Riehl bereits 1857 gewarnt: «Die Herrschaft der Großstädte wird zuletzt gleichbedeutend werden mit der Herrschaft des Proletariats.» Knapp hundert Jahre später beklagte Erich Keyser, einer der produktivsten und einflußreichsten Städtehistoriker des 20. Jhs. (gest. 1968), daß die durch die Bevölkerungsentwicklung bewirkten sozialen Umschichtungen in den deutschen Städten des 19. Jhs. das «deutsche Volkstum» auf das stärkste gefährdet hätten: «Während im Anfang des 19. Jh.s noch 60 % der Bürger ein eigenes Grundstück besessen hatten, waren es 100 Jahre später nur noch 9 %.»

Unter diesen Voraussetzungen war deutsche Stadtgeschichtsforschung zunächst zum einen als →«Verfassungs- und →Wirtschaftsgeschichte» häufig mit dem Akzent auf rechtsgeschichtlichen Problemen konzipiert, so daß Aktionen rechtloser Unterschichten und ratsfeindlicher Gruppen nicht oder nur unzureichend und unter einseitig obrigkeitsstaatlicher Sicht in den Blick kamen. Zum anderen geriet die Stadtgeschichte zunehmend in den Sog bevölkerungswissenschaftlicher Fragestellungen, während der Nazi-Herrschaft, aber auch schon vor 1933 kombiniert mit einer rassistischen Betrachtungsweise. Noch in den fünfziger und sechziger Jahren unseres Jhs. blieb die Stadtgeschichte eine Domäne der Mediävistik, das 19. und 20. Jh. blieben weitgehend ausgespart, gleiches galt für die frühneuzeitliche Stadt, wenn sie nicht einfach von Mittelalter-Historikern als Fortsetzung traditioneller Zustände geschildert wurde, etwa von Otto Brunner, der in ihr das von ihm bewunderte Lehnsprinzip der Treue zum Herrn in der Form angeblicher Treue der →Bürger zu ihren Ratsherren weiterwirken sah. Die Bevölkerungsgeschichte bildet bis heute einen, um biologistische und rassistische Komponenten inzwischen bereinigten, gewiß wichtigen, aber im Vergleich mit anderen Aspekten wohl immer noch überbetonten Fokus der Stadtgeschichtsforschung. Daneben gibt es eine im 19. Jh. einsetzende, aber erst in der Weimarer Republik zum Durchbruch gelangende liberalkonservativ gefärbte kommunalgeschichtliche Tradition, die sich der preußischen und deutschen Selbstverwaltung seit dem Freiherrn vom Stein in dessen Geiste verpflichtet fühlte. Sie widmete sich vornehmlich Ideen und staatlichen Institutionen und gab ein in der Regel geschöntes Bild von den Leistungen und Funktionen städtischer Selbstverwaltung durch Honoratioren, klammerte aber fast gänzlich die Frage aus, wen diese Politiker repräsentierten, und bekräftigte somit zumindest implizit das Mißtrauen deutscher Eliten in und ihre Abneigung gegen die Schaffung demokratischer Strukturen auf gemeindlicher Ebene. Noch das von Zeitgenossen als Beitrag zu demokratischer Neuorientierung empfundene Standardwerk Heinrich Heffters – der Verfasser war gleichzeitig Leiter einer Forschungsstelle für die Geschichte des Nationalsozialismus in Hamburg – zur Geschichte der deutschen Selbstverwaltung im 19. Jh. aus dem Jahre 1950 liest sich heute eher wie ein Dokument der Hilflosigkeit vor den Erfordernissen einer pluralistisch und repräsentativ verfaßten →Demokratie. Dies um so mehr, als das Grundgesetz für die Bundesrepublik Deutschland im Artikel 28 ausdrücklich die repräsentative Selbstregierung im lokalen Bereich garantiert und damit eine Lehre zieht aus Erfahrungen in der Weimarer Republik, als die gemeindliche Selbstverwaltung unter den Bedingungen von Inflation und Wirtschaftskrise von oben administrativ in den →Staat integriert und immer mehr auf Exekutivaufgaben beschränkt wurde.

Es dauerte fast ein Jahrzehnt, bis diese verfassungsrechtliche Normierung der gemeindlichen Demokratie auch auf die historische Thematik durchschlug und sich das Interesse verstärkt den Wahlrechtsanschauungen in den Kommunen, der Zusammensetzung von Stadtverordnetenversammlungen und den gesellschaftlichen Auswirkungen des Gemeindewahlrechts zuwandte, freilich beschränkt auf das 19. und das frühe 20. Jh., während die Beschäftigung mit der Zeit nach 1918 hier wie bei anderen gemeindehistorischen Fragestellungen bis heute zu wünschen übrigläßt.

Angeregt durch einen eindringlichen Appell des Berliner Historikers Hans Herzfeld im Jahre 1962 und nach Schaffung entsprechender forschungsorganisatorischer und institutioneller Voraussetzungen, hat sich die Stadtgeschichte in der Bundesrepublik seit Beginn der siebziger Jahre zu einem vielgestaltigen, nach Inhalten und Methoden interdisziplinär arbeitenden Forschungszweig entfaltet und dabei insbesondere sozialgeschichtliche Ansätze aus den angelsächsischen Ländern («New Urban History», →Sozialgeschichte), mentalitätsgeschichtliche aus Frankreich (→«Annales»-Schule, →Mentalitätengeschichte) und alltagsgeschichtliche (→Alltagsgeschichte) aus neuen sozialen Bewegungen der siebziger und achtziger Jahre aufgegriffen, so daß die lange Zeit zu beobachtende relative Rückständigkeit der stadthistorischen Forschung in Deutschland heute in vieler Hinsicht überwunden ist, auch wenn hier immer noch, um mit Herzfeld zu reden, eine «‹grüne Wiese› anziehender Themen» liegt.

M. A.

◆ Stalinismus

Als Stalinismus wird eine bestimmte Phase in der Entwicklung des kommunistischen Herrschaftssystems bezeichnet, die sehr eng mit der Person Jossif Wissarionowitsch Stalins (ursprünglich Dschugaschwili; 1879–1953) verbunden ist. Ihr Beginn wurde entweder auf das Jahr 1924 datiert, als Stalin nach Lenins Tod zusammen mit Grigori Sinowjew und Lew Borissowitsch Kamenew die Führung der Kommunistischen Partei Rußlands übernahm, oder auf das Jahr 1930, als Stalin nach Ausschaltung seiner Widersacher in der KPdSU mit diktatorischer →Gewalt über →Partei und →Staat zu herrschen begann (→Diktatur). Heute stellen allerdings auch sowjetische Historiker die Frage, ob die Ermöglichung von Stalins Diktatur nicht schon in Lenins Konzeption der revolutionären Avantgardepartei angelegt war. Als Ende des Stalinismus galt gemeinhin nicht das Todesjahr Stalins (1953), sondern der 20. Parteitag der KPdSU 1956, auf dem Nikita Chruschtschow (1894–1971) die während der Stalin-Ära begangenen Verbrechen enthüllte und damit die Phase der «Entstalinisierung» einleitete. Tatsächlich kann von einem Ende des stalinistischen Systems erst mit der unter Michail Gorbatschow eingeleiteten Politik der Perestroika und den dadurch ermöglichten fundamentalen Veränderungen in den Ostblockländern gesprochen werden. Wesentliche Merkmale des Stalinismus waren die Errichtung eines bürokratisch-hierarchischen Zwangsregiments mit der Konzentration der Macht an der Spitze der KPdSU, die Methode der Einschüchterung der Bevölkerung durch Geheimpolizei bis hin zum Massenterror gegen politische Gegner und die Errichtung von Zwangsarbeitslagern, ein um die Person Stalins sich rankender Personenkult, die Zurückdrängung der nichtrussischen Nationalitäten zugunsten eines großrussischen Nationalismus (→Nation) und schließlich die Einschwörung der kommunistischen Parteien anderer Länder auf die von Moskau für richtig befundene Linie.

Lenin hatte sich vor seinem Tode beunruhigt gezeigt über die wachsende Machtfülle in den Händen Stalins, der im April 1922 zum Generalsekretär der KPdSU gewählt worden war: «...ich bin nicht überzeugt, daß er immer verstehen wird, seine Macht umsichtig zu gebrauchen!» Tatsächlich schaltete Stalin nach 1924 nach und nach alle Machtrivalen aus – zuerst Leo Trotzki, den Schöpfer der Roten Armee und Volkskommissar für Verteidigung, danach Kamenew und Sinowjew, schließlich auch Nikolaj Bucharin, einen der engsten Mitkämpfer Lenins. Zu Hilfe kam Stalin in diesem innersowjetischen Machtkampf die internationale Situation, das Scheitern aller Versuche, die sozialistische →Revolution nach Westen zu tragen. Dadurch wurde die Sowjetunion auf ihre eigenen Kräfte beim Aufbau des →Sozialismus zurückverwiesen, und Stalins Theorie vom «Sozialismus in einem Land» gewann gegenüber Trotzkis Konzept der «permanenten Revolution» scheinbar an Plausibilität. Als Ende der zwanziger Jahre die Weltwirtschaftskrise die kapitalistischen Staaten in eine tiefe →Krise stürzte, zog Stalin daraus den Schluß, daß sich die Gefahr eines →Krieges für die Sowjetunion vergrößert habe. Deshalb trieb er jetzt die →Industrialisierung der UdSSR, vor allem den Aufbau der Schwerindustrie auf Kosten der Konsumgüterindustrie, beschleunigt voran. Mit dieser Politik verbunden war die Zwangskollektivierung der Landwirtschaft, die Millionen von Menschen das Leben kostete.

Die forcierte Industrialisierung und der Aufbau von Zwangsarbeitslagern waren begleitet von einem sich steigernden Terror gegen alle Andersdenkenden, der seinen Höhepunkt fand in den «Säuberungen» und Schauprozessen ab Mitte der dreißiger Jahre. Ihnen fiel fast die gesamte alte Garde der russischen Bolschewiki zum Opfer.

Der Überfall der Hitler-Armeen im Sommer 1941 traf Stalin weitgehend unvorbereitet, hatte er doch nach dem im August 1939 abgeschlossenen Nichtangriffspakt mit einer längeren Atempause gerechnet. Ohne den beschleunigten Aufbau der Schwerindustrie wäre allerdings die erstaunliche Leistungsfähigkeit der sowjetischen Rüstungsproduktion im Zweiten Weltkrieg kaum denkbar gewesen. Durch den Appell an nationale Gefühle (→Affekte) gelang es Stalin überdies, die Völker der Sowjetunion zum Widerstand gegen die faschistischen Invasoren zu mobilisieren. 1945 befand sich Stalin auf dem Gipfel seiner Popularität. Der Personenkult nahm manchmal groteske Formen an.

Die enormen Opfer, die die Sowjetunion im Zweiten Weltkrieg erbracht hatte, die Zerstörung weiter Teile Westrußlands hatten das Land faktisch auf den Stand der frühen zwanziger Jahre zurückgeworfen. Die Anstrengungen beim Wiederaufbau, aber auch die zunehmende außenpolitische Bedrohung im Gefolge des →Kalten Krieges veranlaßten Stalin zu einer neuerlichen «Säuberungs»- und Terrorwelle, die aber nicht mehr das Ausmaß der dreißiger Jahre erreichte. Schon vor dem Tode Stalins 1953 deutete sich der Niedergang des Stalinismus an, dessen inhumane Praktiken Chruschtschow auf dem 20. Parteitag der KPdSU an den Pranger stellte. Eine entschlossene Abkehr von der stalinistischen Vergangenheit begann freilich erst unter der Führung Gorbatschows seit 1986/87.

V. U.

◆ **Stand** (Ständekämpfe)

Ständische Abgrenzung prägte die interne Struktur vormoderner →Gesellschaften. Sie ist gekennzeichnet durch Merkmale der Vererbbarkeit (Geburtsstand) und der Lebensführung. Beide Merkmalskreise durchdringen sich, behaupten aber auch eigenes Gewicht. Krasseste Form geburtsständischer Fixierung stellt die Trennung von →Freiheit und Unfreiheit dar. Offenste ständische Differenzierung bietet die berufsorientierte Unterteilung der Gesellschaft. Ständisch strukturierte Gesellschaften tun sich schwer mit vertikaler – zuweilen auch horizontaler – →Mobilität.

Dennoch schließt die pluralistische offene Gesellschaft der Moderne ständische Relikte nicht aus. Die Rolle des Adels und berufsständischer Organisationen, «Standesehre» bestimmter Tätigkeiten und Club-Ethos der angelsächsischen Welt enthalten noch genügend Erinnerung an ständische Ordnungen, um den hier wichtigen Zusammenhang von Abgrenzung nach außen und normativer Stimulierung der internen Gemeinsamkeit lebendig vor Augen zu haben.

Die griechisch-römische Antike (→Altertum) bildet mit Adel, Freien und Sklaven wesentliche Grundformen ständischer Abgrenzung aus. Der Verdinglichung der Sklaven, die als «Sache» ohne ständische Qualität blieben, setzen hellenischer Kriegeradel und römisches Patriziat ihr auf «Tugend» und «Ehre» gegründetes soziales und politisches Selbstbewußtsein entgegen. Es war Adelsstolz, der die Nichtadligen als Stand definierte. Die griechische Polis verwischte im Begriff des →Bürgers allerdings vorübergehend die Unterschiede, die in den römischen Ständekämpfen des 4. und 3. vorchristlichen Jhs. in aller Deutlichkeit zutage traten. Patrizier und Plebejer fochten hier ihren Gegensatz um militärische, juristische und religiöse Herrschaft in der «res publica» aus. Der ständische Konflikt löste den Antagonismus der Stände aber nicht. Vielmehr entschärfte er sich selbst durch Integration der führenden Plebejer in das Patriziat. Diese Lösung hat typologische Qualität für Ständekonflikte. Die Handwerker- und Zunftrevolten des Spätmittelalters (→Zunftkämpfe) entladen sich ebenso wie die Unterschichten- und Aufsteigerrevolten der →Frühen Neuzeit durch Integration ihrer Anführer oder jener «neuen Familien», deren Unzufriedenheit für die Revoltierenden unverzichtbar ist. Die Ciompi-Revolte der Florentiner Textilarbeiter von 1378, die sich aus ihrer unterständischen Lage zu befreien suchen, endet mit der Aufnahme der neureichen Hintermänner der Revolte in die Machtelite, das Patriziat. Für die Masse der Aufständischen bleiben in der Regel harte und blutige Disziplinierungsmaßnahmen: eine Mischung der Kampfmittel herrschender

Stände, die sich bis zur →Französischen Revolution bewährt. Daß diese Mischung hier versagt, hat viele Gründe. Unter anderen aber auch den, daß die ständischen Strukturen der Gesellschaft schon längst kompliziert und im Grunde erschüttert waren. Die «klassische» mittelalterliche Dreiteilung in «Kämpfer, Beter, Arbeiter» – Adel (→Aristokratie), Klerus, →Bauer – war längst obsolet. Die Städte hatten zwar ständische Grundmuster bewahrt, aber durch berufsständischen Pluralismus im Grunde aufgelöst (Zünfte, Gilden, →Genossenschaften). Auch diese «bürgerlichen» Stände orientierten sich an Geburt und Lebensführung, aber zugleich waren sie wirtschaftlich determiniert. Zwar konnte und kann keine gesellschaftliche Gruppe ohne wirtschaftliche Selbstbehauptung dauerhaft existieren, doch die alten «Herrschaftsstände» (Adel, Klerus) verfügten über außerökonomische Kompensationsmöglichkeiten, die sie ökonomisch umtauschen konnten (Herrschaftsrechte, Heilsgüter). Kaufleute und Handwerker hatten nur begrenzten Zugriff auf solche Mittel (zumindest keinen ungeteilten). Ihnen blieb nur die Alternative zu sein, was sie waren, oder in einen der Herrenstände aufzusteigen. Blieben sie aber, was sie waren, so gerieten sie unweigerlich in die europäische Konjunkturgeschichte von →Handel und →Handwerk. Dabei erwuchs ihnen außerhalb ständischer Ordnung eine berufsgleiche Konkurrenz, die die ständischen Grenzen auflöste. Denn wie sollte der Londoner Handwerker in der City auf die engen Normen seiner Zunft reagieren, wenn sie ihn nicht länger vor lästiger Konkurrenz schützten und seine «Ehre» – sichtbar in seiner Stellung, seinem Besitz, seiner Arbeit – entwertet wurde? Wie sollte der Kölner Kaufmann in seinem engen Korsett ständischer Verhaltensregeln dem Amsterdamer Börsenmakler oder Londoner Ostindien-Kompagnon Paroli bieten? Die Modelle berufsständischer Orientierung begannen sich vor der Realität einer offenen bürgerlichen →Klasse zu verflüchtigen.

Neben dem Adel verharrten bis zu den bürgerlichen →Revolutionen des 18. und 19. Jhs. nur noch die Bauern in ungebrochen festen ständischen Bindungen. Ihre Ständekämpfe in →Mittelalter und Früher Neuzeit hatten ihre Lage kaum verbessert, häufig genug verschlechtert. Als «dritter Stand» erleiden sie ihre «Lebensführung» eher, als daß sie ihr «Ehre» beilegen. Als das aufständische Volk Frankreichs, von einem der politischen Anführer (Abbé Sieyès) polemisch als «vierter Stand» bezeichnet, die ständische Ordnung beseitigte, wurden unter dem Eindruck der allgemeinen →Gleichheit die Bauern zu Landwirten. Als Stand hatten sie ausgedient, wenn auch der Prozeß der «Bauernbefreiung» noch das 19. Jh. benötigte.

Die Herrschafts- oder Herrenstände verwandelten sich hingegen in Archetypen politischer Repräsentation. Klerus, Adel, «freie» Städte und Gemeinden traten seit dem späten Mittelalter dem Monarchen als «Stände» oder «Parlament» entgegen und beanspruchten über das Recht der Finanzbewilligung (→Abgabe/Steuer/Donativ) weitergehende politische Partizipationsrechte. Dabei bilden sich in Europa unterschiedliche Modelle aus, politische Teilhabe zu beanspruchen, durchzusetzen oder nur zeitweilig auszuüben: als Versammlung in zwei Kammern und als Dreikuriensystem. Das erste Modell sieht wie in England – aber auch in Ungarn, Polen, Böhmen – hohen Adel und Geistlichkeit in einem Gremium, niederen Adel, Städte und Gemeinden (idealtypisch allein in England) in einem zweiten vereint. Diese zweite Versammlung gilt in der Regel als «Volksvertretung», deren Stärkung oder Schwächung im Verlauf der Frühen Neuzeit Auskunft über «Freiheit» oder «Unfreiheit», vor allem aber Modernisierungspotentiale in der jeweiligen Gesellschaft gibt. Das Dreikuriensystem kennt nur eine Versammlung, an der die drei politischen Stände teilhaben. Der dritte Stand erscheint hier eher dadurch gekennzeichnet, daß er nicht hoher Adel oder Klerus ist, als daß er eine ausgeprägte eigene →Identität besäße. Es war auch diese «Offenheit», die es dem dritten Stand in Frankreich erlaubte, sich zur Vertretung der →«Nation» zu erklären. Mit diesem allerdings revolutionären Akt hatte sich die Bourgeoisie zur politischen Klasse erhoben und jede ständische Differenzierung politischer Teilhabe dauerhaft obsolet gemacht. Der «vierte Stand» des Abbé Sieyès wird daher konsequent zur «Arbeiterklasse» des 19. Jhs. Konstitutionell überlebt das Zweikammermodell in einigen Fällen, um auch regionalen Repräsentationsinteressen Raum zu geben; in Großbritannien allerdings als ständisches Sonderrecht des Adels im House of Lords – mit nur noch geringen politischen Rechten, aber erheblichem gesellschaftlichem Prestige. A. v. M.

◆ Statistik

Statistik, das heißt zum einen die Methode, mit der quantifizierbares Material erschlossen und verarbeitet wird, zum andern die daraus gewonnenen Ergebnisse in Gestalt von Graphiken und Tabellen, durchdringt mittlerweile sämtliche Bezirke des gesellschaftlichen Lebens. Regierungen operieren und jonglieren damit ebenso virtuos wie →Parteien, →Verbände, Konzerne, große und kleine Organisationen. Alles und jedes, Nützliches und Unnützliches: nichts bleibt vom Ehrgeiz der Statistiker verschont, weder der Arbeits- und Wohnungsmarkt noch das Gesundheits- und Bildungswesen, weder Konjunkturschwankungen noch Bevölkerungsbewegungen, weder Im- und Export, Preise und Einkommen noch die Leistungsbilanzen der Kaninchenzüchtervereine.

Statistische Berechnungen illustrieren soziale →Entwicklungen und legitimieren politisches Handeln, sie liefern Anhaltspunkte für Entscheidungen, sind Gegenstand kontroverser Debatten, sollen →Bedürfnisse und Erwartungen teils wecken, teils begrenzen. Häufig lenken sie den Blick bis weit in die Zukunft hinein, und mindestens ebenso häufig müssen die daraus abgeleiteten Prognosen wieder korrigiert werden. Die geradezu magische Kraft, die von Zahlen offenbar ausgeht, und das Vertrauen, das ihnen entgegengebracht wird, läßt uns manchmal vergessen, daß sie genau wie das geschriebene Wort mehrdeutig, den unterschiedlichsten Motiven, Einflüssen und →Interessen unterworfen sind. Statistiken sprechen weder für sich selbst, noch dürfen sie für bare Münze genommen werden. Wie andere →Quellen auch müssen sie kritisch geprüft und sorgfältig interpretiert werden. Wer sie benutzt, hat sich Klarheit zu verschaffen über die Herkunft und die Eigenheiten der jeweils zugrundegelegten Rohdaten, über die Modalitäten und den Zeitraum der Erhebung und nicht zuletzt natürlich über die Ziele, die damit im einzelnen erreicht werden sollen (→Quantifizierung).

Für Historiker besonders mißlich ist, daß der größte Teil der Geschichte zu den ‹vorstatistischen› Epochen (→Periodisierung) gehört. Die Tradition systematisch durchgeführter statistischer Untersuchungen ist demnach vergleichsweise jung. Zwar reichen ihre Anfänge bis ins 18. Jh. zurück, aber erst im Laufe des 19. werden sie mit wachsender Intensität und kontinuierlich verfeinerten Methoden auf breiter Front betrieben. Eine bedeutende Rolle spielen dabei die statistischen Ämter der Staaten, seit den 1850er und 1860er Jahren auch der Kommunen, und die staatswissenschaftlichen Seminare der Universitäten, wo sich ganze Generationen von Nationalökonomen an einschlägigen Themen und Forschungsvorhaben abrackern, →Bauern und Handwerker ebenso beobachten wie Arbeiterfamilien, dem ländlichen Siedlungswesen ebenso Beachtung schenken wie den Arbeits- und Produktionsbedingungen in der modernen Großindustrie. Von den damals erbrachten Resultaten profitiert die gegenwärtige, an gesellschaftlichen Strukturen (→Ereignis) und Prozessen interessierte Geschichtsschreibung noch immer. J. F.

◆ Studentenbewegung

Die Rebellion der Studenten in der zweiten Hälfte der sechziger Jahre war nicht nur eine politische, sondern auch eine kulturrevolutionäre Bewegung. Innerhalb weniger Jahre veränderte sie nicht nur Lebensweise und Denkhaltungen der Studenten, sondern auch das gesellschaftliche Klima in der Bundesrepublik. Die Erschütterungen, die sie auslöste, wirken bis heute nach.

Im wesentlichen lassen sich drei Ursachenkomplexe des studentischen Aufbegehrens eingrenzen: Zum einen der Protest gegen das amerikanische Engagement im Vietnamkrieg, über dessen Brutalität das Fernsehen tagtäglich berichtete. Das Leitbild Amerika, mit dem sich die bundesrepublikanische Nachkriegsgesellschaft vorbehaltlos identifiziert hatte, zerbrach. An seine Stelle rückten als neue Leitfiguren die idealisierten Exponenten der Befreiungsbewegungen in der «Dritten Welt»: Che Guevara, Ho Chi Minh, Mao Tse-tung. Zum zweiten richtete sich der Unmut der Studenten gegen politische und gesellschaftliche Erstarrungstendenzen in der Bundesrepublik. Mit der Bildung der Großen Koalition aus CDU/CSU und SPD Ende 1966 schien es in der Bundesrepublik keine nennenswerte parlamentarische Opposition mehr zu geben. Die Studentenbewegung verstand sich als Kern einer neuen «außerparlamentarischen Opposition» (APO), die die bestehenden Strukturen (→Ereignis) des parlamentarischen Systems und der Parteiendemokratie einer radikalen Kritik aussetzte, verbunden mit einer Aufnahme rätedemokratischer Ideen (→Deutsche Revolution 1918–20) . Drittens entzündete sich der studentische Protest an den verkrusteten Strukturen der «Ordinarienuniversität», in der die Professoren immer noch wie kleine Feudalherrscher regierten. «Unter den Talaren der Muff von tausend Jahren» – dieser Spruch, den ASTA-Vertreter bei der Rektoratsübergabe an der Hamburger Universität den einziehenden Professoren vorantrugen, wurde zum geflügelten Wort der Studentenbewegung.

Zum Ausgangspunkt der studentischen Protestbewegung wurde die Freie Universität Berlin. Als treibende Kraft erwies sich in der Anfangsphase der Sozialistische Deutsche Studentenbund (SDS), der 1960 aus der SPD ausgeschlossen worden war und nach einer Phase relativer Bedeutungslosigkeit seit 1966/67 rasch Zulauf erhielt. Ihre Protestformen übernahmen die rebellierenden Studenten zum großen Teil aus der amerikanischen Bürgerrechts- und Studentenbewegung: «Sit-ins», «Go-ins», «Teach-ins» waren die bevorzugten Mittel einer Strategie begrenzter Regelverletzungen, mit denen die Studenten ihren Forderungen in der Öffentlichkeit Gehör verschaffen wollten. Neben radikaldemokratischen und rätedemokratischen Traditionselementen war in dieser Anfangsphase der Studentenbewegung vor allem die →kritische Theorie mit ihren antiautoritären Impulsen einflußreich für die Herausbildung eines kritischen gesellschaftlichen Bewußtseins.

Schlüsseldatum in der →Entwicklung der Studentenbewegung von kleinen aktiven Zirkeln zu einer Massenbewegung war der 2. Juni 1967. An diesem Tag wurde in Berlin der Student Benno Ohnesorg während einer Demonstration gegen den Besuch des Schahs von Persien von einem Polizeibeamten erschossen. Dieser Mord und seine Begleitumstände – eine Polizeitaktik, die sich allein vom Gesichtspunkt der Niederknüppelung der Demonstration leiten ließ; eine Presse, die gezielt Falschmeldungen in Berlin verbreiten ließ; Politiker, die ihre Hände in Unschuld wuschen – wirkten mobilisierend auch auf jene Teile der Studentenschaft, die bislang den Aktionen des SDS nichts hatten abgewinnen können. Von Berlin aus sprang der Funke der antiautoritären Rebellion über auf die Universitäten in der Bundesrepublik. In den folgenden Wochen und Monaten bürgerten sich auch hier die schon in Berlin erprobten Protestrituale ein: Uni-Rektorate wurden besetzt; in Vorlesungen Diskussionen über Lerninhalte erzwungen, wobei die Hilflosigkeit der meisten Professoren angesichts solcher Respektlosigkeit die Kritik des SDS an der «Ordinarienuniversität» nur bestätigte. An vielen Orten organisierten die Studenten mit der Gründung von Kritischen Universitäten eigene Vorlesungsreihen, in denen sie sich u.a. mit der Rolle ihrer akademischen Väter im «Dritten Reich» beschäftigten. In zunehmendem Maße wurde der Protest aber auch herausgetragen aus den Universitäten: auf die Straße, in Gotteshäuser, Schulen und Betriebe.

Ein großer Teil der Öffentlichkeit reagierte auf die studentischen Aktionen schockiert bis empört. Vor allem die Springer-Presse nahm scharf gegen die demonstrierenden Studenten Stellung, indem sie diese als «roten Mob» und ihre Sprecher als von Moskau und Ostberlin gesteuerte «Rädelsführer» denunzierte. Der besondere Haß richtete sich gegen den Soziologiestudenten Rudi Dutschke, führendes Mitglied im Berliner SDS, der nach dem 2. Juni 1967 zu einer Symbolfigur der Studentenbewegung aufgestiegen war. Die Studenten antworteten auf die Hetze der Springer-Zeitungen mit einer Gegenkampagne «Enteignet Springer», in der sie auf die marktbeherrschende, die →Freiheit der Meinung einschränkende Rolle des Springer-Konzerns aufmerksam machten.

Welche Folgen die gegen die Studenten mobilisierte antikommunistische Hysterie (→Antikommunismus) haben konnte, deutete sich bereits im Februar 1968 an, als es auf einer vom Berliner SPD-Senat organisierten Gegendemonstration zum Vietnam-Kongreß der Studenten, die unter dem Motto «Berlin steht für Frieden und Freiheit» stattfand, zu gewalttätigen Ausschreitungen gegen Studenten kam und einige Demonstrationsteilnehmer einen jungen Mann, der Dutschke ähnlich sah, fast gelyncht hätten. Am 11. April 1968, am Gründonnerstag, schoß der 23jährige Arbeiter Josef Bachmann den Studentenführer auf dem Kurfürstendamm in Berlin nieder. Dutschke wurde lebensgefährlich verletzt und starb elf Jahre später an den Spätfolgen des Attentats.

Die Schüsse auf Dutschke lösten die sogenannten Osterunruhen in Westberlin und der Bundesrepublik aus. Zehntausende von Studenten suchten die Auslieferung der Springer-Zeitungen zu verhindern, in denen sie den geistigen Urheber des Attentats sahen. Es kam zu tagelangen gewaltsamen Auseinandersetzungen mit der Polizei vor den Verlagshäusern des Springer-Konzerns. Wenige Wochen später brachte die Mairevolte der Pariser Studenten und ein anschließender Generalstreik Frankreich an den Rand einer Systemveränderung. Diese Ereignisse weckten auch unter den rebellierenden Studenten in der Bundesrepublik Hoffnungen auf eine Unterstützung durch die Arbeiterschaft. Doch während der Proteste gegen die geplanten Notstandsgesetze, die Ende Mai 1968 die APO noch einmal zu gemeinsamer Aktion vereinigten, blieb die erhoffte Solidarisierung der Bevölkerung weitgehend aus.

Die Osterunruhen, die Mairevolte in Paris und die Kampagne gegen die Notstandsgesetze markierten den Gipfel- und zugleich Scheitelpunkt der antiautoritären studentischen Bewegung. Im Herbst 1968 setzte ein Zerfallsprozeß ein. Ein großer Teil der Aktiven ging in die etablierten Organisationen – SPD, FDP, →Gewerkschaften –, um hier für Veränderungen zu wirken («Marsch durch die Institutionen»). Ein anderer Teil suchte durch Rückgriff auf den Marxismus und Wiederbelebung proletarisch-kommunistischer Parteitraditionen die gesellschaftliche Isolation der Studenten zu sprengen und die Arbeiterklasse auf den Pfad revolutionärer Tugend zurückzuführen. Aus diesen zuweilen anachronistisch anmutenden Bemühungen gingen Anfang der siebziger Jahre zahlreiche kommunistische Miniparteien, die sogenannten K-Gruppen, hervor, die allerdings über das Stadium von politischen Sekten niemals hinausgelangten. Kleine Gruppen aus dem anarchistischen Randmilieu der Studentenbewegung schließlich radikalisierten das Thema →Gewalt und gingen als Rote-Armee-Fraktion (RAF) in den Untergrund, um den bewaffneten Kampf zu organisieren (→Terrorismus).

Trotz ihres Scheiterns war die Studentenbewegung von großem Einfluß auf die Entwicklung der Bundesrepublik. Sie hat die politische →Kultur tiefgreifend und nachhaltig verändert. Der von ihr ausgelöste Politisierungs- und Demokratisierungsschub hat ohne Frage dazu beigetragen, daß es 1969 mit der Bildung der sozialliberalen Koalition zu einem Machtwechsel in Bonn kam. Die von der neuen Regierung eingeleiteten Reformen, etwa im Bildungsbereich, wären ohne die Impulse der kritischen Studenten kaum denkbar gewesen. Wichtiger noch als die unmittelbaren politischen Folgen waren jedoch die langfristigen «kulturrevolutionären» Wirkungen. Überall wandelten sich im Gefolge der Studentenbewegung die Lebensweisen. Wohngemeinschaften und antiautoritäre Kinderläden entstanden. Der Mief der «falschen Fünfziger» (Günter Grass) wurde kräftig durchgelüftet. Freiere Umgangsformen in der Sexualität, in Kleidung und Haartracht, in Erziehung und Schule setzten sich durch. Die Studentenbewegung hat das Lebensgefühl und das Bewußtsein einer ganzen Jugendgeneration geprägt, so daß es berechtigt ist, von der 68er Generation als Bestandteil einer linken politischen Kultur zu sprechen. V. U.

◆ «Stunde Null» 1945

Mit der bedingungslosen Kapitulation der deutschen Wehrmacht am 8. Mai 1945 endete in Europa der Zweite Weltkrieg und damit zugleich das nationalsozialistische Deutsche Reich. Für Verfolgte und Gegner des NS-Staates war es ein Tag der Befreiung. Für andere, die Mehrzahl der Deutschen, prägte sich das Datum als «Katastrophe» oder «Zusammenbruch» ein. Gleichzeitig kam das Wort von der «Stunde Null» in Umlauf. Wer es zuerst benutzte, wissen wir nicht. Aber es war schon 1945 in aller Munde, und bis heute ist es im kollektiven Gedächtnis der Deutschen haften geblieben. Diese bemerkenswerte Karriere verdankt es offensichtlich seiner Vieldeutigkeit, die es für ganz unterschiedliche, auch gegensätzliche Situationsbestimmungen und Befindlichkeiten geeignet machte. Es konnten sich damit Hoffnungen auf einen Neuanfang verbinden, aber auch Bestrebungen, möglichst schnell zu vergessen und eigene Schuld zu verdrängen. Vor allem diente die Stunde Null als Chiffre, gleichsam als sprachlicher Rettungsanker, um sich in der Unübersichtlichkeit der «Niemandszeit» (Ernst Kreuder) zu orientieren und sich vom Ufer der Vergangenheit in die Gegenwart hinüberzuflüchten. Die Stunde Null war für viele Zeitgenossen Befreiung und Katastrophe zugleich, für die meisten unter ihnen überwiegend das eine oder das andere. Manchen erschien die Stunde Null als «Null-Punkt des Chaos» (Rudolf Walter Leonhardt), als

«Kahlschlag» und «tabula rasa» (Axel Eggebrecht), die totale Niederlage als «unglaubliche Gunst», daraus «die Kraft zur totalen Wandlung» (Alfred Andersch) zu finden.

Theologen sprachen von der «Gnade des Nullpunkts», und der Kultursoziologie Alfred Weber diagnostizierte eine «Weltwende der Geschichte». Wer damals jung und «noch einmal davongekommen» war, mochte wie Heinrich Vormweg, der spätere Literaturkritiker, denken und fühlen: «Ein Hochgefühl von Freiheit, eine grenzenlose Erwartung. Schlimmeres als das Überlebte war nicht denkbar, und diesem Schlimmen war ein Ende gesetzt. Ein Augenblick von Zeitlosigkeit, der sich rauschhaft dehnte...» Von einem der «köstlichsten Jahre seines Lebens» sogar berichtete der Pädagoge Hartmut von Hentig, damals Kriegsheimkehrer: «Chaos und Freiheit sind seitdem nie wieder ganz für mich zu trennen und beide nicht von einem überwältigend strahlenden Sommer, in dem man zu Fuß über Land ging wie hunderttausend andere, hinter Hecken und Scheunen schlief, sich ein Stück Brot erbettelte und Fallobst am Wegrand auflas – und kein Mensch etwas von einem wollen konnte.»

Auch für Heinrich Böll war die Stunde Null die «Stunde Nichts», aber eine Stunde, die neugierig machte auf die Zukunft. Böll war 1945 27 Jahre alt. Was gab es für seine Generation zu tun, um eine bessere Welt mitzuschaffen? «Meine Altersgenossen, aber auch ich selbst hatten nur geringe Kenntnisse über demokratische Verhältnisse, Staatsformen und Möglichkeiten... Und wir haben eigentlich die Demokratie zwischen 1945 und 1948/49 den Alliierten überlassen. Die hatten uns befreit, und sehr banal ausgedrückt, dachte ich, die werden das schon machen.» Doch zunächst ging es vor allem um die «Forderungen des Tages», um Aufgaben, zu deren Bewältigung sich die Sieger vorwiegend deutscher Politiker der Weimarer Zeit bedienten, handfester Praktiker, die politisch nicht belastet waren, Wilhelm Kaisen in Bremen etwa, Max Brauer in Hamburg, Theodor Steltzer in Schleswig-Holstein, Wilhelm Hoegner in Bayern. «Wie werde ich satt, wo kann ich unterkommen, wann finde ich meine Familie wieder?» fragten sich die Menschen. Die «große Politik» nahm «Otto Normalverbraucher» nur wie unter einer Dunstglocke wahr. Der Ost-West-Konflikt brach auf, der →Kalte Krieg begann. Neuanfänge und Kontinuitäten (→Kontinuität – Diskontinuität) verschränkten sich auf zum Teil unentwirrbare Weise: «So viel Anfang war nie» und «die Mörder sind unter uns». Auch nach knapp einem halben Jahrhundert Bundesrepublik zögert man, ein Gesamturteil abzugeben. Zwar meinte der Politikwissenschaftler Theodor Eschenburg 1980 im Rückblick: «Die Jahre von 1945 bis 1949 waren einmal eine Periode von großen Illusionen und zum anderen von respektabler, erfolgreicher Kleinarbeit. Ohne sie hätte die Bundesrepublik nicht entstehen und kaum bestehen können.» Heute, nach dem Zusammenbruch des Kommunismus und der Wiedervereinigung der beiden deutschen Staaten unter den Vorzeichen der alten Bundesrepublik wissen wir: Erst jetzt ist die deutsche Nachkriegszeit zu Ende. Der antitotalitäre Konsens, der in die Staatsräson der frühen Bundesrepublik einging, ist zumal in seiner je einseitigen Interpretation als →«Antikommunismus» oder als «Antifaschismus» zu schmal geworden, um Demokratie dauerhaft zu begründen. Zugleich sind die ökonomischen Rahmendaten der industriellen Wachstumsgesellschaft in Frage gestellt. Die vergrößerte Bundesrepublik hat ihre wirkliche Bewährungsprobe noch vor sich.

M. A.

T

◆ Tagebuch

Tagebücher schreiben Menschen in den verschiedenen Phasen des Lebens, manche regelmäßig, manche sporadisch, dabei momentanen Stimmungen und den Launen intellektueller Moden folgend oder angestoßen durch Erschütterungen und Brüche in der →Biographie. Männer und Frauen, Jugendliche und Erwachsene tun das, Aristokraten und →Bürger, Politiker und Literaten, aber auch einfache Leute ohne Amt und Würden. Nur eine schmale Zahl solcher Aufzeichnungen pflegt in gedruckter oder gar wissenschaftlich kommentierter Form das Auge der Mit- und Nachwelt zu erreichen. Da bei der Niederschrift normalerweise eine Veröffentlichung nicht beabsichtigt wird, finden sie sich häufig in den nachgelassenen Papieren Verstorbener, werden gesammelt, aufbewahrt und katalogisiert in →Museen, Bibliotheken und →Archiven.

Gewöhnlich dienen Tagebücher rein persönlichen Zwecken. Sie sind Gedächtnisstützen, hin und wieder bilden sie das Rohmaterial für später abgefaßte →Memoiren. Sie bieten Gelegenheit, sich Klarheit zu verschaffen über Begegnungen, →Ereignisse, Erfahrungen und Empfindungen, über Beziehungen, private, berufliche und politische Probleme. Außenstehenden gewähren sie Einblicke in das soziale und geistige Milieu der Schreibenden, in ihnen spiegeln sich Auffassungen und Lebensentwürfe, Details des Alltags und der alltäglichen Verrichtungen, Orientierungen und Mentalitäten, →Bedürfnisse, Emotionen und Normen. Gerade dies macht den Reiz und den Wert von Tagebüchern aus, erhebt sie in den Rang von →Quellen allerersten Güte. Denn wer nur mit sich selber zu Rate geht, braucht sich um die Schranken der Konventionen nicht zu kümmern, muß keine Rücksichten nehmen und sich nicht verstellen, kann sich freimütig äußern und ohne Scheu auch die intimsten Dinge zu Papier bringen.

Je nach Reflexionsniveau, literarischer Begabung und gesellschaftlicher Position der Verfasser enthalten Tagebücher sentimentale Banalitäten oder Nachrichten von allgemeiner Bedeutung, in besonderen Fällen auch von einiger Brisanz: Informationen, nach denen wir in anderen Zeugnissen vergeblich suchen. Die Eintragungen können ausführlich oder nur flüchtig und stichwortartig sein, sei es, daß sie Tag für Tag vorgenommen werden, sei es, daß sie summarisch die Begebenheiten einer Woche oder ganzer Monate Revue passieren lassen. Unmittelbares Erleben und spontan ausgelöste Betroffenheit können sich dabei mit reflektierender Distanz verbinden. Aber nicht alles, wovon erzählt wird, stammt automatisch aus erster Hand. Manches gibt nur Gehörtes oder Gelesenes wieder, ist Gerücht oder spekulative Mutmaßung. Die Authentizität, das heißt die Nähe zu den beschriebenen und kommentierten Fakten (→Tatsachen), Personen und Entscheidungsprozessen zu bestimmen; die Reichweite und Plausibilität der Aussagen zu prüfen und im einzelnen zu gewichten; nachträgliche Überarbeitungen und Veränderungen am ursprünglichen Text zu erkennen, Echtes von Unechtem zu scheiden: dazu bedarf es einer jeweils sorgfältigen Analyse nach den Regeln und den Methoden der historischen Quellenkritik. Nur so kann man sich gegen Fehleinschätzungen wappnen und sich Blamagen (wie die Illustrierte «Stern» mit der Herausgabe gefälschter Hitler-Tagebücher) ersparen. J. F.

◆ **Tatsachen** (Fakten, Realität)

Das in einem jeweils bestimmten Moment objektiv, das heißt vom menschlichen Bewußtsein unabhängig Vorhandene ist real (wirklich), ist eine Tatsache (ein Faktum). Semantisch weist der Begriff «Tatsache» auf den engen Zusammenhang einer Handlung mit dem, was sachlich aus ihr folgt. Dies gilt auch für das Wort «Faktum», das eine abgeschlossene Handlung bedeutet (lat. facere=tun). Demnach wäre unter einer geschichtlichen Tatsache objektivierte und daher im Prinzip auch objektiv erkennbare menschliche Tätigkeit zu verstehen, wenn es für den Historiker darum geht, gesellschaftliche Realität zu rekonstruieren (→Rekonstruktion). Eine geschichtliche Tatsache, wie komplex sie immer zusammengesetzt sein mag, ist also zugleich Sachverhalt und vergangene Praxis. Die Aufgabe des Historikers besteht darin, aus den Sachverhalten, so wie sie sich in →Quellen manifestieren, die Praxis, also die lebendige gesellschaftliche Tätigkeit der Menschen zu erschließen und damit zugleich die Bewegungsrichtung, die geschichtliche Dimension von Tatsachen oder Tatsachenreihen und Zusammenhängen aufzuzeigen. In diesem Sinne ist die Erkenntnis von Karl Marx zu verstehen, daß der Mensch seine Geschichte macht, wenn auch unter vorgefundenen Bedingungen. Faßt man die geschichtlichen Verhältnisse getrennt von der menschlichen Tätigkeit auf, so entsteht eine bloß scheinbar objektive Geschichtsschreibung, die Tatsachen zu bloßen Sachzwängen gerinnen läßt und damit die Aktionen lebendiger Menschen stillstellt. Der Gebrauch des Wortes «Tatsache» weist insofern auf eine zweite wichtige Bedeutungsvariante, die der parteilich urteilenden wissenschaftlichen Aussage (→Parteilichkeit – Objektivität). So wie sich der Historiker davor hüten muß, vorgefundene Bedingungen wie Strukturen (→Ereignis), Sachzwänge und Bruttosozialprodukte zu Subjekten der Geschichte zu machen, so darf er andererseits nicht die praktisch-politische Tat verabsolutieren. M. A.

◆ Technikgeschichte

Technik, das heißt die Umsetzung und Anwendung naturwissenschaftlicher Erkenntnisse zur Befriedigung menschlicher →Bedürfnisse, durchdringt auf vielfältige Weise →Gesellschaft, →Staat und Politik. Sie beeinflußt die Formen des Zusammenlebens, die →Arbeit und die Bilder, die wir uns davon machen, die Arbeitsplätze und die Produktivität, die Welt der Fabriken und Büros ebenso wie die der privaten Haushalte, der Freizeit und →Kultur. Der Wandel, der durch technologische Innovationen angestoßen wird, hat sich mittlerweile atemberaubend beschleunigt, hat unsere →Mobilität außerordentlich erhöht, nicht nur Gewißheiten, sondern auch Ängste und Unsicherheiten hervorgerufen, hat die sozialen Beziehungen teils intensiviert, teils atomisiert, die sozialen Strukturen teils nivelliert, teils differenziert. Unser Leben ist dadurch rationalisiert, industrialisiert und verwissenschaftlicht worden: ohne Technik keine Zivilisation, keine Erleichterungen bei der Bewältigung alltäglicher Verrichtungen, keine modernen Infrastrukturen und Verkehrssysteme, kein Automobil, keine Eisenbahn und kein Flugzeug, keine elektronische Kommunikation, keine oder nur unzureichende Gesundheits- und Daseinsvorsorge, aber auch keine Massenvernichtungskriege und nicht die Drohung des chemischen wie des atomaren Holocaust und der ökologischen Katastrophe. Im Banne der Technik haben sich Optimismus, Fortschrittsgläubigkeit und Wachstumsideologien festgesetzt, und lange mochte es scheinen, als seien die Ressourcen der Natur und die Möglichkeiten, sie mit Hilfe immer vollkommenerer Maschinen und Apparaturen auszubeuten, grenzenlos. Zwar regen sich inzwischen kritische Stimmen, aber völlig verschwunden sind diese Mentalitäten nicht.

An Gründen, sich diesen Problemen und Zusammenhängen auch in historischer Perspektive zu nähern, mangelt es nicht. Um so erstaunlicher ist, daß die deutschen Historiker daran über Jahrzehnte hinweg kein Interesse hatten. Sie waren und blieben befangen in der Vorstellung, daß die Geschichte sich in Ideen und Personen, in →Staaten und staatlichen Aktivitäten offenbart, allenfalls noch in Organisationen, in →Parteien und →Verbänden, →Klassen und →Schichten. Aber dies mit Technik, mit Erfindungen und technologischen Prozessen (→Entwicklung) zu verbinden kam nur wenigen in den Sinn. Typisch für die im historischen Denken der Deutschen schlummernden Ressentiments war eine Diagnose, die 1947 Friedrich Meinecke stellte, nämlich die, daß für die «deutsche Katastrophe», wie er die nationalsozialistische Herrschaft und deren Ergebnisse nannte, der «moderne utilitaristisch-technische Geist» verantwortlich gewesen sei.

Wer sich im 19. und frühen 20. Jh. mit Technik beschäftigte, zählte meistens zur historischen Schule der Nationalökonomie oder der nach 1900 allmählich aufblühenden Soziologie. Werner Sombart z. B. warf 1910 die Frage nach den Wechselwirkungen von Technik und Kultur in den verschiedenen Epochen (→Periodisierung) der Geschichte auf: ein Forschungsprogramm, das beträchtliche Energien erfordert hätte, tatsächlich aber kaum auf ernsthafte Resonanz stieß. Daß es verwirklicht worden wäre oder bis heute schon verwirklicht ist, kann man jedenfalls nicht behaupten. Immerhin, in der Bundesrepublik hat sich seit den sechziger Jahren, parallel zu einer allgemeinen Öffnungstendenz, auch die Technikgeschichte einen Platz erobern können, von dem Eingeweihte freilich sagen, sie würde nicht viel mehr als Nischen ausfüllen. Aber es gibt eine eigene Zeitschrift, die Historiker zusammen mit dem Verein Deutscher Ingenieure herausgeben, es gibt eigene wissenschaftliche Buchreihen, Seminare und Kolloquien, die neben engeren technologiegeschichtlichen Aspekten die gesellschaftlichen und kulturellen Dimensionen der Technik ins Auge fassen, kurzum: die Technikgeschichte in Kooperation mit Technikern und Naturwissenschaftlern als Teildisziplin der →Sozial- und →Wirtschaftsgeschichte, der Gesellschafts- und →Mentalitätengeschichte begreifen und voranzubringen suchen. J. F.

◆ Terrorismus

Terrorismus ist eine Sammelbezeichnung für verschiedene Formen politisch motivierter Gewaltanwendung. Man unterscheidet zwischen staatlich organisiertem Terror und dem gewaltsamen Vorgehen kleiner Gruppen oder Einzelpersonen. Der von staatlichen Organen angeordnete oder tolerierte Terror dient zumeist dazu, politische Gegner auszuschalten oder einzuschüchtern. Praktiziert wurde er z. B. in der Phase der «grande terreur» während der Jakobinerherrschaft (→Französische Revolution). In den Bürgerkriegswirren nach der russischen Oktoberrevolution 1917 (→Russische Revolution) wurde der «rote Terror» als Kampfmittel dem «weißen Terror» der Gegenrevolution entgegengesetzt. In der Amtszeit Stalins wurde er zum Regierungsinstrument ausgebaut (→Stalinismus). Eine in der Verbrechensdimension bislang unerreichte Variante des Staatsterrorismus stellt die NS-Herrschaft in Deutschland 1933–1945 dar.

Die gewaltsamen Aktionen revolutionärer oder extremistischer Minderheiten oder Randgruppen richten sich zumeist gegen den herrschenden Staatsapparat bzw. gegen dessen Repräsentanten. Sie zielen darauf ab, Loyalitäten von den Herrschenden abzuziehen, die sozialen und politischen Konflikte (→sozialer Konflikt) zu verschärfen, um auf diese Weise die Voraussetzungen für einen Umsturz zu schaffen. Eine theoretische Wurzel findet der Terrorismus sozialrevolutionärer Prägung in den anarchistischen Ideen Michail Bakunins, dessen Schüler Sergej Gennadigewitsch Netschajew daraus die «Propaganda der Tat» ableitete, die auch terroristische →Gewalt gegen Vertreter der herrschenden Ordnung rechtfertigte (→Anarchismus). Im zaristischen Rußland der zweiten Hälfte des 19. Jhs. fielen diese Ideen auf fruchtbaren Boden. Die Untergrundbewegung radikaler Narodniki (die sog. Volkstümler, Vertreter der mit den →Bauern sympathisierenden sozialrevolutionären Intelligenz) war u.a. verantwortlich für die Ermordung des russischen Zaren Alexander II. im Jahre 1881. Die an der marxistischen Tradition orientierten Parteien der →Arbeiterbewegung, so auch Lenin als Führer der russischen Bolschewiki, haben den individuellen Terror als Mittel des Kampfes um →Emanzipation stets abgelehnt.

In der Weimarer Republik wurde der individuelle Terror vor allem von rechtsextremistischen Gruppen und Geheimbünden ausgeübt. Auf deren Konto ging nicht nur der Mord an prominenten Vertretern der Linken (u.a. Rosa Luxemburg und Karl Liebknecht im Januar 1919), sondern auch an verhaßten Repräsentanten des Weimarer «Systems», wie dem ehemaligen Finanzminister Matthias Erzberger im August 1921 und Außenminister Walther Rathenau im Juni 1922.

In den letzten Jahrzehnten haben terroristische Aktionen im Rahmen separatistischer Bewegungen (z. B. IRA in Nordirland; ETA im Baskenland) oder als Bestandteil nationaler Befreiungsbewegungen in der «Dritten Welt» (z. B. die palästinensische Befreiungsorganisation PLO) eine zunehmende Bedeutung gewonnen. Die von palästinensischen Kommandos in den siebziger Jahren erstmals praktizierte Methode der Flugzeugentführung ist zum viel kopierten Vorbild für politische Erpressungsversuche geworden.

In der Bundesrepublik Deutschland ging aus der studentischen Protestbewegung von 1968 (→Studentenbewegung) die Rote-Armee-Fraktion (RAF) hervor, die Anfang der siebziger Jahre Anschläge gegen US-Stützpunkte und Springer-Verlagshäuser richtete, später aber auch gegen Repräsentanten der politischen und wirtschaftlichen Eliten (am spektakulärsten in der Entführung und Ermordung des Präsidenten der Arbeitgeberverbände, Hanns-Martin Schleyer, im Herbst 1977). In der Antwort auf diese Herausforderung zeigten Behörden und Sicherheitsdienste in der Bundesrepublik eine Tendenz zur Überreaktion, was im Ergebnis u.a. zu einer Einschränkung liberaler Freiheitsrechte führte. Ein Pendant fand die RAF in den Roten Brigaden in Italien.

Verstärkt machten in den letzten Jahren nicht nur in der Bundesrepublik, sondern auch in anderen westlichen Ländern rechtsradikale und neofaschistische Organisationen durch Gewalttaten auf sich aufmerksam.

V. U.

◆ Theorie–Praxis

Alle Wissenschaft zielt auf Erkenntnis. Jede Erkenntnis, die über die bloße Feststellung unbegriffener Einzelheiten hinausgeht, ist «theoretische Erkenntnis» (Helmut F. Spinner). In diesem weitgespannten Sinne ist auch die Geschichtswissenschaft, die ihr Erkenntnisobjekt, die Geschichte, aus dem Material der →Quellen erschließt, eine theoretische Wissenschaft. Denn die geschichtlichen →Tatsachen werden dem Historiker nicht unmittelbar-abbildhaft zuteil, sondern durch geistige Anstrengung: Das, was der Historiker wahrnimmt und wahrnehmen will, ist immer schon durch gedankliche Kategorien vorstrukturiert, die ihrerseits nicht in einem luftleeren Raum entstanden sind, sondern auf gesellschaftliche Bedingungen verweisen. Die je spezifischen Bedingungen einer gesellschaftlichen Epoche (→Periodisierung), letztlich die gesamte geschichtliche Welt, die uns als Vergangenheit scheinbar in sich abgeschlossen und an und für sich gegeben entgegentritt, ist in ihrem Kern und Ursprung betrachtet «tätiger Lebensprozeß» (Karl Marx) der Menschen, von einzelnen, von Gruppen, von →Klassen, von Völkern. Wie sich Theorie und Praxis zueinander verhalten, ist eine Frage, die schon antike Denker beschäftigt hat. Auch in der Geschichte der deutschen Geschichtswissenschaft findet sich diese Frage durchgängig behandelt, häufig in der begrifflichen Polarität von «Wissenschaft» und «Leben», «Wissenschaft» und «Politik» oder «Wissenschaft» und «Volk». Während aber solche Reflexionen häufig darauf zielen, die Ergebnisse der Geschichtswissenschaft in politische Praxis umzusetzen, sie zu instrumentalisieren, und also einem vordergründigen Utilitarismus verhaftet sind, fragt eine tiefergehende Beschäftigung mit dem Theorie-Praxis-Problem nicht nur nach den praktischen Konsequenzen von Theorie, sondern nach der Praxis der Theorie selbst. Die Theorie wird nicht als ein von der materiellen Lebensweise abgehobenes Denken verstanden, sondern als ein damit verbundenes, auf sie bezogenes und in sie steuernd eingreifendes Bewußtsein. Aus dieser Sicht ist reine Theorie unbegriffener Schein, der sich aus der Teilung der Arbeit in materielle und geistige ergibt. «Von diesem Augenblicke an», so heißt es bei Marx, «kann sich das Bewußtsein einbilden, etwas anderes als das Bewußtsein der bestehenden Praxis zu sein, wirklich etwas vorzustellen, ohne etwas Wirkliches vorzustellen», von da an ist es «imstande, sich von der Welt zu emanzipieren und zur Bildung der ‹reinen Theorie›... überzugehen». Umgekehrt wird wahre Theorie zum «Element der Praxis», indem sie die wirklichen Menschen im Auge behält und somit «reale Unterscheidungskräfte» gegenüber der Welt geltend machen kann. Theorie nimmt die geschichtliche Bewegung in der Sprache «der denkenden Anschauung» wahr und ist dadurch imstande, sie zu verändern.

Inwieweit diese Marxschen Gedanken vom Marxismus produktiv aufgenommen wurden, sei dahingestellt. Fraglich ist aber vor allem, ob in ihnen nicht schon der Keim für eine deformierte Praxis angelegt ist. Denn eine Praxis, die sich durch «richtige» Theorie legitimiert und der Pluralität von Meinungen keinen oder nur geringen Raum läßt, ist eine Praxis, bei der sich wenige «Wissende» berufen fühlen, über die Menschheit von oben herab zu disponieren – mit, wie der Leninismus/ →Stalinismus zur Genüge gezeigt hat, schlimmsten Folgen des Machtmißbrauchs.

Nimmt man Marx und Engels beim Wort, so hat sich die Theorie in der Praxis zu bewähren. Die Praxis wird zum Prüfstein der Wahrheit von Aussagen. Für den Historiker folgt daraus zunächst, daß er die von ihm festgestellten Tatsachen auf die ihnen innewohnende Praxis zurückführen muß. Dies trifft auch für die Geschichte der Geschichtswissenschaft selbst zu, und die Frage stellt sich, ob und gegebenenfalls wie die Historiker sich ihre eigene Lebenspraxis bewußt machen. Untersucht man diese Frage näher, so ergibt sich, daß nur wenige Historiker bereit sind, sich in dieser Weise dem Theorie-Praxis-Problem auszusetzen. Viele Historiker sind von Berufs wegen bereit, viele und vieles zu historisieren, am wenigsten aber sich selbst, wenn davon praktische →Interessen berührt sind. So z. B. haben viele deutsche Historiker ihre Bücher nach 1945 umgeschrieben, ohne diesen Praxisknick – dem vielfach freilich kein echtes Umdenken entsprach – der theoretischen Reflexion für würdig zu erachten. Diese Lebenslüge war eine Ursache für die im Zuge der →Studentenbewegung seit Ende der sechziger Jahre in der Bundesrepublik aktualisierte Diskussion zur Frage des Verhältnisses von Theorie und Praxis. Zwar war diese Diskussion vornehmlich darauf gerichtet, sozialistische Theorie in sozialistische Praxis zu verwandeln, ein Versuch, der bekanntlich scheiterte, doch wurden damit zugleich wichtige Akzente gesetzt für die Erörterung von →Kontinuität und Diskontinuität von Geschichte mit wertvollen Anregungen für die wissenschaftliche Erforschung der NS-Zeit, wodurch zugleich der Blick frei wurde für die Kontinuität des Theorie-Praxis-Problems in Politik und Wissenschaft. M. A.

◆ Totalitarismus

Das Wort «total» kommt vom lateinischen «totus» und heißt «ganz». «Totalitär» meint aufs Ganze gehend, allumfassend, alles erfassend, alles durchdringend, sich alles unterwerfend. Dem Begriff ist einerseits das Mechanische, unpersönlich Rechenhafte zu eigen, wie es deutlich wird in der Bezeichnung «Totalisator» für einen Zählapparat zur Überwachung und Buchung von Wetten, in älterer Verwendung auch für einen Gangzähler bei Maschinen. Andererseits bringt «totalitär» eine gewaltträchtige Unerbittlichkeit und Rücksichtslosigkeit zum Ausdruck, für die sich ein weites Wortfeld eröffnet: vernichten, ausrotten, auslöschen, zugrunde richten, hinrichten, niederschlagen, ausmerzen, zermalmen, zermürben, zerbrechen, ausradieren, liquidieren, aus der Welt schaffen, aus dem Wege räumen, verwüsten, mit Haut und Haar, mit Stumpf und Stiel, bis auf die Knochen, in Grund und Boden und vieles mehr. Schließlich – auch das ist mit «totalitär» konnotiert – ist ein Endzustand erreicht: allmächtig, allwissend, allsehend, allgütig, vollkommen, sowie komplementär dazu: auf Gedeih und Verderb untertan, unterjocht, unterworfen, rechtlos, unfrei, geknechtet, erniedrigt, willenlos, versklavt.

Unter Totalitarismus ist ein Komplex von Phänomenen zu verstehen, die auch einzeln totalitäre Merkmale aufweisen oder totalitäre Energien freisetzen, aber erst im Zusammenhang idealtypisch zu kennzeichnende

Herrschaftssysteme darstellen. Totalitarismus heißt: unbedingter und mit allen Mitteln durchgesetzter Herrschaftsanspruch mit Massenbewegungen legitimatorisch verbundener elitärer Zirkel; an der Spitze zunächst der «Bewegung», dann auch des Staates, steht ein vergotteter Führer Zur Machteroberung und Machterhaltung (= Machtdurchdringung und Machterweiterung) dient einerseits ein tendenziell unbegrenzter physischer Terror, in der Formationsphase konzipiert als Kette von Mordanschlägen zur Destabilisierung der bestehenden «Ordnung» und zur Entlegitimierung staatlicher Machtorgane, nach der Machtübernahme aber eingesetzt als Ordnungsfaktor unter bedenkenloser Instrumentalisierung der modernen Bürokratie und neuester Technik. Eine große Rolle spielt andererseits – allerdings mit fließenden Übergängen zur physischen Gewalt – eine monopolistisch gehandhabte Leitideologie (→Ideologie), die sich des Denkens und Fühlens vieler Menschen bemächtigt und diese zur «Masse» zusammenschmiedet, zu einer Verfügungs- und Manövriermasse der Herrschenden zum Teil mit Zustimmung der Beherrschten. Die Palette der Identifikationsangebote reicht von ritualisierten Gemeinschaftserlebnissen über «Schulungen» in mehr oder weniger intellektuell zubereiteten Welterklärungen bis hin zu emotional aufputschenden Haßparolen.

Der totalitäre Staat unterscheidet sich also durch die Reichweite und Dichte seiner sozialen Zugriffs- und Einflußmöglichkeiten sowie durch die Radikalität seines Herrschaftsanspruchs und Herrschaftswillens von herkömmlichen →Diktaturen, Despotien, Tyranneien (→Tyrannis) und Absolutismen (→Absolutismus). Totalitäre Systeme lassen sich herrschaftstheoretisch begreifen als Versuche, größtmögliche Handlungseffizienz im Ganzen zu erreichen durch weitestgehende Verallgemeinerung des je Besonderen, und historisch-empirisch als Entwürfe zur Bewältigung sozialer Probleme, die im Gefolge des Zerfalls feudaler Ordnungen entstanden sind. Totalitaristen aller Schattierungen pflegen die Radikalität ihrer Projekte mit Konsequenz gleichzusetzen und gewinnen daraus ein spezifisches Selbstwertgefühl gegenüber moderaten Denkweisen und Praktiken. In Wirklichkeit jedoch sind die Funktionsträger totalitärer Systeme gezwungen, permanent Inkonsequenzen zu begehen und sich in der Lüge einzurichten. Doch wiegt dieses Argument in den Augen von Totalitaristen wenig, da sie ihre Kunstwelten gegenüber Erfahrung und Augenschein abschotten und das, was sie wirklich tun, von Endzielen her rechtfertigen. Dabei übersehen sie, daß ihre Absichten einer Logik verpflichtet sind, die zwangsläufig in die Sackgasse führt. Diese im Ausgangspunkt in sich widersprüchliche Entwicklungslogik des Totalitarismus ist vor aller totalitären Erfahrung als falsches Denken erkennbar. Es ist diese totalitäre Logik, die es erlaubt, die beiden Regime, durch die das 20. Jh. stigmatisiert ist, den deutschen Nationalsozialismus (→Faschismus) und den russischen Sowjetkommunismus, als verwandte Systeme aufzufassen.

Um die Logik und die Funktionsweisen des Totalitarismus zu verstehen, ist es erforderlich, die eingangs erwähnten wesentlichen Momente totalitärer Systeme näher zu betrachten und das rassistische Modell (Nationalsozialismus) mit dem egalitären (→Kommunismus) zu vergleichen. Der Blick richtet sich zunächst auf die totalitäre Gesinnung, da sie gleichsam das Schwungrad der totalitären Logik darstellt.

Die totalitäre Gesinnung besteht aus zwei analytisch zu trennenden, faktisch jedoch durchmischten Elementen, einer stark wertbesetzten «Weltanschauung» mit prophetischem Gestus und einer wertneutralen technokratischen Vollzugsmentalität. Während die Weltanschauung schon in der Formationsphase totalitärer Bewegungen eine wichtige Rolle spielt, wird das technokratische Verhaltensmuster erst wirksam, wenn der Totalitarismus an der Macht ist und sich staatsbürokratischer Apparate bedienen kann. Weltanschauung, eine fiktive und stereotype Optik des Ganzen, tritt im Totalitarismus als säkular- und sozialreligiöser Sendungsglaube mit Unfehlbarkeitsanspruch auf, als Erlösungsmythos mit manichäischen und apokalyptischen Zügen, als Utopie von dem aus eigenen Kräften geschaffenen «neuen Menschen». Totalitäre Weltanschauung ist ideologische Revolte gegen das «Trennungsdenken der neuzeitlichen Welt», gegen deren «innere Gespaltenheit». So steht es in den Schriften politischer Romantiker seit Beginn des 19. Jhs. ebenso wie in denen faschistischer und nationalsozialistischer Machart. Und dasselbe ist oft gemeint, nur meist auf intellektuell höherem Niveau, wenn Autoren in der Tradition identitär-emanzipatorischer Soziologiken seit Rousseau gegen die «Entfremdung des Menschen» polemisieren. «Konsequente» Totalitaristen sind daher auf der Suche nach dem Bösen, dem Schlechten – und das ist im Zweifelsfall immer das Andere, das Fremde. Da aber das Andere und das Fremde sich in anderen und fremden Menschen verkörpert, sieht sich der Totalitarist von einer Welt von Feinden umringt, die sich gegen die gute Sache verschworen haben, entweder weil sie nicht anders können oder nicht anders wollen. Und so neigt der Totalitarist dazu, seine eigene Angst und seinen eigenen Vernichtungswillen in Bedrohtheitsszenarien vornehmlich globalen Zuschnitts zu kompensieren und sich selbst in mystifizierend-wichtigtuerischer und drohend- verschwörerischer Weise aufzuführen. Hinter der Fassade wird das totalitäre Totschlagsmotiv sichtbar: «Und willst du nicht mein Bruder sein, so schlag ich dir den Schädel ein», konnte Hitler vor 1933 öffentlich verkünden. Man kann den Satz auch so verstehen: «Ich will nicht dein Bruder sein, also schlag ich dir den Schädel ein.»

Der Totalitarist ist erfüllt von Mißtrauen: Mißtrauen gegenüber dem Individuellen, dem Besonderen, Unangepaßten, Privaten, Spontanen, Eigenartigen und Verschiedenartigen, gegenüber dem Schwachen und dem Einzelnen. Aber all dies, so glaubt er, sei über die Änderung der «Verhältnisse» in den Griff zu kriegen. Also glaubt er an die Allmacht der modernen Wissenschaft. Zygmunt Bauman hat die modernistische Vorstellung, die Gesellschaft bestehe aus einem Konglomerat von «Problemen», die samt und sonders einer Lösung bedürften, mit der fürsorglichen Umsicht eines Gärtners verglichen, der die Natur als Objekt der Beherrschung, Bändigung und Umgestaltung behandle, der hier verpflanze und umgrabe, dort stutze und schneide und überall das «Unkraut» ausjäte. Hinzu kommt im Totalitarismus das, was Leo Löwenthal die «Ideologie der Apparate» genannt hat. Es handelt sich dabei einerseits um eine in der Gesellschaft tief verwurzelte Ehrfurcht gegenüber der Staatsmacht und gegenüber denen, in denen sich diese Macht inkarniert, und damit zusammenhängend andererseits um eine in sich in Pflichtbewußtsein und Disziplin erschöpfende Befehlsempfängermentalität, die den Individuen in bürokratisch durchrationalisierten und -hierarchisierten Handlungsketten verordnet ist und sie von den Folgen ihres Mittuns moralisch entlastet.

Das rassistische Modell des Totalitarismus (Nationalsozialismus, →Faschismus) ist als elitäre Führerideologie konzipiert und läuft auf einen extrem gewaltträchtigen völkischen Nivellismus hinaus. Der Rassist (→Rassismus) träumt vom gesunden, starken, «hochwertigen» Menschen, der sich in der Welt auf Kosten der anderen durchsetzt. Die Utopie des Rassisten ist der Menschenzoo, in dem sich die Bevölkerungen nach biologischen «Wertigkeiten» sortieren und fragmentieren lassen. Die rassistische Gefolgschaft wird von den Machthabern in der Bereitschaft erzogen und bestärkt, bedingungslos mitzumachen, indem sie einerseits in Angst und Schrecken gehalten wird, das heißt sich als nichtswürdig erfährt, andererseits sozialpolitisch privilegiert wird und sich als das Bessere fühlen darf. Der Terror des völkischen Totalitarismus, der als offene oder angedrohte Gewalt ein geheimes und öffentlich demonstriertes Einverständnis zwischen Führung und Gefolgschaft schafft, wird denen gegenüber, die zur Aussonderung bestimmt sind, praktiziert, um ihnen die Qualität als Menschen zu nehmen und sie dann, mit der Begründung, sie hätten keine, zu vernichten. Das rassistische Modell kulminiert in einer Logik, die tendenziell immer neue Opfergruppen braucht, die – als quasi-natürliche Feinde bzw. als «Ballastexistenzen» definiert – in einem Tötungsterror der großen Zahl von ihrer gewohnten Umwelt isoliert und – nun gänzlich anonymisiert – umgebracht werden, auf daß selbst die Erinnerung an sie verschwinde.

Zu erweisen ist die Gültigkeit totalitarismustheoretischer Überlegungen am Modell des, dem eigenen Anspruch nach «demokratischen», Avantgarde-Egalitarismus, der sich am krassesten geschichtlich verwirklichte im Sowjetkommunismus leninistisch-stalinistischer Prägung (→Stalinismus). Es ist zu zeigen, daß und warum im radikalen Egalitarismus eine dem radikalen →Rassismus konvergierende Vernichtungslogik am Werke ist. Der Egalitarist ist zunächst ein grenzenloser Utopist und Idealist, der sich und der Mitwelt das Blaue vom Himmel verspricht: eine Gesellschaft, in der die im Kern ökonomische Ausbeutung des Menschen durch den Menschen beseitigt ist und alle Menschen gleich sind, indem sich jeder nach seinen Bedürfnissen frei, also ungleich, entfalten dürfe und könne. Aus dem Idealismus wird ein spezifischer Realismus, wenn es einer Gruppe von Egalitaristen gelingt, von einer Volksbewegung getragen, die Macht zu erobern: Als erstes schafft die egalitäre Gruppe und Truppe jedwede Freiheit ab. Denn erstens sind die «Massen» noch nicht «reif», freiwillig ins gelobte Land zu folgen und müssen daher «mitgerissen» werden, zweitens gilt es, die verstockten Ausbeuter «unschädlich» zu machen, das heißt entweder zu «liquidieren» oder «umzuerziehen» mittels «Gehirnwäsche». Auch «Säuberungen» in den eigenen Reihen sind von Zeit zu Zeit nötig. Der Egalitarist ist zum Terroristen geworden und wird immer tiefer in den Sumpf seiner eigenen Widersprüche getrieben: Mit dem Moment der Unfreiheit, ohne das Freiheit nicht sein kann, hat er die Freiheit zertreten, ohne die Gleichheit zur Gleichheit von Knechten gerät. Doch wo es Knechte gibt, da muß ein Herr sein. Der Egalitarist ist seinem Wesen nach ein extrem deformierter Individualist, da er allen Individuen einen Willen aufzwingt – seinen. Und die abstrakt-egalitäre Entwicklungsdynamik, die die Individuen ihrer Personalität beraubt, sie «entkernt», läuft auf ein «se rendre à discrétion» hinaus, auf die unumschränkte Diktatur eines einzelnen. Einzig der Diktator ist politisch handlungsfähig, er hat gleichsam sämtliche Individualitäten in sich aufgesogen, in ihm konzentriert sich der vom Egalitarismus usurpierte «Volkswille». Der totalitäre Diktator verlangt uneingeschränktes Vertrauen und regiert mit umfassender Kontrolle. Das «Auge des Großen Bruders» (George Orwell) ist ein facettiertes Sinnesorgan, an dem alle Gesellschaftspartikel beteiligt sind: Mao erklärte es für ein konterrevolutionäres Verbrechen , nicht über Verwandte, Nachbarn, Freunde, Schulkameraden und Arbeitskollegen Bericht zu erstatten. Nicht was in diesen Berichten steht, ist am wichtigsten, sondern die Tatsache, daß es sie gibt und daß sie nach Gutdünken benutzt werden können. Manipulative Techniken dienen dazu, von Zeit zu Zeit die symbolische Identität von Volk und Regime zu demonstrieren: jubelnde Einmütigkeit und schäumender Volkszorn auf Massenspektakeln, geschlossene Einheit von 98 Prozent bei «Wahlen». Mit dem Rest von 2 Prozent, der in der Dämonologie des Totalitarismus aus vom Ausland gekauften Volksfeinden besteht, legitimiert das Regime seinen Terror: «Wo gehobelt wird, da fallen Späne» (Göring 1933 / Honecker 1990).

Der Kommunismus, so kann man lesen und hören, unterscheide sich vom Nationalsozialismus grundlegend durch seine «humanistischen», «sozialistischen» Ideale. Ist jedoch die totalitäre Logik des Egalitarismus/Kommunismus, wie gezeigt, von Anfang an wirr und desaströs, so verbietet es sich, von schlechten Ergebnissen auf freundliche Absichten zu rekurrieren nach der Formel «Gute Idee, nur schlecht ausgeführt». Intellektuell unredlich ist es, wenn gescheiterte Egalitaristen über Nacht die Idee des «wahren Sozialismus» (des freiheitlich-rechtsstaatlichen Sozialismus) und die der «radikalen Demokratie» entdecken, die der Kommunismus seit den vierziger Jahren des 19. Jhs. ungeachtet zeitweiliger taktisch bedingter Annäherungsversuche aufs schärfste bekämpft hat. «Demokratie ist», so dekretierte der «Klassiker» Friedrich Engels 1843, «eine Unwahrheit, im Grunde nichts als Heuchelei», «politische Freiheit ist Scheinfreiheit, die schlimmste Art von Sklaverei»; «ebenso verhält es sich mit der politischen Gleichheit, deshalb muß die Demokratie so gut wie jede andere Regierungsform schließlich in Scherben gehen ...»

Im übrigen ist der Egalitarismus keineswegs frei von Ideen und Praktiken, die in der Regel vorwiegend dem Rassismus/Nationalsozialismus/Faschismus zugeschrieben werden: Rassen- und Bevölkerungshygiene, →Sozialdarwinismus, Eugenik, →Antisemitismus, Ausgrenzung und Zwangsasylierung von Menschen, die als «unnütze Esser» und als «minderwertig» gelten, Menschenexperimente zur «Sanierung» der menschlichen Natur, Psychiatrie zur Disziplinierung von Oppositionellen, Bevölkerungsumsiedlungen größten Ausmaßes. Was nach dem Zusammenbruch der Sowjetunion im einzelnen über kommunistische Massenverbrechen bekannt geworden ist, rechtfertigt nachdrücklich einen Vergleich mit dem Nationalsozialismus. O. Satunowskaja, die frühere Vorsitzende einer von Chruschtschow initiierten, dann aber noch von ihm selbst zum Schweigen verurteilten Kommission zur Aufklärung der Verbrechen in der Herrschaftsperiode Stalins, läßt lakonisch wissen: «Vom 1. Januar 1935 bis zum Juli 1940 sind 19 Millionen Menschen als ‹Volksfeinde› verhaftet worden. Von ihnen hat man 7 Millionen erschossen. Die Mehrheit der übrigen Menschen ist in den Lagern umgekommen.» Als um 1950 in der Sowjetunion eine neue Welle der Repressalien wütete, so berichtet die russische Journalistin Jewgenija Albaz unter Berufung auf die «Komsomolskaja Prawda» vom 28. 10. 1990, wurden wegen der großen Zahl von Verurteilten und aus Mangel an Todesschützen Vergasungswagen eingesetzt, die als geschlossene Getreidewagen getarnt waren.

Der Totalitarismus-Begriff – in den zwanziger Jahren unseres Jhs. von italienischen Liberalen zur Kennzeichnung des Mussolini-Faschismus eingeführt – ist von der «totalitären Erfahrung» (Karl Dietrich Bracher) des Nationalsozialismus und des Sowjetkommunismus geprägt und hat daher als politischer Kampfbegriff für einseitige Schuldzuweisungen an den politischen Gegner im Kalten Krieg eine gewichtige Rolle gespielt. Einerseits wurde er bloß bezogen auf die außenpolitische Gefährdung freiheitlicher Demokratien durch die Sowjetunion und diente so dazu, totalitäre Erscheinungen in den westlichen Gesellschaften zu überdecken und zu rechtfertigen, außerdem und zumal in Deutschland zur Exkulpation von Naziverbrechen und zur sozialpsychischen Verdrängung der eigenen Vergangenheit. Andererseits wurde ihm von der politischen Linken, wenn überhaupt, eine Aussagekraft nur für den Nationalsozialismus/Faschismus zuerkannt: Fast alle Linken wollten, wie Orwell bereits 1944 bemerkte, «antifaschistisch sein, ohne antitotalitär zu sein». In der Rückschau muß von einem beinahe gänzlichen Versagen der Intelligenz gleich welcher Couleur gegenüber den katastrophalen Folgen des Totalitarismus gesprochen werden. Brauchbare, zum Teil bedeutende theoretische, historische und/oder literarische Arbeiten zur Totalitarismusproblematik stammen insbesondere von Exkommunisten (Boris Souvarine, Manes Spèrber, George Orwell, Arthur Koestler, Leszek Kolakowski), von deutschen Emigranten in den USA (Hannah Arendt, Carl J. Friedrich) sowie von dem Israeli Jacob L. Talmon, dem Franzosen Raymond Aron, dem Deutschen Karl Dietrich Bracher und neuestens von dem Italiener Giovanni Sartori. Die erste Totalitarismuskritik der Geschichte schrieb (ohne den Begriff zu kennen) ein Mann, den Kommunisten wie eine Ikone vor sich herzutragen pflegten, gleichwohl stillschweigend zensierten, damit er mit dem Mythos von der «Notwendigkeit» des Jakobinerterrors 1793/94 und des bolschewistischen Terrors seit 1917/18 übereinstimmte: Gracchus Babeuf. Babeufs Buch «La guerre de la Vendée et le système de dépopulation», das einige Monate nach dem Ende der Jakobinerherrschaft erstmals erschien und 1987, fast 200 Jahre später, von den Historikern Reynald Secher und Jean-Joël Brégeon neu herausgegeben wurde, will eine Erklärung geben für die von den Truppen der Regierung und den «colonnes infernales» nach dem Ende des royalistischen Aufstands in der Vendée verübten Massaker. Babeuf ist aufgrund von ihm ausgewerteter Dokumente überzeugt, daß es sich bei diesen Vernichtungsfeldzügen («populicide», «nationicide») um eine auf Rousseau zurückgehende Strategie der Jakobiner handelt, die Bevölkerung auf das Maß zu reduzieren, das den Nahrungsressourcen entspricht, und gleichzeitig die soziale Zusammensetzung der Bevölkerung neu zu bestimmen. La Terreur ist in den Augen von Babeuf vor allem der Versuch, «Überschußbevölkerung», den «Schrott», wie sich der Jakobiner Barère ausdrückte, zu beseitigen. Damit hätten es die «Terroristen» – Babeuf war der erste, der diesen Ausdruck benutzte – dahin gebracht, «die demokratische Moral gänzlich zu pervertieren, zu beschmutzen und alle grundlegenden und unwandelbaren Ideen umzustürzen».

Totalitarismus weist über das als «Jahrhundert des Totalitarismus» apostrophierte 20. Jh. hinaus. Totalitarismus sprengt auch die tradierte, im übrigen nach Zeit und Umständen changierende politische Topographie von Links-Rechts-Zuschreibungen. Denn diese Art der Schematisierung enthält selbst totalitäre Momente. Die extreme Destruktivität, mit der die Menschen ihre Probleme zu lösen versuchen, kann weniger denn je mit einer denunziativen Denkhaltung aufgehalten werden. Bessere Formen des Dialogs und des Verständnisses sind vonnöten. M. A.

◆ Tyrannis

In der Staatstheorie der griechischen Antike (→Altertum) wurde Tyrannis als Fehlform oder «Abart» der →Monarchie definiert, als «eine Allein- und Gewaltherrschaft (despotiké) über die staatliche Gemeinschaft» (Aristoteles). Sie galt als die schlechteste aller Staatsformen. Aber auch die →Herrschaft der Mehrheit konnte ebenso wie die einer Minderheit wie eine Tyrannis ausgeübt werden. Die wirkliche Rolle der Tyrannis in der griechischen Geschichte entspricht jedoch nur teilweise der Theorie. Man unterscheidet zwischen einer älteren Tyrannis (7. und 6. Jh. v. Chr.) und einer jüngeren (4. und 3. Jh. v. Chr.). Die ältere Tyrannis war gegen die Adelsherrschaft gerichtet und trat an deren Stelle, gestützt auf die Masse der →Bauern oder Handwerker. Tyrannen wie Peisistratos in Athen und Polykratos in Samos (beide 6. Jh. v. Chr.) förderten die Künste (z. B. den Dichter Anakreon von Teos) und kurbelten die Bautätigkeit an (Wasserleitungen, Kanalisation, Tempel und andere öffentliche Gebäude). Diese

Tyrannis, manchmal zunächst von Oligarchien wieder abgelöst, bereitete durch ihre an den →Interessen von Kleinbauern und Kleinbürgern orientierte Politik die demokratischen Regierungsformen des 5. Jhs. vor.

Die jüngeren Tyrannen, die nach dem Niedergang der →Demokratie an die Macht gelangten, hielten sich Söldner und standen häufig im Dienst fremder Mächte (Perser, Makedonen). Sie wurden, da in erster Linie auf ihr eigenes Wohl bedacht, in der Regel gewaltsam beseitigt, entweder von innen oder auch von außen durch hellenistische Könige und durch die Römer.

Im heutigen Sprachgebrauch wird unter Tyrannei in Nachwirkung der aristotelischen Lehre eine illegitime, selbstsüchtige, meist grausame, also despotische Herrschaft verstanden. M. A.

U

◆ Umweltgeschichte

Umweltgeschichte ist ein noch junger Zweig der Geschichtswissenschaft. Erst in den letzten Jahren, im Zusammenhang mit der Sensibilisierung der Öffentlichkeit für Probleme der Umweltzerstörung, findet sie zunehmendes Interesse bei Fachhistorikern und Geschichtslehrern. Ein Anzeichen dafür war der →Schülerwettbewerb Deutsche Geschichte um den Preis des Bundespräsidenten 1986/87, der unter dem Motto «Umwelt hat Geschichte» stand.

Umweltgeschichte beschäftigt sich mit der Geschichte der Beziehungen Mensch–Natur, insbesondere mit den Veränderungen, die durch die Eingriffe der Menschen in den ökologischen Haushalt bewirkt wurden. Entgegen einer verbreiteten Annahme hat es Umweltprobleme und ein Bewußtsein davon längst vor der →Industrialisierung gegeben. Bereits mit den ersten Hochkulturen setzten die durch Menschenhand verursachten ökologischen Katastrophen ein. So führte etwa die exzessive Abholzung von Wäldern in der Antike (→Altertum), der nur teilweise Aufforstungsprogramme entgegenstanden, zu einer Verkarstung von Teilen des Mittelmeerraums. Ebenso besteht kein Anlaß, ein idyllisches Bild vom «grünen Mittelalter» als Gegenwelt zur Industriegesellschaft zu zeichnen, denkt man z. B. an Dreck und Gestank in mittelalterlichen Städten oder an die Verunreinigung von Flüssen durch gewerbliche Abwässer. Allerdings waren die ökologischen Probleme in vorindustrieller Zeit örtlich oder regional begrenzt. Die zerstörerischen Auswirkungen der Industrialisierung sind hingegen global, und sie bedrohen inzwischen die natürlichen Grundlagen des menschlichen Lebens auf der Erde.

Die historische Umweltforschung stellt, angesichts dieser Entwicklung, das in der Geschichtswissenschaft immer noch vorherrschende Fortschrittsparadigma in Frage. Sie lenkt die Aufmerksamkeit auf die Kosten, die mit der fortschreitenden Beherrschung und Plünderung der Natur durch den Menschen verbunden waren und sind. Indem sie nach den ökologischen Sünden der Vergangenheit fragt, möchte sie zugleich einen Beitrag leisten zur Bewältigung der gegenwärtigen Probleme.

Umweltgeschichte kann neben den klassischen politik- und sozialgeschichtlichen Untersuchungsfeldern und in Verbindung mit dem alltagsgeschichtlichen Ansatz eine wichtige neue Dimension historischer Analyse und Deutung erschließen (→Alltagsgeschichte). Allerdings bedarf es dazu Historiker, die auch naturwissenschaftlich geschult sind, was bislang eher noch die Ausnahme ist. V. U.

◆ Universalgeschichte

Zwei Konzeptionen beherrschen den Begriff: seine pragmatische Entleerung als «Weltgeschichte» und zahlreiche Versuche, zu einer qualitativen Theorie geschichtlicher Analogisierung vorzustoßen. Als «Weltgeschichte» wird Universalgeschichte in der Regel zu einer Addition von Einzelgeschichten, deren Validität von der Auswahl der jeweiligen Spezialisten abhängt. Auf diesem Konzept basieren einschlägige Sammelwerke wie die «Propyläen-Weltgeschichte» etc. Dieses Vorgehen entspricht der Säkularisierung des Begriffs, der sich von seiner mittelalterlichen Konzeption als «Heilsgeschichte» in der Aufklärungshistoriographie endgültig löste und «Welt» als topographische Größe mißverstand. Einen weitaus bedeutenderen Umgang mit der Universalgeschichte zeigen Versuche, sie als Deutungsmuster von Geschichte überhaupt zu begreifen. Die älteren Konzepte hierfür finden sich in der französischen →Aufklärung und bei Johann Gottfried Herder. Wie in vielen anderen Fragen war es Voltaire, der in seinen «Essais sur les mœurs» die universalhistorische Geschichtstheologie des →Mittelalters (→Geschichtsschreibung, mittelalterliche) und des nachreformatorischen Katholizismus überwand. Ihrem christlich-europäischen Weltverständnis begegnet er mit der Vorstellung einer durchaus gleichmäßigen Verteilung zivilisatorischer Prozesse (→Entwicklung) auf die europäischen und außereuropäischen Gesellschaften. Weltgeschichte wird dabei als Zivilisierungsgeschichte verstanden, deren Maßstäbe zwar die europäischen Aufklärungsideen formulieren, aber nicht selten außereuropäische «Zivilisationen» einlösen. Damit erscheint keineswegs klammheimlich ein Rousseausches Naturkonzept in der Geschichtsphilosophie Voltaires, sondern umgekehrt wird die europäische Geschichte ihres zivilisatorischen Nimbus' entkleidet und der Verteilung von Zivilisation (→Kultur) «in der Welt» die gleichfalls ubiquitäre Präsenz von Barbarei an die Seite gestellt.

Gegenüber diesem weltoffenen Konzept erscheinen Herders «Ideen zur Philosophie der Geschichte der Menschheit» als gequälter Kompromiß zwischen den theologischen Traditionen. Allein die Vorstellung, jedes «Volk» habe seine eigene kulturelle Leistung, deren Wert sich überhaupt erst zeige, wenn man die unterstellte Distanz zwischen Zivilisation und Barbarei als Vorurteil erkenne, zeichnet ihn gegenüber Voltaire aus. Hier wirkt Rousseau fruchtbar nach. Zugleich deutet sich damit eine kulturvergleichende «ethnologische» Geschichtsauffassung an, die das universalhistorische Dilemma, alle über den gleichen Kamm scheren zu wollen, lösen konnte. Herder fällt jedoch insofern hinter Voltaire zurück, als ihm die Geschichte als universalhistorischer Prozeß erscheint, der auf Transzendenz angewiesen ist. Weniger umständlich gesagt: hinter allem wittert er Notwendigkeit und Vorsehung, eine Art pädagogischer Heilsplan durchzieht die Menschheitsentwicklung, die wie eine Schulbuchfassung der Weimarer Klassik wirkt.

Gemeinsam begründen jedoch Voltaire und Herder das Konzept einer evolutionsorientierten Universalgeschichte säkularer Prägung, insofern sie historische Prozesse unterschiedlicher Gesellschaften für kompatibel ausgeben. Noch bleiben die ihnen verpflichteten Folgekonzepte – Schelling, Hegel, Comte, Marx, um die wichtigsten Namen zu nennen – von der Vorstellung eines welthistorischen Prozesses auf ein Ziel hin überzeugt. Der «Fortschritt» der Wissenschaften, Künste, Industrie etc. schaffe über kurz oder lang Emanzipations- oder Freiheitsräume für alle Menschen. Doch in der Mitte dieses Denkens reifen zugleich eben jene Konzepte, die bei Voltaire und Herder in nuce angelegt waren: Modellbildungen zur Analogisierung von Phasen, Strukturen, Formationen unterschiedlicher Gesellschaften. Auch hier schieden und scheiden sich die Geister. Analogisierung bedeutet für die Evolutionstheoretiker unter den Universalhistorikern des 19. Jhs., daß verschiedene Gesellschaften gleichartige Entwicklungsstufen durchlaufen, die am Ende auf ein mehr oder weniger verschleiertes Einschwenken auf das «Modell» Europa hinauslaufen. Die wichtigsten Vertreter dieser Richtung sind Auguste Comte, Herbert Spencer und Karl Marx – nicht zufällig eben auch solche Denker, die einem weltgeschichtlichen Evolutionsbild verpflichtet sind. Die wesentliche Bedeutung des universalhistorischen Segments ihres Denkens liegt in der Soziologisierung und Ökonomisierung der einzelnen Evolutionsphasen, die für die Bildung von Strukturmodellen fast unerläßlich waren.

Kaum ähnliche Vorzüge weisen Darstellungen auf, die kulturzyklischen Geschichtsdeutungen folgen. Die Vorstellung, Geschichte orientiere sich an «organischen» Kreisläufen des Werdens und Vergehens, jede →«Kultur» habe die entsprechenden Prozesse im Prinzip auf gleiche Weise zu durchlaufen, öffnet zwar die Sicht auf unterschiedliche Regionen und Zeiten, ermöglicht aber nur sehr globale Vergleiche. Sowohl bei Oswald Spengler wie bei Arnold Joseph Toynbee, den wichtigsten Repräsentanten der zyklischen Deutung, wird zwar die eurozentrische Sicht traditioneller Weltgeschichten korrigiert, jedoch mit der allein universalgeschichtsträchtigen Kategorie der «Hochkultur» eine nicht weniger problematische historische Figuration angeboten. Die selbstverständliche Ausschließung aller Nicht-Hochkulturen aus dem historischen Geschehen bleibt unbefriedigend. Von allen Modellen, die der Kulturgeschichtsschreibung erwuchsen, vermag allein die Konzeption Jacob Burckhardts zu überzeugen. Er entwickelt in den «Weltgeschichtlichen Betrachtungen» (an sich: «Über das Studium der Geschichte») mit seiner Lehre von den drei Potenzen (Kultur, Staat, Religion) und ihren sechs Bedingtheiten ein durchdringendes morphologisches Interpretationsmuster, das sich gegen die grenzenlose Historie des →Historismus mit einer anthropologischen, überzeitlichen Grundannahme – die Potenzen entsprechen menschlichen Grundbedürfnissen – abgrenzt und zugleich für universalhistorische Analogisierung in Zeit und Raum methodische Möglichkeiten schafft. Dabei versteigt sich Burckhardt keineswegs in eine leere Systematisiererei. Vielmehr bleibt die mentale Haltung des Historikers – eine ironisch ästhetisierende Distanz – für ihn der Garant des freien Blicks gegenüber dem Singulären.

Dem qualitativen Begriff von Universalgeschichte, wie ihn Spengler und Toynbee formulierten, scheint Burckhardts eigene historiographische Praxis zwar durchaus zu entsprechen, doch seine theoretischen Explikationen weisen weit darüber hinaus. Sie haben durchaus Berührung mit Ansätzen sozialhistorischer Typenbildung, wie sie vor allem Max Weber entwickelte. Hier liegt der wohl fruchtbarste Ansatz für universalhistorische Geschichtsdeutung vor. Die Konstituierung von übertragbaren Typen und Modellen der Herrschaft, der Wirtschaft, der Gesellschaft haben endgültig den Weg für eine vergleichende Universalgeschichte geöffnet, die sich über die historische Zeit hinweg mit «ungleichzeitigen» Phänomenen analogisierend auseinandersetzen kann. Die moderne Anthropologie liefert zudem genügend theoretische Einsichten, hierbei evolutionsorientierte Konzepte einzubinden, die Evolution nicht mehr als entwicklungsgeschichtlichen Vorgang in der historischen Zeit verstehen, sondern als qualitativen Lernprozeß. Dies ermöglicht Typenbildungen, die durchaus geschichtliche Erfahrungen integrieren, also selbst «historisch» konzipiert sind, ohne damit «einmalig» und somit komparatistisch unbrauchbar zu werden.

Doch auch Universalgeschichte als Weltgeschichte fand in der sozioökonomisch determinierten modernen Historiographie neue Entfaltungsmöglichkeiten. I. Wallerstein versteht «das moderne Weltsystem» als ein geschichtlich erklärbares Produkt bestimmter Interessenkonstellationen, die den regionalen Einzelentwicklungen unwiderruflich einen bestimmten Rang im Gesamtsystem zuwiesen. Jede Betrachtung dieser Einzelentwicklungen, die von diesem Gesamtzusammenhang absieht, muß notwendig in die Irre gehen. Die Position des «Zentrums» unterscheidet sich von den Gesellschaften der «Peripherie» nicht nur durch außenwirtschaftliche Daten, sondern vor allem durch ganz andere Produktionsweisen. Damit erweist sich aber der scheinbar endogene Charakter einer individuellen Gesellschaft vor allem durch seine Position im Weltsystem bestimmt. Universalgeschichte wird auf diese Weise zur Interdependenzgeschichte, deren Bedeutung nicht mehr als thematisch aufhebbar gelten kann. Wallerstein zieht somit deutliche Schlüsse aus der Tatsache, daß Geschichte global geworden ist, und versucht der Verlockung zu widerstehen, diesen Globalisierungsprozeß als «Weltgeschichte Europas» (Hans Freyer) mißzuverstehen. Unabhängig von Wallerstein legte Darcy Ribeiro eine Analyse zivilisatorischer Prozesse vor, die es erlaubt, zwischen dem globalen Integrationsvorgang und den spezifischen Zivilisationsbeiträgen zu unterscheiden. Sein Modell greift weit in die «Vorgeschichte» der Globalisierung zurück und entdeckt universale Zivilisierungsmerkmale sowie besondere Ausformungen grundsätzlich in allen Gesellschaften. So haben überaus zahlreiche «Völker» auf die Entwicklung der Bewässerungslandwirtschaft unterschiedlich reagiert, aber zugleich ihren Beitrag zur Entfaltung eines allgemeinen Zivilisationstypus geleistet. Dieser Ansatz erlaubt es Ribeiro, nicht nur von obsoleten Fragen wie «früher» und «später» abzusehen, sondern auch die Globalisierung der Zivilisation als Prozeß zu begreifen, der nicht weniger von «unterentwickelten» als von «entwickelten» Gesellschaften getragen wurde und wird. A. v. M.

◆ Urkunden

Der allgemeinste Sinn des Begriffs →«Akte» ist der einer Rechtsaufzeichnung. Amtshandlungen römischer Beamter wurden in «acta» publiziert und dadurch rechtskräftig. Damit erhielt der Begriff aber zugleich einen rein chronikalischen Charakter und kam dem der «gesta» («Tatenberichte») sehr nahe. In diesem Sinne lautete die lateinische Bezeichnung für die Apostelgeschichte des Neuen Testaments «Acta Apostolorum». Der Zusammenhang von Rechtsakt und Aufzeichnung zu rechtlichem Gebrauch ging auch später – in den nachantiken →Gesellschaften – nicht verloren. Die Einzahl «Akte» deutet sowohl im deutschen Sprachgebrauch wie im französischen (acte) und englischen (act) in der Regel auf einen stark rechtsbindenden urkundlichen Charakter der jeweiligen Aufzeichnung, während der Plural «Akten» eher als Sammelbegriff für Schriftstücke unterschiedlich verbindlicher Art – bis hin zur Erfassung formell unerheblicher Notizen – in Gebrauch ist. Der Begriff «Urkunde» bezeichnet nun eben jenen Teil der Akten, der einen Rechtsvorgang abschließt oder konstituiert. Das moderne Urkundenwesen fußt auf dem des →Mittelalters, für das die Forschung zwischen Königs-/Kaiser-, Papst- und Privaturkunden unterscheidet. Diplome, Mandate, oft auch wegen der häufig gewählten Briefform «litterae» genannt, bilden den wesentlichen Bestand der Herrscherurkunden, während die päpstlichen Beurkundungen in der Form von Privilegien, Briefen, Bullen (mit Metallsiegeln ausgestattet) und Breven (kurzgehaltenen Anordnungen mit Wachssiegel) erfolgten. Diesen «öffentlichen Urkundenformen» standen die Privaturkunden insofern mit einer irreführenden Bezeichnung gegenüber, als sie keineswegs auf privatrechtliche Angelegenheiten beschränkt waren. Auch öffentliche Gewalten – Städte, Herrschaften etc. – beurkundeten Rechtsakte, die sie selbst oder andere betrafen. Daneben bildete sich allmählich die Praxis aus, auch Rechtsgeschäfte nicht-öffentlicher Personen öffentlich zu beurkunden, indem Gerichte oder Notare bzw. Kanzleien dieses für den eigentlichen Aussteller oder Empfänger besorgten. Neben den so erstellten Originalen kamen dabei allmählich unterschiedliche Formen auf, beglaubigte Abschriften zu erstellen: das «Transunt», in dem eine inserierte (im einzelnen wiedergegebene) Urkunde bestätigt wird; das «Vidimus», das eine inserierte Urkunde beglaubigt, und nicht beglaubigte Abschriften in Traditions-, Kopial- und Registerbüchern. Die Geschichtswissenschaft hat mit der Urkunden- und Aktenlehre eine eigene →Hilfswissenschaft ausgebildet, die über Merkmale innerer und äußerer Kritik die vielfältigen Fälschungsmöglichkeiten und -wirklichkeiten dieses Quellentyps zum Gegenstand hat. Über Stil- und Inhaltskritik, materielle und komparatistische Analyse gibt sie ein ganzes Arsenal von Techniken an die Hand, um mit diesem quantitativ so bedeutsamen Informationsmittel der Historiographie geläutert umgehen zu können. (→Quellen) A. v. M.

◆ Utopie

Der Begriff stammt zwar nicht aus der Antike, stellt aber doch als humanistisches Kunstwort des Thomas Morus im Untertitel seiner politischen Fiktion «De optimo rei publicae statu» («Über den besten Zustand des Staates»), 1516, einen ironischen Gräzismus dar: «Utopia» – das ist der «Nirgend-Ort» und somit jeder politische Zustand, den es nicht gibt. Negation und Kritik der jeweils aktuellen politischen Verhältnisse verbinden sich daher von Beginn an mit diesem Begriff ebenso wie die Lust an politischen Gegenentwürfen, die ausdrücklich – das heißt durch Definition – nicht an unmittelbare Einlösbarkeit gebunden sind.

So verwundert es nicht, daß Utopien als polit-literarische Entwürfe bereits lange vor dem Begriff selbst existierten. Sie sind so alt wie das systematische Denken über politische, den Zusammenhang von Herrschaft und sozialer Ordnung, aber auch deren latente Spannungen anpackende Themen. Ob Platons «Staat» als wohl die erste in diesem Sinn systematische «Utopie» an seiner «Verwirklichung» in Sizilien (437–427 v. Chr.) die eigene Selbstwiderlegung erfuhr oder nur am Charakter des Utopischen scheiterte, das sich aller Realisierung sperrt, da sein Ziel die Korrektur des Möglichen, nicht aber die Etablierung des Un-Möglichen ist, mag daher offen bleiben. Die Debatte darüber eröffnet jedoch die ganze Breite theoretischer Einordnung des utopischen Denkens von seiner Stigmatisierung als «Feind der offenen Gesellschaft» (Karl Popper) bis zu seiner Präsentation als «Noch nicht Sein erwartbarer Art» und damit als «konkrete Utopie» (Ernst Bloch). Die in der Antike gleichsam im Dialog mit Platon – also nie ohne ihn mitzudenken – produzierten «Utopien» (Plutarch, Iambulos, Lukian) betonten immer stärker das Merkmal des «Zukünftigen», ohne sich auf Einlösbarkeit oder nicht einzulassen. Mittelalterliche Utopien gab es daher nicht, denn alles Zukünftige war von der endgültigen «Utopie» her zu sehen: Weltgericht und Erlösung. Dieser heilsgeschichtliche Zug besaß zwar durchaus utopische Elemente, war aber bereits seit Augustin – wohl noch nicht im Urchristentum – nicht mehr «von dieser Welt» und andererseits zugleich ganz konkrete Hoffnung auf «Wirklichkeit», so daß hier die Eschatologie (Lehre von den letzten Dingen) die Utopie förmlich erdrückte bzw. überflüssig machte.

Morus, Bacon, Campanella und damit Humanismus und →Renaissance standen am Beginn des neuzeitlichen utopischen Denkens und markierten auch hier den Übergang von einer Epoche in eine andere. Doch zeigt sich, daß gerade die eschatologischen Erlösungshoffnungen der «Epoche ohne Utopie» dem utopischen Denken neue Dynamik verliehen hatten.

Man kann von einer «innerweltlichen Eschatologie» sprechen, die vor allem an die Egalisierungs- und Friedenskonzepte der spätmittelalterlichen «sozialrevolutionären» Bewegungen radikalhäretischen Zuschnitts wie Spiritualenbewegung, Brüder vom «Freien Geist» oder Wiedertäufer anknüpften (→Häresie), aber auf deren Selbstdistanzierung verzichteten, nur «Vorbereitung» oder «Abbild» der wirklichen Erlösung sein zu wollen. Dies gilt so für die Sozialbewegung der «Leveller» im englischen 17. Jahrhundert und die mit ihnen verbundenen egalitären Utopien des Gerard Winstanley, aber auch für die radikalreformatorischen Bewegungen in England und Nordamerika von James Naylor bis John Bellers, von den «Shakers» bis zur «Bishop Hill Gemeinde». Daneben erblühte der utopische Staatsroman und die arkadische Schäferdichtung West- und Südwesteuropas – vor allem als Krisenzeugnis des europäischen Hochadels, der seine Zukunftshoffnungen in die neuen politischen Zentren der erstarkenden Monarchien hineinzuträumen begann. Das «Spitzenerzeugnis» hierfür schuf Honoré d'Urfé mit seiner «Astrée» (1627 vollendet), die das «Idyll» der einigen Nation der blutigen Wirklichkeit einer von Religionskämpfen zerrissenen Monarchie gegenüberstellte.

Längerfristige Konzepte bot jedoch die Sozialutopie. Hier entfaltete sich im Kontext der →Französischen Revolution das Hoffnungsarsenal von Gleichheit der →Klassen und Geschlechter, Brüderlichkeit und Gemeinbesitz, das als «utopischer Überschuß» in den sozialistischen Bewegungen und Parteien des 19. und 20. Jhs. überdauern, aber auch immer wieder «totgesagt» werden sollte. Friedrich Engels machte in seiner Schrift «Die Entwicklung des Sozialismus von der Utopie zur Wissenschaft» (MEW, 19) den Versuch, das «Utopische» als «nicht zu Verwirklichendes» endgültig aus der Geschichte zu verbannen, indem er es als ideologisches Relikt vorsozialistischer «Unfertigkeit» interpretierte. Dieser ein wenig durchsichtige Ansatz, den →Sozialismus als «konkrete Utopie» zu etablieren, förderte zwar die üblichen scholastischen Pseudodebatten über die Rolle der sozialistischen Zukunft, lähmte aber ausgerechnet dort das weitere Denken über die Rolle der Utopie, wo sie den breitesten Widerhall fand. Utopie als theoretisches Konzept, den jeweils realen Zustand der Gesellschaft zu «transzendieren» und Zukunft nicht als Fortschreibung der Gegenwart, sondern als deren radikale Überwindung zu denken, wurde hier nunmehr genauso verdächtig wie in der «bürgerlichen» Utopiekritik, die im Namen von «Wirklichkeit», «Reform» und →«Kontinuität» schon immer bereit war, das «Ende der Utopie» zu verkünden.

Die bürgerliche Wissenschaft tat ihr übriges, indem sie «Utopie» klassifizierte. In Karl Mannheims Versuch, vier Typen des utopischen Denkens zu unterscheiden (orgiastischer Chiliasmus, die liberalhumanistische Idee, die konservative Idee und die sozialistisch-kommunistische Idee) lag ein Angebot zur wissenschaftlichen Einordnung, aber auch zur endgültigen Distanzierung qua Wissenschaft vor. Daß die Debatte um die Bedeutung utopischer Konzepte für die Gesellschaft dennoch weitergeht, indem inzwischen die Utopie-Tradition mit dem ebenso ehrwürdigen Freiheits-Diskurs (→Diskurs) verbunden wird und sich Lösungen in der Disposition des «Möglichen» oder im Postulat «vieler gleichrangiger Ziele» statt willkürlicher Teleologie anbieten, liegt gewiß an der anthropologischen Unverweslichkeit des utopischen Denkens. Es scheint nämlich, als gehöre es zum Menschen, über sich selbst «hinaus» zu denken. A. v. M.

V

◆ **Vaganten** (Vagabunden)

«Vaganten» (oder der modernere Begriff «Vagabunden») ist eine Sammelbezeichnung für das «fahrende Volk», also für Gruppen von Menschen, die nicht seßhaft sind, eine unstete Lebensweise führen und zumeist einem ambulanten Gewerbe nachgehen, um ihre Existenz zu fristen.

Das →Mittelalter ist bereits von höherer →Mobilität gekennzeichnet, als gemeinhin angenommen. Hungerkatastrophen, Adelsfehden, →Kriege, religiöse Auseinandersetzungen sorgen für ein hohes Maß an Unruhe und Beweglichkeit, das ganz im Gegensatz zur Vorstellung von der Statik der ländlichen mittelalterlichen →Gesellschaft steht. Die Vagierenden sind umhergetriebene Arme, die Unterhalt und Schutz suchen (→Bettler). Daneben sind als weitere Mobilität bewirkende Faktoren die religiösen Bewegungen und die seit dem Hochmittelalter aufkommenden Schulen und Universitäten zu nennen. Der Kreuzritter, der Rompilger oder der fahrende Scholar sind bekannte Sozialfiguren des Mittelalters.

Mit der Verknappung der Nahrungsmittel seit dem 14. Jh. geraten die Fahrenden in Verruf. Sie gelten bald als Gauner und Gesindel, in der →Frühen Neuzeit auch als «Mob», ein Begriff, der auf Mobilität geradezu verweist. →Kirche und Stadtverwaltungen begegnen ihnen zunehmend mit Mißtrauen. Der Begriff «vagantes», der in mittelalterlichen →Quellen zuerst eine bestimmte Gruppe der Scholaren, den ausgebildeten, aber amt- und heimatlosen Studenten, bezeichnete, wird im «Liber Vagatorum» des ausgehenden 15. Jhs. ausgeweitet auf andere nichtgeistliche Fahrende, die auf der Straße unterwegs sind, z. B. Gaukler, Spielleute, Hausierer, Wahrsager, Marketenderinnen, →Zigeuner.

Nach dem Vorbild der Zünfte gründeten einzelne Gruppen der Vaganten schon früh Organisationen zur Selbsthilfe, um sich gegen die beginnende Verfolgung durch die Obrigkeit zur Wehr zu setzen. Um sogenannte Pennen, das heißt Herbergen und Wirtshäuser, entstand ein Netz von zuverlässigen Verbindungen, das dem Selbstschutz und der Nachrichtenbeförderung diente. Zur Verständigung untereinander entwickelten die Vaganten eine eigene Sprache – das Rotwelsch – und ein Zeichensystem, die sogenannten Zinken, mit denen sie ihre Gefährten z. B. auf ein «kochemer» Dorf, also einen Ort, wo sie sich unbehelligt aufhalten konnten, hinwiesen oder auch vor Gefahren warnten.

Im und nach dem Dreißigjährigen Krieg, als Massen entwurzelter Menschen die Landstraßen bevölkerten, verschärfte sich die Tendenz zur Kriminalisierung und Disziplinierung der Vaganten (→Sozialdisziplinierung). Es wurden die ersten Arbeitshäuser gegründet, um Landstreicher seßhaft zu machen und zu geregelter Arbeit anzuhalten. Mit der Herausbildung des neuzeitlich-bürokratischen →Staates im 18./19. Jh., der Einführung des Paß- und Meldewesens und der allgemeinen Schulpflicht wurde es für die Vaganten immer schwerer, die althergebrachte Lebensweise beizubehalten und sich dem Zwang zur Seßhaftigkeit zu entziehen. Das Netz der staatlichen Kontrolle und Überwachung wurde immer enger geknüpft. →Industrialisierung und Urbanisierung erhöhten zwar die allgemeine Mobilität der Bevölkerung, engten aber zugleich die Existenzmöglichkeiten der Menschen auf der Straße ein. Im Zuge dieses Disziplinierungsprozesses wurde aus dem Vaganten der gesellschaftlich marginalisierte Vagabund. Die Zunahme des Vagabundentums im Gefolge der «Gründerkrise» in den achtziger Jahren des 19. Jhs. beantworteten die Regierungen in den deutschen Staaten mit einem Ausbau der Obdachlosenfürsorge und der Arbeitshäuser als Korrektionsanstalten für unverbesserliche ‹Arbeitsscheue›. Nach Gründung einer ersten Arbeiterkolonie in Wilhelmsdorf 1882 durch Pastor Friedrich von Bodelschwingh entstanden innerhalb weniger Jahre zahlreiche ähnliche Kolonien in Deutschland, die ihre Aufgabe darin sahen, die auf längerer Wanderschaft zermürbten Vagabunden bis zu einem Jahr aufzunehmen, um sie an ein geregeltes Leben zu gewöhnen.

In der Weimarer Republik erlebte die Vagabundenbewegung noch einmal eine kurze Blütezeit. Neben einer Organisation, der Bruderschaft, die sich politisch der KPD annäherte, schuf sie sich eine eigene Presse, die Zeitschriften «Der Kunde» (1927–30) und der «Vagabund» (1931). Vorsitzender der Bruderschaft und Schriftleiter der Zeitschriften war Gregor Gog (1891–1945), den man auch den «König der Vagabunden» genannt hat. Pfingsten 1929 trafen sich mehrere Tausend Vagabunden zu einem internationalen Kongreß in Stuttgart. Im «Dritten Reich» wurde die traditionsreiche →Kultur der Landstraße zerschlagen. Die Vagabunden wurden als «asozial» diskriminiert, in Zwangsanstalten, Gefängnisse oder KZs gesteckt, nicht wenige ermordet. V. U.

◆ Verband

Verbände sind Kinder des Industriezeitalters, das sie von den Anfängen bis zur Gegenwart begleitet und nachhaltig geprägt haben. Aus dem Leben moderner →Gesellschaften, deren pluralistische Strukturen (→Ereignis) sie spiegeln und verstärken, sind sie jedenfalls nicht mehr wegzudenken. Ihre Zahl ist mittlerweile kaum noch überschaubar, und ihre Adressen füllen dicke Handbücher. Als Zusammenschlüsse auf freiwilliger Grundlage artikulieren und organisieren sie berufliche, soziale und wirtschaftliche, auch landsmannschaftliche, kulturelle und sonstige →Interessen, um sie im Prozeß der politischen Willensbildung zur Geltung zu bringen. Zu diesem Zweck formulieren sie auf die →Bedürfnisse der Mitglieder zugeschnittene Programme, konkurrieren oder kooperieren mit anderen Gruppierungen, bearbeiten die →öffentliche Meinung, üben Druck aus auf Parlamentsfraktionen und Regierungen, schalten sich über Beiräte, Expertenkommissionen und Gutachter in die Gesetzgebung ein, plazieren Funktionäre und Vertrauensleute in den →Parteien und strategisch wichtigen Zweigen der Verwaltung. Die Durchschlagskraft ist um so größer, je besser es den Verbänden gelingt, ihre speziellen Anliegen in übergeordnete Zusammenhänge einzubetten, zu verallgemeinern und insoweit zu legitimieren. Dies gehört zum üblichen Arsenal taktischer Mittel, die der Verschleierung dienen. Denn gewöhnlich geht es in erster Linie darum, Subventionen und Privilegien einzuklagen, die staatliche Finanz-, Wirtschafts- und Sozialpolitik zugunsten der eigenen Klientel zu beeinflussen und aus dem Kuchen, den es zu verteilen gilt, nach Möglichkeit die Sahnestücke herauszuschneiden.

Mit der Rolle der Verbände beschäftigen sich Vertreter der verschiedensten Disziplinen. Volkswirte kümmern sich um die Wirkungen auf die Wirtschafts- und Markt-, Juristen um die auf die Rechts- und Verfassungsordnung. Soziologen erforschen die Binnenstrukturen der Organisationen und das Sozialverhalten der Mitglieder, Politologen die Verflechtungen mit den Medien, den Parteien und dem Staatsapparat. Damit sind zugleich diejenigen Themen und Problembereiche angesprochen, für die sich auch die Geschichtswissenschaft zuständig fühlt. Deren Augenmerk richtet sich jeweils auf Entstehungs- und Entwicklungsbedingungen in den verschiedenen Etappen des historischen Prozesses: sie analysiert Verbände und Verbandstypen, z. B. →Agrar-, →Industrie- und Mittelstandsverbände im Spannungsfeld von →Kontinuität und Wandel; sie reduziert verbands- und berufspolitische →Ideologien auf den harten materiellen Kern, beleuchtet Strategien und Spielarten der Interessendurchsetzung, macht die daraus resultierenden gesellschaftlichen Konflikte sichtbar, begreift Verbände als Ausdruck zunehmender Politisierungs-, Vermachtungs- und Bürokratisierungstendenzen, diskutiert deren Wege und Irrwege, Funktionen und Erscheinungsformen im Rahmen wechselnder Konstellationen und Systeme. J. F.

◆ Verein

Vereine sind Formen sozialer Organisation: Orte der Kommunikation und Interaktion. Sie beruhen auf dem Prinzip der Freiwilligkeit, verfolgen spezielle, meistens in Satzungen näher bezeichnete Zwecke, und die Mitgliedschaft ist gewöhnlich unabhängig von der Zugehörigkeit zu einem bestimmten →Stand oder einer bestimmten →Klasse. In Deutschland tauchen die ersten Vereine im letzten Drittel des 18. Jhs. auf. Zunächst zahlenmäßig beschränkt, erfassen sie einen vergleichsweise kleinen Kreis von Gebildeten. Aber seit ungefähr 1820 wird daraus eine massenhafte, von breiten →Schichten der Bevölkerung getragene Bewegung, die den Übergang von der älteren, ständisch gebundenen zur offenen, von individueller Leistung und →Mobilität geprägten bürgerlichen Gesellschaft (→Bürger) nicht nur widerspiegelt, sondern auch vorantreibt.

Das Vereinswesen bzw. im Sprachgebrauch der Zeitgenossen die «Assoziation» wird, wie die historische Forschung nachgewiesen hat, zu einem der wichtigsten Kennzeichen der Epoche. Hier findet das Bürgertum, später dann die Arbeiterschaft, Möglichkeiten zu selbstbewußter Teilhabe am öffentlichen Leben, ein Forum zur Diskussion gemeinsamer Überzeugungen und →Interessen. Die Motive, aus denen heraus man sich trifft, sind ebenso vielfältig wie die →Bedürfnisse, die es zu befriedigen gilt. Dabei spielt der Wunsch nach Geselligkeit ebenso eine Rolle wie der nach Verbesserung der sozialen Verhältnisse.

Parallel zur fortschreitenden Differenzierung der modernen Welt differenzieren und spezialisieren sich auch die Vereine. Es gibt ökonomische und naturwissenschaftliche, Landwirtschafts-, Gewerbe- und Wohltätigkeitsvereine, Geschichts- und Schulvereine, Gesangs-, Turn-, Handwerker- und Arbeiterbildungsvereine. Der Verein dient als Vehikel, um Mensch zu werden, wie Stephan Born, der Führer der Arbeiterverbrüderung von 1848, nicht ohne Pathos schreibt. Kein Wunder, daß in den Vereinen der Glaube an Vernunft und Fortschritt (→Entwicklung) das Denken und die Aktivitäten beherrscht. Man fördert Künste und Wissenschaften, →Handel und Wandel, ist begeistert von neuen Technologien und propagiert rationelle Methoden des Wirtschaftens, unterstützt Hilfsbedürftige, lindert die Not der Armen und Gestrauchelten. Daß dies alles nicht ohne Politik abgeht, liegt auf der Hand. Insofern treten die Vereine in Konkurrenz zur staatlichen →Bürokratie und leisten Schrittmacherdienste für eine allgemeine Politisierung, aus der in der Periode zwischen Revolution von 1848/49 und Reichsgründung allmählich die politischen →Parteien hervorwachsen. J. F.

◆ Verfassungsgeschichte

Verfassungen begründen und legitimieren staatliche →Herrschaft, regeln die Beziehungen zwischen den Institutionen der Exekutive, Legislative und Judikative, formulieren Maßstäbe und Zielperspektiven, an denen sich die Regierenden ebenso orientieren wie die Regierten. Das Prinzip, dem sie zum Durchbruch verhelfen, ist das der Gewaltenteilung, der Kontrolle und der wechselseitigen Balance, um die ungehinderte Teilnahme aller am politischen Prozeß zu gewährleisten, Machtmonopole und Machtmißbrauch zu verhindern. Der moderne Verfassungsgedanke gewinnt Bedeutung und Stoßkraft seit dem 18. Jh. Getragen vom Bürgertum (→Bürger), wendet er sich gegen den monarchischen →Absolutismus, setzt →Gleichheit und Menschenrechte (→Grundrechte) gegen feudale Privilegien und fürstliche Willkür, findet seinen Ausdruck in der →Amerikanischen und →Französischen Revolution, wird zum Motor der liberalen Emanzipationsbewegung und bestimmt fast überall das Geschehen auf dem europäischen Kontinent: →Politische Geschichte seit 1789 ist über weite Strecken eine Geschichte von Verfassungskämpfen.

In der Regel sind Verfassungen nichts anderes als Herrschaftskompromisse: Friedensschlüsse zwischen widerstreitenden →Interessen, →Klassen und →Schichten. Sie verpflichten Individuen und Gruppen auf gemeinsame, rechtsverbindliche Normen und schaffen den Rahmen, um Konflikte auf friedlichem Wege auszugleichen. Bestand haben sie nur solange, als sie flexibel und offen sind, sozialen, wirtschaftlichen und politischen Entwicklungen genügend Raum lassen, dem Bewußtsein, dem Rechtsgefühl und den Ordnungsvorstellungen der Bürger, aber auch den jeweiligen Machtverhältnissen entsprechen. Insofern sind «Verfassungsfragen», wie 1862 der Sozialdemokrat Ferdinand Lassalle ins Gedächtnis gerufen hat, «ursprünglich nicht Rechtsfragen, sondern Machtfragen». Verfassungen dürfen deshalb nicht vom Buchstaben her oder allein mit den Methoden juristischer Dogmatik interpretiert werden. Denn neben der geschriebenen gibt es immer auch eine tatsächliche Verfassung. Beides kann, muß aber nicht deckungsgleich sein. Den Blick dafür zu schärfen, ist Aufgabe der Verfassungsgeschichte. Sie konfrontiert die Theorie mit der Realität (→Tatsachen), macht Widersprüche sichtbar und erfaßt die daraus erwachsende Dynamik. Sie erforscht die Bedingungen für Stabilität und Wandel, analysiert Erwartungen, →Bedürfnisse und Faktoren, die Verfassungssysteme verändern oder sprengen. Verfassungsgeschichte ist daher keine Textwissenschaft, die sich in blutleeren Abstraktionen verliert, sondern in hohem Maße Bewegungs-, →Sozial- und Politikgeschichte (→Föderalismus, →Liberalismus, →Parlamentarismus). J. F.

◆ Volkskultur

Zunächst suggeriert «Volkskultur» Ausschließung von «eigentlicher» →Kultur – jener der Eliten. Ob diese nicht auch Anteil an der Volkskultur hatten, läßt der Begriff ungeklärt. Die Trennung zwischen beiden Kulturen erweist sich jedoch als Fiktion. Wenigstens soweit es gewisse kulturelle Praktiken betrifft, an denen sowohl das «Volk» wie die Eliten teilhaben, die aber allgemein der Volkskultur zugerechnet werden. Was also ist Volkskultur, bzw. was verstehen Historiker darunter? Die Antwort könnte lauten: ursprünglich ein nützlicher Begriff, den vor allem die Ethnologie (→Historische Anthropologie) gegen die Vorstellung der monistischen Elitekultur und der mit ihr verbundenen ästhetisch-geistigen Werthaltungen gewendet sehen wollte. Insofern Kultur sinnstiftend oder sinndeutend für bestimmte Gruppen oder ganze Gesellschaften zu wirken vermag, hat auch Volkskultur Anteil an geistiger Kultur. Ihre Codes und Zeichen sind jedoch viel unmittelbarer der Alltagspraxis verhaftet, oft in sie eingebettet, als die strenger distanzierenden Normen und «Elaborate» der Elitekultur. Nach diesem – ursprünglichen – Begriff der Volkskultur hätte ihre Geschichte sich nachbarlich zur →Alltagsgeschichte zu verhalten. Ihr besonderes Verdienst liegt in der Tatsache, mit der älteren Einsicht ernst gemacht zu haben, nach der alle Gruppen und Ethnien über «ihre» Kultur verfügten. Sie ist aber auch ein Erbteil Rousseaus und der Romantik, insofern sie allzuschnell gerade diesen Kulturen «Ursprünglichkeit», «Unverfälschtheit», «Magie», «Lebenszusammenhang» etc. attestiert und damit latenten zivilisationskritischen Versuchungen nachgibt. Auch methodisch macht sich dieser Rousseauismus bemerkbar. Das besondere Interesse der französischen →«Annales»-Schule an der Geschichte der Volkskulturen ließ sie als geeignetes

Feld für serielle und quantitative Analysen erscheinen. Die Vorliebe der «Annales»-Historiker für die Übertragung klassischer sozialwissenschaftlicher Methodologeme auf die «weichen» Fakten der Kultur konnte sich hier genüßlich austoben. Damit schien Volkskultur wissenschaftlich legitimiert; die Beschäftigung mit ihr galt sogar zeitweise als keineswegs so anrüchig wie der Umgang mit der Elitekultur. Die wesentlichen Themen, die nun – seit Ende der sechziger Jahre – oft in Zusammenarbeit von Historikern, Ethno- und Anthropologen die Volkskultur-Forschung zu beherrschen begannen, waren Häresie, Magie, überhaupt außerkirchliche Religionsströmungen jeder Art, Rituale, Feste, Inszenierungen des öffentlichen Lebens, Körpergeschichte, Geschlechterverhalten, Wandel durch Alphabetisierung, rituelle Motive in Revolten, Kompensierungs- und Sublimierungsprozesse in der Arbeitswelt. Die «klassische Epoche» dieser Forschung wurde die →Frühe Neuzeit. Hier ließ und läßt sich am besten die Gleichzeitigkeit der verschiedenen Kulturen zeigen, die →Quellen fließen am reichhaltigsten, das «Leben des Volkes» erscheint bunt, aber doch schon gebrochen durch die Reglements, die ihm die neuen Ordnungskräfte des →Staates und der Wirtschaft androhen. Die Sozialhistoriker der Moderne, bis zu den Ohren in ihre Paradeepoche – das 19. Jh. – vertieft, übernehmen den kulturellen und ethnologischen Blick der Frühneuzeitler. Sie entdecken allmählich kulturelle Züge in Streiks, Demonstrationen, Arbeitsrhythmen etc. der Arbeiterschaften während der Frühindustrialisierung. Arbeiteralltag und →Arbeiterkultur zwischen «Fabrik, Familie, Feierabend», die Verwandlung traditioneller Riten in Kampfcodes der Arbeitskonflikte, die Beseitigung traditioneller kultureller Freiräume («blauer Montag») durch die «Zeit ist Geld»-Rationalisierung der Industrie-Interessen – ein guter Teil der herkömmlich sozioökonomisch analysierten Konflikte und Prozesse (→Entwicklung) erscheinen nun auch als kulturelle. Die affektierte Lust am Spiel mit den Begriffen und die Pose der Beliebigkeit beginnen dabei allmählich, die Dinge auf den Kopf zu stellen und Klassenantagonismen als kulturelle Metaphern zu deuten.

Allmählich lösten sich – Ende der siebziger Jahre – aber auch die methodischen Rollenzuweisungen für die mit den verschiedenen Kulturen befaßten Wissenschaftler auf. Der quantitativ-serielle Charakter der Volkskulturforschung wurde zunehmend in Frage gestellt. Vorbild dafür war das plötzlich neu gelesene Buch des sowjetischen Literarhistorikers Michail Bachtin über Rabelais und die Volkskultur des →Mittelalters und der →Renaissance (1965), in dem die qualitative Analyse eines Textes – der an der Grenze zwischen Elite- und Volkskultur angesiedelt ist und die

Diffusion zwischen beiden anzeigt – unbekannte Züge der Volkskultur entdecken läßt. Individualanalysen über die Lektüre eines Müllers im 16. Jh. (Carlo Ginzburg), die vermeintliche Wiederkehr eines angeblich verschollenen Bauern in ein südfranzösisches Dorf (Nathalie Zemon Davis) oder eines ländlichen Predigers in Piemont um 1700, dem der Prozeß gemacht wird (G. Levi), haben die Volkskultur als ein Feld definiert, auf dem methodisch längst noch nicht alles geerntet worden ist. A. v. M.

◆ Vor- und Frühgeschichte

Der Rückgriff in die allertiefste, allerfernste Vergangenheit als Blick hinter «die Kulissen der Geschichte» machte von Beginn an das Interesse an vorgeschichtlicher Zeit aus. Aufspüren der «totalen» nationalen Vergangenheit bzw. ihrer Stammesvorläufer sowie die Frage, ob der Mensch sich nicht nur als historisches, sondern auch als naturhistorisches Wesen beschreiben lasse, bestimmten die Entfaltung solcher Interessen zu methodischer Forschung im frühen 18. Jh. Die Disparität ihrer Erkenntnisziele wurde allerdings dadurch vertieft, daß durch den Eindruck Rousseaus sich jede Vorstellung von «Fortschritt» im Verhältnis zwischen «Wilden» und «Zivilisierten» zu verbieten begann. So galt seitdem die Suche nach der vorhistorischen «wilden» Vergangenheit der geschichtlichen →Kulturen als eine Aufgabe, die helfen konnte, das Wesen des Menschen nicht nur historisch und naturhistorisch, sondern auch in seinen «dunklen» und «hellen» Seiten zu ergründen. Diese anthropologische Komponente der vor- und frühgeschichtlichen Disziplinen wurde allerdings durch den Siegeszug der Geschichtswissenschaft im 19. Jh. immer wieder verdeckt, so daß ihre methodologische Historisierung sie in besondere Nähe zu den Geschichtswissenschaften rückte, ohne daß allerdings die anthropologische Komponente ganz verlorenging (→Historische Anthropologie). Mit anderen →Quellen als denen der Geschichtswissenschaft Geschichte zu schreiben wurde zum bedeutsamen Motiv der Entwicklung von Ur- und Frühgeschichte zu wissenschaftlichen Disziplinen. Archäologie, Ethnographie, sorgfältiges Verstehen der Sprache der materiellen Überreste wurden ebenso ihr unentbehrliches Rüstzeug wie die Datierungshilfen der Naturwissenschaften durch Pollenanalyse (Abweichungsmöglichkeit bis zu dreihundert Jahren), Messung von Halbwertzeiten radioaktiver Isotope (Radiocarbon-Messung bis zu 40000 Jahren «zurück»; Kalium-Argon-Messung 200000–300000 «v.Chr.» Beginn, von dort weiter zurück: es bleiben also Lücken), Baumring-Chronologie (bis zu 12000 Jahre zurück mit genauester Bandbreite der Fixierungsmöglichkeit) und weitere Hilfsmittel der Klimaforschung und Geologie. Was bei den Geschichtswissenschaften als «hilfswissenschaftliches» Instrument gilt, rückte dabei allmählich in den Mittelpunkt der vor- und frühgeschichtlichen Forschung: die Erstellung von Chronologien.

Diesem Schwerpunkt verdanken wir somit wesentliche Kenntnisse über das Alter der Menschheit, ihre Verbreitung und ihre chronologisch eingrenzbare Entwicklung. Dabei gelangte die Paläontologie in Zusammenarbeit mit der Vorgeschichte zu einem Bild, das über Einzelfunde mit dem Nachweis der bloßen Existenz des Menschen zu kulturellen Gruppierungen fortschreitet. Den Anthropopiteken des frühen Pleistozän (Beginn: 1 Million Jahre vor unserer Zeit) gesellten sich allmählich die chronologischen und kulturellen Stufen der Steinzeitentwicklung hinzu, die vom Paläolithikum, das in der ersten Hälfte des Pleistozän begann, über das Mittelpaläolithikum (100000–40000), das Jung-Paläolithikum (40000–8000), das Mesolithikum (8000–5000) zur Jungsteinzeit (Neolithikum) und ihrem komplexen kulturellen Übergang zu den Metallkulturen seit dem 2. vorchristlichen Jahrtausend reicht. Über welchen Reichtum der Funde und welche Möglichkeiten kultureller Analyse die Forschung zu verfügen begann, zeigt sich an den großen Höhlenmalereien von Lascaux (Südfrankreich) und Altamira (Pyrenäen), deren älteste Teile bis auf das mittlere Jung-Paläolithikum (15000 v. Chr.) zurückweisen. Die Untersuchung der Metallkulturen (Bronzezeit, Eisenzeit) führte bis an die Schwelle der geschichtlichen Epochen (→Periodisierung) und verlangte die besondere Kompetenz der Frühgeschichte, deren Umgang mit teilweiser oder geringer Schriftlichkeit in vielen Einzelfragen unmittelbaren Kontakt zur Geschichtswissenschaft ermöglichte.

Derartige Berührungsmöglichkeiten eröffneten sich auch im Bereich der Erforschung der frühen Hochkulturen, deren vollständige «Historizität» – denkt man an die Geschichte Ägyptens und der vorderasiatischen Großreiche – sich chronologisch gleichzeitig, aber entwicklungsgeschichtlich ungleichzeitig darstellte. Auch hier erwiesen sich Methoden und Fragestellungen der Vor- und Frühgeschichte als unentbehrlich – und sind es bis heute –, wenn es um Chronologie oder Analyse von Waffentechnik, Siedlungsformen oder rudimentären Ansätzen von →Ökonomie geht. Die ethnographische Technik der Vor- und Frühgeschichte, die sich auf die materielle Beschaffenheit dominant verwendeter Werkstoffe, Waffen und Handwerkszeuge stützt oder im Fall der asiatischen und amerikanischen Hochkulturen →Bilder, Symbole und archäologisch gewonnene topographische Befunde als kulturelles Puzzle zusammensetzt, kann sich durchaus als historische Rekonstruktionstätigkeit verstehen, die den Vergleich mit den klassischen historiographischen Fertigkeiten nicht zu scheuen braucht.

Probleme boten und bieten vielmehr stets die von außerhalb in diese Disziplinen hereingetragenen politischen und geschäftlichen Verwertungsinteressen – sei es als Vereinnahmung einer «deutsch-germanischen Frühgeschichte» in extremster Ausformung durch die NS-Ideologie oder als Profitinteresse bestimmter Verlage und Autoren an den «Rätseln der Menschheit». Allerdings waren bestimmte Ansätze und Forscherpersönlichkeiten auch selbst derartiger Ideologisierung unterworfen. Die vor allem von deutschen Vertretern der Prähistorie in den ersten Jahrzehnten des 20. Jhs. entwickelte Kulturkreislehre entwarf das Bild eines modellhaften Zusammenfalls von Kulturkreisen und Stammesräumen. Damit entsprach die Disziplin sehr konkret den Interessen nationaler und am Ende nationalsozialistischer Gruppierungen in Deutschland, deren Expansionsideologie auf diese Weise kulturell untermauert wurde. Zudem tat sich angesichts eines in dieser Theorie außerordentlich schwammig definierten Kulturbegriffs zugleich ein weites Feld für alle nur denkbaren rassistischen und völkischen Konstrukte auf.

Die Kulturkreislehre wurde auf diese Weise zu einem «deutschen →Paradigma» der beiden Disziplinen, die auf besonderes Betreiben der NS-Wissenschaftspolitik und konkreter Finanzierungsangebote bis weit in die Geschichtswissenschaft hineinzuwirken begann. Frühgeschichte und Frühmittelaltergeschichte rückten in den großen SS-Ausgrabungsprojekten dicht aneinander, wie sich leicht am Beispiel der besonders geförderten archäologischen Aktivitäten auf dem Schloßberg von Quedlinburg zeigen läßt. Hier galt es, die für die Propaganda so wichtige →Kontinuität von germanischer «Geblütsheiligkeit» und frühmittelalterlichem Königsheil an der «Geburtsstätte des deutschen Reiches» zu demonstrieren. Die ahistorische Romanisierung des Chors der Quedlinburger Stiftskirche, sein Umbau zu einer SS-Weihestätte sowie die Mythologisierung des «Königsgrabes» Heinrichs I. stellen ein sprechendes Zeugnis für die oben genannten Tendenzen dar.

Die Historisierung der Frühgeschichte erhielt sich auch nach 1945, während umgekehrt die Urgeschichte nach wie vor stärkere Anlehnung an Archäologie und Ethnologie suchte. Die zwischen beiden Disziplinen in der Regel jedoch weiter bestehende institutionelle Verklammerung ließ zugleich auch beide aus den unterschiedlichen Orientierungen Nutzen ziehen. Für die Geschichtswissenschaft sollte sich die Berührung mit beiden Disziplinen ebenfalls als förderlich erweisen. Sie erfuhr einen wesentlichen Impuls zur Verstärkung der historischen Siedlungsforschung. Erfassung von Burgenbeständen, serielle Erstellung stadttopographischer Analysen, Expansion der Flurforschung sind hier nur einige Stichworte von vielen. Aber auch die →Mikrogeschichte der vormodernen Wirtschaft und Ernährung, die archäologische Analyse von Siedlungsresten – Müllbergen, Kloaken, Brunnen etc. –, um Bilder von Krankheit, demographischer Entwicklung oder Hygiene zu gewinnen, verdanken diesen Kontakten wesentliche Anregungen. Die Öffnung aller beteiligten Disziplinen für Fragen der →Wirtschafts- und →Sozialgeschichte kann dafür als entscheidende Voraussetzung gelten.

Die von Beginn an der Urgeschichte eigentümliche und notwendige Offenheit gegenüber Interdisziplinarität und Internationalität kann für die historisierende Frühgeschichte und die ihr verbundenen Geschichtswissenschaften immer noch ein wichtiges Modell sein. Ihrer Dialogbereitschaft gegenüber Ethnologie (→Historische Anthropologie), Anthropologie, Geschichte und anderen Kulturwissenschaften (→Kultur), ihrer selbstverständlichen Bereitschaft zur Nutzung naturwissenschaftlicher Methoden und Techniken ist es zu verdanken, daß die noch vor zwei Generationen scheinbar geschichtslosen Zeiten, Räume und Menschen, die sie sich zum Gegenstand nahm, in den Kreis der Geschichte rückten. Die Kluft zwischen Geschichte und Vorgeschichte beginnt sich zu schließen.

A. v. M.

W

◆ Wahlrecht

Unter «Wahlrecht» versteht man das Recht, durch Abgabe der eigenen Stimme an der Wahl mitzuwirken (aktives Wahlrecht) bzw. selbst in ein öffentliches Amt gewählt zu werden (passives Wahlrecht).

Das Wahlrecht hat im Laufe der Geschichte höchst unterschiedliche Ausprägungen und Abwandlungen erfahren. In der Antike (→Altertum) war es zumeist gebunden an Besitz und Einkommen. Die von Solon 594 v. Chr. in Athen geschaffene Ordnung, die die Wahlbürger entsprechend der Größe ihres Vermögens und der von ihnen geleisteten Steuern in verschiedene Klassen einteilte (Timokratie), wurde durch die Reformen des Ephialtes und des Perikles 462 v. Chr., die auch den besitzlosen, aber freien Theten (Lohnarbeitern) das Wahlrecht gaben, zur attischen →Demokratie ausgestaltet. Im →Mittelalter entschied das Wahlrecht über die Zugehörigkeit zum Rat. Wahlkörper und Wahlverfahren spielten auch bei der Papst- und Königswahl eine Rolle. Im Unterschied zu England und Frankreich, wo es schon im 10./11. Jh. zur Anerkennung der Erbfolge kam, setzte sich im Heiligen Römischen Reich deutscher Nation das freie Königswahlrecht der Kurfürsten durch, das 1356 in der «Goldenen Bulle» festgeschrieben wurde und – ergänzt durch ein spezifisches Erbrecht für die Dynastie Habsburg – bis 1806 in Kraft blieb.

Seine eigentliche Bedeutung erhielt das Wahlrecht aber erst in der →Neuzeit mit dem Aufkommen des modernen Verfassungsstaates und der Einführung des Repräsentativsystems, in dem die politische →Herrschaft durch gewählte Volksvertreter (Repräsentanten) ausgeübt wird (→Parlamentarismus). Die Forderung nach allgemeinem, gleichem, geheimem und direktem Wahlrecht wurde seither zu einer zentralen Losung der demokratischen Bewegung. Ihre Durchsetzung vollzog sich allerdings nur schrittweise und in den einzelnen Ländern sehr unterschiedlich. Anfänglich galt, ähnlich wie schon in der Antike, fast überall das Zensuswahlrecht, das heißt, das Wahlrecht war an ein bestimmtes, jährlich zu versteuerndes Einkommen gebunden. Die Begründung für diese Einschränkung lautete, daß nur, wer eine Leistung für den →Staat erbringe, auch zur politischen Teilhabe berechtigt sei. Das Zensuswahlrecht wurde z. B. mit der Französischen Verfassung von 1791 eingeführt; in England galt es, wenn auch eingeschränkt, auch noch nach der Wahlreform von 1832. Gewählt wurde zunächst nicht direkt, sondern indirekt, das heißt, die wahlberechtigten →Bürger (Urwähler) wählten sog. Wahlmänner, die dann anschließend aus ihrem Kreis den Mandatsträger bestimmten. Diesem Verfahren lag der Gedanke zugrunde, daß ein kleiner Kreis von Wahlbürgern eher in der Lage sei, geeignete Kandidaten für ein öffentliches Amt zu finden, als die Gesamtheit der Wähler.

In den deutschen Staaten, die sich nach 1815 Verfassungen gaben (vor allem die süddeutschen Staaten Bayern, Württemberg und Baden), war das Wahlrecht ebenfalls an Besitz gebunden. Das allgemeine Wahlrecht wurde – wie in Frankreich – zum erstenmal 1848, und zwar durch die Verfassung der Frankfurter Paulskirche eingeführt. Bismarck hat es später in der Verfassung des Norddeutschen Bundes von 1867 wieder aufgenommen und auch in der Verfassung des kleindeutsch-preußischen Kaiserreichs von 1871 verankert.

Daneben existierten in den einzelnen deutschen Ländern unterschiedliche Wahlbeschränkungen. In Preußen z. B. galt bis 1918 das Dreiklassenwahlrecht, das die Wähler entsprechend dem Steueraufkommen in drei Klassen einteilte, wodurch die große Masse der schlecht verdienenden →Arbeiter extrem benachteiligt wurde.

Noch im 19. Jh. war das Wahlrecht in den meisten Staaten ausschließlich den Männern vorbehalten. Vor dem Ersten Weltkrieg erhoben Frauenrechtlerinnen, in England die «Suffragetten», mit zunehmendem Nachdruck die Forderung nach Einführung des Frauenwahlrechts. In Deutschland durften Frauen zum erstenmal mit der Wahl zur Nationalversammlung 1919 wählen. In England wurde das Wahlrecht für Frauen schrittweise bis 1928 eingeführt.

Mit der Ausweitung des Wahlrechts einher ging eine Senkung des Wahlalters. Nach der Reichsverfassung von 1871 war die Voraussetzung für das aktive und passive Wahlrecht die Vollendung des 25. Lebensjahres. Die Weimarer Verfassung von 1919 senkte das Alter für das aktive Wahlrecht auf 21 Jahre. In der Bundesrepublik dürfen die Bürger seit 1970 mit 18 Jahren wählen bzw. mit 21 Jahren für ein öffentliches Amt kandidieren.

Ähnlich umstritten wie das Wahlalter war und ist auch die Frage, welches Wahlrecht demokratischer sei: das Mehrheits- oder das Verhältniswahlrecht. Im Kaiserreich von 1871 galt das Mehrheitswahlrecht, das heißt, zum Abgeordneten des Reichstags gewählt wurde der Kandidat, der in einem Wahlkreis die absolute Mehrheit der Stimmen auf sich vereinigte. Falls er diese Mehrheit verfehlte, war ein zweiter Wahlgang, eine «Stichwahl», notwendig. Die Stimmen der unterlegenen Kandidaten wurden kassiert, was natürlich vor allem die kleineren →Parteien benachteiligte. Die damit verbundenen Ungerechtigkeiten wurden noch durch die Wahlkreiseinteilung verstärkt, die die konservativen agrarischen Regionen gegenüber den bevölkerungsreichen Industriezentren begünstigte. In der Weimarer Verfassung wurde das Verhältniswahlrecht für Reichstag und Länderparlamente vorgeschrieben. Dieses wiederum begünstigte die Zersplitterung der Parteienlandschaft und erschwerte die Bildung stabiler Koalitionsregierungen. In der Bundesrepublik wurden aus diesen Erfahrungen die Konsequenzen gezogen und mit der Einführung der 5 %-Klausel eine relativ hohe Hürde gesetzt, um Splitterparteien den Einzug in die Parlamente zu verwehren. V. U.

◆ **Währungsreform 1948** («Wirtschaftswunder»)

Währungsreform und «Wirtschaftswunder» sind als Stereotypen in die Vorstellungswelt der bundesdeutschen Erfolgsgeschichte eingegangen. Die Währungsreform wurde seit 1946 auf Initiative und unter Kontrolle der amerikanischen Regierung mit Beteiligung deutscher Experten vorbereitet. Sie wurde als notwendig erachtet, um das durch die nationalsozialistische Kriegswirtschaft zerrüttete Geldwesen in Ordnung zu bringen. Am 20./21. Juni 1948 wurde in den Westzonen die Reichsmark durch die Deutsche Mark ersetzt. Jeder Einwohner erhielt zunächst ein «Kopfgeld» von 40 DM. Private Reichsmark-Geldbestände mußten eingetauscht werden und wurden drastisch abgewertet. Da die Reichsmark als Zahlungsmittel schon vorher kaum noch taugte, hatten Wirtschaft und staatliche Stellen Waren zurückgehalten. Es war die Zeit des Schwarzmarktes, der «Zigaretten-» und «Uhrenwährung». Über Nacht füllten sich nun die Auslagen der Geschäfte. Das Erlebnis, daß man jetzt wieder alles kaufen konnte, prägte sich den Zeitgenossen ein. Es war wie ein Wunder, auf das man seit neun Jahren gewartet hatte. Daß viele dieses Wunder eher als großen Schock erlebten, z. B. Kleinsparer und Rentner und nicht mehr arbeitsfähige Männer und Frauen, wurde zwar registriert, ging aber schnell in dem beginnenden Konsum- und Leistungsrausch unter. Der damals auf deutscher Seite für die Währungsreform zuständige Wirtschaftsdirektor Ludwig Erhard kündigte gleichzeitig mit der Währungsreform die Aufhebung der Preisbindung der Bewirtschaftung für die meisten Güter an. In der Öffentlichkeit entstand der Eindruck, als ob die Währungsreform auf seine Veranlassung erfolgt sei. Das brachte ihm später den Ruf eines «Vaters» der DM ein. Mit der Vernichtung der Geldersparnisse wälzten die Banken die Kosten des verlorenen Krieges von sich ab. Die Sparer standen mit leeren Händen da, während die Sachmittelbesitzer, vor allem Unternehmer und →Bauern, beträchtliches Vermögen ansammeln konnten. Gleichzeitig schnellten die Lebenshaltungskosten für große Teile der Bevölkerung in die Höhe, und die Arbeitslosigkeit stieg bis 1950 auf über 12 Prozent. Erst der Ausbruch des Korea-Krieges im Juni 1950, der eine sprunghafte Nachfrage nach Investitionsgütern zur Folge hatte, brachte die Wende. Der Aufschwung hielt an, nicht zuletzt dank billiger und qualifizierter Arbeitskräfte und durch die wachsende Weltwirtschaft in den fünfziger Jahren. Die Arbeitslosigkeit ging zurück, bis Mitte der sechziger Jahre herrschte Vollbeschäftigung. Dem von Wirtschaftsminister Erhard propagierten Konzept der «sozialen Marktwirtschaft» wurde dieser Erfolg in erster Linie zugerechnet. Die Bundesbürger sprachen vom «Wirtschaftswunder». Viele Menschen konnten sich jetzt Dinge leisten, von denen sie vorher nur hatten träumen können. Konsumwellen lösten einander ab: Freßwelle, Kleidungswelle, Einrichtungswelle, Urlaubswelle. Stolz auf das Geleistete verband sich mit dem Beschweigen der nationalsozialistischen Vergangenheit. Es war daher kein Zufall, daß der ersten Nachkriegsrezession 1966/67 ein Erstarken der neonazistischen NPD auf den Fuß folgte. M. A.

◆ Wehrverbände

Wehrverbände sind Veteranenorganisationen, Zusammenschlüsse ehemaliger Frontkämpfer in der Weimarer Republik. Ihre Geschichte spiegelt bestimmte Formen der Reaktion auf den verlorenen Krieg und die Revolution von 1918/19 (→Deutsche Revolution 1918–20). In ihren Reihen sammeln sich entlassene Soldaten und Offiziere, die sich nach der Kameradschaft und dem Lebensgefühl in den Schützengräben zurücksehnen, weder im zivilen Dasein Erfüllung finden noch bereit sind, sich in die neuen staatlichen Verhältnisse einzufügen. Sie glorifizieren die Vergangenheit der kaiserlichen Armee, pflegen die Erinnerung an preußische Tugenden bzw. das, was sie dafür halten, kooperieren in Fragen des Grenzschutzes und der Ausbildung mit der Reichswehr und stehen in enger Verbindung mit den →Parteien und Zirkeln der «nationalen Opposition», die gegen die →Demokratie und den Versailler Friedensvertrag zu Felde zieht. Zu ihrem Erscheinungsbild gehören Uniformen, Fahnen und Dienstgrade, sie treiben Wehrsport und treffen sich zu Geländeübungen, veranstalten Aufmärsche und Kundgebungen, die den Militarisierungstendenzen, dem →Radikalismus und dem Gewaltpotential im rechten Spektrum der Weimarer Gesellschaft sichtbaren Ausdruck verleihen. Sie führen die Traditionen der Krieger- und →Agitationsvereine aus der Zeit des Kaiserreiches fort, aber anders als diese damals arbeiten sie nicht an der Verteidigung, sondern an der Unterminierung des politischen Systems. Bei der Zerstörung der Weimarer Republik spielen sie gemeinsam mit den Deutschnationalen, den Nationalsozialisten sowie den Interessenorganisationen der Industrie, des →Handwerks und der Landwirtschaft eine entscheidende Rolle.

In der historischen Forschung werden gewöhnlich verschiedene Phasen der Entwicklung hervorgehoben. Zunächst formieren sich in den Wirren des Bürgerkrieges Freikorps, Einwohnerwehren und Zeitfreiwilligenverbände, die sich aus Angehörigen der städtischen Mittelschichten und der Landbevölkerung rekrutieren. Die Regierung bedient sich ihrer im Kampf gegen die revolutionäre Linke. Im Kapp-Putsch (März 1920) allerdings schlagen sich die meisten dieser Organisationen auf die Seite der Gegenrevolution, werden danach auf Drängen der Alliierten verboten, lösen sich auf oder tauchen in die Illegalität von Terrorgruppen ab, auf deren Konto die Ermordung des Zentrumspolitikers Matthias Erzberger (26.8.1921) und des Außenministers Walther Rathenau (24.6.1922) geht.

Nach der Währungsreform vom Herbst 1923 beginnt ein Prozeß der Konsolidierung, in dessen Verlauf sich die Wehrverbände zunehmend in politische Kampfbünde verwandeln. Das prägnanteste Beispiel dafür bietet der Stahlhelm, der Mitte der zwanziger Jahre seine Basis durch Angliederung von Abteilungen für Jugendliche, →Arbeiter und Frauen erweitert, sich aktiv in die Politik einmischt, um die Republik von innen heraus zu überwältigen und durch Anwendung äußerlich legaler Mittel in eine nationale →Diktatur zu überführen. In der NSDAP erwächst ihm seit 1929/30 nicht nur ein willkommener Bündnispartner, sondern auch ein Konkurrent, der ihn an Dynamik, Militanz und Durchsetzungskraft übertrifft. Der Stahlhelm gerät dadurch zwischen die Mühlsteine der extremen und der gemäßigten Rechten, versucht sich mit einer Schaukelpolitik über Wasser zu halten und wird im Prozeß der «Machtergreifung» Zug um Zug ausmanövriert. Zwar kann er im Rahmen der SA noch eine Weile überwintern, aber seine Eigenständigkeit und die erhofften Gestaltungsmöglichkeiten büßt er spätestens im Sommer 1933 ein: das Ende der Weimarer Demokratie markiert zugleich auch den Schlußpunkt für die eher konservativ ausgerichteten Kampfverbände wie den Stahlhelm, die eine Zeitlang mit den Nazis marschiert waren, nun aber von diesen verschluckt werden. J. F.

◆ Wirtschaftsgeschichte

Der Wirtschaftsgeschichte einen autonomen, in sich geschlossenen Gegenstandsbereich zuzuweisen fällt schwer. Dazu hat sie mit der →Sozial-, aber auch der →Verfassungs-, Ideen- (→Geistesgeschichte) und →politischen Geschichte zu viele Berührungspunkte. Zum Beispiel über Konzentrations- und Rationalisierungsbewegungen in der Industrie zu schreiben, ohne die damit einhergehenden Versuche der staatlichen Gesetzgebung zu berücksichtigen, diese Prozesse (→Entwicklung) wenigstens einem Minimum an gesellschaftlicher Kontrolle zu unterwerfen, macht ebensowenig Sinn, wie die dadurch ausgelösten Umschichtungen in der Zusammensetzung der Belegschaften, die Veränderungen an den Arbeitsplätzen, die sozialen und gesundheitlichen Folgewirkungen für die betroffenen Menschen zu vernachlässigen. Wenn demnach die Wirtschaftsgeschichte die Aufgabe hat, ökonomische Strukturen (→Ereignis), Entwicklungen und Einrichtungen, Märkte und deren internationale Verflechtungen, Auf- und Abschwünge der Konjunktur, Probleme der Theoriebildung, betriebliche Abläufe und Entscheidungen, unternehmerisches Handeln, die →Biographien von Kaufleuten, Fabrikanten, Bankiers und Managern, kurzum das Wirtschaftsleben in seinen verschiedenen Facetten zu erforschen, so muß man sich bewußt bleiben, daß dies nicht unabhängig und schon gar nicht gegen, sondern nur in enger Kooperation mit den übrigen Disziplinen der Geschichtswissenschaft zu plausiblen Ergebnissen führen kann.

Die Wirtschaftsgeschichte oder wie damals bereits üblich die Sozial- und Wirtschaftsgeschichte – bei allerdings deutlichem Übergewicht der letzteren – konstituierte und verfestigte sich in Deutschland gegen Ende des 19. Jhs. Maßgebend dafür waren zum einen Spezialisierungs- und Differenzierungsinteressen innerhalb der Geisteswissenschaften, zum anderen Bedürfnisse, die Erfahrungen mit dem einschneidenden ökonomischen, technologischen und sozialen Wandel, der sich im Übergang von der Agrar- zur Industriegesellschaft vollzog, durch historische Reflexion zu erklären und zu bewältigen. Zwei Traditionslinien verdienen dabei Beachtung. Beide standen im Einklang mit der zeittypischen Historisierung des Denkens und orientierten sich an den Prinzipien des →Historismus, aber in den Motiven, Konsequenzen und Einsichten, die sie formulierten, unterschieden sie sich. Die eine kam aus dem Lager der Geschichts-, die andere aus dem der Wirtschaftswissenschaft. Repräsentativ für die erste war die 1893 gegründete «Zeitschrift für Sozial- und Wirtschaftsgeschichte» (seit 1903 «Vierteljahrschrift»), die bis heute zu den wichtigsten Publikationsorganen auf diesem Feld zählt. Sie versprach, wie es 1903 in einer redaktionellen Vorbemerkung hieß, in «exakter Weise», also in streng quellenbezogener und quellenkritischer Methode (→Quellen), die «ökonomischen Zustände» wie die «Wirtschaftspolitik der Vergangenheit» zu beleuchten und sich fernzuhalten von den Debatten der «theoretischen Nationalökonomie» wie von solchen um die aktuelle «Sozial- und Volkswirtschaftspolitik». Im Kern lief das, so 1929 der Historiker Otto Hintze, auf «wirtschaftliche Rechtsgeschichte» hinaus, die durch die Analyse wirtschaftlicher Zusammenhänge und Institutionen den Ursprüngen und Problemen politischer →Herrschaft auf die Spur zu kommen hoffte, sich zudem vorwiegend mit Erscheinungsformen der vorindustriellen, nicht jedoch oder nur am Rande mit denen der industriellen Welt beschäftigte. Dadurch wurde der Vorrang der politischen, am Nationalstaat orientierten Geschichtsschreibung nicht modifiziert, sondern im großen und ganzen bestätigt. Zugleich offenbarte sich darin die tiefe Abneigung der akademischen Historie, sich mit dem modernen →Kapitalismus, mit dessen Antriebskräften und Entwicklungstendenzen, mit Kollektivphänomenen und Massenkultur zu befassen. Gemessen daran waren die Forschungen der jüngeren historischen Schule der Nationalökonomie um Gustav Schmoller, Karl Bücher oder Werner Sombart, die im Kaiserreich über weite Strecken die Volkswirtschaftslehre bestimmten, im Ansatz umfassender und aus heutiger Sicht auch fruchtbarer. Sie zeichneten sich durch eine auf die →Gesellschaft bezogene Betrachtungsweise aus, begegneten jedweder Form von Geschichtsdeterminismus, gleichgültig ob er sich auf Hegel oder Marx berief, mit Ablehnung und versuchten, über historisch fundierte Studien Bausteine für eine ökonomische Theorie zu finden, die der staatlichen →Bürokratie Argumentationshilfen auf dem Weg zu einer Politik der →Sozialreform liefern sollte. Nach der Jahrhundertwende schwächte sich der Elan dieser Richtung allerdings spürbar ab, der sogenannte Werturteilsstreit weckte Zweifel, ob sozialreformerische Ziele sich wissenschaftlich begründen und legitimieren ließen.

Darüber hinaus zeigte sich, daß die Fragestellungen der historischen Schule gegenüber den Problemen, die der Erste Weltkrieg und die Nachkriegsinflation mit der Umwälzung der Geldverhältnisse aufwarfen, keine befriedigenden Antworten zu bieten hatten. Hinzu kam, daß sich mit der Betriebswirtschaftslehre in den zwanziger Jahren eine Disziplin zu etablieren begann, die sich als Lehre vom Einzelbetrieb und seinen Erfordernissen begriff, dabei das Augenmerk auf Arbeitsorganisation und wissenschaftliche Betriebsführung lenkte. Insgesamt verlor die Nationalökonomie ihre zuvor geübte theoretische Orientierung, ohne daß nun ihrerseits die Historiographie das verlassene Terrain hätte besetzen können oder wollen. Die Wirtschaftsgeschichte verkümmerte auf diese Weise zu einem Beifach für Volks- und Betriebswirte, das weder für Historiker noch für Ökonomen attraktiv war: für jene aus Mangel an quellengesättigter Empirie, für diese wegen der Defizite an Theorie. Die Überzeugung jedenfalls, die 1927 Carl Brinkmann äußerte, wonach gerade der Sozial- und Wirtschaftshistoriker in den «Mittelpunkt der ganzen geisteswissenschaftlichen Erkenntnis und Überlieferung» gerückt sei, vergleichbar der früheren Position der «Theologen, Philosophen und politischen Historiker», war Appell und Wunschdenken, nicht jedoch Ausdruck der tatsächlichen Situation.

Bei dieser Randlage der Wirtschaftsgeschichte blieb es, ehe sich nach dem Zweiten Weltkrieg allmählich ein gewisser Wandel ankündigte. Unter den Historikern wuchs die Bereitschaft, sich den systematischen Nachbarwissenschaften zu öffnen, zunächst der Politologie und Soziologie, dann zunehmend auch der Nationalökonomie, deren Methoden und Theorien zu diskutieren und in die eigenen Konzepte zu integrieren. Für die Praxis hieß das, die Fremdheit zwischen Geschichte und →Ökonomie zu überwinden und Möglichkeiten einer pragmatischen Kooperation zu erproben. Dabei ging man in der Bundesrepublik allerdings nicht so weit wie die marxistisch-leninistischen Historiker der damaligen DDR, denen die «Bewegung der Wirtschaft» als schlechthin entscheidende «Triebkraft» des historischen Prozesses galt. Auch die «New economic history», die in den USA ihren Siegeszug antrat, das Modelldenken der theoretischen Nationalökonomie gewissermaßen unter Laborbedingungen auf die Geschichte übertrug und mit statistisch quantifizierenden Verfahrensweisen verband, wurde von den Kollegen in Deutschland zwar als Herausforderung empfunden, aber nie wirklich in vollem Umfang akzeptiert. Immerhin: die Debatten um eine neue Grundlegung der Geschichtsschreibung, die gegen Ende der sechziger Jahre aufbrachen und das Selbstverständnis des Faches ebenso erschütterten wie langfristig veränderten, stärkten die Auffassungen derjenigen in der Zunft, die den Rückgriff auf sozialökonomische Theorien mit Blick auf die Komplexität der modernen Welt für unverzichtbar hielten, sich Anregungen von der französischen →«Annales»-Schule holten, an ältere deutsche Traditionen, etwa die von Max Weber verkörperten, anknüpften und sich von den Forschungen der 1933 emigrierten Sozialwissenschaftler inspirieren ließen. Für die Wirtschaftsgeschichte bot diese Entwicklung den Vorteil, daß sie sich aus dem Dasein als Mauerblümchen befreien und sich als eine von der Nationalökonomie wie der Geschichtswissenschaft gleichermaßen geachtete Spezialdisziplin entfalten konnte. J. F.

X, Y, Z

◆ Zeit

Geschichte ist auf «Zeit» als einer ihrer zentralen Kategorien verwiesen. Und dies in doppelter Weise: Zeit ist wesentliches Merkmal von kollektiver Mentalität (→Mentalitätengeschichte) in historischen →Gesellschaften, Zeit gehört aber auch unmittelbar zur begrifflichen Ausstattung von Theorie und Methode der Geschichtswissenschaften.

Die Zeitauffassungen historischer Gesellschaften sind in der Regel von ihren kollektiven →Bedürfnissen geprägt. Alles, was uns an «Zeit» selbstverständlich scheint – die physikalische Bedingtheit, die lineare Richtung, die Unumkehrbarkeit, die Meßbarkeit –, ist früheren Gesellschaften keineswegs in gleicher Weise gewiß. Zeit erscheint in vorgeschichtlichen Gruppen vielmehr als Nebeneinander paralleler Räume, deren Grenzen überschreitbar sind. Antike Gesellschaften entwickeln Vorstellungen, die auf Wiederholbarkeit zielen: den zyklischen Zeitbegriff. Die Vorstellung vom «ewigen Kreislauf der Dinge» läßt Zeit jedoch als begrenzt erscheinen. Der Kronos-Mythos setzt für die Griechen die dunkle Seite von Chronos (Zeit) frei: Er verzehrt, was er hervorbringt – seine Kinder. Neben dem Zyklusmodell ist damit die «Totalität» von Zeit entdeckt. Christliche Überzeugungen führen zu ganz anderen Vorstellungen. Die Welt erscheint als zeitliche Schöpfung Gottes. Ewigkeit und Zeit treten sich als unterschiedliche historische Strukturen gegenüber. Das Ziel der zeitlichen Geschichte ist ihre Auflösung in der zeitlosen Geschichte Gottes. Der Chronos-Mythos wird damit auf eine teleologische (zielorientierte) Ebene gehoben – «aufgehoben». Aber auch die innerweltliche Zeit ist «Zeit der Kirche». Denn jeder Christ ist Bürger beider Reiche: der Zeit und der Ewigkeit. Dies hat Folgen für Maßeinheiten und geschichtliches Bewußtsein. Kirchenglocken und Kirchenfeste bestimmen die Chronometrie des Alltags. Das innerweltliche Geschehen kennt weder Entwicklung noch strukturelle Unterscheidung. Es ist fast zeitlos – wären nicht die Entfernung von der Lebenszeit Christi und der Nähe zum «letzten Tag» für die Heilsgewißheit unabdingbar. Die Säkularisierung der linearen Zeit christlicher Gesellschaften, ihre Verwandlung in die «Zeit der Händler», die als Wirtschaftsfaktor und Produktivkraft entdeckt wurde, bereitete die moderne Fixierung auf chronologische Strukturen vor. Der Moderne wird alles zur temporalen Funktion. Für sie beginnen sich physikalische Zeit und Zeitvorstellung so zu decken, daß Natur historisiert wird und Geschichte zur «zweiten Natur» wird (→Periodisierung).

Zeit im Kontext historischer Wissenschaften erforderte vor allem, die Vergleichbarkeit unterschiedlicher Zeitmessungen herbeizuführen. Mit einem Wort: Geschichte bedurfte einer verbindlichen Chronologie. Damit wurden zwar in oft mühevoller Weise Datierungen gesichert und ein scheinbar fester Zeitrahmen für komparatistische Geschichte geliefert; doch diese positivistische Gewißheit unterschlug zugleich die Historizität des Zeitbegriffs selbst. Ist überhaupt anzunehmen, daß Zeit außerhalb der subjektiven Wahrnehmung, ohne Bezug zu einem sozialen System existiert? Ist nicht vielleicht auch der physikalisch-lineare Zeitbegriff der Moderne nichts anderes als eine in die scheinbare Objektivität der Natur projizierte gesellschaftliche Übereinkunft? Die Historiker waren gut beraten, auch die «soziale Zeit» zu ihrem Gegenstand zu machen. Sie entdeckten die Überlagerung von Zeiten, die Gleichzeitigkeit von Prozessen unterschiedlicher Dauer, die offene Frage der ungeklärten Erlebensmöglichkeit von Zeit in unterschiedlichen →Kulturen, die Problematik der Vergleichbarkeit einer Wahrnehmungsdimension, deren Strukturen man keineswegs kannte. Zu viele ungelöste Fragen auf einmal. So wurde ihnen bewußt, daß die Datierung auf einer einheitlichen Zeitachse so gut wie gar nichts über die tatsächliche zeitliche Ordnung der hier miteinander in Beziehung gesetzten Dinge aussagt. Erst komplexere Theoreme, die die Gleichzeitigkeit des Ungleichzeitigen im Blick haben, können unterschiedliche Gesellschaften und Kulturen auch unter dem Gesichtspunkt einer qualitativen Chronologie vergleichbar machen. Das Eindringen in die Zeithorizonte «fremder» bzw. ferner Gruppen und Gesellschaften wurde und wird dafür immer wichtiger. Solchen Ansätzen qualitativer Chronologie dienen unterschiedliche Forschungsaxiome wie «vergangene Zukunft» oder →«Kontinuität und Diskontinuität». Zeit wird damit tatsächlich eine der zentralen Kategorien der Geschichtswissenschaft, nicht nur präsumptiv, weil eben Geschichte und Zeit «irgendwie» zusammenhängen. Die moderne Geschichtswissenschaft hat Zeit als eines ihrer großen Theorieprobleme entdeckt. A. v. M.

◆ Zeitgeschichte

Der Begriff «Zeitgeschichte» wird in doppelter Bedeutung verwendet: zum einen als Epochenbegriff, zum anderen als Zweig der Geschichtswissenschaft.

Als Epochenbegriff bezeichnet Zeitgeschichte die jüngste Phase innerhalb der historischen Großepoche →«Neuzeit». Ihr Beginn wurde nach 1945 mit 1917 angesetzt, dem Jahr des amerikanischen Kriegseintritts und der russischen Oktoberrevolution (→Russische Revolution). Beide Ereignisse markierten den Aufstieg zweier neuer Weltmächte – der USA und der Sowjetunion, in deren weltpolitischer Rivalität zugleich der Kampf zweier konkurrierender Gesellschaftssysteme ausgefochten wurde. In dieser Sicht bedeutete 1917 als Schwellenjahr nicht nur das Ende Europas als Zentrum der Weltpolitik, sondern zugleich den Beginn der ideologischen Blockbildung zwischen Ost und West, die sich seit Mitte der achtziger Jahre aufzulockern begann und mit dem Jahr 1989 ihr Ende fand.

Der Begriff «Zeitgeschichte» als historische Disziplin ist auch in der englischen und französischen Sprache geläufig (contemporary history; histoire contemporaine). Die seinerzeit für die bundesdeutsche Geschichtswissenschaft gültige Definition hat Hans Rothfels in einem programmatischen Aufsatz aus dem Jahr 1953 geliefert: Zeitgeschichte sollte verstanden werden als «Geschichte der Mitlebenden und ihre wissenschaftliche Behandlung». Dieser Aufsatz erschien in der ersten Nummer der «Vierteljahrshefte für Zeitgeschichte», die von dem kurz zuvor gegründeten Institut für Zeitgeschichte in München herausgegeben werden. Dieses Institut hat sich zu einem Zentrum zeitgeschichtlicher Forschung in der Bundesrepublik entwickelt.

Bevorzugtes Thema der Zeitgeschichte in der Bundesrepublik waren lange Jahre die Geschichte der Weimarer Republik und des Nationalsozialismus. Die Ursachen für dieses anhaltende Forschungsinteresse lagen zum einen in der →Tatsache begründet, daß die staatlichen und politischen Verhältnisse in beiden deutschen Staaten ohne diese ‹Vorgeschichte› nicht zu erklären waren, zum anderen darin, daß von der nachwachsenden Generation immer aufs neue kritische Fragen an die ältere Generation gerichtet wurden, die ihre Kindheit und Jugend in der Weimarer Zeit verbracht und die den Nationalsozialismus miterlebt, in ihrer großen Mehrheit auch mitgetragen hatte (→Geschichtswissenschaft in der Bundesrepublik).

Als klassisches Werk zeitgeschichtlicher Forschung gilt bis heute Karl

Dietrich Brachers Untersuchung «Die Auflösung der Weimarer Republik. Eine Studie zum Problem des Machtverfalls in der Demokratie» (1955), die historische und politikwissenschaftliche Fragestellungen verbindet. Mit dem Wechsel der Generationen wird sich vermutlich das zeitgeschichtliche Interesse in den nächsten Jahren noch stärker der Geschichte der Bundesrepublik zuwenden. Immerhin liegt hier mit der in den letzten Jahren erschienenen sechsbändigen «Geschichte der Bundesrepublik Deutschland» (herausgegeben von Karl Dietrich Bracher, Theodor Eschenburg, Joachim C. Fest, Eberhard Jäckel) bereits ein weiteres wichtiges Werk der Zeitgeschichte vor.

Die speziellen Probleme zeitgeschichtlicher Forschung sind oft beschrieben worden: die geringere zeitliche Distanz zum historischen Geschehen, die zur größeren Zurückhaltung im historischen Urteil zwinge; das Problem des Zugangs zu den Regierungsakten, da die staatlichen →Archive hier in der Regel eine längere Sperrfrist vorsehen; die Tatsache, daß durch neue technische Hilfsmittel (Telefon, Tonband, Datenverarbeitung) manche Vorgänge im Regierungshandeln gar keinen schriftlichen Niederschlag mehr finden.

Eine besonders wichtige historische →Quelle der Zeitgeschichte sind die Befragungen von Zeitzeugen, wobei sich in den letzten Jahren das Interesse nicht mehr nur auf die Regierungsprominenz konzentriert, sondern sich mehr und mehr den durchschnittlichen Menschen zugewandt hat, deren Lebensgeschichten Aufschluß geben sollen über Alltagswelten und Mentalitäten. Mit dieser «Subjektorientierung» ist der Zeitgeschichte eine neue Dimension erschlossen worden, deren Ertrag noch abzuwarten bleibt (→Oral History). V. U.

◆ Zeitungen

Zeitungen sind periodische, das heißt regelmäßig, in täglichem oder wöchentlichem Rhythmus erscheinende Druckschriften. Ihr Ziel ist es, möglichst viele Leserinnen und Leser und damit einen möglichst hohen Grad an Publizität zu erreichen. Sie informieren, belehren und unterhalten, sie befriedigen die unterschiedlichsten →Bedürfnisse auf den unterschiedlichsten Niveaus, bringen Nachrichten, Interviews, Kommentare und Reportagen. Sie beschäftigen sich mit Politik, Wirtschaft und →Kultur, im Prinzip mit allem, was gesellschaftliches Leben ausmacht. Da sie das jeweils aktuelle Geschehen nicht in seiner ganzen Breite erfassen können, müssen sie eine Auswahl treffen, an der sich häufig die →Interessen und

Bindungen der verantwortlichen Redakteure und ihrer Verleger ablesen lassen.

Selbst wenn sie das von sich behaupten, sind Zeitungen weder völlig unabhängig noch überparteilich. Sie ergreifen vielmehr Partei, beziehen Position im Streit um die Fragen des Tages, repräsentieren bestimmte Richtungen, Strömungen und Lager. Trotz Rundfunk und Fernsehen spielen sie als Medium der Kommunikation immer noch eine bedeutende Rolle. Sie reagieren auf Ideen und Erwartungen des Publikums, geben ihnen Form und Perspektive, appellieren an Masseninstinkte, schüren Emotionen oder schaffen durch abwägende Analysen kritische Distanz. Durch Aufdeckung von Mißständen und Skandalen tragen sie dazu bei, politische und wirtschaftliche Macht zu kontrollieren und zu begrenzen.

Die Presse ist daher neben Exekutive, Legislative und Justiz so etwas wie eine «vierte Gewalt». Sie prägt das Urteil von Individuen und Gruppen, sie beeinflußt die Politik, und die Politik beeinflußt sie. Als Forum der Diskussion gewährt sie Raum für Pro und Contra, wirkt mit im Prozeß der Meinungsbildung, ist ein Seismograph für Stimmungen, Themen und Probleme. Sie kann die Öffentlichkeit zur Wachsamkeit erziehen und staatsbürgerliche Tugenden fördern, aber sie kann die Menschen ebensogut irreführen, manipulieren, einschläfern und korrumpieren. Zeitungen können sich als Organe der Regierung wie der Opposition betätigen, können dem Ideal der →Aufklärung verpflichtet sein oder sich in plumper Propaganda erschöpfen. Welche Funktionen sie ausüben, hängt nicht zuletzt von den Herrschaftsstrukturen ab, in denen sie sich bewegen und mit denen sie konfrontiert sind: In der →Demokratie entfalten sie sich relativ ungehindert im Rahmen verfassungsmäßig garantierter Freiheitsrechte; in der →Diktatur sind sie uniformierte, gleichgeschaltete, mehr oder minder willfährige Instrumente in den Händen der Machthaber.

Als →Quellen geben Zeitungen zunächst einmal Auskunft über die Entwicklung des Pressewesens, deren Erforschung in den Aufgabenbereich der Zeitungswissenschaft fällt. Darüber hinaus aber sind sie wahre Fundgruben für die →politische, →Sozial- und →Alltagsgeschichte. Denn in ihnen spiegeln sich die Problemlagen, das geistige Klima und die Bewegungen der →Gesellschaft. Sie ermöglichen Einblicke in die Zusammenhänge zwischen →öffentlicher Meinung und politischen Entscheidungsprozessen, sie bieten Informationen über →Parteien und →Verbände, Personen und Institutionen, sie erzählen von lokalen und regionalen →Ereignissen, die anderenorts entweder gar nicht oder nur bruchstückhaft überliefert sind. Sie sinnvoll zu nutzen erfordert allerdings sorgfältige Recherchen und methodisches Rüstzeug. Man muß dabei stets den Stellenwert berücksichtigen, den die einzelne Zeitung hat, muß die Höhe der Auflage kennen, den Kreis und das Milieu der angesprochenen Leserschichten, die wirtschaftlichen Interessen der Verlagshäuser und die politisch-ideologischen Prämissen der beteiligten Journalisten. Vor diesem Hintergrund erst läßt sich der Realitätsgehalt von Meldungen überprüfen, lassen sich Kommentare und Interpretationen gewichten, um sie dann einbauen zu können in schlüssig argumentierende historische Analysen. J. F.

◆ «Zigeuner»

Unter der Bezeichnung «Zigeuner» werden die Sippen und Stämme zusammengefaßt, die zum «fahrenden Volk», also zu den nichtseßhaften Gruppen der Bevölkerung, gehören (→Vaganten). Wegen des diskriminierenden Beiklangs ist es in der Bundesrepublik üblich geworden, den Begriff «Sinti und Roma» als Sammelbezeichnung für alle Zigeunergruppen zu verwenden.

Als Herkunftsland der Zigeuner nehmen Anthropologen und Sprachwissenschaftler das nordwestliche Indien an. Der Grund, warum sie dieses Land verließen und den Weg nach Westen antraten, ist bis heute nicht geklärt. Vor rund 1000 Jahren überschritten sie den Bosporus und begannen, sich in Europa auszubreiten. Sie gliederten sich hier nicht in die bestehenden →Gesellschaften ein, sondern behielten ihre nomadisierende Lebensweise bei, das heißt, sie zogen im Stammes- und Sippenverband umher und gingen ihrem traditionellen Wandergewerbe nach.

In Deutschland tauchten die ersten Zigeuner zwischen 1407 und 1417 auf. Sie wurden hier wie anderswo zunächst nicht unfreundlich aufgenommen, zumal sie über ihre Herkunft schaurig-schöne Legenden verbreiteten und sich auf gefragte Kunstfertigkeiten wie Handlesen, Astrologie, Horoskopie und Alchimie verstanden. Doch schon bald schlug die Toleranz der Seßhaften gegenüber den dunkelhäutigen Fremdlingen, die nicht daran dachten, sich in die Gesellschaft zu integrieren, in Ablehnung und Haß um. Alle bereits bestehenden Vorurteile gegenüber dem «fahrenden Volk» trafen nun die Zigeuner in besonderer Weise. Ihre Fremdartigkeit und ihre Integrationsunwilligkeit stempelten sie zu einer verachteten und verfolgten gesellschaftlichen Minderheit, die ähnlich wie Juden (→Antisemitismus) oder →Hexen als Sündenbock für alles Unglück herhalten mußte. So wurden sie, als Mitte des 15. Jhs. die Türken Konstantinopel eroberten und vom Balkan aus bis vor die Tore Wiens drangen, der

Kollaboration mit diesen «Feinden der Christenheit» bezichtigt. In immer neuen Edikten und Dekreten wurden die Zigeuner seit Ende des 15. Jhs. kriminalisiert und der Verfolgung preisgegeben. So hieß es z. B. in einer Verordnung aus dem Jahre 1735: Die Zigeuner «sind nichts als eine gottlose Rott von liederlichem Diebsgesindel, färben sich schwartz, liegen im Sommer meistens in Hecken und Wäldern, nähren sich vom Stehlen, Rauben, nächtlichem Einbrechen, Morden, Betteln, Wahrsagen, Seegen-Sprechen, Feuer-Beschwörungen, und anderen gottlosen und verbottenen Künsten».

Die Versuche ‹aufgeklärter› absolutistischer Herrscher wie Friedrich der Große oder Joseph II., Zigeuner seßhaft zu machen, scheiterten. Dadurch verschärften sich noch Vorurteile und Feindseligkeiten auf seiten der sogenannten Wirtsvölker. Ihren Höhepunkt fand die Verfolgung der Zigeuner in der Zeit des Nationalsozialismus. Zwischen 250000 und 500000 europäische Zigeuner fielen der Rassenpolitik des «Dritten Reichs» zum Opfer. Viele wurden in den Gaskammern von Auschwitz ermordet. Dieses Unrecht wurde nach 1945 nicht gesühnt. Vielmehr verweigerten die Gerichte in der Bundesrepublik lange Zeit Wiedergutmachung, wobei sie sich in ihrer Argumentation die Vorurteile der einstigen Verfolger zu eigen machten. Ein Einstellungswandel setzte erst in den siebziger Jahren ein, als die Sinti und Roma sich organisierten und ihre Ansprüche in die Öffentlichkeit trugen, unterstützt von Historikern, die auf die lange Verfolgungsgeschichte der Zigeuner aufmerksam machten.

V. U.

◆ Zufall

Die Frage nach dem Wirken des Zufalls in der Geschichte ist zugleich auch eine nach der Rolle, die Glück und Unglück in ihr spielen. Sie ignoriert keineswegs die Bedeutung von Gesetz und Ursache, nimmt aber im Gegensatz zum →historischen Materialismus, der die →Gesetzmäßigkeit geschichtlicher Prozesse (→Entwicklung) verabsolutiert, und zum positivistischen →Historismus, der sie gänzlich ignoriert, Geschichte als kausal nicht völlig reduzierbare Struktur (→Ereignis) wahr.

Hegel sieht die Geschichte ausdrücklich «nicht dem Zufall und äußerlichen, zufälligen Ursachen preisgegeben». Damit aber ist Geschichte nur als Ganzes, keineswegs in ihren «Einzelheiten und Besonderheiten» als notwendige – nicht-zufällige – Selbstverwirklichung des Geistes erfaßt. Für die geschichtliche Erforschung und Darstellung der Einzelzüge bleibt gerade in der Hegelschen Geschichtsphilosophie durchaus Platz für «Zufälliges». Die Kette der Ereignisse, die schließlich das Bild der Weltgeschichte abgibt, erscheint als eine Reihe von «Begebenheiten und Zufällen», die geeignet sind, das Interesse der Nachlebenden zu wecken. Auch der Zufall hat also seine Rolle, wenn auch am Ende nur die, daß er der List der Vernunft, die über die Geschichte herrscht, als Instrument ihrer Herrschaft dient. Allein auf der Ebene des historischen Ereignisses vermag sich somit der Zufall zu entfalten, den Verlauf der Geschichte kann er nicht beeinflussen. Hegels bedeutendster Kritiker unter den Historikern des Historismus, Jacob Burckhardt, bezweifelte, daß Geschichte an ihren «Zielen» erkennbar sei. Entsprechend vermochte er auch kein «herrschendes Prinzip» in ihr auszumachen. «Die ‹historischen Gesetze› sind unpräzis und bestritten», vermerkt er lakonisch in seinen berühmten Notizen über «Glück und Unglück in der Weltgeschichte». Burckhardts sehr persönliche Skepsis gegenüber philosophischen Deduktionen, aber auch gegenüber Faktenhubereien des Positivismus, erhebt damit aber nicht den Zufall zur Leitfiguration. Es ist vielmehr Aufgabe des Historikers, der Geschichte durch geordnete Wahrnehmung selbst zur Ordnung zu verhelfen. Diese Ordnung ist nur insofern wirklich, als sie das Interesse des Menschen an Geschichte betrifft. Sie ist nicht die Ordnung der Geschichte «an sich», deren Existenz Burckhardt ohnehin bezweifelt. Dieser Rekonstruktion von Geschichte haftet aber – wie er selbst warnend bemerkt – etwas Zufälliges an: Seine Aufgabe veranlaßt den Historiker, «eine Anzahl von geschichtlichen Beobachtungen und Erfahrungen an einen halb zufälligen Gedankengang an(zu)knüpfen». Burckhardts Skepsis ist radikal. Sie richtet sich auf den Historiker selbst, in dessen «Wahrnehmung» stets der Zufall hineinspielen könnte.

Burckhardts ironische Wendung gegen die Historiker deckte fast nebenbei das Problem der Wissenschaftlichkeit von Geschichte auf. Ihre «Unfähigkeit», mit den Naturwissenschaften methodisch Schritt zu halten, erschien ihm tatsächlich als Chance zu außerordentlich freier, persönlicher – er selbst gebraucht den Begriff «dilettantisch» – Erkenntnis. «Zufall» charakterisiert somit auch die methodisch den Naturwissenschaften nicht vergleichbare Annäherung des Historikers an seinen Gegenstand. Insofern verrät der Begriff nicht nur Mahnung, sich selbst – die eigenen Voraussetzungen und Ziele – zu prüfen, sondern auch methodologisches Selbstbewußtsein. Heinrich Rickert hat in diesem Sinne von der Notwendigkeit gesprochen, Geschichte und Gesetzeswissenschaften grundsätzlich zu unterscheiden. Der Althistoriker Eduard Meyer sah darauf die Geschichte als eine Struktur, in der «der Zufall und der freie Wille des einzelnen herrscht». Damit versuchte er Geschichte von allen Pflichten der Typenbildung, des Vergleichs, des Gegenwartsbezugs etc. zu befreien. Geschichte als Wissenschaft eines Feldes, in dem der Zufall herrschendes Prinzip ist, hätte sich der methodischen Herausforderung von Natur- und Sozialwissenschaften nicht zu stellen brauchen. So hatte es auch Burckhardt nicht gemeint. Geschichte wird für ihn – im Unterschied zu nahezu allen anderen Vertretern des Historismus – nur durch Typenbildung und Untersuchung von →Kontinuität und Wandel zu einem Gegenstand, der das Interesse lohnt. Eingrenzung des Zufalls in der Geschichte und skeptische Akzeptanz des Zufälligen bei den eigenen Interessen – das macht einen wesentlichen Teil der Aufgaben des Historikers aus (→Gesetzmäßigkeit). A. v. M.

◆ Zunftkämpfe

In den Zunftkämpfen des →Mittelalters sah die ältere historische Forschung in der Regel Aufstandsbewegungen des zünftigen →Handwerks gegen das städtische Patriziat des Spätmittelalters (→Stand). Dabei sei es vor allem um Beteiligung am Rat – das heißt der Stadtherrschaft – gegangen, mit dem Ziel, die Autonomie der handwerklichen Selbstorganisation gegenüber städtischer Kontrolle zu behaupten sowie den wirtschaftlichen Aufstieg auch politisch zu sichern. Die neuere Forschung betont demgegenüber die Unterschiedlichkeit dieser Bewegungen, ihre Einbettung in Protest- und Integrationsprozesse übergreifender Art sowie den Zusammenhang mit den spätmittelalterlichen Depressions- und Krisenerscheinungen (→Frömmigkeits-, Ketzer- und Armutsbewegungen). Danach kann von einer tragenden Rolle der Zünfte keineswegs durchgängig die Rede sein. Kämpfe zwischen Handwerkern und Patriziern ließen sich auch in Städten mit geringer Zunfttradition (z. B. Nürnberg) ausmachen; der Protest beschränke sich nicht auf die Handwerker allein, sondern sähe auch «neue Geschlechter» der Kaufmannschaft in Aktion, er trage keineswegs nur den Charakter von politischer Aufstiegsgarantie, sondern habe auch interne Gründe: Stärkung der Zunfthierarchie, wachsende Konkurrenz sowie religiöse Radikalisierung. Zudem könne von einer Typologie der Ursachen kaum die Rede sein, allenfalls von rituellen und sozialtypologischen Merkmalen der Verlaufsformen. Die Ausgangslage der Protestler sei überaus unterschiedlich, wenn auch die aufständischen Handwerker des 14. Jhs. grosso modo von den Preisvorteilen der Gewerbeprodukte gegenüber den landwirtschaftlichen Erzeugnissen profitierten, also von einer besseren wirtschaftlichen Lage getragen seien als die des späten 14. und des 15. Jhs. Hier nämlich ginge es verstärkt auch um Abschöpfungsinteressen der Stadtherrschaft und um Konkurrenzsicherung – also um Auswirkungen der →«Krise». Insgesamt bleiben somit die Zunftrevolten des Spätmittelalters für die Forschung interessant, lassen aber kaum noch eine sinnvolle isolierte Behandlung zu. A. v. M.

Auswahlbibliographie

I. Handbücher, Lexika, Nachschlagewerke

Albers, W, u.a. (Hg.): Handwörterbuch der Wirtschaftswissenschaften. 8 Bde, Göttingen 1976–85

Allgemeine Deutsche Biographie. 55 Bde, Leipzig 1875–1912

Andresen, C, u.a. (Hg.): Lexikon der Alten Welt. Zürich 1965

Aubin, H, u. W. Zorn (Hg.): Handbuch der deutschen Wirtschafts- und Sozialgeschichte. 2 Bde, Stuttgart 1971–76

Autry, R, u.a. (Hg.): Lexikon des Mittelalters. München 1980 ff.

Beckerath, E. v, u.a. (Hg.): Handwörterbuch der Sozialwissenschaften. 13 Bde, Göttingen 1956–58

Berg, Chr, u.a. (Hg.): Handbuch der deutschen Bildungsgeschichte. 6 Bde, München 1987 ff.

Bergmann, K, u. a.: Handbuch der Geschichtsdidaktik. Düsseldorf [3]1985

Bleicken, J, u.a. (Hg.): Oldenbourg Grundriß der Geschichte. 23 Bde, München 1980 ff.

Boldt, H.: Deutsche Verfassungsgeschichte. 2 Bde, München 1990

Broszat, M, u. H. Heiber (Hg.): dtv-Weltgeschichte des 20. Jahrhunderts. 14 Bde, München 1969 ff.

Brunner, O, u.a. (Hg.): Geschichtliche Grundbegriffe. Historisches Lexikon zur politisch-sozialen Sprache in Deutschland. 7 Bde, Stuttgart 1972–92

Cipolla, C. M, u. K. Borchardt (Hg.): Europäische Wirtschaftsgeschichte. 5 Bde, Stuttgart 1976–80

Coing, H. (Hg.): Handbuch der Quellen und Literatur der neueren europäischen Privatrechtsgeschichte. 3 Bde, München 1973–87

Das Reich und die Deutschen. 5 Bde, Berlin 1987 ff.

Deutsches Handbuch der Politik. 4 Bde, München 1969–70

Die Deutschen und ihre Nation. 6 Bde, Berlin 1982–89

Die Religion in Geschichte und Gegenwart. Handwörterbuch für Theologie und Religionswissenschaft. 6 Bde, Tübingen [3]1957–65

Dülmen, R. van (Hg.): Geschichte. Das Fischer-Lexikon. Frankfurt 1990
Elster, L, u.a. (Hg.): Handwörterbuch der Staatswissenschaften. 9 Bde, Jena [4]1923–29
Erler, A, u. E. Kaufmann (Hg.): Handwörterbuch zur deutschen Rechtsgeschichte. Berlin 1964 ff.
Fischer, W, u.a. (Hg.): Handbuch der europäischen Wirtschafts- und Sozialgeschichte. 6 Bde, Stuttgart 1980 ff.
Fischer-Weltgeschichte. 35 Bde, Frankfurt 1965 ff.
Fricke, D. (Hg.): Lexikon zur Parteiengeschichte. Die bürgerlichen und kleinbürgerlichen Parteien und Verbände in Deutschland (1789–1945). 4 Bde, Leipzig 1981
Gebhard, B.: Handbuch der deutschen Geschichte. 4 Bde, Stuttgart [9]1970–76
Grundriß der Sozialökonomik. Tübingen 1914 ff.
Handwörterbuch des deutschen Aberglaubens. Berlin 1987
Henning, F.-W.: Wirtschafts- und Sozialgeschichte Deutschlands. 3 Bde, Paderborn 1973–74
Henning, F.-W.: Handbuch der Wirtschafts- und Sozialgeschichte Deutschlands. 3 Bde, Paderborn 1991 ff.
Heuß, A.: Römische Geschichte. Braunschweig [5]1983
Huber, E. R.: Deutsche Verfassungsgeschichte seit 1789. 7 Bde, Stuttgart 1957–82
Jäckel, E. u. a. (Hg.): Enzyklopädie des Holocaust. Die Verfolgung und Ermordung der europäischen Juden. 3 Bde, Berlin 1993
Kernig, C. D. (Hg.): Sowjetsystem und demokratische Gesellschaft. Eine vergleichende Enzyklopädie. 6 Bde, Freiburg 1966–72
Kroeschell, K.: Deutsche Rechtsgeschichte. 2 Bde, Opladen [9]1989
Lexikon des Mittelalters. München 1980 ff.
Meyer, T, u. a.: Lexikon des Sozialismus. Köln 1986
Neue Deutsche Biographie. Berlin 1953 ff.
Paulys Realenzyklopädie der klassischen Altertumswissenschaft. Stuttgart 1893 ff.
Propyläen-Geschichte Deutschlands. 8 Bde, Berlin 1983 ff.
Rachum, I.: Illustrierte Enzyklopädie der Renaissance. Königstein 1980
Ritter, J, u. K. Gründer (Hg.): Historisches Wörterbuch der Philosophie. Basel 1971 ff.
Rotteck, C. v, u. C. Welcker: Das Staats-Lexikon. 15 Bde, Altona 1834–1844
Sandkühler, H. J. (Hg.): Europäische Enzyklopädie zu Philosophie und Wissenschaften. 4 Bde, Hamburg 1990

Schieder, Th. (Hg.): Handbuch der europäischen Geschichte. 7 Bde, Stuttgart 1968–87
The Cambridge Ancient History. Cambridge [2]1982 ff.
The Cambridge Economic History of Europe. Cambridge 1971 ff.
The Cambridge History of Science. Cambridge 1981 ff.
The Cambridge Medieval History. 8 Bde, Cambridge 1914–36
The New Cambridge Modern History. 14 Bde, Cambridge 1947–79
Ziegler, K, u. W. Sontheimer (Hg.): Der kleine Pauly. Lexikon der Antike. 5 Bde, Stuttgart 1964–75

II. Geschichtsschreibung: Probleme, Theorien, Epochen

Asendorf, M.: Geschichte und Parteilichkeit. Historisches Bewußtsein in Deutschland. Berlin 1984
Ders. (Hg.): Aus der Aufklärung in die permanente Restauration. Geschichtswissenschaft in Deutschland. Hamburg 1974
Blanke, H. W, u. D. Fleischer (Hg.): Theoretiker der deutschen Aufklärungshistorie. Stuttgart 1990
Bloch, M.: Apologie der Geschichte oder Der Beruf des Historikers. München 1985
Brandt, A. v.: Werkzeug des Historikers. Eine Einführung in die historischen Hilfswissenschaften. Stuttgart [12]1989
Braudel, F.: Schriften zur Geschichte. 2Bde, Stuttgart 1992/93
Bruch, R. vom, u.a. (Hg.): Kultur und Kulturwissenschaften um 1900. Krise der Moderne und Glaube an die Wissenschaft. Wiesbaden 1989
Ders. (Hg.): Historikerlexikon. Von der Antike bis zum 20. Jahrhundert. München 1991
Burke, P.: Soziologie und Geschichte. Hamburg 1989
Carr, E. H.: Was ist Geschichte? Stuttgart 1963
Chartier, R.: Die unvollendete Vergangenheit. Geschichte und die Macht der Weltauslegung. Berlin 1989
Christ, K.: Von Gibbon zu Rostovtzeff. Darmstadt 1972
Ders.: Römische Geschichte und deutsche Geschichtswissenschaft. München 1982
Duby, G.: Eine andere Geschichte. Stuttgart 1992
Faulenbach, B.: Ideologie des deutschen Weges. Die deutsche Geschichte in der Historiographie zwischen Kaiserreich und Nationalsozialismus. München 1980

Febvre, L.: Das Gewissen des Historikers. Berlin 1988
Gooch, G. P.: Geschichte und Geschichtsschreiber im 19. Jahrhundert. Frankfurt 1964
Graus, F. (Hg.): Mentalitäten im Mittelalter. Methodische und inhaltliche Probleme. Sigmaringen 1987
Grundmann, H.: Geschichtsschreibung im Mittelalter. Göttingen 1965
Günther, H.: Zeit der Geschichte. Welterfahrung und Zeitkategorien in der Geschichtsphilosophie. Frankfurt 1993
Hardtwig, W.: Geschichtskultur und Wissenschaft. München 1990
Ders. (Hg.): Über das Studium der Geschichte. München 1990
Hausen, K.: Frauen suchen ihre Geschichte. Historische Studien zum 19. und 20. Jahrhundert. München ^{2}1987
Iggers, G. G.: Deutsche Geschichtswissenschaft. Eine Kritik der traditionellen Geschichtsauffassung von Herder bis zur Gegenwart. München ^{2}1972
Ders.: Neue Geschichtswissenschaft. Vom Historismus zur historischen Sozialwissenschaft. München 1978
Jaeger, F. u. J. Rüsen: Geschichte des Historismus. München 1992
Jäger, W.: Historische Forschung und politische Kultur in Deutschland. Die Debatte 1914–1980 über den Ausbruch des Ersten Weltkrieges. Göttingen 1984
Jarausch, K., u.a.: Quantitative Methoden in der Geschichtswissenschaft. Eine Einführung in die Forschung, Datenverarbeitung und Statistik. Darmstadt 1985
Kinner, K.: Marxistische deutsche Geschichtswissenschaft 1917–1933. Berlin-DDR 1982
Kocka, J.: Sozialgeschichte. Begriff, Entwicklung, Probleme. Göttingen ^{2}1986
Küttler, W. u. a. (Hg.): Geschichtsdiskurs. 4 Bde, Frankfurt 1993 ff.
Le Goff, J.: Geschichte und Gedächtnis. Frankfurt 1992
Lüdtke, A. (Hg.): Alltagsgeschichte. Zur Rekonstruktion historischer Erfahrungen und Lebensweisen. Frankfurt 1989
Momigliano, A.: Wege in die Alte Welt. Berlin 1991
Niethammer, L.: Posthistoire. Ist die Geschichte zu Ende? Reinbek 1989
Nora, P.: Zwischen Geschichte und Gedächtnis. Berlin 1990
Raulff, U. (Hg.): Vom Umschreiben der Geschichte. Neue historische Perspektiven. Berlin 1986
Ders. (Hg.): Mentalitäten-Geschichte. Zur historischen Rekonstruktion geistiger Prozesse. Berlin 1987

Rossi, P. (Hg.): Theorie der modernen Geschichtsschreibung. Frankfurt 1987
Rother, R. (Hg.): Bilder schreiben Geschichte. Der Historiker im Kino. Berlin 1991
Rürup, R. (Hg.): Historische Sozialwissenschaft. Göttingen 1977
Schieder, W. u. V. Sellin (Hg.): Sozialgeschichte in Deutschland. Entwicklungen und Perspektiven im internationalen Zusammenhang. Bd. 1–4, Göttingen 1986–87
Schleier, H.: Die bürgerliche Geschichtsschreibung in der Weimarer Republik. Berlin-DDR 1975
Schönwälder, K.: Historiker und Politik. Geschichtswissenschaft im Nationalsozialismus. Frankfurt 1992
Schulin, E.: Traditionskritik und Rekonstruktionsversuch. Studien zur Entwicklung von Geschichtswissenschaft und historischem Denken. Göttingen 1979
Schulze, W.: Deutsche Geschichtswissenschaft nach 1945. München 1989
Stern, F. (Hg.): Geschichte und Geschichtsschreibung. Möglichkeiten, Aufgaben, Methoden. Texte von Voltaire bis zur Gegenwart. München 1966
Strasburger, H.: Die Wesensbestimmung der Geschichte durch die antike Geschichtsschreibung. Wiesbaden 1966
Streisand, J. (Hg.): Studien über die deutsche Geschichtswissenschaft. 2 Bde, Berlin-DDR 1965–69
Studiengruppe «Theorie der Geschichte» (Hg.): Theorien der Geschichte. Beiträge zur Historik. 6 Bde, München 1977–90
Veyne, P.: Geschichtsschreibung – und was sie nicht ist. Frankfurt 1990
Wehler, H.-U. (Hg.): Deutsche Historiker. 9 Bde, Göttingen 1971 ff.
Ders.: Geschichte als historische Sozialwissenschaft. Frankfurt 1973
Werner, K. F.: Das NS-Geschichtsbild und die deutsche Geschichtswissenschaft. Stuttgart 1967
White, H.: Auch Klio dichtet oder die Fiktion des Faktischen. Stuttgart 1986
Ders.: Metahistory. Die historische Einbildungskraft im 19. Jahrhundert in Europa. Frankfurt 1991

III. Klassiker: Geschichtsschreibung und benachbarte Disziplinen

Abel, W.: Agrarkrisen und Agrarkonjunktur. Eine Geschichte der Land- und Ernährungswirtschaft Mitteleuropas seit dem hohen Mittelalter. Hamburg ^{3}1978

Bloch, M.: Die Feudalgesellschaft. Berlin 1982

Bourdieu, P.: Die feinen Unterschiede. Kritik der gesellschaftlichen Urteilskraft. Frankfurt 1982

Braudel, F.: Das Mittelmeer und die mediterrane Welt in der Epoche Philipps II. 3 Bde, Frankfurt 1990

Brunner, O.: Land und Herrschaft. Grundfragen der territorialen Verfassungsgeschichte Österreichs im Mittelalter. Wien ^{5}1965

Burckhardt, J.: Die Kultur der Renaissance in Italien. Frankfurt 1989

Ders.: Weltgeschichtliche Betrachtungen. Stuttgart ^{12}1978

Burke, E.: Betrachtungen über die Französische Revolution. Zürich 1986

Droysen, J. G.: Historik. Vorlesungen über Enzyklopädie und Methodologie der Geschichte. München ^{8}1977

Elias, N.: Die höfische Gesellschaft. Untersuchungen zur Soziologie des Königtums und der höfischen Aristokratie. Frankfurt 1983

Ders.: Über den Prozeß der Zivilisation. 2 Bde, Frankfurt 1976

Fischer, F.: Griff nach der Weltmacht. Die Kriegszielpolitik des kaiserlichen Deutschland 1914/18, Düsseldorf ^{4}1977

Griewank, K.: Der neuzeitliche Revolutionsbegriff. Entstehung und Geschichte. Frankfurt 1974

Groethuysen, B.: Das Bürgertum und die katholische Weltanschauung in Frankreich. 2 Bde, Frankfurt 1978

Habermas, J.: Strukturwandel der Öffentlichkeit. Neuwied 1962

Hintze, O.: Staat und Verfassung. Gesammelte Abhandlungen zur allgemeinen Verfassungsgeschichte. Göttingen ^{3}1970

Huizinga, J.: Herbst des Mittelalters. Studien über Lebens- und Geistesformen des 14. und 15. Jahrhunderts in Frankreich und den Niederlanden. Stuttgart 1953

Kantorowicz, E. H.: Die zwei Körper des Königs. Eine Studie zur politischen Theologie des Mittelalters. München 1990

Kehr, E.: Schlachtflottenbau und Parteipolitik 1894–1901. Versuch eines Querschnitts durch die innenpolitischen, sozialen und ideologischen Voraussetzungen des Imperialismus. Berlin 1930

Kissinger, H. A.: Das Gleichgewicht der Großmächte. Metternich, Castlereagh und die Neuordnung Europas 1812–1822. Zürich 1986

Koselleck, R.: Kritik und Krise. Eine Studie zur Pathogenese der bürgerlichen Welt. Frankfurt 1973
Kracauer, S.: Das Ornament der Masse. Frankfurt 1977
Kuhn, Th. S.: Die Struktur der wissenschaftlichen Revolutionen. Frankfurt 1967
Lessing, Th.: Geschichte als Sinngebung des Sinnlosen. München 1919
Mayer, G.: Friedrich Engels. Eine Biographie. 2 Bde, Berlin 1919–32
Meinecke, F.: Die Entstehung des Historismus. München [4]1965
Mitteis, H.: Lehnsrecht und Staatsgewalt. Weimar 1933
Nietzsche, F.: Vom Nutzen und Nachteil der Historie für das Leben. Frankfurt 1989
Oestreich, G.: Strukturprobleme der frühen Neuzeit. Berlin 1980
Oncken, H.: Rudolf von Benningsen. Ein deutscher liberaler Politiker. 2 Bde, Stuttgart 1910
Plessner, H.: Die verspätete Nation. Über die politische Verführbarkeit des bürgerlichen Geistes. Berlin 1988
Popper, K.: Die offene Gesellschaft und ihre Feinde. 2 Bde, 7. verb. Aufl, Tübingen 1992
Ritter, G.: Freiherr vom Stein. Eine politische Biographie. Stuttgart [2]1958
Schramm, P. E.: Herrschaftszeichen und Staatssymbolik vom 3. bis 16. Jahrhundert. 3 Bde, Stuttgart 1954 ff.
Schumpeter, J. A.: Kapitalismus, Sozialismus und Demokratie. München [4]1975
Simmel, G.: Vom Wesen der Moderne. Hamburg 1990
Sombart, W.: Luxus und Kapitalismus. München 1913
Ders.: Der moderne Kapitalismus. Historisch-systematische Darstellung des gesamteuropäischen Wirtschaftslebens von seinen Anfängen bis zur Gegenwart. 3 Bde, München 1916–27
Srbik, H. v.: Geist und Geschichte vom deutschen Humanismus bis zur Gegenwart. 2 Bde, München [3]1964
Tocqueville, A. de: Über die Demokratie in Amerika. 2 Bde, Zürich 1987
Ders.: Der alte Staat und die Revolution. München 1978
Troeltsch, E.: Der Historismus und seine Probleme. Tübingen 1922
Valentin, V.: Geschichte der deutschen Revolution 1848–1849. 2 Bde, Berlin 1930–31
Veblen, Th.: Theorie der feinen Leute. Eine ökonomische Untersuchung der Institutionen. München 1981
Weber, M.: Gesammelte Aufsätze zur Wissenschaftslehre. Tübingen [7]1988
Ders.: Wirtschaft und Gesellschaft. Grundriß der verstehenden Soziologie. 5. rev Aufl, hg. v I. Winckelmann, Tübingen 1976.

IV. Überblicksdarstellungen und grundlegende Monographien

Alföldi, G.: Römische Sozialgeschichte. Wiesbaden ³1984
Anderson, P.: Von der Antike zum Feudalismus. Spuren der Übergangsgesellschaft. Frankfurt 1978
Bataille, G.: Die Aufhebung der Ökonomie. München ²1982
Bauer, L., u. H. Matis: Geburt der Neuzeit. Vom Feudalsystem zur Marktgesellschaft. München 1988
Blickle, P.: Die Reformation im Reich. Stuttgart 1982
Bonwetsch, B.: Die Russische Revolution von 1917. Eine Sozialgeschichte von der Bauernbefreiung 1861 bis zum Oktoberumsturz. Darmstadt 1991
Boockmann, H.: Die Stadt im späten Mittelalter. München 1986
Borst, A.: Lebensformen im Mittelalter. Frankfurt 1979
Ders.: Barbaren, Ketzer und Artisten. Welten des Mittelalters. München 1988
Bracher, K. D.: Die Auflösung der Weimarer Republik. Eine Studie zum Problem des Machtverfalls in der Demokratie. Düsseldorf ⁵1978
Ders.: Die deutsche Diktatur. Entstehung, Struktur, Folgen des Nationalsozialismus. Berlin ⁶1979
Ders. u.a. (Hg.): Geschichte der Bundesrepublik Deutschland. 5 Bde, Stuttgart 1981–85
Braudel, F.: Sozialgeschichte des 15.–18. Jahrhunderts. 3 Bde, München 1985–86
Broszat, M, u.a. (Hg.): Bayern in der NS-Zeit. 6 Bde, München 1977–83
Ders. u.a. (Hg.): Deutsche Geschichte der neuesten Zeit. 30 Bde, München 1985 ff.
Brown, P.: Der Heilige Augustinus. Lehrer der Kirche und Erneuerer der Geistesgeschichte. München 1973
Ders.: Die Gesellschaft und das Übernatürliche. Vier Studien zum frühen Christentum. Berlin 1993
Burke, P.: Die Renaissance in Italien. Sozialgeschichte einer Kultur zwischen Tradition und Erfindung. München 1988
Christ, K.: Geschichte der römischen Kaiserzeit. München 1988
Craig, G. A.: Deutsche Geschichte 1866–1945. Vom Norddeutschen Bund bis zum Ende des Dritten Reiches. München 1980
Davis, N. Z.: Frauen und Gesellschaft am Beginn der Neuzeit. Studien über Familie, Religion und die Wandlungsfähigkeit des sozialen Körpers. Berlin 1986
Dies.: Humanismus, Narrenherrschaft und die Riten der Gewalt. Ge-

sellschaft und Kultur im frühneuzeitlichen Frankreich. Frankfurt 1987

Duby, G.: Krieger und Bauern. Die Entwicklung von Wirtschaft und Gesellschaft im frühen Mittelalter. Frankfurt ²1981

Ders.: Europa im Mittelalter. Stuttgart 1986

Ders.: Ritter, Frau und Priester. Die Ehe im feudalen Frankreich. Frankfurt 1985

Ders. / Perrot, M. (Hg.): Geschichte der Frauen. 5 Bde, Frankfurt 1993 ff.

Engel, E.: Die deutsche Stadt des Mittelalters. München 1993

Ennen, E.: Die europäische Stadt des Mittelalters. Göttingen ⁴1987

Epstein, K.: Die Ursprünge des Konservativismus in Deutschland. Frankfurt 1973

Finlay, M. I.: Das politische Leben in der antiken Welt. München 1986

Ders.: Die Sklaverei in der Antike. Geschichte und Probleme. München 1983

Fischer, F.: Bündnis der Eliten. Zur Kontinuität der Machtstrukturen in Deutschland 1871–1945. Düsseldorf 1979

Fischer, W. (Hg.): Geschichte der Weltwirtschaft im 20. Jahrhundert. 6 Bde, München 1973 ff.

Friedländer, S.: Kitsch und Tod. Der Widerschein des Nazismus. München 1986

Garin, E. (Hg.): Der Mensch der Renaissance. Frankfurt 1990

Geremek, B.: Geschichte der Armut. Elend und Barmherzigkeit in Europa. München 1991

Geyer, D.: Die russische Revolution. Historische Probleme und Perspektiven. Göttingen ²1977

Ginzburg, C.: Erkundungen über Piero. Piero della Francesca, ein Maler der frühen Renaissance. Berlin 1981

Gschnitzer, F.: Griechische Sozialgeschichte von der mykenischen bis zum Ausgang der klassischen Zeit. Wiesbaden 1981

Gurjewitsch, H. J.: Das Weltbild des mittelalterlichen Menschen. München ⁴1989

Hilberg, R.: Die Vernichtung der europäischen Juden. 3 Bde, Frankfurt 1990

Hobsbawm, E. J.: Das imperiale Zeitalter 1875–1914. Frankfurt 1989

Keen, M.: Das Rittertum. Reinbek 1991

Kershaw, I.: Der NS-Staat. Geschichtsinterpretationen und Kontroversen im Überblick. Reinbek 1988

Kocka, J. (Hg.): Bürgertum im 19. Jahrhundert. Deutschland im europäischen Vergleich. 3 Bde, München 1988

Koselleck, R.: Preußen zwischen Reform und Revolution. München 1989

Le Goff, J.: Kultur des europäischen Mittelalters. Zürich 1970

Ders.: Für ein anderes Mittelalter. Zeit, Arbeit und Kultur im Europa des 5. bis 15. Jahrhunderts. Frankfurt 1984

Ders. (Hg.): Europa bauen. München 1993 ff.

Leuschner, J. (Hg.): Deutsche Geschichte. 10 Bde, Göttingen 1973–1984

Levi, P.: Das immaterielle Erbe. Eine bäuerliche Welt an der Schwelle zur Moderne. Berlin 1986

Loth, W.: Geschichte Frankreichs im 19. und 20. Jahrhundert. Stuttgart 1987

Mann, G.: Deutsche Geschichte des 19. und 20. Jahrhunderts. Frankfurt/M. 1992

Meier, Chr.: Res publica amissa. Eine Studie zu Verfassung und Geschichte der späten römischen Republik. Frankfurt 1980

Mollat, M.: Die Armen im Mittelalter. München 1984

Neumann, F.: Behemoth. Struktur und Praxis des Nationalsozialismus 1933–1944. Köln 1977

Niedhart, G.: Geschichte Englands im 19. und 20. Jahrhundert. München 1987

Nipperdey, Th.: Deutsche Geschichte 1800–1866. Bürgerwelt und starker Staat. München ^{3}1985

Ders.: Deutsche Geschichte 1866–1918. Arbeitswelt und Bürgergeist. München 1990

Ders.: Deutsche Geschichte 1866–1918. Machtstaat vor der Demokratie. München 1992

Polanyi, K.: The Great Transformation. Politische und ökonomische Ursprünge von Gesellschaften und Wirtschaftssystemen. Frankfurt 1978

Preller, L.: Sozialpolitik in der Weimarer Republik. Düsseldorf 1978

Procacci, G.: Geschichte Italiens und der Italiener. München 1983

Reichel, P.: Der schöne Schein des Dritten Reiches. Faszination und Gewalt des Faschismus. München 1991

Reif, H. (Hg.): Die Familie in der Geschichte. Göttingen 1982

Ders. (Hg.): Räuber, Volk und Obrigkeit. Studien zur Geschichte der Kriminalität in Deutschland seit dem 18. Jahrhundert. Frankfurt 1984

Reinhard, W.: Geschichte der europäischen Expansion. 4 Bde, Stuttgart 1983–85

Ritter, G. A. (Hg.): Geschichte der Arbeiter und der Arbeiterbewegung in Deutschland seit dem Ende des 18. Jahrhunderts. 11 Bde, Bonn 1985 ff.

Schneider, H.: Einführung in die antike Technikgeschichte. Darmstadt 1992
Schröder, H.-Chr.: Die amerikanische Revolution. Eine Einführung. München 1982
Schulin, E.: Die Französische Revolution. München 1988
Stern, F.: Kulturpessimismus als politische Gefahr. Eine Analyse nationaler Ideologien in Deutschland. München 1986
Thompson, E. P.: Die Entstehung der englischen Arbeiterklasse. 2 Bde, Frankfurt 1987
Veyne, P.: Glaubten die Griechen an ihre Mythen? Ein Versuch über die konstruktive Einbildungskraft. Frankfurt 1987
Wehler, H.-U.: Deutsche Gesellschaftsgeschichte. 4 Bde, München 1987 ff.
Ders. (Hg.): Neue Historische Bibliothek. Frankfurt 1983 ff.
Wohlfeil, R.: Einführung in die Geschichte der deutschen Reformation. München 1982
Wunder, H. (Hg.): Feudalismus. München 1974
Zernack, K.: Osteuropa. Eine Einführung in seine Geschichte. München 1977

V. Anregungen und Anstöße: Bücher zum Wieder- und Weiterlesen

Ariès, Ph.: Geschichte der Kindheit. München 1978
Ders.: Geschichte des Todes. München 1982
Ders. und G. Duby (Hg.): Geschichte des privaten Lebens. 5 Bde, Frankfurt 1989 ff.
Baudrillard, J.: Die fatalen Strategien. München 1991
Borst, A.: Alltagsleben im Mittelalter. Frankfurt 1983
Bumke, J.: Höfische Kultur. Literatur und Gesellschaft im hohen Mittelalter. 2 Bde, München 1986
Burghartz, S.: Leib, Ehre und Gut. Delinquenz in Zürich Ende des 14. Jahrhunderts. Zürich 1990
Burke, P.: Helden, Schurken und Narren. Europäische Volkskultur in der frühen Neuzeit. München 1985
Ders.: Städtische Kultur in Italien zwischen Hochrenaissance und Barock. Eine historische Anthropologie. Berlin 1986
Cipolla, C. M.: Allegro ma non troppo. München 1989

Corbin, A.: Pesthauch und Blütenduft. Eine Geschichte des Geruchs. Berlin 1984

Ders.: Meereslust. Das Abendland und die Entdeckung der Küste. Berlin 1990

Craig, G. A.: Die Politik der Unpolitischen. Deutsche Schriftsteller und die Macht 1770–1871. München 1993

Darnton, R.: Glänzende Geschäfte. Die Verbreitung von Diderots Encyclopédie oder: Wie verkauft man Wissen mit Gewinn? Berlin 1993

Duby, G.: Guillaume de Maréchal oder der beste aller Ritter. Berlin 1986

Ders.: Wirklichkeit und höfischer Traum. Zur Kultur des Mittelalters. Berlin 1986

Evans, R. J.: Tod in Hamburg. Stadt, Gesellschaft und Politik in den Cholera-Jahren 1830–1910, Reinbek 1990

Farge, A.: Das brüchige Leben. Verführung und Aufruhr im Paris des 18. Jahrhunderts. Berlin 1989

Frevert, U.: Ehrenmänner. Das Duell in der bürgerlichen Gesellschaft. München 1991

Friedell, E.: Kulturgeschichte der Neuzeit. 3 Bde, Berlin 1927–31

Fumagalli, V.: Wenn der Himmel sich verdunkelt. Lebensgefühl im Mittelalter. Berlin 1988

Gay, P.: Erziehung der Sinne. Sexualität im bürgerlichen Zeitalter. München 1986

Ders.: Die zarte Leidenschaft. Liebe im bürgerlichen Zeitalter. München 1987

Geertz, C.: Die künstlichen Wilden. Der Anthropologe als Schriftsteller. München 1990

Ginzburg, C.: Hexensabbat. Entzifferung einer nächtlichen Geschichte. Berlin 1990

Ders.: Der Käse und die Würmer. Die Welt eines Müllers um 1600. Berlin 1990

Gombrich, E. H.: Die Krise der Kulturgeschichte. Gedanken zum Wertproblem in den Geisteswissenschaften. München 1981

Goulemot, J. M.: Gefährliche Bücher. Erotische Literatur, Pornographie, Leser und Zensur im 18. Jahrhundert. Reinbek 1993

Hunt, L.: Symbol der Macht. Macht der Symbole. Die Französische Revolution und der Entwurf einer politischen Kultur. Frankfurt 1989

Kracauer, S.: Jacques Offenbach und das Paris seiner Zeit. Frankfurt 1980

Le Roy Ladurie, E.: Montaillou. Ein Dorf vor der Inquisition 1294–1324. Frankfurt 1980

Markov, W.: Die Napoleon-Zeit. Geschichte und Kultur des Grand Empire. Stuttgart 1985

Paret, P.: Kunst als Geschichte. Kultur und Politik von Menzel bis Fontane. München 1990

Schäfer, H. D.: Das gespaltene Bewußtsein. Deutsche Kultur und Lebenswirklichkeit 1933–45. München 1981

Schenda, R.: Volk ohne Buch. Studien zur Sozialgeschichte der populären Lesestoffe 1770–1910. München 1977

Schulte, R.: Das Dorf im Verhör. Brandstifter, Kindsmörderinnen und Wilderer vor den Schranken des bürgerlichen Gerichts. Reinbek 1989

Virilio, P.: Das öffentliche Bild. Bern 1987

Warburg, A.: Bildniskunst und florentinisches Bürgertum. Leipzig 1901

Weber, A.: Kulturgeschichte als Kultursoziologie. Leiden 1935

Wesel, U.: Juristische Weltkunde. Eine Einführung in das Recht. Frankfurt [5]1992